U0956281

浙江省民族乡（镇）志

第九卷

水亭畲族乡志

《浙江省民族乡（镇）志》编纂委员会　编
莫幸福　主编　　施　强　执行主编

方志出版社
Publishing House of Local Records

图书在版编目（CIP）数据

水亭畲族乡志 / 《浙江省民族乡(镇)志》编纂委员会编 ; 莫幸福主编 ; 施强执行主编. —北京 : 方志出版社, 2023.10

（浙江省民族乡（镇）志 ; 第九卷）

ISBN 978-7-5144-5784-1

Ⅰ. ①水… Ⅱ. ①浙… ②莫… ③施… Ⅲ. ①乡镇—地方志—兰溪 Ⅳ. ①K295.55

中国国家版本馆CIP数据核字(2023)第210594号

责任编辑：刘方圆
责任校对：张玉霞
责任印制：梅中英
出 版 者：方志出版社
地　　址：北京市朝阳区潘家园东里9号（国家方志馆4层）
邮　　编：100021
网　　址：http://www.zgfzcb.cn
发　　行：方志出版社图书营销中心（010-67110500）
印　　刷：丽水市旺盛印刷有限公司
开　　本：889毫米×1194毫米　1/16
印　　张：36.25
字　　数：631千字
版　　次：2023年10月第1版
印　　次：2023年10月第1次印刷
定　　价：368.00元

· 版权所有　侵权必究 ·

（如有印装质量问题，请与我社图书营销中心联系）

《浙江省民族乡(镇)志》编纂委员会

主　　任：冯志礼（2012.9—2017.1）
楼炳文（2017.1—2021.3）
鲍秀英（2021.4—　　　）

副 主 任：莫幸福（2012.9—　　　）
李俊杰（2015.9—2020.7）
汪亚明（2020.8—　　　）

委　　员：（排名不分先后）

王传良　方土新　叶梦梅　许积高　李旭琴　杨　杰　吴友波
余厚洪　陈仁伟　邵根松　金　伟　金　茹　金伟庆　金国平
金黎萍　周国文　周祖平　郑　浩　胡建平　钟芳源　钟胜男
施　强　娄　恒　贺再军　夏朝敏　徐宇波　高成锋　蓝　青
蓝　建　蓝　涛　蓝　菲　蓝水林　蓝永慧　蓝伟军　蓝伟明
蓝丽芬　蓝幸杏　蓝素华　蓝晓慧　蓝智伟　蓝瑞仙　蓝德超
楼剑涛　雷文宾　雷华林　雷菊香　蔡松芝　樊国斌　潘胜华

主　　编：莫幸福
执行主编：施　强
副 主 编：杨　杰

编　　辑：（排名不分先后）

万中一　王闰吉　包才德　刘凌宇　汤陈生　李祖平　杨道敏
吴伯卿　吴海波　陈水根　林臣波　林兴亮　胡　健　钟昌元
钟桂鸿　施　展　徐世槐　蓝双一　雷　霄　雷土根　雷火元
雷柏成　雷朝欣　蔡蓉蓉

《浙江省民族乡(镇)志第九卷·水亭畲族乡志》编纂委员会

主　　任： 邵卫荣（2016.6—2017.12）
应荣军（2018.1—2020.1）
钟秀明（2018.1—2021.9）
赵　宁（2020.1—2023.2）
蓝晓慧（2021.9—　　）
徐俊逸（2023.3—　　）

副 主 任： 宋科翔（2016.6—2023.7）　吕正平（2016.6—　　）
郭海峰（2016.6—2017.12）　王　艳（2016.7—2019.1）
章卫华（2018.1—2020.9）　雷土根（2018.1—　　）
童妙星（2020.1—　　）　钱旭江（2020.1—2020.9）
舒　豪（2021.9—　　）　林永洪（2021.9—　　）
蓝　亮（2021.9—　　）

委　　员：（排名不分先后）
徐庆忠　陈　超　黄巧红　余　立　徐志义　吴晓林
周渭民　龚卸良　应延恺　郑郁均　邵宏艳　胡梦琪
施慧霞　胡建伟　吴　苑　王　婷　姚海英　陆向卫
陈春艳　陶锣涛　方　可　叶庆林　毕　璟　陈俊瑾
钱跃钦

主　　编： 雷土根

编　　辑： 蓝志义　徐汝昌　潘美华　方　媛

图版9-01-1　水亭畲族乡政区图　（《浙江省民族乡镇志》编辑部提供）

图版9-02-1 水亭团结牌坊（水亭畲族乡政府提供 2015年摄）

图版9-02-2 水亭畲族乡人民政府大楼（雷土根 2014年摄）

图版9-03-1 中国共产党水亭畲族乡第十四次代表大会第三次会议会场（水亭畲族乡政府提供　2013年摄）

图版9-03-2 水亭畲族乡第十六届人民代表大会第二次会议会场（水亭畲族乡政府提供　2014年摄）

图版9-03-3 《浙江省民族乡（镇）第九卷 · 水亭畲族乡志》编纂委员会部分成员合影

左起：陈跃辉　蓝亮　郑郁均　林永洪　童妙星　徐俊逸　蓝晓慧　舒豪　叶庆林　毕璟　陈俊瑾　蓝建松

（水亭畲族乡政府提供　2023年摄）

图版9-03-4 《水亭畲族乡志》编辑合影

左起：潘美华　徐汝昌　雷土根　蓝志义　方媛

（水亭畲族乡政府提供　2022年摄）

图版9-04-1 杨宝塘下村珍珠养殖专业户在管理珍珠
（周为民 1998年4月摄）

图版9-04-2 金印水库养殖户淡水鱼喜获丰收
（周为民 2008年摄）

图版9-04-3 陈塘下村兰溪市土财生态养殖场
（周为民 2011年6月摄）

图版9-04-4 横塘村梅花鹿场的鹿
（雷土根 2015年11月摄）

图版9-04-5 生塘胡民族村蔬菜大棚一角
（雷土根 2013年摄）

图版9-04-6 水亭黄江村万亩银杏基地一角
（水亭畲族乡政府提供 2014年摄）

图版9-04-7 柳塘章民族村水稻田一角
（雷土根 2015年摄）

图版9-04-8 （水亭）浙江新天地生态休闲农场葡萄大棚（雷土根 2015年摄）

图版9-05-1　畲族女在柳家民族村茶场采茶
（雷土根　2013年4月4日摄）

图版9-05-2　水亭古街
（水亭畲族乡政府提供　2015年摄）

图版9-05-3　柳家民族村的茶场
（水亭畲族乡政府提供　2015年摄）

图版9-05-4　畲族风情园民宿
（水亭畲族乡政府提供　2013年摄）

图版9-05-5　雷庭富（畲族，捕鱼手）在捕鱼
（杨丽萍　2014年摄）

图版9-05-6　水亭畲族乡村民放牛
（水亭畲族乡政府提供　2010年摄）

图版9-06-1 云山纺织厂一角（周为民　2014年2月摄）

图版9-06-2 水亭畲乡电子商务园（周为民　2015年摄）

图版9-06-3 水亭畲族乡乾源工贸外貌（雷土根　2015年摄）

图版9-06-4 柳塘章民族村兰溪市鸿海礼品袋加工厂第一车间一角（雷土根　2014年摄）

图版9-06-5 水亭畲族乡农村饮水（首期）工程竣工通水（水亭畲族政府提供　2012年摄）

图版 9-07-1　1971年建造的山峰张渠道水槽
（雷土根　2013年摄）

图版9-07-2　湖光山色——明真山倒影
（水亭畲族乡政府提供　2014年摄）

图版 9-07-3　金印水库（水亭畲族乡政府提供　2015年摄）

图版9-07-4　尚方村磊石塘（方媛　2015年摄）

图版9-07-5　水亭溪垂江村段（雷土根　2015年摄）

图版9-07-6　20世纪80年代，丁家村建的农田水闸
（雷土根　2015年摄）

图版9-08-1 水亭畲族乡航拍图（水亭畲族乡政府提供　2012年摄）

图版9-08-2　西方坞民族村民族广场
（雷土根 2015年摄）

图版9-08-3　横塘村
（水亭畲族乡政府提供 2014年摄）

图版9-08-4　下方泉民族村（周为民 2015年摄）

图版9-08-5　上朱民族村
（水亭畲族乡政府提供 2013年摄）

图版9-09-1 建设后的芳茗叶村
（水亭畲族乡政府提供 2014年摄）

图版9-09-2 美丽的周邵汤民族村
（水亭畲族乡政府提供 2013年摄）

图版9-09-3 生塘胡民族村田园风光
（水亭畲族乡政府提供 2015年摄）

图版9-09-3 兰溪畲寨风旅游开发有限公司花海
（水亭畲族乡政府提供 2015年摄）

图版9-09-5 乐塘村唐代古井
（雷土根 2015年摄）

图版9-09-6 兰溪市水亭畲族乡敬老院
（雷土根 2015年摄）

图版9-10-1 水亭畲族乡中心幼儿园（雷土根　2015年摄）

图版9-10-2 圣山民族小学（雷土根　2015年摄）

图版9-10-3　兰溪市水亭畲族乡柏园学校
（雷土根　2015年摄）

图版9-10-4　水亭畲族乡卫生院
（水亭畲族乡卫生院提供　2013年摄）

图版9-10-5 中国邮政储蓄银行水亭营业所
（水亭营业所提供　2015年摄）

图版9-10-6 兰溪农村商业银行水亭支行
（水亭支行提供　2015年摄）

图版9-10-7 兰溪市水亭畲族乡农贸综合市场开业
（水亭畲族乡政府提供　2009年摄）

图版9-10-8 水亭中通快递站
（雷土根　2015年摄）

图版 9-11-1　松树下村532年树龄的樟树
（雷土根　2015年摄）

图版9-11-2　下方泉村建于2014年的亭
（雷土根　2015年摄）

图版 9-11-3　古塘村亲水长廊
（方媛　2015年摄）

图版9-11-4　风情园九曲莲花桥与对歌亭
（水亭畲族乡政府提供　2013年摄）

图版 9-11-5　1974年建的民族公路珠带式村段
（雷土根　2015年摄）

图版9-11-6　2015年修建的公路桥
（雷土根　2015年摄）

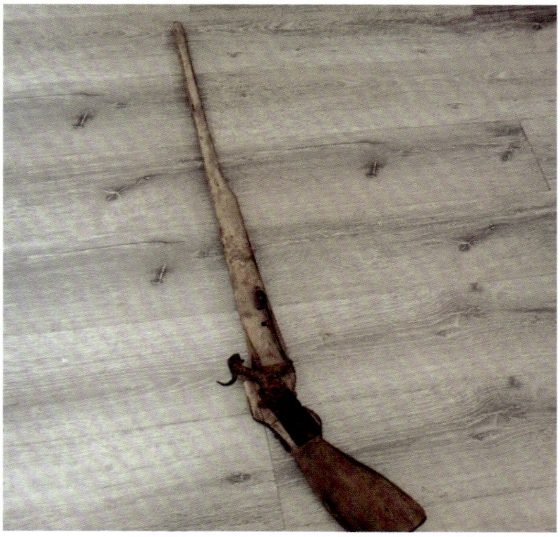
图版9-12-1 畲民用的鸟枪（雷土根 2015年摄）

图版9-12-2 水亭的稻桶（雷土根 2015年摄）

图版9-12-3 水亭的犁（雷土根 2015年摄）

图版9-12-4 水亭畲族传统民歌、经文、医药方部分手抄本（雷土根 2015年摄）

图版9-12-5 畲族“水箱”（雷土根 2014年摄）

图版9-12-6 畲族“水箩”（雷土根 2014年摄）

图版9-13-1 水亭畲族乡村民植树
（水亭畲族乡政府提供 2014年摄）

图版9-13-2 兰溪市青少年党史教育活动暨青少年畲族文化教育基地授牌仪式（水亭畲族乡政府提供 2013年摄）

图版9-13-3 水亭畲族乡“三月三”风情节“畲族农耕生活”体验活动（水亭畲族乡政府提供 2013年摄）

图版9-13-4 参加水亭畲族乡“三月三”风情节“畲族农耕生活”体验活动的小朋友
（水亭畲族乡政府提供 2013年摄）

图版9-13-5 早晨（水亭畲族乡政府提供 2015年摄）

图版9-13-6 欢乐——水亭畲族乡的宝宝们
（水亭畲族乡政府提供 2014年摄）

图版9-14-1 小演员张欣妍在“畲乡大舞台”上演出
（洪建明 2014年摄）

图版9-14-2 外国游客在畲族风情园学跳竹竿舞
（雷土根 2013年摄）

图版9-14-3 畲族织带（黄金铨 2013年摄）

图版9-14-4 畲族婚嫁（送赤郎）
（水亭畲族乡政府提供 2015年摄）

图版9-14-5 水亭畲族水上对歌
（洪建民 2014年摄）

图版9-14-6 畲乡“八大碗”
（水亭畲族乡政府提供 2015年摄）

图版9-14-7 畲族“逗夫仔”（豆腐娘）制作
（洪建民 2014年摄）

图版9-14-8 畲族奶奶手工制作“糯米粁”（麻糍）
（雷土根 2015年摄）

图版9-15-1 2009年兰溪水亭“三月三”畲乡歌会
（水亭畲族乡政府提供 2009年摄）

图版9-15-2 2012年兰溪水亭“三月三”畲乡风情节
（水亭畲族乡政府提供 2012年摄）

图版9-15-3 2013年兰溪水亭“三月三”演出
（水亭畲族乡政府提供）

图版9-15-4 2014年兰溪水亭“三月三”演出
（水亭畲族乡政府提供 2014年摄）

图版9-15-5 国家级非物质文化遗产：水亭畲族乡《断头龙舞》展演 （方志明 2015年摄）

图版9-15-6 2015年兰溪水亭“三月三”演出
（水亭畲族乡政府提供）

图版9-16-1　西姜祠堂
（水亭畲族乡政府提供 2015年摄）

图版9-16-2　生塘胡民族村胡氏宗祠
（雷土根 2014年11月摄）

图版9-16-3　黄村坞村大夫第祠堂
（周为民 2000年摄）

图版9-16-4　柳家民族村节孝坊
（水亭畲族乡政府提供 2015年摄）

图版9-16-5　奎塘畈村雷氏祠堂
（雷土根 2015年摄）

图版9-16-6　水亭基督教会教堂
（雷土根 2015年摄）

序 一

中国是一个统一的多民族国家。在中华民族历史演进过程中，各民族在分布上交错杂居、文化上兼收并蓄、经济上相互依存、情感上相互亲近，形成了多元一体格局。生活在浙江大地的56个民族，就是这种多元一体格局的具体体现。

2015年3月，省民宗委决定编纂《浙江省民族乡（镇）志》，目的是通过编纂“一方之史”的18个民族乡（镇）的志书，客观记述一乡一镇区域范围内自然和社会诸方面的历史和现状，达到“资政、存史、育人”之功效，发挥其繁荣乡镇经济、促进社会和谐发展的作用。历届民宗委领导高度重视，各民族乡（镇）党委政府尽心尽责。《浙江省民族乡（镇）志》是少数民族地方经济、政治、社会、文化、生活的全方位、多角度呈现，更是民族团结的重要成果，也是全体编纂人员无私奉献与辛勤耕耘的结晶。

浙江属少数民族散杂居省份。世居少数民族有畲族、回族和满族，其他少数民族大多是中华人民共和国成立后，特别是改革开放以来因工作、经商或婚嫁而落户浙江的。2010年，浙江省56个民族成分齐全，少数民族人口总数1214697人，其中畲族人口为166276人。

1956年12月，经平阳县委、县府批准建立的凤阳畲族乡，是浙江省最早成立的畲族乡。几经撤建，至1992年5月，全省有18个民族乡（镇），其中14个是革命老区。2015年，18个民族乡（镇）行政区划面积为1068.30平方千米，耕地面积9138.67公顷，人口19.61万人，其中少数民族人口4.41万人，辖245个行政村，其中80个民族村。18个民族乡（镇）分布在杭州、温州、金华、衢州和丽水的13个县（市、区），已经全部实现通公路、通自来水、通电与通邮。

进入21世纪，省民宗委根据省委、省政府对民族工作的部署，牢牢把握铸牢中华民族共同体意识及各民族“共同团结奋斗，共同繁荣发展”的主题，深入实施“八八战略”。通过目标引领，强化区域特色，推进全省民族地区经济社会的发展;通过深化民族事务的依法治理工作,推进民族地区治理体系现代化;通过强化帮扶机制,提升浙江民族地区小康社会建设的“加速度”。

中国特色社会主义文化,源自中华民族五千多年文明历史所孕育的中华优秀传统文化,熔铸于党领导人民在革命、建设、改革中创造的革命文化和社会主义先进文化,植根于中国特色社会主义伟大实践。《浙江省民族乡(镇)志》的编纂出版,体现了民族文化的传承与创新,是推动浙江畲族文化研究工作向广度拓展、向深度推进的重要实践。通过民族文化的创新性发展,将浙江畲族源远流长的灿烂文化转化为现实经济优势,对提高浙江畲族文化软实力,增强浙江畲族文化的竞争力,扩大浙江畲族文化的影响力,加快地方经济社会发展和促进社会和谐,推动民族地区政治文明、精神文明、物质文明、社会文明和生态文明的协调发展,都具有重大的现实和深远的历史意义。

《浙江省民族乡(镇)志》在篇章布局上既体现乡(镇)志编纂要求,又体现畲族文化特色。这样,有裨于贯彻党和政府的民族政策,进一步推动民族平等、民族团结、各民族共同繁荣;有裨于民族间的学习交流与文化互动;有裨于畲族民众更加了解自己民族的发展历史,提高民族凝聚力;有裨于畲族教育文化工作者更加深入全面了解浙江畲族文化内涵和现代畲族文化现象;有裨于广大民众了解民族地区社会、经济与文化发展情况,具有丰富的资料性与较高的学术价值。

“修史之难,无出于志。”值此本志出版之际,谨对承担项目的丽水学院与参加编写的全体编纂人员,以及对志书编纂工作提供帮助和付出艰辛劳动的社会各界人士、专家学者及相关人员,致以衷心感谢与崇高的敬意!

浙江省民族宗教事务委员会主任 [signature]

2020年11月

序 二

盛世修志，政通人和。《浙江省民族乡（镇）志•水亭畲族乡志》的完稿付梓是值得水亭畲族乡各族人民庆贺的大喜事。

水亭位于兰溪西部，地处丘陵，水量充沛，四季分明，土肥物盈；水亭山清水秀，塘库星罗棋布，气候宜人，风光秀丽，是名副其实的鱼米之乡、美丽之乡。

水亭自南宋绍熙年间得名，至今已有800余年，历史悠久，文化底蕴深厚。畲族是水亭人口最多的世居少数民族。畲族先祖于1814年自景宁始迁入水亭至今已200余年。200多年来，畲族同胞与当地汉民族及其他民族和睦相处，携手开发水亭山山水水，共建水亭家园，开创了无数辉煌的业绩，创造了无比灿烂的水亭文化。

水亭畲族乡是具有光荣革命传统的革命老区。水亭黄村坞村、古塘村是第二次国内革命战争时期的革命根据地。1927年1月，萧劲光率部在水亭与北洋军阀展开了一场殊死的北伐鏖战，水亭畲汉两族人民自发踊跃加入这场北伐战争，直到胜利。1927年12月，中国共产党古塘支部委员会成立；1928年1月，中国共产党水亭区委员会成立。自此，水亭人民在中国共产党的领导下，组织农民协会、农民武装，开展了“减租减息”“加薪罢工”“铲除地主恶霸”等一系列经济、政治斗争。1931年，水亭地区有100多人参加中国红军第十三军第二师。革命先辈们的信仰、精神、事迹，永远教育、激励着水亭人民坚定不移跟着中国共产党奔向共产主义社会。

本志书较系统地记录了水亭的历史、经济、文化生活、风俗习惯、教育科技、宗教信仰等实况，尤其是中华人民共和国成立以来及改革开放以来，水亭畲族乡在政治、经济、文化、教育等各方面的巨大变化。从志书的字里行间，我们看到了畲族同胞在中国共产党领导下，与兄弟民族携手并肩逐步走向幸福小康生活的历程。史料丰富翔实的志书起到了“资政、教育、存史”的作用，是值得一读的。

《浙江省民族乡(镇)志·水亭畲族乡志》是一本具有鲜明民族特色的志书，其布局谋篇，篇章结构，突出本乡少数民族人口最多的畲族，对民族特色鲜明的，力求详记。如畲族至今保留的语言、文化艺术、风俗等，本志都进行了较深层次的挖掘，具有一定的突破性。因此，本志书还具有民族历史、文化研究的价值。

志书编纂，任务艰巨、工作繁杂。值此《浙江省民族乡(镇)志·水亭畲族乡志》付梓之际，诚向全体编辑人员，关心、关注、支持、帮助本书编纂的有关部门、单位及个人表示衷心的感谢！

中国共产党水亭畲族乡委员会 书记

水 亭 畲 族 乡 人 民 政 府 乡长

2022 年 4 月

凡 例

一、指导思想

本志以马克思列宁主义、毛泽东思想、邓小平理论、“三个代表”重要思想、科学发展观、习近平新时代中国特色社会主义思想为指导，坚持辩证唯物主义和历史唯物主义的立场、观点和方法，全面、客观、系统记述浙江省民族乡（镇）自然、政治、经济、文化和社会的历史。服务当代，垂鉴后世。

二、起讫时间

上溯事物发端，下限为 2015 年 12 月 31 日，必要时以注释等形式作适当下延。

三、地域范围

以下限时浙江省民族地区的行政区域为界，原则上越境不书。

四、体裁

采用述、记、志、传、图、表、录等体裁，以志体为主，图照辅之，表随文设置。全志首列序言、凡例、概述、大事记。

五、结构

以卷章结构为主。设章、节、目、子目 4 个层次，横排门类，纵述史实，力求充分体现地方特色和时代特点。

六、文体

使用规范的现代语体文。直接引用资料使用原文文体。

七、文字

以经中华人民共和国国务院批准、1986 年 10 月 10 日国家语言文字工作委员会重新发布的《简化字总表》，1955 年 12 月 22 日中华人民共和国文化部、中国文字改革委员会发布的《第一批异体字整理表》，以及 2013 年 6 月 5 日中华人民共和国国务院公布的《通用规范汉字表》为准；异形词以 2001 年 12 月 19 日中华人民共和国教育部、国家语言文字工作委员会发布的《第一批异形词整理表》为准。

人名、地名、书名、文章篇名及引录的原著文句，凡可能引起歧义、误解者，仍用原繁体字或异体字。

八、标点符号用法

采用2011年12月30日中华人民共和国国家质量监督检验检疫总局、中国国家标准化管理委员会发布的《标点符号用法》(GB/T 15834—2011)。

九、称谓

中华人民共和国成立前的国家、民族、地名、组织、机构、职官等名称，除明显带有歧视、污蔑含义者加以适当处理外，原则上仍用文献记载的原名称。

志书下限时的地名使用各级政府审定的标准地名，必要时括注俗称地名。地名古今不同者，各章首次出现时在其后括注志书下限时的标准地名；隶属地域变化者，注明志书下限时所属地域。

外国的国名、地名、人名、民族名，以及政府机构、党派团体、报刊等名称，主要依照《辞海(第六版)》译名及新华通讯社译名室常用译名。

生物名称使用学名，记述自然资源涉及有关生物名称的，各章首次出现时采用二名法，必要时加注当地俗名。

十、简称

各种较复杂的名称重复出现时，各章首次出现时使用全称并括注简称，其后出现直接使用简称；简称均以《有关机构、单位全称与规范化简称对照表》为准；有关机构单位2015年前的简称及其他简称采用社会上通行、不产生歧义者，且全卷保持一致。

十一、纪年

干支纪年、年号纪年及其他非公历纪年等，以汉字书写，括注公历纪年；非公历纪年后有月日的，同时括注经换算后公历纪年的月日。

民国纪年以阿拉伯数字书写，括注公历纪年。

同一自然段中同一纪年多次出现时，只在首次括注公历纪年，其后不再括注。

括注公历纪年于年份后加“年”字；括注某一时间段，则只在后一个公历纪年后加“年”字。

括注公元前年份，年份前冠“前”字；括注公元元年后年份直接书写年份，不冠“公元”。

自1949年10月1日起，采用公历纪年。

公历纪年及公历的世纪、年代、月、日和时分，均以阿拉伯数字书写。

十二、数字用法

采用2011年7月29日中华人民共和国国家质量监督检验检疫总局、中国国家标准化管理委员会发布的《出版物上数字用法》(GB/T 15835—2011)，凡一个数字与“以上”“以下”“以内”等连用的，均含该数字。

十三、数据

中华人民共和国成立前的数据按文献记载入志。

中华人民共和国成立后的数据以统计部门公布数据为准。统计部门缺失者，则采用相关部门经过核实的数据，并以注释形式说明资料来源。同一内容数据有不同者，也以注释形式加以说明。重要地理信息数据采用测绘部门公布的法定数据。

十四、计量单位

采用国家技术监督局1993年12月发布的《量和单位》系列国家标准规定。

中华人民共和国成立前的计量单位根据需要沿用旧制。

十五、货币

中华人民共和国成立前的货币币值均按文献记载入志。

中华人民共和国成立后，货币币值均指人民币币值。1953年3月1日前后人民币各按当时币值记载，不作换算。

外国货币按文献记载入志，币值不作换算。

十六、地图

执行2015年11月26日中华人民共和国国务院公布的《地图管理条例》和浙江省人民政府2014年11月11日公布、2015年12月28日修正的《浙江省地图管理办法》规定，采用经浙江省测绘行政主管部门审核的地图。

十七、注释

直接引用(引文)、地图、图片、表格及有关重要内容，均注明资料来源，其他需要说明者亦酌情加以注释。

引用清代及清代以前编纂的志书，注明朝代、纪年、志书名称及卷次(或卷次与篇名)；引用民国时期编纂的志书，注明“民国”两字和志书名称、卷次(或卷次与篇名)；引用1949年10月1日(含)以后编纂、出版的志书，注明志书名称、出版单位、出版时间及页码。志书名称与篇名均用书名号。引用私修志书除上述各项内容外，于志书名称前注明作者姓名。

十八、资料

取于档案、书籍、报刊、网络及社会调查等,均经考订、核实。凡记载不一者,正文采用其中一说,其余说法以注释形式记述。

十九、人物

以"生不立传"为原则,专设"人物传略""人物名录"予以记载;所涉人物按"以事系人""人随事出"加以记述。

目 录

概　述

水亭畲族乡于1992年由原圣山畲族乡与水亭乡合并而成，位于兰溪市西部，北纬29°06′57″—29°13′24″，东经119°1′254″—119°17′56″，与龙游县接壤，辖区东西长最大距离7.9千米，南北长最大距离11.91千米，地势北高南低。最高点为北部大岩山，海拔178.4米。最低点为奎塘村红旗畈，海拔37.8米。总面积为46.9平方千米。

至2015年，水亭畲族乡耕地1763.65公顷，林地405.5公顷，水域493.9公顷。全乡户籍人口21746人，常住人口18226人。少数民族人口总计1887人，其中畲族人口1828人。

一

《水氏宗谱》[①]记载，南宋嘉定十四年（1221年），婺州牧水钦（字敬夫，号诚斋，福建莆田亭溪人），死在官任上。只因福建洪水泛滥，加上战事，使之无法还乡。其夫人江氏及随同三子，占卜择地居住兰溪太平乡，将所居之地叫水亭，以不忘亭溪之分支。

原圣山畲族乡于1986年由原圣山乡改建而来。清代，圣山区域属太平乡仙洞里。民国17年（1928年）至20年圣山区域归属游埠区。民国23年，圣山乡（村）与东山村（乡）合并为圣东乡，归属游埠办事处。民国27—35年，水亭设区，圣山乡、古江乡、水亭镇合并为水亭乡，归属水亭区。1950年8月，设柳塘乡，是年10月设圣山乡。1957年，柳塘乡、圣山乡合并，成立圣山乡。1958年，设圣山管理区、柳塘管理区。1960年，圣山管理区、柳塘管理区合并为圣山管理区。1961年，设圣山人民公社。1983年6月，设圣山乡。1986年9月3日，

① 水庆云等水氏宗谱，1999年重修本。

根据浙江省民政厅《关于同意将兰溪市圣山乡改建为圣山畲族乡的批复》，圣山乡改建为圣山畲族乡。1992 年，撤区并乡扩镇，圣山畲族乡与水亭乡合并为水亭畲族乡。

清代的水亭归属太平乡仙洞里。民国元年(1912 年)至 20 年，承清末旧制，水亭设区。民国 23 年 3 月至 27 年 4 月，水亭区改为水亭镇。水亭设兰溪实验县第三区水亭联合办事处，辖水亭镇、平湖乡。民国 27 年至 35 年，设水亭区，辖游埠乡、金湖乡、水亭乡、仁湖乡、诸葛乡、砚峰乡、永昌乡及环衢乡。1949 年 5 月 6 日，兰溪解放，是年 8 月成立水亭乡。1950 年 6 月，水亭乡分设圣山、水亭、河伯 3 个乡。1957 年，水亭、河伯乡合并为水亭乡。1958 年，设水亭、河伯管理区。1961 年 10 月，建立水亭人民公社，辖原水亭、河伯管理区。1983 年 6 月，建立水亭乡。1992 年 5 月，水亭乡与圣山畲族乡合并为水亭畲族乡。

水亭畲族乡辖 37 个行政村：生塘胡、西方坞、柳塘章、奎塘畈、柳家、上朱、下方泉、周邵汤、水亭街、杨田坞、黄村坞、松树下、盖竹里、塘上、古塘、陈塘下、午塘桥、芳茗叶、尚方、垂江、下蒋、上吴、午塘边、河伯沿、水亭坞、西姜、奎塘、珠带式、杨宝塘下、横塘、上周、施家、白鹤桥、殿下、范坞、丁家、生塘徐。其中，生塘胡、西方坞、柳塘章、奎塘畈、柳家、上朱、下方泉、周邵汤 8 个村为民族村。2008 年，生塘徐行政村划归游埠镇，水亭畲族乡辖 36 个行政村、98 个自然村。

水亭畲族乡是一个多民族居住乡。全乡有汉族、畲族、苗族、彝族、壮族、布依族、满族、土家族、黎族、哈尼族、仡佬族 11 个民族。畲族是最早迁入水亭且人数最多的世居少数民族。水亭畲族有蓝、雷、钟 3 个姓氏。畲族最早迁入水亭的是蓝姓始祖蓝有光，其于清嘉庆十九年(1814 年)率族人由景宁五都东源迁入兰溪二十七都里塘章(现柳塘章)定居。其他少数民族从 20 世纪 70 年代开始迁入。

二

中华人民共和国成立前，水亭区域(含原水亭、圣山区域，下同)的耕地和山地大多为“大户人家”(土地改革时期划为地主、富农)所有。贫困的和较贫困的农户(土地改革时期划为雇农、贫农)虽然户数众多，但占有耕地与山地的比例较少。1951 年，水亭区域通过土地改革，水亭农民耕有其田，各自耕作，当时称为“单干”。

1951 年夏季，水亭农民成立了临时互助组、常年互助组，耕地归互助组集体使用，“走集体化道路”。1952 年，“互助合作社”工作全面铺开。1956 年秋，农业合作化运动全面升级。是年冬，“互助合作社”初级社全部转为高级农业社，耕地归集体使用。1958 年，成立水亭人民公社、圣山人民公社，实行“三级所有制”。

水亭是以种粮为主的传统农业区域，中华人民共和国成立前，水利条件极差。为解决农业抗旱用水问题，水亭在互助合作社、人民公社时期就开始进行了多个水利工程建设。从 1955 年至 1961 年，水亭区域共兴建了小（1）型水库 4 个、小（1）型以下水库 75 个、池塘 25 个。加上历代村民所挖近千个小池塘，基本满足了雨水正常年份的农业用水，但干旱年份，农业用水仍然紧张。

1969 年，兰溪县人民政府在游埠公社兴建山峰张电灌机埠，圣山公社派出劳动力参加该工程建设。山峰张电灌机埠干渠总长 11.99 千米，穿越游埠公社、龙游地界，直达圣山公社，并兴建了 6.97 千米长的支干渠，直达各大队，灌溉圣山公社农田面积 455.79 公顷。山峰张电灌机埠建成，抗旱用水虽然缓解了一些，但大旱年份农用水依然紧张。1989 年，金华市人民政府与衢州市人民政府联系、协商，要求衢州铜山源水库支援兰溪市圣山畲族乡抗旱用水。是年 8 月 22 日，双方签署了《关于衢州铜山源水库支援兰溪市圣山畲族乡抗旱灌溉用水的几点协商意见》，解决了圣山畲族乡北部 6 个行政村大旱年份农业用水困难问题。自此，水亭区域农业用水基本上得到保障，为粮食的增产丰收打下了基础。

在 1951 年夏开始走集体化道路之前，水亭区域受水资源的限制，粮食作物种植采用二熟制。头熟，春花，以播种大、小麦为主，油菜为辅。二熟，夏种，以播种水稻为主，旱地种番薯。播种小米、荞麦的很少。粮食作物品种世代沿用，产量不高，一熟平均亩产一般在 100—150 千克。随着农业用水问题的逐步解决，农业先进技术、优良品种的逐步推广，水稻种植面积逐步扩大，粮食作物种植一年三熟制逐步推广。粮食产量逐步提高。至 2015 年，水稻一熟平均亩产达 490.1 千克。

20 世纪 70 年代，水亭公社、圣山公社成立公社农业技术推广站，各大队成立植保站。1984 年 3 月 8 日成立圣山乡科普协会。1984 年 2 月成立水亭乡科学技术协会，1986 年 4 月成立水亭乡农业技术学校与水亭乡养兔专业协会。技术学校与养兔协会每季举办科技知识培训 1—2 期。培训内容有：早中稻病虫害防治，柑橘、蚕桑、鱼、珍珠、兔、鸡、猪等种植养殖技术。粮食作物种植普及一年三熟制。第三熟(双季晚稻),除种植少数面积的糯稻,其余全种杂交水稻,粮食产量显著提高。2010年,成立水亭畲族乡成人文化技术学校,传授企业、农业、服务业等各行业的知识、技术。

1980年,水亭区域粮食总产量15031.60吨。1982年,水亭区域实行"家庭联产承包责任制",生产力进一步得到解放,农民种粮积极性空前高涨,粮食产量大幅度提高。1992年粮食总产量17712吨;至2015年粮食总产量16880.4吨。

20世纪80年代中期,水亭区域农业从单一种粮向多种经营发展,山地开始种植柑橘、茶叶、青枣等,开始挖田造塘人工养鱼。20世纪90年代,开始池塘"立体"养鱼养珍珠。水亭农村富余劳动力开始外出打工。21世纪初,水亭畲族乡出现集约、规模经营,出现种粮大户,养鸡、养鸭、养猪、养鱼大户。农村富余劳动力外出打工、创业人数激增,形成一种潮流,为当地带来了巨大的经济收入,促进了当地经济发展。

2000年,水亭畲族乡淡水鱼珍珠养殖面积326.67公顷,其中珍珠养殖面积46.67公顷,水产品总产量791吨,其中珍珠产量1.50吨。2010年淡水鱼珍珠养殖面积350.4公顷,其中珍珠养殖面积57.87公顷,水产品总产量2215.9吨,其中珍珠产量8.84吨。2015年,生猪年末存栏数32565头,生猪年内出栏数33817头,生猪全年饲养量66382头。牛年末存栏数130头,羊年末存栏数175只,家禽年末存栏数277300羽,兔年末存栏数150只,蜂年末箱数898箱。

进入21世纪,涉农新经济组织开始涌现。2015年,水亭畲族乡有粮食专业合作社35个,果蔬专业合作社7个,植物保护专业合作社2个,水产专业合作社3个,村股份经济合作社36个,家禽家畜专业合作社3个,苗木专业合作社1个,家庭农场14个。养鸡大户20户,养鸭大户19户,养猪大户43户,养鱼大户41户,养珍珠大户11户,特种(鹿)养殖户1户。

自1951年土地改革之后,水亭区域农业总产值、农村经济总收入不断增长,尤其是1978年改革开放及1982年实行"家庭联产承包责任制"后,增长速度明显加快。1984年水亭区域农业总产值1201.47万元,农村经济总收入1259.33万元;1992年农业总产值2261万元,农村经济总收入4504万元;1995年农业总产值5659万元,农村经济总收入8249万元;2005年农业总产值5075万元,农村经济总收入23458万元;2015年农业总产值16450万元,农村经济总收入52918万元。

林业生产是水亭畲族乡经济发展的重要组成部分。1951年前,水亭区域大部分山林属地主、富农所有。1951年土地改革之后,林地归属村集体所有,由各农户经营。合作社时期，山林属集体所有、经营。1982年实施“山林三定”[①]政策。1986 年，水亭区域开始对荒山进行改造，引导农民搞“多种经营”。乡政府通过兰溪市林业局、兰溪市农业技术站，引进茶叶、桑树、青枣、柑橘、枇杷、梨、葡萄等优质品种，并邀请兰溪市农业技术站技术人员对种植人员进行技术培训。2013 年，水亭畲族乡政府引进浙江天保药材发展有限公司，在水亭畲族乡河伯片区域内实施“万亩银杏基地”项目。2014 年，“万亩银杏基地” 项目被兰溪市列为兰溪市“双百工程”重点项目。至 2015 年底，该项目共流转土地（主要是山地）620 公顷，基本形成万亩规模。

水亭畲族乡的工商贸易发展相对缓慢。1949 年之前，水亭区域有砖瓦窑、榨油厂、粮食加工业及其他一些传统手工业。砖瓦窑有 2 座，建于清初（具体年份无考），土窑，手工制作。榨油厂主要是榨菜油（油菜籽）。粮食加工业主要是酿酒、酿酱、加工年糕、加工粉丝等。豆制品加工业主要加工千张、豆腐、豆腐干、豆腐皮等。榨油厂、粮食加工业设施简陋，都是作坊，工艺落后，全是手工操作。手工业主要有石匠、木匠、泥水匠、篾匠、箍桶匠、油漆匠、裁缝、鞋匠等行业。

20 世纪 70 年代，水亭区域乡镇企业开始兴起。至 1986 年，水亭区域共有乡镇企业 12 家，村联办企业 1 家，涉及纺织、化工、建筑、建材、机修、食品等行业。2000 年，水亭畲族乡在珠带式行政村区域创建兰溪市圣宇工业园区。2012 年， 水亭畲族乡在下方泉行政村区域创建兰溪市水亭畲族乡畲乡创业园水亭工业功能区，引进浙江云山纺织印染有限公司等企业。

20 世纪 80 年代以后，水亭畲族乡的工业产值逐渐提高。1985 年全乡工业总产值只有 223.78 万元，1990 年提高到 2471.15 万元，2000 年为 36280 万元，2010 年达到 55200 万元。全乡企业有 210 家，职工人数达 3012 人，涉及毛巾、棉纺、工艺品、铜线材加工、建筑、机动车辆维修等行业。至 2015 年，全乡工业总产值 192000 万元。

水亭与珠带式行政村都是农村商贸小集镇。1949 年之前，小集镇商铺都是为当地农业、手工业生产和人民生活提供便利的。1961 年之后，商贸服务业逐渐扩展到各大队，小集镇的商贸服务业也相应发展。至 2015 年，珠带式行政村注册店铺有 53 家，水亭村注册店铺有 136 家，主要经营小百货、副食品、餐饮、住宿、日用小商品、文具用品、服装、建材、农资、烟酒、农产品、农副产品、家电、邮政、电信等。

---

① 山林三定：稳定山林林权，划定社员自留山和植树地段，确定林业生产责任制。

三

中华人民共和国成立前，水亭畲族乡的基础设施比较落后，仅在交通方面有所投入。明清时期，水亭交通道路只有古道。民国24年(1935年)，铺设水亭至游埠石板路。民国36年，修建永昌至水亭县道7千米，修建水亭至游埠县道泥土路8千米，路基宽3米，路面宽2米。中华人民共和国成立之后，水亭畲族乡于1964年扩修主要交通道路永游线(永昌—游埠)，路基宽6.5米，砂石路面宽3.5米。是年通客车，专设水亭汽车停靠站。1974年，兴建从珠带式经西方坞、柳塘章、奎塘畈、高元张民族村至游埠镇塘下邵村与永游线连接的民族公路。1985年，民族公路向北延伸，从珠带式经范坞、横塘、上周、杨宝塘下村至龙游县横山镇连接351国道。1975年6月，修通水亭至珠带式，游埠至珠带式公路。1979年12月，修通水亭至双牌公路，连接诸葛至330国道。1985年11月，修通珠带式至龙游横山、模王公路，连接龙游、衢州。1993年，兰溪市人民政府下发《关于永游公路进行拓宽改造的决定》，把永游线水亭段原来6.5米宽砂石路拓宽到10米，并浇筑沥青路面。工程于1993年底完成。

1949年，水亭成立了水亭邮政所，20世纪50年代末改称水亭邮电所。1998年体制改革，分为水亭邮政所与水亭电信所。1998年8月，水亭邮政所改称为水亭通讯服务站。2000年2月，水亭通讯服务站改称为兰溪市电信局水亭电信支局，2003年改称为兰溪市电信局游埠支局水亭电信所。

1968年，从永昌变电所架搭高压线路到水亭人民公社，水亭开始使用电力照明。1970年，从游埠山峰张提水站架搭高压线路到圣山人民公社，圣山开始使用电力照明，全乡通电到各村各户。

1950—2015年，全乡共兴建了小(1)型水库4个、小(1)型以下水库75个、池塘25个，总蓄水量达903.95万立方米，建成抽水机埠57座，兴建渠道70.45千米。1970年，建成山峰张机埠，经二级机埠到圣山，再经三级机埠将水提到圣山地势较高村的农田及塘库中。

20世纪80年代末开始，乡村基础建设各项目陆续启动。1989年5月4日，圣山畲族乡奎塘畈村畲族文化楼建成。1992年，水亭小集镇新区建设被列入规划；在水亭集镇建成牲畜交易市场，该市场占地面积2600多平方米，其中建筑面积1000多平方米。1993年永游交通线浇注沥青路面。1998年兴建水亭畲族乡中心小学教学楼，建筑面积1545平方米，1999年竣工交付使用。2000年，圣山民族小学兴建教学楼，建筑面积1076平方米。2008年，投入1184725元，建水亭街村服务中心，2010年投入使用。2008年，动工新建水亭农贸综合市场，占地面积近1200平方米，2009年投入使用。2009年1月19日，兰溪市第一个乡镇视频监控系统——水亭、游埠区域治安监控系统正式开通。2010年，水亭小集镇新区完成纵横4条总长4000米的新街、沿街店面房及商品房建设。邮政、电信、移动营业厅、农村信用合作社及宾馆、饭店等211家注册店铺厅入驻。2010年，完成通向36个行政村的路面硬化工程。

1986年，全乡建成自来水塔8个，打井58口，全乡无人再饮塘水。2008年，水亭畲族乡自来水厂开建，设计供水规模为1900立方米/日。主要建设项目有清水池1座、一体化净水设备2套、水泵3套、管理房144平方米，铺设供水干支管65.2千米。工程总投资876.46万元。水厂于2010年12月建成，供应水亭畲族乡36个行政村21826人及游埠镇生塘徐行政村625人的生活用水。

1995年，创办水亭畲族乡敬老院，地址设在生塘胡胡氏祠堂。2004年易地新建于上朱村，同年8月投入使用。新的敬老院占地4000平方米，建筑面积1400多平方米，总投资35万元。至2015年底，西方坞、柳塘章、生塘胡、奎塘畈、柳家、下方泉、上朱、周邵汤等8个民族村都兴建了健身设施。

四

水亭教育事业历史悠久。早在南宋德祐二年（1276年），竹塘村（今古塘村）就已创办竹塘书院。西方坞村蓝增树于清宣统元年（1909年）创办的蓝增树私塾，是兰溪县唯一的一所畲族私塾。民国元年（1912年），水亭域内有10所私塾。

20世纪50年代，水亭乡幼儿园有14所，圣山乡有9所。1987年，原圣山畲族乡办起9所幼儿园，入学幼儿185人，原水亭乡办起5所幼儿园，入学幼儿268人。2010年，全乡有幼儿园5所，入学幼儿595人。经撤并调整，至2015年保留2所。

1958年，创办水亭初中，1971年，增设高中部。1969年，生塘胡“五七”学校与珠带式“五七”学校开设初中班，1971年，开办圣山公社初中。1976年，全乡（含原圣山乡、水亭乡）共有小学36所，初中2所（水亭初中、圣山初中）。是年，圣山初中增设高中部。1978年，圣山初中高中部并入水亭初中。1991年，兰溪市实施学校布局调整,调整后水亭(原圣山畲族乡、水亭乡)有小学37所、初中2所,在校生1150人。1995年,圣山初中与水亭初中合并为水亭畲族乡初中。2001年,水亭畲族乡圣山辅导完全小学更名为水亭畲族乡圣山民族小学。2003年,兰溪市对学校布局进行再次调整,调整后水亭畲族乡保留初中1所、小学3所。2013年,学校布局再次调整,水亭畲族乡保留初中1所(兰溪市水亭柏园学校)、九年一贯制学校1所、完全小学1所。2015年末,全乡学校布局未变,在校生人数1426人,其中少数民族学生138人。

20世纪50年代初,各村先后建立农民夜校,组织农民学习文化、知识,进行扫盲。1977年,农民教育开始恢复。1984年,原圣山乡、水亭乡各配备1名专职辅导员,负责各自乡的扫盲工作。1986年,农民教育转为成人教育。是年9月,水亭成人教育中心学校开学。教学内容主要以农业种植养殖技术培训为主,参加培训人员1876人,为各村培养了一批基本掌握鱼、兔、猪、柑橘、梨、西瓜等养殖种植技术及农机修理、农业电机使用维修技术的人才。水亭畲族乡于2001年、2004年分别被浙江省教育厅授予"浙江省教育强(镇)乡"称号。

水亭畲族乡的文化事业主要是在20世纪80年代开始蓬勃发展的。

水亭乡文化站建于1982年11月,设专职干部1人、电影放映员1人。站址设在水亭乡人民政府208室。1983年,租水亭坞小学2间教室开展活动。1983年,开始出现家庭文化室。到1986年,全乡共有家庭文化室14个。1985年9月,乡文化站搬迁到水亭新影剧院三楼,主要活动有图书报刊阅览、实用文化科技培训、影视放映、球类棋类比赛等。1984年,全乡20个村创办了俱乐部。1992年,水亭乡文化站与圣山畲族乡人民政府文化站合并为水亭畲族乡人民政府文化站。

圣山乡人民政府文化站是在1983年1月1日成立的,设专职干部1人、电影放映员2人。1983年底,圣山乡有13个村创办了俱乐部。1987年,圣山乡人民政府文化站改名为圣山畲族乡人民政府文化站。1988年,文化站设图书室、游艺室、讲座室、乒乓球室、电视室,室内面积450多平方米,可开展棋类与球类比赛、科技讲座、文艺演出、影视放映、图片展览等活动。1992年,圣山畲族乡人民政府文化站与水亭乡人民政府文化站合并为水亭畲族乡人民政府文化站。

电影是早期乡村文化的主要内容。水亭最早放映电影是民国31年(1942年)在水亭小学操场放映宣传抗日的无声电影。1952年至1969年底,兰溪第五电影队每月到水亭放映电影3场。1975年12月,水亭人民公社成立水亭电影队,到各村轮流放映。1984年耗费23万元建成水亭影剧院,影剧院门楼3层,剧院内座位985个,平均每月放映20场。1958年,简装广播线路,每个大队安装1个动圈扬声器,开始转播中央和省广播电台节目,音量较轻。1969年,原水亭、圣山公社都建立了广播放大站,主要广播节目来自兰溪县广播站,放大站自办节目有本地新闻、农技、广告等。20世纪70年代电视机进水亭,到1986年底,原水亭乡有电视机400多台,其中彩色电视机18台。1998年,水亭畲族乡启动有线电视工程,1999年1月,有线电视开通,第一批开通的有水亭街、西姜、珠带式和殿下4个行政村。到2004年,全乡所有行政村有线电视全部开通。2010年,全乡有线电视用户4098户,占全乡总户数的76%。2015年,全乡各户全部开通有线电视。

水亭民间曾活跃着许多戏班。20世纪50年代尚有坐唱班20个、太子班(农村业余剧团)6个、职业戏班(东山剧团)1个。至1986年,上述坐唱班、太子班、职业戏班全部陆续自行解散。

畲族人民创造了自己民族特色的文化。2005年,水亭畲族乡被浙江省文化厅命名为“东海文化明珠工程”。2008年6月,水亭畲族乡荷龙里“断头龙舞”被国务院列入非物质文化遗产代表名录。畲族传统体育项目,有蹴球、抄杠、舞龙头、打尺寸、押加、稳凳等。乡政府从2009年开始每年组织全乡性的押加、抄杠等体育项目比赛。2010年,水亭畲族乡运动员参加“第四届浙江省少数民族传统体育运动会”获得蹴球男子单蹴第五名、蹴球男子双蹴第六名、蹴球女子单蹴第五名、蹴球女子双蹴第六名。水亭畲族民间流行各种民歌、舞蹈、传说、故事、谚语等,多为口头创作,口耳相传,后来逐渐出现以汉字记录其音的手抄本。畲族民歌自成曲调,异于其他地区畲族民歌。2009年开始举办一年一度的“三月三”畲族风情节活动,组建了兰溪市畲族风情演艺团,定期举办“畲乡大舞台”歌舞联谊会。舞蹈分为传统舞蹈与现代舞蹈,传统舞蹈主要有《祭祖舞》《竹竿舞》《砍柴舞》《学字舞》等,现代舞主要有《山哈好日子》《扇子舞》《畲族爵士舞》等。畲族民间工艺主要有织带、刺绣、剪纸等。织带能手奎塘畈村村民钟根花将《高皇歌》缩编成十二首诗,连同字带编号、织带人姓名共1005个字,织成13条字带。水亭畲族乡兰溪市畲族风情园被金华市确定为“金华市非物质文化遗产保护宣传基地”,被兰溪市确定为“兰溪市非物质文化遗产畲族对歌传承展示基地”“兰溪市非物质文化遗产畲族婚嫁传承展示基地”“兰溪市非物质文化遗产畲族织带传承展示基地”。

水亭畲族乡的医疗卫生设施可以满足乡民基础的医疗需求。1949年,水亭乡在册登记的中药店有6家。1954年,建圣山卫生院。20世纪60年代各村培养了赤脚医生,成立村合作医疗站。1952年5月,建水亭卫生院;1970年7月,遭火灾;1986年10月,兴建门诊楼(3层48间),占地面积300平方米。1992年,改名为水亭畲族乡卫生院。1973年,圣山卫生院易地新建,占地面积640平方米,建筑面积510平方米。1987年,改名为圣山畲族乡卫生院。2009年,易地新建,占地面积3820平方米,建筑面积3034平方米。2010年,水亭畲族乡卫生院设有预防保健科、全科医疗科、内科、外科、妇产科(妇科专业、计划生育专业)、妇女保健科、儿科、儿童保健科、医学检验科、医学影像科(X线诊断专业)、中医科。病床8个,职工26人。

自20世纪50年代始,水亭乡、圣山乡均实施“五保”,对丧失劳动能力的孤寡老人、残疾人员,由乡集体给予“五保”供给,即由所在生产队保吃、保住、保穿、保医、保葬(孤儿保教)。1995年,水亭畲族乡敬老院成立,原址在生塘胡村胡氏祠堂,2004年,易地新建于上朱村。1986年,圣山乡创办福利企业——兰溪市兰江金属线材厂,有职工20人,为10名残疾人安排了工作。1998年,全乡农村实施低保。2006年,实施农村医疗保险,参保人员18140人,参保率81.63%。2010年参保人数19473人,参保率达90.60%。到2010年,全乡农村最低生活保障户数234户,人数296人,国家财政支出741192元,人月均208.67元,比上年增长15%。2010年,全乡实行农村养老保险,参保人数8669人,参保率达40.33%。至2015年,参保率达94.25 %。

五

水亭畲族乡有着光荣的革命历史。民国16年(1927年)1月28日北伐东路军左翼军主攻兰溪的诸葛、水亭、永昌一带。第六师师长戴岳、党代表兼政治部主任萧劲光[①],率部攻打水亭,与北洋军阀孙传芳五省(苏、浙、皖、闽、赣)联军,浙军总司令孟昭月部鏖战两昼夜,北洋军最后败逃淳安。在水亭战役中,北伐军得到水亭畲汉两族民众的有力支持。

民国16年(1927年)10月,水亭古塘村成立中国共产党古塘村支部委员会,领导当地农民开展革命运动。同年,祠堂脚、朱岗、包塘殿、黄村坞、范西、

① 中华人民共和国成立后曾任国防部副部长,大将军衔。

上方顶村都建立了中国共产党支部委员会。民国17年1月2日，中国共产党水亭区委员会建立。是年，水亭区农民协会发展到20多个，会员达1400余人。民国20年，红十三军第二师在水亭区重整，水亭畲族农民蓝友金、蓝樟根、蓝锦春、杨斐根、商永义等100余人参加了红军。

中华人民共和国成立后，中国共产党实施民族平等政策，大力加强对少数民族干部的培养，少数民族人民真正地翻身做了主人，有的走上领导岗位，有的被选为人民代表大会代表，有的被选为政治协商委员会委员，进入了参政议政、共商国是的行列。1963年，畲族青年蓝玉华赴京参加中华人民共和国成立14周年国庆观礼。1979年，雷耀铨作为畲族代表参加"全国少数民族国庆参观团"，并担任浙江省代表团团长，赴京参加中华人民共和国成立30周年活动。

进入21世纪，水亭畲族乡人民在中共兰溪市委、市政府和中共水亭畲族乡委员会、乡政府的领导下，团结一心，奋力开拓，正在为把水亭畲族乡建成环境优美、经济繁荣、社会和谐、人民幸福的美丽乡村而奋斗。

大事记

一、清代及清代以前

东晋

建元二年(344年)

胡凤定居生塘胡。

义熙二年(406年)

正月,太傅胡凤舍宅建和安寺,后改兜率寺。其夫人吕氏,是年于西庄建五福寺,后改灵耀寺。

唐

神龙二年(706年)

徐安贞(为水亭乐塘村徐氏二世祖)举进士,为兰溪历史上第一位进士。

南宋

绍兴五年(1135年)

徐良能,进士,水亭古塘村人,受御封"兰溪开国男"。

乾道九年(1173年)

姜维第34代孙定居兰溪西岗(今兰溪市水亭畲族乡西姜村)。

庆元六年(1200年)

黄庭坚六世孙黄镜率族人迁居兰溪水亭黄村坞村。

德祐二年(1276年)

徐应犹在水亭竹塘村(今塘上村)创办竹塘书院。

元

至元二年（1336年）

自春至八月不雨，发生饥荒。

明

景泰五年（1454年）

黄村坞村族人为纪念黄庭坚兴建“钟瑞堂”大夫第。

万历年间（1573—1620年）

水亭黄村坞村叔扬书院创办。

甘薯传入水亭境内，称番薯。

清

乾隆二十三年（1758年）

知县左士吉割俸率邑人捐建水亭等九处社仓，其中一处建在水亭，叫“水亭社”。年久失修已废弃。

嘉庆十九年（1814年）

蓝有光从景宁五都东源迁入兰溪二十七都里塘章（今柳塘章余垄村）。

道光四年（1824年）

蓝玉养、蓝玉仁兄弟俩从景宁五都东源迁入兰溪二十七都里塘章。后（年份不详）蓝玉仁转迁本县西乡水亭双塘下。

道光十八年（1838年）

雷开生率子雷光荣从景宁三都高坪迁居兰溪二十七都李塘坝。

道光二十二年（1842年）

雷开照从景宁三都罗坑头迁居兰溪二十七都余垄。

道光二十四年（1844年）

雷光瑞、雷光谏、雷光文、雷光支兄弟四人从景宁三都高坪迁居兰溪二十七都明真山脚。

道光二十七年（1847年）

雷光聪从景宁三都茶下迁居兰溪二十八都凉亭下。

咸丰七年（1857年）

雷聪率子侄雷日妹、雷月炳，自景宁二都潘庄迁入兰溪二十七都余垄（今柳塘章行政村余垄自然村)。

咸丰九年(1859年)

雷光财从景宁三都亭后迁居兰溪二十七都东山下。

同治元年(1862年)

雷光养从景宁大均乡白银岗迁居兰溪二十七都洪东山。

同治五年(1866年)

正月二十日,雷金孙从景宁三都吴山迁居兰溪二十七都三图奎塘畈。

同治七年(1868年)

蓝奇信、蓝奇吾、蓝奇水从景宁三都大坪迁居兰溪西方坞坂山。后(年份不详)蓝奇吾转迁本县西乡二十七都二图外垅山。后(年份不详)蓝奇水转迁兰溪县水亭双塘下(今双塘塍)。

蓝奇松从景宁三都大坪迁居兰溪西乡二十七都三图外垅山。

蓝春隆从景宁三都大坪迁居兰溪西乡二十七都横磨畈庄(水亭下罗家村)。

蓝春潘从景宁三都大坪迁居兰溪二十七都奎塘畈(大茅铺)。长子蓝奇燕、次子蓝奇邦、三子蓝奇福居奎塘畈。四子蓝奇应转迁兰溪西乡水亭上朱塘。

同治八年(1869年)

蓝朝余、蓝朝良从景宁三都陈坑练庄双连迁居兰溪上朱分水塘。

蓝廷翰从景宁三都陈坑练庄双连迁居兰溪上朱分水塘,后与子蓝启汉转迁兰溪二十七都柳塘山脚。

蓝奇承从景宁三都乌饭恰迁居兰溪二十七都二图湖塘下。

蓝春本从景宁三都乌饭恰迁居兰溪西乡石八塘下。

蓝奇垚随父母从景宁三都乌饭恰迁居兰溪二十七都三图石八塘下。

蓝春盛率五个儿子从景宁三都乌饭恰迁居浙江兰溪乡明真山脚。后(年份不详)四子蓝奇炳仍随父居明真山脚。其余四个儿子各迁居别村:长子蓝奇奕转迁兰溪二十七都三图银应塘。次子蓝奇养转迁兰溪二十七都余垅。三子蓝奇得转迁兰溪二十七都上朱塘(上朱分水塘)。五子蓝奇首转迁兰溪二十七都余垄。

同治九年(1870年)

正月初九日,畲族钟日风从景宁三都流坑迁居兰溪西乡二十七都三图鸿塘。

是年,雷明祥从景宁三都原垟沟迁居兰溪二十七都。

是年,蓝春回从景宁二都潘庄迁居兰溪二十七都四图余垅。

是年,蓝春懋从景宁五都东源迁居兰溪二十七都西方坞。

同治十一年（1872 年）

雷光松从景宁三都高坪迁居兰溪二十七都余垅。

是年，雷光树由景宁三都高坪迁居兰溪二十七都余垅。

同治十二年（1873 年）

蓝春柜、蓝春云从景宁五都东源迁居兰溪水亭双塘下。

光绪二年（1876 年）

雷陈孙从景宁三都吴山迁居兰溪二十七都四图柳塘畈。

蓝朝阳、蓝朝鸣从景宁三都寨下迁居兰溪太平乡柳家上首。

光绪四年（1878 年）

雷开芳从景宁三都罗坑头迁居兰溪二十七都下山坞。

光绪六年（1880 年）

蓝奇振从景宁三都乌饭恰迁居兰溪二十七都游垅（今余垅）。

光绪八年（1882 年）

雷光杨从景宁三都河畔垟迁居兰溪二十七都破塘下。

松涛私塾在水亭午塘边村创办。

光绪十八年（1892 年）

兰溪奎塘畈村盛德堂《雷氏宗谱》重修，雷明朝等撰，共 3 卷，3 册。

兰溪余垅村《雷氏宗谱》编修，雷日妹等撰，不分卷，共 1 册（手抄本）。

光绪三十二年（1906 年）

兰溪西方坞蓝姓宗族，捐助兰溪书山书院“白洋”壹佰元。

宣统元年（1909 年）

水亭公立立本初等小学堂创办。

宣统二年（1910 年）

实行地方自治，兰溪县划分为 15 个自治区，水亭为 15 个自治区之一。

塘上养正小学创办。

宣统年间（1909—1911 年）

西方坞村蓝增树，在本村家中创办“增树私塾”，是兰溪县唯一的畲族私塾。

二、中华民国

民国元年（1912 年）

兰溪县第一届县议会与县参议会正式成立，水亭籍人李锦为议员。

民国3年(1914年)

兰溪下罗家村种玉堂《蓝氏宗谱》重修，蓝奇宝、蓝奇承、蓝朝聚等撰，共12卷，12册。

民国5年(1916年)

兰溪下山坞余庆堂《雷氏宗谱》重修，雷良金等撰，共12卷，12册。

兰溪明真山脚村余庆堂《雷氏宗谱》重修，雷良金等撰，共11卷，11册。

民国10年(1921年)

兰溪洪塘下村《钟氏房谱》创修，雷永吉撰，不分卷，共1册。

民国11年(1922年)

兰溪县第二届县议会与县参议会成立，水亭的议员为李镳。

民国15年(1926年)

4月，兰溪西方坞村种玉堂《蓝氏宗谱》重修，蓝朝聚等撰，共8卷，8册。

民国16年(1927年)

1月28日，北伐战争水亭战役爆发。

10月，中国共产党古塘支部委员会在水亭乡古塘村建立，徐耀祖任支部书记。

12月，改由徐焕文任中国共产党古塘支部委员会书记。

是年，水亭区祠堂脚村在中国共产党兰溪县委员会的领导下，组织“崇文话剧团”，宣传妇女解放、反对封建迷信。

民国17年(1928年)

1月2日，中国共产党水亭区委员会成立，童文仙任区委书记。

3月，徐焕文任中国共产党水亭区委员会书记。

5月2日，徐耀祖任中国共产党水亭区委员会书记，徐寿椿、朱上通、范春荣、王超进、李海成任委员。

5月2日，徐寿椿任中国共产党古塘支部委员会书记。

民国18年(1929年)

8月，兰溪县政府通令，查禁女性缠足。

民国19年(1930年)

1月，兰溪县政府明令禁止男人蓄辫，女人缠足。

民国20年(1931年)

年初，兰溪县9个区缩编为5个区，一区为城区，二区为马涧，三区为水亭，四区为永昌，五区为女埠。

春，郑秾在兰溪、龙游、汤溪、寿昌边界组织成立中国工农红军第十三军第2师，郑秾任师长，水亭地区共有100多人参加红二师，现已调查核实有5人：蓝友金，畲族，上朱村人；杨斐根，殿下村人；蓝樟根，畲族，上朱村人；雷春锦，畲族，上朱村人；商永义，明真山脚村人。

民国21年(1932年)

兰溪洪塘下村聚庆堂《钟氏宗谱》重修，钟昌明、钟明庆等撰，共12卷，12册。

民国22年(1933年)

兰溪为实验县，为集中管理积谷，拨款在水亭乡建联合积谷仓廒一所，计可容谷二万一千余担。

民国23年(1934年)

1月，兰溪实验县政府宣布第三区改为自治实验区，区公所设在水亭镇，实行政教合一，借教育力量推行地方自治。

民国25年(1936年)

兰溪实验县政府拨款新建扩建小学校舍，水亭小学列入其中。

民国27年(1938年)

是年，兰溪建设乡村电话网路由城区至游埠达水亭。

是年，兰溪县推广优良小麦品种，指定水亭等四处为繁殖区域。水亭得到10千克优良小麦品种——“九号江东门”；推广优良水稻“九江稻”“汤溪白采”“之六三”“一五〇”“二二五”等品种。

民国29年(1940年)

6月，因食盐来源受阻，试行计口授盐。成人每月一斤，未成年人减半。

民国31年(1942年)

兰溪县民国抗日作战中心驻地迁到水亭塘上村，指挥部设在徐希庆家(指挥官是国民党陆军26师76团团长李佛态，字阶开，四川省人士，系黄埔军校第六期毕业生)。

民国31—34年(1942—1945年)

日本侵略军侵占兰溪3年3个月零3天，共轰炸兰溪45次。水亭地区被日本侵略军杀害已查实的有9人。

民国33年(1944年)

春，游埠、水亭发生流行性脑膜炎，幼童死亡甚多。

是年，水亭午塘桥村洪涛、生塘胡村秦松峰黄埔军校第十七期(1942—

1944年)毕业。

民国33—34年(1944—1945年)

日本侵略军多次在浙赣铁路沿线地区投放鼠疫、炭疽等细菌，兰溪是受害的重灾区之一。仅水亭乡奎塘村一个自然村就死亡60多人，12户家庭绝户。

民国35年(1946年)

10月，建筑水亭至游埠县道，长度8千米，宽3米。

民国36年(1947年)

5月，丽水邮运站移到兰溪，水亭设立邮政代办所。

5月，兰溪罗塘上村畲族树德堂《蓝氏宗谱》重修，蓝日新等撰，共8卷，8册。

9月，兰溪县政府宣布老秤改为市秤，每500克为1市斤，每市斤为16两，1市两为16钱，每钱为1.853克。

民国37年(1948年)

1月，兰溪县举行国民政府立法院立法委员选举。姜卿云(水亭横塘人)当选为立法院立法委员。

1月，架设乡村电话线路，永昌—水亭(单线)长7.5千米；水亭—游埠(单线)长7.5千米。

三、中华人民共和国成立后

1949年

5月，兰溪解放。为支援解放大军向西南进军，县民主政府发布命令，向全县人民借米、柴、草，调剂军需粮草。其中向水亭等7个甲等乡镇各借米20.95万斤、柴100吨、草37.5吨。

8月13日，兰溪县政府第二次向全县人民预借稻谷，其中向水亭等10个甲等乡镇各借300吨。

8月，水亭乡人民政府建立。

10月，开始征收农业税。

11月，圣山乡、柳塘乡分别成立农民协会。

1950年

8月，柳塘乡人民政府建立，归属游埠乡。

10 月，圣山乡人民政府建立，河伯乡人民政府建立。

10 月，圣山乡荷垅里村为庆祝土改胜利，该村“龙头会”组织舞龙庆祝，为“断头龙舞”首次演出。

1951 年

3 月，建立水亭供销社，当时入股人数为 2413 人，股金为 1446 元。

是年夏天，人民政府引导农民建立互助组。

1952 年

1 月 26 日，圣山乡所属兑门江、溪塘江、米筛垅、下畈、西湖、经堂等 6 个村划归龙游县，龙游县士元乡所属梅屏、小梅屏、山峰张、柴埠江、生塘徐等划归兰溪县。

是年，农民互助组建立工作全面铺开。

1953 年

11 月，粮食开始实行统购统销。

年底，水亭区域完成农村互助组组建工作。

1954 年

7 月，国家对油料作物实行统购。

9 月 11 日，国家实行棉花计划收购，棉织品计划供应，每人每年发放定量布票 16.5 市尺，凭布票购买棉织品。

是年，在“联合诊所”的基础上改组成立圣山卫生院。

1955 年

2 月，国家对生猪实行派购。

3 月 1 日，中国人民银行发行新版人民币，同时收回旧版人民币，兑换率 1:10000。

5 月，位于上周村的金星水库始建。1957 年 11 月完工蓄水，蓄水量 109.53 万立方米。

8 月，位于午塘桥村的楚塘水库始建。1958 年 10 月完工蓄水，蓄水量 22.5 万立方米。

9 月，国家发行布票，定量对农业人口与非农业人口有所区别，当年非农业人口发 2 丈 8 尺，农业人口发 2 丈 3 尺。

1956 年

2 月，柳塘乡、圣山乡合并为圣山乡，圣山乡人民委员会建立，水亭乡人民委员会建立。

2 月,河伯乡、水亭乡合并为水亭乡,水亭乡人民委员会建立。

4 月 13—16 日,兰溪县召开第一次畲族代表会议,到会代表 24 人。水亭派代表参加。

10 月 18 日,雷增寿参加浙江省民族事务处在杭州召开的畲族族称意见征求会议。

1957 年

1 月 25 日,圣山乡荷龙里《断头龙舞》参加浙江省第二届民间音乐舞蹈汇演,获表演奖。

4 月,雷增寿被选为“五一”劳动节金华市畲族代表,赴北京参加庆祝活动。

10 月,位于乐塘村的包坞水库始建。1960 年 9 月完工蓄水,蓄水量 129.5 万立方米。

是年,奎塘畈村畲族舞蹈《祭祖舞》参加金华地区文艺会演。

是年,珠带式村的《龙飞凤舞》节目参加金华地区文艺会演,获一等奖。

是年,珠带式村《踏碓》节目参加金华地区群众文艺会演,获一等奖。

是年,荷龙里《断头龙舞》参加金华地区文艺会演,获一等奖。

1958 年

8 月,水亭初级中学建立。

10 月,水亭设立邮政代办所。

12 月,各村建办食堂,提出“劳动军事化,生活集体化,评(工)分政治化”口号。

是年,贯彻“教育与生产劳动相结合”的方针,全乡各中小学根据学校条件开始办工厂、办农场,开展勤工俭学活动。

1959 年

2 月,成立水亭管理区、河伯管理区、柳塘管理区、圣山管理区。

11 月,金印水库始建。1961 年 10 月完工,蓄水量 235 万立方米。

1960 年

粮食制品凭票供应,非农业户口,政府按人发放“熟食票”。

1961 年

7 月,贯彻中央《农村人民公社修正条例草案(60 条)》,调整社、队规模,分给社员自留地,鼓励私养家畜。

10 月，水亭人民公社管理委员会建立；圣山人民公社管理委员会建立。

1963 年

蓝玉华作为浙江省少数民族国庆观礼团成员，赴北京参加国庆及参观活动。

1964 年

1 月 22 日，县人民委员会召开少数民族代表会议，到会代表 42 人，历时 3 天。

6 月 29 日至 10 月 5 日，夏秋连旱 99 天。

7 月 1 日，开展第二次人口普查。

10 月 29 日至次年 2 月 2 日，冬旱 97 天。

10 月，游埠财政所改称财政税务所，下设水亭税务组。

11 月 25 日，兰溪县第二批知识青年下乡到圣山、水亭两公社插队，被安置在柳家、上朱、施家等大队。

1965 年

荷龙里“断头龙舞”参加浙江省会演，获演出一等奖，王阿章、王义荣获“百花齐放，推陈出新”省五角星奖章。

1966 年

6 月，“文化大革命”开始，中小学停课搞运动，部分师生外出活动。

是年，圣山乡 17 个行政村均创办了保健室，全乡共有赤脚医生 17 人，接生员 10 人。

是年，各校成立“红卫兵”组织，一批有价值的文物、书画因“破四旧”而被焚毁。

1967 年

2 月，全乡各中小学复课。

7—11 月，夏秋连旱 114 天，山塘、水库干涸，溪河断流，人畜吃水困难。

1968 年

2 月，水亭人民公社革命委员会、圣山人民公社革命委员会成立。

是年，设立乡转播放大站，到年底全乡装有广播 1829 个，入户率 70%。

1969 年

3 月，开办公社初中，小学教育下放大队办。高、初级中学学制由三三制改为二二制，小学由六年制改为五年制。

1970 年

富春江库区有 34 户移民到水亭、圣山落户，其中水亭公社 14 户 77 人，圣山公社20户105人，分别聚居在奎塘畈、下方泉、上吴、上朱、柳家、午塘边等6个村。

1971年

6月24日至8月28日，夏旱66天。

10月6日至12月30日，冬旱67天。

1972年

9月，圣山公社在丁家村新建圣山初中一所。学校占地面积16650平方米，建筑面积1070平方米。

是年，圣山公社创建农技站，同时各大队建植保站。

1973年

10月22日至次年1月，冬旱83天。

是年，圣山公社卫生院建立，医务人员5人，各村设合作医疗站。

1974年

是年，始兴建经西方坞、柳塘章、奎塘畈3个民族村的“民族公路”。

是年，兰溪至(圣山)珠带式公路通车。

1975年

圣山毛巾厂创办。

1976年

4—5月，蓝玉华作为“五一”劳动节浙江省畲族代表参观团成员，赴西安、延安、重庆、贵州、成都、杭州等地参观，时达2个月。

9月，圣山公社初中、水亭公社初中分别增设高中班，各招收一个班新生(64人)。

1977年

元旦晚起，连续数天鹅毛大雪，且持续低温，气温低至零下12℃。

1978年

9月，初中恢复三年制，圣山公社初中、水亭公社初中停止招收高中班学生。下半年，撤销乡教育革命办公室，实行校长负责制。

1979年

1月，水亭农机供应站设立。

4月24—30日，柳塘章村雷土根参加在绍兴举行的中国民间文艺家协会浙江分会(后更名为中国民间文学研究会浙江分会)成立大会，并加入该分会。

8月，位于午塘边村的五龙水库始建。1980年6月完工蓄水。

9月7日，水亭农机供应站建造营业用房200平方米，投入资金8000元。

9月29日，奎塘畈村雷耀铨出席在北京人民大会堂举行的中华人民共和国成立30周年庆祝大会。

1980年

8月，圣山公社畲族社员的表演唱节目《畲族姑娘织绿毯》参加金华地区少数民族文艺会演。

1981年

1月，水亭人民公社管理委员会恢复；圣山人民公社管理委员会恢复。

9月25—28日，柳塘章村雷土根参加金华地区第一届文学艺术工作者联合大会，并加入金华地区文联。

12月1—8日，柳塘章村雷土根参加在杭州举行的中国民间文艺研究会浙江分会学术年会。在会上作《略论畲族民间文艺发展趋势》专题发言。

1982年

5月23—26日，柳塘章村雷土根参加兰溪县文学艺术工作者首次代表大会，被选为兰溪县文学艺术工作者联合会委员。

12月6日，兰溪县文化局发文批准“水亭公社文化站”正式成立。

是年，圣山公社柳家大队通过筛选推广春大豆良种“白千鸣”和“矮脚早”，获兰溪县科技奖二等奖。

1983年

2月25日，兰溪县文化局批准成立“圣山公社文化站”。

5月21—23日，柳塘章村雷土根参加在丽水举行的浙江省畲族民族民间文学研究会（后更名为浙江省畲族文化研究会）成立大会，并加入该会。

6月，水亭乡人民政府建立；圣山乡人民政府建立。

10月18日，美国休斯敦大学生物学高级研究员兼植物资源研究所H.W.斯凯尔德博士到水亭乡西姜村考察乌柏生产，并就乌柏资源利用等问题进行座谈。

11月6日，湖南、广西等11个省（市、自治区）乌柏科研生产、加工、利用部门41个单位47名代表参观水亭西姜村乌柏生产。

12月，雷土根获兰溪县1983年度文艺创作一等奖。

1984年

2月3日，“兰溪县破除迷信展览馆”到水亭展览3天。

4 月 23 日，兰溪县图书馆给水亭乡种植养殖专业户送科技图书。

8 月 10—18 日，范道生参加在景宁县召开的浙江省畲族文化工作会议，在会上作了关于圣山乡畲族文化基本情况的汇报。

8 月 20 日，荷龙里“断头龙”舞蹈参加金华地区群众文艺会演，获“优秀演出奖”，龙珠（王志清）、龙头（王国龙）两人获“优秀演出奖”。

8 月 26 日，水亭新影剧院首映典礼举行。

11 月，兰溪县农村文艺会演分区演出，在水亭影剧院开幕。

12 月 6 日，雷土根参加在温州举行的中国民间文艺家协会浙江分会学术研讨会，在会上宣读《畲族妇女与畲族风俗》发言。

12 月，周邵汤村被兰溪县人民政府命名为“文明村”。

是年，浙江省民族事务处拨给水亭乡文化站民族款 1000 元。

是年，雷土根获兰溪县 1984 年度文艺创作一等奖。

1985 年

1 月 15 日，《水亭文化》小报创刊。

6 月，西姜村的西姜祠堂被兰溪市列为文物保护单位。

7 月 6 日，兰溪市水亭乡会同龙游县模环区文化站，恢复徐良能墓原貌。

12 月 10 日，水亭文化站被评为兰溪市“先进文化站”。

12 月 24 日，兰溪市文物管理局人员到水亭乡黄村坞考察“大夫第”。

是年，水亭乡午塘边村郭济章种植的油菜创下当代兰溪农作物单位面积产量最高纪录（亩产 209.6 千克）。

1986 年

1 月，水亭初中教学大楼动工兴建。11 月竣工，建筑面积 980 平方米。

5 月，柳塘章、西方坞、奎塘畈 3 个少数民族村开始筹备共建“兰溪市营养食品厂”。

6 月 9 日至 12 日，水亭乡代表出席“浙江省农村科普工作经验交流会”。

9 月 3 日，浙江省民政厅批准将圣山乡改建为圣山畲族乡。

9 月，兰溪市营养食品厂正式投产，主要有速溶咖啡、银耳晶、桂圆荔枝晶等 8 个品种产品。

10 月 22 日，兰溪市人民政府兰政〔1986〕151 号文件通知，将兰溪市圣山乡改建为圣山畲族乡，原圣山乡的行政区域为圣山畲族乡的行政区域。

10 月，水亭乡政府供稿的论文《从农村文化宫涌现看群众文化工作新趋势》，被浙江省《群文论坛》刊用。

12月27日，兰溪市文化局派员到水亭检查“群众文化成果展览”等工作，水亭文化站被评为优胜站。

12月底，奎塘畈村被兰溪市人民政府命名为“文明村”。

是年，贯通西方坞、柳塘章、奎塘畈3个畲族聚居点至七里坪（兰溪农造厂）的圣畲公路建成，全长3.6千米。

是年，林业完成“三定”（稳定山权、林权，划定社员自留山，确定林业生产责任制）工作。

1987年

4月10日，圣山、水亭两乡所辖村庄遭受特大风雹袭击。地面积累冰雹厚度超过3厘米。被冰雹袭击的地方大小麦、油菜均颗粒无收，草籽、秧苗被打烂。水亭塘上村高压电杆7根被刮断，圣山慈后张村房屋倒塌3间，压死1人。西方坞村变压器被暴风刮至远离变压器台20多米处。

4月30日，圣山畲族乡召开“圣山畲族乡成立大会”。

4月，圣山畲族乡召开首届人民代表大会，选举雷土根为乡长。

5月9日，中国共产党圣山乡委员会更名为中国共产党圣山畲族乡委员会。

是年，张阿成、蓝柏松被评为“浙江省民族团结进步先进个人”。

是年，兰溪市营养食品厂被评为“浙江省民族团结进步先进集体”。

是年，兰溪市水亭乡、圣山畲族乡民间舞蹈《断头龙舞》《祭祖舞》《舞狮》由浙江省《舞蹈》编委会制成录像资料。

1988年

2月18日（农历正月初一），圣山畲族乡政府举办“圣山畲族乡首届新春联欢会”。

3月2日（元宵节），荷龙里“断头龙舞”参加浙江省“华星杯”舞龙大赛，获演出一等奖。

是年，诸宸获“儿童与和平”国际象棋世界锦标赛12岁组女子冠军，并被国际棋联授予国际棋联大师称号。

1989年

5月4日，圣山畲族乡奎塘畈村畲族文化楼建成，建筑面积240平方米。

8月22日，圣山畲族乡与衢州市铜山源水库管理局签署了《关于衢州市铜山源水库管理局支援兰溪市游埠区圣山畲族乡抗旱灌溉用水的几点协商意见》。

11月，蓝柏松、方小平、雷增银、雷土根、钟樟菊、张阿成等6人被评为“金华市民族团结进步先进个人”。

11 月,兰溪市营养食品厂、兰溪市圣山畲族乡奎塘畈村、兰溪市圣山畲族乡上朱村,被评为“金华市民族团结进步先进集体”。

1990 年

2 月 17 日,兰溪市圣山乡初级中学更名为兰溪市圣山畲族乡初级中学;兰溪市圣山中心小学更名为兰溪市圣山畲族乡中心小学。

5 月,圣山畲族乡各村主要干部工资由乡政府实行统筹。

11 月 2 日,上朱村小学更名为上朱村民族小学。

1991 年

6 月,撤并西姜、周邵汤、水亭街、下蒋、上吴、盖竹里、塘上、芳茗叶、河伯沿、午塘边小学等 10 所小学。

12 月 27 日,急降大雪,气温骤降,严重冰冻,最低气温零下 12℃。

是年,布局调整撤并殿下、范坞、上周、杨保塘下、白岳桥、西方坞、生塘徐、奎塘、奎塘畈、施家小学等 10 所小学。

1992 年

5 月,圣山畲族乡与水亭乡合并为水亭畲族乡。

5 月,原圣山初中与水亭初中合并。

12 月 6 日 23 时许,水亭畲族乡遭到狂风、雷雨、冰雹袭击,最大风力 10 级以上,15 分钟内降雨 38 毫米,冰雹最大直径 2 厘米。

年底,水亭始造当时兰溪市最大的水亭街凤凰咀头牲畜交易市场,该市场占地面积 2600 多平方米,建筑面积 1000 多平方米。

是年,中共水亭畲族乡代表大会召开,朱恒德当选乡党委书记。

是年,水亭畲族乡召开第十届人民代表大会,选举雷土根(畲族)为水亭畲族乡乡长。

1993 年

4 月 23 日,水亭畲族乡举办“畲乡之春”文艺晚会。

12 月 16 日,兰溪市水亭畲族乡水亭街凤凰咀头牲畜市场开业。

是年,水亭畲族乡畜牧兽医站及水志珍分别获“农村散养鸡综防技术的研究和推广奖”“浙江省农业丰收奖”及个人二等奖。

是年,柳塘章、西方坞、奎塘畈三所民族小学合并为三村联办的柳塘章民族小学。

是年,柳塘章民族小学被评为浙江省民族小学先进学校。

1994 年

投资 500 余万元在水亭老街建成水亭邮电大楼，建筑面积 280 平方米。

1995 年

6 月 16 日至 7 月底，兰溪电视台、兰溪市文化馆拍摄《断头龙》《双狮吉庆》等资料录像片。

是年，水亭畲族乡敬老院创办，院址为生塘胡村胡氏祠堂。

是年，兰溪市第二毛巾厂（原圣山纺织厂）先后被授予金华市“明星企业”“浙江省出口创汇先进企业”等荣誉称号。

1996 年

1 月 29 日，中共水亭畲族乡召开第十次代表大会，金祝富当选乡党委书记。

2 月 1—2 日，召开水亭畲族乡十二届人民代表大会，蓝友富当选为乡长。

5 月，金华市民宗局首次组织武义县畲族镇和兰溪市水亭畲族乡干部开展互访活动。

是年，诸宸参加亚美尼亚奥林匹克国际象棋青年组团体赛获女子亚军，并获个人 2 台金牌。

1997 年

3 月 14 日，兰溪市文化馆、兰溪市电视台联合摄制《畲乡风情》专题片。

7 月，水亭粮站获“浙江省粮食系统文明服务示范岗先进单位”称号。

10 月，水亭畲族乡文化站周谓民被授予“浙江省文化先进工作者”称号。

1998 年

10 月，诸宸获奥林匹克国际象棋青年组团体赛女子冠军。

12 月 20 日，中共水亭畲族乡第十一次代表大会召开，金祝富当选乡党委书记。

是年，水亭畲族乡中心小学兴建教学楼，建筑面积 1545 平方米。

是年，水亭畲族乡农技站获浙江省“大面积实施‘沃土计划’提高土壤肥力”三等奖。

是年，水亭畲族乡程控电话安装达 512 门，实现村村通电话。

1999 年

1 月 14 日，水亭畲族乡第十三届人民代表大会第一次会议召开，蓝友富（畲族）当选乡长。

4 月 28 日，兰溪市水亭畲族乡与龙游县横环乡、横山镇召开“二乡一镇”

联合人民调解会议。

8月,水亭畲族乡中心小学教学楼建成。撤并垂江、黄村坞、尚方、陈塘下、杨田坞、午塘桥、乐塘等7所小学。

11月17日,水亭畲族乡老年活动站挂牌,兰溪市老龄委送来21寸彩电一台。

是年,水亭畲族乡中心小学教学楼交付使用。

是年,根据有关规定,幼儿园由乡教育办公室统一管理。

2000年

5月20日,荷龙里《断头龙》舞蹈参加浙江省吴山广场文化民间文艺演出,获"优秀演出奖"。

5月21日,水亭畲族乡民间舞蹈《断头龙》赴杭州参加浙江省首届广场文化艺术节。

8月,圣山辅导完小新教学楼建成,撤并丁家、生塘胡、横塘、上朱、柳家、柳塘章等6所小学。

12月,诸宸获土耳其奥林匹克国际象棋团体赛女子冠军,个人台次2台金牌,并获奥赛女子最佳胜率奖,获男子特级大师称号。

是年,圣山民族小学兴建教学楼,建筑面积1076平方米。

是年,午塘边村台胞徐林秀女士捐赠人民币70万元,兴建女埠街道金家小学教学楼,建筑面积2000平方米。

2001年

1月5日,兰溪市水亭畲族乡被金华市政府列为"金华市教育强镇"。

7月10日,兰溪市水亭畲族乡古塘小学更名为兰溪市水亭畲族乡柏园小学。

9月17日,兰溪市水亭畲族乡圣山辅导完全小学更名为兰溪市水亭畲族乡圣山民族小学。

11月28日,浙江省教育厅授予兰溪市水亭畲族乡"浙江省教育强镇(乡)"称号。

12月14日,诸宸在国际象棋世锦赛上夺冠,圆了"大满贯"梦,成为全世界第一位集世界少年、青年、成年冠军于一身的人。

是年,水亭畲族乡中心小学兴建教师宿舍楼、食堂。

是年,台胞徐林秀女士捐赠人民币70万元,新建水亭畲族乡水亭小学校舍,建设面积2000平方米;捐赠人民币70万元,重建古塘小学,建筑面积

2000 平方米。

2002 年

1 月 25 日，中共水亭畲族乡召开第十二届第一次党代会，吴跃升当选乡党委书记。

3 月 1 日，水亭畲族乡第十四届人民代表大会第一次会议召开。蓝一飞当选乡长。

4 月 2 日，游埠、水亭辖区内遭冰雹袭击 20 多分钟，受灾人口 0.72 万人，绝收面积 285 公顷，毁屋 28 间，直接经济损失 700 多万元。

4 月，诸宸在阿联酋举办的国际棋联大奖赛上击败世界冠军波诺马廖夫，成为第一位战胜男子现役世界冠军的女子世界冠军。

10 月，兰溪市供销合作总社投资 4 万元，创立水亭讯康中药材专业合作社。

是年，兰溪市供销合作总社捐资 5000 元，帮助水亭畲族乡奎塘畈行政村修理改造水利灌溉设施，并捐赠该乡奎塘畈村小学生学习用品，价值 2000 多元。

是年，奎塘畈村被评为兰溪市级文明村。

是年，水亭畲族乡丁家村丁圣群被评为金华市优秀人民调解员，得到金华市委、市人大常委会、市政府表彰。

2003 年

2 月，诸宸当选为中国电视体育奖最佳非奥项目运动员。

3 月，诸宸被评为全国体育十佳运动员。

4 月 5 日，国际象棋女子世界冠军诸宸的父母朱志林夫妇回故乡——水亭。朱志林介绍培养诸宸成才的经验，并赠送诸宸签名著作《落棋无悔》。

6 月 24 日，水亭畲族乡石孔头水库漏水出险，浙江省水利厅水管总站处长姚月伟连夜赶赴现场了解险情。

8 月 25 日，兰溪市 2003 年第一期造地改田项目补助水亭畲族乡 21.6 万元、红旗畈 185.24 万元。

9 月 3 日，小型农田水利建设工程资金补助午塘桥经塘口水闸修复资金 1 万元；石孔头水库除险加固工程地方财政配套资金 4 万元；横塘村伊塘机埠更新机电设备及管理房装机（17 千瓦）资金 1 万元。

9 月 29 日，兰溪市民政局给予陈塘下村胡秀莲等 60 周岁以上农村劳动模范和全国“三八”红旗手生活补助每月 94 元。

10 月 12 日，浙江省民宗委、省财政厅下达水亭畲族乡少数民族发展补助资金 14 万元。

10月17日，兰溪市人民政府确认水亭畲族乡西方坞行政村、柳塘章行政村、奎塘畈行政村、生塘胡行政村、柳家行政村、上朱行政村、下方泉行政村、周邵汤行政村等8个村为少数民族村。

11月6日，浙江省林业局行文批准水亭畲族乡包坞自然小区为“包坞自然保护小区”。

11月，水亭畲族乡享受最低生活保障救助共191户(341人)，年共发放低保金计5万余元。其中，乡财政自负30%,约1.5万元。

2004年

8月20日，水亭畲族乡中心小学和水亭畲族乡初级中学合并成立九年一贯制学校。学校更名为兰溪市水亭畲族乡中心学校。

9月29日，水亭畲族乡小学被省教育厅授予“省示范小学”称号。

10月28日，兰溪市政治协商会议(以下简称兰溪市政协)民族组到水亭畲族乡视察民族工作。

11月28日，水亭畲族乡被省教育厅授予“浙江省教育强镇(乡)”称号。

12月5日，《断头龙舞》获第五届中国兰花节“百城同踩一条街”银奖，奖金5000元。

12月8日，兰溪市工商联(总商会)水亭商会正式成立。

是年，兰溪市总工会对工会组织进行调整，决定建立水亭畲族乡工会，撤销原水亭畲族乡工委。

是年，浙江省兰溪市水亭畲族乡政府与四川省成都市新津县安西镇政府缔结为友好(镇)乡。

是年，水亭畲族乡敬老院迁址到上朱村。新敬老院占地面积4000平方米，建筑面积1400平方米。

2005年

1月7日，浙江省文化厅授予兰溪市水亭畲族乡“浙江东海文化明珠”称号。

1月，西姜村西姜祠堂被列为浙江省文物保护单位。

4月7日，女子国际象棋世界冠军诸宸到兰溪兰江小学，与该校30名小棋手对弈并进行了指导，诸宸挥笔题词:“扬棋类特色，促全面发展”。

9月16日，午塘边村“徐柏园故居”被兰溪市列入第二批文物保护点。

12月，省政府授予兰溪市水亭畲族乡政府“浙江省民族团结进步模范集体”荣誉称号。

是年，兰溪市水亭畲族乡工会委员会被省委组织部、省总工会评为党建带工建“三级联创”活动先进单位。

是年，水亭畲族乡工会获“金华市示范镇乡工会”称号。

是年，台胞徐林秀女士向水亭畲族乡柏园小学捐赠奖学金 20 万元，捐赠人民币 60 万元，新建教工宿舍 815 平方米；捐赠人民币 60 万元，为女埠初中新建校舍 2800 平方米。

2006 年

3 月 22 日，水亭畲族乡工会委员会被省委组织部、省总工会授予“2005 年度党建带工建示范镇乡(街道)工会”称号。

7 月 5 日，殿下村被金华市文明委评为“千镇百村示范创建活动村”。

9 月 18 日，水亭畲族乡中心学校更名为“兰溪市水亭畲族乡柏园学校”。

11 月 3 日，中国共产党水亭畲族乡委员会召开第十三届代表大会，蓝峰当选乡党委书记。

11 月 18 日，水亭街村水和林、水亭坞村琚晓军、松树下村徐淑云、塘上村徐立新、尚方村徐建平、珠带式村姜根生、白鹤桥村张绍康所经营的商店荣获“浙江省百县万村放心店工程——示范商店”称号。

是年，水亭中心学校兴建综合大楼，面积 1430 平方米。

2007 年

1 月 23 日，水亭畲族乡召开第十五届人民代表大会，蓝一飞当选乡长。

4 月，蓝一飞被评为“金华市民族团结进步模范个人”。

5 月 22 日，兰溪市民族组政协委员视察水亭畲族乡奎塘畈、西方坞 2 个少数民族村，了解少数民族村经济社会发展情况。

12 月 25 日，兰溪市下发水亭畲族乡 2007 年浙江省少数民族发展扶持资金 20 万元。

12 月 29 日，水亭畲族乡荣获“金华市首批体育强镇(乡)”称号。

是年，台胞徐林秀女士向水亭畲族乡水亭初中捐赠人民币 20 万元，扩建校舍；向水亭柏园小学捐赠人民币 15 万元，扩建校舍；向水亭午塘边村捐赠人民币 10 万元，用于村庄整治。

2008 年

6 月 19 日，水亭畲族乡下辖的生塘徐村划归游埠镇管辖。

8 月 15 日，根据中共兰溪市委组织部〔2008〕45 号抄告单，原水亭畲族乡党委下辖的生塘徐村党支部划归游埠镇党委管辖。

9 月 2 日，水亭畲族对歌被列为“兰溪市第二批非物质文化遗产”。

11 月 5 日，水亭畲族乡在水亭举办第一届农民综合运动会。运动会共设乒乓球、拔河、篮球、中国象棋、羽毛球五大类项目。

是年，水亭农贸综合市场动工新建，占地面积 1200 平方米。

是年，台胞徐林秀女士向水亭畲族乡水亭初中捐赠电脑设备，合计人民币 12 万元，并捐赠扶助贫困生资金人民币 1.5 万元。

2009 年

1 月 19 日，兰溪市第一个乡镇视频监控系统——水亭、游埠区域治安监控系统正式开通。

3 月 6 日，周邵汤村被金华市委、市政府授予“金华市级文明村”称号。

3 月 29 日(农历三月初三)，兰溪市水亭畲族乡举办首届畲族传统“三月三”歌会。

11 月 16 日，水亭畲族乡《断头龙舞》获金华市第三届乡镇文艺工作者汇演铜奖。

12 月 17 日，水亭农贸综合市场开业。

12 月 31 日，殿下村被金华市司法局、民政局授予“金华市 2009 年度市‘民主法治村(社区)’”称号。

是年，台胞徐林秀女士向水亭畲族乡柏园学校、兰溪市第一中学在校优秀生(贫困生)25 人资助人民币 5.9 万元；捐赠人民币 50 万元，重建水亭柏园小学。

2010 年

1 月 13 日，中共金华市委、金华市政府授予水亭街村“2009 年度金华市级文明村”称号。

2 月 1 日，中共兰溪市委、兰溪市人民政府授予下蒋村、盖竹里村“文明村”称号。

2 月 25 日，水亭畲族乡在 2009 年度兰溪市“十小”整规工作中获先进集体一等奖。

3 月 4 日，中共水亭畲族乡委员会(以下简称水亭畲族乡党委)、乡政府荣获“2009 年度兰溪市社会治安、综合治理、维护稳定先进集体一等奖”、兰溪市“信访工作先进集体”称号。

3 月 16 日，水亭畲族乡经济普查办公室在兰溪市第二次全国经济普查中被评为“金华市级先进集体”。

4 月 17 日，水亭畲族乡举办第二届“三月三”畲乡风情节。活动内容有“风情畲乡、印象水亭”摄影比赛、畲乡风情歌会、特色小吃、民艺展示等。

5月8日，荷龙里《断头龙舞》参加浙江省乡村舞龙大赛，获金奖。

6月10日，浙江省金华市兰溪市水亭畲族乡归国华侨联合会成立。

12月7日，水亭畲族乡歌舞《畲水秋歌》在“情满三江——2010年兰溪市乡镇文化汇演”中获银奖。

是年，台胞徐林秀女士向兰溪市第一中学13位贫困生捐赠6.9万元助学金，向优秀生资助奖学金1万元。

2011年

4月8日，中共水亭畲族乡第十四次代表大会召开，蓝一飞（畲族）当选乡党委书记。

4月19日，水亭畲族乡畲乡创业园4家企业集体举行开工典礼。

5月6日，广厦控股创业投资有限公司行政管理部总经理姚郁林代表广厦集团向西方坞村捐款30万元，用于饮用水改造工程。

8月25日，义乌侨商捐资助学仪式在水亭举行。

11月11日，由兰溪市妇联举办的“争做文明女性，共建美丽乡村”巾帼自愿服务活动在水亭畲族乡启动。

11月29日，水亭畲族乡公共服务暨文化中心奠基开工。

12月5日，水亭畲族乡农村饮用水工程首期工程竣工通水。

是年，水亭司法所所长水裕民被评为“浙江省社区矫正‘三防’专项先进个人”。

2012年

1月19日，下方泉村、上周村、松树下村被命名为兰溪市级文明村。

2月2日，水亭畲族乡荣获“兰溪市2011年度新农村建设工作先进镇乡（街道）一等奖”。

2月17日，水亭畲族乡党委、乡政府被授予“兰溪市2011年度社会治安综合治理维护稳定工作先进集体二等奖”。

2月20日，黄村坞村被中共金华市委、金华市人民政府命名为“金华市文明村”。

3月19日，水亭畲族乡妇女联合委员会召开第二届来料加工经纪人协会第二次会议，会议选举产生了新一届理事会。

3月30日，水亭畲族乡获评“兰溪市2011年度招商引资先进单位”。

3月31日，水亭畲族乡第十六届人民代表大会召开，雷启余（畲族）当选乡长。

4月7日，水亭畲族乡被授予“兰溪市2011年度农村土地综合整治先进镇乡一等奖”。

5月5日，兰溪市水亭畲族乡“水亭千张”商标成功注册。

5月8日，浙江省民族经济工作座谈会在兰溪召开，与会人员参观考察了畲乡创业园等地方，观看了国家级非物质文化遗产《断头龙舞》和畲族传统舞蹈《竹竿舞》表演。

5月20日，在第四届中国•浙江瓜菜种业交流会上，兰溪市水亭畲族乡畲野果蔬专业合作社选送的“畲菊”牌茄子获优质奖。

6月5日，2011年度兰溪市小溪流断面水质考核结果公布，水亭畲族乡为良好。

6月11日，水亭街物资贸易公司被评为省级一星级市场。

6月14日，水亭畲族乡的杨宝塘下村和西方坞村被兰溪市绿化委员会命名为“兰溪市绿化示范村”。

7月16日，兰溪市水亭畲族乡公共服务暨文化中心正式启用。

8月8日，建于明代的黄村坞村黄村坞小厅、建于清代的河伯沿村永和堂，被兰溪市列为第六批市级文物保护单位。

8月10日，水亭畲族乡西方坞民族村“畲族风情园”开园。

9月3日，水亭畲族乡《断头龙舞》获浙江省第二届乡村龙舞大赛金奖；周为民获浙江省第二届乡村龙舞辅导金奖。

9月17—18日，浙江省政协民族和宗教委员会在水亭召开第四届“和谐之韵”论坛暨浙江畲族联谊会第二次会议，与会人员考察了水亭畲族乡工业园区。

10月18日，水亭畲族乡柏园学校、圣山民族小学建立兰溪市青少年畲族文化教育基地。

10月，水亭畲族乡“畲乡格格”牌腌腊野兔肉获“第五届中国义乌国际森林产品博览会金奖”。

12月18日，共青团水亭畲族乡第二十一次代表大会召开。

是年，水亭畲族乡中心幼儿园新园建成，总建筑面积2560平方米。

2013年

1月11日，在第五次全省乡镇综合文化站评定中，水亭畲族乡综合文化站被评为二级综合文化站。

2月4日，“水亭畲族乡首届畲族民间歌舞暨迎新春联谊会”在柳塘章行政村余垄自然村举行。

4月7日，水亭畲族乡“畲野保障型蔬菜基地”通过金华市“2012年度保障型蔬菜基地建设工作”考核。

4月12日至14日，水亭畲族乡人民政府举办以“风情畲乡，美丽水亭”为主题的第三届“三月三”畲族风情节活动。

5月3日，水亭畲族乡西姜村西姜祠堂（明代古建筑）被国务院定为第七批全国重点文物保护单位。

9月3日，水亭畲族乡召开村级组织换届试点工作动员部署会暨培训会，启动村级组织换届试点工作。

11月6日，金华市基层统战工作规范化建设现场会在兰溪召开，部署基层统战工作规范化建设工作。与会人员实地考察了水亭畲族乡统战工作规范化建设情况。

是年，浙江天保药材发展有限公司在水亭畲族乡河伯片区域内打造“万亩银杏基地”项目。该项目总投资为10258.8万元，第一期投资6000多万元，实现流转土地200公顷。

是年，水亭司法所被评为浙江省第二批“三星级”规范司法所。

2014年

2月8日，水亭畲族乡政府获“兰溪市2013年度市重大动物疫病防控和畜产品安全目标管理考核先进集体一等奖”，章卫华获“兰溪市2013年度市重大动物疫病防控和畜产品安全目标管理考核先进个人”荣誉称号。

4月2日，水亭畲族乡第四届“三月三”畲乡风情节暨婺风美丽非遗百村行启动仪式在水亭街村休闲广场举行。文艺演出有畲族传统民歌演唱、畲族传统民间舞蹈、永康市的《十八蝴蝶》等节目及兰溪市优秀非遗技艺——捏糖人、剪纸等技艺演示。

4月3日，水亭畲族乡获“兰溪市2013年度社会主义新农村建设工作先进单位二等奖”。

6月6日，水亭畲族乡获“2013年度兰溪市农村土地综合整治和土地卫片执法先进单位”称号、“农村土地综合整治先进镇乡街道”一等奖。

6月26日，“畲族婚嫁习俗”被列为兰溪市第六批非物质文化遗产代表作。

7月7日，兰溪市公布第六批“非遗”作品和基地。水亭畲族乡被列为市级非物质文化遗产重点保护项目基地及畲族对唱、畲族织带、畲族祭祖舞、畲族婚嫁习俗传承基地。

9月30日，兰溪市圣宇毛巾有限责任公司入选中国纺织工业联合会正式发布“2013—2014年度中国纺织服装企业竞争力500强”名单。

12月17日，水亭畲族乡荣获“2013年度兰溪市城乡环境卫生工作一等奖”。

12月26日，金华市委、市人民政府授予水亭畲族乡“文明乡镇”称号。

12月31日,兰溪市畲野果蔬专业合作社生产的樱桃番茄获“兰溪市第五届农展会农产品金奖”。

是年，省民宗委、省交通厅、义乌市政府与水亭畲族乡对接帮扶。

是年，浙江天保药材有限公司万亩银杏基地建设(2014年兰溪市“双百工程”重点项目)项目流转土地(涉及盖竹里、陈塘下、尚方、河伯沿、松树下、杨田坞、黄村坞7个村)9300多亩，基本形成万亩规模。

2015年

1月21日，水亭畲族乡获“2014年度兰溪市来料加工创新奖”。

1月27日，兰溪市乡村坊火腿厂生产的“五花风干肉”获“兰溪市第六届农产品展示展销会金奖”。

1月29日，水亭畲族乡获“2014年度兰溪市秀美集镇创建工作综合奖二等奖”。

2月11日，水亭畲族乡党委、乡政府获“2014年度兰溪市社会管理综合治理、维护稳定工作先进镇乡(街道)一等奖”。

2月13日，水亭畲族乡党委、乡政府获“2014年度兰溪市信访工作先进集体”奖。

2月15日，水亭畲族乡获“2014年度兰溪市社会主义新农村建设工作先进三等奖”。

3月2日，水亭畲族乡获“兰溪市2014年度人口和计划生育工作先进奖”。徐炳荣获“十佳计生专职干部”称号、“人口和计划生育工作贡献奖”。

3月2日，水亭畲族乡人民政府获“金华市民族团结进步模范集体”荣誉称号。

3月19日，水亭畲族乡获“金华市2014年度‘无违建’创建先进乡镇(街道)”奖。

3月25日，水亭畲族乡获“兰溪市2014年度城乡居民社会养老保险工作先进单位”奖。

3月25日，水亭畲族乡获“兰溪市2014年度‘三改一拆’行动暨‘无违建’创建先进集体一等奖”。

3月，兰溪市教育工会举办庆“三八”女声小组唱比赛，水亭教办参赛节目《月亮谣》被选送到金华市总工会参加送文化下乡巡回演出。

4月13日，水亭畲族乡被授予“兰溪市2014年度‘平安乡镇(街道)’”称号。

4月17日，在兰溪市第三批非物质文化遗产代表性传承人名录中，西方坞村蓝爱云入选畲族对歌传承人，奎塘畈村钟根花入选畲族织带制作技艺传承人，西方坞村雷素梅入选畲族婚嫁习俗传承人。

4月21日，“水亭畲族乡第五届‘三月三’畲乡风情节”在西方坞民族广场开幕。

4月22日，水亭畲族乡获“兰溪市2014年度发展现代农业先进单位三等奖”，奖金2万元。

7月28日，水亭畲族乡获“兰溪市2014年度征兵工作先进单位”奖。

8月26日，水亭畲族乡获“兰溪市2014年度农村生活污水治理先进单位三等奖”。

是年，水亭畲族乡获“兰溪市2014年度生猪养殖污染专项整治先进单位三等奖”。

第一章　环境与建置沿革

水亭畲族乡位于兰溪市西部，北纬29°06′57″—29°13′24″，东经119°12′54″—119°17′56″，距兰溪市区20千米。东邻永昌街道，南接游埠镇，西靠龙游县，北连诸葛镇。属亚热带气候。低坡黄土丘陵地貌。域内总面积46.9平方千米。其中，林地面积405.5公顷，耕地面积1763.65公顷，水面面积493.9公顷。乡境地势北高南低。境内最高点为北部大岩山，海拔178.4米,最低点为奎塘村红旗畈，海拔37.8米。

东晋建元二年(344年)，已有胡姓宗族定居生塘胡。生塘胡属东阳郡长山县(当时兰溪尚未设县)，故有"先有生塘胡，后有兰溪县"之说。水亭畲族乡，唐、宋、明代属太平乡。清代属太平乡仙洞里24—28都。宣统年间(1909—1911年)，设水亭区，辖1里6村。民国20年(1931年)，改村为乡，水亭为第二区，辖3个镇25个乡。1949年8月建立水亭乡人民政府、圣山乡人民政府。1961年10月，成立水亭人民公社、圣山人民公社。1983年，恢复水亭乡人民政府、圣山乡人民政府。1986年9月，圣山乡改建为圣山畲族乡。1992年，圣山畲族乡与水亭乡合并为水亭畲族乡，全乡辖37个行政村。2008年，生塘徐行政村划归游埠镇，水亭畲族乡辖36个行政村，至2015年所辖行政村未变。

第一节　自然环境

水亭畲族乡地属低坡黄土丘陵。山水相映，环境优美。境内小溪、小沟汇入水亭溪与夏李溪，两溪曲折串连各村，穿越游埠境，汇入衢江。全乡上千个塘库密布于各畈之中，为农、林、牧、渔等各业提供充沛的水源。

水亭畲族乡属东亚副热带季风区，兼具盆地气候和垂直分布特征，四季分明。水亭畲族乡动植物资源丰富。据统计全乡有植物178种,其中木本植物有103种，草本植物75种，草本植物中中草药类草本植物有46种。动物有147种，其中鱼类10种，鸟类32种，兽类16种，爬行类及两栖类18种，昆虫、螨类及环节动物55种，瓣鳃类和甲壳类7种，腹足、毛足、多足类9种。

一、地 质

水亭畲族乡境地，地质学上称为“绍兴—江山深断裂带”，地层展布齐全。地质构造属浙江西部扬子淮地台浙西台褶带诸暨衢州拗陷板块构造，属晚元古代太平洋板块俯冲带。境域属地震动峰值加速度小于0.05g的稳定地区。

（一）地质构造

水亭畲族乡地质整体属于东西向构造，以断裂为主，局部可见褶皱构造，主要见于兰江以西“红层”分布的垅岗丘陵区。境内地层以中生界白垩系地层为主。

（二）岩 体

乡境西北部有岩体山脉，以沉积岩为主。塘上、乐塘、包坞、赤岩、杨田坞、西源坞等村内有岩脉露面出头处。

（三）矿 藏

境西北山中有岩石，色赤，质硬，不易风化，质量佳。早在明清二代及民国时期，就有人凭手工开采条石，用于建房、砌墈、造墙。20世纪70年代，农村各地兴建住房及其他建设所用石料增多，先后有乐塘、古塘、塘上、芳茗叶、张江坞等采石场兴起。

乐塘采石场位于乐塘村西北边，包坞水库旁。创办于1978年，2004年停办。采用手工打炮眼，以炸药爆破采石。场地用工20余人，日产石料80余立方米，最多日产150余立方米。矿石为本地广大农村建房、塘库埂堤、渠道砌墈、河道机埠等用。

（四）土 壤

水亭畲族乡土壤有3个土类，4个亚类，7个土属，8个土种。

2006年7月，兰溪市调查统计水亭畲族乡有低丘红壤4306.23公顷。2001年至2009年，水亭畲族乡投入381.89万元，开发低丘红壤179.73公顷。

1988 年圣山畲族乡、水亭乡土壤面积一览表

表 9-1-1-1　　　　单位：亩

乡名	土类		亚类		土属		土种	
	名称	面积	名称	面积	名称	面积	名称	面积
圣山畲族乡	红壤	2687	红壤	2687	黄筋泥	2687		
	岩性土	4969	紫色土	4969	紫砂土	2127	紫砂土	24
							紫泥土	2103
					红紫砂土	2842	红紫砂土	156
							红砂土	2686
	水稻田	20809	渗育型水稻田	10554	新黄筋泥田	2188	新黄筋泥田	2188
					红砂田	1438	红砂田	1438
					紫泥田	6901	紫砂田	47
							紫泥田	6854
					红紫泥田	27	红紫泥田	27
			潴育型水稻田	10255	老黄筋泥田	2002	老黄筋泥田	2002
					紫泥砂田	6232	紫泥砂田	66
							紫大泥田	6166
					紫红泥砂田	2021	红紫泥砂田	617
							红紫砂田	1404
水亭乡	红壤	1707	红壤	1707	黄筋泥	1707	黄筋泥	1295
							砾石黄筋泥	412
	岩性土	18341	紫色土	18341	紫砂土	2127	紫砂土	24
							紫泥土	2103
					红紫砂土	16304	红紫砂土	16238
							红紫泥土	66
	水稻田	19388	渗育型水稻田	7453	新黄筋泥田	2188	新黄筋泥田	2188
					紫泥田	159	紫泥田	159
					红紫泥田	5106	红紫砂田	3091
							红紫泥田	2015
			潴育型水稻田	11935	老黄筋泥田	2002	老黄筋泥田	2002
					紫泥砂田	529	紫泥砂田	308
							紫大泥田	221
					紫红泥砂田	9404	红紫泥砂田	9404

1984 年水亭乡水稻土壤分布一览表

表 9-1-1-2

土 类	亚 类	土 属	土 种	分布地区
水稻田	渗育型	红 沙 田		圣 山
		紫泥	紫泥田	圣 山
		红泥田泥田	红泥田	水 亭
	潴育型	紫泥砂田	紫大泥田	圣 山
		紫红砂田	红紫泥砂田	圣山、水亭
			红泥砂田	圣 山

1984 年水亭乡、圣山乡山(旱)地土壤分类及分布一览表

表 9-1-1-3

土 类	亚 类	土 属	土 种	分布地区
红壤	红壤	黄筋泥	砾石黄筋泥	水亭
岩性土	紫色土	紫砂土	泥土	圣山
		红紫砂土	红砂土	圣山

2006 年水亭畲族乡低丘红壤资源面积一览表

表 9-1-1-4

镇乡街道	分坡度面积(公顷)			总面积(公顷)	备 注
	≤6 度	6—15 度	15—25 度		
水亭畲族乡	2494.09	1277.8	534.34	4306.23	

2001—2009 年水亭畲族乡部分年份低丘红壤开发实施项目一览表

表 9-1-1-5

编号	项目名称	实施年度	规划面积(公顷)	实施面积(公顷)	总投资(万元)
3	水亭畲族乡及马达片低丘	2001	82.00	82.00	93.18
6	水亭畲族乡下方泉低丘	2004	45.20	40.00	125.30
9	水亭畲族乡生塘胡低丘	2006	53.33	20.00	135.00
14	水亭畲族乡上朱低丘红壤	2009	40.20	33.33	75.00

二、地　貌

(一)山　脉

兰溪市有千里岗山脉（南支），自建德天池由北入兰溪市境，主峰砚山(333.7米，诸葛境内，山巅有池如砚)，延伸有大岩山(水亭境内)、圣山(水亭境内)、明真山(水亭境内)。千里岗山脉余脉主要分布于水亭畲族乡境内。

1．大岩山

海拔178.40米，位于水亭畲族乡北部的包坞村、赤岩村、大岩山村三村交界处，是水亭畲族乡境内最高峰。该山从西北向东南伸展，山势西北高，东南逐渐趋低，形成连绵的低矮山坡群。山坡群地势缓平，高度在海拔40—90米之间。

2．圣　山

海拔93米，为原圣山畲族乡最高点。位于殿下村北，山巅有殿，殿名为“圣山殿”。山势西北高、东南低，起伏平缓。

3．明真山

海拔82.3米。位于水亭畲族乡柳塘章村。相传原名雾禁山，因明代“真命天子”逃到此山避过大难，而改名为明真山。

4．千里岗山脉余脉

水亭畲族乡境内的千里岗山脉余脉，都是丘陵低坡，坡度一般在6—25度间。据2006年7月调查统计，全乡有低丘红壤资源4306.33公顷。其中坡度6度的有2494.09公顷，6—15度的有1277.8公顷，15—25度的有534.34公顷。宜改地造田。

(二)畈

千里岗山脉余脉把水亭地块分割成6个小盆地，当地人习惯叫畈。

1．红旗畈

该畈位于水亭畲族乡南部。主体南北走向，北高南低。整个红旗畈由生塘胡田畈、柳塘章田畈、丁家田畈、上朱田畈、柳家下方泉水亭田畈、奎塘畈田畈、奎塘村田畈连片构成，形似一只手，最南端是奎塘村田畈与奎塘畈田畈，上游的生塘胡田畈、柳塘章田畈、丁家田畈、上朱田畈、柳家下方泉水亭田畈被5条小山脉隔开，分别与奎塘村、奎塘畈田畈连接。奎塘村、奎塘畈田畈像手掌，上游5个长长的田畈像5根展开的手指。红旗畈地势较平坦，至2015年，面积870公顷。水亭溪经红旗畈出水亭境，入游埠溪，进衢江。

2．垂江畈

该畈位于水亭畲族乡西部。由垂江、下蒋、尚方、陈塘下、黄村坞、盖竹里、杨田坞7村田畈连片构成，至2015年，总面积467公顷。其下游与红旗畈接壤。水亭溪流经该畈进入红旗畈，入游埠溪。

3．施家大畈

该畈位于水亭畲族乡西部。由施家、杨保塘下、上周、横塘、范坞、珠带式、白鹤桥7村田畈连片构成。至2015年，面积334公顷。大畈南北走向，地势较平坦，东西两边各有一条无名小山脉，伴其相向而行。

4．横　畈

该畈位于水亭畲族乡西北部。由塘上、芳茗叶、古塘、松树下、河伯沿、周邵汤村田畈连片构成。至2015年，面积670公顷。夏李溪流经该畈，入游埠溪，进衢江。

5．胡塘畈

该畈位于水亭畲族乡西部。由西方坞、生塘胡村田畈连片构成。至2015年，面积100公顷。

6．午塘畈

该畈位于水亭畲族乡北面。由午塘桥、午塘边2个村田畈连片构成。至2015年，面积104公顷。夏李溪流经该畈，入游埠溪，进衢江。

三、气　候

水亭畲族乡属东亚副热带季风区，兼具盆地气候和垂直分布特征。气候特点：四季分明，冬夏季长、春秋季短。夏秋高温，冬春偏寒。梅雨、伏旱明显。7—9月受台风影响较大。年平均气温17.6°C。年平均降水1476.5毫米。年日照总时数1766.2小时。年平均无霜期为264天。气候常以5天为一候，以候均温度作为划分四季的标准。候均温度低于10℃为冬季，高于22℃为夏季，界于10℃—20℃之间为春秋季。

（一）四季气候特征

1．春　季

常年为3月22日至6月4日，历时75天。冷暖气团交替，造成温差变化大，风向多变，气候波状上升，降水明显增多，阴雨日多，日照少，时有春寒或倒春寒天气和局地性的冰雹、大风等强对流性的气候出现。

2．夏　季

常年为6月5日至9月20日，历时108天。初夏，入梅到出梅期，常年为

6月中旬至7月上旬，是全年雨水最集中的时期。也是洪涝灾害频发时期。出梅以后进入盛夏，7月至8月受副热带高压脊控制，晴热高温，气温急剧上升，蒸发量大，容易造成旱灾。同时也是台风活跃时期，常带来降雨，缓解旱情。

3. 秋 季

常年为9月21日至11月25日，历时66天，春秋季地面气压场的分布形式基本相像。季风变换相反，常受稳定的变性冷高压影响，出现少雨多日照和风小的秋高气爽天气。少数年份也有秋风秋雨的连绵阴雨天气。

4. 冬 季

常年为11月26日至次年3月22日，历时116天。分前冬期、后冬期。1月上半月之前，为前冬期，是冬季风控制盛期，多晴朗干燥、寒冷天气，是全年最冷时段，极端低温度出现频率最多时段，冰冻日数多发时段。1月下半月之后为后冬期，雨雪天气增多，常伴积雪、冰冻天气。

(二)气温、降雨

2008—2015年，水亭畲族乡最高气温为41.6℃(2013年)，最低气温为-4.2℃(2009年)。年最高降雨量2160.5毫米(2012年)，年最低降雨量为1218.6(2013年)。

2008—2015年水亭畲族乡年降雨量、气温一览表

表9-1-1-6

年份	降雨量(毫米)	平均气温(℃)	最高气温(℃)	最低气温(℃)
2008	1432.3	18.13	38.3	-3.1
2009	1280.6	18.12	38.5	-4.2
2010	2005.4	17.66	40.2	-2.8
2011	1403.1	17.51	38.7	-3.8
2012	2160.5	17.31	38.6	-3.3
2013	1218.6	18.23	41.6	-4.0
2014	1652.4	18.04	37.9	-3.6
2015	1844.3	17.92	38.5	-2.8

2014年，月最多降雨量为509.8毫米(6月)，月最低降雨量为11.1毫米(10月)。2015年，月最多降雨量为313.1毫米(6月)，月最低降雨量为48毫米(1月)。

2014—2015年水亭畲族乡月降雨量、气温一览表

表 9-1-1-7

年份	月份	降雨量(毫米)	平均气温(℃)	最高气温(℃)	最低气温(℃)
2014	1	19.2	7.30	24.3	-3.6
	2	138	7.13	25.1	-1.9
	3	165.9	12.96	27.7	2.0
	4	29.9	17.93	29.5	9.9
	5	224.9	22.16	32.1	13.1
	6	509.8	25.32	35.9	20
	7	136.9	28.63	37.9	21.5
	8	213.5	27.22	36.9	21.4
	9	89.8	25.59	35.8	18.2
	10	11.1	20.67	31.3	11.6
	11	100.6	14.54	26.2	6.0
	12	12.8	6.77	16.7	-2.1
2015	1	48.0	7.20	18.2	-2.8
	2	143.9	8.53	23.4	-2.6
	3	103.2	12.43	30.0	2.5
	4	147.4	18.24	33.0	5.7
	5	205.9	22.59	32.4	12.5
	6	313.1	25.57	36.1	17.4
	7	233.4	26.86	36.9	17.5
	8	158.1	27.48	38.5	20.8
	9	103.6	23.57	33.7	17.3
	10	109.2	19.96	29.3	11.9
	11	154.3	13.93	29.9	10.3
	12	124.2	8.71	20.3	-1.7

(三)气候灾害

唐代水亭气候反常现象时有发生。天祐元年(904年)九月二十六日,大风、雨夹雪,严寒如隆冬。宋乾道七年(1171年),春秋皆旱,无麦草。元至顺元年(1330年)八月,大水,漂没数千人。明建文四年(1402年)六月,飞蝗自北袭来,禾豆及竹木均被食尽。明景泰五年(1454年)正月至二月,大雪,深六七尺。

明嘉靖五年(1526年)正月十六夜,兰溪地震,有声。清顺治四年(1647年)大旱,百姓多食草木。民国3年(1914年)夏,大雨内涝,秋季蚂蚁成灾,农作物严重受灾。民国5年,暴雨夹冰雹,雹大如拳头,春粮受灾严重。民国17年5月,大雨内涝,灾情严重。民国20年5月,暴雨、内涝,早稻受淹严重。民国23年,大旱,时值水稻抽穗,而塘溪干涸,无水可浇,粮食严重短收,粮食恐慌,米价昂贵。民国33年,秋大旱,溪水断流,池塘干涸,稻禾干枯。

1951年7—9月夏秋连旱52天。1953年7月1日至8月27日,夏旱58天。11月上旬,连日暴雨,洪水猛涨,成为当地历史以来罕见的秋涝。1955年4月13日,风雹灾害,风力11级以上,雹大的像碗,小的也有鸡蛋大,许多房屋倒塌,很多人被雹打伤,农作物损失惨重。是年6月17日至21日,连降暴雨5天,整个红旗畈一片汪洋,水位猛涨几米,矮屋全部淹在水底,垄畈中的乌柏树只见到上半截,大批房屋倒塌,农作物损失极严重。这次内涝洪灾是当地有史以来最严重的一次内涝洪灾。1956年,水、旱、风灾频繁,交替发生。6月开始旱期延续74天。1958年3—5月水灾频发。是年4月24日雹灾。是年10月23日至12月27日,冬旱66天。1959年9月13日至10月30日,秋旱48天。1960年6月13日至9月10日,旱灾,旱期88天。是年9月15日至11月17日,秋旱54天。1963年4月17日下午,12级以上台风持续13分钟,房屋倒塌,人畜伤亡严重。是年5月9日冰雹。是年12月17日至1964年3月3日,冬旱77天。1964年6月29日至10月5日连旱99天。是年10月29日至1965年2月2日,冬旱97天。1966年4月3日,遭大风与冰雹袭击,雹大如蛋。是年4月风雹灾2次。1967年3月29日夜,冰雹大如蛋,农作物受损严重。是年6月19日至21日,暴雨,洪水猛涨,为1955年以来最大洪灾,房屋倒塌,人畜伤亡。是年7—11月,夏秋连旱114天,山塘、水库干涸,溪河断流,人畜吃水困难。1969年5月4日雹灾。是年5—7月,发生4次内涝。是年10月1日至11月12日,持续干旱43天。1971年5—6月发生内涝水灾4次。是年6月24日至8月28日, 夏旱66天。是年10月6日至12月30日, 冬旱67天。1972年4月18日、19日,风力10级以上,夹冰雹,房屋倒塌,人畜伤亡。1973年4月11日大风雨冰雹,春花受损严重,房屋倒塌。是年5—6月,3次内涝。是年10月22日至1974年1月1日,冬旱83天。1978年6月24日至11月中旬,延续140天旱灾,内溪断流,塘库干涸,稻田龟裂。1983年7月18日至8月20日,晴热高温延续干旱33天。

1964年、1967年、1973年圣山乡、水亭乡严重旱灾一览表

表9-1-1-8

乡镇名称	1964年			1967年			1973年		
	受旱面积（亩）	成灾面积（亩）	减产粮食（万斤）	受旱面积（亩）	成灾面积（亩）	减产粮食（万斤）	受旱面积（亩）	成灾面积（亩）	减产粮食（万斤）
圣山乡	3189	170	89.23	3045	1368	159.84	2663	325	70.54
水亭乡	3322	232	67.69	3204	363	85.73	7435	6796	372.62

说明：1斤=0.5千克

四、水 系

（一）水亭溪

衢江2级支流，因流经水亭而得名。全长15千米，其中水亭域内11.2千米，游埠镇域内3.8千米。起源于金印村，流经水亭、下方泉、柳家、奎塘畈、奎塘5个行政村，流入游埠溪汇入衢江。水亭溪下游比降较缓，溪道断面偏小，且两岸边长满芦竹、柳树、柏树等杂草树木，不易及时行洪，常造成内涝。水亭溪有2条主要支流。一条起源于西方坞村，流经柳塘章村，到柳家行政村下罗家自然村与奎塘畈行政村里塘畈自然村交界处，与另一条起源于上吴村的“西溪”汇合，到奎塘畈行政村柳塘畈汇入水亭溪。流域内建有金印、金星、石孔头3座小（1）型水库，总库容501.53万立方米。

（二）夏李溪

衢江2级支流，全长14.4千米，其中水亭域内9.5千米，永昌街道域内4.9千米。起源于水亭畲族乡包坞水库，经古塘行政村、松树下行政村乐塘自然村、河伯沿行政村姜皮自然村，到河伯沿村双溪口与发源于诸葛双牌水库副坝脚，流经水亭畲族乡古塘、塘上村的夏李溪古塘支流汇合，流经周邵汤行政村，到永昌街道夏李行政村杨店自然村汇入夏李溪，流入游埠溪，汇入衢江。域内建有包坞水库[小（1）型]，水库容量129.5万立方米。

五、野生生物

水亭畲族乡地处低坡丘陵，属亚热带气候，四季分明，适宜多种动植物生长。水亭动植物种类繁多，植物长势茂盛，动物繁衍兴旺。

（一）野生植物

水亭畲族乡域内野生植物资源分二大类，即木本与草本。

1．木本植物

苏铁(凤尾蕉、铁树)、银杏、松、雪松、五针松、湿地松、马尾松、黑松、杉树、柳杉、水杉、柏木、刺柏、桧柏(圆柏)、千头柏、罗汉松、短叶罗汉松、竹柏、南方红豆杉、杨柳、垂柳、杨梅、板栗、苦槠、青檀、无花果、桑、牡丹、野木瓜、大血藤、乐昌含笑、深山含笑、玉兰、腊梅、樟树、海桐、继木、杜仲、枇杷、木瓜、野山楂、杏、李、麦李、梅、桃、樱桃、月季、玫瑰、紫荆、皂荚、八角刺、六角刺、山合欢、檀树、槐树、葛藤(野葛)、柚子(香泡)、橙、佛手、蜜橘、椪柑、臭椿、楝树(苦楝、野楝树)、香椿(香椿脑)、油桐、桐梓、野梧桐、乌柏(皂子)、黄杨、雀舌黄杨、女贞(冬青)、大叶冬青、山茶、油茶、茶、木荷、紫薇、石榴、杜鹃(映山红、山报花)、柿树、茉莉花、桂花、泡桐、栀子花(山栀花)、忍冬(金银花)、无患子(油皂树)、枫树、小叶枫树、枣树、野葡萄、爬山虎(吸壁藤)、栾树、檵木、毛竹、紫竹、金竹、孝顺竹、青皮竹、棕榈、棕竹、黄贞、鸟不踏刺(楤木)。

2．草本植物中草药类

芙蓉、龙胆草、青木香、马兜铃、凤尾草、车前草、鱼腥草、薄荷、紫苏、连钱草(活血丹)、益母草、荆芥、半枝莲、石胡荽、茵陈蒿(绵茵陈)、红花、蒲公英、艾叶、野菊花、苍耳子(野茄子)、一枝黄花、土牛膝、桔梗、半边莲、虎耳草(金丝荷叶)、紫花地丁、犁头草、白及、马齿苋、野荞麦、莲、藕节、荷叶、叶蒂、荷梗、花瓣、莲须、莲房、凤仙花、白花蛇舌草、白茅根、芦苇、薏仁(米仁)、山药、水蜡烛。

3．花卉类

鸡冠花、夜来香、兰花、珠兰、水仙花、牵牛花、万年青、蝴蝶花、美人蕉、仙人掌、仙人球、葱兰、文竹、菊花。

4．野草野菜类

水芹菜、野油菜、鸭舌草、野葱、猫耳朵(毛耳朵)、野绿豆、水浮莲、浮萍、绿萍、马齿苋、马兰头、青爆花(山毛珍)、兰花草、蕨菜、茅草、羊茅草、蒲草。

2015年兰溪市水亭畲族乡古村名木调查一览表

表9-1-1-9

编号NO.	树名	树龄(年)	树高(米)	胸围(米)	冠幅(米)	授牌单位	保护单位	授牌时间	备注
422	铁树	500	4.2	1.26	3	兰溪市人民政府	生塘胡民族村	2002年9月	“寿星铁树”及兰溪之最称号
318	樟树	750	19	2.82	10	兰溪市人民政府	塘上村	2002年9月	

续表 9-1-1-9

编号 NO.	树名	树龄（年）	树高（米）	胸围（米）	冠幅（米）	授牌单位	保护单位	授牌时间	备注
317	樟树	210	16	5.18	11	兰溪市人民政府	周邵汤民族村	2002 年 9 月	
320	樟树	319	15	2.60	13	兰溪市人民政府	慈后张村	2002 年 9 月	

（二）野生动物

水亭畲族乡域内野生动物资源种类繁多，分七类叙述。

1. **鱼类** 有鲫鱼、青鱼、草鱼、鲤鱼、鲢鱼、红鲤鱼、泥鳅、黄鳝、鲶鱼（鱼袋）、鳗、乌鳢（乌力鼓）等。

2. **鸟类** 白鹭（长脚鹭丝）、雁、凫（野鸭、水鸭）、鸳鸯、鸢（老鹰）、鹊鹞、夜鹰、环颈雉（雉鸡、野鸡、野山鸡）、竹鸡（稻鸡）、鹧鸪、山斑鸠、鸽子、鹁鸪、布谷、杜鹃、翠鸟、长耳鸮（长耳猫头鹰）、蓝翡翠、啄木鸟、云雀、家燕、金腰燕、银燕、白头鹎（白头翁）、黄莺、八哥、喜鹊、蛇鹊、画眉、麻雀、山麻雀、山燕子。

3. **兽类** 狼、狐狸、斑猫（野猫）、玉面狸、黄鼬（黄鼠狼）、獾、野猪、鹿、穿山甲、山兔（野兔）、松鼠、家鼠、刺猬、蝙蝠、石獾、豪猪。

4. **爬行类及两栖类** 蜥蜴、壁虎（吸壁虎）、眼镜蛇、金环蛇、银环蛇（白节蛇）、蝮蛇、五步蛇（野蕲蛇）、竹叶青、乌凤蛇（乌梢蛇）、红点绵蛇（红绵蛇）、菜花蛇、水蛇、泥蛇、乌龟（王八）、鳖（甲鱼）、蟾蜍（癞蛤蟆）、青蛙、石蛙（石蹦）。

5. **昆虫、螨类与环节动物** 蛾、茶袋蛾、油桐尺蛾、女贞尺蛾、柿星尺蛾、茶毒蛾、乌桕黄毒蛾、竹笋禾夜蛾、落叶夜蛾、枯叶夜蛾、栗皮夜蛾、蔗扁蛾、松实小卷蛾、云杉黄卷蛾、竹斑蛾、油茶斑蛾、茶长卷叶蛾、茶梢尖蛾、栗黄枯叶蛾、桃蛀螟、竹织叶野螟、樟叶瘤丛螟、松梢斑螟、马尾松毛虫、柿蒂虫、樟蛱蝶、松小毛虫、柑橘凤蝶、樟蚕、小地老虎（田蚕）、乌桕蚕、樟叶蜂、桂花叶蜂、杉木扁长蝽、长白蚧、红蜡蚧、桑白蚧、黑尾叶蝉、蚱蝉（知了）、竹节虫、天牛（香水牛）、牛虻、苍蝇、蚊子、白蚁、蚂蚁、蟑螂、地鳖虫、虱、蚤、蜻蜓、蝴蝶、蛭（蚂蟥）、水田蚂蟥、蚯蚓。

6. **瓣腮类和甲壳类** 蚌、蛤蜊、蟹、河蟹、青虾、毛虾、对虾。

7. **腹足、毛足、多足类** 田螺、河螺、福寿螺、小螺丝、蜗牛、牛蚂蟥、蜈蚣。

第二节 人文环境

水亭畲族乡人文遗址主要有“畲村大茅铺”“松涛书院”“商贸古道”等多处人文古迹。诸多历史遗迹包括古代寺庙、古墓。2001 年以来还开发了农文旅融合的“浙江新天地现代农业开发有限公司”“兰溪市畲族风情园”“水亭包坞自然保护小区”等风景名胜区。

一、人文遗迹

(一)古建筑

水亭畲族乡人文历史积淀深厚,各级文物保护单位诸多。西姜村“西姜祠堂”被列为国家级重点文物保护单位;生塘胡村“胡氏宗祠”是省级文物保护单位;还有 5 处县级文物保护单位:黄村坞村的“钟瑞堂”和“小厅祠堂”、横塘村的“崇德堂”和“范氏节孝石牌坊”、河伯沿村“永和堂”。另有兰溪市级文物保护点:午塘边村“徐柏园故居”。

2007 年,据《兰溪市第三次全国文物普查不可移动文物名录》,水亭畲族乡历史建筑共有 112 处,至 2015 年数量未变。

2015 年水亭畲族乡历史建筑一览表

表 9-1-2-1

原序号	名称	地址及位置	建筑概况
1	珠带式花厅	珠带式行政村珠带式自然村 142 号前面	坐东朝西,三间对合型二楼梯弄楼屋,整体保存较好
6	上周余庆堂	上周行政村上周自然村 23 号西边	坐东北朝西南,三间四进二明堂带一穿堂,整体保存一般
7	周寿坤宅	上周行政村上周自然村 45 号	坐东朝西,三间两搭厢一偏屋楼屋,整体保存较好
8	周根清宅	上周行政村上周自然村 78 号	坐东朝西,三间两搭厢一楼梯弄楼屋,整体保存较好
9	周渭贤宅	上周行政村上周自然村 10 号	坐东朝西,三间两搭厢一楼梯弄楼屋,整体保存较好
13	蒋小荣宅	下蒋行政村下蒋自然村 25 号	坐东朝西,三间二进二明堂楼屋,整体保存一般

续表 9-1-2-1

原序号	名称	地址及位置	建筑概况
14	杨伸生宅	下蒋行政村下蒋自然村 40 号后面	坐北朝南，五开间二进一明堂楼屋，整体保存一般
15	下蒋槐花井	下蒋行政村下蒋自然村 67 号门口	八角形古井，整体保存较好
16	下蒋村老年活动室	下蒋行政村下蒋自然村 67 号南面	坐东朝西，三间两搭厢楼屋，整体保存较好
19	下蒋祠堂	下蒋行政村下蒋自然村 132 号东面	坐北朝南，原三间对合型。现仅存前进带一楼梯弄楼屋。整体保存一般
20	林寿金宅	下蒋行政村下蒋自然村 122 号	坐北朝南， 三间二进二明堂楼屋，整体保存一般
23	珠带式古井	珠带式行政村珠带式自然村村南	正方形古井，整体保存一般
25	江顺年宅	垂江行政村垂江自然村 128 号	坐东朝西，三间两搭厢带一门厅一偏屋楼屋，整体保存较好
36	黄村坞双井	黄村坞行政村黄村坞自然村 16 号门前	青石八角井， 原村大厅前有两井，后左侧建房时掩埋，整体保存较好
38	黄金松宅	黄村坞行政村黄村坞自然村 11 号	坐南朝北，三间三进二明堂，整体保存一般
43	黄志珍宅	黄村坞行政村黄村坞自然村 117 号	坐东南朝西北，二间两搭厢带一楼梯弄楼屋，整体保存较好
45	黄一匡宅	黄村坞行政村黄村坞自然村35 号	坐西南朝东北，三间三进二明堂楼屋，整体保存一般
47	苏代荣宅	黄村坞行政村张麻车自然村27 号	坐东朝西，三间两搭厢楼屋，整体保存较好
48	苏代松宅	黄村坞行政村张麻车自然村22 号	坐南朝北，三间二进二明堂带一楼梯弄楼屋，整体保存一般
63	陈塘下聚德堂	陈塘下行政村陈塘下自然村办公楼对面	坐北朝南，三间对合型，整体保存较好
66	金印和裕堂	陈塘下行政村金印自然村 68 号	坐东北朝西南，三间两搭厢一楼梯弄楼上厅，整体保存较好
68	金印学堂屋	陈塘下行政村金印自然村 53 号对面	坐北朝南，三间两搭厢带一楼梯弄楼屋。整体保存一般
70	金启祥宅	陈塘下行政村金印自然村 15 号	坐东北朝西南， 三间对合型楼屋，整体保存较好
71	金印崇德堂	陈塘下行政村金印自然村 14号	坐东北朝西南，三间对合型，整体保存一般

续表 9-1-2-1

原序号	名称	地址及位置	建筑概况
74	姜洪军宅	横塘行政村横塘自然村 127 号	坐西南朝东北,三间三进二明堂带一楼梯弄楼上厅,整体保存较好
81	姜增福宅	西姜行政村西姜自然村 170号	坐东朝西,三间两搭厢带一楼梯弄楼屋,整体保存较好
83	姜建新宅	西姜行政村西姜自然村 165 号	坐东朝西,三间两搭厢带一楼梯弄楼屋,整体保存较好
84	王雪香宅	西姜行政村西姜自然村 98 号	坐东南朝西北, 三间对合型楼屋,整体保存较好
85	姜品瑞宅	西姜行政村西姜自然村 117 号前面	坐东南朝西北,三间两搭厢带一楼梯弄楼屋,整体保存较好
86	姜贡楠宅	西姜行政村西姜自然村 119 号	坐东南朝西北,三间对合型楼屋带一楼梯弄,三间三搭厢,偏屋,保存一般
87	姜寿田宅	西姜行政村西姜自然村 176 号	坐东朝西, 三间对合型号楼屋,整体保存一般
88	姜海根宅	西姜行政村西姜自然村 30 号	坐南朝北,三间两搭厢带一楼梯弄楼屋,整体保存一般
89	姜渭清宅	西姜行政村西姜自然村 46 号	坐东朝西,硬三间带一楼梯弄楼上厅,整体保存一般
90	姜必金宅	西姜行政村西姜自然村 47 号	坐东朝西,三间两搭厢楼屋,整体保存一般
91	贺继鸿宅	西姜行政村西姜自然村 142 号	坐东朝西,三间两面搭厢楼屋,整体保存一般
92	凤岗龙眼井(1)	西姜行政村西姜自然村 60 号门前	外八角内圆形古井, 现废弃不用,整体保存一般
93	凤岗龙眼井(2)	西姜行政村西姜自然村 91 号门前	外八角内圆形古井,整体保存一般
94	姜顺宅	西姜行政村西姜自然村 91号	坐东朝西,三间对合型楼屋,整体保存一般
95	姜国升宅	西姜行政村西姜自然村 85 号	坐东南朝西北, 三间对合型楼屋,整体保存较好
102	横塘三益堂	横塘行政村横塘自然村 115 号	坐西北朝东南,三间两搭厢带二楼梯弄楼屋,整体保存一般
104	汪宋谟宅	水亭街行政村水亭街 135 号	坐北朝南,三间两搭厢楼屋,整体保存一般
105	徐明明宅	水亭街行政村水亭街 10 号	坐东南朝西北, 三间对合型楼屋,整体保存一般

续表 9-1-2-1

原序号	名称	地址及位置	建筑概况
106	陈正良宅	水亭街行政村水亭街新区 8号	坐西朝东，三间对合型楼屋，整体存一般
108	陈乐冲宅	水亭街行政村水亭街167 号	坐北朝南，三间对合型，整体保存一般
109	陈石清宅	水亭街行政村水亭街239 号	坐北朝南，三间对合型带一楼梯弄楼屋，整体保存一般
111	姜平宅	西姜行政村西姜自然村 183 号	坐东朝西，三间对合型带一楼梯弄楼屋，整体保存较好
114	徐新富宅	盖竹里行政村盖竹里自然村5 号	坐东朝西，三间对合型，整体保存较好
115	杨田坞大厅	杨田坞行政村杨田坞自然村村中	坐北朝南，三间对合型，整体保存一般
117	古塘培德堂	古塘行政村古塘自然村中部	坐西朝东，三间三进一明堂带一穿堂一八字门楼，整体保存一般
123	塘上嘉德堂	塘上行政村塘上自然村 86 号门口	坐西南朝东北， 三间三进二明堂，整体保存较好
125	水亭坞祠堂	水亭坞行政村水亭坞自然村东南部	坐北朝南，回字形宗祠，前进门楼与中进已毁，整体保存一般
126	水树铭宅	水亭坞行政村水亭坞自然村	坐西朝东，二进二明堂，整体保存一般
127	水锡升宅	水亭坞行政村水亭坞自然村	坐东北朝西南，三间两搭厢带一楼梯弄楼上厅，整体保存较好
129	徐森富宅	水亭坞行政村水亭坞自然村	坐北朝南，三间两搭厢楼屋，整体保存较好
130	水亭坞崇义堂	水亭坞行政村水亭坞自然村	坐东北朝西南，三间对合型，整体保存较好
133	钱海清宅	水亭坞行政村水亭坞自然村	坐北朝南，三间三进二明堂，整体保存较好
134	朱友松宅	水亭坞行政村水亭坞自然村	坐北朝南，三间对合型楼屋，整体保存较好
139	塘上永安亭	塘上行政村塘上自然村东北角	南北走向，二开间，往北 100 米处有指路牌一块，整体保存一般
140	芳茗叶村大井	芳茗叶行政村芳茗叶自然村 58 号前面	八角形古井，外方内圆，整体保存一般
141	芳茗叶敦睦堂	芳茗叶行政村芳茗叶自然村中部	坐北朝南，三间三进一明堂，整体保存一般

续表 9-1-2-1

原序号	名称	地址及位置	建筑概况
146	松树下饥食堂	松树下行政村松树下自然村 12 号	坐南朝北，三间对合型，部分用双层砖墙，整体保存较好
147	松树下小厅	松树下行政村松树下自然村20 号	坐南朝北，四进三明堂，后二进为楼屋，整体保存一般
148	徐水银宅	松树下行政村松树下自然村21 号	坐东朝西，三间两搭厢楼屋，整体保存较好
149	大沿桥	松树下行政村松树下自然村北部	南北走向，为三墩平板桥，整体保存较好
154	午塘桥	午塘桥行政村午塘桥自然村西面	东西走向，单孔石拱桥，整体保存较好
156	河伯沿古井	河伯沿行政村河伯沿自然村 33 号东面	圆形古井，整体保存较好
157	方跃生宅	河伯沿行政村河伯沿自然村11 号	坐北朝南，三间对合型带一楼梯弄楼屋，整体保存较好
158	汤家敦伦堂	尚方行政村新宅自然村西北部	坐西朝东，三间对合型，整体保存一般
159	新宅八角井	尚方行政村新宅自然村西南部	八角形古井，整体保存较好
162	方有春宅	尚方行政村新宅自然村 49号	坐北朝南，三间两搭厢带一楼梯弄楼屋，整体保存较好
163	方锡成宅	尚方行政村新宅自然村 33 号	坐西北朝东南，三间两搭厢带一楼梯弄楼屋，整体保存较好
164	郭裕成宅	上朱行政村上朱自然村 8 号	坐西朝东，三间对合型带一楼梯弄楼屋，整体保存较好
165	郭樟松宅	上朱行政村上朱自然村146 号	坐西朝东，五间三进三明堂，整体保存一般
166	郎一阳宅	上朱行政村上朱自然村	坐东朝西，三间三进二明堂，整体保存较好
167	郭宇群宅	上朱行政村上朱自然村	坐东朝西，三间两搭厢带一楼梯弄，整体保存较好
168	朱晓宏宅	上朱行政村上朱自然村165 号	坐南朝北，三间两搭厢带一楼梯弄楼屋，整体保存较好
169	朱堂明宅	上朱行政村上朱自然村 27 号	坐北朝南，三间对合型带一楼梯弄楼屋，整体保存较好
172	殿下敦睦堂	殿下行政村殿下自然村 37 号东面	坐北朝南，三间三明堂，整体保存较好

续表 9-1-2-1

原序号	名称	地址及位置	建筑概况
173	吴晃宅	上吴行政村上吴自然村 48 号	坐东朝西，三间两搭厢带一楼梯弄楼屋，整体保存较好
175	上吴嘉庆堂	上吴行政村上吴自然村	坐北朝南，三间三进二明堂，整体保存较好
176	上吴六角井	上吴行政村上吴自然村	六角形古井，整体保存较好
178	下方泉后井	下方泉行政村下方泉自然村 76 号门前	八角形古井，整体保存一般
179	上方泉小厅	下方泉行政村上方泉自然村51 号	坐北朝南，硬三间，整体保存较好
180	吴氏节孝石坊	柳家行政村柳家自然村西南100 米处	南北走向，四柱五楼石坊，整体保存较好
181	柳永成宅	柳家行政村柳家自然村 22 号	坐东朝西，三间对合型带一楼梯弄楼屋，整体保存较好
182	张华龙宅	柳家行政村寺后张自然村 25 号	坐东朝西，三间两搭厢带一楼梯弄楼屋，整体保存较好
183	钱树住宅	柳家行政村西钱自然村 29号	坐东朝西，三间对合型带一楼梯弄楼屋，整体保存较好
184	西钱大厅	柳家行政村西钱自然村 20 号后面	坐东朝西，硬三间，整体保存较好
185	奎塘太和堂	奎塘行政村奎塘自然村村中	坐东朝西，三间二进二明堂，中进已毁，整体保存一般
186	翁亦祥宅	周邵汤行政村周邵汤自然村132 号	坐东朝西， 三间对合型前厅后堂楼，整体保存较好
187	章陈菊宅	周邵汤行政村周邵汤自然村	坐东朝西，三间两搭厢楼屋，整体保存较好
189	汤进松宅	周邵汤行政村周邵汤自然村	坐东朝西，三间三进二明堂，前厅后堂楼，整体保存较好
191	丁家丁氏家祠	丁家行政村丁家自然村 11 号西南	坐南朝北，三间三进二明堂，整体保存较好
192	西张孝思堂	丁家行政村西张自然村村中	坐西朝东，三间对合型，整体保存较好
193	西张大厅	丁家行政村西张自然村村中	坐东北朝西南，三间对合型，整体保存一般
194	童马成宅	丁家行政村塘边自然村 32 号	坐东朝西，三间对合型一楼梯弄楼屋，整体保存较好

续表 9-1-2-1

原序号	名称	地址及位置	建筑概况
195	童根六宅	丁家行政村塘边自然村 34 号	坐东朝西,三间对合型楼屋,整体保存较好
196	童老禄宅	丁家行政村塘边自然村 31 号	坐东朝西,三间两搭厢楼屋,整体保存较好
197	丁根荣宅	丁家行政村丁家自然村 28 号	坐北朝南,三间二进二明堂带一楼梯弄,整体保存较好
198	祝竹奶宅	丁家行政村童才自然村 71号	坐北朝南,三间对合型楼屋,整体保存较好
201	雷耀庭宅	奎塘畈行政村奎塘畈自然村 18 号	坐西朝东,三间对合型楼屋,整体保存较好
202	章氏宗祠(承德堂)	柳塘章行政村柳塘章自然村 39 号隔壁	坐北朝南,三间对合型,整体保存一般
203	章海松宅	柳塘章行政村柳塘章自然村34 号	坐北朝南,三间对合型楼屋,整体保存较好
204	章彩余宅	柳塘章行政村余垄自然村 19 号	坐西南朝东北,三间对合型带一偏屋,整体保存较好
205	范坞王氏节孝坊	范坞行政村范坞自然村 96 号北面	南北走向,二柱三楼式石坊,整体保存一般
206	童建忠宅	杨宝塘下行政村杨宝塘下自然村 69 号	坐西朝东,三间两搭厢带一楼梯弄楼屋,整体保存较好
207	琚柏根宅	珠带式行政村珠带式自然村91 号隔壁	坐东朝西,三间两搭厢带一楼梯弄楼屋,整体保存较好
218	姜柏清宅	白鹤桥行政村白鹤桥自然村 131 号	坐东朝西,三间三进二明堂带二楼梯弄一偏屋,整体保存一般
221	胡福祥宅	生塘胡行政村生塘胡自然村82 号	坐西朝东,三间对合型带一楼梯弄楼屋,整体保存较好
222	胡柏根宅	生塘胡行政村生塘胡自然村86 号	坐北朝南, 三间二进二明堂楼屋,整体保存一般
223	胡寅生宅	生塘胡行政村生塘胡自然村14 号后面	坐北朝面, 三间两搭厢带一楼梯弄,整体保存一般
224	施家大厅	施家行政村施家自然村村中	坐西南朝东北, 三间二进一明堂,整体保存一般
231	朱建忠宅	珠带式行政村珠带式自然村 205 号	坐东朝西,三间两搭厢带一楼梯弄楼屋,整体保存较好

2007年，据《兰溪市第三次全国文物普查不可移动文物名录》，水亭畲族乡传统风貌建筑共有104处，至2015年数量未变。

2007年水亭畲族乡传统风貌建筑一览表

表9-1-2-2

原序号	名称	地址及位置	建筑概况
2	琚瑞荣宅	珠带式行政村珠带式自然村151号	坐东朝西，三间对合型带一楼梯弄楼屋，整体保存一般
3	徐石祥宅	珠带式行政村珠带式自然村151号前面	坐东朝西，三间对合型楼屋，整体保存一般
4	琚金荣宅	珠带式行政村珠带式自然村93号后面	坐东朝西，三间对合型楼屋，整体保存一般
11	周茂泉宅	上周行政村上周自然村65号	坐东朝西，三间两搭厢带一楼梯弄楼屋，整体保存一般
12	林群峰宅	下蒋行政村下蒋自然村38号后面	坐北朝南，三间两搭厢带三间偏屋楼屋，整体保存一般
17	蒋金祥宅	下蒋行政村下蒋自然村92号	坐北朝南，三间两搭厢楼屋，整体保存一般
21	蒋顺福宅	下蒋行政村下蒋自然村103号	坐北朝南，三间两搭厢带一楼梯弄楼屋，整体保存一般
22	垂江敦伦堂	垂江行政村垂江自然村35号北边	坐东朝西，三间对合型，整体保存一般
23	垂江客厅	垂江行政村垂江自然村73号	坐南朝北，三间对合型，整体保存较差
29	江洪宅	垂江行政村垂江自然村89号	坐东朝西，三间两搭厢楼屋，整体保存一般
30	江滨宅	垂江行政村垂江自然村41号	坐东朝西，三间两搭厢楼屋，整体保存一般
31	江浩庆宅	垂江行政村垂江自然村45号	坐南朝北，三间两搭厢，整体保存一般
32	江国民宅	垂江行政村垂江自然村72号	坐东朝西，原三间对合型，现前进已毁剩铁皮泡钉大门，整体保存较差
35	吴金水宅	垂江行政村南山坞自然村9号对面	坐东北朝西南，三间对合型带一楼梯弄楼屋，整体保存一般

续表 9-1-2-2

原序号	名称	地址及位置	建筑概况
39	黄开富宅	黄村坞行政村黄村坞自然村 14 号	坐南朝北，三间两搭厢，整体保存一般
42	黄志明宅	黄村坞行政村黄村坞自然村 124号	坐西朝东，三间两搭厢带二楼梯弄楼屋，整体保存一般
44	黄炳林宅	黄村坞行政村黄村坞自然村 128 号	坐东朝西，三间两搭厢带一楼梯弄楼屋，整体保存一般
46	苏代林宅	黄村坞行政村张麻车自然村 26 号	坐东朝西，三间两搭厢楼屋，整体保存一般
49	陈松松宅	黄村坞行政村张麻车自然村 29号	坐南朝北，三间两搭厢带一楼梯弄楼屋，整体保存一般
50	苏冬苟宅	黄村坞行政村张麻车自然村 23 号	坐南朝北，三间两搭厢带一楼梯弄楼屋，整体保存一般
51	黄志升宅	黄村坞行政村黄村坞自然村138 号	坐东朝西，三间两搭厢带一楼梯弄楼屋，整体保存一般
53	午塘边仁让堂	午塘边行政村午塘边自然村午塘边上	坐北朝南，三间三进二明堂，前两进已毁后重建，整体保存较差
54	徐志荣宅	午塘边行政村午塘边自然村 136 号	坐东朝西，三间对合型楼屋，整体保存一般
55	叶绍飞宅	午塘边行政村午塘边自然村92 号	坐北朝南，三间两搭厢带一楼梯弄楼屋，整体保存较差
56	午塘仁让堂偏屋	午塘边行政村午塘边自然村77 号	坐北朝南，原三间对合型，现仅存后进，整体保存较差
57	徐荣生宅	午塘边行政村午塘边自然村35 号	坐西朝东， 三间两搭厢楼上厅楼屋，整体保存一般
58	徐七奶宅	午塘边行政村午塘边自然村 66 号	坐北朝南，三间两搭厢带一楼梯弄楼屋，整体保存一般
59	徐连招宅	午塘边行政村午塘边自然村103 号	坐北朝南，三间对合型带一楼梯弄楼屋，整体保存一般
60	徐锦康宅	午塘边行政村午塘边自然村28 号	坐南朝北，三间两搭厢带二楼梯弄楼上厅建筑，整体保存一般
61	徐柏园故居	午塘边行政村午塘边自然村56 号	坐北朝南，三间三进二明堂带五间两搭厢偏屋楼屋，整体保存一般
62	徐建秋宅	午塘边行政村午塘边自然村 72 号	坐北朝南，三间两搭厢楼屋，整体保存一般
64	叶樟根宅	午塘边行政村陈塘下自然村23 号	坐东北朝西南， 三间对合型楼屋，整体保存一般

续表 9-1-2-2

原序号	名称	地址及位置	建筑概况
65	叶松友宅	午塘边行政村陈塘下自然村26号后面	坐东北朝西南,三间对合型带一楼梯弄楼屋,整体保存一般
67	金敬坤宅	陈塘下行政村金印自然村59号	坐南朝北,三间两搭厢带二楼梯弄楼屋,整体保存较差
72	姜仁光宅	横塘行政村横塘自然村141号	坐南朝北,三间对合型带一楼梯弄楼屋,整体保存一般
73	姜潘华宅	横塘行政村横塘自然村130号	坐西南朝东北,三间两搭厢,整体保存一般
75	姜特刚宅	横塘行政村横塘自然村117号	坐南朝北,三间对合型带一楼梯弄楼屋,整体保存较差
76	姜仕荣宅	横塘行政村横塘自然村123号	坐南朝北,三间对合型带一楼梯弄楼屋,整体保存一般
78	姜志清宅	横塘行政村横塘自然村54号	坐西南朝东北,原三间三进二明堂带一楼梯弄楼屋,现后进已毁,整体保存较差
79	姜水清宅	横塘行政村横塘自然村174号	坐西南朝东北,原三间对合型楼屋,现前进已毁剩后廊,整体保存较差
80	横塘新厅	横塘行政村横塘自然村53号	坐西南朝东北,原三间三进二明堂,现剩前进及门楼,整体保存较差
96	姜友泉宅	横塘行政村横塘自然村56号	坐西南朝东北,三间对合型楼屋,整体保存一般
97	姜兆发宅	横塘行政村横塘自然村178号	坐南朝北,三间对合型带一楼梯弄楼屋,整体保存一般
98	邱柏岐宅	横塘行政村横塘自然村183号	坐南朝北,三间两搭厢带一楼梯弄楼屋,整体保存一般
99	姜安吉宅	横塘行政村横塘自然村201号	坐西南朝东北,三间两搭厢楼屋,整体保存一般
100	姜水良宅	横塘行政村横塘自然村157号	坐西南朝东北,三间两搭厢带一八字门楼楼屋,整体保存一般
101	姜连荣宅	横塘行政村横塘自然村141号	坐西朝东,三间两搭厢带二楼梯弄楼屋,整体保存一般
116	胡兰兰宅	古塘行政村古塘自然村5号	坐东朝西,原三进二明堂,现仅存后进,整体保存一般
118	徐茂金宅	古塘行政村古塘自然村64号	坐东朝南,三间对合型带一楼梯弄,整体保存一般
119	徐志标宅	古塘行政村古塘自然村148号	坐西朝东,三间对合型,整体保存一般

续表 9-1-2-2

原序号	名称	地址及位置	建筑概况
120	徐百贤宅	古塘行政村古塘自然村 90 号东侧	坐北朝南，三间两搭厢带一偏屋，整体保存一般
121	徐永球宅	古塘行政村古塘自然村 91 号	坐北朝南,三间两搭厢带一楼梯弄楼屋,整体保存一般
122	姜秀月宅	古塘行政村古塘自然村 109 号	坐西北朝东南,三间两搭厢,整体保存一般
128	水正荣宅	水亭坞行政村水亭坞自然村 75 号	坐东北朝西南,三间两搭厢带一楼梯弄楼屋,整体保存一般
132	上伊塘大厅	水亭坞行政村上伊塘自然村南部	坐北朝南,三间三进二明堂,后进已毁,整体保存较差
135	徐锡荣宅	塘上行政村塘上自然村50 号	坐西南朝东北三间两搭厢楼屋,整体保存一般
137	李永忠宅	塘上行政村塘上自然村 86 号	坐西南朝东北，三间对合型楼屋，整体保存一般
142	松树下余庆堂	松树下行政村松树下自然村56 号东边	坐南朝北,原三进二明堂,现仅存后进,整体保存较差
143	徐有银宅	松树下行政村松树下自然村63 号	坐南朝北,三间两搭厢楼屋,整体保存一般
144	徐寿松宅	松树下行政村松树下自然村8 号	坐南朝北,三间两搭厢楼屋,整体保存一般
145	徐根银宅	松树下行政村松树下自然村 6 号	坐南朝北,三间对合型楼屋,整体保存一般
152	包金友宅	松树下行政村乐塘自然村8 号	坐西朝东，原前厅后堂楼建筑,现仅存前进,整体保存较差
160	方樟明宅	尚方行政村新宅自然村 21号	坐东北朝西南,五间两搭厢带一楼梯弄楼屋,整体保存一般
161	傅国根宅	尚方行政村新宅自然村 23 号	坐东北朝西南,三间对合型带一楼梯弄楼屋,整体保存一般
170	西西坞积善堂	上朱行政村西西坞自然村 28号后面	坐北朝南,三间三进三朝堂,整体保存较差
171	李胜荣宅	上朱行政村西西坞自然村 19号	坐北朝南,三间两搭厢带一楼梯弄楼屋,整体保存一般
174	吴顺根宅	上吴行政村上吴自然村 58 号对面	坐东朝西，原三间三进三明堂,现后进已毁,整体保存较差
177	方兆育宅	下方泉行政村下方泉自然村55 号	坐西北朝东南,三间对合型一楼梯弄楼屋,整体保存一般

续表 9-1-2-2

原序号	名称	地址及位置	建筑概况
188	汤洪云宅	周郜汤行政村周郜汤自然村131 号后面	坐东朝西，三间两搭厢带一楼梯弄楼上厅，整体保存较差
190	郜海清宅	周郜汤行政村周郜汤自然村 29 号	坐北朝南，三间对合型楼上厅建筑，整体保存较差
199	童根清宅	丁家行政村童才自然村 52 号	坐西朝东，三间两搭厢楼屋，整体保存一般
200	畲族大厅	西方坞行政村西方坞自然村 31号	坐东朝西，三间对合型，整体保存较差
213	徐树松宅	珠带式行政村珠带式自然村 152号	坐东朝西，三间两搭厢带一楼梯弄楼屋，整体保存较差
214	朱久根宅	珠带式行政村珠带式自然村 165 号对面	坐东朝西，三间对合型楼屋，整体保存一般
255	施水平宅	施家行政村施家自然村 6 号隔壁	坐西南朝东北，三间两搭厢带一楼梯弄楼屋，整体保存一般
226	施根宝宅	施家行政村施家自然村村南	坐北朝南，三间两搭厢楼屋，整体保存一般
228	徐水泉宅	珠带式行政村珠带式自然村 204 号	坐东朝西，三间对合型，整体保存一般
229	徐建中宅	珠带式行政村珠带式自然村 204号隔壁	坐东朝西，三间对合型，整体保存一般
232	徐阿土宅	珠带式行政村珠带式自然村 179 号	坐东朝西，三间两搭厢带一楼梯弄楼屋，整体保存一般
233	徐树松宅	珠带式行政村珠带式自然村 180 号	坐东朝西，三间对合型，整体保存一般
256	水亭老街 2	水亭街行政村水亭街 100 号	坐南朝北，硬二间楼屋，整体保存一般
258	水亭老街 4	水亭街行政村水亭街 98 号	坐南朝北，硬二间楼屋，整体保存一般
259	水亭老街 5	水亭街行政村水亭街 94 号	坐南朝北，硬三间楼屋，整体保存一般
260	水亭老街 6	水亭街行政村水亭街 95 号	坐北朝南，硬四间楼屋，整体保存一般
261	水亭老街 7	水亭街行政村水亭街 84 号	坐南朝北，硬三间楼屋，整体保存一般
263	水亭老街 9	水亭街行政村水亭街 80 号	坐南朝北，三间对合型楼屋，整体保存一般

续表 9-1-2-2

原序号	名称	地址及位置	建筑概况
264	水亭老街 10	水亭街行政村水亭街 85 号	坐北朝南,三间对合型楼屋,整体保存一般
265	水亭老街 11	水亭街行政村水亭街 78 号	坐南朝北,硬二间楼屋,整体保存一般
266	水亭老街 12	水亭街行政村水亭街 62 号	坐南朝北,三间对合型楼屋,整体保存一般
267	水亭老街 13	水亭街行政村水亭街 52 号	坐南朝北,硬三间楼屋,整体保存一般
268	水亭老街 14	水亭街行政村水亭街 147 号	坐北朝南,三间两搭厢楼屋,整体保存一般
276	姜水生宅	西姜行政村西姜自然村 168 号	坐东朝西,三间两搭厢楼屋,整体保存一般
278	姜东升宅	西姜行政村西姜自然村 165 号后面	坐东朝西,三间两搭厢楼屋,整体保存一般
279	姜阿星宅	西姜行政村西姜自然村 113 号北面	坐南朝北,三间两搭厢楼屋,整体保存一般
280	姜寿银宅	西姜行政村西姜自然村 175 号	坐东朝西,三间两搭厢楼屋,整体保存一般
282	姜晋尧宅	西姜行政村西姜自然村 43 号	坐南朝北,三间对合型楼屋,整体保存较差
283	姜迪生宅	西姜行政村西姜自然村 32 号	坐南朝北,三间两搭厢楼屋,整体保存一般
284	姜志华宅	西姜行政村西姜自然村 135 号	坐东朝西,硬二间楼屋,整体保存一般
285	姜敬良宅	西姜行政村西姜自然村137 号	坐东朝西,三间两搭厢,内部情况不明
287	姜荣生宅	西姜行政村西姜自然村 64 号	坐南朝北,三间两搭厢,内部情况不明
288	姜友良宅	西姜行政村西姜自然村 56 号	坐南朝北,三间两搭厢,内部情况不明
290	姜马松宅	西姜行政村西姜自然村 144 号	坐东朝西,三间两搭厢,内部情况不明
291	姜马林宅	西姜行政村西姜自然村 145 号	坐北朝南,三间两搭厢,内部情况不明
292	姜根生宅	西姜行政村西姜自然村 133 号	坐北朝南,三间对合型楼屋,整体保存一般

续表 9-1-2-2

原序号	名称	地址及位置	建筑概况
293	西姜三和堂	西姜行政村西姜自然村 225 号	坐北朝南，五间两搭厢，内部情况不明

（二）牌坊

1．范坞村"节孝"石牌坊

牌坊位于水亭畲族乡范坞村。清乾隆十六年（1751 年），太子少保兵部尚书总督福建浙江等处地方军务兼理粮饷兼都察院右副都御史世袭骑都尉喀尔吉普等人奉旨为故民范日星之节妻王氏立。牌坊为二柱二楼，高约 650 厘米，宽 370 厘米。石牌楼脊两侧饰有鱼吻，顶楼下面各竖"恩荣"石匾一块。四周环以双龙出水浮雕，坊身有镂空云状图案及少量石刻线条。整座石坊造型古朴，纹饰简练。右后抱鼓已缺，局部有损裂。今存。

2．柳家村"节孝"石牌坊

牌坊位于兰溪市水亭畲族乡柳家民族村西南。该石牌坊建于清嘉庆年间，四柱三楼，全高约 700 厘米，宽 623 厘米。清嘉庆十五年（1810 年），福建浙江总督阿林保、浙江巡抚部院阮元等人奉旨"为士民柳遇占妻吴氏立"。清光绪《兰溪县志》卷五载："柳遇占妻吴氏，二十四岁夫故，守节六十一年，已旌建坊。"石牌坊顶楼楼脊两侧饰有鱼吻，顶楼下面各竖"恩荣"石匾一块。四周为龙吐水浮雕图案。梁坊上有凤、鹤、蝙蝠、祥云浮雕，边额两面为鹿、凤、鸡四幅圆形浮雕，其他各部（包括底脚石）有镂空、浮雕及刻花图案。工艺精致，属兰溪市遗存较好的石牌坊之一。

3．横塘村"节孝"石牌坊

牌坊位于水亭畲族乡横塘村东南。四柱三楼高约 750 厘米，宽 705 厘米。清道光十四年（1834 年），兵部侍郎兼都察院右副都御史、巡抚浙江等处地方提督兼理粮饷加三级富尼扬阿等人，奉旨为儒士姜昆龄之妻范氏立。牌坊顶楼下两面均竖有"恩荣"面匾一块，每楼楼脊两侧饰有龙嘴鱼尾吻，顶楼正中置有一葫芦状饰物。坊身有三龙戏水、双龙戏珠、狮子抢球、白鹤、祥云、书画、花卉等浮雕图案，刻工精细，造型优美。保存完好。2005 年 11 月被兰溪市列为市级文物保护单位。

4．奎塘"节孝"石牌坊

牌坊建于清道光初，二柱二楼，"文化大革命"时期被毁。

5．上朱“百岁”石牌坊

牌坊位于上朱村中，四柱三楼，哀祠杨郭文龄。建于民国11年(1922年)，共集资白洋(银元)1000元。毁于1950年。拆后青石用作建水亭粮仓。

6．西姜“节孝”石牌坊

牌坊位于西姜祠右旁，建于明嘉靖年间(1522—1566年)，1960年被毁。

7．周邵汤“节孝”石牌坊

牌坊位于周邵汤村汤家，建于清乾隆五十八年(1793年)，坐东朝西，青石雕垒。1958年拆去建造太平桥，以通兰溪至游埠公路。

8．垂江“永安”石牌坊

牌坊位于垂江村进村入口处。牌坊为四柱三楼，全高约900厘米，宽1000厘米。底座长238厘米，宽84厘米，高88.5厘米。2013年全村村民捐资立。顶楼正中各有“永安”二字，各楼楼脊左右均有角，楼脊顶端有鱼吻装饰。二楼正中各为双连环铜钱图案，左右均为“十”字形铜钱图案；三楼正中为“济阳流芳”四字，左右各有人物图案，上梁坊各为双凤朝牡丹，下梁坊各为双狮抢球，左右梁坊各有花卉、麒麟，各梁坊均有雀替，为鱼吻装饰。四柱各有150厘米抱鼓石形护柱装饰。四柱上方各有小穿梁托。用100多厘米高竹节型微柱连接两楼，整座牌坊造型古朴，纹饰简练，美观大方。

中柱有楹联：垂曜青山，物华天宝千秋富；江容绿水，人杰地灵万代兴。

9．水亭“团结”石牌坊

牌坊位于水亭新区十字路口南向入口处，牌坊为四柱三楼，全高约900厘米，宽1100厘米。2011年9月，童耀明汤云芳捐资立。每楼各楼脊两侧顶端双角之中有凤鸟图腾。二楼正中刻有“畲”字图案。三楼正中刻有“团结”二字，正两侧为梅、兰，反两侧为竹、菊。上梁坊各为双凤朝牡丹，下梁坊各为双龙戏珠。左右梁坊各为各种花卉、鸟类、麒麟等吉祥浮雕图案。每层楼梁坊均有雀替。四柱脚各有抱鼓石半装饰石雕。整个坊身雕刻精致，造型美观，所有部位有镂空、浮雕及刻花图案。

(三)古井

1．乐塘古井

又名义井，位于水亭畲族乡松树下行政村乐塘自然村村北西偏东泉井山脚。井方形，赤石砌成井墙，现井墙残存一半。井水源不断，大旱年间，仍水满溢出，取之不尽。此井为唐代徐宗(安贞之父)建。

2．凤岗井

位于水亭畲族乡西姜村西，有两口井，相距30米，如一双眼睛，故又名“龙眼井”。相传明代就有此井，太平天国时被填埋。民国元年(1912年)重挖，现仍饮用。

3．下蒋井

又名槐花井、太平井，有“瀔西第一井”之誉。位于下蒋村中。据说此井深丈余，泉水源于诸葛砚山。与古槐、村寨同龄，因井深有险，中间用石板隔开，将井分成二层，石板离井口6尺有余，石板离井底多高不详。大旱之年井水亦满，俯身能吸。井水冬暖夏凉，够上千人常年饮用。

4．赤岩八角井

原水亭乡赤岩村有口八角井，井有青石雕琢的围栏，现尚存。

5．槐花井

又名古塘井，位于水亭畲族乡古塘村前塘之畔，井边有一古槐，传说树龄已近千年，故名槐花井。

6．水亭和尚井

位于水亭街至龙山殿路旁。相传龙山殿和尚见殿旁有一泉水，一年四季长流，久旱仍有。和尚于泉处挖潭饮用，水清味甘。故名“和尚井”。后水亭街将井加深加固，用于做千张，做起的千张细、白、嫩、软、薄，软中带韧，洁白如玉，很受人们欢喜。井现状完整。

7．黄村坞双井

位于黄村坞村16号门前，青石八角形，原村大厅前两口井，故名双井。后左侧建房时掩埋一口，仅存一井，现状较好。

8．芳茗叶大井

位于芳茗叶村58号前面，八角形古井，内圆，青石质，有“清泉”二字，整体完整。

9．河伯沿古井

位于河伯沿村33号东面，圆形古井，现状较好。

10．新宅八角井

位于尚方村新宅自然村西南部，八角形古井，整体较好。

11．上吴六角井

位于上吴村97号东面，六角形古井，整体较好。

12．下方泉后井

位于下方泉村76号门前，八角形古井，现状完好。

(四)古遗址

1. 商贸古道

兰溪千年古镇游埠经水亭至龙游县北乡志棠有一条商贸古道，全长14.5千米，连接杭州至衢州古驿道，是昔日龙游北乡志棠集镇到游埠进货的唯一通道。明清两代及民国时期，志棠集镇商贸繁荣，仅前邵（自然村名）一条街就有德成南货店、祥源杂货店、仁德堂药店、永茂号酱菜店、志溪食品杂货店、豆腐屋酒店、爱珍茶馆店、美蝶饮食小吃店等数十家店铺，所有店铺都到游埠进货。当时志棠流传商界谚语:“一日没游埠，日脚（子）难处渡（过）”“游埠日日去，才有好生意”。水亭地处游埠、志棠两地中间点，自然而然成为挑夫歇脚休闲地与商品集散地。加上阴历旬“一、四、七”市日，水亭周边龙（龙游县）兰（兰溪县）汤（汤溪县，今属金华婺城区）寿（寿昌县，今属建德市）等地民众前来买卖耕牛、仔猪及各种物资交流，水亭生意兴隆，商客无数。于是，商贸古道沿途各地乡贤纷纷慷慨捐资，沿商贸古道兴建凉亭7座，供过往商客、挑夫及闲人避风躲雨、纳凉歇脚。7座凉亭分别为（游埠）茅坪畈凉亭、（七里坪）七里亭、（范源坞）八角凉亭、（水亭古塘）红石凉亭（群力亭）、（水亭塘上）永安亭、（诸葛）上徐店红石凉亭、（志棠）麻车岭上凉亭。如今六亭皆废，唯塘上永安亭残存。距永安亭120步，三岔路口处，立有指路碑一块，上刻“左通双牌诸葛、右达志棠寿昌”，保存完好。碑文方德成书（水亭尚方人）、项庚宝（永昌朱村人）刻。

2. 和安寺(兜率寺)遗址

和安寺为东晋义熙二年（406年）太傅胡凤（生塘胡人）建，址在游埠镇寺基村，是兰溪市境有文字记载的最早佛寺。唐五代著名诗僧、画家贯休（832—912）出家寺庙，毁于明代。尚存宋庆历二年（1042年）重刻和安寺碑，该碑现存水亭生塘胡胡氏宗祠内。遗址内发现大量宋、明时期的砖瓦、瓷器碎片及残存红石墙基。明代以后建造的和安寺桥、亭、石碑等有关建筑尚存。

3. 古塘陶窑址

位于水亭古塘村白虎塘旁。1986年夏，遗址旁出土很多陶瓷碎片。部分陶瓷碎片当时存于水亭乡文化站。

4. 西林禅寺遗址

位于水亭畲族乡西姜村南约0.5千米处。建于明代，三开间三进二明堂及偏屋数间。1950年土改时，庙宇分配农户居住。1958年拆除。遗址上残存青石柱础、红石墙基、方格线条三合土地面、天井沿断裂青石板、后进破裂石阶、大量砖瓦碎片。整个三进二明堂及偏屋基址可认。

5．明真山观遗址

位于水亭畲族乡柳塘章村明真山上。明嘉靖三十三年(1554年)甲寅四月廿四动工兴建,为生塘胡卢公建。清末民国初为成材小学校舍。1958年毁。旧址现已改成梯田。

(五)古墓

1．徐安贞墓

位于柴岩乡黄茅山小溪口。安贞公是水亭乐塘村徐氏入迁二世祖。据《乐塘崇儒里徐氏宗谱》载:"三十一都一图土名鹭鸶山脚小溪口,癸山丁向兼丙壬内安葬;安贞公暨安人龚氏坟后左手安葬;三世祖朝议大夫惠明公暨安人任氏附葬。"

2．徐良能墓

位于太平乡界岭(今诸葛镇管村与龙游县鞍头交界的界址岭),已湮没。《古塘徐氏宗谱》记载:"宋孝宗皇帝勒罗斯舒卜地荣葬二十四都界岭,管庄后山更字八十号,坟山九亩八分五厘。"

3．秦国夫人墓(徐良能原配夫人钱氏)

位于龙游三十七都六堡裳字山门祠寺后(今龙游县横山镇山门寺水库内),1986年坟墓被挖掘,未发现葬品,是年已恢复原貌。

4．周三畏墓

位于纯孝乡砚坦西湖,是水亭畲族乡上周村周氏维四太公曾祖父。

5．周氏维四公墓

位于水亭畲族乡上周村后山,2015年重修。

6．水钦墓

位于水亭坞村上戴塘上,坐东朝西。墓碑记有"大宋绍熙进士、婺州牧。赞曰:川岳之灵,湖海之秀。性维其慈,德惟其茂,挺生我公,大昌阙后。为闽之宗,为吾之祖"。2000年重修。

(六)出土文物

1．东汉陶双耳盘口壶

黄色夹沙陶,盘口,束颈,斜肩,鼓腹斜收,肩部两条弦纹间饰带状波浪纹。肩部左右置双竖系,上饰叶脉纹,平底。整个器形泥条盘接痕明显。局部有乳浊釉。口径10.8厘米,底径7.8厘米,腹径17.4厘米,高21.5厘米。腹壁系下有一小孔。1977年于水亭乡奎塘村对面山上出土。

2．西晋婺州窑青瓷钵

直口，圆腹，平底，内凹。外壁施青黄色釉，施釉到底。内壁底有五点烧点痕迹，内底无釉。外壁腹下部紫红色，底部露胎呈红色。口径 25.0 厘米，底径 14.9 厘米，腹径 24.4 厘米，高 9.6 厘米。1970 年 10 月于水亭畲族乡下方泉村大横山出土。

3．唐婺州窑青瓷碗

侈口，圆唇，深腹，腹饰莲花纹，圈足。通体施青色釉，已变色。胎质黄色。口径 15.1 厘米，足径 6.5 厘米，高 7.7 厘米。1977 年于水亭乡柳家村唐代墓葬出土。

4．南宋“兰溪开国”铜印

印呈正方形，高 3 厘米，面宽 4.8 厘米，重 280 克。长扁开纽，正面刻有“兰溪开国”篆体阳文，背面右侧刻有“乾道七年(1171 年)十”左侧刻有“日月使□”，笔画极细浅。印边有一小孔，完整，属国家二级文物。今存兰溪市博物馆。该印第一次出土为清光绪三十二年(1906 年)；什么原因再次入土不详，第二次出土为 1968 年。水亭畲族乡古塘村出土。

1906—1982 年水亭乡出土文物一览表

表 9-1-2-3

文物名称	推定年代	出土地点	出土时间	保存单位
铜镜一面	西汉	西姜	1982 年 10 月	兰溪市文管会
汤罐二只	东汉	奎塘	1979 年 12 月	兰溪市文管会
小青瓷碗一只	东汉	奎塘畈	1980 年	兰溪市文管会
小盆口壶一只	东晋	下方泉大横山	1978 年 10 月	兰溪市文管会
小青瓷碗二只	东晋	下方泉大横山	1978 年 10 月	兰溪市文管会
青瓷碗三只	—	下方泉大横山	1977 年底 1978 年初	兰溪市文管会
双耳小陶罐一只		下方泉	1977 年冬	兰溪市文管会
红陶双耳罐一只	宋	黄村坞村	—	兰溪市文管会
古窑陶片	唐	古塘	1986 年	水亭乡文化站
“兰溪开国”铜印	宋	古塘	清光绪丙午年 (1906 年)	兰溪市博物馆
四耳罐一只	宋	柳家下罗家	1978 年	兰溪市文管会
青瓷小盆一只	宋	柳家下罗家	1978 年	兰溪市文管会
双耳小陶罐一只	清	柳家下罗家	1978 年	兰溪市文管会

二、人文景观

1．畲村大茅铺

水亭畲族乡奎塘畈村，至民国10年（1921年）都叫大茅铺。因那时奎塘畈村畲族人建了一座四合院式的排垣形大茅铺。共19间，每间约20平方米，总建筑面积约420平方米，占地面积约670多平方米。四合院中央有一个较大的空地。到中华人民共和国成立时，大茅铺里还住着五户人家。大茅铺建成之后，远近的人都称此村为"大茅铺"，直到民国10年，"奎塘畈"村名才逐渐叫开。1949年，中华人民共和国成立后，村定名为奎塘畈。

2．松涛图书馆

原兰溪市第一中学内。兰溪县担三中学（今兰溪市第一中学）前任校长祝谏邀请时任民国"四联"（中央银行、中国银行、交通银行、中国农民银行。蒋介石兼任"四联"主席）秘书长的徐柏园（水亭午塘边村人）担任名誉董事长。继任校长方忠杰（水亭下方泉村人）专程赴南京徐柏园处，征询有关办学事宜。徐柏园召集了在南京、上海的兰溪同乡，募集了一笔款项，让方忠杰带回。方忠杰回兰溪后，用上述款项在担三中学内兴建了一个图书馆，并以徐柏园家父之名取名"松涛图书馆"。

3．兰溪市畲族风情园

兰溪市畲族风情园（以下简称风情园）位于水亭畲族乡西方坞民族村，建于2012年7月。同年10月，风情园组建"兰溪市畲族风情演艺团"。2013年，组建"兰溪市畲族祭祖舞展演队""兰溪市畲族风情园畲族婚嫁展演团""兰溪市畲族织带展演队"。2014年，建"畲乡大舞台"，举办"畲乡大舞台•想乐您就来"项目。2014年，风情园被兰溪市人民政府定为"兰溪市非物质文化遗产畲族对歌传承展示基地""兰溪市非物质文化遗产祭祖舞保护传承基地""兰溪市非物质文化遗产畲族织带保护传承基地""兰溪市非物质文化遗产畲族婚嫁传承展示基地"，被金华市人民政府定为"金华市非物质文化遗产保护展示基地"。

风情园是"断头龙"展演基地。"断头龙"全称是"兰溪市水亭畲族乡荷龙里村《断头龙》"。2008年"断头龙"被国务院列入国家级非物质文化遗产代表作名录。

4．浙江新天地现代农业开发有限公司

2009年1月12日，水亭畲族乡古塘村徐志鸿注册资本1000万元，在上朱村东山创办浙江新天地现代农业开发有限公司。公司占地面积66.7公顷，

主要种植四季水果，如樱桃、白枇杷、杨梅、蜜桃、葡萄、火龙果、红肉蜜柚、蜜橘等。各种水果都有采摘基地。2014 年，公司获“浙江省首批果蔬采摘旅游示范区”“金华职工疗养基地”等称号。

5. 水亭包坞自然保护小区

2001 年 9 月 25 日，兰溪林业局向浙江省林业厅报批“兰溪市级自然保护小区”，将水亭畲族乡松树下、塘上两村列为“包坞自然保护小区”，该自然小区鸟类分布栖息地 178.5 公顷。2001 年 9 月 30 日，经兰溪市人民政府批复，同意建立包坞自然保护小区。该小区是“兰溪市首期自然保护小区”。2003 年 11 月 6 日，省林业厅下文，将水亭畲族乡“包坞自然保护小区”列为兰溪市重点自然保护小区。

第三节　建置沿革

南宋嘉定十四年(1221 年)，水钦卸任官职，因洪水泛滥，战乱交通堵塞，无法返回故乡。夫人江氏随三子滞居兰溪太平乡，并把所居之地取名为水亭，表示不忘故乡亭溪之意。

1992 年，水亭畲族乡由圣山畲族乡与水亭乡合并而成。其建置沿革情况予以分述。

清代行乡、里、都、图制，乡与里平级。里下为图，图下为自然村。圣山、水亭同属太平乡仙洞里。

民国 16 年(1927 年)6 月，改村里制，圣山设为圣山村，归属游埠区。民国 23 年，圣山与东山合并为圣东乡，归游埠办事处管辖。民国 27—35 年，圣山乡归水亭督导区管辖。1950 年，建立圣山乡。1986 年成立圣山畲族乡。

民国元年，水亭为水亭自治区，辖 1 里 6 村。民国 16 年 6 月，水亭设水亭区。1949 年 8 月，成立水亭乡。1992 年，水亭乡与圣山畲族乡合并成立水亭畲族乡。辖 37 个行政村。2008 年，生塘徐行政村划归游埠镇管辖，水亭畲族乡辖 36 个行政村。

一、政区沿革

(一)圣山畲族乡建置沿革

清代，圣山属太平乡仙洞里。太平乡仙洞里辖 24 至 28 都。圣山畲族乡的杨保塘(现为杨宝塘下)村为二十六都；丁家、白鹤桥、里塘(现柳塘章)、生塘徐、生塘胡、奎塘、殿下张、唐家、西张、童才、西山殿下(现为殿下)、西钱、上朱、下方钱（现为下方泉）、西徐坞、慈厚张、罗家、鲍家（已消失）、下朱、慈厚柳（现为柳家）、琚家、朱打锡（现琚家、朱打锡合称珠带式）、上吴、范坞、范才、何龙里（现为荷龙里）、上江、符野、上施、下施村为二十七都。

民国16年（1927年）6月，改村里制，圣山设为圣山村。民国17—20年，圣山村归属游埠区。民国23年，兰溪实验县政府决定，编并乡镇，圣山与东山合并为圣东乡，辖7保63甲，归兰溪县第三自治区游埠办事处管辖。

1950年8月，建立柳塘乡（归游埠区游埠乡管辖）。是年10月，建立圣山乡（归游埠区水亭乡管辖）。1956年3月，柳塘乡、圣山乡归属游埠区。1957年，设圣山乡，辖原柳塘乡、圣山乡，属游埠区管辖。1958年，设圣山管理区、柳塘管理区，属游埠人民公社管辖。1960年，圣山管理区、柳塘管理区合并为圣山管理区属游埠人民公社管辖。1961年10月，设圣山人民公社，归属游埠区。

1983年6月，人民公社实行政社分设，分别建立圣山乡人民政府和圣山乡人民公社。

1986年9月3日，根据省民政厅《关于同意将兰溪市圣山乡改建为圣山畲族乡的批复》，圣山乡改建为圣山畲族乡，原行政区域为圣山畲族乡区域，下辖17个行政村：柳家、奎塘、奎塘畈、柳塘章、生塘徐、生塘胡、西方坞、珠带式、施家、白鹤桥、横塘、上周、杨宝塘下、范坞、殿下、丁家、上朱。

1992年，撤区并乡扩镇，圣山畲族乡与水亭乡合并为水亭畲族乡。

（二）水亭畲族乡建置沿革

清代，水亭属太平乡仙洞里。太平乡仙洞里辖24至28都。水亭的古塘、乐塘、松树下、芳茗叶、午塘边、河伯堰（现为河伯沿）、汤家、塘上、午塘桥、上畈、经堂口、上胡、叶家、罗村、包坞、叶岗坞、里坞、姜皮为二十五都；水亭、后店朱（现后殿朱）、上方钱（现上方泉）、上伊塘、西姜、湖埠塘（现周邵汤）、下蒋、后蒋（已消失）、蒋野（后称蒋家，已消失）、陈塘下、张塘坞（现为张江坞）、金野（现为金印），垂江、徐坞（已消失）、上周、盖竹徐（现为盖竹里）、杨田坞、西源坞、张麻车、黄村坞为二十六都。宣统年间（1909—1911年）行区庄制，以原来的1图为1庄，区管辖庄。水亭设自治区。所辖庄无考。

民国元年（1912年），水亭为水亭自治区，辖1里6村：水亭里、尚古村、黄江村、太平村、孟湖村、厚仁村、西夏村。民国16年6月，行街、村制，不久改称村、里制。兰溪县设15个区，水亭设水亭区，仍辖1里6村。民国18年5月，兰溪县设9个区，水亭游埠设游亭区（辖游埠区、水亭区），水亭区仍辖1里6村。

民国20年改村里为乡镇。将9区缩并为一、二、三、四、五区，水亭为第五区，仍辖1里6村。民国23年3月，兰溪实验县政府决定，编并乡镇，原村、里改编为保、甲。保持5区，共编81乡，设15个乡镇公所联合办事处。水亭为第三区水亭联合办事处，辖1镇3乡32保322甲：水亭镇(5保65甲)、平湖乡(8保83甲)、古江乡(9保85甲)、仁伦乡(10保89甲)。民国27年5月，兰溪县再次合并乡镇，编并为32乡、3镇。水亭为乡，辖1镇2乡：水亭镇、圣山乡和古江乡。民国31年5月28日，兰溪县城被日本军侵占后，一、二、三、四、五区合并改为直辖区，全县设直辖、水亭、甘溪、马涧4区。民国31年至35年，水亭设水亭区，辖8乡：游埠乡、金湖乡、水亭乡、仁湖乡、诸葛乡、砚峰乡、永昌乡、环衢乡。

1949年8月，成立水亭乡。属游埠区管辖。1950年6月，水亭乡分设圣山、水亭、河伯三个乡。1952—1957年，水亭乡辖原圣山、水亭、河伯三个乡。1957年，水亭、河伯乡合并为水亭乡。1958年，设水亭、河伯管理区，归属游埠人民公社。1961年10月，建立水亭人民公社。1983年6月，人民公社实行政社分设，分别建立水亭乡人民政府和水亭乡人民公社，乡人民公社是乡人民政府领导下的经济组织。水亭乡，辖20个行政村：水亭街、水亭坞、西姜、下方泉、塘上、芳茗叶、古塘、松树下、尚方、陈塘下、杨田坞、盖竹里、午塘边、午塘桥、横村坞、垂江、河伯沿、上吴、下蒋、周邵汤村。1992年5月与圣山畲族乡合并为水亭畲族乡，辖原圣山畲族乡所辖17个行政村和原水亭乡所辖20个行政村，共辖37个行政村。2008年，生塘徐行政村划归游埠镇管辖，水亭畲族乡辖36个行政村。至2015年，建置未变。

二、辖区村落

(一)生塘胡行政村

东晋建元二年(344年)已建村，其时兰溪尚未置县，地属东阳郡长山县。村民委员会驻生塘胡。距水亭畲族乡政府驻地6千米。地属丘陵，东临生塘徐村，南接龙游县西湖村，西邻龙游县金刚桥头村，北靠西方坞村，区域面积为2.5平方千米。有生塘胡胡氏宗祠1座，占地面积1350平方米，属浙江省级文物保护单位。2015年，耕地面积54公顷，山地面积68.6公顷。全村199户、605人。其中，男性309人、女性296人；雷姓29户、86人，蓝姓31户、93人，钟姓2户、7人。

1991年获兰溪市“先进党组织”称号；2013年获浙江省“卫生村”称号；

2014 年获兰溪市“文明村”称号，2014 年获金华市“五星基层党组织”称号；2015 年获金华市“五星基层党组织”称号。2015 年，村有办公场所 260 平方米，老年活动室 1350 平方米。全村有中共党员 25 人，其中畲族 1 人、中共生塘胡支部委员会 2 人、村民委员会委员 2 人。辖生塘胡、塘家、塘里 3 个自然村，12 个村民小组。

1．生塘胡

村民委员会驻地。村以胡姓聚居，村内有塘名生塘，故名生塘胡。2015 年，有村民小组 8 个，耕地 37 公顷。村中有省级文物保护单位“生塘胡氏祠堂”。

2．塘 家

距村民委员会驻地西南 200 米，村处生塘附近，故名塘家。2015 年，有村民小组 1 个，耕地 4 公顷。

3．塘 里

距村民委员会驻地东北 100 米，村居生塘里首，故名塘里。2015 年，有村民小组 3 个，耕地 13 公顷。

（二）西方坞行政村

村民委员会驻西方坞。距水亭畲族乡政府驻地南 4.8 千米。地属丘陵，东邻柳塘章行政村，南接龙游县，西连白鹤桥行政村，北靠丁家行政村，区域面积为 1.32 平方千米。蓝姓家族在同治年间（1862—1874 年）分数次从景宁县大坪等村迁入。雷姓家族自清光绪四年（1878 年）开始分数次从处州府迁入；民国 5 年（1916 年）建祠堂，名“蓝氏已厅”，建造面积 240 平方米，门额“种玉堂”。2015 年，有耕地 43.93 公顷、山地 4.6 公顷、山林 4.93 公顷。全村 158 户 513 人，男性 267 人，女性 246 人，其中雷姓 44 户 158 人，蓝姓 82 户 268 人，钟姓 1 户 4 人，其他少数民族 1 人。村以种植业为主。

2013 年，兴建民族广场，占地面积 0.533 公顷。2014 年，完成村东入口与西入口建设。2015 年，兴建村办公大楼，完成西方坞村民居外立面改造；2015年获浙江省“文明村”称号。2015 年，全村有中共党员 25 人，其中畲族 18 人；中共西方坞村支部委员会委员 3 人，其中畲族 3 人；村民委员会委员 3 人，其中畲族 3 人。辖西方坞、明印宋、石孔头、石八塘下 4 个自然村，有 9 个村民小组。

1．西方坞

村民委员会驻地。村在山之西坞内，原住村民姓方，故名西方坞，现以蓝姓畲族居多。2015 年，有村民小组 4 个，耕地面积 11.76 公顷。

2．明印宋

距村民委员会驻地北800米。村以宋姓聚居。现以畲族居多。2015年，有村民小组2个，耕地面积10.87公顷。

3．石孔头

距村民委员会驻地东南100米，为蓝姓畲族聚居。村有泉水，名石孔头，村因建石孔头水库闻名。2015年，有村民小组1个，耕地面积8.19公顷。

4．石八塘下

距村民委员会驻地东南500米，为雷姓畲族聚居。村后有塘，名石八塘，村以塘名。2015年，有村民小组1个，耕地面积6.36公顷。

(三)柳塘章行政村

村民委员会驻柳塘章。距水亭畲族乡政府驻地5千米。地属丘陵，北靠丁家，东连奎塘畈、柳家，南对生塘胡，西邻西方坞，北靠丁家，区域面积为1.03平方千米。蓝姓家族自清嘉庆十九年(1814年)开始分批次从处州府景宁五都东源等地迁入。雷姓家族自清道光十八年(1838年)开始分批次从处州府迁入。村以种植业为主，生产毛巾企业1家。

2015年，全村有耕地面积60.53公顷、山地5.87公顷。全村185户625人，有男性304人、女性321人，其中雷姓42户146人，蓝姓36户115人，钟姓3户8人。全村有中共党员21人，其中畲族6人；中共柳塘章支部委员会2人，其中畲族1人；村民委员会委员3人，其中畲族1人。辖柳塘章、明真山脚、余垄3个自然村，有5个村民小组。

1．柳塘章

村民委员会驻地。村内有塘，塘边多柳，故名柳塘。村建在塘塍，原名柳塘塍，后因章姓聚居，遂改名柳塘章。2015年，有3个村民小组，耕地面积25公顷。

2．明真山脚

距村民委员会驻地北1000米，村在明真山脚故名，畲汉族错居，畲族居多。2015年，有1个村民小组，耕地面积12.5公顷。

3．余 垄

距村民委员会驻地东北500米，畲汉族聚居，畲族居多。2015年，有1个村民小组，耕地面积13公顷。

(四)奎塘畈行政村

村民委员会驻奎塘畈。距水亭畲族乡政府驻地5千米。地属平原，东接七里坪农场，南连奎塘村，西邻柳塘章村，北靠柳家村，区域面积1平方千米。雷氏家族自清同治五年(1866年)开始从景宁县鸬鹚口乡南坑下等村迁入。2015年,全村有耕地52.07公顷,山地2.67公顷,养殖水面9.67公顷。全村141户443人,其中雷姓38户151人,蓝姓25户102人,钟姓6户29人,其他少数民族3人。村以种植业为主,兼养殖珍珠蚌。

奎塘畈村有畲族非物质文化遗产项目——祭祖。1979年,雷耀铨出席全国国庆观礼,并担任浙江省少数民族全国国庆观礼团团长。2002年,奎塘畈村被评为兰溪市级文明村。2015年,全村有中共党员23人,其中畲族15人;中共奎塘畈支部委员会委员3人,其中畲族2人;村民委员会委员2人。辖奎塘畈、杨塘山头、洪塘下、柳塘畈、里塘畈、青龙山6个自然村,有7个村民小组。

1. 奎塘畈

村民委员会驻地。村在田畈中,田畈中有塘,名奎塘,故名奎塘畈。2015年,有村民小组3个,耕地16公顷。雷、蓝姓畲族聚居,清同治四年(1865年)从处州景宁县吴山迁入。畲族祭祖舞为纪念世祖龙世的功德而兴,每年农历正月,族人化装成士公,模仿当年族人拿着各种工具驱赶恶兽鬼神。

2. 杨塘山头

距村民委员会驻地西200米,村以杨塘山头得名。2015年,有村民小组1个,耕地9.93公顷。

3. 洪塘下

距村民委员会驻地西南200米,村以洪塘得名。钟姓畲族聚居。20世纪80年代,有富春江3户潘姓移民迁入。2015年,有村民小组1个,耕地7.2公顷。

4. 柳塘畈

距村民委员会驻地东北400米,村以柳塘畈得名,有村民小组1个,耕地6.47公顷。

5. 里塘畈

距村民委员会驻地北面500米,村以里塘畈得名,雷姓畲族居多。2015年,有村民小组1个,耕地3.6公顷。

6. 青龙山

距村民委员会驻地东400米,雷姓畲族聚居。2015年,耕地2.67公顷。

(五)柳家行政村

村民委员会驻慈厚张,以主村柳家得名。距水亭畲族乡政府驻地3千米。地属丘陵,东与七里坪农场相连,南邻奎塘畈村,西邻下朱村,北靠下方泉村,区域面积为4平方千米。2015年,耕地面积83.33公顷,山地54公顷。全村

266 户,823 人,有男性 426 人、女性 397 人,其中雷姓 18 户 42 人,蓝姓 80 户 232 人,钟姓 1 户 1 人。村以种植业为主,兼养殖珍珠。

2015 年,全村有中共党员 24 人,其中畲族 5 人;中共柳家支部委员会委员 4 人,其中畲族 1 人;村民委员会委员 4 人,其中畲族 1 人。辖慈厚张、柳家、上畈、西钱、上罗家、下罗家 6 个自然村,有 20 个村民小组。

1. 慈厚张

村民委员会驻地,慈厚张又名寺后张,明代村内有长乐寺,村为张姓聚居,村居寺后,故又名寺后张。2015 年,有村民小组 4 个,耕地 21.03 公顷。

2. 柳 家

距村民委员会驻地东 300 米,村以柳姓聚居,古名慈厚柳,后名柳家。2015 年,有村民小组 5 个,耕地 18.98 公顷。

3. 上 畈

距村民委员会驻地北 1000 米,村居于垅畈之上,故名上畈。畲族聚居,2015 年,有村民小组 2 个,耕地 7.05 公顷。

4. 西 钱

距村民委员会驻地西南 800 米,村以钱姓聚居,在丘陵西坡,故名西钱。2015 年,有村民小组 5 个,耕地 21.71 公顷。

5. 上罗家

距村民委员会驻地南 700 米,2015 年,有村民小组 2 个,耕地 6.89 公顷。

6. 下罗家

距村民委员会驻地南面 1000 米,畲汉族错居,畲族居多。2015 年,有村民小组 2 个,耕地 9.51 公顷。

(六)上朱行政村

村民委员会驻上朱。距水亭畲族乡政府驻地 2 千米。地属丘陵,东邻下方泉村,南接丁家村,西邻范坞村,北靠水亭坞村,区域面积为 2 平方千米。2015 年,耕地面积 123.6 公顷(其中行政村集体经营 26.66 公顷)、山地 25.4 公顷、养殖水面 32 公顷。全村 385 户 1107 人,有男性 577 人、女性 530 人,其中雷姓 26 户 87 人,蓝姓 46 户 174 人,钟姓 11 户 30 人,其他少数民族 2 人。村以种植业为主,兼水面养殖。有小型企业 3 家。

1963 年,蓝玉华参加中华人民共和国国庆观礼。2015 年,全村有中共党员 30 人,其中畲族 9 人;中共上朱支部委员会委员 5 人,其中畲族 2 人;村民委员会委员 3 人,其中畲族 1 人。辖上朱、下朱、分水塘、罗坞、西徐坞 5 个自然村，有 8 个村民小组。

1．上 朱

村民委员驻地，村以朱姓聚居，村在地势高处，故名上朱。2015 年，有村民小组 4 个，耕地 52.6 公顷。

2．下 朱

距村民委员会驻地东南 1000 米，村以朱姓聚居，村在上朱下首，故名下朱。2015 年，有村民小组 1 个，耕地 12 公顷。

3．分水塘

距村民委员会驻地东北 700 米，村以塘名，畲族聚居。2015 年，有村民小组 1 个，耕地 10 公顷。

4．罗 坞

距村民委员会驻地东北 1000 米，村以山坞得名，畲族聚居。2015 年，有村民小组 1 个，耕地 8 公顷。

5．西徐坞

距村民委员会驻地东南 600 米，村以山垅坞得名，有村民小组 1 个，耕地 14.33 公顷。

（七）下方泉行政村

村民委员会驻下方泉。距水亭畲族乡政府驻地 2 千米。地属丘陵，东连永昌街道洪畈朱村，南对七里坪农场，西接上朱村，北靠水亭坞村，区域面积为 1.56 平方千米。雷姓家族自清光绪四年（1878 年）开始分数次由景宁三都罗坑头等村迁入。2015 年，耕地面积 48 公顷，山地 21.8 公顷。全村 247 户 812 人，有男性 403 人、女性 409 人，其中雷姓 24 户 89 人，蓝姓 35 户 113 人，钟姓 8 户 34 人，村以种植业为主。

2001 年获兰溪市“五好先进党支部”称号；2002 年 6 月被评为兰溪市农村“三个代表”重要思想学习教育先进村，2002 年获兰溪市学习“三个代表”重要思想先进支部称号；2003 年被评为兰溪市年度农村“五好”党组织；2004 年被评为兰溪市年度“二星级”文化特色村；2005 年 6 月被评为兰溪市农村“五好”党组织，2005 年获兰溪市“安康村”称号和兰溪市“五好党支部”称号；2011 年 2 月被评为兰溪市创“五好”先进农村党支部，2011 年获兰溪市“抗洪先进村级组织”称号。

2015 年，村有办公楼 541 平方米，图书室 23 平方米，图书 200 册；老年活动室中心 175 平方米，电视机 1 台，篮球场 1 个，乒乓球桌 1 张。村有休闲广场

1个,面积2670平方米。全村有中共党员27人,其中畲族2人;中共下方泉支部委员会委员3人,村民委员会委员2人。辖下方泉、上方泉、罗塘上、下山坞4个自然村,有15个村民小组。

1．下方泉

村民委员会驻地,村以方姓聚居,因地形分上下方,村在下方,故名下方泉。2015年,有村民小组7个,耕地24.67公顷。

2．上方泉

距村民委员会驻地西北500米,村以方姓聚居,村在上方,故名上方泉。2015年,有村民小组6个,耕地15公顷。

3．罗塘上

距村民委员会驻地西南800米,村在罗塘上面,村以塘名,故名罗塘上。2015年,有村民小组1个,耕地4.33公顷。

4．下山坞

距村民委员会驻地南350米。村居山坞下得名。2015年,有村民小组1个,耕地4公顷。

(八)周邵汤行政村

村民委员会驻周邵汤。距乡政府驻地1千米。地属丘陵,东近永昌街道夏里村,南对西姜村,西邻水亭街村,北靠永游线公路,区域面积2.7平方千米。蓝姓家族自清光绪十四年(1888年)从丽水县滁州村迁入。钟姓家族自清光绪三十四年从龙游县横山项家村迁入。2015年,耕地53.32公顷、山地15.33公顷、养殖水面33.2公顷。全村216户,636人,其中男性350人、女性286人,雷姓38户124人,蓝姓20户72人,钟姓4户7人。

1986年被金华市人民政府授予文明村称号;1999年10月被评为兰溪市小康达标村;1999年被评为兰溪市农村五好党支部;2003年被评为计划生育合格村;2004年被评为二星级安康村;2010年被浙江省民族宗教事务委员会评为“浙江省民族团结进步小康村”。2015年,村办公楼面积600平方米,老年活动中心70平方米;全村有中共党员29人,其中畲族3人;中共周邵汤支部委员会委员3人,村民委员会委员2人。辖周邵汤、曹塘边、卸罗、上畈、双塘塍5个自然村,有10个村民小组。

1．周邵汤

村民委员会驻地。村民周、邵、汤三姓聚居得名。2015年,有村民小组7个,耕地38.06公顷。

2．曹塘边

距村民委员会驻地东 600 米，村以塘得名。2015 年，有村民小组 1 个，耕地 7.23 公顷。

3．卸　罗

已消失。

4．上　畈

距村民委员会驻地西北 600 米，畲族聚居。村与原孟湖乡下畈相邻，处下畈上首，故名上畈。2015 年，有村民小组 1 个，耕地 4.6723 公顷。

5．双塘塍

距村民委员会驻地西 600 米，村处于两塘塍之间，故名双塘塍。2015 年，有村民小组 1 个，耕地 3.34 公顷。

(九)水亭街行政村

水亭畲族乡政府驻地。村民委员会驻水亭街，位于水亭畲族乡政府东南面。地属丘陵，东对西姜村，南邻下方泉村，西接下蒋村，北与周郜汤双塘塍自然村毗邻，区域面积 0.92 平方千米。2015 年，有耕地面积 43.37 公顷，山地 2 公顷。全村 241 户 715 人，其中男性 405 人、女性 310 人。

2005 年获兰溪市“二星级文化特色村”称号；2006 年获兰溪市“先进基础党组织”称号；2006 年获金华市“文明村”称号；2007 获兰溪市“文明村”称号；2009 年获金华市“十小行业整治示范单位”称号；2011—2012 年获金华市“小康型老年体育示范村”称号；2013 年获兰溪市“先进民兵连部”称号，2013 年获金华市“农村基层党风建设示范村”称号。2015 年，全村有中共党员 44 人，中共水亭支部委员会委员 5 人，村民委员会委员 3 人。辖水亭街 1 村，有 7 个村民小组。

(十)杨田坞行政村

村民委员会驻杨田坞。位于水亭畲族乡西部，距乡政府驻地 5 千米。地属半山区，东临松树下村，西南与龙游县交界，北与松树下村乐塘自然村连接，区域面积为 1.55 平方千米。2015 年，有耕地面积 16 公顷、山地面积 173.33 公顷、养殖水面 2 公顷。全村 88 户 283 人，其中男性 150 人、女性 133 人。

2015 年，全村有中共党员 16 人；中共杨田坞支部委员会委员 3 人；村民委员会委员 3 人。辖杨田坞、西源坞 2 个自然村，4 个村民小组。

1．杨田坞

村民委员会驻地。村始祖姓杨，聚居在山坞里，故名杨田坞。2015 年，有村民小组 2 个，耕地 8 公顷。

2．西源坞

距村民委员会驻地西1000米。村以坐落山坞得名。2015年,有村民小组2个,耕地8公顷。

(十一)黄村坞行政村

村民委员会驻黄村坞。位于水亭畲族乡西部,距乡政府驻地1.5千米。地属丘陵,东临垂江村,南与金星水库及上周村毗邻,西与龙游县交界,北与陈塘下村金印自然村及金印水库接壤,区域面积为1.3平方千米。2015年底,有耕地面积40公顷、山地面积40公顷、养殖水面7公顷。全村202户620人,其中男性325人、女性295人。村以种植业为主,兼养珍珠、来料加工。

2015年,全村有中共党员34人;中共黄村坞支部委员会委员3人;村民委员会委员3人。辖黄村坞、张麻车2个自然村,有6个村民小组。

1．黄村坞

村民委员会驻地。黄村坞原名鹤山,后黄姓在山坞中建村,故名黄村坞。黄氏系宋代诗人黄庭坚后裔。村中有钟瑞堂"大夫第",建于明景泰五年(1454年),1991年被列为兰溪市级文保单位,2001年重修。2015年,有村民小组4个,耕地30公顷。

2．张麻车

距村民委员会驻地西北500米。村古有麻车,张姓聚居,故名张麻车。有村民小组2个,耕地10公顷。

(十二)松树下行政村

村民委员会驻松树下。位于水亭畲族乡西北部,距乡政府驻地4千米。地属丘陵,东临河伯沿村姜皮自然村,南与陈塘下村张江坞自然村及盖竹里村两地毗邻,西与杨田坞村相接,北与古塘村相连,区域面积为3.31平方千米。2015年底,有耕地面积40.73公顷、山地面积216.66公顷、养殖水面2.13公顷;全村196户654人,其中男性338人、女性316人;全村有中共党员16人;中共松树下支部委员会委员3人;村民委员会委员3人。辖松树下、乐塘2个自然村,7个村民小组,以种植业为主。

1．松树下

村民委员会驻地。村后高处有片松树林,村处林下,故名松树下。2015年,有村民小组5个,耕地19.2公顷。

2．乐 塘

距村民委员会驻地西北800米。2015年,2个村民小组,耕地21.53公顷。

据《水亭乡文化志》载，乐塘仙翁殿建于元初，坐落在凤凰山上，三月初一庙会，1953 年坍塌，现剩废墟。

（十三）盖竹里行政村

村民委员会驻盖竹里得名。位于水亭畲族乡西部，距乡政府驻地 3 千米。地属丘陵，东与陈塘下村张江坞自然村毗邻，南与金印水库相连，西与龙游县交界，北与杨田坞、松树下两村接壤，区域面积 1.26 平方千米。2015 年底，有耕地面积 8.26 公顷、山地 62 公顷、养殖水面 40.66 公顷；全村 70 户 238 人，其中男性 128 人、女性 110 人。2015 年，全村有中共党员 16 人；中共盖竹里支部委员会委员 3 人；村民委员会委员 3 人。辖盖竹里、包坞、横坞 3 个自然村，有 4 个村民小组，以种植和养殖业为主。村位于金印水库旁，村民大多养鱼、养珍珠。

1．盖竹里

村民委员会驻地。据清光绪《兰溪县志》载，村名原为盖竹徐，后改成盖竹里。2015 年，2 个村民小组，耕地 5.33 公顷。

2．包 坞

距村民委员会驻地北 1300 米。村处坞中，故名包坞。2015 年，1 个村民小组，耕地 1.6 公顷。

3．横 坞

距村民委员会驻地西 700 米。村位于横山坞里而得名。2015 年，1 个村民小组，耕地 1.33 公顷。

（十四）塘上行政村

村民委员会驻塘上得名。位于水亭畲族乡北面，距乡政府驻地 5.5 千米。地属丘陵，东临芳茗叶村，南接古塘村，西与包坞水库相邻，北与诸葛镇双牌、管村两地及双牌水库临界，区域面积为 1.5 平方千米。2015 年底，有耕地面积 20 公顷、山地面积 67.86 公顷；全村 91 户 371 人，其中男性 199 人、女性 172 人；有中共党员 23 人；中共塘上支部委员会委员 3 人；村民委员会委员 3 人。辖塘上、叶岗坞 2 个自然村，有 4 个村民小组。以种植业为主，兼营豆制品加工。

1．塘 上

村民委员会驻地。村边有口塘，村位于塘的上方，故名塘上。2015 年，有村民小组 3 个，耕地 16 公顷。

2．叶岗坞

位于村民委员会驻地南。村以叶姓聚居，村在山岗坞中，故名叶岗坞。2015 年，有村民小组 1 个，耕地 4 公顷。

(十五)古塘行政村

村民委员会驻古塘得名。村中有塘,名古塘,村以塘名。位于水亭畲族乡北部,距乡政府驻地4000米。地属丘陵,东与芳茗叶村午塘殿自然村毗邻,南与松树下村相接,西与松树下村乐塘自然村接壤,北与塘上村叶岗坞自然村近邻,区域面积为4平方千米。2015年底,有耕地面积46.66公顷、山地面积100公顷;全村179户522人,其中男性265人、女性257人;有中共党员19人;中共古塘村支部委员会委员5人;村民委员会委员3人。辖古塘1个自然村,有8个村民小组。以种植业为主。

(十六)陈塘下行政村

村民委员会驻陈塘下。位于水亭畲族乡西面,距乡政府驻地3千米。地属丘陵,东临下蒋村,南与垂江、黄村坞两村毗邻,西与盖竹里、松树下两村接壤,北接上方村,区域面积为1.42平方千米。2015年底,有耕地41.2公顷、山地3.66公顷、养殖水面3.4667公顷;全村232户718人,其中男性416人、女性302人;有中共党员10人,中共陈塘下村支部委员会委员2人;村民委员会委员2人。辖陈塘下、金印、张江坞、杨梅垅4个自然村,8个村民小组。村以种植业为主。

1．陈塘下

村民委员会驻地。村内有陈塘,村居塘下方,故名陈塘下。2015年,有村民小组3个,耕地20.66公顷。

2．金 印

距村民委员会驻地西北700米。村以金姓聚居,古名金野,意为金姓氏居于原野之中,后改成金印。2015年,有村民小组3个,耕地16公顷。有全乡蓄水量最多的水库——金印水库。

3．张江坞

距村民委员会驻地北1000米。张江坞始居张姓,古名张家坞,后称张江坞。2015年,有村民小组2个,耕地8.7公顷。

4．杨梅垅

距村民委员会驻地西北1500米。村以山垅得名。2015年,有村民小组1个,耕地1.4公顷。

(十七)午塘桥行政村

村民委员会驻午塘桥得名。位于水亭畲族乡东北面,距乡政府驻地3000米。地属丘陵,东临永昌街道下畈村,南与永昌街道下畈村罗村自然村相连,西与午塘边村接壤，北与诸葛镇泉塘村毗邻，区域面积 2 平方千米。2015 年，有耕地面积 46 公顷、山地面积 60 公顷；全村 180 户 552 人，其中男性 290 人、女性 262 人；有中共党员 35 人；中共午塘桥支部委员会委员 3 人；村民委员会委员 2 人。辖午塘桥、吴山头、鸡宝岭、里坞、金塘口 5 个自然村，有 7 个村民小组。

1．午塘桥

村民委员会驻地。村在午塘边，村边又有桥，村因塘和桥而得名。2015 年，有村民小组 3 个，耕地 16 公顷。

2．吴山头

距村民委员会驻地西南 400 米。2015 年，有村民小组 1 个，耕地 4 公顷。

3．鸡宝岭

距村民委员会驻地西南 600 米。村以岭名。2015 年，有村民小组 1 个，耕地 8 公顷。

4．里 坞

距村民委员会驻地南 500 米。村在山坞中而得名。2015 年，有村民小组 1 个，耕地 7.33 公顷。

5．金塘口

距村民委员会驻地东南 300 米。村坐落在金塘边而得名。2015 年，有村民小组 2 个，耕地 10.66 公顷。

(十八)芳茗叶行政村

村民委员会驻芳茗叶得名。位于水亭畲族乡北部，距乡政府驻地 5000 米。地属丘陵，东临午塘边村，南接古塘村，西与塘上、叶岗坞两地毗邻，北与诸葛镇双牌村相连，区域面积 2 平方千米。2015 年底，有耕地面积 18.66 公顷、山地面积 24 公顷；全村有 146 户 366 人，其中男性 195 人、女性 171 人；全村有中共党员 17 人；中共芳茗叶村支部委员会委员 3 人；村民委员会委员 2 人。辖芳茗叶、午塘殿 2 个自然村，有 5 个村民小组。村以种植业为主，花生为特色产品。

1．芳茗叶

村民委员会驻地。村以叶姓聚居，村旁有东山，相传产茶颇佳，故名芳茗叶。2015 年，有村民小组 4 个，耕地 14.93 公顷。村人叶渭清精于宋史研究，名与马寅初、马一浮同列“二马一叶”，号称“江南三才子”。

2．午塘殿

距村民委员会驻地东南 500 米。村以午塘十八殿得名。午塘殿建于清初，由周围18个村出资合建，故又名十八殿。2015年，有村民小组1个，耕地3.73公顷。

(十九)尚方行政村

村民委员会驻新宅，因所属四个自然村以方姓聚居为主，故名尚方。位于水亭畲族乡西面，距乡政府驻地2.5千米。地属丘陵，东与周邵汤卸罗村自然村、双塘塍自然村毗邻，南与陈塘下村、下蒋村接壤，西与陈塘下村张江坞、金印两自然村相连，北与河伯沿、姜皮、松树下三地接壤，区域面积1.51平方千米。2015年底，有耕地面积53.26公顷、山地6.66公顷、养殖水面5.33公顷；全村有269户789人，其中男性415人、女性374人；全村有中共党员17人；中共尚方支部委员会委员3人；村民委员会委员3人。辖新宅、旧宅、磊石塘边、汤家4个自然村，有10个村民小组。

1．新 宅

村民委员会驻地。尚方有新旧宅之分，该村后建，故名新宅。2015年，有2个村民小组，耕地15.83公顷。

2．旧 宅

距村民委员会驻地西南200米。2015年，有2个村民小组，耕地15.86公顷。

3．磊石塘边

距村民委员会驻地北300米。因村在磊石塘边得名。2015年，有2个村民小组，耕地6.46公顷。

4．汤 家

距村民委员会驻地东500米。村以汤姓聚居得名。2015年，有3个村民小组，耕地15.1公顷。

(二十)垂江行政村

村民委员会驻垂江得名。位于水亭畲族乡西部，距乡政府驻地1千米。地属丘陵，东临下蒋村，南接上吴村，西与黄村坞村毗邻，北与陈塘下村接壤，区域面积0.96平方千米。2015年底，有耕地37.26公顷、山地面积40.67公顷、养殖水面2公顷；全村234户673人，其中男性323人、女性350人；全村有中共党员10人；中共垂江支部委员会委员3人；村民委员会委员5人。辖垂江、南山坞2个自然村，有13个村民小组。

1．垂 江

村民委员会驻地。村原名南衫桥，村边有垂江，江姓聚居，村以江和姓得名。2015年，有村民小组11个，耕地36.93公顷。

2．南山坞

距村民委员会驻地以南100米，三面环山，处在南面的坞垅里，故名南山坞。2015年，有村民小组2个，耕地7公顷。

（二十一）下蒋行政村

村民委员会驻下蒋得名。村为蒋姓集居，在山溪下游，故名下蒋。距乡政府驻地500米，东接水亭街村，南连垂江村，西临陈塘下村，北对尚方村汤家自然村。区域面积为0.5平方千米。2015年底，有耕地面积42.56公顷。全村176户544人，其中男性290人、女性264人。2015年，全村有中共党员26人；中共下蒋支部委员会委员2人；村民委员会委员2人。辖下蒋1个自然村，有11个村民小组。

（二十二）上吴行政村

为吴姓聚居村，又因地势较高，故名上吴。村民委员会驻上吴得名。位于乡政府驻地西南部，距乡政府驻地2000米。地属丘陵，东临水亭坞村，南接上朱村，西近上周村，北连垂江村，区域面积0.74平方千米。2015年底，有耕地面积30.66公顷、山地10公顷；全村122户397人，其中男性208人、女性189人；全村有中共党员10人；中共上吴支部委员会委员5人；村民委员会委员3人。辖上吴1个自然村，有4个村民小组。以种植业为主。

（二十三）午塘边行政村

村边有塘，午时日照，塘中水影为十字形，所以塘名午塘。村在塘边，所以村名午塘边，村民委员会驻午塘边。位于水亭畲族乡北部，距乡政府驻地4000米。东临午塘桥村，南与午塘桥村鸡报岭自然村、河伯沿村相对，西与芳茗叶午塘殿自然村毗邻，北与诸葛镇泉塘村接壤，区域面积为1.5平方千米。村中有仁让堂、徐柏园故居、石板古道等古迹。2015年底，有耕地面积40公顷、山地面积40.66公顷；全村138户440人，其中男性225人、女性215人；全村有中共党员19人；中共午塘边支部委员会委员3人；村民委员会委员3人。辖午塘边1个自然村，6个村民小组。村以种植业为主，兼养珍珠。

（二十四）河伯沿行政村

村民委员会驻河伯沿。位于水亭畲族乡北部，距乡政府驻地2千米。地属丘陵，东与午塘桥村里坞自然村毗邻，南与尚方桥汤家自然村相对，西连松树下村，北与芳茗叶村午塘殿自然村、午塘边村两地相连，区域面积为1.15平方千米。2015年底，有耕地32.93公顷、山地面积43.33公顷、养殖水面0.93公顷；全村154户486人，其中男性262人、女性224人；全村有中共党员19人；

中共河伯沿支部委员会委员3人;村民委员会委员2人。辖河伯沿、姜皮2个自然村,7个村民小组。

1．河伯沿

村民委员会驻地。村在溪边,有河伯堰,村以堰名,后称河伯沿。2015年,有4个村民小组,耕地16公顷。

2．姜 皮

距村民委员会驻地南500米。村以姜姓聚居得名。2015年,有3个村民小组,耕地16.93公顷。

(二十五)水亭坞行政村

村民委员会驻地水亭坞。位于水亭畲族乡政府西南部。东临西姜村,南连上朱村,西对垂江村南山坞自然村,北与水亭街村接壤,区域面积为1.49平方千米。2015年底,有耕地面积73.33公顷、山地面积20公顷、养殖水面7.33公顷;全村337户947人,其中男性485人、女性462人;全村有中共党员32人;中共水亭坞支部委员会委员4人;村民委员会委员3人。辖水亭坞、后田朱、上伊塘、湖塔塘、下新屋5个自然村,有11个村民小组。

1．水亭坞

村民委员会驻地。村在水亭低处山坞里得名。2015年,有6个村民小组,耕地39.66公顷。

2．后田朱

位于村民委员会驻地东南1000米,村以朱姓聚居得名,2015年,有2个村民小组,耕地10.73公顷。

3．上伊塘

距村民委员会驻地以东300米,村以塘名。2015年,有1个村民小组,耕地3.53公顷。

4．湖塔塘

距村民委员会驻地以东300米,村以塘名。2015年,有1个村民小组,耕地9.9公顷。

5．下新屋

村与水亭坞相连。后建新屋,处水亭坞下首,故名下新屋。2015年,有1个村民小组,耕地9.5公顷。

(二十六)西姜行政村

村民委员会驻西姜得名。位于水亭畲族乡东部,距乡政府驻地1500米。东接永昌街道洪畈朱村凉亭下自然村，南与水亭坞村后田朱自然村相连，西与湖塘毗邻，北与周邵汤村曹塘边自然村相近。地属丘陵，区域面积为1.1平方千米。2015年，有耕地面积75.33公顷、山地面积25.4公顷、养殖水面5.33公顷。全村283户861人，其中男性434人、女性427人；全村有中共党员22人；村支部委员会委员3人；村民委员会委员3人。辖西姜、金塘2个自然村，有11个村民小组。村民以种植业为主，兼营加工业。

1995年，获兰溪市1995年度市级“先进党组织”称号；1996年，获兰溪市1996年度市级“先进党组织”称号；1997年，获兰溪市1997年度“农村五好党支部”称号；2005年，获兰溪市“人口和计划生育十佳示范村”称号；2006年，获兰溪市“先进基层妇女组织”称号；2010年，获兰溪市“来料加工工作先进村”称号。

1．西 姜

村民委员会驻地。村以姜姓聚居，在伊山西面，故名西姜。据宗谱所载西姜村姜姓村民为蜀将姜维后裔。2015年，有村民小组11个，耕地75.33公顷。村里有省级文物保护单位西姜祠堂。

2．金 塘

原金塘自然村位于村民委员会驻地南500米处。金塘为西林寺旧址，西林寺俗名经堂，建于明末，1953年拆除，寺址尚存，村名因经堂得名。后谐音为金塘。20世纪，金塘自然村村民逐步迁入西姜村。2015年，自然村已消失。

（二十七）奎塘行政村

村内有塘名奎塘，村以塘名为奎塘村。村民委员会居奎塘村得名。位于乡政府驻地南，距乡政府5千米，区域面积1.5平方千米。2015年，全村耕地面积43.86公顷、山地1.33公顷、养殖水面6公顷；全村143户431人，其中男性221人、女性210人；全村有中共党员32人，其中少数民族2人；中共奎塘村支部委员会委员3人；村民委员会委员2人。辖1个自然村，有7个村民小组。

（二十八）珠带式行政村

村民委员会驻珠带式。辖珠带式1个自然村，有7个村民小组。据《朱氏宗谱》载：元至正年间，始祖朱姓从兰城迁居于此，以打锡为业，村以姓氏和职业得名朱打锡，后雅称珠带式，又名朱打锡、琚家（即朱家）。位于水亭畲族乡南面，距乡政府驻地4千米。东临丁家村，南与白鹤桥村、西方坞村交界，西与施家村荷龙里自然村相连，北与殿下行政村接壤，区域面积为2平方千米。2015

年,有耕地面积81.8公顷、山地面积6.33公顷、养殖水面5.66公顷;全村263户762人,其中男性406人、女性356人;全村有中共党员31人;村支部委员会委员3人;村民委员会委员3人。

(二十九)杨宝塘下行政村

村民委员会驻杨宝塘下。位于水亭畲族乡西部,距乡政府驻地5千米。东与金星水库毗邻,南接横塘村,西与龙游县交界,北与黄村坞行政村张麻车自然村相连,区域面积0.61平方千米。2015年底,有耕地面积22.66公顷、山地面积6.33公顷、养殖水面3.33公顷;全村141户430人,其中男性227人、女性203人;全村有中共党员18人;村支部委员会委员3人;村民委员会委员2人。辖杨宝塘下、杨宝塘后勘、瓦灶里3个自然村,有3个村民小组。

1. 杨宝塘下

村民委员会驻地,村处于杨宝塘下得名。2015年,有1个村民小组,耕地13.2公顷。

2. 杨宝塘后勘

距村民委员会驻地北150米,因坐落在杨宝塘后得名。2015年,有1个村民小组,耕地5.33公顷。

3. 瓦灶里

距村民委员会驻地以北100米,村落原有瓦灶,建村后得名瓦灶里。2015年,有1个村民小组,耕地5.86公顷。

(三十)横塘行政村

村民委员会驻横塘。位于水亭畲族乡西部,距乡政府驻地4.5米。东接范坞、上周两村,南对施家村,西与龙游县交界,北与杨保塘下村毗邻,区域面积为1.15平方千米。2015年,有耕地面积58.66公顷、山地面积3.53公顷、养殖水面2公顷;全村187户828人,其中男性443人、女性385人;全村有中共党员26人,其中畲族1人;村支部委员会委员4人,其中畲族1人;村民委员会委员2人,其中畲族1人。辖横塘、范财2个自然村,有17个村民小组。

1. 横 塘

村民委员会驻地。村坐落在横塘边得名。2015年,有15个村民小组,耕地53.4公顷。

2. 范 财

距村民委员会驻地以东200米,村以范姓聚居得名。2015年,有2个村民小组，耕地 8.8 公顷。

（三十一）上周行政村

村民委员会驻上周。以周姓聚居，据《周氏宗谱》载为南宋周三畏后裔。村在梅塘之上，故名上周。位于水亭畲族乡西部，距乡政府 4000 米。东邻上吴村，南与横塘、范财两村相接，西与杨保塘下毗邻，北连金星水库，区域面积为 1.5 平方千米。2015 年底，有耕地面积 24 公顷、山地面积 4 公顷、养殖水面 2 公顷；全村 123 户 359 人，其中男性 187 人、女性 172 人；全村有中共党员 19 人；村支部委员会委员 3 人；村民委员会委员 2 人。辖上周 1 个村，有 9 个村民小组。

（三十二）施家行政村

村民委员会驻施家。位于水亭畲族乡西部，距乡政府驻地 4 千米。地属丘陵，东对丁家村，南与珠带式相接，西与龙游县交界，北与殿下村上江自然村毗邻，区域面积 1.07 平方千米。2015 年底，有耕地面积 80.14 公顷、山地 6.66 公顷；全村 214 户 643 人，其中男性 340 人、女性 303 人；全村有中共党员 26 人；村支部委员会委员 3 人；村民委员会委员 3 人。辖施家、荷龙里、范村 3 个自然村，有 15 个村民小组。

1984 年 6 月获金华群众文艺会演“优秀演出奖”；1988 年获浙江省“华星杯舞龙大赛一等奖”；1988 年获金华市农村文艺会演一等奖；2000 年获浙江省广场文化开幕式文艺演出“优秀演出奖”；2008 年，（荷龙里）兰溪“断头龙”被列入国家非物质文化遗产名录；2010 年获浙江省乡村舞龙大赛金奖。

1．施 家

村民委员会驻地。村以施姓聚居得名。2015 年，有村民小组 7 个，耕地 35.7 公顷。

2．荷龙里

距村民委员会驻地南 300 米，古时荷龙里在水亭至游埠古道边，建有西凉亭，现已破落。2015 年，有村民小组 6 个，耕地 31.55 公顷。

3．范 村

距村民委员会驻地北 1000 米，范姓村民聚居得名，2015 年，有村民小组 2 个，耕地 12.88 公顷。

（三十三）白鹤桥行政村

村民委员会驻白鹤桥。村南溪上有石桥一座，相传建桥时有白鹤自溪中飞入云霄，因此得名白鹤桥，村以桥名。位于水亭畲族乡南面，距乡政府驻地

4000米，东临西方坞村明印宋自然村，南、西面与龙游县交界，北与珠带式接壤，区域面积0.75平方千米。2015年，有耕地面积47.68公顷、山地面积5.66公顷、养殖水面2.46公顷；全村165户476人，其中男性258人、女性218人；全村有中共党员18人；村支部委员会委员3人；村民委员会委员3人。辖白鹤桥1个自然村，有4个村民小组。

(三十四)殿下行政村

村民委员会驻殿下。位于水亭畲族乡西南部，距乡政府驻地3千米。东靠上朱村，南接丁家村，西邻范坞村符野自然村，北连圣山殿，区域面积为1.5平方千米。2015年底，有耕地面积44公顷、山地6.8公顷、养殖水面3.96公顷；全村172户528人，其中男性291人、女性237人；全村有中共党员28人；村支部委员会委员3人；村民委员会委员2人。辖殿下、上江2个自然村，有11个村民小组。

1．殿　下

村民委员会驻地，村居圣山脚，山上有圣山殿，村以殿得名。2015年，有村民小组9个，耕地26.4公顷。

2．上　江

距村民委员会驻地西南1000米，村以江姓聚居，又因地处高地，故名上江。2015年，有村民小组2个，耕地17.6公顷。

(三十五)范坞行政村

村民委员会驻范坞里。位于水亭畲族乡西南部，距乡政府驻地3千米。东对殿下村，南与殿下村上江自然村相连，西与横塘村范财自然村毗邻，北与垂江村相望，区域面积0.98平方千米。2015年底，有耕地面积43公顷、山地面积50公顷；全村142户449人，其中男性244人、女性205人；全村有中共党员22人；中共范坞支部委员会委员3人；村民委员会委员3人。辖范坞里、符野2个自然村，有5个村民小组。

1．范坞里

村民委员会驻地。村以范姓聚居，村落位于山坞中，故名范坞里。2015年，有3个村民小组，耕地35公顷。

2．符　野

距村民委员会驻地北面400米，村中居符姓。据《圣山符氏宗谱》载，宋末由杭州迁来，因在原野之中，故名符野。2015年，有2个村民小组，耕地面积8公顷。

（三十六）丁家行政村

村民委员会驻丁家。位于水亭畲族乡南部，距乡政府驻地3500米。东与柳家村寺后（慈厚）张毗邻，南与西方坞村明印宋自然村、柳塘章村明真山脚自然村两地接壤，西连珠带式村，北与上朱村西徐坞自然村相接，区域面积为1.9平方千米。2015年底，有耕地面积92.86公顷、山地面积6.2公顷、养殖水面4.66公顷；全村389户1148人，其中男性587人、女性561人；全村有中共党员38人；村支部委员会委员5人；村民委员会委员3人。辖丁家、小西张、塘边、童才4个自然村，有4个村民小组。

1．丁　家

村民委员会驻地，村以丁姓聚居得名。2015年，有1个村民小组，耕地18.34公顷。

2．小西张

距村民委员驻地西北，紧连丁家。村以张姓聚居得名。2015年，有1个村民小组，耕地27.27公顷。

3．塘　边

距村民委员会驻地以北，村坐落于大新塘边而得名。2015年，有1个村民小组，耕地20.16公顷。

4．童　才

距村民委员会驻地东南，村以童姓聚居得名，2015年，有1个村民小组，耕地23.09公顷。

第二章 人 口

水亭畲族乡是一个多民族聚居之乡。全乡有汉族、畲族、布依族、苗族、彝族、壮族、满族、土家族、黎族、哈尼族、仡佬族等 11 个民族。畲族是水亭畲族乡人数最多的少数民族,有蓝、雷、钟三姓。水亭畲族,从清嘉庆十九年(1814年)开始,从景宁迁入,至光绪六年(1880 年),前后历时 66 年;共有蓝姓 20 个家族、雷姓 14 个家族、钟姓 2 个家族迁入水亭;主要分居于奎塘畈、柳塘章、西方坞、生塘胡、上朱、柳家、下方泉、周邵汤等 8 个行政村。布依族、苗族、彝族、壮族、满族、土家族、黎族、哈尼族、仡佬族等 9 个少数民族都是在 20 世纪80 年代后从外地迁入的。2015 年,全乡户籍人口 21746 人,其中少数民族 1887 人。

第一节 迁 徙

水亭畲族乡的汉族入迁水亭时间,主要集中于唐、宋、元、明代。北宋入迁有 3 个村落,南宋入迁有 16 个村落,元代入迁有 6 个村落,明代入迁有 12 个村落,清代入迁有 5 个村落。民国时期无入迁村落与家族。

水亭的畲族是在清代后期从景宁迁入的。其先祖到水亭探寻宜居之地,所择之处皆为杂树丛生,“无主”荒地,居住一段时日,确认宜居后,再派人回祖地带领族人迁居水亭,借以委身养生息。故畲族聚居村一般多为家族型村落。蓝姓最早入迁始祖是蓝有光公,于清嘉庆十九年(1814 年)率族人从景宁五都东源迁入兰溪二十七都里塘章。雷姓最早入迁始祖是雷开生公,于清道光十八年(1838 年)率族人从景宁三都高坪迁入兰溪二十七都李塘坝。钟姓最早入迁始祖是钟日风公、钟日满公,于清同治九年(1870 年)率族人从景宁三都流坑迁入兰溪二十七都洪塘下。

中华人民共和国成立后,20 世纪 50 年代, 有杭州移民迁入,70 年代有杭州和兰溪的知识青年迁入,80 年代有富春江水电站移民迁入。

一、入 迁

(一)畲族入迁

入迁水亭畲族乡的畲族有蓝、雷、钟三姓。入迁始祖蓝姓 20 户、雷姓 14 户、钟姓 2 户。入迁时间都是清代。迁出地都是景宁。

1. 蓝氏家族迁徙

据《蓝氏宗谱》记载,蓝氏始祖入迁的有:

蓝有光 清嘉庆十九年(1814 年)自景宁五都东源迁入兰溪里塘章(今柳塘章行政村余垄自然村)。

蓝玉养 清嘉庆二十三年(1818 年)自景宁五都东源迁入兰溪里塘章(今柳塘章行政村余垄自然村)。

蓝春盛 清道光三年(1823 年)自景宁乌饭窟迁入兰溪明真山脚(今柳塘章行政村明真山脚自然村)。

蓝得华 清道光二十一年(1841 年)自景宁徐崇迁入兰溪二十七都上湾(今下方泉行政村罗塘下自然村)。

蓝奇信、蓝奇吾、蓝奇水 清同治七年(1868 年)自景宁三都大坪迁入兰溪西方坞坂山(今西方坞行政村杨梅山自然村)。

蓝奇松 清同治七年(1868 年)由景宁三都大坪迁入兰溪二十七都三图外垅山。

蓝春本 清同治八年(1869 年)自景宁乌饭恰迁入兰溪石八塘下(今西方坞行政村石八塘下自然村)。

蓝春隆 清同治七年(1868 年)自景宁三都大坪迁入兰溪横磨畈庄(今柳家行政村下罗家自然村)。

蓝春潘 清同治七年(1868 年)自景宁四格迁入兰溪奎塘畈(今奎塘畈行政村奎塘畈自然村)。

蓝奇德 清同治八年(1869 年)自景宁三都乌饭恰迁入兰溪明真山脚(今柳塘章行政村明真山脚自然村)。

蓝奇垚 清同治八年(1869 年)自景宁三都乌饭恰迁入兰溪石八塘下(今西方坞行政村石八塘下自然村)。

蓝奇承 清同治八年(1869 年)自景宁三都乌饭恰迁入兰溪二十七都湖塘下(今奎塘畈行政村湖塘下自然村)。

蓝朝余 蓝朝良 清同治八年(1869 年)自景宁三都陈坑迁入兰溪枫水塘(今上朱行政村分水塘自然村)。

蓝廷翰　清同治八年(1869 年)由景宁三都陈坑练庄双连迁入兰溪上朱分水塘,后与子蓝启汉转迁本邑西乡二十七都柳塘山脚。

蓝春回　清同治九年(1870 年)自景宁二都潘庄迁入兰溪二十七都余垄(今柳塘章行政村余垄自然村)。

蓝春懋　清同治九年(1870 年)自景宁东源迁入兰溪西方坞(今西方坞行政村西方坞自然村)。

蓝春柜　清同治十二年(1873 年)自景宁东源迁入兰溪双塘下(今周邵汤行政村双塘塍自然村)。

蓝春云　清同治十二年(1873 年)由景宁五都东源迁入兰溪西乡水亭双塘下。

蓝朝阳、蓝朝鸣　清光绪二年(1876 年)自景宁三都寨下迁入兰溪柳家上首(今柳家行政村上畈自然村)。

蓝奇振　清光绪六年(1880 年)由景宁三都乌饭恰迁入兰溪二十七都余垅(今余垄自然村)。

2. 雷氏家族迁徙

据《雷氏宗谱》记载,雷氏始祖入迁的有:

雷开生　清道光十八年(1838 年)自景宁三都高坪迁入兰溪李塘坝(今柳塘章行政村余垄自然村)。

雷开照　清道光二十二年(1842 年)自景宁三都尔坑头迁入兰溪余垄(今柳塘章行政村余垄自然村)。

雷光瑞、雷光谏、雷光文、雷光支　清道光二十四年(1844 年)自景宁三都高坪迁入兰溪明真山脚(今柳塘章行政村明真山脚自然村)。

雷光聪　清道光二十七年(1847 年)由景宁三都茶下迁入兰溪二十八都凉亭下。

雷　聪　清咸丰七年(1857 年)率子侄雷日妹、雷月炳,自景宁二都潘庄迁入兰溪二十七都余垄(今柳塘章行政村余垄自然村)。

雷光财　清咸丰九年(1859 年)自景宁三都后亭迁入兰溪东山下。

雷光养　清同治元年(1862 年)自景宁大均白泥岗迁入兰溪洪东山。

雷金孙　清同治五年(1866 年)自景宁吴山太雍迁入兰溪柳塘畈(今奎塘畈行政村柳塘畈自然村)。

雷明祥　清同治九年(1870 年)自景宁三都原垟坳迁入兰溪二十七都余垄(今柳塘章行政村余垄自然村)。

雷光松　清同治十一年(1872 年)自景宁三都高坪迁入兰溪二十七都余垄(今柳塘章行政村余垄自然村)。

雷光树　清同治十一年(1872 年)由景宁三都高坪迁入兰溪二十七都余垄。

雷陈孙　清光绪二年(1876 年)自景宁吴山太雍迁入兰溪柳塘畈(今奎塘畈行政村柳塘畈自然村)。

雷开芳　清光绪四年(1878 年)自景宁三都罗坑头迁入兰溪二十七都西乡下山坞。

雷光杨　清光绪八年(1882 年)自景宁颅鹞河畔迁入兰溪破塘下。

3. 钟氏家族迁徙

据《钟氏房谱》记载,钟氏始祖入迁的有:

钟日凤　清同治九年(1870 年),由景宁三都流坑移迁兰溪西乡二十七都洪塘下村(今奎塘畈行政村洪塘下自然村)。

钟日满　清同治九年(1870 年),由景宁三都流坑移迁兰溪二十八都二图(今下方泉行政村下方泉自然村)。

(二)汉族入迁

1. 胡　姓

生塘胡始祖　始祖陕西西安府临潼县安都乡卑祚里南浦保居胡综公,字伟则,号怀玉。生建高登黄甲,升授吏部左侍郎。被上官氏所陷,妻孥遭罪,其宗四散。综公至兰溪二十八都,地名黄烛塘,居十有余年,无一寸进,宗族仪云,因地无灵,各派意欲迁入。综生冲、冲生凤,徙居二十七都生塘。胡凤于晋建元二年(344 年),为东阳(今金华)太守时定居。

2. 徐　姓

乐塘徐姓　西汉阳朔二年(前 23 年),元洎与兄元伯避王莽之乱,渡江而南;元洎迁徙姑蔑城太末县(今龙游县)城南洎鲤村(灵山)。唐天宝元年(742 年),元洎第十九世孙徐宗,率子徐安贞从太末县九峰山迁入兰溪太平乡乐塘。

午塘边徐姓　北宋贞宗时威远公,字德昭,由进士迪功郎制诰。生子二,长名熹,世居淳安徐村;次名燕,字鸣春,号翼堂,行礼二,北宋咸平年间(998—1003 年),由淳安清溪迁入金华兰溪太平乡仙洞里午塘上保(今午塘边)。

古塘徐姓　系西周时徐偃王后裔,至三十八世孙元伯公,寓东阳(今金华)郡,历三十六世孙高公,宦游洪州(今南昌),越三世孙塈公,于北宋咸平六年(1003 年)同孙宗迪、曾孙荡,访故于兰溪太平乡,始迁伊山,继迁午塘,后见古塘源山明水秀,遂卜居。

盖竹里徐姓　古塘一世祖徐塈,历七世孙徐良弼,字彦甫,行孟四,一日近地出游,远见满山遍野,翠竹茵茵,近看竹径通幽,流水潺潺,逐进径深竹茂,团团盖日,称心如意择地而居,名"盖竹徐"(今盖竹里)。于北宋政和六年(1116年),由古塘分迁,两地仅隔二里。

塘上徐姓　徐应犹,字梦名,号省斋,行忠一,十六岁举南宋咸淳四年(1268年)进士,出判临安(今杭州)府,元人入临安,即隐居不仕。于德祐二年(1276年),乃抱神主祭器,及先世遗物,率妻子,弃家而出朝,徒步兰溪西四十余里,见山环水秀,凿池于山麓,栽竹于舍旁,谓子曰:"人之行当,似水之清;人之节当,如竹之坚。"自号"竹塘居士",村名竹塘(今塘上)。

珠带式徐姓　西汉时元洎公渡江迁居龙游灵山官塘,至唐里显公由龙游灵山官塘迁入龙游湖镇湾口。徐大享,行福一,于元至顺年间(1330—1333年)由龙游湖镇湾口迁入兰溪中山朱打锡(今珠带式)。

松树下徐姓　自唐天宝元年(742年)中书侍郎徐安贞从父徐宗,由太末九峰山始迁瀔西乐塘。历二十九世孙徐松山,于明洪武年间(1368—1398年)由乐塘分迁崇儒里(今松树下)。

赤岩徐姓　自北宋庆历元年(1041年)三月十五日,文禧公曾祖父宗公由沙溪迁入溪东南十五里。徐文禧,字道昌,行本一,由溪东南十五里迁入兰溪西五十里杀豹坞(今赤岩)(今归永昌街道)。

3. 方 姓

尚方方姓　始祖方干,字飞雄,号元英,处士。隐居鉴湖,任情鱼钓吟诗,有警句。后号补唇先生。干公五世孙方达源,北宋皇祐三年(1051年)登辛卯科进士;授监察御史,后升龙图阁学士。世居淳邑白云,元祐七年(1092年)由鉴湖(指绍兴)始迁兰溪西尚书坊(今尚方)。

下方泉方姓　方瑄,茂二公,宋时由本地尚方迁入下方泉。何年迁入不详。

4. 童 姓

塘边童姓　始祖童宪,北宋末由兰溪椒石分迁兰溪香溪。童光斗,字天顺,行千一,于南宋绍兴年间(1131—1162年)由兰溪香溪石渠桥东迁入兰溪二十七都四图大新塘(今塘边)。

杨宝塘下童姓　始迁祖(姓名无考),元至正年间(1341—1368年)由香溪石渠迁入兰溪水亭杨保塘下。

童才童姓　始祖童澄,字国宾,行德三,官至殿中左侍御史,祖籍江西南昌，北宋治平二年（1065年），告老还乡，路过兰溪迁入女埠椒石。童景新，行文一，明正德年间（1506—1521年）由本地塘边十一世分迁童才。

5. 汤 姓

汤家汤姓 汤家先祖由江西南丰义井头迁入杭州。始迁祖汤冉，行十七，南宋乾道二年（1166年）由抚州临川迁入浙江兰溪太平乡湖埠塘（今汤家）。

6. 姜 姓

西姜姜姓 始祖姜维，字伯约，第三十三世孙姜浩北宋末为官移居明州（今宁波）。姜浩之子姜叟，南宋乾道九年（1173年）由宁波迁入金华兰溪；客于瀔水（今兰溪）太平乡萸家西岗（今西姜）。姜叟之孙姜霖，字仲泽，行九三，元时为兰溪教谕，晚年卜居兰溪太平乡西岗。

横塘姜姓 姜慕，字良谋，号东田，唐时由陕西咸阳迁江苏溧阳。姜都，号吕渎，行百一，元至正年间（1341—1368年）由江苏溧阳迁入浙江兰溪水亭横塘。

7. 叶 姓

叶岗坞叶姓 始祖叶义问，南宋绍兴年间（1131—1162年）由严州迁寿昌富峰社塒。叶九德（叶义问曾孙），淳熙元年（1174年）由寿昌富峰社塒迁入兰溪水亭叶岗坞。

芳茗叶叶姓 始祖叶义问，字审言，谥忠简，南宋绍兴年间（1131—1162年）由严州迁寿昌。叶氏永五公（姓名无考），明初由本地叶岗坞迁入东坊叶（今芳茗叶）。两地仅隔一里。

8. 蒋 姓

下蒋蒋姓 始祖蒋暹，字诚之，号心琴，南宋淳熙十四年（1187年）由本地双牌上蒋迁入水亭下蒋。

9. 朱 姓

上朱朱姓 始祖朱炅，字光宇，号炅公，行尚三，南宋开禧年间（1205—1207年）由福建建阳崇政迁入浙江兰溪上朱。

珠带式朱姓 始祖朱寿，字思仁，行仁三，元至正年间（1341—1368年）由兰溪城北柳家迁入水亭珠带式。

西徐坞朱姓 始祖朱志开，行义二，明洪武年间（1368—1398年）由兰溪孟湖龙门伊山头迁入水亭西徐坞。朱希尧，字惟仁，行荣一（朱志开之子），出继于西徐坞大母舅李松一，遂改李姓。

10. 水 姓

水亭街、水亭坞水姓 水彧公，行敦九，隋唐时先祖自河南迁入闽南莆田亭溪。水钦,字敬夫,号诚斋,行本十七,系福建莆田亭溪人。南宋绍熙四年(1193年)登癸丑科进士,授婺州牧。嘉定十四年(1221年),没于官。因洪水泛闽,兼以兵戈路梗,无法还乡。夫人江氏随三子(长曰渊、次曰源、三曰沧),逐卜居兰溪太平乡。名其所居之地曰水亭,盖不忘亭溪之派也。

11. 范 姓

范村范姓　范昶珍,字叔左,号士澺,行千十,南宋理宗时(1225—1264年),由兰溪瀔西纯孝乡竹溪迁入水亭施家范村。

范坞范姓　范正路,字子遵(范仲淹之孙,范纯仁之子),北宋熙宁十年(1077年)春,游学浙东,寻芳于兰溪纯孝乡上竺坞,入赘鲍氏,为兰溪之始祖。范玦,字子佩,行崇百二十三,宋末元初由兰溪太平乡双塘分迁水亭范坞。

范才范姓　范昶珍第九世孙,范文育,行礼七,明隆庆年间(1567—1572年)由兰溪水亭施家范村分迁水亭范才。

12. 张 姓

西张张姓　始祖张挥,黄帝之孙,发明弓矢,被封为建造弓箭弓正官,赐姓为张,世居清河。其裔张瑾先,南宋绍定元年(1228年)云游金华府兰溪县德配方氏,迁入河西太平乡二十七都四图(今兰溪水亭西张)。

奎塘畈张姓　由本地高元张迁入奎塘畈。

13. 符 姓

符野符姓　始祖符彦卿,字冠侯,北宋真宗年间(998—1022年)由赵州迁杭州。符永清,字震明,行乾一,南宋淳祐十二年(1252年)由杭州迁入兰溪水亭符野。

14. 吴 姓

奎塘吴姓　始祖吴表臣,字正仲,祖籍河南开封府祥府县。吴九愚,字淡如,南渡后居杭州,南宋嘉熙年间(1237—1240年)任金华县丞。吴丞祚,淳祐年间(1241—1252年)任兰溪道长,家居金华。吴有珀(吴丞祚六子),字保元,号昆源,景定年间(1260—1264年)赘居兰溪水亭魁塘陈氏,遂由金华迁入兰溪魁塘(今奎塘),逐改吴姓。

南山坞吴姓　吴幼诒,字子玉,号琬,行上一,南宋庆元五年(1199年)由海宁迁入寿昌吴墈。四世孙吴彦松,南宋景炎年间(1276—1278年),客游兰溪太平乡南山,因见其风土秀腴,遂由寿昌吴墈迁入兰溪南山(今南山坞)。

殿下吴姓　吴琬九世孙,吴介福,明永乐年间(1403—1424年)由本地南山坞迁入圣山殿下。

上吴吴姓 吴琬第十五世孙，吴陌，明万历年间（1573—1620年）由本地圣山殿下分迁水亭表婆塘（今上吴）。

15. 柳 姓

柳家柳姓 柳铸，字师颜，号西墅，行雍二十三，南宋建炎年间（1127—1130年）由河东闻喜迁入浙江杭州。越八世，柳叙当，号元德，行德九，景定五年（1264年）由浦江县横溪大园村（今属兰溪）迁入水亭柳家。

16. 黄 姓

黄村坞黄姓 始祖黄赡，字宪瑞，为南唐著作佐郎，知分宜县。黄镜，字耀元，行万九，南宋咸淳六年（1270年）由江西修水分宜双井村迁入浙江兰溪水亭黄村坞。

17. 周 姓

周邵汤周姓 始祖周荣，字成一，南宋理宗时（1225—1264年）任桐江儒学教谕，任满即隐居桐江，后迁兰溪坦。周翰苑，字启盛，行元三（周荣第三子），南宋末贸易于山高，遂由兰溪坦迁入水亭山高周（今周邵汤）。

上周周姓 周三畏，字正仲，世居开封，南渡寓居临安（今杭州），有惠政，累迁至大理寺卿，秦桧柄国，谗岳飞下狱，公力白其冤，不可得，遂挂冠遁迹，南宋绍兴十一年（1141年）隐居兰溪洪岩后（今女埠坦），结庵卜居。其曾孙维四公始迁入瀔西梅塘（今上周）（何时迁入待考）。

汤家周姓 周列崽，清光绪四年（1878年）由江西上饶南乡四十八都濠里迁入兰溪二十五都四图汤家。

18. 江 姓

上江江姓 始祖江锰，北宋时由龙游湖镇迁入兰溪柳塘。江开先，行七十三，元大德年间（1297—1307年）由兰溪柳塘迁入水亭上江。

垂江江姓 江延泽，明崇祯二年（1629年）由龙游二十二都迁入兰溪太平乡二十六都水亭南杉桥（垂江）。

19. 丁 姓

丁家丁姓 始祖丁宏，字任远，南宋淳熙三年（1176年）任两浙提刑副使，后任婺州（金华）治中大夫，年老告休，傲家于瀔水西乡居焉，命其子丁肇先，奠居南院，即金华府兰溪县太平乡二十七都二图（丁家）。

另一说法，丁德启，字肇，行道一，元至大元年（1308年）由义乌塔石山下迁入兰溪丁家。

20．琚 姓

珠带式琚姓　琚志学，字可道，行炳一，元末任江山副令，即迁入江山。其子琚铣，明初迁龙游瀔北。第五世孙琚正恭（琚铣曾孙），行礼二，明景春年间（1450—1456 年）由龙游瀔北迁入兰溪风山（今珠带式）。

21．陈 姓

水亭街陈姓　始祖陈均德，字得旻，原籍吴兴，元至正年间（1341—1368 年）以明经任睦州（淳安）教授，遂卜居睦州画锦坊。陈永善，字庆宗，行文一，明永乐年间（1403—1424 年）由睦州画锦坊迁入兰溪之西水亭椁厅坞（今水亭坞）遂居。

22．钱 姓

西钱钱姓　始祖钱茂律，号中顺，明永乐年间（1403—1424 年）知行临兆（甘肃岷县）知府，家居婺州（金华）。钱名世，号明公，行德四，明成化年间（1465—1487 年）由婺州迁入兰溪太平乡西钱（水亭西钱）隐居。

23．诸 姓

午塘桥诸姓　始祖诸承佑，行圣八，南宋淳熙年间（1174—1189 年）由福建泉州迁浙江西诸。诸皋，字其昌，行元五，明正统十四年（1449 年）由西诸迁入兰溪水亭午塘桥。

24．饶 姓

古塘饶姓　始祖饶厚甫，行富十八，饶迪甫，行富十九，饶氏两兄弟于清康熙年间（1662—1722 年）由江西湖埠迁衢州常山东门虹桥。饶光达，行乾三十八，清嘉庆年间（1796—1820 年）由衢州常山东门虹桥迁入兰溪水亭古塘。

25．商 姓

西钱商姓　始祖商鸣龙，字可蛟，行鸣五，明代处州景宁大水门迁衢州夏山头，后转迁龙游徐山定居。商永顺，行永十一，清同治年间（1862—1874 年）由龙游徐山迁入兰溪西山下畈（今水亭西钱）。

另商世禄迁入兰溪西乡明真山下（今水亭明真山脚）。

26．潘 姓

水亭街潘姓　潘昌十五世孙潘明聚，于清同治年间（1862—1874 年）由兰溪潘村来水亭经商，遂卜居。

27．林 姓

下蒋林姓　始祖林鸣鸿，祖籍福建，明末清初由福建迁入浙江常山虹桥山头。林先来（林鸣鸿四世孙），名波来，字师友，号正山，清道光年间（1821—1850 年）由常山虹桥山头移居衢州。林绪源（林先来之子），名开元，字谦敬，清光绪年间（1875—1908 年）由衢州迁入兰溪太平乡水亭下蒋。

28．王 姓

荷龙里王姓　始祖王贤，行万十八，宋时游学携王德元、王德熙、王德泽三子由丽水陶山迁入龙游，卜居水北回源之川山下。王承祖，行百十九（王德熙之子），宋时由龙游回源迁入兰溪丹山之阳（今水亭荷龙里）。

29．章 姓

柳塘章章姓　始祖章元方北宋时由福建浦城迁淳安渡渎，继迁摇竹塘。章万一，明代由淳安摇竹塘迁入兰溪水亭柳塘章。

30．席 姓

生塘徐席姓　始祖席仲林，行十四，北宋真宗时（998—1022 年）由安徽桐城迁龙游志棠。席元员，字临川，号袁氏，行良一，清康熙年间（1662—1722 年）由龙游志棠迁入兰溪水亭生塘徐（今归游埠镇管辖）。

31．郎 姓

午塘边郎姓　始祖郎璜如，行仁一，宋代由严州迁兰溪游埠里郎。郎献功，字老克，行荣一，清光绪年间（1875—1908 年），由龙游杜山坞迁入兰溪水亭午塘边。

二、畲族分迁

钟月康　行全十四，字月旺，号培旺。位千十四郎公由婺兰溪二十七都三图鸿塘谨择清光绪十五年（1889 年）己丑十一月二十七日丑时迁移严州府寿昌县七都西垅村开基肇业。

钟月英　行全七，位千七郎公，出继景宁县蓝姓为嗣。

雷樟发　民国 17 年（1928 年），由兰溪二十七都四图余垄分迁入寿昌县北乡十都寺勘头，土名石鸡塆。

钟光鹤　行俭二，号炳荣。位万二郎。清咸丰三年（1853 年）癸丑五月生。外出未归，终葬俱未考察。

钟光遐　行俭三，号炳贵，位万三郎。清咸丰七年（1857 年）丁巳十二月十二日卯时生，民国 3 年（1914 年）甲寅八月初二日酉时终。葬安徽宁国府宁国县大东乡十三都徐家湾。

钟光延　行俭四，字炳延，位万四郎，清咸丰十年（1860 年）庚申八月生。前往兰溪水亭小罗村后移迁宁国府。

钟光龄　行俭九，字炳金，位万九郎。清同治五年（1866 年）生。移迁兰溪水亭小罗村，以后不知居何地。

雷光新　行康二十八、字陈新、号小九公。清道光十年(1830年)六月十八日戌时生。清光绪十二年(1886年)七月初九午时终。葬兰邑二十七都二图。娶蓝氏，名小二娘。生三子，明妹出继，明祥、明用迁入祖地景宁。

雷明姓　行宁十一，字银生，号百二公。清道光二十五年(1845年)三月十八日生，清光绪二十五年(1899年)四月初六日辰时终。葬凤水县花圆埠。娶蓝氏，清咸丰七年(1857年)七月十六日巳时生，清光绪二十三年(1897年)八月初三日酉时终。据余庆堂《雷氏宗谱》记载，由兰溪二十六都湖西塘迁入严州。生二子：朝荀、朝土。

蓝玉富　行厥十六，字友富、原行念十八。清咸丰十年(1860年)三月初二日子时生。民国2年(1913年)10月12日寅时终，葬宁国县十九都小坑。娶钟氏，名三女、原行百时九，咸丰十年(1860年)七月初六日子时生，清宣统三年(1911年)十月初十日寅时终。葬同夫墓。生一子、春渭兼桃伯父为嗣。

蓝奇荷　行兴八，字兰荷、原行小七。清光绪年间(1875—1908年)由下方泉罗塘上迁入淳安县清平乡二十四都华岗。

蓝启鳌　行义五，字占文，号德荣，万十二。由兰溪二十七都柳塘山脚迁居龙邑灵山严家桥头后金。

第二节　繁　衍

2015年，水亭畲族乡户籍人口21746人，其中男性11346人、女性10400人，汉族人口19859人，少数民族人口1887人(畲族1828人、苗族17人、土家族3人、壮族2人、黎族1人、仡佬族1人、哈尼族1人、彝族9人、布依族13人、满族2人、其他未识别少数民族10人)。少数民族主要分布于奎塘畈、柳塘章、西方坞、生塘胡、柳家、上朱、下方泉、周邵汤等行政村。汉族分布于全乡36个行政村。

一、人口分布

(一)1951年柳塘乡与圣山乡畲族人口分布

1951年，柳塘乡有畲族人口910人，居住在奎塘畈行政村洪塘下、奎塘畈、里塘畈、茶叶山自然村，柳塘章行政村的余垄、明真山脚自然村，西方坞行政村的石孔头、石八塘下、西方坞、明印宋自然村，柳家行政村的下罗家、上畈、慈厚张自然村等地。

1951 年，圣山乡有畲族人口 125 人，分布在上朱行政村的罗坞、分水塘自然村。

（二）1980 年圣山公社与水亭公社畲族人口分布

1980 年，圣山公社有畲族人口共 1133 人，其中柳塘章大队 219 人，柳家大队 162 人，奎塘畈大队 269 人，西方坞大队 270 人，上朱大队 213 人。1980 年，水亭公社畲族人口共 155 人，分布在下方泉大队 91 人，周邵汤大队 64 人。

（三）1982 年圣山公社畲族人口分布

1982 年，圣山公社人口 2604 户 10993 人，其中畲族人口共 1161 人，分布在上朱大队 203 人，丁家大队 2 人，珠带式大队 4 人，西方坞大队 343 人，柳塘章大队 210 人，生塘胡大队 13 人，奎塘畈大队 232 人，柳家大队 147 人，施家大队 1 人，公社综合户 6 人。1982 年，水亭公社人口总数 2972 户 11814 人，其中畲族人口共 146 人，分布在下方泉大队 87 人，周邵汤大队 59 人。

（四）1990 年圣山畲族乡与水亭畲族乡人口分布

1990 年，圣山畲族乡全乡人口 10775 人，其中畲族人口共 1287 人，分布在上朱村 211 人，丁家村 16 人，横塘村 8 人，施家村 13 人，珠带式村 20 人，白鹤桥村 5 人，西方坞村 353 人，柳塘章村 213 人，生塘胡村 51 人，奎塘村 8 人，奎塘畈村 223 人，柳家村 166 人。1990 年，水亭乡全乡人口 11681 人，其中畲族人口 229 人，分布在下方泉村 128 人，周邵汤村 101 人。

1990 年圣山畲族乡人口一览表

表 9-2-2-1　　单位：人

全乡户籍人口		常住人口		农业户口人数		非农业户口人数	
10775		10537		10466		138	
男	女	男	女	男	女	男	女
5735	5040	5633	4904	5540	4926	108	30

1990 年圣山畲族乡户口待定与外出一年以上人口一览表

表 9-2-2-2　　单位：人

居住本乡户口待定			外出 1 年以上人口		
小计	男	女	小计	男	女
171	87	84	66	15	51

1990 年水亭乡人口一览表

表 9-2-2-3　　单位：人

全乡户籍人口		常住人口		农业户口人数		非农业户口人数	
11681		11681		11225		399	
男	女	男	女	男	女	男	女
6269	5412	6269	5412	5976	5249	263	136

1990 年水亭乡户口待定与外出一年以上人口一览表

表 9-2-2-4　　单位：人

居住本乡户口待定			外出 1 年以上人口		
小计	男	女	小计	男	女
57	30	27	46	13	33

(五)2000 年水亭畲族乡人口和少数民族人口

全乡户籍人口为 23460 人，其中男性 12272 人、女性 11188 人。少数民族人口 1459 人，其中畲族 1395 人(男性 701 人，女性 694 人)、其他少数民族 62 人(男性 12 人，女性 50 人)、其他未识别的民族 2 人(女性)。全乡常住人口 19228 人。

(六)2010 年水亭畲族乡人口

水亭畲族乡户籍总人口 21913 人，常住人口 14929 人，其中畲族人口总数为 1395 人。

(七)2015 年水亭畲族乡人口分布

水亭畲族乡总人口 21746 人，畲族人口总数为 1828 人，其中奎塘畈 197 人，柳塘章 233 人，西方坞 363 人，生塘胡 71 人，上朱 246 人，柳家 181 人，下方泉 205 人，周邵汤 110 人，珠带式 16 人，白鹤桥 9 人，施家 22 人，横塘 25 人，杨宝塘下 6 人，范坞 2 人，殿下 6 人，奎塘 13 人，丁家 37 人，黄村坞 1 人，水亭坞 18 人，垂江 6 人，松树下 12 人，上吴 4 人，西姜 21 人，午塘桥 1 人，何伯沿 4 人，古塘 4 人，午塘边 1 人，水亭街 7 人，下蒋 6 人，塘上 1 人。

生塘胡行政村　全村 199 户 605 人，有男性 309 人、女性 296 人。其中，生塘胡自然村 141 户 408 人；塘家自然村 11 户 33 人；塘里自然村 47 户 164 人。

西方坞行政村　全村 158 户 513 人，有男性 267 人、女性 246 人。其中，西方坞自然村 65 户 214 人；明印宋自然村 35 户 105 人；石孔头自然村 27 户 90

人;石八塘下自然村 31 户 104 人。

柳塘章行政村 全村 185 户 625 人,有男性 304 人、女性 321 人。其中,柳塘章自然村 102 户 351 人; 明真山脚自然村 46 户 157 人; 余垄自然村 37 户 117 人。

奎塘畈行政村 全村 141 户 443 人,有男性 223 人、女性 220 人。其中,奎塘畈自然村 46 户 120 人;杨塘山头自然村 33 户 109 人;洪塘下自然村 20 户 65 人;柳塘畈自然村 26 户 91 人;里塘畈自然村 8 户 27 人;茶叶山自然村 8 户 31 人。

柳家行政村 全村266 户 823 人,有男性 426 人、女性 397 人。其中,慈厚张自然村 67 户 199 人;柳家自然村 63 户 176 人;上畈自然村 24 户 84人;西钱自然村 57 户 177 人;上罗家自然村 21 户 76 人;下罗家自然村 34 户 111 人。

上朱行政村 全村 385 户 1107 人,有男性 577 人、女性 530 人。其中,上朱自然村 246 户 664 人;下朱自然村 31 户 98 人;分水塘自然村 35 户 109 人;罗坞自然村 25 户 93 人;西徐坞自然村 48 户 143 人。

下方泉行政村 全村 247 户 812 人,有男性 403 人、女性 409 人。其中,下方泉自然村 129 户 425 人; 上方泉自然村 71 户 249 人; 罗塘上自然村 33 户 116 人;下山坞自然村 14 户 49 人。

周邵汤行政村 全村 236 户 636 人,有男性 350 人、女性 286 人。其中,周邵汤自然村 159 户 403 人; 曹塘边自然村 20 户 75 人; 上畈自然村 20 户 60 人;双塘塍自然村 37 户 98 人。

水亭街行政村 全村 241 户 715 人,有男性 405 人、女性 310 人。

杨田坞行政村 全村 88 户 281 人,有男性 148 人、女性 133 人。其中,杨田坞自然村 56 户 178 人;西源坞自然村 32 户 103 人。

黄村坞行政村 全村 198 户 616 人,有男性 321 人、女性 295 人。其中,黄村坞自然村 160 户 419 人;张麻车自然村 38 户 197 人。

松树下行政村 全村 196 户 650 人,有男性 334 人、女性 316 人。其中,松树下自然村 108 户 359 人;乐塘自然村 88 户 291 人。

盖竹里行政村 全村 77 户 236 人,有男性 126 人、女性 110 人。其中,盖竹里自然村 48 户 136 人;包坞自然村 12 户 40 人;横坞自然村 17 户,60 人。

塘上行政村 全村 91 户 368 人,有男性 196 人、女性 172 人。其中,塘上自然村76户281人;叶岗坞自然村15户87人。

古塘行政村　全村179户518人,有男性264人、女性254人。

陈塘下行政村　全村244户735人,有男性422人、女性313人。其中,陈塘下自然村98户310人;金印自然村98户254人;张江坞自然村41户145人;杨梅垅自然村7户26人。

午塘桥行政村　全村180户558人,有男性286人、女性272人。其中,午塘桥自然村72户231人;吴山头自然村15户47人;鸡宝岭自然村8户30人;里坞自然村40户105人;金塘口自然村45户145人。

芳茗叶行政村　全村有108户362人,有男性191人、女性171人。其中,芳茗叶自然村90户315人;午塘殿自然村18户82人。

尚方行政村　全村266户785人,有男性409人、女性376人。其中,新宅自然村69户197人;旧宅自然村75户237人;磊石塘边自然村25户59人;汤家自然村97户298人。

垂江行政村　全村232户697人,有男性352人、女性345人。其中,垂江自然村209户587人;南山坞自然村23户110人。

下蒋行政村　全村176户550人,有男性286人、女性264人。

上吴行政村　全村122户394人,有男性205人、女性189人。

午塘边行政村　全村138户437人,有男性222人、女性215人。

河伯沿行政村　全村162户488人,有男性258人、女性230人。其中,河伯沿自然村90户270人;姜皮自然村72户218人。

水亭坞行政村　全村320户941人,有男性479人、女性462人。其中,水亭坞自然村171户515人;后田朱自然村59户188人;上伊塘自然村30户57人;湖塔塘自然村30户89人;下新屋自然村30户92人。

西姜行政村　全村283户850人,有男性427人、女性423人。

奎塘行政村　全村143户428人,有男性218人、女性210人。

珠带式行政村　全村263户757人,有男性401人、女性356人。

杨宝塘下行政村　全村141户427人,有男性224人、女性203人。其中,杨宝塘下自然村86户237人;杨宝塘后塝自然村20户80人;瓦灶里自然村35户110人。

横塘行政村　全村187户817人,有男性432人、女性385人。其中,横塘自然村158户721人;范财自然村29户96人。

上周行政村　全村123户356人,有男性184人、女性172人。

施家行政村　全村214户639人,有男性336人、女性303人。其中,施家自然村79户247人;荷龙里自然村99户285人;范村自然村36户107人。

白鹤桥行政村　全村165户472人,有男性254人、女性218人。

殿下行政村　全村172户524人,有男性287人、女性237人。其中,殿下自然村115户371人;上江自然村57户150人。

范坞行政村　全村142户446人,有男性241人、女性205人。其中,范坞里自然村125户396人;符野自然村17户50人。

丁家行政村　全村389户1135人,有男性579人、女性556人。其中,丁家自然村86户245人;小西张自然村117户339人;塘边自然村86户246人;童才自然村100户305人。

二、人口构成

(一)自然构成

1.性别构成

根据1982年圣山乡和水亭乡的人口统计资料,圣山乡的人口总数为10993人,男性人口5793人,占52.70%,女性人口5200人,占47.30%,性别比为111.40;水亭乡的人口总数为11814人,男性人口6293人,占53.27%,女性人口5521人,占46.73%,性别比为113.98。两个乡的人口性别比失调。

1982年圣山公社各大队人口性别比一览表

表9-2-2-5

大队名	总户数(户)	总人口数(人)			占总人数的比例(%)		性别比(女=100)
		合计	男	女	男	女	
上朱	274	1135	602	533	53.04	46.96	112.95
丁家	306	1202	640	562	53.24	46.76	113.88
殿下	261	1085	558	527	51.43	48.57	105.88
横塘	189	820	442	378	53.90	46.10	116.93
上周	85	371	196	175	52.83	47.17	112.00
杨宝塘下	84	367	190	177	51.77	48.23	107.34
施家	151	609	317	292	52.05	47.59	108.56
珠带式	205	787	418	369	53.11	46.89	113.28
白鹤桥	108	464	257	207	55.39	44.61	124.15

续表 9-2-2-5

大队名	总户数（户）	总人口数（人）			占总人数的比例（%）		性别比（女=100）
		合计	男	女	男	女	
西方坞	111	509	265	244	52.06	47.94	108.61
柳塘章	143	593	309	284	52.11	47.89	108.80
生塘胡	142	621	341	280	54.91	45.09	121.79
生塘徐	141	620	320	300	51.61	48.39	106.67
奎塘	118	438	233	205	53.20	46.80	113.66
奎塘畈	105	481	230	251	47.82	52.18	91.63
柳家	174	826	421	405	50.97	49.03	103.95
集体户	7	65	54	11	83.08	16.92	490.91
总计	2604	10993	5793	5200	52.70	47.30	111.40

1982年水亭公社各大队人口性别比一览表

表 9-2-2-6

大队名	总户数（户）	总人口数（人）			占总人数的比例（%）		性别比（女=100）
		合计	男	女	男	女	
水亭居委会	87	191	85	106	44.50	55.50	80.19
下方泉	169	736	384	352	52.17	47.83	109.09
西姜	227	913	466	447	51.04	48.96	104.25
周邵汤	158	612	331	281	54.08	45.92	117.79
水亭街	213	805	407	398	50.56	49.44	102.26
水亭坞	260	963	513	450	53.27	46.73	114.00
上吴	98	398	196	202	49.25	50.75	97.03
垂江	150	655	361	294	55.11	44.89	122.79
黄村坞	151	613	324	289	52.85	47.15	112.11
下蒋	132	557	295	262	52.96	47.04	112.60
陈塘下	161	689	366	323	53.12	46.88	113.31
盖竹里	54	240	122	118	50.83	49.17	103.39
杨田坞	73	271	153	118	56.46	43.54	129.66
尚方	210	785	426	359	54.27	45.73	118.66
松树下	137	582	317	265	54.47	45.53	119.62
塘上	86	378	199	179	52.65	47.35	111.17

续表 9-2-2-6

大队名	总户数（户）	总人口数（人）			占总人数的比例(%)		性别比（女=100）
		合计	男	女	男	女	
芳茗叶	95	331	178	153	53.78	46.22	116.34
古塘	141	555	287	268	51.71	48.29	107.09
午塘边	121	423	237	186	56.03	43.97	127.42
午塘桥	131	555	290	265	52.25	47.75	109.43
河伯沿	110	428	245	183	57.24	42.76	133.88
集体户	8	134	111	23	82.84	17.16	482.61
总计	2972	11814	6293	5521	53.27	46.73	113.98

根据兰溪市人口普查资料显示，1990 年，圣山畲族乡户籍人口计 10775 人，男性 5735 人，占 53.22%，女性 5040 人，占 46.77%，性别比为 113.78；水亭乡户籍人口计 11681 人，男性 6269 人，占 53.66%，女性 5412 人，占 46.33%，性别比为 115.83。性别比失调依旧严重。2000 年，水亭畲族乡的户籍人口为 23460人，男性 12272 人，占 52.31%，女性 11188 人，占 47.68%，性别比为 109.68，比1990 年的性别比减少 6.15 个百分点。2010 年，水亭畲族乡户籍人口为 21913 人，男性 11450 人，占 52.25%，女性 10463 人，占 47.74%，性别比为 109.43。

2010 年水亭畲族乡户籍人口数量一览表

表 9-2-2-7　　单位：人

全乡户籍人口		常住人口		农业户口人数		非农业户口人数	
21913		14929		14371		383	
男	女	男	女	男	女	男	女
11450	10463	7407	7522	7090	7281	234	149

2010 年水亭畲族乡户籍待定人口数量一览表

表 9-2-2-8　　单位：人

居住本乡户口待定			原住本乡，现在国外工作学习		
小计	男	女	小计	男	女
175	83	92	3	1	2

2. 年龄构成

根据兰溪市人口普查资料显示,1990年,水亭乡人口的年龄构成:0—14岁少年儿童组为2572人,占人口总数的21.9%;15—64岁的人口为8329人,占人口总数的70.95%;65岁以上老年人口为838人,占人口总数的7.13%,其人口年龄的老少比为32.58%。2000年,水亭畲族乡的年龄构成:0—14岁少年儿童组为4308人,占人口总数的22.4%;15—64岁的人口为12753人,占人口总数的66.31%;65岁以上老年人口为2167人,占人口总数的11.27%,其人口年龄的老少比为50.3%,人口的老龄化业已凸显。至2010年,水亭畲族乡的年龄构成:0—14岁少年儿童组为2431人,占人口总数的16.28%;15—64岁的人口为10091人,占人口总数的67.59%;65岁以上老年人口为2407人,占人口总数的16.12%,其人口年龄的老少比达到99.01%。这说明水亭畲族乡的人口老龄化严重,年龄构成已属于老年型。

1990年、2000年、2010年水亭畲族乡(常住)人口年龄构成一览表

表9-2-2-9　　单位:人

年份	合计	0—14岁	15—64岁	65岁及以上
1990	11739	2572	8329	838
2000	19228	4308	12753	2167
2010	14929	2431	10091	2407

2000年水亭畲族乡分性别、年龄(常住)人口构成一览表

表9-2-2-10　　单位:人

0—4岁		5—9岁		10—14岁		15—19岁		20—24岁		25—29岁	
男	女	男	女	男	女	男	女	男	女	男	女
589	592	789	732	829	777	363	386	348	505	594	710
30—34岁		35—39岁		40—44岁		45—49岁		50—54岁		55—59岁	
男	女	男	女	男	女	男	女	男	女	男	女
905	1048	903	896	674	558	807	778	771	705	554	325
60—64岁		65—69岁		70—74岁		75—79岁		80—84岁		85—89岁	
男	女	男	女	男	女	男	女	男	女	男	女
585	338	443	396	305	304	212	210	65	122	25	58

续表 9-2-2-10

90—94 岁		95—99 岁		100 岁							
男	女	男	女	男	女						
4	21	1	1	0	0						

2010 年水亭畲族乡分性别年龄(常住)人口构成一览表

表 9-2-2-11　单位:人

0 岁		1—4 岁		5—9 岁		10—14 岁		15—19 岁		20—24 岁	
男	女	男	女	男	女	男	女	男	女	男	女
52	56	321	270	395	324	497	516	234	257	151	188
25—29 岁		30—34 岁		35—39 岁		40—44 岁		45—49 岁		50—54 岁	
男	女	男	女	男	女	男	女	男	女	男	女
169	256	320	438	510	594	771	930	781	797	559	513
55—59 岁		60—64 岁		65—69 岁		70—74 岁		75—79 岁		80—84 岁	
男	女	男	女	男	女	男	女	男	女	男	女
703	686	639	595	447	283	409	287	259	272	124	166
85—89 岁		90—94 岁		95—99 岁		100 岁					
男	女	男	女	男	女	男	女				
52	72	12	21	2	0	0	0				

2015 年部分民族村人口年龄构成情况如下:

奎塘畈民族村　全村总人数 443 人,其中男性 233 人、女性 210 人,性别比为 111。

2015 年奎塘畈民族村分年龄、性别人口一览表

表 9-2-2-12

年龄	总人数（人）	男性（人）	女性（人）	性别比（女=100）
0—9 岁	35	18	17	105.88
10—19 岁	49	24	25	96
20—29 岁	61	35	26	134.62
30—39 岁	50	22	28	78.57
40—49 岁	85	46	39	117.95

续表 9-2-2-12

年龄	总人数（人）	男性（人）	女性（人）	性别比（女=100）
50—59岁	63	33	30	110
60—69岁	63	31	32	96.88
70—79岁	28	21	7	300
80—89岁	7	2	5	40
90—99岁	2	1	1	100

西方坞民族村　全村总人数513人，其中男性267人、女性246人，性别比为108.54。

2015年西方坞民族村分年龄、性别人口一览表

表 9-2-2-13

年龄	总人数（人）	男性（人）	女性（人）	性别比（女=100）
0—9岁	47	28	19	147.37
10—19岁	48	25	23	108.70
20—29岁	87	37	50	74
30—39岁	45	24	21	114.29
40—49岁	112	54	58	93.10
50—59岁	74	43	31	138.71
60—69岁	60	32	28	114.29
70—79岁	21	15	6	250
80—89岁	19	8	11	72.73
90—99岁	—	—	—	—

柳塘章民族村　全村总人数625人，其中男性303人、女性322人，性别比为94.10。

2015年柳塘章民族村分年龄、性别人口一览表

表 9-2-2-14

年龄	总人数（人）	男性（人）	女性（人）	性别比（女=100）
0—9岁	39	27	12	225
10—19岁	64	25	39	64.10

续表 9-2-2-14

年龄	总人数（人）	男性（人）	女性（人）	性别比（女=100）
20—29 岁	96	39	57	68.42
30—39 岁	73	32	41	78.05
40—49 岁	96	47	49	95.92
50—59 岁	104	52	52	100
60—69 岁	90	50	40	125
70—79 岁	38	23	15	153.33
80—89 岁	24	8	16	50
90—99 岁	1	0	1	0

上朱畲族村　全村总人数 1107，其中男性 584 人、女性 523 人，性别比为 111.66。

2015 年上朱畲族村分年龄、性别人口一览表

表 9-2-2-15

年龄	总人数（人）	男性（人）	女性（人）	性别比（女=100）
0—9	98	52	46	113.04
10—19	110	54	56	96.43
20—29	145	78	67	116.42
30—39	113	63	50	126
40—49	210	116	94	123.40
50—59	169	90	79	113.92
60—69	161	80	81	98.77
70—79	65	40	25	160
80—89	33	10	23	43.48
90—99	3	1	2	50

生塘胡民族村　全村总人数 605 人，其中男性 302 人、女性 303 人，性别比为 99.67。

2015年生塘胡民族村分年龄、性别人口一览表

表 9-2-2-16

年龄	总人数（人）	男性（人）	女性（人）	性别比（女=100）
0—9	47	25	22	113.64
10—19	46	24	22	109.09
20—29	88	40	49	81.63
30—39	58	29	29	100
40—49	121	63	58	108.62
50—59	98	52	46	113.04
60—69	88	43	45	95.56
70—79	34	19	15	126.67
80—89	23	7	16	43.75
90—99	1	0	1	0

柳家民族村　全村总人数823人，其中男性439人、女性384人，性别比为114.32。

2015年柳家民族村分年龄、性别人口一览表

表 9-2-2-17

年龄	总人数（人）	男性（人）	女性（人）	性别比（女=100）
0—9	74	48	26	184.62
10—19	89	54	35	154.29
20—29	123	64	59	108.48
30—39	81	35	46	76.09
40—49	160	78	82	95.12
50—59	142	73	69	105.80
60—69	103	58	45	128.89
70—79	38	18	20	90
80—89	31	11	20	55
90—99	1	0	1	0

(二)社会构成

1．民族构成

根据兰溪市人口普查资料，1990 年，圣山畲族乡有畲族人口 1287 人，占全乡人口的 11.94%；水亭乡有畲族人口 229 人，占全乡人口的 1.96%。

1990 年圣山畲族乡与水亭乡分民族常住人口一览表

表 9-2-2-18　　　　单位：人

乡 名	总人口数	其中		汉族		畲族		其他民族	
		男	女	男	女	男	女	男	女
圣山畲族乡	10775	5735	5040	5060	4424	675	612	0	4
水亭乡	11681	6269	5412	6154	5289	114	115	0	9

根据 2000 年兰溪市人口普查资料，水亭畲族乡新增民族有蒙古族、彝族、布依族、侗族、哈尼族、苗族等。2010 年人口普查时，水亭畲族乡又新增了土家族、壮族、黎族、仡佬族等 4 个少数民族。至 2015 年，水亭畲族乡共有 11 个少数民族。

2000 年水亭畲族乡分民族常住人口一览表

表 9-2-2-19　　　　单位：人

总人口数	其中		汉族		畲族		蒙古族		彝族		布依族		侗族		哈尼族		苗族		其他少数民族		其他未识别的民族	
	男	女	男	女	男	女	男	女	男	女	男	女	男	女	男	女	男	女	男	女	男	女
19228	9766	9462	9053	8716	701	694	1	4	0	5	1	11	0	1	0	4	2	13	8	12	0	2

2010 年水亭畲族乡分民族常住人口一览表

表 9-2-2-20　　　　单位：人

总人口数	其中		汉族		畲族		苗族		土家族		壮族		黎族		仡佬族		哈尼族		彝族		布依族		其他少数民族	
	男	女	男	女	男	女	男	女	男	女	男	女	男	女	男	女	男	女	男	女	男	女	男	女
14929	7407	7522	6800	6949	601	531	0	17	3	0	1	1	0	1	0	1	0	1	1	8	1	12	0	1

2．文化程度构成

据 1982 年第 3 次全国人口普查数据统计，水亭畲族乡具有小学及以上文化程度人口占总人口的 57.72%，初中与高中文化程度占小学文化及以上人口的 31.93%，具有大学文化程度人口有 9 人。12 周岁及 12 周岁以上文盲、半文盲率占比为 39.98%。

1982 年圣山公社、水亭公社按人口受教育程度一览表

表 9-2-2-21

公社名称	总人口	小学及以上合计	大学毕业	大学肄业或在校	高中	初中	小学
圣山公社	10993	6212	5	1	419	1617	4170
水亭公社	11814	6951	4	1	369	1797	4780
合计	22807	13163	9	2	788	3414	8950

1982 年圣山公社、水亭公社 12 岁及以上文盲人口情况表

表 9-2-2-22

公社名称	12 岁及以上人口(人)			不识字或识字很少人口占12 岁及以上人口比例	
	合计	男	女	小计	占比(%)
圣山公社	8552	4523	4029	3501	40.94
水亭公社	9249	4921	4328	3615	30.09
合计	17801	9444	8357	7116	39.98

1990 年人口普查资料显示,水亭畲族乡的文盲、半文盲率占 15 岁及以上人口为 30.71%,比 1982 年减少 9.27 个百分点。圣山畲族乡小学及以上文化程度人口占 70.68%;水亭乡小学及以上文化程度人口占 74.51%,大学本科文化程度有 4 人。

1990 年水亭畲族乡(原圣山畲族乡、水亭乡)15 岁及以上文盲人口一览表

表 9-2-2-23

乡名称	15 岁及以上人口(人)			文盲人口(人)			文盲人口占 15 岁及以上人口比重(%)		
	合计	男	女	小计	男	女	小计	男	女
圣山公社	8422	4511	3911	2788	891	1897	33.10	19.75	48.50
水亭公社	9147	4885	4262	2607	798	1809	28.50	16.34	42.42
合计	17569	9396	8173	5395	1689	3706	30.71	17.97	45.34

1990 年圣山畲族乡 6 岁及以上人口受教育程度一览表

表 9-2-2-24 单位：人

6 岁及以上人口			未上过学			小学		
合计	男	女	小计	男	女	小计	男	女
9863	5268	4595	2847	912	1935	3912	2321	1591
初中			高中			大学专科		
合计	男	女	小计	男	女	小计	男	女
2556	1629	927	491	358	133	12	10	2
大学本科			研究生					
合计	男	女	小计	男	女			
0	0	0	0	0	0			

1990 年水亭乡 6 岁及以上人口受教育程度一览表

表 9-2-2-25 单位：人

6 岁及以上人口			未上过学			小学		
合计	男	女	小计	男	女	小计	男	女
10680	5720	4960	2674	829	1845	4634	2759	1875
初中			高中			大学专科		
合计	男	女	小计	男	女	小计	男	女
2855	1755	1100	433	306	127	18	16	2
大学本科			研究生					
合计	男	女	小计	男	女			
4	4	0	0	0	0			

2000 年人口普查时，水亭畲族乡人口的文化程度开始发生巨大变化。6 岁及 6 岁以上人口 17773 人，其中大学本科 8 人、大学专科 68 人、中专 103 人、高中 750 人、初中 5447 人、小学 8557 人。文盲、半文盲率显著下降，从 1990 年的 45.34%下降为 14.18%。

2000 年 6 岁及以上人口受教育程度一览表

表 9-2-2-26 单位：人

6 岁及以上人口			未上过学			扫盲班		
合计	男	女	小计	男	女	小计	男	女
17773	9032	8741	2149	598	1551	691	199	492

续表 9-2-2-26

小学			初中			高中		
合计	男	女	小计	男	女	小计	男	女
8557	4424	4133	5447	3163	2284	750	521	229
中专			大学专科			大学本科		
合计	男	女	小计	男	女	小计	男	女
103	71	32	68	50	18	8	6	2

2000 年水亭畲族乡 15 岁及 15 岁以上文盲人口一览表

表 9-2-2-27 单位:人

15 岁及 15 岁以上人口（人）			文盲人口（人）			文盲人口占 15 岁及以上人口比例(%)		
合计	男	女	小计	男	女	小计	男	女
14920	7559	7361	2115	578	1537	14.18	7.65	20.88

根据2010 年兰溪市人口普查资料,水亭畲族乡人口的文化素质有很大提高。水亭畲族乡的 6 岁及以上人口 14079 人中,小学以上文化程度人口 11867 人,其中大学本科 39 人,大学专科 106 人, 高中 718 人,初中 5317 人,小学 5687 人。小学以上文化程度人口达到占 84.29%, 未上过学的人口占 15.71%。

2010 年水亭畲族乡 6 岁及以上人口受教育程度一览表

表 9-2-2-28 单位:人

6 岁及以上人口			未上过学			小学		
合计	男	女	小计	男	女	小计	男	女
14079	6952	7127	2212	594	1618	5687	2836	2851
初中			高中			大学专科		
合计	男	女	小计	男	女	小计	男	女
5317	2976	2341	718	456	262	106	73	33
大学本科			研究生					
合计	男	女	小计	男	女			
39	17	22	0	0	0			

2010 年水亭畲族乡 15 岁及以上文盲人口一览表

表 9-2-2-29　　单位：人

15 岁及 15 岁以上人口（人）			文盲人口（人）			文盲人口占 15 岁及以上人口比例（%）		
合计	男	女	小计	男	女	小计	男	女
12498	6142	6356	2146	560	1586	17.17	9.12	24.95

3．姓氏构成

2015 年水亭畲族乡共有 199 个姓氏，户籍人口 21746 人。各姓氏及其人口数见下表：

2015 年水亭畲族乡姓氏人口一览表

表 9-2-2-30　　单位：人

姓氏	人数	姓氏	人数	姓氏	人数	姓氏	人数
蓝	955	何	42	梁	6	魏	2
雷	775	项	42	陶	6	卜	1
钟	98	汪	40	窦	6	万	1
徐	2088	赵	38	留	5	于	1
张	1505	龚	38	盛	5	文	1
姜	1472	邱	32	柴	5	丰	1
方	1149	倪	28	鲁	5	支	1
吴	1120	夏	28	白	4	孔	1
童	733	赖	24	石	4	艾	1
朱	691	罗	23	占	4	边	1
范	672	谢	23	高	4	尹	1
黄	651	曾	22	麻	4	卞	1
周	640	付	20	褚	4	左	1
王	611	邓	20	古	3	过	1
江	601	陆	20	宁	3	伊	1
陈	585	廖	20	乐	3	纪	1
水	564	俞	19	甘	3	成	1
叶	546	吕	18	龙	3	齐	1
李	409	季	18	田	3	邬	1

续表 9-2-2-30

姓氏	人数	姓氏	人数	姓氏	人数	姓氏	人数
蒋	397	梅	18	任	3	来	1
章	387	傅	18	华	3	连	1
胡	375	孙	17	芦	3	吾	1
丁	306	饶	17	贺	3	佘	1
郭	302	诸葛	16	贾	3	孟	1
汤	297	向	15	秦	3	郁	1
邵	286	邹	15	艳	3	武	1
刘	249	唐	15	韩	3	芮	1
施	236	彭	15	游	3	定	1
琚	222	董	15	舒	3	哈	1
柳	152	郎	13	蒙	3	郦	1
金	145	楼	13	缪	3	郝	1
钱	139	卢	11	樊	3	闻	1
洪	121	管	11	戴	3	侯	1
诸	107	马	10	欧阳	3	敖	1
潘	103	姚	10	庄	2	班	1
宋	91	曹	10	阮	2	耿	1
包	88	沈	9	扬	2	富	1
翁	79	肖	9	尚	2	温	1
杨	78	伍	9	骆	2	景	1
毛	71	尧	9	席	2	鲍	1
詹	71	程	9	段	2	谬	1
全	68	蔡	9	柯	2	解	1
祝	63	冯	8	厉	2	翟	1
林	61	应	8	莫	2	穆	1
郑	61	凌	8	堇	2	薛	1
苏	58	严	7	封	2	濮	1
符	54	袁	7	顾	2	藤	1
戈	53	裘	7	滕	2	藩	1
商	45	兰	6	熊	2	皇甫	1
许	44	杜	6	黎	2		

4. 行业构成

根据《年度农村统计年报表》的统计：1990 年，圣山畲族乡有在业劳动力人口 7270 人，从事第一产业（包括农、林、牧、副、渔等五大传统行业）的占 82.48%，从事第二产业的（包括工业、建筑、交通运输等）占 10.76%，从事第三产业的（包括商贸、服务业及其他）占 6.75%。1990 年，水亭乡有在业劳动力人口 6892 人，从事第一产业（包括农、林、牧、副、渔等五大传统行业）的占 81.80%，从事第二产业的（包括工业、建筑、交通运输等）占 8.97%，从事第三产业的（包括商贸、服务业及其他）占 9.23%。这样的行业构成反映水亭畲族乡在 20 世纪 90 年代的经济社会是以传统农业为主的。

1990年圣山畲族乡各村劳动力从业一览表

表 9-2-2-31　　单位：人

村名	劳动力总数	农业	林业	牧业	副业	渔业	工业	建筑	交通运输	商饮仓储	服务	科学研究	文教	卫生	乡村社务管理	保险	其他
合计	7359	3913	10	2082	17	48	563	165	64	66	203	5	28	19	33	1	142
柳家	572	532	1	—	—	—	8	17	3	—	3	—	2	2	3	—	1
上朱	714	316	7	279	12	12	72	2	6	—	4	—	2	—	2	—	0
殿下	368	160	—	126	5	—	32	4	3	16	14	1	2	1	4	—	0
范坞	319	166	—	102	—	—	43	—	—	4	2	—	1	1	—	—	0
杨保塘下	265	178	—	35	—	3	15	7	2	1	4	—	—	—	—	—	20
上周	238	86	—	87	—	6	15	—	3	3	14	—	—	—	3	—	21
横塘	557	233	—	175	—		75	9	2	5	26	—	1	1	2	—	28
施家	450	241	—	154	—	4	25	10	8	1	1	—	2	1	3	—	0
珠带式	514	350	1	—	—	—	70	43	13	14	14	1	1	1	4	—	2
白鹤桥	354	173	1	103	—	5	15	40	2	3	4	2	2	1	3	—	0
丁家	826	379	—	238	—	5	51	7	11	9	86	—	2	3	—	—	35
西方坞	432	129	—	257		5	33	—	1	2	1	—	1	3	—	—	0
柳塘章	343	212	—	57	—	4	27	5	2	2	13	—	1	1	3	—	16
生塘胡	377	216	—	126	—	4	12	4	2	3	2	1	4	—	3	—	0
奎塘	285	132	—	110	—	—	20	9	1	3	—	—	1	1	—	—	8
奎塘畈	291	166	—	94	—	—	22	—	3	—	3	—	2		—	1	0
生塘徐	454	244	—	139	—	—	28	8	2	—	12	—	4	3	3	—	11

1990 年水亭乡各村劳动力从业一览表

表 9-2-2-32 单位：人

村名	劳动力总数	农业	林业	牧业	副业	渔业	工业	建筑	交通运输	商饮仓储	服务	科学研究	文教	卫生	乡村社务管理	保险	其他
合计	6892	4488	1	1127	16	6	370	174	74	77	168	3	7	4	—	4	373
下方泉	514	260	—	60	—	—	137	13	15	2	1	—	—	—	—	—	26
西姜	560	370	—	110	1	—	35	10	6	4	9	—	—	—	—	—	15
周邵汤	343	175	—	56	4	1	33	3	4	2	8	—	—	—	—	—	57
水亭街	502	352	—	23	—	—	37	17	9	22	25	—	—	2			15
水亭坞	455	262	—	105	—	—	12	20	6	20	15	—	—	—	—	—	15
下蒋	337	258	—		—	—	11	6	2	—	18	—	—	—	—	—	42
上吴	208	170	—	35	—	—	3	—	—	—		—	—	—	—	—	
垂江	440	230	—	131	—	—	17	17	5	2	5	—	—	1	—	1	31
黄村坞	310	271	—	—	—	—	14	15	3	—	3	1	2	—	—	1	
陈塘下	345	207	—	80	6	2	3	24	2	7	4	1	3	1		1	4
盖竹里	159	101	—	33	—	—	3	10	2	1	—	—	—	—	—	—	9
杨田坞	156	96	—	34	—	—	—	5	1	—	—	—	—	—	—	—	20
尚方	426	286	—	93	—	—	15	4	2	3	4	—	—	—	—	—	19
松树下	400	245	1	119	5	—	6	4	3	4	8	—	—	—	—	—	5
塘上	216	150	—	—	—	—	13	2	2	—	49	—	—	—	—	—	
芳茗叶	200	80	—	57	—	—	6	—	1	—	—	—	—	—	—	1	55
古塘	360	331	—	—	—	—	5	2	6	3	2	1	—	—	—	—	10
午塘边	283	172	—	60	—	3	15	11	1	—	3	—	2	—	—	—	16
午塘桥	351	257	—	71	—	—	—	9	1	3	1	—	—	—	—	—	9
河伯沿	327	215	—	60	—	—	5	2	3	4	13	—	—	—	—	—	25

进入21世纪,水亭畲族乡人口的就业构成发生变化。2000年水亭畲族乡有在业劳动力人口14860人,从事第一产业(包括农、林、牧、副、渔等五大传统农业)的占68.18%,从事第二产业的(包括工业、建筑、交通运输等)占16.60%,从事第三产业的(包括商贸、服务业及其他)占15.22%。与1990年的行业构成比较,水亭畲族乡从事传统农业的人口下降13.62%,传统农业劳动力开始向第二和第三产业转移。

2000年水亭畲族乡各村劳动力从业一览表

表9-2-2-33 单位:人

村名	劳动力总数	其中		农业	林业	牧业	渔业	工业	建筑	交通	商贸	其他
		男	女									
合计	14860	8087	6773	7955	9	2034	133	1464	760	244	583	1678
柳家	630	410	220	415	0	32	0	54	59	8	23	39
下方泉	515	290	225	273	0	60	4	85	30	22	6	35
西姜	499	259	240	355	0	45	0	40	16	12	1	30
周邵汤	430	241	189	190	0	60	13	67	35	5	10	50
水亭街	433	231	202	173	0	26	0	30	20	16	125	43
水亭坞	551	307	244	251	2	128	8	32	40	15	25	50
下蒋	362	201	161	238	0	50	3	8	14	7	21	21
上吴	205	105	100	90	0	20	0	25	45	6	6	13
上朱	622	322	300	306	2	112	5	85	45	8	35	24
殿下	478	254	224	216	0	65	7	89	11	8	38	44
范坞	342	189	153	194	0	84	1	39	0	6	6	12
垂江	480	235	245	380	0	50	0	20	20	4	6	0
黄村坞	367	215	152	216	0	15	6	15	36	18	20	41
陈塘下	397	245	152	308	0	14	0	0	11	3	10	51
盖竹里	151	80	71	105	0	4	1	10	5	1	15	10
杨田坞	195	120	75	76	0	66	1	0	17	0	0	35
尚方	437	234	203	182	0	80	2	4	2	2	7	158
松树下	494	262	232	422	1	20	1	2	3	1	5	39
塘上	198	100	98	89	0	0	0	62	4	3	20	20

续表 9-2-2-33

村名	劳动力总数	其中		农业	林业	牧业	渔业	工业	建筑	交通	商贸	其他
		男	女									
芳茗叶	243	133	110	103	0	80	0	0	5	0	8	47
古塘	297	161	136	72	0	50	3	109	15	11	12	25
午塘边	287	165	122	134	0	12	18	40	9	3	6	65
午塘桥	367	195	172	227	0	52	0	1	3	3	0	81
河伯沿	351	190	161	164	0	70	6	30	30	7	4	40
杨保塘下	245	111	134	160	0	30	3	14	3	2	2	31
上周	263	138	125	130	0	8	5	45	5	5	17	48
横塘	605	340	265	270	0	75	4	110	22	6	17	101
施家	482	247	235	164	0	69	5	28	26	11	26	153
珠带式	568	343	225	260	0	90	0	69	48	11	42	48
白鹤桥	356	201	155	162	0	91	4	34	52	1	9	3
丁家	878	461	417	488	4	32	17	148	67	19	17	86
西方坞	270	131	139	140	0	90	1	18	18	1	2	0
柳塘章	396	217	179	224	0	56	7	27	3	2	5	72
生塘胡	427	236	191	221	0	108	4	30	3	0	5	56
奎塘	280	120	160	120	0	80	0	46	27	3	4	0
奎塘畈	319	170	149	251	0	0	0	25	0	6	5	32
生塘徐	440	228	212	186	0	110	4	23	11	8	23	75

至2010年，水亭畲族乡有在业劳动力人口13800人，从事第一产业（包括农、林、牧、副、渔等五大传统农业）的人口继续减少，占41.12%，比2000年少27.06个百分点。从事第二产业的（包括工业、建筑、交通运输等）占38.72%，从事第三产业的（包括商贸、服务业及其他）占20.16%。与1990年的从业构成情况比较，水亭畲族乡从事传统农业的人口下降近40.68%，较多的农业劳动力向第二和第三产业转移。

2010年水亭畲族乡农村劳动力从业一览表

表 9-2-2-34　　单位:人

村名	劳动力总数	其中		农业	林业	牧业	渔业	工业	建筑	交通	商贸信息	其他
		男	女									
合计	13800	7452	6348	4956	1	450	268	3214	1851	278	660	2122
柳家	531	281	250	228	0	20	22	125	67	5	24	40
下方泉	505	279	226	155	0	5	10	160	79	18	8	70
西姜	524	284	240	201	0	20	15	100	95	15	4	74
周邵汤	431	224	207	145	0	24	12	40	68	6	10	126
水亭街	560	250	310	113	0	4	14	220	40	5	114	50
水亭坞	520	268	252	170	0	10	11	95	56	26	41	1111
下蒋	307	175	132	102	0	24	5	60	41	4	16	55
上吴	210	110	100	94	0	5	10	45	29	3	3	21
上朱	657	359	298	207	0	12	4	220	86	6	39	83
殿下	425	219	206	170	0	12	15	120	39	4	43	22
范坞	319	176	143	106	0	7	3	75	35	5	9	79
垂江	398	233	165	133	0	4	0	100	68	4	16	73
黄村坞	323	170	153	138	0	18	4	92	67	4	0	0
陈塘下	378	196	182	141	0	8	7	90	48	10	35	39
盖竹里	172	92	80	59	0	10	3	30	38	2	16	14
杨田坞	115	62	53	50	0	8	4	25	18	2	0	8
尚方	498	265	233	170	0	38	15	43	70	7	35	120
松树下	479	257	222	210	0	3	2	50	81	3	7	123
塘上	225	127	98	76	0	3	0	49	55	1	0	41
芳茗叶	240	139	101	90	0	12	5	54	46	3	0	30
古塘	288	158	130	91	0	10	1	85	15	8	12	66
午塘边	259	135	124	104	0	12	6	60	12	8	16	41
午塘桥	360	205	155	162	0	11	4	82	74	7	3	17
河伯沿	319	180	139	78	0	20	7	89	9	11	12	93
杨保塘下	294	158	136	106	0	6	15	60	50	2	2	53

续表 9-2-2-34

村名	劳动力总数	其中		农业	林业	牧业	渔业	工业	建筑	交通	商贸	其他
		男	女									
上周	228	121	107	95	0	3	3	30	16	1	7	73
横塘	581	327	254	109	0	5	0	330	35	1	22	79
施家	348	188	160	167	0	7	0	56	50	10	31	27
珠带式	548	289	259	128	0	12	12	180	72	14	50	80
白鹤桥	359	195	164	163	0	10	6	49	53	0	0	78
丁家	663	380	283	280	0	10	4	190	125	8	31	15
西方坞	357	180	177	159	0	40	2	39	21	2	7	87
柳塘章	360	210	150	170	0	19	12	40	27	1	3	88
生塘胡	403	225	178	173	0	21	25	95	47	2	9	31
奎塘	297	160	137	86	0	10	6	10	64	68	29	24
奎塘畈	319	175	144	127	1	7	4	26	55	2	6	91

三、家 庭

(一)家庭规模

根据兰溪市人口普查资料显示,1990 年圣山畲族乡的家庭平均规模为 3.5 人,水亭乡的家庭平均规模为 3.29 人;至 2010 年水亭畲族乡的平均家庭规模缩小为 2.39 人。

从代户类别来看,水亭畲族乡的家庭以二代户为主。1990 年,圣山畲族乡有 3051 户,其中二代户占 64.17%;水亭乡有 3470 户,其中二代户占 63.8%。2000 年,水亭畲族乡有 6676 户,其中二代户比重减少至 48.05%,而一代户增长为 34.24%。2010 年水亭畲族乡有 6217 户,其中一代户开始占主要构成,为 55.36%,而二代户下降为 32.09%。至于三代户和四代户的比重始终在 20%以下。这说明传统的大家庭已趋于解体,家庭组合形式,以小家庭为主。

1990年、2000年、2010年圣山(畲族)乡、水亭(畲族)乡家庭户规模一览表

表9-2-2-35

家庭户	乡名	1990年		乡名	2000年		2010年	
		户数(户)	占全乡户数比例(%)		户数(户)	占全乡户数比例(%)	户数(户)	占全乡户数百分比/%
一人户	圣山乡	326	10.69	水亭畲族乡	1077	16.13	1551	24.95
	水亭乡	532	15.33					
二人户	圣山乡	428	14.03	水亭畲族乡	1656	24.81	2317	37.27
	水亭乡	477	13.75					
三人户	圣山乡	742	24.32	水亭畲族乡	1855	27.79	1267	20.38
	水亭乡	841	24.23					
四人户	圣山乡	817	26.78	水亭畲族乡	1369	20.51	673	10.83
	水亭乡	938	27.03					
五人户	圣山乡	512	16.78	水亭畲族乡	555	8.31	305	4.91
	水亭乡	507	14.61					
六人户	圣山乡	156	5.11	水亭畲族乡	140	2.10	97	1.56
	水亭乡	116	3.34					
七人户	圣山乡	54	1.77	水亭畲族乡	18	0.27	7	0.11
	水亭乡	46	1.33					
八人户	圣山乡	13	0.43	水亭畲族乡	5	0.07	0	0
	水亭乡	8	0.23					
九人户	圣山乡	3	0.10	水亭畲族乡	0	0	0	0
	水亭乡	3	0.09					
十人及以上户	圣山乡	0	0	水亭畲族乡	1	0.01	0	0
	水亭乡	2	0.06					
合计	圣山乡	3051	100	水亭畲族乡	6676	100	6217	100
	水亭乡	3470	100					

1990 年、2000 年、2010 年圣山(畲族)乡、水亭(畲族)乡常住人口家庭户类别一览表

表 9-2-2-36

年份	地区别	家庭户户数（户）	一代户		二代户		三代户		四代户	
			户数（户）	比重（%）	户数（户）	比重（%）	户数（户）	比重（%）	户数（户）	比重（%）
1990	圣山乡	3051	521	17.08	1958	64.18	395	12.95	6	0.20
	水亭乡	3470	683	19.68	2214	63.80	380	10.95	5	0.14
2000	水亭畲族乡	6676	2286	34.24	3208	48.05	1149	17.21	33	0.49
2010	水亭畲族乡	6217	3442	55.36	1995	32.09	765	12.3	15	0.24

水亭畲族乡是一个多民族杂居的乡，单一民族户的比重占主导地位，2000 年单一民族户占 95.3%，2010 年为 95.14%，两个民族户占 5%以下，没有三个或以上的民族户。

2000 年、2010 年水亭畲族乡常住人口家庭中民族混合户户数一览表

表 9-2-2-37

年份	家庭户户数（户）	单一民族户		两个民族户	
		户数（户）	比重（%）	户数（户）	比重（%）
2000	6676	6362	95.30	314	4.70
2010	6217	5915	95.14	302	4.86

(二)婚 姻

1990 年圣山畲族乡与水亭乡人口中，占 15 岁以上相应男女的百分比分别为 34.63%、20.15%与 35.46%、19.75%。其中，圣山畲族乡与水亭乡有配偶占 15 岁以上相应男女的百分比分别为 59.34%、69.19%与 59.12%、68.74%。圣山畲族乡占 15 岁以上相应女的离婚率比水亭乡高 0.21 百分点。

1990 年圣山畲族乡、水亭乡人口分性别的婚姻状况一览表

表 9-2-2-38

地区别	15 岁及 15 岁以上人口(人)			未婚				有配偶				丧偶				离婚			
	合计	男	女	男(人)	占 15 岁以上相应男性的比例(%)	女(人)	占 15 岁以上相应女性的比例(%)	男(人)	占 15 岁以上相应男性的比例(%)	女(人)	占 15 岁以上相应女性的比例(%)	男(人)	占 15 岁以上相应男性的比例(%)	女(人)	占 15 岁以上相应女性的比例(%)	男(人)	占 15 岁以上相应男性的比例(%)	女(人)	占 15 岁以上相应女性的比例(%)
圣山乡	8422	4511	3911	1562	34.63	788	20.15	2677	59.34	2706	69.19	176	3.90	408	10.43	96	2.13	9	0.23
水亭乡	9149	4885	4264	1732	35.46	842	19.75	2888	59.12	2931	68.74	175	3.58	490	11.49	90	1.84	1	0.02

说明:圣山畲族乡与水亭乡合并后婚姻统计数据缺失

（三）生　育

水亭畲族乡育龄妇女平均产子女数呈逐年下降趋势。1982 年，圣山公社 15—49 岁育龄妇女数为 1568 人，生育 4741 胎次，平均育龄妇女生育 3.02 胎次；水亭公社 15—49 岁育龄妇女数为 2677 人，生育 4583 胎次，平均育龄生育 1.71 胎次。1990 年，圣山公社 15—49 岁妇女数为 3501 人，生育 8157 胎次，平均每个妇女活产子女数为 2.33；水亭公社 15—49 岁育龄妇女数为 3806 人，生育 7764 胎次，平均每个妇女活产子女数为 2.04。2000 年，水亭畲族乡 15—49 岁妇女数为 497 人，妇女平均活产子女数为 1.56 胎次。到 2010 年，水亭畲族乡 15—49 岁妇女数为 539 人，平均活产子女数为 1.68。

1964 年、1982 年圣山公社水亭公社育龄妇女情况一览表

表 9-2-2-39

育龄段	公社名称	育龄妇女数（人）		各年龄组占妇女总人数比例（%）	
		1964 年	1982 年	1964 年	1982 年
15—49 岁	圣山公社	1561	2625	41.44	50.48
	水亭公社	1747	2779	43.43	50.34
15—19 岁	圣山公社	316	774	8.39	14.88
	水亭公社	402	813	9.99	14.73
20—24 岁	圣山公社	175	333	4.65	6.40
	水亭公社	212	333	5.27	6.03
25—29 岁	圣山公社	263	473	6.98	9.10
	水亭公社	232	474	5.77	8.59
30—34 岁	圣山公社	249	407	6.61	7.83
	水亭公社	243	469	6.04	8.44
35—39 岁	圣山公社	209	201	5.55	3.87
	水亭公社	255	292	6.34	5.29
40—44 岁	圣山公社	180	186	4.78	3.58
	水亭公社	218	180	5.42	3.26
45—49 岁	圣山公社	169	251	4.49	4.83
	水亭公社	185	221	4.60	4.00
合计	圣山公社	3767	5200	—	—
	水亭公社	4023	5521	—	—

1982 年圣山公社育龄妇女生育情况一览表

表 9-2-2-40

年龄段	生育妇女人数（人）	生育（胎次）											合计胎次	平均胎次
		一	二	三	四	五	六	七	八	九	十	十一及以上		
15—19 岁	6	6	0	0	0	0	0	0	0	0	0	0	6	1.00
20—24岁	109	66	39	4	0	0	0	0	0	0	0	0	156	1.43
25—29岁	447	74	242	117	14	0	0	0	0	0	0	0	965	2.16
30—34岁	399	10	100	208	70	10	0	1	0	0	0	0	1171	2.93
35—39岁	195	1	25	96	52	17	4	0	0	0	0	0	656	3.36
40—44岁	175	3	5	52	64	38	12	1	0	0	0	0	694	3.97
45—49岁	237		6	34	74	73	35	12	3	0	0	0	1093	4.61
合计	1568	160	417	511	274	138	51	14	3	0	0	0	4741	3.02

1982 年水亭公社育龄妇女生育情况一览表

表 9-2-2-41

年龄段	生育妇女人数（人）	生育（胎次）											合计胎次	平均胎次
		一	二	三	四	五	六	七	八	九	十	十一及以上		
15—19 岁	1	0	1	0	0	0	0	0	0	0	0	0	2	2.00
20—24岁	1116	46	8	1	0	0	0	0	0	0	0	0	65	0.06
25—29岁	455	99	22	16	17	5	0	0	0	0	0	0	284	0.62
30—34岁	445	14	107	211	92	17	4	0	0	0	0	0	1338	3.01
35—39岁	278	4	27	134	66	33	11	2	1	0	0	0	977	3.51
40—44岁	172	3	6	36	53	45	16	9	4	0	0	0	751	4.37
45—49岁	210	1	4	21	27	48	52	30	20	6	1	—	1166	5.55
合计	2677	167	175	419	255	148	83	41	25	6	1	—	4583	1.71

1989 年上半年至 1990 年上半年育龄妇女按孩次分出生人数一览表

表 9-2-2-42　　单位：人

乡　别	年份	育龄妇女人数	一孩	二孩	三孩	四孩	五孩及以上	合计
圣山畲族乡	1989 年上半年	2897	35	16	4	0	0	55
水亭乡	1989 年上半年	3239	48	20	2	2	0	72
圣山畲族乡	1989 年下半年	2897	67	34	5	1	0	107
水亭乡	1989 年下半年	3239	79	22	4	2	0	107
圣山畲族乡	1990 年上半年	2897	65	31	3	2	0	101
水亭乡	1990 年上半年	3239	57	19	4	0	0	80

1990年15—64岁按活产子女数分的妇女人数一览表

表 9-2-2-43 单位：人

乡别	15—64岁妇女人数	没有活产子女	活产1个	活产2个	活产3个	活产4个	活产5个	活产6个	活产7个	活产8个	活产9个	活产10个	活产11个	活产12个	活产13个	活产14个	活产15个及以上	平均每个妇女活产子女数
圣山畲族乡	3501	930	586	624	491	296	191	177	92	54	37	17	2	4	0	0	0	2.33
水亭乡	3806	995	722	759	618	317	182	97	67	33	7	5	1	2	0	0	0	2.04

1990年15—64岁按存活子女数分的妇女人数一览表

表 9-2-2-44 单位：人

乡别	15—64岁妇女人数	没有存活子女	存活1个	存活2个	存活3个	存活4个	存活5个	存活6个	存活7个	存活8个	存活9个	存活10个	存活11个	平均每个妇女存活子女数
圣山畲族乡	3501	948	614	687	542	325	202	109	51	16	6	1	0	2.00
水亭乡	3806	1003	755	801	633	301	157	98	41	10	5	1	1	1.91

2000年水亭畲族乡育龄妇女分年龄段生育率及总和生育率一览表

表 9-2-2-45 单位:‰

年龄段	15—19岁	20—24岁	25—29岁	30—34岁	35—39岁	40—44岁	45—49岁	总和生育率
生育率	0	173.91	90.36	25.64	0	0	0	1449.58

2000年水亭畲族乡15—50岁妇女平均活产子女数和平均存活子女数一览表

表 9-2-2-46

15—50岁妇女数(人)	活产子女总数(个)			存活子女总数(个)			存活子女数占活产子女数的比例(%)	妇女平均活产子女数(个)	妇女平均存活子女数(个)
	小计	男	女	小计	男	女			
497	776	380	396	748	366	382	96.39	1.56	1.51

2010年水亭畲族乡育龄妇女分年龄段生育率及总和生育率一览表

表 9-2-2-47 单位:‰

年龄段	15—19岁	20—24岁	25—29岁	30—34岁	35—39岁	40—44岁	45—49岁	总和生育率
生育率	50	142.86	71.43	46.51	36.59	0	0	1736.95

2010年水亭畲族乡15—64岁妇女平均活产子女数和平均存活子女数一览表

表 9-2-2-48

15—64岁妇女数(人)	活产子女总数(个)			存活子女总数(个)			存活子女数占活产子女数的比例(%)	妇女平均活产子女数(个)	妇女平均存活子女数(个)
	小计	男	女	小计	男	女			
539	905	485	420	881	470	411	97.35	1.68	1.63

第三章　政治与民族事务

水亭畲族乡是一个有着光荣革命传统的革命老区。古塘、黄村坞两村属第二次国内革命战争时期革命老区。民国16年(1927年)10月中国共产党在古塘成立支部，到1949年中华人民共和国成立前，水亭成立了1个中共支部，1个中共区委会，成立了20多个农会，100多人参加“中国工农红军第十三军第二师”，其中畲族青年有3人。中华人民共和国成立初，水亭人民组建民兵保一方平安。“抗美援朝”期间，水亭100多位青年参加“中国人民志愿军”入朝作战。

民国及以前，水亭畲族人民没有政治地位，无权参政议政。中华人民共和国成立后，中国共产党和人民政府十分重视民族工作，水亭畲族的政治地位明显提升。一些畲族精英走上领导岗位，不少畲族优秀人士被选为省、市(地级市)、市(县)、乡中国共产党代表大会代表、人民代表大会代表、政治协商会议委员。畲族乡成立，依据法规规定由畲族公民任乡长。党和政府在经济、文化、教育等各方面给予民族地区扶持、优惠，加快了水亭畲族乡各方面的发展。

第一节　政治生活

民国16年(1927年)10月，中国共产党基层组织(以下简称党组织)在水亭成立。自此，水亭人民在党组织领导下，大力开展政治、经济斗争。中华人民共和国成立后，水亭人民组建民兵保卫新生政权，积极参加中国人民志愿军，保家卫国；积极参政议政。

一、民国时期中国共产党领导下的革命斗争

(一)建立中国共产党古塘村支部委员会

民国16年(1927年)10月上旬，中国共产党浙江省委派省委组织部秘书姜挺为浙西特派员到兰溪开展工作。姜挺在城关郭宅巷1号徐宝书家召开了

党的活动分子会议，会议选举成立了首届中共兰溪县委员会，姜挺任县委书记。会后，姜挺和县委委员分头到各区传达会议精神，发展党的组织，开展农民运动。在水亭古塘村，发展了童文仙（永昌街道祠堂脚村人）、徐焕文（水亭古塘村人）、徐寿椿（又名问松，水亭古塘村人）、徐耀祖（水亭古塘村人）、徐凤祥（水亭古塘村人）、徐凤岐（水亭古塘村人）等6人入党，并于10月建立了中共古塘村支部，徐耀祖任支部书记，12月由徐焕文任支部书记，民国17年5月由徐寿椿任支部书记。

(二)成立中国共产党水亭区委员会

中共古塘村党支部成立后，在县委书记姜挺指导下，以古塘党支部为基础，童文仙、徐焕文、徐寿椿到周边的祠堂脚、朱岗、包塘殿、黄村坞、范西、上方项等村发展党员，并先后建立了党支部。民国17年(1928年)1月2日，在祠堂脚村崇文小学（童文仙在该校任教）召开各村党支部党员代表会议，成立了中共水亭区委，童文仙任区委书记，3月由徐焕文任书记。5月2日由徐耀祖任书记，委员有徐寿椿（古塘村人）、朱上通（朱岗村人）、范春荣（范西村人）、王超进（包塘殿人）、李海成（不详）。

(三)组织水亭区农民协会

民国17年(1928年)1月2日水亭区委成立后，领导各村党支部，根据县委的统一部署，深入农村进行宣传。经过宣传发动，农民参加农民协会的热情空前高涨。全水亭区不到一个月就成立了20多个农民协会，同时建立了水亭区农民协会，会员达1400余人。随着各村农民协会的建立和发展，党支部通过农民协会这一合法组织领导农民开展各种形式的政治斗争和经济斗争。

(四)开展“二五减租”斗争

民国16年(1927年)秋，兰溪县“二五减租”斗争首先在从善区（今上华街道）取得胜利。10月，县委分析了全县开展“二五减租”斗争的形势，调从善区委书记邱福祥到水亭区，协助水亭区农民协会进行减租退租斗争。祠堂脚村支部书记童文仙，召开农民协会会议，号召农民会员团结一心，把当年已缴的租谷，按“二五减租”规定从地主手里退回来。

会后，童文仙组织并带领全村佃农50多人，各挑箩筐，到井头童村大地主童凤生家退租谷。祠堂脚佃农依靠农民协会的力量，三天就从地主手里退回租谷3.2万斤。在祠堂脚村退租斗争胜利的鼓舞下，古塘、包塘殿、朱岗、夏李、黄村坞、上方项、下畈、午塘边等村民协会相继开展退租斗争。历经半月，水亭全区地主向佃农退回租谷10万余斤。

（五）反抗国民党政府的苛捐杂税

水亭农村历来就有家庭酿制米酒的习惯，以供自己和招待客朋之用。国民党兰溪县政府在其名目繁多的捐税中，尤以酒捐为重，并专门设立县烟酒分局，派出稽征员四处强行催缴酒捐。民国16年（1927年）11月，中共水亭区古塘支部和农民协会，通过驱赶稽征员、抗缴酒捐等方式反对国民党政府的苛捐杂税。

兰溪县烟酒分局稽征员李明下乡征收酒捐时，敲诈勒索，更为民众痛恨。11月的一天（具体日期不详），中共古塘村支部得悉李明将于次日来古塘村征收酒捐，即商议了拦路截击驱赶李明的办法。次日下午，古塘村党支部派党员徐焕文带领古塘、黄村坞、上方项三个村的农民协会会员20多人，手执锄头、扁担，从古塘村出发去拦截李明。当队伍经午塘边村进鸡宝岭村时，与从水亭方向乘轿而来的李明相遇。徐焕文等一拥而上拉住轿子，从轿中拖出李明，用锄头、扁担迎头痛打，李明被打得头破血流，朝午塘边方向逃去。徐焕文等也不追赶，对轿子进行搜查，当场查获李明随身携带的鸦片烟一包和烟枪一支，大家商议后，把缴获的物品交给了水亭区警察分驻所，并要求县政府严厉惩办吸食毒品的稽征员李明。次日，国民党县政府派军警扣押了古塘村支部书记徐耀祖和党员徐寿椿两人。古塘村农民协会为了解救被扣押人员，即给国民党县党部写信，要求维护农民协会权益，立即释放被县政府无理扣押的农民协会骨干。在县党部徐士彬等的斡旋下，县政府于次日释放了徐耀祖和徐寿椿，并表示对李明携带和吸食鸦片事要彻查彻究。当时的兰溪《民国周报》载文称："查李明吸食鸦片红丸尽人皆知，想亦难逃法网也。"此后，县烟酒分局的稽征员再也不敢轻易下乡强行征收酒捐。

（六）开展加薪罢工斗争

民国17年（1928年）4月中旬，中共浙江省委常委、特派员卓兰芳到祠堂脚，召集水亭区委和部分县委委员在祠堂脚崇文小学开会，讨论通过了由他起草的《水亭区斗争行动大纲》和《宣传大纲》，并由县委发放至全县各区，从而使全县各地的雇农加薪罢工斗争更加深入发展。

（七）组织农民武装斗争

民国17年（1928年）5月上旬，卓兰芳在水亭召开了中共兰溪县委员会扩大会议，参加会议的除部分县委委员外，还有水亭等5个区委的代表，会议明确提出了"只有斗争才是出路"。会后，县委委员分头到各区召开会议，发动各级党组织，在永昌、水亭、柱阳（今厚仁）三区组织农民军开展游击战争。

6月上旬，中国共产党浙西特委代理书记严汝清按照中国共产党浙江省委员会的指示精神，积极部署进行武装暴动的各项准备工作，同时派特委人员和兰溪县领导成员分头前往诸葛、水亭、从善、柱阳、甘溪等区整顿区委和支部组织，组织农民军游击队，开展游击战争。分区召开会议，提出“捣毁乡村一切封建势力，夺取乡村政权”的斗争目标。是年7月下旬，中共浙西特委书记严汝清在寿昌大慈岩主持召开中共浙西特委和兰溪县委联席会议，兰溪县各区区委书记(中共水亭区委书记徐耀祖参加会议)以上干部参加会议。会议研究部署了兰溪武装斗争。会后，中共水亭区委召开农民协会会员大会，组织农民军进行游击战争训练，积极开展武装斗争，先后(具体日期不详)参与了镇压柱阳区后陆村恶霸地主陆森林和攻打永昌区警察分驻所行动。兰溪县当局迅速致电浙江省政府告急呼救。浙江省当局急调省防军两个连到兰溪，对农民武装进行“围剿”镇压。当天，省防军40余人将古塘村团团围住，徐焕文、徐寿椿、徐凤祥、徐凤岐等中共党员被捕。虽然，这次农民武装斗争因遭到国民党当局的镇压而失败，中共党组织遭到极其严重的破坏，但农民武装斗争沉重打击了国民党统治，将革命的火种播种在水亭人民的心中。

(八)参加“红二师”

民国20年(1931年)初，浙南红十三军战士郑秾(丽水青田县人)与当时已在兰溪西乡居住的青田人林云熙、郑炳根一起到水亭区包塘殿村陈荣发(同为青田人)的家中落脚。郑秾到兰溪的目的是发展红军队伍，重振红十三军旗鼓。郑秾打出“中国工农红军第十三军第二师”(简称“红二师”)旗帜，任师长。水亭地区共有100余人参加“红二师”。“红二师”在兰溪、龙游、汤溪、寿昌四县毗邻地区发展到1500余人。水亭地区畲族青年蓝友金、蓝樟根、雷锦春等参加了这支革命队伍。参加红军组织都要举行立誓仪式，并发给印有“中国工农红军第十三军第二师本部”字，盖有“泮清堂记”篆体印章的红布标志。民国21年3月，在兰溪西乡上王山背召开了誓师大会，重申了红军的纪律，部署了红军任务。民国22年10月，由于叛徒出卖，师长郑秾在龙游被捕；11月，兰溪当局根据浙江省政府和省保安处的指令，对“红二师”展开大搜捕，共逮捕30余人；12月15日，郑秾在龙游西门外英勇就义。

(九)重建中共古塘支部

民国17年(1928年)，中共古塘支部领导当地农民开展武装斗争被国民党当局镇压后，中共古塘支部党员被捕，支部活动被迫停止。

民国21年(1932年)10月，中共中央组织部委派陈振麟到兰溪恢复和发展党的基层组织。在西乡永昌邵家小学找到了在该校任教的水亭古塘村第一任中共支部书记和水亭区委书记童文仙，商议决定重建中共邵家村党支部，叶樟树任党支部书记。嗣后，又由叶樟树陪同陈振麟来到水亭古塘村，与中共水亭区委原书记徐焕文（水亭古塘村人）商议后，恢复了中共古塘党支部，徐焕文任党支部书记。根据上级党组织指示，组织贫农团，开展抗租抗税斗争。民国22年3月，陈振麟在杭州被捕，叶樟树、童文仙也相继在兰溪被捕。兰溪县党组织再次遭到破坏。民国27年5月，兰溪县地方党组织又重新恢复，水亭广大人民群众又在中共党组织的领导下加入了抗日武装斗争。

（十）中共地下党到畲村

1949年5月水亭解放前，中共遂昌特委指派一名党员（姓名失考）到水亭乡一带开展发展党员、计划组建畲民农会（武工队）、抗租、抗税、抗丁活动，配合浙西游击队开展反“清乡”“围剿”斗争。这位中共地下党员在风水塘村蓝友金（畲族）家住了半个多月。因被保长发现，离开风水塘。蓝友金当时煮了几个鸡蛋，送他到龙游张家埠坐船去龙游。临别时中共地下党员给蓝友金几枚白洋，蓝友金执意不收。中华人民共和国成立后，这位中共地下党员还给蓝友金寄过一笔钱。

二、中华人民共和国成立后的政治生活

（一）保卫新生政权

1949年5月，兰溪解放。国民党潜伏特务及土匪进行疯狂反扑，严重威胁着人民生命与新生政权的安全。当时自称“反共救国军司令”的匪首叶岳、胡光及其所部，在龙游汤溪兰溪交界地带进行疯狂的破坏活动。1949年8月，土匪、特务将金萧支队严衢独立中队联络情报员徐凤水杀害于柳塘章村的明真山上，引起了周边百姓的愤慨。柳塘章村、西方坞村先后成立民兵组织进行自卫与保卫新生政权。畲族村民踊跃参加民兵组织，柳塘章村畲族村民雷锦华、蓝樟寿、雷其寿、雷兴隆、雷炳忠、蓝马根等参加了民兵组织，雷锦华任民兵连长。西方坞村畲族村民蓝开寿、蓝开玉、蓝万苟等参加民兵组织。西方坞村民兵在村边最高的山坡顶上搭起了瞭望亭，一旦发现情况，民兵吹响“洋号”传递消息。柳塘章村的民兵则以鸣锣为号，一旦听到锣声，民兵就会提着大刀等武器集合在西南边的山冈上待命。明真山周边民兵紧密配合进行自卫，保卫新生政权，土匪、特务不敢再来扰乱、破坏。当年雷锦华用过的大刀至今仍由其儿子雷土根保管着。

(二)抗美援朝

1951年春天,水亭乡、圣山乡有100多人参加抗美援朝战争,畲族青年蓝开贤、蓝开玉、蓝志桂、蓝庭根等10多人报名参加中国人民志愿军。他们在金华接受军事知识和技能培训后,5月编入工兵15团,跨过鸭绿江,修建抢修公路。

(三)参政议政

水亭畲族雷耀铨是第二、三、四、五、六届浙江省政协委员,第六届省政协常委。水亭畲族乡有4人次被选为浙江省人大代表,其中畲族4人次;有12人次被选为金华市人大代表,其中畲族9人次;有137人次参加中共兰溪市代表大会,其中畲族20人次;有141人次参加兰溪市历届人民代表大会,其中畲族36人次;有3人次参加全国国庆与"五一"国际劳动节活动,其中畲族3人次。

1. 中国共产党兰溪市代表大会

中国共产党兰溪市历届代表大会水亭籍代表一览表

表9-3-1-1

届别	代表姓名
第一届 (1956年5月至1958年12月)	童志桢 蒋汤水 胡志刚 王阿宗 柳景生 李秀春(女) 王阿英(女)
第二届 (1958年12月至1963年1月)	张阿成 琚海潮 诸增华 李春香(女) 徐文明 胡樟根 王阿英(女) 吴秀招(女)
第三届 (1963年1月至1970年4月)	柳炳友 丁达和 李春香(女) 张阿成 蒋汤水 朱志林
第四届 (1970年4月至1979年3月)	姜电云 吴银松 蒋海沅 姜六古 徐炳松 姜永法 周阿道 王阿英(女) 刘美祥 徐春富 胡悦新 叶卸花(女) 姜荣富 蓝启杨(畲族) 吴明仙 徐品山 柳炳友 丁达和 赖海云 许阿林
第五届 (1979年3月至1984年4月)	徐渭川 吴菊仙(女) 蓝志高(畲族) 周树松 张卸奶 朱志林 胡悦新 叶卸花(女) 江庆杨 姜电云 姜振东 胡秀莲(女) 徐海沧 占庆华 陈根竹(女) 江彩娥(女) 水本铭 江根华 丁达和 周卸春 周阿道
第六届 (1984年4月至1987年3月)	方小平 江友庆 江根华 张彩娣(女) 姜华富 徐华喜 兰开华(畲族) 姜锡镕 姜电云 姜振东 雷玉根(畲族) 方秋英(女)
第七届 (1987.3月至1990.4月)	江友庆 江根华 张彩娣(女) 姜锡镕 姜电云 姜振东 徐华喜 兰开根(畲族) 张海森 胡卸富 兰开忠(畲族) 雷玉根(畲族) 方秋英(女) 吴晋丰

续表 9-3-1-1

届别	代表姓名
第八届 （1990 年 4 月至 1993 年 3 月）	兰连根（畲族）商柏金 江友庆 姜锡镕 吴春余 胡卸富 吴顺仙 方阿春 翁彩琴（女）姜电云 姜巨航 雷玉根（畲族）雷淑琴（畲族 女）厉英儿（女）
第九届 （1993 年 3 月至 1998 年 4 月）	兰开华（畲族）商柏金 吴春余 水永荛 雷淑琴（畲族 女） 雷玉根（畲族）姜电云 厉英儿（女）
第十届 （1998 年 4 月至 2003 年 1 月）	朱卸清 徐炳林 许金茂 雷玉根（畲族）蓝开华（畲族） 蓝开忠（畲族）祝志君（女）吴春余
第十一届 （2003 年 1 月至 2006 年 1 月）	许金茂 童银根 雷美珠（畲族 女）江小燕 蒋增明 占秀玲（女）郭浦香（女）邵春林 吴春余 雷淑琴（畲族 女）
第十二届 （2006 年 1 月至 2011 年 1 月）	水建军 姜爱仙（女）童银根 许金茂 蓝素珍（畲族 女） 蓝永毓（畲族）郭浦香（女）郭裕丰 符秀英（女）

2．各级人民代表大会代表

1977—1998 年浙江省人民代表大会水亭畲族代表一览表

表 9-3-1-2

届别	代表姓名
第五届（1977 年 12 月至 1983 年 4 月）	钟樟菊（畲族 女）
第六届（1983 年 4 月至 1988 年 1 月）	蓝连根（畲族）
第七届（1988 年 1 月至 1993 年 1 月）	蓝爱春（畲族 女）
第八届（1993 年 1 月至 1998 年 1 月）	蓝素珍（畲族 女）

金华市历届人民代表大会水亭籍代表一览表

表 9-3-1-3

届别	代表姓名
第一届（1985 年 9 月至 1990 年 6 月）	雷玉根（畲族）雷美珠（畲族 女）
第二届（1990 年 6 月至 1995 年 6 月）	雷玉根（畲族）雷银仓（畲族）雷志凤（畲族 女）
第三届（1995 年 6 月至 2000 年 4 月）	雷玉根（畲族）蓝国良（畲族）
第四届（2000 年 4 月至 2005 年 4 月）	蓝有富（畲族）
第五届（2005 年 4 月至 2010 年 4 月）	蓝一飞（畲族）许金茂　占秀玲
第六届（2010 年 4 月至 2015 年 4 月）	蓝一飞（畲族）

兰溪市(县)历届人民代表大会水亭籍代表一览表

表 9-3-1-4

届别	代表姓名
第一届 (1954 年 7 月至 1956 年 12 月)	雷锦华(畲族) 蓝文科(畲族) 吴荛根 李春香 徐渭川 诸增华 陈德和 傅汤水
第二届 (1956 年 12 月至 1958 年 5 月)	雷锦华(畲族) 雷土根(畲族) 施雨甸 琚海潮 陈德和 李春香 水寿富
第三届 (1958 年 5 月至 1961 年 12 月)	雷锦华(畲族) 雷炳富(畲族) 雷兰土(畲族) 邵德明 李春香 徐文明 童志桢 赵百先 徐 胤 徐宝华 张卸奶 陈德和 方牧苟
第四届 (1961 年 12 月至 1963 年 12 月)	蓝乃明(畲族) 蓝枝花(畲族 女) 雷炳富(畲族) 吴兰英 方炳泰 王国祥 何来德 胡秀莲 柳景生 凌作游 姜佩璜 朱海荣 徐 胤
第五届 (1963 年 12 月至 1966 年 4 月)	蓝文科(畲族) 蓝枝花(畲族 女) 蓝乃明(畲族) 雷炳富(畲族) 方炳泰 许阿林 周茂芝 柳景生 姜佩璜 朱海荣 凌作游 方牧苟 吴秀莲
第六届 (1966 年 4 月至 1980 年 9 月)	蓝文科(畲族) 蓝枝花(畲族 女) 蓝乃明(畲族) 雷炳富(畲族) 许阿林 吴秀莲 凌作游 方牧苟 姜佩璜 周茂芝 柳景生 朱海荣 徐 胤
第七届 (1980 年 9 月至 1984 年 7 月)	蓝乃明(畲族) 雷银美(畲族 女) 张高达 周茂芝 朱康标 吴明仙 朱根荣 邵俊泰 诸根华 吴炳兴 胡秀莲 姜六古 凌作游 陈茂盛 徐渭川 徐炳松
第八届 (1984 年 7 月至 1987 年 5 月)	蓝政才(畲族) 蓝朝国(畲族) 张高达 李连茶 姜华富 陈永生 胡秀莲 徐渭川 翁彩琴 方寿祥 姜电云
第九届 (1987 年 5 月至 1990 年 5 月)	雷土根(畲族) 钟樟菊(畲族 女) 蓝柏松(畲族) 黄启明 蓝朝国(畲族) 吴耀成 姜安吉 黄水英 蒋小南 张彩寿
第十届 (1990 年 5 月至 1993 年 4 月)	雷土根(畲族) 钟樟菊(畲族 女)吴耀成 童银根 许金茂 曾新富 张彩寿 姜电云 方季和
第十一届 (1993 年 4 月至 1998 年 4 月)	雷土根(畲族) 钟樟菊(畲族 女) 雷志强(畲族) 曾新富 祝志君 吴耀成 周树松 黄启明 吴春余 徐永荣 江友庆
第十二届 (1998 年 4 月至 2003 年 3 月)	蓝有富(畲族) 钟樟菊(畲族 女 市人大常委会委员) 吴炳兴 姜东根 曾新富 姜安吉 吴春余
第十三届 (2003 年 3 月至 2007 年 2 月)	蓝素珍(畲族 女) 雷 闪(畲族) 姜安吉 童跃明 许金茂 吴春余
第十四届 (2007 年 2 月至 2012 年 1 月)	蓝一飞(畲族) 李志明 童跃明 姜安吉
第十五届 (2012 年 2 月至2017 年 1 月)	赵永前 姜安吉 张茂仓 水建军 徐小清 钱燕晖(女)

3．各级政协委员

第 2—6 届政协浙江省委员会兰溪市水亭籍委员一览表

表 9-3-1-5

届别	姓　名
第二届	雷耀铨（畲族）
第三届	雷耀铨（畲族）
第四届	雷耀铨（畲族）
第五届	雷耀铨（畲族）
第六届	雷耀铨（畲族、省政协常委）

第 1—4 届政协金华市委员会兰溪市水亭籍畲族委员一览表

表 9-3-1-6

届别	姓　名
第一届	蓝永寿（畲族）
第二届	蓝永寿（畲族）　雷土根（畲族）
第三届	蓝一飞（畲族）　蓝永寿（畲族）
第四届	蓝一飞（畲族）　蓝永平（畲族）

第 1—13 届政协兰溪市委员会水亭籍委员一览表

表 9-3-1-7

届别	姓　名
第一届	诸增华　徐　胤
第二届	雷樟水（畲族）　诸增华
第三届	雷锦华（畲族）
第四届	雷锦华（畲族）
第五届	雷锦华（畲族）雷增寿（畲族）
第六届	蓝玉正（畲族）雷增寿（畲族）　蓝柏松（畲族）
第七届	蓝柏松（畲族）蓝开根（畲族）　雷品元（畲族）徐建生
第八届	蓝柏松（畲族）蓝开根（畲族）　雷品元（畲族）徐海棠

续表 9-3-1-7

届别	姓　名
第九届	蓝开根(畲族)　徐志鸿　雷品元(畲族) 雷志良(畲族)　胡根宝
第十届	雷志良(畲族)　蓝志义(畲族)　蓝开富(畲族) 雷阿富(畲族)　钟秀明(畲族)　雷雪刚（畲族） 蓝开富(畲族)
第十一届	蓝素英(畲族 女)雷志良(畲族)　雷阿富(畲族)
第十二届	雷志良(畲族)　雷阿富(畲族)　雷水根(畲族)
第十三届	锺秀明(畲族)　雷阿富(畲族)　雷雪刚(畲族)

(四)参加全国国庆与“五一”国际劳动节活动

水亭畲族乡畲族代表参加全国国庆与“五一”国际劳动节活动的有3人次：

1. 蓝玉华参加中华人民共和国成立14周年国庆观礼

1963年，蓝玉华(畲族　圣山公社上朱村人)入选浙江省少数民族国庆观礼代表团，随团赴北京参加国庆观礼。蓝玉华编位在西6台第0380号。

2. 蓝玉华赴北京参加“五一”国际劳动节活动

1979年，蓝玉华作为畲族代表随浙江省少数民族代表团，赴北京参加“五一”国际劳动节活动，受到时任党和国家领导人的接见。

3. 雷耀铨赴北京参加中华人民共和国成立30周年庆祝活动

1979年8月，雷耀铨作为浙江省畲族代表，入选中华人民共和国成立30周年“全国少数民族国庆参观团‘浙江省少数民族参观团’”，并担任浙江省少数民族参观团团长，带队赴北京参加庆祝活动。

其间，雷耀铨参加了3次庆祝活动。第一次，参加9月29日下午在北京人民大会堂举行的庆祝中华人民共和国成立30周年大会，坐1楼1区第9排第1号。第二次，参加9月30日19时举行的“国庆宴会”，雷耀铨坐席在宴会厅4区322席。第三次，参加10月2日党和国家领导人接见“全国少数民族国庆参观团”活动，并合影留念。

第二节　组　　织

水亭畲族乡由圣山畲族乡与水亭乡合并而成，圣山畲族乡由圣山乡改建而来，圣山乡由原柳塘乡（管理区）与圣山乡（原小乡、管理区）合并而成，水亭乡由原水亭乡（原小乡、管理区）与河伯乡（管理区）合并而成。党政管理按其建置沿革记述。

一、中国共产党基层组织

（一）组织沿革

柳塘乡于1954年11月成立中国共产党柳塘支部委员会。1956年2月成立中国共产党圣山总支委员会。1959年2月成立中共柳塘管理区总支部、圣山管理区总支部。1961年，成立中共圣山公社委员会。1970年2月建立圣公社革委会党的核心小组，1970年4月恢复中共圣山公社委员会。1983年6月，建立中共圣山乡委员会。1986年，成立中共圣山畲族乡委员会。

圣山畲族乡撤并前中国共产党组织基本情况。乡党委有委员6人，分别是乡党委书记，副书记（2名），组织委员、宣传委员、党委委员、人武部长。全乡中共党支部19个，其中，17个村党支部、1个企业党支部、1个第二毛巾厂党支部。企业党支部成立于1970年，党员20人，丁达和为第一任支部书记。圣山畲族乡撤并前，丁家村丁达和、生塘徐村吴明仙、生塘胡村胡悦新等支部书记，同时兼任乡党委委员。

水亭于民国16年（1927年）10月建立中共古塘党支部，徐耀祖任首任书记。民国17年1月2日建立中共水亭区委，童文仙任首任书记。民国17年，中共古塘支部根据中共浙西特委和兰溪县委联席会议决定领导当地农民军武装斗争，遭到国民党当局的镇压而失败，中共党组织遭到极其严重的破坏。民国21年10月恢复中共古塘党支部，徐焕文任书记。1954年6月建立中共河伯乡党支部、中共水亭乡党支部。1956年2月建立中共水亭乡总支部委员会。1959年2月建立中共水亭管理区总支部委员会。1961年10月建立中共水亭公社委员会。1970年2月建立水亭公社革委会党的核心小组。1970年4月恢复中共水亭公社委员会。1983年6月建立中共水亭乡委员会。1992年5月建立中共水亭畲族乡委员会。

水亭乡撤并前中国共产党组织基本情况。1983年6月，乡党委委员7人，分别是：乡党委书记、副书记（3 名）、组织委员、宣传委员、党委委员、人武部长。全乡党支部 23 个，其中有 20 个村党支部。1986 年成立水亭下方泉砖瓦厂党支部，党员 5 人，水炳向为第一任支部书记。1978 年成立河伯农牧场党支部，党员 6 人，张阿成为第一任支部书记。1986 年成立乡企业党支部，党员 6 人，徐实宽为第一任支部书记。水亭乡撤并以前，黄村坞村黄炳松、陈塘下村张阿成、周邵汤村周阿道、西姜村姜骆姑等支部书记，同时兼任乡党委委员。

（二）乡党委选举

《中国共产党浙江省兰溪市组织史资料》（以下简称《组织史》）记载：1992 年 5 月，水亭畲族乡由原圣山畲族乡与原水亭乡合并建立，中共水亭畲族乡委员会由中共兰溪市委任命。中共水亭畲族乡委员会，1992 年 5 月由原游埠区的水亭乡、圣山畲族乡合并后建立。市委公布了乡党委委员 7名，其中，书记 1 名、副书记 2 名。同时成立纪律检查委员会，市委公布了书记 1名。

1993 年 3 月 12 日至 13 日，中国共产党水亭畲族乡第九次（次数承前）代表大会（水亭畲族乡建立后首次中共代表大会）在水亭召开。出席大会代表 110 名，列席代表 19 名。经无记名投票选举产生了中共水亭畲族乡委员会委员 7 名，其中，书记 1 名，副书记 2 名；选举产生了中共水亭畲族乡纪律检查委员会委员 2 名，其中，书记和副书记各 1 名。

2011 年 4 月 8 日，中共水亭畲族乡委员会召开中国共产党水亭畲族乡第十四次代表大会，本次代表大会代表 65 名，其中畲族代表 10 名。大会听取、审议、通过中国共产党水亭畲族乡第十三届委员会工作报告；听取、审议、通过中国共产党水亭畲族乡纪律检查委员会工作报告；选举产生中国共产党水亭畲族乡第十四届委员会；选举产生中国共产党水亭畲族乡纪律检查委员会；通过有关会议决议、决定。经无记名投票选举出中共水亭畲族乡党委委员 5 名（乡人民武装部部长为党委委员，不列入选举职数，由上级党委任命），中共水亭畲族乡纪律检查委员会委员 5 名。

中共水亭畲族乡第十四届委员会第一次全体会议于 2011 年 4 月 8 日召开，选举产生了中共水亭畲族乡第十四届委员会书记 1 名、副书记 1 名。

中共水亭畲族乡第十四届纪律检查委员会第一次全体会议于 2011 年 4 月 8 日召开，选举产生了中共水亭畲族乡第十四届纪律检查委员会书记 1 名。

1927—1932 年 中共古塘(支部)、水亭区委书记、委员一览表

表 9-3-2-1

成立时间	组织名称	职务	姓名	任职时间
1927 年 10 月	中共古塘支部	书记	徐耀祖	1927年10月至1927年12月
			徐焕文	1927年12月至1928年5月
			徐寿椿	1928年5月至(不详)
1928 年 1 月 2 日	中共水亭区委	书记	童文仙	1928年1月至1928年3月
			徐焕文	1928年3月至1928年5月
1928 年 1 月 2 日	中共水亭区委	书记	徐耀祖	1928年5月至(不详)
		委员	徐寿椿	不详
			范春荣	不详
			王超进	不详
			李海成	不详
1932 年 10 月恢复	中共古塘支部	书记	徐焕文	时间不详

1954—1985 年 中国共产党圣山乡历届委员会书记、副书记一览表

表 9-3-2-2

乡　名	职　务	姓名	任职时间
柳塘乡支部	书　记	柳景生	1954 年 11 月至 1956 年 4 月
圣山乡总支部	书　记	王阿宗	1956 年 2 月至 1957 年 6 月
		徐展和	1957 年 7 月至 1957 年 12 月
		邵宝森	1958 年 1 月至 1958 年 9 月
	副书记	柳景生	1956 年 2 月至 1958 年 3 月
		吴本道	1958 年 3 月至 1958 年 9 月
柳塘管理区总支部	书　记	胡天化	1959 年 2 月至 1960 年 7 月
柳塘管理区总支部	书　记	邵喜华	1959 年 10 月至 1960 年 7 月
	副书记	郎根土	1959 年 8 月至 1960 年 7 月
圣山管理区总支部	书　记	琚海潮	1959 年 2 月至 1960 年 7 月
		范济成	1960 年 7 月至 1961 年 10 月
	副书记	邵喜华	1960 年 7 月至 1961 年 10 月
圣山公社党委	书　记	范济成	1961 年 10 月至 1965 年 1 月
		范济成	1970 年 2 月至 1970 年 4 月

续表 9-3-2-2

<table>
<tr><th>乡 名</th><th>职 务</th><th>姓名</th><th>任职时间</th></tr>
<tr><td rowspan="4">圣山公社党委</td><td>核心小组组长</td><td>范济成</td><td>1970 年 4 月至 1976 年 1 月</td></tr>
<tr><td rowspan="3">书 记</td><td>钱德丰</td><td>1976 年 1 月至 1980 年 5 月</td></tr>
<tr><td>阎寿根</td><td>1980 年 5 月至 1980 年 10 月</td></tr>
<tr><td>叶凤清</td><td>1981 年 4 月至 1983 年 6 月</td></tr>
<tr><td>圣山乡党委</td><td>书 记</td><td>叶凤清</td><td>1983 年 6 月至 1986 年 9 月</td></tr>
</table>

1986—1992 年中国共产党圣山畲族乡历届委员会书记、副书记一览表

表 9-3-2-3

<table>
<tr><th>单位名称</th><th>职 务</th><th>姓名</th><th>任职时间</th></tr>
<tr><td rowspan="9">中共圣山畲族乡委员会</td><td rowspan="3">书 记</td><td>姜华富</td><td>1986 年 9 月至 1987 年 12 月</td></tr>
<tr><td>姜华富</td><td>1988 年 1 月至 1989 年 12 月</td></tr>
<tr><td>徐舜林</td><td>1989 年 12 月至 1992 年 5 月</td></tr>
<tr><td rowspan="6">副书记</td><td>雷土根(畲族)</td><td>1988 年 1 月至 1989 年 12 月</td></tr>
<tr><td>祝欲清</td><td>1988 年 1 月至 1989 年 12 月</td></tr>
<tr><td>雷土根(畲族)</td><td>1989 年 12 月至 1990 年 4 月</td></tr>
<tr><td>黎云松</td><td>1989 年 12 月至 1990 年 4 月</td></tr>
<tr><td>雷土根(畲族)</td><td>1990 年 4 月至 1992 年 5 月</td></tr>
<tr><td>方巧飞</td><td>1991 年 3 月至 1992 年 5 月</td></tr>
</table>

1954—1992 年水亭乡(公社)历届委员会书记、副书记一览表

表 9-3-2-4

<table>
<tr><th>建立时间</th><th>组织名称</th><th>职务</th><th>姓名</th><th>任职时间</th></tr>
<tr><td rowspan="2">1954 年 6 月建立</td><td rowspan="2">中共河伯乡支部</td><td>书记</td><td>胡金富</td><td>1954 年 4 月至 1956 年 2 月不脱产</td></tr>
<tr><td>副书记</td><td>姜恒奶</td><td>1954 年 4 月至 1954 年 6 月</td></tr>
<tr><td rowspan="2">1954 年 6 月建立</td><td rowspan="2">中共水亭乡支部</td><td>书记</td><td>陈德和</td><td>1954 年 4 月至 1956 年 2 月不脱产</td></tr>
<tr><td>副书记</td><td>方牧苟</td><td>1954 年 6 月至 1956 年 2 月</td></tr>
<tr><td rowspan="2">1956 年 2 月建立</td><td rowspan="2">中共水亭乡总支部委员会</td><td rowspan="2">书记</td><td>童志桢</td><td>1956 年 2 月至 1958 年 1 月</td></tr>
<tr><td>吴马富</td><td>1958 年 1 月至 1958 年 9 月</td></tr>
</table>

续表 9-3-2-4

建立时间	组织名称	职务	姓名	任职时间
1956 年 2 月建立	中共水亭乡总支部委员会	副书记	姜恒奶	1956 年 2 月至 1958 年 3 月
			童桂友	1958 年 3 月至 1958 年 9 月
			倪文标	1958 年 3 月至 1958 年 9 月
1959 年 2 月建立	中共水亭管理区总支部委员会	书记	范齐成	1959 年 2 月至 1960 年 1 月
			童志桢	1960 年 1 月至 1960 年 7 月
			吴维春	1960 年 7 月至 1960 年 12 月
			王志良	1960 年 12 月至 1961 年 10 月
		副书记	张阿成	1959 年 12 月至 1960 年 12 月不脱产
			姜恒奶	1960 年 12 月至 1961 年 10 月
1961 年 10 月建立	中共水亭公社委员会	书记	王志良	1961 年 10 月至 1966 年 5 月
		副书记	倪文标	1961 年 10 月至 1966 年 5 月
			吴根松	1961 年 10 月至 1966 年 5 月
		书记	王志良	1965 年 5 月至 1968 年 3 月
		副书记	倪文标	1965 年 5 月至 1968 年 3 月
			吴银松	1965 年 5 月至 1968 年 3 月
1970 年 2 月建立	水亭公社革委会党的核心小组	组长	吴银松	1970 年 2 月至 1970 年 4 月
1970 年 4 月恢复	中共水亭公社委员会	书记	吴银松	1970 年 4 月至 1970 年 9 月
			邱文化	1970 年 9 月至 1976 年 10 月
			邱文化	1976 年 10 月至 1979 年 2 月
			江根华	1979 年 2 月至 1982 年 3 月
		副书记	凌作游	1970 年 4 月至 1976 年 10 月
			江根华	1977 年 4 月至 1979 年 2 月
1983 年6 月建立 1992 年 5月撤销	中共水亭乡委员会	书记	范伟祥	1983 年 6 月至 1983 年 11 月
			王宝芳	1983 年 11 月至 1987 年 12 月
		副书记	吴寿富	1983 年 6 月至 1987 年 12 月
			黄启明	1985 年 5 月至 1987 年 3 月
			范卫诚	1987 年 7 月至 1987 年 12 月
		书记	王宝芳	1988 年 1 月至 1988 年 3 月
			陈惠均	1988 年 3 月至 1992 年 5 月
		副书记	吴寿富	1988 年 1 月至 1992 年 5 月
			范卫诚	1988 年 1 月至 1988 年 3 月

续表 9-3-2-4

建立时间	组织名称	职务	姓名	任职时间
1983 年 6 月建立 1992 年 5 月撤销	中共水亭乡 委员会	副书记	方土林	1988 年 3 月至 1991 年 3 月
			吴汝松	1989 年 9 月至 1990 年 4 月
			许金茂	1989 年 12 月至 1992 年 5 月
			黎云松	1991 年 3 月—1992 年 5 月

1992—2015 年中国共产党水亭畲族乡历届委员会书记、副书记一览表

表 9-3-2-5

届别	职　务	姓名	任职时间
中共水亭畲族乡委员会	书记	朱恒德	1992 年 5 月至 1993 年 4 月
	副书记	雷土根(畲族)	1992 年 5 月至 1993 年 4 月
		方巧飞(女)	1992 年 5 月至 1993 年 4 月
	书记	朱恒德	1993 年 4 月至 1994 年 1 月
	副书记	雷土根(畲族)	1993 年 4 月至 1994 年 1 月
		方巧飞(女)	1993 年 4 月至 1994 年 1 月
中共水亭畲族乡第九届委员会	书记	朱恒德	1994 年 1 月至 1996 年 1 月
		金祝富	1995 年 3 月至 1996 年 1 月
	副书记	雷土根(畲族)	1994 年 1 月至 1996 年 1 月
		方巧飞(女)	1994 年 1 月至 1996 年 1 月
		徐舜林	1994 年 12 月至 1996 年 1 月
中共水亭畲族乡第十届委员会	书记	金祝富	1996 年 1 月至 1998 年 12 月
	副书记	徐舜林	1996 年 1 月至 1997 年 10 月
		方巧飞(女)	1996 年 1 月至 1997 年 12 月
		蓝友富(畲族)	1997 年 9 月至 1998 年 12 月
		张建平	1997 年 1 月至 1998 年 12 月
中共水亭畲族乡第十一届委员会	书记	金祝富	1998 年 12 月至 2001 年 12 月
		吴跃升	2001 年 12 月至 2002 年 1 月
	副书记	蓝友富(畲族)	1998 年 12 月至 2002 年 1 月
		张建平	1998 年 12 月至 2001 年 12 月
		洪益三	2001 年 12 月至 2002 年 1 月

续表 9-3-2-5

届别	职 务	姓名	任职时间
中共水亭畲族乡第十二届委员会	书记	吴跃升	2002 年 1 月至 2003 年 1 月
	副书记	蓝友富(畲族)	2002 年 1 月至 2003 年 1 月
		洪益三	2002 年 1 月至 2003 年 1 月
中共水亭畲族乡第十二届委员会(是 2002 年 1 月选举产生的第十二届委员会的延续)	书记	吴跃升	2003 年 1 月至 2006 年 5 月
		蓝峰(畲族)	2006 年 5 月至 2006 年 11 月
	副书记	蓝友富(畲族)	2003 年 1 月至 2003 年 4 月
		洪益三	2003 年 1 月至 2003 年 5 月
		蓝一飞(畲族)	2003 年 4 月至 2006 年 11 月
		郭裕丰	2003 年 5 月至 2004 年 4 月
		周胜平	2004 年 4 月至 2006 年 11 月
中共水亭畲族乡第十三届委员会	书记	蓝峰(畲族)	2006 年 11 月至 2011 年 4 月
	副书记	蓝一飞(畲族)	2006 年 11 月至 2011 年 4 月
		周胜平	2006 年 11 月至 2011 年 4 月
中共水亭畲族乡第十四届委员会	书记	蓝一飞(畲族)	2011 年 4 月至 2012 年 4 月
		邵卫荣	2012 年 4 月至 2015 年 12 月
	副书记	陈炜	2011 年 4 月至 2015 年 12 月
		缪河春	2012 年 12 月至 2013 年 8 月
		徐旭升	2013 年 8 月至 2014 年 12 月
		叶浩军	2014 年 12 月至 2015 年 12 月

1992—2015 年中国共产党水亭畲族乡历届纪律检查委员会书记、副书记一览表

表 9-3-2-6

届别	职 务	姓名	任职时间
中共水亭畲族乡委员会纪律检查委员会	书记	丁志银	1992 年 5 月至 1996 年 1 月
	副书记	张春华	1993 年 4 月至 1996 年 1 月
中共水亭畲族乡第十届委员会纪律检查委员会	书记	张建平	1996 年 1 月至 1998 年 12 月
	副书记	张春华	1996 年 1 月至 1998 年 12 月

续表 9-3-2-6

届别	职　务	姓名	任职时间
中共水亭畲族乡第十一届委员会纪律检查委员会	书记	张建平	1998.12 月至 2001 年 12 月
		洪益三	2001 年 12 月至 2002 年 1 月
	副书记	张春华	1998 年 12 月至 2002 年 1 月
中共水亭畲族乡第十二届委员会纪律检查委员会	书记	洪益三	2002 年 1 月至 2003 年 5 月
		郭裕丰	2003 年 5 月至 2004 年 4 月
		周胜平	2004 年 4 月至 2006 年 9 月
		严建成	2006 年 11 月至 2006 年 12 月
中共水亭畲族乡第十三届委员会纪律检查委员会	书记	严建成	2006 年 12 月至 2011 年 4 月
中共水亭畲族乡第十四届委员会纪律检查委员会	书记	李　俊	2011 年 4 月至 2015 年 12 月

(三)2015 年中共水亭畲族乡委员会成员职责

书　记:主持乡党委全面工作,重点抓工业工作。

副书记、乡长:重点抓农业工作。

副书记:分管政工、政法、信访、老龄、群众团体、基层组织建设、信息、档案工作。

委员、纪委书记:分管纪律、检查工作。

组织委员:分管党建、组织、民警、慈善、残联等工作。

宣传、统战委员:分管宣传、统战、教育、文化、旅游、民族等工作。

委员、人民武装部部长:分管人民武装、交通、通信工作,协助分管社会综合治理、维稳、政法、司法工作。

(四)中共水亭畲族乡行政村(大队)支部

水亭畲族乡各行政村在乡党委领导下建立村党支部,担负行政村(大队)的领导责任。确保党的路线、方针、政策和上级党委政府的决策部署到村落实到位。

1. 村支部书记职责

村支部书记在政治、组织上领导村委会,确保党的路线、方针、政策和上级党委政府的决策部署在村委会的落实。负责召开"三会一课",研究安排党支部工作,在村级经济和社会发展方面负主要责任;及时了解掌握党员的思想、工作、学习情况,做好思想政治工作;组织实施党支部工作计划、决定、决议,及时向党支部委员会和上级党组织报告工作，将重大问题提交党员大会讨论决定；经常与村委会其他成员交流情况，相互配合，支持他们工作，处理工作中的矛盾与摩擦，充分发挥各方面的积极性；抓好党支部委员自身建设，组织党支部委员的学习，主持召开党支部委员会、民主生活会，加强党员团结，充分发挥党支部委员会的集体领导作用；研究村民自治工作，解决存在的问题；完成上级交办的其他任务。

2．党支部委员岗位职责

村党支部委员了解和掌握支部的组织状况；检查和督促党组织过好组织生活；按党章规定，积极做好党组织改选的准备工作；了解和掌握党员的思想状况，对党员进行思想教育和纪律教育；组织和配合上好党课；收集和整理党员的模范事迹，向支部委员会提出表扬和奖励党员的建议；参与制订发展党员计划，帮助完成发展党员的各项工作；填写党员名册，定期完成党员统计工作，转接党员组织关系；按时收缴党费，定期向党员公布党费收缴、使用情况。

1952—2015 年水亭畲族乡各村（大队）支部书记一览表

表 9-3-2-7

村　名	姓　名	民族	性别	任职时间
水亭街	水正芳	汉族	男	1961 年至 1966 年
	水庆祥	汉族	男	1967 年至 1974 年
	潘华庆	汉族	男	1975 年至 1984 年
	陈茂盛	汉族	男	1985 年至 1991 年
	陈志忠	汉族	男	1992 年至 2004 年
	水建军	汉族	男	2004 年至 2015 年
水亭坞	水成渠	汉族	男	1961 年至 1966 年
	水本铭	汉族	男	1967 年至 1976 年
	水炳向	汉族	男	1978 年至 1987 年
	水永尧	汉族	男	1986 年至 2008 年
	水土金	汉族	男	2009 年至 2015 年
周邵汤	周阿道	汉族	男	1963 年 1 月至 1985 年
	邵俊泰	汉族	男	1986 月至 1992 年 11 月
	邵春林	汉族	男	1992 年 12 月至 2007 年 12 月
	邵跃宏	汉族	男	2008 月至 2015 年 12 月

续表 9–3–2–7

村　名	姓　名	民族	性别	任职时间
下蒋	蒋汤水	汉族	男	1960 年至 1963 年
	蒋海源	汉族	男	1964 年至 1982 年
	蒋金生	汉族	男	1982 年至 1993 年
	林仲生	汉族	男	1993 年至 2003 年
	蒋彩潮	汉族	男	2003 年至 2015 年 12 月
上朱	邵德明	汉族	男	1960 年至 1965 年
	朱根荣	汉族	男	1968 年至 1978 年
	周如松	汉族	男	1979 年至 1982 年
	朱土金	汉族	男	1983 年至 1984 年
	李志明	汉族	男	1985 年至 2015 年 12 月
殿下	许阿林	汉族	男	1971 年至 1985 年
	吴连根	汉族	男	1985 年至 1987 年
	吴樟松	汉族	男	1987 年至 1993 年
	丁海清	汉族	男	1993 年至 1999 年
	江水清	汉族	男	1999 年至 2005 年
	吴水金	汉族	男	2005 年至 2009 年
	吴　斌	汉族	男	2009 年至 2015 年 12 月
上吴	吴樟云	汉族	男	1960 年至 1976 年
	章锦明	汉族	男	1976 年至 1980 年
	吴文松	汉族	男	1980 年至 1990 年　1995 年至 2000 年
	吴银生	汉族	男	1990 年至 1995 年
	吴永刚	汉族	男	2000 年至 2015 年 12 月
范坞	范志和	汉族	男	1982 年至 1986 年
	范志松	汉族	男	1986 年至 1991 年
	占炳荣	汉族	男	1991 年至 2008 年
	范宝金	汉族	男	2008 年至 2015 年 12 月
柳家	柳炳友	汉族	男	1960 年至 1987 年
	商金土	汉族	男	1987 年至 1996 年
	吴锡罗	汉族	男	1997 年至 2008 年
	蓝卸跃	畲族	男	2008 年至 2015 年 12 月

续表 9-3-2-7

村 名	姓 名	民族	性别	任职时间
下方泉	方汉东	汉族	男	1962 年至 1966 年
	方俊明	汉族	男	1966 年至 1986 年
	方小平	汉族	男	1986 年至 1989 年
	方荣钦	汉族	男	1989 年至 1995 年
	方小平	汉族	男	1995 年至 1998 年
	方建勋	汉族	男	1998 年至 2010 年
	方善金	汉族	男	2010 年至 2012 年
	方建勋	汉族	男	2012 年至 2015 年 12 月
西姜	姜志璋	汉族	男	1950 年至 1961 年
	姜六古	汉族	男	1961 年至 1981 年
	姜志臣	汉族	男	1981 年至 1995 年
	姜东根	汉族	男	1995 年至 2001 年
	姜少云	汉族	男	2001 年至 2012 年
	姜爱仙	汉族	女	2013 年至 2015 年 12 月
杨宝塘下	陈树庆	汉族	男	1961 年至 1984 年
	童银根	汉族	男	1984 年至 2015 年 12 月
横塘	王阿宗	汉族	男	1949 年至 1956 年
	姜樟兴	汉族	男	1963 年至 1984 年
	姜绍祥	汉族	男	1985 年至 1987 年
	姜树清	汉族	男	1987 年至 2001 年
	徐水富	汉族	男	2002 年至 2015 年 12 月
上周	周茂林	汉族	男	1962 年至 1983 年
	周绍林	汉族	男	1983 年至 1992 年
	周寿林	汉族	男	1992 年至 1998 年
	周耀棠	汉族	男	1998 年至 2008 年
	周炳宏	汉族	男	2008 年至 2013 年
	周育洪	汉族	男	2013 年至 2015 年 12 月
施家	王永友	汉族	男	不详至 1967 年 7 月
	王宝成	汉族	男	1967 年 8 月至 1976 年 8 月
	施马球	汉族	男	1976 年 8 月至 1985 年 9 月
	施根宝	汉族	男	1985 年 10 月至 1996 年 10 月
	施国金	汉族	男	1996 年 10 月至 2015 年 12 月

续表 9-3-2-7

村 名	姓 名	民族	性别	任职时间
西方坞	蓝志杨	畲族	男	1962 年 1 月至 1965 年 12 月
	吴根成	汉族	男	1973 年 1 月至 1983 年 12 月
	雷阿许	畲族	男	1984 年 1 月至 1984 年 12 月
	雷柏松	畲族	男	1985 年 1 月至 1986 年 11 月
	蓝阿成	畲族	男	1987 年 11 月至 1989 年 11 月
	雷亦富	畲族	男	1989 年 11 月至 1993 年 12 月
	蓝朝华	畲族	男	1993 年 12 月至 1997 年 7 月
	雷阿许	畲族	男	1997 年 8 月至 2001 年 12 月
	雷阿富	畲族	男	2001 年 2 月至 2015 年 12 月
生塘胡	胡樟根	汉族	男	1958 年至 1960 年
	乐马儿	汉族	男	1961 年至 1971 年
	胡悦新	汉族	男	1972 年至 1985 年
	胡樟水	汉族	男	1985 年至 1987 年
	胡建忠	汉族	男	1987 年至 2001 年
	胡锦禄	汉族	男	2001 年至 2015 年 12 月
奎塘	吴马金	汉族	男	1964 年 3 月至 1981 年 3 月
	邵水通	汉族	男	1981 年 3 月至 2000 年 3 月
	吴如宝	汉族	男	2002 年 3 月至 2015 年 12 月 31 日
奎塘畈	蓝廷根	畲族	男	1957 年至 1960 年
	蓝启杨	畲族	男	1961 年至 1984 年
	蓝开根	畲族	男	1985 年至 1987 年
	雷友发	畲族	男	1987 年至 1988 年
	蓝开华	畲族	男	1989 年至 1995 年
	张瑞荣	汉族	男	1996 年至 2000 年
	蓝素珍	畲族	女	2001 年至 2003 年
	张友清	汉族	男	2004 年至 2015 年 12 月 31 日
丁家	丁达和	汉族	男	至 1974 年
	张卸奶	汉族	男	1975 年至 1984 年
	童根泉	汉族	男	1985 年至 1987 年
	张彩跟	汉族	男	1988 年至 1990 年
	方友林	汉族	男	1990 年至 1991 年(市挂职干部)

续表 9-3-2-7

村 名	姓 名	民族	性别	任职时间
丁家	丁荣生	汉族	男	1992 年至 2014 年
	张水斌	汉族	男	2015 年
柳塘章	许纪荣	汉族	男	1957 年至 1959 年
	张根有	汉族	男	1960 年至 1972 年
	许纪荣	汉族	男	1973 年至 1984 年
	蓝海忠	畲族	男	1985 年 1 月至 1985 年 12 月
	蓝连根	畲族	男	1986 年至 1987 年 7 月
	张阿成	汉族	男	1987 年 7 月 2001 年 12 月
	许茂成	汉族	男	2001 年 12 月 2010 年 12 月
	章正清	汉族	男	2010 年 12 月 2015 年 12 月
白鹤桥	张培华	汉族	男	1960 年至 1980 年
	张建明	汉族	男	1981 年至 1984 年
	姜志林	汉族	男	1985 年至 1989 年
	张益贵	汉族	男	1990 年至 1998 年
	姜志林	汉族	男	1998 年至 2000 年
	张春荣	汉族	男	2001 年至 2015 年
珠带式	徐文明	汉族	男	1953 年至 1959 年
	徐品三	汉族	男	1959 年至 1971 年
	朱卸清	汉族	男	1972 年 1 月至 2001 年 12 月
	徐木根	汉族	男	2002 年 1 月至 2011 年 12 月
	徐水泉	汉族	男	2011 年 3 月至 2015 年 12 月
午塘桥	姜秀芳	汉族	男	1957 年至 1959 年
	张富生	汉族	男	1959 年至 1962 年
	诸永源	汉族	男	1963 年至 1975 年
	姜土良	汉族	男	1975 年 8 月至 1999 年 12 月
	张永高	汉族	男	1999 年 12 月至 2001 年 6 月
	诸志兵	汉族	男	2001 年 6 月至 2015 年 12 月
河伯沿	方渭松	汉族	男	1954 年至 1967 年
	方老四	汉族	男	1967 年至 1970 年
	方渭松	汉族	男	1970 年至 1974 年
	姜马儿	汉族	男	1975 年至 1978 年

续表 9-3-2-7

村 名	姓 名	民族	性别	任职时间
河伯沿	方发明	汉族	男	1979 年至 1982 年
	方尚林	汉族	男	1983 年至 1985 年
	方仁明	汉族	男	1986 年至 1988 年
	水跃成	汉族	男	1989 年至 1991 年(乡党委派驻)
	姜小军	汉族	男	1991 年至 1996 年
	姜锦安	汉族	男	1996 年至 2001 年
	姜秀发	汉族	男	2002 年至 2003 年
	方雨明	汉族	男	2004 年至 2008 年
	水欲民	汉族	男	2009 年至 2010 年(乡党委派驻)
	俞秋琴	汉族	女	2011 年至 2013 年
	姜跃明	汉族	男	2014 年至 2015 年 12 月
垂江	江卸拜	汉族	男	至 1979 年
	江自荣	汉族	男	1979 年 1 月至 1990 年 1 月
	江春根	汉族	男	1990 年 1 月至 1999 年 1 月
	江梁	汉族	男	1999 年 1 月至 2015 年 2 月
黄村坞	黄炳香	汉族	男	1952 年至 1958 年
	黄炳松	汉族	男	1958 年至 1984 年
	陈松松	汉族	男	1984 年至 1987 年
	陈芳明	汉族	男	1987 年 10 月至 1989 年 10 月(兰溪市派驻)
	黄金松	汉族	男	1989 年至 1990 年
	陈纪松	汉族	男	1990 年至 1992 年
	黄启荣	汉族	男	1992 年至 1998 年
	黄志奇	汉族	男	1999 年至 2015 年 12 月
盖竹里	徐作良	汉族	男	1973 年至 1995 年
	徐逢宽	汉族	男	1996 年至 1997 年
	吴银花	汉族	女	1998 年至 1999 年
	徐作良	汉族	男	1999 年至 2007 年
	徐跃宽	汉族	男	2007 年至 2015 年 12 月
杨田坞	张宝华	汉族	男	1950 年至 1970 年
	童春苟	汉族	男	1972 年至 1982 年
	童绍生	汉族	男	1983 年至 1985 年

续表 9-3-2-7

村 名	姓 名	民族	性别	任职时间
杨田坞	张志荣	汉族	男	1986 年至 1990 年
	黄欲民	汉族	男	1991 年至 2000 年
	张永祥	汉族	男	2000 年至 2015 年 12 月
松树下	徐宝华	汉族	男	1950 年至 1985 年
	徐纪明	汉族	男	1985 年至 1993 年
	叶志明	汉族	男	1993 年至 1997 年
	雷水根	汉族	男	1997 年至 2009 年
	徐有成	汉族	男	2009 年至 2017 年
尚方	傅汤水	汉族	男	1952 年至 1955 年
	方荣棠	汉族	男	1956 年至 1984 年
	方秋英	汉族	女	1984 年至 1987 年
	方卸荣	汉族	男	1987 年至 1999 年
	方根清	汉族	男	1999 年至 2001 年
	傅国金	汉族	男	2001 年至 2010 年
	周柏平	汉族	男	2010 年至 2017 年
陈塘下	张阿成	汉族	男	不详至 1966 年
	叶水奶	汉族	男	1966 年 1 月至 1981 年 1 月
	叶庆芳	汉族	男	1981 年 1 月至 1987 年 1 月
	叶根清	汉族	男	1987 年 1 月至 1993 年 1 月
	叶海明	汉族	男	1993 年 1 月至 1999 年 1 月
	叶樟明	汉族	男	1999 年 1 月至 2001 年 1 月
	叶冬生	汉族	男	2001 年 1 月至 2004 年 1 月
	叶雪清	汉族	男	2004 年 1 月至 2015 年 12 月
古塘	徐春富	汉族	男	1950 年至 1976 年
	徐苍茂	汉族	男	1976 年至 1978 年
	徐庆源	汉族	男	1979 年至 1980 年
	徐炳林	汉族	男	1981 年至 2008 年
	徐增敏	汉族	男	2008 年至 2020 年
芳茗叶	叶九益	汉族	男	1950 年至 1980 年
	叶树奎	汉族	男	1981 年
	叶水明	汉族	男	1982 年至 2005 年

续表 9-3-2-7

村名	姓名	民族	性别	任职时间
芳茗叶	叶正明	汉族	男	2006 年至 2007 年
	李寿松	汉族	男	2008 年至 2010 年
	李惠芬	汉族	女	2010 年至 2013 年
	叶根明	汉族	男	2013 年至 2015 年 12 月
塘上	徐海沧	汉族	男	1972 年至 1984 年
	徐正昌	汉族	男	1984 年至 1987 年
	徐纪涛	汉族	男	1987 年至 1995 年
	徐渭成	汉族	男	1995 年至 1999 年
	徐礼同	汉族	男	1999 年至 2010 年
	徐旦敏	汉族	男	2011 年至 2015 年 12 月
午塘边	徐阿春	汉族	男	1953 年 12 月至 1958 年 12 月
	徐炳松	汉族	男	1958 年 12 月至 1978 年 12 月
	周卸春	汉族	男	1978 年 12 月至 1980 年 12 月
	徐炳生	汉族	男	1980 年 12 月至 1991 年 12 月
	徐玉琴	汉族	女	1991 年 12 月至 1992 年 12 月
	陆华	汉族	男	1992 年 12 月至 1993 年 12 月
	周卸春	汉族	男	1993 年 12 月至 1998 年 12 月
	徐土银	汉族	男	1998 年 12 月至 2015 年 12 月
金印	徐彩根	汉族	男	1980 年至 1983 年
乐塘	徐宝华	汉族	男	不详至 1982 年
	徐纪明	汉族	男	1983 年至 1994 年
	雷水根	汉族	男	1995 年至 2001 年
	叶志明	汉族	男	2002 年至 2010 年
	徐有林	汉族	男	2011 年至 2015 年 12 月

二、人民代表大会

(一)水亭畲族乡人民代表大会主要职责

1.在本行政区域内,保证宪法、法律、法规和上级人民代表大会及其常务委员会的决议的遵守和执行。

2.在职权范围内通过和发布决议。

3.根据国家计划,决定行政区域内的经济、文化事业和公共事业的建设计划。

4.审查和批准本行政区域内的财政预算和预算执行情况的报告。

5.决定本行政区域内的民政工作的实施计划。

6.选举本次人民代表大会主席、副主席。

7.选举乡长、副乡长。

8.听取和审查乡人民政府的工作报告。

9.撤销乡人民政府不适当的决定和命令。

10.保护社会主义的全民所有制的财产和劳动群众集体所有的财产,保护公民私人所有的合法财产,维护社会秩序,保障公民的人身权利、民主权利和其他权利。

11.保护各种经济组织的合法权益。

12.保障少数民族的权利。

13.保障宪法和法律赋予妇女的男女平等、同工同酬和婚姻自由等各项权利。

(二)水亭畲族乡人民代表大会主席团工作职责

1.检查、督促宪法、法律、法规及乡人大和上级人大及其常委会的决议、决定在本行政区域内的遵守和执行。

2.听取和审议乡人民政府的经济、教育、科学、文化、卫生、民生等工作情况的报告,监督乡人民政府的工作。

3.根据乡人民政府的建议,决定对本行政区域内的国民经济和社会发展计划、财政预算的部分变更。

4.检查、督促乡人民政府及有关单位办理乡人大代表提出的议案建议。

5.联系乡人大代表,接受市人大常委会的委托,联系本行政区域内的上级人大代表,组织开展闭会期间的代表活动。

6.组织人大代表对乡人民政府及其工作部门和上级行政司法机关派驻乡的工作机构的工作进行评议和视察。

7.受理人民群众对乡机关及工作人员的申诉和意见。

8.主持选区罢免和补选乡人大代表的工作。

9.决定召开乡人代会的时间和列席会议的人员名单。

10.办理市人大常委会、乡人民代表大会和乡党委交办的其他工作。

(三)2015年水亭畲族乡人民代表大会主席、副主席职责

主　席　主持水亭畲族乡人民代表大会工作,重点抓畲乡创业园区工作。

副主席　协助主席做好乡人民代表大会工作，分管计划生育工作。

(四)水亭畲族乡历届人民代表大会主席名单

1990年2月，圣山畲族乡开设乡人民代表大会常务主席。1992年5月，圣山畲族乡与水亭乡合并为水亭畲族乡，设乡人民代表大会常务主席、主席、副主席。

圣山畲族乡与水亭畲族乡历届人民代表大会
常务主席、主席、副主席一览表

表9-3-2-8

届别	职务	姓名	任职乡名称	任职时间
第八届	常务主席	徐舜林	圣山畲族乡	1990年4月至1992年5月
第十届	常务主席	洪凤枝	水亭畲族乡	1992年5月至1993年4月
第十一届	常务主席	洪凤枝	水亭畲族乡	1994年1月至1996年2月
第十二届	常务主席	徐瞬林	水亭畲族乡	1996年2月至1999年1月
第十三届	常务主席	金祝富	水亭畲族乡	1999年1月至2002年3月
	副主席	柳跃云	水亭畲族乡	1999年1月至2002年3月
第十四届	常务主席	吴跃升	水亭畲族乡	2002年3月至2007年1月
	副主席	童庆和	水亭畲族乡	2002年3月至2007年1月
		唐建武	水亭畲族乡	2004年4月至2007年1月
第十五届	主席	蓝峰(畲族)	水亭畲族乡	2007年1月至2012年3月
	副主席	唐建武	水亭畲族乡	2007年1月至2012年3月
第十六届	主席	童水忠	水亭畲族乡	2012年3月至2015年12月
	副主席	唐建武	水亭畲族乡	2012年3月至2015年12月

三、政　府

(一)乡政府机关

1. 乡政府机关主要职能

2006年12月31日，中共兰溪市委、兰溪市人民政府印发《中共兰溪市委、兰溪市人民政府关于印发〈兰溪市乡镇街道机构改革方案〉的通知》(兰委〔2006〕31号)文件，明确规定乡机关主要职能是：贯彻落实党和国家的各项路线、方针、政策；为经济发展提供服务；为群众提供公共服务；加强社会事业管理；加强社会治安综合治理工作；加强基层组织管理；完成上级交办的其他工作。

2. 乡机关内设机构

“五办一中心”，即党政综合办公室、经济发展办公室、社会事务管理办公室、农业和农村办公室、社会治安综合治理办公室、平安365服务中心。其中，社会治安综合治理办公室和平安365服务中心合署办公。上述内设机构的主要负责人由乡党政领导班子成员兼任。

3. 乡事业单位机构

撤销乡农业技术服务中心、社会事业服务中心（计划生育服务中心）、工商经济服务中心（劳动保障和救助管理事务所）、财务核算中心等四个事业单位，组建乡事业综合服务中心，实行虚拟化设置，主要负责人由乡长兼任。现有事业编制人员关系及编制全部转入事业综合服务中心，工作岗位落实在“五办一中心”。人员按兰政办发〔2005〕98号文件精神实行全员聘用制，档案由市人才交流中心统一管理。

4. 人员编制

2015年，水亭畲族乡政府行政编制人员22名，事业编制人员13名。水亭畲族乡政府党政领导职数为9名、科股级中层领导职数按照行政与事业编制数之和减去党政领导班子职数的50%核定，其中正科股级中层领导配备数不得超过总职数的2/3。

（二）2015年水亭畲族乡政府领导班子成员分工

乡　长　主持乡政府全面工作，重点抓“三农”工作、财政工作。

常务副乡长　分管国土、集镇建设与管理、新农村建设、农村住房建设和规划及“两违”整治、发改工作。

副乡长　分管工业经济、招商引资、全程代理、劳动保障、安全生产、消防、食品监督、“三产”等工作。

副乡长　协助负责宣传、统战、民族等工作，主抓畲乡文化公园、西方坞村美丽乡村建设。

副乡长　分管民政、残联、农业、水利、林业、科技、科协、农村财务、招投标、农民饮用水、会计代理中心等工作。

（三）乡人民政府领导班子成员名录

1. 圣山乡历届班子成员名录

1950年8月建立柳塘乡，是年10月建立圣山乡。1957年设圣山乡，辖原柳塘乡、圣山乡。1958年，设圣山管理区、柳塘管理区。1960年，圣山管理区、柳塘管理区合并为圣山管理区。1961年10月设圣山人民公社。1968年3月建立圣山人民公社革命委员会。1981 年 1 月恢复圣山人民公社管理委员会。1983 年 6 月建立圣山乡人民政府。1986 年 9 月 3 日,圣山乡改建为圣山畲族乡。1987 年 4 月 8 日,圣山畲族乡召开“圣山畲族乡第九届人民代表大会第一次会议”(圣山畲族乡成立后首次人民代表大会,届数承前),选举产生乡长 1 名,副乡长 2 名。

1950—1987 年圣山乡历届班子成员一览表

表 9-3-2-9

成立时间	名　称	职　务	姓　名	任职时间
1950 年 8 月	柳塘乡人民政府	乡长	王金良	1950 年 8 月至 1951 年 6 月
			卓招财	1951 年 6 月至 1952 年 1 月
			丁和气	1952 年 1 月至 1954 年 3 月
			雷寿台(畲族)	1954 年 3 月至 1956 年 3 月
		副乡长	童建初	1950 年 8 月至 1952 年 12 月
			丁培贤	1951 年 6 月至 1954 年 5 月
			柳景生	1954 年 5 月至 1956 年 3 月
			王阿招(女)	1954 年 5 月至 1956 年 3 月
1950 年 10 月	圣山乡人民政府	乡长	武宪洪	1950 年 10 月至 1951 年 6 月
			吴晋峰	1951 年 6 月至 1951 年 11 月
			张志恒	1951 年 11 月至 1952 年 7 月
			黄炳松	1952 年 7 月至 1955 年 3 月
			琚海潮	1955 年 9 月至 1956 年 2 月
		副乡长	吴彪	1950.10 月至 1951 年 6 月
			张志恒	1951 年 6 月至 1951.11 月
			黄炳松	1951 年 11 月至 1952 年 7 月
			江连庆	1954 年 3 月至 1956 年 2 月
			朱秉忠	1954 年 8 月至 1956 年 2 月
1956 年 2 月	圣山乡人民委员会	乡长	琚海潮	1956 年 2 月至 1958 年 9 月
		副乡长	丁宝松	1956 年 3 月至 1958 年 3 月
			蓝开寿(畲族)	1956 年 3 月至 1958 年 9 月
			吴荷花(女)	1956.11 月至 1958 年 3 月
			冯华松	1958 年 3 月至 1958 年 9 月
1959 年 2 月	柳塘管理区	主任	吴本道	1959 年 2 月至 1960 年 7 月
		副主任	倪根友	1959 年2 月至1960 年7 月不脱产

续表 9-3-2-9

成立时间	名　称	职　务	姓　名	任职时间
1959 年 2 月	圣山管理区	主任	叶献山	1959 年 2 月至 1959 年 10 月
			钱瑞良	1960 年 12 月至 1961 年 10 月
		副主任	王阿宗	1959 年 2 月至 1959 年 10 月
			郑桂富	1959 年 10 月至 1960 年 12 月
			钱瑞良	1959 年 10 月至 1961 年 10 月
			蓝开寿（畲族）	1960 年 12 月至 1961 年 10 月
1961 年 10 月	圣山人民公社管理委员会	社长	方炳泰	1961 年 10 月至 1966 年 3 月
			汪德源	1966 年 3 月至 1966 年 5 月
		副社长	徐荣生	1966 年 5 月至 1968 年 2 月
			张兆富	1966 年 5 月至 1968 年 2 月
			张彩寿	1966 年 5 月至 1968 年 2 月
		社长	汪德源	1966 年 5 月至 1968 年 2 月
		副社长	徐荣生	1966 年 5 月至 1968 年 2 月
			张兆富	1966 年 5 月至 1968 年 2 月
			张彩寿	1966 年 5 月至 1968 年 2 月
1968 年 2 月	圣山人民公社革命委员会	主任	范齐成	1968 年 2 月至 1976 年 1 月
			钱德丰	1976 年 1 月至 1976 年 10 月
		副主任	叶凤清	1968 年 2 月至 1976 年 10 月
			汪德源	19680 年 2 月至 1970 年 4 月
			钱德丰	1970 年 7 月至 1976 年 1 月
		主任	钱德丰	1976 年 10 月至 1980 年 9 月
		副主任	叶凤清	1976 年 10 月至 1978 年 12 月 1980 年 11 月至 1981 年 1 月
			倪文标	1977 年 4 月至 1979 年 11 月
			朱康标	1978 年 10 月至 1981 年 1 月
			童志祯	1979 年 1 月至 1979 年 10 月
			邵金富	1980 年 1 月至 1981 年 1 月
1981 年 1 月恢复	圣山人民公社管理委员会	主任	徐荣生	1981 年 1 月至 1983 年 6 月
		副主任	邵茂松	1981 年 1 月至 1983 年 6 月
			章建中	1981 年 1 月至 1983 年 6 月
			朱康标	1981 年 1 月至 1983 年 6 月

续表 9-3-2-9

成立时间	名　称	职　务	姓　名	任职时间
1983 年 6 月	圣山乡人民政府	乡长	邵茂松	1983 年 6 月至 1986 年 10 月
		副乡长	丁胜群	1983 年 6 月至 1986 年 1 月
			徐荣生	1984 年 7 月至 1986 年 10 月

1986—1992 年圣山畲族乡乡长、副乡长一览表

表 9-3-2-10

职　务	姓　名	任职时间
乡　长	邵茂松	1986 年 10 月至 1987 年 4 月
	雷土根	1987 年 4 月至 1987 年 12 月
	雷土根	1988 年 1 月至 1992 年 5 月
副乡长	徐荣生	1986 年 10 月至 1987 年 12 月
	周林传	1987 年 4 月至 1987 年 12 月
	徐荣生	1988 年 1 月至 1990 年 4 月
	周林传	1988 年 1 月至 1991 年 5 月
	童顺生	1988 年 4 月至 1992 年 5 月

2. 水亭乡历届班子成员名录

水亭乡历史沿革。1949 年 8 月，建立水亭乡人民政府。1950 年 6 月，建成水亭、河伯、圣山乡。1956 年 2 月，河伯乡并入水亭乡。1959 年 2 月，成立水亭、河伯 2 个管理区，同年 12 月合并为水亭管理区。1961 年 10 月，成立水亭乡人民公社。1968 年 3 月建立水亭人民公社革命委员会。1981 年 1 月恢复水亭人民公社管理委员会。1983 年 6 月建立水亭乡人民政府。1992 年 5 月，水亭乡与圣山畲族乡合并为水亭畲族乡。

1949—1992 年水亭乡历届班子成员一览表

表 9-3-2-11

成立时间	单位名称	职务	姓　名	任职时间
1949 年8 月	水亭乡人民政府	乡长	宋□□	1949 年 8 月至 1949 年 12 月
		代乡长	徐寿椿	1950 年 1 月至 1950 年 7 月
		副乡长	王□□	1949 年 8 月至 1949 年 12 月
			李金元	1950 年 4 月至 1950 年 7 月
1950 年 10 月	河伯乡人民政府	乡长	吴琅贤	1950 年 10 月至 1951 年 4 月
			徐仓茂	1951 年 4 月至 1956 年 2 月

续表 9-3-2-11

成立时间	单位名称	职务	姓 名	任职时间
1950 年 10 月	河伯乡人民政府	副乡长	诸增华	1951 年 4 月至 1953 年 1 月
			叶娇梅（女）	1954 年 4 月至 1956 年 2 月
1950 年 10 月	水亭乡人民政府	乡长	童志祯	1951 年 4 月至 1956 年 2 月
		副乡长	童志祯	1950 年 10 月至 1951 年 4 月
			方荣棠	1951 年 4 月至 1953 年 12 月
			江彩娥（女）	1953 年 12 月至 1956 年 2 月
			水寿富	1954 年 8 月至 1956 年 2 月
	水亭乡人民委员会	乡长	徐仓茂	1956 年 2 月至 1958 年 4 月
			童志祯	1958 年 5 月至 1958 年 9 月
		副乡长	水寿富	1956 年 2 月至 1957 年 6 月
			姜恒奶	1958 年 3 月至 1958 年 9 月
			黄彩玉（女）	1956 年 3 月至 1958 年 3 月
			凌作游	1958 年 3 月至 1958 年 9 月
1959 年 2 月	河伯管理区	主任	姜恒奶	1959 年 2 月至 1959 年 10 月
			方满成	1959 年 10 月至 1960 年 1 月
		副主任	方荣棠	1959 年 2 月至 1959 年 10 月（不脱产）
			俞士贵	1959 年 10 月至 1960 年 1 月
1959 年 2 月	水亭管理区	主任	林作游	1959 年 2 月至 1961 年 10 月
		副主任	张阿成	1959 年 2 月至 1960 年 12 月（不脱产）
			叶娇梅（女）	1959 年 10 月至 1961 年 10 月
			俞士贵	1960 年 1 月至 1960 年 12 月
1961 年 10 月	水亭人民公社管理委员会	社长	凌作游	1961 年 10 月至 1966 年 5 月
		副社长	方汉东	1961 年 10 月至 1962 年 5 月
			诸根华	1962 年 12 月至 1966 年 5 月
			姜六古	1966 年 2 月至 1966 年 5 月（不脱产）
1968 年 3 月	水亭人民公社革命委员会	主任	吴银松	1968 年 3 月至 1970 年 9 月
			邱文化	1970 年 9 月至 1976 年 10 月
			邱文化	1976 年 10 月至 1979 年 2 月
			江根华	1979 年 2 月至 1981.1 月
		副主任	王沛根	1968 年 3 月至 1970.7 月
			凌作游	1968 年 3 月至 1976.10 月

续表 9-3-2-11

成立时间	单位名称	职务	姓　名	任职时间
1968 年 3 月	水亭人民公社革命委员会	副主任	凌作游	1976 年 10 月至 1981 年 1 月
			江根华	1977 年 4 月至 1981 年 1 月
			范齐成	1977 年 4 月至 1978 年 1 月
			诸根华	1978 年 10 月至 1979 年 5 月
			江友庆	1979 年 1 月至 1980 年 1 月
			孙柏成	1980 年 1 月至 1981 年 1 月
1981 年 1 月恢复	水亭人民公社管理委员会	主任	凌作游	1981 年 1 月至 1982 年 12 月
			郎锡灿	1981 年 1 月至 1983 年 6 月
			黄启明	1981 年 1 月至 1983 年 6 月
			施阿松	1981 年 1 月至 1983 年 6 月
1983 年 6 月	水亭乡人民政府	乡长	汪淮璋	1983 年 6 月至 1984 年 7 月
			方根成	1984 年 7 月至 1987 年 4 月
			黄启明	1987 年 4 月至 1987 年 12 月
			黄启明	1988 年 1 月至 1989 年 12 月
			许金茂	1990 年 4 月至 1992 年 5 月
		副乡长	许金茂	1983 年 6 月至 1987 年 4 月
			吴银花（女）	1983 年 6 月至 1987 年 12 月
			徐炳荣	1984 年 7 月至 1987 年 4 月
			方根成	1987 年 4 月至 1987 年 12 月
			吴银花（女）	1988 年 1 月至 1992 年 5 月
			方根成	1988 年 1 月至 1992 年 5 月
			蓝开富（畲族）	1990 年 4 月至 1992 年 5 月

1992 年 5 月，圣山畲族乡与水亭乡合并为水亭畲族乡。根据中共兰溪市委发《关于成立扩并镇、乡临时工作委员会的通知》（兰委干〔1992〕3 号），水亭畲族乡成立临时工作委员会，雷土根任主任，洪凤枝、邵土良任副主任，任期 1992 年 5 月 4 日至 1992 年 5 月 27 日。

1992—2015 年水亭畲族乡乡长、副乡长一览表

表 9-3-2-12

时　间	职务	姓　名	任职时间
1992 年 5 月至 1993 年 4 月	乡长	雷土根（畲族）	1992 年 5 月至 1993 年 4 月
	副乡长	邵土良	1992 年 5 月至 1993 年 4 月
		张彩寿	1992 年 5 月至 1993 年 4 月
		邵茂松	1992 年 5 月至 1993 年 4 月
		章春潮	1992 年 5 月至 1993 年 4 月
1993 年 4 月至 1994 年 1 月	乡长	雷土根（畲族）	1993 年 4 月至 1994 年 1 月
	副乡长	邵土良	1993 年 4 月至 1994 年 1 月
		张彩寿	1993 年 4 月至 1994 年 1 月
		邵茂松	1993 年 4 月至 1994 年 1 月
		章春潮	1993 年 4 月至 1994 年 1 月
1994 年 1 月至 1996 年 2 月	乡长	雷土根（畲族）	1994 年 1 月至 1996 年 2 月
	副乡长	邵土良	1994 年 1 月至 1996 年 2 月
		张彩寿	1994 年 1 月至 1996 年 2 月
		邵茂松	1994 年 1 月至 1996 年 2 月
		章春潮	1994 年 1 月至 1996 年 2 月
1996 年 2 月至 1999 年 1 月	乡长	蓝友富（畲族）	1996 年 2 月至 1999 年 1 月
	副乡长	章春潮	1996 年 2 月至 1999 年 1 月
		蓝一飞（畲族）	1996 年 2 月至 1999 年 1 月
		郭裕丰	1996 年 2 月至 1999 年 1 月
1999 年 1 月至 2002 年 3 月	乡长	蓝友富（畲族）	1999 年 1 月至 2002 年 3 月
	副乡长	章春潮	1999 年 1 月至 2002 年 3 月
		蓝一飞（畲族）	1999 年 1 月至 2002 年 3 月
		郭裕丰	1999 年 1 月至 2002 年 3 月
2002 年 3 月至 2003 年 1 月	乡长	蓝友富（畲族）	2002 年 3 月至 2003 年 1 月
	副乡长	蓝一飞（畲族）	2002 年 3 月至 2003 年 1 月
		郭裕丰	2002 年 3 月至 2003 年 1 月
		胡惠春	2002 年 3 月至 2003 年 1 月
2003 年 1 月至 2007 年 1 月	乡长	蓝友富（畲族）	2003 年 1 月至 2003 年 4 月
	副乡长	蓝一飞（畲族）	2003 年 1 月至 2003 年 4 月
		蓝一飞（畲族）	2003 年 4 月至 2007 年 1 月

续表 9-3-2-12

年份	职务	姓　名	任职时间
2003 年 1 月至 2007 年 1 月	副乡长	郭裕丰	2003 年 1 月至 2003 年 5 月
		胡惠春	2003 年 1 月至 2006 年 9 月
		郑益新	2003 年 4 月至 2004 年 4 月
		周谷平	2004 年 4 月至 2004 年 7 月
2007 年 1 月至 2012 年 3 月	乡长	蓝一飞(畲族)	2007 年 1 月至 2012 年
	副乡长	雷启余(畲族)	2007 年 1 月至 2012 年 3 月
		章卫民	2007 年 1 月至 2012 年 3 月
		陆清强	2007 年 1 月至 2012 年 3 月
2012 年 3 月至2015 年 12 月	乡长	雷启余(畲族)	2012 年 3 月至 2015 年 12 月
	副乡长	胡惠春	2012 年 3 月至 2015 年 12 月
		陈国军	2012 年 3 月至 2015 年 12 月
		童国清	2012 年 3 月至 2015 年 12 月
		董梅娟	2012 年 3 月至 2015 年 12 月

四、人民武装部

水亭畲族乡人民武装部的主要职责：贯彻落实党和国家的军事路线、法律、法规，执行党委的决议和上级军事机关的指示；负责征兵工作；负责当地的国防教育和军事训练工作，在有关部门协同下具体组织实施；协助公安机关维护社会治安、处置突发事件以及各类应急抢险救灾任务。

五、司法所

(一)水亭司法所沿革

水亭司法所原名水亭畲族乡司法所，建于 1998 年 5 月。2010 年转为兰溪市司法局直属所，2011 年更名为兰溪市司法局水亭司法所。1998 年 5 月至 2012 年 7 月，办公地点设在原水亭电影院休息厅。2012 年 7 月，搬迁到水亭畲族乡人民政府办公楼办公。水亭司法所设所长室、矫正室、办公室、调解庭。

(二)水亭司法所主要职责

1．司法所职能

指导管理人民调解工作，参与调解疑难、复杂民间纠纷；承担社区矫正日常工作；组织开展对非监禁服刑人员的管理、教育和帮助；协调开展对归正人员的安置帮教工作；组织开展法制宣传教育和基层依法治理工作；为基层政府依法行政、依法管理提供法律意见和建议；协助开展法律援助工作；协助基层政府处理社会矛盾纠纷；参与其他社会治安综合治理工作；协助开展指导、管理基层法律服务工作；完成上级司法行政机关和基层党委、政府交办的其他有关工作。

2．所长主要职责

司法所实行所长负责制。所长主要职责：根据司法所的八项职能，结合本所人员的实际，科学分工，细化任务，责任到人，制定和实行岗位责任制；围绕当地党委、政府的中心工作，制订、落实开展基层司法行政工作计划，组织带领全所人员完成上级司法行政机关的工作部署和当地党委、政府交办的有关维护社会稳定的任务；争取当地党委、政府和有关部门的支持，协调解决司法所建设工作中的重要问题，抓好需要有关部门配合的业务工作；组织制定并监督执行所内管理制度，带头执行上级有关规定，维护所内团结，加强管理教育，充分发挥司法所的整体功能；主持召开所务会议，研究司法所建设、管理、工作中的有关问题，讨论重大疑难矛盾纠纷的调解方案等；负责向上级司法行政机关和当地党委、政府请示、报告工作和反映重要情况。

1998—2015年水亭畲族乡司法所所长一览表

表 9-3-2-13

姓　名	任职年月
金国忠	1998年5月至2005年8月
陈洁强	2005年8月至2006年9月
楼永成	2006年9月至2008年4月
章立峰	2008年4月至2009年9月
水裕民	2009年9月至2015年12月

3．司法所工作人员职责

司法所工作人员向所长负责，主要履行下列职责：认真学习政治业务知识，不断提高政治业务素质和法律水平；服从所长的工作安排，爱岗敬业，恪尽职守，注重质量，讲求效率，努力做好本职工作；团结协作，主动配合本所其他同志的工作；根据司法所的八项职能，针对本地社会热点难点问题，适时向所长提出工作建议或意见；完成所长交办的其他工作。

六、群团组织

(一)中国共产主义青年团水亭畲族乡委员会

水亭畲族乡(圣山人民公社、水亭人民公社)共青团组织于何年建立不详。

中国共产主义青年团历届水亭畲族乡委员会书记一览表

表 9-3-2-14

姓名	任职年月	任 职 乡 名
梅农农	不详—1985 年 5 月	圣山人民公社、圣山乡
范卫毅	1985 年 5 月至 1991 年 9 月	圣山乡、圣山畲族乡
金志福	1991 年 9 月至 1992 年 5 月	水亭乡、水亭畲族乡
水跃成	1992 年 5 月至 1998 年 8 月	水亭畲族乡
金志福	1998 年 8 月至 2001 年 12 月	水亭畲族乡
邵　庭	2001 年 12 月至 2009 年 2 月	水亭畲族乡
何　翠	2009 年 2 月至 2009 年 8 月	水亭畲族乡
吴孝峰	2009 年 8 月至 2012 年 12 月	水亭畲族乡
徐俊逸	2012 年 12 月至 2015 年 12 月	水亭畲族乡

(二)水亭畲族乡妇女联合会

1．妇联主席岗位职责

宣传、贯彻、执行党的路线、方针和政策，指导基层妇女组织开展工作；组织宣传《中华人民共和国妇女权益保障法》《中华人民共和国反家庭暴力法》和各种保障妇女权益的法律、法规，参与社会综合治理工作；为妇女儿童提供法律咨询；组织农村妇女开展各类评优推荐活动；发挥村妇联主席主观能动性，利用好各个节日开展形式多样的、丰富多彩的宣传服务活动。如“生育关怀宣传”“平安三率、反家暴、反邪教等普法知识宣传”“五水共治、垃圾分类知识宣传”“好家风家训、宣传”等等；积极开展“平安家庭”“文明家庭”“美丽庭院”的宣传和创建活动，每月村妇联主席例会制度，以会代训，进行全面培训；协调有关部门开展工作，为儿童健康成长创造良好的社会环境；承办乡党委、政府和上级妇联交办的其他事项。

2. 水亭畲族乡妇女联合会历届主任(主席)名单

水亭畲族乡历届妇女联合会主任(主席)一览表

表 9-3-2-15

姓名	任职年月	任 职 乡 名
符阿凤	不详至 1979 年	圣山人民公社
项翠英	1979 年至 1992 年 2 月	圣山人民公社、圣山乡、圣山畲族乡
蒋彩球	不详至 1983 年	水亭人民公社
胡银花	1983 年至 2003 年	水亭乡、水亭畲族乡
毛美芳	2003 年至 2008 年 10 月	水亭畲族乡
钱 燕	2008 年 10 月至 2011 年 4 月	水亭畲族乡
胡慧莲	2011 年 4 月至 2015 年 12 月	水亭畲族乡

(三)水亭畲族乡工会

1. 工会职责

认真贯彻执行党的路线、方针、政策和上级工会的有关决定、决议、文件、会议精神,结合本地实际情况,积极负责地开展工会工作。做好所属企业及“三资”企业、私营企业工会组织发展工作,做好企业工会的选举,工会干部的管理工作。做好所属企业工会规范化建设工作,做好企业工会规范化建设验收工作。组织所属企业工会开展创建“职工之家”活动,负责“职工之家”的验收工作。组织职工开展以经济建设为中心,提高企业经济效益和社会效益的群众性社会主义劳动竞赛,提合理化建议,进行技术革新和技术协作活动,总结推广先进经验,做好各类劳模和先进的评选、推荐和管理工作。在所属企业中积极开展职业道德建设和“双爱双评”活动。组织职工开展丰富多彩的有益于身心健康的文体活动,促进社会主义精神文明建设。督促企业认真贯彻执行《中华人民共和国劳动法》,依法建立协商谈判制度。工会代表职工与企业行政签订集体合同,指导和帮助员工签订劳动合同,并监督合同的履行。负责催收所属企事业单位的工会经费,并按规定及时上交市总工会。负责本区域工会工作、活动情况的信息收集并及时向市总工会报送。加强政治理论、业务的学习,不断提高自身素质,认真完成市总工会下达的各项工作任务。

2．水亭畲族乡工会历届主席名单

2001—2015年水亭畲族乡工会历届主席一览表

表9-3-2-16

姓　名	任职年月
周胜平	2001年6月至2010年11月
童国清	2010年12月至2012年9月
徐旭升	2012年10月至2015年5月
蒋　玮	2015年6月至2015年12月

第三节　事务管理

水亭畲族乡政府为基层权力的执行机关，在辖区内行使授权行政许可事项，依法进行经济发展管理和社会管理。中华人民共和国成立后，实施党的民族政策，设立畲族乡，实施适合民族特点的具体事务管理，促进民族地区的发展。

在水亭畲族乡党委和乡政府领导下，加强了行政村管理，保障农村村民实行自治。水亭畲族乡(当时为圣山畲族乡、水亭乡)于1989年实施《浙江省村民委员会组织实施办法》，各村按照《浙江省村民委员会组织实施办法》进行民主选举，产生各村村民委员会。村级组织有中国共产党支部委员会、村民委员会、村经济合作社、村经济财务监督委员会、中国共产主义青年团支部、村妇女联合会。

一、乡事务管理

水亭畲族乡政府的事务管理由“五办一中心”负责。

(一)党政综合办公室

负责上级各项方针政策、法律法规的传达和落实工作。负责党政信息的下情上报和上情下达，以及党政机关和群团组织等部门间的综合协调。认真做好本辖区内的工作调研，及时分析经济社会发展状况，为领导决策当好参谋。承担日常事务性工作，抓好依法行政、督促、检查有关工作的落实情况。负责编制执行乡财政预算计划，统管乡财务，指导、监督集体经济的财务管理。负责协调与兰溪市委办、市府办、人大常委会机关、政协机关、纪委机关、组织部、统战部、宣传部、老干部局、财政地税局、审计局、统计局、国税局、团市委、妇联等市直机关的业务联系。

（二）经济发展办公室

负责承担本辖区内工业经济和第三产业发展的综合协调指导工作，制定经济发展规划，积极招商引资，开展科技创新，主动为企业提供各项政策服务，做好安全生产、食品安全监督、劳动保障、交通运输等方面的管理与执法检查，发展来料加工，并协调好与工商经济发展相关的其他各项工作。负责协商与兰溪市发改局、经贸局、科技局、人劳社保局、环保局、外经贸局、工商局、供电局、药监局、安监局、质量技术监督局、总工会、工商联等市直机关的业务联系。

（三）社会事务管理办公室

负责做好上级各项方针政策、法律法规的贯彻落实，承担本辖区内的计划生育、文化教育、广播电视、民族宗教、社会救助、公共卫生防疫监督以及民政事务等方面的工作，负责协调与社会事务相关的其他各项工作。负责协调与兰溪市教体局、民政局、文化局、卫生局、计划生育局、广播电视台、文联、残联等市直机关的业务联系。在社会事务管理办公室增挂人口和计划生育办公室、文化站牌子，并保留印章。

（四）农业和农村工作办公室

负责编制本辖区内的农业发展规划，协调农业发展中的相关问题，制定有利于农业发展的政策措施，并积极组织引导、协调农民进行农业产业结构的调整，并负责农、林、水、农电以及动物防疫检疫等方面的日常管理和技术推广工作。积极引导农村劳动力转移，负责宣传贯彻土地法等法律法规，负责村镇以及乡村规划建设、土地管理使用、道路交通、环境与自然资源保护等项工作。负责协调与兰溪市农办、农业局、林业局、水务局、国土局、建设局、交通局、旅游局、人防办、粮食局、科协等市直机关的业务联系。

（五）社会治安综合治理办公室

负责社会治安综合治理、民事纠纷调解仲裁、来信来访以及社会稳定等方面的工作。负责协调与兰溪市人武部、政法委、公安局、司法局等市直机关的业务指导。在社会治安综合治理办公室增挂信访办公室、司法所牌子，并保留印章。

（六）平安365服务中心

负责将一些审批办证、政策咨询、技术服务、司法调解、就业服务等事项集中到办事窗口，实行一站式服务，方便群众办事。负责协调与市行政服务中心的业务联系。

(七)农业公共服务中心

根据“三农”工作需要,水亭畲族乡成立“农业公共服务中心”,农业公共服务中心的工作职责和任务:

1. 农业技术推广服务

负责全乡内的技术推广工作,组织开展各类技术培训,制定技术方案,提供技术咨询;指导经营主体落实生产计划,抓好品种布局;指导建立科技示范基地,组织开展新品种、新技术引进、实验、示范和推广。

2. 动植物疫病防控服务

负责全乡重大动植物疫病防治方案的制定,并组织实施;防控技术的培训和咨询服务;组织开展农作物病虫害、动植物疫病及农业灾害的监测、预警、防治和处置。

3. 农产品质量安全监管服务

加强农业投入产品监管,指导经营主体建立完善的台账记录和规章制度,建立无公害农产品生产操作规程,督促全乡农产品实施标准化生产;做好巡查指导,定期对产品进行抽样监测,督促生产主体、基地做好产品上市前的产品自检工作,确保农产品质量安全。

4. 农业政策法规宣传服务

负责各类农业法律、法规和政策宣传,提供政策信息咨询,帮助经营主体及时了解掌握各级支农惠农富农政策;协助财政、农业、水利等部门抓好强农惠农政策的落实,确保政策落到实处。

5. 土地流转服务

负责指导全乡的土地流转工作;提供农村土地承包管理法律法规、土地流转政策咨询;发布土地流转信息,指导、督促土地流转双方签订土地流转合同;指导建立土地流转档案,监督土地流转合同的履行,调处土地流转纠纷。

6. 农业政策性保险宣传服务

负责农业保险政策信息咨询和宣传;组织开展投保工作,加强投保管理;抓好保险品种防灾防损及预防工作;协助开展理赔工作。

7. 农业气象服务

负责全乡气象监测信息和气象服务需求的收集,相关农业气象服务产品的接收和发布;做好特殊天气现象(雪、冰雹、龙卷风等)的观测、记录和上报;负责农业气象灾害的调查与评估;开展气象灾害预防和科普知识的宣传。

8. 农机化服务

结合全乡农业产业布局，落实农机化新技术、新机具的引进、试验、示范、推广和培训。指导农机服务组织和农机大户开展农机作业服务，及时调解各类作业纠纷；协助市级农机监理部门开展“平安农机”创建活动，参与农业机械的安全监理和维修业管理工作；参与处置农机突发事件。

9. 水利服务

承办全乡水利规划和建设管理，制订全乡农田水利建设年度实施计划，协调组织农田水利基本建设工作，负责农田水利建设的技术指导和工程管理，组织协调水利科学研究和技术推广；组织、协调、指导全乡防汛、防台、抗旱工作。

10. 基地社会化服务

在粮食功能区、现代农业园区或其他便于开展服务的地点建立若干农技服务基地，通过与有关部门联合和依托农民专业合作社、农业企业、种养大户等，开展新品种新技术引进、试验、示范和推广，统筹开展农机化服务、统一育供秧（苗）、统防统治、农民现场培训、农产品营销等生产经营性服务。

二、村事务管理

水亭畲族乡村事务管理由村民委员会在党组织领导下组织实施。村民委员会是村民自我管理、自我教育、自我服务的基层群众性自治组织。村民委员会根据《中华人民共和国村民委员会组织法》经村民大会投票选举产生。

1950—2015 年水亭畲族乡各行政村村委会主任一览表

表 9-3-3-1

村名	姓　名	民族	性别	任职时间
水亭街	陈茂盛	汉族	男	不详
	陈志忠	汉族	男	不详
	水根生	汉族	男	1992 年
	潘树根	汉族	男	不详
	陈卫军	汉族	男	2005 年至 2015 年
水亭坞	朱宝成	汉族	男	不详
	金树根	汉族	男	不详
	水炳向	汉族	男	不详
	水永尧	汉族	男	不详

续表 9-3-3-1

村名	姓　名	民族	性别	任职时间
水亭坞	水树铭	汉族	男	不详
	水庆福	汉族	男	不详
	水土荣	汉族	男	不详
周邵汤	邵俊泰	汉族	男	1963 年至 1985 年
	邵松德	汉族	男	1986 年至 2004 年
	邵海清	汉族	男	2004 年至 2007 年
	周志宏	汉族	男	2008 年至 2014 年
	胡顺生	汉族	男	2015 年至 2015 年
下蒋	林仲生	汉族	男	1983 年至 1996 年
	蒋增荣	汉族	男	1996 年至 1999 年
	蒋彩潮	汉族	男	1999 年至 2003 年
	童省三	汉族	男	2003 年至 2009 年
	林小军	汉族	男	2009 年至 2015 年
上朱	朱根荣	汉族	男	1960 年至 1965 年
	方志立	汉族	男	1966 年至 1967 年
	周树松	汉族	男	1968 年至 1978 年
	蓝玉华	畲族	男	1979 年至 1981 年
	李志明	汉族	男	1982 年至 1984 年
	雷爱华	畲族	男	1985 年至 1996 年
	朱土金	汉族	男	1997 年至 2002 年
	张茂仓	汉族	男	2003 年至 2015 年
殿下	丁国荣	汉族	男	1982 年至 1986 年
	江柏成	汉族	男	1986 年至 1992 年
	许基群	汉族	男	1992 年至 2005 年
	吴水金	汉族	男	2005 年至 2008 年
	吴文成	汉族	男	2008 年至 2011 年
	吴晋飞	汉族	男	2011 年至 2014 年
	吴文成	汉族	男	2014 年至 2015 年
上吴	钱根根	汉族	男	1960 年至 1980 年
	吴瑞昌	汉族	男	1980 年至 1995 年
	吴永刚	汉族	男	1995 年至 2000 年

续表 9-3-3-1

村名	姓　名	民族	性别	任职时间
上吴	章移新	汉族	男	2000 年至 2015 年
范坞	范志圣	汉族	男	1982 年至 1986 年
	范志香	汉族	男	1986 年至 1989 年
	范宝根	汉族	男	1989 年至 1995 年
	范宝金	汉族	男	1995 年至 2008 年
	范宝康	汉族	男	2008 年至 2011 年
	范炳银	汉族	男	2011 年至 2015 年
柳家	钱阿林	汉族	男	1960 年至 1987 年
	潘亚弟	汉族	男	1987 年至 1993 年
	张瑞金	汉族	男	1993 年至 1996 年
	蓝国良	畲族	男	1997 年至 2008 年
下方泉	方根芝	汉族	男	1962 年至 1966 年
	方柏松	汉族	男	1967 年至 1983 年
	方小平	汉族	男	1983 年至 1986 年
	方荣钦	汉族	男	1986 年至 1989 年
	方建华	汉族	男	1989 年至 1995 年
	方建勋	汉族	男	1995 年至 1998 年
	方善金	汉族	男	1998 年至 2004 年
	方建勋	汉族	男	2004 年至 2007 年
	方马根	汉族	男	2007 年至 2010 年
	方建华	汉族	男	2010 年至 2015 年
西姜	姜锡璋	汉族	男	1950 年至 1985 年
	张水荣	汉族	男	1985 年至 1989 年
	姜东根	汉族	男	1989 年至 1995 年
	姜少云	汉族	男	1995 年至 2001 年
	姜沛林	汉族	男	2001 年至 2004 年
	姜少云	汉族	男	2004 年至 2011 年
	姜旭良	汉族	男	2011 年至 2013 年
	姜锦良	汉族	男	2013 年至 2015 年
汤宝塘下	童维翰	汉族	男	1961 年至 1970 年
	王志华	汉族	男	1970 年至 1975 年

续表 9-3-3-1

村名	姓　名	民族	性别	任职时间
杨宝塘下	童海送	汉族	男	1975 年至 1982 年
	童炳根	汉族	男	1982 年至 2013 年
	童招生	汉族	男	2013 年至 2015 年
横塘	姜纪福	汉族	男	1972 年至 1979 年
	姜树清	汉族	男	1980 年至 1986 年
	姜瑞文	汉族	男	1987 年至 1999 年
	姜兆发	汉族	男	1999 年至 2008 年
	王倍芳	汉族	男	2008 年至 2015 年
上周	周茂芝	汉族	男	1963 年至 1971 年
	周金海	汉族	男	1971 年至 1979 年
	周寿林	汉族	男	1979 年至 1995 年
	周耀棠	汉族	男	1995 年至 1997 年
	周早祥	汉族	男	1998 年至 2007 年
	周国平	汉族	男	2008 年至 2015 年
施家	王春祥	汉族	男	不详至 1960 年
	施马球	汉族	男	1961 年至 1973 年
	王宝其	汉族	男	1974 年至 1975 年
	施根成	汉族	男	1976 年至 1978 年
	施修元	汉族	男	1979 年至 1984 年
	施永春	汉族	男	1985 年至 1997 年
	施志成	汉族	男	1998 年至 2000 年
	王柏成	汉族	男	2001 年至 2015 年
西方坞	蓝开然	畲族	男	1959 年至 1960 年
	蓝祥兴	畲族	男	1961 年至 1961 年
	蓝开玉	畲族	男	1962 年至 1962 年
	蓝朝华	畲族	男	1963 年至 1966 年
	蓝祥富	畲族	男	1967 年至 1973 年
	蓝朝华	畲族	男	1974 年至 1980 年
	雷阿许	畲族	男	1981 年至 1984 年
	蓝柏成	畲族	男	1985 年至 1985 年
	蓝祥富	畲族	男	1985 年至 1986 年

续表 9-3-3-1

村名	姓　名	民族	性别	任职时间
西方坞	雷银仓	畲族	男	1987 年至 1999 年
	蓝国根	畲族	男	1999 年至 2009 年
	蓝国根	畲族	男	2009 年至 2015 年
生塘胡	胡锦法	汉族	男	1949 年至 1951 年
	胡定茂	汉族	男	1952 年至 1953 年
	胡学鸿	汉族	男	1954 年至 1956 年
	胡志刚	汉族	男	1956 年至 1960 年
	胡安法	汉族	男	1961 年至 1966 年
	胡安法	汉族	男	1967 年至 1971 年
	胡安法	汉族	男	1972 年至 1981 年
	乐马儿	汉族	男	1981 年至 1983 年
	胡学师	汉族	男	1983 年至 2005 年
	胡建平	汉族	男	2005 年至 2015 年
奎塘	吴如启	汉族	男	1964 年至 1966 年
	吴卸根	汉族	男	1966 年至 1967 年
	郦汝荣	汉族	男	1967 年至 1969 年
	吴秀松	汉族	男	1969 年至 1979 年
	吴柏清	汉族	男	1979 年至 1981 年
	吴樟棠	汉族	男	1981 年至 1985 年
	吴樟棠	汉族	男	1985 年至 1987 年
	吴柏忠	汉族	男	1987 年至 1988 年
	吴柏清	汉族	男	1988 年至 1991 年
	吴汝宝	汉族	男	1991 年至 1999 年
	吴柏清	汉族	男	1999 年至 2003 年
	刘小平	汉族	男	2003 年至 2008 年
	吴根如	汉族	男	2008 年至 2015 年
	张瑞荣	畲族	男	1961 年至 1965 年
奎塘畈	吴永富	汉族	男	1965 年至 1966 年
	张瑞荣	汉族	男	1966 年至 1987 年
	雷柏熊	畲族	男	1988 年至 1997 年
	雷友发	畲族	男	1998 年至 2001 年

续表 9-3-3-1

村名	姓　名	民族	性别	任职时间
奎塘畈	张友清	汉族	男	2002 年至 2004 年
	蓝素珍	畲族	女	2005 年至 2011 年
	雷樟荣	畲族	男	2012 年至 2015 年
丁家	张银根	汉族	男	不详至 1962 年
	童永烈	汉族	男	1963 年至 1982 年
	项志祥	汉族	男	1983 年至 1986 年
	张彩根	汉族	男	1986 年至 1988 年
	童一新	汉族	男	1989 年至 1991 年
	童文达	汉族	男	1992 年至 2004 年
	张树增	汉族	男	2005 年至 2007 年
	戈胜新	汉族	男	2008 年至 2010 年
	张水斌	汉族	男	2011 年至 2015 年
柳塘章	章修林	汉族	男	不详
	章海苟	汉族	男	不详
	吴根荣	汉族	男	1957 年至 1958 年
	张根有	汉族	男	1958 年至 1959 年
	章根水	汉族	男	1960 年至 1968 年
	陈文华	汉族	男	1968 年至 1972 年
	张根有	汉族	男	1973 年至 1979 年
	蓝连根	畲族	男	1980 年至 1986 年
	商建国	汉族	男	1987 年至 1988 年
	蓝开顺	畲族	男	1989 年至 1993 年
	商建国	汉族	男	1994 年至 1998 年
	许茂成	汉族	男	1999 年至 2002 年
	章曼成	汉族	男	2003 年至 2004 年
	商建国	汉族	男	2005 年至 2007 年
	章小华	汉族	男	2008 年至 2013 年
	章正清	汉族	男	2013 年至 2015 年
白鹤桥	张炳龙	汉族	男	1960 年至 1980 年
	张渭根	汉族	男	1981 年至 1993 年
	张士清	汉族	男	1994 年至 2006 年

续表 9-3-3-1

村名	姓　名	民族	性别	任职时间
白鹤桥	姜国成	汉族	男	2007 年至 2015 年
珠带式	琚阿恭	汉族	男	1950 年至 1952 年
	琚阿友	汉族	男	1953 年至 1955 年
	朱志富	汉族	男	1956 年至 1959 年
	琚志荣	汉族	男	1960 年至 1977 年
	朱志富	汉族	男	1978 年至 1987 年
	朱建富	汉族	男	1987 年至 2005 年
	徐小泉	汉族	男	2005 年至 2011 年
	朱小明	汉族	男	2011 年至 2015 年
午塘桥	诸志明	汉族	男	1952 年至 1954 年
	邵有根	汉族	男	1955 年至 1956 年
	张寿清	汉族	男	1956 年至 1957 年
	李新喜	汉族	男	1958 年至 1962 年
	诸增华	汉族	男	1963 年至 1965 年
	诸煜林	汉族	男	1966 年至 1975 年
	诸永炎	汉族	男	1981 年至 1990 年
	胡志洪	汉族	男	1994 年至 1998 年
	诸志兵	汉族	男	1998 年至 2007 年
	诸永芳	汉族	男	2007 年至 2015 年
河伯沿	姜阿种	汉族	男	1953 年至 1984 年
	方土财	汉族	男	1985 年至 1989 年
	方雨清	汉族	男	1990 年至 1996 年
	方雨干	汉族	男	1997 年至 2003 年
	方雨明	汉族	男	2004 年至 2008 年
	方雨干	汉族	男	2009 年至 2010 年
	姜跃明	汉族	男	2012 年至 2015 年
垂江	江连庆	汉族	男	不详至 1974 年
	江庆杨	汉族	男	1975 年至 1988 年
	江浩庆	汉族	男	1988 年至 2014 年
	江　梁	汉族	男	2014 年至 2015 年
黄村坞	黄炳香	汉族	男	1949 年至 1958 年

续表 9-3-3-1

村名	姓　名	民族	性别	任职时间
黄村坞	黄水银	汉族	男	1958 年至 1962 年
	黄瑞根	汉族	男	1962 年至 1982 年
	黄开富	汉族	男	1983 年至 1987 年
	黄金松	汉族	男	1987 年至 1989 年
	陈纪松	汉族	男	1989 年至 1991 年
	黄启荣	汉族	男	1991 年至 1993 年
	黄柏清	汉族	男	1993 年至 1999 年
	黄金松	汉族	男	1999 年至 2015 年
盖竹里	徐森林	汉族	男	1950 年至 1952 年
	徐作林	汉族	男	1953 年至 1964 年
	徐启云	汉族	男	1968 年至 1973 年
	徐塘清	汉族	男	1974 年至 1986 年
	徐学田	汉族	男	1987 年至 1995 年
	徐卸牛	汉族	男	1996 年至 2004 年
	徐跃宽	汉族	男	2004 年至 2007 年
	徐金松	汉族	男	2007 年至 2015 年
杨田坞	张志荣	汉族	男	1950 年至 1970 年
	张志洪	汉族	男	1971 年至 1985 年
	张宝礼	汉族	男	1986 年至 1990 年
	张赛棠	汉族	男	1991 年至 1999 年
	黄炳富	汉族	男	2000 年至 2006 年
	张绍田	汉族	男	2006 年至 2008 年
	黄锦芳	汉族	男	2008 年至 2010 年
	黄绍华	汉族	男	2011 年至 2015 年
松树下	徐土财	汉族	男	1950 年至 1985 年
	徐宝松	汉族	男	1986 年至 1993 年
	包志金	汉族	男	1994 年至 1997 年
	雷水根	畲族	男	1998 年至 2008 年
	徐水清	汉族	男	2009 年至 2015 年
尚方	诸葛水银	汉族	男	1956 年至 1967 年
	方阿奶	汉族	男	1968 年至 1983 年

续表 9-3-3-1

村名	姓　名	民族	性别	任职时间
尚方	方卸荣	汉族	男	1984 年至 1986 年
	方根清	汉族	男	1987 年至 1997 年
	方雨丰	汉族	男	1998 年至 2001 年
	汤渭金	汉族	男	2002 年至 2002 年
	方根明	汉族	男	2002 年至 2007 年
	周柏平	汉族	男	2008 年至 2015 年
陈塘下	张阿成	汉族	男	不详至—1980 年
	胡秀莲	汉族	女	1981 年至 1986 年
	金服华	汉族	男	1987 年至 1992 年
	蒋承华	汉族	男	1993 年至 1996 年
	叶冬生	汉族	男	1997 年至 2000 年
	蒋成华	汉族	男	2001 年至 2004 年
	徐跃清	汉族	男	2005 年至 2015 年
古塘	徐叠源	汉族	男	不详至—1982 年
	徐生富	汉族	男	1983 年至 2000 年
	徐秋根	汉族	男	2001 年至 2007 年
	徐增敏	汉族	男	2008 年至 2009 年
	徐秋根	汉族	男	2010 年至 2012 年
	徐金松	汉族	男	2013 年至 2015 年
芳茗叶	叶九一	汉族	男	不详至—1982 年
	叶树奎	汉族	男	1983 年至 1998 年
	叶启修	汉族	男	1999 年至 2002 年
	叶建林	汉族	男	2003 年至 2006 年
	叶根明	汉族	男	2007 年至 2013 年
	叶陆军	汉族	男	2014 年至 2016 年
塘上	徐福春	汉族	男	1961 年至 1981 年
	徐纪涛	汉族	男	1982 年至 1989 年
	徐顺清	汉族	男	1990 年至 1994 年
	徐汝林	汉族	男	1995 年至 1999 年
	徐小敏	汉族	男	2000 年至 2002 年
	徐水清	汉族	男	2003 年至 2013 年

续表 9-3-3-1

村名	姓　名	民族	性别	任职时间
塘上	徐小君	汉族	女	2013 年至 2015 年
午塘边	徐正开	汉族	男	1950 年至 1951 年
	徐锡松	汉族	男	1951 年至 1952 年
	徐茂梓	汉族	男	1952 年至 1953 年
	徐顺章	汉族	男	1953 年至 1955 年
	郎水清	汉族	男	1955 年至 1957 年
	徐阿春	汉族	男	1957 年至 1960 年
	徐炳松	汉族	男	1960 年至 1975 年
	周卸春	汉族	男	1975 年至 1979 年
	徐发清	汉族	男	1979 年至 1982 年
	蒋小南	汉族	男	1983 年至 1989 年
	徐志良	汉族	男	1989 年至 1993 年
	潘海成	汉族	男	1993 年至 1999 年
	徐永标	汉族	男	1999 年至 2005 年
	徐土银	汉族	男	2005 年至 2008 年
	潘海良	汉族	男	2008 年至 2015 年

三、政策法规

中华人民共和国成立后，中国共产党、人民政府制定法律法规、政策，保障少数民族的合法权益，维护和发展平等、团结、互助、和谐的社会主义民族关系，促进少数民族和少数民族地区经济、社会事业的发展。

中共兰溪市委、兰溪市人民政府根据有关法律法规、政策、兰溪实际情况制定政策，保障兰溪少数民族的合法权益，扶持少数民族和少数民族地区经济、社会事业的发展。

(一)兰溪市民族政策文件

2000 年 8 月 18 日，中共兰溪市委、兰溪市人民政府发布中共兰溪市委兰委〔2000〕28 号文件:《中共兰溪市委 兰溪市人民政府关于加快少数民族和民族地区经济社会发展的实施意见》。

2004 年 10 月 29 日，中共兰溪市委、兰溪市人民政府发布中共兰溪市委兰委〔2004〕36 号文件:《中共兰溪市委　兰溪市人民政府关于加快少数民族和民族地区经济社会发展的实施意见》。

(二)民族补助款、物资发放

1990年,水亭乡、圣山畲族乡对少数民族贫困户补助氮肥具体落实情况见下表。

1990年水亭乡、圣山畲族乡少数民族贫困户氮肥补助一览表

表9-3-3-2

村 名	户 数(户)	标准氮肥数量(千克)
上朱村	22	1100
柳塘章村	23	1150
奎塘畈村	23	1150
柳家村	15	750
生塘胡村	4	200
下方泉村	4	200
周邵汤村	5	250
西方坞村	40	2000
其 他	19	950

1991年兰溪市民族宗教事务局下拨水亭乡、圣山畲族乡民族补助款一览表

表9-3-3-3 单位:元

村 名	补 助 款	项 目
西方坞村	5000	胡塘机埠扩建
奎塘畈村	4500	变压器更换
柳塘章村	8000	明真山脚机埠扩展
上朱村	3500	柑橘管理设施
柳家村	2000	水利建设
生塘胡村	1000	机耕路建设
周邵汤村	2000	农田线路改造

1992年,浙江省民族事务委员会下拨兰溪民族补助费3万元,中共金华市委统战部下拨兰溪民族补助款0.5万元,落实到水亭畲族乡的补助款见下表。

1992 年水亭畲族乡民族补助款一览表

表 9-3-3-4　　单位:元

单　位	补助款	其中,有偿	项　目	备　注
水亭畲族乡	5000		水灾补助	
奎塘畈村	3000	1500	黄土丘陵开发	
柳塘章村	1500		柑橘管理	其中 500 余元余垄村打井
柳家村	2000		水 利	
上朱村	3000		分水塘、罗坞自来水	
下方泉村	3000	1500	黄土丘陵开发	
生塘胡村	2000	1000	黄土丘陵开发	
西方坞村	3000	1500	水 利	
水亭妇联	2000	2000	毛猪繁殖流动资金	
水亭文化站	500		拯救民族文化	

1993 年,省民委下达民族补助费 1.5 万元,金华市统战部下拨民族补助费 0.5 万元,兰溪市民族宗教事务局下拨民族补助费 1.75 万元给水亭畲族乡。

1993 年水亭畲族乡民族补助款一览表

表 9-3-3-5　　单位:元

单　位	补助款	其中,有偿	项　目	备　注
西方坞村	6500		打饮水井	
柳塘章村	5500	3000	明真山脚机埠	
奎塘畈村	6000	3000	青龙山机埠	
柳家村	6000	3000	鲍村机埠	
生塘胡村	2000	1000	黄土丘陵开发苗木 80 亩	
下方泉村	4000	2000	柑橘管理	
上朱村	6500	3000	柑橘管理配套	其中金华市拨款 5000 元
水亭乡政府	1000		编写民族政策小册	

1994 年,省民委下达兰溪市民族补助款 3 万元;金华市委统战部下拨兰溪市民族补助款 0.5 万元;兰溪市民族宗教事务局下达民族补助款 2 万元,落实到水亭畲族乡的补助款见下表。

1994年水亭畲族乡民族补助款一览表

表9-3-3-6　　单位：元

单位	补助费	项目
下方泉罗塘上村	4000	修建机耕路
水亭初中	20000	建造教学楼
周邵汤上畈村	4000	修建粮食加工厂
上朱村	4000	柑橘配套管理
奎塘畈村	5000	修建渠道
西方坞村	5000	开发农业

1995年，省民委下达兰溪市民族补助款2.5万元；金华市民族宗教事务局（以下简称金华市民宗局）下拨兰溪市民族补助款0.5万元，其中落实到水亭畲族乡西方坞村农田水利设施建设补助款23000元，用于编写《浙江省民族乡（镇）志》200元。

1996年，省民委下达兰溪市民族补助款2.5万元。金华市民宗局下拨兰溪市民族补助款0.5万元，其中落实到水亭畲族乡中学教室建设补助款5000元，用于奎塘畈村农田水利设施修建款2万元。

1997年，省民委下达兰溪市民族补助款3.5万元，具体落实情况见下表。

1997年省民委下达水亭畲族乡民族补助款一览表

表9-3-3-7　　单位：元

单位	补助款	其中，有偿	项目
上朱村	20000	20000	美人李、食用笋基地
西方坞村	5000	0	改造电力设施
水亭畲族乡人民政府	10000	0	改造水利设施

1998年，省民委下拨兰溪市少数民族经费4万元，落实到水亭畲族乡的补助款见下表。

1998年水亭畲族乡民族经费落实情况一览表

表9-3-3-8　　单位：元

单位	补助款	项目
水亭中心小学	10000	新建教学楼
上朱村	8000	枇杷种植、文旦基地培育

续表 9-3-3-8

单　位	补助款	项　目
奎塘畈村	5000	浆砌渠道、添置水利设施
西方坞村	7000	扩建湖塘水库

1999 年,省民委下拨兰溪市民族补助款 4 万元;金华市民宗局下拨兰溪市民族补助款 3 万元;兰溪市民族宗教事务局拨放民族补助款 2 万元,落实到水亭畲族乡的补助款见下表。

1999 年水亭畲族乡民族补助款一览表

表 9-3-3-9　　单位:元

单　位	补助款	项　目	备　注
水亭畲族乡中心小学	50000	新建教学楼	其中浙江省拨款 20000 元、金华市拨款 30000 元
奎塘畈村	5000	水利设施建设	浙江省拨款
柳塘章村	5000	水利设施建设	
西方坞村	6000	水利设施建设	兰溪市拨款
生塘胡村	4000	修建机耕路	
西方坞村	6000	修建机耕路	

2000 年,省民委下拨兰溪市少数民族经费 6 万元,金华市民宗局下拨兰溪市民族补助款 3.5 万元,兰溪市民族宗教事务局拨放民族补助款 5 万元,落实到水亭畲族乡的补助款见下表。

2000 年水亭畲族乡民族补助款一览表

表 9-3-3-10　　单位:元

单　位	补助款	其中,有偿	项　目	备　注
圣山辅导小学	70000		新建教学楼	其中金华市拨款 30000 元
水亭初中	5000		建校门	金华市拨款
奎塘畈村	5000		电网改造	
柳塘章村	5000		电网改造	
下方泉村	5000		电网改造	
西方坞村	5000		电网改造	
上朱村	7000		修建机耕路	
生塘胡村	5000		修建机耕路	

续表 9-3-3-10

单　位	补助款	其中，有偿	项　目	备　注
柳家村	5000		修建机耕路	
松树下村	3000		修建机耕路	
蓝国良户	3000	1 年	发展个体私营经济	

2001 年，省民委下拨兰溪市少数民族经费 10 万元，兰溪市民宗局拨放民族补助款 5 万元，落实到水亭畲族乡补助款见下表。

2001 年水亭畲族乡民族补助款一览表

表 9-3-3-11　　单位：元

单　位	补助费	项　目	备　注
水亭乡政府	60000	水亭至珠带式公路建设	其中金华市拨款 30000
奎塘畈村	10000	水利建设	
生塘胡村	10000	水利建设	
周邵汤村	20000	水利建设	
柳塘章村	10000	农网建设	
下方泉村	5000	道路建设	
西方坞村	5000	粉葛种植	
水亭初中	5000	综合楼建设	

2002 年，省民委下拨兰溪市少数民族资金 12 万元，兰溪市财政安排少数民族资金 5 万元，落实水亭畲族乡补助款见下表。

2002 年水亭畲族乡民族补助款一览表

表 9-3-3-12　　单位：元

单　位	补助费	项　目
水亭初中	50000	教工宿舍楼改造
下方泉村	25000	荷叶塘水库扩建加固、修桥
上朱村	20000	上朱山种植业水利设施配套
柳家村	15000	修基耕路
奎塘畈村	15000	通往各村的基耕路拓宽、铺砂石
西方坞村	15000	粉葛种植
柳塘章村	10000	各机埠的水利设施配套

2003 年水亭畲族乡民族补助款一览表

表 9-3-3-13　　单位：元

单　位	补助款	项　目	资金来源
生塘胡村	20000	胡塘水库迎水坡防浪护面，放水涵洞维修，启闭机安装	兰溪市
周郡汤村	10000	上畈自然村机耕路铺砂石	
上朱村	8000	风水塘自然村竹小寺塘埂护坡加固	兰溪市
下方泉村	7000	刘坞塘山开发片 0.5 千米低压线路安装	
柳家村	10000	通校道路	金华市
水亭畲族乡	60000	西方坞、奎塘畈、柳塘章、生塘胡、生塘徐、奎塘等六个行政村有线电视安装	浙江省
柳塘章村	40000	300 米通村公路	
西方坞村	40000	二石二水库扩容	

2004 年水亭畲族乡少数民族补助款一览表

表 9-3-3-14　　单位：元

单　位	补助费	项　目	备　注
西方坞村	10000	维修机埠、机器设备配套	
奎塘畈村	10000	渠道三面光浆砌	
	50000	杨塘山机埠设备更新、渠道配套	其中省财政补助 30000 元、市县财政配套资金 20000 元
生塘胡村	80000	浇筑通村公路	其中省财政补助 50000 元、市县财政配套资金 20000 元
柳塘章村	10000	水利设施配套	
水亭畲族乡	600000	石孔头水库除险加固工程	其中省财政补助 500000 元、市县财政配套资金 100000 元
下方泉村	50000	荷大塘水库扩建加固	其中省财政补助 30000 元、市县财政配套资金 20000 元
周郡汤村	50000	上畈机埠更新、渠道浆砌	其中省财政补助 30000 元、市县财政配套资金 20000 元

2005 年水亭畲族乡少数民族补助款一览表

表 9-3-3-15　　单位：元

村　名	补助款	项　目
西方坞村	30000	三面光渠道浆砌

续表 9-3-3-15

村　名	补助款	项　目
柳塘章村	15000	道路建设
奎塘畈村	15000	道路建设
上朱村	20000	自然村道路建设
柳家村	20000	通村公路 1.96 千米
周邵汤村	10000	上畈机埠更新、三面光渠道

2006 年水亭畲族乡少数民族发展项目资金汇总一览表

表 9-3-3-16　　　　单位：元

单　位	补助款	项目名称及工程量	备 注
西方坞村	20000	两个自然村道路拓宽，由 2 米拓宽到 6 米，总长 2500 米	省级拨款
柳塘章村	30000	两个自然村道路拓宽，由 3 米拓宽到 6 米，总长 2500 米	
柳家村	20000	两个自然村之间的道路，全长共 1500 米，路基从 3 米拓宽至 5 米，路面硬化 3.5 米	
水亭畲族乡政府	50000	包坞水库除险加固。大坝及坝基防渗处理；坝体迎水坡、背水坡、护坡改造，背水坡增设排水设施；原放水涵管封堵，新开放水隧洞；配套观测设施和管理设施；坝顶防浪墙改造；衬砌溢洪道及消力池建造	
生塘胡村	20000	龙井引水渠加固配套，开挖回填土方 935 立方米；C20 砼护底浆砌 142 立方米；C20 砼墙板浆砌 200 立方米	
下方泉村	10000	新建上方泉机埠，配套 200S—50 水泵，30 千瓦电机一套；Φ200 进出水泥压力管 687 米；新建机房 14 平方米，三面光渠道浆砌 860 米；填挖土石方 2846 立方米	
周邵汤村	20000	湖塘水库扩建加固，土坝拓宽护砌；背水坡设置水体；坝体防渗处理；溢洪道拓宽衬砌；放水涵洞及启闭机设施配套；库区填挖土方 2 万立方米	
西方坞村	5000	道路拓宽	市级拨款
奎塘畈村	20000	渠道三面光浆砌	
上朱村	25000	修建小竹寺水库	市级拨款，其中金华补助 2 万元

续表 9-3-3-16

单　位	补助款	项目名称及工程量	备 注
柳家村	5000	道路拓宽	市级拨款
下方泉村	15000	民族示范村建设	
水亭畲族乡	50000	包坞水库除险加固	

2007 年水亭畲族乡民族补助款一览表

表 9-3-3-17　　单位：元

单　位	补助款	项　目	备　注
柳塘章村	30000	道路硬化	省级拨款
奎塘畈村	35000	道路硬化	
柳家村	20000	道路硬化	
上朱村	25000	机埠改造	
下方泉村	20000	大横山大青山造田	
水亭畲族乡	120000	金星水库除险加固	其中省级拨款 70000 元、市级拨款 50000 元
西方坞村	25000	机埠、渠道改造	市级拨款
生塘胡村	20000	道路拓宽	
周邵汤村	20000	道路硬化	

2008 年兰溪市民族宗教事务局下拨水亭畲族乡民族补助款一览表

表 9-3-3-18　　单位：元

单　位	补助款	项　目
西方坞村	10000	新建下湖塘水库
柳塘章村	25000	道路硬化
下方泉村	25000	渠道改造
水亭畲族乡	40000	水库除险加固

2009 年省民委、兰溪市民宗局下拨水亭畲族乡民族补助款一览表

表 9-3-3-19　　单位：元

单　位	项　目	省　补	市　补	合　计
西方坞村	村庄整治(道路建设)	30000	0	30000
柳塘章村	道路建设	25000	0	25000

续表 9-3-3-19

单　位	项　目	省　补	市　补	合　计
奎塘畈村	污水处理	0	30000	30000
上朱村	道路建设	25000	0	25000
	现代农业示范园枇杷基地	0	300000	300000
柳家村	村庄整治（休闲广场）	30000	0	30000
下方泉村	道路建设	20000	0	20000
生塘胡村	道路硬化	0	20000	20000
周郚汤村	修建渠道	0	20000	20000
水亭畲族乡政府	饮用水自来水	80000	30000	110000

2010 年省民委、兰溪市民宗局下拨水亭畲族乡民族补助款一览表

表 9-3-3-20　　单位：元

单　位	项　目	省　补	市　补	合　计
水亭畲族乡	金印水库除险加固工程	80000	30000	110000
柳塘章村	卸基山自然村道路拓宽	0	20000	20000
生塘胡村	效益农业基地（用于蔬菜大棚）	0	300000	300000
下方泉村	园区配套道路	0	20000	20000
西方坞村	自然村道路	35000	0	35000
奎塘畈村	三面光渠道	30000	30000	60000
上朱村	建造办公楼	0	0	0
周郚汤村	文化综合楼	50000	0	50000
柳家村	道路连接	0	25000	25000

2011 年兰溪市民族宗教事务局下拨水亭畲族乡民族补助款一览表

表 9-3-3-21　　单位：元

村　名	补助款	项　目	项目内容
西方坞村	50000	饮用水工程	总管网延伸 Φ110 总管全长 2810 米，Φ75 管 550 米，分支管 10520 米，可入户率 150 户
周郚汤村	100000	饮用水工程	打管井1 口，水塔 1 座，净水设备 1 项等
上朱村	50000	自然村道路建设	硬化道路长 1500 米，3.5 米宽

续表 9-3-3-21

村　名	补助款	项　目	项目内容
生塘胡村	50000	村庄整治	生态公厕 1 座
柳塘章村	50000	自然村道路建设	硬化道路长 227 米，宽 4 米

2012 年省、市下拨水亭畲族乡民族补助款一览表

表 9-3-3-22　　　　单位：元

单　位	补助款	项　目	项目内容	备 注
水亭畲族乡	100000	畲族文化陈列室	陈列室的装饰布置，畲族服饰、头饰、织带、畲族祭祖舞服饰、畲族风俗生产生活用具等	省拨款
柳塘章村	50000	自然村民族文化休闲中心建设	畲族文化楼的装饰布置，畲族风情的舞蹈的培训，服装置办、文化广场建设等	
周邵汤村	50000	民族自然村道路硬化	全长 800 米，宽 3 米，厚 0.2 米	
上朱村	50000	民族自然村道路建设	全长 980 米，宽5 米，厚 0.2 米	
生塘胡村	20000	电网改造		兰溪市拨款
西方坞村	20000	畲乡风情园畲族文化的传承挖掘		
圣山民族小学	10000	畲族文化陈列室建设		
奎塘畈村	300000	效益农业基地		

2013—2015 年民族村扶持资金项目一览表

表 9-3-3-23

单　位	项　目	扶持资金数（万元）	资金来源	扶持年份
生塘胡村	村内水渠改造工程	5	省	2013
	民族特色村寨墙画	8	省	2014
	民族文化广场舞台工程	5	省	2015
上朱村	小康村建设	10	省	2013
	民族自然村水塘砌坝工程	5	省	2014
周邵汤村	效益枇杷建设项目	28.9	中央	2013
	民族文化上墙、特色村标建设	3	市	2014
	湖塘下水渠砌岸工程	8	省	2015

续表 9-3-3-23

单　位	项　目	扶持资金数（万元）	资金来源	扶持年份
柳家村	无公害蔬菜项目	30	省	2013
	自然村道路建设	10	省	2015
	水整治工程	5	省	2014
西方坞村	民族特色村寨保护与发展项目	50	中央	2013
	畲族风情园畲族文化挖掘传承	3	市	2013
	民族特色村寨保护与发展项目	100	中央 60 省 40	2014
	民族文化上墙、特色村标建设	3	市	2014
	畲族文化传承培训及畲族传统服饰的添置	5	市	2014
	民族特色村寨外立面改造工程	90	中央 60 省 30	2015
	民族特色村寨外立面改造工程	3	市	2015
	畲乡风情大舞台建设工程	3	市	2015
下方泉村	民族自然村休闲广场	3	市	2013
	民族特色村标，村内路边民族特色墙面	5	省	2014
	民族村水塘整理工程	5	省	2015
奎塘畈村	民族特色项目建设	3	市	2013
	民族特色村标，村内路边民族特色墙面	5	省	2014
	民族特色广场建设	30	中央	2015
柏园学校	断头龙文化传承基地项目	5	省	2014
柳塘章村	民族特色项目建设	3	市	2013
	民族文化上墙、特色村标建设	3	市	2014
	明真山脚畲族文化楼广场绿化美化工程	3	市	2015
圣山民族小学	民族特色项目建设	1		2013
	校园文化建设	3		2015
圣山民族幼儿园	外墙彩图喷绘工程	2		2015

第四章 经　济

水亭畲族乡地处黄土丘陵地带,历来以农业为主,辅以畜牧业。中华人民共和国成立之前,农业耕作制度落后,水利条件差,一年只种一熟,水源好的地段可以种水稻,其余全部种植玉米、大豆、番薯等杂粮,粮食产量低下。中华人民共和国成立后,实行土地改革,无田、少地农户分得了土地,生活有所保障,温饱问题基本得到解决。1951 年夏季,农民成立互助组,1952 年全面铺开。1956 年秋,互助组转向初级农业合作社,后又转向高级农业合作社。1958 年 9 月 25 日,实现人民公社化,土地所有制为公有制。改革开放后,土地承包到户,土地所有制仍为集体所有制。1989 年土地调整后,至 2015 年未再调整。

20 世纪 70 年代始,水亭畲族乡兴办乡镇企业,经济结构发生变化,实现工业超农业,经济快速发展,生活水平相应提高。至 2015 年,工业总产值达到 192000 万元,农业总产值 16450 万元;工业总产值是农业总产值的 11.67 倍。全乡农民人均年纯收入 12669 元,其中少数民族农民人均年纯收入 11815 元。

第一节 农　业

自东晋建元二年(344 年)至清末,水亭各姓氏先祖从外地迁入。迁入初期,他们以开垦荒地,种植玉米、大豆、番薯、大小麦为主,后发展到筑塘蓄水种稻谷、养牛耕地细作,缺田少地的农户租种土地或帮工度日。中华人民共和国成立后,农业体制、管理模式等进行了科学改革,到 2015 年,水亭农业已进入现代农业阶段。

一、传统农耕

(一)刀耕火种

根据水亭现有可查文字(主要是家谱)记载,水亭汉族入迁先祖为三种人:

一是在水亭附近(金华等地)当官,因各种原因定居水亭。二是朝廷命官,因朝代更迭,避难隐居水亭。这两种人很少。为数最多的是逃荒、逃难(战乱)到水亭的,他们靠原始的刀耕火种方法垦荒造地造田起家。

水亭畲族入迁较晚,多数自清同治初迁入。那时,太平军刚撤出兰溪,离村较远的小山坡抛荒现象非常严重,几乎无人耕种,畲民们游迁此地,沿用原始耕作方式,即刀耕火种。他们选择无人耕种山丘,将四周柴草杂木一并砍光倒尽,称"隔离带",宽1米左右,俗称"绝大路"。等柴草杂木干燥后,从山丘上方点火,左右两旁皆有人防守,一直烧到山脚。烧尽杂草杂树后掘地,进行播种。若该地段水源充足,改成梯田,栽种水稻。畲民在与当地汉民交往中,诚实守信,重义轻利,虚心好学,畲族、汉族两族人民关系比较融洽。畲族学习汉族较为先进的耕作方法、技术,逐渐淘汰原始刀耕火种方式。到民国初期,畲族的耕作播种方式与当地汉族基本相同。

(二)狩猎生活

清后期,水亭畲族乡畲民从景宁迁入初期,因无田地,一般是靠狩猎,捕鱼,采摘野果、野菜等维持生计。畲民狩猎,都是先自愿组成狩猎小组,做好分工,然后共同前往狩猎点狩猎。

"赶山"与"守靶",狩猎有"赶山"和"守靶"分工。从事"赶山"的人,带着猎犬去搜山,把野兽赶出密林;从事"守靶"的人,分头守在估计野兽会经过的各个道口或山岙,持枪以待,等野兽跑来时瞄准射击。守靶的人要求射击技术较高明,要十拿九稳。狩猎方法除了射猎之外,还有放暗箭、放竹吊、设囚笼、挖陷阱等。狩猎对象主要有野猪、野山羊、麂、獐、獾猪、狐狸、山兔、山禽等。在猎物分配上,有一个习惯性规矩:凡射中较大的野兽,开第一枪击中者,可分兽头和兽皮;补第二枪者,割兽颈;剩下的部分,大家平分。没有参加狩猎的过路人,只要在被击中的野兽四脚未捆好之前赶到,也同样可分一份。参加狩猎的猎狗,可同人一样分一份。如果猎物小,就烧熟了让大家都尝一尝。

(三)垦山筑田

清代,水亭畲民迁住的兰邑二十七都里塘章(今柳塘章行政村余垄自然村)、兰邑二十七都上湾(今下方泉行政村罗塘下自然村)、兰邑横磨畈庄(今柳家行政村下罗家自然村)、兰溪西乡二十八都二图(今下方泉行政村下方泉自然村)等地都是荒山杂草野树丛生,他们用从祖地带来的开山锄开山、造田、造地。在开山造田、造地过程中也会遇到一些问题,但他们能妥善处理,赢得立足、生存与发展的空间。

(四)帮 工

土地改革(1951年)之前,水亭农民,无论是汉族还是畲族,大多给“大户”(当地人习惯称为“东家”)人家帮长工、打短工养家糊口(当地人习惯称为“帮工”)。那时,识字的人少,帮工与东家一般是订口头协议。如西方坞村畲民蓝开能,1949年前,自己家里只有一斗多田,常年给柳塘章村章宝根家当长工。蓝开能与章宝根订了一份简要的口头协议书。具体内容:1.打工时间:每年正月二十上工至十二月二十四日休工。2.工资:每年11担米(1100市斤)。3.假日:每年端午节一日,中秋节一日,游埠两个集市日(农历五月十三日,七月二十二日),除春节假期外,一年共四日休息。其他日子都要出工,天晴一般都到田里干活,下雨天安排室内劳动,如打稻草绳索、筛选各种作物种子、整理生产农具等。

(五)合作耕作

民国时期,水亭区域的畲民与汉民经过长期的接触、往来,双方逐渐了解,民族关系逐渐亲近、融洽。农活方面双方从相互关注、帮助,发展到合作耕作的现象逐渐增多。如,西方坞村畲民蓝祥兴,1949年以前,自耕土地不多,为了家庭生活,需要季节性打工。柳塘章村章水根户因田地较多,自己忙不过来,需要用季节性临时工。于是,蓝祥兴给章水根打季节短工,两人谈好3点口头协议:一是农忙季节每天付6斤大米为工钱,其他季节打工每天4至5斤大米当工钱;二是需要季节性临时工时,章家须提早一天通知蓝祥兴;三是季节性养牛,具体内容是:该年春季,由章家出资买回耕牛,饲养、放牛由蓝祥兴负责,两家土地耕作均可使用该牛,待一年田地耕作农活结束将耕牛卖掉,来年再买耕牛再次合作。后来畲族、汉族合作“养牛耕田”成了当地习惯做法,好多汉族、畲族户双双结对,互助合作,进行耕作。

(六)土地租种

中华人民共和国成立之前,水亭域内大多数农民,不论是汉族还是畲族人家都缺少田地,只得向“大户人家”租田地种。租田地要履行一定的手续,按租田地的多少,租种手续有别。租种面积大的要托人书写租田契约,托人中证。契约一般载明出租方承租方姓名、租种亩数、租种年限、租金比例(以谷计)。有的还载土地四至、交租时间,遇灾年按情酌减租等内容。租种面积小的可双方口头协议,一年一度为限,第二年要租种,双方再重新商量。租金以谷计。按习惯石斗升计算,1石通常计谷10担(1担为50千克)可租地2.5亩。租金比例有对半开、四六开、三七开、二八开,大都以四六、三七为多,即出租人6—7担,承租人 3—4 担。“对半称心如意，四六合乎情理，三七轻头重计，二八死黑良心。”道出了佃农淳厚、老实、诚信的心。[①]

周邵汤上畈村畲民蓝樟荣随父从景宁迁入，以种田为生。由于自家田地少，向邻村夏李村李启彭家租种二石田，租金为四分利（一石田交 200 千克谷）。若遇旱年，在收谷时通知田主，在田间用箩量（不称）对半分。意思是旱去的稻谷不饱满没重量，程度不一，不能用秤称，只能用箩量。

二、土地制度

（一）土地改革

中华人民共和国成立前，水亭域内土地都是私人所有，大部分土地为地主、富农家庭所有，绝大多数贫苦农户仅有少量田地，畲民占有比例更低，只得租种他人土地为生。1950 年 1 月《中华人民共和国土地改革法》颁布。水亭农村于 1951 年 1 月开始实行土地改革，于 1951 年 9 月结束，实现了“耕者有其田”。这一时期的水亭畲族乡境内设有水亭乡、圣山乡、柳塘乡和河伯乡等 4 个乡。土地改革以前，各乡的土地占有情况基本相同，即绝大多数的土地被地主所占有，贫农和雇农只占有少量土地。水亭乡地主拥有土地 396.91 公顷，而贫农只有 281.29 公顷，雇农占有 1.5 公顷。同样，圣山乡地主拥有土地 232.57 公顷，而贫农只有 129.43 公顷，雇农占有 0.71 公顷。土地改革重新分配了土地，使耕者有其田，占人口大多数的贫农和雇农拥有了更多的土地。例如，柳塘乡土地改革前贫农占有土地 152.5 公顷，土改后贫农占有土地 357.41 公顷，翻了一番；河伯乡土地改革前雇农占有土地 1.26 公顷，土改后雇农占有土地 13.92 公顷。土地改革将数千年的封建土地所有制改变为农民土地所有制，土地由农民个体经营。农民得到土地房产所有证，解放了农村生产力，推动了农业生产的发展。

1951 年游埠区柳塘乡（村）土改前后土地占有变化一览表

表 9-4-1-1

项目＼数目＼成分	地主	富农	中农	贫农	雇农	小土地出租者	其他	公地	合计
户数（户）	27	19	278	557	102	17	2	165	1167
原有人口（人）	214	151	1588	2251	317	24	4	—	4549

① 被采访人：古塘徐卸苟、塘上徐荣生。

续表 9-4-1-1

项目＼数目＼成分		地主	富农	中农	贫农	雇农	小土地出租者	其他	公地	合计
分田人口(人)	不分	16	2	35	53	4	—	1	—	111
	多分	0	—	1	11	14	—	—	—	26
	实分	198	149	1552	2187	299	24	3	—	4412
没收征收亩数(亩)		1766.15	167.60	—		—	133.53	—	1402.49	3469.78
抽出使用户数(户)		—	—	156	114	—		—	—	270
征收土地亩数(亩)		—	18	—	—	—	15	—	—	33
分得土地数	户数(户)	27	—	117	499	102	—	—	—	745
	亩数(亩)	376.21	—	712.79	3073.55	579.28	—	—	—	4741.83
土改前占有土地亩数(亩)		1721.38	736.11	4168.81	2287.62	91.72	210.24	—	1483.51	10699.39
土改后占有土地亩数(亩)		376.21	575.79	4881.61	5361.18	671.00	63.78	4.84		11934.41
土地增减比较(亩)		-1345.17	-160.32	+712.80	+3073.56	+579.28	-146.45	+4.84	-1483.51	1235.03
备注		1. 每人平均土地数 2.62 亩。2. 每人分进土地数有三种①1.8 亩②1.9 亩③2.1亩。3.保留不动土地数 639.57 亩。4.保留机动土地数 190.34 亩。								

1951 年兰溪县游埠区圣山乡土改前后土地占有变化一览表

表 9-4-1-2

项目＼数目＼成分		地主	半地主式富农	富农	中农	贫农	雇农	小土地出租者	其他	合计
户数(户)		71	2	33	286	685	53	18	226	1374
原有人数(人)		454	10	295	1381	2877	104	44	12	5177
分田人口(人)	不分	55	—	1	64	41	1	9	1	172
	多分	—	—	—	1	6	23	—	—	30
	实分	399	10	204	1318	2842	146	35	11	4965
没收征收亩数(亩)		71	—	—	—	—	—	—	—	71
抽出使用户数(户)		36	—	21	186	53		1		297
征收土地亩数(亩)		—	1	18	—	—	—	14	220	253
分得土地数	户数(户)	71	—	—	119	584	53	—	3	830
	亩数(亩)	64319	—	—	354.412	2732.70	225.77	—	15.96	67647.85

续表 9-4-1-2

项目＼数目＼成分	地主	半地主式富农	富农	中农	贫农	雇农	小土地出租者	其他	合计
土改前占有土地亩数(亩)	3488.64	94.50	857.80	2887.64	1941.48	10.70	219.88	865.61	10366.25
土改后占有土地亩数(亩)	642.19	38.47	768.56	3242.06	4674.19	236.48	125.26	22.60	9749.81
土地增减亩数(亩)	−2846.45	−56.03	−89.24	+354.42	+2732.71	+225.78	−94.62	−843.01	−616.44
土改前使用土地亩数(亩)	2143.66	58.46	820.35	3680.64	3206.00	12.41	73.71	26.96	10022.19
备注	1.地主□□□□□□□□□(无法辨别)。2.□□□□□□□□□□□□□□□□□□(无法辨别)。3.①每人平均土地数 1.85 亩。②每人分得土地数 1.62 亩。③□□□□□□土地数 189.72.④〔有〕23 人未分田保留数 152.46 亩。								

1951 年游埠区柳塘乡(村)农具耕畜房屋粮食家具没收分配情况一览表

表 9-4-1-3

项目＼数目＼单位＼类别	耕牛(头)	房屋(间)	粮食(斤)	主要农具								主要家具						合计得益户数(户)
				犁(张)	耙(张)	水车(张)	锄头(把)	铁耖(件)	箩筐(双)	晒垫(领)	其他(件)	桌(张)	床(张)	柜(个)	橱(个)	椅(把)	其他(件)	
没收总数	35	449	93261	66	35	71	227	51	600.5	238	334	64	29	22	32	125	115	
贫农	22	197.5	—	36	13	-	108	24	384.5	148	135	23	12	13.5	21	32	37	359 户
雇农	13	108.5	—	22	18	36	69	17	101.5	54	154	24	9	3.5	8	68	70	85 户
中农	—	7	—	4	2	16	2	3	34.5	4	6	—	2	1	1	4	3	55 户
其他阶层	—	5	—	2	1	2	5	1	10	7	3	4	1	—	2	11	3	8 户
收归公有	—	131	—	—	—	1	—	—	9	—	—	12	5	4	—	10	—	1 户
地主分得	—	—	—	2	1	16	43	6	61	25	36	1	—	—	—	—	2	23 户

1951 年水亭乡各阶层土改前后土地占有变化一览表

表 9-4-1-4

项目＼数目＼成分	地主	半地主式富农	富农	中农	贫农	雇农	小土地出租者	公地	地工	工地	合计
户数(户)	40	2	22	225	614	50	38	142	3	2	1138
原有人数(人)	313	8	194	1125	2435	145	90	—	21	11	4342

续表 9-4-1-4

项目 \ 数目 \ 成分		地主	半地主式富农	富农	中农	贫农	雇农	小土地出租者	公地	地工	工地	合计
分田人口(人)	不分	25	2	37	312	89	2	47	—	4	9	527
	多分	—	—	41	346	330	18	40	—	—	—	775
	实分	188	6	—	463	1930	125	—	—	13	2	2727
没收征收亩数(亩)		1828.17	38.06	65.37	—	—	—	25.39	451.68	151.97	29.19	2589.83
抽出使用户数(户)		24	—	15	146	104	—	4	3	2	1	299
征收土地亩数(亩)		8	2	15	—	—	—	13	126	—	—	164
分得土地数	户数(户)	38	6	69	531	50	—	—	—	2	1	697
	亩数(亩)	333.53	—	—	255.30	2188.53	173.53	9.02	—	30.6	3.60	2994.11
土改前占有土地亩数(亩)		1984.58	46.00	310.32	2218.13	1643.30	22.64	251.51	459.01	200.02	32.79	7168.3
土改后占有土地亩数(亩)		333.54	25.94	641.95	2657.63	4219.33	262.66	196.95	—	31.6	3.60	8373.2
土地增减比较(亩)		−1651.04	−20.06	−331.63	+439.50	+2576.03	+240.02	−54.56	−459.01	−168.42	−29.19	+541.64
备注		1.每人平均土地数 2 亩。2.每人分进土地数 1.80 亩。3.保留不动土地数 267.49 亩。4.保留机动土地数 107.82 亩。										

1951 年水亭乡土地改革前土地使用情况一览表

表 9-4-1-5　　单位:亩

项目 \ 面积 \ 成分		地主	半地主式富农	富农	中农	贫农	雇农	小土地出租者	工商业资本家	公地	地工	工地	其他	合计
自耕	田	1206.16	5.58	733.63	2610.85	1388.78	8.38	5.85	44.73	8.78	39.29	12.94	46.66	6111.63
	地	45.14	0.60	16.04	146.08	178.94	2.39	6.82	—	74.84	0.25	—	4.96	476.06
	山	68.70	—	90.00	337.33	673.28	3.60	10.53	3.15	1888.72	—	—	36.29	3111.60
	塘	18.90	—	12.68	50.45	72.55	5.80	1.30	0.34	393.29	2.10	0.50	1.38	559.29
	宅	21.76	0.30	7.08	66.13	79.68	1.93	4.04	—	91.49	2.13	—	0.95	275.49
	什	15.34	—	12.71	53.51	91.39	1.57	2.13	—	70.15	0.58	—	0.10	247.48
租入	田	109.36	1.36	80.14	835.92	1276.95	15.24	3.03	12.30	11.13	1.42	—	33.16	2380.01
	地	4.10	—	2.02	18.28	38.70	1.90	—	—	—	—	—	0.41	65.41
	山	9.50	—	3.00	32.00	57.19	6.15	0.25	—	—	—	—	—	108.09

续表 9-4-1-5

项目	面积 ╲ 成分	地主	半地主式富农	富农	中农	贫农	雇农	小土地出租者	工商业资本家	公地	地工	工地	其他	合计
租入	塘	—	—	—	3.40	0.10	—	0.50	—	—	—	—	—	4.00
	宅	0.60	—	—	3.47	22.54	1.75	0.68	1.63	—	—	2.49	0.14	33.30
	什	1.00	—	0.20	3.84	6.59	2.31	—	—	—	—	0.03	—	13.97
合计	田	1315.54	6.94	813.77	3446.78	2665.75	23.62	47.89	57.04	19.90	40.72	12.93	—	8450.88
	地	49.24	0.60	18.06	164.36	217.64	4.29	6.82	—	74.84	0.25	—	5.45	541.55
	山	78.20	—	93.00	369.33	730.46	9.75	10.78	3.15	1888.72	—	—	36.29	3219.68
	塘	18.90	—	12.68	53.85	72.15	5.80	1.80	0.34	393.29	2.10	0.50	1.38	562.79
	宅	22.36	8.30	7.08	69.59	102.22	3.68	4.72	1.63	91.49	2.13	2.49	1.90	317.59
	什	16.34	—	72.91	57.34	97.99	3.88	2.13	—	70.15	0.58	0.03	0.10	321.45

1951 年水亭乡土地改革后土地使用情况一览表

表 9-4-1-6　　　　单位：亩

项目	面积 ╲ 成分	地主	半地主式富农	富农	中农	贫农	雇农	小土地出租者	工商业资本家	公地	地工	工地	其他	合计
自耕	田	366.61	5.58	786.51	2945.63	3491.80	258.09	85.00	33.88	3.35	7.19	4024	260.30	12267.94
	地	45.14	0.60	16.04	146.08	178.94	2.39	6.52	—	74.84	0.25	—	4.96	475.76
	山	68.70	—	90.00	337.33	673.28	3.60	10.53	3.15	1888.72	—	—	36.29	3111.60
	塘	18.90	—	12.68	50.45	72.05	5.80	1.30	0.34	393.29	2.10	0.50	1.38	558.79
	宅	21.76	0.30	7.08	66.13	79.68	1.93	4.04	—	91.49	2.13	—	0.95	275.49
	什	15.34	—	12.71	53.51	91.39	1.57	2.13	—	70.15	0.58	—	0.10	247.48
租入	田	5.12	1.36	2.80	86.11	172.68	3.83	—	—	—	—	—	—	271.90
	地	4.10	—	2.02	—	38.70	1.90	—	—	—	—	—	0.49	47.21
	山	9.50	—	3.00	—	57.19	6.15	0.25	—	—	—	—	—	76.09
	塘	—	—	—	—	0.10	—	0.50	—	—	—	—	—	0.60
	宅	0.60	—	—	—	22.54	1.75	0.68	1.63	—	—	2.49	—	29.69
	什	1.00	—	2.00	—	6.59	2.31	—	—	—	—	0.03	—	11.93
合计	田	371.73	6.94	789.31	3031.74	3664.48	261.91	85.45	33.88	3.35	7.19	4.27	260.30	8520.55
	地	49.24	0.60	18.06	146.08	217.64	4.29	6.82	—	74.84	0.25	—	4.96	522.78

续表 9-4-1-6

项目	面积 \ 成分	地主	半地主式富农	富农	中农	贫农	雇农	小土地出租者	工商业资本家	公地	地工	工地	其他	合计
合计	山	78.20	—	93.00	337.33	730.46	9.75	10.78	3.15	1888.72	—	—	36.29	3187.68
	塘	18.90	—	12.68	50.45	72.15	5.80	1.80	0.34	393.29	2.10	0.50	1.38	559.39
	宅	22.36	0.30	7.08	66.13	102.22	0.68	4.72	1.63	91.49	2.13	2.49	0.95	302.18
	什	16.34	—	12.91	53.51	97.97	3.88	2.13	—	70.15	0.58	0.03	0.10	257.60

（二）互助合作社

农民分得土地后，农忙季节出现了劳动力余缺现象。于是农民之间出现了互相帮忙的情况。1951 年夏季，人民政府开始引导农民成立临时互助组、常年互助组。1952 年组织互助合作社工作全面铺开。土地由互助合作社集体经营。

1956 年秋，农业合作化运动全面升级。是年冬，初级社全部转为高级农业社，开始取消土地分红，实行按劳分配。耕牛、农具折价入社。鳏、寡、孤、独无劳动能力者由农业社负责“五保”(保口粮、保柴草、保住房、保治病、保零用钱)。

1957 年 9 月中共中央下达《关于整顿农业生产合作社的指示》，开展整社。推行劳动定额，按件计酬。建立包工、包产、包成本的生产责任制；建立评工记分、财产管理制度。土地由高级农业合作社集体经营。

（三）人民公社

1958 年 8 月 17 日，中共中央发布《关于在农村建立人民公社问题的决议》，是年 9 月 25 日，兰溪县全县实现人民公社化，原水亭乡、圣山乡并入游埠人民公社。

人民公社实行“政社合一”体制，实行统一核算，统一分配制，实行部分供给制，取消家庭副业。实行“组织军事化”，由公社统一指挥调配劳动力。生活实行“集体化”，大办食堂，“吃饭不用钱” 。实行“一平二调”，崇尚“一大二公”。农村土地无“所有权”“使用权”之说。集体用地无须审批，大队与大队之间，村与村之间的土地，只要社员没意见都可以相互赠送，不必签订任何协议或合同之类的文书，只需涉事双方领导“口头协议”即可。

1959 年，中共中央下达《关于加强和改善农村人民公社的经营管理问题》文件，规定公社下设管理区，水亭、圣山分别设为水亭管理区、圣山管理区。纠正“一平二调”的做法。1960 年冬，中共中央发出《关于农村人民公社当前政策问题的紧急指示信》,纠正“大跃进”、人民公社化的“浮夸风”和急躁冒进等做法,确定以生产大队为基本核算单位。鼓励社员开荒扩种,停办公共食堂,采用工分形式计算劳动报酬。

1961 年 10 月,调整人民公社规模,恢复游埠区建制,建立圣山人民公社、水亭人民公社。1962 年 2 月 13 日,中共中央下达《关于改变农村人民公社基本核算单位问题的指示》文件,确定了生产队为人民公社的基本核算单位。生产大队对生产队实行劳动力、土地、耕畜、农具“四固定”政策。试行生产队分配大包干(包工、包产、包成本、超产奖励),按劳分配加照顾,基本口粮加工分粮,适当增加肥(土肥、栏肥)粮的分配方案。是年 10 月后,贯彻落实中共中央《关于进一步巩固人民公社集体经济、发展农业生产的决议》和《农村人民公社条例修正草案(60 条)》,进一步完善和健全“三级所有、队为基础”的经济管理体制。是年底,域内共辖生产大队 35 个(水亭 19 个、圣山 16 个),生产队 260 个(水亭 130 个、圣山 130 个)。

1959—1961 年,国家三年困难时期,粮食大幅度减产。1962 年,各地人民政府鼓励农村劳力可以去当地山头、地间开荒扩种,谁开谁种谁收,以弥补粮食不足,解决生活用粮困难,并以大办农业、大办粮食为口号,广泛宣传,号召全民大抓粮食生产。不久,从集体土地中,划出一部分土地,按人口分给农民自留地种植,此地叫自留地,谁种谁收,集体不得干涉。每人所分自留地面积由各大队各村集体商量决定,但每人不得超出 5 升(0.125 亩)。又鼓励农户饲养毛猪。公社政府规定:划给饲养户饲料田,亦谁养谁种谁收,并号召农户多养猪,可多分饲料田。

“文化大革命”期间,域内限制农民发展家庭副业。一部分生产队把“地主、富农、反革命、坏分子、右派分子”的自留地收归集体所有。大部分生产队仍保留社员的自留地不变。

1965 年 1 月,浙江省七里坪农场征用水亭公社下方泉大队土地 10.52 公顷,其中水田 10.18 公顷,旱地 0.34 公顷。

1968 年,辖区内普遍开展“农业学大寨”运动。

1961—1981 年水亭公社、圣山公社耕地面积一览表

表 9-4-1-7 单位:亩

年 份	水亭公社	圣山公社
1961	12891	13552

续表 9-4-1-7

年　份	水亭公社	圣山公社
1962	12078	13846
1963	12042	14037
1964	12176	13837
1965	12199	13691
1966	12203	13538
1967	12217	13620
1968	12217	13218
1969	12362	13421
1970	12173	13376
1971	12205	13357
1972	12175	13393
1973	12335	13593
1974	12363	13621
1975	12302	13682
1976	12166	13756
1977	12083	14001
1978	12333	14041
1979	12361	14099
1980	12359	14007
1981	12336	13983

(四)联产承包责任制

1978 年 12 月,中国共产党第十一届三中全会召开以后,农村开始出现各种类型的责任制。1981 年下半年,辖区内出现小组承包、联户承包。1982 年,早稻联产承包到户。农业税、粮食征购任务按承包土地面积摊派到各承包户,由承包户完成所摊派到的任务。

各村土地承包到户土地面积的计算依据略有不同。计算依据方案由大队领导班子讨论后提出,交各生产队讨论后将意见反馈大队,大队领导班子汇集各生产队的意见,确定承包到各户土地面积的计算方法。辖区内承包到各户土地的计算方法主要有两种:一是按现有户籍人口平均分摊计算;二是达到婚姻法规定婚龄,但还没娶亲的,按已娶亲人口(现有人口加未来妻子 1 人人口)计算承包土地面积；男性已娶亲，但妻子户口未迁来的，其妻子计入参加承包土地人口数计算承包土地面积。

1985 年 10 月 4 日，中共兰溪市委下达《批转市委农工部关于继续完善农村生产责任制的几点意见的通知》，辖区内各大队根据“大稳定、小调整”的原则，对承包土地进行了调整。这次调整主要是根据人口变化情况，对承包土地进行差额找补，不支持打乱重分。

1989 年 9 月 8 日，兰溪市人民政府下发《批转市农经委关于稳定完善土地承包，加强承包合同管理的几点意见的通知》。辖区内根据“大稳定，小调整”原则，以差额找补方式对承包土地进行了调整。1989 年土地调整后，本辖区“坚持长期稳定”的原则，至 2015 年土地未再调整。

1982—1991 年水亭乡（公社）、圣山畲族乡（乡、公社）耕地面积一览表

表 9-4-1-8　　单位：亩

年　份	水亭乡	圣山畲族乡
1982	11313	13940
1983	10957	13940
1984	12306	13888
1985	12299	13819.5
1986	12254	13806
1987	12251	13824.5
1988	12220.5	13829.5
1989	12187.5	13813
1990	12163.5	13767
1991	12160.5	13746

1992—2015 年水亭畲族乡耕地面积一览表

表 9-4-1-9　　单位：亩

年份	面积	年份	面积
1992	26026.8	1997	25526
1993	25676	1998	25726
1994	25297	1999	26176
1995	25162	2000	26439
1996	25066	2001	26307.26

续表 9-4-1-9

年份	面积	年份	面积
2002	26457.13	2009	27822
2003	26699.73	2010	27822
2004	26699.73	2011	27882
2005	26699.7	2012	无考
2006	27087	2013	无考
2007	27298	2014	无考
2008	27842	2015	26454.75

三、生产条件

(一)肥 料

1. 家 肥

人粪尿 农家有机肥料。农业合作化后，生产队鼓励社员向集体投售粪肥，以粪桶为计量单位，每桶价格各生产队自定。不少生产队到游埠集镇购买粪肥。20 世纪 70 年代后生产队不再去集镇购买粪肥。20 世纪 80 年代后，粪尿除用作蔬菜追肥外，不再用于其他农作物。90 年代后，无人使用人粪尿。

厩 肥 主要是猪栏肥，其次是牛、羊栏肥，一般作基肥使用。2000 年后，厩肥用于菜蔬、水果等旱地作物，不再用于水稻。

焦泥灰 主要成分为钾、磷，一般作为种肥、基肥使用。20 世纪 80 年代前，焦泥灰烧制及用量较大，之后日渐减少。

饼 肥 主要有菜籽饼、柏籽饼，多用于农作物基肥。

塘 泥 多作旱地农作物基肥。每年冬季，各生产队都集中劳动力挖塘泥、肥泥(阴沟泥)，挑到旱地上施用，提高土地肥力。1982 年，土地家庭联产承包责任制后，无人再挖塘泥。

秸 秆 20 世纪 70 年代推广早稻草还田。20 世纪 90 年代，推广冬作晚稻草覆盖技术，把稻草还田作肥料使用，同时可盖除一部分杂草或控制一部分杂草生长。

2. 绿 肥

紫云英 俗称草子，是早中稻的主要有机基肥。20 世纪 90 年代后，早中稻基本无人种植，紫云英无人种植。

绿 萍 20 世纪 70 年代，推广早中稻田养萍作追肥，80 年代，化肥增加，缺肥矛盾缓解，绿萍放养中断。

杂　草　20 世纪60—70 年代，因肥料紧缺，生产队组织劳动力外出割草拉回作水稻基肥使用。所割的草，种类没有限定，只要容易烂，不易繁殖即可，有些易烂的杂树嫩苗也行。生产队按斤折记工分，各生产队折记比例（多少斤记工分 1 分）不同。1982 年，土地实行家庭联产承包责任制后无人再割草作基肥。

3. 化　肥

氮　肥　20 世纪 50 年代主要应用硫酸铵，后被碳酸铵和尿素代替。20 世纪 50—60 年代使用，60 年代后期退出使用。70 年代前后，氨水作为水稻、麦的基肥使用，90 年代后，农业上不再使用氨水。20 世纪 70—90 年代，氯化铵用于水稻、棉花等作物。尿素作为追肥使用于水旱地农作物。70 年代开始，碳酸氢铵与过磷酸钙混合作追肥使用。

磷　肥　主要有过磷酸钙、钙镁磷肥。

钾　肥　主要有氯化钾。

复（混）合肥　20 世纪 80 年代开始使用，成分配方繁多。

微量元素肥料　主要有硼砂、钼酸铵、“九二〇”等。

2000 年，水亭畲族乡全乡消耗化肥数量：尿素 776.4 吨、碳酸氢氨 1945.2 吨、磷肥 479.1 吨、钾肥 351.25 吨、复合肥 595.6 吨。

（二）农机具

水亭地区常用的铁、木、竹制简易农业生产工具，名目繁多，按其用途可分六类：

1. 耕种农具

传统耕种农具主要有犁、耙、耖、锄头、草铲、阔板、两齿耙、四齿耙、掀锹、小锄头、豆锹等。现代耕种农具有双轮双铧犁、大中型拖拉机、手扶拖拉机，配备铧犁、旋耕机可耕作，配备挂车、拖斗可运输。

2. 灌溉农具

传统的有水车，分脚踏水车、手摇水车，水车龙头有二人、三人、四人之分（俗称二龙头、三龙头、四龙头）。现代有各种各样的抽水机，有电动抽水机、机动抽水机、喷灌机。

3. 田间治虫农具

传统无专用农具。用尿桶盛药液、尿勺泼浇治虫，或将药液用细沙拌和均匀，用手直接撒施，或直塞植物根部。现代有喷雾器，又分人力喷雾器和动力喷雾器。

4. 收获农具

传统的有镰刀(钩镰)、稻桶(踏斗)、稻枥、插圆、连枷(掉车)、风车、浪头筛、豆筛、扫帚、地篾垫、谷流、谷耙、箩、箩箍等。现代有打稻机(分人力、电力、机动力三种)、脱粒机、联合收割机等。

5. 加工器具

传统的有木砻、石臼、石磨、石碾、踏碓等。现代有碾米机、磨粉机、饲料粉碎机、榨油机等。

6. 运输工具

传统的有箩筐、扁担、搭柱、背篓、柴充、畚箕、独轮车(单轮车)、双轮车等。现代的有手扶拖拉机、大中型拖拉机、专用运输汽车、自卸运输车。

此外,有传统运粪肥尿桶。挑水用水桶、赤桶。水面上用菱角桶。种田用秧盆。

20世纪50年代常用农具有犁、耙、耖、锄头、草铲、铁锹、镰刀、豆锹、稻桶、箩、水车、畚斗、垫圆、风车。60年代,开始有少量粉剂喷器,主要用于喷洒六六六粉农药。有少量柴油抽水机。生产队开始使用脚踏打稻机。70年代,开始使用电力抽水机、柴油手扶拖拉机。80年代,开始使用柴油打稻机、电力打稻机、潜水泵抽水机。1982年实行家庭联产承包责任制后,电力打稻机、电力潜水泵抽水机、柴油拖拉机耕田比较普及。21世纪初,开始使用收割机收割水稻。至2015年,凡收割机开得进的水稻田都使用收割机。收割机主都是江苏省人。收割价格按亩计算,单价随行就市。2015年,收割机收割水稻价格在120元/亩上下浮动。

1998—2015年水亭畲族乡各畲族村大、中型农业机械一览表

表9-4-1-10　　单位:台

村名	机械名称	物主姓名	购置年份	数量
周郘汤	拖拉机	琚水宽	1998	1
	碾米机	汤和生	2000	1
西方坞	拖拉机	雷阿富(畲族)	2015	1
	拖拉机	雷庆松(畲族)	2014	1
上朱	增氧泵	朱进仓	2006	3
	增氧泵	李志明	2014	4
	运输拖拉机	朱柏泉	2013	1
	谷物烘干设备	徐良友	2015	1

续表 9-4-1-10

村名	机械名称	物主姓名	购置年份	数量
奎塘畈	机耕拖拉机	雷民(畲族)	2010	1
	机耕拖拉机	雷志成(畲族)	2011	1
	机耕拖拉机	雷志春(畲族)	2013	1

2015 年水亭畲族乡各畲族村机械农具一览表

表 9-4-1-11 单位:台

机器名 村名	潜水泵	打稻机
生塘胡	16	80
柳家	205	192
下方泉	175	152
周邵汤	28	14
西方坞	28	50
柳塘章	107	93
上朱	85	100
奎塘畈	65	110

(三)农业用水

1. 灌溉水源

主要来源于石孔头水库、金星水库、金印水库、包坞水库等 4 个小(1)型水库,75 个小(1)型以下的水库和 25 个山塘、山峰张提水站及近千个小池塘。1990 年开始,衢州市铜山源水库,每年支援(原圣山畲族乡)抗旱用水 30 万立方米。

2. 灌溉系统

金印水库水系　金印水库位于水亭畲族乡盖竹里村。1959 年 11 月始建,1961 年 10 月完工。2009 年 12 月启动除险加固工程,2010 年 11 月完工。水系分为两类。第一类是渠道自流灌溉。灌溉面积:陈塘下 42 公顷、垂江 13.33 公顷、尚方 40 公顷、下蒋 28.67 公顷、水亭街 40 公顷、水亭坞 13.33 公顷、周邵汤 40 公顷、西姜 53.33 公顷,计 270.67 公顷。第二类是经水亭溪提灌。灌溉面积:垂江 33.33 公顷、黄村坞 30 公顷、水亭街 13.33 公顷、水亭坞 53.33 公顷、下方泉52公顷、上朱(分水塘)10公顷、柳家20公顷,计212公顷。灌溉总面积482.67公顷。

包坞水库水系　包坞水库位于水亭畲族乡松树下行政村乐塘自然村。1957年10月始建,1960年9月完工。2005年11月启动除险加固工程,2006年8月完工。水系分为三类。第一类是副坝自流灌溉。灌溉面积:塘上20公顷、芳茗叶13.33公顷、古塘10公顷,计43.33公顷。第二类是主坝自流灌溉。灌溉面积:松树下45.33公顷、古塘36.67公顷,计82公顷。第三类是经夏李溪灌溉。灌溉面积:河伯堰38.67公顷、尚方(汤家)13.33公顷、周邵汤10公顷、永昌街道下畈村53.33公顷,计115.33公顷。灌溉总面积240.67公顷。

石孔头水库水系　石孔头水库位于水亭畲族乡西方坞行政村石孔头自然村。1958年10月始建,1961年10月完工。2004年4月启动除险加固工程建设,2005年2月完工。水系分为四类。第一类是主坝自流灌溉:上型渠(生塘胡):西方坞10公顷、生塘胡86.66公顷,计96.67公顷。第二类是柳家排水渠灌溉:柳塘章32公顷、奎塘畈38.67公顷、柳家53.33公顷、奎塘20公顷,计144公顷。第三类库内提水:西方坞29.33公顷、柳塘章13.33公顷、丁家66.67公顷,计109.33公顷。第四类是提水站提水灌溉:殿下36.67公顷、上朱73.33公顷、珠带式13.33公顷、范坞26.67公顷,计150公顷。灌溉总面积500公顷。

金星水库水系　金星水库位于水亭畲族乡上周村。1955年5月始建,1957年11月完工。2007年11月,启动除险加固工程,2008年5月完工。水系分为三类。第一类是主坝提灌:黄村坞13.33公顷、垂江10公顷,计23.33公顷。第二类是副坝灌溉:横塘53.33公顷、施家40公顷、珠带式53.33公顷、白岳桥20公顷,计153.33公顷。第三类是库内提水:上吴20公顷、上周20公顷、杨保塘下20公顷,计60公顷。灌溉总面积236.67公顷。

山峰张机埠　位于游埠镇山峰张村,1970年建成,共有三级机埠,经二级机埠到圣山,经三级机埠将水提到地势较高的丁家、殿下、范坞、珠带式、施家、白鹤桥、上朱等村的农田及塘库中。

衢州市铜山源水库支援(原圣山畲族乡)抗旱用水　1990年开始,衢州市铜山源水库,每年支援(原圣山畲族乡)抗旱用水30万立方米。

2015年水亭畲族乡主要塘库一览表

表9-4-1-12

所在村名	塘库名	灌溉面积(亩)	配套渠道(千米)
柳家	上塘水库	350	1.43
上周	叶盛圹	100	0.34
下方泉	杂基垅水库	100	0.36
	石木塘水库	50	0.10
	桐标园水库	70	0
	红山塘水库	50	—
	石云塘水库	50	—
	衣塘水库	100	—
	蓑衣湾水库	150	0.02
西姜	上伊塘水库	180	—
	后江塘水库	60	—
	牛坞水库	80	—
	青云水库	40	—
	喇叭水库	30	—
	澡塘水库	500	1.45
周邵汤	湖塘水库	500	1.20
	小竹垅水库	100	—
水亭街	上新塘	50	0.18
水亭坞	蛇塘	100	—
下蒋	田塘	100	0.68
	磊石塘	30	0.14
上吴	后山塘	100	0.64
上朱	田塘水库	500	1.40
	小竹寺水库	150	—
	马头项水库	50	—
	寺桥水库	70	—
	木马塘水库	50	—
	西直水库	80	0.30

续表 9-4-1-12

所在村名	塘库名	灌溉面积(亩)	配套渠道(千米)
上朱	罗坞水库	50	—
	外意塘水库	200	—
	项埜塘	60	—
	西金塘	70	—
	木子塘	100	—
	祝小池	100	—
殿下	鲤鱼塘水库	70	—
	百红塘水库	60	0.10
	三石塘水库	100	—
范坞	荷大塘水库	100	—
	下车龙水库	100	—
	满塘水库	150	—
	挂塘水库	100	—
上周	叶盛塘水库	150	0.2
杨保塘下	杨保塘水库	400	1.20
	济公塘水库	50	—
横塘	石塘水库	100	1.40
珠带式	朱塘水库	50	—
	上叶作塘水库	100	—
	车埠塘水库	70	—
	鱼塘水库	80	—
	布袋塘水库	50	—
白鹤桥	西公塘水库	100	—
	川塘水库	50	—
西方坞	湖塘水库	50	—
	大石湾水库	80	—
	二石二水库	100	—
	川塘	200	—
	北圹	100	—
生塘胡	湖塘水库	150	1.20
	麻壳垅水库	200	1.80
	郭清塘	50	0.40
	小苟塘	80	0.60

续表 9-4-1-12

所在村名	塘库名	灌溉面积（亩）	配套渠道（千米）
盖竹里	新圹	25	—
	樟树圹	8	—
奎塘	大泉塘水库	400	1.20
	大塘	100	—
奎塘畈	洪塘水库	150	—
	石八塘	50	—
柳塘章	余垅水库	120	0.43
	湖西水库	80	—
	洗面塘水库	100	0.47
丁家	张西塘水库	100	—
	下南塘水库	50	—
	红泥石水库	120	—
	麻圹	200	—
垂江	陈塘水库	100	—
	天井塘水库	80	—
黄村坞	张塘水库	200	0.62
杨田坞	新塘水库	150	—
	上徐垅水库	80	—
	杨梅水库	30	—
	川圹	70	—
	夯形	40	—
松树下	张塘水库	150	0.12
	深沟塘水库	300	0.12
	破坞水库	80	—
	外解塘水库	100	—
午塘边	五龙水库	300	0.04
	枫木塘水库	100	—
午塘桥	楚塘水库	1000	1.40
	后山圹	50	—
河伯沿	秋公塘水库	300	0.21
尚方	大塘水库	200	0.62
	樟树坞水库	150	0.32

续表 9-4-1-12

所在村名	塘库名	灌溉面积(亩)	配套渠道(千米)
尚方	红心塘水库	100	—
	上竹塘水库	120	—
古塘	大塘水库	100	—
	驼圹	100	—
陈塘下	陈塘水库	100	0.27
	长圹	50	—
	张角圹	80	—

3. 灌溉工具与设施

20 世纪 50 年代前，水亭地区农业灌溉工具只有龙骨水车。水车由车架、搐头、斗板、车厢四部分组成。车水时脚踏搐头，通过龙骨传动斗板刮水入车厢。将水提向地面，灌入农田。有二人、四人、六人、十人的脚踏龙骨水车，也有单人用手摇的。龙骨水车为古代抗旱立下汗马功劳。有古诗为证:“深山古木化成龙，一到池塘水便通”。至今，水亭畲族乡上周村等村还有保存。中华人民共和国成立后，灌溉工具与设施逐渐实现机械化、电气化，为农业的快速发展打下了基础。

2015 年水亭畲族乡沿江灌溉机埠基本情况一览表

表 9-4-1-13

机埠名称	地址	水源	一级扬程(米)	一级装机容量(千瓦/台)	主要二级、三级机埠名称	各级站总装机容量(千瓦/台)	灌溉范围	灌溉面积(万亩)	建成时间
山峰张	游埠镇山峰张	衢江	20.20	465/3	二级余家坑，三级下东山、花龙山	1030/10	游埠、圣山、水亭、孟湖、金湖	1.76	1970 年 6 月

2015年水亭畲族乡各村机埠一览表

表9-4-1-14

村 名	机埠名	功率（千瓦）	配套渠道、管道（千米）	灌溉面积（亩）
水亭街	下新桥下	30	管道 1.20	400
水亭坞	张家山	30/2	管道 3.72	1200
	下樟	30	管道 2.10	680
西姜	澡圹	30	管道 2.30	600
下方泉	上方泉	30	管道 1.10	350
	下方泉	30	管道 0.62	300
	上畈	30	管道 1.10	400
塘上	双牌水库	30	管道 670	200
古塘	凉亭山	22	0.40	200
尚方	里家圹	30/1 22/1	管道 6.20	1600
	汤家	30	管道 2.10	200
陈塘下	螺丝圹	22	0.16	300
杨田坞	新圹	5.5	管道 1.10	100
盖竹里	金印	30	管道 0.430	100
午塘边	虎头山	15	0.37	300
午塘桥	十八坝	30	0.31	300
	里坞桥	30	0.60	300
黄村坞	海螺山	22	0.40	300
	金星	15	0.60	300
	张麻车	15	0.28	200
垂江	上溪	22	0.41	400
	下溪	15	0.28	250
河伯沿	青龙山	22	0.20	100
上吴	金星	22	1.82	480
周邵汤	太平桥	30	0.48	400
	湖塘	30	1.86	200
柳家	柳家	30	—	1000
	罗坞	22/2	1.20	1000
奎塘	殿下	30	1.60	500

续表 9-4-1-14

村 名	机埠名	功率(千瓦)	配套渠道、管道(千米)	灌溉面积(亩)
奎塘畈	杨圹山	11	0.40	300
	突胜桥	7.50	0.80	300
西方坞	石孔头	22	0.48	300
	湖圹	11	0.51	200
	明印山	15	0.20	200
柳塘章	焦山	30	0.48	400
	明真山	30	0.62	400
	明真山脚	11	0.20	200
生塘胡	大畈	30	1.90	540
	龙井	30	2.60	640
	柳圹章渡槽下	30	2.80	530
丁家	丁家	30/1　22/1	4.60	1000
上朱	西金圹	30	2.80	400
	焦山一级	22	0.40	300
	焦山二级	11	0.20	100
殿下	上江山	11	0.40	200
范坞	符亚	30	0.40	500
	荷大圹	11	0.30	300
珠带式	红泥山	30	1.20	300
白鹤桥	大畈	30	管道　4.80	600
	大畈下	30/2	1.20	700
施家	桥头	30	1.80	1000
	水鬼塘	11	0.20	200
横塘	横圹	30	1.80	800
	金星	22	0.60	200
上周	金星	22	1.20	500
杨保塘下	凤凰山	22	0.47	300

2015 年水亭畲族乡各民族村渠道一览表

表 9-4-1-15

所在村名	渠道名	长度（米）	受益面积（亩）	投入资金（万元）	资金来源	兴建年份	新建	改造年份
下方泉	下山坞渠道	1000	50	12	自筹	2011	是	—
	上方泉渠道	2000	80	10	自筹	1993	是	—
西方坞	铁灯山渠道	300	100	1	自筹	2004	是	—
	胡塘渠道	1500	200	3.50	自筹	2011	是	—
	石孔头渠道	2700	340	15	政府补助、自筹	2009	是	—
生塘胡	乘风渠道	1500	400	30	政府补助、自筹	2005	是	—
周邵汤	湖塘下干渠	2500	400	35	政府补助	1970	—	2012
	洋塘下干渠	1200	300	15	政府补助	1980	—	2010
奎塘畈	杨塘山头渠道	400	200	3	政府扶持	1985	—	2006
	大坝脚奎塘畈	1500	450	5	政府扶持	1985	—	2006

1998—2015 年水亭畲族乡部分水库改造情况一览表

表 9-4-1-16

所在村村名	水库名	受益面积（亩）	投入资金（万元）	资金来源	改造年份
下方泉	杂基垅水库	80	20	民政局	2013
	蓑衣湾水库	140	49.50	水利局	2015
西方坞	二石二水库	—	—	自筹	1998
周邵汤	湖塘水库	500	150	普陀山佛教协会赞助	2012
生塘胡	湖塘水库	200	30	政府补助	2007
	麻克垅水库	100	50	政府补助	2010
上朱	田塘水库	—	80	政府补助、自筹	2014
柳塘章	余垅水库	100	47	政府补助	2013

1958—2015 年水亭畲族乡部分山塘兴修建一览表

表 9-4-1-17

所在村村名	山塘名	受益面积（亩）	投入资金（万元）	资金来源	兴、修建年份
下方泉	菜园塘	—	8	自筹	2004
	红塘	—	6	自筹	2004

续表 9-4-1-17

所在村村名	山塘名	受益面积（亩）	投入资金（万元）	资金来源	兴、修建年份
下方坞	川塘	60	3	政府补助	2010
周邵汤	杨塘	200	10	自筹	1960
	午塘	200	10	自筹	1958
	双塘	200	10	自筹	1958
生塘胡	郭清塘	50	15	自筹	1999
	小荷塘	30	8	自筹	1999
	连塘	30	5	自筹	2000
上朱	项埜塘	300	38	政府补助	2015
	西金塘	200	28	政府补助	2014
	木子塘	180	20	政府补助	2011
	祝小池	130	25	政府补助	2015
奎塘畈	石八塘	250	20	政府补助	2015
柳塘章	门口鱼塘	130	10	桐庐慈善总会	2013

四、种植业

水亭区域农作物种植业主要有粮食作物种植与经济作物种植。

(一)粮食作物

水亭畲族乡的粮食作物种植以水稻为主，其他还有小麦、大(米)麦、番薯、玉米、大豆等。

明清与民国时期，以一年种一季迟熟中稻为主。“懵里懵懂清明浸谷种”，谷种清明前就得浸泡，立夏前后插秧，立秋前后收割。有一些农户种二熟，水稻收割前 10—15 天，在稻田中撒播“卸豆”(马料豆)。或者水稻收割后播种玉米、荞麦、萝卜等。

中华人民共和国成立后，1950 年开始推行“老三熟”(春粮—早中稻—秋杂粮)耕作制。压缩秋闲田、冬闲田，减少马料豆、荞麦，扩大玉米等秋杂粮。

1955 年开始，推广以双季连作稻为主的新三熟制，种植形式主要为小麦—早稻(早中稻)—秋粮(马料豆或荞麦)。扩大迟熟早稻，压缩中稻，限种(田)玉米、秋大豆。

20 世纪 70 年代，推广春粮(麦、油菜)—早中稻—双季晚稻为主的新三熟制。

21世纪开始，随着农村劳动力输出的快速增加，种粮效益的相对偏低，粮食作物种植逐渐变为一熟制。

1．水 稻

（1）品种更新

清、民国时期水亭区域水稻品种可分为早、中、迟熟三种。早熟品种主要有矮脚早（矮脚鸡）、双头黄、天脱粒、江西早、大粒芒等；中熟品种主要有小叶、早白禾、尖粒子、花谷银、水蜡烛等。迟熟品种主要有迟花谷、没肥黑、大粒白、五百粒等。糯稻有早秋糯、早白壳糯、红壳糯、白杨金糯等。

20世纪50年代，早中稻品种主要有三九九、胜利籼、兰农1号、6505等。50年代中期，开始推广双季连作稻。早稻品种主要有南特号、早三倍、南特三九九、南塘矮16号、广选3号。晚稻品种主要有金华稻、晚籼9号、黄光头、黄禾子等。

60年代，早稻推广品种有莲塘早、陆财号、矮脚南特三大良种。

70年代，早稻品种主要有二九南1号、二九南2号、早熟二九青、原丰早等。迟熟品种主要有广陆矮4号、先锋1号等。重点推广迟熟晚粳品种农垦58号。除此之外，还有矮粳23、农红73、中粳东方红1号、新太湖青、农虎6号、荔枝红、苏稻1号等。糯稻有甲农糯、红壳糯、杭州糯、台中糯等。

1978年全面推广杂交晚稻，品种以南优2号、汕优6号为主。汕优6号连续10年为当家品种。

80年代，早稻引进二九青、浙辐802、舟903、浙852、浙733、加育948、中早5号等良种，取代米质适口性较差的旧早籼品种。晚稻推广加湖4号、秀水48、秀水27、农粳32、浙农大402等晚粳良种。糯稻推广京引15、双糯4号、浙糯号矮双2号、浙农大454等新品种。1987年后逐渐引进杂交晚稻汕优桂33、汕优63。

90年代，杂交稻以汕优10号为主，协优46、汕优64、汕优85为辅。

2000年以后，早稻推广舟903、浙733、金早47、杭959新品种；晚稻春江15、浙粳20为当家品种；糯稻绍糯119、春江糯2号等品种。引进二优培九、Ⅱ优明86、中浙优1号等杂交稻。

2011年开始推广甬优系列，有甬优9号、甬优12号、甬优15号、甬优17号等。直至2015年，上述品种仍为当家品种。

（2）栽培方式技术

育 秧 中华人民共和国成立之前,水亭农民用"水田育秧"方式育秧,谷种容易烂,天气不好时,"烂秧"情况严重,秧苗品质差。中华人民共和国成立后,提倡科学种田。20 世纪 50 年代开始,早稻育秧实行"四改":

一改种子处理。推行晒种、筛选、盐(泥)水选种、药剂消毒和"催芽"。

二改育秧方式。1956 年,全面推广半旱秧田育秧经验,秧苗粗壮。1963 年开始,绿肥田(冬闲田)早稻推广塑料薄膜保温育秧。1970 年,推广早稻场地育秧和小苗带土移栽。1984 年,推广地膜覆盖育秧。

三改秧田播种量和大田用种量。扩大秧田面积,大力推广稀播壮秧,尤其是春粮油菜田早稻育秧,在有经验基础的村、户坚持"两段育秧"。20 世纪 80 年代,迟熟早稻推广稀播一段秧,早插田每亩秧田播种量从播籽 100—150 千克降低至 50—60 千克,春花田用种量从 6—8 千克降低到 2—3 千克。1995 年。杂交晚稻采用旱地"两段育秧",小苗一段播在有机肥丰富、质地疏松、排水方便的旱地或菜地上、待秧苗二叶一心时移栽到秧田,称之"寄秧",整个过程称"两段育秧"。2000 年后,杂交稻谷籽又采用直播方法,即谷籽浸种催芽,苗芽长到 2—3 厘米,拌入防鼠、防雀农药,直接把苗芽均匀地撒播到田里。

四改秧田管理。秧田整地做到沟深畦平,施足有机肥与复合肥,秧苗 3 叶期前坚持水不上秧板,秧田干燥时只灌"跑马水"。二叶一心时,排干秧田水,用直播净农药除草一次,第二天秧田重新复水。治虫施肥,精心培育矮壮苗。

插 秧 中华人民共和国成立之前,水亭农民插秧稀,秧苗行间距在尺把左右,秧苗株数偏多,每丛秧苗 13—18 株间。中华人民共和国成立之后,20 世纪 50 年代中后期,推小株密植,开始太密,后推广 7 寸×5 寸合理密植。20 世纪 60 年代推广矮秆品种,密植程度为 6 寸见方。1979 年,推广杂交水稻,行间距通常为 7 寸×4 寸,每亩落田苗数,早插田约 8 万株,中插田约 10 万株,迟插田约 12 万株。

施 肥 水亭区域农民给水稻施肥分为两类:基肥与追肥。基肥是插秧前施入水稻田里的肥。主要有草籽、猪牛栏肥、人粪尿、灰肥、饼肥、塘泥、青草等有机肥。追肥是插秧后,根据水稻生长状况所需而施的肥。20 世纪 60 年代前,追肥主要是草木灰、人粪。20 世纪 60 年代,化学肥料广泛应用,成为追肥主角。化肥使用初期,水亭农民统称它们为"肥田粉"。随着工业技术的发展,化肥品种迅速增多,氮素化肥有氨水、碳酸氢铵、尿素、硫酸铵、氯化铵、石灰氮等;磷肥有钙镁磷肥、过磷酸钙等；钾肥有氯化钾、硫酸钾等。70年代后，早晚稻每亩施20—30担栏（猪栏、牛栏）肥，再加40—50斤氨水作基肥。返青期、分蘖期亩施尿素10—15千克，后期视苗情适当施“吊头肥”。70年代起，新三熟制扩大，基肥不足，在晚稻田推广青稻草还田。80年代后期开始，单季杂交晚稻面积逐年扩大。氮、磷、钾为一体的复合肥面世。水稻、油菜等作物专用复合肥成为各种农作物肥料的主体。

灌 水 1953年前，水亭农业用水全靠小池塘。用水紧张。一旦下雨，农民就加高加固“田缺”（出水口），让稻田里尽量多蓄水。20世纪50年代中后期开始，水亭区域大兴水利，农业用水条件明显好转。60年代，提倡勤灌、适当搁田（保持稻田泥土湿润）、烤田（稻田泥土干燥）。70年代起，提倡浅水插秧、分蘖盛期搁田、分蘖末期烤田、孕穗期灌“跑马水”（放水到田里，水量放到可湿润土即停止，然后把水放掉）。头熟收割前，黏土田灌满水，沙性田放光水。

除 草 20世纪80年代前，水亭区域水稻田除草全靠人工。水稻下栽10来天，开始耘（第一遍）田，人跪在稻田里，边向前爬，边用双手抓拔杂草，把所拔的草深深地插入烂泥中，让草烂后成为水稻的肥料。第一遍耘田半个月左右（视田中杂草生长情况而定）后第二次耘田。80年代后，用“伏草星”“农得益”等化学药剂除草。90年代起，杂交水稻田插秧后6天左右，采用稻田除草剂（粉剂）拌化肥8千克左右（根据稻苗生长情况定使用化肥数量）撒施，除草结合施肥，省去耘田手续。之后，一直用化学除草药剂除草。

2. 大小麦

（1）品种更新

民国时期，水亭区域小麦主要品种有红蜈蚣、铁丁麦、红松蒲、白松蒲、兰溪早、鲫鱼麦等。大麦主要品种有二棱大麦、四棱大麦和六棱大麦。米麦（裸大麦）主要品种为三月黄。

20世纪，水亭区域麦类品种以白松蒲、兰溪早为主，其次是吉利矮秆红、杨麦3号等品种；大麦以早熟3号、立夏黄、无芒六棱等品种为主。

20世纪70年代，以浙麦1号（原名908）、浙麦2号、钱江2号等品种为主。

20世纪90年代以后，以浙麦1号为主，浙麦2号、钱江2号、温麦8号、温麦10号、扬麦12、扬麦15、浙麦2号为次。

21世纪初至2015年，扬麦3号种植面积扩大。大麦以早熟3号为主，其次为沪麦3号。

(2)栽培方式技术

大小麦传统播种期限较长,水亭一带有“小麦尽冬,大麦尽年”的说法。20世纪50年代起,大小麦播种期设立时限,小麦立冬节气前,大麦小雪节气前后。60年代,品种不断更换,播种期根据品种特性,偏冬性10月下旬至11月上旬播种,偏春性11月上、中旬播种。小麦宜早,大麦稍偏迟,防止过早播种在暖冬年份提前拔节、早穗而减产。50年代后,麦籽播种前进行冷浸日晒处理,防治麦类黑穗病。60年代起,逐步改宽畦(4尺)窄沟(0.6尺)、条播(大麦多用横播,小麦多用直播,以利套种棉花、夏大豆)。70年代推广板田麦,在晚稻收割后,每亩使用复合肥25公斤,撒到稻田里作基肥,再直接播麦籽,用拖拉机开沟成畦,沟泥盖籽,省工省本。

80年代中期开始,推广大小麦高产模式栽培,采取以叶龄为主要指标的“前促、中控、后补”的施肥方法。掌握每亩一熟施纯氮肥13公斤左右,基肥用量占50%左右;1—3叶期,施“麦枪肥”占30%左右;7—8叶期施“拔节肥”占20%左右。麦籽播下后,抓紧开好“三沟”(直沟、横沟、出水沟)。每亩用150克的丁草胺防杂草;做好赤霉病、黑穗病、锈病、麦蚜、黏虫等防病治虫工作。

3. 玉　米

(1)品种更新

中华人民共和国成立之前,水亭区域所种玉米,当地人称为山玉米。大多种在小山坡上。20世纪50年代,水亭区域玉米分山玉米与田玉米。山玉米品种以金皇后为主。田玉米主要品种有金华九十日、半黄、小粒黄、大粒黄、磐安黄子等。20世纪60年代引进杂交玉米旅曲、浙单1号。20世纪80年代,引进农大107、丹玉6号、虎丹1号等品种。

20世纪90年代后,引进浙糯1号、白玉糯2号、科糯986、苏玉糯2号、超甜3号、超甜2018等鲜食甜、糯玉米品种。2012年起,引进饲料玉米(济丹7号、郑单598等),因产量较高,受农户欢迎。饲料玉米,主要用于自家所养猪、鸡、鸭等饲料。

(2)栽培方式技术

早中稻收割后,作畦点播或秧苗栽种。如稻田泥土过于干燥,则放“跑马水”,再播种。用饼肥或人粪尿作基肥。播种好后,一般情况下,每亩再施栏肥20—30担,用开沟的泥土把栏肥覆盖住,以防肥分流失。

中耕、除草1—2次。第一次中耕后即用人粪尿施追肥。20世纪70年代开始用碳酸氢铵、尿素等化肥作追肥。

4. 番 薯

(1)品种更新

20 世纪 50 年代以前，品种有红皮白心六十日、白皮白心、红皮黄心。1955 年引入胜利百号，俗称黄心番薯，产量高，含水分少，耐储藏，出粉率高。地上部分茎叶(俗称番薯梗)，生长前期可作蔬菜食用。20 世纪 80 年代，引进徐薯 18 良种，90 年代推广，1995 年普及，现为番薯当家品种。

(2)栽培方式技术

水亭区域农民播种番薯都用番薯藤(一般把番薯藤剪成 2 节为一株苗)扦插的方法。用草木灰、菜籽饼(油菜籽榨油后的油菜籽渣)做基肥。先在做好的畦上开出间隔约 1 尺 5 寸的小土穴，把适量基肥放入土穴中，扦插番薯藤苗时，先用土穴边的泥土把基肥覆盖住，再在基肥边扦插上藤苗，不可把藤苗插到基肥中，以免"烧苗"。播种后 7 天左右，用人粪尿施追肥，人粪尿浓度不能太高，以防伤苗。中耕、除草 1—2 次，第 2 次中耕时，要把番薯藤每节节点上生到土里的根拔出土，并要用手把总根部四周泥土适度挖开，把过多的"小番薯"摘除，留下适量个数的番薯，以便达到番薯个大、量高的目的。每次中耕后即用人粪尿施追肥。20 世纪 70 年代开始用碳酸氢铵、尿素、复合肥等化肥作追肥。

5. 大 豆

(1)品种更新

水亭区域大豆主要是田塍豆(播种在田塍及其坡上，当地人统称为田塍豆)。20 世纪 50 年代及之前，水亭区域大豆品种单一，全是土种黄豆。60 年代之后，品种逐渐更新，到 2015 年，主要品种有樟子乌、重阳豆、矮脚毛豆、青酥号(95—1)、春丰早等。

(2)栽培方式技术

水亭区域大豆一般 3 月下旬到 4 月上旬播种。行间距每隔 1 尺 5 寸左右开一穴，每一穴放豆种两三颗，豆种播下后须用物体把它们盖好，以防青蛙、老鼠等咬食。20 世纪 60 年代及之前，水亭农民用稻草灰或草木灰铺盖；70 年代至 2015 年，用磷肥铺盖。根据杂草生长情况，除(铲)草一两次，每次都把杂草及泥土堆到豆根四周，起到降温防晒作用，杂草腐烂后成为豆的肥料。

种植秋大豆不过"立秋关"，过立秋种植的大豆叶旺荚稀。

豆籽年年筛选。晒干放干燥处。

豆籽播种时，土应潮湿。豆籽播种前可适当晒晒，不可暴晒过干燥。过干燥的豆种播种时如是雨天，豆种遇水易裂。

(二)经济作物

1．油 菜

(1)品种更新

1955年前，水亭区域油菜全部是白菜型土种油菜。1955年，从四川引进甘蓝型胜利油菜品种。20世纪70年代引进早丰1号、宁油7号等品种。20世纪80年代引进具有抗倒、抗病，早熟高产的九二13系品种，成为主栽品种。1997年引进浙双72。2000年以来引进沪油15、湘杂油1号、浙双6号等“双低”油菜，这些品种，直至2015年都是水亭区域油菜的当家品种。

(2)栽培方式技术

1975年之前，水亭区域油菜都要经翻耕、整地再种。1975年冬种始，上朱大队第4生产队大胆革新，晚稻收割后，不翻耕，不整地，直接在稻板田上划线打穴，栽种油菜秧苗。撮施一把肥泥压根。及时开好主沟、畦沟及铺栏施肥，结合多次清沟培土，达到以肥压草，以土压草等配套措施。连续4年油菜丰收，形成了“稻田油菜免耕栽培技术”，农民称为“稻板油菜”。

水亭油菜栽培主要技术：淘汰老品种，推广良种。提高秧苗素质。及时播种，9月底至10月初适时播种，11月上旬适龄移栽。科学种植，合理密植。种植密度以每亩(0.067公顷)栽6500—8000株为宜，直播油菜每亩1.5万—2万株；科学用肥，采用“年内施足肥，年外勤施肥，增施磷钾肥早施花肥，重视用硼肥”的施肥技术；推广化学除草，防治草害；及时做好清沟排水、抗旱保苗病虫害防治等田间管理；防止过早割青，确保高产丰收。

2．棉 花

1994年前，水亭区域无人种棉。1994年，浙江省人民政府决定棉花生产实施“稳东扩西”发展战略。用3年时间，在金华、衢州西棉区新扩棉花种植面积6666.66公顷，其中兰溪新增种植面积1666.66公顷，由水亭、孟湖、永昌、诸葛等乡镇组织实施。水亭大力宣传推广种植棉花，棉花大面积种植，改写了水亭无棉的历史。

(1)品种更新

1995年推广中棉12，试种泗棉3号。1998年推广泗棉3号并成当家品种。1999年引进中棉29、中棉28品种，直至2015年，上述品种仍是水亭区域的当家品种。

(2)栽培方式技术

淘汰老品种,推广良种。淘汰落后的播种方式,推广套种方式。适当提前播种期,力争4月全苗。播前推广晒种和选种,播时以"三开一凉"温汤(三份开水加一份凉水)浸种处理,提高发芽率、出苗率。科学种植,合理密植。2000年大面积推广长势旺、结铃多、产量高的杂交棉以来,每亩(0.067公顷)种植密度2000株左右。科学施肥。施足基肥,早施轻施苗肥,蕾期控施氮肥,重施花铃肥,补施长铃肥,促进棉花平衡生长。同时增施磷钾肥、硼肥,以减少蕾铃脱落和防止早衰。勤中耕除草,开沟排水,摘芯整改,防治病虫害。

1995—2015年水亭畲族乡农业总产值一览表

表9-4-1-18

年 份	农业总产值(万元)	农村经济总收入(万元)	人均纯收入(元)
1995	5659	8249	1300
1996	6575	9414	1700
1997	5456	10325	1775
1998	6510	11200	2106
1999	5582	12449	2246
2000	5890	13516	2370
2001	5369	14650	2510
2002	5066	17831	2806
2003	4860	18734	3016
2004	4862	22284	3356
2005	5075	23458	3398
2006	5651	24969	3543
2007	7118	27000	3879
2008	8550	27180	4126
2009	9300	29991	4662
2010	9900	32309	5741
2011	11972	34610	6318
2012	13220	38071	7345
2013	14277	48454	8492
2014	15520	51915	9765
2015	16450	52918	10742

1996—2015 年各畲族村农民人均收入一览表

表 9-4-1-19　　单位:元

年份＼村名	全乡人均所得	柳家村	下方泉村	周郡汤村	上朱村	西方坞村	柳塘章村	生塘胡村	奎塘畈村
1996	1700	1495	1690	2048	1528	1165	1424	1453	1416
1997	1775	1556	1686	2172	1435	1338	1406	1329	1328
1998	2100	1758	1853	2066	1836	1467	1467	1364	1320
1999	2246	2042	1863	2029	1750	1381	1420	1443	1347
2000	2370	2280	2061	1993	2065	1530	1488	1490	1576
2001	2510	1960	2077	1841	2099	1431	1526	1706	1701
2002	2806	2098	2078	3874	3820	1714	1617	1798	1707
2003	3016	2900	3215	3223	3048	2508	2504	2749	2401
2004	3356	3225	3197	4050	3217	2859	3103	3592	2859
2005	3398	3195	2504	4063	4012	2303	2461	3087	2275
2006	3543	3191	3194	4005	3646	2528	3298	3170	2808
2007	3879	3865	4637	4657	4021	2807	3542	3562	3474
2008	4126	3809	4738	4550	3873	2718	3413	3692	3459
2009	4662	4202	5302	4600	4563	3383	3783	4194	3698
2010	5471	5043	5921	5279	5515	4125	4892	5157	4412
2011	6318	6005	6816	6148	6427	4919	5654	6086	5281
2012	7345	6605	7768	6721	7167	5896	7133	6717	6517
2013	8492	8506	8818	8739	8603	8547	8414	8616	8438
2014	9765	9802	10108	9769	9735	9668	9760	9814	9619
2015	10742	10617	11998	10938	10693	10343	10674	10753	10832

(三)农作物和产量

水亭畲族乡的农业以种植水稻为主,兼种其他许多农作物,包括油菜、小麦、大(米)麦、蚕豌豆、马铃薯、番薯、玉米、大豆、棉花、芝麻、红白萝卜、花草籽、茶叶、柑橘等。

水稻种植:2000 年,面积 1566.4 公顷,产量 9561.48 吨。2015 年,面积 710.93 公顷,产量 5225.4 吨。油菜种植:2000 年,面积 479.73 公顷,产量 840 吨。2015 年,面积 776.07 公顷,产量 1548.7 吨。大麦种植:2015 年,面积 1207.3

公顷，产量 7776.8 吨。蔬菜种植面积大幅扩大：2000 年，面积 29.43 公顷。2015 年，面积 229.5 公顷。

2000 年和 2015 年水亭畲族乡农作物种植面积与产量一览表

表 9-4-1-20

序号	名称	2000 年面积（公顷）	2000 年总产量（吨）	2015 年面积（公顷）	2015 年总产量（吨）
1	油菜籽	479.73	840	776.07	1548.7
2	小麦	76.86	187.15	—	—
3	大（米）麦	2.6	5.35	1207.3	7776.8
4	蚕豌豆	4.4	5.6（按五折一计算）	13.4	16.5
5	马铃薯	1.66	3.4	15.85	89.8
6	晚稻及单季稻	1566.4	9561.48	710.93	5225.4
7	番薯	12.26	155.3（按五折一计算）	74.73	495.9
8	玉米	5	17.42	67.73	356.5
9	其他杂粮	4	4.28	363.7	1800.4
10	大豆	205	411.5	517	1046.9
11	绿豆	—	1.1	—	—
12	棉花	116.06	92.18（皮棉）	242.27	401
13	花生	7.53	20.55	15	57.3
14	芝麻	9.53	13.55	26.6	39.9
15	糖蔗	1.8	156.6	—	—
16	果蔗	1.26	48.4	1.67	37.5
17	蔬菜	29.43	772.5	229.5	2742
18	瓜类（水果用瓜）	8.26	182	25.46	600.7
19	桑	26.8	0.43（蚕茧）	—	—
20	茶	21.26	6	9.33	23
21	柑橘	156.8	1021.5	88	85.6

为增加粮食种植面积，提高粮食产量。2008 年，水亭畲族乡成立了 35 家粮食专业合作社。

2008年水亭畲族乡35家粮食合作社一览表

表 9-4-1-21

序号	合作社名称	法人代表姓名	成立时间
1	兰溪市梦谷粮食专业合作社	江　梁	2008年7月2日
2	兰溪市白鹤桥粮食专业合作社	姜国成	2008年7月2日
3	兰溪市周郚汤粮食专业合作社	祝卫祥	2008年7月2日
4	兰溪市金仓粮食专业合作社	吴锡罗	2008年7月2日
5	兰溪市丁家粮食专业合作社	丁荣生	2008年9月25日
6	兰溪市珠带式粮食专业合作社	徐木根	2008年9月25日
7	兰溪市生塘胡粮食专业合作社	胡锦禄	2008年9月25日
8	兰溪市水亭街粮食专业合作社	水建军	2008年10月14日
9	兰溪市芳茗叶粮食专业合作社	叶根明	2008年10月14日
10	兰溪市柳塘章粮食专业合作社	许茂成	2008年10月14日
11	兰溪市殿下粮食专业合作社	吴水金	2008年10月16日
12	兰溪市上周粮食专业合作社	周炳宏	2008年10月16日
13	兰溪市下方泉粮食专业合作社	方马根	2008年10月16日
14	兰溪市杨田坞粮食专业合作社	张永祥	2008年10月16日
15	兰溪市上吴粮食专业合作社	章移新	2008年10月16日
16	兰溪市西姜粮食专业合作社	姜少云	2008年10月16日
17	兰溪市下蒋粮食专业合作社	蒋彩潮	2008年10月16日
18	兰溪市粮食尚方专业合作社	傅国金	2008年10月16日
19	兰溪市午塘桥粮食专业合作社	诸永芳	2008年10月17日
20	兰溪市午塘边粮食专业合作社	徐土银	2008年10月20日
21	兰溪市松树下粮食专业合作社	徐有成	2008年10月20日
22	兰溪市奎塘畈粮食专业合作社	蓝素珍	2008年10月20日
23	兰溪市施家粮食专业合作社	施国金	2008年10月20日
24	兰溪市横塘粮食专业合作社	徐水富	2008年10月22日
25	兰溪市上朱粮食专业合作社	李志明	2008年10月22日
26	兰溪市西方坞粮食专业合作社	雷阿富	2008年10月22日
27	兰溪市水亭坞粮食专业合作社	水土金	2008年10月27日
28	兰溪市香禾粮食专业合作社	吴如宝	2008年10月27日

续表 9-4-1-21

序号	合作社名称	法人姓名	成立日期
29	兰溪市塘上粮食专业合作社	徐礼同	2008 年 10 月 27 日
30	兰溪市盖竹里粮食专业合作社	徐跃宽	2008 年 10 月 27 日
31	兰溪市古塘粮食专业合作社	徐增敏	2008 年 10 月 27 日
32	兰溪市范坞粮食专业合作社	范宝金	2008 年 10 月 27 日
33	兰溪市杨保塘下粮食专业合作社	童银根	2008 年 10 月 27 日
34	兰溪市河伯沿粮食专业合作社	方雨干	2008 年 11 月 4 日
35	兰溪市陈塘下粮食专业合作社	叶雪清	2008 年 11 月 10 日

五、养殖业

(一)家 畜

水亭畲族乡家畜养殖，猪、牛、羊、兔皆有。水亭传统家庭养殖以养猪为主。农户喜欢养母猪、产仔猪出售。水亭仔猪有免疫力强、易养、快大等特点，当时盛传"十八社里(指水亭)猪，好养又好收(指收益好)"的俗话。20 世纪 70—90 年代，水亭牲畜市场交易十分兴隆，其中仔猪交易十分活跃，不但本地农民喜欢购买当地仔猪，金华、龙游、东阳、义乌、建德、富阳等地的农民也纷纷到水亭购买。每逢初一、初四、初七、十一、十四、十七、廿一、廿四、廿七(俗称一四七)，交易市场人山人海，生意兴隆。

肉猪，农户习惯圈养 1—2 头，饲料以青饲料为主，精饲料为辅，有生吃、熟吃之分。青饲料春夏季以紫云英(红花草籽)、水浮莲、水葫芦为多，秋冬季以番薯藤、红萝卜、白萝卜、青菜叶为主，精饲料有自种的稻谷、玉米、小麦、大豆等。

20 世纪 90 年代以后，农村产业结构调整，乡镇企业迅速发展，农村养猪发生了较大的变化，习惯一户一猪养殖模式被淘汰，发展为规模化、专业化养殖模式，全乡出现一了大批养猪专业户。2005 年，全乡规模化养猪场 15 家，出售商品猪 3 万头。2011 年，生猪饲养量 7.28 万头，年末存栏 3.54 万头；2011 年，全年生产肉类 2797.2 吨，其中猪肉 2793 吨，畜牧业总产值 7049 万元，占农业总产值的 58.7%。2015 年，水亭畲族乡 1000 头以上养猪场有 15 家，养殖业成为农业经济支柱产业之一。

1995—2012 年水亭畲族乡畜牧业饲养量一览表

表 9-4-1-22

年 别	生猪全年饲养量(头)	牛年末存栏数(头)	羊年末存栏数(只)	家禽年末存栏数(羽)	兔年末存栏数(只)
1995	24811	766	1322	63730	803
1996	24137	726	1052	71437	304
1997	20007	669	658	53505	1873
1998	29565	658	328	54083	1722
1999	25504	531	392	100600	3285
2000	27110	564	398	86600	3735
2001	23184	553	468	84400	2935
2002	21896	455	344	84900	4425
2003	15863	457	389	98700	525
2004	15383	349	350	84780	635
2005	14454	350	395	136200	1005
2006	18543	296	445	171200	1543
2007	23900	241	293	343000	1640
2008	43600	293	139	359000	635
2009	54646	168	159	360000	100
2010	66382	130	175	277300	150
2011	72801	130	144	446860	350
2012	72860	32	160	426860	450

2015 年水亭畲族乡养猪大户调查一览表

表 9-4-1-23

行政村名	养殖户主姓名	养殖场概况			养殖高峰年概况			2015 年概况			
		创办年份	养殖栏面积(平方米)	当年养殖(头)	年份	全年养殖(头)	全年出售(头)	养殖栏面积(平方米)	全年养殖(头)	全年出售(头)	停办及其原因
水亭街	李国翁	2014	1000	1660	—	—	—	1000	1660	800	未停办
水亭坞	水土荣	2008	3000	1000	2015	1500	2500	2000	1500	2500	未停办
	水利成	—	—	—	—	—	—	3000	2000	2800	未停办
西姜	姜旭良	2002	4210	1600	—	—	—	4210	1600	1700	未停办

续表 9-4-1-23

行政村名	养殖户主姓名	养殖场概况			养殖高峰年概况			2015 年概况			
		创办年份	养殖栏面积（平方米）	当年养殖（头）	年份	全年养殖（头）	全年出售（头）	养殖栏面积（平方米）	全年养殖（头）	全年出售（头）	停办及其原因
古塘	徐省余	2000	500	600	—	—	—	—	—	—	拆除
	刘茂富	2012	800	700	—	—	—	—	—	—	拆除
	徐恒亮	2015	1000	800	—	—	—	—	—	—	拆除
	戴祖根	2005	3000	3000	—	—	—	3000	3000	6000	未停办
陈塘下	叶海明	2008	4700	1000	—	—	—	2200	950	1400	未停办
	叶建松	2008	6000	1000	—	—	—	3200	1200	1500	未停办
上吴	吴永兵	2008	600	200	2013	300	280	—	—	—	拆除
	吴瑞金	2010	400	100	2013	200	180	400	50	40	未停办
周邵汤	邵小冬	2004	6600	5000	—	—	—	6600	3000	2000	未停办
	屋水成	—	1000	800	—	—	—	—	—	—	整治停办
	邵平	2007	3200	2800	2014	2800	1800	—	—	—	整治停办
柳家	柳志明	2009	800	150	2012	750	500	2000	750	500	未停办
	琚柏成	2011	400	120	2013	280	200	700	280	200	未停办
	柳志琪	2000	100	120	2004	250	200	550	250	200	未停办
	柳志宏	2013	250	200	2013	250	200	250	250	200	未停办
	柳海云	2014	200	100	2014	200	160	200	200	160	未停办
西方坞	雷其斌	2008	450	260	—	—	—	—	—	—	整治停办
	雷启禄	2009	380	180	—	—	—	—	—	—	整治停办
	雷银仓	2009	350	150	—	—	—	—	—	—	整治停办
柳塘章	章越平	1999	340	270	2005	470	466	680	580	560	未停办
生塘胡	胡雪荣	2007	1470	150	2012	230	200	1470	230	190	未停办
	王立兵	2010	480	110	2013	160	140	480	160	130	未停办
	雷木兵	2008	1450	200	2013	300	260	1450	240	220	未停办
	方時贤	2005	2000	220	2012	300	270	2000	260	220	未停办

续表 9-4-1-23

行政村名	养殖户主姓名	养殖场概况			养殖高峰年概况			2015 年概况			
		创办年份	养殖栏面积(平方米)	当年养殖(头)	年份	全年养殖(头)	全年出售(头)	养殖栏面积(平方米)	全年养殖(头)	全年出售(头)	停办及其原因
丁家	童惠芳	2002	2000	1080	—	—	—	2000	960	110	未停办
	童招富	2003	1160	500	—	—	—	1160	800	580	未停办
上朱	蒋彩潮	2001	2800	1600	—	3000	3000	2800	2000	2000	未停办
	张柏源	2008	1700	100	—	900	900	1700	900	900	未停办
	蓝有富	2009	3000	1200	—	1500	1500	3000	1400	1400	未停办
珠带式	姜红波	2003	2664	1300	2003	1200	1000	2664	15000	1300	未停办
施家	王立成	2009	1300	105	2013	900	700	2500	1200	1200	违建拆
	宋锦芳	2011	1500	120	2013	1000	800	2800	1500	1500	违建拆
	范来富	2012	1000	100	2013	900	700	2000	1500	1500	违建拆
横塘	施秀芳	2011	220	200	—	—	—	600	1400	950	未停办
杨保塘下	黄志新	2010	600	300	—	—	—	600	300	280	未停办
下蒋村	蒋彩潮	2001	2800	600	—	—	—	2800	2600	1400	未停办
	童国芳	2001	2000	80	—	—	—	1700	1500	1200	未停办
	蒋锡荣	2009	1400	26	—	—	—	1200	800	750	未停办
	蒋向平	2012	1600	26	—	—	—	1200	800	750	未停办

(二)家禽养殖

水亭区域农家饲养的家禽主要是鸡、鸭、鹅,以鸡为主。母鸡以产蛋为主,公鸡阉割饲养(俗称阉鸡),肉质鲜嫩,营养丰富。市场买卖都喜欢农户散养的土鸡、土鸡蛋、阉割鸡和老母鸡。它们的价格一般要高于其他鸡、鸡蛋一倍,甚至一倍多。20 世纪 80 年代之前,农家饲养家禽都是散养、放养,所养家禽数量不多。鸡蛋主要是出售,所得货币主要用于购买"油盐酱醋"及"针线"等小件日用品。阉鸡主要是逢年过节及嘉宾光临待客使用。20 世纪 80 年代之后,水亭区域农村实行"土地联产承包责任制",粮食产量大幅提高,家禽饲养量大幅增加。20 世纪初开始规模圈养。2015 年底,水亭畲族乡全乡有养鸡场 21 个,养鸭场 8 个。

2015 年水亭畲族乡养鸭大户调查一览表

表 9-4-1-24

行政村名	养殖户主姓名	养殖场概况			2015 年概况			
		创办年份	养殖栏面积(平方米)	养殖(只)	养殖栏面积(平方米)	全年养殖(批)	每批养殖(只)	停办及其原因
水亭坞	水利成	2014	12000	20000	4000	3	7000	未停办
陈塘下	叶顺飞	2017	1500	10000	—	—	—	未停办
黄村坞	苏代良	2010	2	3000	2	3	3000	未停办
柳家	郑洪军	2005	1400	11000	1400	1	11000	未停办
西方坞	雷阿富	2002	300	12000	1400	—	—	整治停办
	蓝水平	2003	200	8000	—	—	—	整治停办
	蓝宝泉	2001	400	16000	—	—	—	整治停办
	雷红坤	2001	260	18000	—	—	—	整治停办
生塘胡	周汝良	2014	1434	12000	1434	1	12000	因土地综合整治项目拆除
	邱连忠	2012	1000	9500	1000	1	9500	因土地综合整治项目拆除
	汤鹏	2013	1000	6000	1000	1	6000	因土地综合整治项目拆除
	陈晓东	2014	220	1300	220	1	1300	因土地综合整治项目拆除
	卓雪平	2016	4218	25000	—	—	—	因土地综合整治项目拆除
	张雪春	2016	4000	23000	—	—	—	因土地综合整治项目拆除
上朱	雷正余	1980	100	10000	100	10	1000	未停办
珠带式	徐江林	2003	1300	2000	1300	3	1600	未停办
	琚晓华	2010	520	2000	520	3	2000	违建拆
	徐柏君	2012	540	2000	540	3	2000	未停办
下蒋	蒋顺祥	2001	500	500	1600	3	15000	未停办

2015 年水亭畲族乡养鸡大户调查一览表

表 9-4-1-25

行政村名	养殖户主姓名	养殖场概况			2015 年概况			
		创办年份	养殖栏面积(平方米)	养殖(羽)	养殖栏面积(平方米)	全年养殖(批)	每批养殖(羽)	停办及其原因
芳茗叶	叶旭生	2007	1500	30000	1400	8	8000	未停办
	李明	2007	1800	80000	1800	4	20000	未停办

续表 9-4-1-25

行政村名	养殖户主姓名	养殖场概况			2015 年概况			
		创办年份	养殖栏面积(平方米)	养殖(羽)	养殖栏面积(平方米)	全年养殖(批)	每批养殖(羽)	停办及其原因
垂江	江浩庆	2007	660	15000	660	3	5000	未停办
	江小青	2011	2000	35000	2000	3	12000	未停办
	吴明芝	2009	1600	60000	1600	4	15000	未停办
	吴明金	2007	1450	35000	1450	4	8800	未停办
	吴明森	2009	1600	60000	1600	4	8800	未停办
上吴	吴发生	2001	300	5000	1000	1	20000	未停办
	刘水金	2004	200	3000	700	1	15000	未停办
柳家	郎秋红	2010	2000	42000	2000	3.5	12000	未停办
	范卫力	2009	2400	42000	2400	3.5	12000	未停办
西方坞	蓝国锋	1998	900	30000	—	—	—	火灾停养
	蓝训标	2007	1000	12000	—	—	—	土地复垦拆除
	叶胜军	2007	1000	10000	—	—	—	未停办
	雷萍	2006	1200	10000	—	—	—	旱改水拆除
	雷震	2005	1000	10000	—	—	—	未停办
	蓝晓敏	2010	500	6000	—	—	—	未停办
柳塘章	蓝连根	2005	720	8000	—	—	—	出售合并
	章建国	2008	1200	12000	—	—	—	未停办
	章建东	2011	1900	19000	—	—	—	未停办
	章建胜	2011	2300	23000	—	—	—	未停办
生塘胡	雷萍	2007	1450	280	1450	2	280	因土地综合整治项目拆除
	范海潮	2010	300	380	300	1	380	因土地综合整治项目拆除
上朱	雷正余	1980	500	1000	500	26	50000	未停办
施家	施树成	2011	1440	16000	1440	3	16000	未停办
下蒋	蒋小明	2001	600	1200	800	3	2000	未停办

(三)特种养殖

1. 养 蜂

中华人民共和国成立之前,水亭区域有少数农家养“土蜂”,数量较少,产蜜量不多。截至 2012 年,年末蜂总箱数最多的是 2009 年,全乡共有 2295 箱。

1995–2012 年水亭畲族乡蜂放养量一览表

表 9-4-1-26 单位：箱

年份	1995	1996	1997	1998	1999	2000	2001	2002	2003	2004	2005	2006	2007	2008	2009	2010	2011	2012
年末总箱数	1509	891	1081	1613	1065	1162	1284	1910	1913	1575	1430	1185	1650	1713	2295	898	1190	1080

2．梅花鹿

梅花鹿养殖业始于 2012 年，经国家林业局批准（发放《国家重点保护野生动物驯养繁殖许可证》），叶建清（水亭畲族乡陈塘下村人）投资 100 万元，在水亭畲族乡横塘村创建“兰溪市兴鑫梅花鹿养殖场”。当年养殖梅花鹿 24 头，雌雄性梅花鹿各 12 头。至 2015 年底，养殖场共有梅花鹿 87 头。

（四）渔业、珍珠业

水亭水产养殖以养鱼、养蚌育珠为主。1951 年前，互助组的塘随田，归田主所有，塘中鱼也归田主所有。从 1952 年到 1982 年，农村体制经历了互助组、合作社、人民公社形式。金星水库、石孔头水库及其水产归圣山人民公社所有，包坞水库及其水产归水亭人民公社所有，其他塘库属各大队或自然村所有。

1982 年夏，水亭畲族乡（原圣山人民公社、水亭人民公社）实行“家庭联产承包责任制”，塘、库也承包到户，塘库养殖产品归承包者所有。养鱼生产由粗放型转为精养细管型。

1985 年 3 月，中共中央、国务院发出《关于放宽政策加快发展水产业的指示》，指出要像重视耕地一样重视水域的开发利用，把加速发展水产业作为调整农村产业结构，促进粮食转化的一个措施来抓。水亭地区人们调整农村产业结构，发展水产业，养鱼生产由粗放型转为精养细管型，水产产量明显提高。1986 年，原水亭乡鱼总产量 41.5 吨，原圣山乡鱼总产量 47.55 吨。

塘库属集体所有时，鱼类一般一年捕捞一次，大多在每年春节前几天进行。一是可以供应每家每户过年食用；二是春节市场活跃，不但价格比平时高，而且易销。水亭地区的鱼类种类较多，有鲢鱼、青鱼、鲤里、鲫鱼、鱼鳅、黄鳝、胡子鲶、红鲤鱼、银鲫等，另有虾、鳖、石蛙等。

捕鱼的工具一般用手网。池塘小的在岸四周撒网就行，池塘大的，放竹排，在排上撒网捕获。大的水库就要用大拉网拖网捕捞。平时捕鱼的工具较多。钓鱼，有饵钓、滚钓、卡钓；捉鳖有鳖枪、鳖钩；捉虾有虾笼；捉鳝有鳝笼；

等等。

20世纪80年代开始，水亭水产养殖由单一养鱼改为鱼蚌混养育珠新模式。由于市场价格、销路等原因，珍珠养殖数量、产量波动较大。

1995—2012年水亭畲族乡水产品产量一览表

表9-4-1-27

年 份	水产品产量(吨)	其中珍珠产量(公斤)
1995	278	660
1996	305	141
1997	566	700
1998	631	725
1999	704	1550
2000	791	1500
2001	861	1170
2002	1009.02	4230
2003	1052	1885
2004	1734.5	9225
2005	1712.7	12145
2006	1724.5	38200
2007	1892	9000
2008	1869	7000
2009	1964	10500
2010	2215.9	8840
2011	2276	1237
2012	2397.4	28

2015年水亭畲族乡养鱼大户一览表

表9-4-1-28

行政村名	养殖户主姓名	养殖场概况			养殖高峰年概况			2015年概况			
		创办年份	养殖面积(亩)	每批可养鱼(尾)	年份	全年养殖(尾)	全年出售数(吨)	养殖面积(亩)	全年养殖(尾)	全年出售数(吨)	停办及其原因
水亭街	吴建鸿	2001	11	900	2013	—	1.5	11	900	1	

续表 9-4-1-28

行政村名	养殖户主姓名	养殖场概况			养殖高峰年概况			2015 年概况			
		创办年份	养殖面积（亩）	每批可养鱼（尾）	年份	全年养殖（尾）	全年出售数（吨）	养殖面积（亩）	全年养殖（尾）	全年出售数（吨）	停办及其原因
水亭街	陈少东	2014	10	700	2015	—	0.55	10	650	0.4	
	童建明	2015	26	1200	2018		2.1	26	1300	2	
水亭坞	潘撮芳	2005	80	3000	2008	4000	12	80	300	12	
西姜	姜向林	2000	233	233000	—	—	—	—	—	69.9	
	姜胜	2002	72	72000	—	—	—	—	—	36	
	姜友芝	2002	45	45000	—	—	—	—	—	22.5	
古塘	徐炳荣	2000	18	100000	—	—	—	—	—	—	转让
	徐增敏	2008	18	100000	—	—	—	18	100000	20	
	刘茂富	2005	22	120000	—	—	—	22	120000	25	
	徐宇圻	2008	6	60000	—	—	—	—	—	—	转让
	王一新	2014	6	60000				6	60000	12	
垂江	江显臣	2005	28	20000	2008	30000	20	28	20000	20	
	吴明森	2007	17	16000	2012	20000	16	17	16000	15	
	江志成	2004	14	12000	2010	13000	15	14	12000	14	
柳家	柳水龙	2001	—	—	2006	65000	18	60	65000	18	
	郑洪军	2001	60	60000	每年	60000	15	60	60000	15	
	雷建国	2010	63	50000	每年	50000	12	63	50000	12	
	张卫兴	2006	65	40000	每年	40000	20	65	40000	20	
	柳水土	2002	18	18000	每年	18000	4.5	18	18000	4.5	亏本停办及到期
	张建民	2002	30	20000	每年	20000	8	30	20000	8	亏本停办及到期
	张彩寿	2003	12	8000	每年	8000	3.2	12	8000	3.2	亏本停办及到期
西方坞	柳志宏	1999	16	18000	每年	18000	4	16	18000	4	
	雷其斌	1996	33	—	—	—	—	33	—	13	
	雷阿富	1998	13	—	—	—	—	13	—	5	
	雷潇	1998	16	—	—	—	—	16	—	6	
	蓝余通	2000	23	—	—	—	—	23	—	10	

续表 9-4-1-28

行政村名	养殖户主姓名	养殖场概况			养殖高峰年概况			2015 年概况			
		创办年份	养殖面积(亩)	每批可养鱼(尾)	年份	全年养殖(尾)	全年出售数(吨)	养殖面积(亩)	全年养殖(尾)	全年出售数(吨)	停办及其原因
生塘胡	胡锦生	1999	40	—	—	—	—	40	—	—	
	胡锦禄	1999	15.83	—	—	—	—	15.83	—	—	
	周胜	2016	30	—	—	—	—	30	—	—	
上朱	朱进仓	2014	70	100000	—	150000	8	—	—	—	
	王有机	2010	50	1200	—	2000	4	—	—	—	
珠带式	杨金良	1999	60	60000	—	—	—	60	60000	15	
施家	施树根	2001	47.5	20000	2001	20000	35	47.5	20000	35	
	王樟宝	2001	30.4	16000	2001	16000	28	30.4	16000	28	
杨保塘下	黄富军	1995	50	—	—	—	—	65	—	50	
下蒋	林小军	1998	15	3000	2002	20000	20	170	34000	6.8	
	蒋向明	1998	14	2800	2002	18000	18	30	15000	3	
	蒋松琦	1998	6	1200	2002	6000	6	6	1200	6	
	蒋峰臣	1998	5	1000	2002	5000	5	5	1000	5	
	蒋小明	2000	30	4500	2002	30000	30	30	15000	20	

2015 年水亭畲族乡珍珠养殖大户调查一览表

表 9-4-1-29

行政村名	养殖户主姓名	养殖场概况			养殖高峰年概况			2015 年概况			
		创办年份	养殖面积(亩)	每批可养珍珠蚌(个)	年份	全年养殖(个)	全年出售数(千克)	养殖面积(亩)	全年养殖(个)	全年出售数(千克)	停办及其原因
西姜	姜向林	2000	233	150000	—	—	—	—	—	—	没利润
	姜胜	2002	72	60000	—	—	—	—	—	—	没利润
	姜友芝	2002	45	40000	—	—	—	—	—	—	没利润
古塘	徐慰松	2002	8	5000	—	—	—	—	—	—	没利润
	徐正盛	2002	3	1800	—	—	—	—	—	—	没利润
	徐增敏	2005	4	2400	—	—	—	—	—	—	没利润
	刘茂富	2003	6	3600	—	—	—	—	—	—	没利润

续表 9-4-1-29

行政村名	养殖户主姓名	养殖场概况			养殖高峰年概况			2015 年概况			
		创办年份	养殖面积（亩）	每批可养珍珠蚌（个）	年份	全年养殖（个）	全年出售数（千克）	养殖面积（亩）	全年养殖（个）	全年出售数（千克）	停办及其原因
柳家	柳水龙	2001	20		2006	50000	三年 980 千克	60	50000	2013—2015 年共 980 千克	
	郑洪军	2001	60	50000	2002	50000	三年 1000 千克	60	50000	2013—2015 年共 1000 千克	
	雷建国	2011	63	75000	2012	75000	二年 938 千克	63	75000	938 千克	
	张卫兴	2006	65	90000	2007	90000	三年 1350 千克	65	90000	三年 1350 千克	
	张建民	2002	30	40000	2003	40000	四年 900 千克	30	40000	四年 900 千克	到期（农户调解不好）
	张彩寿	2001	12	15000	2004	15000	四年 200 千克	12	15000	四年 200 千克	到期（农户调解不好）
	柳志宏	1999	16	15000	2003	22000	三年 330 千克	16	22000	三年 330 千克	
上朱	王有松	2011	50	55000		50	5500	0	0	0	
珠带式	姜国成	2005	10	10000	2005	10000	500	10	10000	500	
施家	施树根	2001	47.5	80000	2001	80000	500	47.5	80000	500	销路不好
	王樟宝	2001	30.4	53000	2001	55000	320	30.4	53000	320	销路不好
下蒋	林小军	1998	15	12000	2002	50000	250	170	150000	750	

六、涉农企业

21 世纪初，水亭畲族乡人们生产观念进一步解放，大胆地探索、引进了一些技术含量高的种植养殖项目，改变了单一种粮的传统农业种植格局，形成了水亭畲族乡的特色农业。至 2015 年底，水亭畲族乡共有以下 18 家涉农企业，其中规模较大较有特色的有 3 家。

兰溪市畲野果蔬专业合作社 2005 年，姜菊芬注册 50 万元，在柳家村创建了兰溪市畲野果蔬专业合作社。投入资金 200 万元，开拓荒山 10.67 公顷，引进大棚栽培技术。种植白枇杷 1.33 公顷，大棚猕猴桃 3.33 公顷、竹笋 2 公顷，以及“畲菊”牌茄子、“畲菊”牌津优 49 号黄瓜、绿帅甜椒等优质品种。2012 年 5 月，浙江省精品瓜类评比，水亭畲族乡(兰溪市畲野果蔬专业合作社)“畲菊”牌茄子获“浙江省精品瓜果优质奖”“兰溪市金奖”，“畲菊”牌津优 49 号黄瓜获“兰溪市精品瓜果蔬菜优质奖”，“畲菊”牌绿帅甜椒获“兰溪市精品瓜果蔬菜金奖”。

生塘胡畲村果蔬专业合作社 2010 年，生塘胡畲族村，在省民委、兰溪市民宗局、兰溪市农业局的支持下，投入 65 万元，成立生塘胡畲村果蔬专业合作社(法人代表：胡建平)。合作社搭建钢架大棚 3.33 公顷。合作社根据预测市场所需种植品种，种植面积(连同露天面积)保持在 5.33 公顷左右，每年纯利收入在 7000—8000 元/亩。

兰溪市兴鑫梅花鹿养殖场 2015 年，水亭畲族乡横塘村兰溪市兴鑫梅花鹿养殖场养殖梅花鹿 87 头。雌性梅花鹿以繁殖为主，一年产仔鹿 1 次，每次一般只产仔鹿 1 头。雄性梅花鹿以产鹿茸为主，一年可割制鹿茸 2 次，一头雄性梅花鹿 1 次可割制鹿茸 1 公斤左右。鹿茸售价一般在 4000 元/公斤左右，仔鹿售价一般在 8000 元/头左右。

2015 年水亭畲族乡涉农企业一览表

表 9-4-1-30

类别	企业名称	法人代表	成立时间
植保专业合作社	兰溪市松寿植保专业合作社	童松寿	2013 年 5 月 7 日
植保专业合作社	兰溪市五丰植保专业合作社	范健萍	2010 年 3 月 26 日
中药材专业合作社	兰溪市水亭中药材专业合作社	陈岳忠	2013 年 5 月 2 日
果蔬专业合作社	兰溪市徐氏霉干菜专业合作社	徐秋根	2012 年 9 月 4 日
果蔬专业合作社	兰溪市生塘胡畲村果蔬专业合作社	胡建平	2010 年 7 月 8 日

续表 9-4-1-30

类别	企业名称	法人代表	成立时间
果蔬专业合作社	兰溪市上中塘果蔬专业合作社	邵跃宏	2011 年 12 月 9 日
果蔬专业合作社	兰溪市畲野果蔬专业合作社	姜菊芬	2010 年 7 月 21 日
果蔬专业合作社	兰溪圣丰梨果专业合作社	吴水金	2007 年 9 月 4 日
果蔬专业合作社	兰溪市新天地水果种植专业合作社	徐志鸿	2011 年 8 月 22 日
果蔬专业合作社	兰溪市柳家果蔬专业合作社	柳志宏	2012 年 2 月 23 日
禽畜专业合作社	兰溪市下蒋养鸡专业合作社	蒋樟云	2011 年 6 月 7 日
禽畜专业合作社	兰溪市芳茗叶家禽专业合作社	李惠芬	2012 年 11 月 8 日
禽畜专业合作社	兰溪市旭生家禽专业合作社	叶旭生	2013 年 3 月 12 日
禽畜专业合作社	兰溪市睦发生猪养殖专业合作社	蒋彩潮	2007 年 8 月 13 日
水产专业合作社	兰溪市圣水湖水产专业合作社	商春桥	2012 年 7 月 12 日
水产专业合作社	兰溪市荣生水产专业合作社	丁荣生	2011 年 4 月 7 日
水产专业合作社	兰溪市睦通水产专业合作社	林山均	2013 年 12 月 25 日
特种养殖场	兰溪市兴鑫梅花鹿养殖场	叶建清	2012 年 9 月

七、农业科技

中华人民共和国成立之前，水亭区域农民沿用传统的农业耕作技术。中华人民共和国成立之后，当地人民政府领导农民开展农业科学技术推广应用工作。到 20 世纪 70 年代，水亭畲族乡（原圣山畲族乡、水亭乡）农业科技工作逐步走向有组织的规范发展道路。各项农业科学技术的广泛应用，促进了水亭畲族乡农业生产的迅速发展。

1972 年，原圣山人民公社建立了农技站，配备了公社农业技术员岗位，先后由何茂松、胡锦生担任，负责全公社 17 个大队的农业技术辅导工作。各大队建立植保站，配备“植保员”1 人。是年，原水亭人民公社建立了农技站，配备了公社农业技术员岗位，全公社 19 个大队都建立植保站，各村配备植保员 1 人。公社农技站负责全公社 19 个大队的农业技术辅导工作。

1982 年，原水亭人民公社、圣山人民公社都成立了公社农科站，配备农科员 1 人。农科站的任务是开展科学种田，推广优良品种，推广新化肥、新农药，加强科学管理和防治病虫害等工作，经费由兰溪县农业局下拨。

1984 年 2 月，原水亭乡成立“水亭乡科学技术协会”，黄启明担任主任，第一批会员 239 人；3 月，原水亭乡、圣山乡各成立科普协会，圣山乡科普协会共有会员150人，委员19人，专业组10个。水亭乡科普协会共有会员239人，专业组12个。科普协会任务是开展全乡农业科学技术的推广工作。

(一)举办培训班、讲座

1. 农业培训班

培训内容主要有春播薄膜育秧;早中稻田间管理;化肥、农药的使用;杂交稻制种、育秧、后期管理、病虫害防治;春粮高产模式栽培等。

2. 工业培训班

培训内容主要是乡镇企业管理，如何提高经济效益等。

3. 林业培训班

培训内容主要有松苗、杉木、乌桕、毛竹的种植与管理等。

4. 机电培训班

培训内容主要有拖拉机使用、柴油机维修和农村安全用电知识等。

5. 经营管理培训班

培训内容主要有农村财务核算，承包合同签订。

6. 文教卫生培训班

培训内容主要有缝纫、妇幼保健、少生优生、计划生育等。

7. 特产培训班

培训内容主要有茶叶的采摘、管理;柑橘的保花、保果、采摘、清园、施肥、防冻;青枣、黄桃如何越冬等。

8. 水利培训班

培训内容主要有养鱼及防病、稻田养鱼等。

9. 禽畜牧培训班

培训内容主要有耕牛如何饲养、防病越冬;毛猪的快速饲养法;瘦肉型猪的饲养;鸡、鸭规模养殖培训等。

(二)科技推广、科普宣传

利用广播、黑板报、宣传窗等开展各种知识的宣传普及。提供技术咨询服务，对养殖业专业户进行试点推广，指导农业产业结构的调查，促进全乡的农、林、牧、副、渔全面发展。

1. 推广各种新农药、新化肥、新品种、新技术

1973年，推广磷、钾肥的使用。1976年，推广杂交稻优良品种。1979年，大面积推广杂交稻，实现后熟超前熟。1983年，实行联产承包责任制。抓联系示范户、专业户、产业结构的调整。1985年，开展试点配方施肥。1986年，推广水

稻模式栽培。

1987年，根据全乡黄土丘陵开发及发展多种经营经济的需要，举办“柑橘种植与管理”“黄桃种植与管理”“鱼类立体养殖”等培训班。

2. 开展科普宣传、技术培训、咨询服务

1985年底，乡科协赴萧山浦沿、湖州南浔考察学习，受到兰溪市科学技术委员会奖励（奖金100元）。1986年3月，乡科协被列为兰溪市14个重点联系乡科协之一。同年4月，成立水亭乡农业技术学校，校长由乡党委副书记吴寿富兼任。至4月底，乡科协、乡农技校共举办了“长毛兔养殖”“科学养鱼”“柑橘种植与科学管理”“水稻育秧技术”等培训班6期次。

3. 成立专业协会

1986年4月3日，成立“水亭乡养兔专业协会”。这是全乡300多养兔户组成的专业技术组织。养兔协会理事7人，第一批会员46人，徐志鸿担任理事长；5月，养兔协会在水亭老街设立了“兔病防治服务站”，按批发价零售专用兔毛剪刀和氯苯等药；5月1日，水亭影剧院放映室免费为全乡养兔专业户放映科教电影《长毛兔》《兔病防治》；6月，49户养兔户参加了剪毛技术讲座培训班。徐志鸿的讲座内容在《兰溪科技》1986年第四期上登载。《水亭乡养兔协会所走的历程》作为典型材料在1986年11月“兰溪市科协第三次会员代表大会”上介绍。养兔协会工作对全乡长毛兔养殖与提高兔毛产量、质量发挥了较大的作用。

4. 提供信息服务

1984年6月，水亭乡科协、乡文化站联合创办《水亭信息报》，报道农村生产信息，介绍农技知识，所载文章有《早中稻病虫害防治意见》《柑橘的种植技术》及食用菌、灭鼠、蚕桑、养鱼、育秧等专题技术知识等。《水亭信息报》不定期油印，免费发至村植保员和专业户。

开展信息服务工作，为黄村坞村养殖专业户黄庆余，垂江村养鱼、福寿螺专业户江晓平，黄村坞村经销店黄金松免费提供《浙江省科技报》等报刊。为促进信息交流、及时解答农民有关农业科技疑问，乡科协在水亭老街上挂了“农技信息咨询箱”。

5. 水亭农业科技发展成果与趋势

1986年6月9日至12日，水亭乡代表出席“浙江省农村科普工作经验交流会”。1993年，水亭畲族乡畜牧兽医站与站长水志珍分别获得“浙江农村散养鸡综防技术的研究和推广奖”“浙江省农业丰收奖”二等奖。1998年，水亭畲族乡农技站“大面积实施‘沃土计划’提高土壤肥力”获浙江省三等奖。2012年5月,在浙江省精品瓜菜评比活动中,水亭畲族乡畲野果蔬专业合作社“畲菊”牌茄子获得“浙江省精品瓜菜优质奖”;5月20日,在第四届中国·浙江瓜菜种业交流会上,兰溪市水亭畲族乡畲野果蔬专业合作社选送的“畲菊”牌茄子获优质奖;10月,水亭畲族乡“畲乡格格”牌腌腊野兔肉获得第五届中国义乌国际森林产品博览会金奖;同年,水亭畲族乡畲野果蔬专业合作社“畲菊”牌茄子获“兰溪市精品瓜果蔬菜金奖”;“畲菊”牌帅甜椒获得“兰溪市精品瓜果蔬菜金奖”;“畲菊”牌津优49号黄瓜获得“兰溪市精品瓜果蔬菜优质奖”。

2013年4月7日,水亭畲族乡“畲野保障型蔬菜基地”,通过金华市“2012年度保障型蔬菜基地建设工作”考核。2014年12月31日,兰溪市畲野果蔬专业合作社生产的樱桃番茄获“兰溪市第五届农展会农产品金奖”。

20世纪90年代开始,随着乡镇企业、民营企业的迅速发展,农村产业的快速转型,水亭农村传统种植养殖业快速萎缩,种植大户、养殖大户取代了零星的种植、养殖户。至2015年,水亭畲族乡工业年总产值已是农业年总产值的11.67倍,传统的农业科技已边缘化,现代化机械化的种养殖技术兴起。

第二节 林 业

水亭畲族乡属低坡丘陵地带,虽林地面积较少,林木资源量少,林木种类单一,但也是兰溪县的“乌桕之乡”。1980年水亭畲族乡乌桕籽种植面积为613.73公顷。1982年实行“山林三定”[①],山地管理进一步明晰。至2010年,水亭畲族乡累计造林966.66公顷,其中经济林786.66公顷,林木覆盖率30%。2014年,通过流转土地620公顷,建“万亩银杏基地”,成为兰溪市“双百工程”重点项目。

一、林地资源

1961—1980年,水亭畲族乡(原圣山公社、水亭公社)林业生产项目少,林业产品单一,主要林副产品只有乌桕籽一个产品,但产量较高,是兰溪县的“乌桕之乡”。

① “山林三定”指稳定山林林权,划定社员自留山和植树地段,确定林业生产责任制。

1961—1980 年圣山公社林业生产情况一览表

表 9-4-2-1

年 份	单造林面积（亩）					四旁植树（株）	育苗面积（亩）	主要林副产品产量（担）
	合计	用材林	经济林	防护林	其他林			乌桕籽
1961	—	—	—	—	—	—	—	777
1962	144	0	144	0	0	1435	—	1564
1963	—	—	—	—	—	23116	—	1350
1964	126	0	0	0	126	14867	—	1441
1965	—	—	—	—	—	—	—	1538
1966	—	—	—	—	—	—	—	1436
1967	—	—	—	—	—	—	—	1619
1968	—	—	—	—	—	—	—	1847
1969	—	—	—	—	—	—	—	1828
1970	50	0	50	0	0	10450	49	1737
1971	650	10	150	490	0	224110	2	1938
1972	600	10	30	560	0	64130	2	2973
1973	41	15	0	25	1	15890	10	1953
1974	27	17	—	—	1	18753	10	2481
1975	85	15	0	70	0	291080	—	2727
1976	240	238	2	0	0	208930	—	3197
1977	349	229	0	20	100	83240	—	2956
1978	705	258	381	60	6	184340	24	3717
1979	—	—	—	—	—	—	—	4810
1980	—	—	—	—	—	—	—	4961

1961—1980 年水亭公社林业生产情况一览表

表 9-4-2-2

年 份	造 林 面 积 （亩）					四旁植树（株）	育苗面积（亩）	主要林副产品产量（担）	
	合计	用材林	经济林	防护林	其他林			油茶籽	乌桕籽
1961	—	—	—	—	—	14697	—	—	694
1962	2331	—	2319	—	—	38400	—	—	1665

续表 9-4-2-2

年份	造林面积(亩)					四旁植树(株)	育苗面积(亩)	主要林副产品产量(担)	
	合计	用材林	经济林	防护林	其他林			油茶籽	乌桕籽
1963	55	0	55	0	0	10918	—	—	975
1964	236	0	236	0	0	27781	—	—	1238
1965	40	0	31	6	3	20945	—	—	920
1966	40	0	31	6	3	22245	—	—	907
1967	60	0	51	6	3	28090	—	—	882
1968	65	0	55	6	4	23290	—	—	822
1969	85	0	69	7	9	14929	—	—	897
1970	85	0	69	7	9	5000	—	—	772
1971	546	0	35	201	310	2489	10	—	884
1972	679	54	615	10	0	2731	6	—	1456
1973	543	5	124	299	115	21390	22	—	1142
1974	628	406	122	48	52	21210	13	15	1441
1975	901	606	168	6	121	22520	11	15	1353
1976	979	733	209	6	31	23980	8	15	2347
1977	817	631	159	6	21	31550	11	15	1998
1978	1036	555	459	12	10	33768	8	—	2923
1979	1678	25	553	900	200	33810	24	—	3296
1980	2121	25	196	200	1700	28805	13	—	4245

二、林地管理

1982 年水亭畲族乡(原水亭、圣山公社)辖区实施“山林三定”政策,划定了大队与大队、生产队与生产队之间山林的分界线,印制了各村的《山林权证清单汇总表》《山林权证清册》《山林交界证明》《插花山证明》等。

实施“山林三定”后,水亭畲族乡调整了林业生产结构,各村农户开发经济林。20 世纪 90 年代后,茶树林和果树林(柑橘)等经济林形成规模,经济效益显著提高。1995 年茶叶年产 391 吨,2012 年达到 1673 吨;柑橘产量由 1995 年的 375 吨提高到 2012 年的 1219 吨。至 2015 年,“山林三定”政策未变,各行政村、自然村、农户山林经营权、经营山林范围(面积)未变。

三、林地利用和保护

1986 年,圣山畲族乡经济林面积 1002.2 公顷,其中桑园面积 4.16 公顷、茶园面积 38.63 公顷、水果林面积 57.4 公顷。1992 年,水亭畲族乡全乡封山育林面积 196.66 公顷、经济林面积 243.33 公顷,其中桑园面积 24.6 公顷、茶园面积 26.86 公顷、水果林面积 191.9 公顷。2000 年,水亭畲族乡全乡封山育林面积 166.66 公顷,全乡经济林面积 201.36 公顷,其中桑园面积 8.93 公顷、茶园面积 21.26 公顷、水果林面积 171.16 公顷。

截至 2010 年,水亭畲族乡累计造林 966.66 公顷,其中防护林 166.66 公顷、经济林 786.66 公顷、竹林 13.33 公顷。农民住宅四旁林木 4 万株,林木覆盖率 30%,活立木蓄积量 1.45 万立方米。

2011 年,水果园种植面积 136.33 公顷,产量 3600 吨。主要品种有柑橘、枇杷、梨、葡萄,其中柑橘 3300 吨、枇杷 80 吨、梨 150 吨、葡萄 70 吨。

2013 年,浙江天保药材发展有限公司在水亭畲族乡河伯片区域内实施“万亩银杏基地”项目。该项目总投资为 10258.8 万元,第一期投资 6000 多万元,实现流转土地 200 公顷。

至 2014 年年底,“万亩银杏基地”建设项目成为兰溪市“双百工程”重点项目,共流转土地 620 公顷,涉及盖竹里、陈塘下、尚方、河伯沿、松树下、杨田坞、黄村坞 7 个村。

1995—2012 年水亭畲族乡经济林产量一览表

表 9-4-2-3 单位:吨

年份	蚕茧产量	茶叶产量	水果产量	柑橘总量
1995	6	391	6.9	375
1996	1.4	568	7.3	550
1997	1.2	1017	7.6	990
1998	0.85	878	10.2	864
1999	0.75	1208	6.5	1198
2000	0.4	1070	6	1022
2001	0.38	1090	11.1	1060
2002	0.2	914	16.3	870.5
2003	0.1	1122	16.2	1034
2004	—	1648	14.3	1583.5

续表 9-4-2-3

年份	蚕茧产量	茶叶产量	水果产量	柑橘总量
2005	—	1499.3	15.3	1403.2
2006	—	1748	18	1654.8
2007	—	2224	23.5	2087
2008	—	1699	22	1555
2009	—	1252	24	1174
2010	—	1677.7	25	1093.5
2011	—	1628	16.8	1205
2012	—	1673	19.4	1219

第三节 工商贸易

中华人民共和国成立之前，水亭区域的工业只有传统手工业与小作坊。中华人民共和国成立后，特别是1978年改革开放后，水亭域内工商贸易行业飞跃式发展。至1986年，水亭境内有乡镇企业13家。水亭畲族乡1992年的工业总产值为3815万元，2000年工业总产值为36280万元，是1992年的9.51倍。至2015年，水亭畲族乡有63家，其中主导产业纺织业有31家，工业总产值为192000万元，是2000年的5.29倍。2015年，水亭畲族乡商业发达，有传统的集镇、庙会、集市与个体经营代销等商业形式，其中个体经营代销店有40家。

一、工 业

(一)传统手工业与作坊

水亭域内的传统手工业有石匠、木匠、泥水匠、篾匠、箍桶匠、油漆匠、裁缝、鞋匠等。传统手工业作坊，主要有榨油厂和粮食加工业。

1．榨油厂

水亭域内盛产油菜籽，1949年之前，就有珠带式、下蒋等榨油厂。2015年，水亭畲族乡全乡油菜籽产量达1548.7吨。由于榨油原料多，水亭境内的季节性榨油厂较多，有西张榨油厂、珠带式榨油厂、下蒋榨油厂、西姜榨油厂、上伊塘榨油厂、午塘边榨油厂等。

2. 粮食加工

粮食加工主要包括酿酒、酿酱、熟食等加工业。豆制品加工业制作千张、豆腐、豆腐干、豆腐皮等。水亭千张远近闻名。水亭千张用和尚井井水制作，该井水质味甘清冽，用此井水做成的千张细、白、嫩，软中带韧，洁白如玉，性平、味甘，有清热润肺、止咳消痰、养胃解毒、止汗等功效，营养丰富，蛋白质、氨基酸含量高，深受人们喜欢。2012 年 5 月 5 日，兰溪市水亭畲族乡“水亭千张”商标成功注册。2015 年，水亭千张已在兰溪、建德、龙游等地热销，在温州、杭州、上海等地小有名气。

3. 来料加工

水亭畲族乡结合本地实际制定了《来料加工工作实施意见》，规定对来料加工经纪人给予 1000—2000 元的奖励，对创办企业的给予 3000 元奖励，对来料加工特色村，给予村干部 500 元不等的奖励，极大地鼓舞了来料加工经纪人的积极性。乡党委、政府采取“走出去”“请进来”的方法为广大经纪人服务。

2015 年，全乡 36 个行政村来料加工集中加工点有 44 个，经纪人 55 人，参加来料加工人数 2501 人，发放加工费 3465.1 万元。主要加工项目有毛巾、小方巾、围巾、枕头套、手套、腰带、手包、鞋帮、鞋面、糖袋、礼品袋、环保袋、包装、珠、九字针、头花、发夹、头发、假发、发圈、头发扣、辫子、头盔、首饰、饰品、钩、玩具、相框、护身符、工艺制品、喜庆用品、汽车靠背、手珠、串珠、银杏、杏核等。

（二）乡企业

20 世纪 70 年代开始兴办乡镇集体、民营企业。到 1986 年，圣山畲族乡有圣山毛巾厂、圣山丝绸厂、兰溪市金属线材厂、兰溪市营养食品厂、圣山机修厂、圣山锯板厂等。水亭乡有兰溪市有机化工原料厂、水亭塑料制品厂、水亭砖瓦厂、水亭工艺福利厂、水亭食品厂、水亭机修厂、水亭锯板厂等。

至 2015 年，全乡有企业 63 家，其中纺织业 31 家、制造业 6 家、建材业 6 家、工艺业 4 家、食品业 4 家、冶金业 3 家、科技业 2 家、加工业 2 家、塑料业 1 家、化工业 1 家、药业 1 家、贸易业 1 家、文体业 1 家。上规模企业有 11 家，出口企业有 6 家，上亿元产值企业有 5 家，即浙江云山纺织印染有限公司、兰溪市圣宇毛巾有限责任公司、兰溪市飞翔铜材有限公司、兰溪市金航铜业有限公司、兰溪市泰兴纺织有限公司。兰溪市宝香工艺品厂是较有名的出口企业。

1. 兰溪市水亭畲族乡畲乡创业园水亭工业功能区

兰溪市水亭畲族乡畲乡创业园水亭功能区（以下简称功能区）创建于

2009年,占地面积66.67公顷。2015年底,上规模企业有11家,即兰溪市银龙棉业有限公司、兰溪市鼎鑫纺织有限公司、兰溪市泰兴纺织有限公司、浙江云山纺织印染有限公司、兰溪市乡村坊火腿厂、兰溪市浩彬袜厂、金华科展过滤机有限公司、兰溪市宝香工艺品厂、浙江金鼎鑫户外用品有限公司、浙江光耀照明科技有限公司、浙江络禹化工设备有限公司,共有职工1089人。2015年,功能区年总产值49000万元。

2. 兰溪市营养食品厂

兰溪市营养食品厂创建于1986年,厂址位于兰溪市圣山畲族乡奎塘畈村,是圣山畲族乡奎塘畈、柳塘章、西方坞3个民族村联办的集体企业,是兰溪市第一家畲族集体企业。占地面积为0.13公顷,建筑面积为600平方米,总资产为110万元,职工数12人。1986年9月正式投产。主要生产速溶咖啡、银耳晶、桂圆晶荔枝晶等8个品种。当年产值30万元,利润3万元,1987年产值100万元,盈利8万元。随着厂的发展,经济效益的提高,1988年,厂方还为全厂职工交了养老金保险。因管理层观念滞后、经营不善、缺乏竞争力等原因,于1994年停办。

3. 兰溪泰兴纺织有限公司

兰溪泰兴纺织有限公司创建于1999年,2010年注册、投产。厂址位于兰溪市水亭畲族乡下方泉村,占地面积为2.87公顷,建筑面积有12000平方米,总资产为5500万元,职工数90人,主要设备喷气织机144台。该公司的产品主要销往绍兴、广州、福建,其主要产品为棉布,年产值10000万元,利税为200万元。2015年,占地面积为2.87公顷,建筑面积为10000平方米,职工人数80人,产值为10000万元,利税为250万元。

4. 兰溪双娇纺织有限公司

兰溪双娇纺织有限公司创建于2005年,厂址位于兰溪市水亭畲族乡水亭坞村,占地面积为1.9公顷,建筑面积有5000平方米,总资产为500万元,职工数100人,主要设备有粗纱机3台、细纱机24台、槽筒机6台、清花机2台。该公司的产品主要销往浙江省内,其主要产品为纱,年产值达到1500万元,利税为6万元。2015年,占地面积为1.9公顷,建筑面积为11000平方米,职工人数170人,产值3662万元,利税45万元。

5. 兰溪市乡村坊火腿厂

兰溪市乡村坊火腿厂创建于2007年,厂址位于兰溪市水亭畲族乡下方泉村,占地面积为0.47公顷,建筑面积有600平米,总资产为60万元,职工数4

人，主要设备有腿床 8 台、发酵架 16 台、晒腿架 32 台。该公司的产品主要销往长三角城市，其主要产品为金华火腿，年产值达到 60 万元，利税为 1 万元。2015 年占地面积为 0.47 公顷，建筑面积为 2600 平方米，职工人数 8 人，产值 260 万元，利税 5 万元。

6. 浙江云山纺织印染有限公司

浙江云山纺织印染有限公司创建于 2000 年，原厂址位于兰溪市工人路 159 号，占地面积为 8 公顷，建筑面积有 50000 平方米，总资产为 1150 万元，职工数 1379 人，主要设备有细纱机 60 台、喷气织机 120 台。主要产品为各类纱线。2010 年利税 787.8 万元。2015 年，搬迁至水亭畲族乡创业园水亭工业功能区，占地面积为 5.2 公顷，建筑面积为 5 万平方米，职工人数 535 人，主要设备有细纱机 90 台、其他设备 126 台套。年产值 15000 万元，利税 288 万元。

浙江云山纺织印染有限公司是国家高新技术企业、全国纺织行业先进集体、浙江省级文明单位、浙江省级企业研究院、浙江省企业技术中心、浙江省高新技术企业研发中心。

7. 兰溪市鸿海礼品袋加工厂

由水亭畲族乡柳塘章行政村余垄村雷红霞与孙海平（夫妻）合办。创办初期（2011—2013 年）厂址在游埠镇里郎村。2014 年，搬迁到余垄村；是年下半年扩建招工。2015 年，固定职工 11 人。另游埠镇百斗畈村加工点有职工 30 人左右（职工人数根据加工任务多少而变化，下同）；游埠镇梅屏村加工点有职工 10 人左右；兰溪市兰江街道、云山街道有 3 个加工点，有职工 25 人。每年上交税款 20 万元左右，每年发放职工工资 200 多万元。

8. 砖瓦厂

水亭域内手制砖瓦厂有瓦窑头、瓦灶里、上朱、塘上等 4 家砖瓦厂。机制砖瓦厂有水亭砖瓦厂（下方泉砖瓦厂）、西姜砖瓦厂、兰溪市水松新型墙体建材有限公司（俗称河伯沿砖瓦厂）3 家。

瓦窑头砖瓦厂　厂址位于周邵汤行政村西北面，夏李溪旁。明末清初（年份无考），建窑烧瓦。清末民初（年份无考），瓦窑生意红火，由单窑改为双窑生产，是周邵汤砖瓦厂的前身。由于交通不便，20 世纪 60 年代将整个瓦窑设施搬到周邵汤村北、兰溪至游埠公路旁的原邵太殿遗址建窑生产，并将邵太殿遗存厨房屋 3 间作为砖瓦厂使用。20 世纪 50 年代，互助集体化时，转为周邵汤大队经营，直至 1996 年停办。

瓦灶里砖瓦厂　厂址位于杨保塘下行政村北面 100 米，清代（年份无考），就建窑烧瓦。民国时期,瓦灶里村村民以烧砖瓦为主,兼以种田地为生。20 世纪 50 年代,转为杨保塘下大队副业队经营,直至 1988 年停产。

上朱砖瓦厂　厂址位于上朱村,为手制砖瓦厂,私营企业,创办于 1972 年,因工艺落后,缺乏竞争力,2002 年停办。

塘上砖瓦厂　厂址位于塘上村,为手制砖瓦厂,私营企业,创办于 1976 年,因砖瓦制作及火烧技术落后,产品次品率高,1985 年停办。

水亭砖瓦厂（又称下方泉砖瓦厂） 厂址位于下方泉村红泥山，创办于 1985 年,1986 年正式投产。整个厂房、设备以及轮窑生产线仿金华古畈砖瓦厂。轮窑建造、生产均由金华古畈派师傅来厂指导。轮窑规模为 20 门,全厂职工 40 余人,日产红砖 5 万块。原为乡镇企业,1990 年企业体制改革,转为私营企业,更名为下方泉砖瓦厂,直至 2014 年停办。

西姜砖瓦厂　厂址在西姜村南大王山,私营企业,创办于 1995 年。生产设备与水亭砖瓦厂相同,轮窑规模也是 20 门,全厂职工 40 余人,日产砖 5 万块,于 2012 年停产。

兰溪市水松新型墙体建材厂(又称河伯沿砖瓦厂)　私营企业。厂址位于河伯沿村后,创办于 2002 年,占地面积 0.33 公顷,建筑面积 10000 平方米,总资产 5000 万元,职工数 60 人,年产值 4500 万元,利税 50 万元。2015 年,占地面积 0.33 公顷,建筑面积 2000 平米,职工数 25 人,年产值 200 万元,利税 3 万元。

2015 年水亭畲族乡主要企业一览表

表 9-4-3-1

企业名称	地址	法人代表	成立年份	用地面积(亩)	从业人员(人)	产品	年产能	主要设备或生产线名称	设备数(台)	原材料	年用量	产值(万元)
兰溪市宝香工艺品厂	珠带式村	王水香	2003	10	50	木制线条	20 万	木制工艺	50	杉木	350 立方米	1000
兰溪市银龙棉业有限公司	工业功能区	应自勤	2009	9	30	皮棉	3000 吨	皮辊机	30	棉花	7500 吨	7700
兰溪市时丰毛巾厂	水亭街村	徐水清	1997	10	50	毛巾	1500 万条	毛巾织机	72	棉纱	300 吨	900
兰溪市晨豪毛巾厂	珠带式村	张水斌	2001	5	20	毛巾	600 万条	毛巾织机	30	棉纱	120 吨	400

续表 9-4-3-1

企业名称	地址	法人代表	成立年份	用地面积（亩）	从业人员（人）	产品	年产能	主要设备或生产线名称	设备数（台）	原材料	年用量	产值（万元）
兰溪市宏晨毛巾厂	殿下村	吴茂松	2000	5	20	毛巾	1000万条	毛巾织机	20	棉纱	200吨	600
兰溪市五龙山毛巾厂	水亭街村	徐连标	2000	3	15	毛巾	400万条	毛巾织机	15	棉纱	80吨	240
兰溪市塘边毛巾厂	珠带式村	宋素青	2001	3	15	毛巾	400万条	毛巾织机	15	棉纱	80吨	240
兰溪市春凯织造有限公司	珠带式村	张春荣	1999	3	18	毛巾	400万条	毛巾织机	15	棉纱	80吨	240
兰溪市赫拉克勤毛巾厂	珠带式村	朱丽兰	1999	5	20	毛巾	500万条	毛巾织机	20	棉纱	100吨	300
兰溪市圣威毛巾厂	珠带式村	黄志华	2000	3	10	毛巾	250万条	毛巾织机	10	棉纱	50吨	150
兰溪市奎塘毛巾厂	珠带式村	吴马星	1999	3	15	毛巾	400万条	毛巾织机	15	棉纱	80吨	200
兰溪市爱建毛巾厂	柳塘章村	章爱芳	2000	4	20	毛巾	500万条	毛巾织机	20	棉纱	100吨	200
兰溪市金宏毛巾厂	上周村	周炳宏	2000	10	50	毛巾	5000万条	毛巾织机	100	棉纱	1000吨	4000
兰溪市水亭毛巾厂	水亭坞村	斯建荣	1996	2	—	毛巾	200万条	毛巾织机	10	棉纱	40吨	100
兰溪市一平毛巾厂	下方泉村	水一平	2001	2	8	毛巾	200万条	毛巾织机	10	棉纱	40吨	100
兰溪市春晓毛巾厂	柳家村	蓝国良	2005	2	10	毛巾	250万条	毛巾织机	10	棉纱	50吨	150
兰溪市广厦建筑材料厂	下方泉村	陈云波	1986	60	45	红砖	1500万块	制砖机	4	红土	3万吨	600
兰溪市水松新型墙体建材厂	河伯沿村	方欢有	2002	30	30	红砖	1000万块	制砖机	3	红土	2万吨	400
兰溪市鼎鑫纺织有限公司	工业功能区	张蓉	2010	32	120	涤棉	3500吨	气流纺机	4	化纤	3700吨	2000
兰溪市金航铜业有限公司	上朱村	朱晓林	2000	10	40	铜绞线	2000吨	拉丝机	400	电工圆铜线	2200吨	11907

续表 9-4-3-1

企业名称	地址	法人代表	成立年份	用地面积(亩)	从业人员(人)	产品	年产能	主要设备或生产线名称	设备数(台)	原材料	年用量	产值(万元)
兰溪市飞翔铜业有限公司	上朱村	张茂仓	1997	15	53	铜绞线	2500吨	拉丝机	600	电工圆铜线	2700吨	16737
兰溪市星健铜业有限公司	珠带式村	王国新	2006	8	25	铜绞线	1700吨	拉丝机	250	电工圆铜线	1800吨	9908
兰溪市双娇纺织有限公司	水亭坞村	叶秀兰	2005	20	102	纱	3400吨	细纱机	36	短纤	3500吨	8811
兰溪市泰兴纺织有限公司	工业功能区	何建平	2010	43	100	棉布	1000万米	喷气织机	144	棉纱	3500吨	11374
兰溪市红升家纺有限公司	珠带式村	姜敏	2004	8	20	毛巾	1000万条	毛巾织机	30	棉纱	200吨	600
兰溪市东山家纺有限公司	珠带式村	姜安南	2000	3	15	毛巾	500万条	毛巾织机	20	棉纱	100吨	300
兰溪市乘丰织造有限公司	珠带式村	章正清	1998	3	15	毛巾	500万条	毛巾织机	20	棉纱	100吨	300
浙江云山纺织印染有限公司	工业功能区	郑柏贵	2000	167	580	纱/布	13000吨 1500万米	纺纱织造设备	300	棉花化纤	14000吨	29986
兰溪市乡村坊火腿厂	工业功能区	赵峰	2007	5	8	火腿	5000条	冷藏设备	1	猪腿	5000条	100
兰溪市浩彬袜厂	工业功能区	任云铨	2009	7	20	袜子	1000万双	织袜机	50	腈纶	20吨	300
金华科展过滤机有限公司	工业功能区	徐建斌	2010	10	40	压滤机	300台	压机车床	7	钢材聚丙烯	350吨	550
浙江金鼎鑫户外用品有限公司	工业功能区	韦凌云	2011	100	100	休闲家具	50万套	平车铆钉机	100	布铝管铁管	100万米 500万	5000
浙江光耀照明科技有限公司	工业功能区	阎建平	2010	30	80	节能灯	300万只	封装线	2	芯片灯管	300立方米	4000
兰溪市馨晟工艺品有限公司	珠带式村	李志刚	2008	5	20	相框	10万只	木制工艺	20	杉木	100立方米	300
兰溪市圣宇毛巾责任有限公司	珠带式村	姜安吉	2000	60	230	毛巾	5200万条	织机印花机等	843	棉纱	2000吨	18356
浙江络禹化工设备有限公司	工业功能区	朱丽芬	2011	50	20	化工设备	2000套	机床	3	钢板	3000吨	1500

二、商 贸

水亭商人利用三个因素扩大经营：一是利用传统庙会，参加物资交流。本乡有水亭三月初一和八月初一（农历，下同），圣山珠带式村有五月初十和十月初一。随着交通快速发展，货物运输方便，水亭商人除参加本地、本市传统庙会，参加物资交流外，还去附近县市参加物资交流活动。如龙游的志棠、横山、模环、后徐、石佛、塔石、湖镇，金华的婺城、罗埠、洋埠，建德的李叶、唐村、大周、寿昌等地。二是利用集市日做好生意。如水亭集市日为农历逢一、四、七（农历的初一、四、七，十一、十四、十七，二十一、二十四、二十七，下同），游埠集市日为农历逢二、五、八；永昌集市日为农历逢三、六、九等。凡是集市日，顾客比平日要多，买卖亦多，营业额比平日高。所以，水亭商人都会运着商品赶到集市点销售。三是利用双休日（星期六、星期日），在水亭农贸市场对面广场两旁及四周空间设摊经营，吸收了好多外地客商，前来参与，带动提增了其他行业营业额。

（一）集 市

清代开始，水亭街水亭坞两村民间称水亭市（集市）。民国时期建镇。民国24 年（1935 年），镇上有商铺 65 家，从业人员 160 人，年营业总额 42856 元。

1949 年，有商铺 75 家，从业人员 179 人，其中有粮行、酒坊、酱园、小猪行、布店、百货店、南北货店、山杂货店、中药店、烟酒店、饭菜面食、黍作、烧饼、肉店、油盐店、豆腐店、铁店、茶店等 20 多个行业。

至2015 年，有饮食店 17 家、茶店 26 家、肉店 12 家、豆制品店 11 家、饭店 2 家、大小百货 70 多家、农贸市场个体摊位 100 多个，平均每日客流量 3000 余人。

（二）庙 会

水亭庙会日是每年农历三月初一和八月初一。每逢庙会毗邻客商前来参加，商品琳琅满目，铁、木、篾、农具、山货、木材、服装、饮食、水果糕点、农副产品、杂技戏耍等沿街排列，延绵数里。叫卖吆喝之声此起彼落。赴会男女老少，犹如潮涌，拥挤不堪。1950 年后，革除膜拜神佛等习俗，成为新型物资交流大会，为发展经济、沟通城乡物资交流所沿用。

（三）双代店

农村代购代销店（简称双代店），是供销社经营网点的组成部分。1961 年，水亭供销社下设古塘、陈塘下、西姜、下方泉等双代店，双方签订合同，执行供销社计划和价格，为供销社代购代销，按经营拿取一定比例的手续费。1969 年，双代店下放给生产大队（今为行政村）接管，供销社拨给铺底资金，按月付给大队一定手续费。双代员由大队记工分,供销社给少量补贴费。1981年农村双代店计酬形式有三种:一是全部商品按分类手续费率计算。百货、油盐、山杂货5%,酒类4%,卷烟2%,废品收购5%,蛋类2%,一切费用自负。二是固定工作加补贴,最高每月30元,最低每月20元。每月生活费补贴5元。三是代销商手续费不分类按5%计,代购废品按5%计,代购鲜蛋2%计。1982年6月,改为由生产大队承包自营店。自此,双代店陆续脱钩自营,转为个体商业。1985年,农村代购代销店全部转为个体商业。

(四)合作开店

清末民国初,兰溪水亭乡少数民族居住的地方几乎没有开店的,附近只有生塘胡村有一家杂货小店,但买卖的东西不多,满足不了农村家庭生活需要。一些人开始想方设法开店,有些人因经济条件不允许,就合作开店。

西方坞村畲族村民蓝樟彭与汉族村民周树意两人合作,在本村"汤氏夫人小殿"内开爿肉店,方便附近村的广大民众购买。由于两人经营有方,猪肉还远销杭州、金华等地,是当时当地最出名的生意人,也是当时当地畲汉族合作,"共同致富"的样板。

1949—2015年水亭畲族乡各村代经销店一览表

表9-4-3-2

行政村名	店名(全称)	负责人	创建时间	停业时间
周邵汤	翁彩琴零售店	翁彩琴	1980年2月	—
	翁国富零售店	翁国富	1982年3月	—
下蒋	糖、烟、酒代销店	李水荣	1980年4月	2012年
上吴	代销店	吴晋泉	1994年5月	2005年3月
	代销店	吴文荣	1995年6月	2010年3月
	代销店	吴志荣	1994年5月	—
柳家	柳家村慈厚张糖、烟、酒代销店	蓝素云	1993年4月	2009年10月
	柳家村下罗家糖、烟、酒代销点	李永娥	1995年5月	—
	柳家大队代销店	柳樟顺	1970年2月	1976年
	柳家柳水华副食品商店	柳水华	1976年	—
	柳家村西钱代销店26号	钱小玲	1991年3月	—
	柳家村下罗家代销店	邹金香	1985年	1994年9月
	柳家村慈后张代销店	张菊玲	1990年10月	—

续表 9-4-3-2

行政村名	店名(全称)	负责人	创建时间	停业时间
下方泉	下方泉大队代销店	方德选	1972 年	2013 年
	下方泉大队代销店	章荣富	2013 年	—
	雷贺金代销店	雷贺金	2008 年	—
	砖瓦厂代销店	钟海林	1990 年	—
	上方泉代销店	郭卸奶	2009 年	—
西姜	兰溪市姜郎松副食品商店	姜卸松	1994 年	—
	兰溪市姜绍寅副食品商店	姜绍寅	1969 年 8 月	—
	兰溪市姜九芝副食品商店	姜九芝	1962 年 6 月	—
	兰溪市蓝美琴副食品商店	蓝美琴	1986 年	1990 年
杨宝塘下	杨宝塘下代销店	胡樟富	1978 年 2 月	1978 年 9 月
	杨宝塘下代销店	童志照	1978 年 9 月	1982 年 3 月
	杨宝塘下经销店	童志照	1982 年 3 月	1996 年 5 月
	杨宝塘下经销店	童银根	1983 年 5 月	1986 年 7 月
	杨宝塘下经销店	童炳根	1988 年 5 月	—
横塘	横塘代销店	汤政堂	1949 年	1954 年
	横塘代销店	老蒋	1955 年	1965 年
	横塘代销店	姜绍连	1966 年	1986 年
	姜兆生代销店	姜兆生	1987 年	1991 年
	徐柏根代销店(经)	徐柏根	1992 年	—
	邵金凤代销店(经)	邵金凤	不详	—
上周	上周代销店	周寿春	1987 年	—
	上周经销店	周水强	1990 年	1993 年
	上周经销店	周寿芝	1991 年	1996 年
	上周经销店	周寿坤	1995 年	2003 年
生塘胡	兰溪市水亭乡胡彩招食品商店	胡彩招	1995 年	—
	兰溪市水亭乡胡云娣食品商店	胡云娣	2000 年	—
	兰溪市水亭乡童美林食品商店	童美林	2000 年	—
奎塘	糖、烟、酒杂货经销店	章群	2008 年 1 月	—
奎塘畈	兰溪市阿明副食品商店	张素萍	2008 年	—
	兰溪市明娟副食品商店	张树明	2003 年	—
	奎塘畈经销店(糖、烟、酒)	雷寿富	1982 年	2009 年

续表 9-4-3-2

行政村名	店名(全称)	负责人	创建时间	停业时间
奎塘畈	兰溪市雷家副食品商店	雷根生	1987 年	—
	兰溪市跃庭副食品商店	雷跃庭	2006 年 5 月	—
丁家	丁寿富代销店	丁寿富	1982 年 3 月	—
	张湾成代销店	张湾成	1989 年 2 月	—
	张瑞堂代销店	张瑞堂	1991 年 4 月	—
	童马友代销店	童马友	1994 年 6 月	—
柳塘章	兰溪市柏贤经销店	章柏贤	1981 年 4 月	2007 年 12 月
	兰溪市礼庆副食品商店	章礼庆	1994 年 1 月	—
	兰溪市马林经销店	章马林	1999 年 11 月	—
	兰溪市雪兰经销店	翁雪兰	2007 年 2 月	—
珠带式	代销店	老黄	1959 年	1980 年
午塘桥	集体代销店	叶秀春	1964 年	1982 年
	诸良正糖、烟、酒经销店	诸良正	1982 年	—
黄村坞	兰溪市水亭黄村坞副食品经销店	黄正余	1996 年	—
	黄开富代销店	黄开富	1990 年	2007 年
	黄进忠代销店	黄进忠	1993 年	2002 年
	黄永富代销店	黄永富	1993 年	1996 年
松树下	乐塘徐建新经销店	徐建新	1984 年	—
	乐塘包海棠经销店	王春香	1982 年	—
古塘	古塘村代销店	徐志纪	2001 年	—
	古塘副食品商店	宋梅	2008 年	—
	古塘代销店	徐彩珠	1985 年	2008 年
	古塘代销店	洪水斌	1998 年	2001 年
	古塘代销店	徐省余	1984 年	1996 年
芳茗叶	经销店	李立银	1975 年 3 月	1992 年 6 月
	经销店	叶胜星	1976 年 4 月	1990 年 3 月
	经销店	叶启星	1992 年 5 月	1995 年 2 月
	经销店	叶友清	1992 年 6 月	1995 年 4 月
	经销店	李水宽	1992 年 7 月	—
塘上	塘上代销店	徐爱莲	1958 年	1959 年
	塘上代销店	徐海沧	1976 年	1980 年

续表 9-4-3-2

行政村名	店名(全称)	负责人	创建时间	停业时间
塘上	塘上代销店	徐希庆	1980 年	1988 年
	塘上代销店	叶樟林	1988 年	1990 年
	塘上代销店	叶茂松	1990 年	1991 年
	塘上代销店	徐汝昌 张彩娥	1984 年	1992 年
	塘上徐立新副食品商店	徐纪涛	1984 年	—
	塘上经销店	徐卸荣	1998 年	2004 年
	张爱云副食品商店	徐庆明	2015 年	—
午塘边	徐渭忠糖烟酒经销店	徐渭忠	1985 年 6 月	2010 年 12 月
	周永三经销店	周永三	1996 年 6 月	2014 年 6 月
	周根成糖烟酒经销店	周根成	1980 年 6 月	1996 年 6 月
	章卸兵糖烟酒经销店	章卸兵	2004 年 2 月	2012 年 2 月
	章松美糖烟酒经销店	章松美	1990 年	2004 年 2 月

第四节 旅游服务

水亭畲族乡建立后，水亭信用合作社和邮政储蓄所的设立为乡域的农业生产和生活提供金融服务。村邮站和快递公司保证乡域的通信和物流。旅游业以挖掘畲族风情和乡村文化作为发展的主要方向，依托兰溪畲寨风旅游开发有限公司和兰溪市畲乡风情旅游发展有限公司，举办畲族风情旅游节，以农业生态观光基地、餐饮娱乐住宿的模式，发展农家乐旅游。

一、服务业

(一)村邮站

2012 年，水亭畲族乡 36 个行政村都设置了村邮站，每个村邮站都配备 1 名村邮员，为村民们提供送报纸杂志等服务。2015 年，全乡 36 个村邮站没有变动。

(二)快 递

1.中通快递

2014 年，水亭成立兰溪市中通快递服务有限公司水亭综合服务中心。地址位于水亭街水亭新区316号。负责人张志成。职员3人。2014年,平均每天投递物件150单。2015年,平均每天投递物件200单。

2.申通快递

2014年，兰溪市申通快递服务有限公司在水亭街水亭新区136号设立“申通快递邮件领取点”。该点只存放由公司投送到水亭区域的邮件。邮件送到后,由快递员电话通知收件人到点领取,未开通接收外送邮件业务。

二、旅游业

(一)旅游景点

1. 西方坞民族村

西方坞民族村是全国少数民族特色村寨，是兰溪市畲族集聚人口最多的民族村,畲族人口占全村人口的85%。畲民至今保留着一些畲族古老的传统文化习俗。畲民交流都使用畲族话,畲民与当地汉民交流使用当地汉方言,与外地人交流使用普通话。西方坞村畲民至今盛行对歌。畲族传统婚嫁流程有30多个,畲族传统丧葬习俗流程有20多个,大多流程都要对歌。30多个流程的对歌把婚嫁喜庆的氛围一步一步地推向高潮。畲族人认为去世的人高龄是因为他(她)行善德美,大家都用歌赞誉他(她)的为人,祝他(她)在另一个世界过得幸福快乐。所以,对歌、盘歌往往通宵达旦。流传千年的“灰塘皆”(灰塘鸡)、“糯米料”(麻糍)、“逗夫仔”(豆腐娘) 等美食至今在西方坞畲民中盛行。每逢喜庆节日畲民男女老少穿上艳丽的民族服饰。

西方坞村有多处游览景点。

民族广场　有四层半月形梯田式观众台,观众台逐层下沉,最底层与舞台底面水平,观众观看视线十分理想,是联欢、演出的好场所。

山哈广场　临水而建,占地面积6000平方米,有一个2000平方米的水上舞台,台后不远处是音乐喷泉,是娱乐、赏景的好去处。

畲·凤凰湖　水面面积800多亩,水清如镜,周边山丘花木、天上飞鸟蓝天白云映入如镜的库水中,别有一番乡村风韵。湖上有座连心桥,桥上行人与水中游鱼同行,特有情趣。

姐妹亭　坐落在凤凰湖西边小山丘上,远近美景尽收眼下,触景生情,是对歌盘歌的理想地。

民俗馆　由“水亭畲族渊源”“水亭畲族习俗”“水亭畲族传统农耕”“水亭畲族文化”“多功能厅”等板块组成。它们从不同的角度展示了水亭畲族自清代入迁水亭，尤其是中华人民共和国成立以来改革开放以来各方面发生的翻天覆地的变化。

畲医畲药馆　馆内详细地介绍了水亭区域的畲族人民在漫长的历史进程中积累的丰富的医方药方，馆中展示1382个畲族传统医药方，其中有一些单方偏方。

2. 西姜祠堂

位于西姜村，建于明万历年间(1573—1620年)，坐东朝西偏南10度,建筑面积1700平方米，分中厅、前后进，四合院结构。中厅九脊歇山顶梁，结构抬梁与穿斗相结合，中缝九架双步廊式，四周走廊，屋柱为函页形青石方柱，木头金柱平柱菱形，刹有升斗铺作石踩，门檐石刻“百世瞻依”四字，正门院内残留小石狮一只，太湖石抱鼓两块。《凤岗姜氏宗谱》记载，姜维(三国蜀国名将)第37代孙于元贞元年(1295年)到金华为教谕后定居西岗(西姜村)，其后裔于明万历年间建西姜祠堂。西姜村是三国名将姜维后裔全国最大的居住地，是全国独一无二的呈扇形规划布局的村落建筑；西姜祠堂是全国等级规格最高规模最大的民间家庙；西姜村的《姜氏宗谱》是全国记载世系最多、年代最久远的祖谱。西姜祠堂于2013年6月被列为“中华人民共和国重点文物保护单位”。2015年，接待游客2万多人次。

3. “钟瑞堂”大夫第

位于黄村坞村，坐西朝东,占地面积800平方米。《鹤山黄氏宗谱》记载，五代时，黄庭坚六始祖黄赡从金华迁居江西修水双井村，南宋庆元六年(1200年)其六世孙黄镜又迁回金华兰溪黄村坞村。明景泰五年(1454年)族人为纪念黄庭坚而建造“钟瑞堂”大夫第。“钟瑞堂”大夫第后因年久失修近乎倒塌。2001年，兰溪市文化馆拨款、村民捐资修缮，是年11月动工，次年2月完工，耗资6万元，现保存完好。2009年被列为兰溪市文物保护单位。2015年，接待游客1.5万多人次。

4. 胡氏宗祠

位于生塘胡村。《生塘胡胡氏宗谱》记载，胡氏宗祠始建较早，元代遭火灾，明正德十五年(1520年)复建，清顺治十三年(1656年)始建中庭，康熙十六年(1677年)完工。此后，又经多次修缮。宗祠坐北朝东，偏东30度。四合院建筑，分前后进中厅，左右厢房，气势雄伟，占地面积1000平方米。中厅为主建筑，九脊歇山顶梁，结构抬梁与穿斗相结合，明间前廊为卷棚顶，里外面柱递角梁连接。内部构件拆建严重。正门内有太湖石石鼓2块。祠内存有建于北宋庆历三年(1043年)的《兜寺开堂疏》石碑一块。2005年,胡氏宗祠被列为浙江省文物保护单位。2015年,接待游客2万多人次。

5. 种玉堂

种玉堂又名“献瑞堂”,位于西方坞村,为三开间二进一明堂前厅后堂楼建筑,建筑面积266.55平方米、坐东朝西,青石门面。从建筑行制及风格分析,为清末至民国初建筑。该厅前进明间为五梁带前后双步廊,四柱九檩,木直柱。梁为扁天梁,梁上刻回字纹,梁两端下部以凤鸟纹雀替承托。次间梁架穿斗式。明间为礩形柱础,次间为鼓形柱础。厢房设于天井两侧,为二开间,以木板隔断。天井用青石砌造,天井四周檐柱上置回字纹及戏曲人物牛腿。上刻牡丹及禽鸟瑞兽。后进明间前额枋两端雕刻鹤嘴状龙须纹,下以凤鸟纹雀替承托。有楼、楼下前廊升起,用扁尺梁承重楼栅,梁上刻回字纹,木直柱,次间用穿插枋。楼上梁架为穿斗式,明、次间为鼓形柱础。三合土地面,硬山顶,三叠马头墙,阴阳合瓦。从该大厅雕刻中可以看到畲族的图腾崇拜,特别是用金凤凰做的雀替在兰溪市其他汉族建筑中是没有的,充分反映了畲族的建筑装饰风格。种玉堂距今100多年,主持建造者为西方坞村蓝增树。因年久失修,风雨侵蚀,部分木结构件虫蛀和霉烂现象严重,屋面漏雨,山墙部分倒塌,一些雀替缺失,亟待维修。

6. 明真山

位于柳塘章行政村,是金衢盆地北部制高点。百里外东方的金华山、南方的仙霞岭山脉、西方北方的千里冈山脉把金衢盆地与明真山围在中央。

明真山是观日出的好景点。凌晨,在明真山上,可清晰地看到太阳从金华山后慢慢地升起。如果是大晴天,金华山上空,会出现满天鲜红的朝霞,把整个金衢盆地映得通红。

相传明代时,明真山原名“雾禁山”,山高林密。朱元璋被元兵追杀,逃到雾禁山下。元璋见山高林密,倒马上山,因山高路陡,马用尽全力倒退,在石子路上踩出了清晰的马蹄印。元兵追到雾禁山下,见下山马蹄印,认定朱元璋已下山逃走,于是驱马向北追去。朱元璋逃过一难。后来朱元璋推翻元朝,建立明朝,雾禁山就叫“明真山”了,意思是救过明朝真命天子的山。

7. 民族歌舞活动楼

2011年,柳塘章民族村余垄自然村村民集资兴建了一栋建筑面积180平方米的“柳塘章村畲族民间歌舞楼”。2014年,明真山脚自然村村民集资兴建了一栋建筑面积220平方米的“柳塘章村畲族民间歌舞厅”。歌舞楼、歌舞厅免费供歌舞爱好者开展歌舞、乒乓球等文体活动。

(二)旅游公司

1.兰溪畲寨风旅游开发有限公司

兰溪畲寨风旅游开发有限公司建于2014年,位于兰溪市水亭畲族乡上朱村,距杭金衢高速公路游埠互通口6千米、兰溪市区20千米、金华市区30千米、龙游城区15千米、衢州市区40千米。公司地处杭金衢旅游金三角核心地带,半小时交通圈内有诸葛八卦村、新叶古村、江南悬空寺(大慈岩)、龙游石窟、龙游年年红景区、金西水上乐园、九峰温泉、兰溪地下长河等知名景区。

2015年,公司有土地近千亩,为低丘缓坡地貌,由“山、田、水”三大元素组合而成。公司有樱桃园、白枇杷园、蜜桃园、葡萄园、红肉蜜柚园、蜜橘园等四季水果采摘基地,特色餐饮、生态民居、竹亭野炊、松林烧烤、陶艺DIY、休闲垂钓、水上乐园、动物逗趣园、丛林穿越、垂钓、户外拓展基地、乡村婚庆基地、跑马场、卡丁车场、真人CS、露营、棋牌室、欢乐KTV、趣味运动会等适宜男女老少的休闲度假项目。

公司先后获得“全国四星级休闲农业与乡村旅游示范区”“国家AAA级旅游景区”等荣誉。至2015年,年接待游客量为20多万人次。

2.兰溪市畲乡风情旅游发展有限公司

兰溪市畲乡风情旅游发展有限公司位于西方坞民族村,公司占地面积1公顷。公司内有可供300人共餐的畲族风味餐厅和10个包间。公司内有68个床位的民宿,水电网络等设施齐全。有700平方米的演艺大厅,大厅建有160多平方米的舞台,灯光、音响、投影等设备一应俱全,可供1000余人开展文艺、会议等活动。演艺大厅展演独具畲族特色的畲族优秀传统文化节目。

公司有垂钓基地、凤凰对歌亭、九曲莲花桥、水面面积14公顷的水上乐园、100亩的茶叶采摘基地。

2014年,公司被评为全国休闲农业与乡村旅游四星级企业。2015年,接待游客10万多人次。

三、金 融

(一)水亭信用社

水亭信用合作社于1992年由圣山畲族乡信用合作社与水亭乡信用合作社合并而来。

原圣山畲族乡信用社前身兰溪县圣山公社信用社,成立于1964年,有1个办公室,设在圣山公社政府内。办公室面积约8平方米,工作人员1人。资金主要来源于公社社员参股资金。主要业务是社员存贷款。1987年,更名为兰溪市圣山畲族乡信用合作社。办公地点搬到乡政府对面新建的办公楼。直至1992年与水亭信用社合并。

水亭信用社成立于1964年,办公室设于原水亭公社院子内。1983年,随水亭乡政府办公楼从原地址水亭街村搬到下蒋村,办公室设在乡政府办公楼内。1988年,搬到新建于水亭街村的办公楼。1992年,与圣山畲族乡信用社合并为水亭畲族乡信用社,至2015年未变。信用社主要业务有公民存取汇款,企业、单位、个人贷还款,代收水电费等。

(二)水亭邮政储蓄所

1998年,水亭邮政储蓄所开始开通邮政储蓄存取款业务。邮政储蓄所主要业务有存款、取款、汇兑、转账、保险以及粮农直补款取款等。2015年12月24日办公大楼从水亭老街搬迁到水亭街水亭新区15—18号。

第五章 社会事业

水亭畲族乡人民历来注重道德传承、文化教育,弘扬耕读传家之风,培育有用人才。自东晋至清代,曾办过书院、私塾、义馆、学堂;民国时期,社会事业发展落后,域内只有小学,乡境内民众喝土井水,点青油灯,交通以步行为主,就医依赖土郎中,社会保障体系是空白。

中华人民共和国成立后,各村兴办小学,1958年创办水亭初中,1969年创办圣山初中,两校曾设过高中班。随着社会发展,教育逐渐规范化,有电大、成人、幼儿、夜校等教育。村村用上自来水,点灯不用油。至2015年底,全乡实现村村通公路、路面硬化,外出多用自驾车。传统手工艺融入社会生活,非遗项目得到继承。新型农村合作医疗发展迅速,社会保障覆盖全乡。

第一节 基础设施

清末民国初期,水亭至兰溪、游埠,建有手拉车、步行大道。连接主要村庄有石板路。水亭设过邮政,开设电话服务业务。水亭集镇上开过当铺。

中华人民共和国成立后,20世纪50年代初,设立邮政代办所。20世纪70年初,农村开始用电,通广播。至2015年,全乡供水供电入户率达100%。公路四通八达,通村公路路面硬化率达100%。金融业有信用社、邮政储蓄所。乡村环境,经过“五水共治”“美丽乡村建设”等项目的实施,更加秀美。

一、水 电

(一)自来水厂

兰溪市水亭畲族乡基础设施建设公司自来水厂(以下简称水厂)位于水亭畲族乡松树下村。水源包坞水库,集雨面积1.489平方千米。水厂为

2009年农村饮用水工程项目。设计供水规模为1900立方米/日。主要建设内容有清水池1座、一体化净水设备2套、水泵3套、管理房144平方米。铺设供水干支管65.2千米。批复工程总投资876.46万元。水厂于2010年12月建成,供应水亭畲族乡36个行政村21826人及游埠镇生塘徐行政村625人,合计22451人的生活用水。2015年,水厂供应水亭畲族乡21746人的生活用水。

2015年水亭畲族乡水厂供水范围一览表

表9-5-1-1

行政村	人口(人)	行政村	人口(人)
盖竹里	236	施家	639
芳茗叶	362	白鹤桥	472
上吴	394	丁家	1135
午塘桥	558	生塘胡	605
河伯沿	488	柳塘章	625
杨宝塘下	427	水亭街	715
横塘	817	水亭坞	941
下蒋	550	黄村坞	616
垂江	697	塘上	368
古塘	518	奎塘畈	443
松树下	650	午塘边	437
周邵汤	636	尚方	785
陈塘下	735	上周	356
下方泉	812	上朱	1107
西姜	850	西方坞	513
珠带式	757	柳家	823
殿下	524	奎塘	428
范坞	446	杨田坞	281
合计	10457	合计	11289

(二)供 电

水亭畲族乡的供电始于20世纪70年代。1972年,西姜村架设线路8000米。1979年,游埠机电站给松树下村架设线路3000米。20世纪80年代县供电局给横塘村、上周村、上吴村等村架设线路 15.4 千米。进入 21 世纪，新农村建设加大了基础设施建设的投入，国家电网改造工程让整个水亭畲族乡受益，村村陆续通电到各家各户。

1982—2015 年水亭畲族乡照明线路改造情况一览表

表 9-5-1-2

行政村名	线路名	改造线路长度（米）	改造年份	投入资金（万元）	资金投入单位
柳家	上畈	800	1992	8	村集体投资投工
	柳家	1500	1992	12	村集体投资投工
	慈厚张	1300	2009	10	村集体投资投工
	西钱	1200	2009	10	村集体投资投工
	上罗家	600	2009	6	村集体投资投工
	下罗家	800	2009	8	村集体投资投工
杨宝塘下	—	5000	1994	—	村集体
	—	3000	2008	—	国家电网改造
横塘	—	4000	1982	—	村集体
	—	6000	2006	—	村集体
	—	6000	2014	—	村集体
上周	—	8900	1984	—	村集体
	—	11200	2003	—	国家电网
	—	18000	2015	—	国家电网
施家	施家村内线	—	2011	—	—
	范村村内线	550	2011	—	—
西方坞	照明线路	3600	—	—	—
生塘胡	山峰线	1300	—	—	—
奎塘	奎塘	2000	—	—	国家电网
	青龙山通生塘徐	200	—	—	国家电网
奎塘畈	奎塘畈	300	2015	—	国家电网
	柳塘畈	300	2015	—	国家电网
	里塘畈	150	2015	—	国家电网
水亭坞	上伊塘	—	2008	—	—
下蒋	照明电	255	2000	—	—
	照明电	310	2000	—	—

续表 9-5-1-2

行政村名	线路名	改造线路长度(米)	改造年份	投入资金(万元)	资金投入单位
下蒋	照明电	209	2000	—	—
	照明电	130	2000	—	—
	照明电	410	2000	—	—
	照明电	178	2000	—	—
	照明电	243	2000	—	—
	照明电	211	2000	—	—
	照明电	310	2000	—	—
	照明电	230	2000	—	—
	照明电	220	2000	—	—
	照明电	308	2000	—	—
	照明电	290	2000	—	—
上朱	—	6000	2010	—	电管站
殿下	—	5000	2012	—	—
上吴	沿村线路	2000	1979	25	村民集资、兰溪市政府补贴
	沿村线路	2500	1989	10	—
	环村线路	3000	2009	25	电业局
下方泉	下方泉	480	2015	—	兰溪供电公司
西姜	全村	8000	1972	—	村自筹
	村内线路	10000	1982	—	—
	村内线路	10000	2006	—	国家电网
	村内线路	12000	2014	—	国家电网
奎塘畈	青龙山	150	2015	—	—
丁家	村内	5000	1996	9.80	—
	村内	5200	2010	15.50	国家电网、兰溪供电公司
珠带式	村照明二线	不详	1994	—	村自筹
	村照明二线	不详	2002	—	村自筹
	村照明三相	不详	2009	—	—
河伯沿	河伯沿	2300	2012	—	—
黄村坞	照明电改造	16580	2015	—	兰溪供电局

续表 9-5-1-2

行政村名	线路名	改造线路长度(米)	改造年份	投入资金(万元)	资金投入单位
杨田坞	西源坞、杨田坞	5000	2008	10	兰溪供电局
松树下	—	3000	1976	—	游埠机电站
	—	3500	1996	—	游埠供电局
	—	4000	2014	—	兰溪供电局
尚方	—	3500	1998	—	兰溪供电局
	—	2000	2013	—	兰溪供电局
陈塘下	照明电改造	18925	2013	—	兰溪供电局
古塘	照明线路改造	3000	1992	10	兰溪供电局
	全村照明	3000	2007	35	兰溪供电局
芳茗叶	全村照明	3000	2006	35	兰溪供电局

二、交 通

(一)古 道

民国时期,新桥至游埠的新游线路开通。民国 36 年(1947 年),永昌至水亭和水亭至游埠的县道开通。自 20 世纪 60 年代以来,交通设施状况发生了质的变化,永昌至游埠线和长乐至荷龙里线相继开通。至 2003 年村村已通公路。

1．古驿道分道

兰溪西乡游埠经水亭至龙游北乡志棠古驿道分道是连接古驿道主要分道。全长约 11 千米,途经七亭八地。七亭指茅坪畈凉亭、七里亭、八角凉亭、红石凉亭(群力亭)、塘上永安亭、红石凉亭、麻车岭亭。八地指游埠、七里坪、下方泉、水亭、河伯沿、古塘、上徐店、志棠。如今,六亭皆废,唯独永安亭残存。隔亭 120 步的三岔路口立有指路牌,上刻“左通双牌诸葛,右达志棠寿昌”。

兰溪西门经永昌西南古楼下、毕家、邵家、太平祝、上方顶、伊山头、洪浦阳、水亭镇、圣山范坞凉亭、横塘入龙游县北界的古驿道分道,全长约 13.5 千米。

2．古乡道

水亭至横塘古乡道,全长约 4.4 千米。

(二)青石板路

1．珠带式经生塘胡至游埠石板路

清代(年份不详),由珠带式村徐荣风一家捐资,兴建的从珠带式到生塘胡的青石板路长约 2.5 千米。20 世纪 20 年代开始,青石板逐渐被人搬走,到 20

世纪50年代末青石板被人搬光。

2．水亭至游埠石板路

民国24年(1935年),由下方泉龚茂发等人发起集资铺修。兰溪实验县时,定为县道,由周汝昌等设计加宽。民国36年兴建水游线县道时,此路被公路替代。

3．午塘边村横铺青石板路

午塘边村有千余米石板横铺的青石板路。石板横铺为方圆百里罕见。此路由徐昆吾为主出资,于民国29年(1940年)下半年铺设,路从"仁让堂"大厅至紫竹殿。石料购于龙游县志棠马鞍山。至2015年,尚存青石板297块。

4．水亭横塘青石板路

民国30年(1941年)前后,由水海田等发起铺建的青石板路,长约2千米。石板长1米,宽0.5米。曾是金华府道。是当时兰溪经水亭、上吴白露山冈、横塘方向,去龙游的主要大道。2015年,此青石板路已不存在。

5．杨宝塘下至游埠石板路

民国27年(1938年)前后,杨宝塘下经横塘、范坞、西西坞、西钱、罗家、高元张等村通向游埠有石板路。民国29年,西钱至罗家段路面青石板铺设,所用费用由西钱村钱庆福出资。其余路段何人出资无考。2015年,此青石板路已不存在。

(三)乡村道路

1974年,政府出资修建经西方坞、柳塘章3个民族村的沙石"民族公路"。至20世纪80年代,水亭畲族乡有8条机耕路。2003年实现村村通公路。至2015年所有的乡村道路完成硬化建设。

1985年水亭畲族乡机耕路一览表

表9-5-1-3

区名	乡名	起讫地点	长度(千米)	路基宽(米)	建成年份
游埠区	水亭乡	上朱—上吴	2	3.5	1983
		水亭—西姜	2	4	1979
		河伯沿—午塘边	2.5	3.5	1978
		古塘—塘上	1.5	3	1980
		下蒋—金印	2	4.5	1985
		古塘—乐塘	2	4.5	1985

续表 9-5-1-3

区名	乡名	起讫地点	长度（千米）	路基宽（米）	建成年份
游埠区	水亭乡	下畈—午塘桥	2.5	3.5	1983
		水亭—松树下	4	4.5	1985

2003 年水亭畲族乡通村公路情况一览表

表 9-5-1-4

行政村名	路线名称	起点	讫点	路线长度（千米）	路基宽度（米）	路面		技术等级	受益人口（万人）	通班车情况
						宽度（米）	等级			
柳家	七里坪—柳家	七里坪	柳家	1.2	6	5.5	砂石	简易	0.08	无
下方泉	永游线	水亭坞	七里坪	2.1	10	8	沥青	三级	0.08	有
西姜	水亭坞—西姜	水亭坞	西姜	1	10	8	砂石	简易	0.09	无
周邵汤	永游线	下畈	水亭街	1	10	8	沥青	三级	0.07	有
水亭街	永游线	周邵汤	水亭坞	1	10	8	沥青	三级	0.08	有
水亭坞	永游线	水亭街	下方泉	1.5	10	8	沥青	三级	0.09	有
下蒋	水亭—横山	水亭街	下蒋	1	7	6	砂石	简易	0.06	无
上吴	上朱—上吴	上朱	上吴	1.2	6	5.5	无路面	简易	0.04	无
上朱	长胡线	上朱	殿下	1.5	7	6	水泥	四级	0.11	有
殿下	长胡线	上朱	珠带式	1	7	6	水泥	四级	0.06	有
范坞	珠带式—范坞	珠带式	范坞	2.3	7	6	砂石	简易	0.05	无
丁家	上朱—丁家	上朱	丁家	2	7	6	无路面	简易	0.12	无
上周	珠杨公路	横塘	上周	1	7	6	无路面	简易	0.04	无
杨宝塘下	珠杨公路	横塘	杨保塘下	1.5	7	6	砂石	简易	0.04	有
横塘	珠杨公路	殿下	横塘	1	7	6	砂石	简易	0.09	有
施家	长胡线	珠带式	施家	2	7	6	砂石	简易	0.07	有
珠带式	长胡线	殿下	施家	1.2	7	6	砂石	简易	0.08	有
白岳桥	珠带式—白岳桥	珠带式	白岳桥	1.5	6	5	砂石	简易	0.05	无
西方坞	珠游线	珠带式	柳塘章	3.2	7	6	砂石	简易	0.05	有
柳塘章	珠游线	西方坞	奎塘畈	1	7	6	砂石	简易	0.06	有
生塘胡	西方坞—金刚桥头	西方坞	金刚桥头	2.3	6.5	5.5	砂石	简易	0.06	无
生塘徐	生塘胡—生塘徐	生塘胡	生塘徐	1.8	7	6	无路面	简易	0.06	无

续表 9-5-1-4

行政村名	路线名称	起点	讫点	路线长度(千米)	路基宽度(米)	路面		技术等级	受益人口(万人)	通班车情况
						宽度(米)	等级			
奎塘	奎塘—高元张	奎塘	高元张	1.2	6	5	砂石	简易	0.04	无
奎塘畈	珠游线	柳塘章	高元张	1.5	7	6	砂石	简易	0.05	有
垂江	水亭—横山	下蒋	黄村坞	0.5	7	6	砂石	简易	0.07	无
黄村坞	水亭—横山	下蒋	利亚	2.3	7	6	砂石	简易	0.06	无
杨田坞	利亚—杨田坞	利亚	杨田坞	3.5	6	5	无路面	简易	0.03	无
盖竹里	黄村坞—盖竹里	黄村坞	盖竹里	1.3	6	5	无路面	简易	0.03	无
陈塘下	下蒋—陈塘下	下蒋	陈塘下	1.5	6	5	砂石	简易	0.07	无
尚方	水亭—尚方	下蒋	尚方	1.6	6	5	砂石	简易	0.08	无
松树下	尚方—松树下	尚方	松树下	1.5	6	5.5	砂石	简易	0.06	无
塘上	古塘—塘上	古塘	塘上	0.8	6.5	6	砂石	简易	0.04	无
芳茗叶	长胡线	古塘	双牌	1.5	7	5	砂石	简易	0.04	有
古塘	古塘—松树下	古塘	松树下	1.2	6	6	无路面	简易	0.05	无
河伯沿	长胡线	水亭街	古塘	2.3	7	5.5	砂石	简易	0.05	有
午塘边	河伯尚—午塘边	河伯沿	午塘边	2	6.5	5	砂石	简易	0.05	无
午塘桥	下畈—午塘桥	下畈	午塘桥	2.1	6	—	砂石	简易	0.06	无

2015 年水亭畲族乡各村道路硬化建设情况一览表

表 9-5-1-5

行政村名	自然村名	硬化路面长度(米)	投入资金(万元)	投入资金单位	年份	备注
水亭街	仓屋里村	3000	5	村自筹	1998	
	仓屋里村	120	0.2	水鸿庆投资	1999	
周邵汤	周邵汤村	1300	28	—	2002	
下蒋	下蒋村	119	—	—	2002	
	下蒋村	103	—	—	2002	
	下蒋村	126	—	—	2002	
	下蒋村	154	—	—	2002	
	下蒋村	182	—	—	2002	

续表 9-5-1-5

行政村名	自然村名	硬化路面长度（米）	投入资金（万元）	投入资金单位	年份	备注
下蒋	下蒋村	114	—	—	2002	
	下蒋村	159	—	—	2002	
	下蒋村	170	—	—	2002	
	下蒋村	37	—	—	2002	
	下蒋村	138	—	—	2002	
上朱	分水塘	2000	10	自筹	2009	
	上朱	4000	30	—	2010	
	西徐坞	1500	10	—	2011	
	罗坞	1600	10	—	2013	
殿下	殿下	2500	30	殿下村	2004	
	上江	1000	20	殿下村	2013	
上吴		2500	20	—	2007	政府拨款
范坞		1500	30	范坞村	2009	
柳家	柳家村村庄整治	1600	34	兰溪市农办	2009	集体投资、柳家自然村
	西钱、上罗家、下罗家	2720	57	村集体投资	2012	上级补助、伊宝馨帮扶
	上畈村	790	20	村集体投资	2013	市民政局补助
	慈厚张	1350	45	村集体投资	2015	民政局、民宗局补助
下方泉	下方泉	1600	11.3	下方泉村经济合作社	2005	
	下山坞罗塘上	1350	11.5	下方泉村经济合作社	2009	
西姜	西姜村	5000	80	村自筹	2006	政府补助
杨宝塘下	杨宝塘下瓦灶里、后勘	1500	15	杨宝塘下村	2008	
横塘	横塘、范财	1500	20	横塘村	2009	
上周	上周村	2000	36	上周村	2006	
施家	施家	650	6.5	农户集资	2011	

续表 9-5-1-5

行政村名	自然村名	硬化路面长度（米）	投入资金（万元）	投入资金单位	年份	备注
西方坞	西方坞、杨梅山背石孔头、石八塘下明印宋	1500	15	—	2010	
生塘胡	生塘胡	1000	25		2003	
奎塘	石岩背至文化广场	320	7	国家资金	2006	
	头泉塘至文化广场	250	6	国家资金	2006	
	柏金门前至广场	150	3	国家资金	2006	
	公厕至根如门前	150	3	国家资金	2014	
奎塘畈	奎塘畈至洪塘下	450	6.5	—	2003	
	杨塘山头至奎塘畈	300	4.5	—	2004	
	乡道至青龙山	150	2	—	2004	
	柳塘畈至高元张乡道	500	8	兰溪市交通局	2008	
	里塘畈至罗家路口	400	2.5	—	2008	
	柳塘畈村内道路	400	7	东阳市民宗局	2014	
丁家	塘边村	1500	17.3	塘边村	2009	
	丁家村	2000	25.1	国家	2010	
	西张村	1600	19.5	西张村	2010	
	童才村	1560	21.1	童才村	2013	国家补助 15 万元
柳塘章	柳塘章	300	6	—	2005	
	明真山脚	900	10	—	2009	
	余垄	500	5	—	2009	
	余垄	327	6	—	2011	
珠带式	珠带式	2400	21.7	村自筹	2010	
午塘桥	午塘桥	800	10	兰溪市农办	2009	
	里坞、吴山头	1000	15	村自筹	2009	
河伯沿	河伯沿自然村	1000	40	—	2013	
垂江	垂江至南山坞	2500	45	村自筹	2004	

续表 9-5-1-5

行政村名	自然村名	硬化路面长度（米）	投入资金（万元）	投入资金单位	年份	备注
黄村坞	大厅门口	50	5	村自筹	2008	
盖竹里		200	—	—	2004	
		500	—	—	2010	
杨田坞	杨田坞	700	3	村自筹	2011	
松树下	松树下自然村	1550	54	松树下行政村	2014	
尚方	汤家、尚方、旧宅	1200	—	—	2014	
陈塘下	金印村	520	5.8	村自筹	2012	
	张江坞村	380	4.5	村自筹	2014	
古塘	全村通户硬化	1500	25	兰溪市农办	2008	
芳茗叶	全村接通各户路面	2000	15	兰溪市农办	2005	
塘上	塘上至叶岗坞	300	4	兰溪市农办	2012	
	各户连接	600	10	兰溪市农办	2012	
午塘边	午塘边	1500	12	兰溪市农办	2007	

2015 年水亭畲族乡路面硬化工程一览表

表 9-5-1-6

路段	路长（千米）	路段	路长（千米）
珠带式—杨宝塘下	3.71	水亭—张麻车	3.70
上石桥—珠带式	4.36	下畈村—午塘桥	1.12
黄村坞—上周	2.70	上珠线—柳家下罗家	1.57
上宋—奎塘	3.90	丁家—圣宇公司	1.00
下杨线（盖竹里）—水张线	0.80	下蒋—杨田坞	4.82
午塘边—午塘桥	0.94	长胡线—塘上	0.79
永游线—西姜	1.07	永游线—柳家	1.84
上珠线—奎塘	0.82	上珠线—生塘胡	1.21
珠杨线—范坞	0.55	珠杨线—上周	0.53
长胡线—丁家	1.47	下方泉—上朱	2.10

续表 9-5-1-6

路段	路长(千米)	路段	路长(千米)
下蒋—尚方	1.17	珠带式—白岳桥	1.05
水亭街—上吴	1.48	珠带式—罗坞	1.56
上珠线—白岳桥	0.67	长胡线—尚方	1.00
生塘徐—龙游井岗桥头	1.85	水张线—上吴	1.60
泉塘—午塘边	0.93	长胡线—上吴	0.93
石八塘下—生塘徐	0.84		

(四)县级公道

1．新游线

新桥至游埠，途径厚仁、永昌、水亭，全长 30 千米、建于民国 25 年(1936 年)至民国 31 年春。1964 年永游线(永昌至游埠)修建成后为永游线之一段。

2．永水线

民国 36 年(1947 年)重修永昌至水亭线县道，全长 7 千米(永游线之一段)。

3．水游线

民国 36 年(1947 年)重修水亭至游埠县道，全长 8 千米，路基宽 3 米，路面宽 2 米。1964 年永游线修建成后为永游线之一段。

4．永游线

永昌至游埠线，由 G330 温寿线永昌段接出，经上石桥、水亭、七里坪、塘下邵至游埠，全长 18.75 千米(起点与 G330 温寿线 208.580 千米处相交，终点游埠)，砂石路面宽 3.5 米，路基宽 6.5 米。该路于 1964 年 1 月动工修筑，同年年底竣工。地方财政补贴 11 万元。2001 年 3 月，第二次全国公路普查时称之为 X210。2012 年，全线浇筑水泥或沥青。至 2015 年线路保持原状。

5．长荷线

长乐至荷龙里线，起点与 S316 龙葛线 35.209 千米处(兰溪县磷矿)相交。终点荷龙里村。途径砚山脚、双牌、芳茗叶、河伯沿、水亭、珠带式。砂石路面，宽 3.5—4 米不等，路基宽 6.5 米。地方财政补贴共 6.3 万元。该线路分 3 段施工。兰溪县磷矿至双牌段，于 1968 年 1 月动工，10 月竣工，地方财政补贴 1.5 万元。水亭至荷龙里段，于 1975 年 1 月动工，次年 6 月竣工，地方财政补贴 2 万元。双牌至水亭段，于 1978 年 5 月动工，次年 12 月竣工，地方财政补贴 2.8

万元。自此长荷线建成并与 S316 龙葛线、X210 永游线相连接，全长 15.07 千米。2001 年 3 月，第二次全国公路普查时，称之为 X212。

6．民族公路

1974 年，兴建从珠带式经西方坞、柳塘章、奎塘畈、高元张民族村至游埠镇塘下邵村与永游线连接的民族公路。1985 年，向北延伸民族公路，从珠带式经范坞、横塘、上周、杨宝塘下村与龙游县横山镇县道相接，连通 351 国道。

（五）桥 亭

1．桥

水亭三桥 水亭村南有一溪，由东至西有三桥，建于明清之际。桥名分别叫福星桥（通圣山公路时已改建）、土地桥（旁有一米见方小土地庙，供有石雕土地公、婆，故名）、上新桥。三桥经多次维修（建造及维修具体年月不详），现完好。

女儿桥 位于上方泉到上朱的大路上。相传清同治年间（1862—1874 年）上朱罗坞人为嫁给箕衣湾的女儿建造。民国 8 年（1919 年），下方泉龚茂发等发起重修，现完好。

横村桥 位于垂江村西，建于元末。由黄村坞辛九公私建。桥头一指路碑，现尚完整。旁又建一水泥石拱桥，名为群利桥，1985 年建。

上 桥 位于珠带式村，建设时间无考，现存完整。

中 桥 位于珠带式村，建设时间无考，现存完整。

下 桥 位于珠带式村，建设时间无考，现存完整。

石 桥 又称白鹤桥，位于白鹤桥村，建设时间无考，现存完整。

大坝桥 位于白鹤桥村，建设时间无考，现存完整。

新 桥 位于白鹤桥村，建设时间无考，现存完整。

寺 桥 位于西西坞至游埠路上，建设时间无考，现存完整。

二节桥 下方泉村下畈，何年何因消失不详。

圣山公路桥 共有 5 座。一座在上朱村东北，建于 1974 年，接珠（珠带式）兰（兰溪）公路；一座在殿下村西，建于 1974 年，接珠（珠带式）兰（兰溪）公路；一座在珠带式村西，建于 1974 年，接珠（珠带式）龙（龙游）公路；一座在奎塘畈村东，名叫突胜桥，建于 1986 年，接圣（圣山）游（游埠）公路；一座在柳塘章村西，建于 1986 年，接圣（圣山）游（游埠）公路。

2015年水亭畲族乡公路小型桥梁一览表

表 9-5-1-7

桥名	所在线路	桥址	桥梁技术状况						建成年份
			全长（米）	桥面宽（米）	桥高（米）	孔数	跨径（米）	上部结构	
河伯沿门前桥	水亭—双牌	河伯沿	10.9	5	4.9	1	5	块石拱	1977
河伯沿桥	水亭—双牌	河伯沿	11.6	4	3.4	1	6	块石拱	1977
前进桥	水亭—珠打式	水亭坞	13.2	5	5	1	6	块石拱	1975
突胜桥	珠打式—游埠	奎塘畈	8	5	4	1	8	钢筋水泥	1974
胜利桥	水亭—张麻车	K+160	10.6	6.2	2.7	1	5	块石拱	1985

2015年水亭畲族乡民间桥梁一览表

表 9-5-1-8

桥名	桥址	桥面宽（米）	上部结构	孔数（个）
友谊桥	慈厚张	4	石拱	1
寺 桥	塘 边	10	石平	1
东井桥	东 井	5	石头	1
清明桥	螺丝山沿	5	石头	1
九斗桥	东山岗	7	木	2
弯 桥	石 五	5	石头	1
上施桥	上 施	4	石头	1
范村桥	石 五	7	木	1
中 桥	珠带式	6	石头	1
下 桥	珠带式	6	石头	1
上 桥	白鹤桥	8	石头	1
中 桥	白鹤桥	9	石头	1
下 桥	白鹤桥	4.3	石头	1
石二桥	殿下畈	5	石头	1
石八桥	殿下畈	5	石头	1
石益桥	下朱畈	5	石拱	1
殿 桥	殿 脚	8	青条石	1
大桥头桥	柳塘章	3	砼工	1
上塔水桥	柳塘章	6	石块	1

续表 9-5-1-8

桥名	桥址	桥面宽（米）	上部结构	孔数（个）
卸塘山桥	下朱畈	5	青板石	1
龙坑口桥	下朱畈	5	青板石	1
大　桥	河伯沿—水亭	10	石排	1
湾　桥	石平底	5.3	石排	1
木　桥	小罗村	5	石排木块	1
湾　桥	湾桥头村	10	石拱	1
午塘桥	午塘村	7.6	石拱	1
五福桥	午塘村	5.1	石平	1
水坝桥	水亭村边	6.3	石平	1
福星桥	水亭村边	7	石平	1
木　桥	下新屋村边	6.9	木桥	1
樟龙桥	后田珠村边	4.8	石平	1
小　桥	后田珠村边	6.8	石平	2
女儿桥	下方泉—上朱	10	石拱	1
上木桥	下方泉—上朱	10	木桥	2

2．亭

永安亭　位于塘上村。隔亭120步的三岔路口立有指路牌，上刻“左通双牌诸葛，右达志棠寿昌”。今存。

守规亭　亦称母子亭，位于西姜去孟塘路口。传说清初西林寺静能师为会见母亲专造，又称“会母亭”。1954年前后毁。

红石凉亭　位于古塘村东南100米处，大致建于清朝中叶，原无墙，雕梁画栋。1966年修建时，添筑三面砖墙，上平顶，内写“群力亭”三字。已废。

羊角山凉亭　建于清末，位于松树下羊角山头东南，山下有一庙，毁于1958年前后。原庙旁有一大古樟，1970年被伐。

范坞凉亭　位于范坞村西南，横塘至水亭大路旁，建于清代，三进，有神位，1958年拆除。

福寿亭　位于奎塘畈至游埠的大路边，房屋3间，1949年修，后又重修，1980年拆除。

荷龙里石凉亭　两间，位于去龙游县后方坞村的大路边。现尚存。

三、邮　电

(一)邮电局

民国19年(1930年),浙江省建设厅同意兰溪"依照乡村支线电话规划"建设乡村集镇电话,接入城镇电话局,水亭建成电话代办所,接入兰溪县电话局。民国24年,水亭集镇接入兰溪县县内电话。民国31年,日本侵略军侵占兰溪,电话设施全部被破坏。民国34年,抗日战争胜利,兰溪县成立乡村电话管理所,之后水亭修建恢复电话设施。

1949年,中华人民共和国成立后,农村电话发展很快。1959年,柳塘管理区、圣山管理区、河伯管理区、水亭管理区架通有线电话。1977年前,水亭辖区邮件由投递员步行传送。1977年初,投递员配置自行车代步投递。1987年末,设立水亭邮电所。1988年1月起,开始实行收寄、分拣、封发邮政编码件函。1998年8月,游埠邮电支局水亭邮电所,负责人王正明。

(二)电信局

1998年8月至2000年1月,设游埠电信支局水亭通讯服务站,负责人徐渭祺(站长)。2000年2月至2003年1月,更名为水亭电信支局,负责人徐渭祺(支局长)。2003年2月至2013年1月,更名为游埠电信支局水亭电信所,负责人徐渭祺(支局长兼)。2013年2月至2015年12月,更名为水亭电信所,负责人徐倩(所长)。

(三)邮政所

1998年8月,设立中国邮政集团公司浙江省兰溪市分公司水亭邮政所,负责人李顺德(所长)。1998年8月至2009年5月,负责人李顺德(所长)。2009年5月至2012年10月,负责人方燕(所长)。2012年10月至2015年12月,负责人王璐娜(所长)。

第二节　教　育

水亭教育历史悠久。南宋德祐二年(1276年),徐应犹隐居水亭竹塘,创办了"竹塘书院"。晚清,西方坞畲民蓝增树在家创办"增树私塾"。其后,水亭地区相继共办了10所私塾。民国期间,共办小学21所。

1952年,全乡所有小学改为公有制,归属国家统一规范管理。1958年秋,创办水亭初中,1969年创办圣山初中。随着社会发展,两校设过高中班。幼儿、成人夜校等教育相应发展。2015 年,全乡有九年一贯制学校 1 所、小学 2 所、幼儿园 2 所。全乡在校初中学生人数 398 人、教师 44 人、职工 19 人。在校小学学生人数 793 人、教师 48 人、职工 3 人。

一、社学与私塾教育

中华人民共和国成立前,水亭、圣山共有书院 2 所、私塾 8 所。形式有由本村富户创办和塾师自办两种。招收本地的学生,以大厅、祠堂或塾师私房作校址。先生生活费由学生共同支付。私塾主要教学四书、五经及《三字经》《百家姓》《千字文》等。

(一)私　塾

1．西方坞村蓝增树私塾

是兰溪县唯一的畲族私塾。创办于清宣统年间(1909—1911 年),办了 2 年,学生 20 余人,教师 1 人。校址在蓝增树本人家中。

2．西方坞村周增福私塾

创办于清光绪年间(1875—1908 年),办了 4 年,招收学生 10 余人,校址在周增福本人家中。

3．奎塘村吴望泰私塾

创办于清光绪年间(1875—1908 年),学生 30 余人,教师为吴望泰,校址在映雪书屋。

4．珠带式村徐金奎私塾

创办于清光绪年间(1875—1908 年),教师有琚佩兰、朱晖等,学生 30 余人,校址在闰德堂和回龙殿内。

5．上周村周樟庭私塾

创办于清宣统年间(1909—1911 年),学生 10 余人,校址在周樟庭家中。

6．生塘徐村严州佬私塾

创办于清光绪年间(1875—1908 年),学生 20 余人,校址在本村怀德堂内。

7．务修私塾

创办于清光绪二年至三十年(1876—1904 年)。校址在水亭黄村坞村。

8．松涛私塾

创办于清光绪八年(1882 年),教室设在“楼下厅”,由徐松涛家私办。校址在水亭午塘边村。

(二)书 院

1．古塘世禄书院·乔木世家

古塘世禄书院，约建于北宋绍圣三年(1096 年)，是徐良能父亲徐志亲手创办，并任教。

《宋龙图阁待制徐公墓志》文中记述："自朝诸公，力学贯通，经传于易，最深寻举贡，聚徒教授，户外之履常满。廉静寡欲，言欢容止可法。居家孝友，仲弟早亡；抚育诸孤，为毕婚嫁。季弟孝而孤，公教之力学。又命将遗驿田百亩，施于弟侄；乡里称为'义门'云。"从这段文字记述，可看出该院不但办得早，而且学子也多。体现徐志为人仁义，道德高尚；使当时氏族内外子弟有书读、有田种，未成家立业者尽力帮其成家立业。

本氏族就读世禄书院有据可查为官者高达五十余人。尤为突出者第七世徐良能、第八世徐宪、第十世徐机宜。

《古塘徐氏宗谱序》提道："今按徐氏自宋机宜公，始卜光居风山(古塘)，东创游鱼轩，南起爱日堂，西造竹林书院，北竖拱辰楼。宾朋时集，诗酒言欢；或登高而纵目，或临流而作赋；历今二百余载矣；诗札蝉联，衣冠鳞次，古称乔木世家是也"。

历代有名人题字、撰序、赋诗、颂歌，皆为乔木世家佐证附注，江南唯一，名不虚传。

2．竹塘书院

徐应犹建于南宋德祐二年(1276 年)，址在水亭竹塘(今塘上村)。徐应犹于南宋咸淳四年(1268 年)登榜进士。出判临安(即南宋京都杭州)，宋亡，隐居不仕。宋末元初，陈文龙、陈宜中、黄湝与徐应犹"竹塘书院"往来甚密。明代，商辂、周应宾、唐龙与徐应犹子孙"竹塘书院"常有往来。"竹塘书院"名传历经宋、元、明三代。上述名人皆有《序言》《诗咏》芳存于《竹塘徐氏宗谱》。

3．叔扬书院

位于水亭黄村坞村，办于明万历年间(1573—1620 年)，以叔扬公名字取名。

二、学校教育

(一)幼儿教育

20 世纪 50 年代，水亭全乡有幼儿园达 14 所，此后时停时办。1984 年周邵汤、下方泉村幼儿园恢复，幼儿教师邵建红、方雪花被推荐赴市教师进修学校进修。20 世纪 70 年代，圣山全乡先后办起了幼儿园。1977—1979 年丁家、上朱、珠带式、柳家等村都办了幼儿园。1984 年，珠带式、丁家幼儿园恢复建园。珠带式幼儿教师琚爱仙参加市教师进修学校培训 1 个月。1985 年兰溪市妇联赠送给珠带式幼儿班桌 8 张、凳 48 张。琚爱仙在 1984 年和 1985 年连续被市妇联评为先进幼儿教师。1987 年上半年，市妇联赠送给生塘胡幼儿班风琴 1架、桌 2 张、凳 30 张。1987 年 6 月 1 日，乡政府拨款 300 元，赠送全乡入学幼儿每人小水壶 1 只、毛巾 2 块和各幼儿班用具 1 套。

2011 年末，水亭畲族乡有水亭畲族乡幼儿园、古塘幼儿园、奎塘畈民族幼儿园、珠带式幼儿园与横塘幼儿园 5 所，在园幼儿 376 人，专任教师 8 人。

2013 年，珠带式幼儿园、横塘幼儿园与奎塘畈民族幼儿园合并建立“民族幼儿园”，园址设于珠带式村。是年，古塘幼儿园并入水亭畲族乡幼儿园。自此，水亭畲族乡共有幼儿园 2 所，至 2015 年未变。

1957—2013 年水亭畲族乡各行政村幼儿园一览表

表 9-5-2-1

行政村名	园名	校址	创办时间	沿革情况
周部汤	周部汤村幼儿园	周部汤	1994 年	1994 年创办，1996 年并入水亭中心幼儿园
下蒋	下蒋幼儿园	林连芳家	2000 年	2000 年创办，林艳先任教，2004 年 9 月并入水亭中心幼儿园
上朱	上朱幼儿园	上朱	20 世纪 50 年代	1957—1960 年、1997—2001 年有幼儿园，教师朱献芳
柳家	柳家幼儿园	慈厚张	1994 年	1994 年创办，2004 年并入奎塘畈幼儿园
下方泉	下方泉大队幼儿园	下方泉大队	1958 年	1958—1961 年，园址设在村大厅；1985—1993 年，园址设在稻元山小学
西姜	西姜幼儿园	西姜	1992 年	1992 年创办，2006 年 7 月并入水亭幼儿园
横塘	横塘幼儿园	横塘小学	1997 年	1997 年创办，2000 年 9 月解散
	新蕾幼儿园	姜香珠家	1998 年	2007 年 2 月 4 日移到横塘至上周公路边，2013 年与其他幼儿园合并建立“民族幼儿园”
生塘胡	生塘胡幼儿园	生塘胡	1985 年	1985 创办，1998 年停办
奎塘	奎塘幼儿园	楼下厅	1958 年	1958 年“大跃进”时创办，后因粮食困难解散
奎塘畈	奎塘畈幼儿园	奎塘畈	1993 年	1993 年创办，后改园名为“奎塘畈民族幼儿园”

续表 9-5-2-1

行政村名	园名	校址	创办时间	沿革情况
丁家	丁家幼儿园	丁家	1990 年	1990—2010 年办过，后停办
柳塘章	柳塘章幼儿园	柳塘章	1958 年	1958 年创办，园址在本村大厅内。任教老师章素君。后解散日期不祥。1992—2004 年创办于翁雪兰家，由翁雪兰任教。2005—2010 年移到柳塘章民族小学内，由奎塘畈雷采素任教，2010 年 9 月并入奎塘畈幼儿园
珠带式	珠带式幼儿园	珠带式	1991 年	1991 年，胡荣香创办，2002 年并入圣山民族小学幼儿园（其间 1994 年 9 月，由王尚金租用村会计室办幼儿班，至 1996 年 9 月停。1996 年 9 月朱秋芳申办学前班，至 2002 年停办）。2013 年与其他幼儿园合并建立“民族幼儿园”
黄村坞	黄村坞小学内	黄村坞	1978 年	1978 年创办，1993 年 7 月解散
尚方	尚方幼儿班	尚方	1972 年	1972—1980 年，地点磊石塘边。1996—2006 年，地点新宅，2013 年并入乡幼儿园
古塘	古塘幼儿园	古塘	1990 年	1990 年创办，2013 年并入乡幼儿园
午塘边	塘上幼儿园	塘上	1991 年	1991 年创办，1992 年 9 月并入古塘幼儿园

(二)小学教育

1. 下罗家成材小学

创办于民国 2 年(1913 年)，生源来自奎塘畈、西方坞、柳塘章、柳家等村，共 50 多人，校舍设在下罗家黄磨畈蓝氏祠堂种玉堂内。民国 24 年(1935 年)，校址迁移至明真山殿，校名仍为“成材小学”。1950 年，成材小学搬回下罗家黄磨畈蓝氏祠堂种玉堂内，与奎塘畈小学合并。1991 年并入柳塘章小学。

2. 时新小学

成材小学迁移至明真山殿后，种玉堂另设学校，取名“时新小学”。民国 27 年(1938 年)改为游埠乡第 12 保国民学校。1949 年更名为奎塘畈小学。1991 年并入柳塘章小学。

3. 塘上养正小学

创办于清宣统二年(1910 年)，校长徐兆镛(1872—1912)，字永唐，水亭塘上村人，清末府庠生（曾执教于金华丽正书院）。长子徐纪鑫接任校长。新建校舍，添置校具，聘请名师方德成先生任教。次子徐纪文继任校长，添置新课桌40张，校服40套，创作《养正小学》校歌，至民国31年（1942年），日本侵略中国战乱停办。民国34年日本无条件投降，学校重新复课。长孙徐希庆续任校长。新添置屏风、书橱及体育用具。学校先后聘请教员有塘上村徐仁宽、吴泰仁村吴作舜、上蒋村蒋虎臣、水亭坞村水思南、尚方村方德成、上吴村吴肇坤、兰溪城里柳城、龙游县志棠村邵达升、双牌村王昶、菰塘畈村方焕祥、社塘边村洪耀唐等10余人，至1949年更名“塘上小学”。1991年，并入古塘小学。

4．上朱鸣岐小学

创办于民国2年（1913年），以郭氏百岁堂为校址，学生30余人，教师有厚伦方村方省三、辽溪桥村姜宾、午塘边村徐学太等，民国27年改为第15保国民学校。1949年更名为上朱小学。2000年并入圣山辅导完小。

5．奎塘舆立小学

创办于民国3年（1914年），学生有40余人，教员1人，民国27年改为第11保国民学校。1949年更名为奎塘小学。

6．生塘胡安定小学

创办于民国4年（1915年），招生30余人，校址在生塘胡“胡氏宗祠”内，后改为第14保国民学校。1949年更名为生塘胡小学。

7．横塘崇德小学

创办于民国7年（1918年），校址在崇德堂内，学生20余人，学生来自上周、杨宝塘下、横塘等村，后改为第13保国民学校。1949年更名为横塘小学。

8．珠带式新民小学

创办于民国2年（1913年），由徐何葵、徐鼎炎、朱烈光、胡宝康等发起，校址在村南的“水口殿”（回龙殿）。徐向明任校长，历任教员有王璟（兰溪县城）、童樟标（童才村）、据跃棠（珠带式村）、徐国光（珠带式村）、吴一汉、徐赢（珠带式村）。后改为水亭乡18保国民学校。1949年更名为珠带式小学。

9．水亭小学

创办于清光绪三十四年（1908年），原名立本初等小学堂，校舍设“文帝庙”。民国19年（1930年）改水亭区区立立本小学。民国23年改为县立水亭中心小学，同年兴建新校舍。民国31年，校舍被兰溪县简师借用，迁到水氏宗祠复学。1950年改名水亭小学。

10．古塘风山小学

建于民国2年(1913年),建校初有3个班级,三年级6人,二年级10人,一年级10人。学生每学期供教师膳食3天(工资由祠会供给)。校长徐舜龙,教员徐秀松。校舍设在四公"香火屋"。民国16年,因男女学生增加,转至水阁楼。徐渭三、童文仙分别任校长、教员。经费来自祠会田(4亩)及前塘养鱼收入。徐渭三外出,由徐树根代,先后由方渭成、徐耀庭、蒋文焕任教。1949年更名为古塘小学。

11．黄村坞钟瑞小学

据《鹤山黄氏宗谱》载,大致创于清嘉庆年至道光初,原是一所私塾。民国初由黄春林任校长,教员有黄锡候、胡上沂、徐绍祖等。民国20年(1931年)黄锡春任校长,姜宝修任教员。民国30年,改国民保校,潘红球任教员,由保长兼任校长。民国35年,黄炳圭任校长,添置40副课桌,教员徐国安、姜宝聚。1949年更名为黄村坞小学。

12．西姜西林小学

民国元年(1912年)姜佐周等创办,校址设在村东"西林寺"内,6年后,迁至村"六和堂"内。经费由姜氏宗祠拨出,学生均免费入学。主要教师有后田朱村邵文秀(任教20余年),毛济美(任教多年)。民国37年改为西姜村校。1949年更名为西姜小学。

13．圣山民族小学

原为清光绪年间(1875—1908年)村民徐金奎兴办的私塾(时称金奎私塾)。民国初期,村民徐金奎、徐鼎炎、朱烈光、胡宝康(生塘胡人)等人发起兴办学堂,于民国3年(1914年)创办珠带式新民小学堂,后又称新民小学,校址设珠带式村南水口殿。民国33年,学校由新民小学改成水亭乡18保国民学校(简称十八保校),校舍由水口殿房子改建和续建而成。1949年5月兰溪解放,县人民政府接管全县学校,学校更名为珠带式小学,招收初级班学生,校址仍设原址。1957年,学校校舍扩至蜂场。1958年,学校扩招高级班学生,成为完全小学,为适应大跃进形势,将周边白鹤桥、施家村小并入,校舍扩大而借用村"三瑞堂"。1969年,学校由"贫下中农管理学校领导小组"管理,学校更名为珠带式"五七学校",并增设初中班。1972年,生塘胡"五七学校"初中班并入,建立兰溪县圣山公社初中。珠带式小学和圣山公社初中,两块牌子一套班子,共用校舍。1972 年底，圣山公社初中迁址丁家村，珠带式小学恢复完全小学。同年，学校开始在后山扩建三合土土木结构校舍。1975—1977 年以及 1985 年，为便于入学，学校附设初中班。

1982 年 8 月，根据教育改革之需，各镇乡设立中心小学，学校遂更名为兰溪县圣山乡中心小学。1986 年兰溪市圣山畲族乡成立，学校更名为兰溪市圣山畲族乡中心小学。1989 年在村东郊石骨塘沿选址新建校园(校园占地面积 3300 平方米)，时年 9 月迁址。1992 年，兰溪市行政区域规划实行区、乡(镇)“撤、扩、并”，圣山畲族乡与水亭乡合并，建立水亭畲族乡，学校更名为水亭畲族乡圣山辅导完小。2000 年，学校征地 6000 多平方米扩建新校园，新建 1036 平方米的教学楼。同年 8 月，丁家、横塘、上朱、生塘胡小学、柳塘章小学四至六年级并入。

2001 年，经兰溪市教体委批准建立兰溪市水亭畲族乡圣山民族小学，成为兰溪市唯一的一所民族小学(下设柳塘章教学点)。2005 年，征地 1000 余平方米，拆除 1989 年建的平房教室、食堂。2006 年新建了综合楼、教学楼、宿舍楼、食堂、传达室共计建筑面积 3751 平方米。2010 年 9 月，柳塘章教学点撤并到圣山民族小学本部。学校生源覆盖原圣山畲族乡 15 个行政村(其中含 5 个民族村)。学校规模也不断扩大，并融入了民族特色教育内容。2015 年，在校学生数 274 人。

14. 柏园学校

水亭畲族乡柏园学校前身为清光绪三十四年(1908 年)创建的立本初等小学堂，校舍设“关帝庙”。民国 4 年(1915 年)改为水亭区区立立本小学。民国 23 年改为县立水亭中心小学，设有高级部，同年兴建新校舍。1938 年，有 4 位热心教育之人士在全乡募捐，筹集大洋 9000 元，新建了全部校舍。民国 31 年，学校被兰溪县简师借用，迁到水氏宗祠复学。1950 年改名水亭小学。

1969 年，小学下放到大队办，教师回队任教，水亭小学只剩水亭街、水亭坞两个村的学生。水亭小学与水亭中学合并，隶属中学领导，经费亦由中学统一核算。实行十年一贯制(中小学各 5 年)。1977 年，水亭坞、水亭街都办了小学，水亭小学停办。1981 年，全乡 20 个村小学五年级学生集中水亭、古塘两个教学点就读，恢复水亭小学。1982 年，改名为兰溪县水亭公社中心小学，脱离水亭中学管辖。1985 年 7 月,学校更名为兰溪市水亭乡中心小学。1989 年,水亭坞小学并入。1992 年,水亭乡与圣山畲族乡合并,学校更名为水亭畲族乡中心小学。2004 年,水亭畲族乡中心小学与水亭畲族乡初级中学合并为水亭畲族乡中心学校,2006 年更名为兰溪市水亭畲族乡柏园学校。2015 年,在校学生数 519 人。

1970—1991 年圣山(畲族)乡小学教育事业一览表

表 9-5-2-2

年份	学校数(所)	班数(个)	招生数(人)	毕业生数(人)	在校学生数(人)	其中,女学生(人)	教职工数(人)				
							小计	专任教师	民办教师		
									计	在编民办	女教职工
1970	21	31	259	—	1116	518	32	32	31	—	—
1972	21	38	449	43	1417	604	38	38	24	—	11
1973	21	39	323	116	1528	710	38	39	26	—	11
1974	21	41	340	136	1643	766	41	41	31	—	—
1975	20	45	424	229	1753	852	43	43	32	—	11
1976	20	46	295	274	1715	831	45	45	41	—	11
1977	20	46	307	240	1696	828	46	46	42	—	15
1978	20	52	311	186	1747	871	52	52	47	—	17
1979	20	54	218	214	1651	817	53	53	43	—	—
1980	20	51	242	245	1521	718	48	48	37	—	—
1981	19	47	286	224	1499	720	44	44	31	—	—
1982	19	46	225	220	1493	732	50	49	35	—	—
1983	19	45	200	292	1360	640	49	48	34	—	—
1984	19	46	259	247	1350	629	50	49	34	—	—
1985	19	45	164	251	1251	590	49	48	33	—	16
1986	17	38	155	253	1130	535	46	45	30	—	14
1987	17	36	161	249	1014	473	46	41	25	19	14
1988	17	35	126	175	943	445	42	44	19	15	14
1989	17	34	113	178	876	418	40	39	16	12	13
1990	17	35	108	75	898	442	36	34	-	11	9
1991	7	25	71	191	770	377	37	35	-	11	10

1992—2001 年水亭畲族乡圣山辅导完小学生和教师数一览表

表 9-5-2-3

年份	班数（个）	毕业生数（人）	招生数（人）	在校学生数（人）	其中，女学生（人）	其中，少数民族数（人）	教职工数（人）						
							小计	专任教师	行政人员	少数民族教师	教辅人员	临时工	女教职工
1992	8	65	79	269	118	—	11	10	—	—	—	—	—
1993	7	73	40	236	108	—	11	10	—	—	—	—	—
1994	7	73	44	250	113	—	11	10	—	—	—	—	—
1995	7	36	42	274	128	—	11	10	—	—	—	—	—
1996	8	56	62	296	143	—	12	11	—	—	—	—	—
1997	8	31	55	354	174	—	12	11	—	—	—	—	—
1998	15	145	99	865	411	—	24	22	—	—	—	—	—
1999	17	125	136	846	429	—	22	21	1	3	—	—	—
2000	15	145	92	721	366	82	20	19	1	4	代课老师 11	—	10
2001	19	134	117	869	447	141	26	25	1	5	—	—	6

2002—2015 年圣山民族小学学生和教师数一览表

表 9-5-2-4

年份	班数（个）	毕业生数（人）	招生数（人）	在校学生数（人）	其中，女学生（人）	其中，少数民族数（人）	教职工数（人）						
							小计	专任教师	行政人员	少数民族教师	教辅人员	临时工	女教职工
2002	18	143	132	842	411	135	23	22	1	4	代课老师 12	—	4
2003	18	148	89	766	370	118	23	22	1	4	1	—	4
2004	17	140	102	728	364	124	22	21	1	4	—	—	4
2005	14	162	83	646	327	112	27	26	1	7	—	—	7
2006	14	128	66	573	291	102	22	21	1	5	—	—	6
2007	12	114	61	495	252	89	21	20	1	6	—	—	6

续表 9-5-2-4

年份	班数(个)	毕业生数(人)	招生数(人)	在校学生数(人)	其中,女学生(人)	其中,少数民族数(人)	教职工数(人)						
							小计	专任教师	行政人员	少数民族教师	教辅人员	临时工	女教职工
2008	14	116	54	415	222	64	21	20	1	6	—	—	6
2009	12	78	50	373	201	56	23	22	1	5	—	—	9
2010	12	90	44	323	176	43	22	22	—	4	—	—	9
2011	8	60	51	307	158	45	19	19	—	4	—	—	7
2012	9	56	60	308	145	41	19	19	—	4	—	—	9
2013	8	50	46	292	139	42	18	17	—	5	—	—	6
2014	8	46	41	283	132	51	15	14	—	4	—	—	5
2015	8	46	42	274	130	47	14	13	—	5	—	—	5

1989 年水亭乡、圣山畲族乡小学一览表

表 9-5-2-5

区	乡镇	校名	班级数(个)	学生数(人)	教师身份	
					公办教师	民办教师
游埠区	水亭乡	水亭乡中心小学、下方泉小学、古塘小学、西姜小学、周邵汤小学、上吴小学、垂江小学、水亭街小学、尚方小学、下蒋小学、陈塘下小学、盖竹里小学、乐塘小学、杨田坞小学、芳茗叶小学、塘上小学、午塘边小学、河伯沿小学、午塘桥小学、黄村坞小学	38	990	22	16
	圣山畲族乡	圣山畲族乡中心小学、丁家小学、横塘小学、上朱小学、生塘胡小学、白岳桥小学、殿下小学、范坞小学、上周小学、柳家小学、奎塘小学、生塘徐小学、施家小学、杨保塘下小学、柳塘章民族小学、奎塘畈民族小学、西方坞民族小学	34	876	28	12

1970—1991 年水亭乡小学教育事业一览表

表 9-5-2-6

年份	学校数（所）	班数（个）	招生数（人）	毕业生数（人）	在校学生数（人）	其中，女学生（人）	教职工数（人）				
							计	其中，专任教师	民办教师		
									计	其中，在编民办	其中，女教职工
1970	19	34	405	—	1122	515	33	33	32	—	—
1972	19	37	—	61	1394	569	41	39	29	—	15
1973	21	40	366	152	1618	781	43	40	31	—	11
1974	19	40	322	193	1630	759	43	40	31	—	-
1975	19	43	383	152	1794	859	46	45	34	—	19
1976	20	50	378	319	1813	796	46	45	37	—	17
1977	20	50	332	62	1809	799	53	53	47	—	20
1978	20	55	317	235	1835	873	58	57	51	—	21
1979	20	53	295	248	1835	880	55	55	49	—	—
1980	20	58	263	229	1826	845	47	47	42	—	—
1981	21	52	235	327	1750	801	51	51	39	—	—
1982	21	51	204	295	1616	762	49	48	37	—	—
1983	21	49	191	397	1420	689	48	47	36	—	—
1984	21	48	257	294	1346	632	49	48	37	—	—
1985	21	42	185	270	1251	588	42	41	30	—	17
1986	21	43	177	267	1160	527	41	39	29	—	16
1987	21	43	132	226	1064	481	41	39	26	20	16
1988	21	39	106	205	929	413	40	38	22	18	15
1989	20	38	157	67	990	451	38	36	18	16	15
1990	20	39	98	146	933	409	37	36	—	14	14
1991	10	25	76	183	821	375	36	35	—	14	13

1992—2005 年水亭畲族乡小学学生与教师数一览表

表 9-5-2-7

年份	学校数（所）	班数（个）	招生数（人）	毕业生数（人）	在校学生数（人）	其中，女学生（人）	教职工数（人）			
							小计	其中，专任教师	民办教师	
									其中，在编民办	其中，女教职工
1992	17	51	239	332	1540	728	72	69	23	23

续表 9-5-2-7

年份	学校数（所）	班数（个）	招生数（人）	毕业生数（人）	在校学生数（人）	其中，女学生（人）	教职工数（人）			
							小计	其中，专任教师	民办教师	
									其中，在编民办	其中，女教职工
1993	17	50	295	324	1524	711	68	64	21	23
1994	17	50	301	301	1524	730	68	64	21	23
1995	17	53	321	268	1604	733	67	64	20	23
1996	17	55	346	209	1748	832	67	64	1	22
1997	17	58	379	186	1979	966	70	67	13	24
1998	15	56	430	291	2039	991	74	71	0	26
1999	10	57	435	291	2171	1061	74	71	0	26
2000	8	45	326	332	2134	1069	74	71	0	25
2001	3	44	287	334	2059	1029	72	69	0	23
2002	3	43	321	349	2024	984	74	71	0	25
2003	3	43	366	240	1866	902	68	66	0	24
2004	2	40	224	305	1785	871	67	65	0	26
2005	2	36	191	401	1560	774	78	76	0	36

2006—2015 年水亭畲族乡柏园学校小学部学生和教师数一览表

表 9-5-2-8

年份	班级（个）	毕业生数（人）	招生数（人）	在校学生数（人）	其中，女生数（人）	其中，少数民族数（人）	教职工数（人）						
							小计	其中，专任教师	行政人员	其中，少数民族教师	教辅人员	临时工	女教职工
2006	35	313	169	1414	695	156	71	69	2	11	0	—	33
2007	32	277	159	1258	616	156	70	68	2	12	0	—	33
2008	36	303	149	1095	550	142	66	64	2	12	0	—	31
2009	32	220	124	991	499	116	66	64	2	12	0	—	32
2010	30	217	119	906	464	103	66	65	1	12	0	—	33
2011	26	185	142	850	425	89	27	27	—	6	0	—	9
2012	27	162	142	831	394	87	26	26	—	6	0	—	11
2013	20	155	138	810	392	91	18	17	—	5	1	—	6

续表 9-5-2-8

年份	班级(个)	毕业生数(人)	招生数(人)	在校学生数(人)	其中,女生数(人)	其中,少数民族数(人)	教职工数(人)						
							小计	其中,专任教师	行政人员	其中,少数民族教师	教辅人员	临时工	女教职工
2014	20	142	126	777	368	98	15	14	—	4	1	—	5
2015	22	119	126	793	373	96	14	13	—	5	1	—	5

说明:自 2011 年起,柏园学校九年一贯制,小学部分教职工数统计在初中教职工数中。

(三)中学教育

1. 水亭畲族乡柏园学校

前身为创办于 1958 年秋的水亭初级中学,是年招生两个班级。1959 年,建造“工”字形教室 6 个(21 间)。1963 年下半年,开办农业中学,1969 年,恢复初中教学,并在古塘设一个初中班。1971 年,开设高中部(除 1974 年并入游埠中学外),到 1979 年停止高中部招生。水亭中学招收水亭、孟湖、圣山、钱村、金湖等乡学生入学。1986 年,集资建造新教学楼一幢,三层共 33 间,建筑面积 1000 平方米。1992 年,圣山畲族乡与水亭乡合并成立水亭畲族乡,学校更名为水亭畲族乡初级中学。2006 年,更名为水亭畲族乡柏园学校,是一所九年一贯制学校。2015 年,全乡在校初中学生数 398 人。

1970—2005 年水亭(畲族)乡初级中学情况一览表

表 9-5-2-9

年份	班数(个)	招生数(人)	毕业生数(人)	在校学生数(人)	其中,女学生(人)	教职工数(人)				代课教师(人)
						小计	其中,专任教师	民办教师	女教职工	
1970	4	40	33	196	95	10	10	2	—	—
1972	6	58	41	326	79	17	9	1	—	—
1973	5	118	41	258	72	15	11	1	—	—
1974	5	180	133	303	108	15	7	1	—	—
1975	5	130	124	322	102	15	8	1	1	3
1976	7	281	188	406	177	24	13	3	1	2
1977	9	223	129	477	202	29	16	4	3	1
1978	10	226	219	565	237	28	21	4	3	2

续表 9-5-2-9

年份	班数(个)	招生数(人)	毕业生数(人)	在校学生数(人)	其中,女学生(人)	教职工数(人)				代课教师(人)
						小计	其中,专任教师	民办教师	女教职工	
1979	10	191	204	530	215	28	23	—	3	2
1980	11	213	71	568	255	27	23	—	3	7
1981	11	169	119	542	210	22	18	—	2	8
1982	11	189	81	514	202	24	18	—	2	8
1983	11	200	82	531	198	25	20	—	1	8
1984	12	243	91	664	264	27	22	—	1	11
1985	12	200	170	734	284	25	21	—	1	13
1986	13	288	195	815	353	25	20	—	1	13
1987	13	210	207	760	326	25	20	—	1	15
1988	13	202	207	700	306	29	24	—	2	12
1989	10	68	232	476	202	33	28	—	4	2
1990	10	135	179	396	167	28	24	—	3	7
1991	10	152	171	356	146	29	27	—	3	6
1992	19	213	300	805	380	43	41	—	4	6
1993	13	148	179	631	224	35	33	—	5	4
1994	13	267	239	560	216	35	34	—	7	3
1995	15	159	171	675	311	41	40	—	9	3
1996	14	192	253	670	323	47	46	—	8	3
1997	13	232	165	591	293	46	44	—	8	5
1998	13	243	227	565	250	42	41	—	9	5
1999	15	265	176	639	302	44	42	—	11	2
2000	15	256	261	644	303	44	42	—	11	2
2000	17	266	197	728	350	42	40	—	10	9
2001	16	280	196	798	399	41	39	—	10	9
2002	16	304	256	837	439	41	39	—	11	/
2003	17	246	256	824	441	43	41	—	10	—
2004	15	163	277	705	378	48	47	—	13	—
2005	15	247	297	652	349	50	48	—	16	—

2006—2015 年兰溪市水亭畲族乡柏园学校情况一览表

表 9-5-2-10

年份	班数（个）	招生数（人）	毕业生数（人）	在校学生数（人）	其中，女学生（人）	教职工数（人）				代课教师（人）
						小计	其中，专任教师	民办教师	女教职工	
2006	13	176	225	581	313	49	48	0	17	—
2007	12	112	162	528	285	45	45	0	16	—
2008	10	132	243	422	217	44	43	0	16	—
2009	9	97	175	348	186	43	42	0	16	—
2010	8	66	113	300	161	40	39	0	13	—
2011	7	72	139	240	135	70	67	0	30	—
2012	8	158	96	300	163	67	64	0	27	—
2013	10	152	63	373	204	71	67	0	30	—
2014	12	129	68	435	232	77	73	0	34	—
2015	11	114	153	398	202	73	72	0	32	—

2. 圣山初级中学

创办于 1969 年 12 月，在珠带式“五·七”学校和生塘胡“五·七”学校各设立一个初中班，共有学生 96 人、专任教师 4 人、职工 1 人，校舍 110 平米。1971 年，生塘胡初中班合并至珠带式，改称“兰溪县圣山公社初中”，1972 年 9 月，校址迁移至丁家村。1975 年 9 月至 1977 年 7 月，在横塘、珠带式、丁家、生塘胡分别设立一个初中班。1977 年 9 月，圣山公社初中设高中部，招收高中班一个。1978 年改为圣山公社中心学校，1982 年改为兰溪县圣山初中，1983 年更名为兰溪市圣山乡初级中学。为解决校舍困难，1985 年，在珠带式设立一个初中班，1986 年，在生塘胡又设立一个初中班。1986 年，学校总面积达 1520 平方米，其中校舍建筑面积达 698.8 平方米，学校建筑面积达 1251.3 平方米，操场面积 2000 平方米。有班级 10 个，在校学生 560 人，教职员工 29 人。1987 年，更名为兰溪市圣山畲族乡初级中学。1992 年，圣山畲族乡与水亭乡合并成立水亭畲族乡后，圣山畲族乡初级中学并入水亭畲族乡初级中学。

1970—1991 年圣山(畲族)乡初中教育情况一览表

表 9-5-2-11

年份	班数(个)	招生数(人)	毕业生数(人)	在校学生数(人)	其中,女学生(人)	教职工数(人)				代课教师(人)
						小计	其中,专任教师	民办教师	女教职工	
1970	4	60	20	138	31	8	8	1	—	—
1972	3	94	54	136	30	6	4	—	—	—
1973	4	100	38	186	40	8	7	1	1	—
1974	5	108	45	239	58	10	9	1	1	—
1975	5	164	130	272	76	10	9	1	1	0
1976	8	272	99	429	164	21	16	4	2	0
1977	8	213	—	476	223	22	15	6	3	0
1978	9	170	150	465	191	20	18	6	3	2
1979	8	167	126	447	187	16	14	3	1	5
1980	8	168	80	408	154	15	13	3	1	7
1981	8	165	102	381	151	16	15	2	1	4
1982	8	136	87	377	130	15	14	—	—	6
1983	8	153	92	387	148	15	12	—	—	6
1984	8	150	92	425	159	13	11	—	—	8
1985	9	170	80	492	195	15	13	—	—	9
1986	10	228	120	560	199	16	13	—	—	10
1987	11	192	128	583	236	16	13	—	—	14
1988	11	155	145	570	242	16	12	—	—	15
1989	10	153	192	505	210	17	14	—	—	13
1990	9	74	186	381	163	15	15	—	2	9
1991	9	162	149	378	151	16	15	—	1	9

三、其他教育

(一)扫盲教育

20 世纪 50 年代初期,为了提高农民的文化知识水平,圣山乡、水亭乡各村先后建立了农民夜校,组织农民学习政治、文化,开展扫盲教育。二十世纪六七十年代,农民夜校主要教学汉语拼音、扫盲和农业科技知识。

1985 年，圣山乡全乡 12 岁至 40 岁的少、青、壮年共有 5856 人，其中文盲 503 人、半文盲 122 人、初小文化程度 2173 人、高小文化程度 1064 人、初中 1645 人、高中 349 人。非盲率 89.37%，17 个村达到无盲村要求，经市教育局验收，达到“基本无盲乡”要求，并发给证书。是年，水亭乡全乡 12 岁至 40 岁的少、青、壮年共有 6478 人，其中文盲 610 人、半文盲 161 人、初小文化 1050 人、高小文化 2278 人、初中 2074 人、高中 305 人、大专文化 100 人。非文盲率达 88.1%，18 个村达到无盲村要求，经市教育局验收，达到“基本无盲乡”要求，并发给证书。是年年底，圣山乡、水亭乡两乡扫盲教育工作结束。

1949—1967 年 水亭乡各行政村扫盲夜校情况一览表

表 9-5-2-12

行政村名	校名	校址	创建时间	沿革情况
周部汤	周部汤夜校	周部汤	1964 年	1964 年 1 月开办，1965 年 12 月停办
下蒋	下蒋扫盲夜校	祠堂	1966 年	1966 年办，办学一年就停了
上朱	上朱扫盲夜校	上朱	20 世纪 50年代	1950 年创办，1960 年停办
柳家	农会夜校	慈厚张	1953 年	1953年创办，由农会主任柳根良任教，1956 年停办，1968 年 10 月复课，1973 年 10 月停办
下方泉	下方泉农会夜校	大厅	1951 年	1951—1954 年放村大厅读，1964—1965 年夜校设村会计室，1969—1971 年仍放村会计室
西姜	西姜夜校	西姜村新厅	1949 年	1949 年10 月创办，后因教师、资金等问题而停办
横塘	横塘扫盲夜校	横塘	1966 年	1960 年办过扫盲夜校
上周	上周扫盲夜校	上周	1961 年	1961 年办过扫盲夜校
奎塘	奎塘夜校	小学校	不详	奎塘村办过扫盲夜校（年限不详）
奎塘畈	柳塘畈小学	下罗家	20 世纪 50年代	20 世纪50 年代初办过扫盲夜校
丁家	丁家夜校	丁家	1967 年	1967—1968 年办过扫盲夜校
黄村坞	黄村坞扫盲夜校	黄村坞	1967 年	1967—1968 年举办村扫盲夜校，由郭济均任教，1968 年由黄开富任教
古塘	古塘夜校	古塘	1957 年	1957 年办过扫盲夜校，1958 年停办

续表 9-5-2-12

行政村名	校名	校址	创建时间	沿革情况
塘上	塘上夜校	塘上	1950 年	1950 年创办，由徐子才任教，直到徐子才去游埠初中读书，1952 年停办。1963 年复办夜校，由徐汝昌、徐金荣、刘如成三人任教，后因办俱乐部停课，直到 1969 年停止

1990 年圣山畲族乡、水亭乡扫盲情况一览表

表 9-5-2-13

乡名	农业总数（人）	半文盲数（人）	非文盲率（%）
圣山畲族乡	5833	675	88.43
水亭乡	6474	774	88.04

（二）成人教育

1984 年，水亭乡政府配备了成人教育专职辅导员，由徐渭棋担任。圣山乡政府配备了专职辅导员，由徐德群担任。

1986 年，水亭成人教育中心成立，校委由吴寿富、童兆恒、徐渭棋、徐华喜、吴炳兴、郎会诚等兼任。9 月开学，开设了文化补习、裁剪缝纫、养殖技术（养鱼、羊、兔）、柑橘技术等 16 期实用文化技术培训班，参加各类培训、讲座听课者 1876 人次，在生产、生活中产生了学以致用的效益。10 月，市教委在水亭乡成人教育中心学校举行座谈会，肯定了成绩，并奖励补助金 400 元。年终，水亭乡成人教育中心被评为兰溪市“先进成人教育中心”。

1992 年，圣山畲族乡成人教育中心学校、水亭乡成人教育中心学校合并为水亭畲族乡成人教育中心学校，学校根据乡政治、经济、文化、建设需要，企业、农业、来料加工等各行业的需求，对相关人员进行培训，至 2015 年没有间断。

第三节　文　化

水亭畲族乡有乡文化站、乡俱乐部、电映放映队等乡级文化单位。历史上曾建有剧团、坐唱班、文艺表演队。

一、文化机构团体

(一)文化站

圣山公社文化站成立于1983年1月1日。公社改建乡后改称为圣山乡文化站。站址设在乡政府内。是年7月17日,与珠带式村俱乐部联办,设专职干部1人,电影放映员2人。经费主要由乡政府下拨。

1988年,文化站有图书室(藏书600册)、阅览室、游艺室、讲座室、电视室。室内活动总面积达450多平方米。活动项目有图书借阅、科技讲座、文艺演唱、体育比赛、影视放映、图片展览等。每逢春节、“五四”、“六一”、国庆、元旦等重大节日,举办文体节目、表演比赛活动。

1986年,圣山乡改建圣山畲族乡,圣山乡文化站改名为圣山畲族乡文化站。

1992年,圣山畲族乡与水亭乡合并,建立水亭畲族乡,圣山畲族乡文化站与水亭乡文化站合并为水亭畲族乡文化站。

水亭公社文化站成立于1982年11月。公社改乡后改称为水亭乡文化站,站址设在乡政府内。1983年2月,租用水亭坞小学2间教室,开展图书、游艺等活动。1984年,搬到原公社二楼,1985年9月,搬到新影院三楼。1986年,文化站有图书室(藏书1000册)、阅览室(报刊92种)、游艺室(高尔夫、康乐球、象棋桌、乒乓球桌各1张)、讲座室(新桌椅50个座位)、电视室(彩电1台)等。室内活动场地278平方米,乡政府每年拨给经费1000元。主要活动有图书报刊阅览、实用文化科技培训、影视放映、球棋类比赛、文艺演出等。

(二)文化团体

1. 电影队

1975年12月,水亭公社成立水亭电影队,到各村轮流放映电影。1976年5月,圣山公社成立圣山电影队,到各村轮流放映电影。1992年,圣山畲族乡与水亭乡合并成立水亭畲族乡,水亭电影队更名为水亭畲族乡第一电影队,圣山电影队更名为水亭畲族乡第二电影队。随着电视的普及,电影观众减少。1998年,水亭畲族乡第一电影队解散。2002年,水亭畲族乡第二电影队解散。

2. “断头龙”舞龙队

1950年,荷龙里村为庆祝土地改革完成,由村民王阿璋、王阿亮牵头联合20余户组建了“断头龙”舞龙队。2008年,《断头龙》舞被国务院列入国家级非物质文化遗产代表作名录(详见本节五目《非物质文化遗产》)。

3. 戏曲团队

原圣山区域有西西坞坐唱班、西方坞坐唱班、珠带式村徐三瑞堂坐唱班、生塘徐坐唱班、上朱太子班、西西坞太子班、生塘徐太子班、东山剧团、西西坞业余剧团、珠带式村业余剧团(详见本节四目《文化活动》)。

原水亭区域有水亭坞坐唱班、古塘坐唱班、垂江坐唱班、西姜坐唱班、午塘边坐唱班、水亭婺剧团(详见本节四目《文化活动》)。

4. 舞狮队

据 1986 年统计,水亭乡有下方泉"双狮吉庆"与午塘边单狮舞 2 支舞狮队。据 1988 年统计,圣山畲族乡有奎塘、施家、殿下、丁家、西钱、杨塘山头等村 6 支舞狮队。至 2015 年,8 支舞狮队仍活跃在当地农村。

5. 龙灯队

据 1988 年统计。圣山畲族乡有上朱村布龙桥灯队、西方坞村桥灯队与珠带式桥灯队。上朱村布龙桥灯队成立于清同治年间(1862—1874 年),于 1951年停止活动。西方坞村桥灯队成立于光绪年间(1875—1908 年),民国 24 年(1935年)停止活动。珠带式桥灯队成立于光绪年间,民国初停止活动。水亭乡有午塘边龙灯与古塘龙灯。两支龙灯队都始于清道光末期,1966 年夏,龙灯被焚。

6. 水亭畲族乡畲族民间歌舞队

2011 年,水亭畲族乡柳塘章村组建水亭畲族乡畲族民间歌舞队,2012 年 10 月,并入兰溪市畲族风情演艺团(详见本节四目《文化活动》)。

7. 兰溪市畲族风情演艺团

2012 年 10 月,位于水亭畲族乡西方坞村的兰溪市畲族风情园组建"兰溪市畲族风情演艺团"。这是兰溪市第一个正式挂牌的以表演畲族文化内容为主的畲族文化团队(详见本节四目《文化活动》)。

二、文化设施

20 世纪 60 年代,水亭公社有 14 个大队俱乐部。20 世纪 70 年代改称为"政治夜校"。1976 年恢复"俱乐部"名称。1984 年,水亭全乡 20 个村全部办起"青年民兵俱乐部"(或"家庭文化室"),初步形成以乡文化站为中心,以村俱乐部为骨干,以文化户为基础和补充的三级群众文化网。

圣山公社 17 个大队于 20 世纪 60 年代建立俱乐部(或称"文宣队"),70 年代初改称为"政治夜校",1976 年仍更名为"俱乐部"。1983 年,17 个行政村相继复建"青年民兵俱乐部"。

2013—2015 年,水亭畲族乡创建了 5 所文化礼堂。

1987年圣山畲族乡各村俱乐部一览表

表 9-5-3-1

村 名	活动面积（平方米）	藏书（册）	报纸杂志（份）	设 施 及 活 动
上 朱	420	150	12	乒乓球、象棋、康乐棋
丁 家	400	250	10	球类、棋类、电视
殿 下	80	80	9	乒乓球、棋类
范 坞	300	100	7	球类、棋类
上 周	325	150	8	球类、棋类
杨宝塘下	340	70	6	球类、棋类
横 塘	100	110	5	球类、棋类
施 家	500	220	9	球类、棋类
珠带式	400	460	15	球类、棋类、电视
白鹤桥	400	250	6	球类、棋类
西方坞	400	150	8	球类、棋类
柳塘章	70	150	10	球类、棋类、电视
生塘胡	140	150	8	球类、棋类、电视
生塘徐	40	120	8	球类、棋类、电视
奎 塘	40	150	7	球类、棋类、电视
奎塘畈	50	200	8	球类、棋类、电视
柳 家	400	100	8	球类、棋类、电视
合 计	4405	2860	144	

备注：另有球桌16张，康乐棋10套，羽毛球14副，扑克29副，其他球类54只，黑板报29块。

1987年水亭乡文化网分布一览表

表 9-5-3-2

行政区域	所 属 自 然 村	人口（人）	文化网普及情况
水亭乡	—	11545	文化站、影剧院、文化商店
水亭街村	水亭街	753	俱乐部
杨田坞村	杨田坞、西源坞	227	文化室
黄村坞村	黄村坞、张麻车	619	俱乐部
松树下村	松树下、乐塘	588	文化室

续表 9-5-3-2

行政区域	所属自然村	人口(人)	文化网普及情况
盖竹里村	盖竹里、包坞、横坞里	236	俱乐部
塘上村	塘上、叶岗坞	390	俱乐部
古塘村	古塘	576	文化室
陈塘下村	陈塘下、金印、张江坞、杨梅垄	693	俱乐部
芳茗叶村	芳茗叶、午塘殿	341	文化室
尚方村	新宅、旧宅、磊石塘边、汤家	803	俱乐部
垂江村	垂江、南山坞	668	俱乐部
下蒋村	下蒋	547	文化室
上吴村	上吴	412	文化室
午塘边村	午塘边	434	文化室
河伯沿村	河伯沿、姜皮	444	俱乐部
周部汤村	周部汤、双塘塍、卸罗村、曹塘边	592	俱乐部
水亭坞村	水亭坞、后店朱、上伊塘、湖塔塘、下新屋	932	俱乐部
午塘桥村	午塘桥、金塘口、里坞、鸡宝岭、吴山村	559	文化室
西姜寸	西姜、经堂	930	俱乐部
下方泉村	下方泉、上方泉、下山坞、罗塘上	757	俱乐部

2015年水亭畲族乡文化礼堂情况一览表

表 9-5-3-3

礼堂名	开办者	开办时间	面积(平方米)
水亭街村文化礼堂	水亭街村	2013年	45
西方坞民族村文化礼堂	西方坞民族村	2014年	80
横塘村文化礼堂	横塘村	2014年	300
生塘胡民族村文化礼堂	生塘胡民族村	2015年	500
下方泉民族村文化礼堂	下方泉民族村	2015年	500

三、文化事业

(一)广播电视

1. 广　播

1958年,原圣山公社简装广播线路,每个行政村安装一个动圈扬声器,开始转播中央和省广播电台节目。1969年10月,成立圣山公社转播放大站,站址在七里坪,配值班员(李惠琴)和线务员(蓝根成)各1名。1970年7月,站址迁到珠带式村。1971年,站址迁到蜂场。1983年,站址迁到圣山乡政府一楼。1970年,广播站配有120瓦扩大机1台、话筒1个,基本上实现广播载波化。1973年,全公社广播线路木头杆全部改为水泥杆。1975年,村村建立转播室,并配有扩大机。1980年,进行广播线路更换,并装上避雷器。1983年,全公社各户装上广播箱,各村配线务员1名。1971年,公社广播放大站更换275瓦扩大机1台,另配有控制台、配电箱及录音机1台、唱机1部、话筒1个。1986年底,乡信号线(双线)长为4千米,馈线58千米。线路总长150千米,公社到村线路有14条,长为30千米,全社安装有广播1829个,其中舌簧广播1124个,压电705个,入户率为70%。广播节目主要来自兰溪县(市)广播站,有中央台、浙江台节目及兰溪县(市)广播站节目,如兰溪中心工作、先进典型、气象预报、农技讲座、科学与技术、新人新事、文化生活、听众之友等。还有乡站自办节目,如新闻、农技、广告等,每天播4次。1979年,成立圣山公社新闻报道组,有业余通讯员5名。1983年9月,圣山乡广播放大站、广播网质量达到省厅规定指标,由浙江省广播电视厅发给合格证书。是年,圣山乡广播放大站成绩优异,被评为县级先进集体。1984年4月,圣山乡广播放大站整顿全乡广播馈电线。

水亭公社广播站创设于1969年,由七里坪农场迁入水亭,站址在公社办公大楼二楼。有广播1130个,有馈线35公里。主要广播节目来自兰溪市(县)有线广播站。公社广播站也自办新闻、农技、广告等节目。1984年11月,成立新闻报道组,有业余通讯员12人。1985年,被兰溪市广播站采播稿件78篇,被兰溪市电视台采用稿件49篇。1986年,投稿800篇,录用率70%。1985年、1986年,徐苏、郎会诚被兰溪市广播电视局连续评为年度优秀通讯员,并分别被《家庭科学报》《金华日报》聘为特约通讯员。

2. 电 视

1981年,上朱村郭济虬购买一台12英寸西湖牌黑白电视机,为圣山公社第一台电视机。1986年11月底,圣山畲族乡全乡共有电视机114台,其中彩电5台。购置电视机的机关单位有乡政府、圣山信用社、圣山供销分社、圣山粮站、圣山畲族乡初中、圣山畲族乡中心小学、圣山畲族乡卫生院、兰溪市第二毛巾厂、丁家村、柳塘章村,共10台电视机。1998年,有线电视工程启动,1999年1月份开通,原圣山畲族乡第一批开通有线电视的村有殿下村、珠带式村。原水亭乡第一批开通有线电视的村有水亭街村、西姜村。2004年12月,全乡37

个行政村有线电视全部开通。2013 年体制改革,兰溪市广播电视台分设为兰溪市广播电视台与兰溪市华数广电网络有限公司。全市各乡镇设站,水亭设立水亭广播电视站,同时挂“华数水亭营业厅”牌,受理“华数”业务,姜济生任站长。2014 年 1 月并入游埠华数中心站。2015 年底全乡华数用户 5089 户。

(二)农家书屋

1983 年,午塘边村徐水福户的电视机几乎每晚吸引观众上百人,家里成了青年们业余文娱活动中心。乡文化站与村民委员会商量,由村资助 128 元,帮助徐水福增添了图书、报刊、象棋等,建成了全乡第一个“家庭文化室”。塘上村徐志鸿养兔致富,家中有书有电视,为群众传授科技知识,村民喜欢到他家看书、看电视。垂江村南山坞自然村的吴明金在水亭下节街开设书店,开展售书租书项目。这是水亭区域农家书屋的最初形式。

2011 年,水亭全乡 36 个村兴办农家书屋。建成后,兰溪市文化局拨款 8 万元给水亭畲族乡文化站,由乡文化站统一购买书籍分发给各村农家书屋。根据各村不同情况,发给各村农家书屋书籍的册数也不等,最少的村 500 本,最多的村 2000 本。虽然书籍册数不等,但书籍类数相同。书籍内容涵盖政治、经济、文化、历史、地理、工农业科技、交通、旅游、养生、体育、烹饪等。各村农家书屋都有管理员。管理员按规定时间开、关书屋。各村农家书屋都为阅览者免费提供茶水。

1985 年水亭乡文化站(室)一览表

表 9-5-3-4

行政区域	归属自然村	文化网站情况
水亭乡	—	文化站、影剧院、文化商店
水亭街行政村	水亭自然镇	文化室
杨田坞行政村	杨田坞、西源坞	文化室
黄行政村坞行政村	黄村坞、张麻车	文化室
松树下行政村	松树下、乐塘	文化室
盖竹里行政村	盖竹里、包坞、横坞里	文化室
塘上行政村	塘上、叶岗坞	文化室
古塘行政村	古塘	文化室
陈塘下行政村	陈塘下、金印、张江坞、杨梅垄	文化室
芳茗叶行政村	芳茗叶、午塘殿	文化室
尚方行政村	新宅、旧宅、磊石塘边、汤家	文化室

续表 9-5-3-4

行政区域	归属自然村	文化网站情况
垂江行政村	垂江、南山坞	文化室
下蒋行政村	下蒋	文化室
上吴行政村	上吴	文化室
午塘边行政村	午塘边	文化室
河伯沿行政村	河伯沿、姜皮	文化室
周邵汤行政村	周邵汤、双塘塍、卸罗村、曹塘边	文化室
水亭坞行政村	水亭坞、后店朱、上伊塘、湖塔塘、下新屋	文化室
午塘桥行政村	午塘桥、金塘口、里坞、鸡宝岭、吴山村	文化室
西姜行政村	西姜、经堂	文化室
下方泉行政村	下方泉、上方泉、下山坞、罗塘上	文化室

2015 年水亭畲族乡农家书屋一览表

表 9-5-3-5

书屋名	归属村	开办时间	面积（平方米）	藏书数（册）
柳家民族村农家书屋	柳家畲族村	2011 年	50	1000
塘上村农家书屋	塘上村	2011 年	45	600
下方泉民族村农家书屋	下方泉畲族村	2011 年	45	1500
芳茗叶村农家书屋	芳茗叶村	2011 年	40	500
西方坞民族村农家书屋	西方坞畲族村	2011 年	110	800
古塘村农家书屋	古塘村	2011 年	80	700
周邵汤民族村农家书屋	周邵汤畲族村	2011 年	40	500
午塘边村农家书屋	午塘边村	2011 年	45	600
西姜村农家书屋	西姜村	2011 年	500	1500
午塘桥村农家书屋	午塘桥村	2011 年	40	600
生塘胡民族村农家书屋	生塘胡畲族村	2011 年	400	800
河伯沿村农家书屋	河伯沿村	2011 年	40	500
奎塘畈民族村农家书屋	奎塘畈畲族村	2011 年	100	700
杨保塘下村农家书屋	杨保塘下村	2011 年	35	500
柳塘章民族村农家书屋	柳塘章畲族村	2011 年	200	800
上周村农家书屋	上周村	2011 年	40	600
上朱民族村农家书屋	上朱畲族村	2011 年	70	1200

表 9-5-3-5

书屋名	归属村	开办时间	面积(平方米)	藏书数(册)
横塘村农家书屋	横塘村	2011 年	100	700
殿下村农家书屋	殿下村	2011 年	100	600
施家村农家书屋	施家村	2011 年	50	500
范坞村农家书屋	范坞村	2011 年	40	500
珠带式村农家书屋	珠带式村	2011 年	70	1500
垂江村农家书屋	垂江村	2011 年	50	500
白鹤桥村农家书屋	白鹤桥村	2011 年	40	500
黄村坞村农家书屋	黄村坞村	2011 年	200	800
丁家村农家书屋	丁家村	2011 年	300	1200
陈塘下村农家书屋	陈塘下村	2011 年	40	500
水亭街农家书屋	水亭街	2011 年	200	2000
盖竹里村农家书屋	盖竹里村	2011 年	40	500
水亭坞村农家书屋	水亭坞村	2011 年	100	1000
杨田坞村农家书屋	杨田坞村	2011 年	45	600
奎塘村农家书屋	奎塘村	2011 年	45	600
尚方村农家书屋	尚方村	2011 年	50	650
下蒋村农家书屋	下蒋村	2011 年	45	500
松树下村农家书屋	松树下村	2011 年	40	500
上吴村农家书屋	上吴村	2011 年	45	600

四、文化活动

(一)戏 班

1. 坐唱班与太子班

坐唱班,又名十响班,分昆剧、徽戏两大类。戏班一般由本村 10—15 人自愿组成。只唱不演,每逢过节相聚拉唱,遇有婚丧事应邀坐唱。坐唱班对演员要求不严,有人愿意即可入班学唱,倘若角色不足,由班主动员有演唱能力的人参加。学唱戏时间往往是雨天或农闲时期,教唱师傅一般是本村较会唱戏的人,或聘请别村会唱戏的人。教唱师傅的工钱由宗祠“太公祖”中支付。太子班是农村业余剧团,因参加演唱者多为农村中富家子弟,故 1949 年前称太子班。原圣山区域有上朱、西西坞、珠带式、生塘徐、西方坞等村坐唱班与太子班。

2. 西西坞坐唱班

始于清光绪年间(1875—1908 年),由上朱村的郭品玉太子班的学生,建德县塘村乡汪山村的汪汝鹰教唱徽戏,由李华昌带班。主要剧目有《龙虎斗》《碧桃花》等,民国初期散班。

3. 西方坞坐唱班

创办于民国元年(1912 年),由本村兰正良负责带班,唱徽戏,共有 10 余人参加,主要演员有雷朝高(花旦)、雷塘永(正旦)、蓝正良(小生兼古板)、钟金水(大花)、蓝庭成(老生兼小锣)、蓝庭锦(正吹)、蓝启龙(司鼓)。主要剧目有《百寿图》《龙虎斗》等。开始时主要为畲族的“吃新米”和明真山的三月三祭神时坐唱,后发展到各村去拉唱。曾在龙游县的桥头庙下、下溪山及本乡邻村拉唱。民国 37 年(1948 年)解散。

4. 珠带式村徐三瑞堂坐唱班

创办于民国 15 年(1926 年),由徐炳光组织唱昆曲。由本村艺人(姓名不详)教唱,由 30 余人组成。由于本村人数少,后来到邻村的施家村招收数人参加,主要演员有徐炳光(正吹)、徐土匡(司鼓)、朱子高(小锣)、朱庆根(大锣)、朱文林(大钹)、朱庆贵(小钹)。主要剧目有《通天河》《火焰山》等。民国 19 年散班。

5. 生塘徐坐唱班

始于民国 24 年(1935 年),由徐明奎、黄明福负责带班,聘请龙游县模环乡新王村的老八古教唱徽戏。坐唱班参加三月三明真山殿的祭祀。主要剧目有《黄红带》《天缘配》《龙虎斗》等。民国 25 年散班。

6. 水亭坞坐唱班

始于民国 5 年(1916 年),由水祥春(小生)、水海田(花旦)、水明馨(小花脸)、水宝熊、水品谐、水文煜(大花脸)、水秀坤等人组成,属昆曲班。民国 13 年正月,他们借用正在水亭坞演戏的包品玉班子行头,插演了《训子》《单刀》《扫秦》等折子戏,观众中连本姓本村的人也分辨不出“谁在演”。水明馨第二年参加了专业戏班,祠堂首事按祠规免了他的馒首股份。民国 28 年解散。

7. 古塘坐唱班

间断活动于民国 10 年(1921 年)至 1951 年间,师承孟塘徐瑞仓艺人。最后一批演员有赵伯先(主奏兼花旦)、余三海(唢呐兼小生)、洪益清(大锣兼大花脸)、徐俊华(鼓板兼小花脸)、徐宝森(打钹兼老生)、徐德才(小锣兼老外)、徐贡元、徐树荣等人。当时演唱的主要剧目有《百寿图》《送徐庶》《马成救主》

等。1951年解散。

8. 垂江坐唱班

组建于民国2年(1913年),以江万兴为主,唱昆曲,剧目有《借扇》《一文钱》《摘桂记》《训子》等。民国28年解散。

9. 西姜坐唱班

1950年,西姜村有4个坐唱班(成立与解散年份不详),徽戏、昆曲各两个。一坐唱班主奏姜应喻,同他排演的"百人方块秧队"曾参加迎送中国人民解放军行军队伍的欢庆活动,并为各村做示范表演。另一坐唱班主奏江济葶,13岁从艺,自1950年起,参加专业戏班演出,1953年,在浙江婺剧实验剧团时,参加全国民间音乐舞蹈会演,伴奏《雪里梅》获得铜质纪念章1枚(现藏于其子江小苟处),并受到周恩来总理接见。1955年调武义婺剧团任主奏。后情不详。

10. 上朱太子班

始于清光绪年间(1875—1908年),由郭品玉带班。民国14年(1925年)由郭樟盛带班,郭德祥负责招收本村及邻村演员20余人,演徽戏。主要演员有朱曼儿(大花)、郭德祥(花旦)、樟树奶(小花)、朱东苟(老生)。主要剧目有《龙虎斗》《春秋配》《三司会审》等。民国38年解散。

11. 西西坞太子班

成立于民国初期,由西西坞坐唱班发展而成,演徽戏。王卸奶带班,民国初期改名为"仁义舞台"。主要演员有何来根(花旦)、李文江(小花)、朱武松(正旦)、李祥富(小生)、登登古(大花)、李清清(老生)。主要剧目有《碧桃花》《九件衣》《反昭光》等。民国38年解散。

12. 珠带式村徐三瑞堂太子班

民国20年(1931年)成立。由坐唱班发展而成。演昆剧。请昆剧民班叶连玉班正吹,潘文成、小生徐春聚及徐鑫为师傅,排练昆剧。翌年出红台,曾在本县的水亭、游埠及邻村、龙游县的新王、模环、塔石等地演出。主要演员和乐手有朱文旦(正旦)、朱庆贵(花旦)、徐炳光(武小生)、徐士匡(大花)、朱子高(小锣)、王松寿(大锣)、施阿古(司鼓)、王樟法(小钹)、施阿呆(正吹兼大钹)。主要剧目有《火焰山》《通天河》《九革珍》《花飞龙》等,后因国民党每逢冬防时不断禁戏,于民国22年解散。

13. 生塘徐太子班

民国25年(1936年)成立,由生塘徐坐唱班发展而成。共有48人学戏。同年五月初开始演出。主要演员和乐手有童和尚(花旦)、徐永福(小生)、邵岳荣(正旦)、阿奶古(小生)、徐明奎(甲旦)、席大德(老生)、徐樟余(二花面)、吴元进(老旦兼司鼓)、徐虎南(正吹)、吴海富(老生兼老外)、狗奶(三鼓吹)、江西佬(大花)。主要剧目有《天缘配》《秦琼游西门》《三司会审》《春秋配》《梨花斩子》《黄红带》《龙虎斗》《通意山周宝》等,曾在汤溪、桥头庙下、红笔塘殿、地岗、大西姜、上朱及邻村演出。民国27年解散。

(二)剧　团

1. 东山剧团

民国34年(1945年),珠带式村徐炳光、徐士匡、徐向明等人筹资成立,演唱越剧。聘请嵊县的笃班卸荀师傅教戏。招收龙游、兰溪、汤溪三县的女演员30名,学习5个月。当年8月,聘金华名演员叶小仙(武小生,金华人)、叶秀英(花旦,金华人)、陆小丹桂(小丑,金华人)、水英(文小生,嵊县人)、小银香(文小生,嵊县人)、友梅(老生,汤溪人)等6名女演员,于当年年底出红台。乐队有徐炳光(副吹)、朱跃光(小锣)、徐士匡(古板)、江文荣(大锣)。由徐国光带班,先后在汤溪的下章、衢县、江山、兰溪等县农村演出,是兰溪县最早的越剧团。民国35年,自行解散。

民国35年7—8月间,东山剧团解散后不久,由龙游县桥头江村江天吉牵头,重新组建剧团,改名为"徐乐舞台",并另增聘武功师傅、文武小生、旦角等12人。在兰溪游埠、龙游湖镇等地演出。民国36年,在兰溪城南剧院演出62夜、水亭40夜、双牌20夜。民国36年下半年解散。主要剧目有《三看御妹》《分玉镜》《蛟龙扇》《沉香扇》《大闹中义堂》《唐白虎点秋香》《白蛇传》《何文秀》《二度梅》《梁祝》《关公审婚》《大闹嘉兴府》等,插剧有《盘夫》《索夫》等。

民国36年(1947年)年底,老演员又重新组合,恢复演唱,由徐景跃(徐向明之子)带班。1949年赴福建各县农村演出。1950年,落户福建(县名及后情不详)。

2. 西西坞业余剧团

1951年成立,由李金娣带班,组织演员20余人,为庆祝土地改革的结束,开始学新戏。如《婚姻自主》《参军》等。中央提出"百花齐放,百家争鸣"方针后,又开始插入老戏,如《铁笼山打登州》《碧桃花》《碧玉簪》《反昭光》《木兰从军》《双鞭会》《九件衣》《大破牛头山》等。当时的主要演员有童卸珠(花旦)、阿牛(小花)、花彩香(花旦)、李银香(正旦)、吴炳花(双花)、李根土(老生)、童顺海(正吹)、钱庆福(副吹)。

曾在龙游县模环乡上山塘村演出6天6夜(具体日子不详),在本村演出10天10夜(具体日子不详),农历八月十三(年份不详)在龙游县横山演出,观众达500余人。另外,还在兰溪、兑门江、金湖、游埠、双牌等地演出。

1957年参加兰溪县群众文艺会演。《投店杀僧》中演大花的朱曼儿、武小旦的李金娣二人分别获得优秀演员奖。该班甲旦童卸珠于1961年考取杭州戏曲学校,毕业后分配到建德县婺剧团。西西坞业余剧团于1965年解散。

3. 珠带式村业余剧团

成立于1952年,由琚林根任团长,招收演员共20多名,主要演员有琚卸荣、朱阿新。主要剧目有《十五贯》《梁山伯与祝英台》《刘胡兰》等。

1957年参加兰溪县群众文艺会演,《十五贯》获演出奖。1964年自行解散。

(三)灯　会

原圣山一带明末清初已有灯会,灯会一般都在元宵节举行,所以也叫"元宵灯"。1949年后灯会停止活动。1978年后重新兴起。参加灯会的有龙灯、舞狮。龙灯有布龙、桥灯。舞狮有文狮与武狮。

1. 龙　灯

桥　灯　龙头及尾属木制,龙身以灯板连接而成,板长六尺,上装花灯二至三盏,糊花纸或画,灯内点烛,一块灯板为一桥,故称"桥灯"。每桥均有活楔,可连可拆,最长可连接数百节。擎龙头五人,每桥二人(轮换),龙尾三人,放铳二人,鸣锣开道二人,举大宫灯引路二至四人,火把二人,打杂二人,乐队七至九人,迎龙灯多用小跑步前进,伴奏以打击乐为主,或配以唢呐。夜间远看,如一条火龙,蜿蜒行进,龙前炮铳齐鸣,龙后乐声嘹亮,是农村中最热闹,农民最喜爱的传统娱乐活动。

上朱村布龙及桥灯　上朱村原有布龙11条,由当时的各个厅分别组织,每逢元宵节前后,统一组织到圣山殿接菩萨,布龙的后面往往跟着数百桥的桥灯。布龙活动到1951年停止。1985年春节,上朱村恢复布龙4条,在邻近各村活动,成为群众娱乐活动之一。上朱布龙及桥灯已有100多年历史,民国35年(1946年)上朱桥灯尚有80多桥。

西方坞桥灯　民国元年(1912年),西方坞村有桥灯50余桥,每逢农历三月三,去明真山殿祭神,活动路线:从西方坞—柳塘章—奎塘畈—西方坞。于民国24年停止。

珠带式村桥灯　清光绪元年(1875年)建立,每年元宵节前后和上朱村—

起到圣山殿聚会，于民国元年(1912 年)停止活动。

2. 舞　狮

奎塘文明双狮　文明双狮，以竹木制头，外面蒙彩布，眼球突出，口系红须。用黄麻作狮衣。两人钻于狮模头身内表演，成双对舞，作各种舞蹈姿态。

始于清初，初时狮子只有一只，舞法简单，仅有“开东门”“开西门”。民国20 年，奎塘狮子会派人到龙游县湖镇七都乡马家村，请来老艺人教练文明双狮舞。先学“中庄”步法，再学舞跌套路：“田”字、“丁”字及“喜”“鼠”“半个月”“双蝴蝶”“蝴蝶抢球”“单八结”“双八结”“八角传葫芦”“里四解”“外四角”“盘尾柱”等十多路(平时演出，只演一路)，整套表演，约需 3 小时。教练三个月，跌法学成。再教乐队。乐器用堂锣、小锣、甘蔗锣、小钹、木梆。人手不足时，可减后三种。双狮舞蹈，都听乐器指挥。

舞狮需精壮男青年四人，任双狮头尾，男孩一人，扮小狮子，狮头是主舞者，须能作各种姿态，狮尾紧密配合，使之能浑然一体。在走圆场时，人多声杂，小狮乘间钻入母腹，无人觉察，忽然出生。憨态可掬，观众笑乐。

由马家村艺人传授的第一代传人有吴中才、吴中恒、吴中珍、吴唐根、吴卸顺、郦汝荣、邵岳荣、范毛里及小狮吴中唐、乐队主锣吴海富。由上述传人传授的第二代传人有吴根寿、吴根福、吴卸唐、吴唐彩、王宝根、吴志标、吴阿旺等。第三代传人有吴秀松、吴竹成、吴寿彩、吴拜拜等。第四代传人有吴汝宝、吴伟成、王柏春、吴晓峰、吴柏森、吴伯泉、吴少庭等。

文明双狮都在元宵节前后活动。活动范围为奎塘邻近各村、游埠镇、金湖乡、下王乡、孟湖乡及龙游县的湖镇、兰塘乡等地。

1984 年 12 月 8 日，文明双狮参加兰溪县群众文艺会演，获“演出奖”被称为“文明双狮”。1985 年参加游埠区元宵灯会，同年参加兰溪县元宵灯会游行活动。1987 年上半年(具体日期不详)参加兰溪冶炼厂建厂庆祝活动，获“优秀演出奖”。至 2015 年，舞狮活动正常开展。

下方泉“双狮吉庆”　始于清光绪三十四年(1908 年)，由 5 位男子扮演(其中一小男孩扮小狮子)，称“新成会”，每年元宵演出。1983 年归入村俱乐部管理。狮舞程式套路有大西门、跌西角、小西门、擦痒、伏雄、生小狮等。响乐器件有大锣、小锣、狮子锣(甘蔗锣)、号等。1984 年春节，“双狮吉庆”节目参加游埠区元宵灯会获奖。1985 年春节参加游埠区元宵灯会，受到水亭乡政府奖励红纸包 10 元及红布灯笼裤 5 条。1987 年 2 月 5 日，在兰溪市青少年宫前表演时被省艺术馆录像,是全市首次使用录像带保存下来的唯一的"双狮舞"资料。至2015年,舞狮活动正常开展。

午塘边单狮舞 舞狮队成立于民国24年(1935年),1950年停止活动。1986年恢复,由村团支部组织狮子会。1987年春节,从正月初六至正月十五到午塘桥、泉塘、春塘坞、古塘、冯塘下等11个大小村庄开展舞狮活动。至2015年,舞狮活动正常开展。

水亭水姓龙狮会 明末清初,水亭水姓家族拥有13个大厅,东有金村厅(今七里坪)、西有后蒋厅。为使各厅的龙灯队伍连接起来,规定从正月十三中饭后,由轮到首灯厅的前排灯领头,招呼布龙、百子灯、锣鼓队、后排灯一起出迎。此时,水亭街道上还有小桥灯(小龙头灯),各种各样的花灯加入迎灯队伍,因为这时天还没黑,所以叫"迎白灯"。花灯的样式有狮子灯、小龙灯、鱼灯、白兔灯、蝴蝶灯、红白牡丹灯等,上画飞禽走兽,奇花异草。到正月十五夜,各种灯(包括大龙头桥灯)相连成队,又有下方泉、高元张、柳家等狮子欢舞而至,形成龙狮相会的盛况,把元宵节的欢庆活动推向高潮。龙狮会活动,沿袭至1951年止。

(四)电 影

民国31年(1942年),水亭小学操场上曾放过无声电影,主要内容是宣传抗日,加映电影是《强盗抢劫富翁家室》。自1952年开始到1960年前后(具体年份不详),兰溪第五电影放映队来水亭公社巡回放映电影,每月一般是3场。1975年12月,水亭公社成立水亭电影队,到各村轮流放映。使用的是甘光8.75Ⅱ型电影放映机,配有灯机和电唱机。1982年3月购进一套F16—4型16毫米放映机。1984年又购进一台甘光双机种GH—16HX型氙灯16毫米放映机。1982年,电影队在周邵汤村设立固定放映场,有座位500个。1984年,耗资23万元在水亭街村雉鸡山背建成电影院一所,座位985个,门楼3层。有16毫米放映机3部,8.75型放映机1部。平均每月放映20场。1985年上交水亭乡文化站5000元。1986年,乡文化站与电影队按1:3的比例分红,乡文化站净收入1200多元。1986年12月,根据兰溪市电影公司部署,为解决偏远村庄农民看电影难问题,恢复流动放映队,普及电影放映活动。

民国31年(1942年),生塘胡村曾放过无声黑白片。1952年起至1968年前后,兰溪县第五电影队经常来圣山公社巡回放映电影,每月一般是3场次。

1976年5月成立圣山公社电影队,使用甘光8.75Ⅱ型放映机。由柳水土、许鹏飞担任电影放映员，许鹏飞上调后由王金奶接替。电影队到各村轮流放映影片，电影费由各大队或生产队负担。

1977 年电影放映设备增加 1 台 1 千瓦的发电机。

1980 年增加幻灯机和录音机各 1 部。

1983 年 10 月，增加南京产的 F16—4A 电影放映机 1 部，中型宽银幕幕布 1 幅。

从 1983 年开始，电影队实行承包责任制。1986 年 12 月，根据兰溪市文化局、电影公司文件精神，为解决农村看电影难问题。实行电影规划普及放映。电影队与各行政村签订电影合同 200 多场。

1981—1986 年圣山乡(公社)电影放映情况一览表

表 9-5-3-6

项目/规格/年份	放映数(场次)		观众人数(人)		放映收入(元)		发行收入(元)	
	8.75毫米	16毫米	8.75毫米	16毫米	8.75毫米	16毫米	8.75毫米	16毫米
1981	568 短片18	0	489800	0	3444	0	952	0
1982	544 短片 120	0	568800	0	3228	0	901	0
1983	323 短片32	13	807400	11700	229669	216	606	67
1984	179 短片9	130 短片 3	161010	109690	160180	1829.66	340.50	666
1985	98 短片 4	86	657600	46374	775	1707.05	236	999.80
1986	144	49	103205	33946	145950	814	567.50	473.50

1982 年，圣山电影队被兰溪县电影公司评为先进集体。1986 年，王金奶被兰溪市电影公司评为先进个人。

1992 年，圣山畲族乡与水亭乡合并为水亭畲族乡。水亭电影队更名为水亭畲族乡第一电影队，负责水亭电影院的电影放映工作。圣山电影队更名为水亭畲族乡第二电影队，负责到各村巡回放映电影工作。

随着电视的普及，电影观众减少。1998 年，水亭畲族乡第一电影队解散。2002 年，水亭畲族乡第二电影队解散。

(五)畲族文化团队与活动

1. 水亭畲族乡畲族民间歌舞队

2011 年清明，由雷土根与其姐雷根香、妹雷卸菊牵头成立了“水亭畲族乡畲族民间歌舞队”，这是兰溪市首个畲族民间歌舞队。雷土根任总指挥，雷根香任畲族民歌教师，雷卸菊任畲族民间舞蹈教师。指定雷润倩任队长，队员有雷土根、雷卸菊、雷根香、雷展、雷润雅、雷润倩、雷润瑶、蓝欣、蓝璨、蓝夏玲、钟怀宇、钟怀瑞、雷晓蝶、雷紫莹、雷航、雷安琪、章佳俊、章银静、章博文、章瑜璐。

2011 年 7 月，应中共柳塘章村支部书记章景清建议将民间歌舞队更名为“水亭畲族乡柳塘章畲族村畲族民间歌舞队”。8 月，柳塘章村为歌舞队队员新做了演出民族服装。雷根香给歌舞队传教了《十二生肖》《采茶歌》《敬茶歌》《敬酒歌》《时辰歌》《采花歌》《长年歌》《有缘歌》《猜歌》《手巾歌》《花妞歌》《勤耕歌》《芙蓉歌》《对歌》《香袋歌》《送娘歌》《隔山有情》《拣花歌》《起头歌》和《相傍歌》等 20 多首畲族传统民歌。同时，还给队员们传授了如何临场发挥、即兴对歌的技巧。雷卸菊给歌舞队教了《学字歌舞》《砍柴舞》《竹竿舞》《扇子舞》等畲族传统民间舞蹈及新编舞蹈《好日子》。雷展根据畲族民间舞蹈、爵士舞的特点自编了一曲爵士舞《欢乐的畲族波女崽》(波女崽，畲话，小姑娘)，并指导歌舞队排练。歌舞队的教学排练活动，基本上在雷土根家进行，每次活动都吸引了周边村庄不少男女老少前来观看。歌舞队的名声很快就在远近传开。

2012 年 5 月 7 日，浙江省少数民族经济工作会议在兰溪举行，会议期间，与会人员到水亭畲族乡进行考察，歌舞队为他们演出了《竹竿舞》，以示欢迎。这是歌舞队第一次公开演出。

2012 年 8 月 10 日，兰溪市畲族风情园举行对外开放营业仪式，特邀歌舞队演出。

图 9-5-3-1 柳塘章民族村畲族民间歌舞队在 2013 年“多彩三月三·金华畲族文化风情展”上演出
(水亭畲族乡政府办公室提供 2013 年摄)

2013 年 4 月 12 日参加“兰溪市水亭‘三月三’畲族风情节”演出。每个法定节假日，歌舞队都会安排一定的时间在本村(柳塘章行政村余垄自然村)的“柳塘章村畲族民间歌舞活动室”进行排练或演出。歌舞队长期充满激情活力的活动激发、带动了周围村民参与文化活动的积极性，越来越多的村民自觉地参与到文化活动中来，当地畲族民间文化活动逐渐兴起。

2. 兰溪市畲族风情演艺团

2012 年 10 月，位于水亭畲族乡西方坞村的兰溪市畲族风情园组建“兰溪市畲族风情演艺团”。这是兰溪市第一个正式挂牌，以表演畲族文化内容为主的畲族文艺团队。

演艺团成立初期，吸收兰溪市水亭畲族乡柳塘章畲族村畲族民间歌舞队队员为成员。考虑到该歌舞队队员都是学生，排练、演出时间较难安排，另外吸收了 14 名成人演员组建了成人演艺队。自此演艺团有少年演艺队与成人演艺队。

雷土根任成人演艺队队长，雷卸菊任舞蹈教师，雷根香任畲族传统民歌教师。队员有雷土根、雷卸菊、雷根香、雷友发、雷康生、雷科松、蓝永生、雷跃军、雷玉坤、蓝爱云、雷武娟、童春兰、周雪兰、蓝俊、柴吉香、郑水根、宋寿喜、周芳、张赛芳、毛素英。

10 月，演艺团还组建了“兰溪市畲族祭祖舞演艺队”。雷土根任队长，雷长珠、蓝开寿任教师。队员有雷友发、雷康生、雷科松、蓝永生、雷跃军、雷玉坤、蓝爱云、雷武娟、童春兰、周雪兰、蓝俊、柴吉香、郑水根、宋寿喜、周芳、张赛芳、毛素英。

少年演艺队基本上保留了原有的节目。成年演艺队排练了畲族传统舞蹈《祭祖舞》《砍柴舞》《竹竿舞》《扇子舞》等，排练了畲族民歌对歌、独唱、表演唱等节目。

2013 年，演艺团被兰溪市政府民宗局选送参加“‘多彩三月三’金华畲族文化风情展”活动。参加展演节目 3 个：《畲族祭祖舞》《竹竿舞》和畲族民歌(对唱)《畲族万代跟党走》。

参加演出的演员有：

《畲族万代跟党走》畲族民歌(对唱)演员：雷土根、雷卸菊。

《竹竿舞》演员：雷展、雷润雅、雷润倩、雷润瑶、蓝欣、蓝璨、蓝夏玲、钟怀宇、章瑜璐、钟怀瑞、雷晓蝶、雷紫莹、

图 9-5-3-2 兰溪市畲族风情演艺团在畲族风情园演出(水亭畲族乡政府办公室提供 2013 年摄)

雷航、雷安琪、章佳俊、章银静、章博文、蓝爱云、童春兰、周雪兰、蓝俊。

《畲族祭祖舞》演员:雷友发、雷康生、雷科松、蓝永生、雷跃军、雷玉坤、蓝爱云、雷武娟、童春兰、周雪兰、蓝俊、柴吉香。

3. 兰溪市(水亭畲族乡)首届畲族民间歌舞联谊会

2012 年 11 月,水亭畲族乡柳塘章畲族村畲族民间歌舞队自发筹备举办“兰溪市(水亭畲族乡)首届畲族民间歌舞暨迎春联谊会”。消息传到乡里,乡党委、政府提出联谊会升格为乡政府主办、承办,并指派董梅娟副乡长与周卫民(乡文化站)站长参加筹备工作。

联谊会于 2013 年 2 月 4 日在水亭畲族乡柳塘章民族村余垄自然村举行。中共兰溪市委统战部副部长、兰溪市政府民宗局局长叶洪甘,兰溪市文化局副局长黄国卫,水亭畲族乡党委书记邵卫荣,乡长雷启余等参加了联谊活动。总策划总导演雷土根。

本次联谊活动采用自愿报名,自选歌、舞的方法。报名参加演出的人数 76 人,自报节目 47 个,安排上台联谊演出节目 27 个,其余节目安排到下午“盘歌”活动中进行。参加本次联谊会年龄最高的男性演员是奎塘畈民族村 83 岁的雷长珠,年龄最高的女性演员是上朱民族村 81 岁的雷秋奶,年龄最小的男性演员是柳塘章民族村 10 岁的钟环瑞,年龄最小的女性演员是周邵汤民族村 8 岁的雷铬。

整个联谊活动分两个阶段进行。上午联谊演出,下午盘(对)歌活动。

2013 年兰溪市(水亭畲族乡)首届畲族民间歌舞暨迎春联谊会演出节目一览表

表 9-5-3-7

序号	演出节目	演出人员	体裁
1	竹竿舞	柳塘章民间歌舞队	舞蹈
2	迎客歌	雷林招	独唱
3	水亭古今	蓝新梅	独唱
4	山哈万代跟党走	雷土根、雷卸菊	对唱
5	政府好	雷秀娟、蓝美凤	对唱
6	猜歌	柳塘章民间歌舞队	合唱
7	祭祖舞	雷长珠、雷友发	对唱
8	歌唱新农村	蓝素萍、方时安	对唱

续表 9-5-3-7

序号	演出节目	演出人员	体裁
9	猜　歌	蓝爱云、童春兰	对　唱
10	十二生肖	雷爱连	独　唱
11	嫁女歌	蓝秀香	独　唱
12	求亲歌	钟根花、钟冬兰	对　唱
13	拦门歌	雷根香、雷卸菊	对　唱
14	学字歌	柳塘章民间歌舞队	合　唱
15	采茶歌	蓝玉梅、雷秀琴	对　唱
16	奉茶歌	蓝俊荣	独　唱
17	赤郎歌	钟秀英	独　唱
18	猜　歌	蓝素萍、张素萍	对　唱
19	劝女歌	蓝开寿	独　唱
20	爵士舞	柳塘章民间歌舞队	舞　蹈
21	山哈感谢共产党	蓝富妹	独　唱
22	字　歌	蓝秀玉	独　唱
23	妇女歌	雷卸香	独　唱
24	高皇歌	蓝玉花、雷秋奶	对　唱
25	欢新年合唱	蓝根香、蓝秀丽	对　唱
26	文化楼歌如潮	雷菊香	独　唱
27	砍柴舞	柳塘章民间歌舞队	舞　蹈

4. 兰溪市“畲乡大舞台”

兰溪市畲族风情园于 2014 年底，在园内搭建了面积 100 平方米的舞台，定名为“畲乡大舞台”，为畲族风情演艺团提供了一个固定的演出平台。兰溪市文化馆、水亭畲族乡文化站支持“畲乡大舞台”，帮助配置了两套音箱。“畲乡大舞台”建成初期，根据情况不定期地演出，演出的内容大多是畲族传统舞蹈、畲族对歌、表演唱等。“畲乡大舞台”总策划、总导演为雷土根。

兰溪市畲族风情园兴建了“畲乡大舞台”后，引发了周边村民的兴趣与热情，参与者日益增加。为满足村民参与活动的需要，兰溪市畲族风情演艺团开办了“畲乡大舞台”项目，将原来不定期的演出固定为每周一期，周六晚上演出并将其定名为“畲乡大舞台•想乐您就来”联欢晚会。想参与的人都可自愿报名参加，演出与观看一律免费。报名者踊跃，期期安排不完所报的节目。

兰溪市畲族风情园地处兰溪市、金华市、建德市、龙游县交界处，每周六举行的“畲乡大舞台·想乐您就来”联欢晚会不但得到周边村民的欢迎，还深受各地前来的游客们的欢迎。上海、衢州、龙游、金华等地游客，多次自带道具、节目前来参加联欢。

上海柳博团队演出节目(部分)单一览表

表 9-5-3-8

节目名称	表演形式	表演者
万水千山总是情	表演唱	上海柳博团队
千纸鹤	独　唱	上海马先生
小小新娘花	表演唱	上海柳博团队
樊梨花	沪　剧	上海柳博团队
好运来	舞　蹈	上海柳博团队
明星模仿秀	小　品	上海柳博团队
别说我的眼泪你无所谓	表演唱	上海柳博团队
儿行千里	表演唱	上海柳博团队
办喜事	表演唱	上海柳博团队
手心手背都是肉	越　剧	上海柳博团队
扬州小调	表演唱	上海柳博团队
今天是个好日子	舞　蹈	上海柳博团队
月亮代表我的心	男声四重唱	上海来宾陈先生等
世界需要热心肠	男声小组唱	上海来宾李先生等
母　亲	独　唱	上海来宾沈先生
孔雀舞	舞　蹈	上海来宾沈女士方先生等
跟你走	男声小组唱	上海来宾张先生等
去一个美丽的地方	大合唱	上海来宾

5. 水亭畲族乡“三月三·畲族风情节”

水亭畲族乡从 2009 年开始举办“三月三”畲族风情节活动，到 2015 年共举办了 5 届。第二届至第五届节目见下表，第一届无考。

2010年兰溪水亭第二届“三月三”畲乡风情节歌会节目一览表

表9-5-3-9

序号	节目名称	演出单位	演出人员	体　裁
1	畲乡古乐连奏	畲乡古乐坊	吴根松等	民乐演奏
2	舞狮表演	殿下村舞狮队	丁海青　吴晋余等	民俗舞蹈
3	畲娃乐	柏园学校	少儿舞蹈队	群　舞
4	三月三好风光	西方坞	蓝新梅等	对　唱
5	红旗颂	柏园学校	老师舞蹈队	舞　蹈
6	畲乡风雨桥	兰溪市文化馆	歌　队	女声组唱
7	腰鼓表演	西姜村	腰鼓队	民俗舞蹈
8	NOBODY	水亭畲族乡	大学生村官舞蹈队	现代舞
9	心愿	水亭街村	倪茁茁	独　唱
10	龙船调	水亭街村	健美操队	广场舞
11	僧尼会	范坞村	范道生	婺剧独唱
12	祭祖舞	奎塘畈	畲舞队	民俗舞蹈
13	歌声与微笑	柏园学校	腾玺贺	架子鼓
14	好日子	尚方村	洪静芳	女声独唱
15	婺剧曲牌	殿下村	吴晋余	唢呐演奏
16	畲水秋歌	水亭畲族乡	大学生村官舞蹈队	歌伴舞
17	断头龙	柏园学校	少儿舞龙队	民舞表演

2013年兰溪水亭第三届“三月三”畲乡风情节歌会节目单一览表

表9-5-3-10

序号	节目名称	演出单位	演出人员	体　裁
1	断头龙	水亭畲族乡荷龙里	舞龙队	民间舞蹈
2	畲乡风情	汤溪镇鸽坞塔村	曹美娟、钟婷婷	舞　蹈
3	畲族万代跟党走	畲乡风情园	雷土根、雷卸菊	畲族对歌
4	砍柴舞	畲乡风情园	蓝林菊、蓝爱云等	歌　舞
5	畲山之恋	浙江师范大学	翟文香	独　唱
6	祭祖舞	畲乡风情园	雷友发、雷跃军等	舞　蹈
7	赛马	浙江师范大学	朱开红、苏新月	二胡重奏
8	嘻赤郎	畲族风情园	蓝永生、雷卸香等	民俗表演

续表 9-5-3-10

序号	节目名称	演出单位	演出人员	体　裁
9	飞向苗乡侗寨	汤溪镇鸽坞塔村	李丽萍	独　唱
10	山窝窝飞出畲娃娃的歌	浙江师范大学	邵宁宁、阮艺婷、施巧巧、杨丹	表演唱
11	采茶歌	畲族风情园	蓝爱云、童春兰	畲族对唱
12	竹竿舞	柳塘章村	钟环宇、雷航、雷润瑶等	舞蹈
13	双狮吉庆	殿下村	吴丰华、吴继军等	民间舞蹈

2014 年兰溪水亭第四届“三月三”畲乡风情节歌会节目一览表

表 9-5-3-11

序　号	节目名称	演 出 人 员	体　裁
1	双狮吉庆	殿下村	民间舞蹈
2	断头龙	荷龙里村	民间舞蹈
3	幸福山歌	畲乡中心幼儿园	歌伴舞
4	现世报	兰溪市婺剧团	小　品
5	有缘歌	畲乡风情园	畲族对歌
6	江南雨	兰溪市文化馆	舞蹈
7	小和尚下山	浙江婺剧团	传统戏剧
8	砍柴舞	畲乡西姜村	民间舞蹈
9	南下干部	兰溪市婺剧团	兰溪滩簧
10	山路银弯弯	畲乡中心幼儿园	舞　蹈
11	五水共治美兰江	兰溪市婺剧团	快　板
12	金华道情	金东区非遗中心	传统曲艺
13	畲水秋歌	兰溪市文化馆	民间舞蹈
14	十八蝴蝶	永康市非遗中心	传统舞蹈

2015 年兰溪水亭第五届“三月三”畲乡风情节歌会节目单一览表

表 9-5-3-12

序　号	节目名称	演 出 人 员	体　裁
1	腰　鼓	西姜村腰鼓队	腰　鼓
2	断头龙	柏园学校	民间舞蹈
3	月亮谣	畲乡中心幼儿园	女声合唱

续表 9-5-3-12

序 号	节目名称	演 出 人 员	体　裁
4	荷花舞	畲族风情园演艺团	舞　蹈
5	歌唱畲族三月三	西方坞村民歌队	畲歌对唱
6	竹竿舞	圣山民族小学	民间舞蹈
7	盘歌郎	畲族风情园演艺团	畲歌弹唱
8	幸福山歌	畲乡中心幼儿园	舞　蹈
9	凤凰与山哈	西方坞村民歌队	畲歌合唱
10	美丽畲乡等你来	畲族风情园演艺团	畲族舞蹈
11	爱我中华、我的未来不是梦	畲族风情园演艺团	女声独唱
12	又见山里红	水亭街村排舞队	广场舞
13	采茶歌	西方坞村民歌队	畲族民歌
14	高原红	畲族风情园演艺团	畲歌伴唱
15	今晚去跳舞	西姜村排舞队	排　舞
16	祝福祖国	畲族风情园演艺团	舞　蹈

五、非物质文化遗产

（一）断头龙

2008 年，兰溪市水亭畲族乡荷龙里村《断头龙》被国务院列入国家级非物质文化遗产代表作名录。

《断头龙》传说源于江西。民间传说：唐朝贞观年间，江西连年大旱，百姓纷纷求告龙王降雨。玉帝令龙王“城内降雨七分，城外降雨三分”。龙王领旨后心想，城内降雨七分即成水灾，城外降雨三分却无济于事，何不倒三七行雨以利百姓。主意一定，就在城内降雨三分，城外降雨七分。百姓喜得甘露，欢欣鼓舞，叩谢龙王恩德。玉帝却大发雷霆，怒责龙王违反天条，处以斩刑。百姓为了报答龙王恩德，各村扎缚龙头，供于庙堂或厅堂，让百姓焚香礼拜，春节至元宵，百姓扛着龙头沿村遨游，以寄哀思，由于龙被斩，所以头身分离而舞，故称其为《断头龙》。

《断头龙》主要流传在浙西的衢州和金华地区，民国 15 年（1926 年），由来兰溪帮工的江西玉山县八都人吴宝华传到龙游白马乡，后由白马乡项章清（已故）、郑启发（已故）二人传授给兰溪市荷龙里村王阿璋、王阿亮。后王阿璋、王阿亮为首联合了 20 余户，组成龙头会，传教《断头龙》。

《断头龙》1951 年开始演出。

1957 年，在浙江省文化厅群艺处何惠芳指导下，以《龙飞凤舞》节目参加金华地区演出(荷龙里村舞龙,珠带式村舞凤)获金华地区文艺会演一等奖。

1965年,参加省会演,获演出一等奖。

“文化大革命”期间,“断头龙舞”停演。

1984年元月,重新恢复演出。

1984年8月20日,参加金华地区群众文艺汇演,获“优秀演出奖”。

1986年底,断头龙舞被编入《浙江省民族民间舞蹈集成》一书。

1988年元宵节,参加浙江省“华星杯”舞龙大奖赛,获演出一等奖。

2000年5月20日,在杭州吴山广场参加浙江省广场文化民间文艺演出开幕式表演,获“优秀演出奖”。

《中国民族民间舞蹈集成》,浙江省金华卷1991年1月版,第18—56页对《断头龙》作了记载。

2014年,商春桥、雷土根组建“兰溪市畲族风情园女子断头龙舞龙队”,自此,《断头龙》有男、女舞龙队。

(二)祭祖舞

水亭畲族乡畲族地区流传的祭祖舞,内容主要有《告神退兵》《造井》《造老君殿》《正月正歌》《造水洗坛》《五行兵》《楼鹤》《撩鹤》《超度凡人上西天》《造座》等10节。

《祭祖舞》只在年初祭祖时举行,限本民族内部展演。舞蹈时唱、念都用畲族语言,有些唱词深奥难解,有些字、词用畲语谐音,无字典可查。

水亭畲族乡,畲族祭祖舞由传承人雷增福传于雷良进,雷良进传授于雷树品、雷长珠。

2012年,兰溪市畲族风情园组建“畲族祭祖舞队”,聘请金华市畲族祭祖舞传承人雷长珠为导师,传教畲族祭祖舞。

2014年,兰溪市畲族风情园被兰溪市人民政府命名为“兰溪市非物质文化遗产畲族祭祖舞保护传承基地”。

(三)畲族对歌

水亭畲族人民至今仍然保留着对歌的习俗。平时村民办红白喜事,民歌爱好者都会自动前往参与唱歌、盘歌、对歌。2012年,兰溪市畲族风情园出资兴建“畲乡大舞台”,举办每周(六)晚1期的“畲乡大舞台•想乐您就来”大型歌舞联谊晚会。风情园免费提供舞台、灯光、音响服务,想乐者自愿报名免费参加。“畲乡大舞台”成为广大畲族人对歌的又一平台。

2014年,兰溪市畲族风情园被兰溪市人民政府列为“兰溪市非物质文化遗产畲族对歌传承展示基地”。

2007年入选金华畲族民间歌手的水亭畲族民间歌手一览表

表 9-5-3-13

村　名	歌手姓名	性别	年龄
奎塘畈村	雷长珠	男	83 岁
奎塘畈村	雷树品	男	82 岁
奎塘畈村	钟冬兰	女	71 岁
奎塘畈村	钟根花	女	68 岁
奎塘畈村	蓝根香	女	58 岁
柳家村	钟秀春	女	91 岁
柳家村	雷增香	女	75 岁
柳家村	雷连花	女	59 岁
西方坞村	蓝国品	男	77 岁
西方坞村	蓝志香	女	77 岁
西方坞村	钟冬兰	女	76 岁
西方坞村	蓝开寿	男	73 岁
西方坞村	雷柏松	男	60 岁
下方泉村	蓝忠凤	女	78 岁
下方泉村	蓝菊美	女	71 岁
下方泉村	蓝启禄	男	71 岁
下方泉村	雷秀琴	女	56 岁
下方泉村	雷志凤	女	54 岁

2015年水亭畲族乡畲族民间歌手一览表

表 9-5-3-14

村　名	歌手姓名	性别	年龄
西方坞村	钟冬兰	女	85 岁
西方坞村	蓝志香	男	85 岁
西方坞村	蓝开寿	男	82 岁
西方坞村	蓝卸美	女	86 岁
西方坞村	蓝银凤	女	69 岁
西方坞村	蓝新美	女	70 岁
西方坞村	雷秀琴	女	69 岁
西方坞村	蓝卸香	女	68 岁

续表 9-5-3-14

村　名	歌手姓名	性别	年龄
西方坞村	雷银生	男	67 岁
西方坞村	蓝连珠	女	60 岁
西方坞村	蓝玉花	女	60 岁
西方坞村	雷美琴	女	60 岁
西方坞村	蓝银珠	女	59 岁
西方坞村	雷素梅	女	57 岁
西方坞村	蓝有连	男	53 岁
西方坞村	蓝素香	女	53 岁
西方坞村	蓝爱云	女	50 岁
柳塘章村	钟秀英	女	80 岁
柳塘章村	雷土根	男	68 岁
柳塘章村	雷林招	女	68 岁
柳塘章村	蓝富妹	女	68 岁
柳塘章村	蓝玉梅	女	66 岁
柳塘章村	雷卸香	女	65 岁
柳塘章村	蓝美风	女	64 岁
奎塘畈村	钟冬花	女	81 岁
奎塘畈村	钟根花	女	76 岁
奎塘畈村	钟马珍	男	71 岁
奎塘畈村	蓝根香	女	68 岁
奎塘畈村	蓝素萍	女	52 岁
上朱村	雷秋奶	女	83 岁
上朱村	雷爱连	女	67 岁
下方泉村	蓝美玉	女	50 岁
下方泉村	蓝菊美	女	71 岁
下方泉村	蓝启禄	男	71 岁
下方泉村	雷秀琴	女	56 岁
下方泉村	雷志凤	女	54 岁

(四)畲族织带

畲族织带用各种颜色的线，手工织成，长宽度不等，按需而定。经线少则几十根，多则数百根。织带有“七根花”至“几十根花”多种规格。带可织成“字”带与“花”带或“字花”结合之带。“字”带按所需之“字”织就,“花”带按所需“花”样结成。即使织带人一字不识,只要你给个“字”“花”样,她便可将此“字”“花”织于带上。但现在能织者较少。

2014年6月,兰溪市畲族风情园被兰溪市政府命名为“兰溪市非物质文化遗产畲族织带保护传承基地”。钟根花(畲族,水亭畲族乡奎塘畈村人)入选“金华市非物质文化遗产畲族织带”代表性传承人。

(五)畲族婚嫁习俗

水亭畲族民间传承着古老的传统婚嫁习俗。2013年,由雷土根负责组建了“兰溪市畲族风情园畲族婚嫁团”,凭借“畲乡大舞台”及金华市、兰溪市举办的“非物质文化遗产”宣传日活动等平台展演畲族传统婚嫁。

2013—2015年,“兰溪市畲族风情园畲族婚嫁团”连续三年在水亭“三月三•畲族风情节”上举行了“畲族传统婚嫁全程”展演。

2014年5月2日,水亭畲族乡丁家村童利华聘请兰溪市畲族传统婚嫁团按畲族传统婚嫁仪式为其主持操办婚嫁全程。

2015年5月1日,兰溪市永昌街道洪方朱村李政聘请兰溪市畲族婚嫁团按畲族传统仪式为其主持操办婚嫁全程。

2015年10月21日,兰溪市诸葛镇后伦方村聘请兰溪市畲族传统婚嫁团去其村展演畲族传统婚嫁全程。

2015年11月23日,水亭畲族乡殿下村吴懿聘请兰溪市畲族传统婚嫁团按畲族传统仪式为其主持操办婚嫁全程。

2014年6月,兰溪市畲族风情园被兰溪市人民政府命名为“兰溪市非物质文化遗产畲族婚嫁传承展示基地”。

2015年水亭畲族乡非物质文化遗产名录一览表

表9-5-3-15

项目名称	门类	流传地区	级别	公布时间
断头龙	传统舞蹈	水亭乡	国家级	2006年6月兰溪市级 2006年9月金华市级 2007年4月省级 2008年6月国家级
水亭畲族对歌	传统音乐	水亭乡	金华市级	2008年9月
畲族祭祖舞	传统舞蹈	水亭乡	兰溪市级	2010年6月
水亭“三月三”	民　俗	水亭乡	兰溪市级	2010年6月
畲族织带制作技艺	传统技艺	水亭乡	兰溪市级	2012年5月
畲族婚嫁	民　俗	兰溪市	兰溪市级	2014年6月

第四节　卫生与体育

中华人民共和国成立之前，水亭畲族乡仅有几家中医和少数个人行医，求医问药极不方便，畲民常用本族偏方与土方进行治疗。

自 1952 年起，随着“中西医联合诊所”的建立，医疗条件改善，西医也进入山区。随着医疗设备的更新和医护人员水平的提高，以及村卫生室的建立和完善，缺医少药情况得到改变，人民群众身体素质不断增强。2006 年，水亭畲族乡开始实施新型农村合作医疗制度，至 2010 年，全乡参加新型农村合作医疗保险 9800 人，占总人口数的 65.64%。

一、民间医药

中华人民共和国成立之前，水亭区域，汉族与畲族都有一些人行医。汉族人医术较先进、经济条件较好，不少人开药店行医(见第五章第四节《现代医疗卫生》)。畲族人凭祖传的医术给人看病，都是免费的，大多是单方、偏方。他们所用的全是“草药”，大多草药当地都有，少数草药需到衢州、丽水等地高山采掘。当地不少常见植物的叶根皮等被畲民入药治病。根据清光绪二十七年(1901 年)西方坞村畲民蓝增树手写本《治颠全册金书》和中华民国 27 年(1938 年)西方坞村畲民蓝啟明手写本《药书壹本》所载，九头花(木芙蓉)根、茂草花根被畲民入药治敬牢病(痨病)；树梅皮入药治火烧伤；蝗螟入药治手生木蛇头；芙蓉花入药治顽疮；芙蓉根入药治无名肿毒、妇人赤白带下；枫车叶根入药治黄胖病；龙牙草入药治格食病(食道食物难咽之疾)；芙蓉花叶入药治还魂、肺热咳嗽；香葱叶头入药治风寒入心；陈皮入药治大便小便不通、痘疹后腹痛；楠皮入药治风毒；厚朴入药治班蛇水疯、標汗水；生礬泡洗治毒蛇咬伤；陈梨根入药治老伤，等等。畲族先民都住在山区，高低不平的地势、草木丛生的山野、起早落夜的劳作，劳损受伤、蛇虫咬叮是最常遇到的事。经过千百年的探索、实践，畲民总结出了较多的伤损、蛇咬的药方与疗法。据统计治骨伤药方 291 个，治蛇虫叮咬药方 19 个。当地出现了一些较出名的行医人。

20 世纪 50 年代前，水亭畲族人生病一般仍然用本族的偏方与土方进行治疗，这些偏方经过一代又一代地传承和完善，有的偏方对某些疑难疾病已有相当好的疗效。风水塘的蓝廷杨(绰号，鲍牙齿)治疗偏瘫，药到病除。西方坞村蓝朝泰治疗“羊癫病”(癫痫病)、“小肠气”(腹股沟疝气)药到病除。奎塘畈村钟庆福治疗皮肤病药到病除。奎塘畈村雷增寿治疗毒蛇咬伤，方圆数十里闻名。周邵汤行政村双塘塍自然村畲民雷彩凤，小时一次不幸引起驼背，从此随父叉鳖、以抓鳖为生。做这行的最重要的是要懂得医药，能识别草药，能治毒蛇咬伤。雷彩凤从父亲那儿学到了识别草药、治疗毒蛇咬伤的本领。凡被毒蛇咬伤的人来求医，雷彩凤都要把他们看好为止。从不收人钞票。想买鳖，只要提前一天通知他，第二天到他家买就是，而且价格低于市场价格。就这样，"抓鳖驼背蛇医"的名字很快传开，方圆数十里都有名气。后来，他把这手艺传给侄子雷树荣，侄子雷树荣青出于蓝而胜于蓝。雷树荣因小时小儿麻痹用错药导致"半哑"。后来，水亭一带人都叫他们为"驼背"神蛇医和"哑巴"神蛇医。

水亭畲族民间医方药方大多失传。但民间医术药方手抄本还有不少保存着。本志编辑部将雷土根平时收集的手抄本整理成 7 卷，共有各类医药方 1382 个。各类医药方（保持其原始分类）如下表。

水亭畲族乡畲族民间（手抄本）医药方一览表

表 9-5-4-1　　单位：个

医药方类别	医药方数	医药方类别	医药方数
药物性质用法与炮制方法	72	急重危病	4
伤	262	补益剂	23
骨	29	误食异物、毒物、异物入体	19
妇科产科	119	神经	3
皮肤性病	138	儿科	46
男科	24	加减方	3
口腔	22	风湿	1
呼吸	25	痛风	5
消化	46	血气	7
耳鼻喉	41	疼痛（各部位）	52
肛肠	18	杂方	144
烫伤、烧伤	8	成方	3
泌尿	20	动物咬伤	19
胃	12	中毒	11
内科	6	四肢	13
肝胆	2	痢	22

续表 9-5-4-1

医药方类别	医药方数	医药方类别	医药方数
眼	27	肿痛、毒肿	28
黄胖	6	瘰	9
黄疸	7	痧	11
寄生虫	3	血路药	7
蜂窝肿毒	1	热寒	15
疝气	2	吐血放血	10
酒醉	3	感染	5
心气症	17	兽药	1
虚症	2	还魂	9

二、现代医疗

(一)中医、药

生塘胡中药店　清光绪至民国时期，圣山珠带式村徐焕荣，柳塘章村章步清，在生塘胡开设中药店。

私人行医　水亭、圣山地区私人行医的有珠带式村徐焕荣、上周村周老龙、上朱村郭文龄、童才村的童樟标、上朱村的朱渭荣、生塘胡村的胡卸福、西西坞村的李长治、柳家村的柳根良、柳塘章村的章步清、西姜村姜柯祥。

清咸丰至光绪年间，姜柯祥在龙游茶圩设有天瑞堂药店，精于内科，行医数十年。民国16年(1927年)，其子姜本耕受龙游余绍宗重聘，主持滋福堂。1952年，水亭创办了“中西医联合诊所”(水亭卫生院前身)。

1949年工商在册登记水亭乡中药店分布一览表

表 9-5-4-2

堂名	地址	负责人	资金(元)	经营方式	职工数(人)
义和堂	生塘胡	叶渭三	140	零售	1
德裕堂	水亭	吴廷章	385	零售	1
同春堂	水亭	姜同升	102	零售	1
广济堂	水亭	吴景华	511.86	零售	1
万春堂	水亭	江镜鳌	592	零售	4
济仁堂	水亭	徐树荣	547	零售	1

民国时期水亭乡人在外地开设药店一览表

表 9-5-4-3

店　名	店　主	开设时间	开设地址	店主原籍地址
天瑞堂	姜跃东	民国 9 年(1920 年)	丽水城关镇	水亭西姜
天瑞堂	姜纲容	民国 29 年(1940 年)	丽水城关镇	水亭西姜
同仁堂	水樟根	清宣统二年(1910 年)	遂昌妙高镇	水亭
天一堂	水樟松	不详	遂昌上码头	水亭
永生堂	姜学江	清顺治年间(1644—1661 年)	衢城水亭街	水亭西姜
天寿堂	姜炳泰	1923	衢州下街	水亭西姜
葆生堂	姜镜堂	民国年间(1912—1948 年)	衢州南街	水亭西姜
义生堂	姜谦泰	民国年间(1912—1948 年)	衢城水亭街	水亭西姜
永通药栈	赵海湖	不　详	衢城宁绍巷	水亭古塘
泰山堂	张镜湖	不　详	龙游东门	水亭
葆仁堂	徐蓉镜	不　详	龙游茶圩里	水亭塘上
太和堂	徐纪森	不　详	龙游灵山	水亭塘上
滋福堂	姜木耕	不　详	龙游县城	水亭西姜
叶德寿	叶桂新	民国 13 年(1924 年)	开化县城	水亭芳茗叶
叶仁寿	叶炳生	民国 27 年(1938 年)	开化县城	水亭芳茗叶
种福堂	叶桂清	民国 36 年(1947 年)	开化华埠	水亭芳茗叶
济生堂	诸郁琴	民国 21 年(1932 年)	开化航头	水亭午塘桥
惠生堂	方进店	民国 11 年(1922 年)	金华	水亭
葆三堂	徐大球	清咸丰年间(1851—1861 年)	汤溪罗埠	水亭塘上
明德堂	诸金生	不　详	武义壶山镇下街	水亭午塘桥
存仁堂	徐宝生	不　详	武义县城中街口	水亭古塘
广生堂	姜顺六	不　详	永康县城	水亭西姜
丽生堂	姜利生	不　详	永康县城	水亭西姜
生生堂	姜作能	不　详	淳安县城胜利街	水亭西姜
万春堂	邵俊根	不　详	淳安溪口	水亭
黄春堂	方卸彬	不　详	淳安溪口	水亭垂江
怡和堂	王吉昌	不　详	建德寿昌溪沿	水亭

续表 9-5-4-3

店　名	店　主	开设时间	开设地址	店主原籍地址
春城堂	吴春城	不　详	建德寿昌溪口	水亭
培德堂	陈培德	不　详	建德寿昌李家	水亭
善和堂	徐喜庆	不　详	建德寿昌长林口	水亭
诸仲韬	诸仲韬	民国 29 年(1940 年)	温州管士场	水亭午塘桥

(二)水亭畲族乡卫生院

水亭畲族乡卫生院始建于 1952 年,在“中西医联合诊所”的基础上改组而成,取名“水亭卫生院”。1970 年 7 月,卫生院遭火灾,次年重建新楼 2 层 18 间。1986 年 10 月,兴建门诊楼 3 层 48 间,占地面积 300 平方米。

1992 年,水亭乡与圣山畲族乡合并建成水亭畲族乡,卫生院改名为“水亭畲族乡卫生院”。

2010 年,投资 200 多万元,新建门诊大楼,建筑面积 4468 平方米。卫生院设有全科医疗、妇女保健、儿童计划免疫、西药、中医中药、康复理疗、B 超、心电图、X 线摄影、化验等科室,并备有全自动血球计数仪、全自动生化分析仪、全自动尿液分析仪、心电图机、彩色多普勒超声仪等医疗设备。

2013 年,医院被评为浙江规范化社区卫生服务中心,省乙级乡镇卫生院。医院为市医保和农保定点单位,实行计算机网络化管理,为辖区居民提供 24 小时门诊和电话咨询服务,现已成为一家集“医疗、预防、保健、健康教育、康复、计生指导”于一体的政府办非营利性医疗机构。2015 年,卫生院有职工 37 人,其中卫技人员 31 人、执业医师 6 人。

(三)圣山卫生院

1954 年,在“中西医联合诊所”的基础上改组而成,1973 年有房屋 11 间,建筑面积 300 平方米。有中药房、西药房、挂号室、注射室、外科、内科、防疫科、妇产科等,病床 4 张,有中医士 1 名、西药士 1 名、妇幼医士 1 名,防疫 1 名,职工 1 名。主要医疗器械设备有显微镜、冰箱、高压消毒器、手术灯、手术床及男女节育手术包、接生包、人流包等。1986 年,圣山乡改建为“圣山畲族乡”,圣山卫生院改名为“圣山畲族乡卫生院”。1986 年,全年门诊治疗 7000 多人次,住院病人 150 人次,业务收入达到 2.4 万元。2001 年,体制改革为私营企业,圣山畲族乡卫生院改名为“圣康医院”。至 2015 年底,体制与院名未变。

（四）农村合作医疗站

柳塘章大队是水亭畲族乡（原圣山、水亭公社）最早（1964 年）建农村合作医疗站的大队，之后各大队（村）陆续建立。

1964—2011 年水亭畲族乡（原圣山、水亭公社）各村（大队）合作医疗站一览表

表 9-5-4-4

村　名	柳塘章	塘上	下方泉	横塘	珠带式	上周	生塘胡	杨保塘下
医疗站成立年份	1964	1964	1965	1965	1966	1968	1969	1968
赤脚医生姓名	章礼江	徐庆奶	方兆林	姜连根	徐柏富	周友良	胡学师	王土寿
村　名	柳家	西姜	丁家	上吴	下蒋	周邵汤	芳茗叶	上朱
医疗站成立年份	1969	1969	1971	1970	1972	1974	1980	1985
赤脚医生姓名	蓝开芳	姜永寿	童秋苟	章雪根	林仲华	翁普生	叶友松	吴阿素
村　名	黄村坞	殿下	奎塘畈	午塘桥	午塘边	奎塘	白鹤桥	古塘
医疗站成立年份	1992	2000	不详	不详	不详	不详	—	2011
赤脚医生姓名	黄正富	吴水金	张树成	诸永光	徐玉琴	吴根庭	—	徐富清

三、体　育

（一）健身场

水亭畲族乡共建有 36 个健身场：柳家民族村健身场、下方泉民族村健身场、西方坞民族村健身场、周邵汤民族村健身场、西姜村健身场、生塘胡民族村健身场、奎塘畈民族村健身场、柳塘章民族村健身场、上朱民族村健身场、殿下村健身场、范坞村健身场、垂江村健身场、黄村坞村健身场、陈塘下村健身场、盖竹里村健身场、杨田坞村健身场、尚方村健身场、松树下村健身场、塘上村健身场、芳茗叶村健身场、古塘村健身场、午塘边村健身场、午塘桥村健身场、河伯沿村健身场、杨宝塘下村健身场、上周村健身场、横塘村健身场、施家村健身场、珠带式村健身场、白鹤桥村健身场、丁家村健身场、水亭街健身场、水亭坞村健身

场、奎塘村健身场、下蒋村健身场、上吴村健身场。

以上每个健身场都配备单杠、双杠、跑步机、乒乓球、篮球、羽毛球等健身器材。

(二)民间体育项目

1. 武 术

畲族武术基本上可分作棍术和拳术两大类。从前,畲族富户会在农闲季节聘请武师到家教习武艺,既可健身,又可自卫。拳术(又叫"打工头")流传于畲族聚居村落,其主要动作有冲、扭、顶、搁、削、托、拔、踢、扫、跳。其步型稳健,坐马前轻后重,用三角连环马,利于攻守转换,出手则多用短打即收。棍术使用的器械有锄头、扁担、棍剑等。

2. 舞龙头

畲族同胞,每逢节日,必有舞龙头活动,用以纪念民族图腾,祝福村寨平安、庄稼丰收,族人欢乐。水亭畲族乡的断头龙特色鲜明。21 世纪以来,"断头龙"已成为汉族与畲族共同的舞蹈活动,2008 年被国务院公布列入第二批国家级重要非遗项目。兰溪市水亭畲族乡柏园学校已成为全国"断头龙"传承基地。

3. 舞铃刀

舞铃刀又叫舞铜铃、舞钢刀。有跑、跳、冲、刺、劈等动作。传统习俗只许男畲民参加。1949 年以后,不断修改充实,摒弃了封建传统,吸收女性畲民参加,逐渐发展成为一项活泼、有力的传统体育项目。

4. 打尺寸

尺,代表断弓,寸即是残矢之意。"尺"为长约 1 米,直径约 2 厘米的木棍。"寸"是长约 40 厘米、宽约 3 厘米、厚约 0.5 厘米的竹片。相传畲族将领蓝奉高反抗唐王朝的武装斗争,以断弓横扫敌人的乱箭而获胜。后来,畲家子孙世代都训练弓扫乱箭的本领,以示纪念。每逢节日或农闲之时举行,人们围在空地上打起尺寸,久而久之,成为一种独特的文体活动,有较强的纪念意义。

这项活动参加者至少两人,多则五六人。在活动场地上画一个圆圈,一人手持木棍站在圈内,用棍击竹条飞向前方,其他人在前场奔接,接到者可得一定"尺寸"。未接住的竹条被就地拉起后可向圆圈投去,持棍者可用手接,也可用棍击出。若竹条投中圈内未被接住或未被击出,则投者得胜,持棍者换人。若竹条投落圈外,或被击出,其落点经丈量后,根据距离远近给予持棍者一定"尺寸"。在规定的时间内先得到规定"尺寸"或得"尺寸"多者为胜。

5. 节日登高

畲族传统体育活动中最引人入胜的是登高活动。每逢春暖花开的“三月三”和秋高气爽的“九月九”，畲族山区都要举行登山活动，登山时也有盘歌，歌手各显身手，气氛十分活跃。

6. 赶野猪

畲族是一个古老的民族，大部分居住在大山中，大山里野猪较多，野猪破坏农作物最厉害，经常被野猪破坏而颗粒无收，于是畲民集中组织赶、打野猪。赶、打野猪需要合理的方式方法，于是畲民就在家里演练赶、打野猪。通过演练能锻炼人的意志，强健人的体魄。经过漫长的发展，演变成为当今畲族传统体育项目——赶野猪。

7. 蹴 鞠

蹴鞠主要活动器具为篾球，双方在一块两端各有两个球门的长方形场地上，按照一定的规则，进行对抗活动。具有比赛不受性别年龄大小限制、技术多样、战术丰富、对抗激烈等特点，能提高速度、耐力、力量、敏捷等身体素质，有利于培养勇敢顽强、机智果断、勇于克服困难的品质和团结互助的集体主义精神。但现在水亭畲民会玩得很少。

8. 操石磉

“操石磉”一般选择在石铺的街道上进行。“操”即“推”，“石磉”即“石块”。石块呈扁圆形，底面光滑，大小不一，大的可百来斤，小的仅几十斤不等。参加比赛的多为少年或青壮年。由两人分别握住“健杆”的双手往前拉，四臂宛如一根曲杠子，推拉着石磉前进。还有对阵的“操石磉”比赛，又叫作“对磉”，整个活动具有浓郁的乡土气息和欢快的气氛。

9. 抄 杠

抄杠是畲族的传统体育活动，它源自畲族古时的自卫强身活动。在旧社会，畲族是弱小的民族，畲民不仅遭受历代统治阶级的欺凌、压迫，还遭受自然灾害和豺狼的无情袭扰，但勇敢坚强的畲族人民不畏强暴，勇敢地和大自然以及反动统治阶级、外来侵略者进行不屈不挠的抗争。在抗争过程中畲族人民更加意识到必须要有强健的体魄和功夫才能克敌制胜。畲民大多深居山中，扁担、柱棒是他们的日常生产工具，也是他们自卫防身的武器。空闲时他们经常聚集在一起，用柱棒、扁担、竹杠、木棍等物对顶、对拉、对推、对拧以此提高自身上下肢和腰腹力量，增强自卫能力及灵敏性。久而久之，这种活动演变成为畲民喜爱的传统体育活动。

10. 稳凳

稳凳的基本动作有转、旋、翘、摆、摇、蹬、翻等，并结合难度较大的插旗、套圈等形式进行竞赛。稳凳插旗时，参赛者分别坐于凳的两端，将地上的彩旗捡起并插入凳附近的标杆口内，先插好为胜。稳凳套圈：参赛者在凳上捡起地上竹圈，抛出并套进离凳数米远的标杆，以套中多者为胜。稳凳是一项集竞技性、娱乐性、观赏性于一体的文体活动，经常参加能有效地提高灵敏、耐力、力量、柔韧等身体素质，增进身心健康，培养勇敢顽强、拼搏进取精神。

11. 押加

押加又称大象拔河，现已被列为全国少数民族运动会表演项目。比赛前，选一块平地，先在地上划两条平行线作为河界，河界中点画一条中界线，准备一条长约4米的绳子式布带并将两端打结。比赛由两人进行，双方各自把绳子套在脖子上，两人相背，将赛绳经过腹胸部从裆下穿过，然后趴下，双手着地，赛绳拉直，绳子中间系一条红布作为标记，垂直于中轴线。听到比赛开始口令后，两人用力互拉前爬“爬拉动作模拟大象”。用腿腰肩颈的力量拖动布带奋力向前爬，将红布标记拉过河界者为胜。

12. 广场舞

2013年，水亭广场舞开始兴起。开始阶段都是年轻妇女跳，随后年纪大的妇女逐渐加入，但男士很少。跳舞时间一般在晴、阴天傍晚天将黑开始，没有固定的时间。

第五节 传统手工艺

水亭畲族乡的传统手工艺以家庭制作为特色。家庭制作以女性为主，主要有食品制作和生活用品制作，其中以缝织一类最为典型。随着社会的发展，许多手工技艺逐渐消失。

一、编织

(一)织带

织带是民间的传统工艺。用蓝白色棉纱为经纬，用竹片篾制成梭作引线织成。可织出各种花纹图案，一般织成线带，也有织成围裙的。旧时为嫁女之用。畲族妇女织带更为擅长。

20世纪，畲族妇女织带十分普遍。几乎每个妇女都会编织，她们从姑娘时就开始跟着娘学织。所织图案多种，有花、草、鱼、虫、人物、动物、文字及各种几何图形等，色丽鲜艳，最常用者为红、蓝、黑、白、黄、金红、粉红七色。织带之时，常伴以独唱。边唱边织。所织之带，常作为背小孩的扎带。余垄村钟凤招健在时常为他人织带，或织成后赠人。带子一般为 1.5 寸宽，所织图案清晰，花鸟中常配有“福禄寿喜，子孙满堂、长命富贵”等字样。每换织一字，都要重新引线。奎塘畈村钟根花被金华市定为“非物质文化遗产畲族织带传承人”。

（二）竹 编

先把毛竹或菜园竹剖成篾条，再根据需要，编织不同的形状。水亭域内农家的生活用具，如箩、斗、篮、席等都用竹编织而成。

（三）麦秆编

农村普遍编织凉帽、团扇等，一般的农村妇女都能制作。其方法是先将麦秆抽芯（一般是大麦秆较好），浸在石灰或漂白粉中漂白，然后清水洗净，晒干。为了装饰，有的还将麦秆染成红绿蓝等颜色。然后编成麦秆辫，再用针线回旋盘拢缝合成形，即可成为凉帽或团扇。有的还在团扇中心配上刺绣的花鸟图案，则更为悦目。

二、绣 花

绣花也称刺绣，20 世纪 90 年代前，水亭区域较流行。民间有绣扇月、枕套、门帘、帐担、小孩围兜、机罩、台布、床单等。20 世纪 60 年代前，用蓝色棉线进行挑刺，制作枕头套等。20 世纪 60 年代后，改为五色丝线。按图案刺绣，图案以花鸟为主，多绣于扇月、门帘及各种包、袋、套上。

1976 年，圣山公社建立花边厂，聘请萧山花边厂师傅来厂带徒授艺，曾有 20 多位姑娘参加学习。多数学会做花边。20 世纪 80 年代后，用 9 号机针引纱线使用缝纫机代替手工，编织花卉、翎毛、动物等各种图案。

1980 年，水亭公社聘请萧山花边厂师傅来水亭办“刺绣培训班”，水亭 30 多位女青年参加学习。1985 年，水亭午塘桥工艺厂经营羊毛衫刺绣。1986 年后，工艺厂经营簇绒床罩、电视机罩、办公凳座垫等刺绣品。到 20 世纪 90 年代，工艺厂因经济效益不好停办。

第六节 社会保障

灾荒和困难救济、社会最低保障等社会保障性工作事关群众切身利益。

随着经济和社会的发展，社会保障面逐渐扩大，保障金额也有较大幅度增加。2015年，兰溪市民政局下拨水亭畲族乡五保户、低保户、特困户生活费22.536万元。

一、五保户

1956年，水亭域内实行“五保”[①]，对丧失劳动能力，无子女，无赡养人的老弱病残的社员，由所在的农业合作社承担“五保”责任。

1983年，水亭域内（含原圣山公社、水亭公社）“五保”待遇（根据各大队经济情况落实）标准：每人每年的费用金为150—200元，包括每人每年口粮300千克，柴草不低于600千克，食油3千克，1年1套单衣，4年1套棉衣，2年1条草席，5年1床棉被，7年1顶蚊帐。医药费、电灯费实报实销，破漏房屋及时给予修理。对于失去生活自理能力的五保对象，有专人照料，费用由集体负责。学龄儿童确保入学。供给“五保”的款物，列入集体提留计划，其费用由大队（村）统一筹集发放，实物供给任务分别落实到有关承包户[②]。

二、敬老院

水亭畲族乡敬老院创办于1995年，地址在生塘胡胡氏祠堂。五保老人实行集中供养、护理和管理。入居敬老院的费用由入居人所在行政村付出，每人800元/年。1997年，入居费每人1000元/年。1999—2003年，入居费每人1200元/年。2004年，敬老院易地新建于上朱村。同年8月投入使用。新的敬老院占地6亩，建筑面积1400多平方米，总投资35万元。其中床位53张、电扇27台、数字电视大彩电2台、老年健身器材1套、洗衣房1间、厨房2间、餐厅4间、仓库1个、休闲娱乐钢棚1个、晒衣棚1个、停车钢棚1个。全院有4名工作人员，其中院长1名，炊事员2名，护理员1名，会计、出纳由乡干部兼任。入院五保人员48人，院民每年体检一次，平时看病由护理员陪同。春节、清明、端午、中秋节、重阳节等按当地风俗习惯安排老人过好节日生活、活动。2004年开始，经费由兰溪市民政局按当地居民基本生活费下拨。

① “五保”：保吃、保住、保烧（柴草）、保教（孤儿）、保葬。

② 1982年，水亭区域已全面落实土地联产承包责任制。

1995—2015 年水亭畲族乡敬老院院长一览表

表 9-5-6-1

姓　名	民　族	任职时间
胡学师	汉　族	1995 年 1 月至 2005 年 7 月
李志明	汉　族	2005 年 8 月至 2015 年 12 月

三、农村低保

1998 年，水亭畲族乡开始实行农村低保。低保户和人数逐步增加。1998 年低保户数有 101 户 132 人，2000 年有 130 户 169 人，2005 年有 192 户 242 人，2010 年有 234 户 296 人，至 2015 年达 220 户 285 人。

1998—2015 年水亭畲族乡各村低保户数一览表

表 9-5-6-2

村　名	1998 年		2000 年		2005 年		2010 年		2015 年	
	户数（户）	人数（人）	户数（户）	人数（人）	户数（户）	人数（人）	户数（户）	人数（人）	户数（户）	人数（人）
水亭街	0	0	0	0	0	0	11	11	15	17
水亭坞	4	4	8	8	8	8	7	7	15	15
周郡汤	9	10	9	10	12	13	10	11	13	13
下蒋	0	0	0	0	8	10	6	7	3	3
上朱	12	15	13	16	17	20	18	21	19	21
殿下	0	0	0	0	0	0	10	10	12	12
上吴	0	0	0	0	4	4	8	10	10	12
范坞	0	0	0	0	0	0	15	18	11	14
柳家	2	2	4	4	0	0	0	0	0	0
下方泉	8	8	9	9	11	11	14	14	16	20
西姜	6	6	8	12	10	14	11	15	17	20
杨宝塘下	3	3	4	4	9	9	10	11	10	12
横塘	2	2	2	2	9	13	10	17	6	9
上周	2	2	3	3	3	3	3	3	4	4
施家	0	0	0	0	0	0	0	0	0	0
西方坞	4	8	4	8	8	11	9	14	9	14
生塘胡	1	3	3	8	7	12	13	20	15	23
奎塘	1	3	5	5	5	5	1	1	2	16
奎塘畈	3	6	4	8	5	10	7	16	3	8

续表 9-5-6-2

村名	1998年		2000年		2005年		2010年		2015年	
	户数(户)	人数(人)	户数(户)	人数(人)	户数(户)	人数(人)	户数(户)	人数(人)	户数(户)	人数(人)
丁家	1	1	4	4	6	12	4	6	2	2
柳塘章	1	2	3	6	8	14	13	21	7	8
白鹤桥	4	4	3	3	3	3	4	4	9	11
珠带式	0	0	5	8	10	19	21	26	18	22
午塘桥	10	15	10	15	12	17	12	17	12	17
河伯沿	0	0	0	0	0	0	0	0	15	20
垂江	14	20	15	21	16	22	16	22	17	26
黄村坞	16	22	18	25	20	26	23	30	26	34
盖竹里	1	1	1	1	2	2	3	3	2	2
杨田坞	1	2	0	0	1	1	3	3	0	0
尚方	0	0	0	0	0	0	0	0	22	24
陈塘下	10	13	11	14	10	13	9	11	0	0
古塘	13	13	18	18	23	23	27	27	7	7
芳茗叶	0	0	0	0	5	5	3	3	2	2
塘上	0	0	1	1	4	4	11	11	9	9
午塘边	11	15	10	14	11	15	14	18	11	15
松树下	3	4	9	10	6	7	7	11	7	11
合计	142	184	184	237	253	326	333	419	346	443

四、新型农村合作医疗

水亭畲族乡新型农村合作医疗从2006年开始，当年参加人数18140人，参加率81.63%。2015年参加人数17696人，参加率94.25%。历年参加新型农村合作医疗人数参加率见下表：

2006—2015年水亭畲族乡农民参加新型农村合作医疗一览表

表 9-5-6-3

年份	2006	2007	2008	2009	2010	2011	2012	2013	2014	2015
参加人数(人)	18140	18890	19413	19623	19473	19336	19135	18605	18382	17696
参加率(%)	81.63	86.68	87.53	92.51	91.31	95.82	95.53	96.55	96.12	94.25

五、新农村建设

水亭畲族乡从2003年开始进行“美丽乡村”建设，项目有村庄整治、道路整治、路面硬化、景观、绿化、文化礼堂、亮灯工程、文化长廊、服务中心、健身场、生态公厕、养老中心等。

水亭街于2005年投入28万元对全村进行治理；2007年清理村内5口水塘的污泥；2012年全村安装污水管道；2014年对全村的养殖场进行清淤，完成全村的“五水共治”。

珠带式行政村在2005—2007年分别对前塘、青叶塘、牛粪塘、下叶塘等水塘进行了清塘泥和筑勘。2013年实施饮用水工程，由水厂负责安装自来水到各户。根据不完全统计，从2010年至2015年，水亭畲族乡“五水共治”工程共投入939.18万元。

2015年水亭畲族乡各村“五水共治”部分项目一览表

表9-5-6-4

行政村	工程名称	工程规模	治理时间	投入资金（万元）	备注
水亭街	水亭污水闸工程	—	2011年	15	
	长塘清淤	1处	2015年	10	
	农民饮水工程	—	2011年	35	
	村庄整治	全村	2005年	28	
	门口塘	5处	2007年	18	
	安装污水管道	全村	2012年	40	
	村庄养殖场清淤	全村	2014年	50	
周邵汤	污水处理	—	2015年	16.66	
上吴	自来水安装	全村农户	2010年11月	60	
	污水管道改造	全村农户	2015年10月	45	
	公厕建造	1处	2015年8月	15	
下方泉	下方泉村罗塘整治工程	—	2015年	—	村投资
西姜	塘下塘	清淤、石砌、护栏	2010年	8	
	上新塘	清淤、石砌、护栏	2010年	5	
	吃水塘	清淤、石砌、护栏	2014年	10	
	下新塘	清淤、石砌、护栏	2014年	9	
杨宝塘下	污水处理	—	2014年	—	国家资金

续表 9-5-6-4

行政村	工程名称	工程规模	治理时间	投入资金（万元）	备注
横塘	横塘村范财门口塘	清理淤泥	2015 年 2 月	3.5	
	横塘门口塘	清理淤泥	2010 年	10	
	污水处理	—	2014 年		国家资金
上周	上周梅塘砌口	—	2015 年 6 月	30	
	上周梅塘清理淤泥	—	2015 年 10 月	14	
	上周村污水管网改造	—	2014 年 11 月	90	
施家	施家门口塘	—	2013 年 12 月	1.4	
西方坞	污水处理	2 个自然村	2016 年	—	
生塘胡	村民饮用水工程	—	2012 年	—	
奎塘	自来水	全村农户	2014 年	10	
	污水管道	全村农户	2015 年	20	
奎塘畈	杨塘山头自来水	全村农户	2014 年	10	
	奎塘畈村污水管道	—	2013 年	12	
	奎塘畈突胜桥护岸工程	河道拓宽	2015 年	8.5	
柳塘章	生活污水治理工程	—	2015 年	—	
白鹤桥	污水处理	—	2014 年 2015 年	—	政府投资
珠带式	珠带式青叶塘清塘泥	—	2005 年	—	村投资
	牛粪塘清塘泥	—	2005 年	—	村投资
	前塘清塘泥	—	2005 年	—	村投资
	青叶塘浇壛、清塘泥	—	2006 年	—	村投资
	下叶塘埂筑勘	—	2007 年	—	村投资
	打井安装自来水	—	1989 年	—	村投资
	水厂安装自来水	饮用水工程	2013 年	—	上级补
	门口塘整治	—	2014 年	—	助、村投资
	青叶塘整治	—	2014 年	—	村投资
	污水治理工程	—	2014 年	—	村投资
午塘桥	上、下塘清淤	—	2015 年	—	上级及村
	红叶塘清淤	—	2016 年	—	投资
	污水管网	—	2015 年	—	
河伯沿	夏李溪	—	2011 年	—	
	新塘	—	2015 年	27	

续表 9-5-6-4

行政村	工程名称	工程规模	治理时间	投入资金（万元）	备注
垂江	清淤村中心池塘	—	2014 年 8 月	1.5	
	清理垂江段水亭溪	—	2014 年	5.6	
	清理村边沟渠	500 米	2014 年	0.6	
盖竹里	污水治理	—	2015 年	41.2	
尚方	磊石塘整治	—	2015 年	30	
古塘	古塘村污水工程处理	全村农户	2014 年	120	
	村中徐塘清淤	—	2015 年 10 月	1.97	
	村中徐塘砌墈加固	—	2015 年 10 月	5	
芳茗叶	村污水处理	全村各户	2015 年	90	
	上、下两塘砌墈加固	全村各户	2006 年	2.5	
	上、下两塘围栏	全村各户	2014 年	3.75	
塘上	塘上村污水处理	全村各户	2015 年	30	
	上、下竹塘清淤砌墈	全村各户	2004 年	6	
午塘边	午塘清淤	全村各户	2015 年	—	
	污水管网改造	全村各户	2014 年	—	

水亭畲族乡的“美丽乡村建设”从 2003 年开始，有关村开始建设文化礼堂和文化长廊，整修公共设施，包括广场、路灯、公厕、健身场及修建农贸市场和公墓等。

据不完全统计，从 2003 年至 2015 年水亭畲族乡“美丽乡村建设”工程共投入 2944.61 万元。

2015 年水亭畲族乡各行政村美丽乡村建设部分项目表

表 9-5-6-5

行政村名	建设项目名称	项目数量（个、处）	投入资金（万元）	投入资金单位	年份	备注
水亭街	公厕	2	8	水亭街村	2005 年	
	广场	1	—	水亭畲族乡政府	2010 年	
	文化礼堂	1	20	水亭街村	2015 年	
	文化长廊	1	15	水亭街村	2013 年	
	路灯	20	5	水亭街村	2012 年	

续表 9-5-6-5

行政村名	建设项目名称	项目数量（个、处）	投入资金（万元）	投入资金单位	年份	备注
水亭街	服务中心	1	10	水亭街村	2010 年	
	农贸市场	1	85	水亭街村	2009 年	
	办公楼	1	118.47	水亭街村	2010 年	
	村安置房	1	34	水亭街村	2011 年	
	村公墓	1	23	水亭街村	2011 年	
	居家养老	1	238	—	2014 年	未验收
	水亭教堂	1	—	—	2011 年	
水亭坞	美丽乡村	—	40	—	2012 年	
下蒋	公厕	2	6	—	2006 年	
	居家养老房	10 间	50	—	2013 年	
	广场	1	10	—	2011 年	
	绿化	—	0.28	—	2014 年	110 株红叶石楠
	健身场	1	3	—	2013 年	
	墙画油漆	—	4.6	—	2015 年	1200 米
	绿化树苗	—	15.6	—	2013 年	3 万株
上朱	坟头山篮球场	1	15	—	2013 年	
	西徐坞大厅	1	30	自筹	2015 年	
	上朱村口金属牌楼	1	10	兰溪市民宗局	2015 年	
	亮化工程	1	10	自筹	2015 年	
上吴	村广场路灯	4	40	政府补助	2013 年	政府拨款
柳家	休闲广场、生态公厕	1	8	兰溪市农办	2009 年	
	服务中心	1	15	兰溪市民政局补助	2014 年	
	文化墙面	4	6	兰溪市民宗局补助	2015 年	
	柳家畲族村村牌	1	1.2	村集体资金投资	2013 年	
西姜	绿化	—	10	村自筹	2010 年	
	公厕	1	10	政府补助 村自筹	2010 年	
	后山广场	1	15	政府补助 村自筹	2010 年	500 平方米
	月池塘	1	6	政府补助 村自筹	2010 年	

续表 9-5-6-5

行政村名	建设项目名称	项目数量（个、处）	投入资金（万元）	投入资金单位	年份	备注
西姜	村口景观、停车场、文化墙、亭、篮球场	—	130	政府补助村自筹	2015 年	
	路灯亮化	58	33	政府补助村自筹	2015 年	
	村文化楼	1	120	政府补助村自筹	2014 年	580 平方米
	村居家养老服务中心	1	50	政府补助村自筹	2014 年	380 平方米
	公厕	3	42	政府补助村自筹	2015 年	
杨宝塘下	路灯	22	5	村自筹	2008 年	
	绿化	—	10	村自筹	2008 年	
	公厕	2	20	杨宝塘下	2008 年	
横塘	绿化	—	30	政府补助村自筹	2013 年	政府补助
	公厕	2	30	政府补助村自筹	2009 年	政府补助
	文化礼堂	1	50	政府补助村自筹	2013 年	政府补助
	青石板桥	1	60	政府补助村自筹	2014 年	政府补助
	路灯	25	0.7	政府补助村自筹	2014 年	
上周	上周村庄整治	—	80	政府补助村自筹	2008 年	政府补助
施家	施家生态公厕	1	8.2	—	—	
	荷龙里公厕	1	5	—	—	
	施家文化礼堂	1	51	—	2013 年	民间集资
	施家村服务中心	1	3.5	村自筹	2003 年	
	路灯	—	—	—	2013 年	
西方坞	路旁砌石、绿化、亮化	—	96	市农办补助 27 万元	2013 年	2000 米
生塘胡	绿化	—	50	—	—	
	公厕	1	10	—	—	
	墙画	—	5	—	—	
	广场	1	40	—	—	
	文化长廊	1	20	—	—	
	路灯	—	40	—	—	
	文化礼堂	1	20	—	—	
	健身场	1	15	—	—	
	服务中心	1	25	—	—	
	民族村标	1	9	—	—	

续表 9-5-6-5

行政村名	建设项目名称	项目数量（个、处）	投入资金（万元）	投入资金单位	年份	备注
奎塘	路边绿化	—	1.5	村投资	2014 年	3500 根树苗
	村路灯	—	1.5	村投资	2014 年	
	村公厕	3	10	村投资	2014 年	
	文化礼堂	1	50	村投资	2015 年	3 间
	文化广场	1	1	村投资	2015 年	400 平方米
	健身场	1	0.5	村投资	2015 年	3 个
奎塘畈	路边绿化	—	1.5	—	2003—2015 年	3000 平米
	公厕	3	12	兰溪市农办	2003 年	村庄整治
	畲族文化楼	1	5	—	1988 年	占地 90 平方米
	便民服务中心	1	131	—	2015 年	占地 268 平方米
	畲族风情广场	1	53	—	2015 年	
	亮化工程	1	6	—	2015 年	
	风情长廊	1	21	村自筹	2015 年	
丁家	绿化	—	8.6	村自筹	2010 年	2660 根
	广场	1	12	村自筹	2010 年	500 平米
	生态公厕	1	20	村自筹	2010 年	
	普通公厕	5	15	村自筹	2014 年	
	路灯	20	1.8	塘边、西张村	2011 年	
柳塘章	生态公厕	1	5	兰溪市农办	2007 年	
	普通公厕	1	2	兰溪市农办	2007 年	
	柳塘章村畲族文化礼堂	1	52	—	2012 年	一事一议
	村民间歌舞活动	1	44	—	2012 年	一事一议
	亮化工程	49	5	村自筹	2013 年	
白鹤桥	村前塘四周砌坝	1	6	政府补助村自筹	2013 年	
	建设公厕	3	15	政府补助村自筹	2015 年	
珠带式	生态公厕	1	4.17	村自筹	2006 年	
	公厕	3	3.4	村自筹	2006 年	
	河道绿化	—	1.04	村自筹	2008 年	
午塘桥街	村庄整治	1	85	兰溪市农办补助 27.5 万元	2009 年	

续表 9-5-6-5

行政村名	建设项目名称	项目数量（个、处）	投入资金（万元）	投入资金单位	年份	备注
垂江	绿化	5	2.8	村自筹	2012 年	
	公厕	1	8	村自筹	2003 年	
	服务中心	1	8	村自筹	2003 年	
	牌楼	1	48	村自筹	2014 年	
黄村坞	村内路灯	47	5.2	村自筹	2012 年	
	生态公厕	2	12	村自筹	2008 年	
	简易公厕	1	2.5	村自筹	2008 年	
	村绿化	1000 米	3.6	村自筹	2008 年	
盖竹里	美丽乡村	—	146	—	2015 年	
杨田坞	公厕	1	4	村自筹	—	
尚方	美丽乡村	—	118	—	—	
陈塘下	公厕	1	8	村自筹	2003 年	
	服务中心	1	6	村自筹	2003 年	
	绿化	3	3.8	村自筹	2012 年	
古塘	公厕	2	10	兰溪市农办	2008 年	
	路灯	15	0.2	古塘村自筹	2008 年	
	路旁村边绿化	—	5	古塘村自筹	2015 年	500 米
	健身运动场	1	3	兰溪市体育局	2008 年	
芳茗叶	公厕	1	5	兰溪市农办	2008 年	
	路灯	15	0.2	芳茗叶村自筹	2008 年	
	健身器场地	1	3	兰溪市体育局	2008 年	
	路旁村边绿化	300 米	3	村自筹	2015 年	
	上下池塘石雕围栏	2	3.75	村自筹	2014 年	
塘上	广场	1	6	兰溪市农办	2004 年	
	公厕	1	8	兰溪市农办	2012 年	
	路边绿化	300 米	2	村自筹	2015 年	
	健身运动场	1	2	兰溪市教体局	2012 年	
午塘边	村庄整治	1	20	兰溪市农办	2007 年	

第六章　语言与口传文学

畲族在漫长的历史进程中创造了丰富的文化。畲族没有本民族文字，但有自己的畲话。畲族人民所创造的文化都是通过口口相传的方式在民间流传。水亭畲族人民创造了灿烂辉煌的口传文学，包括畲族民歌、畲族民间故事、畲族谚语等。这些内容丰富的口传文化，从不同的侧面反映了畲族人民当时的生产、生活、精神状况与面貌。畲族口传文学是畲族人民智慧的结晶，是研究畲族历史的最重要的史料。

第一节　语　言

水亭汉族方言除了有吴语金衢片的兰溪话和龙游话，还有徽语严州片的淳安话。水亭畲族由于散居于汉族村落中，其语言也随着民族的迁移而形成一个个畲话方言岛。畲族自清嘉庆十九年(1814 年)开始迁入水亭至 2015 年已有 202 年历史，当地汉语方言与畲话之间也经历了漫长的交流交融过程，水亭汉族方言对水亭畲族乡的畲话影响较大。

一、水亭畲话

兰溪水亭畲话含有声母 22 个、韵母 66 个(包含自成音节的 ŋ)、声调 6 个。

(一)声　母

兰溪水亭畲话一共有声母 22 个：p、pʰ、m、f、t、tʰ、n、l、ts、tsʰ、s、tɕ、tɕʰ、ȵ、ɕ、k、kʰ、ŋ、h、j、w、Ø。

(二)韵　母

水亭畲话包含 66 个韵母，其中单韵母 10 个、复韵母 56 个。

水亭畲话韵母一览表

表 9-6-1-1

	ɿ	E	ɛ	a			o	ɒ	v
	i			ia					
	u			ua				uɒ	
阴声韵	y								
			ɛu	ai	ɑu	əu	oi		
		uei		au	iɑu	iəu	oai		
			ɛn	an		ən	on	ɒn	
	in			ian					
	un					uən	uon		
阳声韵	yn					yən			
	ɑŋ	ŋ	ɛŋ			əŋ	oŋ	ɒŋ	
	iŋ			iɑŋ			ioŋ		
				uɑŋ					
	it	Et	ɛt	at		ət	ot	ɒt	
	uʔ					uət	oʔ	ɒʔ	vʔ
入声韵	yʔ					yət			
	iʔ	ʔ	ɛʔ	aʔ		əuʔ	ioʔ		
						uəʔ			

(三)声 调

兰溪水亭畲话共有 6 个声调。

水亭畲话声调一览表

表 9-6-1-2

阴平 33 42	蒜兄猫灯
阳平 11	皮脾题涂,活白十力
阴上 325	纸喜紫码
阴去 42	花瓜烟三,借布过拜
阳去 231	浪剩样病,背醉借库
上去 55	鸟枣耳韭,斗~争片汽兔

(四)音系说明

1. 零声母被处理成三类:j、w 和以元音韵母自成音节的零声母。部分以元音自成音节的零声母在发音时会带有前喉塞音 ʔ,如押、压。

2. 将帅的“帅”声母当为 ʃ。但在采集的所有语料中,仅该字的声母是 ʃ,故并入 s 声母。

3. u 韵母做单或者韵尾时,唇形不圆,严式可记作 ɯ 或者 β。但在介音位置时中依旧是圆唇的 u。

4. 水亭畲话中的止、蟹、摄部分字今读为 E,在复韵母 uei 中,因受到介音 u 的影响而发生高化变成 2 号元音 e。

5. 入声韵为主要以带喉塞尾为主。存在极少量保留-t、-k 尾韵母的例字,这些字虽然少见,也独立作一个韵母。

6. 一些字的声调今读与其他中古的同调字调型不同,反而更接近现代汉语的读音。疑是受到现代汉语的影响。如“蚕、桃、婆”(ts^h ɑn325、t^h o325、p^h o325)。

7. 水亭畲话的阴上声字本调读作 325,上声字作为前字参与连读时,声调会高化成 55,并带有紧喉色彩(假声[1])。因水亭畲话中的口语中,有相当一部分的字没有单说的习惯,只在词中才出现。因此无法获得其单字调而只有其连读时的调值,部分阴去字也有这种现象。

8. 水亭畲话有相当一部分汉字(60 余个)的声调是中平调(33),这些字的中古来源覆盖平、去、入四个调类,但有近 50 个字是来自古清平声。因此,水亭畲话的阴平调有两类:一类是 33 调,另一类是 42 调。

水亭畲话同音字汇表

表 9-6-1-3

	i
p	[33]蓖$_{\text{~麻}}$[42]□$_{\text{闷}}$蔽敝弊币憋[231]避[325]比$_{\text{~较}}$毙
p^h	[11]皮脾琵$_{\text{~琶}}$[42]批批被$_{\text{~子}}$屁鼻肥$_{\text{洋~皂}}$[231]篦□$_{\text{闻,嗅}}$
m	[11]迷谜楣[55]眉[231]味
f	[42]废肺匪[55]费$_{\text{~用}}$
t	[42]自[55]肚抵[231]第
t^h	[11]题枇$_{\text{~杷}}$[231]地[325]体
l	[11]离篱璃$_{\text{玻璃}}$荔$_{\text{~枝}}$梨厘狸$_{\text{狸~}}$[55]李[231]例厉励丽泪[325]礼里鲤鱼

续表 9-6-1-3

k	[42]渠他
tç	[11]其棋期时~
tç	[11]技[42]计技寄机[55]姐痣儿~个季[231]蛰惊~值[325]纸
tç^{h}	[11]奇骑旗[42]徛立欺气脐[55]柿起汽[231]字[325]砌
ç	[11]时[42]是翅四丝[231]系系统系联系[325]死屎喜
ȵ	[42]你[55]耳[231]义议二[325]蚁
j	[42]易医[55]意[325]椅姨
E	
p^{h}	[42]配稗
m	[325]每
t	[325]拉[11]蹄递
n	[42]□刺粘背飞
ts	[42]追醉
ts^{h}	[42]妻溪
s	[42]蓑世碎戏[55]赛
w	[11]危违围[42]威[55]伟[231]卫为胃汇
ɛ	
b	[11]便
ç	[42]蚤[231]社
ȵ	[11]宜
j	[11]移[42]盐
a	
m	[11]篾
t	[42]答
h	[42]吓
ŋ	[42]额[231]外[11]雁雁鹅
ts	[11]集[42]借
ts^{h}	[231]席
tç^{h}	[42]车齾碗上有齾儿赤[325]斜
ç	[11]谢蛇射[42]泻削[231]射麝闪[325]写
j	[231]也[325]野
∅	[33]啊

续表 9-6-1-3

	ɿ
ts	[33]栀香栀花支[42]资捉[325]紫止
tsʰ	[11]□刺[42]雌
s	[11]祠祠堂[33]师狮司[42]胡胡子势斯思始试[55]史[231]士仕市饲事侍[325]数动词
	u
p	[42]布[325]补[11]蒲薄
pʰ	[11]菩菩萨铺铺设铺店铺扑[55]普浦[231]部步缚[325]谱
m	[11]模模子模模仿摹磨磨面
f	[42]裤肤
t	[42]都[55]妒[231]杜渡镀[325]堵赌[11]涂图
tʰ	[55]兔[231]度[325]土
n	[11]奴奴隶
l	[11]炉庐庐山[42]露[325]卤
k	[42]过孤句姑[55]故[325]古牯固
kʰ	[42]库
ts	[42]租[325]祖组
tsʰ	[42]初
tsʰ	[42]粗醋
s	[33]粟[42]苏酥诉塑塑像须胡须数名词漱漱口[55]素
w	[11]狐梧梧桐葫葫芦
∅	[42]乌乌青污互护
	o
p	[42]剥
pʰ	[11]薄薄厚[42]剖剖鱼[325]婆
m	[11]磨磨刀
t	[42]多[11]驼
tʰ	[42]拖[325]桃
n	[231]糯糯米
l	[11]罗锣螺螺蛳脶手指纹鸬鸬鹚[42]箩箩筐啰啰嗦
k	[33]哥[42]歌
kʰ	[42]科窠鸡窠课敲
h	[11]喉和和气[42]何货□有[55]荷薄荷[231]号号数

续表 9-6-1-3

ŋ	[11]鹅[42]蛾
ts	[42]做作
ts^h	[42]坐座错
s	[55]所[325]锁
tç	[231]卷卷起
$tç^h$	[42]蛛
ç	[42]靴梳动词疏疏远
ȵ	[42]揉
Ø	[55]稻[325]喊
	ɒ
p	[42]疤[231]坝堤坝[325]把把手
p^h	[11]爬琶琵琶琴杷枇杷耙[42]巴
m	[11]麻[42]马骂[325]码尺码
f	[11]□将躺着的人扶起来坐着的动作[42]花化荞荞麦
t^h	[11]夺[42]蜕蜕皮
n	[231]捺
k	[42]家加架价嫁瓜挂卦[325]假真假贾姓
h	[42]下下降夏夏天[321]下地下厦厦门[325]虾虾皮
ŋ	[11]牙[42]芽[325]瓦
ts	[11]查调查[33]楂山楂[42]榨榨油炸岔岔路差出差遮遮住
ts^h	[11]茶茶水搽(涂)[42]叉叉子
s	[11]洒撒撒种子[42]傻沙纱
w	[11]华中华华华山[325]丫树杈[11]桦桦树
Ø	[11]鸦[325]哑亚亚洲
	v
b	[231]簿
f	[11]壶符芙芙蓉腐浮[42]箍付附复复兴[55]富副[231]武傅务芋妇[325]火伙苦虎浒水浒府舞
k	[231]估估计[325]果
Ø	[11]吴胡湖[55]坞[231]户
	y
tç	[42]饿猪诸车车马炮锯锯子朱珠蛀饥饥饿[231]具[325]煮据主矩规矩
$tç^h$	[11]除锄厨锤[42]处区[231]苎苎麻箸筷子柜

续表 9-6-1-3

ç	[11]薯[42]书舒虚去需输输[231]暑竖树[325]鼠水
ȵ	[42]鱼渔[325]女语
	ia
p	[42]壁
m	[325]□$_{\text{转、拧}}$
t	[33]爹
	ai
p	[11]拍[42]拜[231]败[325]摆
p^h	[11]牌$_{\text{牌子}}$簰$_{\text{排筏}}$排派
m	[325]米
t	[42]帝[231]待贷替隶[325]底典
t^h	[11]啼[42]剃剔太[55]态泰[231]弟[325]眙$_{\text{看}}$
n	[11]泥[231]驮$_{\text{驼子}}$[325]哪
l	[11]犁
k	[42]该[231]界[325]改戒解
h	[11]鞋[231]碍害会[325]海蟹夯
ŋ	[42]艾
ts	[11]柴[42]债[231]再祭
ts^h	[11]材财才裁豺
s	[42]晒细婿$_{\text{女婿}}$小西斟[325]洗
tç	[42]街鸡[55]介[231]芥
ç	[42]舐$_{\text{以舌取物}}$[231]犀$_{\text{快,锋利}}$
ȵ	[231]惹
w	[325]歪
Ǿ	[325]矮
	ua
k	[42]刮
s	[55]帅
	oi
p	[11]陪[42]贝辈碑[231]倍背$_{\text{背书}}$焙$_{\text{焙干}}$
p^h	[11]赔[231]吠
m	[11]梅媒煤糜$_{\text{粥}}$霉妹

续表 9-6-1-3

f	[11]回[42]灰开[231]会开会
t	[42]碓对堆
tʰ	[42]胎台台州梯退褪[231]代一代人袋队[325]腿
n	[231]内类
l	[11]来雷
k	[42]盖
ŋ	[11]呆[42]吾
ts	[42]灾[55]团[231]罪[325]指子趾
tsʰ	[42]猜催菜[325]彩
s	[42]岁
tɕ	[42]嘴
tɕʰ	[42]吹
ɕ	[42]鳃腮税[325]髓
	iɑu
t	[42]雕[231]蝶
tʰ	[231]沓一沓纸
	ɛu
p	[33]膘[33]标彪[325]表表示表手表
pʰ	[11]漂薸浮萍[42]票
m	[55]秒[325]亩
t	[33]兜[325]斗容器
tʰ	[11]头[42]偷到[325]敨敨气豆
n	[325]穰穗
l	[11]捞燎楼□~丸子[231]料[325]篓
tɕ	[42]招照[231]折[325]缴擦，揩去
tɕʰ	[11]桥侨潮[42]凑[231]轿
ɕ	[11]愁[33]硝萧箫[42]销宵烧消[325]少多少晓搜搜搜集
ȵ	[231]孽
j	[11]摇谣窑[42]妖腰[231]鹞鹞鹰叶页[325]舀舀水
	au
p	[33]帕[42]包[231]刨[235]饱
pʰ	[42]泡炮泡飘[55]漂

续表 9-6-1-3

m	[325]卯
t	[42]刁搭[55]鸟掉[231]钓调~用
t^h	[11]跳条
n	[231]尿
l	[11]牢牢固[325]了
k	[11]夹[42]膏蘱除田草告交郊胶钩高篙进船竿酵勾沟教教育[231]厚[325]稿草稿绞狗
h	[11]盒[42]孝喝[231]合
ts	[42]接
ts^h	[11]杂[42]插[231]嚼[325]炒吵
s	[11]闸[42]笑塞[231]造
tɕ	[33]椒[42]挠眨[55]笊笊篱[325]爪
$tɕ^h$	[33]锹[42]瘸
ȵ	[33]猫[42]饶[231]绕
Ø	[11]峡[42]鸭押压[33]坳[325]拗
	əu
m	[231]牡
t	[55]斗斗争抖
k	[33]阄抓阄
k^h	[42]扣
h	[42]鲎彩虹后
ŋ	[231]藕
s	[42]嗽
tɕ	[11]球
$tɕ^h$	[11]仇[33]皱
ɕ	[42]修收丘休兽[55]秀绣袖[231]受寿授[325]手守
j	[11]邮由油游釉[231]又佑柚[325]友酉
	uei
k	[42]桂规龟归贵[231]胛肩胛头跪[325]鬼
k^h	[42]块亏
h	[42]悔[55]晦
w	[42]汇

续表 9-6-1-3

	ɑu
p	[11]袍[33]玻玻璃[42]报[325]宝保
pʰ	[11]鳔
m	[11]冇冇使[42]毛[231]帽貌
t	[11]萄[42]刀[55]岛倒[231]换[325]倒
tʰ	[42]帖碑帖贴套[231]踏
n	[231]脑闹
l	[11]劳牢牢房[325]老
k	[11]糕[42]竿竹竿[231]玩[325]丢
kʰ	[11]抠揭[42]靠犒缲[325]考
h	[325]好好坏好喜好
ŋ	[11]牛
ts	[11]曹[42]遭灶[55]枣[325]早走
tsʰ	[33]操钞[42]躁糙[325]草
s	[11]槽马槽[33]骚[42]扫扫帚瘦[55]少少年稍嫂[231]皂扫扫地
tɕ	[33]饺饺子
tɕʰ	[33]窗窗户
ɕ	[42]涩[231]效绍
Ø	[55]奥懊[325]呕袄
	oai
p	[42]簸簸箕簸簸一簸
t	[42]带
tʰ	[231]大
k	[42]个
ŋ	[42]我
	iəu
pʰ	[231]抱抱着抱孵小鸡
t	[42]滴
l	[11]留刘榴硫~磺[42]流溜馏[325]剹挖柳
l	[42]来
kʰ	[325]缎
tɕ	[42]州咒救究[55]韭灸针灸[231]就[325]酒九久[11]绸

续表 9-6-1-3

tɕ^h	[11]求蹲[42]秋$_{\text{秋天}}$臭$_{\text{香臭}}$[231]旧[325]舅
ȵ	[231]纽
	uɒ
k	[42]怪[325]假$_{\text{放假}}$
tɕ	[231]蔗画话
	in
p	[42]冰兵[55]彬[325]辮
p^h	[325]品
t	[11]□$_{\text{伴儿}}$
l	[11]林淋$_{\text{淋湿}}$临菱
tɕ	[42]针金禁浸肩真诊尊经[55]枕[231]尽[325]紧
tɕ^h	[42]亲$_{\text{亲人}}$亲$_{\text{亲家}}$
ɕ	[11]寻神[42]心参$_{\text{人参}}$深辛新薪身申信
ȵ	[11]人仁银迎韧$_{\text{东西湿了以后要干未干}}$[42]认[231]忍
j	[33]英[42]音阴印莺[325]隐
	ɛn
p	[42]变遍遍编[231]便
p^h	[33]篇匹骗[55]片
m	[33]棉[231]面$_{\text{脸面}}$面$_{\text{面粉}}$[325]免
t	[42]填[231]□$_{\text{门坎}}$电殿奠佃垫$_{\text{垫钱}}$
l	[11]廉帘$_{\text{门帘}}$连联莲[231]练
tɕ	[33]□$_{\text{边缘}}$[42]奸[55]检简[231]件键建健腱[325]减拣
tɕ^h	[11]钳[42]欠铅
ɕ	[42]鲜$_{\text{新鲜}}$扇$_{\text{动词}}$掀牵
ȵ	[11]严[231]染验碾
j	[11]阎檐[231]厌限现县
	an
p	[325]板扁匾
t	[231]弹$_{\text{子弹}}$点[11]弹
t^h	[11]甜田添天
n	[11]鲇$_{\text{鲶鱼}}$[11]言年[325]捻$_{\text{捻碎}}$
k	[42]间$_{\text{空间}}$观$_{\text{参观}}$更$_{\text{更换}}$庚[325]茧

续表 9-6-1-3

h	[11]咸嫌闲贤[55]蚶蚶肉
ts	[42]煎箭[231]剑[325]盏剪
ts^h	[42]钱[325]浅
s	[42]衫线山
tɕ	[42]尖见[231]占
$tɕ^h$	[42]契房契签求签签签字迁笺千
ɕ	[42]仙前先扇
ȵ	[231]念[325]枚眼
j	[11]□还,还原[42]烟燕姓燕
Ø	[33]燕
	ən
p	[42]□被,表被动分给分分开[231]份一份[325]粉
p^h	[11]坟[42]喷喷水喷喷香
m	[11]门文纹[42]蚊问
f	[42]昏睡
t	[11]钝馄饨[42]顿
t^h	[42]吞[231]钝
n	[231]嫩
l	[11]伦沦轮[231]乱闰
h	[231]恨
ts^h	[11]存[33]村[42]寸[325]忖
s	[33]孙[55]榫榫头[325]笋
w	[11]魂馄馄饨
	uən
k	[42]棍
k^h	[11]裙拳[55]困
h	[42]荤
w	[11]云
	un
k	[42]棺
	on
p	[325]本

续表 9-6-1-3

m	[231]满
t	[231]段
k	[325]管棺贯
h	[42]婚
ts	[42]赃
s	[325]损
tɕ	[42]专砖[55]绢[231]赚[325]卷转
tɕ^{h}	[11]全传动词权[33]圈[42]川串劝漏漏水
ɕ	[11]船[33]楦鞋楦[42]宣
w	[42]瘟[231]换买、卖[325]稳碗
	ɒn
p	[33]搬[42]半扮[231]办拌[325]绊扳扳倒
p^{h}	[11]盆盘[42]判[231]饭
m	[11]蛮瞒馒馒头莽鲁莽[231]万向[325]扳
f	[11]凡烦矾[42]翻欢[231]范犯人[325]反
t	[42]担担任丹单单独担担子[231]锻锻炼段[325]胆胆子短
t^{h}	[11]团饭团[42]贪淡摊炭断断了探探探看[55]滩毯[231]□濽
n	[11]南男难难易难患难[42]暖
l	[11]兰拦栏蓝栅[42]懒篮[231]赖烂[325]卵蛋
k	[42]干做事干干菜干肝[325]秆敢赶
k^{h}	[42]□提东西
h	[11]含[231]焊焊接苋
ŋ	[11]岩颜涯天涯崖山崖
ts	[33]簪钻木用工具锥[42]钻动词[231]楔楔子凿
ts^{h}	[325]搿抱蚕
s	[33]蒜[42]三杉散鞋带散了伞酸算散分散
tɕ^{h}	[42]旋近
j	[231]□颤动,发抖
w	[42]弯湾
Ø	[42]暗安晏晚也,晏晡[231]馅
	yn
tɕ	[42]根斤筋均钧军

续表 9-6-1-3

tɕʰ	[42]椿椿树春
j	[231]运
ian	
t	[42]店店面
yən	
tɕʰ	[42]□摘
ɕ	[42]凶凶恶凶凶吉
uon	
k	[42]冠官灌
ȵ	[11]原源软愿
j	[11]员缘元丸肉丸[42]冤怨[325]远
iŋ	
p	[325]并合并
t	[33]疔[42]澄水浑，澄一澄瞪瞪眼盯[325]顶
l	[11]邻鳞磷灵零铃伶[231]另令
tɕ	[33]巾[42]蒸证敬精[55]警[231]劲有劲雀麻雀鸟静[11]琴勤
tɕʰ	[42]秤趁清[55]衬
ɕ	[42]升兴兴旺绳
j	[33]应应该
d	[11]亭停庭
ɛŋ	
pʰ	[11]瓶
t	[33]灯钉凳丁[325]等
tʰ	[11]跟腾藤
ts	[42]增
tsʰ	[11]层
s	[33]甥[325]肯
ɑŋ	
p	[42]碰跨
m	[11]茅[42]虻牛虻
t	[42]□臼[325]党打
tʰ	[42]听厅

续表 9-6-1-3

n	[42]拿
l	[42]冷
k	[42]羹[231]哽(骨哽在喉)噎(噎住)更
h	[42]河
ŋ	[231]硬
ts	[42]争擎[231]藏(西藏)站(车站)[325]井
ts^h	[11]晴[42]撑睁青差(差不多)[231]撑[325]请
s	[42]锈(铁锈)生牲性星[231]省(节省)[325]醒省(省长)
tɕ	[42]津京镜正(正月)征正[55]襟[325]杆奖掌梗(梗子)茎颈
$tɕ^h$	[42]轻(轻重)搀(搀扶)
ɕ	[11]阵成城[33]兄[42]声[231]象像橡[325]想
ȵ	[42]□(瞧)
j	[11]□(群)赢[325]荫(树荫)影映
	əŋ
p	[11]棚
p^h	[11]朋
m	[11]蒙[231]蠓(蠓虫,细小的蚊子)
	oŋ
p	[11]篷
p^h	[325]捧
m	[55]懵(懵懂)[231]梦
f	[11]红封[231]凤缝(名词)
t	[42]洞东栋冬[231]动[325]懂
t^h	[11]同铜桐[42]痛通[231]烫[325]推桶统
n	[11]农
l	[11]龙垅[42]聋弄笼[231]拢
k	[33]公翁躬[42]工功宫弓[55]孔[231]共
k^h	[42]空(空虚)空(空缺)
ts	[42]棕鬃(马鬃)宗[325]总
ts^h	[42]聪葱
s	[42]双送松(松紧)[55]宋[325]搡
tɕ	[42]桩张忠终钟种(动词)种(种类)肿

续表 9-6-1-3

tɕ^h	[11]穷重$_{\text{重复}}$[42]凶充铳$_{\text{土铳}}$冲重$_{\text{轻重}}$虫
j	[11]雄浓熔
	ɒŋ
m	[11]忙芒茫芒$_{\text{麦芒}}$[325]网
f	[11]妨防横$_{\text{横直}}$[42]荒方肪
t	[42]当$_{\text{当时}}$当$_{\text{当东西}}$
t^h	[11]潭堂唐[42]汤[231]趟$_{\text{一趟}}$
l	[11]郎[231]浪
k	[42]杠$_{\text{抬}}$钢光江缸[55]园$_{\text{藏}}$[325]讲
k^h	[42]咳
h	[11]行$_{\text{行列}}$杭[42]糠慌
ts	[42]壮[231]葬
ts^h	[11]床[42]仓苍
s	[42]霜桑[55]磉$_{\text{磉础}}$
tɕ	[42]浆中$_{\text{当中}}$章樟姜$_{\text{姓}}$桨姜$_{\text{调味品}}$[231]撞仗酱将$_{\text{大将}}$[325]居厂
tɕ^h	[11]墙长$_{\text{长短}}$肠场常强[42]枪庄装昌菖$_{\text{菖蒲}}$丈唱[231]杖匠剩[325]抢
ɕ	[11]尝绒熊[42]镶商伤香乡上$_{\text{上山}}$箱[231]相$_{\text{相貌}}$尚上$_{\text{上山}}$[325]赏享
ȵ	[11]娘忘[42]帮班[55]榜
j	[11]洋烊$_{\text{融化}}$杨萤央[42]秧养痒[231]样[325]两$_{\text{两个}}$
w	[11]王黄皇[42]旺$_{\text{兴旺}}$
	iɑŋ
p	[42]柄[55]丙[325]饼
p^h	[325]爿
p^h	[11]贫平坪评[42]拼姘$_{\text{姘头}}$[231]病
m	[11]民名命
l	[231]领
ȵ	[42]望
	uɑŋ
k^h	[325]款矿[11]狂
	ioŋ
p	[42]放
t	[42]账帐

续表 9-6-1-3

l	[11]良凉量量长短粮梁粱辆两几两
ioŋ	
p	[42]风枫[325]蜂
l	[11]量数量
it	
tɕʰ	[42]七漆
ȵ	[42]日
j	[42]揖乙一笠
Et	
t	[42]得德
ɛt	
p	[42]鳖笔迸毕
pʰ	[42]劈撇撇捺
m	[11]灭密
t	[42]嫡跌
l	[11]列栗历
tɕ	[42]吉阄急级结洁质织
tɕʰ	[42]踢
ɕ	[11]实[42]惜吸舌虱室
ȵ	[11]热
at	
p	[42]八
tʰ	[11]汆
ət	
f	[11]佛
t	[42]□砍
l	[11]肋
tsʰ	[42]撮一撮米
w	[42]殁溺
uət	
k	[42]骨

续表 9-6-1-3

	ot
p^h	[11]雹
f	[42]阔
h	[42]壳
s	[42]刷
	ɒt
p	[42]钵钵料
f	[42]法
l	[11]辣戮杀
k	[42]括包括
w	[11]活
	yət
tɕh	[42]出缺畜牲畜
j	[11]入
	iʔ
p	[42]逼
l	[11]力
tɕ	[11]及
$tɕ^h$	[42]直戚
ɕ	[11]食
	Eʔ
p	[42]北
m	[42]墨
n	[11]黏[42]捏
k	[42]鸽
k^h	[42]刻一刻钟刻用刀刻
ts	[42]鲫
s	[42]息
	ɛʔ
tɕ	[42]浙
	aʔ
p	[42]百柏伯擘用手擘开

续表 9-6-1-3

p^h	[11]白魄
m	[11]麦脉
t^h	[42]铁
k	[42]格隔
h	[11]核
ts	[11]截节
ts^h	[11]席切拆册
s	[42]锡
$tɕ^h$	[42]尺
ɕ	[11]石
j	[11]□滑
	uʔ
t	[42]督[11]毒独
t^h	[11]读
k	[42]谷谷子谷山谷
ts	[42]烛
	oʔ
p	[42]拨
m	[11]莫木摸
t	[11]桌[42]啄
l	[11]落录
k	[42]各搁角
h	[11]学
ts	[11]族
ts^h	[42]错错杂
tɕ	[11]镯镯子局[42]着着衣脚
ȵ	[11]玉
j	[11]药
Ø	[11]镬锅恶善恶
	ioʔ
l	[11]绿鹿禄

续表 9-6-1-3

	ɒʔ
p^h	[42]泼
f	[11]罚
t^h	[42]獭水獭脱托托管塔塌
n	[42]捺
l	[11]蜡
k	[42]割葛
ts	[42]炸油炸
s	[42]雪
w	[11]划[231]袜
	vʔ
f	[11]伏[42]福幅覆反覆复复原
l	[42]六
tɕ	[42]竹菊
$tɕ^h$	[42]曲酒麴,酒曲
ɕ	[11]熟熟悉叔　　　yʔ
ȵ	[42]肉
	əuʔ
ɕ	[11]十[42]湿
	uəʔ
k	[42]国
	ŋ
	[33]不[325]五伍午

二、传 承

（一）水亭畲话现状

水亭畲族乡的民族行政村，基本是全村普及畲话型的村落，即民族村落内基本通行畲话，全村几乎所有的人在日常生活中能够流利而准确地使用畲话。嫁入村内的其他民族妇女一般也学会讲畲话，畲话在村落里具有很强的生命力。

水亭畲族乡的畲民基本上不存在只讲单语的人，大部分畲民至少掌握两种语言。在村落的日常交流中，能比较自如地转换语言，即与畲族人交流用畲话，与汉族人交流用普通话或地方方言。其中，老年人群普遍能较为熟练地使用畲话和水亭土话；中青年人群除掌握畲话、普通话和水亭土话之外，还能说一些周边地方的方言，但不如畲话和水亭土话流利；儿童群体内部的分化也形成了三个梯度，有一部分同时掌握畲话和水亭土话，但是方言的使用率以及熟练程度都较低，也有一部分只是简单地掌握畲话，日常生活中使用水亭话或者普通话交流，还有一部分已经不会说畲话。

水亭畲民语言使用情况一览表

表 9-6-1-4

语言使用类型	类型说明	使用人群
AB	能较为熟练地使用畲话和水亭方言（能听能说，并且使用率高）	老年人群和部分中年人群
ABn	能较为熟练地使用畲话和水亭方言(能听能说，并且使用率高)，同时简单地掌握周边方言(能听，能简单地说，使用率不高)	中年人群和部分青年人群
Ab	能较为熟练地使用畲话（能听能说，并且使用率高），并且简单地掌握水亭方言（能听，能简单地说，使用率不高）	部分儿童和较低龄青年人群
abC	简单地掌握畲话和水亭方言（能听，能简单地说，使用率不高），主要使用普通话与他人交流	部分儿童
C	水亭方言和畲话皆不会，仅仅会普通话。	低龄儿童

由此可见，畲话在各个年龄阶段的生存状况是有差异的，从老年人群至儿童，畲话的生命力递减，总的生存图景呈“倒三角形”。

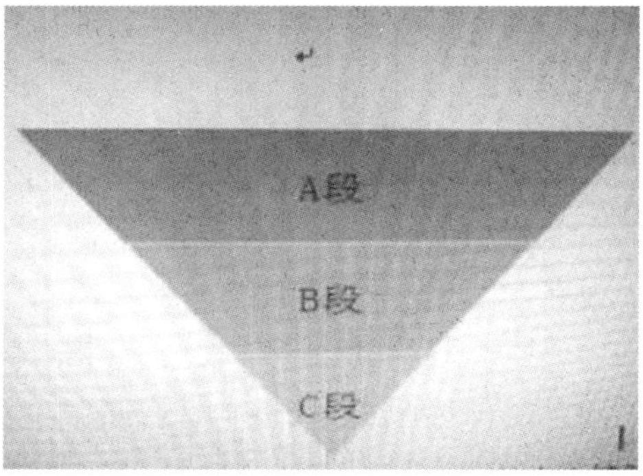

图 9-6-1-1 水亭畲族乡畲话生存“倒三角形”图

由上图可见，处于顶端的 A 段为老年人群，他们基本上能够熟练使用畲话，畲话的使用场合包括他们的家庭成员以及家庭以外的畲民，并且使用的畲话保留了较多的古老的说法。

处于中间部分的B段，为中青年人群，他们基本也能较为流利地使用畲话，但是使用畲话的场合比老年人少，尤其是顾及孩子的教育问题，很多在这一段的家长选择使用普通话与孩子交流。

处于最底部的C段是儿童群体，总体上，他们使用畲话的程度远不及上两段的人，使用场合也非常的少，而且很多儿童已经不会说畲话了。

畲话在低年龄层次弱化的根本原因，是畲汉互动加深带来的大规模畲汉通婚。畲汉通婚家庭的儿童，其语言往往受到母亲的语言的影响，大部分母亲会考虑到孩子在学校的学习，而使用普通话与其交流。就算是懂得畲话的儿童使用畲话的场合也仅限于家庭的交流中，他们与村落中的畲族玩伴延续在学校的交流方式，使用普通话。

除此之外，还有一部分畲族儿童双亲中仅父或母为畲族，因有一方不会讲畲话，因此双亲之间交流不能使用畲话，在这类家庭中，畲话的生存空间几乎为零，这也导致部分畲族儿童不会说畲话。

（二）畲话在水亭圣山民族小学的应用现状

2015年，圣山民族小学有在校生255人，其中畲族学生为45人，共有教师20人，其中畲族教师为5人。45名畲族学生中，有20位能流利地说畲话，17位只能听得懂畲话，还有8位完全不会畲话。

从2017年上半年开始，圣山民族小学开展了“拓展课程”教育，设有13门拓展课程供学生选修，其中，与畲族有关的课程有3门，分别是西方坞村的蓝新美老人教授的畲歌课程；由学校畲族老师蓝根成老师教授的畲族蹴球；还有畲族竹竿舞课程。

对于学生而言，学校是一个特定的语言空间，学生踏入学校即将交流语言转换为普通话，导致圣山民族小学学生之间的交流几乎没有使用除普通话以外的语言。在学校中，虽然畲话的使用语境存在3门畲族有关的拓展课程中，但是除畲歌课程以外，其他两门课程并没有将畲话纳入课程教学之中。由此可见，学校虽在极力地做好畲族传统文化的保护与传承工作，但给畲话的传承扩宽生存空间极小。

兰溪市水亭畲族乡的畲话保护状况良好，还具有较大的生命力，并没有完全断代。但在畲话的传承上却遇到困境，尤其是在畲族儿童的传承之中，畲话基本上已经到了边缘地带。畲族的传统文化需要依托畲话这个载体才能继续生存，重视畲话的保护和传承，是需要重点关注的工作。

第二节 口传文学

畲族人民在长期的生活、劳动过程中产生了大量的民歌。由于畲族没有本民族文字，加上他们的先辈极少有人读书识字，大部分民歌随编随唱随消失。只有少部分被公认为较好的，由民间歌手们不断地加工，并在畲族民间不断地传唱，在传唱中不断地提高与完善。经过长期的传唱、交流，逐渐形成在畲族内部统一流行的民歌。畲族人民以口传的方式，讲述民间故事，形成有特色的口传文学。中国少数民族民间文学丛书在故事大系里，蒋风、陈华文专门收集和主编了《畲族民间故事》，其中不少根据水亭畲族人民的口述整理而成。

一、畲 歌

(一)歌本

畲族民歌被民歌手们借用汉字整理成册，成为歌本。这些歌本，用汉语读起来不一定押韵，但用畲话读起来却是词语押韵，朗朗上口。歌本借汉字记载畲歌，但其义并非汉字之义，不能按汉字字义理解、解释歌词，只能按畲话含义解释歌词，不然无法理解、解释畲歌。

畲族民歌的格式，一般七字一句，四句为一条(首)，也有第一句为三个字的“三字句”，五个字的“五字句”，六个字的“六字句”等。还有一种特殊的格式:每一句的句尾换一个词，其余不变，但整条歌的主题变了，一般要连续变二次，连同原首(歌)，共三首(歌)，从三个角度(主题)，表达出一个中心主题，这一类歌，畲族人称为“三条变”。无论是哪种格式的畲族民歌，每条的第一、二、四句末字押韵。

畲歌在字数上虽然有它的要求与规定，但在演唱时可以根据歌词所要表达的感情色彩，加用“哩”“啰”等词，有的甚至在一句中加用多个“哩”“啊”“啰”等词，以充分抒发情感。经验丰富的老歌手往往借用“哩”等词，将歌唱得圆滑如水，情感如火。

畲歌在畲族民间留存的方式主要有两种，一是口口相传，二是手抄本。1978年以后，逐渐出现刻印本。1993年5月，浙江省畲族民族民间文艺学会编辑的《浙江畲族民歌集》，是第一本较全面汇集畲族民歌的畲族民歌印刷本。该书记录了一些歌词较长的、流传较广泛的歌。但其所记录的民歌数量是很有限的，绝大部分民歌留存在民歌手的脑海里。

在科技不发达、经济贫困的年代，对歌、唱歌是畲族人民释放心情、娱乐休闲的最主要方式。所以，那时畲族人大多喜欢也会唱民歌，成人以后如果不会唱歌，那就连串门也不敢了。因为，畲族人比较好客，有人来，一般要泡上一杯茶，然后唱上一首《奉茶歌》，这就是找你对歌的开始了。尤其是男女青年串门，更是如此。随着科技、社会、经济的发展，文化娱乐设备、方式逐渐多样化，对歌、唱歌不再是畲族人休息、娱乐的主要方式，他们逐渐地参与进新的休闲娱乐方式中去。于是，热心于学唱畲歌的畲族人逐渐减少。非常能唱畲歌的一般都是七八十岁的老年人，能唱一些畲歌的是五六十岁的人，四十岁以下能唱畲歌的人比较少。1978 年以后，随着社会经济的发展，政府对少数民族文化越来越重视，支持少数民族民间文化的挖掘、传承、发展工作。畲族民间文化活动开始蓬勃兴起。“三月三畲族风情节”、畲族传统婚嫁仪式等传统文化相继恢复。各畲族村民间自发组织的对歌、舞蹈活动不断增多。民族村畲族民间文化活动日趋活跃。

畲歌传统唱法，多用假音。演唱形式有“对歌”“盘歌”与“独唱”。“对歌”指的是两人及以上（不限性别）的对唱。“盘歌”也是对歌，但它侧重于临场发挥，这是“盘歌”的重心，是对双方歌手畲族民歌功底的严峻考验，双方功底（编歌能力）厚的歌手临场发挥得淋漓尽致，能将“盘歌”现场的氛围推向群情亢奋的狂潮。“独唱”“对歌”“盘歌”都称“娚歌”。

“盘歌”“娚歌”传统一直在水亭畲族民间流传。“盘歌”最盛行的是上了高龄的老年长辈的白事处置过程。畲族人认为老年人高龄去世是他做人好，积阴德，所以长寿，到阴间去是享福的。大家都为（逝者）长辈歌功颂德，群情激奋，盘歌激烈，昼夜不停，出殡前夜，盘歌到天明。

图 9-6-2-1 兰溪、建德、龙游三县市畲族民间歌手合影（水亭畲族乡政府办公室提供 2014 年摄）

(二)畲歌种类与例证

畲族民歌按其内容可分为传说歌、劳动歌、生活歌、时政歌、情歌、哀歌及新歌等。传说歌分为神话传说与史实传说。新歌是中华人民共和国成立以来，在畲族民间传唱的内容全新的民歌，以及中华人民共和国成立前，在畲族民间传唱的对美好新社会、新生活向往的民歌等。

1. 叙事歌

高皇歌①

盘古开天到如今，世上人何几样心，
何人心好照直讲，何人心歹侩骗人。
盘古开天到如今，一重山背一重人，
一朝江水一朝鱼，一朝天子一朝臣。
说山便说山乾坤，说水便说水根源，
说人便说世上事，三皇五帝定乾坤。
盘古置立三皇帝，造天造地造世界，
造出黄河九曲水，造出日月转东西。
造出田地分人耕，造出大路分人行，
造出皇帝管天下，造出人名几样姓。
盘古坐天万万年，天皇皇帝先坐天，
造出天干十个字，十二地支年年行。
天皇过了地皇来，分出日月又分岁，
一年又分十二月，闰年闰月算出来。
地皇过了是人皇，男女成双结妻房，
定出君臣百姓位，大细辈分排成行。
当初出朝真苦愁，掌在石洞高山头，
有巢皇帝奚人讲，教人起寮造门楼。
古人无食食鸟兽，夹生夹毛血流流，
燧人钻木又取火，煮熟食了人清悠。
三皇过了又五帝，五个皇帝先后排，
伏羲皇帝分道理，神农皇帝做世界。
神农就是炎帝皇，作田正何五谷尝，

① 根据手抄本《高皇歌》及蓝开寿、雷根香等畲族民间歌手歌整理汇编。

谷米豆麦种来食，百姓何食正定场。
神农皇帝真聪明，教人采药医病人，
亲尝百草医毛病，后来成佛做灵神。
神农过了是轩辕，造出何车又何船，
衫衣亦是轩辕造，树叶改布着巧软。
轩辕过了金天皇，何道何理坐天堂，
传位颛顼管天下，历书出在颛顼皇。
颛顼以后是高辛，三皇五帝讲灵清，
帝喾高辛是国号，龙麒出世实为真。
盘古传到高辛皇，扮作百姓肽田场，
出朝游行天下路，转去京城做朝皇。
贤皇高辛在朝中，刘氏君秀坐正宫，
正宫娘娘得一病，三年头昏耳又痛。
高辛坐天七十年，其管天下是太平，
皇后耳痛三年久，便教朝臣呙先生。
先生医病是明功，取出金虫何三寸，
皇后耳痛便医好，金虫取出耳埋痛。
取出金虫三寸长，便使金盘银斗装，
一日三时仰其大，变作龙孟丈二长。
变作龙孟丈二长，一双龙眼好个相，
身上花斑百廿点，五色花斑朗毫光。
丈二龙孟真稀奇，五色花斑花微微，
像龙像豹麒麟样，皇帝取名呙[1]龙麒。
龙麒生好朗毫光，行云过海本领强，
人人肽见心欢喜，身长力大好个相。
当朝坐天高辛皇，国泰民安谷满仓，
番边番王恶心起，来争江山抢钱粮。
番王作乱反过边，手上兵马何万千，
争去地盘几多郡，边关文书报上京。
番边大乱出番王，高辛皇帝心惊慌，
便差京城众兵起，众兵派去保边疆。

① 音：ǒ，畲话“叫”之意。

番边番王过来争，齐心去守九重城，
京城兵马何千万，众兵使力守京城。
调去兵马十万人，打了一仗失了兵，
又差上将带去打，高辛皇帝是劳心。
番边兵马来得强，高辛兵马难抵挡，
打过几回都输了，退兵回转奏高皇。
高辛接本心惊慌，便喝朝官来思量，
一切办法都使尽，挂出皇榜招贤郎。
皇帝准本便依其，京城四门挂榜词，
谁人平得番王乱，第三公主结为妻。
皇榜内里表灵清，谁人法高挂帅印，
收服番边番王乱，招为女婿再封身。
榜词挂在四城门，众人来肽闹纷纷，
千万人子肽过了，无人何敢揭榜文。
挂出皇榜三日正，龙麒晓得近前仰，
随手便来收皇榜，收落皇榜在身边。
朝官带其见皇帝，龙麒自愿去平西，
领旨转身唔见影，一阵云雾去番界。
龙麒来到番王前，番王肽见快活仙，
带在身边实欢喜，时时刻刻粪其行。
龙麒自愿去番边，服侍番王两三年，
何计何谋何本事，天地翻转是我赢。
番王出兵争江山，回回打仗都是赢，
喝拢将兵来请酒，兵营食酒闹纷天。
兵营请酒闹纷纷，番王食酒醉昏昏，
一日连食三顿酒，散了酒筵就去困。
番王酒醉眠高楼，身盖金被银枕头，
文武朝官唔随后，龙麒割断番王头。
割断王头过海河，番边贼子赶来多，
枪刀好似林竹笋，追其唔着无奈何。
番兵番将追过来，云露雾来似云盖，
番边番兵追唔着，其追唔着往后退。

割来王头过海洋，神仙老君来相帮，
腾云驾雾游过海，官兵接头使盘装。
带转王头上殿来，高辛朓见笑嗳嗳，
番王作乱都平服，龙麒公主结头对。
官兵接头使盘装，奉上殿里去见王，
皇帝朓见心欢喜，愿招龙麒做婿郎。
文武奏上皇帝知，皇帝殿里发言辞，
三个公主由你拣，随便哪个中你意。
头是龙孟身是人，好度皇帝女结亲，
第三公主心唔愿，龙麒就讲去变身。
金钟内里去变身，断定七日变成人，
皇后六日开来朓，龙麒钟里变成人。
龙麒平番是惊人，公主自愿来结亲，
皇帝圣旨封下落，龙麒是个开基人。
龙麒平番立大功，招为驸马第三宫，
封其忠勇大王位，王府造落在广东。
王府坐落在广东，忠勇平番显威风，
亲养三男一个女，带上殿里去罗封。
亲养三子生端正，皇帝殿里去罗姓，
大子盘装姓盘字，二子蓝装便姓蓝。
第三细崽正一岁，皇帝殿里罗名来，
雷公云头响得好，笔头落纸便姓雷。
忠勇受封在朝中，亲养三子女一宫，
招得军丁为驸马，女婿本来是姓钟。
三男一女封端正，好㚫皇帝管百姓，
掌在广东潮州府，留传后代去标名。
皇帝圣旨话难收，敕封龙麒掌潮州，
皇帝若末你末末，你㚫日月一同休。
龙麒自愿广东去，皇帝圣旨讲分你，
六个大仓由你拣，随便哪仓中你意。
六个大仓共一行，金银财宝朗毫光，
六个大仓都一样，开着一个是铁仓。

六仓都是金锁匙，皇帝圣旨交付你，
金银财宝使唔着，开来一仓是铁器。
问其纱帽爱唔爱，锁匙交其自去开，
纱帽两耳其唔得，自愿拣顶尖尖来。
龙麒自愿官唔爱，京城唔掌广东来，
自愿唔爱好田地，山场林土自来开。
龙麒自愿去作山，去㧯皇帝分江山，
自耕林土无粮纳，做得何食是清闲。
龙麒起身去广东，文武朝官都来送，
凤凰山上去落业，山场地土由其种。
凤凰山上去开基，作山打铳都由其，
山林树木由其管，旺出子孙成大批。
龙麒自愿官唔爱，一心闾山学法来，
学得真法来传祖，头上又何花冠戴。
当初天下妖怪多，闾山学法转来做，
救得王民个个好，行罡作法斩妖魔。
闾山学法法言真，行罡作法斩妖精，
十二六曹来教度，神仙老君救凡人。
香烧炉内烟浓浓，老君台上请仙宫，
奉请师爷来教度，灵感法门传子孙。
灵感法门传子孙，文牒奉请六曹官，
女人来做西王母，男人来做东皇宫。
盘蓝雷钟学师郎，收师捉鬼法来强，
手把千斤天罗网，凶神恶煞走茫茫。
凤凰山上鸟兽多，若好食肉自去罗，
手擎弓箭上山射，老虎山猪麂鹿何。
凤凰山上是清闲，日日擎弩去上山，
乃因岩中捉羊崽，龙麒斗死在岩前。
龙麒身死在岩前，寻了三日都唔见，
身死挂在树椏上，老鸦来呙正寻见。
崎岩石壁青苔苔，山林百鸟尽飞来，
吹角鸣锣来引路，天地灵感放落来。

龙麒落棺未安葬，功德日夜做得忙，
闾山法主来安位，又请三清师爷官。
河南祖师安两边，超度功德做你先，
天神下降来超度，超度龙麒上西天。
凤凰山上去安葬，孝男孝女尽成行，
文武百官送上路，金榜题名占地场。
金榜题名实是真，文武百官送起身，
铁链吊棺未落土，缴去棺汗无官荫。
龙麒坟安龙口门，一年到暗水纷纷，
又何真龙结真穴，荫出千万好子孙。
凤凰山上安祖坟，荫出盘蓝雷子孙，
山上人多难做食，分掌潮州各乡村。
当初掌在凤凰山，做得何食是清闲，
离田三丈无粮纳，离木三丈便种山。
凤凰山上一朵云，无年无月水纷纷，
山高水冷难做食，也无谷米粜何银。
今下唔比当初时，受尽阜老[①]几多气，
朝中无亲难讲话，处处阜老欺侮你。
一想原先高辛皇，四门挂榜招贤郎，
无人收得番王倒，就是龙麒收番王。
二想山哈盘蓝雷，京城唔掌出朝来，
清闲唔管诸闲事，自种林土山无税。
三想陷浮四姓亲，都是南京一路人，
当初唔在京城掌，走出山头受苦辛。
收倒番王何主意，京城唔掌走出去，
唔肯粪皇分田地，子孙无业乃怨你。
山场来粪阜老争，山无粮纳争唔赢，
朝里无亲话难讲，全身是金使唔成。
当初皇帝话言真，盘蓝雷钟好结亲，
千万男女莫作贱，莫嫁阜老做妻人。

① 指当时此地歧视畲族的汉族人。下同。

当初皇帝话言真，吩咐盘蓝四姓亲，
女大莫去嫁阜老，阜老翻面便无情。
皇帝圣旨吩咐其，养女莫嫁阜老去，
几多阜老无情义，银两对重莫嫁其。
皇帝圣旨话言是，受尽官府几多气，
养女若去嫁阜老，好似细细未养其。
当初出朝在广东，盘蓝雷钟共祖宗，
养女若去嫁阜老，就是除祖灭太公。
广东掌了几多年，尽作出场无分田，
山高土瘦难做食，走落别处去作田。
走落福建去作田，亦何田地亦何山，
作田作土是辛苦，作田亦要靠天年。
福建田土也是高，田土何壮也何瘦，
几人命好做何食，几人命歹做也无。
兴化古田好田场，盘蓝雷钟掌西乡，
阜老欺侮难做食，走落罗源龚连江。
福州大府管连江，连江罗源好田庄，
盘蓝雷钟四散掌，亦未掌着好田场。
掌在福建去开基，山哈四姓莫相欺，
你女若大我来度，我女若大你度去。
古田是古田，　　古田人女似花千，
罗源人子过来定，年冬领酒担猪爿。
罗源是罗源，　　罗源人女似花旦，
连江人子过来定，年冬领酒过来扮。
连江是连江，　　连江人女好个相，
古田人子过来定，年冬领酒担猪羊。
古田罗源龚连江，都是山哈好住场，
乃因官差难做食，思量再搬掌浙江。
福建官差欺侮多，搬掌景宁龚云和，
景宁云和浙江管，也是掌在山头多。
景宁云和来开基，官府阜老也相欺，
又搬泰顺平阳掌，丽水宣平也搬去。

蓝雷钟姓分遂昌，松阳也是好田场，
龙游兰溪都何掌，大细男女都安康。
清朝搬落水亭掌，余垄相坞连牛场[1]，
罗家上方大茅铺[2]，石八塘下上居塘[3]。
盘蓝雷钟一宗亲，都是广东一路人，
今下分出各县掌，何事照顾莫退身。
盘蓝雷钟在广东，出朝原来共祖宗，
今下分出各县掌，话语讲来都相同。
盘蓝雷钟一路人，莫来相争欺祖亲，
出朝祖歌唱过了，子孙万代记在心。
盘蓝雷钟一路郎，亲热和气何思量，
高辛皇歌传世宝，万古留传子孙唱。

解放史歌(摘选)[4]

解放大军渡长江，长江江水渺茫茫，
革命大军没千万[5]，一直解放透浙江。
公元一九四九年，就是处州解放年，
处处城乡解放了，槌锣打鼓闹战天。
解放以后唔太平，土匪假扮老百姓，
各处暗杀村干部，地主土匪又发生。
人民政府有主意，组织民兵打土匪，
又有大军开来打，土匪唔久就灭去。
公元一九五〇年，又讲领导人分田，
教人田亩报清楚，好照人头分人耕。
党中央 有主意，三反五反做的是，
反对投机反倒把，又反贪污粪浪费。
美国佬来称霸王，大打朝鲜摆战场，

---

① 相坞：西方坞村；牛场：明真山脚村。
② 大茅铺：垄塘畈村。
③ 上居塘：风水塘村。
④ 根据手抄本《山哈歌》，钟凤招、钟卸彩等畲族民间歌手娚歌整理汇编。
⑤ 没千万：畲族话千千万之意。

打透中国边界地，抗美援朝保家乡。
一九五三年来透，粮食统购又统销，
统购谷米没千万，统销粮食发粮票。
互助组 组织来，民主管理实是对，
发动民主来讲话，读报学习离唔开。
互助合作公平分，人民办社闹纷纷，
同心合力来生产，增加粮食讲万斤。
共产党 讲造桥，大坑都造汽车桥，
当初古人没敢造，今下讲了就做到。
共产党 造水库，各处都造大水库，
造起水库发水电，点起电灯皓唔过。
共产讲话人人听，各处又牵广播线，
寮寮安装广播筒，政府讲话寮里听。

2. 时令歌

二十四节气歌①

年若过了立春透，作田郎子心是愁，
山林树木都抽芽，下秧灰料还未烧。
立春过了雨水来，山里树木青苔苔，
百草抽蕊满地绿，人唔耕春讨饭胚。
雨水过了惊蛰前，雷公轰轰响战天，
一阵黑云一阵水，山头垟下都耕田。
惊蛰过了是春分，满垟麦苗绿葱葱，
一夜又长二寸五，夜里开花香喷喷。
春分一过清明来，田要犁来园要开，
莫来东游又西荡，荒了田地借唔来。
清明过去谷雨上，谷种落田秧抽长，
勤力少郎秧侩大，懒人秧苗难抽长。
谷雨过去立夏行，大小男女都没闲，
四月作食大忙时，莫荒田来莫荒山。
立夏过了小满期，田头田尾铲清气，

① 根据雷卸菊、雷卸香等畲族民间歌手娚歌整理汇编。

田岩田塍要削好，田里禾苗青蔚蔚。
小满期过是芒种，芒种前后要勤工，
百样粮草种落地，冬下收转好过冬。
芒种过掉是夏至，夏至播田暗迟迟，
谁人播早禾就大，播暗无米食谷皮。
夏至过了小暑流，田中禾苗绿油油，
薅过禾草使肥料，草耙薅草百草浮。
小暑过去大暑轮，清水荫禾值千银，
六月日头似火热，禾若晒了饿饭饨。
大暑过了立秋透，丘丘田头要行透，
除掉禾虫禾侩大，冬来粮多唔使愁。
立秋一转处暑巡，老老嫩嫩铲田塍，
田塍铲光断老鼠，个个谷纽似秤锤。
处暑过了白露上，水崀喷喷天气凉，
若是天晴要赶紧，紧紧收割晒上仓。
白露汤过转秋分，日夜平分定乾坤，
禾谷晒燥装仓内，若食唔掉再粜银。
秋分过去寒露上，天气转冷侩起霜，
山里番薯早掘转，烂冬番薯侩烂光。
寒露一去是霜降，田中粮草尽收光，
草叶霜煞便燥了，禾秆担转做牛粮。
霜降过了是立冬，糯米做酒做成瓮，
人客落寮酒招待，剩落一缸等耕春。
立冬过掉小雪透，雪花飘飘遮山头，
富人绸缎棉夹衫，穷人没棉冬难熬。
小雪过了又大雪，冷云北风吹唔散，
财主人家寮里掌，穷人没衫卷成团。
大雪过去冬至寒，猪牛受冻心埋安，
栏内勤添垫栏草，六畜兴旺没困难。
冬至过了是小寒，床上被薄盖埋暖，
唔怨爷来唔怨娘，乃怨共床夫妻懒。
小寒过掉大寒冷，人人准备办过年，

过年亦是平常事，日难过来六月天。

时辰歌①

子时半夜人好困，家家户户闩大门，
黄狗紧吠要小心，要防贼盗来上门。
丑时鸡啼报满村，贤娘点火入灶门，
问娘煮饭侩介早，煮饭郎食好耕春。
寅时饭熟菜定当，轻轻开口喎句郎，
轻细话语喎食饭，女人间里梳头光。
卯时食了郎先行，男人莫龚女人评，
男人多做田中誓，女人寮里管头牲。
辰时食了出田中，东边日头朗来红，
记得古人一句话，早的三日值一工。
巳时做誓歇阵凉，兄弟从落讲文章，
兄弟坐落讲字墨，妯娌坐落讲誓忙。
午时日头又日昼，做誓回转食日昼，
贤慧小娘煮好食，日昼食了念丰收。
未时日头又日昼，田中做誓紧工夫，
田中做誓大出力，男女勤力做侩富。
申时日头落西山，誓未做好在眼前，
明日再来头难起，紧紧使力作端正。
酉时日头又好暗，做誓回转一班班，
大户人家饭食饱，小户人家未打算。
戌时点火赤微微，女人坐落讲绩纪，
男人学文又学武，男女歇工也同时。
亥时点火灶前坐，又讲点心食几多，
贤慧小娘侩应话，省食省使正侩何。

新四季歌②

春季里来柳树青，日本强盗天煞星，

① 根据雷卸菊、雷卸香等畲族民间歌手娚歌整理汇编。
② 根据雷卸菊、雷卸香等畲族民间歌手娚歌整理汇编。

如狼似虎打中国，炮火连天无日停。
夏季里来荷花香，大家起来保家乡，
全国百姓动员起，敌人越弱我越强。
秋季里来雁归南，抗战到此莫怕难，
众人齐心能填海，杀得鬼子没生还。
冬季里来雪霏霏，大家都来做寒衣，
做起寒衣送前方，将士更勇来杀敌。

3. 劳动歌

勤耕歌(摘选)①

田塍一丘连一丘，思量引水丘连丘，
勤耕人子做何食，懒做人子种没收。
人要勤耕莫偷懒，禾苗就怕秋来旱，
早做坝头来引水，没坝引水是也难。

种棉歌(摘选)②

棉苗生好青苔苔，赶紧加肥又加灰，
加肥加灰又加土，就等七月棉花开。
七月过了花结球，双双拎篮就去收，
去采花球连连转，汗水淋淋满身流。
忙忙棉花收转寮，晒了三日就晒燥，
花绞擎来绞花籽，白棉拿来籽甩掉。

插秧歌③

女：四月正是种田忙，眼看秧田秧又长，
手提秧盘滚滚转，一下撇去有几丈。
男：种田娘是领头羊，乃有脚手追我郎，
不怕你娘追得着，我种一行你一行。

---

① 根据雷卸菊、雷卸香等畲族民间歌手娚歌整理汇编。
② 根据雷卸菊、雷卸香等畲族民间歌手娚歌整理汇编。
③ 根据雷卸菊、雷卸香等畲族民间歌手娚歌整理汇编。

女：作田要种垟中央，你稻乃大我稻长，
　　你稻乃大作有食，我稻乃长作有粮。
男：作田要种垟中央，你稻大来我稻长，
　　你稻收转有得食，我稻收转进谷仓。

采茶歌①

正月采茶是新年，姐妹相叫看茶山，
早得三日未抽笋，回头来看叶蓝兰。
二月采茶茶发芽，姐妹相叫去采茶，
姐乃采多娘采少，谁多谁少转回家。
三月采茶是清明，坐在房间织手巾，
两边织成凤凰鸟，中间织个好麒麟。
四月采茶立夏上，采茶人工会这忙，
补的田来茶又老，采的茶来秧又长。
五月去采采茶青，茶树发虫采不成，
买个猪头祭土地，山神土地保平安。
六月采茶年中央，采茶日子会这长，
手拿手帕擦汗水，高山树下好乘凉。
七月采茶七月时，坐在房间织蚕丝，
一连又织三丈五，留在明年做茶衣。
八月采茶桂花香，桂花开花满山黄，
桂花开花会结籽，桐树开花等花香。
九月采茶是重阳，重阳做酒桂花香，
桂花开花会结籽，桐树开花等花香。
十月采茶是立冬，十根茶树九根空，
茶树留在青山上，留在明年再上工。
十一月茶冷稀稀，坐在房间没主意，
人人都讲来烧火，雪粉飘飘冷稀稀。
十二月茶年又长，手拿算盘去归账，
归得有本又无利，留在明年再算账。

① 根据雷卸菊、雷卸香等畲族民间歌手娚歌整理汇编。

织带歌[①]

一条水带一条花，织给你郎做亲家，
亲家尽吃好酒饭，酒壶洒酒结莲花。
二条水带二兰青，织给你郎做亲情，
亲情尽吃好酒饭，合事人家响应响。
三条水带三兰青，面盘装水在高堂，
富人汉子来洗手，穷人汉子眼难看。
四条水带四条线，四条细线结同年，
一个铜钱四个字，四姐定郎十六年。
五条水带五样乌，织给你郎做条裤，
穿在身上郎心放，乃想郎子眼有福。
六条水带六罗花，六六罗花有个叉，
两头又织凤凰鸟，中间又织姐妹花。
七条水带七尺长，七尺二十金线上，
十个手指有长短，七样细线映来光。
八条水带八样浓，荷树开花十六层，
杨柳抽芯二三月，小郎不结万年双。
九条水带亍娘织，织得红绿又有青，
着起裙裳拿来奏，给郎拿去命生定。
十条水带十绸缎，十树花苗正有缘，
有缘便是有缘讲，采花郎子生龙船。

4. 婚俗歌

迎亲歌[②]

女：赤郎家里起身来，姐妹双叫站门边，
　　姐妹双叫修大路，修条大路赤郎来。
男：我做赤郎寮里来，姐妹双叫来修路，
　　石板铺路正是路，石子铺路碾脚背。
女：赤郎寮里起身行，姐妹双叫站门望，
　　姐妹双双叫修路，修条大路赤郎行。

① 根据雷卸菊、雷卸香等畲族民间歌手娚歌整理汇编。
② 根据雷卸菊、雷卸香等畲族民间歌手娚歌整理汇编。

男:我做赤郎寮里行,姐妹双叫修大路,
石板修路正是路,石子铺路垫脚跟。
女:赤郎寮里起身哩,姐妹双叫门背站,
姐妹双叫修大路,修条大路赤郎哩。
男:我做赤郎寮里哩,姐妹双叫修大路,
石板铺路正是路,石子铺路碾脚皮。
女:赤郎担酒过田塍,我好留姐耕年春,
我好留姐做年活,明年分你叫过门。
男:日期又择又当回,今年是个大利回,
今年是个大利月,今年不娶等哪回。
女:赤郎担酒过个湾,我好留姐耕年盘,
我好留姐做年活,明年给你叫不迟。
男:日期又择又当年,今年是个大利年,
今年是个大利月,今年不娶等哪年。
女:赤郎担酒过个山,我好留姐割年柴,
我好留姐做年活,明年给你叫更快。
男:日期又择又当哩,今年是个大利哩,
今年正是大利月,今年不娶等哪哩。
女:赤郎做人是侩算,担个鸡仔壹斤半,
十桌八桌人食酒,叫你赤郎怎划算。
男:我做赤郎未侩算,担个鸡公九斤半,
十桌八桌人食酒,刀巴磨利薄薄摊。
女:赤郎做人是小气,担个鸡仔壹斤四,
十桌八桌人食酒,乃是没够来问你。
男:我做赤郎不小气,担个鸡公九斤四,
十桌八桌人食酒。刀巴磨利薄薄披。
女:行塍哩幼草茅哩,岁轻又未管郎僚,
岁轻又未做郎活,做郎夫妻又要教。
男:行塍又窄又草茅,岁轻又会管郎僚,
岁轻又会做郎活,做郎夫妻不使教。
女:行塍又窄又草花,岁轻又未管郎家,
岁轻又未做郎活,做郎夫妻又要骂。

男：行塍又窄又草花，岁轻又会管郎家，
岁轻又会做郎活，做郎夫妻不使骂。
女：行塍又窄又草根，岁轻又不管郎村，
岁轻又未做郎活，做郎夫妻又要问。
男：行塍窄哩又草花，岁轻又会管郎村，
岁轻又会做郎活，做郎夫妻不用问。

“撬蛙”歌①

男：阿姨撬蛙不在行，这条坑仔无鸡上，
这条坑仔无鸡仔，劝你阿姨转回乡。
女：阿姨撬蛙也在行，这条坑仔有蛙上，
这条坑仔有蛙仔，蛙仔捉来使盘装。
男：阿姨撬蛙不灵巧，这条坑仔无蛙响，
这条坑仔无蛙仔，劝你阿姨转回行。
女：阿姨撬蛙也灵巧，这条坑仔有蛙响，
这条坑仔有蛙仔，蛙仔捉来使盘拿。
男：阿姨撬蛙不灵奴，这条坑仔无蛙过，
这条坑仔无蛙仔，劝你阿姨转回去。
女：我做阿姨也灵奴，这条坑仔有蛙过，
这条坑仔有蛙仔，蛙仔捉来使盘与。
男：阿姨撬蛙不在行，这条坑仔无蛙上，
九冬十月无蛙仔，上春正月叫唧唧。
女：我做阿姨也在行，这条坑仔有蛙上，
上春正月无蛙仔，九冬十月叫唧唧。
男：阿姨撬蛙不灵巧，这条坑仔无蛙响，
九冬十月无蛙仔，上春正月有蛙响。
女：阿姨撬蛙也灵干，这条坑仔有蛙响，
上春正月无蛙仔，上冬十月有蛙响。
男：阿姨撬蛙不灵奴，这条坑仔无蛙过，
九冬十月无蛙仔，上春正月有蛙过。

① 根据雷卸菊、雷卸香等畲族民间歌手娚歌整理汇编。

女:阿姨撬蛙也灵奴,这条坑仔有蛙过,
上春正月无蛙仔,九冬十月有蛙过。

敬 酒①

女:一双酒盏红了红,逢双酒宴敬舅公,
劝你舅公食双酒,酒宴圆满结成双。
男:一双酒盏牙了牙,逢双酒宴敬阿爹,
劝你阿爹食双酒,酒宴圆满结成双。
女:一双酒盏花了花,逢双酒宴敬亲家,
劝你亲家食双酒,酒宴圆满结成双。
男:一双酒盏金了金,逢双酒宴敬媒人,
劝你媒人食双酒,酒宴圆满结成双。
女:一双酒盏黄了黄,奉送酒宴敬赤郎,
劝你赤郎食双酒,酒宴圆满结成双。
男:一双酒盏递过来,递分我郎手上来,
未食阿姨一杯酒,又要我郎钱来回。
女:一双酒盏花来台,我娘亲手递过来,
食娘三年陈头酒,赤郎不敢递上嘴。
男:一双酒盏递过上,递分我郎手上拿,
未食阿姨一杯酒,又要我郎钱来拿。
女:一双酒盏青了青,我娘亲手递过上,
食娘三年陈头酒,赤郎不敢递上前。
男:一双酒盏花来乌,递分我郎手上过,
未食阿姨一杯酒,又要我郎钱来付。
女:一双酒盏花来乌,我娘亲手递分与,
食娘三年陈头酒,赤郎不敢递上罗。
男:酒乃敬了入房间,回龙贵子入厅堂,
回龙贵子敬满酒,问你亲家媒人敬上未敬上。
女:酒乃敬了转回头,回龙贵子入厅头,
回龙贵子敬满酒,问你亲家媒人敬到未敬到。

① 根据雷卸菊、雷卸香等畲族民间歌手娚歌整理汇编。

男：酒乃敬了转回过，回龙贵子入厅过，
回龙贵子敬满酒，问你亲家媒人敬过未敬过。

5. 生活歌

劝 赌 歌①

正月劝赌劝新年，爹娘劝赌劝床前，
铜钿银子要值钿，做份人家真可怜。
二月劝赌桃花红，妻子劝赌劝不通，
铜钿拿出别人用，哪怕妻子不心痛。
三月劝赌是清明，姐妹劝赌兄弟情，
十句实话句句听，劝你哥哥听不听。
四月劝赌四月四，岳父岳母劝女婿，
劝你女婿也不听，手拿棍棒打女婿。
五月劝赌石榴红，娘舅劝赌来得勤，
手拿状纸告进官，一百屁股两腿红。
六月劝赌热洋洋，青竹凉帽徽州伞，
别人看看难看相，自己想想大排场。
七月劝赌七秋凉，青天白日赶赌场，
日赌夜赌赌不爽，祖先产业一扫光。
八月劝赌桂花香，桂花树头摆赌场，
一夜赌起到天亮，票子拿出无数张。
九月劝赌九重阳，割起晚稻好开场，
大箩挑来几十双，一时三刻都输光。
十月劝赌天气凉，先卖妻子后卖娘，
先卖妻子后卖娘，卖掉儿子做和尚。
十一月劝赌百草黄，前栋板壁后栋墙，
前栋板壁后栋墙，捅掉火墙住经堂。
十二月劝赌悉过年，小人不听老人言，
一头竹头一头袋，受苦落难在眼前。

① 根据雷卸菊、雷卸香等畲族民间歌手娚歌整理汇编。

字　歌①

一字一横一条龙，三国英雄赵子龙，
谁人请得子龙到，好见万岁也有功。
二字一横一条河，宋朝出个杨令婆，
食了九龙长江水，六十甲子转少年。
三字三点点得高，三国英雄出曹操，
长坂坡前不平事，手拿长枪追曹操。
四字四点点得均，摆起擂台闹纷纷，
棒打扬州杨八妹，足踏杭州楼如春。
五字五点五金魁，王莽坐天米粮贵，
王莽也没天下管，刘秀逃难自打威。
六字一点共一行，辕门斩子杨六郎，
杨门又出杨宗保，无情无义杨六郎。
七字弯弯如把弓，刘备坐天出关公，
凑结桃园三结义，子龙来到四弟兄。

6. 新民歌

畲族万代跟党走②

女：盘古开地又开天，开出五十六族姓。
男：盘蓝雷钟一族姓，住在潮州凤凰山。
女：盘蓝雷钟一族姓，解放来了才见天。
男：恩人就是共产党，山哈子孙记心间。
女：民族政策朗金光，培养山哈干部当。
男：帮我山哈办工厂，送我子女上学堂。
女：山哈子孙要记牢，国家抵我启新寮。
男：大路浇到我门头，路灯朗来真正亮。
合：盘蓝雷钟山哈姓，山歌越唱越好听。
歌崽是我心底出，山哈万代跟党走。

① 根据雷卸菊、雷卸香等畲族民间歌手娚歌整理汇编。
② 作者雷土根。

山哈感谢共产党①

共产党来好得多，条条大路水泥做。
轿车开着去赚钱，摩托骑着去种田。
党的政策好得强，烂田荒山造厂房。
男女打工不用说，货卖外国赚银两。
家家都住新套房，电脑电视加冰箱。
老少手机都会使，汽车大小都会开。
党的政策好得是，老人过日养老金。
过日困难拿低保，坐车不用你车费。
感谢党啊感谢恩，党的政策真英明。
党的政策真正好，山哈寮寮都翻身。

党的政策真正好②

解放来到好得强，有何国家来帮忙。
有何国家这么好，养老银钱发我娘。
解放来到好得正，有何政策来帮响。
有何政策这么好，帮我山哈事业撑。
解放来到好得真，有难政府来帮衬。
党的政策真正好，山哈寮寮都翻身。

迎客歌③

上级领导今晡来，山哈男女倚门背。
山哈男女门背等，弄你人客接入来。
上级领导今晡行，山哈男女倚门冈。
山哈男女门冈等，弄你人客接入厅。
上级领导今晡到，山哈男女倚门头。
山哈男女门头等，弄你人客接入楼。

---

① 蓝富妹编词、首唱，雷土根整理。
② 蓝美风编词、首唱，雷土根整理。
③ 雷卸香编词、首唱，雷土根整理。

二、畲族民间故事

在中国少数民族民间文学丛书的故事大系中，蒋风、陈华文主编《畲族民间故事》收录以下12篇畲族民间故事。这些故事由当地畲族老人讲述，雷土根、吴耀成记录整理。

“绣花衣”“刺篱笆”和“杀鸡不滴血”①

很早很早以前，凤凰山上住着一个叫雷四太的佛尚崽(畲话：男青年)。北山上住着一个叫蓝妮妹的布女崽(畲话：女青年)。四太是个好猎手，妮妹是个聪明能干的好姑娘。后来，他们相爱了。

从此，妮妹就在晚上把四太打的野兽模样绣在衣服上。她绣花，黄、蓝、红、黑、绿、白、青等各色丝线搭配得当，绣出来的东西竟像活的一样。后来畲族姑娘都学着绣起了花衣服，从此，畲族就有了绣花衣。

后来，妮妹被雪神抓去了。勇敢的四太冲过刺篱笆，杀死雪神凶恶的雪鸡，救出来妮妹。四太与妮妹手拉着手，一路对着快乐的山歌，回到了家里。从此，畲族婚嫁就有了“(刺篱笆)拦路”“杀鸡不滴血”的习俗。

菖蒲剑②

一天，太平天国侍王李世贤带着几个随从，经兰溪沿衢江西上，察看地形。

当他们来到伍家圩附近时，忽然前方一群清兵冲杀过来，几乎同时，另一支清兵从右边树丛中包抄过来，转眼间，太平军就被团团包围住了。由于寡不敌众，侍王的兵器也被打落了。他只得拼死冲出重围。

真是祸不单行，侍王才跑不远，前面一条小河，挡住了他的去路。左边是兰江，右边是一片菖蒲地，后面是追兵，侍王无路可走，只得跳下战马，准备闯入菖蒲地。就在这时，他看见前面的地上躺着一个士卒的尸体，士卒手里还捏着一把明晃晃的剑呢。侍王急忙拿过剑，顿时胆量大增。他转身跨上战马。这时，清兵高喊着：“捉活的！”围了上来，都想活捉他。谁知冲到面前时，侍王手里却握着一把寒气逼人、金光四射的长剑。

只见侍王双脚一夹，那战马大叫一声，猛地冲向清兵。清兵被这突然的冲

① 钟庆福讲述，雷土根记录整理。收入蒋风、陈华文主编：《畲族民间故事》，中国少数民族民间文学丛书·故事大系。

② 蓝汝松讲述，雷土根记录整理。收入蒋风、陈华文主编：《畲族民间故事》，中国少数民族民间文学丛书·故事大系。

杀吓懵了，等他们清醒过来时，侍王早已杀开一条血路跑远了。

就这么一件事，后来在老百姓中传开时，就神啦。

说是一个义军的头领被清兵击丢了兵器，只得逃到菖蒲地里去。一个战死的义兵见头领丢失了兵器，于是拔了一根菖蒲给头领。那菖蒲到头领手里时竟变成了一把宝剑，那宝剑可神啦，见到坏人就飞过去，砍下他的头。当清兵赶到时，那宝剑就"呼呼"地飞过去，一下子就砍下一百多颗头呢。这样，那个义军的头领就得救了。

所以，后来人们就把菖蒲插在门上，说它是菖蒲剑，能除恶杀凶，保佑平安。直到现在，在菖蒲长大季节（端午节）老百姓还在门上插菖蒲。

纺织娘和种棉郎的传说①

传说很久很久以前，一场天火把凤凰山远远近近的人都烧光了，只剩下藏在石猪娘肚子里的直郎和直芳兄妹俩。他们到处找人，找了九天九夜也不见人影，兄妹俩那个急呀，没了人，是要断人种的呀！

三公主知道了，从天上来到凤凰山，对直郎、直芳兄妹说："孩子啊，天下没人了，你们兄妹结婚吧。"

直郎、直芳都红了脸，不知该怎么办，只得一声不响地站着。心想：哪有兄妹成婚的呢？

三公主晓得他们心里想什么，就说："孩子啊，就让这副石磨做你们的媒人吧。直郎把上片磨搬到东山上，直芳把下片磨搬到西山上，你们俩同时把石磨盘往中间的山谷里推，如果石磨合一起，你们就做夫妻；合不拢，就让它断人种吧，一切都听天由命！"

听三公主的话，直郎把上片石磨搬到东山上，直芳把下片石磨搬到西山上。

天真的阿妹立刻把磨盘朝东边山谷里推了下去。阿哥呢，站在东山顶上还在想：兄妹哪能结婚呀！于是把磨盘朝东边山谷推下去。心想我们兄妹一个在东山，一个在西山，隔座山头，都朝一个方向推下去，磨盘怎能合一起？谁知道怪事出来了，阿哥的磨盘在半山腰突然蹦了一个高，拐了一个弯，转回了西边的山坡，稳稳当当地滚到山谷，与直芳推下去的磨盘合丝合缝地并在一起。

阿哥还想推脱。三公主说："这是天命，为了不断人种，你们俩结成夫妻吧。"

① 雷汝松讲述，雷土根记录整理。收入蒋风、陈华文主编：《畲族民间故事》，中国少数民族民间文学丛书·故事大系。

兄妹只得结成了夫妻。

在三公主的帮助和蜘蛛结网的启示下,直芳学会了纺纱织布。直郎学会了种棉。年复一年,天长地久,直郎种棉花种出了一套好经验;直芳纺纱织布也得出了一套好办法。他们都把经验传给了后代,于是,后人就知道种棉花、纺纱织布了。人们怀念直郎兄妹,就亲热地称直郎为种棉郎,叫直芳是纺织娘。

打官司[①]

财主山上少了十根杉树,硬说是老实巴交的长工阿民偷的,并向县官告了状。阿民急得没办法,只得来找聪妹[②]。聪妹想了想,跟阿民咬了咬耳朵,最后对阿民说:"没关系,到那天,你可以这样说。"

过了几天,县官果然传财主和阿民到堂听审。

县官惊堂木一敲,喝道:

"阿民!你为什么要偷东家的杉树?快说!"阿民回答说:

"老爷,小民实在没偷,东家的杉树也实在没少去。"

财主说:

"老爷,我家山上明明少去十根杉树嘛。"

阿民说:

"老爷,他是骗你的,不信,你问问他,他家山上原来有几根杉树,现在还有几根?"

县官想,这倒是对啊,为什么自己就没想到呢。于是,问:

"你家山上原来有几根杉树?现在还有几根?"

财主听了暗暗叫苦:天哪,自己从来没有数过啊,再说,那么一大片杉树怎么数得清呢?财主答不上来,只张了张嘴,急得两颗眼珠直泛白。

这时,阿民赶紧凑上去说:

"老爷,你看,他根本不知道自己山上原来有多少根杉树,怎么能说杉树少了十根呢,还硬说是我偷的呢,这明明是诬告呀!"

县官想,对嘛,他连自己山上原来有几根杉树都讲不出来,怎能说被偷了十根呢?于是,就把惊堂木一拍,对财主喝道:

"你欺骗本官,诬告阿民,本县判定:你必须选送上好杉树十根给阿民,作为赔礼,退堂!"

---

① 钟庆福讲述,雷土根记录整理。收入蒋风、陈华文主编:《畲族民间故事》,中国少数民族民间文学丛书·故事大系。

② 聪妹:畲族女孩名字。下同。

先苦后甜①

财主不但少给长工的工钱，而且还常常到长工家吃白食。所以，聪妹想替长工们治治财主的白食嘴。

正是油菜花开的季节，一天，聪妹见财主远远走来了。就放下手中的活儿，从油菜花上捉来一只蜜蜂，拔去了蜂刺。等财主快要走到时，聪妹把背朝向财主，仰起头，把捏着蜂的手塞到嘴里，一边自顾自地念着："真甜呀！到底是没兑过水的蜜喔。"财主在她背后看了好一阵，不懂是什么意思，便问道："聪妹，你这是干什么呀？"

"哎呀，吓了我一跳。东家，我在吃蜂糖，这是没兑过水的纯蜂糖啊，特甜的啊。"

财主觉得有道理，而且又亲眼看到聪妹把一只蜜蜂放到嘴里，甜滋滋地"咕咕"地把蜂糖吞下肚子里，不觉喉咙直打滚，口水也流出来了，只是不好意思开口。

聪妹早就看出财主的心思了，于是说："东家，你也吃点吧。"

财主忙点点头，笑眯眯地说："吃点试试吧。"

于是，聪妹捉来了一只蜜蜂，告诉财主要小心捏住翅膀，再放进嘴里。但财主把蜂放到嘴里时，只听见他"唔……唔……"地怪叫，双手拼命地在舌头上乱抓。

聪妹早知道这是为什么了，但她仍不紧不慢地说："不要叫'苦'嘛，先苦后甜嘛。你放蜂的方法不对。来，我替你放，保险甜。"想到蜂糖的蜜甜蜜甜，财主的口水又流出来了。他想，也许真是自己的放蜂方法不对吧。于是，他走到聪妹面前，张开嘴，聪妹把刚捉来的一只蜂朝财主嘴里放。财主想到刚才被蜂触叮得难受，突然合上了嘴。就在这时，聪妹把蜂往他嘴上用力一碰。

"哎哟！天哪！"财主又怪叫起来。

聪妹笑笑说："当然甜哪，我说包你甜就甜嘛，不会错吧，啊?！"

造新房②

刁贵③一连几次被聪妹调排吃亏，几日来坐食不安，茶饭无味，寻思对付聪妹的办法。

---

① 蓝汝松讲述，雷土根记录整理。收入蒋风、陈华文主编：《畲族民间故事》，中国少数民族民间文学丛书·故事大系。

② 蓝汝松讲述，雷土根记录整理。收入蒋风、陈华文主编：《畲族民间故事》，中国少数民族民间文学丛书·故事大系。

③ 刁贵：人物名。下同。

一天，他想出了个馊主意，让管家把聪妹那个会点泥瓦手艺的老阿爸找来，刁贵对他说:“老阿爸，我想在你们畲山脚造几间房子给牛过冬，邻近又没有多少能工巧匠，想来想去，只好和你商量。我要造的这房子，不砌一块砖，不盖一块瓦，不摊一把草，不钉一个钉，不系一根绳。限你三天造好，如果到期造不好，你就把你家那个聪妹姑娘送过来给我做偏房。”

老阿爸一听，难了。不要说不用这些材料，就是用，三天也盖不好三间啊！这不是明明要糟蹋我女儿吗?!他愁眉苦脸地回到家里，把原委告诉了聪妹。聪妹听后对阿爸说:“爹，不用急，三天内把房子盖好不就好了嘛。”

第二天一早，聪妹约了村里的几个佛尚崽(畲族对男青年的称呼)和泼女崽(畲族对女青年的称呼)，磨快了柴刀，到毛竹园里。砍竹子的砍竹子，剖篾的剖篾，摘箬叶的摘箬叶，用了两天两夜工夫，就编成了三爿大大的箬帘。第三天天未亮，佛尚崽和泼女崽就来到山上，一齐动手砍倒几根粗大的毛竹，又动手扎屋架，再把竹片串扎成墙，盖上箬叶帘，到太阳落山时，三间宽阔的竹房就盖好了。

这天清早，刁贵便吆喝家人，自己坐着过山笼(方言:轿子)进山来了。他穿一身新袍褂，晃悠悠地坐在笼里，心里盘算着:我的如意算盘打着了，这个聪明的泼女崽终究逃不出如来佛的掌心，这偏房她做定了。他来到山岙下一望，傻了眼:三间黄顶青墙的新屋已经造好了。这回，他又像只斗败的公鸡逃跑了。

没泥哪来的米①

有一天，聪妹家没米做饭了。不得不叫丈夫到财主家去借米。丈夫从财主家借得五升米，看到里头三股之一是谷，就对财主说:“东家，这米里的谷多呢。”财主回答说:“有谷才有米，没谷哪来的米？谷米还不是一样的?!”

丈夫没办法，只好拎着米回家。他把财主讲的话对聪妹学了一遍。聪妹听了，立刻拿了一个畚斗，装了半畚斗的泥，递给丈夫说:“你把这五升米还给财主。”

聪妹的丈夫不懂她的意思，还呆着。聪妹轻轻地吩咐了几句，丈夫听了，笑着去还米了。

他一到财主家就说:“东家，这五升米还给你。”财主一看，全是泥，呆了:“这是泥！哪是米?!”

---

① 蓝汝松讲述，雷土根记录整理。收入蒋风、陈华文主编:《畲族民间故事》，中国少数民族民间文学丛书•故事大系。

聪妹丈夫回答说:“有泥才有谷,有谷才有米,没泥哪来的谷米?! 泥米还不是一样的?! ”说完,“哗”一下倒在财主家的米箩里,转身走了。

财主气得眼珠半天没转一下。

上 当①

冬天是畲山岙毛竹园里采收冬笋的季节。这年,刚碰上冬笋小年,人们都舍不得挖。后来,人们发现少了不少冬笋,看看洞痕,又不像是野猪掏的,后来才发现是刁家人偷挖的。没办法,大家又去找聪妹商量。

第二天,聪妹就叫来了几个佛尚崽来到进毛竹园的路上,一齐动手压弯了几株大毛竹,设下了捕捉野兽的毛竹弹。

到了天黑,刁贵带着三四个家人又抬着大筐摸上山来了,猪娘样的刁贵爬在顶顶前头。突然,“咔嚓”一声,刁贵被什么东西紧紧箍住,又被猛地一提,吊上半空中荡起秋千来了。跟在后头的人听到他的叫声,还以为碰上了野兽,连人带筐滚下山逃回家去了。

这时,躲在树丛里的聪妹和佛尚崽,点起火把围了上来,看见弹上挂着个黑乎乎的胖家伙,上去七手八脚地把他放了下来。聪妹忍住笑,装作同情的样子,说:“哎呀,原来是东家呀! 我们还以为逮着一只大野猪呢! 这样大冷的天气,你不在家钻暖被窝,为啥偏要到这里来上弹(当)呢? ”刁贵用手抓了抓被藤条勒出来的伤痕,气得面孔铁青,只好自认晦气,跌跌撞撞地下山去了。

借谷种②

山上布谷鸟叫了。已到了补田(畲话:种田)的季节,畲山岙的畲民们连谷种都还没着落,大家跑到聪妹家来,叫聪妹给想想法子。

聪妹来到平川畈财主刁贵家借谷种。刁贵在谷种里混进了一些稗子,借给了聪妹。他对聪妹讲定,等稻苗长大后,再决定用长势最好的那丘田割来还谷种和利息。聪妹满口答应,挑着谷种回到了山岙里,把谷种分给各家去播种了。

过几天,秧苗出上来了。聪妹就让各家把秧田里长得特别高大的稗子秧先拔出来,全部插在一丘平整肥足的田里。

---

① 柳根良讲述,吴耀成记录整理。 收入蒋风、陈华文主编:《畲族民间故事》,中国少数民族民间文学丛书·故事大系。

② 柳根良讲述,吴耀成记录整理。 收入蒋风、陈华文主编:《畲族民间故事》,中国少数民族民间文学丛书·故事大系。

过了一个月，刁贵带了赖管家来看庄稼长势了。聪妹特地叫了几个佛尚崽（畲话：小伙子）来到稗子田细心耘田。刁贵在田里转来转去，最后来到稗子田边一看，田里禾苗长势特别好，便选了这丘田。聪妹和耘田的佛尚崽装出舍不得的样子答应了。刁贵怕她反悔，便让管家写了两张和约，一份交给聪妹，自留一份。心想，聪妹到底还是不懂事的泼女崽（畲话：小姑娘），便得意洋洋地摇着扇子回家了。

收割了，聪妹和大伙正在田里忙着。泼女崽边割边唱起山歌，佛尚崽肩挑黄灿灿的稻谷回家了。

刁贵带着一帮人，赶着牛车，走得大汗直流。当他走到亲自选定的田边时，呆住了，田里长的全是稗子，气得鼻子、眼睛都歪到一边去了。

拾毡帽①

财主与财主婆都是小气鬼、贪财迷，又是天生的一对近视眼。不管哪家的东西，只要被他们看到，都要往家里搬。就是长工的东西，也会顺手牵羊拿走，长工们恨透了。

这一天，天快黑了。聪妹见财主家门外有一堆牛粪，马上想出了个主意。她跑进财主家，手指着财主家门外那堆牛粪，说："东家，快来看，哪个把毡帽丢在大门外了。"财主一看，门外真有个毡帽，就大步走过去，财主婆听到了，也赶紧跟了上去。

财主走到"毡帽"旁，伸手就去捡。"啊呀，是牛粪！"他暗暗叫苦，可又怕失面子，只好说："毡帽太破了。"甩手正要走开，财主婆走上来气鼓鼓地说："混蛋，破了也可以垫鞋底嘛！"说着，一弯腰，去抓那"毡帽"，"啊呀，是牛粪！"财主婆也暗暗叫苦，可是面子不好丢啊，也只好说："毡帽实在太破了。"

这边，聪妹和长工们都捂着嘴大笑。

不用"街"②

聪妹家穷，她姐姐聪英和妹妹聪弟，两家都比她家富。爹娘对另外两个姐妹格外亲热，对聪妹却冷冷淡淡，对聪妹的丈夫更是看不起。

---

① 吴耀成讲述，雷土根记录整理。收入蒋风、陈华文主编：《畲族民间故事》，中国少数民族民间文学丛书、故事大系。

② 钟东水讲述，雷土根记录整理。收入蒋风、陈华文主编：《畲族民间故事》，中国少数民族民间文学丛书、故事大系。

一天，聪妹公婆(夫妻)俩到娘家去，正好聪弟公婆俩也在娘家。爹正在杀鸡，看到聪妹公婆俩来了，连忙把刚杀死的鸡塞进身边的箩里盖好。聪妹看到了，想了个主意，悄悄地告诉了丈夫。丈夫装作慌忙的样子，一进门就对丈人说："老丈人，快借只箩给我用用。"他顺手拎起那只藏鸡的箩转身就走。老丈人措手不及，结结巴巴地说着："……皆(畲话，指鸡)……皆……皆……"就上来夺箩。聪妹一把拖开爹说："不用街(畲话，扛的意思)，他拎得动，还是让他自个拎好。"一边对丈夫说："你还勿快点拎回去，家里急着等用呢。"丈夫拎着箩飞快地跑了。

摇毛竹①

很久以前，毛竹妈妈有两个儿子，一个叫春笋，一个叫冬笋。大哥春笋勤快又能干，小弟冬笋懒惰又贪玩。

有一天，小山坳里的山角精跑来骗冬笋，毛竹妈妈看见了，就大声叫道："山角精来了！山角精来了！"

山角精一听，跑过去，对准毛竹妈妈脚上就是一脚，毛竹妈妈的脚被踢硬啦，从此一步也走不动，只得整天站着，腰也弯不下来。

春笋见妈妈这样，心里难过，就一天三餐端茶送饭给妈妈吃。而冬笋没管妈妈，反而更贪玩贪吃贪睡，身上的懒虫都要爬出来啦。

隔天，春笋早早就上山打柴去了，冬笋却还在睡大觉。毛竹妈妈看了好伤心，看看天色不早，就慢慢唱道：

小冬笋呵小冬笋，太阳照遍山坡坡；

起来烧碗菊花茶，迎接你的春笋哥。

冬笋听听厌烦，不理，翻个身，又睡着啦。这时，山角精跑到门前唱道：

冬笋哥啊冬笋哥，翻过屋后山坡坡；

坳里长满大番薯，蜜甜蜜甜真好吃啰。

冬笋听了，"骨碌碌"翻下床，跑后山坡去了。毛竹妈妈吓坏了，大声叫喊："冬笋，那儿有山角精，别去！那儿有山角精，冬笋，别去！"冬笋就是不听。春笋回来了，毛竹妈妈就对春笋说："快快把我摇三下，叫叶子飞过山坡，去救冬笋。"

再说，冬笋跑到后山坡小山坳里，不知满地番薯藤是山角精的胡须变的，就拔藤摘番薯吃。

---

① 钟庆福讲述，雷土根记录整理。收入蒋风、陈华文主编：《畲族民间故事》，中国少数民族民间文学丛书、故事大系。

山角精看见冬笋上当，忙跌跌撞撞跑到洞里去拿绳子，要捆冬笋。这时，竹叶不断飞来，“啪啪啪”，打在它的脸上、腿上、手上，好痛。等到它拿了绳子回到小山坳里，冬笋早已吃饱回家了。

第二天，山角精又用山歌来骗冬笋，毛竹妈妈劝冬笋，他不但不听，还用砍刀把毛竹妈妈的枝枝叶叶都砍下来。毛竹妈妈急得眼泪直流，圆圆的毛竹竿上流出了一道道泪沟。

春笋扛着锄头回来了，毛竹妈妈大声叫道:“春笋，我的枝叶都没了，快把我拔起来，骑着飞进山坳，去救冬笋！”

春笋赶快拔起毛竹妈妈，骑着她，飞到后山坡的小山坳。

这时，山角精已用毒气把冬笋裹了九层青皮，只剩下筷子那么一点点长了，山角精再吐一口毒气，就能把冬笋活活裹死。在这紧急关头，春笋骑着毛竹妈妈赶到了。勇敢的春笋用自己的身体挡在冬笋前，不料自己身上也被裹上了一层青皮。春笋拼命用头撞过去，一下把山角精撞倒了。毛竹妈妈飞过来把山角精压牢，春笋马上过来压住山角精的头，冬笋过来压住山角精的尾巴，最后，山角精被深深地压入泥土中了。

后来，毛竹妈妈、春笋、冬笋怕山角精逃跑，就压住不放，人们挖掘春笋、冬笋，还可以看到它们下面尽是一节一节的山角精的脊髓骨呢。到今天，冬笋还怕见毛竹妈妈和春笋哥哥，钻进泥土里，不肯把头伸出来呢。

畲族人都说毛竹妈妈心眼好，替大伙除了山角精，因此，每到大年三十夜，不管多忙，大人总要叫小孩去摇毛竹，把毛竹叶摇下来，好飞出去打山角精的眼睛；还希望孩子像毛竹妈妈那样善良、机智、虚心、高大。

从此，摇毛竹就成了畲族人民的一种风俗习惯。

第三节　谚语与歇后语

水亭区域的谚语与歇后语是汉畲两族人民在长期生产生活实践中不断积累起来的语言精华，包括自然天气、农事生产、养生生活、时政事理等。

一、谚　语

(一)天气类

烟冲天，是晴天；烟不出屋，大雨憋足。

金华山戴帽，大雨就要到。

南雨难，来到吓死男。

一日小西风，一夜热死人。

二月初二晴一晴，刮风落雨到清明。

春季小人脸，一日变三变。

立夏晴，簑衣笠帽无人寻；立夏雨，大雨小雨满田埂。

春雾雨，冬雾雪。夏至薄薄雾，塘底当大路。

夏至见晴天，有雨到秋边。

五月西风大水叫，六月西风石板翘。

云盖中秋月，雨打状元灯。

三月三着单衣，四月四好用扇。

吃了端午粽，棉衣拿来送。

春东风，雨祖宗。

不到夏至不热，不到冬至不冷。

雨打鸡鸣丑，雨伞不离手。

十二月，初三日头，初六雪，今冬落不歇。

二月初二，落（雨）一落，蓑衣笠帽一边搁。

五月黄梅天，一日变三变。

雨打梅头，田缺长流。

六月初三晴一晴，稻秆白如银。

六月初三阴一阴，稻秆烂根筋。

六月六，鸡蛋能晒熟。

六月秋，早早收；七月秋，慢慢收。

六月初一难得落，五月初一难得晴。

一伏漏，伏伏漏。

头伏酱，二伏糊，三伏好晒谷。

过了七月半，蚊虫苍蝇去一半。

一场秋雨一场凉，十场秋雨穿上棉。

立冬响天雷，老人买棺材。

十二月初三晴，黄胖赚两银。

重阳勿落看十三，十三勿落一冬干。

久晴夜风落，久落夜风晴。

雨打早五更，雨伞勿用撑。

早上响雷,大雨即来。

雷响中,两头空。

太公活到八十八,未看见南雨发。

雪花飞六出,瑞雪兆丰年。

长晴长落廿五六,甲午乙未,翻天倒地。

雨落得狂,时间不久长。

东虹日头,西虹雨。虹高日头低,大水满过溪。

五更阴阴阳阳,吃饭好晒酱。

年怕中秋,月怕十五。

地返潮,大雨到;缸穿裙,大雨淋。

瓦生云,晒死人;豆荚云,天气晴。

云往东,要起风;云往西,披蓑衣。

山头戴帽,天气不好,月亮生毛,有雨难逃。

燕子低飞,快披蓑衣。

三月清明笋当菜,越吃越爱吃。

三月三,著单衫,三月清明行十方。

吃了端午粽,还要冻三冻。

(二)农事生产类

新春晴一日,种田人勿吃力。

二月清明勿拖迟,三月清明勿抢先。

蝉儿叫,新谷新米粜。

七月半,甘蔗两节平。

十月中,梳头打扮抵一工。

雷响冬,十栏九栏空。

小雪不开叶,炒炒没一碟。

冬至种油,不够搽头。

小暑油麻,大暑粟。

头窝八哥见秧,二窝八哥见糠,三窝八哥见霜。

烂冬油菜,燥冬麦。

人骗田一时,田骗人一年。

田懒穷一年,人懒穷一世。

三分种，七分管。
补田（插秧）没大小，割稻无老少。
一家种田十家慌，一家割稻十家宽。
芒种不种空种田。
种麦不用灰，到老要吃亏。
小满不满，芒种不管，种田人收地摊。
先落雪，后落霜，一个麦头两人扛。
懵里懵懂，清明浸谷种。
芒种种芋，双手捧不住。
白露荞麦秋风菜。
秋分不抽头，割来喂老牛。
弯田不弯谷，弯来弯去多担谷。
麦熟无空箩，稻熟无太婆。
种田种到老，看丘秧田稻。
蚕要温暖麦要寒。
种菜哥哥想下雨，采桑姐姐要晴天。
七铲芝麻，八铲粟，十铲棉花心不足。
深耕浅种，早些发蓬（分蘖）。
年内三场白（雪），明年好小麦。
麦秆缚苋菜，店家要瞌睡。

（三）养生与生活类

若要小儿好，三分饥来七分饱。
饭后百步走，活到九十九。
少吃多滋味，多吃坏肚皮。
半丘白菜半丘芋，年里勿消开谷橱。
三早抵一工。
若要好，祖上好；若要饱，早饭饱。
半畦韭菜半畦葱，炒起菜来香喷喷。
夜饭少吃口，活到九十九。
三分郎中七分养。
吃烟吃到老，不知啥味道。

新三年,旧三年,缝缝补补又三年。

坐吃山空,立吃地陷。

人越嬉越懒,嘴越吃越馋。

烂芋抵个粽,烂番薯拿来送。

隔夜茶,毒如蛇。

开门七件事,柴米油盐酱醋茶。

放牛怕割草,读书怕出(赴)考。

合本杀牛不如独杀狗。

三十六人好种田,夫妻两个好过年。

会省省过年,不会省省种田。

吃勿穷,穿不穷,不会划算一世穷。

一人省一口,养条大黄狗。

爷娘带挈(给你)十箱十笼,不如自手十指扭扭动。

稻熟鸡娘勿吃谷,饲奶女子勿吃粥。

一回遭蛇咬,三年怕黄鳝。

侬(人)要心好,树要根牢。

女子靠老公,男子靠天公,瞎子要靠亮子忠。

勿怕火,勿怕水,只怕床头鬼。

十网九网空,一网补前功。

十副乌龟抵副鳖。

弄堂鬼迷熟人,手臂骨朝外弯。

勿吃卯时酒,勿拷(打)酉时妻。

上有天,下有地,当中有良心。

会择择才郎,不会择择家当。

一言能破百语,一人能招百客。

救人一命,增寿三年,损人一德,阎王三笑。

世上三件宝:烂田、丑娘、破棉袄。

乌龟笑鳖,重(同)个洞里歇。

清官难断家沿(务)事,神仙难算柴米价。

经从书中来,树从根上起。

有娘着娘害,无娘样样会。

搭斗(稻桶)一响,咸鱼白鲞。

钩镰（镰刀）一放，烂生菜酱。

（四）时政事理类

不怕学不成，只怕心不诚。

穷人骨头金不换。

走正路不会扭歪脚。

临时抱佛脚，越抱越蹩脚。

哥弟哥弟各自量米，姐妹姐妹各自背袋。

鞋有鞋样，袜有袜样，做人像人样。

背后莫说别人短，人前不讲自己长。

忠厚忠厚，代代有后。

小洞不补，大洞吃苦。

孝顺老人是个福，孝顺栏头是块肉。

忍得起，做得家。

打不还手，骂不回口，良心各人自守。

不懂装懂，一世饭桶。

话不要讲死，路不要走绝。

只可家穷，不可路穷。

十年田地三反复。

穷无根，富无底。

不爬高山，不知平地。

一人做事一人当，哪有嫂嫂替姑娘。

一只手难柯两条鱼。

冷在风里，穷在账里。

种田要秧好，生儿要娘好。

吃了人家口软，拿了人家手软。

纸包不住火，人瞒不住错

全家一条心，黄土变成金。

一锄掘不出一口井，一日盖不起一座城。

年轻不识恤（时务），老来没家区（眷）。

日里未做亏心事，夜里不怕鬼敲门。

人怕伤心，树怕伤根。

猫急上树,狗急跳墙。

蛇死要摆尾,虎死跳三跳。

杀鸡要杀喉,打虎要打头。

树老心空,人老脑糊。

好记性不如烂笔头。

家有百棵棕,老来不用儿女种。

十个汤瓶九个盖。

树高十丈,落叶归根。

金窝银窝不如自家的狗窝。

送客千里总有一别。

还算(计算)别人一千,自失八百。

长病无孝子,久住难为人。

二、歇后语

黄鼠狼给鸡拜年——没好心肠。

下雨挑稻草——越挑越重。

布袋里买猫——靠碰。

老鼠舔猫鼻——送死。

柳树开花——没结果。

两个哑巴睡一头——没话说。

和尚打架——抓不到辫子。

牙膏脾气——不挤不出。

木匠推刨——直来直去。

蚂蚁爬到磨盘里——条条是路。

麻狸(狐狸)守鸡舍——守不住。

销(扎)排等大水——有备无患。

绣花枕头——肚里一把葱。

三十夜里生——尽讲好话。

正月初一生——最大。

清明日生——顶聪明。

老虎吃蝴蝶——吃不饱。

康箩跳米箩——升级。

三个榔头打不出一个屁——老实。
砻糠扎坝——水停(亭)村。
乌龟晒油——塘上村。
摁牛头吃水——落(乐)塘村。
三合一的确良——周邵汤村。
买糖不用秤——估(古)塘村。
高山有好水——上方泉村。
躲起来耙柴——松树下村。
榨油好地方——张麻车村。
豆腐千张——千张(西姜村)。
自流灌溉——陈塘下村。
两岸沟通——午塘桥村。
行人当心——午塘边村。
玉玺——金印村。
河神所建——河伯堰村。
四石成塘——磊石塘边村
春茶飘香——芳茗叶村。
司马光智救小孩——捶缸(垂江)村。
金字塔——下方齐(泉)村。

第七章　民间文献

水亭畲族乡畲族世代相传的畲族宗教科仪教本均为手抄本。蓝、雷、钟姓宗谱及汉族诸姓宗谱选择数例作简介，其余列表存目。铭刻、匾额、碑刻、祖图、契约、文书、唱本、藏书等，内涵丰富，构成水亭悠久古韵的历史文化，具有相当的社会历史研究价值。

第一节　书　　籍

水亭畲族乡境内遗存民间的古代书籍，数量相对较多。民间保存着清代和民国时期的手抄本，最完整的是各姓宗谱、功德书以及畲族民歌。

一、畲族祖图

《畲族祖图》　共有图36幅，为清末艺人画。主要内容有高辛当朝、龙麒出世、拆榜征番、龙麒入番、招为驸马、讨姓受封、封府广东、闾山学法、归朝奉献、金钟变身、打猎殉身、龙麒坟基等。此祖图由水亭畲族乡柳塘章行政村明真山脚自然村雷增国收藏。现水亭畲族乡文化站保存一套《畲族祖图》(12幅)由电脑复制而成。

二、民间藏书

蔼庐藏书　徐希庆，号蔼庐，塘上村人，好收藏，家多书。希庆父纪鑫、祖父兆镛、曾祖父金富、高祖父大球五世经营药业所存医药书籍、民间单方手抄本，连同经史子集共数千册，编有《藏书目录》，存于罗埠徐葆三堂藏房。民国4年(1915年)遭火焚毁一空。藏于塘上的千余册书籍及收藏的字画、邮票、纸币、硬币、烟标、火花、瓷器等毁于“文化大革命”期间。

《新选楹联全编》　全册分上、下卷。全卷共23页(双面)。油纸印刷本，楷体黑字，线装，12 列，每列 24 字，页面 19.5 厘米×13 厘米，四周双线框栏 16.5 厘米×11.5 厘米，有花鱼尾，口题、卷数、页码及书名《新选楹联全编》。民国 5 年（1916 年）谏石斋出版社编辑出版。内容有人事类：新婚通用、新婚按月联、弄璋之喜、弄孙之喜、男寿通用、二十岁、三十岁、四十岁、五十岁、六十岁、七十岁、八十岁、九十岁、百岁、女寿通用、四季联、双寿、创造。屋宇类：门阑、窗槅、重门、园亭、楼阁、轩斋、闺阁、书室、书斋、内室、厅堂、山家、农家、渔家、幽居、潜居、乔迁。言语类：佳话、俗语、格言、集白、历代实事、胜迹、隐士、闺秀、青楼芳联（嵌字格式）、楹联杂录（取其秀丽清款者）。挽联类：男通用、女通用、挽亲家、挽岳父、挽岳母、挽业师、挽师母、挽继父、挽继母、挽舅父母、挽烈妇、挽男轴额、挽女轴额等。保存较好。今存兰溪市水亭畲族乡柳家民族村上畈自然村蓝国良处。

三、手抄本

药　簿　一册，共两页（双面）。草纸手抄本，行书黑字毛笔写，行书蓝字钢笔写，页面 11.5 厘米×9 厘米。载有祖传药方。民国 20 年（1931 年）蓝启明撰。保存基本较好。今存兰溪市水亭畲族乡柳家民族村上畈自然村蓝国良处。

雷月招功德书　不分卷，1 册，连封面共 29 页（双面）。清道光三年（1823 年）雷月招撰，草纸手抄本，黑字，纸线装，页面 22 厘米×11.5 厘米，无版框，6 行 16 字。此书有后记曰："道光三年（1823 年）正月二日吉旦。在家亭后、雷月招抄写；做伤款头用，着大吉大利。此书日后不得其失。其书话酒连（即封面、封底）二十九章（即页）。贤者要用看、记，便做用易得。莫做等闲看，贤者看，恐有错移，望贤者改换，切莫损坏。子孙永远，千秋看也。任式后代子孙，不得其失。"保存完好。今存兰溪市水亭畲族乡柳家民族村上畈自然村蓝国良处。

蓝其增撰辑功德书　不分卷，1 册，共 63 页（双面）。草纸手抄本，黑字，线装，页面 13.5 厘米×24.5 厘米，无版框，半页 7 行，每行 22 字。清同治癸亥年（1863 年）由蓝其增撰辑。保存基本完好。今存兰溪市水亭畲族乡柳家民族村上畈自然村蓝国良处。

手抄本功德书　不分卷，1 册，共 110 页（双面），草纸手抄本，行书，黑字，线装，页面 16 厘米×13 厘米，无版框，半页 8 行，每行 14 字。清光绪八年（1882 年）蓝增树撰。保存基本完好。今存兰溪市水亭畲族乡西方坞村蓝开寿处。

蓝锦森撰功德书　不分卷，1 册，共 47 页（双面）。清光绪二十六年（1900 年）蓝锦森撰。草纸手抄本，行书，黑字，纸线装，页面 23 厘米×14 厘米，无版框,半页6行,每行20字。保存基本完好。今存兰溪市水亭畲族乡柳家民族村上畈自然村蓝国良处。

蓝锦森撰功德书 1本1册,共91页(双面)。草纸手抄本。行书黑字,线装,页面24厘米×13厘米,无版框,半页6列,每列14字。民国21年(1932年)蓝锦森撰。保存基本完好。今存兰溪市水亭畲族乡柳家民族村上畈自然村蓝国良处。

蓝启明撰功德书 不分卷,1本1册,共62页(双面)。草纸手抄本,黑字,线装,页面17.5厘米×12.5厘米,无版框,半页6列,每列14字。民国26年(1937年)蓝启明撰。保存完好。今存兰溪市水亭畲族乡柳家民族村上畈自然村蓝国良处。

超荐拔度救苦道场科书 不分卷,1册,共98页(双面),草纸手抄本,行书,黑字,线装,页面24.5厘米×13.5厘米,四周无栏,半页4行,每列14字。清道光三十年(1850年)蓝奇信撰。保存基本完好,今存兰溪市水亭畲族乡西方坞村蓝开寿处。

做子弟师歌 不分卷,1册,共62页(双面),草纸手抄本,黑字,线装,页面24.5厘米×13.5厘米,四周无栏,半页7行,每行14字。清道光三十年(1850年)蓝奇信撰。保存基本完好。今存兰溪市水亭畲族乡西方坞村蓝开寿处。

度法文书 1册,共82页(双面),草纸手抄本,黑字,线装,页面19.5厘米×13.5厘米,无版框,中缝有页码,半页7列,每列14字。清光绪八年(1882年)蓝增树撰。文书缺第81—82页,今存兰溪市水亭畲族乡西方坞村蓝开寿处。

蓝增树撰做阴事 不分卷,全1册,共21页(双面)。清光绪八年(1882年)蓝增树撰。草纸手抄本,行书,黑字,线装,纱布封面,页面16厘米×13厘米,无版框,半页8列,每列14字。残缺不全(已破)。今存兰溪市水亭畲族乡西方坞村蓝开寿处。

做阴事出白书 1卷1册,共62页(双面)。清光绪十六年(1890年)蓝增树撰。草纸手抄本,行书,黑字,线装,纱布封面,页面24厘米×13.5厘米,无版框,半页6列,每列14字。保存完好。今存兰溪市水亭畲族乡西方坞村蓝开寿处。

蓝增树、蓝法诚撰清醮科书 上下两卷合订本。上卷47页,下卷27页(皆为双面),草纸手抄本,线装,黑字,红纱布封面,无版框,页面20厘米×12厘米,半页6列,每列14字。清光绪十七年(1891年)蓝增树、蓝法诚等撰。保存基本完好。今存兰溪市水亭畲族乡西方坞村蓝开寿处。

蓝增树、蓝法诚撰岳楼书 1卷1册，全书共31页（双面），草纸手抄本，行书，黑字，线装，红纱布封面，无版框，页面20厘米×12厘米，6行14字。清光绪十八年（1892年）蓝增树、蓝法诚撰。保存完好。今存兰溪市水亭畲族乡西方坞村蓝开寿处。

除关斩煞 不分卷，1册，共39页（双面），草纸手抄本，行书，黑字，线装，红纱布封面，页面20厘米×12厘米，无版框，半页8列，每列21字。清光绪十九年（1893年）蓝增树、蓝法诚撰。保存基本完好。今存兰溪市水亭畲族乡西方坞村蓝开寿处。

蓝献瑞撰做阴事挟王书 1卷1册，共31页（双面），草纸手抄本，行书，黑字，线装，纱布封面。页面23.5厘米×13厘米，无版框，半页8列，每列16字，清宣统二年（1910年）蓝献瑞撰。保存基本完好，今存兰溪市水亭畲族乡西方坞村蓝开寿处。

拔度岳楼书 1卷1册，全册45页（双面）。草纸手抄本，行书，黑字，线装，红纱布封面，无版框，页面24厘米×13厘米，半页8列，每列14字。民国5年（1916年）蓝增树、蓝法诚撰。保存完好。今存兰溪市水亭畲族乡西方坞村蓝开寿处。

蓝献瑞撰文书科 不分卷，1册，共11页（双面），草纸手抄本，行书，黑字，纸线装，页面23.5厘米×13厘米，四周无栏，半页8列，每列14字。民国11年（1922年）蓝献瑞撰。保存基本完好。今存兰溪市水亭畲族乡西方坞蓝开寿处。

蓝法诚清醮发赦科 不分卷，1册，全册共11页（双面），草纸手抄本，行书，黑字，红纱布封面，线装，无版框，页面20厘米×12厘米，半页8行，每行14字。清光绪二十二年（1896年）蓝法诚（献瑞）撰。保存完好。今存兰溪市水亭畲族乡西方坞村蓝开寿处。

蓝增霆撰度法文书 不分卷，1册。共90页（双面），草纸手抄本，行书，黑字，纸线装，页面23.5厘米×13厘米，无版框，半页6列，每列14字。清光绪二十六年（1900年）蓝增霆撰。保存完好。今存兰溪市水亭畲族乡柳家民族村上畈自然村蓝国良处。

蓝锦森撰甲子歌 不分卷，1本1册，全册共64页（双面）。草纸手抄本，行书黑字，线装，页面20厘米×12厘米，无版框，半页7列，每列14字，附有手相图说。清光绪三十年（1904年）蓝锦森撰。保存基本完好。今存兰溪市水亭畲族乡柳家民族村上畈自然村蓝国良处。

蓝锦森、蓝法政撰通书法道 1本1册,共24页(双面)。草纸手抄本,封二贴有“中华邮政”一枚,面值一文。封底书二十四张页。行书,黑字,线装,页面17厘米×9.5厘米,无版框,半页6列,每列16字。民国21年(1932年)蓝锦森、蓝法政撰。保存基本完好。今存兰溪市水亭畲族乡柳家民族村上畈自然村蓝国良处。

蓝启明撰人灵款诵经 不分卷,1本1册,共37页(双面)。草纸手抄本,线装,行书,黑字,页面17.5厘米×12.5厘米,无版框,半页8列,每列14字,民国26年(1937年)蓝启明撰辑。除第31—37页破损外,其余保存基本完好。今存兰溪市水亭畲族乡柳家民族村上畈自然村蓝国良处。

雷应开撰出白杂出山本 1卷1册,共63页(双面),草纸手抄本,行书,黑字,棉纱布封面,线装,页面23.5厘米×13厘米,无版框,半页6列,每列14字。清光绪九年(1883年)雷应开撰。首页书有“生前成得成繁重,同延酒食物有千秋”“冯翊郡雷,置办使用”字样。除第62—63页有破损外,其余保存基本完好。今存兰溪市水亭畲族乡柳家民族村上畈自然村蓝国良处。

第二节 铭 刻

铭刻均为名人书写、艺人雕刻、工匠铸造。石质为碑刻,木质为匾额,金属为铸器。水亭畲族乡域内共有碑刻14块,其中,各类碑刻(记)9块、门楣石刻2块、墓碑3块;匾额共19块,其中特色堂号1块、表彰纪念匾额3块、“文魁”2块、祝贺寿诞10块、挽额3块;木刻板联共6副,其中,表彰纪念人事1副、祠堂用联3副、祝贺寿联2副;铸器铜印1枚。

一、碑 刻

1. 兜率寺石碑

该碑现立于水亭畲族乡生塘胡民族村胡氏宗祠内,于北宋庆历三年(1043年)八月十六日重立,碑文则于唐咸通九年(868年)由唐邵朗所撰。碑高1.67米,宽0.57米,两边镶有石条高1.75米,宽0.15米,厚0.21米,放脚石长1.23米,宽0.35米,高0.29米。阳面碑文为《太傅胡公置寺记》、阴面碑文为《兜率寺开堂疏》,北宋元祐戊辰(1088年)刻。

2. 古井诗句碑刻

古井,又名义井。位于水亭畲族乡松树下行政村乐塘自然村村北西偏东泉井山上。

《乐塘崇儒里徐氏宗谱》载有天宝元年(742年)壬午孟冬题的《安贞公古井诗记》,其诗也镌于石上,砌井底之旁。为兰溪见于文字记载的最早碑刻。云:

源泉应瑞符，拥出白玉壶。

但得元气固，何愁东海枯。

润蒸云露结，澄澈锦纹敷。

砌石留诗记，千年与不孤。

3.(西姜)本祠银产□□逐项质(结)存数目碑记碑

该碑存放于西姜祠堂内,为明崇祯十五年(1642年)七月初十立,碑高178厘米,宽65厘米,厚10厘米,青石质,已破裂成2块。碑文自上而下,自右而左直书,楷体阴刻,共12行,数字、大小均不一,大的单字见方约4厘米,小的约1.5厘米。主要内容为本祠收付账目告布清单。

4.(西姜)托付碑

该碑存放于西姜祠堂内,碑高118厘米,宽50厘米,厚10厘米,青石质。自上而下，自右而左直书楷体阴刻,9行数字不一的碑文，单字约3厘米见方。碑文主要内容:存义堂庄分岩亭登己丑(考为1745年)科进士,授官在外,家事托付侄枢环察查为定。落款:"乾隆十七年岩亭立。"今保存完整。

5.(西姜)修路碑记碑

该碑原立于西姜通往孟塘古道凉亭下路口"守规亭"内。此亭为西姜西林寺静能师所建。相传静能师为会见母亲而□□,故称"会母亭",又称"母子亭"。亭废移至西姜祠堂内。碑高160厘米,宽60厘米,厚10厘米,碑上方左右倒角20厘米,倒角内壁刻有花纹图案,紧接有17厘米×60厘米,四风凹进2厘米长方体,自右而左,横书楷体阴刻"修路碑记"四字,单字13厘米见方,碑文自上而下,自右而左直书楷体阴刻6行又19字,每行30字,共199字,单字3厘米见方。后立字据及亭的四至,落款为"大清道光五年岁次乙酉菊月吉日,西姜锡庆西林寺静能、石匠工姜□同立"。青石质,今保存完整。

6.圣山祖殿造建碑记碑

该碑整体由两块尺寸相同的石碑组成,原立于圣山峰上的圣山殿内,殿废移到殿下村敦睦堂大厅内。第一块石碑上方左右倒角20厘米,两端雕有花纹图案,正中自右至左楷书阳刻"圣山祖殿"四字,单字见方9厘米;碑高175厘米，宽89厘米，厚10厘米。全碑自上而下，自右而左直书碑文序言：《合社重兴圣山祖庙序》，落款为“本社弟子丁鹿年沐手敬撰”。青石质，佚名刻。接下捐款芳名。第二块石碑上方正中自右至左横书篆体阴刻“造建碑记”四字，单字见方、高、宽、厚、上方两边倒角等尺寸及石质均与第一块相同。所不同的是上方两端花纹图案。内容为承接上块捐款芳名，后录首事人士名单。落款为“大清龙飞光绪十九年岁在癸巳仲夏月上院之吉，本社弟子姜旭暄沐手敬书”。捐款芳名为十五社四百余名。

7. 永安亭指路碑

该碑立于塘上前大路永安亭北约90米三岔路口，碑高70厘米，宽27厘米，厚12厘米，红石质。自上而下，自右而左直书“左通双牌诸葛，右达志棠寿昌”12字，为行人指路。单字见方8厘米，楷体阴刻。水亭尚方方德成书，永昌朱村项庚宝刻。为塘上李氏秋菊独资築(筑)亭于民国18年(1929年)巧秋月立。今仍立于原处，保存完整。

8. 重治上下新塘记碑

该碑立于水亭上新塘、下新塘交界南侧。碑高104厘米，宽148厘米，厚6厘米，石质为灰褐色花岗岩石。设有双层碑座，上层为159厘米×46厘米，高19厘米，下层为193厘米，高16厘米，整体碑高139厘米。碑座为紫红色花岗岩石贴面。碑上方正中自左而右横书“重治上下新塘记”7字，单字为11厘米×8厘米，扁形宋体。碑文单字为4.5厘米×3厘米，长形楷体阴刻，共206字，落款为“水亭街村党支部、村委会撰，公元二〇〇五年秋月”。

9. 畲乡碑

该碑立于水亭至兰溪与水亭至诸葛十字路口南，碑高300厘米，宽500厘米，石料取于深山老林巨型石块，自然风味浓厚，石上草书“畲乡”二字，单字90厘米见方。右下方落款为“公元二〇一一年十二月朱根富书”及印章。

10.“百世瞻依”门楣石刻

该门楣石刻为明代石刻，嵌于西姜祠堂二道门楼一楼与二楼正中。碑体188厘米×52厘米，厚5厘米，自右至左横书“百世瞻依”四字，单字见方40厘米，为楷书深雕阴刻，工艺精致，佚名书刻。今嵌于原处，保存完整。

11.“於斯协颂”门楣石刻

该门楣石刻嵌于塘上村86号三间对合武进楼屋大门门楣正中墙体上，碑体长198厘米，宽68厘米，厚10厘米。自右而左横书“於斯协颂”四字，左边落款直书“屏山柳萃藩书”。楷体阳刻，精雕深镌，工艺精致，四字单体35厘米见方，为兰溪著名书法家柳屏山手迹。民国26年（1937年）徐纪鑫立。

12. 水钦墓碑

该墓碑位于水亭坞村上碓塘上。墓碑高116厘米，宽132厘米，四周加有青石框，石框高141厘米，宽25厘米，框上方横书阴刻“闽莆衍派”四字，条框右直书“作牧婺州德政清廉”，左直书“后迁瀫水耕读传家”。墓碑自右而左横书“吴兴水氏”。右直书“宜山申向，大宋绍兴进士婺州刺史”，中直书“始祖本十七公名钦，夫人江氏之墓”，左直书“川岳之灵，湖山之秀，性惟其慈，德惟其茂，挺生我公，大昌□后，为闽之宗，为吾之祖”四行字，落款为“六世孙九省监察御史琏赞，大清光绪乙亥□春月吉旦（二月初一）”。2001年冬月重修。碑文均为楷书阴刻，青石质。

13. 七品郎官胡公墓碑

该墓碑存放在胡氏宗祠门前广场西侧。碑高141厘米，宽68厘米，厚14厘米，碑文自右至左横书“安定郡”三字。直书五列，右第一列刻“万历十年（1582年）仲夏月吉旦立”。右第二列直书“□□公讳宗文夫人王氏施氏合葬石孔山”。第三列刻“大明天顺元年上寨恩赐七品郎官胡公之墓”。第四列刻“寿登七十，五男二女十七孙同居义门”。第五列刻“四世孙胡沙恩生立石邑”。碑文为楷书阴刻，青石质，保存完整。

14. 天水郡墓碑

该墓碑存放于西姜祠内，碑高113厘米，宽54厘米，厚7厘米，碑文自右而左横书“天水郡”三字，右边直书“大清道光三十年仲冬月”，中直书“先高祖考荣七四府君安人胡氏方氏，先高祖考华百五府君安人徐氏合墓”，左边直书“茌房派下山东祀立”。碑上端左右倒角18厘米，碑文均为楷书阴刻，青石质，今保存完整。

二、匾 额

1. “天生堂”匾额

此匾挂于生塘胡村胡氏宗祠中庭串楣（方言）正中堂上。匾总长300厘米，宽100厘米。四周双框，宽15厘米，雕有花纹图案。上、下、左、右刻有九龙飞舞，工艺精致，框内长270厘米，宽90厘米，黑底金字，楷书阳刻，单字约60厘米见方，取名“天生”，具有历史、地理、自然风貌之特色。保存完整。

2. “忠壮府”匾额

此匾挂于塘上村嘉德堂中进串楣，正中堂上。匾长230厘米，宽100厘米，厚7厘米，四周有框。自右至左横书“忠壮府”三字，单字见方50厘米，红底金字，“三字”为铜制立体感式样，落款左为“兰溪市文物馆”，右为“一九六六年元月重立”。为金华书法家钮徐生书。保存完整。为纪念抗金民族英雄徐微言立。徐微言(1093—1129)，字颜猷，全旺官塘人。北宋元符二年(1099年)登李釜榜进士。大观二年(1108年)武举绝伦及第(武状元)。棹为武经大夫。受任知晋宁兼岚石抚使。高宗闻微言死卒事，抚儿震悼。乃赠晋州观察使，谥“忠壮”。

3. “宋世名家”匾额

此匾悬挂于古塘村世禄堂外虎门门楼正中。匾长200厘米，宽80厘米，自右而左横书“宋世名家”四字，单字50厘米×35厘米，成长方体，绿底黑字，楷书阳刻，托匾脚座为木制8厘米见方，左右各一，上书“重光”二字，单字6厘米见方。左款“后裔敬立”，右款“壬午年仲秋重修”。虎门前有红石门当犹存，仅缺户对，大概“重光”以作户对装饰，弥补之不足矣。此匾额相传为纪念忠孝清廉徐良能而立。保存完整。(徐良能，见第九章第一节第二目《主要人物传略》)。

4. “大夫第”匾额

此匾嵌于黄村坞村钟瑞堂门楼正中。匾长238厘米，宽100厘米，白底黑字，楷书阳刻，单字60厘米见方，为明景泰五年(1454年)立。黄镜后裔为纪念黄庭坚之子黄相官至中奉大夫，遂建祠厅名曰“大夫第”。保存完整。

5. 叶岗坞“文魁”匾额

此匾悬挂于叶岗坞村怀德堂后进左边串楣中堂上，匾长200厘米，字80厘米，四周设双框，自右而左横书“文魁”二字，白底黑字，楷书阳刻，左款“大清光绪十五年立”，右款“叶宝瑛‘恩拜’浙江乡试中式第116名举人”。

6. 芳茗叶“文魁”匾额

此匾悬挂于芳茗叶村敦睦堂后进左边串楣中堂旁，匾长200厘米×80厘米，四周双框，自右至左横书“文魁”二字，白底黑字，楷书阳刻。左款“大清光绪二十九年立”，右款“叶渭清‘恩拜’中癸卯科浙江乡试中式第63名举人”。

三、木刻板联

1. “大宋龙图第；兰荫世禄家”

此联挂于古塘村世禄堂外虎门门楼左右两旁，联长120厘米，宽22厘米，单字18厘米×13厘米，呈长方体，楷书阳刻，绿底黑字，右上联书“大宋龙图第”,左下联书“兰荫纪禄家”。为纪念徐良能而立。

2. 祠堂用联三副

此联挂于生塘胡民族村胡氏宗祠中庭内,中庭正中“天生堂”,左右柱联,此联为鹤顶式而书,右柱书“天心隆眷顾,自晋迄今宗传太傅家声远”;左柱书“生齿卜蕃昌,由综伊始派衍冲公血食长”。此联为28厘米×40厘米。中庭正厅第一柱联:“瀫水流长,五十世孝子慈孙奉承俎豆;香山峙古,二千年祖功宗德垂裕箕裘。”此联为单行直书,330厘米×50厘米。中庭正厅第二柱联:“百世簪缨由凤始,其间若嘉若遵若祐若珪若文亮,数千年阀阅相承,科第联翩,指不胜屈;万年香火自晋初,以迄而唐而宋而元而明而前清,五三世子孙古继,春秋享礼,永以为常。”

四、铸器铜印

“兰溪开国”印　铸器铜印为南宋“兰溪开国”之印。据古塘村《古塘徐氏宗谱》《嘉得祖印记》一文载,今查印面有“兰溪开国”四隶字,印背有“乾道七年(1171年)十月使□”字,方阔寸半,式扁平,背中直脊,铜质,重半斤。是当时南宋孝宗于乾道七年赐封中侍御史给事中徐良能“兰溪开国”男。

第三节　文　书

水亭畲族乡境内文书遗存不多,几份文书均为毛笔字手抄本,主要涉及助款名誉执照等,另有几份民国时期的身份证和分立书。

1.《云山书院助款名誉、执照》

柳家上畈《蓝氏宗谱》载《云山书院助款名誉、执照》文记:“清光绪丙午年间(1906年)国家变法,停各省之科举而令各州县设立学校,本族捐英洋100圆当送校开办之需。”执照全录如下:

兰溪云山学堂为给发执照事,查兰邑地居衡要,客商寄借滋多,非准予一体入堂,不足以收教育普及之效,惟学堂以书院改设,系属本邑所有之公产。若竟漫无区别,又无以服本邑学界之心。现经公司集议,仿照严衢两郡办法,所有寄借客商,捐助公款至百金以上者,准其保送合格子弟一人入学,五十金以上者,准其子弟一人来堂投考,毕业后或咨送原籍或由本学堂升送,一听其便,业经禀奉。

县主苏核准在案。兹据原籍广东省潮州府潮阳县寄居商人蓝天华捐助学堂经费壹佰元。查系身家清白,理合给予收照。保送入学与本邑学生一体优待,特给存照”。

清光绪三十二年(1906年)闰四月初十日 给发

2. 捐助云山书院芳名录及执照

《捐助云山书院芳名录》云:清光绪丙午年(1906年)间,国家变法、停各省之科举而令各州县设立学校。兰邑学校设于城东,然经费不充,各乡捐助。增树邀本族诸同志酌议捐得英洋壹佰元当送校,以充其开办等费之需。县令暨校长给有执照,俾余族捐得银元之子弟,若有志入学可报送云耳。兹将执照并助银元诸芳名并列于后。

兰溪云山学堂为给发执照事,查兰邑地居衔要,客商寄借滋多,非准予一体入堂,不足以收教育普及之效。惟学堂以书院改设,系属本邑所有之公产,若竟漫无区别,又无以服本邑学界之心。现经公司集议,仿照衢严两郡办法,所有寄借客商,捐助公款至百金以上者,准其保送合格子弟一人入学,五十金以上者,准其子弟一人来堂投考,毕业后或咨送原籍或由本学堂升送,一听其便,业经禀奉。

3. 分关书

蓝樟荣户分关书,1册,共8页。民国26年(1937年)12月27日立。兰溪县水亭乡双塘下村蓝樟荣、蓝樟顺、侄蓝阿芳等三人合议分掰屋宇、地基、田地、家伙等的分关凭证,中证人:蓝林生、蓝石清、蓝炳旺、蓝樟文。代笔人:蓝日新、方景焕,一式三份,各执其一,列序文,抽拔祭祀田、助学田、长子长孙田及各房所分屋宇、田地树木等,田地等地均标土名,面积和四止(至)界限,兄弟酌议邀族亲拼搭均匀,抓阄为定。各份均署有关年月、当事人、房族证人和代笔人(画押)。抽祀田一地三分,各房轮流耕种。分关书本色白纸、纸线装订,楷书墨色,每年冬至,取出祭祀。

4. 蓝樟荣国民身份证

1纸,中华民国37年(1948年)兰溪县政府颁发给蓝樟荣的中华民国国民身份证,浙江官府行政文书。该证记载:

蓝樟荣,男,出生清光绪二十九年(1903年)7月3日,本籍兰溪,号码水字第4763号,中华民国37年(1948年)12月30日发给。保甲番号水亭乡4保2甲1户,住址双塘下。教育程度:不识字。“职业”行业:农耕作。职位:自耕。“公职候选人资格”分类别、证书号码、“特征”、“分析符号”、照片或标准指纹。“指纹符号”分指名:大指、食指、中指、环指、小指。“手别”分右手、左手。“公职候选人资格"类别,证书号。"公民资格"分宣誓地点,宣誓日期。家属:妻蓝王氏、子蓝品芳、媳雷氏、女阿菊。"役历"役别,日期,证明长官等空白未填。

白纸,铅字排版印刷格式文书,行体墨书填发。页面 16.4 厘米×12.6 厘米。该证为正反两面印刷,反面有朱色方形"兰溪县政府印"1 枚,保存完好。浙江省兰溪市水亭畲族乡周郜汤民族村双塘塍自然村蓝柏锦存。

5. 蓝雷氏国民身份证

1 纸,中华民国 37 年(1948 年)兰溪县政府颁发给蓝雷氏的中华民国国民身份证,浙江官府行政文书。该证记载:

蓝雷氏,女,中华民国 10 年(1921 年)8 月 22 日,本籍兰溪,号码水字第 4762 号,中华民国37 年 12 月 30 日发给。保甲番号,水亭乡 4 保 2 甲 1 户,住址双塘下。教育程度:不识字。"职业"行业:无。职位:家务。"公职候选人资格"分类别、证书号码、"特征"、"分析符号"、"照片或标准指纹"。"指纹符号"分指名:大指、食指、中指、环指、小指。"手别"分右手、左手。"公民资格"分宣誓地点、宣誓日期。家属:夫姓名,蓝品芳。"役历"分役别、日期、证明长官等空白未填。

白纸,铅字排版印刷格式文书,行体墨水填发,页面 16.4 厘米×12.6 厘米。该证书为正反两面印刷,反面正中有朱色方形"兰溪县政府印"一枚,保存完好。浙江省兰溪市水亭畲族乡周郜汤民族村双塘塍自然村蓝柏锦存。

6. 蓝百念三婆赐素簿

1 册,共 13 页,中华民国 21 年(1932 年)仲月(二月),浙江畲族丧俗经济文书。文中记载:

"蓝百念三婆,本命生于光绪壬午年(1882 年)五月十七日戌时建生,不期终于民国壬申年(1932 年)二月十四寅时,一梦去世享寿五十有一岁。诸亲朋邻友前来奔丧奠礼,送菜、鸡、米、香纸烛、祭品等物。"

共入账 25 户的祭品及物资。中华民国 21 年(1932 年)仲月佚名抄本,草纸,纸幅 14 厘米×20 厘米,保存完好。浙江省兰溪市水亭畲族乡周郜汤民族村双塘塍村蓝柏锦存。

第四节 诗词 文选

水亭,地灵人杰。唐宋之际,徐姓在境内以耕读出仕遐闻。宋代水姓为乡境山水作诸多诗词。清道光年间(1821—1850 年),更有外乡名士游人赞美水亭风貌,留下许多诗句文章。

一、诗 词

(一)水亭籍人士诗词

诗选十二首

唐·徐安贞[①]

奉和喜雪应制

两宫斋祭近登临,雨雪纷纷天昼阴。只为经寒无瑞色,顿教正月满春林。
蓬莱北上旌门暗,花萼南归马迹深。自有三农歌帝力,还将万庾答尧心。

古井诗记

源泉应瑞符,拥出王玉壶。但得元气固,何愁东海枯。
润蒸云霞结,激澈镇纹敷。砌石留诗记,千年与不孤。

书殿赐宴应制

校文常近日,赐宴忽升天。酒正传杯至,饔人捧案前。
玉阶鸣溜水,清阁引归烟。共惜芸香暮,春风几万年。

从驾温泉宫

神女调温液,年年待圣人。试开临水殿,来洗属车尘。
暖气随明主,恩波浃近臣。灵威自无极,从此献千春。

送吕向补阙西岳勒碑

圣作西山颂,君其出使年。勒碑悬日月,驱传接云烟。
寒尽函关路,春归洛水边。别离能几许,朝暮玉墀前。

送丹阳采访

郡县分南国,皇华出圣朝。为怜乡棹近,不道使车遥。
旧俗吴三让,遗风汉六条。愿言除疾苦,天子听歌谣。

送王判官

明月开三峡,花源出五溪。城池青壁里,烟火绿林西。
不畏王程促,惟愁仙路迷。巴东下归棹,莫待夜猿啼。

题襄阳图

画得襄阳郡,依然见昔游。岘山思驻马,汉水忆回舟。

---

① 摘自《乐塘崇儒里徐氏宗谱》。徐安贞:水亭乐塘村二世祖,进士。

丹壑常含霁，青林不换秋。图书空咫尺，千里意悠悠。

程将军夫人挽诗

琴瑟调双凤，和鸣不独飞。正歌春可乐，行泣露先晞。
环珮声犹在，房栊梦不归。将军休沐日，谁劝著新衣。

奉和圣制早度蒲津关

仙掌临秦甸，虹桥辟晋关。西都分地险，一曲渡河湾。
路得津门要，时称古戍闲。城花春正发，岸柳曙堪攀。
后乘犹临水，前旌欲换山。长安回望日，宸御六龙还。

奉和圣制答二相出雀鼠谷

两臣初入梦，二月扈巡边。涧北寒犹在，山南春半传。
颂声先奉御，辰象复回天。云日明千里，旌旗照一川。
柳阴低辇路，草色变新田。还望汾阳近，宸游自窅然。

闻邻家理事

北斗横天夜欲阑，愁人倚月思无端。忽闻画阁秦筝逸，知是邻家赵女弹。
曲成虚忆青蛾敛，调急遥怜玉指寒。银锁重关听未辟，不如眠去梦中看。

再卜高山水亭[①]

宋•水宏宜

曲曲雕栏绕渚回，俗生飞不到亭台。栋高不碍闲去往，窗小仍邀皓月来。
沼藻游鱼惊短钓，隔花好鸟劝深杯。佳山更卜高岭胜，千载碑铭可勒裁。

高臬水亭闲咏[②]

宋•水邦达

人间正气此钟英，万叠风云抱若城。满谷春香浮草木，几朝忠孝见簪缨。
登临更借乾坤色，星斗还遗笔砚荣。最看文章渊薮会，云仍重见佐□□。

修省箴[③]

宋•徐应犹

毋躁性，以免祸。戒多喋，以远憎。能如斯，而始终。庶元辱，乎一声。

① 摘自《水氏宗谱》。水宏宜：水亭人，邑庠生。
② 摘自《水氏宗谱》。水邦达：水亭人，中宪大夫。
③ 摘自《竹塘徐氏宗谱》。徐应犹：塘上人，进士。

宁安分，以守己。勿轻步，以谒人。能如斯，而始终。庶无参，乎一生。

除守广州却乙兰亭浙里

元・水琏①

枫宸再笏拜铜章，竹马遥迎大海旁。朝汉惟褰纷豆蔻，罗浮绶拂医恍榔。
埋轮仍已推张史，前席何繇召贾郎。莫谓兰阴非傲隐，湖亭终可属行藏。

平畈春耕

元・水文胜②

隔夜呼童饱饭牛，明将及早春事畴。杏花开处犁初试，土坎耕时雨正稠。
一曲农歌来鸟和，三春穑事为身谋。世人莫厌田家苦，喜有遗安在后头。

春与诸友宴水亭因赋

元・水进文③

才暇春衿业，闲游霭溆滨。危亭傍水曲，乔木倚云旻。
绕坐浮清酌，凭虚眺比邻。鸥鸟浴晴浪，花柳绝嚣尘。
仿佛蓬壶近，行调不厌频。

榆溪闲咏

元・水公年④

有本溪流派自长，澄然可沁诗词肠。引来煮茗风生腋，吐出成渊月透光。
泛斝未应夸曲水，濯缨尽可羡沧浪。乾坤今古如斯逝，道体无穷莫可量。

投秩归与叔侄昆季游水亭作

明・水惟明⑤

佐篆曾膺古博阿，而今解组衣苍萝。景繁词客摘文盛，春暮游人拾翠多。
旷尔风声成滟滪，巍然霞彩落亭阿。翩翩裘马俱豪侠，世态浑疑在永和。

---

① 水亭坞人，进士。
② 摘自《水氏宗谱》。水亭人。
③ 摘自《水氏宗谱》。水亭人。
④ 摘自《水氏宗谱》。水亭人。
⑤ 摘自《水氏宗谱》，水亭人，县主簿。

戒 子

明•徐松山①

戒尔辈，其贪游，贪游白了少年头。
独不思雪窗寒夜，萤聚深秋，芳茗耿耿，青史标留。
戒尔辈，莫厌勤；厌勤习懒害厥身。
独不思祖父成家，千辛万苦，一或不慎，将归他人。
戒尔辈，莫为非，为非作恶天地知。
独不思善恶之报，形影相随，毫发不爽，来速来迟。
戒尔辈，莫利己，利己妨人损天理。
独不思人之有生，本同一体，你爱便宜，人谁让你。

勉 学②

明•徐枫山

为学功夫志要坚，勉旃尔辈效前贤。囊萤映雪非无为，闭户悬梁岂枉然。
不惮辛劳虚白日，自然平步上青天。儿曹若欲登云路，黄卷还须著意看。

咏水亭八景③

明•金如蕙

水 亭

水澈池光艳，亭虚野色浓。何须别图画，面面立芙蓉。

高岑胜具

时常登岘首，遥望见高岑。隐约他山小，参差古木森。

苍院禅钟

曾听雷门鼓，未闻苍院钟。何当洗尘耳，挈伴杖孤筇。

双池霁月

日暮残霞敛，双池漾碧虚。浑疑龙起云，失落项间珠。

三市风云

三市相联落，车尘马足分。人情与物类，变能若风云。

---

① 摘自《竹塘徐氏宗谱》，塘上人，名医。
② 摘自《竹塘徐氏宗谱》。徐枫山：塘上人，授徒讲学。
③ 摘自《水氏宗谱》。金如蕙：金印人。

榆溪晓碓

何处滩声急，榆溪碓晓春。乍惊雷起地，还芽雨淙淙。

鸿畈春耕

布谷深中雨，贵梅月里天。一犁耕足后，相语夕阳前。

姜原牧笛

呼犊浑如唱，仍横短竹吹。无机发天籁，不作断肠悲。

叶垅樵门

去去踏云去，丁丁隔坞声。无愁山迳晓，明月陇头迎。

渔樵闲话

明·徐见山①

烟雨渺渺，云山青青。息间罡钓共话平。生我渔我非我事，即以寄此间中情。

渔樵耕读

明·徐芦洲②

身处穷途，历尽江湖。理涤纶，鸥鸟相呼。

一蓑云水，万□忘吾。得鱼沽酒陶然醉，谁识飞天大丈夫。

屏迹山村，担负穷径，延岁月，不辍书声。

逐游鹿侔，石友泉盟，荷云归□烟霞里，何是妻艰太不情。

负来当年，操守何坚，志昂霄，纬地经天。

耕云南圃，锄月莘田，那是二聘无勤地，何日阿衡著简篇。

表立风尘，瀚海胸襟，步苍台，随月行金。

奎光万丈，挺志千寻，他日紫袍身褂也，陡□当年衣白人。

勉诸子

明·徐芦洲

勉尔学孝悌，孝悌立身第一义。

父母之恩等天地，兄弟由来本同气。

克孝克悌，福禄骈至。不孝不悌，天人交弃。

勉尔学忠信，忠信于宜自尽有。

---

① 塘上人，处士。

② 塘上人，当地名医，诗人。

生之初本无私谋，以物欲成悔吝。
不闻而惧，不见而慎。战战兢兢，为尧为舜。
勉尔学谦恭，谦恭巽顺德始崇。
天道以谦而光明，地道身恭而有容。
丹朱之傲，天禄永终。舜不矜伐，历数在躬。
勉尔学安分，安分守己始无闷，富贵在天不可求，恪恭厥职闲方寸。
士则勤学，农则力粪，为工为商艰辛莫论。

孝悌忠信箴[1]

明•徐芦洲

人生天地间，父母所当事。无父人何怙，无母人何恃。
豺狼既报本，慈鸟犹反哺。细诵蓼莪篇，哀哀亦何故。
弟当恭厥兄，兄当友厥弟。念慈天性亲，弗计斯须利。
田氏感荆花，周公赋棠棣。长枕大被者，友爱同黎庶。
君尊犹如天，臣卑犹如地。委质既事人，临难焉能避。
治则为臬梦，乱则为箕比。断舌剖心人，高谊风千冀。
益友所当信，匪人焉可比。患难交愈坚，死生不背弃。
久要不可志，千里期亦至。尾生孝已行，纷纷谁敢议。

樟楼读月

明•水永潮[2]

待月看书上小楼，瑞樟风静皓光浮。玉蟾传送千年药，丹桂分来一树秋。
云母多情屏帐启，冰娥有约绣帘钩。咿唔声透清霄外，星鸟魂惊兔魄愁。

夏日同茂裴叔登水亭分赋

明•水朝鼎[3]

掩卷闲披葛，临亭泛酒后。疑非金谷馆，却是习家池。
解语芙蕖艳，撩人薜荔垂。座间怜共话，竹下饮相知。
不尽□歌兴，清狂复让谁。

---

① 摘自《竹塘徐氏宗谱》。
② 摘自《水氏宗谱》。水亭人，邑庠生。
③ 摘自《水氏宗谱》。水亭人，邑庠生。

题宝女阁大学士文定公①

明•胡文宪②

我祖相治德泽长，簪缨真世喜重光。
喜看乔木青云里，肯弃缥缃道路旁。
礼乐百年应更益，诗书一派自生香。
展开图赞沉吟罢，喜得云礽道克昌。

无　题

明•胡文善③

江中流水山中木，一得其源一得根。
时听杜鹃频丽泪，每闻风雨便销魂。
祖宗屡现丹青见，人子难酬鞠有思。
英谴此身成不肖，由来清白是吾门。

题　词

清•胡希俊④

太傅家声远，生塘姓氏扬。图书耀两晋，竹帛炳三唐。
兜率遗基址，香溪卜讲堂。赤心贞北阙，懋绩冠东阳。
善庆颜闾男，渊源方故乡。经畲兰畹馥，艺圃桂花香。
狙豆千年茂，频繁亿载昌。幸留嘉树隐，遗爱诵甘棠。

咏水亭

明•水茂裴⑤

幽酒亭临云水阿，石栏纾曲倚松萝。
轩开文采兰阴丽，帘卷奎楼婺献多。
别馆蓬蔬浮浅渚，长流枫落见丛柯。
春来欲赋流觞事，风景依然晋永和。

---

① 文定公：生塘胡人。
② 摘自《生塘胡胡氏宗谱》。胡文宪：生塘胡人。
③ 摘自《生塘胡胡氏宗谱》。胡文善：生塘胡人，刑部主事。
④ 摘自《生塘胡胡氏宗谱》。胡希俊：生塘胡人，邑庠生。
⑤ 摘自《水氏宗谱》。水茂裴：水亭人。

三市风云

明·水茂裴

一关兰洲上，聊为大隐居。无津堪榷税，有赋不征舒。
吕贾囊金处，文君贯酒闾。岁时往来者，络绎自悠如。

始祖诗赞

清·水吉霖[1]

青史无人窃惋伤，幸成族堂劲西乡。
溯源有自思前烈，潜德能贻厥后昌。
不乏陈完光远耀，史符王氏水流长。
惟予爱祖常留念，用展俚词志不忘。

风岗[2]晴烟

清·姜滥清

气吐龙蛇走海隅，忍排楼阁映丹朱。
随风卷入白云去，浓淡参差水墨图。

风岗晴烟

清·姜滥清

布谷呼晴催好音，满林桑柘碧沉沉。
运连远影千峰削，漏斜光一角阴森。
红日浓时花簇锦，绿天深处不眠琴。
麦秋槐夏无边景，翠色浮空欲上襟。

西林梵钟[3]

清·姜滥清

八百仙音动梵天，耳聋一喝叩蒲禅。
寒山宿寺疑重列，饭题诗悟悟夙年。
摇落声中花中坐，噌吰觉后钵衣传。

① 摘自《水氏宗谱》。水吉霖：水亭人，邑庠生。
② 摘自《水亭乡文化志》。风岗：即西姜；姜滥清：西姜人。
③ 摘自《水亭乡文化志》。

西林可是柢园地，记取三生石上缘。

西林竹院[①]

清•姜聚明

琅玡烟雨锁黄昏，画阁玲珑静掩门。
采药高人月夜云，横卧石凳枕云根。

题画梅(二首)

清•吴栋材[②]

写出横空雪一枝，疏疏淡淡半开时。
莫嫌老干无生意，犹有孤高傲雪姿。
彤云漠漠雨霏霏，飞入梅花玉骨肥。
一缕暗香驴背外，是谁高卧掩柴扉。

游圣山

清•吴二崇[③]

村居东北山名圣，乘兴登临意洒然。
远眺千林围晚翠，静看万户布朝烟。
忘机鸟语音成调，无谱牛歌颜入弦。
整日同游登绝顶，翩翩归咏月方圆。

莲花仙井[④]

清•徐鼎彝[⑤]

村南仙井号莲花，级饮吾乡数百家。
万斛奔腾深有本，一泓清澈净无瑕。
源分廉让堪饮稻，味蕴甘芳可煮茶。
滴滴生香皆玉液，不妨蒸口比精华。

① 西林竹院即西姜西林寺，现为经堂村。姜聚明：西姜人。
② 摘自《兰溪诗选》。吴栋材：奎塘人，府庠生。
③ 水亭殿下村人。
④ 莲花仙井：在珠带式村南，古井。
⑤ 水亭珠带式村人，邑庠生。

三桥平渡

清·徐鼎彝

上下三桥一带齐，平通村里跨前溪。
授书中未来黄石，过客浑如到白堤。
犁雨锄云资出入，寻芳踏翠任东西。
愧予未有凌云笔，漫学长卿把桂题。

鼓楼山①

清·吴鸿烈②

闻道前明季，山为噪鼓坛。高能支后托，耸似扼前峦。
一击编氓应，三鼓贼胆寒。何为太平日，还作舞云看。

松山远绕③

近代·姜佐周④

白沙慈厚两山巅，手植青松几万千。
尘雾浓浓纷室外，烟霞淡淡绕村边。
屏藩一片形如画，笼罩双峰色更鲜。
可爱此间无暑热，盘桓苍翠接长天。

日寇空袭⑤

近代·叶渭清⑥

铁鸟遗音下不宜，明夷垂翼向南飞。
艰难惊震君须记，此时文箕得力时。

四十述怀二首

近代·姜卿云⑦

四十无闻似有闻，尘埃车马日纷纷。

① 鼓楼山在奎塘村。
② 水亭奎塘村人，邑庠生。
③ 此诗写童才村景。
④ 西姜人，清末邑庠生。
⑤ 摘自《兰溪近代诗词选》。
⑥ 芳茗叶人，清末举人。
⑦ 水亭横塘村人，高级工程师。

年来自觉多豪气，半喜谈兵半论文。
烽烟扫尽返征车，西子湖头是我家。
留得故园多少地，栽桑种竹读南华。

水一航①诗选(六首)

雪夜感事

灯火微明夜寂寥，漫天飞雪散琼瑶。
衡寒独倚楼头望，却忆边烽恨未清。

京杭车上作

辚辚声不息，直驰千里行。黑烟绕空际，白鸟映烘明。
树影随堤回，江流迫岸清。繁繁车上客，何处系长缨。

春暮游中山公园赋咏

名园近闤闠，春莫一探游。水阁低临沼，林亭高倚丘。
残花留色淡，纤草散香幽。碧荫画桥处，遥看杨柳楼。

西湖夜歌

今宵钟鼓画船多，客与随桡泛滟波。
裂帛一声征妙曲，残云流月满湖歌。

咏电风扇

三伏骄阳火炽空，劳人尽在热昏中。
是谁奇得天地巧，一线牵来四翼风。

武汉洪水

苦水经旬下未休，鳌翻地轴只生愁。
声権山嶶连江涨，势破云天接海流。
不尽鱼虾窥户牖，无穷螺蚌上城陬。
凭高羁望伤千里，郡国嗷嗷正诉忧。

咏水亭

近代•水庆云②

山川秀丽似仙境，仙洞水澈如明镜。

---

① 水一航：水亭坞村人。
② 水庆云：水亭坞村人。

笑问斯地是何庄？亭亭玉立名水亭。

七绝四首

雷土根

纪念抗日战争胜利七十周年①

卢沟炮火惊天地，贼寇摧残黎庶煎。
浴血八年光史册，国殇世代刻心田。

骑车有感②

闲骑电动逛田间，恰似孩时玩树尖。
左臂前提拎马套，小拳后甩是扬鞭。

赞八三一台转动天线③

婷婷玉立铁姑娘，韵美音甜性却刚。
力使真经传四海，广交朋友助安邦。

畲族姑娘④

金钗银髻凤凰飞，彩带花巾手帕挥。
日里随哥情意盛，夜间织布歌声微。

诗词二首

吴耀成

清平乐·书画联谊畲乡行⑤

寒霜薄雾，重问畲乡路。卷负缥缈何处去？书画联谊共趣。□□领略民俗风情，饱览翰墨丹青。今日欢声满载，来年霜降重行。

水调歌头·光辉历程⑥

遍索复兴路，航起南湖中。披荆斩棘，探途风雨烟峰。举义秋收田舍，万众黄泽歼敌，陕北聚英雄。推到三山丘，缰举缚苍龙。□□东方白，旭日赤，耀长

① 刊于《缀霞》第56期。
② 摘自《灯光集》。
③ 刊于《缀霞》第56期。
④ 摘自《灯光集》。雷土根，畲族，兰溪市水亭畲族乡柳塘章村人，系中国民间文艺家协会浙江分会会员，浙江省畲族民族民间文化研究会会员。
⑤ 刊于《当代兰溪诗词选》(续)2006年。
⑥ 刊于《缀霞》第53期。吴耀成，兰溪市水亭畲族乡奎塘畈村人，中华诗词学会会员。

空。神州镰斧挥舞，建设势如洪。商贸农工齐举，艺界文坛推陈，鼎力克贫穷。开放康庄道，特色绘图宏。

(二)域外名人有关水亭诗词选

经徐侍郎墓作[①]

唐·顾况

不知山吏部，墓作石桥东。宅兆乡关异，平生翰墨空。
夜泉无晓日，枯树足悲风。更想幽冥事，唯应有梦同。

寒风九峰作[②]

唐·贯休

九朵碧芙蕖，王维图未图。层层皆有瀑，一一合吾居。
雨歇如争出，霜严不例枯。世犹多事在，为尔久踌躇。

题徐氏宗图诗[③]

宋·范钟

一本由来无后先，支分派远始为沿。
须将谱牒按图示，方信源流指掌然。
血脉亲疏因有别，子孙贤否并相传。
君家独得名苗裔，千载芳声瓜瓞绵。

竹塘居士诗[④]

宋·陈文龙

淇园清影映沧浪，罗列星辰灿夜光。
水暖素鳞抛玉尺，和风翠羽奏笙黄。
辞官懒向黄金阙，避地仍开绿野塘。
甘守箕山子臣节，丹心一点未能忘。

---

① 徐侍郎墓即徐安贞墓，故录。摘自《东塘崇儒里徐氏宗谱》。颜况：海宁人，进士。

② 大理天定元年(1252 年)徐宗率子安贞由九峰山迁居濲西乐塘，故录。摘自《乐塘崇儒里徐氏宗谱》。贯休：兰溪太平乡登高里人，诗僧。

③ 徐氏为古塘徐氏。摘自《古塘徐氏宗谱》。范钟：题并书，厚仁里范人，进士。

④ 摘自《竹塘徐氏宗谱》。陈文龙：进士及第，状元。

咏生塘诗①

宋•范毅

宽大生塘十亩多，天光云影映清波。
生成石骨非开凿，自是乾坤造化磨。

兜率寺②

宋•于石

钱唐一剑倚霜寒，万水千山蜀道难。
瓶钵生涯何处在，秋风松子落诗坛。

题叶氏世谱序③

宋•横滘

奉观先牒起遐思，南北家乘续旧友。
一脉祖宗无异姓，千年昭穆似同时。
蒸赏共守唐臣庙，金石犹存宋诰辞。
唯愿族人崇孝敬，莫将身世负君师。

挽龙图侍制徐良能墓④

宋•范瑞臣

少日蜚声竦白袍，暮年策足上青霄。
功名略已追前辈，事业有堪托后凋。
谏草半焚烟寂寂，项窗一梦夜寥寥。
古塘原上谁行路，只有哀笳引葬箫。

咏徐侍制诗(五首)

史册名书归此翁，影堂遗像古今同。
令严簪笔三台士，手执蒲圭一鉊公。

① 晋，胡凤爱生塘之水，筑室而居，年老舍宅建和安寺。今址在游埠寺基。摘自《生塘胡氏宗谱》。范毅：香溪人，著名理学家。

② 摘自《生塘胡氏宗谱》。于石：洞源梅坞口人，著名诗人。

③ 塘上叶岗坞叶氏，始祖叶仪问，抗金名将。摘自《杨塘东坊叶氏宗谱》。横滘：义乌人，侍讲学士。

④ 侍制徐公即古塘徐良能。范瑞臣：香溪人，进士。

布政寒空霜肃后，澄清秋水明月中。
耳孙玲获传家宝，振起先生千古风。
——宋•陈良辅

近代吾乡出此翁，人才难得古今同。
能令大节千年著，为守真心一点公。
耀日黄金留度外，横霜白壁发胸中。
惟怜世运临衰晚，折槛埋轮在下风。
——宋•钱明彦

柯山江寄安

彼美当中待制翁，凛然遗昌许谁同。
一朝谏疏排无恶，千载台纳服至公。
太后惊呼青禁里，老臣归隐旧山中。
诸孙赖有藏家荷，他日应能振祖风。
——宋•柯山江寄安

古今多少立名翁，得志行来一道同。
汉代澄清悲范氏，宋延弹劾服徐公。
怀忠屹立云霄上，肃政推明耳目中。
好似鹰鹯秋嗣健，长怀搏击奋天风。
——宋•陈子志

宋朝南渡得名翁，忠义刚坚铁石同。
朝奏一封闻圣主，主追万里厄王公。
清如洁壑冰犹洁，名夺中天月正中。
千古文章今不朽，令人兴起想威风。
——宋•阿志坤

送徐二南表兄之龙泉①

宋•赵时尧

纳宫华胄久知名，重捧除书出风城。
畿内旧民怀扶字，浙东新政伫谦明。

① 摘自《古塘徐氏宗谱》。

黄粱熟处逢秋早，红菊开时起晚清。
绿水芙蓉清画界，熏风百里颂歌声。

吊省斋公诗①

元•陈宜中

昨夜先生醉玉楼，牙签尽付子孙收。
惊人姓氏罗三尺，盖世文章土一丘。
吊鹤声悲山月冷，啼鸟情惨岭云愁。
公今此去无还期，泣向西风两泪流。

赠一轩卜策②

元•孙洙

策室清幽里，宏开景色新。花间连雨翠，竹迳绝风尘。
芝兰一家趣，禽鸟四时春。漱石棋敲句，席地主酬宾。
静里披今古，闲中了性真。色相浮云敛，元机野鹤驯。
新篑怜旧主，旧主作新邻。我欲频来此，何妨酒数巡。

赠乐川竹塘书院③

元•方文彦

清涟碧落映宫墙，春风桃李花香。
弦歌曲槛和沧浪，万顷□茫。
又冠雀衔鳣绛帷，苍龙出没池塘。
经年百卉尽回黄，地焕文章。

和西园迪吉寄颜④

佚名

香名籍甚冠诸公，倾向针南与水东。
居异迹殊家世远，宗支幸托谱图中。

---

① 省斋公，塘上人。陈宜中：丞相，永嘉人。
② 一轩，水亭塘上人。孙洙：国子监祭酒。
③ 乐川：塘上人。“竹塘书院”由其父徐应犹建。诗词摘自《竹塘徐氏宗谱》。
④ 水亭下蒋蒋氏在外经营旅馆，为馆西园补壁诗。诗词摘自《金谷蒋氏宗谱》。

高岑水亭[1]

邵士英

乘风拾翠到亭台，落落疏帘傍水开。
山列千峰余爽气，溪回九曲隐宏才。
芙蓉远眺衣冠集，薜荔遥攀杖履来。
莫谓岘南无胜槩，讵知此处有蓬莱。

题兜率寺诗[2]

明·陈子卿

将军不受府潭漂，幻出琳宫潆水南。
浮世凡更非典午，好山千载尚翟云。
藓侵断碣经秋雨，松引轻烟作暮峦。
欲问休公吴蜀事，一烟米灭照空龛。

八 景 诗[3]

明·胡应麟

流连曲水

九曲溪流绕画亭，茂林回合引沙灯。
移舟似入山阴道，兰叶潇潇夹岸青。

天井平原

迢□平原野色幽，相看麋鹿共淹留。
移家我欲频来此，丰草长林一片秋。

章塘霁月

秋入银塘渺未涯，团圆明月漾轻纱。
凉风忽逐双凫起，零乱中流白藕花。

鹤阜清风

何年跨鹤此徘徊，步引仙风入岛来。
月色平分秋万里，满空凉露湿瑶台。

① 摘自《水氏宗谱》。
② 摘自《生塘胡氏宗谱》。
③ 摘自黄村坞村《鹤山黄氏宗谱》。作者系兰溪城北隅人举人。

石桥行旖

夹岸春风上柳条，桃花才过杏花飘。
游人何处堪惆怅，回首斜阳落画桥。

泥坂歌声

田野桑麻望不穷，柴门流水乱云中。
前村日落不归晚，满地牛羊一笛风。

龟山烟雨

蹑壁攀林兴未穷，春山寒雨正蒙蒙。
层楼一望堪回道，零落桃花野寺中。

松岭斜阳

古寺横空鸟不飞，深岩樵牧总忘机。
斜阳欲下千峰螟，遥看归僧度翠微。

寿枫山五旬①

明•冯谅

橘绿橙黄景色新，东君此日庆生辰。
知非慢自推逐玉，富贵何须羡买臣。
寿城筵开凝瑞霭，博炉香透拥祥云。
蟠桃已结三千颗，一颗从教寿一春。

送水君廷玉荣归诗②

明•祝献

我绊浮名客帝京，同乡与子最情亲。
此时一别隔千里，他日重来知几春。
柳陌马啣金勒去，兰江人羡锦衣新。
功名到手须应早，莫去林泉鬓以银。

赠竹泉③

明•莊日强

东源之竹何青青，竹间有泉何澄澄。

① 枫山，塘上人，授徒讲学于竹塘书院。摘自《竹塘徐氏宗谱》。冯谅：广州府判。
② 廷玉，水亭人。摘自《水氏宗谱》。祝献：太平祝旧宅人，进士。
③ 竹泉：塘上人。莊日强：兰溪儒学教授。

君今结庐竹泉下，邀泉引竹成幽盟。
有时对竹咏淇澳，有时观泉歌濯缨。
竹影横波明月静，泉声入竹清风生。
恍如渭川晓烟霄，彷绋湘浦秋雨晴。
此时我君和竹泉，物我相对俱忘形。

赠芦洲诗

明•何晋[①]

先生高谊藐公侯，风月衿怀王谢流。
酌酒吟诗神最爽，读书采药与偏幽。
芳名虽未归青史，雅志原来付白鸥。
闲散风情真可羡，芦洲乐处是瀛州。

又医业次颜

明•何晋

先生妙术动公侯，卢扁传心传者流。
医国岂如医世好，杏坛争似杏林幽。
济人利物三春雨，乐道忘机一水鸥。
德普苍生天必眷，佇看兰嗣上瀛州。

书楼霁月[②]

邵士英

书屋栏杆倒倚空，书声响应广寒宫。
银蟾清送研硃露，玉兔香传捣药风。
镜里人看妃子白，眼前花吐状元红。
高手假凭谁能得，几净窗明造就中。

明真钟鼓[③]

佚名

巍然山势号明真，几座梵宫佛与神。

---

① 何晋：学士。芦洲，塘上人。诗摘自《竹塘徐氏宗谱》。
② 书楼在水亭。摘自《水氏宗谱》。
③ 明真即明真山，在柳塘章村北。诗摘自《圣山畲族乡文化志》。

钟音每当清早报，鼓音惟在暮时阵。
功扶民物平安福，德护村庄好善人。
总是声灵尤赫耀，故教聚族乐长春。

八仙聚风[①]

清•丁淼源

形似来仪风，原支自砚山。八方成地胜，一体把村环。
位上看楼上，峦头觉静间。四围同焕彩，雅拟鸟知还。

（三）历代楹联

古塘世禄堂虎门联[②]

宋•佚名

大宋龙图第，兰阴世禄家。
横批：宋世名家

古塘徐氏宗图联

宋•金履祥[③]

簪缨继美　谱牒重光

古塘徐良能像联

锡康赵福畸[④]

令宰浙西颂起渔樵耕织，相名宋南渡封跻伯子公侯。

生塘胡氏宗族联二副[⑤]

佚名

江左名家宦属三公自晋；太平胜地水分八字归胡。
由陕西而来迁凤公实昌厥后；在生塘而分派亮公总会其源。

---

① 此诗写横塘村景。诗摘自《圣山畲族乡文化志》。
② 摘自《兰溪楹联集成》。
③ 摘自《古塘徐氏宗谱》。理学中坚，桐山后金人。
④ 摘自古塘培备堂挂联。
⑤ 摘自《生塘胡氏宗谱》。

胡氏宗祠(天生堂)中庭联三副①

清•佚名

天心隆眷顾，自晋迄今宗传太傅家声远；
生齿卜蕃昌，由综伊始派衍冲公血食长。

瀫水流长，五十世孝子兹孙奉承俎豆；
香山峙古，二千年祖功宗德重裕箕裘。

百世簪缨由凤始，其间若嘉若遵若裕若珪若文亮，
数千年阀阅相承科第联翩指不胜屈；
万年香火自晋初，以迄而唐而宋而元而明而前清，
五三世子孙古继春秋享礼永以为荣。

挽吴栋材②联

清•俞雪台③

五世继书香，学礼学诗，喜见麟儿能跨灶；
三生循石约，同衾同穴，竟偕鸿案赴重泉。

水亭水氏宗祠(敦彝堂)联五副

民国•水谏④

水土既土因水氏，亭源本源故亭名。

派自莆田迁兹瀫水；族因水氏乡以亭名。

衍派莆田清白家风居第一；乔迁瀫水孤高姓氏乃无双。

自七闽而迁斯土，七百年耕读传家，宗风勿替；
由二宋以迄于今，三十代子孙繁衍，祖德常照。

绍熙登榜，作牧婺州，德政兼优，佥曰宋朝良史；
闽南派衍，卜宅兰江，簪缨箸美，群推瀫水名宗。

---

① 摘自《生塘胡氏宗谱》。

② 吴栋材，奎塘人，府庠生，金华府试第一。

③ 兰溪人，邑庠生。

④ 水谏：水亭坞人，清末邑庠生。摘自《水氏宗谱》。

题古塘世禄堂(培德堂)联三副[1]

近代•徐贡元

古迹悠悠,老槐千年寿,兰尘催新芽;塘水清清,源头八百载,代代感祖恩。

良臣匡扶大宋安邦定国;能公传教子孙奋读强智。

沿庄凤凰、状元、龙头、象鼻,山山环立永镇平安;

邻村竹塘、芳茗、崇儒、乐塘,宅宅和睦胜似亲人。

古塘培德堂戏台联一副[2]

徐贡元

艺术有生命在于真善美;舞台如人生自有喜乐悲。

题水亭畲乡石牌坊联四副[3]

近代•徐国平

青山碧野,凤凰祖意熏珠带;异俗殊风,山哈民情润水亭。

源于南粤,派自景宁,蓝雷共志开新境;

聚则水亭,联由珠带,畲汉同心谱锦章。

和衷共济,继往开来铺锦绣;协力同心,光前裕后铸辉煌。

风情独具,和谐社会和风赐福;异彩纷呈,美丽畲乡美意延年。

二、文 选

让皇帝哀册文[4]

唐•徐安贞[5]

维开元二十九年(741 年)岁次辛巳十一月戊申朔二十四日辛未,宁王薨于西京之邸第,旋殡于正寝之西阶。翌日有制:册王为“让皇帝”。盖景龙岁先帝即位王嫡长,将立为皇太子,让大功于我皇,洎薨落让,存有追崇之义。粤若天宝元年(742 年)夏五月乙巳朔十七日庚申,将迁座于惠陵,礼也。龟策先远,龙輴此时,呜呼哀哉:皇帝遣金紫摄太尉光禄大夫守,尚书佐仆射摄太尉上柱国许,平县开国侯耀卿,奉宵载奠祖筵,以申天伦之戚也,乃命词臣序之典册。

① 摘自古塘培德堂用闻。徐贡元:古塘人。

② 摘自古塘培德堂戏台联。

③ 摘自《续履痕集》。徐国平:浙江兰溪人,中华诗词学会、中国楹联学会会员,浙江省诗联学会常务理事、省散曲工委副主任,金华市诗联学会会长。

④ 摘自《乐塘崇儒里徐氏宗谱》。

⑤ 乐塘二世祖,进士。

其词曰:昔今人之述作,表高节于让王。太伯闻乎有周,皇昆昭于圣唐。古往今来,身退业昌。殁而不朽,扬乎耿光。玄祖锡庆,重熙累盛。兹家嗣之,谦德迨遗。灵而受命,童儒之辰。初王寿春开国,方大进封于察。以委亲贤,是兼中外。奄有于宋,复迁于宁正。畴庸于地理,配明德于天星。或建符节,言归阙庭。既睦天爱,承欢帝乐。

东扈温泉,西侍平乐。风雅属和,论思辨博。晨超北上,谒紫殿于蓬莱。夕息南归,对琼楼于花萼。莫匪恩遇,周爰咨度。坐而论道,实惟三公。登太尉兼仪同,拜司徒命司空。仪刑作孚,宣和国风。稽以前事,缅怀逝者。五王同日,曜大君之一龙。万国来朝,无梁王之驷马。让则有之,崇名可追。逾周盟之理,会七月之期。太史造时,遣奠于兹。自藩王之邸第,建天子之旌旗。度春明而春尽,下长乐而长辞。经灞州与渭州,愫容卫兮迟迟。当苑门之宫观,攀宇宙而无追。仰音颜以缠慕,更吾君兮望思。呜呼哀哉!瀛区有变,天注终飞。怀苍梧而日远,望白云而不归。沉沉陇树,漠漠泉闱。竭阙音而载笔,谒千祀而腾徽。呜呼哀哉!高寝林间,阴堂昼间。代谢今昔,神之往还。列昭穆兮斯在,奉忠孝于桥山,呜呼哀哉!

竹塘记[①]

元•黄溍

予自归田,来谒谏议徐公。因止宿谈心,公自言:“平?无他嗜好,惟酷爱竹。”乃凿沼于舍侧,沼畔尽栽竹,予顾而乐之,因号竹塘居士。原有记也。

夫卉物在天地间,本无情也。爱之者,籍之以适其情耳。若陶之菊、周之莲,或以其独秀于摇落自拔,于淤淖者,顾迺托之,自况而见乎词;千载之下,因其所好,乐而识其趣向者有关。若夫竹之见重于古今骚人?士者,尤相倍蓰,长篇短章,极口赋咏,多不过逞富丽之思以乐。夫一时之赏心,若有刚直之操,坚贞之节,足以媲德而无愧者,独王、苏二子为然。王子常曰:“士君子一日不可无此君。”苏子曰:“不可居无竹。”传诵至今,莫不高之。繇是知君子,皆无物适情,非徒娱目之观,盖将以养性灵而务兹德焉。今子之居于此地,当长夏酷暑之时,拉宾客,携童冠,曳杖同行,披衿坐息于其间,必有以惕然自省者曰:“吾之性,能如彼之刚否?吾之行,能如彼之直否?吾之操,能如彼之坚否?吾之节,能彼之改否?”而公之动于中者,必出于此矣。岂若聚饮肆志,如晋之稽、阮诸君子比哉,由是而风首茂林濯乎,清泉从而归焉,归而

① 摘自《竹塘徐氏宗谱》。

咏焉。公先之客，从而和之。形迹渣滓，消融略尽，其与浴沂咏归同一气象。又岂区区惬赏心炫葩调者比哉。周元公曰："菊之爱陶，后鲜有闻莲之爱。同予者何人？盖叹无复继者。"至于竹，则王子之后有苏子，苏子之后复得公。竹之于二子，独何幸欤。借令有知应，自庆其遇也。公赏诵古诗云："无人重高节，徒自抱贞心。"盖有以窥公心之一二矣。于是乎记。宣"竹塘"是以古塘村名，"竹塘居士"是徐应犹号名。

兰溪学宫碑记[①]

元•姜霖[②]

先圣遗像得之柯山，柯山得之孔庙，肖貌最真，乃命工刻之石。温而厉威而不猛，恭而安气象尽在是矣。凡我人士载瞻载仰，宛然在洙泗间，目击道存，盖所以潜心云。

西姜存义堂序[③]

明•宋濂[④]

濂，婺人也。婺邑入兰为衡，兰四乡为剧。两族于姜为望。其祖叟公迁兰，仲泽公霖以品学任本邑教谕，乐育久而家益安，乃堂而名以存义。歌斯、哭斯、聚族于斯。余监虎闱，姜子荣以上舍就谒，叙桑梓之好，乞堂之言，夫义非可易言也。江洲之陈、姑苏之范、浦江之郑，炳彪往昔，而宗是取尚矣。

竹塘徐氏谱引[⑤]

明•章枫山[⑥]

予见故家旧族，语及谱，问其先世，则懵然无知，此谱牒不明之弊也。且豺狼皆知报本，人灵于万物者，不知祖宗所自出，枝派之所由分、亲疏之所以别、昭穆之所以序，豺狼之不如也。徐氏出于伯益之后，而延至于今，凡数千年矣。而子孙能衍先派，以似以续，如指诸掌，其贤可知矣。余嘉之，僭为引。

① 摘自《姜氏宗谱》。此碑记写于元元贞一年（1295年）。
② 西姜人•任兰溪教谕。
③ 摘自《姜氏宗谱》。
④ 浦江人，学士。
⑤ 竹塘，即今塘上村。摘自《竹塘徐氏宗谱》第三卷。
⑥ 兰溪渡渎人，礼部尚书。

徐天涯传①

明·唐龙②

景九府君，讳天涯，字子远，号后山。生而硕伟，才思超逸，襟怀豁如，治家井井有条，而流风遗范，凿凿可师、为师闻人。友人郑卿，慈溪县人也。发解举进士，擢台谏以宫殿中纵放烟火，抗疏直谏，辱谪交址守，时夷蛮猖獗，邀公同往，公慨然就衜，内赞机务，外酬军旅，无不当可。由是表摄中军，屡立奇功，将奏绩升赏，奈僚属忌功，饷傀弗继，而夷獠突至，郑公被执死节，公仰天叹曰："天未欲平，兹土何夺，郑知州之速耶，吾是行也。本欲立尺寸功以报。翰廷垂名竹帛，而卒弗果者，岂厚厚命耶。遂归隐。分任农备，日与宗党耆硕，赋诗饮酒为尔，人莫不高之。"

赞曰："先生其命世之才，经邦之略，冲天之志。与观其驰志伊吾，阵云高眺，公之才其裕也。庙谟雄断，樽俎折冲，公之略其素也。□承召命，谈唉风云，公之志其壮也。宜首妖氛扫荡，肃清一隅，亲承推毂，秉越庙廊舒。"

天子四顾之忧，镌名金石，树绩太常，可翘足计矣。而见阻奸，使积功毁于垂成，略无怨咨而归命于天，怡然归卧，非胸中明睿，有大过人者，曷克是耶。吾谓其与阳卧龙易地而然者也。恨无繇达宸听。

褒扬芳躅，寄以干城，而终老林，丘址兹万里长城悲夫。

生 塘 考③

清·胡希侃④

去吾族之十五里，有寺基范焉。予友范硕奄谓予曰："此即君家太傅所置，兜率寺之基址也。后因范姓人君其地，故谓之寺基范。"

其先尊像端严，庙宇宏丽，为唐诗僧贯休道场。毁于武宗皇帝之五年(845年)，复建于宣宗皇帝之六年(852年)。至明中叶尚存。金豪唐汝楫未第时，皆于此肄业。去寺数十步，即为生塘。纵横数十亩，四壁环以石畔，如天生地造，故谓之生塘。宋学士范香溪先生有诗，后因历年久远，为泥沙淹没，至今仅存微凹，余皆为居民园圃，俗呼为生塘。阙青太傅凤公实卜居于此。兹因适修谱牒，故历叙颠末，以示后世子孙知吾族命名之所自云。

① 摘自《竹塘徐氏宗谱》第一卷。徐天涯：水亭塘上村人
② 兰溪人，进士，吏部尚书。
③ 摘自《生塘胡氏宗谱》。
④ 生塘胡人。

探千人洞记①

近代·姜卿云②

“虚度卅二载，居杭十六年。湖山当老友，志切旧田园。”此为余去年生日所写感怀诗。觉年华流水，时不我待，怅惘奚似。当余年十六时，即离故乡来杭求学。在此期间，每于课余之暇，喜游西湖胜迹，因之湖上水云树石，犹好友之足留恋。而故乡私有田地山荡之财产反不在记忆中。探游湖上洞天，尤别具兴趣。常觉水乐洞以泉清取胜，黄龙洞以人工见优，烟霞洞以石刻可珍，紫来洞以深大难得，而不甚闻名之千人洞却未往探游。一日，因事过学士桥黄杨楼，访主人黄胜白先生，畅谈探游仙人洞之经过，归而查阅《西湖志》据云：“千人洞在天池洞右，山窦仅大尺许，渐进渐广，可容千人。相传昔有寇难，里人多避于此，今瓶灶陶器尚存。”又《钱塘县志》云：“洞底探者，投以石，久不闻声。”乃于黄先生订于一月二十日前往一探究竟。是日同游者男女老少凡十三人，过长桥经净慈寺、赤山埠、石屋岭、向满觉陇进发，抵南高峰下。洞在半山中，于杂木荒草间攀援而上，始到洞口。初入时，两山夹道，一线青天，日光自疏林中照射，绝似雁荡山之显胜门。行里许始不见日光，于是每人秉烛，依次报数，成队而入，并各携刀斧、绳带、干粮、饮料等件。入内无通常路径可寻，均由黄先生任向导，盖黄先生多次探游此洞，且有指路记号，成黑夜中之识途老马也。路狭处可容一人，须低头屈膝而过。有高下相差丈余而无石级，须以上一跃而下者。到处岩石花纹均奇丽可爱。至一空旷处，其大足容数百人集会，而蝙蝠甚多。黄先生曰“蝙蝠厅”，并有泉水一池，清可鉴人。池畔遗有破瓷碗一口，就形式观察，似非近代制品，即纳囊中，留供研究。复前进，有一盘谷亦甚广大，殆为最终之点。内有一石钟乳，绝似侧面裸体女人石像，余即以朱漆题“千古佳人”四字于其上，以留纪念。折回仍经蝙蝠厅，见一线光明，从外射入。黄先生谓旧志所载“东方明”或即在此，于是往寻洞口，洞小不盈尺，能望及洞外山林，且闻行人步履声，惟不辨洞外之方向地位。问明洞外行人，始悉即在上南高峰大道之左旁，乃作记号于洞口，仍循原路出。

在洞口返往时间自上午十一时至下午四时止，前后计四小时不见日光，路程曲折约有五里之遥。游罢归来，觉此洞优点有五：一为空气流通，且不潮湿；

---

① 摘自《杭州西湖游记选》。

② 西横塘人·高级工程师。

二为洞口奇胜，为湖上他洞所不及；三为结构布局空旷，曲折兼而有之；四为泉水清澈，可供饮料；五为岩石花纹奇丽可观。而于开辟此洞之意见，亦有四端：一、将“东方明”小洞开通；二、筑支路与南高峰大道相连接；三、将“蝙蝠厅”堆积之泥漏去，使成为一平坦之场地；四、洞中树立引路标牌，游人可由“显胜门”而入，从“东方明”而出，较为方便。负有整理风景之责者，倘能加以开辟，实可添一湖上胜地也。

第八章　习俗信仰

水亭畲族乡人民有着相沿久积的习俗信仰。随着时代的变迁，有些民间习俗在不断发展，或保存，或改革，或摒除。水亭畲族与汉族散杂居住，受当地汉族习俗的影响，至2015年，大多数风俗习惯与汉族基本相同。

本章重点记述古今衣、食、住、行四大方面，福圣庆诞,民间节日活动,传统节日，妇幼孕育，人生习俗，婚丧寿庆等习俗，祖灵崇拜等民间信俗，及境内畲汉宗教、宗谱等。

第一节　习　俗

水亭境内畲汉两族均有自己的生活、生产与岁时习俗。许多节日的时间和名称畲族与汉族的相同，但内涵和形式则大不一样。

畲族生活习俗的特色主要体现在服饰、饮食、居住等方面。畲族传统服饰，姑娘身穿民族服装头盘发髻，出嫁时头戴凤冠，头顶插银簪，身穿绣花裙，足履绣花鞋，别具一番美丽。饮食方面，畲民昔日生活于深山僻壤，自制食品成为日常食物的主要来源，有晒制干货、鲜货腌制、水作处理等，其方法有晒制、腌制、浸制、蒸制等。畲民的居住经历了草寮、瓦房、楼房等阶段的发展过程。

水亭畲族在长期的劳动过程中，形成自己民族特色的生产习俗。乡民对天地神灵、自然万物崇奉不已，虔诚之至。种田“开秧门”要拜“田公田婆”。“牛歇节”(指在“四月初八”这天)，为酬谢耕牛，农户解缰卸犁，为牛洗刷，奖以米酒精细饲料喂之。还有“尝新节”，每年首次食用新米要先敬天地神灵。

水亭境内畲汉两个民族的岁时习俗也不尽相同。如“二月二”“会亲节”“三月三”等是畲族独有的传统节日。畲族人在一生中(诞生、婚姻、去世)三个重要的节点上，都要举行传统的习俗仪式。

一、生活习俗

(一)服 饰

1.畲族传统服饰

水亭畲族的服装有其传统特点。20世纪50年代前,男人多穿对襟,女人多穿大襟。男女衣服领及衣边上都镶有花边,其内容大多取材于日常生活中各种活生生的物象,如将山里的花草、林间的鸟雀、空中的云彩、雨后的彩虹,制成图案缝在衣服上、裙子上。还有传统的几何形图案,如云头、云勾、浮龙纹、叶纹等。有的用文字排列成图案,常用的是一些吉祥语,如"五世其昌""三元及第""招财进宝"。象征农田的方格图案、象征江河的彩条图案、象征林木的十字图案,都作为一种较为固定的图案被保留下来。这种源于生活的朴素的艺术素材,使服饰图案纹样生机勃勃。

畲族崇尚黑色和蓝色,在服饰上以黑、蓝为主调,显得凝重深沉,庄严朴实。在以黑蓝为主调的基础上,加上一些色彩鲜艳的花边,平添几分情趣,如头巾、围腰之类。

民国(1912年)以后,水亭区域畲族妇女服饰制作逐渐简单化,服装花襟、花边逐渐减少。到民国中期(20世纪30年代),水亭区域畲族妇女服装已无花襟、花边。头饰也就是一条约2市尺长、1市尺宽的蓝色或黑色的自织的粗布。到20世纪60年代,还有一部分年龄稍大的畲族妇女仍用上述粗布扎头,到80年代用上述粗布扎头的畲族妇女已极少。21世纪已看不到用上述粗布扎头的畲族妇女。畲族妇女的服饰与当地汉族妇女的服饰一样,大多都是从服装(饰)店中购买来的。

1978年之后,民间民族传统文化活动开始恢复。政府与民间都开始重视民间传统文化的挖掘与传承。1986年,圣山乡筹建圣山畲族乡成立大会,派员到景宁定制畲族传统民族服装。此后,圣山畲族乡畲族人兴起穿戴民族服饰热潮,民间裁缝(服饰制作者)开始制作畲族服饰。畲族文化爱好者纷纷定制畲族服饰。穿戴畲族服饰在圣山畲族乡成为时尚。2009年,水亭畲族乡举办首届水亭三月三畲族风情节活动——"兰溪水亭'三月三'畲乡歌会",参加活动的乡村干部、演员全穿上畲族服饰,推动了畲族服饰的普及。之后,水亭畲族乡每年举行的"三月三"畲族风情节及其他重大活动,参与者都风行穿戴畲族服饰,至2015年,水亭畲族乡凡喜庆活动,人们穿戴畲族服饰已为常态。但平日一般不穿。

畲族男性传统服装 20世纪50年代之前,水亭畲族男子,夏天一般穿着色麻布制作的圆领、大襟短衣、长裤，腰间常围一条自织的三四市尺长、二三市尺宽的粗布（畲族人叫它为“汤布”），老年男子扎黑布头巾，外罩背褡。冬天套穿棉裤。结婚礼服为青色长衫，祭祖时穿红色长衫。

畲民上山（畲民从景宁迁入水亭时，他们的落脚地都是杂木丛生的小山坡）劳动时打绑腿，穿草鞋。在家穿木屐，冬天穿布袜，下雪天用棕片包脚出行。花鞋，用蓝布黑青布做面，四周绣花纹，前头做硬鼻，系红缨（女的比男的花纹多些、细些），平时不穿，作寿鞋用。

20 世纪 50 年代之后，随着经济的发展，水亭畲族男子的服饰用料逐渐淘汰自织的“粗布”，由机织布取代。款式呈多样化，平时穿戴与当地汉族人相同。2015 年，棉衣、棉裤基本被羽绒服所取代。

畲族妇女传统服饰 20 世纪 50 年代之前，畲族女性传统服装彩色花襟，以红、黄、绿、蓝、紫为主，这其中包含着一定的象征意义。如蓝代表天空、绿代表草地、红代表太阳等，五彩缤纷，色调和谐，美观大方。水亭畲族女性服装花边镶在衣领，大襟衣服边上，有层次、有顺序地排列图案。“红间绿、花簇簇”的凤凰装、模仿公鸡斑斓的羽毛缝制的公鸡装，图案多采用满地花的构图方法以适应服装整洁感的要求。

布料大多是用自织的苎麻布，有黑蓝两色，黑色居多。衣服是右开襟，衣领、袖口、右襟多镶有彩色花边。一般来说，花多、边纹宽的是中青年妇女的服装。她们均系 1 条 1 尺多宽的围裙，畲语称“拦腰”。腰间还束一条花腰带，畲语称“合手巾带”，宽约 4 厘米、长 1 米余，上面有各种装饰花纹，有的绣上“百年合好”“五世其昌”等吉祥语句。

水亭畲族自景宁迁徙到水亭以来，女性传统服饰，拥有的人很少，只有少数经济条件较好的女性有，但平时不穿（多作寿衣用），平时穿没有装饰的粗布开襟衣。20 世纪 50 年代之后，水亭畲族女性的服饰逐渐与当地汉族女性相同。至 2015 年，平时的服饰与汉族女性完全一样。

畲族妇女传统头饰 畲族妇女传统头饰结婚时戴，之后出门或节日时戴，去世时戴好入棺。畲族妇女头饰盘法：后脑盘发髻，发脚四周绕上黑色绉纱。头顶置银铂色的竹筒（直径约 1 寸、长约 3 寸，富者全部用银）。梳头时，要用水抹，以显蓬松、光亮。结婚时包以红帕，（富者）竖两根银钗，形成钝角三角形，钉上八串瓷珠，绉纱绕瓷珠以固定在头饰上，瓷珠垂过肩，每支末端拴小银牌，右耳上插 1 根银簪，两耳戴银垂耳，形如凤凰鸟头冠。未婚少女的发式比较简单，只将头发梳平绕在头的周围，用红线束紧即可。20 世纪 50 年代之后，水亭畲族女性的头饰逐渐与当地汉族女性相同。至2015年,平时的头饰与汉族女性完全一样。

斗 笠 畲族人外出时戴的斗笠,是畲族著名的工艺品。斗笠做工精细,上面有各式精巧的花纹,用约200根1毫米左右粗的细竹丝编成,造型优美,再配上水红绸带、白绸带以及各式珠子,更加精致美观,成为畲族妇女喜爱的装饰品。

绑 腿 畲族人勤劳,善扎绑腿,干活时,用棕扎绑腿,可防柴刺虫咬,扎上绑腿爬山走路也轻快些,不容易累。

2. 汉族服饰

1949年前,汉族男人多穿对襟布钮短衣,下着长裤。富者穿大襟长衫、马褂,裤为大脚管裤。女子多穿大襟布钮短衣、长裤。旗袍大多为富家或商贾女子所穿。衣料,平民多采用自织粗布或土布缝制,富户及地方绅士以细布或丝绸织品为主。劳动人民日常穿对襟短衣,腰部多缠1条6尺长白手巾,又叫“汤布”,可揩汗、洗澡、御寒、遮烈日、避风雨,也可以携带物品。如今,各种布料、服装应有尽有。服装有西装、青年装、夹克衫、牛仔裤、休闲服、滑雪衫、羽绒服等,男女皆穿。夏天,女子多穿裙,裙式名目繁多。

帽 汉族传统帽有6片瓜皮形帽,称“西瓜帽”。富户商人戴宽边铜盆帽,俗称“大礼帽”。夏天,多戴草帽,冬天戴羽绒线帽,老少都戴鸭舌帽,幼儿有虎头帽、狗头帽、兔头帽、圈帽等,冬天戴有披风的风帽。劳动人民雨天戴箬帽。

袜 1949年前,上山劳动穿布袜。20世纪70年代开始穿尼龙袜或卡普龙丝袜。农民下水田穿水田袜。

鞋 男人穿自制圆头低帮布鞋,冬天穿棉鞋,雨天穿钉靴(20世纪50年代前),当今穿胶质雨鞋,俗称“套鞋”。1949年前,女人大多缠足,穿尖头小脚鞋。富者穿云头鞋,高底皮鞋。劳动人民劳作时穿草鞋,用布条做的草鞋叫布草鞋。如今男女老少多穿皮鞋、旅游鞋、胶鞋、塑料鞋,夏天穿凉鞋、拖鞋,冬天穿棉鞋,雨天穿高筒雨鞋。女子穿皮鞋,有高跟、中跟、低跟之别。

饰 物 妇女饰物通常有耳环、项链、项圈、手镯、戒指,分金、银、玉质。小孩饰物有项圈、手(脚)镯、天官锁,多为银质。还有“甲马”袋等。

(二)食 物

1. 畲族食物

中华人民共和国成立之前,畲族人生活水平低,番薯、玉米、芋艿是他们的主食。番薯可以加工成薯丝干储藏,薯丝干与籼米一起煮,成番薯丝饭。番薯磨粉沉淀的淀粉可以加工粉丝，制作点心和菜肴，是招待客人的上品。那时畲族人有句顺口溜："一丘番薯，一丘芋，年前不要开谷柜。"这是当时畲族人生活水平的真实反映。畲族人日常主食以米为主，除米饭外还有用米制作的各种糕点。畲家常食米有籼、粳、糯三种。从黏性上分，糯米最黏，粳米次之，籼米基本没什么黏性，但籼米出饭率最高，畲家食用的米饭以籼米最为普遍。

畲族人大多喜欢热食，一般人家都有风炉（火锅）以便边煮边吃；畲家招待客人最常见的佳肴是"豆腐仔"。肉食多为猪肉，一般用来炒菜。竹笋是畲家人长年不断的菜，畲族农家种有毛竹、雷竹、金竹、红壳雷、石竹等竹。竹笋除新鲜吃外，还制成笋干，供长期食用。畲族人喜饮茶，饮食的茶，都是自产茶。畲族人饮食的酒，都是自己酿制的红曲酒（糯米酒）。

水亭畲族的特色食品有黄豆酱、"粘角"（粽子）、"糯米粿"（麻糍）、"买冬粿"（按畲族配方制作成的米豆腐）、乌饭、清明粿（粿）、炭火猪脚爪等。乌饭是畲民在节日"三月三"时的必备食品，用乌稔树的嫩叶捣碎后滤汁，再用树叶汁浸泡糯米，煮成乌黑发亮的乌米饭。水亭畲族根据不同的节日制作不同的食品食用。

2. 汉族食物

主 食 米饭为主食，间以麦面、玉米、番薯等杂粮。一日三餐，农忙及亲友登门要加吃点心。

菜 鸡、肉、鱼称三鲜，喜庆筵席不可少。1949 年以前，平时农家以青菜、萝卜、腌菜（生菜）、酱为常食，生活较清苦。如客友登门，则千方百计以肉、鱼、鸡蛋、豆制品等待客友。

水亭畲族乡的汉族特色传统食品主要有：

水亭千张 以嫩滑可口、嚼劲润滑、味道鲜美、营养丰富闻名。广销兰溪、金华、衢州，远销杭州、江西、上海等地。

汤 圆 俗称"汤头"，用肉、豆腐、葱作馅，外皮用汤圆粉制成。汤圆粉由糯米用水至少浸泡半天，晒干碾成粉。

粽 子 用箬叶包糯米肉、板栗或其他菜肴作馅。

鸡子粿 用面粉作皮，肉、葱、鸡蛋等作馅。

3. 饮食禁忌

客来泡茶，每人一杯，不宜冲满，有"浅茶满酒"之说。有客时，小孩、妇女不能上桌吃饭。筷子不能插在碗中。

(三)居 住

1. 畲族住宅

畲民住宅一般较为简陋,以泥墙、竹椽盖茅草为主。经济条件好点的,建砖砌空心墙,但为数极少。水亭畲族乡奎塘畈行政村18号住宅,为三间对合型楼屋,面积164.48平方米,坐西朝东。该宅于清末建于余垄村,民国36年(1947年)从余垄村购拆复建。该宅前进青石门面,明间楼下后廊升起,木直柱,鼓形柱础,用扁尺梁承托楼栅,梁两端雕刻鹤嘴形龙须纹,下以扇形雀替承托。楼上梁架为穿斗式。青石砌置天井,天井两侧为厢房,一开间,天井四周檐柱上置S形卷龙纹牛腿,楼上天井四周设晾台。后进明间楼下前廊升起,木直柱,鼓形柱础,用扁尺梁,梁两端雕刻鹤嘴形龙须纹,下以扇形卷草纹雀替承托。次间及楼上梁架为穿斗式。三合土地面,硬山顶,马头墙,阴阳合瓦。部分木构件有糟朽现象。该宅是水亭畲族民居中质量较高、规模较大的,也是极少见的。

1949年以前,水亭畲族绝大多数都住茅铺。1949年以后,畲族人民居住条件随着经济发展而发展。20世纪50—60年代,茅铺大多改为瓦房。1982年,水亭地区农村实行"家庭联产承包责任制",农村经济发展出现的"井喷"现象,迅速改变了水亭畲族简陋的居住条件。20世纪90年代,原来的泥墙瓦房百分之九十以上被2层混凝土钢筋砖石结构(琉璃瓦)屋所代替。21世纪初,水亭畲族的民房开始向更高档的别墅式发展。至2015年,近4成民房已改建成别墅式或套房式楼房。

2. 汉族住宅

汉族的住宅大多坐北朝南,喜欢选择靠山而建。传统住房有两种:一是"前厅后堂楼",前为客厅,后为居室,旁边侧室作厨房杂用。四壁栋梁牛腿雕花者称"花厅",属世家富户所居。如横塘村、西姜村、古塘村皆有。二是对合,中有天井,前后各三间称"三间对合"。三是半合,即对合一半,有"三间一天井二过厢",俗称"三间两搭厢"。无天井叫排丘,如"三间排丘",俗称"硬三间"。多以条石作基,青砖砌墙,上砌有"马头墙",方形屋四周墙高平与屋脊齐,叫"封火墙",有平屋、楼屋之分。穷人多住四壁泥墙的茅草铺,俗称"茅铺"。20世纪60年代流行"三合土墙",上盖土瓦或平瓦(亦叫洋瓦)。80年代始,红砖墙、钢筋水泥结构住房兴起,并设置走廊、平台、阳台,大多2—4层,水、电、卫生设施配套齐全。别墅房也逐年增多,到2015年,近6成汉族民居已改建或重建成别墅式或套房式楼房。

3. 建房仪式

水亭区域的畲族与汉族基本相同。建房择良辰吉日开工;上梁日,楣上贴红纸横批“紫微高照”;柱对写“立柱喜逢黄道日,上梁巧遇紫微星”。时辰一到,爆竹轰鸣,房主拜天、地、鲁班师;木匠骑梁唱彩,安梁毕,将馒头、粽、糖果、饼干抛向观众,非常热闹,称“抛栋”。新居落成,仪式更隆重,亲戚朋友、贺客盈门;把送来对联按规照矩挂于中堂及左右两旁,鸣炮入座,请石匠、木匠、泥水匠中堂上座,俗称“坐上横”,酒菜丰盛,设宴道谢。

4. 屋内摆设

几案(俗称扛儿),置于客厅中堂上首(靠壁),用来摆设香炉、烛台,也有插花瓷瓶、小屏风、座钟等饰物。八仙桌、长度1米的正方形桌面,设于客厅中堂,两把交椅(有的雕花)置于八仙桌上首,其余放置“骨牌凳”(可坐2人的长板凳),供进餐用。一般屋内设置,左边设房间,右边设厨房。

(四)出 行

20世纪50年代之前,百姓出行,都是步行,富者有骑马坐轿的。

20世纪60年代开始,有人使用自行车代步,20世纪70—80年代,自行车代步在青壮年中普及,同时,开始出现私家车(主要是拖拉机)。20世纪90年代,水亭区域有人使用摩托车代步,同时,开始出现私家小汽车。21世纪初开始,水亭区域有人使用电动自行车代步,私家小汽车快速增加。到2015年,居民使用电动自行车代步,私家小汽车普及。

1974年,永昌游埠线开通客运班车,北接330国道,达兰溪市区只需半个小时。1974年,兰溪至圣山汽车客运开通。1986年,游埠至圣山汽车客运开通。1987年,游埠至杨保塘下汽车客运开通,对接龙游县至横山县道。2010年,长乐胡家线开通诸葛至水亭汽车公交班车,对接龙游衢州。20世纪90年代始,开通游埠至龙游、游埠至义乌、游埠至杭州汽车客运班车,皆经过水亭。21世纪初始,逐年开通兰溪至水亭,兰溪至圣山的城乡公交车,进出十分方便。水亭畲族乡2013年开始实施路面硬化工程,到2015年底完成全乡乡村通道路面硬化工程。2015年,全乡有各种载人私人汽车5000余辆,村民出行方便顺畅。

二、生产习俗

(一)农耕习俗

1. 种 稻

一年二熟播种。盛谷种的容器有插杨柳的风俗,预兆谷种的出芽率高。播种时秧田插香纸,祈请“田公田婆”保护不烂秧。

2. 插 秧

第一天移栽叫“开秧门”,要拜“田公田婆”。下田双手先向后甩几次,并用秧根擦手背,据说可防止过敏性皮炎。所拔第一手秧带回家,甩到屋顶,可以不生“屋鳅”。种田先在田头祭拜五谷神,俗称“烧田丘”。秧插完称“关秧门”。休息数天叫“洗秧盆”。

3. 收 割

开镰收割亦须“烧田丘”,拜谢五谷神。

4. 尝新米与“洗土黄(稻桶)”

第一次吃新米饭叫“尝新米”。先盛一碗饭,插上三支香,拜谢五谷神。畲族人尝新米传统习俗,须在丙申这天,长辈率领小伙子抬轿接马氏娘娘。妇女则在头天晚上用新米裹好粽子,安排祭品进行祭祀。休息数天叫“洗稻桶”。21世纪,此习俗被摒弃,2015年,水亭域内已不见此习俗。

5. 牛歇节

四月初八与夏至日忌用牛,说这些天用牛后,牛会瘫痪,这是对牛爱护的体现。畲族俗语说“牛歇四月八,人歇端午节”。

6. 灌溉“引注”

水亭一带长期以来形成了不成文的灌溉用水规矩,池塘附近的农田可公用该池塘的水,这种使用权叫“引注”。有“引注”的田叫引注田,池塘水只有“引注田”可用,其他农田缺水,须向“引注田”田主讨水。上丘田未种有水,而下丘田缺水,可请上丘田酌量放水;如上丘田已种,下丘田则不能请上丘田放水。还有“老阙(放水缺口)不闭,新阙不开”的规定。此习俗水亭区域畲族汉族相同。

7. “上田管下塝”

凡田塍上自然生长的树木,所有权归地势较高的一方,称作“上田管下塝”。此习俗水亭区域畲族汉族相同。

8. 养 猪

农家饲养的毛猪在购买仔猪的猪笼要插上香纸,祈求吉利。两家仔猪和猪笼可合为一挑担。如只有一只猪笼装猪的,另一只猪笼可装泥块、饲料等与装猪的猪笼合为一担挑,但不能装石块。出售或自家宰猪,都用香纸烧拜猪栏,称烧“栏头”。并把这头猪的尾巴毛剪下放在猪栏内,祈求续养猪能快大。此习俗水亭区域畲汉两族相同。至2015年,水亭域内已不见此习俗。

（二）工商习俗

1. 师徒关系

中华人民共和国成立以前，手工业学艺者要先写投师契，契上写明“三不管”，就是学徒在学艺期间发生意外，如火烧死、水淹死、师傅失手打死，师傅不负任何责任。学徒必须为师傅家服劳役，又规定学艺三年，三年期满须做三年“半作”(拿一半工资，另一半为师傅所得)。若半途逃回家，会被人轻视。中华人民共和国成立后提倡包教包会，尊师爱徒，禁止暴力惩罚学徒。

2. 行业等级

民间谚语“泥水木匠，日头三丈，裁缝篾匠，门外等天亮”。木工、泥水工可以比裁缝、篾匠迟些。诸匠如果同桌吃饭，座次顺序为石匠、木匠、泥水、木雕、裁缝、篾匠，并由座次最低者执壶斟酒。

3. 开　张

开张是新店开业礼俗。择吉日吉时开张，开张之日挂灯结彩。放爆竹，挂招牌，请宴席，宾客盈门，非常热闹。商品供应，打折优惠，甚至赠送小商品，以广招顾客。

4. 倒　闭

商店因经营不善，亏本而停业，俗称倒闭。如资金与债务两抵不敷，宣告破产。以剩余店产为限，由债权人处理，俗称“摊筐箩”。

5. 雇　佣

雇用店员一般以一年为期，农历每年正月初六或元宵店主设宴“讲生意”(洽谈雇约)，决定续聘或辞退。在雇用期间，发现店员不守店规，不卖力不是“生意手”，一俟到端午、中秋、年关三节，随时可提出辞退。店员除工资外，年终有“红包”，还有附带的“小货”。

6. 交　易

商业交易，俱凭信用。行家与店家(批发商与零售商)，卖主与买客，初次交易，银货两讫。交易长久，行家卖主主动送“手折”(记账折)给客户，客户进货，凭折记账，先货后款。俗定端午、中秋、年关三节归缴。这叫赊账。终年结算付款时，有“送俸”(赠送小额商品)，以图扩大经营。

三、岁时习俗

本目所记习俗是传统习俗。

（一）节日习俗

水亭地区畲族与汉族相同的节日有春节、元宵、清明、端午、中秋、重阳，但也有其民族的节日及其习俗。

1. 清明节

清明做“狗泥�油”(清明粿)祭祖。拿“狗泥粓”、肉、豆腐等到先祖墓地祭拜。畲族敬重祖先，出嫁女须回娘家给祖先扫墓，祭祀都非常认真、虔诚。

2. “三月三”

是对歌会也是乌饭节，它是谷米的生日，是畲族传统的节日。各家按例要蒸乌米饭，用来聚餐、赠友、祭祀祖先。

3. 分龙日

“分龙日”忌挑粪桶、晒衣，怕龙分不到雨要受旱。

4. 立夏节

立夏为夏季之始。农事日趋繁忙。有此日吃立夏子(鸡蛋)、立夏馃，称体重等习俗。称体重时，秤锤只能向外(加重)，不能向内(减轻)移动。称得斤数逢9斤要作10斤，逢100斤要作101斤。

5. 端午节

用鲜箬竹叶包糯米粽子，粽子为四角形，也有其中一个角特别长的粽子，称“牛角粽”。馅有咸、甜两种，甜用红糖、赤豆，咸的用猪肉、咸干菜等做。门前插艾叶、菖蒲，午时房前屋后撒一些石灰粉，小孩子挂戴菱形式的“香包”。

6. 六月六

白天晒“霉”，把衣箱、杂物放在烈日下暴晒，俗语:“六月六，晒红晒绿。”

7. 七　夕

农历七月初七夜，相传此夜天河(银河)上架鹊桥，让牛郎同织女相会。俗称“情人节”。农村有吃“灰青糕”习俗。此糕色绿莹莹，意情深深。

8. 七月半

七月半(即农历七月十五)每家都打麻糍，用麻糍、酒、肉、豆腐等供品，上坟祭拜祖先后，再全家聚餐。也有些家族不兴七月半。

9. 中秋节

农历八月十五，娘家打麻糍、年糕，备酒菜，出嫁女回娘家团聚。

10. 重阳节

“九”为阳数，农历九月初九为重阳节。农村有吃炒粉干、重阳糕习俗，又有登高览胜之习俗。1988年，浙江省人民政府将是日定为“老年节”。村里给60周岁以上老人免费发放面条(长寿面)及其他副食品，每人一份，有些村给一个“福寿红包”。

11. 立 冬

农村流行吃鸡习俗，而且每人一只。相传此日吃鸡最为滋补身体。

12. 冬 至

连同清明、七月半为鬼节。不用择日子便可以安葬死者，拾骨移葬。给坟墓上添新土，意给先人盖上棉被，可以御寒。出嫁女回娘家祭拜先人后不能在娘家宿夜。

13. 打 尘

挑选好日子，打扫清洁卫生，相传初三、十一日不要择日，意为好日子。

14. 接灶神

农历十二月廿四（亦有廿三、廿五）夜，接送灶神。用甜汤圆祭送灶神上天，有吃汤圆习俗。接灶神，贴"东厨司命"以资供奉。

15. 贴花纸

除夕上午贴春联（畲族人称贴花纸），当年有丧事的人家，须用绿色的纸写春联。在门板、屋柱上贴对联，在谷柜上贴"五谷丰登"，在牛、猪栏、鸡鸭舍贴"六畜兴旺"，在石磨、石臼、米缸、谷柜、箱、衣柜、农具等贴上红纸条（正方形）。

16. 谢 年

除夕日中午后，开始谢年。把猪头（或猪肉）、鸡、豆腐干、年糕等祭品加热后摆上祭桌。第一排摆三只小酒杯。第二排摆一米升（盛满米），左右两边放蜡烛台。第三排是猪头（或猪肉）、鸡、豆腐干、年糕等。汉族人在中堂（有的还去祟祠）祭祖。畲族人先祭天地（把供桌放于大门内，朝外先祭天地），再把供桌搬到中堂上首祭祖。

17. 年 饭

除夕夜的晚餐都比往日早些，菜比较丰盛，有肉、鱼、年糕、青菜、麻糍……十几大碗，碗筷十副。全家人都到齐才用餐。多余的碗照样放好，同样斟上酒，放好筷子、凳子，意思是给太公太婆用餐。用餐中可以用烧纸给小孩擦嘴，意为童言无忌。过年要说好话、吉利话。年饭要多煮一些，意为有吃有余。

18. 守 岁

大年三十夜，通宵不睡觉，灯也通宵亮着，相互串门，互祝新年快乐。有的兄弟姐妹、堂兄弟、姐妹谈论来年的计划等，并祝贺新年快乐。

19. 隔年饭

大年三十夜，在半夜之前，即 10—11 点就要开始烧粥捞饭，捞出的饭放在饭甑中，米比平时放多一些，饭甑装得满满的，表示粮食丰盈，并在饭甑上贴上红纸、插上松柏,给灶神供奉香火,待正月初一后可以随取加热食用。

20. 开 门

正月初一早晨天将亮时,要给香炉上香,同时在大厅、厨房、猪舍、鸡舍、谷柜等处插香,插香处都得烧烧纸,然后燃放鞭炮,叫开门,俗称“过年”。

21. 上 坟

大年初一早上,把昨晚谢年的食品,猪头、鸡加热后,热气腾腾奉上,先在中堂祭拜祖先,点燃明香,烧好纸,放了鞭炮后拿上祭品即去上坟。给太公太婆等先祖拜年,坟碑上压块万年红红纸,这是给已故长辈拜年。

22. 拜 年

传统风俗正月初一不出门,年初二才出门去长辈家拜年。外甥先拜娘舅,出嫁女儿先拜父母,这些都是祖上传下来的规矩。

23. 送 年

谢年前把家中垃圾全部送出,谢年后直至正月初五“送年”前,垃圾都不能外送,而是堆放在某一处。正月初五早上,中堂,房间,厨房,牛、猪栏都要点亮灯。户主手拿扫把、畚斗到家里家外各处打扫卫生,连同以前的垃圾一起倒在村口路边,点上三支燃香然后放鞭炮,这叫送年。

(二)人生习俗

水亭区域畲汉两族的传统人生习俗基本相同。明显不同之处是,汉族产妇生产后,主食以吃粥为主,菜以清淡为主。畲族产妇生产后,家人一般都会马上煮一碗鸡蛋给她吃,这碗鸡蛋的汤大部分是自酿的红曲米酒;汉族产妇不吃,认为会吃伤的。月子期,如家庭经济条件允许,产妇中晚餐都喝自酿的红曲米酒。此酒要加红糖、干姜炖沸趁热喝;中晚餐主食是米饭,兴吃鸡肉、猪肉,鸡肉、猪肉用汤炖,汤以自酿的红曲米酒为主。汉族产妇月子期及之后一段时间内不吃饭,只吃粥,且不吃荤,也不喝酒。

1. 生育与养育

生育数 1970年以前,水亭区域生育数没有严格限制,“多子多福”观念较普及,尤其是老年人。20世纪70年代后实施计划生育,都提倡三口之家,即独生子女及父母。但人们最理想的家庭子女为一男一女。

养儿育女 家庭夫妇都有“望子成龙、望女成凤”思想意识。

怀孕消息的断定 怀孕初期,一般孕妇都有呕吐表现,吃食物都有想这想那、有挑食现象,才意识到自己真的怀孕了。还有,月经不再按期到来,孕妇知道自己怀孕了。

孕产期 禁忌重体力劳动,轻微劳动可做。禁忌“生食”。

生 产 20世纪60年代之前,产妇临产,都是请本地“接生婆婆”直接到产妇房间接生的。20世纪60年代开始,产妇临产到乡(公社)卫生院生产人数逐渐增多。20世纪80年代开始,乡(公社)卫生院对孕妇进行定期检查。2015年,孕妇预产期到,就住进医院妇产科,由妇产科医生接生、护士护理。

哺 乳 哺乳有禁忌野外黑夜哺乳习俗。按习惯定时、定量在家哺乳,晚间在房内哺乳。

命 名 小名(乳名),习惯喜欢用“小”带“头”如小毛头、小娅头等,无须正规取名,随便喊喊叫叫都行,其实是讨个吉利,图个安全。族名一般不取,若要取,也要等到家族做谱时,再取一个入谱就行。学名指读书取的名字。如今不同了,一生下来就要户口登记,故要正式定名。

满 月 水亭习俗过满月可以出房间,到户外走走。喜办满月酒,生男生女一个样,邀请亲戚朋友前来参加。这一习俗汉畲两族相同。1949年之前,水亭区域汉族人,生男孩的要做大麻球,生女孩不做。畲族人生男生女一样,经济条件好的,打麻糍,不好的就不打。

婴儿便溺 改革开放前,大多用旧衣裤剪成方形尿片,塞在婴儿肚下,穿上衣服,再用大人旧衣裤,把婴儿整个身子(特别注意把手包进去),然后用带捆扎好(俗称包手袋)。20世纪80年代开始,给婴儿贴垫一次性尿布。

幼儿照顾 农村一般都是隔代人(男女双方长辈)照顾幼儿的多,条件好的家庭雇保姆照顾。隔代人年龄偏大,照顾方法传统守旧,以安全为主,其他方面照顾要欠缺些,年纪轻的要好得多,会对幼儿进行科学的启蒙教育,利于幼儿智育成长。

管教孩童 一般来说,要看管教人年龄层次,若爷爷奶奶或者外公外婆年龄偏大的,达不到当今时代要求,方式方法跟不上,年轻的管教人管教方法较现代、科学。

缚手习俗 婴儿出生后,要用红布缚手,三天后解缚。意为孩子缚过手长大后不会糟蹋别人的东西。

“请三旦酒” 畲族人家,孩子出生的第三天办酒席,叫“请三旦酒”,宴请亲戚朋友。邻居与远房亲戚一般都会在这天送喜礼。

请“满月酒” 婴儿满月日,主人都会请“满月酒”,答谢给产妇送贺礼的朋友,请长辈、家人共喜。

理满月头　婴儿满月日，第一次给孩子剃头，剃完头，母亲用煮熟的鸡蛋在婴儿头上滚透，意为小孩子的头(天庭)长得像鸡蛋一样圆平饱满，滚头过的鸡蛋给邻舍的孩子吃，期望孩子气量大。

2. 寿　庆

畲族人很注重做寿庆，逢50、60、70、80等整十岁数的老人都要做寿。畲族叫“请上十酒”，一般都在正月上半月内进行。先是村邻叔伯从正月初二起每户轮流宴请上十的人一餐，然后上十的人家回请大家一餐。亲戚朋友对上十的老人，在一年内不规定哪天，要送一份礼。嫁出的女儿、干儿子、干女儿送一只猪腿或一只大公鸡，外加两斤长寿面和一件衣料或布鞋一双。面条很长，表示祝贺长寿。一般亲戚是送一只猪腿，或一只公鸡，或1.5千克左右重的肉，外加两斤长寿面。

(三)畲族婚姻礼俗

水亭区域畲族居民迁入水亭初期，传统婚姻礼俗传承具体情况如何已无证可查。根据畲族长辈所讲，“听爷爷辈说过，山哈嫁女娶亲何(有)二三十道手续(流程)，爷爷辈也没有人按老规矩做过。那时候苦啊”。但畲族传统婚嫁的流程，在畲族中广泛流传。1964年，柳塘章村雷锦华出嫁三女时，按畲族传统婚嫁的流程操办。1978年之后，畲族传统婚嫁文化被挖掘并广泛宣传，但因流程多，按畲族传统婚嫁流程操办婚事的很少。但重大节日喜庆活动时，多有“畲族婚嫁”展演。

1．族内婚

畲族族内各姓间相互通婚，各姓内有若干支主系，同姓者不同支亦可通婚。1949年前，畲族与异族通婚者很少。由于族内婚为祖传族规，男女找对象，老年人为子女说亲，媒人为青年男女介绍婚姻等都自觉遵守。

2．一夫一妻制

畲民尊崇一夫一妻制，反对纳妾，不论家庭贫富，有无子女，均不能纳妾，纳妾者则受全宗族反对。

3．对歌仪式

畲族传统婚嫁过程中不少环节都有对歌仪式。而且畲族传统婚嫁的全过程都有俗成的一些流程。基本流程有提亲、太布娘、看人家、送日期、吃“克定(定亲)酒”、定礼数、送礼单、请泼女崽、担酒水、吃“杀猪顿”、祭祖起轿、迎亲、拦路、拦门、奉茶、交礼、借“家伙”、杀鸡、撬蚧、担白鲞、吃姐妹饭、梳头、上轿、起轿、传袋、吃讨亲酒等。

（四）畲族丧葬礼俗

至 2015 年，本目所记是畲族传统丧葬礼俗，除“买水洗浴”外，其余流程基本通行。

1. 吊　丧

畲族丧礼大致分为三种：至亲丧礼、叔伯丧礼、远房亲戚和村邻丧礼。

2. 孝服饰

畲族人孝服男女有别，亲疏有别。亡者儿子、女儿、儿媳妇、女婿穿长孝衣，其他人穿短孝衣（孝衣要麻布做）。男人戴白帽，女人戴“白斗篷”（斗帽）。子女、儿媳妇、女婿、孙子、孙女每人腰间都要系一根稻草绳，稻草绳必须用左手反搓。儿子、女婿要穿草鞋。其他亲戚、朋友，男人戴白帽，女戴“白斗”。媳妇、女儿、孙女扎头发必须用白线带。

3. 送　终

老人临终前，子女孙儿围在床前为其“送终”。“送终”的人越多被认为亡者越有福气。死者咽气后，家人应赶快把蚊帐拆除，在亡者床前放一张小桌子，用一只碗装有草木灰，插上三支燃香并点盏席草青油灯，摆在小方桌上，放在死者床前代表死者灵位。在亡者床前地上放一只钵头（畲族人称为“香炉碗”）给亡者烧纸香。

4. 买水洗浴

“行寮人”到亡人家的第一件事是“买水洗浴”。亡人的儿子（一般是长子）撑着伞，手执三根点燃的香。“行寮人”手捏钵头，带着铜钱与亡人的子女同到水井或池塘去取水（一般都到池塘）。伞要自始至终遮着钵头。到池塘边“儿子”将三根香插在地上。“行寮人”对着池塘，拜三拜，就把铜钱扔到塘里。然后用钵头到塘里去取水（叫买水），买水有规定动作。买水回来，亡人的儿子用烧纸蘸上水，朝亡人的脸上、身上、脚上、手上洒水。“行寮人”在一旁大声喝道：“孝子买水为你洗浴，前三后四洗清起（干净）……”

5. 穿寿衣

亡人“买水洗浴”后，由“行寮人”穿寿衣。

6. 送盘缠

亡人寿衣穿好，“行寮人”把铜钱（或银片）用红纸包好，塞到亡人的口中，叫“衔口银”。然后，把一只竹筒或其他容具（盛满沙或灰）和一只钵头放在亡人床前，烧上香，烧上烧纸，畲族人叫“送盘缠”，意思是送给亡人去阴间途中的费用。

7. 烧路头

“送盘缠”后,“行寮人”会叫亡人家的主人检查一下亡人的被褥衣裤等物件,看看是否有要留下的东西或铜钱银子之类的。主人检查后,“行寮人”把这些被褥、衣裤等亡人生前用过的物件打包,连同床一起搬到村外的路口上烧掉,畲族人叫“烧路头”。

8. 报 丧

畲族报丧的顺序与方式都有严格的规定。父亡,先报叔伯,后报其他亲戚。母亡,先向娘舅家报,然后再报其他亲戚。

9. 请叔伯

畲族人去世,料理后事都要请兄弟、堂兄弟家人来帮忙,畲族人叫“请叔伯”。

10. 设孝堂

畲族人称“灵堂”为“孝堂”。“孝堂”由“风水先生”布置。寿材(畲族人称棺材为“寿材”)摆放在中堂。寿材尾紧靠幕屏放一张灵桌,上面摆蜡烛台一对,昼夜点着蜡烛,三杯酒,三杯茶,亡者牌位,内盛芝麻茎灰的香炉一个。灵桌前地上摆放钵头一个。寿材头地上放香炉一个,青油灯一盏(称材头灯),灯火常明不熄。

11. 入材(入殓)

畲族人的寿材内放石灰、木炭,然后铺上草席,放上枕头。畲族人称“入殓”为“入材”。

12. 盖大被

“盖大被”时辰由风水先生择定。“盖大被”“封棺”“出丧(殡)”的日子时辰,风水先生都在第一时间择定交给主家,报丧人报丧时都会把这些日子时辰报给被报家。被报家按此时间要求做好各项准备工作。以便不“误事”。被报丧的人家接到报丧信息后都要准备好“大被”,及时送到,赶上“盖大被”的时辰。畲族比较看重“盖大被”。如果该送上“大被”的没送,会被大家认为没有情义。大被送到后,由“私房”(负责记录亲朋好友等送的礼物、钱财的账目,以及负责向前往吊丧、送礼人发放白帽、糖果、毛巾、回礼钱包等。“私房”一般由主家的挚亲组成)写上吊词及送者姓名。“盖大被”前“私房”负责人须将所有“大被”交给“行寮人”。由“行寮人”“盖大被”。

13. 烧香念经

孝堂设好后,就要烧香念经。香由亡人亲人烧,必须跪着烧。经由“师爷”或会念烧香经的人念,一般是两个人念经。如果亡人是高龄的,畲族人会认为,他

(她)的归阴是正常的,因此烧香的人会一边烧香,一边烧唱(或对唱合唱)“丧歌”。烧香念经,一般一天要进行三次,即中饭、晚饭、半夜顿(夜宵)前各进行一次,结束即就餐。

14. 讨“大位名”

畲族去世人如是女性。去世后,除应向娘家“报娘家”外,还要向娘家讨开“大位名”。即使主家知道去世女性的“大位名”,也要去“娘家讨开”。“大位名”讨回后,风水先生才能按“大位名”纂写墓碑碑文。

15. 接娘家

畲族女性去世后,整个丧事料理过程中有一个“接娘家”过程。“接娘家”的具体日期时辰由主家与“娘家”商量决定,一般都会安排在出殡前一天下午。

16. 出丧(出殡)

一人敲锣,走在最前头,走在第二位的是放鞭炮与放引路纸(烧纸)的。孝子(多子的一般由长子)撑魂幡走在第三位。长媳妇挑着“香炉担”走在第四位。“香炉担”一头是香炉,另一头是香钵(孝堂里烧纸香的那只)。如路远,挑“香炉担”的可以中途休息,但未到达墓地,不能把担放下,不能回头看。到达墓地后,“行寮人”点燃一堆稻草,送葬人把白帽放在火上转三圈后,拆开。亡者亲生子的白帽必须在“六七”后才能拆。

17. 入 坟

灵棺到达墓地后, 应先向周边的老坟点香烧拜。然后才能把灵棺放入墓穴。风水先生用罗盘校正灵棺放置位后,泥水匠才开始用砖垒坟。垒坟所用黄泥浆,由亡者的女婿赤脚踩踏调和,不论天气多冷都得赤脚踩。

18. 圆 坟

坟墓垒好后,主家必须烧好几样菜,一般是鸡、猪肉、香干等,连同酒、馒头等送到墓地祭坟,畲族人叫“圆坟”。“圆坟”后,“行寮人”、泥水匠及他们的助手们,把主家送来的菜摆在地上,大家一起用餐。这时亡人的女婿必须送烟给他们,表示感谢。

第二节 民间信俗

水亭居民有多神崇拜现象,大多数庙宇都摆放有众多他们崇拜的神灵。域内畲民笃信神灵,奉行多神崇拜,对民俗神、道教神、佛教神无不敬奉,对先祖、土地公、盘古帝王、灶神等都十分崇拜。中华人民共和国成立后,随着社会、科学的发展,水亭居民的民间信俗活动逐渐摒弃不科学、欠科学、烦琐的内容与形式。

一、自然崇拜

20 世纪 60 年代前,水亭地区水稻为一熟制,先做好秧田,浸好谷籽,待晴好天气播种,一般清明前后为播种日。水亭地区有句口头禅:“懵里懵懂,清明浸谷种。”播种时,农民习惯在秧田田角插三炷香,点燃烧纸,祈求“田公、田婆”“五谷神”保佑不烂秧苗。

1. 开秧门

农民将第一天拔秧种田,称作“开秧门”,第一件事是祭拜“田公、田婆”,下田插秧前还要祭拜“五谷神”;第二件事是反手拔一把秧,擦擦手背,以防发“秧疯”;第三件事是把第一把秧带回家,抛于屋顶,说是屋顶上不会生屋鳅。

2. 开镰收割

先在田头拜谢“五谷神”,俗称“烧田丘”,然后开镰收割。

3. 樟树娘娘

20 世纪 50 年代前,水亭地区有认樟树为干娘的习俗。孩童体弱多病,父母带病童去老樟树跟前,认樟树为干娘,以保平安无忌。

一旦认娘后,将孩童姓名、出生年月时,俗称“时辰八时”,写在红纸上,贴于樟树树身上。每月逢初一、十五,供祭品谢拜。古樟树,因年久,认它为干娘的人也多,于是,大家都称它“樟树娘娘”。逢节日,都去祭奉。

二、世俗崇拜

水亭区域各族居民都有祖先崇拜,虽然中华人民共和国成立前后祖先崇拜的形式差不多,但人们的心念大不相同。中华人民共和国成立前,人们对祖先的祭祀除了对先辈的思念外,更多的是求祖先保佑。中华人民共和国成立后,人们对祖先的祭祀除了求祖先保佑外,更多的是对先辈的思念。

(一)祖先崇拜

中华人民共和国成立之前,水亭区域民间有建祠造厅之俗。宗祠是供奉祖先、祭祀、演戏娱乐、聚会议事、调解处理重大事故、做谱祭谱、执行家规家训之用的。宗祠都有祀田、祀产,以作祭祀公用基金。推有族长,俗称“祠堂管长”。祠内族人之间若有纠纷、械斗、不孝、盗窃、淫乱、聚赌等行为,家长无力规劝,送到祠堂处理,俗称“开祠堂门”。轻者跪于祖像前认罪,重者谱上除名。

宗祠设有神龛，奉祀“高、曾、祖、祢”四世神主及本族人已故者亦立神位（即位牌）置于龛中，以作久祀。

每年春节，从旧年谢年始，至新年元宵止，宗祠中堂悬挂始祖遗像，供族人后裔祭祀，俗称“拜太公太婆”。

世间三十六行，行行有祖师。如读书学子供奉孔子，木匠、石匠、泥水匠皆供奉鲁班，制药开店供奉神农氏，酿酒手艺供奉杜康，商业经营供奉财神老爷等。凡行业开工、祖师诞辰、拜师学艺、外出谋生，原来有拆祖神之俗，何时废弃不详。

水亭地区畲族有祖先崇拜。各家都在中堂上首墙壁上做一个“香炉窗”。“香炉窗”上贴有壁联，壁联内容：

上联：香炉不断千年火

下联：玉盏常明万岁灯

横批：敬祖如在

在“香炉窗”内壁有榜词。榜词内容：

“本家賫奉堂上高辛皇氏敕封忠勇王××郡（蓝姓写汝南郡，雷姓写冯翊郡，钟姓写颍川郡）长生香火祖师历代合炉祖宗之位”。

畲族人认为“香炉”代表他们的祖先。

每年节日、红白喜事，都要用祭品祭拜香炉。

（二）传师学师

传师学师在畲族民间有“做阳”“做聚头”“传师男”等称呼。民族学者称之为“祭祖”，属祖先崇拜。现在还有畲族通过举行传师学师的仪式，为16岁以上的男性取“法名”，度身入录，并用红布条块把学师者的“法名”“学师时间”“家庭地址”等写成条文，缠挂在本支族的师爷杖（祖杖）上，留于后代查考纪念。修谱时还要把“法名”载入宗谱。学过师的人要穿“赤衫”，即用红布制成，以蓝布条镶衣、袖边缘的圆领大襟长衫。学师者再传其子孙的人制穿“乌蓝”，即用青色布制成，以蓝布条镶衣、袖边缘的大襟长裳。学师人去世要穿“赤衫”或“乌蓝”入殓。学过师的不论在生前死后，在畲族中都享有较高的威望和地位，被称为“红身人”，未学过师的男性则统称“白身人”。仅一代学师而后未举行仪式传于后代的称“断头师”。

传师学师仪式活动的全过程，歌舞并举。活动场所，有的在屋内学师中堂，有的在屋外开阔地。使用道具有龙角、铃刀、交杯、锣、鼓、法鞭、易板等。法师们边唱边舞，舞姿健美，内容丰富，情节复杂多变。主要内容情节有60余个，仪式步骤大致可分为三个阶段：

1. 安 祖

安祖前先接祖，亦称使祖。即由东道法师与本师公去支族祠堂或“祖担”存放户，作泼兵、统兵的请祖仪式，再把“祖担”(内置有香炉、祖图、龙角、铃刀、易板、法鞭等的竹制箱笼)接到学师者家。然后，由祭师负责在学师户的厅堂或在祠堂大厅设立学师法坛。祭师把邀请来的学师有关的各类神灵及祖先人物安置在法坛上，称为“安祖”。这个法坛如同作战指挥部，指挥传师学师全过程的各项活动。这阶段的主要情节有请师爷、桩坐、造水洗法坛、造五营寨、接神、拜茶、砌老君殿、走身丢魂、团兵、话安祖酒等。

2. 引 朝

引朝亦叫引水。这阶段是为学师子弟进入法坛学师做好前期准备。如为子弟取“法名”，告请诸神灵支持学师子弟学师，清除有碍传师学师的妖魔鬼怪和凶神恶煞。本师公亲手向学师子弟赐赠学师的衣冠、道具。主要程序情节有本师接神、子弟拜天地、拜师爷、拜本师公、投入文疏、为子弟取“法名”、开牒、关五童、子弟落秣变身、做微尘、把盏入门、开桃源洞、唱灵罗歌、饮酒、六曹拜师爷、话下马酒、本师当茶、人客当茶、招兵入门、排衙泼花、造狱、入门、禁门、子弟接神、变锣鼓、保罡头、勃头冠衫衣、行罡道罡、造神占酒、告神宣鬼牒、请神捉鬼、锁狱门、告神分更、招兵排兵、置界坛、罗岳山、告神参牒、四歌兄做师、本师公度符本、交杯、交铃刀鼓角、交头冠、交衫衣、交鸣锣战鼓、东道请角、六曹度诀、教诀、东道尝酒、做令(谜语)、话上马酒、团圆唱兵歌等。

3. 度 水

这是整个传师学师过程最重要的环节。传师，即本师公(传师者)把“神水”“神兵”“神诀”传授给学师子弟。具体做法：学师者(子弟)坐在学师龙坛上，本师公把一碗经法师祷告过的“神水”，用一支10厘米左右长1厘米粗的竹竿衔在嘴上，吸入碗里的“神水”，再从这条竹竿里吐入学师者的口里，学师者把神水慢慢地吞下去，俗称“吃口水”。同时，还把一碗炒熟的黄豆和大米代表神兵，给坐在龙坛的学师子弟慢慢地嚼碎吞咽，这就认为学师子弟有神灵赐给精气，有大量神兵跟随他的周围。然后，众祭师逐一把“除魔收妖”的神诀传授给学师子弟。

这阶段的情节，除部分与“引朝”阶段相同外，还有：关兵出门斗营、镶门等接、仙女散花、偿兵、尝酒水、置红楼、置龙坛、过九重山、踏街、造桥引桥、度香气水、度豆兵米兵、坐龙坛、泼香水、引坛打杖(棍)、五岳山老虎抢猪头、送鬼送神、团圆唱兵歌、拆寨送船、送祖等。

举行传师学师仪式,可以一户单独举行,亦允许在同一祖系内若干户联合举行,联合的费用由参加传师学师户分摊。仪式法坛,一户单独举行的设在传师学师者家屋的中堂(畲语称中厅),数户联合的设于本支族的祠堂中厅。

4. 法坛布置

法坛正中堂壁挂三清(上清、玉清、太清)及打猎师爷、射猎师爷、祖图(五代祖像),靠壁长条桌上与方桌上,摆设先祖香炉祭礼等。中堂或大厅的屋柱张贴颂扬传师学师的联对。大门口悬挂门神、金鸡、玉兔的彩色布画。屋内走廊板壁悬挂畲族历史传说的连环祖图,称做"长连"。

传师学师全过程需连续三天三夜,邀请畲族法师 12 人,统称"十二六曹",职务名称分别为东道(仪式主持者)、本师公(本家传师者)、引坛师、监坛师、净坛师、度法师、专职师、保举师、哈佬师(汉族法师)、东皇母、西皇母、相伴(皇母娘的侍女)。

中华人民共和国成立后,畲族传统"传师学师"仪式活动没再举行过。

第三节 宗 教

水亭乡民主要信仰佛教、道教、基督教。历史上水亭辖区内出现多处具有宗教性质的建筑物,至 2015 年,尚有寺院 19 处、道观 1 处、基督教(耶稣教)堂 1 处。

一、佛 教

1. 磊石庵

位于太平乡(即今水亭尚方)。元至正年间(1341—1368 年)初建,1952 年曾为尚方小学校舍。21 世纪 10 年代,复建此庵。

2. 长寿庵

位于太平乡石峡坞(今水亭松树下)。僧园照建。副使胡传有记。始建于明万历二十八年(1600 年),据《乐塘崇儒里徐氏宗谱》载:"吾邑之西,新构禅院,名长寿庵者,曾园照所创也。其为祇园檀越者,僧之弟徐骝侄孙汝述亲邻张姓之所舍也。僧本姓徐,俗名骐,邑之乐塘人,盖富商也。一旦忽压凡尘弃家削发,竭资产而营梵宇,妻子冻馁勿顾也。"1958 年毁。

3. 西林寺

俗称"经堂"。建于明代,为三开间三进两明堂结构,头进供奉布袋和尚,中进为大雄宝殿,供奉观音,里进是文武堂,左右厢房为大小客房。主持僧先后有荫雪师、静能师、秀堂师、荣华师、悟性师等。悟性师1949年入杭州灵隐寺。1950年土改时,整个寺宇分给农户居住。1953年拆除,现成经堂自然村。

二、道　教

1. 明真山观

在太平乡二十七都三图明真山,祀元天上帝。据《生塘胡氏宗谱》记述:始建于明嘉靖三十三年(1554年)四月廿四日,大兴土木,建造正殿。为庐斋公建。明宝号南山掌管。主持僧为明宝长史明照,号真山。至万历十二年(1584年)铸元堂铜像一尊。后屡废屡建,至清咸丰十一年(1861年)殿宇尽毁,铜像无存。直至光绪十五年(1889年)得以重建。清末民初,曾为成材小学校舍。1958年毁,现成梯田一片。

2. 仙翁殿

初名葛仙翁庙,俗称西公殿。水亭乐塘。唐天宝一年(742年),乐塘从迁二世祖徐安贞建。址在大峰夹。祀太极左宫(属道教),明永乐十四年(1416年)飓风挈飞,石炉超于峰前凤山之顶。老者皆曰:"神意。"维时叔度、善宗等集资重建,故址在凤凰山顶。弘治十年(1497年),世隆山门寺僧永高又修(道教转为佛教)。嘉靖二十四年(1545年)崐、瑢叔侄二人再修。万历元年(1573年)具疏告杜募缘,重整庙庭。殿分上、中、下三进,上为大殿,塑如来佛祖,两旁十八罗汉。外进神龛供一"石仲翁",全身赤金,传说造殿时掘出一块巨石,似仙翁,故称"仙翁殿"。中进五间排屋,左右为门,前一排统窗,可见下进戏台,是专为下进戏台而建。能容上千人看戏。每年农历三月初一,拜祭演戏,非常热闹。当地有一俗语:"若要看蛤蜊(姑娘),三月初一西公殿。"也可说明当年的热闹场景。毁于1953年。21世纪初,杨田坞村发起,又重建,规模小于原殿。

3. 常乐教院

位于太平乡(今水亭柳家村慈厚张)。宋建隆年间(960—963年)初建。宋治平年间(1064—1067年)改建。毁于明万历十年(1582年)。

4. 圣山殿

该殿位于圣山顶上,建造年代无考。四进三明堂,旁有偏屋数间。主祀毛令公,也有文武殿、文昌阁,颇具规模。民国37年(1948年)整修。每年农历十月十五日做大年,并由十八社(即今各村)轮流主持。圣山殿祀神,设祭奉祀,击鼓鸣钟演戏。四面八方,善男信女前来观礼,盛况空前。1958年殿毁。21世纪初重建庙宇三间。

5. 午塘殿

该殿位于古塘凤凰山东麓，午塘上游。左右两山相对，犹如一把交椅，殿宇形势雄胜。建于元末明初，由附近十八个村出资建造，俗称“十八社”，以古塘为主。大殿为三间二明堂及偏屋五间，占地面积1800平方米，头进右设钟，左设鼓，正座徐皇老爷(即徐偃王)，两边观音、韦驮相对，两侧四大天将。中进正座弥勒佛，左右十八罗汉。下进子孙殿，登石级而上，又称“高一进”。

边屋五间，部舍一间，客厅一间，厨房二间。殿门前左侧有井，深丈余，井口圆形，水清味甘。井边为午殿塘，柳树成荫，为“放生池”。右侧古樟盖日，松柏参天，殿有山田十余亩。

《古塘徐氏宗谱》载：“午塘殿徐王神坐锈载明万历三十四年(1606年)莊二百四一公等10人，塑全身，并助石台。”整修大殿，10人赞助，全是古塘人。1950年土改时，分配芳茗叶村农户居住，形成午塘殿自然村。

6. 龙山殿

该殿位于西姜村东面，整个殿为三开间三进两明堂。头进专设戏台，中进为齐皇老爷坐像，后进供奉菩萨。属18个村建，俗称“十八社”。建于明初，毁于1957年。

7. 下蒋常山殿

该殿位于天雉鸡山背西沿，毁于1958年。仅存文昌阁，为农户居住。21世纪初，又重修。相传殿宇为明末建。

8. 唐老殿

位于白岳桥村东北。二进，龛有神位100多。农历八月十五日在此举行庙会。建于明末，毁于1966年。

9. 马夫殿

又称“天仙宫”。建于清代，位于西方坞后山，殿内供奉马夫娘娘，后因建造石孔头水库而被拆除。

10. 关帝庙

又称“关王殿”。据《水氏宗谱》载，隆四百王七公，讳煌，字斗文。于清雍正五年(1727年)建。当时共用资二百余金。庙宇为三开间二进一明堂，上进供奉关公，下进设戏台，每年农历五月十三日，为关公生辰日，开台演戏。俗称“关老爷磨大刀”以保平安。清光绪三十四年(1908年)至民国25年(1936年)曾作水亭小学校舍及水亭区署。1950年，由水亭粮站使用，20世纪80年代被拆除改经营商业用地。

11. 邵太殿

位于周邵汤村西面。建于清初,毁于民国 30 年(1941 年)前后。整殿仅存厨房三间,由该村砖瓦厂使用,后厂停屋毁。

12. 回龙殿

位于珠带式村南,礼徐偃王。建于清末,毁于 1951 年。

13. 鲍村殿

位于柳家村南,三开间三进二明堂木结构建筑,有神像。建于清代,1949 年前夕,被大风吹倒尽毁。

14. 白沙殿

位于丁家村童才自然村南。二进一明堂。大佛为关公,后殿有子孙堂,有披发大帝。建于清代,毁于 1967 年。

15. 关王殿

又称关帝庙。位于古塘、塘上、芳茗叶三村交叉路口。始建于清康熙二十五年(1686 年)。《兰溪太平乡叶氏家谱》有载:"清康熙十七年(1678 年)九月初一开工,二十六日竖中堂,前后深九丈有零。两旁僧房计 6 丈有余,出之天井则于二十四年(1685 年)正月砌成,楼房则于二十五年(1686 年)仲夏月整理。"祀关公,为叶岗殿、芳茗叶两村叶氏出资所建,毁于 20 世纪 60 年代。

三、基督教

水亭教堂　位于水亭村的北面。2005 年经兰溪市政府批准,教会负责人陈建红新建教堂,整个工程建筑款约 100 万元。

第四节　宗　族

中华人民共和国成立前,水亭区域汉畲两族宗族管理形式相同,主要涉及"民事管理""道德行为管理"与"宗谱管理"三个方面。宗族民事管理多以村为单位进行管理;道德行为管理主要通过族规族训进行;宗谱管理由该谱所涉及的宗亲代表商议决定管理办法与人选。

中华人民共和国成立后,"民事管理"分为三个层次:涉及法律法规的由政府司法、执法部门管理;涉及民族政策的由政府民族事务部门管理;生活等其他琐事一般由村管理。"道德行为管理"主要通过学校教育、政府宣传等方式进行。"宗谱管理"仍由该谱所涉及的宗亲代表商议决定管理办法与人选。

一、宗　祠

宗祠，俗称祠堂大厅或家庙，设有神龛供先祖存放牌位，举行祭祀活动。亦是修谱、祭谱、演戏、执行家规族训、召集族人议事与宴饮的公共场所。

中华人民共和国成立后，封建迷信活动消失。土地改革时，尚存祠厅有的分配农户居住，也有用于办学校、办加工厂、搞副业的，也有拆建改大礼堂、大会堂的，也有被毁无存的。兰溪尚存唯一的畲族大厅是西方坞“种玉堂”。

2015 年水亭畲族乡祠堂大厅一览表

表 9-8-4-1

村名	类别	堂号	曾用堂号名	规模	保存状况	备注
水亭街	大厅	尚德堂		三间三进两明堂	完好	
	陈氏大厅	永睦堂	—	—	无存	
水亭坞	水氏宗祠	敦彝堂	—	回字形宗祠，前后进中庭，左右厢房及门楼	一般	前进门楼及中庭已毁
	大厅	崇义堂	—	三间二进一明堂	完好	
上伊塘	大厅	—	—	—	一般	
周邵汤	汤氏大厅	—	—	三间二进一明堂	较好	2013 年重建
	周氏大厅	存德堂	—		无存	
下蒋	大厅	敦睦堂	—	三间二进一明堂	较好	2012 年重建
上朱	大厅	积善堂	喜庆堂 积善堂	三间三进二明堂	无存	1972 年改建大会堂(存)
西西坞	大厅	积善堂		三间三进二明堂	较好	2014 年重建
下朱	大厅	怀德堂	嘉庆堂	—	—	
殿下	大厅	敦睦堂	叙伦堂	三间三明堂	完好	
上江	大厅	敦睦堂	—	—	—	
上吴	大厅	喜庆堂	—	三间三进二明堂	较好	2015 年重建
范坞	大厅	昼锦堂	—	—	—	
符野	大厅	式序堂	—	—	—	
柳家	大厅	敦睦堂	—	—	—	
慈厚张	大厅	瑞庆堂	—	—	无存	1974 年拆除
西钱	大厅	务本堂	—	硬三间	完好	
下方泉	大厅	聚德堂	—	三间三进二明堂	较好	2014 年重建

续表 9-8-4-1

村名	类别	堂号	曾用堂号名	规模	保存状况	备注
西姜	西姜祠堂	孝思堂	—	回字形宗祠，前后进，中庭，左右厢房，门楼钟鼓楼	一般	门楼、钟楼、鼓楼已毁，国家级文保单位
	大厅	存义堂	—	原三间三进二明堂 现三间二进一明堂	较好	2008 年重修
	新厅	—	—	三间二进一明堂	无存	1978 年改建大会堂（存）
	大厅	保和堂	—	三间三进二明堂带偏屋	无存	门楣存，其余建筑全毁。
杨保塘下	大厅	成盛堂	—		无存	1971 年改建大会堂（存）
横塘	大厅	崇德堂	—	三间三进二明堂带一穿堂及偏屋	较好	兰溪市级文保单位
	房厅	三益堂	—	三间二搭厢带二楼梯楼屋	一般	
范才	大厅	仁义堂	—	—	—	
上周	大厅	余庆堂	梅木堂	三间四进二明堂带一穿堂	较好	2014 年重建
施家	大厅	叙伦堂		三间二进一明堂	一般	
荷龙里	大厅	三和堂	三槐堂	—	—	
西方坞	大厅	种玉堂	献瑞堂	三间二进一明堂，前后堂楼，建筑面积 266.55平方米	较差	兰溪唯一畲族大厅，土改时改为农户居住
生塘胡	胡氏宗祠	天生堂	大族祠	回字形宗祠，后进中庭，左右厢房	较好	浙江省文保单位
奎塘	大厅	太和堂	—	三间二进二明堂	一般	中进已毁
奎塘畈	大厅	盛德堂	—		无存	1972 年拆除
丁家	丁氏家祠	余庆堂	—	三间三进二明堂	完好	
西张	大厅	孝友堂	—	三间二进一明堂	较好	2014 年重建
	大厅	孝思堂	—	三间二进一明堂	一般	
童才	大厅	处仁堂	—	—	无存	1980 年倒塌
塘边	大厅	世庆堂	—	—	较好	2016 年重建
柳塘章	章氏宗祠	承德堂	存德堂	三间二进一明堂	一般	
白鹤桥	大厅	五荣堂	—	—	无存	1980 年改建大会堂

续表 9-8-4-1

村名	类别	堂号	曾用堂号名	规模	保存状况	备注
珠带式	徐氏大厅	三瑞堂	—	—	无存	1973 年改建大会堂
	朱氏大厅	吉庆堂	—	三间二进一明堂	一般	
	琚氏大厅	润德堂	—	—	—	
	大厅	嘉善堂	—	三间二进一明堂	差	
	花厅	—	—	三间二进一明堂带楼梯弄楼屋	完好	
午塘桥	大厅	大公堂	和谐堂	三间二进一明堂	较好	2015 年重建
河伯沿	大厅	永和堂		三间二进一明堂	完好	兰溪市级文保单位
垂江	大厅	叙伦堂	敦伦堂	三间二进一明堂	完好	
	客厅	—	—	三间二进一明堂	较差	
南山坞	大厅	和善堂	—	硬三间	较好	2012 年重建
黄村坞	大厅	钟瑞堂	大夫第	三间三进二明堂	较好	兰溪市级文保单位
	小厅	—	—	三间前厅后堂楼	较好	兰溪市级文保单位
盖竹里	大厅	怀德堂	—	—	无存	
杨田坞	大厅	—	—	三间二进一明堂	一靓	
松树下	大厅	余庆堂	—	三间二进一明堂	较好	2015 年重建
	房厅	饥食堂	—	三间二进一明堂部分用双层砖墙	完好	
	小厅	—	—	四进三明堂，后二进为数屋	一般	
乐塘	大厅	百忍堂	—	三间三进二明堂	较好	2015 年重建
尚方	磊石塘大厅	立本堂	—	三间三进二明堂全楼屋	无存	土改时分农户住
	新宅大厅		—	—	无存	土改时分农户住
	旧宅大厅		—	—	无存	土改时分农户住
汤家	大厅	敦伦堂	—	三间二进一明堂	较好	2013 年重建
陈塘下	大厅	聚德堂	—	三间二进一明堂	完好	
金印	大厅	崇德堂	—	三间二进一明堂	一般	
	—	和裕堂	—	三间二搭厢带一楼梯弄楼上厅	完好	
	学堂屋	—	—	三间二搭厢带一楼梯弄楼屋	一般	

续表 9-8-4-1

村名	类别	堂号	曾用堂号名	规模	保存状况	备注
张江坞	大厅	—	—	硬三间	完好	重建
古塘	大厅	培德堂	世禄堂	三间三进三明堂一穿堂带一八字门楼(虎门)	完好	2002 年重修
	济美祠堂	济美堂	—	回字形宗祠,先、后进中庭,左右厢房	无存	1961 年改建古塘小学
芳茗叶	大厅	敦睦堂	—	三间三进一明堂	完好	重修
塘上	大厅	忠壮府	嘉德堂	三间三进二明堂,前厅后堂楼	完好	1995 年重修
叶岗坞	大厅	怀德堂	—	三间二进一明堂	无存	1978 年倒塌
午塘边	大厅	仁让堂	—	三间三进二明堂	完好	
	小厅	永和堂	—	—	—	
上方泉	小厅	—	—	硬三间	较好	
后田朱	小厅	—	—	硬三间	较好	新建

说明:“硬”指“硬山顶”

二、族规家训

(一)宗族管理

各村的宗族组织形式一般为宗祠理事会、宗谱理事会,较大的村有房头××支会。宗祠理事会、宗谱理事会由 8—10 人组成,由宗祠理事会、宗谱理事会成员选举会长(俗称族长,也称祠堂太公)1 人。

宗祠理事会、宗谱理事会拟订家规族训。家规是一个家族的道德规范、行为准则。内容主要是修身养性、为人处世、敬老护幼、尊师爱友、邻里和睦等。族训重在维护家庭血缘、继嗣、伦理、忠孝、经济、文化等。

宗族管理遵循依据是族规族训。族规族训有的约定俗成,不成文;有的成文载于宗谱。水亭畲族,蓝、雷、钟三姓都有族规,分别载于各自的宗谱上,并依据宗谱所载族规族训对本宗族实行管理。蓝、雷、钟三姓根据各自宗族情况制定族规。同姓不同支族也会根据本支族情况完善本支族族规。

水亭畲族宗族管理最高者都是本村本宗族长辈中最德高望重的长辈,是经过长期岁月自然形成的自然族长。但畲族人不称族长,一般都敬称“阿公”。本宗(支)族内凡有重大事项,由“阿公”召集各户户主参加商讨,最后由“阿公”拍板。凡族内涉及 2 户及以上、或其他支族或民族的事,都由“阿公”出面解决。

族内的事按族规族训解决。族外的事由“阿公”出面与对方有关“头领”协商解决。畲族人如因家庭生活产生矛盾争吵纠纷，一般都由伯叔兄弟出面调解。如是夫妻矛盾，且较重的，则请“阿公”及娘舅参加、主持公道。畲族人协商解决家庭内较重大的事项（如财产分割等），按俗成规矩，除了请“阿公”外，还须请娘舅参加，只有这2位长者都点头了，才算定论。

（二）族 训

水亭畲族注重人的道德行为管理、教育。蓝、雷、钟三姓都订立族规族训并载入宗谱，训令族人严格遵循。

1．水亭蓝姓宗谱《五大规条》

重 孝　盖孝之道，不一而足。有大孝焉，有至孝焉，有仅称孝者焉。夫大孝与至孝，固不易亦，不敢言也。若夫所称仅孝，是中人之所，能知能行者也。诚能夫妻好合，兄弟和谐。家无争斗之声，衣食不亏于父母，庶几得平安过日，此便是中人之孝也。

重 悌　兄弟分形，同气彼此相依。幼时则传衣食、共学业、相得知鱼水，及家长而娶妻，衽席之情。既密尔我之见，以成之后枕言，得乘而闻之，小事搬起，大事一语唆成，盖妇人终无远见，只求自己分居安逸，哪管你家兄弟不和；为男子者诚能不听妇言，兄友弟，弟必恭于兄，不忍伤手足至情，即出见长者，且情疏代远而同宗所出，亦当貌恭言逊，毋得触忤，此则尽悌弟之道也。

安 分　为人须要安分守法、治家勤俭、待人谦和，凡事依理而行，好人相近，恶人远避。日则各其业，夜则闭户安息。有事劝，无事相安，守望相助、疾病相扶，持斯称仁里厚族矣。

读 书　才人易得节孝，难求古人之取士。先德行而居文艺。如子孙善读书者，不仅读古人之书，而且必须学古人之行。名实并著，使人慕之。苟不幸而为处士，亦无愧于圣贤。倘幸而登科及第，将生平学问，措于当时，上致君，下泽民。光荣其祖，垂裕于后。是诚无负乎读书者，惟同姓赞扬，即天下莫不瞻仰。生则荣华，死则不朽。此真俺瓠王之苗裔也。

节 烈　一女子之行，莫大于节、莫重于孝、莫不善于妒。此三者所关彝，伦风化不贼体道也。夫死而即死，名为烈。固为难。然而吾宗人大概抚养孤子、勤守家业、甘贫苦劳、训嗣贤良，自壮至老，始终如一，此则成节妇之道也。诚能礼敬翁姑、周旋左右、不亏侍奉，此即孝妇之道也。此为三从四德，祠当加赠奖之。若夫不幸而有正妻有女无子，意欲买妾生子者，此为嫉恶之心、顿生争斗之声、闻外使人轻之贱之，伤化败俗，不顾护卫之遗风祠。众当仪责之戒而勉之敦本睦族也。

2. 水亭雷氏宗谱族训

守分自活，终不失，为好人。倘有蹈前非鼠窃狗偷者，初犯草名字谱，听其改过，自然复之。再犯不悛，将贻众害，送官重治。毋使玷辱吾门一明义利。时俗所尚，莫重于利。而人之贤否，此亦可观。交易分明，取兴不苟心事。如青天白日瑞制，其为子君矣。或贪昧无耻，利己害人，自以为得计，小人之所为也。

训有曰："宁人负人，况天道，昭彰报应，不爽诈伪者，徒心劳日极拙耳。"吾族当以小人为戒，力心制心，处事公平。重义取，而轻财求，为君子。如有克剥侵负，充低用假，不守家规者，合族共叱，令使其知，所以自改也。

忠厚传家，姻睦之风日盛，凌镜之习不起，其崛书香固所深期，而唯农是务，亦盛世之淳民。予不能文，为约略口语，跋于支图之后，以俟贤云尔。

3. 水亭钟氏宗谱《家训八则》

父子之训　父子者，天性之亲。父严母慈自然之理也。圣人严以教，□因慈以教。爱爱敬兼尽，而子职修矣。故为子者，不可不知所以事亲之道。族内有能执爱敬之道，以事亲者。每逢会祭之期，胙肉厚颁特加优奖其。有不顺忤逆者，少则诮让大则责惩。

兄弟之训　兄弟者，同气之人。兄友弟恭，经常之道也。故为兄弟者不可不知手足之情。族内子姓，有能尽友恭之谊者，宗长加礼奖之。如兄不能友而弟不失其弟道之恭，则顺谕其兄而优奖其弟。兄而能或失其弟道之恭者，则优奖其兄而训责其弟。兄弟皆失道者，则两相戒谕。如再不悛是用惩罚。

夫妻之训　夫妻者人道之始。苟有不别，则失夫义妇顺之理。非所以齐家也。故□曰：男正位乎外，女正位乎内。言有别也，其有帷薄不修，中篝贻识，实非人类。削之其，可恕乎？！妇以三从为主，纵有贤智唯令，专主中馈，不得干预外事，以夺夫权。有牝鸡之削，犯此者，宜加戒饬。

朋友之训　朋友者五伦之一。道德赖以成学，口籍以进择之，不可不慎也。苟泛焉，而交其不至于善日少而过日积者寡矣。凡我宗人当宜慎之。

妯娌之训　妯娌者，异姓相聚，人各一心亦当情也。况妇人不谙大义者居多。倘不时加戒，必至争长竞短也。分门割(隔)户矣。故为夫者，必严枕席之训。毋匿私，毋偏听，以致离间手足，甚且斗墙生变。凡我宗人宜杜衅于是也。

安分之训　凡贵贱异体，尊卑殊分，各有其职，胥当自尽仕。而爱禄者，必须恪恭乃职，不得以贪污而辱及先人。居家而肄业者，亦当笃志攻苦，不得好事而荒其本业。凡农工商贾具宜各勤厥事，和邻睦族，毋得喜争好讼，以败家风。

务本之训　古□绵世泽无如积善振家声，还是读书欲光前裕后者，必须此二端也。传家之道，以耕读为本，秀者为士朴者为农，古之道也。不然而为工为商亦为谋生之本计，但不可赌博嬉戏败其家业。亦不得为辱身贱行之事。如娼优隶卒之类，以坏吾宗风。如是者，斥革不恕。

勤俭之训　勤俭者，谋生之本计，亦人生立德之善道。惰则为失身之始，奢则为丧家之阶。是故勤以生财，俭以节财。既有以生之又有以节之。而犹有啼饥号寒者谁乎？凡我宗人不可不知此义。

三、宗　谱

（一）畲族宗谱

1．奎塘畈《雷氏宗谱》

3卷2册（卷一、卷二合订），清光绪十八年（1892年）雷明朝、宋廷理撰。谱列首题“传家至宝”四个大字。卷一载有雷氏重修宗谱序、雷氏藏谱记略、重建造盘《序》、重建造盘瓠氏重建祠序、盘王敕封盘瓠、凤凰山祠、凤凰山历代祖公墓图、奎塘畈基址之图、柳塘畈基址之图。卷二载有雷氏宗谱世系。卷三载有雷氏字母行第、行传（1—15世）。清光绪十八年石印本、黄色绵纸、标青蓝布封面，线装，宋体黑字，页面35厘米×25.5厘米，版框30.5厘米×22厘米，四周双栏，9行20字，白口，有花鱼尾，口题，卷数，堂号（盛德堂）。行传载有清同治五年（1866年）正月二十日金孙公自景宁移迁金华府兰溪县河西二十七都三图奎塘畈居住；清光绪二年（1876年）陈孙公移住金华府兰溪西乡廿七都四图柳塘畈。保存还好。今存兰溪市水亭畲族乡奎塘畈村雷友发处。

2．奎塘畈《奎塘畈支族史》

不分卷，1册，31页。1994年12月雷耀铨等编纂。该谱载有前言、奎塘畈村概况与平面图、雷氏源流、景宁时期本支先祖名录、奎塘畈本支后裔名录、访祖籍景宁吴山记、奎塘畈本支系姓名简明表。吾支雷金孙公，于清同治五年（1866年）自景宁县三都吴山（今属景宁县鸬鹚乡南坑下行政村管辖）遂迁入兰溪县奎塘畈。版本为1994年打字复印本，印刷体黑字，无板框，页面27厘米×19.5厘米，19行24字，标点横排本。保持完好，今存兰溪市水亭畲族乡奎塘畈雷友发处。

3．余垄《雷氏宗谱》

手抄本1册，清光绪十八年（1892年）雷声华、雷兴进、雷日妹等编修。该谱载有太祖序、历代帝皇纪、历朝目录、敕书、凡例、重建盘瓠祠序、盘瓠氏重建祠序、凤凰山盘蓝雷钟祠图、盘瓠王帝主像图、盘瓠王坟图、盘自能像与墓图、蓝光辉像与墓图、雷巨佑像与墓图、钟志深像与墓图、“盘、蓝、雷、钟祖之世系”、雷氏宗祠派项与世字目、雷祠以后原世、本家世系等内容。手抄本,黄色草纸,线装,黑字。页面 24 厘米×20 厘米,版框 18.5 厘米×18.5 厘米,略呈方形,上下单栏,左右无栏,8 列×16 字,无页码,无封面、封底。保存还好。今存兰溪市水亭畲族乡柳塘章行政村余垄自然村雷土根处。

4. 明真山脚《雷氏宗谱》

(天字号)11 卷 9 册(5、6 两卷缺),民国 5 年(1916 年)雷良金等撰。谱列先朝历代诰敕,《雷氏源流序》唐景龙元年(707 年)通州通判汀杭第四世从龙撰,《雷氏续修家谱叙》唐咸通二年(861 年)累官吏部郎中催协撰,《冯翊郡雷氏源叙》北宋至道元年(995 年)赐进士出身授同平章氏吕蒙正拜撰,《杭州雷氏族谱序》北宋至道三年太子太师赵普拜撰,《纂修雷氏宗谱序》南宋绍兴二十八年(1158 年)进士第累官同知枢密院事、迁资政大学士、建康王纶拜撰,《重修雷氏家乘叙》元至大二年(1309 年)举进士廖熙绩敬拜撰,《雷氏纂修宗谱序》元至正五年(1345 年)第三十五世裔邑庠生留台沐手拜撰,《雷氏族修家谱序》明洪武十六年(1383 年)第三十七世裔邑庠生抚逸沐手拜撰,《原叙》明宣德四年(1429 年)第四十世裔邑庠生泽沐手拜撰,《雷氏族谱序》明弘治二年(1489 年)举进士及第翰林修撰左都侍御史、涂谦抚州知府愚弟吴与弼拜撰,《雷氏世族原叙》明嘉靖四年(1525 年)赐进士及第、赠银青光禄大夫上柱国、南京兵部尚书承左春坊仆、射兼都察院左都御史阳明山人王守仁敬撰,《雷氏续修家乘叙》明嘉靖四十三年(1564 年)赐进士及第、连捷翰林大学生选入修文馆侍读、授南府知府、升四川巡抚后任淮扬监察院使世弟邱道隆拜撰,《雷氏重修宗谱序》明万历三十一年(1603 年)第四十五世裔廪膳生穆堂沐手拜撰,《雷氏重修家谱序》明崇祯十年(1637 年)赐进士出身、擢翰林侍读学士选修文馆佥事、汀杭村张望之拜撰,《雷氏辑修宗谱序》清顺治十年(1653 年)第四十九世裔孙畋庵沐手敬撰,《括苍雷氏重修宗谱序》清康熙三十一年(1692 年)廪膳生姻弟叶际春拜撰,《雷氏重修宗谱序》清乾隆十三年(1748 年)廪膳生姻弟许荣階拜撰,《冯翊雷氏族谱序》民国五年乙酉科举人章萼衔书赠。卷一载有领谱字号、雷氏重修宗谱各户捐款姓名、谱训规则、凡例、长春图颂记、合族公议各项规则、兰溪云山学堂为给发执照事。卷二载有源流世记录、开历国纪诸祖世宦受职录、历朝赐封官员爵禄纪。卷三载有万代诸公像赞。卷四载有东粤盘蓝雷钟四大族总祠图、兰邑雷氏宗祠图、阳宅之图九庄墓图。卷五至卷六全缺。卷七载有世系。卷八载有世系。卷九载有冯翊郡历代行传。卷十载有行传。卷十一载有行传。民国5年(1916年)石英本,黄色,绵纸,线装,宋体黑字,页面31厘米×21厘米,版框27厘米×18.5厘米,四周双栏,8列20字。白口、有花鱼尾、口题、卷数、页码及堂号(余庆堂)。全谱11卷11册(5、6两卷全缺)其余保存基本完好。今存兰溪市水亭畲族乡柳塘章行政村明真山脚自然村雷水金处。

5. 下山坞《雷氏宗谱》

12卷12册,民国5年(1916年)雷良金等撰。谱列"高辛赐祖,潮州望族"及"奉天敕命"先朝历代诰敕。《雷氏源流序》唐景龙元年(707年)第四世裔孙从龙撰。谱列序文唐代谱序2篇、宋代谱序3篇、元代谱序2篇、明代谱序7篇、清代谱序3篇及民国5年《冯翊雷氏族谱序》乙酉科举人章萼衔书赠。卷一载有领谱字号,雷氏重修宗谱各户捐款芳名。谱训规则。卷二载有源流世纪录,历朝赐封官员爵录纪,助祠基地祖契,田产。清光绪21年(1895年)给奖事照。卷三载有历代诸公像赞。卷四载有东粤盘蓝雷钟四大族总祠图,兰邑雷氏宗祠图,合族建祠(余庆堂)捐款芳名。阳宅之图九庄,墓图。卷五载有东粤四姓合族排行字句,冯翊雷氏外纪总系图,世系。卷六载有分派南度迁族世系图。卷七载有世系。卷八载有世系。卷九载有冯翊郡雷氏历代行传。卷十载有行传。卷十一载有行传。卷十二载有行传。民国5年石英本。白色绵纸,线装,宋体黑字。页面31.5厘米×21厘米,版框27厘米×18.5厘米,四周双栏,8列20字,白口,有花鱼尾,口题,卷数,页码及堂号(余庆堂)。卷一有缺页及破损,其余保存还好。今存兰溪市水亭畲族乡下方泉行政村下山坞自然村雷柏松处。

6. 西方坞《蓝氏宗谱》

8卷,民国15年(1926年)蓝增树、蓝奇顺、蓝奇宝等重修,载有:东莱吕祖谦作《题赠蓝氏宗谱》诗、朱熹撰《宋淳熙四年(1177年)题蓝氏家谱序》。从宋绍兴二十七年(1157年)谱序始,有宋代谱序3篇、元代谱序4篇、明代谱序8篇、清代谱序6篇、民国3年(1914年)谱序3篇及民国15年(1926年)邵钟麟撰《重修蓝氏宗谱序》。该谱载有源流世记录、建造盘瓠祠序、世宦录记、历代世宦录。粤东朝阳县盘蓝雷钟四大总宗祠图、东粤潮州朝阳县大宗祠联诗、祠志、历代诸公遗像传赞、墓图、浙婺兰溪县西乡二十七都黄磨畈祠图、祠堂迁徙合记、各户捐款姓名。汝南蓝氏历代外纪总图。汀杭蓝氏历代世系图。东粤四姓合族排行字句、闽汀杭族历代行第字句、历代名次序、汝南蓝氏历代行传。行传。坤第行传引、排行诗句、坤字行四三世、附大字原行。

《祠堂迁徙合记》载:系敬泉公同男寿位公明正德年间(1506—1521年)由髻蓝迁徙处州云和县南乡小葛之发脉,唯曾孙立安公移居岩下肯造堂构,立奇公创造南山之宏图,望泰公明崇祯年间(1628—1644年)居景邑驼暮庵,万裘公迁景邑东源,日良公明末时(1644年)移居温州泰顺石余坑,日田公移迁居景二都潘庄,一旺公徙居景邑二都田橑,一州公居景宁七都赤本山,君亮公清乾隆间居三都坞饭恰,玄孙春隆公清同治年间居金兰西乡二十七都金罗山肯造堂构,春发公清同治年间由潘庄迁居浙衢龙游北乡项家交头,玉玺公肇迁景邑二都大均坑头,奇祥公居二都延坞,奇定公居三都根垟,孙定贵居龙邑南乡十三都,延翰公居兰西廿七都柳塘山边肯造田舍,奇通公由坞饭恰徙居紫薇塘,春森公清同治间由东源肇迁兰西廿七都西方坞,春潘公清同治年间徙居奎塘畈,春盛公居明真山脚,吾父奇信亦清同治年间肇迁廿七都西方坞后山。

民国15年(1926年)石印本。白色绵纸、线装,宋体、黑字。版框20.5厘米×14厘米,四周双栏,8列,每列16字。白口、花鱼尾、口题、卷数、页码及堂号(种玉堂)。保存完好。今存兰溪市水亭畲族乡西方坞村蓝开寿处。

7. 下罗家《蓝氏宗谱》

12卷,12册,民国3年(1914年)蓝奇宝、蓝奇顺、蓝增树等撰。卷一载有吕祖谦作《题赠蓝氏家谱》诗,谱序26篇,其中有宋淳熙丁酉年(1177年)朱熹撰的《谱序》,还载有凡例、新增凡例八则、五大规则。卷二载有源流世记录、世宦录记、历代世宦录。卷三载有广东潮州总祠图、对联诗句、祠志、凤岐山阳宅二十八景诗、历代诸公遗像传赞。卷四载有迁兰西横磨坊宗祠图、祠堂迁徙合记、建祠课向、祠内田地山塘亩分字号、造宗祠各支捐助名誉、云山书院助款名誉、义兴会捐谷各户芳名、阳宅之图六庄、历代诸公墓图。卷五载有历代外纪总系图。卷六载有汀杭本支一脉世系图。卷七载有本之历代世系图。卷八载有粤东排行字句、历代名次序、汀杭分派行传(1—43世)。卷九载有本之行传(第44—48世)。卷十载有本之行传(49—50世)。卷十一载有本之行传(51—55世)。卷十二载有坤第行传引、本之一脉坤谱。

在《迁兰蓝氏宗谱新序》中记载:"蓝氏代有名人:若汉之蓝敏、唐之蓝采和、宋之蓝奎、明之蓝玉。清之蓝理,以平台湾而功居首。又有廷珍,元枚父子提督,闽海之盗,赖以剿平,赐谥襄毅。复有蓝鼎元,工诗赋、善古文、谙兵法,居官有政声。此皆卓卓可观……兹据蓝增树、蓝奇宝来舍乞序言:且自述其祖有明景德间(1506—1521年)由丽水南乡迁云和县岩下,于明崇祯七年(1634

年)迁景邑之六都驼暮庵,明崇祯十三年(1640 年)复迁温州泰顺石余坑,至清乾隆七年(1742 年)转迁景邑西乡三都大坪,迨清同治七年(1868 年)始迁兰溪西乡二十七都横磨坂庄而居焉。”与西方坞蓝氏同属一宗。民国 3 年(1914 年)石印本。白色绵纸、线装,宋体、黑字,页面 27.5 厘米×17.5 厘米,版框 22.5 厘米×14.5 厘米。四周双栏,8 列,每列 18 字。白口、花鱼尾、口题、卷数、页码及堂号(种玉堂)。保存完好。今存兰溪市水亭畲族乡柳家行政村下罗家自然村蓝马生处。

8. 柳家上畈《蓝氏宗谱》

12 卷 12 册(卷 3、卷 4 两册全缺),民国 3 年(1914 年)蓝奇宝、蓝朝聚、蓝奇顺撰。卷一载有东莱吕祖谦撰《题赠蓝氏家谱》诗,朱熹撰《宋淳熙丁酉年(1177 年)序》等。从宋绍兴丁丑年(1157 年)谱序始,有宋代谱序 3 篇、元代谱序 4 篇、明代谱序 8 篇、清代谱序 7 篇、民国 3 年谱序 3 篇,凡例、新增凡例、五大规条。卷二载有奉天敕命、源流世记录、历代世宦录。卷三载有广东潮州总祠图、对联诗句、祠志、风岐阳宅二十八景诗、历代诸公遗像传赞。卷四载有迁兰西横磨坊宗祠图、祠堂迁徙合记、建祠课向、祠内田地山塘亩分字号、造祠堂各支捐助名誉、云山书院捐助款名誉、义兴会捐谷各户芳名、阳宅之图六庄、历代诸公墓图(计 34 处)。卷五载有历代外纪总系图。卷六载有汀杭本之一脉世系图。卷七载有本支历代世系图。卷八载有越东排行字句、历代名次序、汀杭分派行传(1—43 世)。卷九载有本支行传(44—48 世)。卷十载有本支行(49—50 世)。卷十一载有本支行传(51—55 世)。卷十二载有坤第行传引、本支一脉坤谱。《迁兰蓝氏宗谱新序》记载内容与下罗家《蓝氏宗谱》一致。该支族与西方坞、下罗家同属一宗。民国 3 年石印本。白色绵纸、线装,宋体、黑字,页面 27.5 厘米×18 厘米,版框 22.5 厘米×15 厘米。四周双栏,8 列,每列 18 字。白口、花鱼尾、口题、卷数、页码及堂号(种玉堂)。除卷三、卷四全缺外,保存基本还好,今存兰溪市水亭畲族乡柳家民族村上畈自然村蓝国良处。

9. 聚庆堂《钟氏家谱》

复印本,共 12 卷,民国 21 年(1932 年)钟明昌等撰。谱列序文 28 篇,从唐开元四年(716 年)谱序始,有唐代谱序 5 篇、宋代谱序 9 篇、元代谱序 1 篇、明代谱序 7 篇、清代谱序 5 篇、民国 21 年谱序 1 篇。谱列敕合封诰、新序、钟氏源流纪略、旧序、五大规条、凡例、家训、源流世纪引、源流世纪录、历代仕宦录、藏谱字号、东粤潮州府朝阳县凤岐村祠图、东粤凤岐村二十八景诗、历代诸公像赞、龙寿阳基图、诸公墓图、历代排行字句、闽浙各次序、东粤源流世系图、豫闽浙世系图、龙兰寿本支世系图、东粤源流行传、颍川钟氏本支行传、豫闽本支行传、闽浙本支行传、龙兰寿本支行传、历代本支坤谱等。《源流世纪引》记述了“龙麒”和盘、蓝、雷、钟四姓始祖之得姓。民国21年木刻活字版复印本。A4白色复印纸,线装、宋体黑字。页面21厘米×29.7厘米。版框15.5厘米×24厘米。四周双栏,8列,每列21字。白口、有鱼尾、口题、卷数、目录、页码及堂号(聚庆堂)。谱名(颍川钟氏宗谱)。保存完好。为奎塘畈村钟马珍复制一套家存。原《颍川钟氏宗谱》为原龙游县横山镇初级中学校长钟煜华收藏。

10. 洪塘下《钟氏房谱》

不分卷,1册,21页,民国17年(1928年)雷永吉撰。目录列钟氏房谱序、排行字承上三十世、启下三十世、世系图、详细记载世系承上二十三世至启下四世、一开男女位数于后、一派女位开于后。迁徙主要记载钟元立公,自祖迁福建罗源县大坪村居住,住有数年以后,三世祖龙兴公,明万历四十四年(1616年)移浙江处州府景宁县山外开基以后,莘增公移景邑三都卢兹口村,钟龙兴公住判山,旺万公住山外后,各住景邑半岑村。清光绪年间,支下系孙移衢州府龙游县、兰溪、严州、寿昌各地。民国10年,景宁七都东畔雷永吉手抄本,草纸、线装,行书、黑色。页面23.5厘米×15厘米、单线板框19.5厘米×12.5厘米,8列,每列15字。中缝题颍川郡、钟氏房谱、页码。保存基本还好。今存兰溪市水亭畲族乡奎塘畈行政村洪塘下自然村钟马珍处。

1892—1947年水亭畲族乡畲族宗谱一览表

表9-8-4-2

村名	宗谱名称	郡望	卷数	祠堂号	最后一次编纂时间	纂修人	收藏人	备注
下罗家	蓝氏宗谱	汝南郡	8	种玉堂	民国15年(1926年)	蓝奇宝等	蓝志高	石印本
下罗家	蓝氏宗谱	汝南郡	12	种玉堂	民国3年(1914年)	蓝奇宝等	蓝仙清	石印本
西方坞	蓝氏宗谱	汝南郡	8	种玉堂	民国15年(1926年)	蓝增树等	蓝开寿	石印本
上畈	蓝氏宗谱	汝南郡	12	种玉堂	民国三年(1914年)	蓝奇宝等	蓝国良	石印本
罗塘上	蓝氏宗谱	汝南郡	8	树德堂	民国36年(1947年)	蓝日新等	蓝锦桂	石印本
奎塘畈	雷氏宗谱	冯翊郡	3	盛德堂	清光绪十八年(1892年)	雷明朝等	雷友发	石印本

续表 9-8-4-2

村名	宗谱名称	郡望	卷数	祠堂号	最后一次编纂时间	纂修人	收藏人	备注
下山坞	雷氏宗谱	冯翊郡	12	余庆堂	民国5年(1916年)	雷良金等	雷柏松	石印本
明真山脚	雷氏宗谱	冯翊郡	11	余庆堂	民国5年(1916年)	雷良金等	雷水金	石印本
余垄	雷氏宗谱	冯翊郡	1	余庆堂	清光绪十八年(1892年)	雷声华等	雷土根	手抄本
洪塘下	钟氏宗谱	颍川郡	1	聚庆堂	民国17年(1928年)	雷永吉	钟马珍	手抄本
下方泉	钟氏宗谱	颍川郡	1	聚庆堂	民国21年(1932年)	钟明昌等	钟马珍	手抄复印本

（二）汉族宗谱

1.《水氏宗谱》

水亭街、水亭坞《水氏宗谱》不分卷，1册，493页，1999年水庆云等撰修。谱列水亭街、水亭坞村外景及其他景色，部分编纂人员留影。有目录，“家宝”二字题字，水氏宗祠图，里居之图，水亭八景图，始祖遗像，谱牒，迁徙，追本溯源，行第字母，水氏世系全图，藏谱字号，藏谱及印刷规则，历代仕宦，历届大学生、硕士研究生、博士生名录；载有历代修辑宗谱次数、新旧谱序、依法归祠、古迹、宗祠楹联、续谱凡例、续谱规训、续谱条例、增加继谱条例的说明、计大祠内劝士条例、计大祠内颁胙条例、新订大祠内奖士例、提高学历续谱条件的说明、水氏续谱规训诗、水亭八景诗序及八景诗、入选诗词、咏水亭新八景、水氏捐修宗祠记、捐助祠任、分房捐助名录、水氏助祭例、资助修谱芳名、行传、世系等内容。谱序有宋代3篇、元代1篇、明代6篇、清代6篇、民国时期3篇、1999年新序1篇。本次修辑为激光排版印刷本，白色、印刷纸，宋体、黑字，页面26厘米×18.5厘米，版框23厘米×16.5厘米，四周三栏，行数及字数不一，横式，布质封面装帧。保存完好，今存水亭塘上村徐汝昌处。

2. 生塘胡《生塘胡氏宗谱》

12卷15册，2015年王庆生、胡锦禄等撰修。有谱列题字“奉天敕命”、村景照片、理事会人员合影、修谱理事会人员名单、续谱捐款芳名名录、大事记、历年村干部任职名录、诸公小记、祭文、藏谱名录、原谱序20篇（明代1篇、清代12篇、民国7篇）；1目凡例、新凡例、新增凡例、目录、五大规条、分房总图、分房名义、通族行第(排行字由),维行第名次、续行第名次、宝康翁诗赞、历次修谱人员名录、里居之图、里居图说、宗祠图、楹联、像赞、前代宗图诗赞、迁居源委、分派源委、孝子赞、传记、节孝传、生塘考、题词、生塘十景诗、天生堂记、太傅胡公置寺记(兜率寺记)、兜率寺桥记、小宗祠兴废记、折应会记、修建中庭记、宗谱会记、宗谱会后记、兴祀息讼记、祠产记、义馆会记、明真山记及后记、明真山续记、明真山寺产记、重建明真山记、墓志铭、墓图、祖墓、各厅领藏宗谱记、领谱字号、世系、行传等。2015年电脑排版印刷本,版框28.5厘米×20.5厘米,四周双栏,白色绵纸、线装,宋体、黑字,页面35.5厘米×25.5厘米,每页11行,每行22字。保存完好,今存水亭畲族乡生塘胡村胡锦禄处(此宗谱原有39卷52册,现所存宗谱缺:卷三、卷四、卷五、卷六、卷八、卷九、卷十一、卷十三、卷十四、卷十五、卷十六、卷十七、卷十八、卷十九、卷二十、卷二十一、卷二十二、卷二十三、卷二十四、卷二十五、卷二十六、卷二十七、卷三十五、卷三十六、卷三十七、卷三十八、卷三十九。

3. 西姜《姜氏宗谱》

13卷13册,民国30年(1941年)姜渭清、水□□等撰修。谱列新旧谱序17篇(其中宋代1篇、明代3篇、清代7篇、民国时期6篇)、祠记、存义堂序、重建存义堂督工志、周尚父太公传、就征西大将军姜维、孙夫人诰命、教谕霖公事迹、教谕兰邑学宫碑记、仕宦、敕命、摘录俭分琅公注意族中三要事、谨录祠任誓祠、辞祠任事说、先考文绪公子遗述言、姜君爱梧家传、姜君佐周家传、汤溪县嘉奖放赈主任姜君□□悬令、姜母王太夫人诔辞并序、准予养子另立外谱引、新增养子另立外谱条例、西姜八景、续拟西姜八景诗、前五品军功太学生姜文绪公叙略并赞、敦四百三五列三公赞、宗约、谱例、存义堂纪行、存仁堂纪行、建祠祠任名录、女节、姜氏分支总录、姜氏迁居处、藏谱引、续藏谱引、藏谱目录、清乾隆二年(1737)修谱捐资名录、阳宅坟茔图引、里居之图、墓图、世系、行传等。石印本。白色绵纸、线装,宋体、黑字,页面34.5厘米×24.5厘米,版框28厘米×20厘米,四周双栏,8列,每列23字。保存完好,今存水亭西姜村姜九如处。

4. 黄村坞《鹤山黄氏宗谱》

4卷6册,明万历丁未年(1607年),黄庭坚第十四世孙黄世良编,2011年郎会诚、黄志奇等撰修。谱列2011年赵文卿撰的鹤山黄氏续修宗谱序、目录、大事记、修辑有感、新八景诗图照、修谱领导班子及理事会成员合影、资助修谱户全家福照、历年修谱序9篇(明代4篇、清代5篇)、谱略、谱略辛七公支派记、重修谱例八条、家训十二条、图引、八景诗序、八景图诗、像赞、传记、墓图、旧祠堂记、重修太史祠记、茔祠记、修茔祠记、宋先太史山谷行状、先太史钓台诗、钟瑞堂记、改钟瑞堂记、钟瑞堂祀银会记、钟瑞堂助祭会记、朝觐浙江送别叙、北斗哀叙、重修高祖墓序、墓志铭、惩恶条议、追改行犯、祭始祖文、字行、谱跋(明代1篇、清代6篇)、节孝、藏谱录、历次修谱首事人名单、领谱字号、助已产入祀录、世系等。2011年电脑印刷本,精装,宋体、黑字,页面29厘米×20厘米,版框24.5厘米×17.5厘米,四周双栏,每页12行,每行26字,白口、有花鱼尾、口题、卷数、目录、中缝题《鹤山黄氏宗谱》、下题堂号(钟瑞堂)及页码。保持完好,今存水亭畲族乡黄村坞村村委会。

5. 塘上《竹塘徐氏宗谱》

6卷6册,民国32年(1943年)叶晋桐等撰修。宗谱内容:名人题字"家宝"、岳飞题"竹塘徐氏,家乘至宝"、南宋宰相陈宜中书"衣冠右族,孝义名家"、序文13篇(其中唐代1篇、明代5篇、清代6篇、民国32年新序1篇)、重修嘉德堂记、重建嘉德堂楼厅记、领谱字号、续谱凡例、续谱余例、本宗家范大义、祖派源流、源流分派、兰溪分派、行号、行号赞、徐姓谱系实行目录、世德传、流芳志(传赞)、缙绅赠言、本家遗选、寿序、阳墓图、徐偃王神像、诰命、像赞、墓图、竹塘记、义资记、谱引、历代源流总图、竹塘本派世系、行传、后跋、新跋。石印本,白色绵纸、线装,宋体、黑字,页面28厘米×18厘米,板框23.5厘米×14.5厘米,四周双栏,封面谱名脱落,成"无名卷"。虫蛀现象较重,线装断头多处,今存水亭塘上徐渭成处。

6. 水亭街《荥阳潘氏宗谱》

5卷5册,民国25年(1936年)李永森等撰修。谱列序文15篇(宋代5篇、元代2篇、明代3篇、清代4篇及民国新序1篇)。宗谱内容:凡例、谱法、敕命、排行字母、领谱字号、各公传、入和义堂祭祀章程、各公遗像并赞、阳墓之图、各公墓图、远系图纪、本系图记、行传、小引等。石印本,白色棉纸、线装,宋体、黑字,页面35厘米×25厘米,板框30厘米×20.5厘米,四周双栏。首卷《潘旭君赞》一文,缺十余字,卷四《行传》缺36页,总卷册形体及封面欠佳。今存水亭街潘树根处。

7. 叶岗坞《杨塘东坂叶氏宗谱》

3卷3册,清同治十三年(1874年)叶汝芳、叶树源撰修。宗谱内容:序文14篇(明代2篇、清代12篇)、敕命之主、叶忠简公传记、宋尚书左丞参知政事、太子太保礼部尚书枢密使文靖公传、像赞、凡例、领谱字号、劝条十则、戒条十则、建造敦睦堂后厅附前厅记授先助敦睦堂清明回记、山地记、建筑关帝庙记、关帝庙助田记、新建叶氏宗祠记;仕宦;文学名录;敬贤规例;传记;墓志铭;新敕;寿序;墓图;节孝;岗坞怀德堂田地山塘井古木及福德堂并入怀德堂事序记;阳墓图及诗;上午塘得分数目册籍据;叶氏规例;白鹤寺茔田记;外界墓图;叶氏宗谱世系图;本支世系图;排行字号等。清同治十三年(1874年)石印本,白色绵纸、线装,宋体、黑字,页面36.5厘米×26厘米,板框30.5厘米×22厘米,四周双栏,10行19字;白口、有花鱼尾、口题、卷数、目录、页码及堂号(怀睦堂)[①]。保存完好,今存水亭塘上叶岗坞自然村叶建阳处。

8. 芳茗叶《杨塘东坂叶氏宗谱》

又名《兰溪太平乡叶氏宗谱》,4卷4册,清宣统二年(1910年)叶渭清撰修。宗谱内容:目录、宗谱序文15篇(元代1篇、明代2篇、清代12篇)、宣统谱领谱字号、敕命、先祖公传、像赞、凡例、续谱凡例、劝条十则、戒条十则、建造敦睦堂后厅附前厅记、授先敦睦堂清明田记及山地记、建造关帝庙记、关帝庙助田记、新建叶氏宗祠记(3篇)、仕宦、文学名录、敬贤规例、叶氏规例、传记、补遗、新敕、墓志铭、寿序、节孝、岗五怀德堂田地山塘井古木及福德堂并入怀德堂事序记、杨塘岗五阳墓图及诗、东坂阳墓图及诗、上午塘得分数目册籍据、墓图、叶氏宗谱世系图、杨塘岗五世系图、东坂世系图等。石印本,白色绵纸、线装,宋体、黑字,页面37厘米×26.5厘米,版框30.5厘米×22.5厘米,四周双栏。卷一目录及1—7页谱序破损严重,卷二缺世系图半页及144页之半页,卷三1—12页左下角破损。其余保存还好,今存水亭塘上叶岗坞自然村叶建阳处。

9. 殿下村《延陵吴氏宗谱》

4卷11册,民国37年(1948年)吴纪奶、吴文豫、吴招进等撰修。宗谱内容:题字、像赞、序文23篇(元代1篇、明代6篇、清代12篇、民国时期4篇)、重修兰江吴氏宗谱纲目、重修兰江吴氏宗法谱引、谱牒诫说、继嗣定议、传记、历年修谱董事人、藏谱字号、里居之图、圣山村居记、圣山八景诗、立禁规例、圣山殿之图、墓图、世系、行传等。此谱历来为南山坞村(积善堂)、殿下村(敦睦堂)、上吴村(喜庆堂)三村合修。殿下村:世系卷三丁字号(第四册)、行传卷四庚字号(第七册)、辛字号(第八册)、壬字号(第九册)。石印本,白色绵纸、线装,宋体、黑字,页面34.5厘米×26厘米,版框30厘米×22.5厘米,四周双栏。卷一甲字号封面及题字1左上角破碎,卷四天字号62—93页破损严重,其余保存还好。今存水亭畲族乡上吴村吴晋宽处。

10. 上吴村《延陵吴氏宗谱》

4卷11册,民国37年(1948年)吴纪奶、吴文豫、吴招进等撰修。此谱历来为南山坞村(积善堂)、圣山殿下村(敦睦堂)、上吴村(喜庆堂)三村合修。上吴

---

① 此谱为叶岗坞怀德堂,芳茗叶敦睦堂二村合修,故名"怀睦堂"。

村：世系卷三戊字号（第五册）；表婆塘派（即上吴）、行传卷四癸字号（第十册）及天字号（第十一册）。今存水亭畲族乡上吴村吴晋宽处。

11. 南山坞村《延陵吴氏宗谱》

4卷11册，民国37年（1948年）吴纪奶、吴文豫、吴招进等撰修。此谱历来为南山坞村（积善堂）、圣山殿下村（敦睦堂）、上吴村（喜庆堂）三村合修。南山坞村：世系卷三甲字号（第三册）；南山派（南山坞），行传卷四己字号（第六册）。今存水亭畲族乡上吴村吴晋宽处。

12. 下蒋村《金谷蒋氏宗谱》

8卷8册，2010年王庆生、蒋彩潮等撰修。宗谱内容：村景彩色图、“家宝”晦为题、陆游撰《金谷蒋氏宗谱总序》、新旧序文19篇（宋代4篇、明代6篇、清代5篇、民国3篇、2010年新序1篇）、新跋1篇、修谱委员会名单、捐款名录、捐款三千元及以上者小记、大事记、应征入伍名录、大学生名录、领谱字号；谱牒序、家聚小引、祠堂记、义泉铭、塘北书院记、清湖客寓记、西兴旅店记、明万历三十七年己酉（1609年）十一世孙思忠撰蒋氏记事、敕命之宝、凡例、家规十条、藏谱规条、前领谱字号、八景序、记、歌、诗、跋；2010年收集传闻佚事、里居之图、诸公传、像赞、寿序、节孝、墓志铭、墓图、世系图序、外纪系图、金谷蒋氏派下世系、本支世系、排行小引、金谷派下蒋氏行传、本支行传、客姓童、徐、倪、邵行传等。印刷本，白色印刷纸、线装，宋体、黑字，页面35.5厘米×25厘米，版框30厘米×20.5厘米，四周双栏，保存完好。今存水亭畲族乡下蒋村蒋彩潮处。

1607—2015年水亭畲族乡汉族宗谱一览表

表9-8-4-3

谱名	谱籍	编纂时间	卷数	收藏处
南院丁氏宗谱	水亭丁家	清道光二十六年（1846年）	4册	丁家村丁寿富
济阳丁氏宗谱	水亭丁家	民国30年（1941年）	7卷	丁家村丁寿富
济阳丁氏宗谱	水亭丁家	民国37年（1948年）	6卷6册	丁家村丁步洲
河南方氏宗谱	水亭下方泉	民国33年（1944年）	6卷6册	下方泉村方喧
河南方氏宗谱	水亭下方泉	2007年	6卷	下方泉村方望舒
河南方氏宗谱	水亭河伯沿	清光绪二十九年（1903年）	7卷	河伯沿村方仁明
河南方氏宗谱	水亭尚方	清光绪二十二年（1896年）	6卷	尚方村方康仂
吴兴水氏宗谱	水亭水亭坞	民国15年（1926年）	15卷	水亭坞村水炳明
吴兴水氏宗谱	水亭水亭坞	民国35年（1946年）	15卷	水亭坞村水庆平
水氏宗谱	水亭水亭坞	1999年	合计1册装	塘上村徐汝昌
丹山王氏宗谱	水亭荷龙里	民国36年（1947年）	18卷21册	荷龙里村王宝璋

续表 9-8-4-3

谱名	谱籍	编纂时间	卷数	收藏处
王氏宗谱	水亭荷龙里	民国 28 年(1939 年)	16 卷	荷龙里村王友生
横塘王氏宗谱	水亭横塘	2008 年	1 册	横塘村王庆国、王国军
杨塘东坂叶氏宗谱	水亭叶岗坞	清同治十三年(1874 年)	3 卷 3 册	叶岗坞叶建阳
杨塘东坂叶氏宗谱	水亭芳茗叶	民国 32 年(1943 年)	7 卷	芳茗叶村叶华平
兰溪太平乡叶氏宗谱	水亭芳茗叶	清宣统二年(1910 年)	4 卷 4 册	叶岗坞叶建阳
南阳叶氏宗谱	水亭陈塘下	民国 27 年(1938 年)	4 册	陈塘下村
南阳叶氏宗谱	水亭陈塘下	民国 27 年(1938 年)	4 册	陈塘下村叶雪清
荆洋叶氏宗谱	水亭横塘	清道光二十九年(1849)	1 册	横塘村叶春根
朱氏宗谱	水亭上朱	民国 37 年(1948 年)	4 卷 4 册	上朱根朱熙
西徐朱氏宗谱	水亭西徐坞	民国 9 年(1920 年)	4 卷 4 册	西徐坞村李成
紫阳朱氏宗谱	水亭珠带式	民国 29 年(1940 年)	4 卷 4 册	珠带式村朱马寿
紫际朱氏宗谱	水亭珠带式	民国 29 年(1940 年)	5 卷	珠带式村徐桂华
济阳江氏宗谱	水亭上江	民国 4 年(1915 年)	3 卷 3 册	上江村江跃发
济阳江氏宗谱	水亭垂江	清光绪十一年(1885 年)	5 卷 5 册	垂江村江永泉
济阳江氏宗谱	水亭垂江	民国 2 年(1913 年)	6 册	垂江村江永泉
中山汤氏宗谱	水亭汤家	民国 13 年(1924 年)	6 卷 6 册	尚方村汤渭金
中山汤氏宗谱	水亭汤家	2015 年	6 卷 6 册	汤家村汤霖
汤氏宗谱	水亭周邵汤	民国 9 年(1920 年)	1 册	周邵汤村汤志午
邵氏宗谱	水亭周邵汤	清光绪二十七年(1901 年)	2 册	周邵汤村邵海清
邵氏宗谱	水亭午塘桥	不详	1 册	午塘桥村邵福春
延陵吴氏宗谱	水亭奎塘	民国 15 年(1926 年)	9 卷 10 册	奎塘村吴如增
延陵吴氏宗谱	水亭上吴	民国 37 年(1948 年)	4 卷 11 册	上吴村吴晋宽
延陵吴氏宗谱	水亭殿下	清道光十九年(1839 年)	4 卷	上吴村吴土生
延陵吴氏宗谱	水亭殿下	民国 37 年(1948 年)	4 卷 11 册	上吴村吴晋宽
延陵吴氏宗谱	水亭殿下	2006 年	6 卷	殿下村
高元张氏宗谱	水亭杨塘山头	民国 11 年(1922 年)	5 卷	杨塘山头张樟裕
清河张氏宗谱	水亭西张	民国 8 年(1919 年)	4 卷	西张村张宝根
清河张氏宗谱	水亭西张	清道光三年(1823 年)	3 卷 2 册	西张村张炳修
清河张氏宗谱	水亭西张	清咸丰九年(1859 年)	4 册	西张村张炳修
清河张氏宗谱	水亭西张	民国 29 年(1940 年)	6 册	西张村张炳修
清河张氏宗谱	水亭西张	2013 年	7 册	西张村张卸荣

续表 9-8-4-3

谱名	谱籍	编纂时间	卷数	收藏处
瀔西慈厚张氏宗谱	水亭慈厚张	民国 19 年(1930 年)	4 卷 4 册	柳家村张根土
慈厚张氏宗谱	水亭慈厚张	清宣统二年(1910 年)	2 册	慈厚张村张华生
衡阳苏氏宗谱	水亭张麻车	清道光二十一年(1841 年)	11 册	张麻车村苏代林
衡阳苏氏宗谱	水亭张麻车	民国元年(1912 年)	4 卷 4 册	张麻车村苏代林
颍川陈氏宗谱	水亭街	民国 24 年(1935 年)	10 卷	水亭街村陈如南
陈氏宗谱	水亭街	2007 年	3 卷 1 册	水亭街村陈耀奇
周氏宗谱	水亭周邵汤	清光绪十五年(1889 年)	4 卷	周邵汤村周志鸿
汝南周氏宗谱	水亭上周	民国 18 年(1929 年)	6 卷	上周村周寿棋
梅塘周氏宗谱	水亭上周	民国 18 年(1929 年)	5 卷	上周村周寿乾
梅塘周氏宗谱	水亭上周	2015 年	5 卷	上周村周耀成等 18 人
周氏宗谱	水亭汤家	2015 年	3 卷3 册	汛家村周锡均
林氏宗谱	水亭下蒋	民国 13 年(1924 年)	20 册	下蒋村林正芳
龙门范氏宗谱	水亭范村	民国 18 年(1929 年)	3 卷	范村村
龙门范氏宗谱	水亭范才	民国 18 年(1929 年)	3 卷3 册	范才村范堂发
忠宣房瀔西龙门范氏宗谱	水亭范坞	清乾隆四十八年(1783 年)	12 卷 13 册	范坞村范耀生
范氏宗谱	水亭下方泉	不详	3卷	下方泉村范建华
中山郎氏宗谱	水亭午塘边	清光绪二十五年(1899 年)	2 卷 2 册	午塘边村郎会成
彭城金氏宗谱	水亭金印	民国 28 年(1939 年)	4 册	金印村金启祥
东溪姜氏宗谱	水亭姜坡	民国 24 年(1935 年)	14 卷	姜坡村姜锦松
东溪姜氏宗谱	水亭姜坡	清道光二十八年(1848 年)	4 册	姜坡村姜唐清
横塘姜氏宗谱	水亭横塘	民国 18 年(1929 年)	3 卷 3 册	横塘村姜树清
横塘姜氏宗谱	水亭横塘	民国 18 年(1929 年)	3 卷	横塘村姜志瑜
横塘姜氏宗谱	水亭横塘	2008 年	7 卷	横塘村姜汝华等 12 人
姜氏宗谱	水亭西姜	民国 30 年(1941 年)	12 卷12 册	西姜村姜士良
姜氏宗谱	水亭西姜	民国 30 年(1941 年)	13 册	西姜村姜九如
施氏宗谱	水亭施家	清光绪三十三年(1907 年)	4 卷	施家村施汤水
柳氏宗谱	水亭柳家	民国 19 年(1930 年)	5 卷	柳家村柳志华
慈厚柳氏宗谱	水豪柳家	民国 26 年(1937 年)	2 卷	柳家村柳志华
生塘胡氏宗谱	水亭生塘胡	2015 年	12 卷 15 册	生塘胡村胡锦禄

续表 9-8-4-3

谱名	谱籍	编纂时间	卷数	收藏处
定阳饶氏宗谱	水亭古塘	清光绪二十四年(1898 年)	2 卷 2 册	古塘村饶小明
郭氏宗谱	水亭上朱	2013 年	7 卷	上朱村郭裕伟
郭氏宗谱	水亭上方泉	不详	3 卷	上方泉村郭顺祥
午塘徐氏宗谱	水亭午塘边	民国 29 年(1940 年)	6 卷 6 册	午塘边村徐正康
午塘徐氏宗谱	水亭午塘边	清光绪二十三年(1897 年)	6 册	午塘边村徐裕年
午塘徐氏宗谱	水亭午塘边	2007 年	13册	午塘边村徐建生等12 人
徐氏宗谱	水亭珠带式	民国 29年(1940 年)	1 卷1 册	水亭畲族乡文化站
徐氏宗谱	水亭水亭坞	民国 15 年(1926 年)	4 卷	水亭坞村徐元生
东海徐氏宗谱	水亭珠带式	民国 29 年(1940 年)	4 卷	珠带式村徐桂华
乐塘崇儒里徐氏宗谱	水亭乐塘	民国 36 年(1947 年)	2 卷2 册	乐塘村徐建新
乐塘崇儒里徐氏宗谱	水亭松树下	民国 36 年(1947 年)	9 卷	松树下村徐华松
兰溪古塘徐氏宗谱	水亭古塘	民国 35 年(1946 年)	1 册	古塘村徐华喜
古塘徐氏宗谱	水亭古塘	民国 35 年(1946 年)	8 卷 8 册	水亭畲族乡古塘村徐华兴、徐德才
古塘徐氏宗谱	水亭古塘	清咸丰十年(1860 年)	3 册	上海图书馆
古塘徐氏宗谱	水亭古塘	民国35 年(1946 年)	9 册	上海图书馆
古塘盖竹符氏宗谱	水亭古塘	清乾隆三十二年(1767 年)	2 卷 4 册	美国哥伦比亚大学图书馆、台北故宫博物院
竹塘徐氏宗谱	水亭塘上	民国 32 年(1943 年)	6 卷 6 册	塘上村徐渭成
竹塘徐氏宗谱	水亭塘上	清道光十五年(1835 年)	2 册	塘上村徐胜先
竹塘徐氏宗谱	水亭塘上	清光绪二十一年(1895 年)	6 册	塘上村徐胜先
盖竹徐氏宗谱	水亭盖竹里	民国 16 年(1927 年)	5 册	盖竹村村徐宗良
午塘诸氏宗谱	水亭午塘桥	清光绪十三年(1887 年)	5 册	午塘桥村诸煜林
诸氏宗谱	水亭午塘桥	不详	1 册	午塘桥村诸良松
诸氏宗谱	水亭午塘桥	民国 26 年(1937 年)	3 卷 3 册	午塘桥村诸煜林
西园钱氏宗谱	水亭西钱	民国 26 年(1937 年)	3 卷 3 册	丁钱村钱树彩
京兆商氏宗谱	水亭西钱	民国 18 年(1929 年)	2 卷 2 册	西钱村商樟根

续表 9-8-4-3

谱名	谱籍	编纂时间	卷数	收藏处
京兆商氏宗谱	水亭西钱	民国 18 年(1929 年)	4 卷	明真山脚商森福
柳塘章氏宗谱	水亭柳塘章	民国 15 年(1926 年)	3 卷	柳塘章村章柏森
柳塘章氏宗谱	水亭柳塘章	清光绪九年(1883 年)	5 卷	柳塘章村
柳塘章氏宗谱	水亭柳塘章	清道光十九年(1839 年)	5 卷	柳塘章村
柳塘章氏宗谱	水亭柳塘章	清乾隆二十九年(1764 年)	5 卷	柳塘章村
柳塘章氏宗谱	水亭柳塘章	2015 年	5 卷	柳塘章村
章氏宗谱	水亭下方泉	不详	2 卷	下方泉村章春新
瑯琊郡符氏宗谱	水亭符野	清光绪二十年(1894 年)	2 卷 2 册	符野村符富清
鹤山黄氏宗谱	水亭黄村坞	清光绪三十四年(1908 年)	7 卷 7 册	兰溪市博物馆
鹤山黄氏宗谱	水亭黄村坞	明万历三十五年(1607 年)	4 卷6 册	黄村坞村村委会
鹤山黄氏宗谱	水亭黄村坞	清光绪三十四年(1908 年)	6 卷	黄村坞村黄开富、黄梓良
黄氏宗谱	水亭黄村坞	2014 年	6 卷	黄村坞村
龚氏宗谱	水亭下方泉	2008 年	6 卷	下方泉村龚瑞元
琚氏宗谱	水亭珠带式	不详	6 卷	珠带式村琚瑞华
凤山琚氏宗谱	水亭珠带式	民国 14 年(1925 年)	4 卷 4 册	珠带式村琚志银
东山傅氏宗谱	水亭尚方	民国元年(1912 年)	28 册	尚方村傅国根
大新塘童氏宗谱	水亭塘边	民国 2 年(1913 年)	4 卷 4 册	塘边村童永烈
东莞童氏宗谱	水亭塘边	2008 年	7 卷	塘边村童永烈
童氏宗谱	水亭杨保塘下	民国 21 年(1932 年)	12 卷	杨保塘下村童维科
童氏宗谱	水亭杨保塘下	清道光元年(1821 年)	4 卷	杨保塘下村童维科
童氏宗谱	水亭杨保塘下	清道光年间(1821—1850 年	7 卷	杨保塘下村童雨根
童氏宗谱	水亭杨保塘下	清咸丰八年(1858 年)	2 册	杨保塘下村童雨根
童氏宗谱	水亭杨保塘下	2011 年	3 卷	杨保塘下村童小清等 13 人
东莞童氏宗谱	水亭童才	国民 28 年(1939 年)	3 卷 3 册	童才村童国璋
东莞童氏宗谱	水亭童才	国民 28 年(1939 年)	7 册	童才村童根云
童氏宗谱	水亭下方泉	不详	5 卷	下方泉村童樟根
杨保塘童氏宗谱	水亭丁源	民国 21 年(1932 年)	12 卷	丁源村杨宝堂
金谷蒋氏宗谱	水亭下蒋	民国 16 年(1927 年)	8 卷 8 册	下蒋村蒋公济
金谷蒋氏宗谱	水亭下蒋	2010 年	8 卷 8 册	下蒋村蒋彩潮
荥阳潘氏宗谱	水亭水亭街	民国 25 年(1936 年)	5 卷5 册	水亭街村潘树根

第九章　人　物

本章共二节。第一节“人物传略”,记录了“水亭畲族开基祖传略”与“主要人物传略”。第二节“名录”,记录了老红军英名录、革命烈士英名录、劳动模范名录、团级及以上干部名录、水亭籍当代高级人才名录、水亭畲族乡机关干部名录、科技人员、中小学校长名录与大专院校毕业人员名录。

第一节　人物传略

本节对水亭畲族乡境内各村的畲族先祖生平和迁徙路线, 汉族地方知名人士生平事迹进行简要介绍。所记载的皆为逝世人物,排列先畲族后汉族,以迁徙年、生年为序。

一、水亭畲族开基祖传略

(一)蓝氏开基祖

蓝有光、蓝奇吾、蓝奇水　清嘉庆十九年(1814 年)自景宁五都东源迁入兰溪里塘章。

蓝奇松　清同治七年(1868 年)自景宁三都大坪迁入兰溪二十七都三图外垅山。

蓝玉养　清嘉庆二十三年(1818 年)自景宁五都东源迁入兰溪里塘章。

蓝春盛　清道光三年(1823 年)自景宁乌饭窟迁入兰溪明真山脚。

蓝得华　清道光二十一年(1841 年)自景邑徐崇迁入兰邑二十七都上湾(罗塘上)。

蓝奇信　清同治七年(1868 年)自景宁三都大坪迁入兰溪西方坞坂山。

蓝春隆　清同治七年(1868 年)自景宁三都大坪迁入兰邑横磨畈庄。

蓝春潘　清同治七年(1868 年)自景宁四格迁入兰溪奎塘畈。

蓝奇德　清同治八年(1869 年)自景宁三都乌饭恰迁入兰邑明真山脚。

蓝春本　清同治八年(1869 年)自景邑乌饭恰迁入兰邑石八塘下。

蓝奇垚 清同治八年(1869年)自景宁三都乌饭恰迁入兰邑石八塘下。

蓝奇承 清同治八年(1869年)自景宁三都乌饭恰迁入兰溪二十七都湖塘下。

蓝朝余、蓝朝良 清同治八年(1869年)自景宁三都陈坑迁入兰溪分水塘。

兰廷翰 清同治八年(1869年)自景宁三都陈坑练庄双连迁入兰溪上朱分水塘村。

蓝春回 清同治九年(1870年)自景邑二都潘庄迁入兰溪二十七都余垄。

蓝春懋 清同治九年(1870年)自景宁东源迁入兰邑西方坞。

蓝春柜 清同治十二年(1873年)自景宁东源迁入兰邑双塘下。

蓝春云 清同治十二年(1873年)自景宁五都东源迁入兰溪西乡水亭双塘下。

蓝朝阳 清光绪二年(1876年)自景邑三都寨下迁入兰邑柳家上首。

蓝奇振 清光绪六年(1880年)自景宁三都乌饭恰迁入兰溪二十都游龙(含余垄村)。

(二)雷氏开基祖

雷开生 清道光十八年(1838年)自三都高坪迁入兰溪李塘坝。

雷开照 清道光二十二年(1842年)自三都尔坑头迁入兰溪余垄。

雷光瑞、雷光文、雷光支 清道光二十四年(1844年)自景宁三都高坪迁入兰溪明真山脚。

雷光聪 清道光二十七年(1847年)从景宁三都茶下迁入兰溪二十八都凉亭下。

雷 聪 清咸丰七年(1857年)自景宁二都潘庄迁入兰溪二十七都余垄。

雷光财 清咸丰九年(1859年)自景宁三都后亭迁入兰溪东山下。

雷光养 清同治元年(1862年)自大均白泥岗迁入兰溪洪东山。

雷金孙 清同治五年(1866年)自吴山太雍迁入兰溪柳塘畈。

雷明祥 清同治九年(1870年)自景宁三都原垟坳迁入兰溪二十七都余垄。

雷光树 清同治十一年(1872年)自景宁三都高坪迁入兰溪二十七都余垄。

雷光松 清同治十一年(1872年)自景宁三都高坪迁入兰溪二十七都余垄。

雷陈孙 清光绪二年(1876年)自吴山太雍迁入兰溪柳塘畈。

雷开芳 清光绪四年(1878年)自景宁三都罗坑头迁入兰溪二十七都西乡下山坞。

雷光杨 清光绪八年(1882年)自颅鹚河畔迁入兰溪破塘下。

(三)钟氏开基祖

钟日风 清同治九年(1870年)自景宁三都流坑移迁兰溪西乡二十七都洪塘下村。

钟日满　清同治九年(1870年)自景宁三都流坑移迁兰溪西乡二十八都二图下方泉村。

二、主要人物传略

徐安贞(671—743)　初名楚璧,字子珍。会桥徐宅山背村人(唐天宝元年(742年)随父徐宗迁居乐塘村居住,故录)。唐神龙二年(706年)进士。开元六年(718年),以武陟尉选入展判正。开元七年补丽正学士。参与续修《七志》,整理皇家秘籍,为唐玄宗赏识,擢供奉廷内起居舍人,赐名安贞。再迁中书舍人,掌管制作皇帝诏书,报授工部侍郎兼集贤院学士。不久升中书侍郎。李林甫用事,乃弃官自暗。佣于衡山岳麓寺(今湖南长沙岳麓山)。岳麓大修,书联于柱。一日,北海太守李邕游岳麓寺,观寺中联,曰:"徐公竟在此耶?"召至,握手言道:"朝列于公已息议矣。"继接下山。安贞叹息道:"潇湘逢故人,若幽谷之睹太阳,不然委填岩谷矣!"回乡后即隐居龙丘山(即今九峰山)石室读书。帝念其贤,封其为东海子。天宝二年(743年)卒,赐尚书。葬徐宅山背小溪口。明万历三十六年(1608年),知县拨款重修祠墓,今遗址犹存。

安贞清才雅量,好学博识,善骈俪文。相传有集若干卷,久佚。明人童佩重辑其遗文为《徐侍郎集》2卷。《全唐诗》录其诗11首另二句,新旧《唐书》均有传。

徐良能(1104—1174)　字彦才,水亭古塘村人。从范浚学,治易经。南宋绍兴五年进士。任宿松、安吉知县,皆有惠政。宿松任,抚流亡,勤劝课,不以土产供(馈)遗。前政私增俸给尽为削去。县吏认为旧例所当得。良能道:非例也,赃也;想以此诱我?闻者皆服其廉。任安吉,竭力赈济艰食之民,除水灾之赋。民为之绘像祀于学宫,刻有纪政碑,并作渔樵耕织四歌谣歌吟于道路。其中《渔歌》:"市价鱼平酒亦平,卖鱼买酒快予情。扣舷笑指一溪水,若比官清官更清。"卸任日,众争相赠礼,一无所受。旋任御史检法官,升太常博士。首陈预谨边防、精择守令、虔供祭祀三事。继而由监察御史升殿中侍御史给事中,封兰溪开国男。久居言职,因疾告休。著有《杂著》《奏议》及《易说》若干卷。

水　钦(1165—1221)　字敬夫,号诚斋,水亭人。任婺州(即今金华)牧,仁恕廉明,政通人和,深受百姓爱戴。嘉定十四年(1221年)没于官,终年57岁。赞曰:"川岩之灵,湖海之秀。挺生我公,大昌厥后。性惟其慈,德惟其茂。为国之宗,为吾之祖。"

徐应狁(1253—1327)　字梦名,号省斋,双号竹塘居士,塘上村人。生而矣异,自幼力学,年尚十四,博通理学。十六岁中举南宋咸淳四年(1268年)进士。擢台谏，正色立朝，知无不言，谠言直谏，不私阿好。权奸敛迹论事，深受民众爱戴。德祐二年（1276年）出判临安（即南宋京都杭州），元军陷临安，即隐居不仕。

徐应镳（生卒不详） 字巨翁，太学生。南宋德祐二年（1276年），宋亡，瀛国公入燕。太学生百余人皆从行，应镳不欲从。乃于其子琦崧、女元娘誓共焚，子女皆从之。乃与其子女入云梯楼，纵火自焚。一小仆未寐，闻大声，报诸仆，扑灭火。翌日，得祠前井。盖王立福州，褒其节，赠朝奉郎，秘阁修撰。私谥曰："正节先生。"宋史有传[①]。

姜正学（1579—1663） 字次生，横塘村人。食吃于邑庠，甲申（1644年）之变太平天国之役后秉书从于酒，酒外惟寄意印章，酒醉辄呜呜歌，会稽太宇祠方邵村侍御为丽水令次声，谓曰："公醉我，我为公制印一夕，漏下数十刻忍剥啄甚。"问其故，曰："我适为公成一印，殊满志不待且，急欲令公见也。"著名的印论家有《论印绝句》："印酣晋白意纵横，雅韵终输姜次生。夜半打门真快事，一枚印换酒千斛。"更现"性介纵酒，酒之外寄意刻印，欲刻印饮以酒"的狂热。

蓝朝聚（1856—1929） 字增树，号献瑞，畲族。兰溪市二十七都二图（现兰溪市水亭畲族乡西方坞畲族村）人。清末家办私塾一所，为兰溪市唯一的畲族私塾。清光绪丙午年（1906年），建宗祠，捐募白洋84元；云山书院兴建，捐助白洋12元；捐谷义兴会600千克；负责兴建下罗家横磨畈"种玉堂"，作为畲族人读书的"成才小学"。之后，他又捐洋数十元，在明真山新建校舍五间。在他带头下，其他各村的畲民也纷纷捐助建祠堂、校舍及云山书院，共捐白洋3000余元，捐谷义兴会13000千克。他还牵头组织"永兴会""万兴会""义兴会"等组织，专为畲民做好事。他从小喜爱各类技艺，并收集、抄录了大量的畲族民歌、传说故事等畲族民间文化资料。这些资料一直由其及其子孙保存在家中，到"文化大革命"期间被烧毁。

雷明道（1857—1942） 畲族，二十七都四图（现兰溪市水亭畲族乡西方坞畲族村）人。雷明道从景宁迁来二十七都四图时，主要以打工为主，以农为生。直至民国初期，生活逐渐好起来，以修身做好事为本。他与堂侄雷土珠一起，共捐募白洋数百元，铺以游埠的石板路[②]。雷明道喜爱音乐，特别是唱畲族山歌，几天几夜也唱不完。对二胡、笛子也较喜爱，还爱好拳击。

叶宝英（1866—1906） 塘上村叶岗坞人。清光绪九年（1883年）补郡庠生，第二年补郡增生，第三年补郡廪生；光绪十五年"恩拜"浙江乡武中式第

① 徐应镳，徐应犹胞兄。资料来源《竹塘徐氏宗谱》。
② 从金湖乡（现已并入游埠镇）的金家泥至下杨殿。

116名举人。光绪二十一年考取国史馆誊录。光绪三十年任湖州府武康县儒学训导兼管教谕事。宗厅内高悬"文魁"匾额。光绪三十二年卒。葬于龙游大东门外三都三五里牌座。(摘自《水亭乡文化志》)

姜海元(1870—不祥) 名渭清,字奎耀,号佐周,又号绍房,西姜村人。清末邑庠生。民国时期,任过水亭乡乡长。重教育。民国元年(1912年),在家乡创办西林小学。民国27年,与徐渭三、张恕、水谏倡建水亭小学。人称办校"四先生"。受到兰溪实验县县长胡次威以匾额"敬恭桑梓"的嘉奖。[①]

水 谏(1878—1951) 又名文钦,字西铭,号启堂,人称"启堂先生",清末邑庠生,水亭坞人。毕业于浙江监狱专门学校,任水亭立本小学教师。学识渊博,精通文史。善写文,精书法,一生清贫廉洁,热心公益事业,为水亭小学创始人之一。

吴栋材(1879—1947) 二十七都(今水亭畲族乡奎塘村)人。清光绪二十五年(1899年)金华府考第一名郡庠生。同科有邵飘萍、叶渭清等。之后,在杭州道贞女子学堂、金华教会学堂任教。民国23年(1934年),兰溪实验县在各区设中心小学。其捐募基金,建筑校舍,不辞劳苦,奔走各富户之门,并函其婿上海缎经绸厂厂主倪谦吉,捐助巨款,对当地建校兴学,贡献较大。生平不求闻达,为文简练,诗多古体,著有《葫芦丛稿》三卷,"文化大革命"期间散失。仅存近体绝句《题画梅》二首[②]。

张 恕(1884—1951) 水亭坞村上伊塘人。历任杭州兽医院一等兽医。陆军第一师上校军医(马医官)。兰溪县参议员。民国27年(1938年)秋,与徐渭三倡建水亭小学。他无偿捐献5亩多松林地,置建校舍,并负责建校经费收支。(摘自《水亭乡文化志》)。

叶渭清(1886—1966) 字左文,号竢庵。水亭畲族乡芳茗叶村人。12岁入庠,18岁中举,是兰溪科举史上最后一批举人,师事著名史学家陈汉章,与马叙伦同门,肄业于北京政法大学。好学成癖,无意功名。民国初(1913年),马叙伦任教育总长,召其共事,谢辞,而欣然受委任北平(现北京)图书馆编纂部主任。民国23年,归隐衢州。毕生笃信儒学,言行如一,方正不阿。曾校勘《宋会要》全书,此为中国古代史书之重大工程,写有校勘记,见解精辟。深得马一浮、夏承焘等赞佩。生平潜心研究《宋史》。尝言《宋史》多谬误,致力为《宋史》作注。穷年累月,夜以继日,积校注笔记两三百本。后因工程浩大,个人精力有限,未竟于成。民国31年,浙江省主席黄绍竑屡聘参与纂修《浙江通志》,力辞未就。浙江

① (摘自《水亭乡文化志》)。

② 见《兰溪诗选》。

解放，应聘为浙江文史馆馆员，任浙江省政协委员。1966年病逝于衢州。著有陶渊明、梅尧臣、范浚、陆游等人年谱。所作书稿多未刊行，部分藏衢州市文管会，部分散佚。

潘永全(1900—1927)　又名祖岳，字□仁，水亭街人。从小抱志远大，负奇气从，不肯下人；求学刻苦，尤喜攻书。肄业于浙江第八师范。每试冠军，师友皆佩。毕业后任兰溪著存学校主持校务，兼教英语。不遗余力，热心指教。自始学校名声大振，远近求学日众。课得教育界赞许。曾获浙江省教育厅嘉奖，给“蒙养有功”匾额一方。民国15年(1926年)夏，北伐军兴，永全赴广东献身革命。不期精神兴奋过度，怅恨之余，一病不起，越年卒，年仅28岁。

徐渭三(1903—1995)　字映岐，古塘村人。农工民主党党员，高级工程师。民国19年(1930年)，毕业于中央大学工学院土木工程系。曾任杭江铁路工程处见习工程师、浙江大学工学院助教、江苏建设厅公路工程队第六工程队队长。抗日战争期间，回乡集资办学，勘察设计水亭小学蓝图。民国28年(1939年)春，协助永昌名士赵捷先创办兰溪简易师范学校。抗日胜利，于民国34年(1945年)回江苏建设厅工作。1949年任汤溪维二中学教员。1950年任兰溪中学教员。1951年由浙江省水利局委派任兰溪水文站站长，后任省水利局第一工程队队长、浙江省水利电力勘察设计院测量队队长。1957年被错划“右派”，1979年平反昭雪，时年已76岁，仍然为家乡公益事业效力，被选为兰溪市第八届人大代表。

姜卿云(1904—1985)　别号心白，水亭畲族乡横塘村人。先后毕业于浙江医药专科学校、上海法政学院、中央政治学校。曾任国民党浙江省党部干事、秘书、委员。民国20年(1931年)当选国民议会浙江省代表。民国23年11月15日—36年6月18日派为浙江省第五行政督察专员兼保安司令。民国35年当选“制宪国民大会”浙江职业代表。民国36年9月30日被聘任宪政实施促进委员会委员。民国37年当选“行宪”第一届立法院立法委员。民国38年去香港。1950年从台湾返回大陆，在上海法政学院任教，后任北京制药厂高级工程师、民革中央顾问、北京市政协委员。著有《浙江新志》等。

方忠杰(1904—1971)　字毅伯，下方泉人。民国18年(1929年)毕业于杭州法政专门学校。民国20年，任东北特别高等法院主任书记官。民国22年，任江西南昌高等法院主任书记官。后历任金余乡乡长、甘溪区区长等职。民国34年，担三中学迁圣寿教寺，担任校长至1950年。后回乡，1971年病故。

方模(？—1985)　字志学。民国25年(1936年)毕业于日本东京早稻田大学。民国26年随许世英大使回国。曾任教官、翻译等职。1950年7月任浙江省人民政府人事处秘书。1951年2月起先后任教于嘉兴、平湖、临安、湖州、海盐等地中学。1985年11月在公共汽车上猝死于心脏病。著有《历史名词解释》《历史问题解答》等教科书籍。

雷长珠(1925—2016) 水亭畲族乡奎塘畈村人,畲族。19岁开始学习祭祖仪式,由雷良进口授亲传。同时参加学习的还有同村人雷树品,邻村人蓝广均、蓝九连、雷马清、蓝建成、蓝仙清等。他是畲族祭祖舞的承传人,他对退凶、退土、扫恶风以及堪舆风水之术和中草药都有独到之处。

雷长珠是当地有名声的草药郎中,他的蛇药,治疗跌打损伤、痔疮及无名痈肿等疗效都很好。

雷耀铨(1929—2013) 畲族,水亭畲族乡奎塘畈村人,大学学历,讲师。从事学校教育工作44年,曾任浙江军区转业干部速成中学文化教员。历任浙江省少数民族师范学校教导主任、副校长、中国共产党浙江省少数民族师范学校委员会副书记等职,中国人民政治协商会议浙江省委员会第二届至六届委员、第五届常委。中国百越史学会会员,浙江省民间文艺家协会会员,浙江省畲族文化研究会副会长、会长。1979年,担任浙江省少数民族代表团团长,率团赴北京参加中华人民共和国国庆30周年庆祝活动。曾编写《党的民族政策与民间理论》讲座稿、《畲族历史概要》。撰写论文多篇,先后发表于全国性刊物与论文集。主编《浙江畲族民歌集》(4350首),印刷成册。先后参与编纂《中国民间文学集成·浙江卷》《丽水地区民间文学集成·歌谣卷》《丽水地区畲族志》,撰写《浙江省少数民族志》“畲族篇”史稿。1991年被评为中国民间文学集成编纂工作先进工作者,1992年被评为全国民族教育工作先进个人,受到国家民族事务委员会、教育部的表彰。

第二节 名 录

本节以列表形式简要记载水亭畲族乡籍的英烈劳模,科级以上干部名录,小学高级职称以上教师名录,各行政村大专院校毕业生和在读大学生名录。

一、红军英名录

民国20年(1931年)春,郑秾在兰(兰溪)、龙(龙游)、汤(汤溪)、寿(寿昌)边界组织成立中国红军第13军第2师,郑秾任师长,水亭地区有100余人参加红军,但史料所记的仅为以下5人:

蓝友金 畲族,上朱分水塘村人。

杨斐根 汉族，殿下村人。

蓝樟根 畲族，上朱分水塘村人。

蓝春锦 畲族，上朱分水塘村人。

商永义 汉族，明真山脚村人。

二、革命烈士名录

徐凤水 水亭畲族乡水亭街人，民国2年（1913年）生。民国38年2月参加革命，为金萧支队严衢独立中队联络情报员。是年8月，土匪暴动，被土匪杀害于柳塘乡（现水亭畲族乡）明真山。（资料来源：兰溪市档案馆档案《全宗号101卷号2》）

丁茂荣 水亭畲族乡殿下村人，民国13年（1924年）生。民国36年参加革命，为29军85师254团战士。1949年11月15日在福建厦门牺牲。

张阿泉 水亭畲族乡西徐坞村人，民国13年（1924年）9月生。1951年6月入伍，为工兵15团战士。1951年9月在朝鲜失踪，1962年8月按烈士处理。

三、先进劳动模范名录

胡秀莲 水亭乡陈塘下村人，1958年被评为浙江省劳动模范。

胡秀莲 兰溪县水亭公社陈塘下大队人，1979年荣获“浙江省‘三八’红旗手”称号。

蓝廷里 畲族，圣山公社柳塘章大队余坌生产队人。1961年被评为兰溪县农业劳动模范。

四、水亭籍当代高级人才名录

根据已知信息显示，2015年底水亭畲族乡水亭籍当地高级人才有66人。

2015年水亭籍高级人才名录一览表

表9-9-2-1

行政村名	姓名	性别民族	出生年月	最高学历/学位/职称	就业单位/职务	出生地
水亭街	水志良	男	1930年11月	教授级高级工程师	沈阳华特研究所	水亭街
	爱新觉罗起超	女满族	1932年10月1952年	高级工程师	沈阳矿冶研究所	水亭街
	叶山士	男	1958年3月	教授	浙江师范大学	水亭街
	水　敏	女	1960年5月	经济学博士	德国雷根斯堡大学	水亭街
	水　波	男	1961年	硕士研究生	重庆大学	水亭街

续表 9-9-2-1

行政村名	姓名	性别民族	出生年月	最高学历/学位/职称	就业单位/职务	出生地
水亭街	何圣东	男	1962 年 7 月	教授	中共浙江省委党校	水亭街
	水树良	男	1963 年 7 月	硕士研究生	浙江省金华第一中学	水亭街
	杨　帆	女	1963 年 10 月	博士研究生	美国麻省州立大学	水亭街
	水小波	男	1963 年 10 月	博士研究生	美国麻省州立大学	水亭街
	水小平	男	1965年 3 月	教授	北京理工大学	水亭街
	水浩乐	男	1974 年 7 月	硕士研究生	东北大学冶金系	水亭街
上朱	倪顺龙	男	1963 年 12 月	教授级高级工程师、硕士	—	下朱
上吴	吴兰香	女	1976 年	硕士研究生 中教高级	广西柳州中学	上吴
	吴挺峰	男	1978 年	博士	—	上吴
	吴瑞荣	男	1971 年	博士	美国高级工程师	上吴
柳家	张建军	男	1965 年 3 月	高级工程师	中部战区参谋处	柳家
	蓝永平	男 畲族	1969 年 7 月	副主任医生	兰溪市人民医院	柳家
	诸小香	女	1970 年 10 月	中学高级教师	兰溪市聚仁初中	下罗家
	蓝俊敏	男 畲族	1970 年 12 月	中学高级教师	浙江省兰溪市第一中学	午塘桥
下方泉	方　昶	男	1971 年	硕士	上海宝钢	下方泉
	方海升	男	1981 年 2 月	博士	昆明理工大学教授	下方泉
西姜	姜巨舫	男	1962 年 1 月	硕士	浙江英特服集团有限公司党委书记	西姜
	姜志芳	男	1964 年 1 月	硕士研究生	省台舟联络处处长	西姜
	姜胡兵	男	1972 年1 月	硕士研究生 高级工程师	食品饮料研究院	西姜
	姜晓俊	男	1980 年 12 月	硕士研究生		西姜
	姜　佳	男	1982 年11 月	本科、工程师	杭州下沙金沙学府副部长	西姜

续表 9-9-2-1

行政村名	姓名	性别民族	出生年月	最高学历/学位/职称	就业单位/职务	出生地
杨宝塘下	童群霖	男	—	博士	公派美国留学	杨宝塘下
横塘	姜理英	女	1977年8月	博士	浙江大学	横塘
生塘胡	胡学海	男	1964年8月	大学本科、高级工程师	—	生塘胡
	胡学震	男	1970年2月	硕士研究生、工程师	—	生塘胡
	陈　洁	女	1972年12月	博士	—	生塘胡
	胡宏君	男	1980年7月	高级工程师	—	生塘胡
奎塘	吴晓宏	男	1963年5月	博士	—	奎塘
	王继春	男	1981年2月	博士研究生	—	奎塘
奎塘畈	吴进明	男	1963年2月	大学本科	浙江省煤炭局副局长	柳塘章
	雷志强	男 畲族	—	中学高级教师	兰溪市聚仁学校	奎塘畈
丁家	张永泉	男	1969年1月	硕士	浙江工商大学教授	西张
	张宝友	男	1977年1月	副教授	中国计量大学教授	西张
珠带式	徐　骁	男	—	教授	浙江大学医学院副院长、博士生导师	金华
午塘桥	姜　军	男	—	博士	浙江省广电局总监	午塘桥
	姜　宪	男	—	博士	浙江省政协办公室副主任	午塘桥
垂江	江　栋	男	1966年1月	研究生	金华公安局副局长	垂江
	江　宏	男	1968年7月	学士	上海交大外语学院副院长	垂江
	江向阳	男	1970年11月	大学本科、高级工程师	—	垂江
黄村坞	黄志军	男	—	工程师	—	黄村坞
	黄卫东	男	1950年1月	博士生导师、主任医师	浙江大学	黄村坞

续表 9-9-2-1

行政村名	姓名	性别民族	出生年月	最高学历/学位/职称	就业单位/职务	出生地
黄村坞	杨云梅	女	1955 年 4 月	博士生导师、主任医生	浙江大学	黄村坞
	黄炳麟	男	1962 年 2 月	副教授	浙江大学	黄村坞
	黄士生	男	1963 年	教授	—	黄村坞
	黄　劼	女	1980 年 10 月	博士	—	黄村坞
	胡天磊	男	1982 年 9 月	博士后	浙江大学副教授	黄村坞
杨田坞	张伟胜	男	1979 年 5 月	研究生	美国	杨田坞
尚方	汤志宇	男	1972 年 6 月	博士	中国户外广告联盟集团董事长	汤家
	汤益红	男	1989 年 4 月	高级工程师	杭州电子科技大学	汤家
古塘	徐建兵	男	—	本科	省农行处长	古塘
	赵旭初	男	1957 年	本科	中国人民银行龙游支行副行长	古塘
	徐小军	男	1972 年 8 月	全国劳动模范	杭州交通土地开发有限司副总工程师	古塘
午塘边	徐荣廷	男	—	总工程师	—	午塘边
	柴子银	男	—	总工程师	—	午塘边
	徐丽萍	女	—	副总工程师	—	午塘边
	徐　芳	女	—	硕士研究生	—	午塘边
	徐广银	男	—	高级工程师	—	午塘边
	徐志省	男	—	高级工程师	—	午塘边
	柴燕华	女	—	硕士研究生	—	午塘边
	徐　菁	女	—	硕士研究生	—	江阳
	童恒凡	男	—	硕士研究生	—	午塘边

五、水亭籍乡镇级畲族干部名录

1954—2015年水亭籍乡镇级畲族干部一览表

表9-9-2-2

姓名	职务	任职时间	任职单位	出生地
雷寿台	乡长	1954.3—1956.3	柳塘乡人民政府	奎塘畈民族村
蓝开寿	副乡长	1956.3—1958.9	圣山乡人民政府	西方坞民族村
	副主任	1960.12—1961.10	圣山管理区	
蓝政财	副书记、乡长	1982.7—1984.6	钱村乡人民政府	上朱民族村 罗坞自然村
	书记	1984.6—1987.6	钱村乡人民政府	
雷玉根	局长	1984.7—1998.4	兰溪市(县)统计局局长	奎塘畈民族村
蓝开富	团委书记	1983.8—1985.9	游埠镇人民政府	下方泉民族村 罗坞自然村
	副乡长、 团委书记	1987.7—1992.5	水亭乡人民政府	
雷耀铨	副书记	具体时间不详	浙江省少数民族师范学校	奎塘畈民族村
雷土根	副书记 乡长	1987.5—1992.5 1992.5—1996.1	圣山畲族乡 水亭畲族乡	柳塘章民族村 余垄自然村
蓝友富	副书记 乡长	1998.12—2003.4	水亭畲族乡人民政府	上朱民族村 风水塘自然村
蓝建松	人武部长	2012.9—	黄店镇人民政府	上朱民族村 风水塘自然村
蓝根林	副主任	2002.12—2009.12	兰溪市疾病预防控制中心	奎塘畈民族村
	主任	2009.12—2013.6	兰溪市新型农村合作 医疗管理处	
	主任	2013.6—2014.12	兰溪市城乡居民医疗 保障管理处	
	副局长	2015.1—	兰溪市社会保障事业 管理局副局长	
钟秀明	副主任	2010.9—2012.8	女埠街道办事处	下方泉民族村
	常务副镇长 (镇党委委员)	2012.8—2014.5	黄店镇人民政府	
	副书记	2014.5—	黄店镇	
雷增寿	代理 党委书记	具体时间不详	游埠公社	奎塘畈民族村

六、中小学校长名录

1952—2015年水亭籍中小学校长名录一览表

表 9-9-2-3

姓 名	职 务	任职时间	任职单位	出生地
雷耀铨（畲族）	校长	具体时间不详	浙江省少数民族师范学校副校长	奎塘畈民族村
徐渭川	校长	1952.8—1968.7 1968.8—1973.7 1973.8—1985	游埠中学 水亭中学 游埠中学	盖竹里村
雷树荣（畲族）	校长	1958.2—1969.7 1969.8—1977.7 1977.8—1980.9	游埠区中心学校 圣山初级中学 水亭初级中学	奎塘畈民族村
水静波	校长	1958.2—1969.8 1969.8—1977.7 1977.8—1980.9	水亭小学 水亭初级中学 圣山初级中学	水亭坞村
雷永声（畲族）	校长	1962—1966	下王小学	柳家村
徐华喜	校长	1982.8—1983.7 1983.8—1989.8	水亭公社中心小学 水亭乡初级中学	古塘村
胡卸富	校长	1982.8—1983.7 1983.8—1999.7	水亭初级中学 金湖初级中学	生塘胡村
吴炳兴		1982.8—1983.7 1983.8—1989.7 1989.8—1993.7 1993.8—2003.7	金湖初中 水亭乡中心小学 游埠镇中心小学 水亭乡中心小学	垂江村
吴耀成	校长	1982.8—1992.7 1992.8—1996.7	圣山乡（畲族乡）中心小学 水亭畲族乡中心小学	奎塘畈民族村
商柏金	校长	1989.8—1992.7 1992.8—1997.7	圣山畲族乡初级中学 水亭畲族乡初级中学	—
雷志强（畲族）	校长	1992.8—1997.7	孟湖初级中学	奎塘畈民族村
蓝志义（畲族）	校长	1997.8—1999.7	水亭畲族乡初级中学	柳家民族村
雷 闪（畲族）	校长	2008.8—2011.7	水亭柏园学校	奎塘畈民族村
蓝开忠（畲族）	校长	1990.8—1997.7 1997.8—1998.7	钱村初级中学 孟湖乡中心小学	柳家民族村

续表 9-9-2-5

姓 名	职 务	任职时间	任职单位	出生地
蓝永寿（畲族）	副校长（主持工作）	1989.8—1999.7	水亭乡中心小学	柳家民族村
诸葛群	校长	2004.8—2010.7	马涧乡中心小学	珠带式村
诸葛勤	校长	2011.8—	黄店初级中学	珠带式村
蓝开泰（畲族）	正校级协理员	2015.8—	兰溪市聚仁教育集团聚仁学校（小学部）	柳家民族村

七、大专院校毕业人员名录

水亭籍大专院校毕业人员名录一览表

表 9-9-2-4

村 名	姓 名	性别	民族	毕业院校
上朱	蓝剑飞	男	畲族	杭州电子科技大学
	蓝 瑾	女	畲族	浙江广播电视大学东阳学院
	蓝 豪	男	畲族	衢州职业技术学院
	雷一凡	女	畲族	浙江万里学院
	雷天婷	女	畲族	中国地质大学（武汉）
	雷 垚	女	畲族	厦门演艺职业学院
	雷水英	女	畲族	华西医科大学
	雷红英	女	畲族	温州医学院
	蓝小春	男	畲族	温州医学院
	蓝夏仙	女	畲族	首都医科大学
	蓝芳艳	女	畲族	浙江万里学院
	蓝 群	女	畲族	浙江工商职业技术学院
	雷倩倩	女	畲族	宁波财经学院
	蓝赛芳	女	畲族	浙江财经大学
	雷 薇	女	畲族	浙江万里学院
	雷蔚雯	女	畲族	浙江中医药大学
	蓝 君	男	畲族	浙江大学
	蓝 莉	女	畲族	嘉兴学院
	蓝 媛	女	畲族	武汉大学
	朱柏成	男	汉族	空军西安通信工程学院

续表 9-9-2-4

村　名	姓　名	性别	民族	毕业院校
上朱	毛洪亮	男	汉族	浙江财经学院
	毛洪伟	男	汉族	广州大学
	徐　峰	男	汉族	浙江科技学院
	朱小仙	女	汉族	浙江经贸职业技术学院
	朱　翠	女	汉族	浙江海洋大学
	朱寅颖	女	汉族	浙江医药高等专科学校
	朱林新	男	汉族	空军高炮学院
	朱林浩	男	汉族	长春大学
	朱建和	男	汉族	安徽理工大学
	朱金松	男	汉族	丽水师范专科学校
	朱　亮	男	汉族	浙江师范大学
	朱扬峰	男	汉族	温州大学
	蓝张凤	女	畲族	温州大学
	蓝张麟翔	男	畲族	杭州电子工业学院
	朱燕仙	女	汉族	嘉兴职业技术学院
	蓝有富	男	畲族	温州医学院
	蓝永平	男	畲族	浙江教育学院
	雷蔚雯	女	畲族	浙江中医药大学滨江学院
	李燕仙	女	汉族	丽水学院
	黄　媛	女	汉族	甘肃政法学院
	李洪青	男	汉族	浙江大学城市学院
	李冬青	男	汉族	湖南林业科技大学
	黄文武	男	汉族	浙江大学
	李海林	男	汉族	浙江广播电视大学
	郭　谦	男	汉族	哈尔滨商业大学
	郭裕泉	男	汉族	浙江师范大学
	毛福良	男	汉族	衢州学院
	郭裕丰	男	汉族	浙江大学
	朱　斌	男	汉族	中国计量大学
柳家	蓝开泰	男	畲族	中央广播电视大学
	蓝开忠	男	畲族	金华教育学院

续表 9-9-2-4

村 名	姓 名	性别	民族	毕业院校
柳家	蓝永寿	男	畲族	中央广播电视大学
	蓝国荣	男	畲族	浙江师范大学
	蓝永生	男	畲族	金华教育学院
	蓝素梅	女	畲族	浙江师范大学
	蓝志义	男	畲族	金华教育学院
	蓝俊敏	男	畲族	浙江师范大学
	蓝惠玲	女	畲族	陕西师范大学
	蓝永毓	男	畲族	金华教育学院
	蓝永平	男	畲族	温州医学院
	蓝一衡	男	畲族	浙江大学
	蓝晓慧	女	畲族	中南民族大学
	蓝晓婷	女	畲族	丽水学院
	蓝梦婷	女	畲族	丽水学院
	蓝叶波	男	畲族	西北农林科技大学
	蓝筱婧	女	畲族	浙江理工大学
	蓝 琰	女	畲族	义乌工商职业技术学院
	蓝 云	女	畲族	浙江理工大学
	蓝碧玉	女	畲族	浙江大学
	蓝越群	男	畲族	北京航空航天大学
	蓝燕兵	男	畲族	武汉船舶职业技术学院
	蓝燕鸿	男	畲族	中南民族大学
	蓝建男	男	畲族	延边大学
	蓝娴女	女	畲族	浙江水利水电学院
	柳晓清	男	汉族	浙江交通职业技术学院
	柳靖华	男	汉族	西北工业大学
	柳亚婷	女	汉族	浙江外国语学院
	柳晓飞	男	汉族	运城学院
	柳 渊	男	汉族	浙江师范大学
	柳贤武	男	汉族	西北政法大学
	柳 微	男	汉族	金华职业技术学院
	柳 洋	男	汉族	南京海事学院

续表 9-9-2-4

村　名	姓　名	性别	民族	毕业院校
柳家	柳浩毅	男	汉族	浙江东方职业技术学院
	蓝柳军	男	畲族	台州学院
	柳琴芳	女	汉族	浙江农业大学宁波分校
	蓝志忠	男	畲族	西北政法大学
	张渝川	男	汉族	华东交通大学
	雷泽鸿	男	畲族	同济大学
	张振超	男	汉族	武汉大学
	张颖慧	女	汉族	浙江海洋大学
	张颖颖	女	汉族	浙江理工大学
	郑　丹	女	汉族	南京师范大学
	郑学思	女	汉族	福建外国语学院
	郑学琴	女	汉族	跬湖职业技术学院
	张献明	男	汉族	兰州商学院
	王　芸	女	汉族	兰州商学院
	徐水航	男	汉族	江西科技学院
	张　鑫	男	汉族	青岛大学
	张玲仙	女	汉族	赣南医科大学
	张家莹	女	汉族	浙江师范大学行知学院
	张鹏飞	男	汉族	南昌工程学院
	张洪波	男	汉族	合肥工业大学
	张洪涛	男	汉族	太原科技大学
	张小峰	男	汉族	厦门大学
	张星琪	女	汉族	南通大学
	张耀胜	男	汉族	浙江建设职业技术学院
	商柏金	男	汉族	金华教育学院
	钱燕春	女	汉族	义乌工商学院
	钱俊裕	男	汉族	宁波工程学院
	商慧玲	女	汉族	浙江纺织服装职业技术学院
	钱燕娟	女	汉族	浙江师范大学
	蓝银卯	男	畲族	浙江师范大学
	蓝慧蓉	女	汉族	同济大学

续表 9-9-2-4

村 名	姓 名	性别	民族	毕业院校
柳家	钱叶青	男	汉族	浙江同济科技职业学院
	商凯杰	男	汉族	南京工业大学
	钱 裕	男	汉族	浙江育英职业技术学院
周邵汤	雷晓天	男	畲族	吉林大学
	蓝国标	男	畲族	杭州职业技术学院
	蓝前飞	男	畲族	北京轻工业学院
	蓝雯燕	女	畲族	浙江大学建筑工程学院
	陈 升	男	汉族	中国民航大学
	胡 群	男	汉族	浙江工业大学
	邵 聪	男	汉族	嘉兴学院南湖学院
	邵 昌	男	汉族	浙江工商技术学院
	胡阔夫	男	汉族	西北工业大学
	李 娟	女	汉族	浙江中医药大学
	黄 辉	男	汉族	浙江科技学院
	琚鹏威	男	汉族	台州技职业学院
	翁一斌	男	汉族	浙江医药高等专科学校
	周霞艳	女	汉族	浙江广厦职业技术学院
	胡 城	男	汉族	浙江万里学院
	李 华	男	汉族	浙江绍兴文理学院
	徐 健	男	汉族	浙江交通职业技术学院
	汤晓峰	男	汉族	浙江机电职业技术学院
	蓝跃森	男	畲族	金华教育学院
	祝 霖	女	汉族	宁波城市职业技术学院
	邵 鹏	男	汉族	浙江树人大学
	汤立清	男	汉族	温州医学院
	张胜丰	男	汉族	嘉兴南洋职业技术学院
	胡显明	男	汉族	浙江师范大学
下方泉	钟秀明	男	畲族	中南民族大学
	雷 玲	女	畲族	浙江国际海运职业技术学院
	方 漠	男	汉族	日本东京早稻田大学(民国时期)
	方忠杰	男	汉族	浙江私立法政学校(民国时期)

续表 9-9-2-4

村　名	姓　名	性别	民族	毕业院校
下方泉	方元定	男	汉族	中国人民解放军西南军区重庆北碚步兵学校
	方进贤	男	汉族	上海交通大学
	方景荣	男	汉族	杭州师范学院
	方建平	男	汉族	浙江师范大学
	方继清	男	汉族	金华职业技术学院
	方　昶	男	汉族	浙江大学
	方中杰	男	汉族	电子科技大学
	方　洪	男	汉族	电子科技大学
	郭远明	男	汉族	青岛海洋大学
	方海升	男	汉族	中南大学
	章　峰	男	汉族	浙江师范大学
	蓝诗雨	女	畲族	浙江大学
	方霁晗	男	汉族	中国矿业大学(常州)
	童勐飞	男	汉族	浙江工业大学
	方梅芳	女	汉族	浙江师范大学
	方　航	女	汉族	宁波大学
	方利辉	男	汉族	温州大学
	方敏伟	男	汉族	浙江工业大学
	方国军	男	汉族	空军大连士官大学
	方　杰	男	汉族	宁夏理工学院
	雷良军	男	畲族	金华职业技术学院
	方恺军	男	汉族	浙江中医药大学
	雷雄峰	男	畲族	浙江医药高等专科学校
	童方翔	男	汉族	杭州电子科技大学
	方贺升	男	汉族	杭州职业技术学院
	方林星	男	汉族	浙江水利水电学院
	雷　俊	男	汉族	天津生物工程技术学院
	钟小娟	女	畲族	天津职业大学
	方戈峰	男	汉族	台州学院
	方作鹏	男	汉族	长春建筑学院
	龚　浩	男	汉族	台州职业技术学院
	方剑峰	男	汉族	台州职业技术学院

续表 9-9-2-4

村 名	姓 名	性别	民族	毕业院校
下方泉	方远芳	女	汉族	宁波教育学院
	方 倩	女	汉族	浙江水利水电学院
	方 皓	男	汉族	浙江工商大学杭州商学院
	方 洁	女	汉族	长沙学院
	方洪伟	男	汉族	天津海运职业学院
	郭佳珺	女	汉族	浙江理工大学
西方坞	雷 芬	女	畲族	北京民族大学
	雷远缘	女	畲族	中南民族大学
	雷益造	男	畲族	中南民族大学
	蓝 卿	男	畲族	丽水师范学院
	蓝 笑	女	畲族	宁波城市职业技术学院
	雷艳芬	女	畲族	吉林师范大学博达学院
	蓝菊仙	女	畲族	中南民族大学
	雷 丹	女	畲族	浙江中医药大学
	雷佩文	女	畲族	三亚学院
	雷 建	男	畲族	浙江海洋大学
	蓝双双	女	畲族	浙江新世纪经贸专修学院
	雷淑芬	女	畲族	兰州财经大学
	雷 媛	女	畲族	宁波财经学院
	雷文鹏	男	畲族	电子科技大学
	雷炳民	男	畲族	中央广播电视大学
	宋小东	男	汉族	浙江农业大学
	宋小平	男	汉族	浙江理工大学
	吴帼军	男	汉族	清华大学
	宋晓林	男	汉族	杭州电子科技大学
	宋伟杰	男	汉族	山东理工大学
	宋孝洪	男	汉族	南阳理工学院
	蓝益造	男	畲族	中南民族大学
	蓝 翘	女	畲族	湖州师范学院
	蓝遥瑶	女	畲族	北方民族大学
	蓝小雯	女	畲族	湖州师范学院

续表 9-9-2-4

村　名	姓　名	性别	民族	毕业院校
西方坞	蓝梦施	女	畲族	浙江新世纪经贸专修学院
	蓝　莹	女	畲族	温州大学
	蓝　岩	男	畲族	丽水职业技术学院
	蓝志生	男	畲族	温州医科大学
	雷丽媛	女	畲族	丽水职业技术学院
	雷圣初	男	畲族	宁波职业技术学院
	雷木斌	男	畲族	中央广播电视大学
	雷　丹	女	畲族	杭州中医学院
	蓝　梦	女	畲族	浙江旅游职业学院
	蓝　杰	男	畲族	北京邮电大学
奎塘畈	雷志良	男	畲族	中央民族大学
	雷秋霞	女	畲族	浙江财经大学
	蓝　媛	女	畲族	浙江财经大学
	雷百士	男	畲族	宁波城市职业技术学院
	雷雨田	女	畲族	宁波财经学院
	雷　闪	男	畲族	浙江师范大学
	雷童瑶	女	畲族	浙江水利水电学院
	雷雄飞	男	畲族	台州学院
	蓝张琦	女	畲族	浙江育英职业技术学院
	雷文超	男	畲族	西北民族大学
	雷志强	男	畲族	金华教育学院
	雷晓霞	女	畲族	丽水广播电视大学
	吴进南	男	汉族	浙江师范大学
	吴梦园	女	汉族	中南财经政法大学
	吴艳仙	女	汉族	北京中医药大学
	吴　平	男	汉族	浙江工业大学
	吴　靖	男	汉族	海南大学
	雷文超	男	畲族	西北民族大学
	雷文俊	男	畲族	中国人民解放军理工大学
	雷　彦	女	畲族	嘉兴学院
	雷　平	男	畲族	浙江师范大学

续表 9-9-2-4

村 名	姓 名	性别	民族	毕业院校
奎塘畈	雷慧箐	女	畲族	温州医科大学
	雷秀强	男	畲族	温州医科大学
	雷秀梅	女	畲族	温州医科大学
	蓝根成	男	畲族	浙江师范大学
	蓝根林	男	畲族	浙江大学
	蓝安梅	女	畲族	浙江师范大学
	雷 蕾	女	畲族	河海大学
奎塘	吴洪度	男	汉族	兰州理工大学
	吴一山	男	汉族	宁波工程学院
	吴洪慧	男	汉族	重庆理工大学
	郦文慧	女	汉族	浙江广厦建设职业技术学院
	郦 宏	男	汉族	武汉科技大学
	吴小进	男	汉族	江西财经大学
	盛彩霞	女	汉族	江西财经大学
	吴晋文	男	汉族	温州职业技术学院
	吴晓栋	男	汉族	温州职业技术学院
	王元峰	男	汉族	浙江师范大学
	吴一峰	男	汉族	浙江万里学院
	吴 勇	男	汉族	宁波工程学院
	蓝吴菲	女	畲族	丽水学院
	吴梦婷	女	汉族	上海对外经贸大学
	吴丹荔	女	汉族	上海师范大学
	吴卫兵	男	汉族	绍兴文理学院
	吴雪萍	女	汉族	浙江医学院
	王继来	男	汉族	浙江工业大学
	王继春	男	汉族	中国科技大学
	吴 敏	男	汉族	西安电子科技大学
	吴文浩	男	汉族	浙江大学
	吴小芳	女	汉族	浙江万象职业技术学院
	王巧芳	女	汉族	温州大学
	吴洪露	女	汉族	哈尔滨商业大学

续表 9-9-2-4

村 名	姓 名	性别	民族	毕业院校
奎塘	雷小娇	女	畲族	浙江树人大学
	楼玲君	女	汉族	义乌工商职业技术学院
	吴浩兰	女	汉族	山东师范大学
	蓝吴露	女	畲族	温州医学院
	吴蓝芬	女	汉族	宁波职业技术学院
	吴洪鹏	男	汉族	义乌工商职业技术学院
	吴 霞	女	汉族	浙江财经大学
	钟金燕	女	畲族	杭州师范大学
	吴美芳	女	汉族	华东师范大学
	吴洪飞	男	汉族	重庆工商大学派斯学院
柳塘章	雷炳林	男	畲族	中南民族大学
	雷海明	男	畲族	浙江教育学院
	雷 婕	女	畲族	中国计量大学
	雷 倩	女	畲族	宁波职业技术学院
	雷美珍	女	畲族	丽水学院
	雷益飞	男	畲族	福建船政交通职业学院
	蓝 霞	女	畲族	浙江金融职业学院
	雷晓金	男	畲族	天津农学院
	蓝爱萍	女	畲族	浙江经贸职业技术学院
	蓝赛萍	女	畲族	浙江国际海运职业技术学院
	雷云霞	女	畲族	海南经贸职业技术学院
	雷晓华	男	畲族	中南民族大学
	雷雪刚	男	畲族	中南民族大学
	张小波	男	汉族	南京通信工程学院
	蓝小龙	男	畲族	中南民族大学
	张燕萍	女	汉族	义乌工商职业技术学院
	陈 颖	女	汉族	宁波工程学院
	雷筱婷	女	畲族	浙江理工大学
	商志军	男	汉族	浙江警察学院
	商志鸿	男	汉族	浙江中医药大学
	章霞静	女	汉族	浙江万里学院

续表 9-9-2-4

村 名	姓 名	性别	民族	毕业院校
柳塘章	章红艳	女	汉族	浙江工商大学
	章娟	女	汉族	丽水学院
	章鲁婷	女	汉族	浙江理工大学
	章燕飞	女	汉族	浙江财经学院
	章惠娟	女	汉族	宁波工程学院
	章晓敏	男	汉族	浙江交通职业技术学院
	章筱翠	女	汉族	浙江工商大学杭州商学院
	章国建	男	汉族	丽水职业技术学院
	章美娟	女	汉族	浙江师范学院
	章进义	男	汉族	台州职业技术学院
	章锡军	男	汉族	华东师范大学
	章建新	男	汉族	浙江农业大学
	章晓霞	女	汉族	南通大学
	章林斌	男	汉族	嘉兴学院
	章 胜	男	汉族	温州大学
	章 强	男	汉族	湖南铁道技术学院
	章晓峰	男	汉族	浙江师范大学
	蓝赛萍	女	汉族	浙江海洋大学
	章念东	男	汉族	浙江机电职业技术学院
	章 平	男	汉族	湖州师范学院
	章献平	男	汉族	金华职业技术学院
下蒋村	蒋莅京	男	汉族	浙江师范大学
	蒋昔胜	男	汉族	湖州职业技术学院
	蒋剑峰	男	汉族	安徽理工大学
	蒋燕斌	男	汉族	浙江广播电视大学
	蒋晓霞	男	汉族	浙江警察学院
	蒋红萍	女	汉族	浙江广播电视大学
	蒋国良	男	汉族	中山大学
	蒋 林	男	汉族	嘉兴学院
	蒋海燕	女	汉族	丽水学院
	蒋璐红	女	汉族	浙江海洋学院
	蒋彩潮	男	汉族	北京科技大学

续表 9-9-2-4

村 名	姓 名	性别	民族	毕业院校
尚方汤家	汤春华	男	汉族	石家庄铁道大学
	沈苏青	女	汉族	北京经济管理干部学院
	汤洪芳	男	汉族	温州医科大学
	陈建英	女	汉族	温州医科大学
	潘林香	女	汉族	赣南医学院
	汤燕军	男	汉族	黑龙江工程学院
	汤　前	男	汉族	长沙航空职业技术学院
	汤子毅	男	汉族	江西财经大学
	汤胜龙	男	汉族	华中师范大学
	汤　炜	男	汉族	浙江理工大学
	汤尚智	女	汉族	大连交通大学
	汤益新	男	汉族	中国矿业大学
	汤巧敏	女	汉族	浙江工商大学
	汤洁静	女	汉族	华中农业大学
	钟　玲	女	畲族	长春大学
	汤　梅	女	汉族	浙江中医药大学
	汤晓静	女	汉族	浙江外国语学院
	汤　利	女	汉族	浙江建设技术职业学院
	汤璐瑶	女	汉族	绍兴文理学院
	汤若群	女	汉族	浙江外国语学院
	汤晓莉	女	汉族	宁波大学
	汤晓剑	男	汉族	中国人民解放军战略支援部队信息工程大学
	王旖宁	女	汉族	浙江工商大学
	汤益江	男	汉族	杭州电子科技大学
	汤丽琴	女	汉族	仰恩大学
	汤丽丽	女	汉族	浙江东方职业技术学院
	叶巧英	女	汉族	浙江大学
	汤　斌	男	汉族	浙江工商大学
	汤　煜	男	汉族	济南铁道职业技术学院
	汤晓军	男	汉族	浙江经贸职业技术学院
	方小玲	女	汉族	浙江经贸职业技术学院

续表 9-9-2-4

村　名	姓　名	性别	民族	毕业院校
尚方汤家	周小双	女	汉族	浙江大学城市学院
	周　凯	男	汉族	金华职业技术学院
	周小英	女	汉族	安徽职业技术学院
	周霞斐	女	汉族	浙江树人学院
	周　枫	男	汉族	广西医科大学
	金奇艳	女	汉族	浙江财经大学
生塘胡	胡定岳	男	汉族	浙江省立第一师范学校(民国时期)
	胡定芳	男	汉族	中央陆军军官学校第七分校(第 16 期毕业)(民国时期)
	秦松峰	男	汉族	中央陆军军官学校(第15 期毕业)(民国时期)
	胡学渊	男	汉族	黄埔军事政治学校(第 6 期毕业生)(民国时期)
	胡学愚	男	汉族	中央警官学校(第 1 期毕业生)少校军官(民国时期)
	胡玲君	女	汉族	西安交通大学
	胡林云	女	汉族	浙江工商大学
	胡琴燕	女	汉族	浙江农林大学
	雷华金	男	汉族	中南民族大学
	黄晓霞	女	汉族	湖北大学
	胡林娜	女	汉族	宁波大学
	秦立文	男	汉族	中南大学
	胡立松	男	汉族	浙江工商大学
	金树琴	女	汉族	浙江工商大学
	胡旭峰	男	汉族	浙江师范大学
	舒琴琴	女	汉族	浙江师范大学
	胡庆丰	男	汉族	中南大学湘雅医学院
	王　慧	女	汉族	山西医科大学
	陈　芳	女	汉族	浙江师范大学
	胡宏君	男	汉族	渝州大学
	胡琳芬	女	汉族	宁波财经学院
	谢嘉男	男	汉族	浙江万里学院
	胡玲玥	女	汉族	天津财经大学

续表 9-9-2-4

村 名	姓 名	性别	民族	毕业院校
生塘胡	胡小康	男	汉族	台州学院
	胡宏峰	男	汉族	杭州电子科技大学
	胡伟健	男	汉族	浙江财经大学
	雷 佳	女	畲族	浙江旅游职业学院
	胡佳俊	男	汉族	宁波工程学院
	胡 撼	男	汉族	浙江海洋大学
	胡伟胜	男	汉族	上海海事大学
	胡建事	男	汉族	浙江师范大学
	蓝林茂	男	畲族	中南民族大学
	施小春	女	汉族	浙江师范大学
	胡丰巍	男	汉族	华东交通大学
	胡利婷	女	汉族	湖南大学
	周士屹	男	汉族	中国人民解放军理工大学(南京)
	胡丰衡	男	汉族	江西理工大学
	于铁良	男	汉族	天津大学
	胡 斌	男	汉族	宁波大学
	胡燕君	女	汉族	湖南科技大学
	胡利婵	女	汉族	浙江越秀外国语学院
	秦 汉	男	汉族	浙江大学
	胡冰洁	女	汉族	上海对外经贸大学
	张宝山	男	汉族	浙江工业职业技术学院
	胡俊威	男	汉族	浙江中医药大学
	胡麟杰	男	汉族	中南大学
	胡 振	男	汉族	南昌大学
水亭坞	水丙寅	男	汉族	上海政法学院
	水 华	女	汉族	北京联合大学文法学院
	周玉明	女	汉族	中国人民解放军陆军军医大学
	水仲毅	男	汉族	上海广播电视大学
	水福清	男	汉族	江西财经大学
	水志良	男	汉族	浙江大学
	爱新觉罗起超	女	满族	东北工学院

续表 9-9-2-4

村　名	姓　名	性别	民族	毕业院校
水亭坞	水一帆	女	汉族	沈阳黄金学院
	水印月	女	汉族	沈阳航空航天大学
	水秀川	女	汉族	辽宁大学
	水建国	男	汉族	浙江农林大学
	水　剑	男	汉族	浙江工商大学杭州商学院
	水丽艳	女	汉族	浙江工商大学杭州商学院
	水建新	男	汉族	第一军医大学
	水建东	男	汉族	浙江大学
	水建良	男	汉族	温州大学
	水正春	男	汉族	农业部管理干部学院
	水雁冰	男	汉族	金华教育学院
	水鸿生	男	汉族	河南师范大学
	水进棠	男	汉族	中国人民解放军陆军军医大学
	水建平	男	汉族	信阳航空职业学院
	水民安	男	汉族	浙江师范大学成教学院
	蒋美娟	女	汉族	浙江师范大学
	水跃进	男	汉族	中国人民解放军空军政治学院
	水庆平	男	汉族	华东师范大学
	水树发	男	汉族	江西冶金职业技术学院
	水小青	男	汉族	上海海事大学
	水小龙	男	汉族	浙江中医药大学
	水裕民	男	汉族	浙江农林大学
	水建宏	男	汉族	浙江教育学院
	柳茶茶	女	汉族	杭州大学
	姚　燕	女	汉族	浙江财经大学
	水志仁	男	汉族	江西财经大学
	水跃勤	男	汉族	中央党校函授学院
	郎小芳	女	汉族	金华教育学院
	水跃翔	男	汉族	浙江中医药大学
	童海燕	女	汉族	温州医科大学
	吴林丽	女	汉族	广州医科大学
	水国权	男	汉族	陕西师范大学

续表 9-9-2-4

村 名	姓 名	性别	民族	毕业院校
水亭街	水淑芳	女	汉族	金华职业技术学院
	王荣芳	女	汉族	北京广播电视大学
	章永兰	女	汉族	浙江师范大学
	水汝明	男	汉族	中国人民解放军空军第二飞行学院
	水 沆	女	汉族	中国人民解放军陆军军医大学
	王一经	女	汉族	杭州教育学院
	水锡高	男	汉族	浙江师范大学
	朱华英	女	汉族	浙江师范大学
	水华云	女	汉族	浙江师范大学
施家	施渭清	男	汉族	浙江电力职业技术学院
	王友成	男	汉族	杭州化工学校 中专
	施志清	男	汉族	福建建筑高等专科学校
	施友三	男	汉族	浙江师范大学
	施国荣	男	汉族	昆明理工大学
	华柏春	男	汉族	中国人民解放军福州医院高等专科学校
	王水友	男	汉族	浙江师范大学
	王水富	男	汉族	浙江海洋大学
	施小平	男	汉族	武警广州指挥学院
	施小明	男	汉族	浙江师范大学
	施小锋	男	汉族	浙江师范大学
	施文彬	男	汉族	中国人民大学
	王 恋	女	汉族	上饶职业技术学院
珠带式	徐春华	男	汉族	杭州大学
	朱建益	男	汉族	上海纺织工业职工大学
	徐柏忠	男	汉族	浙江农林大学
	徐赛香	女	汉族	衢州学院
	琚胜民	男	汉族	中国人民解放军炮兵指挥学院
	琚晓峰	男	汉族	浙江工商大学杭州商学院
	雷凯琴	女	畲族	中南民族大学
	雷慧芳	女	畲族	浙江农林大学
	朱革成	男	汉族	浙江师范大学
	朱小敏	男	汉族	浙江财经大学

续表 9-9-2-4

村 名	姓 名	性别	民族	毕业院校
珠带式	琚国庆	男	汉族	浙江广播电视大学金华分校
	朱华英	女	汉族	浙江广播电视大学金华分校
	朱华芳	女	汉族	浙江师范大学
	徐 霞	女	汉族	浙江大学
	徐晓军	男	汉族	昆明理工大学
	徐丽娟	女	汉族	北京林业大学
	徐平华	男	汉族	沈阳工业大学
	朱砚芳	女	汉族	浙江医药高等专科学校
	徐翔燕	女	汉族	浙江经济职业技术学院
	朱晓芳	女	汉族	浙江理工大学
	徐佳丽	女	汉族	中国青年政治学院
	朱 群	女	汉族	浙江工业大学
	朱 舜	女	汉族	浙江工业大学
	钟丹丽	女	畲族	中南财经政法大学
	徐平亮	男	汉族	哈尔滨工业大学
	朱 琳	女	汉族	潍坊医学院
	朱则衡	男	汉族	兰州大学
	徐 裕	男	汉族	中国科学院大学
	琚莺莺	女	汉族	宁波大学
	朱剑威	男	汉族	河南理工大学
丁家	丁 俣	男	汉族	浙江同济科技职业学院
	丁学毅	男	汉族	江西科技师范大学
	丁 佳	女	汉族	浙江旅游职业学院
	丁 婷	女	汉族	湖北工业大学
	张晓明	男	汉族	浙江工业大学
	张 坤	男	汉族	武汉交通职业学院
	张振辉	男	汉族	浙江育英职业技术学院
	张思阳	女	汉族	杭州师范大学
	张静刚	男	汉族	浙江警察职业学院
	雷 琪	男	畲族	浙江公路技师学院
	童健丰	男	汉族	沈阳工业大学

续表 9-9-2-4

村　名	姓　名	性别	民族	毕业院校
丁家	童夏军	男	汉族	电子科技大学
	童素萍	女	汉族	浙江旅游职业学院
陈塘下	叶　灏	男	汉族	浙江工业大学
	叶洪军	男	汉族	安徽工程大学
	叶　骁	男	汉族	中国计量大学
	叶　涛	男	汉族	湖州师范学院
	叶　阳	男	汉族	长春建筑学院
	叶沈飞	男	汉族	宁波工程学院
	叶　春	男	汉族	浙江工商大学
	叶林芳	女	汉族	浙江工业大学之江学院
黄村坞	黄晓宁	男	汉族	浙江外国语学院
	黄群毅	男	汉族	宁波财经学院
	黄　静	女	汉族	浙江理工大学
	黄秋瑜	男	汉族	浙江经济职业技术学院
	黄志鹏	男	汉族	西北民族大学
	包　挺	男	汉族	浙江工业大学
	黄　强	男	汉族	青岛滨海学院
	黄伟强	男	汉族	长春工业大学
	黄静胜	男	汉族	武汉大学
	黄进宽	男	汉族	湖州师范学院
	黄　婉	女	汉族	宁波大学
	黄敏丽	女	汉族	扬州大学广陵学院
	黄　俊	男	汉族	湖州师范学院
	黄丽娟	女	汉族	江西师范大学
	周玲芳	女	汉族	重庆工商大学
	黄红艳	女	汉族	温州医学院
	苏　健	男	汉族	浙江万里学院
	黄林峰	男	汉族	浙江工业大学
	黄胜波	男	汉族	泰山学院
垂江	江　潮	男	汉族	中国人民解放军军事经济学院
	江　栋	男	汉族	浙江警察学院

续表 9-9-2-4

村 名	姓 名	性别	民族	毕业院校
垂江	江向阳	男	汉族	重庆工业大学
	吴明誉	男	汉族	浙江警察学院
	吴明兴	男	汉族	浙江大学
	江怀勤	男	汉族	中国计量大学
	江文渊	女	汉族	宁波大学
	江暄妍	女	汉族	重庆人文科技学院
	江　雄	男	汉族	成都文理学院
	江文韬	男	汉族	爱尔兰科克大学
	江　骏	男	汉族	浙江海洋大学
	江文瀚	男	汉族	上海对外经贸大学
	江　娴	女	汉族	浙江经济职业技术学院
	江　凯	男	汉族	浙江万里学院
	江仲夏	男	汉族	浙江万里学院
	吴晓彬	男	汉族	浙江海洋大学
	江　川	女	汉族	浙江育英职业技术学院
	吴淑娥	女	汉族	浙江工业大学
	江继鹏	男	汉族	中国人民武装警察部队后勤学院
	江建东	男	汉族	宁波大学
	江东俊	男	汉族	武汉大学
横塘	姜东升	男	汉族	杭州职业技术学院
	姜静飞	男	汉族	杭州职业技术学院
	邓浩翔	男	汉族	绍兴文理学院
	邓　倩	男	汉族	华侨大学
	范亚丽	女	汉族	浙江广厦建设职业技术大学
	姜　翔	男	汉族	温州大学
	姜颖亮	男	汉族	浙江传媒学院
	姜　宇	男	汉族	浙江海洋大学
	王　旋	女	汉族	杭州医学院
	王　进	女	汉族	西安电子科技大学
	范雅琴	女	汉族	嘉兴学院
	范友林	男	汉族	浙江树人学院

续表 9-9-2-4

村 名	姓 名	性别	民族	毕业院校
横塘	毛益军	男	汉族	杭州职业技术学院
	范紫星	男	汉族	宁波工程学院
	范东云	男	汉族	贵州中医药大学
	范东春	男	汉族	东北农业大学
	姜伟群	男	汉族	浙江大学
	徐 健	男	汉族	浙江交通职业技术学院
	徐 旭	男	汉族	浙江工商大学
	姜 云	男	汉族	台州学院
	姜 雨	男	汉族	中国计量大学
	范晓华	男	汉族	义乌工商职业技术学院
	范晓菲	女	汉族	宁波工程学院
	姜晓芬	女	汉族	温州大学瓯江学院
	范加军	男	汉族	南京中医药大学
	范锐芳	男	汉族	湖北轻工职业技术学院
	江俊华	男	汉族	浙江经济职业技术学院
	宋 立	男	汉族	浙江经济职业技术学院
	姜小俊	女	汉族	嘉兴学院
	姜 瑜	女	汉族	天津职业技术师范大学
	姜 宣	男	汉族	三明职业技术学院
杨宝塘下	苏慧伟	男	汉族	宁波工程学院
	童 贤	男	汉族	浙江理工大学
	刘乔红	女	汉族	金华职业技术学院
	童献芳	女	汉族	宁波财经学院
	黄 健	男	汉族	宁波职业技术学院
	黄 玲	女	汉族	浙江工商职业技术学院
	黄小康	男	汉族	嘉兴学院南湖学院
	倪 菲	女	汉族	浙江越秀外国语学院
	周 璇	女	汉族	浙江越秀外国语学院
	刘 进	男	汉族	宁波大学科学技术学院
	刘丹娜	女	汉族	嘉兴学院
	王俊瑜	男	汉族	浙江万里学院

续表 9-9-2-4

村　名	姓　名	性别	民族	毕业院校
杨宝塘下	刘　瑾	女	汉族	浙江树人学院
	刘　旋	女	汉族	浙江财经大学东方学院
	王　斌	男	汉族	金华职业技术学院
	姜安宁	男	汉族	浙江大学城市学院
	张静芳	女	汉族	嘉兴学院南湖学院
	徐晓康	男	汉族	金华职业技术学院
	童诗雨	女	汉族	绍兴文理学院元培学院
	童含周	男	汉族	宁波财经学院
	黄自强	男	汉族	金华职业技术学院
	童雅波	女	汉族	宁波财经学院
	童亚仙	女	汉族	义乌工商职业技术学院
	童晓月	女	汉族	济南大学
	刘晓女	女	汉族	宁波职业技术学院
	蓝黄祎	女	畲族	宁波职业技术学院
	蓝聪毓	女	畲族	温州大学瓯江学院
	童智威	男	汉族	绍兴文理学院
	王宇慧	女	汉族	浙江经贸职业技术学院
	项怡芝	女	汉族	南京铁道职业技术学院
	项磊硕	男	汉族	南京铁道职业技术学院
	徐音佳	男	汉族	杭州职业技术学院
	王怡娟	女	汉族	上海机电学院
上周	周　静	女	汉族	义乌工商职业技术学院
	周　献	男	汉族	嘉兴学院
	周渭良	男	汉族	南京工业大学
	周晓翔	男	汉族	江苏海洋大学
	周献军	男	汉族	台州学院
	周　昊	男	汉族	韩山师范学院
	周丽萍	女	汉族	浙江经贸职业技术学院
	周冠敏	男	汉族	中国地质大学
	周雪香	女	汉族	浙江师范大学
	周志金	男	汉族	浙江海洋大学

续表 9-9-2-4

村 名	姓 名	性别	民族	毕业院校
上周	周俊臣	男	汉族	台州职业技术学院
	周育攀	男	汉族	浙江电力职业技术学院
	周 元	男	汉族	浙江农林大学
	周燕萍	女	汉族	浙江大学
	周俊昌	男	汉族	兰州大学
	周 艺	男	汉族	中国科学院大学
	周 璇	女	汉族	浙江长征职业技术学院
	周宏亮	男	汉族	中国人民解放军空军航空大学
	周胜军	男	汉族	大连交通大学
	周夏臣	男	汉族	浙江师范大学
	周则东	男	汉族	中南民族大学
	周土荣	男	汉族	浙江师范大学
	周 群	男	汉族	浙江工业大学
午塘边	徐 磊	男	汉族	台州科技职业学院
	柴雨欣	女	汉族	中山大学
	徐 越	男	汉族	广东海洋大学
	徐 斌	男	汉族	浙江农林大学
	柴元吉	男	汉族	丽水学院
	徐 昊	男	汉族	浙江理工大学
	周 璇	女	汉族	长春工程学院
	徐咏梅	女	汉族	温州职业技术学院
	徐小伟	男	汉族	浙江海洋大学
	徐邈铭	女	汉族	浙江工贸职业技术学院
	周 翔	男	汉族	江苏海事职业技术学院
	曹梦扉	女	汉族	杭州职业技术学院
	徐 影	女	汉族	浙江大学宁波理工学院
	柴 禾	男	汉族	湖南大学
	柴燕华	女	汉族	同济大学
	徐 欣	男	汉族	浙江万里学院
	周健一	男	汉族	丽水职业技术学院
	徐 菁	女	汉族	桂林旅游学院

续表 9-9-2-4

村 名	姓 名	性别	民族	毕业院校
午塘边	童恒凡	男	汉族	英国爱丁堡大学
	周圆圆	女	汉族	金华教育学院
	章丽红	女	汉族	义乌工商职业技术学院
	徐巧仙	女	汉族	绍兴文理学院
	徐 蔚	女	汉族	北京服装学院
	柴土奇	男	汉族	宁波卫生职业技术学院
	徐芳燕	女	汉族	西安外事学院
	徐东元	男	汉族	河北传媒学院
	徐 芸	女	汉族	太原工业学院
	徐淼婷	女	汉族	绍兴职业技术学院
	徐雪斌	男	汉族	重庆科技学院
	蒋彦兰	女	汉族	湖州师范学院
	徐晓华	男	汉族	浙江交通职业技术学院
	徐汝华	男	汉族	宁波广播电视大学
	徐小妃	女	汉族	宁波广播电视大学
	徐 均	男	汉族	金华职业技术学院
	徐 玲	女	汉族	金华教育学院
	徐渭倩	女	汉族	湖州职业技术学院
	徐水军	男	汉族	湖州职业技术学院
	徐晓良	男	汉族	浙江机电职业技术学院
	徐 菁	女	汉族	德国汉堡大学
	徐丽萍	女	汉族	浙江理工大学
	诸彦君	男	汉族	贵州大学
	郎子凯	男	汉族	浙江大学城市学院
	柴志宁	男	汉族	浙江海洋大学
	徐广银	男	汉族	景德镇陶瓷大学
	徐海荣	男	汉族	金华教育学院
	徐建生	男	汉族	上海财经大学
	徐志省	男	汉族	郑州广播电视大学
上吴	吴瑞荣	男	汉族	北京大学
	吴文林	男	汉族	中国人民解放军空军预警学院

续表 9-9-2-4

村　名	姓　名	性别	民族	毕业院校
上吴	吴兰香	女	汉族	北京师范大学
	钱洪东	男	汉族	浙江工业大学
	吴挺丰	男	汉族	桂林理工大学
	吴元丰	男	汉族	武汉大学
	吴胜文	男	汉族	北京石油大学
芳茗叶	叶尧年	男	汉族	浙江师范大学
	叶之明	男	汉族	浙江工商大学
	叶豪健	男	汉族	南京卫生高等职业技术学校
	叶馥萱	女	汉族	厦门大学
	叶　飘	女	汉族	复旦大学
	叶　晶	女	汉族	中国海洋大学
	叶　昶	男	汉族	浙江财经大学
古塘	徐元君	女	汉族	华东师范大学
	徐　浩	女	汉族	浙江越秀外国语学院
	徐初效	男	汉族	浙江工业大学
	徐　正	男	汉族	河海大学
	徐双喆	男	汉族	华中师范大学
	徐翎翔	男	汉族	台州学院
	徐小军	男	汉族	重庆交通大学
	徐国敏	男	汉族	上海海事大学
	徐慧晶	女	汉族	英国谢菲尔德大学
塘上	徐敏伦	男	汉族	南京农业大学
	徐浚龙	男	汉族	宁波大学
	徐敏霆	男	汉族	宁波大学
	徐敏强	男	汉族	台州职业技术学院
	黄　强	男	汉族	湖州师范学院
	徐　辉	男	汉族	宁波大学
	徐　浩	男	汉族	扬州大学
	徐云骢	男	汉族	浙江农林大学
	徐小杰	男	汉族	浙江经贸职业技术学院
	叶　晋	男	汉族	武汉理工大学

续表 9-9-2-4

村 名	姓 名	性别	民族	毕业院校
塘上	刘建升	男	汉族	杭州医学院
	叶永菁	男	汉族	杭州医学院
西姜	姜晓伟	男	汉族	杭州职业技术学院，软件技术专业
	姜夏伟	男	汉族	浙江工业大学
	姜晓均	女	汉族	丽水学院
	方 元	男	汉族	华中师范大学
	姜建新	男	汉族	杭州医学院
	姜俊杰	男	汉族	浙江大学城市学院
	姜晓源	男	汉族	绍兴文理学院元培学院
	姜建琼	男	汉族	浙江大学宁波理工学院
	姜万良	男	汉族	华南理工大学
	姜闽飞	男	汉族	义乌工商职业技术学院
	姜成杰	男	汉族	杭州电子科技大学
	姜竺梅	女	汉族	重庆三峡学院
	姜子铨	男	汉族	浙江工业大学之江学院
	徐 虹	女	汉族	温州医科大学人济学院
	姜柏松	男	汉族	浙江农业大学
殿下	范强军	男	汉族	沈阳工程学院
	范水高	男	汉族	长春理工大学
	范小明	男	汉族	延安大学
	范小安	男	汉族	中国计量大学
	吕胜荣	男	汉族	台州职业技术学院
	符晓伟	男	汉族	天津生物职业技术学院
	符晓杰	男	汉族	浙江海洋学院
	范 宣	男	汉族	北京工商大学嘉华学院
	范露萍	女	汉族	中国人民大学
	范星伟	男	汉族	武汉水利水电职业学院
	范鸿飞	男	汉族	舟山国际海运职业技术学院
	范晓群	男	汉族	广厦学院
	叶湘余	男	汉族	西安交通大学
	江云锋	男	汉族	西南政法大学

续表 9-9-2-4

村 名	姓 名	性别	民族	毕业院校
殿下	江云飞	男	汉族	合肥工业大学
	江　君	男	汉族	江南大学学士　南京理工大学硕士
	江金奎	男	汉族	浙江万里学院
	丁云祥	男	汉族	浙江水利水电学院
	丁燕萍	男	汉族	重庆交通大学
	吴建军	女	汉族	浙江师范大学
	吴献丰	男	汉族	浙江工业大学
	吴国军	男	汉族	武汉地质大学
河伯沿村	方晓彬	男	汉族	中国计量学院(材料科学与工程专业)
杨田坞村	张美红	女	汉族	宁波大红鹰学院
	张　莹	女	汉族	浙江科技学院
	黄晓峰	男	汉族	宁波理工学院
	黄前方	男	汉族	沈阳化工大学
	黄　皓	男	汉族	丽水职业技术学院
盖竹里村	徐建军	男	汉族	浙江工业职业技术学院
	徐兴华	男	汉族	嘉兴职业技术学院
	徐俊华	男	汉族	湖州师范学院求真学院
	徐严平	男	汉族	浙江师范大学
	徐东升	男	汉族	金华师范大学
	徐　浩	男	汉族	厦门大学
	徐　晨	女	汉族	浙江城市学院
午塘桥	姜建兵	男	汉族	东北石油大学
	姜　宪	男	汉族	中国计量学院
	诸国飞	男	汉族	山东渤海船舶学院
	邵永龙	男	汉族	杭州职业技术学院
	诸利一	男	汉族	北京科技大学
	胡国蔚	男	汉族	杭州电子科技大学
	诸　浩	男	汉族	浙江警察学院
	诸国强	男	汉族	湖南工程学院
	邵俊超	男	汉族	上海工商外国语学院
	姜　杰	男	汉族	南京航空航天大学

续表 9-9-2-4

村 名	姓 名	性别	民族	毕业院校
午塘桥	姜 军	男	汉族	中央党校
	诸 甲	男	汉族	浙江贸易职业技术学院
	张 晓	女	汉族	嘉兴职业技术学院
	胡晓青	女	汉族	浙江横店影视职业学院
	诸盐芬	女	汉族	浙江越秀外国语学院

丛　录

一、兰委〔2000〕28 号文件

中共兰溪市委文件

兰委〔2000〕28 号

中共兰溪市委　兰溪市人民政府关于加快少数民族和民族地区经济社会发展的实施意见

(二〇〇〇年八月十八日)

各镇乡党委、镇乡人民政府,市机关各部门:

我市是全省十八个民族工作的重点县市之一,现有少数民族 15 个,总人口为 3327 人左右,其中畲族人口 3280 人。畲族人大多数居住在水亭畲族乡,是全省十八个民族乡之一。改革开放以来,我市少数民族和民族地区的经济和社会事业取得了较大成绩,少数民族人民群众的生活水平不断提高,进一步巩固和发展了平等、团结、互助的社会主义新型民族关系。但是由于多种原因,我市民族地区经济基础薄弱,经济社会发展还相对滞后。为加快扶持民族地区经济社会发展,促进各民族共同繁荣,实现市委、市政府提出的到 2010 年全市基本实现现代化的目标,根据省委、省政府《关于加快少数民族和民族地区经济社会发展的意见》(浙委〔2000〕11 号文件)的精神,结合我市少数民族和民族地区的实际,现提出如下意见:

(一)进一步提高做好民族工作重要性的认识,坚持和完善分级负责挂钩扶持制度。加快少数民族和民族地区的发展,不仅是一个重大的经济问题,也是一个重大的政治问题。各级党委、政府一定要从国家长治久安和振兴中华民族的战略高度，自觉贯彻党的民族政策，增强民族地区的经济实力，维护民族大团结，决不能因为我市少数民族数量比较少而放松民族工作，也决不能因为我市民族乡村经济发展有明显进步而忽视对少数民族地区的支持。根据省委的规定，市委、市政府在明确分管领导的基础上，进一步确定了部门及发达的乡镇、企业挂钩联系民族乡村的对象。同时动员全社会关心、支持民族地区，鼓励、引导各界人士资助民族地区各项事业的发展。侨务、对台、人事等部门要积极引进国外和港澳台地区的资金、技术、人才，帮助少数民族地区兴办各项事业。

（二）加大对民族地区资源的开发力度，促进我市区域经济协调发展。要充分考虑少数民族地区的资源开发和产业发展安排一些适合当地发展的项目。民族乡必须列入全市总体划，切实加强扶持。少数民族和民族地区要立足于发挥当地的资源优势，大力发展乡镇企业和个体私营经济，突出抓好农业综合开发，大力发展效益农业，逐步调整产业结构。农口有关部门在扶持发展各类开发农业基地时，每年至少要安排民族乡一个项目，予以重点扶持。

继续鼓励个人、集体、社团以各种形式到民族地区投资开发，有关部门在使用开发农业资金时要对民族地区给予一定照顾，对民族地区的农业开发项目要优先给予安排。

政策性金融机构应在民族地区积极开展有利于当地经济发展的政策性信贷业务，鼓励商业性金融机构和保险机构支持民族地区各类开发项目，简化审批手续，提高办事效率，实行优惠利率。信用社存贷比例要高于其他镇乡。

（三）扶持民族地区兴办各类企业，支持发展外向型经济要支持民族地区兴办有当地特色的农业龙头企业，大力发展农产品加工业。信贷机构要在贷款数额、利率、期限等方面给予优惠。鼓励少数民族和民族地区发展个体、私营经济，有关部门在办证、发照、贷款等方面要采取优惠措施。

支持民族地区发展外向型经济，民族地区生产的产品，其自营出口涉及配额、许可证的，外贸部门应根据省里配额的实际情况给予适当照顾。

（四）增加资金投入，加大扶持力度，切实加快基础设施建设。少数民族补助经费在现行补助数 5 万元的基础上，以后年度应随着财政的增长而逐年增加，重点用于少数民族乡，其中 50%的资金实行有偿滚动使用。其他渠道的扶持经费仍应照常安排，不得削减。

基础设施建设的滞后是少数民族地区经济发展最大的制约因素之一。民族乡、民族村的农村电网改造、通村简易公路、解决饮水困难、通程控电话等基础设施建设项目,市有关部门要根据建设规划及有关民族政策给予优先安排,争取在2001年底前民族地区的基础设施建设基本完成。民族乡、民族村简易公路建设的补助标准应比山区乡、村有适当提高,以体现党的民族政策。对民族地区的小城镇建设、小流域治理项目以及民族乡、村的自来水项目,市有关部门要列入规划并优先安排。

(五)实行财政税收优惠政策。要充分照顾民族乡的特点,在安排财政预算时给予民族乡一定的机动财力。在确定市乡(镇)财政体制时,应给予民族乡比其他乡镇更为优惠的是财政体制,并保持体制的连续性。对水亭畲族乡实行按年度农业税25%的比例返还乡政府用于基础设施建设;在确定财政收入包干基数时要低于本乡原核定基数的10%,年增长比例低于其他乡镇5%,民族乡财政超收部分和财政支出节余部分应全额留给当地,超收部分不能用于抵扣国家增资部分。

在民族乡、民族村兴办的各类企业,从开业之日起,免二年工商管理费,免征所得税5年,在到期后按规定纳税有困难的,经批准可再免所得税2—3年;对部分困难的老企业,按规定纳税有困难的,经批准可给予3年减征或免征所得税的照顾。对年人均收入在800元(1990年不变价)以下的少数民贫困户,减免农业税。

(六)大力发展民族教育事业。各级政府应当加大对民族教育的资金投入,财政、教育等部门在安排教育经费时对民族地区要给予倾斜,改善办学条件,民族乡初中和中心小学危房改造、校舍扩建修建,教育部门要给予高于其他乡镇40%以上的资金补助,其他民族村学校危房改造,校舍修建,给予高于其他乡镇30%以上的资金补助,少数民族小学、初中学生免学杂费,高中学生酌情减免学杂费。减免费用由市财政予以足额补助。继续对参加初中升高中考试的少数民族考生实行普通高中降低35分、重点高中降低30分的录取政策。达不到以上条件的年份,至少招收一名少数民族初中毕业生升入重点高中。

教育部门要加强对民族地区师资队伍的培训,努力提高教师素质和教学质量,市重点中学要轮流选派优秀师资到民族地区任课,帮助民族地区培养师资,市教委要安排市属中学挂钩支持民族乡中学。

(七)扶持民族地区发展科技事业,积极发展社会福利事业,市科委要加大对民族地区的科技扶贫力度，对民族地区报告的重点科技开发及推广项目要优先给予支持，以促进民族地区科技开发和先进适用技术的推广应用，采取多种形式免费扶持少数民族地区开展科学技术普及和科技成果推广活动，并加强各类技术，专业知识的培训工作，广泛开展对民族地区的科技扶贫活动，农业部门要结合民族乡、村的特点，实施农民技术员培训计划，强化“绿色证书”培训，提高民族地区干部和农民的农业科技素质。

积极扶持民族地区发展社会福利事业，政府和民政部门应将民族地区社会福利事业的发展纳入规划，并在政策、资金上给予照顾。

（八）扶持民族地区发展文化、体育和医疗卫生保健事业。广电部门要安排专项资金，在 2001 年底前帮助民族乡建好广播站。对有条件的民族行政村都要开通有线电视。财政、文化部门应当加大对民族乡文化的资金投入。支持民族乡做好少数民族文化遗产的挖掘和整理工作，继承和发扬优秀的少数民族传统文化。体育部门要积极组织和开展少数民族传统体育活动，培养少数民族体育人才，增强少数民族群众体质。积极发展民族乡医疗卫生保健事业。卫生部门要在 2001 年底前帮助水亭畲族乡合理规划，完善乡卫生院的基础设施建设，基本上解决少数民族群众看病难的问题，并采取切实措施，帮助民族地区培养医务人员，提高他们的医疗技术水平。努力健全并巩固农村初级卫生保健体系，加强对民族地区地方病、多发病的防治，增强少数民族群众预防疾病的意识和能力，逐步消除因病致贫，因病返贫的现象。

（九）大力培养选拔少数民族干部。把培养选拔少数民族干部作为干部工作和民族工作的重要任务，纳入干部队伍和领导班子建设的总体规划。组织、人事、统战、民族、教育、财政等部门要密切配合，组织部门要牵头抓总，做好综合协调，统战、民族工作部门要积极主动地向组织部门反映情况，提出建议，推荐人选市党政机关各部门应配备一定数量的少数民族干部，水亭畲族乡乡长，应由畲族干部担任。在乡级班子中应配备一定数量的少数民族干部。同时，注意培养少数民族女干部和少数民族非中共党员干部，要重视安排少数民族优秀分子在人大、政协中任职。重视在少数民族中发展党员，特别是要在少数民族的青年和妇女中发展党员。同时，把培养选拔少数民族后备干部纳入后备干部队伍建设的总体规划，建立后备干部名单。

在报考政府民族事务部门公务员时，少数民族报考人员在年龄、文化程度的要求上可适当放宽。同等条件下要优先录用少数民族应试者。对少数民族大、中专毕业生，根据他们的专业，由学校和政府人事部门优先推荐就业。选调应届少数民族优秀毕业生到基层党政机关锻炼。

市委党校要把少数民族干部的学习培养纳入计划，在举办各类学历班、培训班、进修班时，要安排一定数量的少数民族部参加学习。

（十）尊重少数民族风俗习惯，保障少数民族的合法权益。加强民族政策的宣传力度，要把民族理论和党的民族政策列入各级党校的政治理论课程。要教育广大干部群众尊重少数民族的风俗习惯，党报、党刊、电视、广播等传媒要积极支持民族工作部门组织的民族知识和民政策的宣传活动，以维护各民族平等、团结、互助的社会主义新型的民族关系，保持社会稳定。

认真做好清真饮食的供应工作，在人数较少或条件不具备供应清真饮食的，要按规定发给少数民族职工清真伙食补贴。

根据民政部、国家民委、卫生部《关于国务院〈殡葬改革条例〉中尊重少数民族的丧葬习俗规定的通知》精神，对具有特殊丧葬习俗的少数民族（回族），政府和有关部门应当按有关规定予以尊重，并做好殡葬服务和管理工作，对少数民族公民自愿实行丧葬改革的，应当给予支持。

（十一）切实加强对民族工作的领导。明确分管民族工作的领导，有民族工作任务的乡（镇）也要明确分管民族工作的领导，并把民族工作列入党委、政府工作的议事日程，定期听取汇报，研究部署民族工作。关心、支持民族工作部门，并帮助解决工作中遇到的实际困难，有民族工作任务的乡镇要把民族工作列入乡镇工作的考核内容。市委统战部门和政府民族工作部门，要全面提高自己的政治和业务素质，通过履行自己的职能，当好党委和政府在民族工作方面的参谋和助手。要动员各方面的力量，形成合力，尽快使我市少数民族地区的经济发展达到全市的平均水平。

中共兰溪市委员会（公章）　兰溪市人民政府（公章）

二〇〇〇年九月

抄报：金华市委、金华市人民政府

抄送：人大、政协

二、兰委〔2004〕36 号文件

中共兰溪市委文件

兰委〔2004〕36 号

中共兰溪市委　兰溪市人民政府关于加快少数民族和民族地区经济社会发展的实施意见

各镇乡党委、街道党工委，镇乡人民政府、街道办事处，市机关各部门：

我市是全省十八个民族工作重点县市之一，现有少数民族 23 个，人口 4148 人，其中畲族人口 3280 人，共有 16 个民族村，分布在 6 个镇乡、街道。水亭畲族乡为全省十八个民族镇乡之一。为进一步贯彻落实《浙江省少数民族权益保障条例》(以下简称《条例》)，保障少数民族合法权益，维护和发展平等团结、互助的社会主义民族关系，加快民族地区经济社会发展根据我市民族工作实际，特提出以下意见：

一、提高认识，进一步加强对民族工作的领导。为切实贯彻省《条例》精神，市委、市政府要明确分管民族工作的领导，逐步加强民族工作主管部门，定期研究民族工作，并建立部门及发达镇乡、街道、企事业单位挂钩联系民族乡、村制度。有民族工作任务的镇乡、街道要明确分管领导，把民族工作列入党委政府工作的议事日程，定期听取汇报，研究部署民族工作。市人大、政协每年要开展专项检查，了解督促民族政策的落实情况。加大《条例》和民族政策的宣传力度，营造全社会重视民族工作的良好氛围。

二、加大扶持力度，加快基础设施建设步伐。基础设施建设滞后是制约少数民族地区经济和社会发展突出的因素之一，加快民族地区基础设施建设步伐是各级党委政府义不容辞的责任，也是民族工作的一项重要任务。

(一)少数民族专项补助经费每年 20 万元，以后年度随着财政的增长而逐年增加，用于民族乡、村的基础设施建设，其他扶持经费仍按有关规定执行。

(二)民族村新建通村公路按每千米 20 万元的标准给予补助。

(三)民族乡集镇建设的国有土地出让金净收益全额返还民族乡、村兴办农业、水利、林业、供电、电信、卫生、广电、环保等础设施项目，市有关部门要根据规划优先安排，市财政或相关部门要给予比其他乡、村高10%以上的专项资金补助。

三、实行财政税收优惠，扶持民族经济发展。由于多种原因我市民族地区经济基础薄弱，经济社会发展还相对滞后，为了加快发展，必须加大对民族地区的财政税收扶持力度。

(一)在财政预算中，明确给予民族乡一定的机动财力。在确定镇乡、街道财政体制时，给予民族乡比其他镇乡、街道更为优惠的政策，并保持连续性。民族乡财政超收部分全部留给当地。

(二)扶持民族地区兴办各类企业。要注重考虑少数民族地区的产业发展特点，充分发挥资源优势，重点扶持一些适合当地发展的项目。有关部门在办证、发照、贷款等方面要采取优惠措施。

四、加快民族地区社会事业发展，提高民族乡村的文明程度。大力扶持和发展民族地区教育、文化、体育、生、社会保障、民政福利等各项社会事业，提高民族乡村的文明程度是各级党委政府的一项重要任务。

(一)加大对民族地区教育的投入，大力发展民族地区教育事业。

1. 民族乡学校的危房改造、校舍扩建修建，教育部门要给予高于其他镇乡、街道补助额50%以上的资金补助。

2. 少数民族子弟就读小学、初中免交学杂费，经济困难的高中学生酌情减免学杂费，减免费用由市财政予以足额补助。对参加初中升高中考试的少数民族考生实行普通高中降低30分，重点高中降低15分的录取政策；兰一中每年至少招收一名少数民族初中毕业生就学。

3. 在民族乡任教的教师，每人每月补贴10元。

(二)加大少数民族文化建设的投入，做好少数民族文化遗产的挖掘和整理工作。体育部门要积极组织和开展少数民族地区全民健身运动，增强少数民族群众体质。卫生部门要帮助民族地区合理规划，加强和完善乡村卫生医疗机构的建设，努力健全并巩固民族地区的初级卫生保健体系。

(三)重视和支持民族地区的社会保障体系建设，将民族地区社会福利事业纳入规划，并在政策、资金上给予照顾。民族乡困难对象的“最低生活保障金”由市财政支付85%。

五、培养选拔少数民族干部，加强民族地区的乡村干部队伍建设。把培养选拔少数民族干部作为干部工作和民族工作的重要任务，纳入干部队伍和领导班子建设总体规划。

（一）水亭畲族乡乡长，应由畲族干部担任，在乡级班子中应配备一定数量的少数民族干部。注重培养少数民族干部。重视在少数民族中发展党员，把培养少数民族后备干部纳入后备干部队伍建设的总体规划，建立后备干部名单。

（二）组织人事部门在编制录用镇乡、街道机关工作人员规划时，要有计划地设立相应的少数民族专项指标。

（三）进一步调动民族村村干部的积极性，少数民族村的村干部报酬，按每村每年 3000 元的标准，由市财政给予补贴。

本实施意见自 2005 年 1 月 1 日起执行。

中共兰溪市委（公章）　兰溪市人民政府办公室（公章）

2004 年 10 月 29 日

三、兰委办〔2015〕10号文件

中共兰溪市委办公室文件

兰委办〔2015〕10号

中共兰溪市委办公室　兰溪市人民政府办公室
关于进一步加快民族地区经济社会发展的
实施意见

各镇乡党委、街道党工委，镇乡人民政府、街道办事处，市机关各部门：

为贯彻落实《浙江省人民政府办公厅关于进一步加快民族乡(镇)经济社会发展的意见》(浙政办函〔2013〕98号)精神，进一步做好新时期民族工作，加快我市民族地区经济社会发展，根据我市民族工作实际，提出以下实施意见：

一、指导思想

以党的十八大精神为指导，牢牢把握各民族共同团结奋斗、共同繁荣发展的民族工作主题，认真贯彻落实党中央、国务院和省委、省政府关于促进少数民族和民族地区繁荣发展的决策部署，按照自力更生为主、上级帮扶为辅的原则，加强市委市政府的领导、指导、扶持作用，调动民族地区自我发展的积极性，注重“输血”与“造血”结合、资金扶持与政策引导结合、硬件配套与人才支持结合、政府主导与社会参与结合，共同推动我市民族地区经济社会实现跨越式发展。

二、发展目标

(一)总体目标。以增加民族地区群众收入为核心，以推动民族地区基础设施建设和社会事业发展为重点，积极促进特色产业发展，不断改善民生，努力把全市民族地区建设成为经济发展、生活富裕、文化繁荣、民族团结、社会和谐、生态优美的新农村。

(二)近阶段发展目标。争取到2017年，全市民族地区人均纯收入不低于全市的平均水平；农村教育、文化、卫生、社会保障等达到全市农村平均水平；水、电、路、通信、商贸流通等基础设施不断完善，群众生产生活条件进一步改善。

三、主要举措

（一）建立健全领导和帮扶机制

1. 加强领导和协调。市委、市人大、市政府、市政协各确定一名领导分管或联系民族工作，做好重大事项的协调；市委、市政府每年召开一次民族工作例会，听取民族工作情况汇报，研究解决民族经济发展中的重大问题。镇、乡（街道）要重视对民族村的支持，落实好相关配套政策，加大扶持力度。

2. 完善结对帮扶制度。继续实行市领导联系民族乡村制度。完善“三联帮扶民族村”制度，由民族工作领导小组成员单位、工商联副会长单位企业、统战团体与民族村建立结对帮扶关系，结对帮扶单位每年到帮扶民族村联系工作不少于 2 次，帮助确定发展项目，每年为结对帮扶的民族村办 1—2 件实事。

3. 确保专项转移支付。市财政要确保省财政每年安排给水亭畲族乡的200 万元少数民族转移支付专项经费按时足额到位。继续安排少数民族发展专项资金，在 2015 年 60 万元的基础上，逐年增加 5 万元，重点用于发展特色优势产业、民族文化传承、特色民居保护、培训少数民族群众劳动技能、推广先进适用的生产技术和开展民族节庆活动等方面。

（二）加大对基础设施和经济发展的支持

1. 基础设施建设方面。对民族地区的基础设施和民生建设项目，市相关部门在安排美丽乡村、一事一议等专项资金上要优先给予安排，积极帮助做好项目前期工作，并适当降低配套资金比例。市交通局要向上级交通部门争取政策和资金，加大扶持力度，支持现有村内道路的提升改造及与干线公路的连接工程。市农办在实施扶贫开发中，对少数民族地区中心村给予重点扶持。市商务局要重点支持民族地区的农村商贸服务设施建设，特别是在农村电子商务建设方面给予政策倾斜。

2. 支持经济发展方面。民族地区继续保持现行政策（土地使用税不征、房产使用税不征、城市维护建设税按 1%收取）长期不变。到 2017 年（含）前，以上年度为基数，水亭畲族乡地方财政收入的超收部分全额返还给水亭畲族乡，用于该乡经济和社会事业发展。其他各种扶持资金继续按有关规定予以落实。

（三）加快特色产业和科教文卫等民生事业发展

1. 特色产业发展方面。对民族地区符合“绿色发展”要求的产业项目，要在省切块下达的山区经济发展专项资金中予以优先安排。农业局要积极引导民族地区发展生态效益和经济效益较好的特色产业。供销总社要大力支持民族地区农产品产销对接。农业、林业、水利等部门要优先支持民族地区建立各类示范基地。

2. 民族地区旅游和特色村寨建设方面。市农办要会同市民宗局加强对民族村创建美丽乡村精品村或特色村建设工作的指导，国土、建设、交通、水务、农业、林业、文化、卫生、环保、旅游等部门要参照美丽乡村建设有关优惠政策，支持少数民族特色村寨发展，支持民族特色产品生产开发，丰富民族风情旅游内涵,将特色文化产业纳入乡镇发展规划，延续历史文脉，承载畲乡文化。

3. 文化建设方面。市委宣传部要加强对民族村的文化礼堂建设工作的指导，优先安排创建项目；市文化局要加强对民族地区畲族文化的抢救性保护和传承发展工作的指导，协助水亭畲族乡打造民族文化精品戏，支持畲族对歌、畲族织带、畲族祭祖舞、畲族婚嫁习俗等非物质文化遗产的传承，支持水亭畲族乡举办“三月三”风情节活动、开展少数民族传统体育活动、打造少数民族节庆文化品牌。

4. 教育事业方面。民族地区新建、扩建校舍等基础建设，要以高于其它地区每平方米100元的基准给予补助。要加大教师支教和师资帮扶力度，建立教师交流机制，按规定配足配齐配强民族地区学校教师，提高民族地区的师资水平，进一步落实少数民族学生中考降分录取优惠政策，按规定录取分数线下降5分录取。民族地区小学要将畲族传统文化教育列入地方课程。

5. 卫生事业方面。要进一步加强对民族地区卫生事业的扶持力度，优先保障卫生、医疗设施建设，完善乡村两级卫生服务体系，不断提升卫生服务能力。每年组织医疗骨干定期到民族地区医院进行巡回坐诊。

四、加强少数民族干部和人才队伍建设

1. 干部队伍建设方面。要把培养、选拔少数民族后备干部纳入干部队伍建设的总体规划，确保后备干部中有一定数量的少数民族干部。根据需要安排一定数量的公务员考试录用名额用于少数民族公民。重视在少数民族公民中发展党员，民族村“两委”班子成员中要配置一定比例的少数民族干部，“两委”主要负责人要优先考虑少数民族公民。

2. 人才队伍建设方面。市农办要加大对民族地区“千万农民素质提升工程”的指导，加强民族地区实用人才队伍建设。市人力社保局在举办专业技术人才培训班时，优先满足民族地区的培训名额。

五、落实责任

市各有关部门要按照市委、市政府支持民族地区发展的部署和要求，积极主动抓好帮扶工作。市民宗局要发挥监督、协调和指导作用，加强督促检查，确保民族地区发展的帮扶目标圆满完成。

中共兰溪市委办公室　　　兰溪市人民政府办公室

2015年1月27日

后 记

2016年6月，《浙江省民族乡（镇）志第九卷·水亭畲族乡志》（下称《水亭畲族乡志》）编纂工作正式启动。由雷土根、蓝志义、徐汝昌、潘美华组成《水亭畲族乡志》编辑部。2021年7月，方媛加入编辑部工作。蓝志义、徐汝昌参加第一阶段资料搜集，并对其所搜集的资料进行核实及补充。潘美华负责第一阶段资料的录入工作。方媛主要负责本志书终审稿中数据的核对、图片编排等工作。雷土根负责本志书全部资料整理、编写及“第一阶段”后的全部资料录入工作。

本志书资料搜集工作大致分为两个阶段进行。第一阶段，2016年6月至2017年2月，由雷土根、蓝志义、徐汝昌进行资料搜集，共搜集了27万字的原始资料。第二阶段，2017年3月至完成志书终审稿，由雷土根搜集资料并补充完善。

畲族自1814年迁居水亭生活以来，与当地汉族从陌生到熟悉再到情同兄弟，谱写了畲汉两族人民团结和睦史，是水亭汉畲两族人民同心协力改造水亭山山水水，不断推进水亭发展的社会进步史，为水亭的社会经济发展做出了巨大的贡献。为推动民族地区文化事业发展，浙江省民族宗教事务委员会主持，丽水学院承担编纂《浙江省民族乡（镇）志》，水亭畲族乡人民政府投入大量资金，首次组织社会力量编纂《水亭畲族乡志》。通过创造性地编纂《水亭畲族乡志》，不仅使遗存在水亭民间的历史文献资料得以挖掘与整理，而且也为维护水亭社会稳定和长治久安、服务经济发展提供强了有力的智力支持，达到“存史、资政、育人”之目的。

在《水亭畲族乡志》编纂过程中，中共兰溪市委组织部、统战部，兰溪市人大常委会、政协，兰溪市民宗局、民政局、档案局、统计局、交通局、教育局、农林局、社保局、医保局、团市委、妇联、气象局等机构、部门与团体组织给予大力支持和帮助，让我们收集到了大量宝贵的史料。兰溪市人民政府地方志编纂室十分关心、支持《水亭畲族乡志》的编辑工作，组织相关人员对本志初审稿进行了细心地审阅，提出了许多宝贵的修改意见建议。

《浙江省民族乡(镇)志》执行主编、丽水学院研究员施强，原丽水学院文学院院长、教授杨杰，副教授雷艳萍等专家学者多次专程到水亭畲族乡指导《水亭畲族乡志》编纂工作。《浙江省民族乡(镇)志》编辑部组织王卫东、吕克军、吕立汉、施蕾芬、王闰吉、蓝炯熹、吴江洪等专家对志稿进行审读，提供了许多宝贵修改意见。副研究员胡汝明也对《水亭畲族乡志》进行了审读并提出了宝贵的修改建议。浙江师范大学硕士研究生刘旭东专程至我乡，对“水亭畲族乡畲语生存现状”做深入调查并提供了调查报告。云南师范大学汉藏语研究院硕士研究生陈胜凯专程到水亭畲族乡进行调研，完成《水亭畲族乡志》之《水亭畲话》的编写工作。浙江艺术职业学院学生方媛利用寒暑假社会实践活动，志愿为《水亭畲族乡志》编纂工作付出辛勤劳动。

水亭畲族乡党委书记徐俊逸、副书记乡长蓝晓慧、人大主席童妙星、副书记舒豪、常务副乡长林永洪、党委宣传委员叶庆林、党委委员兼乡人武部部长郑郁均、党委组织委员毕璟、党委统战委员蓝亮、党委委员兼纪委书记陈俊瑾及副乡长陆向卫和钱跃嵚等对《水亭畲族乡志》进行了认真仔细地审阅。乡政府圣山工作片片长叶丹、水亭工作片片长陈晓丹、河伯工作片片长滕勇平，各行政村书记、主任蓝爱云、童招生、张水斌、徐水泉、张炳成、胡锦禄、雷樟荣、林小军、丁晓君、方建勋、姜爱仙、邵跃昌、朱柏金、吴土金、江梁、徐渭清、徐跃宽、诸志兵、方雨丰及热心人士黄志奇、水建明、柳跃州、钟建林、范维德等对《水亭畲族乡志》进行了认真的审阅。上述人员对本志书的修改、补充提出了宝贵的建议。

水亭人民在漫长的历史过程中，用自己的聪明才智、勤劳勇敢创造了无数辉煌的业绩，沉淀了无比灿烂的水亭文化，全面收集这些史料，将其编纂在册，无疑是水亭人留给后人的宝贵财富，这是一项极其沉重而光荣的任务。由于人力所限，在资料收集工作方面我们还有一些领域没能深入搜集与挖掘，难免遗漏一些宝贵资料，在一定程度上影响“全面翔实地展示水亭历史”，这使我们诚惶诚恐，深感不安。

一本志书的完成离不开各方面的支持，在此，我们对所有关心、支持《水亭畲族乡志》编纂工作的部门、单位及个人表示衷心的感谢！

由于我们水平有限、经验不足，志书中难免有不当乃至错谬之处，恳请阅者、行家指正，不胜感谢！

《水亭畲族乡志》编辑部

2023年4月

贵阳史志概要

方志出版社
Publishing House of Local Records

图书在版编目（CIP）数据

贵阳史志概要 / 贵阳市地方志编纂委员会办公室编．— 北京：方志出版社，2011.12

ISBN 978－7－5144－0401－2

Ⅰ．①贵…　Ⅱ．①贵…　Ⅲ．①贵阳市－地方史－史料　Ⅳ．①K297.31

中国版本图书馆 CIP 数据核字（2011）第 275773 号

贵阳史志概要

编　　者：贵阳市地方志编纂委员会办公室

责任编辑：夏红兵

出 版 人：冀祥德

出 版 者：方志出版社

地址　北京市朝阳区潘家园东里 9 号（国家方志馆 4 层）

邮编　100021

网址　http：//www. fzph. org

发　　行：方志出版社发行中心

电话（010）67110500

经　　销：各地新华书店

印　　刷：廊坊市三友印务装订有限公司

开　　本：889×1194　　1/16

印　　张：24.5

字　　数：350 千字

版　　次：2011 年 12 月第 1 版　　2011 年 12 月第 1 次印刷

印　　数：0001～1000 册

ISBN　978－7－5144－0401－2　　　　**定价**：198.00

·版权所有　翻印必究·

《贵阳史志概要》编委会

主　　任：邓忠元

副 主 任：郑荣晴　王　浩　段　洪

委　　员：（按姓氏笔画排序）

马良美　王恩红　兰道宇　许世军

吴玉芳　岑永枫　张　斌　李世君

李祖运　杨　忠　沈昭荣　陆昌伟

陈起荣　林柏海　金　玫　姚贵云

胡光胤　赵　靖　夏之奎　梁　莉

漆国梅

主　　编：邓忠元

执行主编：郑荣晴　段　洪

编辑部主任：岑永枫

撰　　稿：（按姓氏笔画排序）

丁正屏　马良美　王　勇　韦俊帆

兰道宇　全国珍　刘汉勇　刘　婷

何　湘　吴廷丽　岑永枫　李祖运

杨　忠　杨　琴　邵德龙　陈起荣

周亚林　周怀智　林柏海　罗开隆

罗登宜　姚贵云　段　洪　胡天勇

夏之奎　敖红红　曹如人　曾一凇

编　　辑：岑永枫　陈起荣　曾一凇　韦俊帆

郁晓岚

策　　划：邓忠元

前　言

2008年，贵阳市及所辖各区、县（市）首轮社会主义新方志全面完成，各级地方志办公室充分利用首轮方志编修收集上来的资料，配合、指导部分单位，编纂出版了不少专业志、部门志和大量地情书刊，各种年鉴类刊物陆续出版，并形成常态。另一方面，《贵阳府志》、《（民国）修文县志》、《开阳县志稿（民国）》等旧志的收集整理再出版工作也取得丰硕成果，古今史志为贵阳城市建设和发展发挥着它们的作用。

为更好发挥它们存史、育人、资政的作用，对贵阳市各种史志文献资料进行收集整理，将之系统归纳，便于后人查询使用，2009年贵阳市地方志办策划出版本书。在接下来的3年时间里，参加编纂的工作人员就收录资料的范围、条目编写的要素、篇目结构等进行反复讨论，数易其稿，书稿才付梓交印。

本书资料的收集和概要编写工作主要由贵阳市地方志办和各区、县（市）地方志办承担。资料收集之初，我们就发现具有历史价值的各种资料其数量远远超出想象，受时间、人力、财力等因素影响，截至本书成稿，尚有许多资料未能收录入书，加之编者水平所限，本书不足之处恳请读者见谅，并加以指正，同时为我们提供具有价值的资料线索，以便我们查缺补遗，继续完善对贵阳史志资料的收集和整理工作。

此谢。

《贵阳史志概要》编辑部

2011年7月

凡　例

一、本书按照文献资料注录规则编写条目。条目收录新中国成立后至2010年年底各种史志资料，其中志书类条目收录中国新编地方志工作以来出版的新编地方志以及校注再版的旧志。

二、条目由书名、出版印刷要素、内容摘要三部分构成。其中出版印刷要素收录修、编单位，主编、副主编或同等职务级别编者，总纂、副总纂或同等职务级别编者，出版地，出版社（印刷厂），出版时间（成稿时间），印数、字数、开本、装帧、定价，资料收藏地等内容。志书史料类条目内容摘要收录篇章节数和篇章名；年鉴期刊类条目内容摘要记录各期主要栏目名；史料、图集（图录）、文集、谱牒类条目内容摘要概述其内容。

三、条目要素以原书原稿所记为依据，原书原稿未标注的要素，由编者整理标注。

四、全书所录条目，分为志书、年鉴、史料和图集（图录）期刊文集谱牒等四卷。每卷条目按照资料所属的市级和区县（市）级行政区域归并，各区县（市）级行政区域按照2011年国家民政部出版的《中华人民共和国行政区划简册·2011》上标注的顺序进行排序。同一行政区域下的条目，按资料出版时间先后排序。

五、本书于2010年底截稿。截稿后所有改动，只针对书稿进行技术上的处理，其他一般不作补正。

目 录

卷一 志书概要

卷二　年鉴概要

卷三　史料概要

卷四　图集（图录）期刊　文集　谱牒

卷一　志书概要

地方综合志

市级志书

贵阳市志·建置志

贵阳志编纂委员会编纂　赵德山主任　赵西林　王萼华　王燕玉副主任　王萼华　王燕玉总纂

贵阳　贵州人民出版社　1985 年　1500 册　200 千字　16 开本　精装　16.00 元

藏于贵阳市地方志编纂委员会办公室

本志是记述贵阳地区历代行政设置的专志，是贵阳市编修出版的第一部社会主义新方志。1982 年完成初稿，1983 年 9 月 21 日定审。上限起于秦始皇嬴政二十六年（公元前221 年）置黔中郡，下限至1982 年，着重于近代和现代，略古详今。由建置沿革、街道与集镇、村寨 3 个部分构成。全书正文前置编写说明，配有图片 21 张；正文后附有贵阳市行政区划图（1974 年 11 月制）、1982 年贵阳市城区主要街道图、1944 年贵阳市中心区域图、1930 年贵阳县全图、1927 年贵阳城垣街道图、清代道光时期贵阳城垣街道图、明代贵州省城图。正文采用章、节结构，共设 8 章 35 节，依次为：第一章建制沿革（下设 7 节）；第二章城垣关隘递铺堡哨塘汛（下设 4 节）；第三章街道总说（下设 6 节）；第四章 1982 年贵阳城区街道（下设 4 节）；第五章四郊集镇（下设 4 节）；第六章村寨（上）（下设 3 节）；第七章村寨（中）（下设 3 节）；第八章村寨（下）（下设 4 节）。

正文中村寨部分介绍贵阳市的村寨名称跟当地多山的地理位置特点有关，名字中多有山、坡、岩、洞、峰等一类的名字，一些村寨还带着明代卫所屯田制度和土司的历史痕迹。

1993 年，《贵阳市志·建置志》获全国新编地方志优秀成果二等奖。

贵阳市志·地理志

贵阳市志编纂委员会编纂　赵德山主任　赵西林　王萼华　王燕玉副主任　王萼华　王燕玉总编

贵阳　贵州人民出版社　1986 年 11 月　1200 册　339 千字　16 开本　精装 9.10 元

藏于贵阳市地方志编纂委员会办公室

本志为贵阳市志中记述自然地理的专业志。1982 年启动编写，1985 年 6 月完成。本志时限上限起自有文字记载时，下限至 1985 年。内容包括贵阳的境域、地质、矿产、山脉河流、地貌、气候与物候、土壤、植物、植被、动物。全书正文前有序言，后附有贵阳市政区交通图、地质矿产图、地势水系图、地貌写景图、地貌类型图、土壤图、植被图等图片。正文采用章、节结构，共设 10 章 27 节，依次为：第一章境域；第二章地质，下设 2 节；第三章矿产，下设 2 节；第四章山脉与河流，下设 3 节；第五章地貌，下设 3 节；第六章气候与物候，下设 2 节；第七章土壤，下设 4 节；第八章植物，下设 5 节；第九章植被，下设 3 节；第十章动物，下设 3 节。

本志编者通过对现有资料进行整理，叙述贵阳地质结构。正文地质部分，历史记载很少，直到 20 世纪三四十年代，丁文江、李四光等在贵州进行地质调查研究，发表了一些报告和论文，更多的贵阳市地质勘察资料来源于贵阳市解放后的地质矿产普查工作。

贵阳市志·军事志

中国人民解放军贵州省贵阳军分区修　贵阳市志编纂委员会编纂　吴志刚主任　章德华　王履岳　王萼华　王燕玉副主任　王萼华　王燕玉总纂

贵阳　贵州人民出版社　1989 年 10 月　1000 册　170 千字　16 开本　精装 10.35 元

藏于贵阳市地方志编纂委员会办公室

本志为贵阳市军事专业志，上限起于清代道光年间（部分内容追溯自清初），下限至1985年。全书正文前设序言，有图片8张；后缀编后。正文采用篇、章、节结构，共设6篇18章47节，依次为：第一篇军事机构，下设第一章机构设置（设3节）、第二章军事领导机关（设3节）；第二篇驻军，下设第一章清军（下设2节）、第二章黔军滇军国民政府军（下设3节）、第三章中国人民解放军（下设3节）、第四章军事学校（下设2节）、第五章军队医院（下设2节）；第三篇治军思想训练与后勤，下设第一章清军（设3节）、第二章黔军国民政府军（设3节）、第三章中国人民解放军（设3节）；第四篇兵役民兵，下设第一章清朝（下设2节）、第二章中华民国时期（下设3节）、第三章中华人民共和国时期（下设3节）；第五篇防空，下设第一章中华民国时期（下设2节）、第二章中华人民共和国时期（下设3节）；第六篇重大军事，下设第一章清朝时期（下设3节）、第二章中华民国时期（下设2节）、第三章中华人民共和国时期（下设2节）。本书各篇分章均以清、民国、中华人民共和国为分界，时间分界清晰，资料脉络分明，方便读者阅读和查找资料。

正文主要从军事机构、驻军、军事思想、训练与后勤、兵役、民兵、防空、重大兵事等方面记述贵阳的军事情况，后附大事记略，把各时期的主管官员、外辖营伍、调出部队、工事修筑、农村工作、体育运动、修路救灾等不容易叙入正文的内容编入其中。由于贵阳市无海军、空军设置，因此该志军事的含义实限陆军。

贵阳市志·科学技术志

贵阳市科学技术委员会修　贵阳市志编纂委员会编纂　吴志刚主任　章德华　王履岳　王萼华　王燕玉副主任　徐关炯主编　叶栾光　于立副主编　王萼华　王燕玉总编纂

贵阳　贵州人民出版社　1990年3月　1000册　220千字　16开本　精装　13.73元

藏于贵阳市地方志编纂委员会办公室

本志时限上限至清末，下限至1985年。全书正文前有概述，图片16张；后有附录收入贵阳市1980年至1985年科技成果获奖项目和贵阳科技大事记要。正文采用篇、章、节结构，共设5篇19章66节，依次为：第一篇贵阳市解放前的贵阳科技，下设第一章工业地质交通及通讯技术（下设4节）、第二章农业试验与推广（下设3节）、第三章其他科技活动（下设5节）；第二篇贵阳市解放后的科技发展，下设第一章工业科技（下设7节）、第二章农业科技（下设4节）、第三章城建交通邮电科技（下设3节）、第四章其他方面科技（下设5节）；第三篇科技情报服务协作及科普，下设第一章科技情报（下设3节）、第二章科技服务（下设2节）、第三章科技协作（下设4节）、第四章科学普及（下设3节）；第四篇科技队伍科研机构及科技群体，下设第一章科技队伍（下设5节）、第二章科学研究机构（下设2节）、第三章科技群体（下设3节）；第五篇科技管理，下设第一章科技管理机构（下设2节）、第二章科技政策（下设2节）、第三章经费管理（下设3节）、第四章科技规划及软科学管理（下设2节）、第五章科技成果管理（下设4节）。

本志主要记述光绪、宣统年间，贵阳近代科学技术的启蒙时期，受戊戌变法和辛亥革命推动，新式学堂、留学生、"西学"传播为主要内容。此后，贵阳经历了民国时期军阀拓展兴办实业、抗战时期学校工厂内迁、解放战争时期衰落、贵阳市解放后科学技术恢复、"三线建设"时期、中共十一届三中全会后科学的春天等一系列的发展。

贵阳市志·体育志

贵阳市体育运动委员会修　贵阳市志编纂委员会编纂　吴志刚主任　章德华　王萼华　王履岳　王燕玉副主任　任秉奇主编　张兆金副主编　王燕玉　王萼华总纂　黄宝山　何静梧　许先德副总纂

贵阳　贵州人民出版社　1990年10月　1000册　230千字　16开本　精装　15.50元

藏于贵阳市地方志编纂委员会办公室

本志时限上限追溯至起源；下限为1988年，对其中某项事物迄止于终结年限。全书正文前有序言、图片24张、贵阳城区部分体育场地分布图、六广门体育场地分布图、概述；后附文件辑录、规章辑录、各项运动最高纪录表、编后记。正文采用篇、章、节结构，共设5篇16章56节。5篇依次为：群众体育、竞技体育、运动会、体育人才、体育管理。

正文主要从贵阳的群众体育、竞技体育、运动会、体育人才、体育管理等方面全面记述贵阳体育的发展情况。

1993年，《贵阳市志·体育志》获全国新编地方志优秀成果三等奖。

贵阳市志·城市建设志

贵阳市城乡建设委员会修　贵阳市志编纂委员会编纂　吴志刚主任　章德华　王履岳　王萼华　王燕玉副主任　葛惠珍主编　秦伯明副主编　金通一总编辑　王燕玉　王萼华总纂　黄宝山　何静梧　许先德副总纂

贵阳　贵州人民出版社　1990 年 12 月　印数 1000 册　340 千字　16 开本　精装　22.00 元

藏于贵阳市地方志编纂委员会办公室

本志时限起于 1941 年贵阳正式设市，下限至 1988 年。全书首设序言，彩色图片 16 张，黑白图片 5 张；后有附录，收入贵阳市城市建设规划管理办法和贵阳市市政工程设施管理办法。正文共设 9 篇 45 章 127 节，以横排纵写的结构，从城市建设和管理、城市规划、市政建设、公用事业、房地产、园林绿化、建筑工程、环境保护、环境卫生等 9 个方面记述贵阳市的城市建设情况。

1993 年，《贵阳市志·城市建设志》获全国新编地方志优秀成果二等奖。

贵阳市志·教育志

贵阳市教育委员会修　贵阳市志编纂委员会编纂　吴志刚主任　章德华　王履岳　王萼华　王燕玉副主任　王燕玉　王萼华总纂　黄宝山　何静梧　许先德副总纂　刘培元主编　简锦堂　查继玺副主编

贵阳　贵州人民出版社　1991 年 1 月　1000 册　300 千字　16 开本　精装　21 元

藏于贵阳市地方志编纂委员会办公室

本志时限上限为 1840 年；下限至 1985 年，涉及科举考试等向上略加追溯，重大事件及重要数据下延至 1988 年。全书正文前有凡例、概述，后有大事记要、编后记。目录前配彩色图片 13 张、黑白图片 4 张。正文采用章、节结构，共设 13 章 46 节，依次为：第一章教育行政（下设 3 节）；第二章清末的旧式教育（下设 3 节）；第三章幼儿教育（下设 3 节）；第四章小学教育（下设 6 节）；第五章普通中学教育（下设 7 节）；第六章中等职业教育（下设 5 节）；第七章普通高等教育（下设 3 节）；第八章成人教育（下设 2 节）；第九章民族教育特殊教育（下设 2 节）；第十章教师（下设 4 节）；第十一章校外教育（下设 5 节）；第十二章教育科研学术团体经验交流（下设3节）。附表附于相关章节之后。

本志内容包括贵阳市现行辖区的教育相关内容，但省属、市属并存者，则详市略省；清代及清代以前贵阳府，以亲辖地为主、属县不再记述；党校、军事院校另成系统，本志也不作记述。

1993年，《贵阳市志·教育志》获全国新编地方志优秀成果一等奖。

贵阳市志·邮政　电信志

贵阳市邮政局　贵阳市电信局修　贵阳市志编纂委员会编纂　吴志刚主任　章德华　王履岳　王萼华　王燕玉副主任　贵阳市邮政局《邮政篇》纂修　贵阳市电信局《电信篇》纂修　姚继虞《邮政篇》主编　郑秩威《邮政篇》副主编　夏金定《电信篇》主编　王燕玉　王萼华总纂　黄宝山　何静梧　许先德副总纂

贵阳　贵州人民出版社　1991年8月　1000册　230千字　16开本　精装14.00元

藏于贵阳市地方志编纂委员会办公室

全书正文前有凡例、概述，后有编后记。目录前配彩色图片13张、黑白图片3张。邮政篇和电信篇分章立节，横排竖写，随文插入相关图、表，大事、要事和人物分别归入相关章节，随事记入，不另设大事记和人物传。其中，邮政篇共9章39节，上限自清光绪二十七年（1901年），下限至1987年。第一章沿革，下设3节；第二章市局支局区局，下设2节；第三章邮政所，下设9节；第四章邮政代办所邮票代售处，下设2节；第五章业务，下设8节；第六章邮运，下设6节、1附；第七章投递，下设4节；第八行管理，下设3节；第九章职工队伍，下设2节。电信篇共6章17节，上限至清光绪十三年（1887年），下限至1987年。第一章机构沿革，下设4节；第二章电报，下设3节；第三章市内电话，下设3节；第四章长途电话，下设3节；第五章地方电信，下设2节；第六章职工队伍，下设2节。

贵阳创办现代邮政电信事业始于清代光绪年间，此前，官方通信靠驿传，民间通信有民信局。光绪十三年（1887年），贵阳电报局创办，实物（函件）传递改进为电信号传递；光绪三十二年（1906年），贵阳首通城内电话，电信号传递发展为语音传递。光绪二十七年（1901年），贵阳邮政局成立，贵阳现代邮政诞生，官方驿站传递的方式结束，其后贵阳邮政局逐步取代民办通信机构的民间通信业务，邮政通信归政府统一经营管理。

贵阳市志·民政志

贵阳市民政局修　贵阳市志编纂委员会编纂　吴志刚主任　章德华　王履岳　王萼华　王燕玉副主任　曹敏於主编　罗成吾副主编　王燕玉　王萼华总纂　黄宝山　何静梧　许先德（责任）副总纂

贵阳　贵州人民出版社　1991 年 8 月　1000 册　167 千字　16 开本　精装　10.50 元

藏于贵阳市地方志编纂委员会办公室

本志时限上限为 1840 年；下限至 1987 年，部分需要溯源的史实，适当延伸。全书正文前有凡例、概述，目录前有彩色图片 14 张、黑白图片 3 张、民国 30 年（1941 年）制贵阳市区域图一幅。正文采用章、节结构，共设 14 章 37 节，依次为：第一章民政机构沿革（下设 2 节、1 附）；第二章行政区划的变更（下设 4 节）；第三章基层政权和基层群众性自治组织（下设 3 节）；第四章优待抚恤（下设 2 节）；第五章复员军人和离退休人员安置（下设 3 节）；第六章社会救济（下设 2 节）；第七章救灾（下设 4 节）；第八章收容改造（下设 4 节）；第九章禁烟戒毒（下设 2 节）；第十章社会福利事业（下设 2 节）；第十一章社会福利生产（下设 2 节）；第十二章婚姻登记管理（下设 3 节）；第十三章殡葬管理（下设 2 节）；第十四章盲人聋哑人协会和残疾人福利基金会（下设 2 节）。

正文主要记述贵阳地区民政机构沿革、行政区划的变更、基层政权和基层群众性自治组织、优待抚恤、复退军人和离退休人员安置、社会救济救灾、游民改造安置和收容遣送、禁烟戒毒、社会福利事业、社会福利生产、婚姻登记管理、殡葬管理、盲人聋哑人协会和残疾人福利基金会概况等方面的情况。贵阳民政，晚清时期由户房执掌荒政、赈济事项；民国时期由专门的科负责；贵阳市解放以后经历了军事接管、民政接管组接管，一直到市民政局成立并开始履行相关职能。

1993 年，《贵阳市志·民政志》获全国新编地方志优秀成果三等奖。

贵阳市志·工业志（中）

贵阳市轻工业局　贵阳市化学工业局　贵阳市医药管理局修　贵阳市志编纂委员会编纂　吴志刚主任　章德华　王履岳　王萼华　王燕玉副主任　王国健《轻工业篇》主编　李定华《化学工业篇》主编　吴荣球　宋琏辉　张生汉副主编　李世华《医药工业篇》主编　朱正林　沈宏琦副主编　王燕玉　王萼华总纂　黄宝山

何静梧（责任） 许先德副总纂

贵阳 贵州人民出版社 1992年11月 1000册 260千字 16开本 精装 21.00元

藏于贵阳市地方志编纂委员会办公室

本志时限上限起自清末，下限至1987年。全书首设？卷末？正文采用篇、章、节结构，共设3篇14章46节。篇章依次为：第一篇轻工业，下设第一章贵阳轻工工业发展概况（下设2节）、第二章行政管理机构（下设2节、1附）、第三章主要行业（下设10节）、第四章轻工系统名特优产品（下设2节、1附）；第二篇化学工业，下设第五章贵阳化学工业发展概况（下设2节）、第六章行政管理及主要企业（下设3节）、第七章主要行业（下设5节）、第八章化工生产技术（下设2节）、第九章化工科学研究（下设3节）、第十章基本建设和技术改造（下设3节）、第十一章环保和安全（下设3节、1附）；第三篇医药工业，下设第十二章贵阳医药工业发展概况（下设2节）、第十三章行政机构与生产管理（下设2节4附）、第十四章贵阳市医药工业产品（下设5节、2附）。附录附于相关各章节下。

正文主要记述了贵阳轻工业悠久的历史，其酿酒、陶瓷、金属制品可上溯到古代。清末，皮革硝制、竹藤棕草编制、造纸业先后兴起。由于贵阳地处中国西南边陲，经济落后、交通闭塞和封建闭关主义，工业生产长期处于手工操作，发展缓慢。直到辛亥革命后民族工业兴起，贵阳轻工业才有了初步发展。抗日战争和解放战争时期，贵阳轻工业艰难发展。贵阳市解放后，轻工业经历了国民经济恢复时期、社会主义改造时期、“大跃进”及经济调整时期、“文化大革命”时期、改革开放几个阶段的发展，形成了今天的规模。

贵阳市志·人口与计划生育志

贵阳市计划生育委员会修 贵阳市志编纂委员会编纂 吴志刚主任 章德华 王履岳 王萼华 王燕玉副主任 罗再琴主编 李登勋副主编 王燕玉 王萼华总纂 黄宝山 何静梧（责任） 许先德副总纂

贵阳 贵州人民出版社 1992年11月 1000册 200千字 16开本 精装 18.00元

藏于贵阳市地方志编纂委员会办公室

本志为记述贵阳市人口和计划生育情况的专志。上限至明代；下限至1987年，重大事件及重要数据下延至1990年。全书正文前有概述，目录前有彩色图片16张；后有附录和编后记。附录部分收录大事记要，明清及民国时期贵阳人口统计资料，中共贵阳市委、人民市政府计划生育工作文件目录。正文采用篇、章、节结构，共设2篇16章46节。篇章依次为：第一篇人口，下设第一章总户数总人口、第二章家庭户人口与规模、第三章人口分布与人口密度、第四章人口自然构成、第五章人口数量变动、第六章人口民族构成、第七章人口的行业职业构成、第八章人口的文化构成、第九章人口的身体素质状况、第十章人口的婚姻生育状况；第二篇计划生育，下设第十一章计划生育政策、第十二章计划生育机构、第十三章计划生育宣传教育、第十四章计划生育管理、第十五章计划生育技术与科研。

正文主要记述了自明代以来今贵阳市辖区人口变化的情况。据史书记载，清道光末年贵筑县人口为60594人，宣统三年（1911年）人口为69702人。一直到民国37年（1948年），贵阳市人口为239571人，之前一段时间贵阳的人口增长比率相对较低，有战乱、饥荒、疾病等多种原因。1949年贵阳市解放初期，全市人口451892；到1990年增加到1531604人。人口的增加与社会稳定、生产发展、医疗卫生条件的不断改善有关，同时跟贵阳城市建设迁入人口增多有关。中共十一届三中全会以后，贵阳市计划生育工作进入全面发展时期，控制人口数量，提高人口素质，贵阳市计划生育工作取得一定成效。

1997年，《贵阳市志·人口与计划生育志》获贵州省地方志优秀成果评比二等奖。

贵阳市志·文化　新闻志

贵阳市文化局　贵阳市文学艺术界联合会　贵阳市广播电视局　贵阳晚报社修　贵阳市志编纂委员会编纂　吴志刚主任　章德华　王履岳　王萼华　王燕玉副主任　蒋冰杰《文化艺术篇》主编　郘志义《广播电视篇》主编　刘瑜庆《广播电视篇》副主编　王燕玉　王萼华总纂　黄宝山　何静梧　许先德副总纂

贵阳　贵州人民出版社　1992年11月　1000册　320千字　16开本　精装　25.00元

藏于贵阳市地方志编纂委员会办公室

本志时限上限至清代前期，下限至1989年。全书正文前有序言，附录收入在相关章节之后。目录前配彩色图片15张、黑白图片3张。正文采用篇、章、节结构，共设3篇21章62节。3篇依次为：第一篇是文化艺术，下设第一章文化概述、第二章文化行政管理机构、第三章社会文化设施、第四章文艺团体、第五章文艺家（文艺工作者）及其作品名录、第六章布依族苗族的文学艺术、第七章表演艺术、第八章电影录像、第九章文艺刊物、第十章书店（书局）；第二篇广播电视，下设第十一章广播电视概述、第十二章民国时期的广播、第十三章中华人民共和国成立后初期的广播、第十四章贵阳人民广播电台的建立、第十五章电视广播、第十六章城乡有线广播网的发展、第十七章贵阳市广播电视局；第三篇报纸，下设第十八章报纸概述、第十九章清末出版的报纸、第二十章民国时期出版的报纸、第二十一章中华人民共和国成立后出版的市级报纸。

贵阳市位于中国西南边陲，是以汉族为主体的多民族聚居内陆山区城市，丰富多彩的多民族文化具有地理因素、社会因素、民族因素、变现形式等独特之处。由于历史条件和地理条件的限制，传播文化的报纸、广播等媒介的发展落后于其他城市，一定程度上制约了贵阳文化新闻事业的发展。

1993 年，《贵阳市志·文化新闻志》获贵阳市第二次社会科学优秀成果二等奖。

贵阳市志·交通志

贵阳市交通局　贵阳铁路分局　中国民航贵州省管理局修　贵阳市志编纂委员会编纂　王选才主任　章德华　邓治和　王履岳　王萼华　王燕玉副主任　张景盈《公路篇》主编　副主编李香庄　李振伦《铁路篇》主编　何新权《民航篇》主编　李烈强副主编　王燕玉　王萼华总纂　许先德　何静梧（责任）　龙尚学副总纂

贵阳　贵州人民出版社　1994 年 11 月　1000 册　280 千字　16 开本　精装 30.00 元

藏于贵阳市地方志编纂委员会办公室

本志时限上限至民国时期，下限至 1988 年。全书正文前有彩色图片 21 张、黑白图片 3 张。正文采用篇、章、节结构，共设 3 篇 16 章 50 节，依次为：第一篇公路，下设第一章公路管理体制与机构（下设 2 节）、第二章公路建设（下设 5 节）、第三章公路运输（下设 3 节）、第四章公路运输管理（下设 3 节）、第五章公路交通工业（下设 4 节 2 附）；第二篇铁路，下设第六章贵阳铁路管理体制与机构（下设 2 节）、第七章铁路干支线建设（下设 5 节）、第八章铁路枢纽建设（下设 3 节）、第九章铁路运输生产（下设 6 节）、第十章铁路行车安全（下设 5 节）；第三篇民用航空，下设第十一章民航管理体制与机构（下设 2 节）、第十二章民航的发展（下设 2 节）、第十三章航空运输机航线航班（下设 2 节）、第十四章通用航空（下设 2 节）、

第十五章机场建设（下设2节）、第十六章勤务保障（下设3节）。

正文主要从贵阳的公路建设始于民国16年（1927年）1月贵阳县路政分局成立开始，记述了其负责贵阳县境内的公路建设和管理的历史情况，特别是对中华人民共和国成立后交通事业的发展进行了详尽地记述。民国35年（1946年）5月，湘桂黔铁路工程局在贵阳市观水路设置都筑段工程处。民国21年（1932年）7月清镇机场筹设第25军航空站，贵阳民航管理体制开始之初带有半军事性；民国22年（1933年）6月，广东、广西、云南、贵州、福建5省政府代表商讨决定成立西南航空公司。以上可以看出，贵阳现代交通的公路、铁路、航空都是从民国时候开始，并且由于地理位置偏僻、地质情况复杂等因素，长期以来发展受到制约。

贵阳市志·商业志

贵阳市商业委员会修　贵阳市志编纂委员会编纂　王选才主任　章德华　邓治和　王履岳　王萼华　王燕玉副主任　黄政主编　周保琴　廖克明　孙祥轩副主编　王燕玉　王萼华总纂　许先德（责任）　何静梧　龙尚学副总纂

贵阳　贵州人民出版社　1994年12月　1000册　300千字　16开本　精装　31.00元

藏于贵阳市地方志编纂委员会办公室

本志时限上限至明清时期，下限至1989年。全书正文前置彩色图片28张、黑白图片6张，后附有名店、名师和企业选介。正文采用章、节结构，共设6章26节，依次为：第一章商业的形成和发展（下设3节），第二章机构管理教育（下设3节），第三章工业品行业（下设10节），第四章副食品行业（下设3节），第五章饮食服务行业（下设4节、1附），第六章储运基建商办工业（下设3节、1附）。主要记述贵阳市商业的形成和发展，贵阳市商业机构以及工业品、副食品、饮食服务、储运、基建、商办工业等行业的发展情况。

正文主要记述了明代以前由于交通不便、生产落后，贵阳长期处于自给自足的自然经济阶段，商品贸易不发达。明代起，驿道开通、屯田垦荒、工匠服役制度的改革、农业和手工业发展，带动了商业的兴起。清代，贵阳实行改土归流，赋税制度的改革和外来人口迁入，带来了先进的生产技术和工具，农业和手工也进一步发展，商业也得到推动。民国时期，一方面社会动荡影响了社会生产力的发展，民族工业的兴起又推动商业的深化，贵阳商业在艰难中前进。抗战时期，沦陷区工厂、商号的内迁，带来大量的劳动力和资金，推动贵阳商业发展。抗战后内迁工厂商号的回迁又使贵阳商业出现收缩。贵阳市解放后，贵阳商业经历了中华人民共和国成立后30年的曲折变化和改革开放以后商业的迅猛发展。

2000年，《贵阳市志·商业志》获贵阳市第四次社会科学优秀成果三等奖。

贵阳市志·农　林　水利　蔬菜志

贵阳市农业局　贵阳市林业局　贵阳市水利电力局　贵阳市蔬菜办公室修　贵阳市志编纂委员会编纂　王选才主任　章德华　邓治和　王履岳　王萼华　王燕玉副主任　杨忠宣《农业篇》主编　毛汉杰副主编　罗秀娥《林业篇》组长　李业超副组长　张家祥《水利篇》主编　张立正副主编　张汝霖《蔬菜篇》主编　王燕玉　王萼华总纂　许先德（责任）　何静梧　龙尚学副总纂

贵阳　贵州人民出版社　1995年6月　1000册　290千字　16开本　精装　28.00元

藏于贵阳市地方志编纂委员会办公室

本志时限上限至民国时期，下限至1989年。全书正文前置彩色图片24张、黑白图片3张。正文采用章、节结构，共设7章22节，依次为：第一章行政机构（下设2节），第二章农村经济制度（下设3节），第三章资源与区划（下设4节），第四章农业（下设2节1附），第五章蔬菜（下设5节），第六章林业（下设2节），第七章水利（下设4节）。主要记述贵阳市行政机构、农村经济制度、资源与区划、农业、蔬菜、林业、水利等方面的发展状况。

正文主要记述贵阳长期以来农业经济受交通不便、生产力落后的影响，发展程度不高，从民国开始，贵阳地方政府设置行政机构管理农业，最早是贵阳县第一科和第四科管理，建市后设水利林牧局进行管理，民国32年（1943年）改为官商合股的水利林牧股份有限公司。贵阳市解放后，人民政府接管了该公司，继续管理农业。之后，贵阳市先后建立农村工作部、农林办公室指导全市农业生产。1950年，农林水利局成为主管农业的专门机构。之后管理农业的机构名称虽有变化，但管理性质基本相似。1973年，按农业、林业、水电分别成立局机关，直到20世纪80年代末。1980年，蔬菜管理从农业中分离出来，成立直属市政府领导的蔬菜工作办公室，负责全市蔬菜的种植、调运、供应工作。

1997年，《贵阳市志·农　林　水利　蔬菜志》获贵州省地方志优秀成果评比三等奖。

贵阳市志·税务志

贵阳市税务局修 贵阳市志编纂委员会编纂 王选才主任 章德华 邓治和 王履岳 王萼华 王燕玉副主任 刘耀楣主编 刘燕生 郑国顺副主编 王燕玉 王萼华总纂 许先德（责任） 何静梧 龙尚学副总纂

贵阳 贵州人民出版社 1995 年 12 月 1000 册 249 千字 图片 16 开本 精装 28.00 元

藏于贵阳市地方志编纂委员会办公室

本志时限上限至1840年，下限到1994年9月实行税制改革，组建中央和地方两套税务机构，原贵阳市税务局完成历史使命。全书正文前有凡例、编写说明、概述、图片25张；后有附录，记有大事记要、学会活动、国营企业利润和其他预算收入的监督解交工作、国家能源交通重点建设基金、教育费附加、国家预算调节基金等内容。正文采用篇、章、节结构，分上、下两篇，共10章34节。上篇，主要记述了贵阳在清末和民国时期的税收机构，税制、税种及征收情况，其中除了记录营业税、屠宰税、契税等一般征管情况外，还反映了具有贵阳地方特色的杂捐，如房捐、牲牙捐、斗息捐、车捐、自卫特捐及具有规费性质的一些收入。下篇，主要从中华人民共和国成立以后贵阳税务的机构、税工队伍的发展和人员培训、税务监察、税制演变、税种和征收、征收管理、税收计划、会计、统计、票证和经费管理等方面记述了税收工作为贵阳市社会主义建设服务的历程。并对中华人民共和国成立之后各个时期的促产增收工作，以及1994年的税制全面改革工作进行了详细记述。同时还对我国的古老税制、税种进行适当延伸说明。

全志的编写范围，以贵阳市税务局经管的工商税收为主。但在工商税收尚未出现或在萌芽状态的清末民初期间，为了追溯贵阳市税收的源流，仍略记当时农业税和非工商税收的演变过程。中华人民共和国成立后，农业税和契税已经正式划归财政局管理征收，全志不再记述。

2000年，《贵阳市志·税务志》获贵州省地方志荣誉奖和贵阳市第四次社会科学优秀成果二等奖。

贵阳市志·宗教志

贵阳市宗教事务局修 贵阳市志编纂委员会编纂 王选才主任 章德华 邓治和 王履岳 王萼华 王燕玉副主任 刘应安主编 王燕玉 王萼华总纂 何静梧

（责任） 王大卫 龙尚学副总纂

贵阳 贵州人民出版社 1996 年 6 月 1000 册 312 千字 16 开本 精装 28.00 元

藏于贵阳市地方志编纂委员会办公室

本上限依各教传入时间，下限至 1994 年。全书正文前置图片 20 张。正文采用篇、章、节结构，共设 6 篇 25 章 95 节，包括道教、佛教、伊斯兰教、天主教、基督教、宗教事务管理 6 个部分。其中，道教篇全面记述贵阳道教源流及派别、道教宫观、收徒传戒与丛林挂单、道教斋醮与仪范、道教宫观的碑记与经典、道纪司、道教会、道协筹备小组等方面的情况；佛教篇主要记述了佛教概况、佛教寺院、佛教法器文献、佛教组织；伊斯兰教篇主要记述了伊斯兰教基本情况、清真寺及回民公墓以及 1978 年以后的伊斯兰教；天主教篇主要记述了清代天主教、青岩教案始末、民国时期和中华人民共和国成立以后的天主教；基督教篇主要记述了基督教各宗派教会、基督教社会服务事业、中华人民共和国成立前后的基督教各教会概况、基督教“三自”爱国运动、1978 年以后的基督教会，宗教事务管理篇主要记述了贵阳市宗教事务局的情况和宗教事务管理。

全志编纂过程中集中了宗教专业人员，周密搜录有关文献中零散记载，经过采访口碑和自身经历见闻，然后多次审改，保存了大量稀罕资料。如道教篇的全真道龙门派谱诗，佛教篇的铜佛寺令牌原文（牌已失），伊斯兰教篇的义园碑记，天主教篇的汉译发文《巴黎外方传教会工作汇编》，基督教篇的《贵阳基督教青年会纪念碑志》原文，这些资料十分宝贵。同时，全志注重体现地方特色，如道教贵阳神庙，文昌宫最多，达 34 座，三教寺 25 座次之，反映地方人士特别重视文化教育；佛教贵阳派别单纯，前阶段为禅宗，后阶段为净土，这两派都偏重执行，容易接受，反映地方人士并不深研佛学而轻理辩；伊斯兰教在贵阳主要有逊尼派的“格底目”与宦门中的“哲赫林耶”，二派相互尊重；天主教的三自革新运动在贵阳市开展较早；基督教在贵阳派别多达 12 个，分合交叉情况复杂，这些情况在书中能够全面体现。

1997 年 8 月，《贵阳市志·宗教志》获全国地方志二等奖。

贵阳市志·卫生志

贵阳市卫生局修 贵阳市志编纂委员会编纂 王选才主任 章德华 邓治和 王履岳 王萼华 王燕玉副主任 曾兴重主编 汪宗远 段克强 法淑兰 唐冰副

主编　王燕玉　王萼华总纂　何静梧（责任）　王大卫　龙尚学副总纂

贵阳　贵州人民出版社　1997年5月　1000册　260千字　16开本　精装 26.00元

藏于贵阳市地方志编纂委员会办公室

本志时限上限至明朝成化（1465年至1487年）以前，下限至1991年。全书正文前置26张图片，除概述外，正文共设10章39节。10章依次为：卫生行政、医疗机构、中医事业、卫生防病工作、妇幼保健、药政、医学教育、医学科研、学士团体学术刊物涉外活动、大事记。

正文从贵阳市的卫生行政、医疗机构、中医事业、卫生防病工作、妇幼保健、药政、医学教育、医学科研以及设计卫生事业的学术团体、学术刊物、涉外活动等方面，记述贵阳地区卫生事业的发展状况。其中，在概述部分把贵阳市的卫生事业分3个阶段作简要介绍并适当归纳总结，帮助读者了解贵阳市各个阶段卫生事业的发展情况和特点。

贵阳市志·公安志

贵阳市公安局修　贵阳市志编纂委员会编纂　王选才主任　章德华　邓治和　王履岳　王萼华　王燕玉副主任　种洮北主编　李晓纯　马尚义　傅义贤　邱镛怡（责任）　刘朝森　肖家旋　袁尔江　向建新　马炳田（责任）副主编　王燕玉　王萼华总纂　何静梧（责任）　王大卫　龙尚学副总纂

贵阳　贵州人民出版社　1997年5月　1000册　290千字　16开本　精装 27.00元

藏于贵阳市地方志编纂委员会办公室

本志时限上限起自清末，下限至1994年。全书正文前有32张图片和概述，后有编后记。正文采用篇、章、节结构，共设2篇17章70节。2篇依次为：上篇，主要记述清末及民国时期贵阳的警察发展状况；下篇，从机构、内部行政管理、干警管理、治安管理、户政管理、保卫警卫、预审及看守、刑事侦查、交通管理、外事管理、劳动教养与少年管教、禁毒、消防防暴、武装警察、警校等方面全面记述中华人民共和国成立后的贵阳公安工作发展状况。

贵阳市志·土地管理志

贵阳市国土局修　贵阳市志编纂委员会编纂　王选才主任　章德华　陈鲁西　王履岳　王萼华　王燕玉副主任　阚建平主编　张年举　路言志副主编　王燕玉　王萼华总纂　何静梧（责任）　王大卫　龙尚学副总纂

贵阳　贵州人民出版社　1997 年 11 月　1000 册　230 千字　16 开本　精装　30.00 元

藏于贵阳市地方志编纂委员会办公室

本志时限上限至明清时期，下限至 1995 年。全书正文前置图片 32 张，除概述外，正文分上、下两篇，共 8 章 17 节。上篇名为明、清及民国时期的土地管理，下设 1 章名为明、清及民国时期的土地，下篇名为中华人民共和国时期的土地管理，下设 7 章，依次为：管理机构、地籍管理、土地利用开发与规划、建设用地管理、土地法制建设与宣传教育、贵阳市土地管理法规规章、大事记。

正文从明清及民国时期的土地管理、中华人民共和国成立以后的管理机构、地籍管理、土地利用开发规划、建设用地管理、土地法制建设与宣传教育、土地管理法规规章等方面，全面记述贵阳地区各个历史时期土地制度的变化和管理情况。其中，在概述部分把贵阳市的土地管理的工作分 3 个阶段作简要介绍并适当归纳，帮助读者了解贵阳市各个阶段土地管理的内容和重点、广度和深度、措施和效果。

2000 年，《贵阳市志·土地管理志》获贵阳市第四次社会科学优秀成果三等奖。

贵阳市志·财政志

贵阳市财政局修　贵阳市志编纂委员会编纂　卢守祥主任　许朗　濮振远　陈鲁西副主任　龙芹香主编　白应松　蒋晓菁　郑根平副主编　王萼华　王亚平（责任）总纂　何静梧（责任）　王大卫　龙尚学副总纂

贵阳　贵州人民出版社　1998 年 1 月　1000 册　300 千字　16 开本　精装　36.00 元

藏于贵阳市地方志编纂委员会办公室

本志时限上限至晚清时期，下限至 1995 年。全书正文前有概述，配图片 31 张。正文分上、下两篇，共设 2 篇 8 章 29 节。上篇从机构沿革、管理体制、地方财政收支等方面记述了晚清和民国时期的贵阳财政情况，并附有民国时期发行债券概况。

下篇主要从机构沿革、管理体制、地方财政总收支、地方财政分项收支、财务管理、财政监督检查、财政科研及会计事务等方面记述贵阳地区各个历史时期的财政发展情况。并附贵阳市财政学会、会计学会、珠算学会概况和大事记要。

2000 年，《贵阳市志·财政志》获贵阳市第五次社会科学优秀成果三等奖。

贵阳市志·财政志

贵阳市财政局修　贵阳市志编纂委员会编纂　卢守祥主任　许朗　濮振远　陈鲁西副主任　龙芹香主编　白应松　蒋晓菁　郑根平副主编　王萼华　王亚平（责任）总纂　何静梧（责任）　王大卫　龙尚学副总纂

贵阳　贵州人民出版社　1998 年 1 月　1000 册　300 千字　16 开本　精装 36.00 元

藏于贵阳市地方志编纂委员会办公室

本志时限上限至晚清时期，下限至 1995 年。全书正文前有概述，配图片 31 张。正文分上、下两篇，共设 2 篇 8 章 29 节。上篇从机构沿革、管理体制、地方财政收支等方面记述了晚清和民国时期的贵阳财政情况，并附有民国时期发行债券概况。下篇主要从机构沿革、管理体制、地方财政总收支、地方财政分项收支、财务管理、财政监督检查、财政科研及会计事务等方面记述贵阳地区各个历史时期的财政发展情况。并附贵阳市财政学会、会计学会、珠算学会概况和大事记要。

2000 年，《贵阳市志·财政志》获贵阳市第五次社会科学优秀成果三等奖。

贵阳市志·工商行政管理志

贵阳市工商行政管理局修　贵阳市志编纂委员会编纂　卢守祥主任　许朗　章德华　陈鲁西　王萼华　王燕玉　张传庆副主任　徐学仁主编　田幼光　肖跃　王勒源　邓华铣　张美铜副主编　王燕玉　王萼华总纂　何静梧（责任）　王大卫　龙尚学总纂

贵阳　贵州人民出版社　1998 年 9 月　1000 册　250 千字　16 开本　精装 32.00 元

藏于贵阳市地方志编纂委员会办公室

本志时限上限起于明代，下限至 1995 年。全书正文前有凡例和概述，配图片

34 张；正文中设大事记略。正文采用篇、章、节结构，共设 3 篇 16 章 59 节。依次为：第一篇，主要记述明代至民国时期的市场管理情况。第二篇，主要记述了 1949 年贵阳市解放后到 1979 年贵阳市的工商行政管理机构、国民经济恢复时期的工商行政管理（1949 年至 1952 年）、基本完成社会主义改造时期的工商行政管理（1953 年至 1957 年）、“大跃进”及经济调整时期的工商行政管理（1958 年至 1965 年）、“文化大革命”时期的工商行政管理（1966 年 5 月至 1976 年 10 月）。第三篇，主要从改革开放后的贵阳市工商行政管理机构、城乡市场管理、个体和私营经济管理、企业登记管理、经济合同管理、商标管理、广告管理、经济监督检查学会及协会、咨询服务机构等方面记述贵阳工商行政管理的发展变化。

贵阳市志・党派群团志

《贵阳市志・党派群团志》编写组修　贵阳市志编纂委员会编纂　王选才主任　章德华　陈鲁西　王履岳　王萼华　王燕玉副主任　辛维光主编　何任叔　濮振远　薛常澄　尹兆瑞　董素琴　倖起鸣　孙凤岐副主编　王燕玉　王萼华总纂　何静梧（责任）　王大卫　龙尚学副总纂

贵阳　贵州人民出版社　1998 年　1000 册　345 千字　16 开本　精装 34.00 元

藏于贵阳市地方志编纂委员会办公室

本志时限上限至清朝末年，下限至 1995 年。全书正文前有凡例、概述和图片 38 张。正文共设 3 篇 7 章 36 节。第一篇记述了清末和民国时期的党派群团。第二篇从中国共产党贵阳市委员会的领导机构沿革、工作机构设置、组织发展概况，中国共产党历届贵阳市代表大会、代表会议及历届历次全会情况、中共贵阳市委的重大决策和重大活动等方面，记述了中华人民共和国成立后国共产党贵阳市地方组织事项，并附有历届中共贵阳市委领导人及市纪委领导人名录，中共贵阳市委政法委、组织部、宣传部、统战部历届负责人名录、中共贵阳市委重要文件目录。第三篇主要记述了中华人民共和国成立后各民主党派、工商联和各人民团体的发展情况，并附贵阳市社会团体一览表（1995 年）。

贵阳市志・民族志

贵阳市民族事务局修　贵阳市志编纂委员会编纂　卢守祥主任　许朗　章德华

陈鲁西　王萼华　王燕玉　张传庆副主任　李秀英主编　李华　陈凤元　吴德举　何静梧副主编　王燕玉　王萼华总纂　何静梧（责任）　王大卫　龙尚学副总纂

贵阳　贵州人民出版社　1999 年 6 月　1000 册　250 千字　16 开本　精装　32.00 元

藏于贵阳市地方志编纂委员会办公室

本志时限上限起于明、清时期；下限至 1995 年，大事记、机构沿革和负责人名录下延至 1997 年。全书正文前有凡例和概述，有图片 28 张。正文采用章、节结构，共设 10 章 23 节。10 章依次为：民族源流与变迁、民族构成与分布、民族政治、民族经济、民族文化教育体育卫生、布依族、苗族、其他民族‘民族事务、大事记。

正文主要从贵阳市民族源流与变迁、民族构成与分布、民族政治、民族经济、民族文化教育体育卫生、布依族、苗族、其他民族以及民族事务等方面记述贵阳市少数民族的发展状况。本志在概述中对贵阳市这个以汉族为主体多民族聚居城市的民族历史的发展情况特点进行了归纳：一是最早对贵阳进行开发的是少数民族；二是贵阳历来各民族杂处，是各族人民共同开发了贵阳；三是旧社会少数民族始终处于被压迫、奴役的地位，中华人民共和国成立后，贵阳少数民族的地位才得以提高。

2000 年，《贵阳市志·民族志》获贵阳市第四次社会科学优秀成果二等奖。

贵阳市志·房地产志

贵阳市房地产管理局修　贵阳市志编纂委员会编纂　卢守祥主任　许朗　濮振远　陈鲁西　刘启星　王萼华　张传庆　王亚平副主任　郭文忠　孙立忠主编　翟非　冯世勋　徐毓钦　胡凌书副主编　王萼华　王亚平（责任）总纂　龙尚学　郑荣晴（责任）　何静梧（责任）副总纂

贵阳　贵州人民出版社　2000 年 6 月　1000 册　320 千字　16 开本　精装　48.00 元

藏于贵阳市地方志编纂委员会办公室

本志时限上限为清代后期，个别内容适当往前追溯；下限至 1995 年，重大事件延长至 1999 年。全书正文前有图片 32 张，后附大事记和房地产的相关文告、法规。正文采用章、节结构，共设 15 章 49 节。15 章依次为：权限管理、所有制变革、权益保护、住房制度、房地产交易、房地租赁、房地租金、房地产市场、房地产税费、征地拆迁、房屋建设、房屋维修管理、文物建筑、职工教育、机构及领导人名录。

本志重点记述贵阳市解放后房地产业的发展变化，突出中共十一届三中全会以来房地产业发展的新成就。记述的范围主要是贵阳城区，少数的统计数字涉及郊区各镇，有的涉及农村。

贵阳市志·粮食　供销　外贸　蔬菜　医药志

贵阳市粮食局　贵阳市供销合作社　贵阳市进出口公司　贵阳市蔬菜公司　贵阳市医药管理局修　贵阳市志编纂委员会编纂　卢守祥主任　许朗　濮振远　陈鲁西　刘启星　王萼华　张传庆　王亚平副主任　郑荣晴主编　李俊伟　丁海《粮食分志》主编　彭忠品副主编　李如昆《供销分志》主编　邓忠善　杨仁岳　涂忠品　李文高副主编　《马锦鸿外贸分志》主编　崔中玉《蔬菜分志》主编　杨泉副主编　陈锡铭《医药分志》主编　王萼华　王亚平（责任）总纂　龙尚学　郑荣晴（责任）　何静梧（责任）副总纂

贵阳　贵州人民出版社　2000 年 10 月　1000 册　430 千字　16 开本　精装　56.00 元

藏于贵阳市地方志编纂委员会办公室

本志时限上限起至清道光二十年（1840 年），下限至 1995 年，部分内容延至 1998 年。全书正文前置图片 46 张。正文采用章、节结构，由《粮食分志》6 章 21 节、《供销分志》4 章 14 节、《外贸分志》5 章 13 节、《蔬菜分志》4 章 8 节、《医药分志》4 章 11 节组成。其中，《粮食分志》主要从粮食供需演变，管理机构沿革，粮油征购，粮油供销，粮油调运、储存、质检、加工、管理及体制改革，等等方面记述贵阳市的粮食工作发展状况；《供销分志》主要从供销合作商业的发展、机构沿革、供销经营、管理及服务方面记述贵阳市供销工作的开展；《外贸分志》记述了贵阳外贸的发展、机构沿革、进出口贸易、经营管理；《蔬菜分志》记述了贵阳市蔬菜商业的发展，机构沿革，蔬菜、副食品、水产品经营，产销管理；《医药分志》记述了贵阳市医药商业的形成和发展、机构沿革、医药商业经营、经营管理。

全志主要记述贵阳地区各个历史时期粮食、外贸、蔬菜、医药、供销方面的情况。

2003 年 7 月，《贵阳市志·粮食　供销　外贸　蔬菜　医药志》获贵阳市第五次社会科学优秀成果三等奖。

贵阳市志·铝工业志

贵州铝厂修 贵阳市志编纂委员会编纂 陈石主任 许朗 濮振远 王保健 沈昭碧 何晓军 王亚平副主任 王伦旨主编 张格 刘星民 雍平炎副主编 王萼华 王亚平（责任）总纂 龙尚学 郑荣晴（责任） 何静梧（责任）副总纂

贵阳 贵州人民出版社 2000年12月 1200册 220千字 16开本 精装 60.00元

藏于贵阳市地方志编纂委员会办公室

本志时限上限为1941年黔中铝土矿发现，下限至2000年。全书正文前置图片42张。正文采用篇、章、节结构，分上、下两篇，共10章42节。上篇名为贵阳铝工业的形成，下设1章题为贵阳铝工业，下篇名为贵阳铝厂的创建和发展，下设9章，分别为：基本建设、技术改造、生产经营、企业管理、科技工作、环境保护、职工教育培训、机构沿革及历届领导名录、大事记。

正文中将贵阳铝工业的发展分为3个阶段：一是黔中铝土矿的发现及初勘阶段（1941年至1949年），二是黔中铝土矿的勘测和贵阳铝工业基地——贵州铝厂的初期建设阶段（1949年至1978年），第三是贵州铝厂的大发展阶段（1979年至2000年）。同时，采取分篇记述的方法，上篇记述贵阳市铝工业的形成，下篇从贵州铝厂的基本建设、技术改造、生产经营、企业管理、科技工作、环境保护、职工教育培训、机构沿革等方面记述贵州铝厂的创建和发展。

2003年7月，《贵阳市志·铝工业志》获贵阳市第五次社会科学优秀成果二等奖。

贵阳市志·乡镇企业志

贵阳市乡镇企业局修 贵阳市志编纂委员会编纂 卢守祥主任 许朗 濮振远 陈鲁西 刘启星 王萼华 张传庆 王亚平副主任 王保建主编 黄德琴副主编 王萼华 王亚平（责任）总纂 龙尚学 郑荣晴（责任） 何静梧（责任）副总纂

贵阳 贵州人民出版社 2000年12月 1000册 220千字 16开本 精装 46.00元

藏于贵阳市地方志编纂委员会办公室

本志时限上限为1840年，下限至1998年。全书正文前有凡例、概述及图片53张；后有大事记略，并附贵阳市乡镇企业选介、贵阳市乡镇企业名录及相关地方法规。正文采用章、节结构共设7章14节。7章依次为：乡镇企业的行业和分布、工业企业、农业企业、交通运输业、建筑施工业、商业餐饮旅游业及其他服务业、乡镇企业管理。

正文在记述方法上采用“先总后分”法，先总记贵阳市乡镇企业的形成发展、种类分布，后分门别类的记述工业企业、农业企业、交通运输业、建筑施工业、商业餐饮旅游服务业的情况。该志重点记述乡镇企业，一般记述社队企业，略记农村工副业。

贵阳市志·大事记

贵阳市地方志编纂委员会办公室修　贵阳市志编纂委员会编纂　卢守祥贵主任　许朗　濮振远　陈鲁西　刘启星　王萼华　张传庆　王亚平副主任　何静梧主编　王亚平　郑荣晴副主编　王萼华　王亚平（责任）总纂　龙尚学　郑荣晴（责任）　何静梧（责任）副总纂

贵阳　贵州人民出版社　2000年　1000册　450千字　16开本　精装　52.00元

藏于贵阳市地方志编纂委员会办公室

本志时限上限为1911年，下限至1998年。全书正文前配图片37张。正文共设7章，依次为第一章辛亥革命与大汉贵州及军政府时期（1944年11月4日——1912年3月3日），第二章军阀主黔时期（1912年3月4日——1935年4月30日），第三章国民党主黔时期（1935年5月1日——1949年11月14日），第四章贵阳解放和基本完成社会主义改造时期（1949年11月15日——1956年），第五章开始全面建设社会主义时期（1957年1月——1966年5月15日），第六章“文化大革命”时期（1966年5月16日——1976年10月6日），第七章社会主义建设新时期的开始（1976年10月7日——1998年12月）。

所记大事是对贵阳市历史进程有重要作用的事（包括推动作用的事和反动作用的事），特别注重历史进程中具有开创性、转折性和终结性的事。在内容上以政治方面大事为主要脉络，同时兼顾经济、文化、教育、科技、军事等方面的大事。在记述方法上，一般大事采取编年体记述，特别重大事件采取编年体和记事本末体相结合记述。全志资料主要来源于档案、报纸、书籍、杂志。贵阳市解放后部分参考了《中共贵阳市历史大事记》和《贵阳市人民政府大事记》两书。前有凡例，后附贵阳市行政区划（1998 年）、贵阳市人口增长情况（1998 年）、贵阳市年末总人口及构成（1949 年至 1998 年）、贵阳市国民经济主要指标（1949 年至 1998 年）、贵阳市国内生产总值［（1949 年至 1998 年）当年价］、贵阳市国内生产总值［（1949 年至 1998 年）1990 不变价］、贵阳市气候情况（1949 年至 1998 年）。

2003 年，《贵阳市志·大事记》获贵阳市第五次社会科学优秀成果二等奖。

贵阳市志·武警志

武警贵阳支队修　贵阳市志编纂委员会编纂　许朗主任　秦如培　濮振远　宫喜祥　肖林　沈昭碧　王亚平副主任　洪德边　冯景阳主编　班宗惠　孙运林（责任）　董均荣副主编　王亚平（责任）总纂　龙尚学　郑荣晴（责任）　何静梧（责任）副总纂

贵阳　贵州人民出版社　2002 年 6 月　1000 册　310 千字　16 开本　精装　80.00 元

藏于贵阳市地方志编纂委员会办公室

本志是在 1997 年《贵阳市志·公安志》的基础上，于 1999 年 6 月开始编纂。上限至 1949 年 11 月 15 日贵阳市解放，下限至 2000 年 12 月 31 日。全书正文前有序 2 篇、概述、大事记和图片 60 张；后有附录，附烈士事迹简介，先进集体、先进个人，重要讲话、通知及编后记。正文采用章、节结构，共设 8 章 39 节。8 章依次为：建制、内卫勤务、消防勤务、军事训练、军事行政、政治工作、拥政爱民、后勤保障。

正文主要记述了武警贵阳支队从组建以来所经过的发展历程，记述部队组织机构、编制体制等重大变化情况，翔实反映部队在执行内卫、看押、警卫、巡逻、剿匪、肃特以及处置突发事件、抢险救灾等方面的工作。

贵阳市志·社会志

贵阳市志编纂委员会编纂　许朗主任　秦如培　濮振远　宫喜祥　肖林　沈昭碧　王亚平副主任　涂光禄《汉语方言分志》主编　王亚平（责任）总纂　郑荣晴　何静梧副总纂

贵阳　贵州人民出版社　2002 年 12 月　1000 册　400 千字　16 开本　精装

65.00 元

藏于贵阳市地方志编纂委员会办公室

本志由《汉语方言分志》、《掌故分志》、《会馆分志》、《帮会分志》、《习俗分志》、《居民分志》6部分志组成，共18章63节，配图14张，是一本记述贵阳地区社会生活各方面的综合志。上限至历史发端，《掌故分志》、《会馆分志》、《帮会分志》、《习俗分志》的下限至1949年11月15日贵阳市解放；《汉语方言分志》、《居民分志》下限至20世纪末。《汉语方言分志》从语音、词汇、语法等方面记述贵阳方言；《掌故分志》主要记述了贵阳的沿革、山河、城街、名胜、庙宇、教育、文艺、饮食和遗闻；《会馆分志》记述了贵阳地域内会馆的历史沿革、组织结构、主要活动；《帮会分志》记述了晚清时期、辛亥革命前后、民国时期的贵阳帮会形成发展；《习俗分志》记述了贵阳地区内的节令、祭祀活动、婚丧及其他习俗；《居民分志》记述了贵阳以汉族为主体多民族聚居的状况和五方杂处、多省籍人汇聚的特点。贵阳地区方言、掌故、会馆、帮会、习俗、居民的起始渊源、发展变化，着重记述各个不同历史时期的特点。

2005年5月，《贵阳市志·社会志》获贵州省第五次社会科学优秀成果三等奖。

贵阳市志·烟草工业志

贵州黄果树集团贵阳卷烟厂修　贵阳市志编纂委员会编纂　许朗主任　秦如培　濮振远　宫喜祥　肖林　沈昭碧　王亚平副主任　徐东泰主编　陈连品　马世平　刘宸欀　何云峰副主编　王亚平（责任）总纂　郑荣晴（责任）　何静梧（责任）副总纂

贵阳　贵州人民出版社　2003年8月　1000册　400千字　16开本　精装　65.00元

藏于贵阳市地方志编纂委员会办公室

本志时限上限至烟草工业的发端，下限至1999年。全书正文前有凡例和概述、图片40张，后有大事记及后记。正文采用章、节结构，共设6章22节。6章依次为：卷烟工业的创始和发展，卷烟生产，卷烟销售，管理，基本建设、更新设备、技术改造及科研学术活动，机构沿革。

正文主要从贵阳卷烟工业的创始及发展、卷烟生产、卷烟销售、管理、基本建设和科研活动等方面，记述贵阳市烟草工业的发展状况，反映行业和地方特色。

2005 年，《贵阳市志·烟草工业志》获贵阳市第六次社会科学优秀成果三等奖。

贵阳市志·计划统计志

贵阳市计划委员会　贵阳市统计局修　贵阳市志编纂委员会编纂　许朗主任　秦如培　濮振远　宫喜祥　肖林　沈昭碧　王亚平副主任　蓝永堂　单建星《计划分志》主编　夏大中副主编　杨贵生《统计分志》主编　申洪才　吕逢春副主编　王亚平（责任）总纂　郑荣晴（责任）　何静梧（责任）副总纂

贵阳　贵州人民出版社　2003 年 10 月　1500 册　430 千字　16 开本　精装　68.00 元

藏于贵阳市地方志编纂委员会办公室

本志时限上限起自 1953 年，下限至 2000 年。全书由《计划分志》和《统计分志》两个分志组成。《统计分志》共 4 章 31 节，前有概述、图片 24 张，后有大事记及附录，附有贵阳市 1984 年国民经济和社会发展统计公报（摘要）、贵阳市 2000 年国民经济和社会发展统计公报、贵阳市社会经济发展主要指标（1949 年至 2000 年）。《计划分志》共 9 章 35 节，正文前有概述，后附大事记。其中，《统计分志》对明弘治年间至民国时期有简略追溯，主要记述了贵阳统计工作的机构管理、社会经济统计、统计调查、统计资料等方面的内容。《计划分志》主要从机构沿革、中长期计划、年度计划、工业和公路运输计划、农村经济计划、固定资产投资计划、商贸计划、社会事业计划、国土与环境保护计划等方面进行记述。

贵阳市志·金融志

中国人民银行贵阳中心支行修　贵阳市志编纂委员会编纂　许朗主任　秦如培　濮振远　宫喜祥　肖林　沈昭碧　王亚平副主任　刘必权主编　彭绍祥　熊尔壁副主编　王亚平（责任）总纂　郑荣晴（责任）　何静梧（责任）副总纂

贵阳　贵州人民出版社　2004 年 1 月　2500 册　490 千字　16 开本　精装　67.00 元

藏于贵阳市地方志编纂委员会办公室

本志时限上限起自清朝康熙时期，历史货币有所上溯；下限至 20 世纪末，各行、司、局领导人名录延至 2003 年。全书正文前置图片 55 张及贵阳各个历史时期的货币照片；后附大事记、贵阳市金融系统先进单位、先进个人名录及编后记。正文采用章、节结构，共设12章48节。12章依次为：货币、机构、银行存款与城镇储蓄、银行贷款、外汇业务、银行结算、基本建设投资拨款、保险业务、其他金融业务、信用合作业务、代理业务、金融管理。

正文主要记述范围为中华人民共和国成立前贵阳市城区及郊区；中华人民共和国成立后扩及贵筑县。1958年至1963年一度划归贵阳市管辖的清镇、修文、开阳、惠水四县不列入。1996年起划入的清镇、修文、息烽、开阳三县一市，从划入时起入志。全书从货币、机构、银行存款与城镇储蓄、银行贷款、外汇业务、银行结算、基本建设投资拨款、保险业务、其他金融业务、信用合作业务、代理业务、金融管理等方面全面记述贵阳金融的发生发展。

2005年7月，《贵阳市志·金融志》获贵阳市第六次社会科学优秀成果三等奖。

贵阳市志·人大　政府　政协志

贵阳市人大委员会　贵阳市人民政府　政协贵阳市委员会修　贵阳市志编纂委员会编纂　许朗主任　秦如培　濮振远　宫喜祥　肖林　沈昭碧　王亚平副主任　李长兴《人大分志》主编　濮振远副主编　许朗《政府分志》主编　肖林　周云才副主编　刘启星《政协分志》主编　沈昭碧　冯德能　陈金萍　黄平　刘从龙副主编　王亚平（责任）总纂　郑荣晴（责任）　何静梧（责任）副总纂　郑荣晴主编

贵阳　贵州人民出版社　2004年11月　1000册　480千字　16开本　精装　65.00元

藏于贵阳市地方志编纂委员会办公室

本志时限上限起至明隆庆三年（1569年）贵阳府成立，下限至2000年。全书正文前置图片53张。正文由《人大分志》、《政府分志》、《政协分志》3个部分组成，共设23章80节。

《人大分志》，记述了贵阳市各界人民代表会议、贵阳市人民代表大会、贵阳市人民代表大会常务委员会、讨论决定重大事项、地方性法规的制定修改和废止、监督工作、任免工作、述职评议、代表工作、拓宽公民有序政治参与渠道、人民代表制度的宣传与理论研究等事项，附有出席全国、省人民代表大会代表名录和历次贵阳市人民代表大会主席团成员名单、贵阳市颁布施行的地方性法规、民国时期贵阳市参议会概况。《政府分志》，主要记述了贵阳府和贵筑县、贵阳县政府和贵阳市政府、贵阳市人民政府、贵阳市人民政府经历的几个时期、政府机构和行政区划、人民政府的法制和制度建设、国民经济和社会发展计划执行情况。《政协分志》，主要记述了人民政协的历史沿革、组织概况、历届会议情况、主要工作和活动、贵阳市历届各届人民代表会议协商委员会及人民政协贵阳市委员会常务委员会组成人员。

2005 年 7 月，《贵阳市志·人大政府政协志》获贵阳市第六次社会科学优秀成果三等奖。

贵阳府志（校注本）（上、下）

贵阳市地方志编纂委员会修　贵阳市地方志办公室校注

贵阳　贵州人民出版社出版　2005 年 7 月　2000 套　3500 千字　16 开本　精装　300.00 元（全 2 册）

藏于贵阳市地方志编纂委员会办公室

本志由贵阳市地方志编纂委员会办公室校注，校注工作从 2003 年 3 月开始，历时两年完成。以清咸丰二年（1852 年）由清朝知贵阳府事周作楫辑，清朝知贵阳府事博白朱德璲绥堂刊的木刻本为底本。校注本以历代纂修的《贵州通志》、贵州重要历史文献及《华阳国经》、《水注经》、《史记》、《汉书》、《明史》、《清史稿》等相关文献互校，出校 9049 条，其中，校勘 1288 条，注释 7761 条。校注人员有龙尚学、侯绍庄、黄万机、张祥光、李华年、吕幼樵、马先彦、陈翰辉。侯绍庄校注卷一至卷三、卷四十至卷四十九；李华年校注卷四至卷五；张祥光校注卷十五至卷二十三；黄万机校注卷五十至卷五十三、余编卷一至卷二十；龙尚学校注冠篇卷一至卷二、卷三十四至卷三十九、卷五十四至卷七十五、卷八十三至卷八十八；吕幼樵校注卷二十四至卷三十三；马先彦校注卷七十六至卷八十二；陈翰辉校注卷六至卷十四。全书校注由侯绍庄、黄万机、龙尚学审定。

本志上册收录了校注说明、序（叙）5 篇、公启、冠编 2 卷、大事纪 3 卷、沿革表 2 卷、职官表 8 卷、选举表 10 卷、疆里图记 6 卷、山水图记 4 卷、山水附记 1 卷、城郭图记 1 卷、公室图记 1 卷、祠宇图记 1 卷、关路津渠图记 1 卷、古城地图记 2 卷、分星略五行略 1 卷、祠祀略 1 卷、学校略 2 卷、食货略 4 卷、武备略 2 卷、艺文略 4 卷、汉元政绩录 1 卷、明政绩录 1 卷。下册从卷五十六开始，收录了明政绩录 17 卷、明耆旧传 3 卷、耆旧传 7 卷、列女传 4 卷、土司传 2 卷，以及余编的文征 18 卷、余编的杂识 2 卷、原书附录、附录 3 篇（《明代贵州府州县、卫所、土司治地与今地名对照》、《清代贵州府厅州县与今地名对照》、《本志涉及重要人物姓名索引》）、校注后记。

《贵阳府志》编纂始于道光二十二年（1842年），迄于咸丰元年（1851年），时限上至先秦，下迄清道光末年。地域除今贵阳市及其所辖区、县（市）外，还包括现今黔南布依族苗族自治州所辖的贵定、平塘、罗甸、长顺、龙里、惠水等县。同时还记录了明、清两代贵州省级政权机构及其重要施政事迹和和影响全省的一些重大事件。

区、县（市）志书

贵阳市乌当区志（上、下）

贵阳市乌当区地方志编纂委员会编　李志鹏主任　李凤兰　陈强　顾亚勇副主任　顾亚勇主编　孙定朝副主编　顾亚 勇总策

贵阳　贵州人民出版　2007年10月　2000套　1200千字　16开本　精装　280.00元（全2册）

藏于乌当区地方志编纂委员会办公室

本书编纂工作启动于2002年6月，2007年10月出版发行。记述时间上限不限，下限至2000年。附有彩色乌当区行政区划图1幅、乌当区城区图1幅，彩色图片118幅，是一部记述乌当区历史与现状的百科全书。全书正文前设序、凡例、概述、大事记；后缀人物（人物传记、革命烈士名录）、附录一（获省部级表彰名录）、附录二（获高级职称人员名单）、首轮修志始末。正文采用篇、章、节结构，共设22篇100章335节，依次为：第一篇建置沿革（2章16节），第二篇自然环境（4章13节），第三篇人口民族宗教（3章12节），第四篇综合经济（7章24节），第五篇工业（3章8节），第六篇高新技术产业（3章4节），第七篇乡镇企业（3章13节），第八篇农业（5章13节），第九篇林业（5章15节），第十篇水利（3章12节），第十一篇诚乡建设与环境保护（4章13节），第十二篇交通邮政电信（3章9节），第十三篇商业贸易（3章10节），第十四篇财税金融保险（5章19节），第十五篇党政群团（5章23节），第十六篇政法（5章26节），第十七篇民政6章13节），第十八篇军事（7章19节），第十九篇教育（8章23节），第二十篇科技（4章13节），第二十一篇文化（8章25节），第二十二篇医疗（4章12节）。

南明区志（上、下）

贵阳市南明区地方志编纂委员会编纂　苟光阳　曾玉琪主编　沈启源　邓祖荣　洪兵　张幼竹　陈桂明副主编

贵阳　贵州人民出版社　2008 年 10 月　2500 套　2200 千字　16 开本　精装　380.00 元（全 2 册）

藏于南明区地方志编纂委员会办公室

志书上限起自元代；下限为 2000 年，个别事物、总述及附录延至 2006 年。全志有图 25 幅、照片 265 张。前设总述、大事记；后缀人物、附录。正文采用编、章、节结构，共设 25 编 108 章 460 节。25 编依次为：建置地理、人口、城市建设与管理、商业、工业、农村经济、经济管理、财政税收金融、中国共产党、人民代表大会、人民政府、人民政协、民主党派人民团体、检察审判、公安司法、军事、劳动人事、民政、民族宗教、科学技术、教育、文化、卫生、体育、名胜古迹诗词楹联等编。

贵阳市云岩区志（上、下）

贵阳市云岩区地方志编纂委员会编　田儒雄主任　邱斌　赵震洋　杨天华　沈晓莉　黄栋全　吴继红副主任　赵震洋主编　陆昌伟　杨贤　何伊经　王学兴　周诗若　全国珍副主编　张桂江　陆昌伟总纂　杨贤　全国珍副总纂

贵阳　贵州人民出版社　2005 年 12 月　1200 套　1500 千字　16 开本　精装　280.00 元（全 2 册）

藏于云岩区档案馆　云岩区地方志办公室

2001 年 10 月，贵阳市云岩区地方志编纂委员会成立，开始征集资料、撰稿、编纂。2005 年，经贵阳市地方志编纂委员会审定后出版。本志为贵阳市云岩区建区以来第一部地方志书。记事时限上起明代，不同事类则上溯发端之时；下迄 2000 年，其中，概述、经济综述、区情数据下延至 2003 年，个别事类记事时限亦有所下延。全志有 40 插页（173 幅彩色图片）。述、记、志、传、图、表、录体裁要素齐全。全书除概述、大事记、附录、修志始末外，正文采用篇、章、节体，共设 21 篇 85 章 346 节。21 篇依次为：地理、人口民族、党政群团、政法、政务、军事、社会主义精神文明建设、经济综述经济管理、商业、工业、农业、城市建设与管理、交通邮电、财政税务审计金融、科学技术社会科学、教育、文化、卫生体育、文物名胜、宗教会馆习俗、人物等篇。

正文主要记述自明洪武十五年（1382 年）贵阳改土城为石城后的六百余年间，今云岩区境因贵阳的政治、经济、文化中心逐渐北移造就的区位优势，特别是 1978 年中共十一届三中全会以来云岩区政治、经济、文化、社会等各方面历史性深刻变化和突飞猛进的发展历史，突现“西部区域经济增长发展最快区”的特色，为“黔灵毓秀，贵中云岩”品牌提供了翔实史料。本志在坚持全志常规篇目设计的同时，坚持与时俱进，增设颇有新意的《社会主义精神文明建设》篇，体现了云岩区一手抓经济建设，一手抓精神文明建设，构建和谐云岩的建设、发展之路。

贵阳市花溪区志

花溪区地方志编纂委员会编纂　李祖运主编　郑培光　张敏　胡汉屏副主编

贵阳　贵州人民出版社　2007 年 8 月　3000 册　1465 千字　16 开本　精装　270.00 元

藏于花溪区地方志编纂委员会办公室

本志自 2002 年 4 月开始编纂，数易其稿，直至 2007 年 8 月方付梓出版，艰辛 5 年半。上限起至明万历十九年（1591 年）改土归流中正式建立新贵县，志书中主述 1591 年至 2002 年间 401 年历史，故下限概述、区情数据与大事记止于 2002 年，其余各篇统一至 2002 年，有些地方适当上溯至元代。本志属章节体，设概述、大事记和政区建置、自然环境、生态与环境保护、人口与计划生育、民族、宗教、党派群团、政权政协、军事、政法、民政、综合经济、农业、工业、乡镇企业、交通运输邮电、城乡建设、商业、财政税务金融、文化、教育、医药卫生、科学技术、名人在花溪、旅游、习俗方言会社道门、人物，共 27 篇 126 章 339 节。政区沿革中配有各历史时期的县城行政示意图和现今各乡镇行政区域图等，正文中附有表格，收有著名历史名人诗词 34 首、楹联 6 幅及描述花溪的散文，等等。反映了秀美花溪，印证了现今城市区、生态区、文化区、旅游区的发展定位。概述配有英文。附有地图 4 幅，彩色图片 114 幅，黑白随文插图 150 幅。

全书资料翔实、记述全面、结构严谨、贯通古今、特色浓郁、图文并茂、装帧精良，是花溪数百年有县治以来的第一本地方志书。本志曾得到陈福桐、熊宗仁等老一辈史学专家的赞扬及肯定。2010 年，获贵阳市社会科学优秀科研成果评比三等奖。

贵阳市白云区志

贵阳市白云区地方志编纂委员会编纂　秦如培（第一届）　马长青（第一届、第二届、第三届）　赵兴民（第一届、第二届、第三届）　江金文（第一届、第二届）　董兰杵（第二届）　黄昌祥（第三届）　卢瑞礼（第三届）主任　任承贵（第一届）　钮力卿（第二届）　苏永泓（第三届）常务副主任　卢幼黔（第一届）　韦鸿宁（第一届）　刘永贤（第二届）　卢瑞礼（第二届）　苏永泓（第二届）　任承贵（第二届）副主任　宋书平（第三届）　任萍（第三届）副主任　李士林（第一届）　钮力卿（第二届）　苏永泓（第三届）主编　赵靖（第二届、第三届）常务副主编　张国栋（第一届、第二届、第三届）　张辉（第一届、第二届）　黄作国（第一届、第二届）　陶泽敬（第二届）　罗蕤（第二届）　黄泽军（第三届）副主编　赵靖（第二届）总编审　张国栋（第二届）总纂

贵阳　贵州人民出版社　2007 年 12 月　1000 册　1400 千字　16 开本　260.00 元

藏于中共白云区委党史研究室

本志于 2001 年启动，历时 6 年多时间，由贵阳市地方志编纂委员会办公室审定验收后，成书面世。全书上限起于 1840 年，适当往前追溯；下限至 2000 年，部分章节的内容适当延长到 2006 年，人物传略和图片下限至 2007 年。全书正文前设序，后设后记。采用述、记、志、传、图、表、录等 7 种体裁，以志为主。有 51.5 印张，插页 36 页，地图 2 幅，图片 121 张。正文前有序、凡例、概述、大事记，后缀人物、后记。正文采取篇、章、节结构，共设 23 篇 94 章 334 节。23 篇依次为：政区建置、自然地理、人口计划生育民族、党政群团 人民政协、军事、政法、综合经济、经济开发、农村经济、乡镇企业、铝工业、交通邮政电信、城市建设与管理、环境保护、商务贸易、财政税务金融、教育、科学技术、文化体育、医药卫生、民政、驻区企业、社会等篇。

贵阳市小河区志

贵阳市小河区地方志编纂委员会编纂　张茂平　叶华山主任委员　杨婷主编　段志强（责任）　王勤培副主编

贵阳　贵州人民出版社　2004 年 11 月　2000 册　618 千字　16 开本　精装

80.00 元

藏于小河区档案局　小河区地方志编纂委员会办公室

编修始于2001年9月，2004年11月付梓出版发行。本志时限上限起自元代，下限为2002年。以行政区划为记述范围，对于因行政区划变动划入小河区的乡镇街道，从划入时开始记述。全书由概述、大事记、专志各章和附录组成。另有小河区行政区划图1幅，小河区城区图1幅，彩色图片10幅，黑色图片3幅。正文前设概述、大事记，尾缀附录、修志始末。正文采用章、节结构，共设，共设32章131节。32章依次为：隶属关系与建置、自然环境、人口、民族、贵阳经济技术开发区建设、城区管理、工业、乡镇企业、商业、农业、林业、水利、环境保护、交通运输、邮政电信、综合经济管理、财政、税务、金融保险、中共小河区地方组织、贵阳经济技术开发区管理委员会、人民代表大会、人民政府、人民政协、群众团体、军事、公安司法、人事劳动、民政、教育、科学技术、文化广播电视体育、医疗卫生、社会风情等章。

贵阳经济技术开发区志

贵阳市小河区地方志编纂委员会编纂　兰义彤（第一届）　韦鸿宁（第一届）　马宁宇（第二届）　韦鸿宁（第二届）　钟汰甬（第二届）名誉主任　席晓红（第一届、第二届）　王延刚（第二届）　向洋（第二届）主任　杨菲（第一届）　熊国玺（第一届）　严英（第一届）　李成龙（第一届、第二届）　马良美（第一届、第二届）　徐飚（第二届）　沈毅（第二届）　余大林（第二届）副主任

（书稿，未正式出版）　652千字

藏于小河区档案局　小河区地方志编纂委员会办公室

本志编纂委员会经历两届：2008年1月至2008年10月为第一届，2008年11月至2010年3月为第二届。本志编修工作于2007年9月启动，2008年3月开始编修工作。本志时限上限起自1993年，下限为2008年，个别章节、大事记根据需要适当上溯、下延。全书正文前有序，概述、大事记，后有劳动模范名录、附录、索引、编修始末。目录、概述为中英文。正文采用章、节、目结构，共设22章75节。22章依次为：建区历史沿革、区域规划、地名与建筑、投资环境、基地与园区建设、土地开发与管理、园区功能、党政司法机构、政府机构——经济调解与市场监

督、财政税务审计、产业经济、商业服务业旅游业、金融业、对外贸易、招商引资、房地产业、环境管理业、公共设施管理业、国有企业、外资投资企业、民营企业、科学技术等章。

正文主要记述了贵阳经济技术开发区1993年成立省级经济技术开发区、2000年被国务院批准为国家级经济技术开发区到2008年经济发展历史进程。全志以“经济技术开发”为主题，采用章、节结构，纵述历史发展沿革，横陈经济技术开发，高新技术产业开发，致力于循法、求实、纪实、用心“存史、资政、教化”，是一部反映开发区改革开放历史进程及成就的志书，是一部具有历史价值和现实意义的资料性著作。志书客观地反映了开发区装备制造业及其配套产业、电子及信息产业、汽车及其零部件产业、工程机械制造产业、航空航天产业、现代制药及食品加工业、旅游业、现代服务业、专业市场、非公有制经济从无到有、从小到大、从弱到强跨越式发展的历程。

清镇县志

清镇县地方志编纂委员会编　孔庆务（第一届）　班全清（第二届）　陈荣祥（第三届）主任　韩志武（第一届、第二届、第三届）　凌霄（第一届）　韦忠琪（第一届）　彭操行（第一届、第二届、第三届）　王昌发（第二届、第三届）　李崇昆（第二届、第三届）　黄成铭（第二届、第三届）　钱春荣（第二届、第三届）　齐光祥（第二届、第三届）　张德枢（第二届、第三届）　陈开凤（第三届）　朱恒芳（第三届）副主任　张德枢主编　杨晋凯　朱明俊副主编

贵阳　贵州人民出版社　1991年6月　3000册　1049千字　16开本　精装　37.00元

藏于清镇市档案局

本志共有3届编纂委员会，1985年8月至1987年6月为第一届，1987年7月至1990年8月为第二届，1990年9月起为第三届。全书正文为篇、章、节结构，有专志37章175节、人物传、革命烈士英名录、附录及修志始。有现行政区、县城现状、土地利用现状、地壤分布、矿产资源分布、水利现状等6幅地图及彩色图片28页124幅。全书采用章节结构，结构依次为：建置、乡镇概况、自然地理、人口、明清民国党政社团、中共清镇县地方组织、县人民代表大会、县人民政府、县人民政协、群众团体、司法、军事、经济综述、农业、林业、畜牧渔业、水利、乡镇企业、电力、轻工业、重工业、交通、邮政电信、城乡建设、环境保护、商业、财政

税务、金融保险、经济管理、教育、科技、医药卫生、文化、文物名胜、体育、民族、风俗宗教方言。

《清镇县志》1992 年获贵州省安顺地区地方志优秀成果二等奖；1993 年获全国新编地方志优秀成果评比二等奖。

清镇县志稿（点校本）

清镇市史志办公室点校

贵阳　内部资料　内资审字第1027 号　兴顺印刷厂印刷　2002 年 6 月　30 千字　500 册　16 开本　精装

藏于清镇市史志办公室

民国《清镇县志稿》全书 4 册 12 卷，约 30 万字，民国 37 年出版。

全志正文 12 卷，由 10 部分组成：《方舆述要》2 卷，《建设述要》1 卷，《政治述要》1 卷，《风土述要》1 卷，《纪事述要》1 卷，《职官述要》1 卷，《登选述要》1 卷，《人物述要》1 卷，《艺文述要》1 卷，《杂记》1 卷。有明《万历威清地图》等 6 幅。卷首有县长方中、卢爱兹等 7 人作序。历时 22 年编纂而成。封面由谷正伦题写。该书引用古典文献较多，资料丰富，对各方面都有广泛的参考价值，是前人为清镇留下的宝贵的文化遗产。

2002 年 6 月，清镇市史志办公室点校，内部发行。

开阳县志

贵州省开阳县地方志编纂委员会编纂　罗光彪（第一届）　黄武忠（第二届）主任　朱升亮（第一届）　黄训礼（第一届）　姚昌永（第一届）　苏洪云（第二届）　李朝君（第二届）副主任　李朝君主编　张大贤副主编

贵阳　贵州人民出版社　1993 年 4 月　1000 册　1200 千字　16 开本　精装　48.00 元

藏于开阳档案馆和地方志办公室

编纂委员会先后有两届，1986 年为第一届，1990 年为第二届。1987 年，按照先部门志，后分纂，再总纂三步成志的办法启动，1990 年 7 月分纂结束，1991 年 9 月完成总纂，1992 年 10 月送审。上限追溯到有文字记载的年代，下限为 1990 年。

全书首有时任中共开阳县委书记张宁勋和县人民政府县长黄武忠作的序，凡例中说明了涉及该书的11项内容，概述分为5个部分，设有大事记。附录里录入旧志序选录、民国《开阳县志稿》序一、开州“教案”、修志该志的始末、开阳县1991年11月行政区划及各乡镇基本情况表。有34页彩色图片，函盖了开阳县的农业、工业、城建、交通、林业等方面。正文采用编、章、节结构，共设13编58章272节。13编依次为：地理、农业、工业·城乡建设·交通·邮电、商业·粮油、财政·审计·税务·金融、经济综合管理、党政群团、民政·人事劳动·干部监察、军事·司法、教育·科技、文化、医药·卫生·体育、民族·风俗·宗教·方言等编。卷末用表格的方式列出了本籍在开阳或在外地、外籍在开阳地域内活动过且有影响的、有特殊的人物和革命烈士英名录。

开阳县志稿（民国）（点校）

开阳县史志办公室点校

贵阳　开阳县教育印刷厂印刷　1996年10月　400千字　700册　16开本　硬皮精装

藏于开阳县史志办

《开阳县志稿（民国）》是民国28年由时任县长解幼莹支持编纂的一部志书，体例较完备，内容较丰富。辑成4卷，雕版皮纸印刷，文字为竖排，无标点符号。以节为单位，由六委分头编纂，成志时间仅六个月。

1993年开阳县史志编纂委员会办公室对该书进行校点。在保持志稿原貌的基础上，根据新闻出版和志书的有关规定，将原志稿竖排改为横排，加注标点，采用规范的简化字等，并纠正原排版中的失误和错字，装订为一本。

志稿卷首由吴鼎昌、解幼莹、欧先哲、钟景贤、杨竹君、钟全林等作序，凡例里对该志作了14个方面的说明，然后是志稿编纂委员会委员姓名，开阳县地图，市街图，修志委员会委员成员像，清开州印等印信，金石。内容分为历史、地理、政治、经济、教育、军事、建设、自治、社会、党务、人物、艺文、拾佚，13章66节，40余万字。卷末：志稿编纂委员会组织章程：分为五章，即总纲、组织、会议、经费、附则，两个通告件和《致民教馆涵》，原订纲目及主编委员姓名，志稿编纂印刷经费数目，地名对照表、勘误表。

修文县志

修文县人民政府修　修文县地方志编纂委员会编纂　李祖炎主编　吴应昌　夏之奎副主编

贵阳　北京方志出版社　1998年12月　2000册　1900千字　16开本　精装　168.00元

藏于修文县史志办公室

本志时限上限起自县境置蛮夷长官司的元代至元二十年（1283），下限概述、县情数据和大事记止于1998年，其余各篇统一断至1990年。全书正文前设概述、县情数据、大事记，后缀人物、附录。正文采取篇、章、节结构，共设22篇106章391节。22篇依次为：政区建置、自然环境、人口民族、党政群团、军事、政法、民政、综合经济、农林牧渔、水利、乡镇企业、工业、交通邮电、城乡建设、商业、财政税务金融、王阳明在龙场、教育、科学技术、文化、卫生体育、社会风情等篇。目录和概述配有英文对照。有插32页，地图13幅，彩色图片照138幅，插图27幅。

1999年，《修文县志》以资料翔实、记述全面、贯通今古、特色浓郁、颇具新意等特点入选全国新编地方志成果展，国内方志专家赞其为"王学圣地铸新词"、"黔地志苑一奇葩"。1999年，以装帧印刷质量胜出，获国家新闻出版署优秀图书奖；2000年，获贵阳市第四次社会科学优秀科研成果评比一等奖，受贵阳市人民政府表彰奖励；2001年，获贵州省第五次哲学社会科学优秀科研成果评比三等奖，受贵州省人民政府表彰奖励。

（民国）修文县志

修文县地方志办公室整理　罗再麟点校　夏之奎　李祖炎复点校　陈福桐　史继忠　张祥光　侯绍庄　张桂江审读

贵阳　内部资料　黔新出〔图〕2009年一次性内资准字第73号　2009年　377千字　1000册　16开本　绢面精装

藏于修文县地方志办公室

民国九年（1920年），修文县城绅士陈嘉言等倡导创修《修文县志》，由民国修文县文献委员会编纂，先后聘陈矩、孙鸾为总纂，历时29年，于民国37年（1948）竣稿，书凡四册。次年一、二成书，三、四册因资金拮据停印，继后印刷所倒闭，志稿散失。

2009年，一、二册志稿经修文县地方志办公室整理出版，书前增设点校名录、点校序、点校说明等。

该志资料详实，考证稳贴，归类合理，结构完善。尤其是“凡例”以正名、昭实、戒污、除诞、务明、祛涩列为志规，要求编纂者与时俱进，不硬凑景观，不具列星野，不撰写涩文等都体现科学的内涵，是一篇较好的编纂志书的法则。

全志正文共17卷65目，60余万字。第一册首列序文、志稿职员录、凡例、总目，继是建置志、舆地志、前事志；第二册秩祀志、土司志、献征志、古迹志、人物志；第三、四册为贡举志、食货志、职官志、风土志、学校志、武备志、经业志、金石志和宦绩志。本志为通志，其中舆地卷之疆里，建置卷之邮务、电报，食货卷之田赋、经费、地籍和学校卷则延展到33年，其余卷、目下限截至民国17年。所述疆域含修文、息烽两县，民国3年（1914）前本为修文县，之后始分为二。

《（民国）修文县志》记述了修文近500年的历史概貌，为了解、研究、开发修文及相临地域如息烽、清镇、开阳的山川地理、民物风情、名胜古迹、人物建树、社会风云提供详实可靠的历史信息，是不可多得的历史借鉴资料。惜至今日，仅有半部保存，所幸这半部历史，恰好包括自然、政治、经济、文化、军事，仍可当成全部志书来阅读。此书对研究、开发、利用地方自然资源，文化资源，发展乡土经济仍有不可替代的作用。

息烽县志（民国）

王佐创修　樊昌绪续理　顾枞总纂

贵阳　贵州新闻出版局印制　1989年　700册　16开本　精装　25.40元

藏于息烽县地方志办公室

《息烽县志》（民国），是息烽县第一部志书。编纂于民国十七年（公元1928年）至二十九年（公元1940年）间，成稿后尚未付印出版。解放后，手稿存息烽县档案馆。1965年11月，贵州省图书馆曾采用油印方式，组织刻印成书。

1985年，《息烽县志》（民国）由贵州新闻出版局采用铅印方式印制。1985年启动至1988年完成，历时3年。创修王佐，续理樊昌绪，总纂顾枞，校点朱应长，复校点邱德林、吴家齐、江萍，审订侯存安、康健文，复审邱德林，封面题字陈福桐，校对邱德林、吴家齐、江萍。

该书收录黑白照1幅，统计报表11张。

息烽县志

息烽县史志编纂委员会编纂　罗炳秋（第一届）　陈华祥（第二届）　陈建忠（第三届）　黑卫平（第四届）主任　严生才（第一届）　喻以航（第一届）　龚德昭（第一届）　罗筑云（第二届、第三届）　杜洪文（第二届）　罗新安（第二届、第三届、第四届）　刘兴明（第二届、第三届、第四届）　李贵菊（第三届、第四届）　蒋光国（第三届、第四届）　黄银忠（第三届、第四届）　倪田（第四届）　周治权（第四届）副主任　邱德林主编

贵阳　贵州人民出版社　1993 年 12 月　2000 册　1180 千字　16 开本　精装 42.00 元

藏于息烽县地方志办公室

本志修编于 1985 年启动，至 1990 年结束，历时 6 年，息烽县志编纂委员会由 4 届编纂委员会组成。时间上限不限，下限为 1990 年。全书正文前设有息烽县行政区划图等图，彩色图片 102 幅、黑白图片 22 幅，统计表格 151 张，插页 49 幅，序言三则，概述，大事记；后缀人物、附录。正文采取篇、章、节结构，共设 30 篇 124 章 429 节。30 篇依次为：政区建置、自然地理、民族人口、政党、政权、民政、劳动人事、人民政协、团体、司法、军事、农业、林业、畜牧渔业、水利、乡镇企业、工业、交通邮电、城建环保、商业、粮油、财政税务、金融、经济管理、教育、科学技术、卫生体育、文化艺术、文物名胜、社会等篇。

1998 年，《息烽县志》获贵州省首届新编志书成果三等奖。

乡（镇）、村和街道志书

贵阳市南明区街道志

贵阳市南明区地方志编纂委员会编纂　蒋星恒　陈广宇　陈长发　夏钢主任　苟光明　邓祖荣　洪兵副主任　苟光阳主编　沈启源　张幼竹　金方隆　景玉和副主编　张幼竹总纂

贵阳　贵州人民出版社　2003 年 9 月　2000 册　520 千字　16 开本　平装 86 元

藏于南明区档案馆

本志时限上限为1949年，下限为2002年。全书有照片70张，地图19幅。图片采取集中编排，表格随文设置，街道图置于各分志正文前。全书正文前设概述，后缀附录、后记。正文由15个街道办事处分志组成，在编排上采用分志、章、节、目结构，共设45章108节。分志依次为：遵义路街道办事处分志、河滨街道办事处分志、中华中路街道办事处分志、西湖路街道办事处分志、市府路街道办事处分志、大南门街道办事处分志、新华路街道办事处分志、油榨街街道办事处分志、太慈桥街道办事处分志、龙洞堡街道办事处分志、中曹司街道办事处分志、二戈寨街道办事处分志、兴关路街道办事处分志、沙冲路街道办事处分志、花果园街道办事处分志。

后巢乡志

贵阳市南明区后巢乡志编纂工作领导小组　贵阳市南明区后巢乡志办公室编　李仕勇主编　陈秋菊　龙昭龙　黄良弢副主编　李金城总纂

贵阳　贵阳富华包装彩印厂刊印　2003年12月　500册　100千字　16开本平装

藏于南明区档案馆

本志2003年12月编纂完成，内部刊印。上限没有作统一规定，下限为2003年12月30日。全书正文前有照片74张、行政区域图1张，设概述、大事记。专志采用篇、章、节结构，共8篇25章39节。8篇依次为：人口地理、政治、农林水、乡镇企业、村寨建设、财政、文教卫生、社会等篇。

党武乡志

党武乡地方志编纂委员会编纂　李祥周主编　周念华　于士礼副主编

（手稿，未正式出版）

藏于花溪区党武乡人民政府办公室

本志2002年编纂完成，内部刊印。上限1950年，下限2001年。采用章、节体，前设序、概述、大事记，后缀人物。共设7篇30章，依次为第一篇地理人口（下设3章13节）；第二篇政治（下设5章12节）；第三篇军事司法民政（下设3章12节）；第四篇农林水（下设14节）；第五篇工建交（下设5章10节）；第六篇财贸金融（下设 13 节）；第七篇文教卫生（下设 4 章 13 节）。

党武地处黔中“高原明珠”花溪腹地，贵阳市近郊，山清水秀，文化悠久，人杰地灵。党武原名“党兀”。元《经世大典·招捕总录·八番顺诸蛮》即有讨伐党兀并使之归顺的记载，《元史·地理志》载党兀等处长官司隶属番民总管，迄今已有 660 多年历史。本志详细的记述了中共十一届三中全会以来，党武乡政通人和，百业俱兴，因地制宜，进行农业产业结构调整，其中有“金摆寡”、“银黄马”之美誉的产粮村。农、林、副、渔逐步得到综合开发，党武辣椒、紫皮大蒜已成为支柱产业优势。乡镇企业持续发展，基本实现水、电、路“三通”。科学、文化、教育、卫生等事业有长足发展。全乡社会经济建设欣欣向荣，人民生活向小康迈进。

湖潮乡志

中共湖潮乡委员会　湖潮乡人民政府编纂

（书稿，未正式出版）

藏于湖潮乡人民政府办公室

本志 2002 年编纂完成，内部刊印。上限自明代时期，下限止于 2008 年 10 月。全书前设概述，正文采用篇、章、节体，共设 6 篇 26 章。6 篇依次为：第一篇区域情况（下设 2 章 6 节）；第二篇政治（下设 8 章 12 节）；第三篇农林牧渔（下设 5 章 7 节）；第四篇乡村建设及乡镇企业（下设 4 章 4 节）；第五篇文教卫生（下设 3 章 6 节）；第六篇民族文化及名胜古迹（下设 4 章 9 节）。

正文记述了湖潮乡建乡以来的区域情况、政治、农林牧渔、乡村建设、乡镇企业、文教卫生、民族文化、名胜古迹的沿革及发展概况。湖潮乡明代曾属贵州卫左千户所和前千户所，清时分隶贵筑县南上里和广顺州从仁里。民国 20 年（1931 年）建第六区辖五乡，第七区辖三乡。民国 33 年（1944 年）建贵筑县汪官乡，下辖 9 保 87 甲。中华人民共和国成立后，1952 年属贵筑县第四区，分广兴乡、湖潮乡、汪官乡；1958 年 3 个乡合并为高峰人民公社；1959 年分建广兴、湖潮 2 公社；1971 年广兴公社并入湖潮乡公社；1979 年全社 13 个生产大队，1 个公社林场，67 个生产队。乡境内居住汉族、苗族、彝族、壮族、布依族、侗族、水族、仡佬族等 8 个少数民族。2001 年，全乡 13 个行政村 71 村民组。总人口 22548 人，其中农业人口 17556 人，占总人口 77. 86%；少数民族 4007 人，占总人口 17. 77%。

久安乡志

中共久安乡委员会　久安乡人民政府编纂
（书稿，未正式出版）
藏于久安乡人民政府办公室

本志2002年编纂完成，内部刊印。上限1687年，下限2001年3月。全书有彩色插图两张，为久安中小学照片。全书正文前设概述。正文采用篇、章结构，共设8篇，依次为：地理人口，政治，军事司法民政，农林水，工建交，财贸金融，文教卫生，民风民俗等篇。

正文主要记述了久安乡的自然地理、政治、文化、民风习俗等资料。第一篇地理人口，分为自然地理、政区建置沿革、民族人口3章；第二篇政治，分为中国国民党在久安组织简况、中国共产党久安乡委员会、乡人民代表大会主席团、民国时期的政府行政机构、贵阳市解放后政府机构、政协联络组、群团组织等7章；第三篇军事、司法、民政，设有军事、司法、民政3章；第四篇农、林、水，设有农业、林业、畜牧水产、水利电力等，4章；第五篇工、建、交，设有乡镇企业、乡镇建设环境、交通、邮电4章；第六篇财贸、金融，设有国营商业、供销、粮油、财政、工商税务、金融等6章；第七篇文教卫生，设有文化、教育、卫生体育等3章；第八篇民风民俗，设有汉族、苗族、歇后语等3章。

除正文外，分设概述、大事记、附录3个部分，以帮助读者更好地了解久安乡的风土民情，人物事迹，军事历史。概述部分全面地叙述了久安乡的自然地理，发展历程；大事记部分记述了久安乡自清朝时代到2001年3月其间所发生的重大历史事件；附录部分主要涵盖人物、革命烈士、抗美援朝参加中国人民志愿军本籍人员名单。

马铃乡志

中共马铃乡委员会　马铃乡人民政府编纂
（书稿，未正式出版）
藏于马铃乡人民政府办公室

本志2002年编纂完成，内部刊印。上限起自明、清时期，下限止于2000年12月。全书正文前设有概述、大事记，志后设有附录。正文采用篇、章、节、目结构，共设7篇29章，7篇依次为：地理人口；政治；军事、司法、民政；农林水；工、建、交；财贸金融；文教、卫生。29章依次为：自然地理、政区建置、民族、人口、马铃乡委员会、乡人民代表大会主席团、政府机构、群团组织、军事、司法、民政、农业、林业、畜牧业、水利、电力、乡镇企业、集镇、环保、交通、邮电、财贸、文化、教育、体育、医疗卫生、旅游景点等章。

马铃乡距省城贵阳市45公里，是一个典型的边远、贫困的农业村。最高处为平山村，海拔1557米；最低处为革约村龙耳朵，海拔999米。相对高差558，平均海拔1200米。境内高山大壑，峡谷连绵，有闻名的马铃河峡谷，地势东低西高，生态保存完好，气候宜人，均温为14.9℃，无霜期240天，平均雨量1176.2毫米。

花溪布依族苗族乡志

花溪布依族苗族乡乡志编纂　龙兴灿　班士平主任　杨通强　黄兴翠　罗德华　程华强　万春兰　艾庶　杨永刚　王明友　吴忠云副主任　戴壮强主编　杨国华　王文伦副主编

花溪　花溪报印刷厂刊印　2004年　1000册　310页　32开本　平装　22元

藏于花溪区地方志办公室

本志2004年编纂完成，内部刊印。上限1946年，下限2004年。全志有插图112幅。全书正文前设概述，后有附录、编后记。正文采用章、节体，共设9章，依次为：第一章花溪布依族苗族乡沿革（下设2节）；第二章花溪布依族苗族乡的人口（下设3节）；第三章自然状况（下设4节）；第四章乡辖村概况及沿革（下设17节）；第五章主体少数民族（下设2节）；第六章经济建设（下设2节）；第七章文化、教育、卫生（下设3节）；第八章武装驻军及公安（下设4节）；第九章杂记（下设5节）。

正文内容包括花溪布依族苗族乡于1984年8月经省人民政府批准建立，隶属贵阳市花溪区。花溪乡位于花溪中部，围绕花溪镇，距贵阳17公里，面积104平方公里，辖大寨、尖山、马洞、天鹅、石板井、养牛、竹林、上水、董家堰、把伙、麦乃、翁岩、陈亮、杨中、桐木、洛平、营上17个村民委员会、72个自然村寨、82个村民组，6595户，26164人。全乡居住着14个民族，以布依族、苗族、汉族为主，少数民族人口占总人口的60.5%。中共十一届三中全会以后，旅游业发展步伐大，有旅游景点4处。2001年，全乡工农业总产值为105088万元，粮食总产量9400吨，人均占有粮食359公斤；财政总收入6062080元，农民人均纯收入3028

元，17 个村达国标小康村。社会稳定，民族团结，人民安居乐业。2005 年 11 月 30 日，撤花溪镇、花溪布依族苗族乡 2 个乡镇，建贵筑、清溪、溪北 3 个街道办事处，花溪布依族苗族乡原地址为清溪街道办事处。

青岩镇志

贵阳市地方志编纂委员会编　王亚平（责任）总纂　郑荣晴（责任）　何静梧（责任）副总纂　岑永枫主编

贵阳　贵州人民出版社　2004 年 10 月　1200 册　400 千字　32 开本　平装 56.00 元

藏于花溪区地方志办公室

本志时限上限明代洪武二十六年（1393 年），下限 2003 年。全书有插页 24 页，彩色插图 84 幅，正文前设有概述，后设有大事记、附录、后记。正文采用篇、章、节、目结构，共设 5 篇 20 章 66 节。，依次为：第一篇地理篇（下设 4 章 10 节）；第二篇经济篇（下设 5 章 14 节）；第三篇政治篇（下设 7 章 22 节）；第四篇文化篇（下设 5 章 20 节）2；第五篇人物篇。25 章依次为：自然地理、建置沿革、民族、人口、农业、林业、水利、商业、财贸、乡镇企业、交通、邮电、城建、政权、党政群团、政法、民政、地方武装、文化、教育、体育、医疗卫生、计划生育、宗教、人物等章。

麦坪乡志

中共麦坪乡委员会　麦坪乡人民政府修　编纂小组编纂　吴硕任组长　刘利任副组长

（手稿，未正式出版）

藏于花溪区麦坪乡人民政府办公室

本志 2008 年编纂完成，内部刊印。上限起于民国时期，下限至中华人民共和国成立后的 2002 年。全书正文前设有概述、大事记和限外要事。正文采用章节结构，共设 13 章 50 节。13 章依次为：政区建置、自然状况、环境状况、机构设置、人口民族、民风民俗、军事、教育、文化、经济、群团组织、卫生、人物等章。

麦坪乡境内居住有汉族、布依族、苗族等三大民族。总 4064 户，总人口 18472

人，其中农业人口18080人、非农业人口392人。20世纪90年代，麦坪乡主要以煤炭开采为支柱产业，在鼎盛时期全乡生产总值一度突破亿元，也曾让荒山多、耕地少的麦坪人过上了一段富裕的日子。由于煤炭资源的过度开采，以及国家关井压产政策，煤炭产业逐渐退出历史的舞台。为还青山绿水，创造新的经济增长点，麦坪乡实施“绿色复兴计划”，进行产业调整，利用独特的土壤成分和适宜的气候条件，种植以布朗李为主要品种的经果林逾万亩，使之成为全省最大的布朗李种植基地。

息烽县小寨坝镇志

息烽县史志办公室　息烽县小寨坝镇志编纂委员会编印　李世祥主任　陈才忠　肖忠书　孙泽华　肖大金副主任　李光祥主编　肖忠书副主编　杨中英总纂

贵阳　贵州人民出版社　2001年8月　345.6千字　1500册　32开本　平装　28.00元

藏于息烽县史志办公室

《息烽县小寨坝镇志》。以篇、章、节、目4个层次组成。上限不作统一规定，下限统一为2000年12月31日，志书体裁为述、记、志、传、录和图、表、照等8种形式，以志为主体。正文前有概述、大事记，正文共8章144节，依次分别是地理人口、政治、军事司法民政、农林水、工建交、财贸金融、文教卫生、社会及附录。

开阳县双流镇志

开阳县双流镇志编纂委员会编纂　杜翔　耿守君　申亚柳主任　张春荣　王国志　王顺祥　沈昭荣　李世强　程联涛　林柏海副主任　张大贤主编　王顺祥　沈昭荣副主编　张大贤总纂

贵阳　贵州人民出版社　2004年11月　437册　437千字　32开本　平装　60.00元

藏于开阳县档案馆　开阳县地方志办

本志翔实地记载并反映了双流的历史文化、政治经济、自然地理、物产资源、风土人情，是一部地方百科全书。上限追溯到有资料可查考年代，下限至2003年年末。采用述、记、志、传、图、表、录7个体裁。文体除概述采用叙议结合，大事记采用编年体和纪事本末体外，其余章节均用记叙文体，据实记述，寓理于事。全书正文前设概述、大事记，末载人物、附录。正文采用章、节结构，共设 27 章 132 节。27 章依次为：历史沿革、自然环境、人口、政党、地方政权、群众团体、司法法庭社会治安、军事、农业、畜牧、林业、水利、工业、交通、邮政电信、村镇建设、环境保护、旅游、财政、税务、工商、粮油贸易、教育、广播电影电视体育、医疗卫生、文化、民俗等章。

六广镇志

《六广镇志》编纂委员会编纂　李祖炎主编

贵阳　贵州新闻出版社内资出版　2007 年 7 月　1200 册　972 千字　16 开本精装

藏于修文县史志办　修文县六广镇政府。

本志时限上限起自镇境置蛮夷长官司的元代至元二十年（1283 年），下限止于 2005 年 12 月。全书正文前设有概述、大事记，后置人物、附录等要目，另有插页 20 页、地图 3 幅、彩色图片 101 幅。正文采用篇、章、节结构，共设 18 篇 74 章 234 节。18 篇依次为：政区建置、自然环境、人口民族、党政群团、民政、政法、军事、综合经济、农林牧水、工业、交通邮电、财政税务、金融贸易、教育、文化、名胜、卫生体育、社会等篇。

六广镇位于黔中修文县西北部，是修文、黔西、金沙三县的交通枢纽，地处乌江上游，是连接贵阳与遵义的主要水上通道，也是贵州入川滇至渝的主要通道之一。六广历史悠久，古有水西（今黔西）门户之称。

小箐乡志

《小箐乡志》编纂委员会编纂　国远明主编　黄祥明副主编

贵阳　贵州新闻出版社内资出版　2007 年 7 月　1000 册　768 千字　16 开本精装

藏于修文县史志办　小箐乡政府

本志时限上限起自元代至元二十年（1283 年），下限止于 2005 年 12 月。全书正文前设有概述和大事记，后置人物和附录等要目。有插页 10 页，地图 18 幅，彩色图片37幅。正文采用篇、章、节结构，共设16篇53章190节。16篇依次为：政区建置、自然环境、人口民族、党政群团、政法军事民政、综合经济、农牧渔林水、岩鹰山水库、工业企业、交通邮电、城乡建设、财政税务、金融商业、文化教育、科技卫生体育、社会风情等篇。

清水村志

中共清水村支部清水村村民委员会修　修文县地方志办公室编纂　夏之奎主编

贵阳　黔新出〔图书〕2007年内资第247号　2007年9月　1500册　358千字　16开本　精装

藏于修文县史志办　久长镇政府　清水村委会

本志2007年编纂完成，内部刊印。本志时限上限原则上起于清水开始有行政建制的元至元二十年（1238年），个别特殊内容上溯到事物的发端；下限断至2005年12月，2006年至2007年8月要事记入“限外要事”。全书正前设有概述、大事记和限外要事。有插页12页，地图2幅，彩色照照41幅，插图48幅。正文采用篇、章、节结构，共设19篇90节。19篇依次为：政区建置、自然环境、人口、经济总貌、农业、工业、商业、劳务、交通邮电、新村建设、政党、村政、群众团体、军事、教育科技、文化、体育卫生、民俗和人物等篇。

扎佐镇志

《扎佐镇志》编纂委员会编纂　王正礼主编

贵阳　贵州新闻出版社内资出版　2007年9月　1000册　900千字　16开本　精装

藏于修文县史志办　扎佐镇政府

扎佐镇位于黔中修文县东南部，自然资源丰富，森林覆盖高，有“黔中林海，林城氧吧”之称。本志时限上限起自元代至元二十年（1283年），下限止于2005年12月。全书正文前设有概述、大事记，后置附录。有插页24页，地图2幅，彩色图片116幅。正文采用篇、章、节结构，共设11篇44章150节。11篇依次为：政区、党政群团、军事、政法、基础建设、农林牧水电、工业交通邮电、商业、财政工商税务金融、文化教育卫生、人物等篇。

大石乡志

大石乡志编纂委员会编纂　李厚坤主编
（手稿，未正式出版）
10 册　45 千字　16 开本
藏于修文县史志办　大石布依族乡政府

本志时限上限起自元代至元二十年（1283 年），下限止于 2005 年 12 月。全书正文前设有概述、大事记，后置附录和后记，内有图片 50 余幅。正文采用篇、章结构，共设 9 篇，依次为：地理人口、政区建置、党政机构、军事司法、农林牧水、工业交通邮电、财政金融、文教卫生、社会等篇。

谷堡乡志

谷堡乡志编纂委员会编纂　古学明主编
（手稿，未正式出版）
10 册　420 千字　16 开本
藏于修文县史志办　谷堡乡政府

本志时限上限起自元代至元二十年（1283 年），下限止于 2005 年 12 月。全书正文前设有概述、大事记，后置人物、附录事业和后记，内有图片 50 余幅。正文采用篇、章结构，共设 13 篇 48 章 184 节。13 篇依次为：政区建置、自然环境、人口民族、党政群团、综合经济、政法军事、社会事务、农林牧、电力水利、工矿企业、财政金融贸易、文教卫生和社会等篇。

久长镇志

《久长镇志》编纂委员会编纂　赵永忠主编
书稿，未正式出版
藏于修文县史志办　修文县久长镇政府

本志时限上限起自元代至元二十年（1283 年），下限止于 2005 年 12 月。全书正文前设有概述、大事记，后置附录及后记。正文采用篇、章、节结构，共设 17 篇

57 章 167 节。17 篇依次为：政区建置、自然环境、人口民族、党政群团、民政、政法、综合经济、农林牧水、工业、交通邮电、财政税务、金融贸易、教育、文化、科技卫生、社会和人物等篇。

六桶乡志

《六桶乡志》编纂委员会编纂　罗祖伦主编

（手稿，未正式出版）

10 册　550 千字　16 开本　精装

藏于修文县史志办　六桶乡政府

本志时限上限起自元代至元二十年（1283 年），下限止于 2005 年 12 月。全书正文前设有凡例、概述、大事记，后置限外要事、附录和后记等。正文采用篇、章结构。共设 8 篇，依次为：地理、政党群团、民政司法军事、农林牧水、财政金融、工矿企业、文教卫生、社会等篇。

六屯乡志

《六屯乡志》编纂委员会编纂　古学明主编

（手稿，未正式出版）

10 册　16 开本

藏于修文县史志办　大石布依族乡政府

本志时限上限起自元代至元二十年（1283 年），下限止于 2005 年 12 月。全书正文前设有凡例、概述、大事记，后置人物、附录和后记等。正文采用篇、章结构。共设 14 篇，依次为：政区建置、地理人口民族、党政群团、政法军事社会事务、综合经济、农林牧水渔、工矿企业、基础设施建设、财政税务、金融贸易、教育、文化、科技卫生、社会风情等篇。

龙场镇志

《龙场镇志》编纂委员会编纂　刁福林主编

（手稿，未正式出版）

10 册 650 千字 16 开本
藏于修文县史志办 龙场镇政府

本志时限上限起自元代至元二十年（1283 年），下限止于 2005 年 12 月。全书正文前设有概述、大事记。正文采用篇、章结构，共设 21 篇 69 章 234 节。21 篇依次为：政区建置、自然环境、人口民族、党政群团、军事、农林牧渔、水利、社会治安、乡镇企业、工业、商业、交通邮电、财政税务、综合经济、社会事务、文化教育、卫生体育、村镇建设、王阳明在龙场、社会风情、人物等篇。其中，人物篇设人物传记和人物简介等。

洒坪乡志

《洒坪乡志》编纂委员会编纂 黄祥明主编
（手稿、未正式出版）
10 册 560 千字 16 开本 精装
藏于修文县史志办 洒坪乡政府

本志时限上限起自元代至元二十年（1283 年），下限止于 2005 年 12 月。全书正文前设有概述、大事记，后置附录和后记。正文采用篇、章、节结构，共设 17 篇 59 章 174 节。17 篇依次为：政区建置、自然环境、人口民族、党政群团、政法、军事、民政、财政税务、金融贸易、综合经济、农林牧水、工矿企业、交通邮电城乡建设、文化教育、科技卫生体育、社会、人物等篇。

专业志

贵阳市

贵阳消防志

《贵阳消防志》编纂委员会编纂　汪浩主任　李立志　杨传学　汪启江　谭效东副主任　张道学主编　杨秀怀　李光国副主编

贵阳　贵州科技出版社　1999 年 11 月　2000 册　600 千字　16 开本　精装　58.00 元

藏于贵阳市地方志办公室

本志于 1997 年 3 月启动，历时 22 个月编写完成。上限为 1763 年，下限为 1998 年。全书正文前设序言、概述、彩色照片 79 幅，后附贵阳消防工作大事记、附录和编后记。正文采用篇、章、节结构，共设 5 篇 33 章，依次为：第一篇古代及民国消防（包含第一章远古消防，第二章明、清贵阳消防，第三章民国贵阳消防）；第二篇公安消防部队（包含第一章消防部队的职能和变革发展，第二章部队组织工作与管理，第三章部队功模集，第四章消防部队政治工作，第五章贵阳消防协会）；第三篇火灾预防（包含第一章火灾预防社会化，第二章消防工作职能，第三章防火组织机构，第四章消防监督，第五章消防工作管理，第六章消防宣传，第七章消防科技工作，第八章森林火灾预防，第九章消防与保险）；第四篇战勤与灭火救灾（包含第一章消防力量在灭火救灾中的作用，第二章消防站的布局，第三章部队执勤战备，第四章器材装备与管理，第五章部队管理教育工作，第六章军政教育与业务训练，第七章企业专职消防队，第八章消防体育竞赛，第九章灭火救灾，第十章战时消防）；第五篇后勤保障（包含第一章后勤工作职能，第二章财经管理，第三章供给与装备，第四章营房建设，第五章医疗卫生保健，第六章农副业生产）。正文内容主要反映贵阳市消防历史的演变，重点是详述贵阳消防工作的发展史。

贵阳市统计志

贵阳市统计局修　《贵阳市统计志编》纂委员会编纂　杨贵生主编　申洪才　吕逢春副主编

贵阳　贵阳市统计局刊印　2002 年　16 开本　精装

藏于贵阳市地方志办公室　贵阳市统计局

本志于 2002 年编纂完成，内部刊印。为贵阳市统计专业志。上限起自明弘治十三年（1488 年）；下限至 1999 年，重大事件下限延至 2000 年。全书正文正文分上、下两卷。上卷，除概述外，有统计机构与管理、社会经济统计、统计调查、统计资料和专辑 4 章；下卷设区、县（市）统计志。正文前有彩色图片 29 幅。主要从统计机构与管理、社会经济统计、统计调查、统计资料、专辑等方面记述贵阳市统计工作情况。

贵阳市三江劳教志

贵阳市三江劳动教养管理所编　周昭明主任　曹晓明　周真龙副主任　曹晓明　曾宪忠（执行）主编　周真龙副主编　罗再麟总纂

贵阳　贵州人民出版社　2008 年 12 月　700 册　460 千字　16 开本　精装　190. 00 元

藏于贵阳市地方志办公室

本志编纂历经两年，2008 年付梓出版。本志时限上限起自 1958 年，下限止于 2007 年。全书正文前设序、凡例、概述、大事记；末缀人物、附录（文件、作品）、编纂始末。有地形图（黑白）1 幅，黑白图片 7 幅，彩色图片 137 幅。正文采用章、节结构，共设 9 章 32 节。9 章依次为：：第一章建制；第二章地理环境及场所建设；第三章劳教管理；第四章教育改造；第五章劳教人员生活保障；第六章医疗卫生；第七章就业安置；第八章场所经济；第九章人事劳动。

乌当区

贵阳市乌当区地名志

贵阳市乌当区地名办编印

贵阳　1988 年 12 月编印　360 页　16 开本　精装

藏于贵阳市乌当区地名办　乌当区民政局

本志 1988 年编纂完成，内部刊印。上限不限，下限 1982 年。全书正文前设贵阳市乌当区地名图 1 幅、各乡镇地图，有彩色图片 43 幅。正文以乡镇村为单位，不分章节，顺序记述，依次为：贵阳市乌当区概况；贵阳市乌当区建置沿革；新添寨镇、东风乡、偏坡布依族乡、永乐乡、下坝乡、水田乡、新堡布依族乡、羊昌乡、新场乡、百宜乡、野鸭乡、朱昌乡、金华乡概况；厂矿、企事业单位；乌当区名胜古迹；附录（文件、改建乡村表、地质矿产简况）；索引（自然村寨）。共收录地名词目 1873 条。

乌当区城乡建设志

贵阳市乌当区建设局编　杨仁忠　梁金辉编辑组长

贵阳　内部发行黔新出（图书）2002 内资准印号 335 号　2002 年 12 月编印　230 册　80 千字　32 开本　平装

藏于贵阳市乌当区建设局

本志 2002 年编纂完成，内部刊印。本志时限上限以把握大事不漏，要事不丢，反映贵阳市乌当区建区前后城市建设和发展的历史与现状，上限为 1958 年建区后，下限 2002 年。有彩色图片 26 幅，贵阳市新天片区控制性详细规划（土地使用规划彩图）1 幅，封底有乌当区行政中心效果彩色图片 1 幅。全书正文前设序言，后缀大事记要。正文采用篇、章，节结构，共 8 篇 31 章 57 节。8 篇依次为：第一篇城乡建设与管理，第二篇城市规划，第三篇市政建设，第四篇城市公用事业，第五篇园林绿化，第六篇城市环境保护，第七篇城市房产，第八篇建筑工程。

贵阳市乌当区军事志

《贵阳市乌当区军事志》编纂委员会编纂　王家峰　耿礼庆　陈其富　匡传庚主任　谢晓波副主任　杨建明主编　黄观华副主编

贵阳　黔新出（图书）2008 年内资准字第 310 号　贵阳经纬印刷厂刊印　2009 年 1 月　16 开本　精装

藏于贵阳市乌当区人民武装部

本志 2008 年编纂完成，内部刊印。

全志上限不限，因事溯源，下限为 2005 年。正文前有乌当区行政区划图 1 幅，乌当区地形、地貌图 1 幅，彩色图片 95 幅，概述，大事记；后缀附录（制度、职责、文件）。正文采用章、节结构，共设 10 章 35 节。10 章依次为：军事地理、军事组织、驻军、人民武装部建设、兵役、民兵、双拥工作、人民防空、重大兵事、军事人物等章。

南明区

贵阳市南明区军事志

贵阳市南明区军事志编纂委员会编　张庆军主任　卢云华　柴真富　苟光阳　陈桂明副主任　沈启源主编　罗培骞总纂

贵阳　贵阳经纬印刷厂印刷　内部资料　2009 年 6 月　300 册　275 千字　16 开本　平装

藏于南明区档案馆

本志 2009 年编纂完成，内部刊印。上限追溯事物发端及建置之始；下限为 2005 年，个别事物下延至 2008 年。全志卷首置凡例、地图、彩色图片、概述、大事记，卷尾置军事人物、附录、后记。随文有插图；表格随文设置，按章编排。正文采用章、节、目结构，共设 9 章 34 节。9 章依次为：军事地理、军事机构驻军、区人民武装部建设、兵役、民兵、国防事业、双拥工作、战事纪略等章。

正文主要记述了南明区军事活动的历史与现状，重点记叙了中国共产党领导人民军队为夺取革命战争胜利所进行的艰苦卓绝的斗争；记述了中华人民共和国成立后人民军队和广大民兵在维护社会稳定、保卫社会主义祖国方面的卓越贡献；记述了驻区人民子弟兵继承和发扬光荣传统，拥政爱民、抗洪救灾、参加社会主义建设的不朽业绩。

云岩区

贵阳市云岩区军事志（1282—2005）

贵阳市云岩区军事编纂委员会编　黄玉峰　李唤云　赵震洋主任　吴波副主任　黄玉峰　李唤云主编　吴波副主编

贵阳　黔新出（图书）2009一次性内资准字第158号　贵州新华印刷厂　2009年11月　100册　176千字　16开本　精装

藏于贵阳市云岩区人民武装部　云岩区档案馆

遵照中共中央军委《关于军事志续修工作的意见》，贵阳市云岩区军事志编纂委员会于2007年至2008年组织人员进行资料征集、撰稿、编纂《贵阳市云岩区军事志（1282—2005)》。2008年7月经贵阳市和贵阳市云岩区地方志办公室初审，8月经中国人民解放军贵阳警备区终审批准同意以内部版本付印出版；2009年11月内部刊印。

本志为云岩区建区以来第一部专业志，述、记、志、传、图、表、录要素齐全。记事时限起于1282年，止于2005年，个别事项有所上溯或下延。全志卷首有序，卷末刊载了修志始末。有13插页（云岩区政区图、云岩区交通图、59幅彩色图片）。全志除大事记、概述、附录外，正文采用章、节结构，共设10章26节。10章依次为：军事环境、军事机构、驻军、兵役、民兵、防空战备、人民武装建设、国防动员、战事纪略、军事人物等章。

正文分别记述了自元至元十九年（1282年）建顺元城至今七百余年间，今云岩区区境因贵阳市政治、经济、文化中心逐渐北移，成为黔地军事机关主要驻地，兵事要地的历史与现状；记述了自中共十一届三中全会以来，全区人民武装建设、民兵工作、国防动员、防空战备、兵员征集及复员转业军人安置等方面的工作历程以及所取得的成就；记述了发生在今云岩区境的13例战事。

花溪区

花溪区文体广电志

贵阳市花溪区文体广播电视局 《花溪区文体广电志》编纂领导小组编 罗青松组长 杨通泽 邹米拉副组长

贵阳 2003 年 130 千字 16 开本 精装

藏于花溪区地方志办公室

本志2003年编纂完成，内部刊印。除“大事记”上限至1936年外，其余章节的时间上限至1949年11月（贵阳市解放初期）；下限至2001年12月。有市区领导题字插页4页，彩色及黑白图片41幅。内容丰富、史料翔实，是一本具有借鉴性、可读性的是史料集合工具书。全书正文前设有序、凡例、概述、附表，后缀大事记、歌曲与后记。正文采用章、目结构，共设文化、体育、广播电视3章，章下设文化馆、民族文工队，图书馆、书店、报纸、刊物，文学、艺术，文物及文物保护管理，电影、录像，文化市场，机构改革及发展状况，体育学校，群众体育，竞技体育，广播电视机构沿革，广播设施和广播宣传工作，电视网络建设和电视宣传工作等13节，共38目及附件附表等小目。

贵阳市花溪区财政志

花溪区财政局编

贵阳 电子文稿 2007 年 字数 90 千字

藏于花溪区财政局

《贵阳市花溪区财政志》是一本已编纂完整，但还未出版的电子文稿形式的史书，它是在贵阳市财政局关于续修《贵阳市财政志》的通知，要求各区县按照统一的格式撰写县财政志相关内容的背景下，花溪区财政局积极行动，根据花溪区的实际情况，整理编纂了《贵阳市花溪区财政志》。本书上限1950年，下限2008年。正文前设前页，后缀3个附录。正文采取章节体，共设17章，依次为：机构和人员、财政管理体制、财政收入、财政支出、预算外资金管理、国有资产管理、政府债务、财政财务管理、财政投资评审、农税征收管理、农村税费改革、财政周转金管理、财政监督检查、财源建设、财政管理改革、财政普法及依法行政、财政信息与宣传以及科研及学（协）会。完整地记录了贵阳市花溪区财政自1950年到2008年间财政历史及发展情况。

贵阳市花溪区军事志

中国人民解放军贵州省花溪区人民武装部 《贵阳市花溪区军事志》编纂委员会编 王真霖（第一届、第二届） 田平（第一届、第二届） 朱桂云（第二届）名誉主任 李汉华（第一届） 卢云华（第一届） 李汉平（第二届） 尹怀忠（第二届） 周明（第二届）主任 周光元（第一届） 姬超（第二届）副主任 王文浩（第一届、第二届）常务主编 李汉华（第一届、第二届） 卢云华（第一届） 尹怀忠（第二届） 周明（第二届）主编 周光云（第一届） 姬超（第二届）副主编 王文浩总纂

贵阳 黔新出［图书］2008年一次性内资准字309号 贵阳经纬印刷厂刊印 2008年12月 300千字 16开本 精装

藏于花溪区地方志办公室

本志2008年编纂完成，内部刊印。于2007年8月启动编纂工作，共有两届纂委员会，下设编写组。2007年8月至2008年3月为第一届编纂委员会，2008年3月至2008年12月为第二届编纂委员会。本志时限上限起于元代，下限至2005年12月。机构录入范围：乡（镇）人民武装部、民兵连以上，驻区军工企业人民武装部、院校人民武装部。入志人员范围：区（县）人民武装部领导人更迭记至营级（科级），军衔至少校以上；功臣录入三等功以上。全书正文前设有凡例、概述、大事记，后置军事人物、附录、后记。有插页16页，其中有地图4幅、彩色及黑白图片21幅。正文采用章、节体结构，共设12章50节，正文12章依次为：军事地理、军事机构、驻军兵役，民众武装、人武部自身建设、战备、防空、国防教育、双拥工作、“三线”军工建设、红军长征过贵筑、战事等章。

花溪交通志

花溪区交通局编

（手稿，未正式出版）

藏于花溪区交通局

本志2008年编纂完成，内部刊印。本志时限上限1926年，下限2007年，全书共设5章，依次为：概述、公路、航运、管理、民用航空、铁路。

正文详尽介绍了花溪区交通发展情况。铁路运输和民用航空得到了长足的发展。1997年5月28日磊庄机场结束了其民用运输的使命，新建的龙洞堡机场正式通航。1997年年底，贵阳通往全国各地的航班每周有121次，飞往北京、上海、广州等29个城市，通航里程达31279公里。到2000年，花溪境内有火车站9个，即贵阳西站、湖潮站、石板站、花溪站、改貌站、谷立站、大土站、新改貌站、天河潭站。境内里程84.55公里，为花溪的各类物资和矿产资源外运带来了极大的方便，也带动了旅游业的发展。花溪区交通的不断发展，为花溪区的经济发展提供了保障，推动了整个花溪区社会经济的建设。

花溪区教育志

花溪区教育局编纂　陈祖义主任　罗呈敏　欧阳旭焱　甘健副主任　陈祖义主编

贵阳　贵州大学出版社　2009年5月　1000册　330千字　16开本　精装　65.00元

藏于花溪区地方志办公室

本志时限上限起于明初，记述中有时涉及至元代；下限止于2005年，重大事件延伸到2008年。全书正文前设概述，后置大事记、附录和后记。有插页40页，彩色图片151幅和黑白图片56幅。正文采用篇、章、节结构，共7篇25章65节。7章依次为：县学书院义学私塾科举考试举人进士、普通教育、教育管理、教育基本建设、党群组织、驻区高校、人物等章。

正文主要记述从郭子章、毕三才设立新贵县学以来，花溪400余年间教育事业的发展和成就。乾隆年间青岩建青岩书院开花溪教育一代学风，为花溪区文化教育事业的发展奠定了基础；清代科举取士，青岩书院开院到光绪年间，出秀才、举人50多人。光绪二十八年（1902年）始有中学，光绪三十年（1904年）始有小学。1949年11月贵阳市解放后，教育事业飞速发展。1997年，顺利通过省政府普及九年义务教育的验收，教育事业发展到一个崭新的阶段。进入21世纪，为确保每一位应接受义务教育的学生不致因家庭贫困而失学和解决农民工及贫困家庭的子女受教育问题，政府逐步实施免除学杂费、免书费、补助贫困住校学生生活费的“两免一补”政策。教育事业的发展为花溪区地方政治、经济、文化和社会建设的发展发挥了重要作用。

花溪区民政志

花溪区民政局志编写组编纂
（手稿，未正式出版）
藏于花溪区民政局

本志2010年编纂完成，内部刊印。上限起自1949年，下限止于2010年。正文采用章、节结构，共设15章、36节。15章依次为：第一章民政机构沿革；第二章行政区划的变更（下设3节）；第三章地名管理；第四章基层政权建设及群众性自治组织（下设3节）；第五章优待抚恤（下设2节）；第六章复退军人和离退休人员安置（下设3节）；第七章社会救济（下设4节）；第八章救灾（下设4节）；第九章收容遣送及收养（下设2节）；第十章社会福利企业；第十一章社会募捐与社会福利彩票有奖募捐；第十二章婚姻登记管理（下设3节）；第十三章殡葬管理（下设3节）；第十四章社会团体暨民办非企业的管理（下设2节）；第十五章乡镇民政（下设3节）。

本志是花溪区第一部民政史料，也是花溪区民政工作的一部百科全书，它对花溪民政事业的发展具有重要的参考和借鉴作用。正文系统地记述了中华人民共和国成立后花溪区蓬勃发展的民政事业，其内容涉及建制、机构、基层政权建设、社会救助、保障、社会事务行政。

花溪区地名志

曹如人编纂
（手稿，未正式出版）
藏于曹如人

1984年3月13日，花溪区各人民公社全部改为乡建制，设乡党委和乡人民政府；大队改称建制村，设党支部和村民委员会。在此形势下，为了保留地方历史资料，方修纂地名志。本志是一部介绍花溪区人民公社改制以前地名的资料工具书。本志约350千字，共收录地名词目2380余条（后文相加为2480条）。其中：自然村寨地名1300余条，居民委员会、街、路、巷地名70余条；山峰、河流、沟渠、泉、水库、桥梁、洞穴等自然实体960余条；名胜古迹70余条；厂矿、企业、事业单位80余条。

志文按方位叙述，区以市人民政府驻地为中心，人民公社以区人民政府驻地为中心，生产大队以公社驻地为中心，自然村以生产大队驻地为中心分述地理方位。因是一部地名资料书，故对花溪区地形只概述一般情况，不作地质结构方面深究。本志介绍了花溪及各镇、各人民公社的地理位置、建置沿革、行政区划、自然环境、经济、文化等基本情况。包括花溪、石板、金竹、青岩4镇和花溪、湖潮、党武、燕楼、马铃、高坡、黔陶、久安、孟关、麦坪、中曹11个人民公社。其中，金竹镇是人民公社改为乡建制以后成立的，根据贵州省人民政府（84）黔府通字172号批复，于1984年划出花溪区中曹乡（公社）滥泥沟村、竹林村、金山村3个村民委员会组建而成。取金山村的“金”字，竹林村之“竹”字为镇名。因本志延至1987年，故不少地方有人民公社与乡镇的衔接问题。

白云区

贵阳市白云区军事志（1949—2005）

《贵阳市白云区军事志》编纂委员会编　邱红兵（第一、二届）　陈德勇（第二届）　尹怀忠（第一届）主任　梁芝宝（第一届）　杨健（第二届）副主任　梁芝宝（第一届）　杨健（第二届）主编

贵阳　黔新出〔图书〕2009年一次性内资准字第117号　2009年6月　500册　355千字　16开本　精装

藏于白云区人民武装部

本志编纂自2003年2月启动，历时6年多时间，内资出版。经历了两届编纂委员会，第一届编纂委员会任职时间为2007年2月，第二届编纂委员会任职时间为2008年5月。上限1949年，大事记及个别章节相关内容往1949年前追溯；下限2005年12月31日，个别人物及事件记录时间适当下延。卷首设序一、序二、概述、大事记，卷末设附录、后记。有插页32页，地图3幅，照片23张，随文图片71张。正文采用章、节、目、子目结构，共设11章38节109目。11章依次为：军事环境、武装机构、驻军、区人民武装部建设、基层人民武装部建设、兵役、民兵、国防动员、双拥工作、战事、军事人物。主要记述1949年至2005年期间，白云区

境内的驻军、兵役、人民武装工作、国防后备力量建设，国防教育、双拥工作等主要军事活动及开展各项工作的情况等章。

全书着重反映了中华人民共和国成立以来，发生在白云区的国防后备力量建设和发展的重大变化。

清镇市

贵州省清镇县地名志

清镇县人民政府编　张德枢主编

贵阳　贵州省地矿局113队印刷厂印刷　1987年7月　1000册　290千字　16开本　简装

藏于清镇市档案局

本志1987年编纂完成，内部刊印。上限1950年，下限1982年。全志收录县、乡、镇、地名图以及历史图共38张，照片9张。收录地名3141条，其中：村委会以上行政名称333条，自然村名称2610条，主要企事业单位名称54条，山峰名称118条，河流名称8条，洞穴名称4条，人工建筑8条，风景名胜古迹6条。

正文主要记述地名的位置、归属、含义、沿革，以及与地名有关的自然地理、经济地理、人文地理等情况。

清镇县气候志

清镇县地方志编纂委员会编　黎绍康组长

贵州　国营清镇县印刷厂刊印　1987年6月　140千字　16开本　简装

藏于清镇市档案局

本志1987年编纂完成，内部刊印。上限为1950年；下限为1985年，个别项目至1987年2月。正文采用章、节结构，共设4章11节、21目，后附气象资料、图表。正文4章依次为：第一章气候综述（下设4节、16目）、第二章逐年气候记要（设2节）、第三章天气谚语（设2节5目）、第四章气象机构和业务（设3节）。1950年至1958年系清镇民航气象台记录，1959年及后为清镇县气象站记录。

清镇县城建环保志

清镇县地方志编纂委员会编

贵阳　贵州省地矿局113队印刷厂刊印　1989年1月　1000册　144千字　16开本　平装

藏于清镇市地方志办公室

本志于1989年1月由清镇县地方志编纂委员会编，内部刊印。该志的编写始终坚持以马列主义、毛泽东思想为指导，本着详今略古、求实存真的原则，注重突出行业特点，比较系统地提供了全县粮食工作的资料，有利于对粮食工作提供决策参考。审订班全清、李海涛、王治俊、向佑伦、杜守平、周永毕。撰稿喻德新、卢大珩，编修彭操行，责任编辑张德枢。全书正文前概述，有彩色图片4页。正文采用章、节、目机构，共设9章23节65目。9章依次分为：县城建设、集镇建设、乡村建设、工矿区集镇、房地产管理、建筑行业、环境保护、组织机构、风景名胜等章。

清镇县方言志

清镇县地方志编纂委员会　张德枢主编

贵阳　1989年　16开本　简装

藏于清镇市档案局

本志1988年3月开始编纂，1989年编纂完成，内部刊印。正文采用章、节目结构，共设5章12节6目。5章依次分为：第一章概述（下设3节）、第二章语言（下设3节）、第三章词汇（下设4节）、第四章语法特点（下设8节）、第五章谚语、歇后语（下设2节、6目）等。

方言在语音，词汇，语法上有它自己的特点，记述方言的这些特点，并将它与民族共同语作一些适当的比较，有益于推广普通话和改进语文教学工作，也可以为研究语言、社会发展和民情风俗等提供资料。本书记述县境内人口占70%的本籍汉族人民的语言特点，有利于各族各界人民的相互理解和团结。

清镇县广播电视志

贵州省清镇县地方志编纂委员会编　陈荣祥　班全清　童俭审订　姚世权编辑组组长　任家荣　朱明俊　齐光祥编辑　张德枢责任编辑　凌育枢　岳世刚　李红梅　郑德玉　刘黔资料收集

贵阳　1989 年　16 开本　简装

藏于清镇市档案局

本志于 1988 年 12 月编纂完成，内部刊印。上限 1950 年下限 1988 年。本志有前言。正文采用章、节结构，共设 6 章 16 节。6 章依次为：第一章农村有线广播（下设 4 节）、第二章电视转播（下设 2 节）、第三章清镇电视台（下设 4 节）、第四章广播电视服务部、第五章机构、管理（下设 3 节）、第六章职工队伍（下设 3 节）。

正文系统记述了清镇广播、电视的发展历程。1958 年年初，县广播站建立，尚无扎实的基础，就遇上“大跃进”的盲目发展，因而吃了“杆倒、线断、喇叭丢”的苦头。1964 年，在“自建、自用、自管”的原则下，农村有线广播网逐步恢复，可是还没有站稳脚跟，又遭到“文化大革命”的破坏。1970 年用行政命令，以政治压力发展农村有线广播，农村广播网恶性膨胀，因而“高潮之后，随即就走下坡路”，结果仍然是“杆倒、线断、喇叭丢”。中共十一届三中全会以后，清镇县农村有线广播获得了生机，在整顿的基础上，不断巩固和提高，成为农村有效的宣传工具。1976 年，清镇县境内才开始使用电视机，1988 年年底，全县有电视机近两万台。电视差转台和卫星电视接收站已初步形成网络，并且建立了具有自办新闻节目和专题节目能力的电视台。电视台的成立，为宣传党和政府的方针、政策，传播各种信息，进行舆论监督，丰富文化生活起了一定的作用；通过各种渠道，筹集发展电视事业的资金，仅 1986 年至 1988 年 3 年的时间，清镇电视台就增加固定资产 120 多万元。

清镇县粮食志

清镇县地方志编纂委员会编

贵阳　准印证内字 29 号　贵州省地矿局 113 队印刷刊印　1989 年　1000 册　245 千字　16 开本　简装

藏于清镇市档案局

本志1989年编纂完成，内部刊印。上限明、清时期，下限1988年。全书有彩色图片7页。正文采用章、节、目结构，共设10章42节35目。正文前有前言、概述，后有附记、附录。正文10章依次为：第一章田赋粮食（下设3节）、第二章农村粮食购销（下设2节、12目）、第三章城镇粮食供应（下设6节、9目）、第四章植物油脂（料）购销（下设3节）、第五章粮油市场及价格（下设2节、2目）、第六章粮油储运（下设3节、12目）、第七章粮、油、工业（下设5节）、第八章财务会计与计划统计（下设6节）、第九章机构设置（下设3节）、第十章职工队伍（下设9节）。

清镇县林业志

清镇县地方志编纂委员　《清镇县林业志》编写组编　陈士河　袁柳江主编

贵阳　1987年7月　97千字　16开本　简装

藏于清镇市档案局

本志编写组于1986年1月组成，有编辑3人。历时15个月，几经讨论，四易其稿，于1987年7月成书，内部刊印。正文采用章、节、目结构，共设7章27节52目。本志前有序、大事记。正文7章结构依次为：第一章营林（下设4节、9目）、第二章林业资源（下设7节、22目）、第三章林业区划（下设5节）、第四章森林保护（下设2节、5目）、第五章林产品产量及经销（下设3李2目）、第六章机构沿革（下设6节3目）、第七章附录（设6目）。

正文记述了20世纪50年代末期，乱砍滥伐山林树木，森林资源遭受严重破坏。60年代初期至70年代中期，国营甘沟林场和新崛起的社队办林场，进行大面积人工植苗造林和点造林播，取得一定成效。但因山林权属的多次变动，加上“文化大革命”的折腾，严重挫伤了群众植树造林的积极性，使步入轨道的国营造林和社队集体造林，受到阻碍，停滞不前。中共十一届三中全会以后，领导重视，政策落实，山林权属稳定，乡村林场巩固发展，林业专业户、重点户、联合体应运而生，真正涌现出国家、集体、个人三者一起上的造林局面，提高了造林质量和成效。1982年、1985年，清镇县进入贵州省造林绿化先进县行列，1986年被评为省基地造林先进县。

清镇县商业志

清镇县地方志编纂委员会　《清镇县商业志》编写组编　吴道光组长　李在洲副组长

贵阳　黔刊资字第 F〔90〕113 号　贵州省地质矿产局测绘大队印刷厂印　1991 年 12 月　108 千字　16 开本　简装

藏于清镇市档案局

本志 1991 年编纂完成，内部刊印。上限为清朝咸丰年间，下限为 1989 年。全书正文前设概述、大事记略。正文采用章、节结构，共设 7 章 26 节 33 目。7 章依次为：第一章经营体制（下设 4 节）、第二章市场（下设 5 节）、第三章商品购销（下设 7 节、14 目）、第四章饮食服务业（下设 2 节）、第五章主要商业企业（下设 15 目）、第六章组织机构（4 节、下设 2 目）、第七章职工队伍建设（下设 4 节、2 目）。

本志编纂尊重历史事实，详今略古，实事求是，突出历史上各个时期商业工作的变化情况，真实、系统、全面地反映了清镇县商业，特别是中华人民共和国成立 40 年来商业工作的概况。

清镇市财政志

《清镇市财政志》编纂领导小组编　王莲组长　王家骥　邹凤珍副组长　王连主编　王家骥　欧阳温副主编

贵阳　贵州人民出版社　1994 年 12 月出版　印册 500 册　350 千字　图片 16 页　16 开本　精装　35.00 元

藏于清镇市档案局

本志时限上限为清朝康熙二十六年（1687 年）清镇建县之时起，下限为 1992 年清镇撤县建市之时止。本志以编统章，以章统节，结构为：第一编大事记、第二编财政人事机构（下设 2 章）、第三编 财政管理体制（下设 2 章，2 节）、第四编财政收入（下设 2 章 8 节）、第五编公债收入（下设 2 章）、第六编财政支出（下设 2 章 15 节）、第七编财政预决算及收支平衡状况（下设 2 章）、第九编预算外资金（下设 2 章）、第九编农业税（田赋）（下设 2 章）、第十编财政管理与监察、第十一编主要税利企业简介、第十二编附录，共 12 编 16 章 24 节。

本志编纂尊重历史事实，详今略古，详近略远，求实存真，对历史的经验教训和客观规律用事实反映、体现出来。对1949年前的财政限于资料不多，只作大略的记述，着重记述的是中华人民共和国成立成立后的财政。其中，中共十一届三中全会以来的财政记述颇详。通过主要的收支内容，反映出全市财政收入来源与用财理财的梗概，以及精神文明和物质文明的现状。

清镇市教育志

清镇市人民政府　编辑领导小组修　《清镇市教育志》编辑组编纂　李海涛编辑领导小组组长　高兴亮　蒋景华编辑领导小组副组长　高兴亮编辑组组长　苟朝忠编辑组副组长　张德枢主编　刘善伦　朱明俊　陈守宽副主编

贵阳　盘江印刷厂刊印　1998年　1250册　650千字　16开本　简装

藏于清镇市档案局

本志1998年编纂完成，内部刊印。上限不限，下限至1997年。采用述、记、志、图、表、录体裁，以志为主。分类设章，分节、立目。横排竖写，总分结合，纵横照应。一律用语文体、记述体。全书正文前有序言、凡例、概述，有彩色图片16页71幅。正文采用章、节结构，为第一章明清时期教育（设4节、节下设15目）、第二章幼儿教育（设3节、节下设6目）、第三章小学教育（设4节，节下设17目）、第四章普通中学教育（设4节、节下设17节）、第五章职业技术教育（设6节，节下设11目）、第六章成人教育（设2节，节下设8目）、第七章民族教育（设3节，节下设5目）、第八章普及九年义务教育（设2节，节下设15目）、第九章中共清镇市委党校（设4节，节下设11目）、第十章教师（设3节7目）、第十一章教育经费（设5节，节下设10目）、第十二章教育管理（设5节，节下设7目）、第十三章教育督导（设五节，节下设8节）、第十四章党群组织（设5节，节下设8目）全书共十四章55节143目。后附大事记及附录、编后。

全志较为全面、系统地记述了明代中叶起至1997年共600多年间清镇教育的发展情况，内容丰富，是一部资料性、科学性的著作，是一部行业志。

清镇市水利志

《清镇市水利志》编纂工作领导小组编　周元隆组长　杨忠书　张义强副组长　苟朝忠　张德枢　郭邦恒主编　刘善伦　陈守宽副主编

贵阳　2005年12月　320千字　16开本　简装

藏于清镇市水利局

本志2005年编纂完成，内部刊印。上限为明嘉靖四年（1561年），下限为2002年12月。全书正文前有大事记；彩色图片11页20幅，有清镇市水利工程分布置图、清镇市水系图。志末有附录。正文采用章、节结构，共设8章36节。8章依次为：第一章水资源（下设7节）、第二章水利工程（下设7节）、第三章农村人畜饮水及城镇供水工程（下设2节）、第四章地方电力（下设3节）、第五章防汛抗旱及水土保持（下设5节）、第六章管理（下设3节）、第七章水政执法监察（下设5节）、第八章组织机构（下设4节）。本书是一本全面记述清镇水利事业发展历史与现状的资料性文献。

清镇市交通志

清镇市交通局编纂工作领导小组编　钟勇组长　刘国忠副组长

贵阳　黔新出（图书）内资准字（2007）250号　清镇市盘江印刷厂印刷　2007年10月　700册　400千字　16开本　精装

藏于清镇市档案局

本志2007年10月编纂完成，内资刊印。上限元大德元年（1297）下限2007本书采用述、记、志、专题、图、表、录等形式综合表述，以志为主要体裁。有彩色图片32幅，有清镇市行政区图和清镇市交通图。正文分章横排门类，纵述史实。叙议结合，采用主体文。正文采用章、节结构，共设5章17节。5章依次为：交通路线、桥涵场站、交通运输、交通管理、党建与精神文明建设等。

清镇市军事志

《清镇市军事志》编纂委员会编　杨明晋名誉主任　刘军　戴华　肖明超副主任　杨万全主编

贵阳　黔新出［图书］2008年一次性内资准字第250号　贵阳黔电印刷厂刊印　2007年12月　300册　253千字　16开本　精装

藏于清镇市档案局

本志始修于2007年7月，2007年12月完稿付印，内部刊印。上限不限，下限为2005年。以述、记、志、传、图、表、录为表述形式，文体为语体文记叙体。全书正文前设凡例、概述、大事记，后有附录、修志始末。正文采用章、节结构，以时间为序共设9章31节，9章依次为：第一章军事环境（下设5节）、第二章军事组织（设4节）、第三章民兵（设4节）、第四章战事（设4节）、第五章兵役（设3节）、第六章人民防空国防教育（设2节）、第七章人民武装建设（设3节）、第八章双拥工作（设3节）、第九章军事人物（设3节）。

开阳县

开阳县财政志

开阳县财政局编　田洋主编

（手稿、未正式出版）

贵阳　1989年2月　200册　40千字　16开本　平装

藏于开阳县财政局　开阳县档案局

本志1989年编纂完成，内部刊印。本志所记史实上限民国初年，下限至1987年。卷首有中共开阳县委书记汪裕祥、副县长余鹏举等人的题词。正文前设序，末缀后记。正文采用章、节结构，共设5章16节。5章依次为：概述、财政收入、财政支出、财政管理、机构沿革。

开阳在民国时期民生凋敝、财政混乱，财政收入极少，前期主要用于政府内部和警察经费开支，后期才有少部分财政收入用于教育开支。中华人民共和国成立后，由于不断改革财政体制，加强决算管理和财政监督，财政收入不断增加，主要用于经济建设支出、社会文教科学支出和行政管理支出。本志如实反映开阳县财政收支、管理体制、人员机构等的发展变化，为进行的各项改革提供了宝贵借鉴。

开阳县广播电视志

开阳县广播电视局编　邓远富　冯大超编辑

（手稿、未正式出版）

藏于开阳县广播电视局

书稿于20世纪80年代末完成编纂，内部刊印。上限1937年，下限1987年。全书正文前设前言、说明、概述、大事记，有照片23幅，图2幅。正文采用章、节结构，共设8章33节依次为：第一章广播电视机构沿革（设4节）；第二章广播（设5节）；第三章电视（设6节）；第四章职工队伍和组织机构状况（设4节）；第五章广播电视设施（设3节）；第六章播电视宣传（设3节）；第七章综合管理（设5节）；第八章无线电修理服务（设3节）。

开阳县教育志

张宁仲　吴文和　李述韩　黄朝刚　汪建礼　贺毅编纂

贵阳　开阳县印刷厂刊印　1989年5月　500册　200千字　16开本　平装

藏于开阳县教育局

本志为内部刊印。上限自有资料可查之时起，下限至1987年。志书有图片35幅，正文前设大事记、概述，后缀附录和后记，正文采用章、节机构，共设19章55节。19章依次为：教育行政机构、思想政治教育、科举书院义学私塾、幼儿教育、小学教育、普通中学教育、少数民族教育、师范教育、农职业技术教育、职工干部教育、扫除文盲教育及农民业余教育、招生考试、体育卫生、教学研究、教师、党群组织、厂矿场教育、教育经费、人物传略。

正文全面系统地反映开阳自建置以来发展的历史和现状，着重记述1940年至1987年48年间开阳县教育事业的发展历程。同时，反映开阳教育的特色，注意材料的广泛性和可靠性，确保了史料的翔实，充分体现了《开阳县教育志》的存史性质。

开阳检察志

开阳县检察院　秦开明主编

贵阳　1991年　500千字图片　16开本　平装

藏于开阳县检察院　开阳县档案局

本志由开阳县检察院1988年11月编纂完成，内部刊印。上限自1913年，下限至1985年。根据叙事不受限制的原则，为下一届修新志准备，将大事记续写到1988年。为准确记叙历史，民国时期使用当时一些习惯用语和引叙原文。正文前设序一篇，正文后附志书参考资料和后记。正文采用章、节结构，共设8章，8章依次为：概述、大事记、民国时期检察、共和国时期检察建设、共和国时期检察工作、综合治理、组织建设后政治工作、组织人事培训。志书实事求是地记述了各项检察工作的成就和经验、规律，对工作中的失误，也作了必要的记述，目的是为了吸取历史经验教训。

开阳县城乡建设环境保护志

赵应培　余应斌　饶德宽　苏文华　刘进编纂

贵阳　开阳县教育局印刷厂　1998年　200册　200千字　16开本　硬皮精装

藏于开阳县档案局

本志1998年编纂完成，内部刊印。上限时为有资料查考时，下限至1994年年末。全志卷首有图片39幅，文中附有表格。正文采用章、节结构，共设13章60节。13章依次为：县城建设、县城基础设施建设、集镇建设、乡村建设、建筑业、建材业、城镇规划与设计、建设管理、生态环境，维护生态平衡措施、旅游资源考察与开发、建设行政机构与人员、党群组织。

本志以图文并茂的形式，全面反映开阳县城乡建设和发展情况，真实地记述了开阳县城乡的历史和现状的建设与发展。

开阳县军事志

刘学勇主编

贵阳　黔新出［图书］2009年一次性内资准字第146号　贵阳经纬印刷厂　2009年7月　500册　310千字　16开本　硬皮精装　100.00元

藏于开阳县武装部

《开阳县军事志》经两次编纂而成，第一次修志是在20世纪80年代；第二次是在2005年。2005年8月，县人民武装部领导根据上级要求，组织编写了《开阳县军事志》，本志2009年编纂完成，内部刊印。全志共有图片37幅。卷首设序，卷末置后记。正文采用章、节结构，共设9章38节。9章依次为：军事环境、武装机构、兵役、民兵、战事、人民武装建设、人防战备与国防动员、国防教育与双拥工作、军事人物、。

本志由开阳县人民武装部原部长刘学勇主编，本志时限上限追溯到630年，下限至2008年，在编纂过程中，按照国家和军队保密规定，凡涉及军事机密事项，根据需要加以略叙或不提及。实事求是地记述开阳县军事历史。

修文县

修文县水利志（1942—1985）

修文县水利局《修文县水利志》编纂小组编　陈文祥主编

贵阳　修文县水利局编印　1986年12月　30册　99千字　16开本　平装

藏于修文县史志办　修文县水利局

本志1986年12月付梓，油印成书，内部资料。本志时限上限起自1942年，部分溯源至明代；下限止于1985年。全书正文前设凡例、大事记、概述，有插页2页，地图2幅；后置编修始末。正文采用篇、章节结构，共6篇26章46节。6篇依次为：自然条件、水旱灾害、水利水电、水利工程、治水、杂记。

修文地处贵州省中部，县域面积1071平方公里，耕地面积274392亩。大部分地区海拔1100～1400米，气候属亚热带气候，湿润温和，年降水量在950～1357毫米之间。1949年前，境内无大中型水库，仅有少数山塘和引河水自流灌溉，农业抗自然灾害能力极低。中华人民共和国成立后，人民政府大兴水利建设事业，1954年，修建全省第一座土坝小型示范水库——盐井冲水库。1958年“大跃进”，全县掀起大兴水利的高潮。至1985年，全县建成大中型水库27座、引水工程164处，有电力提灌站206站219台、人畜饮水工程3565处。修文水能资源丰富，中华人民共和国成立后得到较好的开发，20世纪50年代建成黔中第一家水力发电厂——河口电站，60至70年代又先后建成猫跳河三、四、五、六级电站，同时农村小水电也得到较好的开发。

修文县文物志

修文县文化局　《修文县文物志》编写小组编　王耀辉　雷华熙主编

贵阳　修文县文化局　内部刊印　1986年11月　20册　788千字　16开版平装

藏于修文县史志办

本志1986年11月成稿并油印成书，内部资料。有插页1页，8开黑白地图1幅。本志时限上限起自明正德元年（1506年），下限止于1985年。全书正文前置序言，凡例、大事记，后置附录和编纂始末。正文采用章、节结构，共设7章31节。7章依次为：古遗迹、古墓葬、古建筑、摩崖石刻、革命文物、馆藏文物、文物管理。

修文位于黔中腹地，山川秀丽、历史悠久。早在原始社会就有人类在这块土地上活动。先秦时即有史料记载。宋、元时成为水东、水西争夺之地。修文除具有得天独厚的自然条件外，更有厚重的人文环境。明朝洪武年间，奢香夫人开龙场九驿，打通了又一条进滇入川通道。明正德年间，巨儒王阳明被贬谪为龙场驿丞，在此悟道讲学，创立其阳明心学体系，修文因之而誉为“王学圣地”。明末上六卫总兵王国祯坐镇龙场，平定水西之乱；明末清初文化名人语松、钱邦芑等在此留下不少墨迹。近代中国工农红军两次长年征经过修文，经迹遍及全县大部分地区。美丽的自然条件，厚重的人文历史，给修文留下了许许多多宝贵的文物资源。清及民国时期，修文人民重视对文物古迹的保护，特别是对阳明遗迹，多次加以保护和修缮，使许多著名遗迹得以保护并延续下来。中华人民共和国成立后，人民政府重视对文物的保护工作，特别是1978年中共十一届三中全会以后，加大了人力和物力的投入，使县内文物得到有效的保护，并充分发挥其价值作用。

修文县工商行政志

修文县工商行政管理局编　余文治撰写

贵阳　修文县工商行政管理局编印　1987年1月　200册　64千字　16开本平装

藏于修文县史志办　修文县工商局

本志1987年付梓，内部刊印。本志时限上限起自1917年；下限至1985年，个别事例延至1986年。

全书正文前置前言、凡例、大事记。有插页7页，包括黑白地图1幅、黑白图片16幅。正文采用篇、章、节结构，共设2篇10章。正文分为两篇：第一篇中华民国时期的工商行政管理，下置集市贸易管理、工商企业管理、契约和修文商会4章，章下未分节；第二篇中华人民共和国成立后的工商行政，置机构设置、集市贸易管理、工商企业管理、发展城乡个体经济、人事福利和其他共6章21节。

修文地处黔中，为进滇入川要道，元、明、清时，川黔驿道和水西驿道经过县境，促进了商贸发展，修文与周边地区贸易频繁。城乡贸易多以场集为主，著名的主要有龙场、扎佐、狗场和六广等。政府对商贸管理多以收税为主。民国时期，贸易管理混乱，投机奸商乘机哄抬物价，导致物价飞涨，通货膨胀。修文县解放后，县人民政府成立工商科管理工商业务，对工商业者实行扶持及鼓励政策，商贸业得到健康发展。1958年“大跃进”后，特别是1966年后的“文化大革命”期间，对市场经济管得过死、过严，甚至把正常的商贸活动当做“资本主义尾巴”割掉，给社会主义经济造成重大损失。1978年，中共十一届三中全会后，改革开放，解放思想，搞活经济，到20世纪80年代修文的工商贸易出现了从未有过的繁荣景象。

修文县供销合作社志

修文县供销合作社联合社编纂　姚明槐主编　刘朝柱副主编

贵阳　贵州省修文县供销合作社联合社编印　1987年　30册　146千字　16开本　平装

藏于修文县史志办　修文县供销社

本志1987年付梓，内部刊印，油印本。本志时限上限起自1936年，下限止于1985年年底。全书正文前置序言、凡例、概述，后置编后记。有插页10页，手工清绘地图1幅，黑白图片17幅，内文插黑白图片21幅。正文采用章、节结构，共设6章19节。6章依次为：民国时期的合作社、中华人民共和国时期供销社、业务经营、企业管理、队伍建设、社会商品的发展情况。

正文内容主要记述了民国25年（1936年），建立修文县农村合作指导室，组织农村消费合作社，主要经营食盐，除定量供应龙场镇外还向一些乡镇定量批发。1949年修文县解放前夕，由于通货膨胀，物价飞涨，合作社无法维持被迫解散。中华人民共和国成立后，1951年9月，建立起修文县合作社联合社，并先后在5个区建立基层社，主要经营农业生产资料和生活资料，以及农产品的收购。1958年“大跃进”时期，修文县供销合作社与国有商业合并，下属的基层供销社下放到人民公社管理，一度造成商品供应不畅，供销事业受到严重影响。1961年年底，开始进行调整，供销合作社从国有商业中分离出来，恢复原来的供销格局，由单一所有制变成两种所有制，供销事业再次活跃起来。“文化大革命”时期，“大跃进”时期犯过的错误再次出现反复，1971年又将县供销合作社与商业局合并，使供销业务严重下滑。1973年，不得不进行纠正，供销事业才有点进展。改革开放后，特别是1983年修文县第四届社员代表大会召开后，供销系统进行一系列改革，加强组织上的群众性，管理上的民主性，经营上的灵活性；发展农商联系，拓展横向联合，扩大经营范围。修文供销事业出现了一个蓬勃发展的新局面。

修文县广播电视志

修文县广播电视局编修　赵成贵执笔

贵阳　修文县广播电视局编印　1987年　20册　79千字　16开本　平装

藏于修文县史志办　修文县旅游文体广电局

本志1987年付梓，内部资料，油印稿。本志时限上限起自1951年，下限止于1986年。本志属章节体结构，全书正文前置序言、凡例，后置附录。大事记、概述列入章系列。正文采用章、节结构，共设9章27节。9章依次为：大事记述、概述、机构沿革、广播事业建设、电视事业的发展与建设、技术革新与改造、广播宣传、人员培训、管理。

正文主要记述了民国35年（1946年），修文民众教育馆设立收音机室，购进一台直流收音机，每夜组织县城教员和公务人员收听，收音常出故障，不到半年机坏停收。中华人民共和国成立后，1951年县政府成立收音站，每天由收音员背着收音机下乡巡回组织农民收听。继后，在各区乡建收音站。到1954年年底，全县建收音站23个。1956年7月，在中共修文县委大院内设立县广播站，全县集镇和部分村寨均能收听省台广播节目。1958年“大跃进”时期实现广播网，全县188个高级农业生产合作社都安装了喇叭。5个人民公社建起广播站，并在各大型水利工地和学校建立7个放大站。1963年，对广播进行整顿，保留县广播站，实行入户收费。“文化大革命”初期，要求区建广播站，公社建扩大站，生产大队置高音喇叭，生产队有喇叭。1971年，建起4座区级广播站、13座公社扩大站。改革开放后，1986年在县城北郊观音山顶建起广播电台，安装调频发射机，保留5个区级广播站和10座乡镇放大站，收听覆盖县各地。

1974年县广播站始购进36厘米（14英寸）黑白电视机1台收视；10月，县广播站在县城龙冈山上收转省电视节目成功。1977年，县财政拨款8000元在龙冈山建25米高的电视差转台，发射功率10瓦，接收9频道（省电视台东山发射台），发射6频道，覆盖面仅限于县城及其近郊。1985年彩色电视机进入县城，县差转台增置1台发射功率为50瓦的彩色电视差转机。1986年，县财政拨款27万元在龙冈山幼儿园屋顶增建一层楼房做工作用房，并在屋顶建铁塔和抛物面天线，发射功率为分米波100瓦，24频道转发，县城及附近乡村均可直接收看中央及省电视台第一套电视节目。

修文县军事志（1371—1986）

修文县人民武装部《军事志》编纂小组编　余文治　王世洪编辑（撰写）

贵阳　修文县人民武装部《军事志》编纂小组刊印　1987年　30册　729千字　16开本　平装

藏于修文县史志办　修文县人民武装部

本志1987年付梓，内部资料，油印成书。全书时限上限起自明洪武四年（1371年），下限止于1986年。正文前置序言、凡例、概述。正文采用篇、章结构，共设6篇21章。6篇依次为：建制沿革、重大兵事活动、历代修文驻军、兵役制度、民兵、防空战备6篇21章。第七篇附录殿后，内容为大事提要和专记。

修文县位于黔中腹地，扼贵阳北面咽喉，系入川必经之道，历为兵家必争之地，明洪武五年（1372年），县境始有驻军。明朝崇祯初年，上六卫总兵王国祯坐镇龙场，剿灭水西叛乱。崇祯三年（1630年），水西战败，安位乞降，明朝在龙场建敷勇卫，下置修文、濯灵、于襄、息烽4个守御千户所。清康熙二十六年（1687年），朝廷偃息武备、修明文教，裁撤敷勇卫，改置修文县。清咸同年间，黄号军起义，修文、扎佐一带成为清军和义军争夺的主要战场，何得胜率黄号军四克修文县城，给清军以沉重打击。民国24年至25年（1935年至1936年），红军长征先后两次经过修文，摆脱了国民党军队的围追堵截，取得了长征的胜利。抗日战争时期，贵州成为抗战的大后方，国民党军政部将马家桥至久长、扎佐、沙子哨一带划作陆军演习场，并驻扎重兵，国民党新组建的205师随即入驻。1949年11月17日修文解放后，解放军第二野战军军政大学第五分校进驻马家桥，以后马家桥发展成为重要的军事驻地。在修文解放后的几十年中，修文县的民兵和驻军，在保卫新生的人民政权、清匪反霸、参军参战、保卫祖国、维护地方治安及工农业生产建设等方面都作出了重大贡献。

修文县民政志（1687—1985）

修文县民政局编　唐熙主笔

贵阳　修文县民政局编印　1987 年 1 月　30 册　155 千字　16 开本　平装

藏于修文县史志办　修文县民政局

本志 1987 年 1 月竣稿，内部资料，油印成书。本志时限上限起自 1687 年，下限止于 1985 年。全书正文前置序言、凡例和概述，有插页 3 页，8 开手绘地图 3 幅；后置编后记。正文采用章、节结构，共 12 章 22 节。12 章依次为：大事记、民政机构、区划选举、优抚、安置、救灾救济、婚姻登记、民政事务、其他工作、英烈事迹、先进集体、民政部门建设。

本志自清康熙二十六年（1687 年）建立修文县开始记述。辛亥革命后，民国肇兴，民政事务成为政府的主要工作，民政曾承办地方选举、赈恤、救济、慈善、户政、警察、兵役、著作出版、宗教礼俗、社团登记、卫生事务、监察官署等。修文县解放后，民政工作与解放前有着本质区别，20 世纪 50 年代，民政工作主要以优抚、安置、救灾救济等为主。“文化大革命”期间，民政工作克服了“左”的干扰和破坏，仍然做好了优抚、安置和抗灾救济工作。中共十一届三中全会以后，纠正了“左”倾错误，修文县的民政工作除做好原有工作外，还进一步做好了核实认定烈士，普查优抚对象，平反优抚对象的冤、假、错案等等，特别是开展帮助社会残疾、弱势群体脱贫致富做了大量有效的工作。

修文县水利电力志

修文县水利局编　陈文祥主编

贵阳　贵州新闻出版社内资出版　1987 年 11 月　200 册　110 千字　16 开本

藏于修文县史志办　修文县水利局

本志 1987 年 11 月付梓刊印，内部资料。本志时限上限起自元大德年间，下限止于 1985 年。全书正文前置序言和凡例，有插页 8 页，8 开地图 2 幅、黑白图片 15 幅；大事记要置于篇后，最后置编修始末。正文采用篇、章、节结构，共设 9 篇 21 章 33 节。概述纳入篇的系列，9 篇依次为：第一篇概述、第二篇水系与水资源、第三篇水旱灾害及抗灾纪实、第四篇治水基本工作、第五篇水利建设、第六篇电力工程建设、第七篇工程管理、第八篇水政、第九篇杂记。其中，概述和杂记 2 篇下无章节，其余 7 篇下共有 21 章 33 节。

修文县税务志

修文县税务局　《修文县税务志》编写组编　陈君生主编

贵阳　贵州新闻出版社内资出版　1987年　200册　190千字　16开本　平装

藏于修文县史志办　修文县国税局

本志1987年11月定稿，内部刊印。本志时限上限起自修文建县清康熙二十六年（1687年），下限止于1985年。全书正文前置序言、凡例、大事年表和概述，有插黑白图片31幅，黑白地图1幅；后置编后语。正文采用编、章、节结构，共设2编8章43节。正文编章依次为：第一编清代民国时期税赋，下置清代赋说和民国时期赋税2章6节；第二编修文县解放以来的税务，下置建置、干部队伍、税制、税源、利润监交、培养税源等6章37节

清康熙二十六年（1687年）修文建县后，人民负担沉重，朝廷将徭役赋税合并征收统一的银两，此外还要负担15%的附加率作为耗羡。民国时期，由于军阀割据，民国政府的腐败，苛捐杂税名目繁多，修文县先后征收过的捐税不含各种附加在内就多达50余种。各级官员层层加码勒索，尽力征敛，人民群众苦不堪言。修文县解放以后，人民政府接管了税收稽征，将修文县解放前的税种减为9种，实际开征只有6种。为了有利于生产的发展和提高人民的生活，在一定范围还实行减税和免税政策。1953年以后，为适应国民经济发展的需要，国家还先后进行了4次税制改革。1978年，中共十一届三中全会以后，国民经济经过“调整、改革、整顿、提高”，修文县工农商业迅速发展。1985年，全县总产值过7721.85万元，工商税也增至1272.5万元，在历史上第一次突破千万元大关。

修文县卫生志

修文县卫生局　《修文县卫生志》编写组编　熊兴明主编

贵阳　修文县卫生局编印　1987年3月　200册　204千字　16开本　平装

藏于修文县史志办　修文县卫生局

本志付梓与1987年，内部资料，3月刊印成书。全书时限上限起自1938年，下限止于1985年。有插页7页，地图1幅、黑白图片19幅；全书正文采用篇、章、节结构，共设13篇43章92节。13篇依次为：概述、大事记、行政机构、业务机构、党群组织、卫生防疫、医疗、妇幼保健、中医中药、职工教育、计划生育、管

理和人物。

本志是修文县第一部医药卫生史料，也是修文县卫生工作的一部百科全书，它对修文卫生事业的发展具有重要的参考和借鉴作用。本志系统地记述了修文县解放前落后的卫生事业和中华人民共和国成立后蓬勃发展的卫生事业。民国时期，修文全县仅有1所卫生院和几家私人药铺。中华人民共和国成立后，卫生事业发展较快，县卫生局辖县人民医院、卫生防疫站、妇幼保健站和皮肤防治站4个直属单位；县下设5个区卫生院、33个乡（镇）卫生院；另还有中央厂矿医院2所，厂矿企业卫生室13个。全县共计有医疗机构57个。

修文县物资管理志

修文县物资局　《修文县物资管理志》编写组编　朱杰执笔

贵阳　修文县物资局　内部刊印　1987年12月　200册　31千字　16开本平装

藏于修文县史志办　修文县农业局

本志1987年12月付梓并刊印成书，内部资料。本志时限上限起自1958年，下限止于1986年。全书正文前设凡例、概述，有黑白插图6幅，无大事记。后置后记，全书无附录。正文采用章、节结构，共6章8节。6章依次为：组织机构、固定资产、购销业务、清仓利库、回收废旧物资、物资管理。其中，固定资产、清仓利库、回收废旧物资3章章下无节。

正文记述了1958年“大跃进”期间，县物资分配由县计划委员会管理。1959年12月，县政府建立专门负责管理计划物资的分配调节工作的县物资管理局。1961年2月撤销物资局，业务交县手工业生产合作社联合社管理。1963年2月恢复物资局建制，与县计划委员会合署办公。“文化大革命”期间，物资局受冲击，工作混乱。“文化大革命”结续后，物资管理逐步恢复正常。1984年5月，为了适应市场经济的需要，物资管理局改为物资供应公司，次年年底又复称物资管理局。

修文县邮电志

修文县邮电局　《修文县邮电志》编　徐湘主编

贵阳　修文县邮电局　内部刊印　1987年7月　200册　130千字　16开本平装

藏于修文县史志办　修文县邮政局

本志1987年7月付梓刊印成书，内部资料。本志时限上限起自明洪武四年（1371年），下限止于1985年。

全书正文前设序言、凡例、概述，有插页22页，插黑白图片32幅，黑白地图2幅；后置后记。正文采用篇、章、节结构，共设6篇38章216节。6篇依次为：县邮电局、邮电支局、邮电所、邮政、电信、企业管理。

修文县地处黔中腹地，历为川黔交通要道，明洪武初年，早有川黔驿道经扎佐落帮，并于扎佐开设驿站。继后水西奢香开龙场九驿，于今县境内置龙场、六广二驿。清康熙二十六年（1687年），建修文县后逐步改驿设铺。清光绪三十年（1904年）贵阳邮政业务扩大到县境，先后设修文、扎佐信柜，继后置扎佐代办所，代办修文县邮政。民国时期，邮政、电信分设，由于国民政府吏治腐败，邮电事业发展缓慢。中华人民共和国成立后，修文县邮电事业飞速发展。至1985年，修文县邮电局下设5个分局12个邮电所，全县邮电职工发展到119人。

修文县公安志

修文县公安局编　罗祖文编写

贵阳　修文县公安局刊印　1988年6月　30册　140千字　16开本　平装

藏于修文县史志办　修文县公安局

本志1988年6月成稿，内部刊印，油印本。本志时限上限起自1925年，下限止于1986年。全书正文前置序言、凡例、概述，后缀附录、后记。正文采取章、节结构，共设7章24节。7章依次为：大事记、机构沿革、党务工作、贵阳市解放后37年的工作概况、各项业务工作、专题与案例、附录。

正文记述了民国初年，修文县县内社会治安由团防局执办。民国14年（1925年），县设公安局，负责地方治安、户籍管理、查禁烟毒、防火防盗、镇压异党活动及督办环境卫生等事务。继后，公安局先后更名为警佐办事处、警察局等。修文县解放后，成立人民公安机构，主要负责社会治安管理，并配合当时的清匪反霸工作。1966年，“文化大革命”开始后，造反派砸烂了公、检、法，后解放军对公安机关实行军事管制。1973年恢复公安局建制，其内部机构先后设有秘书科、侦察股、经保股、治安股、审讯股、消防股（科）、刑侦队、看守所、行拘所、政工科和交通警察中队。另外，在区公所所在地和重要集镇置派出机构，先后设城关、扎佐、久长、小箐、六广等区派出所。在修文县公安局的统一领导下，内部机构、派出机构和代管部门一直担负着全县治安管理、侦查破案、预审人犯、管理监所和防特防火等任务。

修文县农业机械志

修文县农业机械局编　李锐主编

贵阳　修文县农业机械局编印　1989 年 9 月　200 册　67 千字　16 开本　平装

藏于修文县史志办　修文县农业局

本书 1989 年 9 月付梓，内部刊印。本志时限上限起自 1953 年，下限至 1988 年。

修文农业机械的使用开始于 20 世纪 50 年代，1953 年县农场首次使用单管喷雾器喷撒农药。继后几年又出现使用柴油抽水机、双轮双铧犁等。1958 年“大跃进”时期，提倡“大力发展农业机械”，修文县农机厂自行研制生产抽水泵、打谷机、插秧机等农业机械。次年，贵阳市下拨及县购进拖拉机共 5 台，成立修文县第一个农机站。1963 年，扎佐、阳明两个拖拉机站合并建立国营修文县拖拉机站。1975 年，成立修文县农业机械局，简称“农机局”，管理全县农业机械和农业机械生产。1984 年 5 月农机局更名为“修文县农机管理服务站”，1987 年 4 月，又恢复原名。1988 年，县农机局下设农机管理、农机监理和农机技术推广 3 个站，全县农机使用得到较为广泛的推广。

本志属章节体，全书正文前置前言、凡例，后置编后记。正文采用章、节结构，共设 5 章 18 节，概述、大事记纳入章系列，概述、大事记章下无节，其余 3 章下置 18 节。5 章依次为：概述、大事记、建置沿革、农业机械的发展及应用、农机经营管理。

修文县环境保护志

修文县环境保护局编　王文盛　周孝昌主笔

贵阳　修文县环境保护局编印　1990 年 1 月　30 册　33 千字　16 开本　平装

藏于修文县史志办　修文县环保局

本志 1990 年 1 月竣稿，内部资料，油印成书。本志时限上限起自 1981 年，下限止于 1985 年。全书正文前置序言，后附 3 幅 4 开清绘环保业务地图。有插页 3

页，4 开清绘地图 3 幅。正文结构采用章、节体，共设 5 章 12 节。5 章依次为：环境概况、环境污染、环境污染的控制与治理、环境保护机构及职工队伍、环境保护经费。

环境保护是我国现代化建设的一项基本国策，保证和改善环境，防治污染，是为发展国民经济和人类赖以生存的基本条件。本志记述了修文县 1981 年以来的两次工业污染源调查，以及 1985 年至 1988 年的环境统计资料。侧重于环境管理，主要记述了修文县的环境污染及危害，环境污染的控制与治理和重大环境保护事件。

修文县轻工业志

修文县轻工业局轻工业志编写组编　邹钊　朱五义编纂

贵阳　贵州新闻出版社内资出版　内刊号 F（92）294　1992 年　200 册　137 千字　16 开本　平装

藏于修文县史志办　修文县计经贸局

本志 1992 年付梓，内部资料。本志时限上限起自清嘉庆十五年（1810 年），下限止于 1986 年。插页 20 页，地图 1 幅，黑白图片 32 幅。全书正文前置序言、凡例、概述，末篇文存殿后，无后记。大事摘要列入篇的系列。正文采用篇、章、节结构，共设 8 篇 25 章 10 节。8 篇依次为：大事摘要、建置沿革、轻工业发展、各厂（社）发展、企业管理、科技活动、职工队伍、文存。

修文县轻工业是在手工业基础上发展起来的。早在清嘉庆年间，六桶海马孔开始有土法造纸。修文县解放前，由于社会自然经济占主导地位，政府吏治腐败，手工业生产发展缓慢。修文县解放后，解放了生产力，在中国共产党的政策扶持下，手工业生产得到发展。1956 年实行对农业、手工业和资本主义工商业的社会主义改造“三大改造”，重工业实现了合作化。继后，手工业生产又经历“大跃进”和“文化大革命”，大起大落，忽冷忽热，走过了一段曲折的发展道路。1978 年中共十一届三中全会后，解放思想，改革开放，手工业生产迎来了发展的春天。

修文县财政志

修文县财政局财政志编写组编　葛恒希主笔

贵阳　黔新出（94）内字第 23 号　1994 年 10 月　200 册　347 千字　16 开本　平装

藏于修文县史志办　修文县财政局

本志1994年付梓，内部刊印。本志时限上限起自1687年，下限至1990年。全书正文前置序言、凡例、概述、大事记，有插页14页，领导题字2幅，彩色图片7幅，黑白图片11幅；后置编后记及附录。正文采用篇、章、节结构，共设2篇：上篇民国时期的修文县地方财政，下置机构沿革、田赋、财政管理3章，其中第三章下置4节。下篇中华人民共和国成立后的修文财政，下置机构沿革、农业税、财政预算管理、企业财务管理、基本建设等费类支出、支援农村生产支出、农林水等事业费、工交商业等事业费、文教卫生科学等事业费、其他部门事业费、抚恤和社会福利救济费、行政管理及公检法经济、支援不发达地区支出、其他支出及专款支出、财政监督及财务检查共15章54节。

修文县粮食志

修文县粮食局粮食志编辑室编　蔡文广主编

贵阳　黔新出（93）F内字34号　贵州新闻出版社内资出版　1995年5月　500册　228千字　16开本　平装

藏于修文县史志办　修文县粮食局

本志1995年付梓，5月刊印成书。本志时限上限起自1687年，下限至1990年。全书正文前有序言、凡例和概述（无大事记），末置编后记。有插页9页，8开黑白地图1幅、色图片12幅、黑白图片12幅。正文采用章、节结构，共设11章43节。11章依次为：机构沿革、职工队伍、粮油生产、粮油征购、粮油供应、粮油调运、粮油储备、粮油加工、综合管理、杂记、文存。其中，杂记、文存章下无节。志后附注释。

修文县交通志

修文县交通局编　朱屏主编

贵阳　贵州新闻出版社内资出版　2006年12月　1000册　206千字　16开本　精装

藏于修文县交通局

本志2006年付梓，12月内资出版。本志时限上限起自元天启二年（1329年），下限止于2005年12月。全书正文前设有概述、大事记，有插页16页，地图5幅、彩图片23幅、插图10幅；后置附录和后记等要目。正文采用篇、章、节结构，共设4篇12章37节。4篇依次为：机构、道路桥梁设施、运输、管理。人物篇单独立篇，分传记、简介和名录。

正文记述了修文古为贵阳至黔北播州及黔西北水西要冲，今为黔中交通枢纽，川黔铁路、210国道南北穿境而过；贵毕高等级公路与贵遵高等级公路在扎佐交汇。南可通江达海，北可进滇入川。从20世纪90年代起加快交通网络建设速度加快，进入21世纪，县境内除国道省道外，已构成二纵三横的交通网络。

修文县税务志（1978—2005）

修文县国家税务局　修文县地方税务局编　陈君生主编

贵阳　贵州新闻出版社内资出版　2007年1月　1000册　266千字　16开本　精装

藏于修文县史志办　修文县国税局　修文县地税局

本志是1987年刊印的《修文县税务志》的续志。本志时限上限起自1978年，下限止于2005年12月。全书正文前设有概述、大事记，有插页16页，地图2幅、彩色图片37幅、插图33幅；后置附录、调研文章、前志拾遗勘误、限外要事等要目。正文采用篇、章、节结构，共5篇12章47节。5篇依次为：税务机构、税务沿革、税务管理、利润监交与专项基金、人物篇（分传记、简介和名录）。

1978年修文县执行的是一套单一税制，中共十一届三中全会后，随着经济体制的改革和发展，20世纪80年代充分发挥税收的经济杠杆作用初步建立起与社会主义经济发展相适应的税制体系。90年代税制改革进一步深入，建立符合社会主义市场经济要求的税制体系。1994年又将中央税和地方税划分开来，实行分税制。经过改革开放，全县税收由1978年的182万元增长到2005年的17078万元。

修文县教育志

修文教育局编纂　李明祥主编

贵阳　黔新出（图书）2008年一次性内资准字第153号　贵州新闻出版社内资出版　2008年8月　1100册　534千字　16开本　精装

藏于修文县史志办　修文县教育局

本志时限上限起于明正德元年（1506 年），下限止于 2005 年。全书正文前设概述、大事记，有插页 24 页，地图 1 幅彩色图片 92 幅；后置专题、附录和后记。正文采用篇、章、节结构，共设 5 篇 23 章 89 节。5 篇依次为：机构、教学、管理、教师、阳明教育。

正文主要记述从王阳明在龙场建龙冈书院以来，修文 500 年间教育事业的发展和成就。明正德三年（1508 年）王阳明建龙冈书院开黔中教育一代学风，为修文文化教育事业的发展奠定了基础，明、清两代科举取士，修文名列黔省前茅，出文武进士 28 人。清末新政修文始有小学，民国 28 年（1939 年）始有中学。1949 年修文县解放后，教育事业飞速发展。特别是 1978 年中共十一届三中全会后，实施科教兴县和人才强县战略，逐步普及九年义务教育，教育基础设施不断完善。2000 年，通过省政府普及九年义务教育的验收，教育事业发展到一个崭新的阶段。进入 21 世纪，为确保每一位应接受义务教育的学生不致因家庭贫困而失学和解决农民工及贫困家庭的子女受教育问题，政府逐步实施免书费、免杂费、补助农村住校学生生活费的“两免一补”政策。教育事业的发展为修文地方经济、文化，政治和社会建设的发展发挥了重要作用。

修文县水利志（1978—2008）

修文县水利局编　郑朝文主编

贵阳　黔新出（图书）2008 年一次性内资准字第 9 号　贵州新闻出版社内资出版　2008 年 10 月　500 册　200 千字　16 开本　精装

藏于修文县史志办　修文县水利局

本志时限上限起于 1978 年 12 月，下限至 2008 年 12 月。全书正文前设凡例和概述，有插页 24 页，地图 3 幅、彩色图照 87 幅、插图 80 幅；志后设修编始末杂记。正文采用篇、章体，共设 10 篇 30 章，大事记列入篇的系列。10 篇依次为：大事记、杂记（县级水利机构、大事记、党群组织）、水系与水资源、防汛抗灾、水利建设、水利管理、水土保持、电力工程建设、水政监察、人物和艺文。

本志主要记述修文县水利事业改革开放 30 年的发展和成就。修文县位于黔中腹地，贵阳市北部。1978 年至 2008 年 30 年间，全县共建各类水利工程 620 处、实施人畜饮水工程 255 处、病险水库除险加固 31 处、山塘整治 485 处新建小水窖 11949

口、治理水土流失面积235平方公里、渠道防渗900余公里，初步形成了蓄、引、提水相结合，灌溉、发电、供水相配套，防洪抗旱、水土保持、水利旅游为重点的水利工程体系。

修文县军事志（1283—2005）

《修文县军事志》编纂委员会编　柴忠元主编　陈新国执行主编

贵阳　贵州新闻出版社内资出版　2009年5月　1000册　250千字　16开本　精装

藏于修文县史志办　修文县人民武装部

本志2007年年初开始编写，2008年4月竣稿，经审定修改后于2009年5月第1次印刷。本志时限上限起自元至元二十年（1283年），下限至2005年。正文前设概述、大事记，后置附录和后记。有插页16页，地图2幅、彩色图片36幅、内文插图42幅。正文采用章、节结构，共设9章25节。9章依次为：军事环境、军事组织、兵役、民众武装、人民武装建设、战备防空国防教育、双拥共建、战事、军事人物。

本志全面、系统地记述修文700多年来的军事组织、军事活动和军事人物等的历史和现状。修文地处黔中，扼贵阳北面门户，古代历为兵家必争之地。民国时为黔中重要军事驻地。中华人民共和国成立后，驻境部队和人民武装部门在中国共产党的领导下，为巩固人民政权、维护社会安定、支援经济建设立下了不可磨灭的丰功伟绩。

修文县民政志（1283—2005）

修文县民政志编纂委员会编　陈新国主编

贵阳　黔新出（图书）2009年一次性内资准字第118号　贵州新闻出版社内资出版　2009年6月　700册　400千字　16开本　精装

藏于修文县史志办　修文县民政局

本志时限上限起自元至元二十年（1283年），下限至2005年，是一部系统记述修文县民政事业发展和现状的历史文献。全书正文前设凡例、概述、大事记，有插页21页，地图1幅、彩色图片54幅、插图46幅；后置后记。正文采用章、节结构，共设10章37节。10章依次为：机构、基层政权、边界地名、救灾救济救助、优抚、安置、社会福利、社会事务管理、残疾人事业、专记。

民政事业安民立政古皆有之，清末始有专门机构，民国时民政为政府的重要部门之一。中华人民共和国成立以来，修文民政工作展现了新的一页。中华人民共和国成立初期，在完成民主革命、稳定社会秩序、建立与巩固新生政权、恢复和发展国民经济的过程中，民政部门的许多工作居于第一线。在社会主义改造时期，民政部门在优抚、安置、救灾和社会救济方面，大力加强了管理工作，建立了一系列规章制度。同时，还承担了一些政权建设中的具体事务和行政区划、收容遣送、婚姻登记、社团登记、殡葬改革等行政管理工作。国家进入有计划的经济建设时期以后，民政部门在继续进行和加强优抚、复员安置、救灾救济等工作的同时，发展了社会福利事业。中共十一届三中全会以后，随着国民经济的迅猛发展，民政事业取得长足发展，特别是进入21世纪更是突飞猛进，社会保障体系逐步形成并不断完善，水平不断提高。

息烽县

息烽县工业志

息烽县地方志编纂委员会　息烽县志编纂委员会办公室　息烽县经济委员会编

《息烽县工业志》编纂领导小组纂　陈华祥主任　罗筑云　杜洪文　罗新安　刘兴明副主任　龚德昭组长　杨洪志副组长　吴维书主编

贵阳　贵阳筑光印刷厂印刷　1990年4月　500册　150千字　32开本　平装

藏于息烽县地方志办公室

本志1986年启动编修至1990年出书，历时4年，1990年4月刊印，内部资料。本志时限上限起自1930年，下限至1985年。全书正文前设序、凡例、概述、大事记外。有彩色图片1幅，黑白照20幅，统计报表40张及勘误表。正文采用章、节、目结构，共设12章27节50目。12章依次为：建置沿革、工业体制、造纸业、电力、食品业、机械业、印刷业、采掘业、化工业、建材业、黑色冶金业、驻县厂矿。

息烽县检察志

息烽县人民检察院　息烽县地方志编纂委员会　《息烽县检察志》编写领导小

组编　陈华祥主任　罗筑云　杜洪文　罗新安　刘兴明副主任　廖宗华组长　刘正德副组长

贵阳　贵阳筑光印刷厂印制　1990 年 4 月　500 册　90 千字　32 开本　平装

藏于息烽县地方志办公室

本志 1986 年开始启动，1990 年 4 月付梓刊印，历时 4 年，内部资料。本志时限上起 1914 年，下止 1985 年。全书正文前设序言、凡例、概述、大事记，末置修志始末。有彩色图片 1 幅、黑白图片 16 幅、统计表 14 张。正文采用章、节结构，共设 8 章 26 节，并有插图、案例和统计表。正文 8 章依次为：建置沿革、刑事检察、经济检察、法纪检察、监所及社改检察、控告申诉检察、其他工作、党务与行政。

息烽县建置沿革志

息烽县史志办公室　息烽县地方志编纂委员会编　陈华祥主任　罗筑云　杜洪文　罗新安　刘兴明副主任

贵阳　贵阳筑光印刷厂印刷　1990 年 4 月　700 册　115 千字　32 开本　平装

藏于息烽县地方志办公室

本志 1986 年开始启动编纂，至 1990 年付梓，历时 4 年。1990 年 4 月内部刊印成书。本志时限上限至元代，下限为 1985 年。以述、志、图、表、录为体裁。全书正文前设概述，末置附录。有插页 5 幅，彩色图片 2 幅，黑白图片 5 幅，统计报表 6 张。正文采用章、节、目结构，共设 13 章 33 节 49 目。正文 13 章依次为：宋代前区域隶属、土司、守御千户所、里甲、民国息烽县政府、民国息烽县参议会、中国国民党息烽县党部、民国政府中央军事委员会驻息烽机构、中国共产党息烽县委员会、息烽县人民代表大会常务委员会、息烽县人民政府、中国人民政府协商会议息烽县委员会、中国人民解放军息烽县人民武装部。

息烽之名，始于明代。明崇祯元年（1628 年）兵部尚书兼云、贵、湖、广五省总督张鹤鸣平水西安邦彦叛乱时，为“近控蛮苗，远联滇蜀”，沿鸭池河筑城五座。其中，张鹤鸣会同巡按御史陆献明于贵族前卫故绝六屯地筑城一座，报竣奉旨命名：“息烽”。

息烽县军事志

息烽县志编纂委员会办公室　《息烽县军事志》编纂委员会（主编单位）　息烽县人民武装部（副主编单位）　《息烽县军事志》编写领导小组编　陈华祥主任委员　罗筑云　杜洪文　罗新安　刘兴明副主任　蔡正昌组长　吴启华　龙升明副组长　邱德林编审

贵阳　贵阳筑光印刷厂印刷　1990 年 4 月　700 册　168 千字　32 开本　平装

藏于息烽县档案局

本志 1986 年 6 月启动编纂，至 1990 年结束，历时 4 年，1990 年 4 月内部刊印。本志时限上限起自唐代，下限至 1985 年。全志前设概述，后置附录。正文采用章、节结构，共计 9 章 42 节。内有彩色图片 1 幅，黑白图片 8 幅，插页 8 幅，统计表 19 张。正文 9 章依次为：军事地理、地方军事机构、民国中央军委驻县机构、驻军与过境部队、兵役、人民武装建设、民兵、防空与战备支前、重大兵事。

息烽地处川黔交通干线，是川黔要塞，遵义入省城之咽喉，历为兵家必争之地。自唐代起，息烽在军事上形成土司与朝廷官军、民众与土司、官兵间、统治与反统治的特殊战争，并使战争发展和变化。民国 24 年（1935 年），中国工农红军在四渡赤水后进入县境，前后 6 天。在息播下革命火种。抗战爆发后，国民政府在县境设立息烽集中营，先后关押爱国将领、革命人士等千余人，杀害 600 余人。解放息烽县时，上千农民参加民兵协同部队作战，支援前线，涌现出大批战斗英雄。中华人民共和国成立后，民兵从组织调整，军政训练、战备支前、参军参战、抢险救灾、维护治安、投入农业工业、国防建设等方面作出重大贡献。

息烽县民政志

息烽县志编纂委员办公室（主编单位）　息烽县民政局（副主编单位）　《息烽县民政志》编纂委员会　《息烽县民政志》编写领导小组编　陈华祥主任　罗筑云　杜洪文　罗新安　刘兴明副主任　黄银忠组长　李玉华副组长　杨中英　吴维书编审

贵阳　贵阳筑光印刷厂印刷　1990 年 6 月　500 册　66 千字　32 开本　平装

藏于息烽县档案局

本志 1986 年启动编纂，至 1989 年审定，1990 年 6 月刊印，内部资料。本志时限上限起自元至元十七年（1280年），下限为1985年。以述、记、志、图、表、录为体裁。全志正文前设概述、大事记，后置附录。正文采用章、节、目结构，共设13章45节51目。有彩色图片1幅、黑白图片12幅、统计报表36张。正文13章依次为：机构沿革、基层政区、基层政权建设、优待抚恤、复员退伍退休人员安置、灾害救济、社会救济社会福利、民政经费、婚姻登记、殡葬改革、移民安置、收容遣送、表彰先进。

正文主要记载了息烽建县后，民国时期警政、户政、地政、基层的政权、民意、民选、兵役、抚恤、赈灾救济、社会救济和社会福利、社团活动、宗教礼俗、卫生防疫、行政区划、禁烟禁毒等均划入民政事务范畴的情况。中华人民共和国成立后生产自救和社会扶持，国家发放各种救济和补助款、物，保障和改善烈军属、残废军人、复员退伍军人、社会困难户的生活，并使老有所终、幼有所依、鳏寡孤独皆有所养，移民安置、婚姻登记、殡葬改革、收容遣送等现状。

息烽县人物志

息烽县史志办公室　息烽县志编纂委员会编　陈华祥主任　罗筑云　杜洪文　罗新安　刘兴明副主任　杜洪文编审

贵阳　贵阳筑光印刷厂印刷　1990年4月　1000册　140千字　32开本　平装

藏于息烽县档案局

本志1986年开始编写，1989年付梓并刊印，内部资料。本志时限上限为唐五代时，下限至1988年。全书以传、录、表、名单为体裁。全书末有附录，有插页15页，彩色图片1幅，统计报表10张及勘误表。正文共15章，依次为：人物传、英烈传、前驱传、志士传、文人传、行武传、吏治传、女杰传、奸宄传、英名录、人物表、功臣名单、模范、先进工作者、中高级职称人员名单。

息烽县畜牧志

息烽县县志编纂委员会　息烽县史志办公室　陈华祥主任　罗筑云　杜洪文　罗新安　刘兴明副主任　况力夫主编

贵阳　贵阳筑光印刷厂印刷　1990年4月　600册　125千字　32开本　平装

藏于息烽县档案局

本志编纂于1986年开始启动至1990年出书，历时4年，于1990年4月付梓并印刷成书，内部资料。本志时限上限为1939年，下限为1985年。正文前设概述、大事记，有彩照1幅，插页10幅，统计报表41张；后附带有附录和勘误表。本志正文采用章、节、目结构，共设7章33节82目。正文7章分别为：建置沿革、经营管理、饲料、畜禽、疾病防治、水产、畜牧兽医科技。

息烽县财政志

息烽县史志办公室　息烽县财政局　《息烽县财政志》编纂领导小组编　魏宗华组长　刘长均副组长　潘明主编

贵阳　贵阳筑光印刷厂印刷　1993年6月　500册　120千字　32开本　精装

藏于息烽县地方志办公室

1989年启动，历时4年，本志于1993年6月付梓并印刷成书，内部资料。本志时限上限1914年，下限1990年。全书正文前设概述、大事记，有彩色图片10幅、报表统计20张；末缀附录以述、记、志、图、表、录为体裁。正文采用章、节、目结构，共设8章18节21目。8章依次为：机构沿革、财政体制、财政收入、财政支出、预算外资金、公债和国库券、财政监察、财务管理。

息烽县商业志

息烽县史志办公室　息烽县商业局　《息烽县商业志》编纂领导小组编　吴国章组长　黄汉甫　丁晓渝　涂和平副组长　黄汉甫主任　刘锦鑫副主任　邱德林　邱和山审编　潘明主编

贵阳　贵阳筑光印刷厂印刷　1995年5月　500册　150千字　32开本　平装

藏于息烽县档案局

本志1986年启动至1995年付梓并刊印，历时9年，内部资料。本志时限上限起自民国二十五年（1936年），下限至1990年。以述、记、志、图、表、录为体裁。全书正文前设概述、大事记，后置附录。有黑白图片44幅、统计报表72张，以及附录和勘误。正文采用章、节、目，共设7章22节36目。正文7章依次为：机构沿革、经营体制、商业经营、商办工业、职工队伍建设、经营管理、基本建设。

息烽烟草志

息烽县志编纂委员会办公室　息烽县烟草专卖局　息烽县烟草公司　《息烽县烟草志》编写领导小组编　陈建忠主任　李贵菊　罗筑云　罗新安　刘兴明　蒋光国　黄银忠副主任　范会英主编

贵阳　贵州省地矿局印刷厂印制　1996年11月　300册　118.5千字　16开本　平装

藏于息烽县档案局

本书1996年11月付梓并刊印成书，内部资料。全志时限上限自1932年，下限至1990年。文前有概述、大事记，有彩色图片18幅，插页1幅，统计表40张；末缀烤烟生产先进单位和个人、附录。正文采用章、节结构，共设7章19节。7章分别是机构沿革、烟草种植、发展生产、烟叶烘烤、烟叶购、销及管理、烤烟科技。

息烽县水利志

息烽县水利局　《息烽县水利志》编纂领导小组　刘厚生组长　黄本超主编

贵阳　息烽县水利局刊印　1997年　16开本　精装

藏于息烽县档案局

本志于1997年付梓并刊印，内部资料。本志时限上限自1812年，下限至1990年。全书正文前设概述、彩色图片35幅，末缀附录。正文采用章、节、目结构，共设8章31节，随文附以必要的图、表、照片和附录。其中，有统计报表12幅，插入有关章、节。正文8章依次为：水政、水资源、抗灾斗争、规划设计与施工、水利工程、电力工程、水利事业管理、艺文。

息烽县教育志

息烽县教育局　《息烽县教育志》编纂领导小组编　皮世凯组长　闻广　张正允　谢德明　刘贤文副组长　朱应长主编

贵阳　1999年　16开本　精装

藏于息烽县档案局

本志编纂于1997年启动，至1999年完成，历时2年。1999年刊印成书。本志时限上起息烽置县的1914年，下迄1998年，跨度85年。全书正文前设序、概述、大事记，末置附录。正文采用篇、章、节结构，共设5篇20章65节，附带附录。有彩照74幅，插页40幅，统计报表56张。20章依次为：概述、大事记、教育行政机构、教育工会、党团队建设、中小学学校管理、教育、教育经费和基本建设、教研工作、幼儿教育和特殊教育、中小学发展概况、中小学学制、课程、教材和教法、中小学思想品德教育、中小学体育卫生、少数民族教育、社会力量办学、厂矿子弟学校、部分学校简介、职业教育和成人教育、人物、经验论文辑存、文献辑存、艺文辑存、中国教育史略、附录。

本书全面、真实、客观地再现了息烽县教育百年发展的历史，正文记述了清末和民国时期教育发展的梗概，特别是重点突出了中华人民共和国成立后后息烽县的教育发展史。中华人民共和国教育史分为3个阶段记述：第一阶段，中华人民共和国成立后的17年教育，主要反映息烽教育恢复、发展的史实；第二阶段，记述“文化大革命”十年息烽教育所遭受的严重破坏情况；第三阶段，记述改革开放以来息烽教育快速稳步发展的实际建树。

部门志

贵阳市

林东矿志

林东矿务局志书编纂委员会编　曹柏森总编　陈文郁副总编

贵阳　贵州省林东矿务局志书编纂委员会刊印　1988 年 2 月　1000 本　280 千字　16 开本　精装

藏于贵阳市地方志办公室

本志于 1988 年 11 月开始编纂，1988 年付梓，内部刊印。本志时限上限为 1949 年翁井煤矿接收之日，对煤炭事业的开发、地质勘探、林东矿区建设的基础等涉及历史渊源的问题，适当溯至起始；下限至 1985 年。全书正文前有林东矿务局井田分布图，正文后有黑白图片 15 张，彩色图片 53 张。正文采用章、节结构，共设 12 章 30 节。各章依次为：第一章概述、第二章大事记要、第三章机构沿革与矿区地理、第四章矿区建设、第五章煤炭生产、第六章基层单位、第七章生产管理、第八章经营管理、第九章企业体制改革、第十章党政工团、第十一章文教卫生与生活福利、第十二章人物传与先进名录。

正文记叙了林东矿务局自接收翁井煤矿 35 年来生产建设发展的整个历史进程。范围涉及林东起落发展的各个方面，包括地理环境、勘探与开发、基本建设、采掘工艺、生产单位的现实状况和调整过程、经营管理、干部队伍和职工队伍的演变、思想政治工作、职工福利、党政工团、文教卫生等。记叙以林东矿局为主体，原不属林东矿局，后划分过来，或者原归属林东局，中间划分出去最后又归并回来，以及划分出去没有归并回来的生产单位，仅叙在林东局领导的一段。属于现生产单位的，其划分出去的一段历史，在单位简介中述及。已经停产或报废的煤矿，在生产建设与发展中连带记述，不列独立章节。本志涉及的人名和立传人物只写到局级。矿务局成立之前和中间撤销阶段，则以矿级为限。局级以下人物，则采取以事系人的方法在文中结合记述。历任矿级干部名单，在基层单位简介之后列表载明。

贵阳供电志

《贵阳供电志》编辑委员会修　雷铭主任　罗善宝　王和副主任　谭烨副主编　罗善宝主编

贵阳　黔新出（96）内图资准字第1－020号　1996年5月　1500册　360千字　16开本　精装

藏于贵阳市地方志办公室

本志1988年开始编写，1996年2月编纂完毕，当年5月内部出版，是记述贵阳地区电力供应的历史和现状的部门志。上限起于1926年贵阳电灯业的发端，下限至1994年年末，主要记述1959年至1994年间的企业发展的状况。全书正文前设贵阳地区电网接线示意图、彩色照片（53张）、序（2篇）、凡例、概述，后有大事记、人物录、附录、编后语。正文共设12章52节，各章依次为：第一章贵阳供电业的发展、第二章输电、第三章变电、第四章配电、第五章用电营业、第六章调度、第七章修试，第八章安全、第九章管理、第十章分局与县局、第十一章多种经营、第十二章党群工作。

贵阳发电厂志

《贵阳发电厂志》编纂委员会编纂　张平主编

贵阳　贵阳发电厂刊印　1997年9月　1580册　550千字　16开本　精装

藏于贵阳市地方志办公室

本志1997年9月16日付梓，内部刊印。该志时限上限为1927年；下限至1995年，个别地方为了表达的完整性，延续到1996年。本书采用述、记、志、传、图、表、录等体裁。全书正文前设概述，插图8页，彩色照片53张；末缀大事记、人物录、附录、贵阳发电厂在贵州电力发展史中之第一、编后记等。正文采用篇、章结构，共设6篇27章，依次为：第一篇基建，包含第一章武侯祠、水口寺与修文工程，第二章赤马殿工程，第三章花溪水电站；第二篇生产，包含第一章生产能力，

第二章生产系统，第三章运行，第四章检修，第五章技术监督；第三篇管理，包含第一章体制与机构，第二章计划管理，第三章人事与劳动工资，第四章财务管理，第五章燃煤与物资管理，第六章安全管理，第七章微机应用与档案管理，第八章武装与治保；第四篇教育，包含第一章职工教育，第二章学校；第五篇党群工作，包含第一章党务工作，第二章党的纪检（监察）工作，第三章党的组织工作，第四章宣传思想工作，第五章工会工作，第六章共青团工作，第七章群众团体；第六篇福利与多种经营，包含第一章职工福利，第二章多种经营。

贵阳铁路分局志（上卷）

贵阳铁路分局志编纂委员会编　李振伦主编

贵阳　中国铁道出版社　2000 年 5 月　1000 册　300 千字　16 开本　精装

藏于贵阳市地方志办公室

本志编纂完成于 2000 年，内部刊印。《贵阳铁路分局志》共分 3 卷，本志为第一分卷——《贵阳铁路分局志（上卷）》。全志记述时限上限为 1898 年，下限为 1988 年。

《贵阳铁路分局志（上卷）》共有 300 千字。正文前有序、凡例、概述，另有 16 页插页，分别为贵阳铁路分局管辖示意图、贵阳枢纽示意图 2 张，黑白图片 30 张，彩色图片 57 张；末缀人物、附录。正文采取篇、章结构，共设 3 篇 9 章。依次为第一篇大事记、第二篇机构沿革及领导人更迭（包含第一章贵阳铁路组织机构沿革，第二章领导人更迭）、第三篇铁路建设（包含第一章黔桂铁路，第二章川黔铁路，第三章贵昆铁路，第四章湘黔铁路，第五章铁路支线建设，第六章贵阳铁路枢纽的建设，第七章专用线与专用铁道）。附录包含贺电，《贵州铁道报》有关黔桂铁路都贵段建成通车的报道选录，成都铁路局贵阳分局主要运输指标历年完成情况，巡抚沈瑜奏请饬部拨款兴筑贵渝铁路等资料。

正文记述贵州铁路建设的发展过程，重点记述贵州铁路 1958 年至 1988 年 30 年间发生、发展的大事。记叙的地域范围为 1988 年贵阳铁路分局管辖的地域范围：黔桂线贵阳至麻尾站、川黔线贵阳至木竹河站、贵昆线贵阳南至徐屯站、湘黔线贵定至大龙站。

贵阳法院志

贵州省贵阳市中级人民法院编　朱骏德主编　翟晓辉　杜声刚　鸿烈副主编

贵阳　贵阳市中级人民法院刊印　2004 年　32 开本　精装

藏于贵阳市地方志办公室

本志 2004 年付梓，内部刊印。本志时限上限起于清光绪三十二年（1906 年），下限止于 2000 年。全书正文前设概述，有彩图 34 张，贵阳市中级人民法院及内设机构 1950 年至 1984 年印件（章）2 页 20 枚，正文后置附录。全志采用篇、章结构，共设 5 篇 16 章，依次为：第一篇审判机构，包含第一章清末和民国时期的审判机构，第二章中华人民共和国成立后的贵阳审判机关；第二篇司法审判制度，包含第一章清末和民国时期的审判制度，第二章中华人民共和国成立后审判制度成立和发展；第三篇审判工作，包含第一章刑事审判，第二章民事审判，第三章经济审判，第四章行政审判，第五章审判监督，第六章执行工作；第四篇司法行政工作，包含第一章法制宣传与调查研究，第二章法医技术鉴定，第三章文书档案，第四章基本建设、物质装备与财务管理；第五篇大事记，包含第一章清末民初，第二章中华人民共和国成立后。正文后有附录，包括全市法院 2000 年工作总结及 2001 年工作安排。

正文记述贵阳市中级人民法院审判工作的历史，介绍贵阳市法院成立的过程及在各个历史时期所起到的作用。

乌当区

乌当政协志

政协乌当区委员会　《乌当政协志》编审委员会编　欧阳俊主任　过敏涛　孙定朝副主任

贵阳　1999 年 10 月　100 千字　32 开本　精装

藏于乌当区地方志办公室

本志 1999 年 10 月付梓，内部刊印。本志时限上限为 1981 年，下限 1998 年。全书正文前设序。有黑白照片 6 幅。本志要目：政协贵阳市乌当区委员会成立前的统战工作；政协贵阳市乌当区委员会的筹备组建工作。政协贵阳市乌当区历届委员会（第一届至第六届）组织沿革、历次会议情况及工作简况。政协乌当区历届委员会组织召开“各界人士为四化服务经验交流会”情况。政协乌当区历届委员会重要文件（暂行规定、工作条例、工作规则等）。

本志记述了1982年2月中国人民政治协商会议贵阳市乌当区委员会正式成立，至1998年的17年间，在中共乌当区委的领导下，乌当区历届政协组织对全区两个文明建设和社会稳定作出的积极的贡献。历届政协组织以“团结奋进、建设乌当、加速发展、富民兴区”为己任，依照人民政协章程规定，积极认真履行政治协商、民主监督和参政议政；充分发挥组织广泛联系各人民团体、民主党派、无党派人士及各族各界的“桥梁”和“纽带”作用；动员和组织各方面力量，积极投身富民兴区的大业。

南明区

贵阳市南明区人民代表大会简志

贵阳市南明区人大常委会办公室编　张崇如主任　兰辉智　李世永　韩印萍　孙宗华　张乐平副主任

贵阳　贵阳南明民政印刷厂　2002年　34千字　32开本　平装

藏于南明区档案局

本志2002年编纂完成，内部刊印。上限为1951年9月，下限为2002年6月。正文主要记述南明区历届人民代表大会的情况。1951年9月至1953年2月，贵阳市第三区、第四区先后召开了两届人民代表会议。1954年至1966年，先后召开了第一届至第六届人民代表大会会议；“文化大革命”期间，第七届人民代表大会未召开。根据1978年修改后的《中华人民共和国宪法》和《中华人民共和国地方各级人民代表大会和地方各级人民政府组织法》的规定，1980年通过选举产生了南明区第八届人民代表大会代表。1981年11月召开了南明区第八届人民代表大会第一次会议召开，会议上选举产生了南明区人民代表大会常务委员会（简称区人大常委会）。区人大常委会是区人民代表大会的常设机构，它对区人民代表大会负责并报告工作，区人民代表大会闭会期间，行使地方国家权力机关的职能。从1981年11月至2002年3月先后召开第八届至第十三届人民代表大会会议26次。

花溪区

花溪区供销合作社联合社社志

花溪供销合作社联合社社志编纂委员会编　杜湘云主任　刘元春　熊士杰编辑
贵阳　1992年4月　40本　60千字　16开本　平装
藏于花溪区地方志办公室

本志于1992年付梓，内部刊印，分4章22节。志书时限上限起至1936年，下限止于1990年年底。志书中配有1990年花溪区行政区划及供销联社系统商业网点分布图，有5张黑白随文图片，附录43页。

正文主要记述了花溪供销合作社联合社发展历史。该社1955年11月以前称贵筑县供销合作社联合社，以后称贵筑县供销合作社。1958年3月开始称花溪区供销合作联合社。故文中简称为“县联社”、“区社”或“区联社”。对各区供销合作社，文中简称为“区社”或“基层社”。志书资料采自地、区档案馆，区社档案室、基层社所存文件资料及各位老领导、老职工和知情人士提供。1951年6月在六区创建农民自己的经济组织——沙文区供销合作社。1952年7月1日，县国营贸易公司合并到县联社，为了上下对口，对外增挂盐业公司牌子，直到1962年上半年。合作社自创建之日起，在党的“发展经济，保障供给”的财经工作方针指引下，坚持社会主义方向。始终以服务和促进农业生产发展为己任，组织城乡物资交流等，在促进农业、手工业和农村私营商业的社会主义改造方面，发挥了积极作用。

光辉的历程——花溪区人民代表大会志（1954—2005）

花溪区人大常委会编　罗效云主任　郭友苏　宋宪　王弟煌　申万荣　刘开英　张彦副主任　郭友苏主编
贵阳　花溪区花溪报印刷厂　2005年6月　500册　100千字　16开本　精装
藏于花溪区档案局

本志2005年编纂完成，内部刊印。上限起于1954年6月，下限断至2005年1月。全书正文前置序言，彩色图篇800余幅；后附编后语。采用章、节结构，共分

12 篇，依次为亲切关怀、友好往来、代表大会及其常委会、选举任免联络工作、内务司法工作、财经工作、教科文卫工作、农经民宗工作、乡镇人大工作、人大代表风采、摄影作品选登、人大常委会组成人员及其工作机构等篇。

全志采用图文并茂的形式，从不同的侧面生动地再现了党和国家领导人和省、市委，省、市人大，省、市人民政府领导人对花溪的亲切关怀；再现了市人大常委会领导人亲临花溪指导工作的情景；总结记录了花溪区历届人大及其常委会与“一府两院”在中共花溪区委的正确领导下，认真依法履职的情况和推进花溪区社会主义现代化建设伟大实践中积累的经验；展示了全区区、乡（镇）人大代表的风采。是一本总结过去，展望未来，鼓舞花溪不断开拓创新的图书。

花溪区政协志

中共花溪区委员会　政协贵阳市花溪区委员会　《花溪区政协志》编纂委员会编　李秀明主编　戴壮强　余国祥　李隆辉　张敏副主编

贵阳　贵州人民出版社　2002 年 12 月　1800 册　480 千字　16 开本　精装 128. 00 元

藏于花溪区地方志办公室

在《花溪区政协志》编纂委员会领导下，从 2000 年 5 月开始，采取“众手编志”的办法，先拟出编纂篇目，然后按章、按节落实纂稿人，分工合作，历时两年多，于 2002 年编写出了初稿，12 月公开出版。本志时限上限时间为 1981 年 7 月，下限截至 2002 年 12 月，时跨 6 届，历时 22 年历程实录。全书正文前设区情简介、概述、大事记，后设附录、后记。有插页 16 页，插彩图照 99 幅，黑白照 33 幅。述、记、志、图、表、录体裁并举。文体为语体文、记述体。大事记采用编年体。目录中只列篇、章、节，目则在正文中出现。“志”部分，只记事实，述而不论。人物只记简历、任职、著作。正文采用篇、章、节、目结构，共设 2 篇 15 章。篇依次为：第一篇机构沿革（下设 6 章 31 节）；第二篇政协职能（下设 9 章 31 节）。

花溪区政协全称是“中国人民政治协商会议贵阳市花溪区委员会”，在本志中采用简称“花溪区政协”和“区政协”。本志所采用资料，以文字资料为主，资料来源由区政协档案室、区档案馆和部分老同志提供，资料力求翔实、准确。它是一本内容全面、史料翔实、图文并茂、有较强可读性的史料集。

贵阳清华中学志

贵阳清华中学志编纂小组编　陈钢主编　马继才副主编

贵阳　黔新出［图书］内资准字第263号　贵阳市清华中学印刷厂刊印　2002年　1000册　250千字　32开本　精装

藏于花溪区档案馆

本志于2002年年底付梓，内资出版。本志时限上限起自1938年，下限至2002年。全书正文前设有序、凡例、概述，后置大事记、附录、编后记。有插页12页，有彩色图片及黑白图片97幅。正文采用篇、章、节结构，共设5篇26章77节及附录附表。5篇依次为：贵阳私立清华中学、调整改革中的花溪中学、拨乱反正发展提高、贵阳清华中学、人物。

白云区

贵车厂志（1966—1988）

铁道部贵阳车辆工厂编　王兆君主任　惠金根　刘惠林　薛景涛　蒲德润　赵开岭　王典超　沈仲安　俞毛林　吴恒钧副主任

贵阳　黔新出（90）图字第140号　贵州省新闻出版局内资出版　1991年4月　500册　200千字　16开本　精装

藏于中共白云区委党史研究室

本志编纂工作于1988年启动，历时3年时间，1991年4月付梓，内资出版。本书时限上限始于1966年；下限止于1988年12月底，其中各专业方面内容止于1985年12月。全书卷首设序、概述、大事记，卷末设附录、编后语。按新方志学的要求，以志为主，兼容图、图表、照片等表现形式。有插页16页，图片71幅。正文采用篇、章、节结构，共设8篇36章138节。8篇依次为：概述、大事记、基本建设、生产及生产管理、企业管理、党群工作、教育、生活供应与生活福利。

正文主要记载铁道部贵阳车辆工厂1966年至1988南二十余年来的发展轨迹。

白云区人大志（1960—2000）

贵阳市白云区人大常委会编　古治平主编　王世强　赵黔龙　肖智副主编

贵阳　贵州人民出版社　2001 年 8 月　1000 册　530 千字　16 开本　精装　80.00 元

藏于白云区人大常委会档案室

本志1994年启动编纂工作，历时7年多时间，2000年完成初稿，2001年成书面世。上限1959年12月，下限2000年12月31日。卷首设序、区情简介、概述、大事记，卷末设编后语。有插页16页，题词6篇，地图一幅，照片60张。目录配有英文版。正文采用章、节结构，共设9章40节。9章依次为：人大代表的选举，人民代表大会，人大常委会，讨论、决定重大事项，监督工作，选举任免工作，代表工作与代表活动，人大常委会自身建设，指导乡人大工作等章。

正文主要记述白云区人大及其常委会在中共白云区委的领导下，行使人民当家做主要权利的实践活动和组织机构的沿革状况，展现白云区人民代表大会制度的建立、发展和日臻完善的过程。

白云区政协志（1981—2000）

政协贵阳市白云区委员会编　杨武靖主编　孙大立　张汝昌　萧良均　冉崇俊副主编

贵阳　黔新出（2001 图）内资准字第 46 号　贵州省新闻出版社　2001 年 7 月　1000 册　580 千字　16 开本　精装

藏于白云区政协档案室

本志编纂自1999年7月启动，历时2年时间，2001年成书面世，内资出版。全书时限上限1981年8月，下限2000年12月31日。全书正文前设序、凡例、概述，末置大事记、附录、后记。附录有终审会议纪要。有插页22页，题词6篇，图片48幅。正文采用章、节结构，共设13章51节。13章依次为：政协白云区委员会的成立、政协白云区委员会及其常务委员会、政协白云区委员会机构设置、中共政协党组和机关党支部、政治协商·民主监督、参政议政·视察调研、联谊活动、学习与宣传、文史工作、智力支边、机关工作、统战工作、委员名录。

白云区政协志（2001—2006）

政协贵州省贵阳市白云区委员会编　杨武靖主编　张汝昌　杜祖雄　刘玉刚副主编

贵阳　黔新出〔图书〕2006 年一次性内资准字第 418 号　贵州省新闻出版社内资出版　2006 年 12 月　800 册　416 千字　16 开本　精装

藏于白云区政协档案室

本志是《白云区政协志（1981—2000）》的续志，编纂工作于 2005 年 6 月启动，2006 年 11 月付梓。全书时限上限 2001 年 1 月，下限 2006 年 11 月 30 日。卷首设序、凡例、概述，卷末设大事记、附录、后记。有插页 56 页，题词 2 篇，图片 251 张。正文采用章、节结构，共设 12 章 35 节。12 章依次为：政协白云区委员会及其常务委员会、政协白云区委员会机构设置、中共白云区政协党组和办公室党支部、政治协商·民主监督、参政议政·视察调研、联谊活动、学习与宣传工作、文史工作、智力支边、机关工作、民主党派·工商联、委员名录。附录有审稿会议纪要。

正文记载了中国人民政治协商会议贵阳市白云区委员会履行职能的主要工作和开展的主要活动。

贵铝志（1958—2007）（上、中、下）

《贵铝志》编纂委员会编纂　常顺清（第一、二、三卷）主任　周利洪（第一、二、三卷）　黄振彬（第三卷）副主任　曾义明（第一、二、三卷）主编　朱焕坤（第一、二卷）　翁有全（第二、三卷）　乔广琪（第二、三卷）副主编

香港　香港文汇出版社有限公司　2008 年 7 月　2000 套　1200 千字　16 开本　精装　568.00 元（全 3 册）

藏于贵州铝厂

本志编纂于 2006 年 4 月启动，历时 2 年多时间，于 2008 年成书。本志时限上限据事溯之发端；下限 2007 年，部分史实顺延至 2008 年 6 月。全书正文前设序，末设后记。有插页 48 页，插图 9 幅，照片 151 幅，随文图片 84 幅。正文采用卷、篇、章、节结构，共设 3 卷 38 篇 144 章 358 节。各卷依次为：第一卷共 12 篇 36 章 46 节，各篇分别为概述、大事记、领导关怀、自然概况、历史及机构沿革、创建与

曲折发展历程、基本建设、生产、企业管理、教育医疗卫生、党群工作、荣誉·人物，及附录。第二卷共21篇77章158节，各篇分别为概述、大事记、领导关怀、历史及机构沿革、基本建设、技术改造、生产、经营工作、企业管理、工程管理、企业改革、科技工作、环境保护、教育培训、医疗卫生·计划生育、后勤服务、武装·保卫、党委工作、群团工作、友好往来、荣誉·人物、及附录。第三卷共5篇31章154节，各篇分别为概述、中铝贵州企业、中国铝业贵州分公司、贵州铝厂、党群工作，及附录。

清镇市

七砂厂志

《七砂厂志》编纂委员会编　邹立勤主任　姬长元副主任　邹立勤主编　蔡文长　张龙健　吴锡辉副总编

贵阳　第七砂轮厂刊印　1987年　300千字　16开本　平装

藏于清镇市档案局

本志是第七砂轮厂20年的发展史，1987年编纂完成，内部刊印。本志时限上限始于1967年3月，下限止于1985年年底。采用记、志、图、表、录体裁。全书正文前设概述，后缀附录。正文采取篇、章、节结构，依次第一篇概述（下设3章、11节）、第二篇基本建设（设4章、15节）、第三篇生产发展与技术进步（设3章14节）、第四篇生产车间（科）概况（下设7章、47节）、第五篇党群工作（下设8章、31节）、第六篇企业管理（下设15章、113节）、第七篇生活福利文教卫生（下设6章、31节）、第八篇集体经济（下设2章、11节）、第九篇友好往来（下设2章13节）、第十篇展望（下设1章12节）。

红枫发电总厂志

《红枫发电总厂志》编审委员会编　周明藻主任　张轩钰　赵舜先副主任　周明藻主编　张轩钰副主编

（书稿，未正式出版）

藏于清镇市档案局

本志时限上起1958年6月，下止1988年年末。全志分4部分：第一部分为卷首，包括图片、序言，凡例、概述；第二部分为专述，系志书之主体，依篇、章、节、目层次安排，共8篇38章，横排竖写，以横为主，力求归属得当，纵记红枫发电总厂的发生、沿革和现状；第三部分为大事记；第四部分为附录和编后记。全书以志为主，兼用述、记、图、表、录。采用语体文。力求文风严谨，语言规范简洁。根据"详近略远"、"详今略古"之原则，反映总厂的客观发展规律。

清镇发电厂志

《清镇发电厂志》编纂委员会编　严道一　吴正国主任　葛惠仁　周泰培编纂

贵阳　黔新出（99）内资准字第478号　贵州煤田彩印厂刊印　1999年12月　1000册　664千字　16开本　精装

藏于清镇市档案局

本志始修于1988年4月，1999年10月完成书稿。本志时限上起1958年6月，下止1997年年末。按"横排竖写"的方法，以志为主兼用图、表、录。全书正文前设插图20页，后有清镇发电厂大事记、人物录、附录、编后记。正文采用篇、章、节结构，共设设6篇33章132节。6篇分别为第一篇工程建设篇（下设3章、6节）、第二篇生产管理（下设6章、25节）、第三篇管理（下设11章、46节）、第四篇教育篇（下设2章8节）、第五篇后勤管理（下设3章14节）、第六篇党群工作（下设8章33节）。

全书以清镇发电厂生产发展为主线，用概述总揽全书，正文较为详细地记述全厂生产、管理、生活发展的全过程。本志人物的处理原则，对历任厂（主任）级领导作简要介绍，对历任副厂级（副主任）领导作任职时间介绍，对离休干部、中层（正、副职）领导立名录，对荣获全国、省、部级劳动模范作事迹介绍，对荣获省、部级以下的先进人物立名简介。

清镇市政协志

清镇市政协志编纂委员会修　《清镇市政协志》编辑组编　胡体华　黄学芬主任　张兴权　岳世刚　李玲　刘玉荣　李堂奎　杨祖兴　周伟　张毅副主任　岳世刚主编　程孝顺　王文祥副主编　程孝顺总纂

贵阳　黔新出〔图书〕2008准字第230号　清镇市盘江印刷厂印刷　2008年

12 月　600 册　310 千字　16 开本　精装

藏于清镇市档案局

本志 2008 年 12 月编纂完成，内部刊印。本志时限上限为 1983 年 3 月，下限为 2008 年 3 月。本志采用述、记、志、图、表体裁。全书结构以题词、图片、凡例、序、节录、概述、章节、大事记、附录、编纂后记为顺序。文体为语体文、记叙体。以类编节，横向排列，纵向记述。大事记采取编年体，人物名录只记工作简历、任职。全书正文前有概述，后有大事记、附录、编纂后记。正文采用章、节结构，共设 11 章 29 节。11 章依次为：第一章清镇县各族各界人民代表会议（下设 2 节）、第二章组织机构（下设 3 节）、第三章例会（下设 4 节）、第四章提案（下设 3 节）、第五章（下设 3 节）、第六章调研与视察（下设 3 节）、第七章社情民意、信访及友好往来（下设 3 节）、第八章学习与宣传（下设 2 节）、第九章文史资料（下设 2 节）、第十章支边扶贫办实事（下设 2 节）、第十一章制度建设与机关工作（下设 2 节）。

开阳县

开阳县乡镇企业志稿

杨桂黔主编

（手稿，未正式出版）

藏于开阳县乡镇企业局

书稿 1989 年 10 月完成初稿，未付印。志稿记述开阳县乡镇企业发展壮大的专业志，是特定历史时期的产物。全书未注明章节，只是按照志书体例分序、凡例、概述、机构、企业（县属企业、各地企业），然后按照城关镇、金仲镇、城关区、双流区、冯三区、马场区、花梨区、清河区、羊场区，分别记述各镇、区的企业的情况，接着又按行业来分农业中的种植业企业，养殖业企业。工业又分采矿业和化学工业、冶炼业、轻工业、建材业、运输业、小水电站和其他行业等。最后列出伤亡事故和大事记。

开阳县人民代表大会志

开阳县人大常委会 周璧主编 贺承福审定

（手稿，未正式出版） 1991年11月 180千字

藏于开阳县人大常委会

本志从1988年12月开始搜集资料，编拟草稿。经过1990年7月和1991年9月召开两次座谈会讨论修改，于1991年11月内部刊印。上限1950年，下限1991年。卷首设序、凡例、概述、大事记，卷末缀附录。正文采用章、节结构，共设6章34节。6章依次为：开阳县各族各界人民代表会议、开阳县人民代表会议、开阳县人大常委会、开阳县县乡两级人民代表大会的选举、文献和资料辑录、人物传略。

志书中清代和民国时期的民意机关，据现有史料，在概述和附录中从略记述。

开阳县政协志

政协开阳县委员会编 余鹏举主编 孙烈 谌模清副主编

贵阳 贵州省第三测绘院印刷厂刊印 1993年12月 1000册 90千字 16开本 精装

藏于开阳县政协办公室 开阳县档案局

本志于1993年12月编纂完成，内部刊印。本志时限上限为1950年，下限为1993。有图片11幅；正文采取章、节结构，共设7章36节。7章依次为：开阳县政协成立前的统战工作、政协开阳县第一届委员会、政协开阳县第二届委员会、政协开阳县第三届委员会、政协第四届委员会、组织机构、政协工作。

正文主要记述了开阳县政协成立前的统战工作，四届委员会的工作开展情况，并对作出较大贡献的已故政协委员立传。开阳县政协于1984年4月24日成立以来，加强自身建设，成立政协党组、党支部，设6个专门委员会和1个办公室，建立健全了各项制度。专门委员会联系委员和各界人士，组织委员视察、考察、调查研究，并邀请相关科局领导参加，开展对口协商，写出专题报告，提出切实可行的建议，解决了开阳县在经济政治建设中遇到的许多难题。

修文县

修文县人民代表大会志

修文县人大常委会　《修文县人民代表大会志》编写小组编　葛恒希主笔

贵阳　1986 年 12 月　200 册　190 千字　16 开本　平装

藏于修文县人大常委员会办公室

本志于 1986 年付梓，内部刊印。本志时限上限起自 1950 年 1 月，下限至 1985 年 11 月。全书正文前设有序、凡例、大事记述和概述，后置附录。有插页 6 页，黑白图片 24 幅。正文采用章、节结构，共设 13 章 39 节，其中最后两章章下无节。13 章依次为：历届各界人民代表会议、基层选举、第一届至第八届人民代表队大会（共 8 章）、提案议案、人民代表小组活动、视察调查。其中最后两章章下无节。

正文详细的记述了 1950 年 1 月，修文县成立各界人民代表会议，审查县内重大事项，相应作出决议、决定。至 1953 年 7 月，共召开了 4 届 10 次会议，对推动各项民主改革，迅速恢复国民经济等工作发挥了重要作用。1953 年 7 月至 1954 年 6 月，全县实行普选出，并在此基础上召开了修文县第一届人民代表大会第一次会议。1954 年 6 月至 1966 年 5 月，一共召开了 6 届 17 次会议，履行人民代表职权，开展各项工作。1966 年 5 月，“文化大革命”开始后，民主与法制遭到严重破坏，人民代表大会停止活动，这一时期，一切活动均由县革命委员会代行。1981 年 1 月，按照《中华人民共和国宪法》和《中华人民共和国地方各级人民代表大会和地方各级人民政府组织法》规定，建立了修文县人民代表大会常务委员会，并召开修文县第七届人民代表大会，取消革命委员会，选举产生了新的修文县人民政府县长、副县长。至 1985 年 5 年内，七、八两届修文县人民代表大会先后召开了 6 次代表会议和举行了 32 次常务委员会议。在此期间，修文县的民主与法制建设不断完善，有力地推动改革开放的逐步深入和经济的不断发展。

修文县人民政协志

政协修文县文史资料委员会编　李元明　刘德均　刁福林撰稿

贵阳　政协修文县文史资料委员会刊印　1986 年 12 月　50 册　787 千字　16 开本　简装

藏于政协修文县文史资料委员办公室

本志1986年12月成稿，内部资料，油印本。本志时限上限起自1983年3月，下限止于1986年年底。志前置序言；后置附录含文存和图片。正文采用章、节结构，共设10章55节。10章依次为：概述、机构、历次全体会议、历次主席办公会议、历次常务委员会议、学习、视察调查智力支边、提案工作、文史资料征研、联系交往。

正文主要记述人民政协是中国共产党领导下的爱国统一战线组织，1983年3月，中国人民政治协商会议贵州省修文县第一届委员会成立。在中共修文县委的领导下，政协委员会坚持“长期共存、互相监督、肝胆相照、荣辱与共”的方针，对全县的大政方针和群众生活的重要问题进行政治协商，并通过建议和批评发挥民主监督作用。从1983年3月到1986年11月，修文县第一届政协先后召开了3次全体委员会、16次主席会议和13次常务委员会议。与此同时，修文县政协还做好组织学习、视察调查、智力支边、提案办理、文史资料征集研究和接待有关来信来访等工作。

修文县法院志

《修文县法院志》编写组编　廖书发主笔

贵阳　1987年9月　200千字　16开本　平装

藏于修文县人民法院

本志1987年9月付梓，内部刊印。本志时限上限起自1911年，下限止于1985年年底。正文前置序言、凡例、概述、大事记。有插页15页，手绘地图1幅，黑白图片28幅。无附录和后记。正文采用篇、章体结构，分上、下两篇，共设12章49节。依次为：上篇，置有历代司法简介和民国时期司法概况2章10节。下篇，置人民司法的建置沿革、废除旧法统建立新法制、人民法制建设、刑事审判、中华人民共和国成立后几个时期的刑事审判工作概况、民事审判、经济审判、实事求是有错必纠、指导调解组织、法制宣传10章39节。

修文县工会志

修文县总工会编　朱五义撰写

贵阳 黔刊资字第F［91］132号 贵阳南明民政印刷厂 1992年12月 200册 112千字 16开本 平装

藏于修文县总工会

本志1992年12月编纂完成，内部资料。本志时限上限起自1935年，下限至1989年。志前置序言、凡例、概述、大事记；志后置附录，书末置后记。有插页4页，黑白图片7幅。正文采取章、节结构，共设8章36节。8章依次为：建置沿革、会员代表大会、组织发展与建设、群众生产、民主管理、职工教育、职工生活、财务管理共。

正文主要记述了修文县工会发展历史。1949年11月24日修文县人民政府成立时，设1名工会干部负责全县工会工作。1951年11月1日，修文县第一家工会——邮电工会成立。1955年后，其他行业企业工会相继成立。1957年6月，全县第一次工会会员代表大会召开，正式成立修文县总工会。至1988年，先后召开了6次会员代表大会。1989年，全县基层工会发展到120个，有会员4825人。

修文县乡镇企业志

修文县乡镇企业局编 林明礼主编

贵阳 黔新出（图书）2007年一次性内资准字第160号 贵州新闻出版社内资出版 2007年12月 1000册 16开本 精装

藏于修文县工信局

本志2007年付梓，内部出版。本志时限上限起于1977年，部分史实因事溯源；下限断至2005年。全书有插页12页，地图2幅，彩色图片41幅，插图38幅。正文前设概述和大事记。正文采用篇、章结构，共设5篇24章62节。5篇依次为：管理机构、产业结构、所有制结构、招商引资、管理；志后置企业选介、人物、附录和后记。

正文记述修文地处黔中，物产丰富，早在明代修文白岩、红岩汞矿开采冶炼就已闻名国内。20世纪50年代至70年代，社队企业逐步兴起，为后来的乡镇企业发展奠定了一定基础。中共十一届三中全会以后，乡镇企业异军突起，特别是采掘和建材生产。1982年，修文县成为贵州社队企业产值跃过千万元的20个县之一。20世纪末至21世纪初，是修文乡镇企业发展的黄金时期，抓住农村产业结构调整、国营企业改制、工业企业改造和贵阳市大贵阳战略建设的机遇，进一步解放思想，加大招商引资力，乡镇企业得到跨越式的发展，由过去以建材为主的单一生产，转变为旅游、矿冶、医药、建材、化工、种植养殖、交通运输、商品流通、食品加工、饮食服务等全面发展。2005 年，全县乡镇企业产值达 22 亿多元，而且还有较强后发之势。

修文县工会志（1978—2007）

修文县总工会编　胡昭明主编

贵阳　黔新出（图书）2008 年一次性内资准字第 280 号　贵州新闻出版社内资出版　2008 年 12 月　300 册　158 千字　16 开本　精装

藏于修文县总工会

本志 2008 年付梓，内资出版。本志时限上限起于 1978 年 12 月，下限至 2007 年 12 月。全书正文前置概述、大事记，后置人物、附录和后记。有插页 8 页，地图 1 幅，彩色图片 35 幅、插图 90 幅。正文采用章、节结构，共设 7 章 26 节。7 章依次为：组织建设、职工权利维护、建功立业、劳模管理、职工教育、文娱体育、财务管理。

本志为《修文县工会志》的续志，主要记述改革开放以来修文县工会工作的开展和成就。1978 年至 2007 年的 29 年间，修文县总工会先后召开了 5 次会员代表大会，按期进行总工会领导班子换届选举。随着社会主义市场经济体制的建立和完善，工会工作与时俱进，依法维护全县职工合法权益，履行了工会组织的基本职能，在全县的物质文明、政治文明、精神文明建设中发挥了重要作用。

修文县人民代表大会志（1986 年 1 月至 2005 年 12 月）

修文县人民代表大会常务委员会编　王作伦主笔

贵阳　黔新出（图书）2008 年一次性内资准字第 31 号　贵州新闻出版社内资出版　2008 年 3 月　500 册　395 千字　16 开本　精装

藏于修文县人民代表大会常务委员会办公室

本志 2008 年付梓，内部出版。本志时限上限起于 1986 年 1 月，下限断至 2005 年 12 月。全书正文前设有概述和大事记，后置附录和后记。有插页 8 页，彩色图片 24 幅。正文采用章、节结构，共设 9 章 31 节。9 章依次为人民代表大会、人大常委会、换届选举、讨论决定重大事项、监督工作、代表工作、指导乡镇人大、人大组织建设和人物。

本志是衔接1986年出版的第一部《修文县人民代表大会志》的续志，本志时限内记述了从修文县八届人大第8次会议召开发来至十三届人大第第22次会议修文县人大工作的全部过程。20年间，修文县人民代表大会依法行使决定权、监督权和任免权。人大工作与时俱进，特别是1996年修文归属贵阳市管辖后，人大工作进一步规范化、法制化，在全县的物质文明、政治文明、精神文明建设中发挥了重要作用。

卷二　年鉴概要

地方综合年鉴

贵阳年鉴 1991

贵阳市志编纂委员会《贵阳年鉴》编辑部编辑　吴志刚主任委员　章德华　王履岳　王萼华　王燕玉副主任委员　秦家伦主编　黄宝山　申洪才　朱曦　李根生副主编　龙尚学编辑部主任

贵阳　1991 年　1000 册　16 开本　精装　28.00 元

藏于贵阳市地方志办公室

《贵阳年鉴》是中共贵阳市委、贵阳市人民政府于 1991 年批准创办，贵阳市地方志办主管主办，《贵阳年鉴》编辑部编辑出版的一部年度性地方综合资料工具年刊，至 2011 年共编辑出版了 20 册。

1991 年，《贵阳年鉴 1991》出版，主要收录范围是：1. 中央和省关于贵阳市的有关文件及领导人的重要讲话；2. 本市党政领导机关有关文件、工作报告及领导人讲话；3. 市属各区、县（市）、各部门（单位），党的关系在贵阳市的中央部属、省属驻筑单位的基本情况和发展变化资料；4. 本市国民经济和社会发展的主要统计资料；5. 有的部类（如交通运输的铁路、民航等），虽主管部门党的关系不在贵阳市，但为了保持资料的完整性，亦采录编入。

《贵阳年鉴 1991》采用分类编撰法，以事业（或事业相近因素）为主分类，不受行政隶属关系制约。全书设有大事记、市情概览、党政机关、社会群众团体、军事、政法、经济管理、财政税务、金融、农业、工业、环境保护、对外经济贸易、商贸服务、交通运输、信息产业、建筑业和房地产业、旅游业、城市建设、城市管理、教育、科技社科、文化新闻、卫生体育、社会生活、区市县概况、人物、文献法规、统计资料、附录共 20 余个类目，按类目、分目、子目、条目 4 个层次编排。《贵阳年鉴》所载国民经济和社会发展统计资料，由市统计局提供；各类目中的单项数据，以部门（单位）的统计数为准。

贵阳年鉴1992

贵阳市志编纂委员会《贵阳年鉴》编辑部编辑　吴志刚主任委员　章德华　王履岳　王萼华　王燕玉副主任委员　秦家伦主编　黄宝山　申洪才副主编　龙尚学编辑部主任

贵阳　1992年　1000册　16开本　精装　35.00元

藏于贵阳市地方志办公室

《贵阳年鉴1992》采用分类编撰法，以事业（或事业相近因素）为主分类，不受行政隶属关系制约，与上年年鉴相比，该年新设乡镇企业、统计资料两个目类，全书目类达到26个。改期年鉴封面加了封套。全书设有大事记、市情概览、党政机关、社会群众团体、军事、政法、经济管理、财政税务、金融、农业、工业、环境保护、对外经济贸易、商贸服务、交通运输、信息产业、建筑业和房地产业、旅游业、城市建设、城市管理、教育、科技社科、文化新闻、卫生体育、社会生活、区市县概况、人物、文献法规、统计资料、附录共20余个类目，按类目、分目、子目、条目4个层次编排。《贵阳年鉴》所载国民经济和社会发展统计资料，由市统计局提供；各类目中的单项数据，以部门（单位）的统计数为准。

1992年，《贵阳年鉴》获贵州省哲学社会科学优秀成果奖。

贵阳年鉴1993

贵阳市志编纂委员会《贵阳年鉴》编辑部编辑　吴志刚主任委员　章德华　王履岳　王萼华　王燕玉副主任委员　秦家伦主编　黄宝山　申洪才副主编　龙尚学编辑部主任

贵阳　1993年　1000册　16开本　精装　35.00元

藏于贵阳市地方志办公室

《贵阳年鉴1993》采用分类编撰法，以事业（或事业相近因素）为主分类，不受行政隶属关系制约，与上年年鉴相比，该期年鉴“鉴财政金融”更名为“财税金融”，新设“外经外贸”类，“科学技术”和“社会科学”合并为“科技社科”，“卫生”和“体育”合并为“卫生体育”。全书类目为24个。

1993年，《贵阳年鉴》获贵阳市第二次社会科学优秀成果三等奖；参加“全国新编地方志成果展览会”，受到好评。

贵阳年鉴 1994

贵阳市志编纂委员会《贵阳年鉴》编辑部编辑　王选才主任委员　章德华　王履岳　王萼华　王燕玉　邓治和副主任委员　薛常澄主编　黄宝山　申洪才　邓治和　许先德　龙尚学副主编　龙尚学编辑部主任

贵阳　1994 年　1000 册　16 开本　精装　40.00 元

藏于贵阳市地方志办公室

《贵阳年鉴 1994》采用分类编撰法，以事业（或事业相近因素）为主分类，不受行政隶属关系制约，与上年年鉴相比，该期年鉴“外经外贸”更名为“外经外贸海关”。

贵阳年鉴 1995

贵阳市志编纂委员会《贵阳年鉴》编辑部编辑　王选才主任委员　章德华　王履岳　王萼华　王燕玉　邓治和副主任委员　薛常澄主编　黄宝山　申洪才　邓治和　许先德　龙尚学副主编　龙尚学编辑部主任

贵阳　1995 年　1000 册　16 开本　精装　50.00 元

藏于贵阳市地方志办公室

《贵阳年鉴 1995》采用分类编撰法，以事业（或事业相近因素）为主分类，不受行政隶属关系制约。全书设有大事记、市情概览、党政机关、社会群众团体、军事、政法、经济管理、财政税务、金融、农业、工业、环境保护、对外经济贸易、商贸服务、交通运输、信息产业、建筑业和房地产业、旅游业、城市建设、城市管理、教育、科技社科、文化新闻、卫生体育、社会生活、区市县概况、人物、文献法规、统计资料、附录共 20 余条类目，按类目、分目、子目、条目 4 个层次编排。《贵阳年鉴》所载国民经济和社会发展统计资料，由市统计局提供；各类目中的单项数据，以部门（单位）的统计数为准。

1995 年，《贵阳年鉴》在首届全国年鉴评奖中，获地方综合年鉴二等奖、框架设计二等奖、条目编写二等奖、美术装帧二等奖。

贵阳年鉴 1996

贵阳市志编纂委员会《贵阳年鉴》编辑部编辑　王选才主任委员　章德华　王履岳　王萼华　王燕玉　邓治和副主任委员　薛常澄主编　黄宝山　申洪才　邓治和　龙尚学　王大卫副主编　龙尚学编辑部主任　王浩编辑部副主任

贵阳　1996 年　1000 册　16 开本　精装　50.00 元

藏于贵阳市地方志办公室

《贵阳年鉴 1996》采用分类编撰法，以事业（或事业相近因素）为主分类，不受行政隶属关系制约。1996 年，三县一市划归贵阳市，将原“区概况”更名为“区市县概况”。全书设有大事记、市情概览、党政机关、社会群众团体、军事、政法、经济管理、财政税务、金融、农业、工业、环境保护、对外经济贸易、商贸服务、交通运输、信息产业、建筑业和房地产业、旅游业、城市建设、城市管理、教育、科技社科、文化新闻、卫生体育、社会生活、区市县概况、人物、文献法规、统计资料、附录共 20 余条类目，按类目、分目、子目、条目 4 个层次编排。《贵阳年鉴》所载国民经济和社会发展统计资料，由市统计局提供；各类目中的单项数据，以部门（单位）的统计数为准。

贵阳年鉴 1997

贵阳市志编纂委员会《贵阳年鉴》编辑部编辑　王选才主任委员　章德华　王履岳　王萼华　王燕玉　陈鲁西副主任委员　濮振远　申小青主编　黄宝山　申洪才　龙尚学　王大卫　陈鲁西副主编　龙尚学编辑部主任　王浩编辑部副主任

贵阳　1997 年　1000 册　16 开本　精装　60.00 元

藏于贵阳市地方志办公室

《贵阳年鉴 1997》采用分类编撰法，以事业（或事业相近因素）为主分类，不受行政隶属关系制约。全书设有大事记、市情概览、党政机关、社会群众团体、军事、政法、经济管理、财政税务、金融、农业、工业、环境保护、对外经济贸易、商贸服务、交通运输、信息产业、建筑业和房地产业、旅游业、城市建设、城市管理、教育、科技社科、文化新闻、卫生体育、社会生活、区市县概况、人物、文献法规、统计资料、附录共 20 余条类目，按类目、分目、子目、条目 4 个层次编排。《贵阳年鉴》所载国民经济和社会发展统计资料，由市统计局提供；各类目中的单项数据，以部门（单位）的统计数为准。

贵阳年鉴 1998

贵阳市志编纂委员会《贵阳年鉴》编辑部编辑　卢守祥主任委员　章德华　王萼华　王燕玉　陈鲁西　许朗　张传庆副主任委员　许朗　陈鲁西主编　黄宝山　申洪才　龙尚学　王大卫　张传庆副主编　龙尚学编辑部主任　王浩编辑部副主任

贵阳　1998 年　1000 册　16 开本　精装　70.00 元

藏于贵阳市地方志办公室

《贵阳年鉴 1998》采用分类编撰法，以事业（或事业相近因素）为主分类，不受行政隶属关系制约。全书设有大事记、市情概览、党政机关、社会群众团体、军事、政法、经济管理、财政税务、金融、农业、工业、环境保护、对外经济贸易、商贸服务、交通运输、信息产业、建筑业和房地产业、旅游业、城市建设、城市管理、教育、科技社科、文化新闻、卫生体育、社会生活、区市县概况、人物、文献法规、统计资料、附录共 20 余条类目，按类目、分目、子目、条目 4 个层次编排。《贵阳年鉴》所载国民经济和社会发展统计资料，由市统计局提供；各类目中的单项数据，以部门（单位）的统计数为准。

贵阳年鉴 1999

贵阳市志编纂委员会《贵阳年鉴》编辑部编辑　卢守祥主任委员　章德华　王萼华　王燕玉　陈鲁西　许朗　张传庆副主任委员　许朗　陈鲁西主编　黄宝山　申洪才　龙尚学　王大卫　张传庆副主编　龙尚学编辑部主任　王浩编辑部副主任

贵阳　1999 年　1000 册　16 开本　精装　70.00 元

藏于贵阳市地方志办公室

《贵阳年鉴 1999》采用分类编撰法，以事业（或事业相近因素）为主分类，不受行政隶属关系制约。全书设有大事记、市情概览、党政机关、社会群众团体、军事、政法、经济管理、财政税务、金融、农业、工业、环境保护、对外经济贸易、商贸服务、交通运输、信息产业、建筑业和房地产业、旅游业、城市建设、城市管理、教育、科技社科、文化新闻、卫生体育、社会生活、区市县概况、人物、文献法规、统计资料、附录共 20 余条类目，按类目、分目、子目、条目 4 个层次编排。

《贵阳年鉴》所载国民经济和社会发展统计资料，由市统计局提供；各类目中的单项数据，以部门（单位）的统计数为准。

1999年，改漆布精装加护封为彩印精装。同年，在第二届全国年鉴评奖中，《贵阳年鉴》获地方综合年鉴一等奖、框架设计一等奖、条目编写一等奖、装帧版式设计二等奖。

贵阳年鉴2000

贵阳市志编纂委员会《贵阳年鉴》编辑部编辑　卢守祥主任委员　王晓东　孙国强名誉主任委员　王萼华　陈鲁西　许朗　张传庆　濮振远　刘启星　王亚平副主任委员　许朗　陈鲁西主编　申洪才　龙尚学　张传庆　王亚平　王浩副主编　王浩编辑部主任

贵阳　贵州人民出版社　2000年　1000册　16开本　精装　98.00元

藏于贵阳市地方志办公室

《贵阳年鉴2000》采用分类编撰法，以事业（或事业相近因素）为主分类，不受行政隶属关系制约。与上年年鉴比较，该年年鉴“财税金融”拆分为“财税”和“金融”类，新设“非公有制经济”类。全书类目达到26个，按类目、分目、子目、条目4个层次编排。《贵阳年鉴》所载国民经济和社会发展统计资料，由市统计局提供；各类目中的单项数据，以部门（单位）的统计数为准。

2000年，《贵阳年鉴》获国家新闻出版署批准以期刊出版，国际标准刊号：ISSN　1009—5942，国内标准刊号：CN　52—1132/Z。

贵阳年鉴2001

贵阳市志编纂委员会《贵阳年鉴》编辑部编辑　卢守祥主任委员　王晓东　孙国强名誉主任委员　王萼华　陈鲁西　许朗　张传庆　濮振远　刘启星　王亚平副主任委员　许朗　陈鲁西主编　申洪才　龙尚学　张传庆　王亚平　王浩副主编　王浩编辑部主任

贵阳　贵州人民出版社　2001年　1000册　16开本　精装　98.00元

藏于贵阳市地方志办公室

《贵阳年鉴2001》采用分类编撰法，以事业（或事业相近因素）为主分类，不受行政隶属关系制约。与上年年鉴比较，该年年鉴在“区市县概况”增加“小河区”。取消“专文”、“非公有制经济”类，设“大事记”。全书类目为25个，按类目、分目、子目、条目4个层次编排。《贵阳年鉴》所载国民经济和社会发展统计资料，由市统计局提供；各类目中的单项数据，以部门（单位）的统计数为准。

贵阳年鉴2002

贵阳市志编纂委员会《贵阳年鉴》编辑部编辑　许朗主任委员　王晓东　孙国强名誉主任委员　濮振远　王亚平　秦如培　沈昭碧副主任委员　秦如培　肖林主编　申洪才　龙尚学　王亚平　王浩　周惠萍副主编　王浩编辑部主任

贵阳　贵州人民出版社　2002年　1000册　16开本　精装　98.00元

藏于贵阳市地方志办公室

《贵阳年鉴2002》采用分类编撰法，以事业（或事业相近因素）为主分类，不受行政隶属关系制约。与上年年鉴比较，该年年鉴“商业”、“外经外贸海关”合并为“贸易”；“交通邮电”拆分为“交通”和“信息产业”。全书按类目、分目、子目、条目4个层次编排。《贵阳年鉴》所载国民经济和社会发展统计资料，由市统计局提供；各类目中的单项数据，以部门（单位）的统计数为准。

贵阳年鉴2003

贵阳市志编纂委员会《贵阳年鉴》编辑部编辑　许朗主任委员　王晓东　孙国强名誉主任委员　濮振远　王亚平　秦如培　宫喜祥　沈昭碧　肖林副主任委员　秦如培　肖林主编　申洪才　龙尚学　王亚平　王浩　周惠萍副主编　王浩编辑部主任

贵阳　贵州人民出版社　2003年　1000册　16开本　精装　98.00元

藏于贵阳市地方志办公室

《贵阳年鉴2003》采用分类编撰法，以事业（或事业相近因素）为主分类，不受行政隶属关系制约。全书按类目、分目、子目、条目4个层次编排。《贵阳年鉴》所载国民经济和社会发展统计资料，由市统计局提供；各类目中的单项数据，以部门（单位）的统计数为准。

贵阳年鉴2004

贵阳市志编纂委员会《贵阳年鉴》编辑部编辑　许朗主任委员　王晓东　孙国强名誉主任委员　濮振远　王亚平　秦如培　沈昭碧　宫喜祥　肖林副主任委员　肖林　王晓光主编　申洪才　龙尚学　王亚平　王浩　周惠萍副主编　王浩编辑部主任

贵阳　贵州人民出版社　2004年　1000册　16开本　精装　98.00元

藏于贵阳市地方志办公室

《贵阳年鉴2004》采用分类编撰法，以事业（或事业相近因素）为主分类，不受行政隶属关系制约。全书按类目、分目、子目、条目4个层次编排。《贵阳年鉴》所载国民经济和社会发展统计资料，由市统计局提供；各类目中的单项数据，以部门（单位）的统计数为准。

2004年，《贵阳年鉴》在第三届全国年鉴编纂出版质量评奖中，获综合一等奖、框架设计二等奖、条目编写一等奖、装帧设计一等奖，并被授予“中国年鉴奖”。

贵阳年鉴2005

贵阳市志编纂委员会《贵阳年鉴》编辑部编辑　陈坚主任委员　王晓东　袁周名誉主任委　王亚平　沈昭碧　赵英民　王晓光　刘润玉　孙保华　丁海　孙波副主任委员　王晓光　丁海主编　申洪才　龙尚学　王亚平　王浩　孙波　郑荣晴副主编　王浩编辑部主任

贵阳　贵州人民出版社　2005年　1000册　16开本　精装　98.00元

藏于贵阳市地方志办公室

《贵阳年鉴2005》采用分类编撰法，以事业（或事业相近因素）为主分类，不受行政隶属关系制约。全书按类目、分目、子目、条目4个层次编排。《贵阳年鉴》所载国民经济和社会发展统计资料，由市统计局提供；各类目中的单项数据，以部门（单位）的统计数为准。

贵阳年鉴2006

贵阳市志编纂委员会《贵阳年鉴》编辑部编辑　陈坚主任委员　王晓东　袁周

名誉主任委 王亚平 沈昭碧 王晓光 刘润玉 孙保华 丁海 孙波副主任委员 王晓光 丁海主编 申洪才 龙尚学 王亚平 王浩 孙波 郑荣晴副主编 王浩编辑部主任

贵阳 贵州人民出版社 2006 年 1000 册 16 开本 精装 120.00 元

藏于贵阳市地方志办公室

《贵阳年鉴 2006》采用分类编撰法，以事业（或事业相近因素）为主分类，不受行政隶属关系制约。全书按类目、分目、子目、条目 4 个层次编排。《贵阳年鉴》所载国民经济和社会发展统计资料，由市统计局提供；各类目中的单项数据，以部门（单位）的统计数为准。

贵阳年鉴 2007

贵阳市志编纂委员会《贵阳年鉴》编辑部编辑 余维祥主任委员 王晓东 袁周名誉主任委 刘润玉 王保健 董兰杵 王企镛 邓忠元 张彪副主任委员 王保健 董兰杵主编 邓忠元 申洪才 王亚平 王浩 郑荣晴 张彪副主编 金玫编辑部主任

贵阳 贵州人民出版社 2007 年 1000 册 16 开本 精装 120.00 元

藏于贵阳市地方志办公室

《贵阳年鉴 2007》采用分类编撰法，以事业（或事业相近因素）为主分类，不受行政隶属关系制约。全书按类目、分目、子目、条目 4 个层次编排。《贵阳年鉴》所载国民经济和社会发展统计资料，由市统计局提供；各类目中的单项数据，以部门（单位）的统计数为准。

贵阳年鉴 2008

贵阳市志编纂委员会《贵阳年鉴》编辑部编辑 余维祥 王保健主任委员 李军 袁周名誉主任委 刘润玉 董兰杵 王企镛 邓忠元 曹毅副主任委员 王保健 董兰杵主编 邓忠元 申洪才 王亚平 王浩 郑荣晴 曹毅副主编 金玫编辑部主任

贵阳 贵州人民出版社 2008 年 1000 册 16 开本 精装 180.00 元

藏于贵阳市地方志办公室

《贵阳年鉴2008》采用分类编撰法，以事业（或事业相近因素）为主分类，不受行政隶属关系制约。全书按类目、分目、子目、条目4个层次编排。《贵阳年鉴》所载国民经济和社会发展统计资料，由市统计局提供；各类目中的单项数据，以部门（单位）的统计数为准。

2008年，出版《贵阳年鉴》光盘版（1991—2008），此后每年随书附赠光盘。

贵阳年鉴2009

贵阳市志编纂委员会《贵阳年鉴》编辑部编辑　余维祥　王保健主任委员　李军　袁周名誉主任委　刘润玉　董兰杵　王企镛　邓忠元　曹毅副主任委员　王保健　董兰杵主编　邓忠元　申洪才　王亚平　王浩　郑荣晴　曹毅副主编　金玫编辑部主任

贵阳　贵州人民出版社　2009年　1000册　16开本　精装　180.00元

藏于贵阳市地方志办公室

《贵阳年鉴2009》采用分类编撰法，以事业（或事业相近因素）为主分类，不受行政隶属关系制约。全书按类目、分目、子目、条目4个层次编排。《贵阳年鉴》所载国民经济和社会发展统计资料，由市统计局提供；各类目中的单项数据，以部门（单位）的统计数为准。

2009年，《贵阳年鉴》在第四届全国年鉴编纂出版质量评比活动中，获综合奖一等奖、框架设计一等奖、条目编写一等奖、装帧设计一等奖。

白云年鉴2000

白云区地方志办《白云年鉴》编辑部编　马长青　穆弘主任　申晓庆　秦如培　赵兴民　江金文名誉主任　董作君副主任　李士林主编

贵阳　2001年2月　500册　16开本　精装　50.00元

藏于白云区委党史研究室

2001年2月，《白云年鉴2000》出版，全书设类目25个。《白云年鉴2000》主要收录范围包括贵州省、贵阳市出台的有关白云区的重要指示、批示、重要讲话；本区的重要会议、重大决策部署、决定以及重大活动和区领导的重要讲话；区属各部门（单位）、乡（镇）、办、各行业的基本情况、最新成就、重大事件及发展变化；本区国民经济和社会发展的重要统计资料；党组织关系、主管部门不在白云区的垂直部门；大事记及各级组织机构沿革、名录。

《白云年鉴2000》采用分类编撰法，以事业或事业相近因素为主分类，不受行政隶属关系的制约。全书设有大事记、特辑、领导人名录、白云概况、政治、武装建设、法制、经济综合管理、经济开发区、财税金融、农业、乡镇企业粮食供销、城市建设、交通通信、文化新闻、卫生体育、教育科技、社会生活、乡镇办概况、驻区企业等类目。年鉴按类目、分目、子目、条目4个层次编排。《白云年鉴》所载稿件，由各部门（单位）指定专人撰写提供，并经单位领导审阅。年鉴所载国民经济和社会发展统计资料，由区统计局提供。各类目中的单项数据，以部门（单位）的统计为准。

白云年鉴2001—2005

白云区地方志办《白云年鉴》编辑部编　钮力卿主任　马长青　董兰杵　赵兴民　江金文名誉主任　苏永泓　任承贵副主任　赵靖主编　罗蕤副主编

贵阳　2005年12月　1000册　16开本　精装　108.00元

藏于白云区委党史研究室

2005年12月，《白云年鉴2001—2005》出版，全书设类目23个。跟《白云年鉴2000》相比较，减少专文、计划经贸类目。财政调整为财税金融，商业粮食供销调整为粮食供销，文化体育广播电视调整为文化新闻，卫生调整为卫生体育，单设的科技、教育类目合并为教育科技，乡办概况更名为乡（镇）办概况，新设统计资料。《白云年鉴2001—2005》主要收录范围包括贵州省、贵阳市出台的有关白云区的重要指示、批示、重要讲话；本区的重要会议、重大决策部署、决定以及重大活动和区领导的重要讲话；区属各部门（单位）、乡（镇）、办、各行业的基本情况、最新成就、重大事件及发展变化；本区国民经济和社会发展的重要统计资料；党组织关系、主管部门不在白云区的垂直部门；大事记及各级组织机构沿革、名录。

《白云年鉴2001—2005》采用分类编撰法，以事业或事业相近因素为主分类，不受行政隶属关系的制约。全书设有大事记、特辑、领导人名录、白云概况、政治、武装建设、法制、经济综合管理、经济开发区、财税金融、农业、乡镇企业粮食供销、城市建设、交通通信、文化新闻、卫生体育、教育科技、社会生活、乡镇办概况、驻区企业等类目。全书按类目、分目、子目、条目4个层次编排。《白云年鉴》所载稿件，由各部门（单位）指定专人撰写提供，并经单位领导审阅。年鉴所载国民经济和社会发展统计资料，由区统计局提供。各类目中的单项数据，以部门（单位）的统计为准。

白云年鉴 2006

白云区地方志办《白云年鉴》编辑部编　苏永泓主任　马长青　董兰杵　赵兴民　江金文名誉主任　任承贵副主任　赵靖主编　罗蕤副主编

贵阳　2006 年 12 月　1000 册　16 开本　精装　120.00 元

藏于白云区委党史研究室

2006 年 12 月，《白云年鉴 2006》出版，全书设类目 19 个，95 个分目，876 个条目，跟《白云年鉴 2001—2005》相比较，单设乡镇企业、粮食供销类目合并为乡企粮食供销，交通调整为交通通信，单设的文化新闻、卫生体育类目合并为文化卫生体育，减少统计资料和附录类目。《白云年鉴 2006》主要收录范围包括贵州省、贵阳市出台的有关白云区的重要指示、批示、重要讲话；本区的重要会议、重大决策部署、决定以及重大活动和区领导的重要讲话；区属各部门（单位）、乡（镇）、办、各行业的基本情况、最新成就、重大事件及发展变化；本区国民经济和社会发展的重要统计资料；党组织关系、主管部门不在白云区的垂直部门；大事记及各级组织机构沿革、名录。

《白云年鉴 2006》采用分类编撰法，以事业或事业相近因素为主分类，不受行政隶属关系的制约。全书设有大事记、特辑、领导人名录、白云概况、政治、武装建设、法制、经济综合管理、经济开发区、财税金融、农业、乡镇企业粮食供销、城市建设、交通通信、文化新闻、卫生体育、教育科技、社会生活、乡镇办概况、驻区企业等类目。全书按类目、分目、子目、条目 4 个层次编排。《白云年鉴》所载稿件，由各部门（单位）指定专人撰写提供，并经单位领导审阅。年鉴所载国民经济和社会发展统计资料，由区统计局提供。各类目中的单项数据，以部门（单位）的统计为准。

白云年鉴 2007

白云区地方志办《白云年鉴》编辑部编　苏永泓主任　马长青　赵兴民　黄昌祥　卢瑞礼名誉主任　任承贵副主任　赵靖主编　罗蕤副主编

贵阳　2007 年 12 月　1000 册　16 开本　精装　138.00 元

藏于白云区委党史研究室

2007 年 12 月，《白云年鉴 2007》出版，全书设类目 19 个。与《白云年鉴 2006》相比较，该年年鉴将军事更名为武装建设，综合管理更名为经济综合管理，经济开发更名为经济开发区，城建城管环保调整为城市建设，文化卫生体育更名为文体卫生。首次制作多媒体数据光盘（电子版），与文本版同步出版。电子版除全文收录文本版的内容外，还增加有彩页欣赏和白云风光两个视频资料。

《白云年鉴 2007》采用分类编撰法，以事业或事业相近因素为主分类，不受行政隶属关系的制约。全书设有大事记、特辑、领导人名录、白云概况、政治、武装建设、法制、经济综合管理、经济开发区、财税金融、农业、乡镇企业粮食供销、城市建设、交通通信、文化新闻、卫生体育、教育科技、社会生活、乡镇办概况、驻区企业等类目。全书按类目、分目、子目、条目 4 个层次编排。《白云年鉴》所载稿件，由各部门（单位）指定专人撰写提供，并经单位领导审阅。年鉴所载国民经济和社会发展统计资料，由区统计局提供。各类目中的单项数据，以部门（单位）的统计为准。

《白云年鉴 2007》获 2010 年全国地方志系统年鉴评奖中三等奖。

开阳年鉴（2001 年—2002 年）资料

开阳县史志编纂委员会办公室编辑　徐恒　胡红霞主任　李朝会　马跃进　强仕超　许俊松　余志华副主任　余志华主编　沈昭荣　林柏海副主编　林柏海总纂

贵阳　开阳县印刷厂刊印　2003 年　500 册　500 千字　16 开本　精装　98.00 元

藏于开阳县档案局　开阳县史志办公室

该年鉴是 2001 年和 2002 年两年资料的综合本，是按照中共开阳县委、开阳县人民政府审定的《开阳县 2001—2010 年史志工作规划》，由开阳县史志编纂委员会办公室编辑的地方综合性资料书。2003 年 3 月启动，是年 12 月完成，由开阳县印刷厂印刷出版，开阳县内部发行。

年鉴资料时限上限为 2001 年 1 月 1 日，下限为 2002 年 12 月。所含内容为政治、农业、工业、旅游业、精神文明建设等。文字内容分为大事记、特辑、县概况、政治、军事、法制、综合管理、财政税务、金融保险、农业及农村工作、工业、乡镇企业、商业、城建环保、交通邮政通讯、教育科技、文化广播电视、医疗卫生体育、社会生活、乡镇概况19个类别，表册42张。主要记述全县各部门、单位、乡（镇）当年的工作实况。

《年鉴》在编辑过程中，所辑录资料、图片，主要由涉及的部门、单位、乡（镇）提供，数据以县统计局公布数据为准。栏目设置在乡镇概况中只设置了固定条目。表册均放在该类内容的末尾位置。采取编年体的叙述方法。

开阳年鉴（资料）2003

开阳县史志编纂委员会办公室编辑　徐恒　胡红霞　宗文主任　李朝会　马跃进　强仕超　许俊松　余志华副主任　余志华主编　沈昭荣　林柏海副主编　林柏海总纂

贵阳　开阳县印刷厂刊印　2003年　500册　440千字　16开本　精装

藏于开阳县档案局　开阳县地方志办公室

开阳年鉴（资料）2003是按照中共开阳县委、开阳县人民政府审定的《开阳县2001—2010年史志工作规划》，由开阳县史志编纂委员会办公室编辑的地方性内部资料书。当年的3月启动，是年的11月完成，为内部发行。

年鉴收录资料时限上限为2002年的1月1日，下限为2002年12月31日。所含内容为政治、农业、工业、城建、旅游业、精神文明建设等。各本的内容分为大事记、特辑、县概况、政治、军事、法制、综合管理、财政·税务、金融·保险、农业、工业乡镇企业、经济贸易、交通邮政通信、城建城管、教育·科技、文化·新闻、卫生·体育、社会生活、乡镇概况19个类别，表册16张。主要记述全县各部门、单位、乡（镇）当年的工作实况。

年鉴采用编年体叙述方法，所辑录的资料、图片，主要由涉及的部门、单位、乡（镇）提供，数据以开阳县县统计局公布的数据为准。

开阳年鉴（资料）2004

开阳县史志编纂委员会办公室编辑　胡红霞　宗文主任　马跃进　许俊松　余志华　罗新业　罗忠华　李明昌　陈德华副主任　余志华主编　沈昭荣　林柏海副主编　林柏海总纂

贵阳　贵阳经纬印刷厂刊印　2004年　500册　440千字　16开本　精装

藏于开阳县档案局　开阳县地方志办公室

开阳年鉴（资料）2004 是按照中共开阳县委、开阳县人民政府审定的《开阳县2001—2010 年史志工作规划》，由开阳县史志编纂委员会办公室编辑的地方性内部资料书。

年鉴收录资料时限上限为2003 年的 1 月 1 日，下限为 2003 年 12 月 31 日。所含内容为政治、农业、工业、城建、旅游业、精神文明建设等。各本的内容分为大事记、特辑、县概况、政治、军事、法制、综合管理、财政·税务、金融·保险、农业、工业乡镇企业、经济贸易、交通邮政通信、城建城管、教育·科技、文化·新闻、卫生·体育、社会生活、乡镇概况 19 个类别，表册 16 张。主要记述全县各部门、单位、乡（镇）当年的工作实况。

年鉴采用编年体叙述方法，所辑录的资料、图片，主要由涉及的部门、单位、乡（镇）提供，数据以开阳县县统计局公布的数据为准。

开阳年鉴（资料）2005

开阳县史志编纂委员会办公室编辑　胡红霞　宗文　李泽主任　余志华　罗新业　李明昌　陈德华　刘轶　付涛　张海波副主任　刘轶主编　沈昭荣　林柏海副主编

贵阳　贵阳经纬印刷厂刊印　2005 年　500 册　440 千字　16 开本　精装

藏于开阳县档案局　开阳县地方志办公室

开阳年鉴（资料）2005 是按照中共开阳县委、开阳县人民政府审定的《开阳县2001—2010 年史志工作规划》，由开阳县史志编纂委员会办公室编辑的地方性内部资料书。

年鉴收录资料时限上限为2004 年的 1 月 1 日，下限为 2004 年 12 月 31 日。所含内容为政治、农业、工业、城建、旅游业、精神文明建设等。各本的内容分为大事记、特辑、县概况、政治、军事、法制、综合管理、财政·税务、金融·保险、农业、工业、商贸、交通邮政通信、城镇建设管理、教育·科技、文化·新闻、卫生·体育、社会生活、乡镇概况 19 个类别，表册 16 张。主要记述全县各部门、单位、乡（镇）当年的工作实况。

年鉴采用编年体叙述方法，所辑录的资料、图片，主要由涉及的部门、单位、乡（镇）提供，数据以开阳县县统计局公布的数据为准。

开阳年鉴（资料）2006

开阳县史志编纂委员会办公室编辑　宗文　李泽主任　李明昌　陈德华　付涛　张海波　乐阳副主任　张海波主编　沈昭荣　林柏海副主编

贵阳　贵阳经纬印刷厂刊印　2006年　500册　440千字　16开本　精装

藏于开阳县档案局　开阳县地方志办公室

开阳年鉴（资料）2006是按照中共开阳县委、开阳县人民政府审定的《开阳县2001—2010年史志工作规划》，由开阳县史志编纂委员会办公室编辑的地方性内部资料书。

年鉴收录资料时限上限为2005年的1月1日，下限为2005年12月31日。所含内容为政治、农业、工业、城建、旅游业、精神文明建设等。各本的内容分为大事记、特辑、县概况、政治、军事、法制、综合管理、财政·税务、金融·保险、农业、工业、商贸、交通邮政通信、城镇建设管理、教育·科技、文化·新闻、卫生·体育、社会生活、乡镇概况19个类别，表册16张。主要记述全县各部门、单位、乡（镇）当年的工作实况。

年鉴采用编年体叙述方法，所辑录的资料、图片，主要由涉及的部门、单位、乡（镇）提供，数据以开阳县县统计局公布的数据为准。

开阳年鉴（资料）2007

开阳县史志编纂委员会办公室编辑　宗文　李泽主任　李明昌　陈德华　付涛　张海波　乐阳副主任　张海波主编　沈昭荣　林柏海副主编

贵阳　贵州人民出版社　2007年　500册　440千字　16开本　精装

藏于开阳县档案局　开阳县地方志办公室

开阳年鉴（资料）2007是按照中共开阳县委、开阳县人民政府审定的《开阳县2001—2010年史志工作规划》，由开阳县史志编纂委员会办公室编辑的地方性内部资料书。

年鉴收录资料时限上限为2006年的1月1日，下限为2006年12月31日。所含内容为政治、农业、工业、城建、旅游业、精神文明建设等。各本的内容分为大事记、特辑、县概况、政治、军事、法制、综合管理、财政·税务、金融·保险、农业、工业、商贸、交通邮政通信、城镇建设管理、教育·科技、文化·新闻、卫生·体育、社会生活、乡镇概况 19 个类别，表册 16 张。主要记述全县各部门、单位、乡（镇）当年的工作实况。

年鉴采用编年体叙述方法，所辑录的资料、图片，主要由涉及的部门、单位、乡（镇）提供，数据以开阳县县统计局公布的数据为准。

开阳年鉴（资料）2008

开阳县史志编纂委员会办公室编辑　李泽　马磊主任　陈德华　付涛　方玉明　蒋仕敏副主任　蒋仕敏主编　沈昭荣　林柏海副主编

贵阳　贵州人民出版社　2008 年　500 册　440 千字　16 开本　精装

藏于开阳县档案局　开阳县地方志办公室

开阳年鉴（资料）2008 是按照中共开阳县委、开阳县人民政府审定的《开阳县 2001—2010 年史志工作规划》，由开阳县史志编纂委员会办公室编辑的地方性内部资料书。

年鉴收录资料时限上限为 2007 年的 1 月 1 日，下限为 2007 年 12 月 31 日。所含内容为政治、农业、工业、城建、旅游业、精神文明建设等。各本的内容分为大事记、特辑、县概况、政治、军事、法制、综合管理、财政·税务、金融·保险、农业、工业、商贸、交通邮政通信、城镇建设管理、教育·科技、文化·新闻、卫生·体育、社会生活、乡镇概况 19 个类别，表册 16 张。主要记述全县各部门、单位、乡（镇）当年的工作实况。

年鉴采用编年体叙述方法，所辑录的资料、图片，主要由涉及的部门、单位、乡（镇）提供，数据以开阳县县统计局公布的数据为准。

开阳县综合年鉴

开阳县史志编纂委员会办公室编辑　马国忠　徐恒　胡红霞编纂委员会主任　周明霞　王梅庆副主任　张大贤主编　林柏海副主编

贵阳　开阳县教育印刷厂刊印　2002 年 12 月　500 册　1200 余千字　16 开本　精装

藏于开阳县档案局　开阳县地方志办公室

该年鉴是根据中共开阳县委、开阳县人民政府批准实施的《开阳县 1996—2000

年史志工作规划》，由开阳县史志编纂委员会办公室编辑的地方综合性资料书。从1999年启动，2002年12月完成，由开阳县教育印刷厂印刷出版内部发行。

该书，采用编年体的方法编辑叙述，所含内容为政治、农业、工业、旅游业等。上限为1990年，下限为2000年，内设“1990—2000年大事记”、“特辑”、“政治”、“军事”、“法制”、“经济管理与监督”、“财政税收”、“金融保险”、“农牧林水烟草农机”、“工业乡镇企业”、“城建环保旅游”、“交通运输邮政电信”、“贸易”、“教育科技体育”、“医疗卫生”、“人口计划生育”、“广播电视文化”等部分，表册56张。所辑资料，主要来源各单位、部门的档案、总结和会刊；数据以开阳县统计局公布的数据为准。

该书的主要特点一是坚持以马列主义、毛泽东思想和邓小平理论，认真贯彻党的方针政策；二是为开阳县的两个文明建设、县域经济发展和振兴开阳、富民强县服务；三是充分体现地方综合性年鉴的特性，体现公报性、年史性、全面性、信息资料性等基本特性。主要反映1990—2000年全县各单位、部门和各个行业的新成就，新变化，新经验。

专业年鉴

统计年鉴

乌当区统计年鉴 1997

黄润昌　陈广宇主编　陈金国　顾亚勇　梁桂林　魏发彬副主编

贵阳　贵阳龙跃彩印厂刊印　内部发行　1997 年 12 月　100 册　16 开本精装

藏于贵阳市乌当区统计局

年鉴于 1997 年，内部发行，全书共分四个部分。第一部分是乌当区十三届人大第一次会议文件选编。第二部分是统计法律、法规及主要统计指标解释。第三部分是统计分析及统计图表。第四部分是统计资料。

乌当区统计年鉴 1998

罗筑云　王晓光主编　陈金国　顾亚勇　龙尚芬　魏发彬副主编

贵阳　贵阳星美彩印厂刊印　内部发行　1998 年 10 月　100 册　16 开本精装

藏于贵阳市乌当区统计局

年鉴于 1998 年，内部发行，共分三个部分。第一部分是乌当区十三届人大第二次会议文件选编。第二部分是统计资料。第三部分是主要统计指标解释及计算方法。

乌当区统计年鉴 1999

罗筑云　王晓光主编　张国生　张海涛　龙天翼　李凤兰　吴江　魏发彬　王荣祥副主编

贵阳　贵阳龙跃彩印厂刊印　内部发行　1999 年 8 月　120 册　16 开本　精装

藏于贵阳市乌当区统计局

年鉴于 1999 年，内部发行，共分三个部分。第一部分文件选编。第二部分是统计资料。第三部分主要统计指标解释及计算方法.

乌当区统计年鉴 2000

罗筑云　王晓光主编　李泽　张海涛　吴江　张灵　魏发彬　王荣祥副主编

贵阳　乌当大众打字印刷服务部刊印　内部发行　2000 年 7 月　100 册　588.7 千字　16 开本　精装

藏于贵阳市乌当区统计局

年鉴于 2000 年，内部发行，共分三个部分。第一部分文件选编。第二部分为统计资料。第三部分为附录。内容是乌当区 2000 年国民经济和社会发展统计公报。

乌当区统计年鉴 2001

王晓光　郭文忠主编　龙尚芬　耿品富　郭涛副主编

贵阳　乌当大众打字印刷服务部刊印　内部发行　2001 年 9 月　100 册　952 千字　16 开本　精装

藏于贵阳市乌当区统计局

年鉴于 2001 年，内部发行，全书共分三个部分。第一部分是文件选编，第二部分统计资料，第三部分为附录。

乌当区统计年鉴 2002

郭文忠主编　龙尚芬　龙云　王忠恩副主编

贵阳　乌当区文教印刷厂刊印　内部发行　2002 年 10 月　100 册　1282 千字　16 开本　精装

藏于贵阳市乌当区统计局

年鉴于 2002 年，内部发行，共分三个部分。第一部分文件选编，第二部分统计资料，第三部分为附录。

乌当区统计年鉴 2003

郭文忠主编　龙尚芬　龙云　王忠恩副主编

贵阳　内部发行　2003 年　100 册　16 开本　精装

藏于贵阳市乌当区统计局

年鉴于 2003 年，内部发行，共分三个部分。第一部分文件选编，第二部分统计资料，第三部分为附录。

乌当区统计年鉴 2004

郭文忠主编　龙尚芬　龙云　王忠恩副主编

贵阳　内部发行　2004 年　16 开本　精装

藏于贵阳市乌当区统计局

年鉴于 2004 年，内部发行，共分三个部分。第一部分文件选编，第二部分统计资料，第三部分为附录。

乌当区统计年鉴 2005

郭文忠主编　龙尚芬　龙云　王忠恩副主编

贵阳　内部发行　2005 年　16 开本　精装

藏于贵阳市乌当区统计局

年鉴于 2005 年，内部发行，共分三个部分。第一部分文件选编，第二部分统计资料，第三部分为附录。

乌当区统计年鉴 2006

李志鹏主编　王飞　张斌　董筱仙副主编
贵阳　内部发行　2006 年　16 开本　精装
藏于贵阳市乌当区统计局

年鉴于 2006 年，内部发行，共分三个部分。第一部分文件选编，第二部分统计资料，第三部分为附录。

乌当区统计年鉴 2007

李志鹏主编　王飞　张斌　董筱仙副主编
贵阳　内部发行　2007 年　16 开本　精装
藏于贵阳市乌当区统计局

年鉴于 2007 年，内部发行，共分三个部分。第一部分文件选编，第二部分统计资料，第三部分为附录。

乌当区统计年鉴 2008

李志鹏主编　王飞　张斌　董筱仙副主编
贵阳　内部发行　2008 年　16 开本　精装
藏于贵阳市乌当区统计局

年鉴于 2008 年，内部发行，共分三个部分。第一部分文件选编，第二部分统计资料，第三部分为附录。

乌当区统计年鉴 2009

李志鹏　赵继红主编　张斌　王宗宇　董筱仙副主编
贵阳　内部发行　2009 年　16 开本　精装
藏于贵阳市乌当区统计局

年鉴于2009年，内部发行，共分三个部分。第一部分文件选编，第二部分统计资料，第三部分为附录。

乌当区统计年鉴2010

李志鹏　赵继红主编　张斌　王宗宇　董筱仙副主编

贵阳　内部发行　2010年　16开本　精装

藏于贵阳市乌当区统计局

年鉴于20010年，内部发行，共分三个部分。第一部分文件选编，第二部分统计资料，第三部分为附录。

贵阳市花溪区1949—1987年国民经济统计资料

贵阳市花溪区统计局编纂　张俊章主编　陈化之　魏云征责任编辑　陈化之　车善永审稿

贵阳　湖北印刷厂刊印　1989年7月印刷　300册　343页　32开本　精装

藏于贵阳市花溪区统计局

本书是根据历年统计年报资料整理，经过审核，按国家规定的计算单位换算，计量单位和计算口径统一，前后可以对比。书中人口、乡镇企业、财政收支等资料，是根据区公安局、区乡镇企业局、区财政局统计年报和决算进行整理编辑的。资料详实，信息量大，综合性强，记述全面，确实反映了贵阳市花溪区1949—1987年国民经济发展的情况。书中有插页31页，彩图1幅，插图1幅。

该书的编纂目的是为了便于各级领导部门、有关业务部门、科研单位了解花溪区经济情况，指导和研究经济发展。内容分为：综合、农业、农村住户调查、工业、乡镇企业、固定资产投资、商业、物业、劳动工资、财政收支、人口、各乡镇主要指标等十二个部分，详实地反映了1949—1987年花溪区各方面的发展情况。本书不仅如实的反应了花溪区在农业、工业、商业等方面的巨大变化，更是一个时代发展的缩影，是紧紧跟随中国共产党不断探索不断努力所取得的硕果。

贵阳市花溪统计年鉴 1988

贵阳市花溪区统计局编纂　张俊章主编

贵阳　湖北印刷厂刊印　1988 年　300 册　16 开本　精装

藏于花溪区地方志办公室

本书是由《贵阳市花溪区 1949—1987 年国民经济统计资料》更名为《贵阳市花溪统计年鉴》后的第一本年鉴，从该年起，以年鉴方式定期出版。本书是一部全面反映贵阳市花溪区国民经济和社会发展情况的资料性年鉴。书中数据由各乡（镇、办事处）根据部门统计资料、统计年报、抽样调查等进行资料统计、收集整理，上报至花溪区统计局，由花溪区统计局组织人员进行编纂。

贵阳市花溪统计年鉴 1989

贵阳市花溪区统计局编纂　张俊章主编

贵阳　湖北印刷厂刊印　1989 年　300 册　16 开本　精装

藏于花溪区地方志办公室

本书是一部全面反映贵阳市花溪区国民经济和社会发展情况的资料性年鉴。书中数据由各乡（镇、办事处）根据部门统计资料、统计年报、抽样调查等进行资料统计、收集整理，上报至花溪区统计局，由花溪区统计局组织人员进行编纂。

贵阳市花溪统计年鉴 1990

贵阳市花溪区统计局编纂　张俊章主编

贵阳　湖北印刷厂刊印　1990 年　300 册　16 开本　精装

藏于花溪区地方志办公室

本书是一部全面反映贵阳市花溪区国民经济和社会发展情况的资料性年鉴。书中数据由各乡（镇、办事处）根据部门统计资料、统计年报、抽样调查等进行资料统计、收集整理，上报至花溪区统计局，由花溪区统计局组织人员进行编纂。

贵阳市花溪统计年鉴 1991

贵阳市花溪区统计局编纂　张俊章主编
贵阳　湖北印刷厂刊印　1991 年　300 册　16 开本　精装
藏于花溪区地方志办公室

本书是一部全面反映贵阳市花溪区国民经济和社会发展情况的资料性年鉴。书中数据由各乡（镇、办事处）根据部门统计资料、统计年报、抽样调查等进行资料统计、收集整理，上报至花溪区统计局，由花溪区统计局组织人员进行编纂。

贵阳市花溪统计年鉴 1992

贵阳市花溪区统计局编纂　张俊章　龙海环主编
贵阳　湖北印刷厂刊印　1992 年　300 册　16 开本　精装
藏于花溪区地方志办公室

本书是一部全面反映贵阳市花溪区国民经济和社会发展情况的资料性年鉴。书中数据由各乡（镇、办事处）根据部门统计资料、统计年报、抽样调查等进行资料统计、收集整理，上报至花溪区统计局，由花溪区统计局组织人员进行编纂。

贵阳市花溪统计年鉴 1993

贵阳市花溪区统计局编纂　黄存祥主编　陈汉明　陈化之副主编
贵阳　湖北印刷厂刊印　1993 年　400 册　16 开本　精装
藏于花溪区地方志办公室

本书是一部全面反映贵阳市花溪区国民经济和社会发展情况的资料性年鉴。书中数据由各乡（镇、办事处）根据部门统计资料、统计年报、抽样调查等进行资料统计、收集整理，上报至花溪区统计局，由花溪区统计局组织人员进行编纂。

贵阳市花溪统计年鉴 1994

贵阳市花溪区统计局编纂　黄存祥主编

贵阳　湖北印刷厂刊印　1994年　400册　16开本　精装
藏于花溪区地方志办公室

本书是一部全面反映贵阳市花溪区国民经济和社会发展情况的资料性年鉴。书中数据由各乡（镇、办事处）根据部门统计资料、统计年报、抽样调查等进行资料统计、收集整理，上报至花溪区统计局，由花溪区统计局组织人员进行编纂。

贵阳市花溪统计年鉴1995

贵阳市花溪区统计局编纂　黄存祥　黄建钦主编
贵阳　湖北印刷厂刊印　1995年　300册　16开本　精装
藏于花溪区地方志办公室

本书是一部全面反映贵阳市花溪区国民经济和社会发展情况的资料性年鉴。书中数据由各乡（镇、办事处）根据部门统计资料、统计年报、抽样调查等进行资料统计、收集整理，上报至花溪区统计局，由花溪区统计局组织人员进行编纂。

贵阳市花溪统计年鉴1996

贵阳市花溪区统计局编纂　黄建钦主编
贵阳　湖北印刷厂刊印　1996年　300册　16开本　精装
藏于花溪区地方志办公室

本书是一部全面反映贵阳市花溪区国民经济和社会发展情况的资料性年鉴。书中数据由各乡（镇、办事处）根据部门统计资料、统计年报、抽样调查等进行资料统计、收集整理，上报至花溪区统计局，由花溪区统计局组织人员进行编纂。

贵阳市花溪统计年鉴1997

贵阳市花溪区统计局编纂　黄建钦主编
贵阳　湖北印刷厂刊印　1997年　300册　16开本　精装
藏于花溪区地方志办公室

本书是一部全面反映贵阳市花溪区国民经济和社会发展情况的资料性年鉴。书中数据由各乡（镇、办事处）根据部门统计资料、统计年报、抽样调查等进行资料统计、收集整理，上报至花溪区统计局，由花溪区统计局组织人员进行编纂。

贵阳市花溪统计年鉴 1998

贵阳市花溪区统计局编纂　黄建钦主编

贵阳　湖北印刷厂刊印　1998 年　300 册　16 开本　精装

藏于花溪区地方志办公室

本书是一部全面反映贵阳市花溪区国民经济和社会发展情况的资料性年鉴。书中数据由各乡（镇、办事处）根据部门统计资料、统计年报、抽样调查等进行资料统计、收集整理，上报至花溪区统计局，由花溪区统计局组织人员进行编纂。

贵阳市花溪统计年鉴 1999

贵阳市花溪区统计局编纂

贵阳　湖北印刷厂刊印　1999 年　300 册　16 开本　精装

藏于花溪区地方志办公室

本书是一部全面反映贵阳市花溪区国民经济和社会发展情况的资料性年鉴。书中数据由各乡（镇、办事处）根据部门统计资料、统计年报、抽样调查等进行资料统计、收集整理，上报至花溪区统计局，由花溪区统计局组织人员进行编纂。

贵阳市花溪统计年鉴 2000

贵阳市花溪区统计局编纂　龙海环主编　车善永副主编

贵阳　湖北印刷厂刊印　2000 年　300 册　16 开本　精装

藏于花溪区地方志办公室

本书是一部全面反映贵阳市花溪区国民经济和社会发展情况的资料性年鉴。书中数据由各乡（镇、办事处）根据部门统计资料、统计年报、抽样调查等进行资料统计、收集整理，上报至花溪区统计局，由花溪区统计局组织人员进行编纂。

贵阳市花溪统计年鉴 2001

贵阳市花溪区统计局编纂　吴诚书主编　龙海环　郑本瑞　曾文革副主编
贵阳　湖北印刷厂刊印　2001 年　300 册　16 开本　精装
藏于花溪区地方志办公室

本书是一部全面反映贵阳市花溪区国民经济和社会发展情况的资料性年鉴。书中数据由各乡（镇、办事处）根据部门统计资料、统计年报、抽样调查等进行资料统计、收集整理，上报至花溪区统计局，由花溪区统计局组织人员进行编纂。

贵阳市花溪统计年鉴 2002

贵阳市花溪区统计局编纂　吴诚书　高霖主编　龙海环　郑本瑞副主编
贵阳　湖北印刷厂刊印　2002 年　300 册　16 开本　精装
藏于花溪区地方志办公室

本书是一部全面反映贵阳市花溪区国民经济和社会发展情况的资料性年鉴。书中数据由各乡（镇、办事处）根据部门统计资料、统计年报、抽样调查等进行资料统计、收集整理，上报至花溪区统计局，由花溪区统计局组织人员进行编纂。

贵阳市白云区统计年鉴 1997

贵阳市白云区统计局编纂　刘军延主编　吴惠珍　文桂华副主编
贵阳　1997 年　16 开本　精装
藏于白云区统计局

本书于 1997 年编纂完成，内部出版。主要记录白云区生产总值、农业、工业、固定资产、建筑业、房地产、乡镇企业、财政税收、金融保险业、商业与市场、交通、邮政、电信、教育、卫生、计划生育、劳动工资、环境保护、第三产业情况。

《贵阳市白云区统计年鉴 1997》采用分类编撰法。全书设综合、生产总值·非公经济生产总值、农业、工业、建筑业、固定资产投资和房地产、财政税收、商业与市场、教育、劳动工资、第三产业 11 个类目。

贵阳市白云区统计年鉴 1998

贵阳市白云区统计局编纂　刘军延主编　陈彩霞副主编
贵阳　1998 年　32 开本　精装
藏于白云区统计局

本书于 1998 年编纂完成，内部出版。《贵阳市白云区统计年鉴 1998》采用分类编撰法，设立 12 个类目，主要记录白云区生产总值、农业、工业、固定资产、建筑业、房地产、乡镇企业、财政税收、金融保险业、商业与市场、交通、邮政、电信、教育、卫生、计划生育、劳动工资、第三产业情况，减少了上年年鉴中环境保护内容。

贵阳市白云区统计年鉴 1999

贵阳市白云区统计局编纂　刘军延主编　陈彩霞副主编
贵阳　1999 年　32 开本　精装
藏于白云区统计局

本书于 1999 年编纂完成，内部出版。《贵阳市白云区统计年鉴 1999》采用分类编撰法，主要记录白云区生产总值、农业、工业、固定资产、建筑业、房地产、乡镇企业、财政税收、金融保险业、商业与市场、交通、邮政、电信、教育、卫生、计划生育、劳动工资、第三产业等方面的情况。

贵阳市白云区统计年鉴 2000

贵阳市白云区统计局编纂　刘军延主编　陈彩霞副主编
贵阳　2000 年　32 开本　精装
藏于白云区统计局

本书于 2000 年编纂完成，内部出版。该书采用分类编撰法，主要记录白云区生产总值、农业、工业、固定资产、建筑业房地产、乡镇企业、财政税收、商业与市场、教育卫生计划生育、劳动工资、第三产业等方面的情况，较上年减少了金融保险业内容和交通邮政电信内容。

贵阳市白云区统计年鉴2001

贵阳市白云区统计局编纂　刘军延主编　陈彩霞副主编
贵阳　2001年　32开本　精装
藏于白云区统计局

本书于2001年编纂完成，内部出版。该书采用分类编撰法，主要记录白云区生产总值、农业、工业、固定资产、建筑业房地产、乡镇企业、财政税收、商业与市场、教育卫生计划生育、劳动工资、第三产业等方面的情况。

贵阳市白云区统计年鉴2002

贵阳市白云区统计局编纂　刘军延主编　陈彩霞　蒋贵容副主编
贵阳　2002年　32开本　精装
藏于白云区统计局

本书于2002年编纂完成，内部出版。该书采用分类编撰法，主要记录白云区生产总值、农业、工业、固定资产、建筑业房地产、乡镇企业、财政税收、商业与市场、教育卫生计划生育、劳动工资、第三产业等方面的情况。

贵阳市白云区统计年鉴2003

贵阳市白云区统计局编纂　刘军延主编　陈彩霞　蒋贵容副主编
贵阳　2003年　32开本　精装
藏于白云区统计局

本书于2003年编纂完成，内部出版。该书采用分类编撰法，主要记录白云区生产总值、农业、工业、固定资产、建筑业房地产、乡镇企业、财政税收、商业与市场、教育卫生计划生育、劳动工资、第三产业等方面的情况。

贵阳市白云区统计年鉴2004

贵阳市白云区统计局编纂　刘军延主编　陈彩霞　蒋贵容副主编

贵阳　2004 年　32 开本　精装

藏于白云区统计局

本书于 2004 年编纂完成，内部出版。该书采用分类编撰法，主要记录白云区生产总值、农业、工业、固定资产、建筑业房地产、乡镇企业、财政税收、商业与市场、教育卫生计划生育、劳动工资、第三产业等方面的情况。

贵阳市白云区统计年鉴 2005

贵阳市白云区统计局编纂　刘军延主编　陈彩霞　蒋贵容副主编

贵阳　2005 年　32 开本　精装

藏于白云区统计局

本书于 2005 年编纂完成，内部出版。该书采用分类编撰法，主要记录白云区生产总值、农业、工业、固定资产、建筑业房地产、乡镇企业、财政税收、商业与市场、教育卫生计划生育、劳动工资、第三产业等方面的情况。

贵阳市白云区统计年鉴 2006

贵阳市白云区统计局编纂　黄昌祥主任　袁云龙副主任　周炳坤主编　陈彩霞　蒋贵容　王维副主编

贵阳　2006 年　32 开本　精装

藏于白云区统计局

本书于 2006 年编纂完成，内部出版。该书采用分类编撰法，主要记录白云区生产总值、农业、工业、固定资产、建筑业房地产、乡镇企业、财政税收、商业与市场、教育卫生计划生育、劳动工资、第三产业等方面的情况。

贵阳市白云区统计年鉴 2007

贵阳市白云区统计局编纂　黄昌祥主任　袁云龙副主任　陶若冰主编　王维副主编

贵阳　2007 年　16 开本　精装

藏于白云区统计局

本书于2007年编纂完成，内部出版。该书采用分类编撰法，主要记录白云区生产总值、农业、工业、固定资产、建筑业房地产、乡镇企业、财政税收、商业与市场、教育卫生计划生育、劳动工资、第三产业等方面的情况。

贵阳市白云区统计年鉴2008

贵阳市白云区统计局编纂　黄昌祥主任　袁云龙副主任　陶若冰主编　王维副主编

贵阳　2008年　16开本　精装

藏于白云区统计局

本书于2008年编纂完成，内部出版。该书采用分类编撰法，主要记录白云区生产总值、农业、工业、固定资产、建筑业房地产、乡镇企业、财政税收、商业与市场、教育卫生计划生育、劳动工资、第三产业等方面的情况。

贵阳市白云区统计年鉴2009

贵阳市白云区统计局编纂　黄昌祥主任　李云副主任　陶若冰主编　王维副主编

贵阳　2009年　16开本　精装

藏于白云区统计局

本书于2009年编纂完成，内部出版。该书采用分类编撰法，主要记录白云区生产总值、农业、工业、固定资产、建筑业房地产、乡镇企业、财政税收、商业与市场、教育卫生计划生育、劳动工资、第三产业等方面的情况。

贵阳经济技术开发区统计年鉴1993

贵阳经济技术开发区经贸局编　宋代洪主任　刘源　王惠洪　张俊章副主任

贵阳　湖北印刷厂刊印　1994年6月　300册　380千字　32开本　精装

藏于小河区地方志办公室

本书于1994年编纂出版，全书收录省、市党委、政府关于贵阳经济技术开发区文件汇集，贵阳经济技术开发区综合；人口；财政、税收、金融、保险；工业；三资企业及基建投资规模；农业；乡镇企业；建筑业及固定资产投资；邮政电信；商业、饮食、服务业；集贸市场；教育卫生等栏目内容，共456页。

贵阳经济技术开发区统计年鉴1994

贵阳经济技术开发区经贸局编　任谅怀　宋代洪　叶炉兴编委会顾问　刘源主任　王惠洪　陈义泉副主任　罗智主编　沈毅副主编

贵阳　湖北印刷厂刊印　1995年6月　240册　200千字　32开本　精装

藏于小河区地方志办公室

本书于1995年6月编纂出版。栏目有综合，人口，财政、税收、金融、保险，工业，农业，乡镇企业，固定资产投资，邮政电信，商业、饮食、服务业，集贸市场，教育、卫生，统计文件等栏目，本年鉴新增统计文件一栏，全书239页。

贵阳经济技术开发区统计年鉴1995

贵阳经济技术开发区经贸局编　任谅怀　宋代洪　叶炉兴　王春播编委会顾问　刘源主任　王惠洪　陈义泉副主任　沈毅主编　王惠洪　章双琼副主编

贵阳　湖北印刷厂刊印　1996年8月　240册　490千字　32开本　精装

藏于小河区地方志办公室

本书于1996年8月编纂出版，全书12个栏目，分综合，人口，财政、税收、金融、保险，工业普查资料汇总，三资企业及项目，农业，乡镇企业，固定资产投资，邮政电信，商业、饮食、服务业，集贸市场，教育、卫生。年鉴从12个方面记述贵阳经济技术开发区1995年经济社会发展情况及主要经济数据。

贵阳经济技术开发区统计年鉴1996

贵阳经济技术开发区经贸局编　王亚光　陈长发　叶炉兴　王春播　李静编委会顾问　刘源主任　王惠洪　陈义泉　卢学源副主任　沈毅主编　王惠洪副主编

贵阳　山东济宁火炬资料印刷厂刊印　1997年9月　200册　240千字　32开

本　精装

藏于小河区地方志办公室

本书于1997年编纂，全书12个栏目，分别为综合；人口；财政、税收、金融、保险；工业；第一次全国基本单位普查资料汇编；三资企业及基建投资规模；农业；乡镇企业；固定资产投资；商业、饮食、服务业、城乡集贸市场；教育、卫生；第三次全国工业普查优秀论文选登。新增“第一次全国基本单位普查资料汇编”和“第三次全国工业普查优秀论文选登”栏目，减少“邮政电信”栏目，合并“商业、饮食、服务业”和“集贸市场”两栏目。年鉴全面围绕1996年经济发展，调整充实服务内容，充分发挥统计的信息、咨询和监督作用，准确、及时、全面、方便地反映贵阳经济技术开发区的总量平衡、结构调整和经济效益，加强投入产出、要素市场、收入分配、经济效益、科技进步、智力开发、环境保护等方面的信息采集和反馈工作。

贵阳经济技术开发区统计年鉴1997

贵阳经济技术开发区经贸局编　王亚光　叶炉兴　陈守榕　王春播　李静　李玎编委会顾问　刘源主任　陈义泉　罗智副主任　沈毅主编　倪笑波副主编

贵阳　山东济宁火炬资料印刷厂刊印　150册　380千字　32开本　精装

藏于小河区地方志办公室

本书记述了贵阳经济技术开发区1997年国民经济和社会发展情况。年鉴包括综合、人口、农业、工业、三资企业、建筑业、商业、集贸市场、劳动就业、固定资产投资、财政、税收、金融保险、文教卫生与计划生育、乡镇企业等方面。栏目有所变化，新增加“建筑业”、“劳动就业”栏目，新增加的“计划生育”栏目与“文教卫生”栏目合并为一个栏目，“财政税收金融保险”分为两个栏目。

贵阳经济技术开发区统计年鉴1998

贵阳经济技术开发区经贸局编　王亚光　叶炉兴　陈守榕　李静　李玎编委会顾问　叶华山主任　陈义泉　卢学源　王惠洪副主任　沈毅主编　倪笑波副主编

贵阳　山东济宁火炬资料印刷厂刊印　1998年　400千字　32开本　精装

藏于小河区地方志办公室

本书于1998年编纂出版，记录了贵阳经济技术开发区1998年辖区国民经济和社会发展情况。本年鉴包括综合、人口、农业、工业、建筑业、固定资产投资、第三产业、财政税收、金融保险、劳动就业、乡镇企业、商业、集贸市场、文教卫生与计划生育、民政等方面。其中第三产业、土地利用、招商引资、民政四个栏目为新增栏目，"计划生育"栏目与"文教卫生"栏目分开。

贵阳经济技术开发区统计年鉴1999

贵阳经济技术开发区经贸局编　王亚光　叶炉兴　陈守榕　李静　李玎编委会顾问　叶华山主任　陈义泉　卢学源　王惠洪　沈毅副主任　倪笑波主编

贵阳　山东济宁火炬资料印刷厂刊印　1999年　390千字　32开本　精装

藏于小河区档案馆　小河区统计局

本书于1999年根据各部门、各企事业单位专业报表和收集的资料，整理编印而成。年鉴全面记述1999年贵阳经济技术开发区国民经济和社会发展情况，包括综合、人口、农业、工业、建筑业、固定资产投资、第三产业、财政税收、金融保险、劳动就业、乡镇企业、商业、集贸市场、文教卫生、计划生育、土地利用、招商引资、民政等方面经济发展的情况和数据。

贵阳市小河区统计年鉴2000

贵阳市小河区统计局编纂　沈毅　王志娟　戴澎主编　倪笑波责任编辑

贵阳　2001年6月　488千字　32开本　精装

藏于小河区档案馆　小河区统计局

本年鉴根据小河区统计局各专业报表和收集的全区国民经济方面的资料，整理编印而成。他全面记述贵阳经济技术开发区暨贵阳市小河区2000年国民经济和社会发展情况。

本年鉴收集的资料范围，包括综合、人口、农业、工业、建筑业、固定资产投资、第三产业、财政税收、金融保险、劳动就业、土地利用、招商引资、乡镇企业、集贸市场、文教卫生、计划生育、民政等十七个方面经济发展的情况和经济、人口、教育、卫生数据，还收集了全国第五次人口普查资料数据。本年鉴为内部资料。

贵阳市小河区统计年鉴2001

贵阳市小河区统计局编纂　侯小平主编　沈毅　王志娟　戴澎副主编　倪笑波责任编辑

贵阳　2002年7月　488千字　32开本　精装

藏于小河区档案馆　小河区统计局

本书于2002年7月编纂出版，年鉴栏目结构较历年有所变化，分为两大部分，第一部分文件选编，第二部分统计资料。第二部分包括综合、人口、农业、工业、建筑业、固定资产投资、第三产业、财政税收、商贸、市场、土地利用、招商引资、乡镇企业、文教卫生、金融、计划生育、民政等方面。栏目有较大变化，工业栏中，不再单独收集工业企业资料，只是按经济类型分类列表记载主要经济指标。去掉了“劳动就业”一栏。由于保险部门没有提供原始资料，保险没有列入该年栏目。

贵阳市小河区统计年鉴2002

贵阳市小河区统计局编纂　侯小平主编　沈毅　王志娟　戴澎副主编　倪笑波责任编辑

贵阳　2003年5月　520千字　32开本　精装

藏于小河区档案馆　小河区统计局

本年鉴收录了小河区2002年经济和社会各方面的大量统计数据。内容包括文件选编、综合、人口、农业、工业、建筑业、固定资产投资、商贸市场、第三产业、财政税收、土地利用、招商引资、乡镇企业、文教卫生、金融、计划生育、民政、专题报告等十八个方面。在文件选编栏目中，刊登了“中共贵阳市小河区委、贵阳市小河区人民政府贯彻《中共贵阳市委、贵阳市人民政府关于全面贯彻十六大精神率先在全省实现全面建设小康社会目标的决定》的实施意见”、“2002年贵阳经济技术开发区（小河区）经济发展要情备忘录”两个指导小河区经济和社会发展的重要文件。

贵阳市小河区统计年鉴2003

贵阳市小河区统计局编纂　侯小平主编　沈毅　王志娟　戴澎副主编　聂祥霞

责任编辑

贵阳　2004 年 6 月　280 千字　32 开本　精装

藏于小河区档案馆　小河区统计局

本年鉴收录内容包括：文件选编、综合、人口、农业、工业、建筑业、固定资产投资、第三产业、财政税收、商贸市场、土地利用、招商引资、乡镇企业、文教卫生、金融、计划生育、民政、专题报告等十八个方面，包含小河区 2003 年经济和社会发展各方面的大量统计资料。

贵阳市小河区统计年鉴 2004

贵阳市小河区统计局编纂　侯小平　杨菲主编　沈毅　王志娟　戴澎副主编　聂祥霞责任编辑

贵阳　2005 年 10 月　130 千字　32 开本　精装

藏于小河区档案馆　小河区统计局

本年鉴收录内容包括：文件选编、综合、人口、农业、规模以上工业、建筑业、固定资产投资、第三产业、人民生活、财政税收、金融、工商登记注册、乡镇企业、招商引资、教育卫生、计划生育、民政、专题报告等十八个方面。其中“人民生活”、“工商登记注册”是新增加栏目，撤消了“商贸、市场”、“土地利用”两个栏目。本书收录的是贵阳市小河区 2004 年经济和社会发展各方面的大量统计资料，综合反映了小河区国民经济和社会发展情况。

贵阳市小河区统计年鉴 2005

贵阳市小河区统计局编纂　杨菲主编　沈毅　王志娟　戴澎副主编　聂祥霞　王晓宇责任编辑

贵阳　2006 年 6 月　310 千字　32 开本　精装

藏于小河区档案馆　小河区统计局

本年鉴收录内容包括：文件选编、综合、人口、农业、规模以上工业、建筑业、固定资产投资、第三产业、人民生活、财政税收、乡镇企业、招商引资、教育卫生、金融、计划生育、金融保险、民政、专题报告等方面。本年鉴收录了小河区 2005 年经济和社会发展各方面的大量统计资料。这些资料来源于统计报表和抽样调查的结果以及区内各部门报送的年度报表。全面综合反映小河区国民经济和社会发展情况。

贵阳市小河区统计年鉴2006

贵阳市小河区统计局编纂　韦鸿宁主任　常文松副主任　徐飚主编　沈毅　王志娟　戴澎副主编

贵阳　2007年8月　500千字　16开本　精装

藏于小河区档案馆　小河区统计局

本年2007年8月编纂完稿出版。版面由原来的32开改为16开，彩印硬纸面精装。内有文字说明的彩色图片。全书有图片36个版面，文字资料402页，50万字。内容包括：134幅反映小河区变化的图，文件选编、综合，人口与计划生育，就业，规模以上工业能源消耗，建筑业，固定资产投资、农业，商贸、出口、招商引资、人民生活，财政、税收、金融、保险，教育、卫生、民政，专题报告等方面。栏目有所变化，乡镇企业放在农业栏目中；财政、税收、金融保险合并为一个栏目；增加“规模以上工业能源消耗”栏目，撤消“第三产业栏目”，合并“商贸、出口、招商引资”栏目。年鉴资料来源于年度统计报表和抽样调查的结果以及区内各有关部门报送的报表。他综合反映小河区2006年经济和社会发展情况。全书收录了小河区2006年经济和社会各方面的大量统计资料。

贵阳市小河区统计年鉴2007

贵阳市小河区统计局编纂　韦鸿宁主任　常文松副主任　徐飚主编　沈毅　王志娟　罗朝明副主编

贵阳　2008年8月　520千字　16开本　精装

藏于小河区档案馆　小河区统计局

本年鉴内容包括：文件选编，综合，人口与计划生育，就业，农业，工业，建筑业，固定资产投资、第三产业，财政、税收、金融、保险，乡镇企业，教育、卫生、民政，商贸、出口、招商引资，人民生活，全市各区县主要经济指标，专题报告等方面。全书收录了小河区2007年经济和社会发展各方面的大量统计资料。信息量大，综合性强。资料来源于年度统计报表和抽样调查的结果以及区内各部门报送的报表。

贵阳市小河区统计年鉴 2008

贵阳市小河区统计局编纂　姜迪主编　王志娟　罗朝明　戴澎副主编
贵阳　2009 年 10 月　400 千字　16 开本　精装
藏于小河区档案馆　小河区统计局

本年鉴于 2009 年 10 月编纂出版，内容包括：彩图，报告汇编，综合，人口，区属单位从业人员及劳资，规模以上工业，规模以上工业能源消耗，建筑业，固定资产投资、农业，第三产业，商贸、出口、招商引资，人民生活，财政、金融、教育、卫生，附录等方面。全书收录了小河区 2008 年经济和社会发展各方面的大量统计资料。全部资料来源于年度统计年报，抽样调查和部门资料。年鉴综合反映小河区国民经济和社会发展情况的变化。

生态年鉴

贵阳建设生态文明城市 2009 年鉴

贵阳建设生态文明城市年鉴编辑部编　李军顾问　李涛主任　王保建常务副主任　王保建主编　李作勋副主编
北京　新华出版社　2009 年 7 月　2000 册　500 千字　16 开本　精装　180.00 元
藏于贵阳市图书馆　中共贵阳市委政策研究室图书室

本年鉴资料收录时限是 2008 年 1 月 1 日至 12 月 31 日。主要收录省、市领导关于生态文明城市建设的重要讲话，贵阳市及相关部门制定的有关生态文明建设的工作报告、政策性文件，市属各区（市、县）、各部门（单位）在生态文明城市建设中的基本情况，本市国民经济和社会发展的主要统计资料。全书设“专文”、“特载”、“市情概况”、“生态基础设施建设”、“生态环境建设”、“生态经济建设”、“生态文化建设”、“生态社会建设”“生态政治建设”、“区（市、县）生态文明建设”、“文献选编”、“建设生态文明城市大事记”、“附录”13 篇。该年鉴是一部综合反映贵阳市生态文明城市建设的资料工具书，具有较高的资政、存史、服务等功能和作用。

贵阳建设生态文明城市2010年鉴

贵阳建设生态文明城市年鉴编辑部编　李军　袁周顾问　李涛主任　王保建主任　王保建主编　李作勋副主编

北京　新华出版社　2010年7月　2000册　544千字　16开本　精装　180.00元

藏于贵阳市图书馆　中共贵阳市委政策研究室图书室

本年鉴资料收录时限是2009年1月1日至12月31日。主要收录省、市领导关于生态文明城市建设的重要讲话，贵阳市及相关部门制定的有关生态文明建设的工作报告、政策性文件，市属各区（市、县）、各部门（单位）在生态文明城市建设中的基本情况，本市国民经济和社会发展的主要统计资料。全书设“专文”、“特载”、“生态文明贵阳会议”、“市情概况”、“生态基础设施建设”、“生态环境建设”、“生态经济建设”、“生态文化建设”、“生态社会建设”“生态政治建设”、“区（市、县）生态文明建设”、“文献选编”、“建设生态文明城市大事记”、“媒体关注”、“附录：建设生态文明城市外地动态”15篇。该年鉴是一部综合反映贵阳市生态文明城市建设的资料工具书，具有较高的资政、存史、服务等功能和作用。

工作年鉴

云岩区工作年鉴1993

云岩区人民政府工作年鉴编委会编纂　许朗　宗大尧主任　陈石副主任　陈石主编　乐宏副主编

贵阳　1995年　1000册　190千字　32开本　精装

藏于云岩区档案馆

本书分为6部24类，其中专文部，有专文二篇就云岩区的经济发展成就和区情概况进行了综述。特载部，有9篇是区领导和相关工作部门在中共云岩区四届一次，云岩区人大十二届一次会议，政协五届一次会议上所作的工作报告。工作概况部，有十一个工作部门署名撰写的本部门一年工作概况。统计资料部，有区统计局提供的1990—1993年农业、乡镇企业、全部工业产值、街道办事处及主管部门工业产值（90不变价）、独立核算工业企业经济指标、街道办事处（乡）主管部门工业利润、街道办事处（乡）工业企业上交税金、固定资产投资及建筑业、第三产业主要经济指标、第三产业增加值、第三产业利润总额、第三产业税金、云岩区财政收入情况、云岩区财政支出情况、云岩区主要税种税收完成情况、云岩区税收完成情况、科技、中小学幼儿园基本情况、人口等17个统计表。领导名录一览表登载区级和部、办、委、局、街道办事处、黔灵乡二级机构正副职领导人姓名。风貌·广告部，登载了云岩辖区风貌及部份区街企业产品广告。

云岩区工作年鉴 1994

云岩区人民政府工作年鉴编委会编纂　许朗　宗大尧主任　陈石副主任　陈石主编　乐宏副主编

贵阳　1995年　1000册　190千字　32开本　精装

藏于云岩区档案馆

该年鉴在栏目上有所变动，改版为区情、专文、特载、政治、公·检·法·司、民政工作、民族·宗教工作、经济及社会各项事业、94云岩区经济社会发展统计资料、领导名录、优秀区街企业等11个部类。其中，政治部类，有区委书记许朗在区委四届五次全会会议结束时（1994年10月28日）讲话，区人大十二届三次会议（1995年3月）、区政协五届三次会议（1995年3月）相关工作报告，同时刊登了全区统战工作，民主党派自身建设情况。公检法司部类，有区人民法院、检察院在区人大十二届三次会议作的工作报告，区司法局撰写的1994年律师公证工作、基层基础建设工作、法制宣传工作、云岩干警队伍和组织建设工作。

民政工作、民族·宗教工作、经济及社会各项事业部类，则有区政府相关工作部门撰写的37篇文章，记载了1994年开展的工作，取得的成效以及“云区5188工程奖惩办法”和“云岩区股份合作企业试行办法”。94云岩区经济社会发展统计资料部类中的“94统计资料”改以文字和统计表相结合方式披露农业、工业、乡镇企业、财政税收、商业与市场、建筑业和固定资产投资、人口、教育、社会发展、职工人数和工资等8个方面1994年统计数据，以及区科技局提供的“云岩区1994年科技项目实施情况统计”表、“云岩区1994年获奖成果统计”表，“云岩区1994部份科技成果后期经济效益统计”表；该部类新增了由区政府办公室撰写的“1994 年大事记”。优秀区街企业简介，则以彩色插页介绍了贵阳圣泉彩印厂，贵阳高强度紧固件厂、猴业焊接公司贵阳电焊条厂、贵阳云岩商标印刷厂发展历程及取得的经济社会效益。

手册

领导干部手册（云岩区）

云岩区统计局编纂

贵阳　200 册　32 开本　皮质护封

藏于云岩区统计局　云岩区档案馆

《领导干部手册》（以下简称“手册”）是云岩区在 2000—2005 年期间每年配发给本区科级及其以上领导干部使用的年度日常工作记录用品。“手册”前半部份刊印了全区当年主要工作目标及任务，区统计局按国家现行统计报表制度整理编制的上年度区情统计数据，后半部份则是日常工作记录处，供区和科两级领导随时参阅、思考、以利决策和工作部署。

2005 年度“手册”区情资料部份，可分成两部分。一是刊印中共贵阳市委、市民政府当年工作目标责任书，中共云岩区委、区政府关于表彰 2004 年度百强企业的决定和前十强企业名录，2004 年度技术进步项目财政贴息的决定，以及云岩区 2005 年拟办的实事项目。二是刊印有 2004 年度云岩区国民经济和社会发展统计公报，非公有制经济增加值、2004 年云岩区综合数据库（203 项指标）、各区县全社会投资完成情况、各区县区属投资完成情况、西部十城市投资完成情况、工业产销总值及主要产品产量（地域口径）、独立核算工业企业主要经济指标（地域口径）、贵阳十区县住房主要指标、2004 年各区县（市）农村住户主要指标对比（表一、表二）、2004 年四季度第三产业完成情况、贵州省 2004 年人口基本情况年报（公安年报），贵阳市 2004 人口变动情况抽样调查数据、社会消费零售总额、房地产开发投资完成情况（一、二）、乡镇企业主要经济指标、教育及其他部门各类各级学校基本数字、2004 年区（县、市）主要经济报表等 19 个统计表，既全面反映本区 2004 年经济和社会情况，部份数据又能与本市其他区县进行横向比较。

领导干部手册（开阳县）

开阳县统计局编印

贵阳　开阳印刷厂　300 册　32 开本　平装

藏于开阳县统计局　开阳县政府机关各科局

《领导干部手册》从 1990 年开始编辑印刷，每年一本，由开阳县统计局根据每一年的年报资料和开阳县人民政府工作数据，整理编印的供科级以上干部使用的开阳县统计年鉴内部资料。目的是让各级领导干部及时了解上一年全县经济社会发展状况和当年县委、县政府的主要工作目标。1992 年到 1998 年，年鉴书名为《统计提要》，1999 年后，书名为《领导干部手册》。《领导干部手册》内容主要是开阳县情，当年全县经济和社会发展预期目标，开阳县当年国民经济和社会发展统计公报，行政区划，综合情况，农业工业，投资和建筑业，国内贸易，邮电业务，财政．金融，人民生活，人口与计划生育，卫生和教育，各乡镇基本情况，各乡镇主要指标排序，主要统计指标解释，统计法律法规等。

《领导干部手册》一般在次年的 3 至 5 月份之间由开阳县印刷厂印刷出版内部发行。

卷三　史料概要

党史资料

贵阳市

抗战胜利四十周年——贵阳党史资料专辑

中共贵阳市委党史研究委员会编

贵阳 中共贵阳市委党史研究委员会印制 贵阳大南印刷厂印刷 1985年9月 260千字 1000册数 32开本 平装

藏于贵州师大图书馆 中共贵阳市委党史研究室图书室

本书正文前为历史图片8张，正文后附编后记。正文收录回忆文章和文献资料，内页珍贵历史照片25张，分为6个部分，即述评部分收录贵阳地区的抗日救国运动及其深远意义、贵阳地区的抗日救亡运动与国民党的片面抗战路线和抗日期间贵阳地区的文学活动概况；书信部分收录关于贵州省学生救国团和《救国旬刊》的一封信和关于《十日旬刊》的一封信；大事记部分为抗日战争时期中共贵阳地区党史大事记；回忆录部分收录“九一八”事变后贵阳学生抗日救国运动的回顾、贵州妇女抗日救国团活动简况、一次难忘的斗争等44篇文章；诗词部分收录落红集（诗词选刊）和回首当年（诗词选刊）；文献资料收录《十月旬刊》第七期（选刊）、《抗日救国十大问题》（传单影印件）、《七七》半月刊创刊号（选刊）等12份文献资料。该书作者分布全国各地，内容包括早期的抗日救国运动，抗战文艺活动，党所领导的学联、民先、筑光、沙驼等抗日救亡团体的活动，八路军贵阳交通站和党在中国红十字救护总队的工作等。此外，辑录了珍贵的历史文献资料，从而比较准确地反映了抗战八年间贵阳地区党所领导的抗日救亡运动。

贵阳人民的爱国民主运动

中共贵阳市委党史工作委员会编

贵阳　黔出业字（1986）第070号　贵阳大南印刷厂印刷　1986年12月　297千字　1000册　32开本　平装

藏于贵州师大图书馆　中共贵阳市委党史研究室图书室

本书正文前为序言和解放战争时期贵阳地区革命斗争大事记，正文后附编后记。正文由述评部分7篇文章、回忆录32篇文章、护厂护校部分4篇文章、缅怀英烈部分11篇文章、文献资料6篇文章资料组成。该书反映解放战争时期，在党中央领导下，解放区军民奋起抗击，蒋管区人民群众反接饥饿、反内战、反迫害的爱国民主运动不断高涨。在这个形势下，贵阳地区也掀起了爱国民主运动的浪潮，它对贵州反动当局的斗争，对贵州的解放，作出了贡献。既有反映这一时期革命斗争脉络的大事记，又有综述、专题、历史文献、年表、回忆录和调查报告。从党、团活动来说，重点反映中共贵州省工委及其领导下的“新青”组织，中共贵阳特支及其领导下的“新联”组织，同时反映华中局、南方局、江汉军区城工部、湘鄂边指派人员到贵阳开展活动的情况；从学运来说，重点反映贵大、清华中学、但也注意反映师院、贵医、中山八、永初中学和省立校反饥饿斗争情况，从整个斗争领域来说，既以较多篇幅反映学生运动，又重点反映影响面较大的文学艺术活动，还用了约四分之一的篇幅反映护城、护厂、护校斗争，解放军部队奋勇进军和部分先烈为了新中国的诞生抛头颅、洒热血的悲壮史诗，这是全部斗争的最集中的表现，也是这本集子作为精神财富留给后世的重要一章。

贵阳双十一惨案

中共贵阳市委党史工委办公室　贵阳市中共党史学会编　胡正主编　尹克恂副主编

贵阳　贵州人民出版社　1989年6月　3000册　210千字　32开本　平装　3.80元

藏于贵州师大图书馆　中共贵阳市委党史研究室图书室

本书由综述、专题、传略、狱中纪实、悼英烈、继传统和照片及资料等7个部分构成。收录文章68篇，图片34张，影印件4幅

1949年11月11日，国民党贵州反动当局逃离贵阳时，对狱中革命者进行了一次大屠杀。这一天，被杀害于贵阳北郊沙河桥和南郊马家坡的烈士有24人，这就是震惊全省的“双十一惨案”。该书即为纪念贵阳解放40周年，缅怀为迎接解放而英勇献身的英烈，在对所涉及史料进行广泛的征集，认真考证的基础上编辑而成。

建国头七年贵阳党史资料

中共贵阳市委党史工委办公室编

贵阳　黔新出（89）图字第054号　贵阳大南印刷厂印刷　1989年10月　430千字　1000册　32开本　平装

藏于贵州师大图书馆　中共贵阳市委党史研究室图书室

本书正文前为前言，正文后附贵阳市第一、二届劳动模范代表大会概况，贵阳市基本完成社会主义改造时期大事记，中国共产党贵州省贵阳市组织史资料，贵阳市社会经济指标统计表，贵阳市社会经济指标定基发展速度统计表。正文11个单元41篇史料，即：贵阳市情概述（1950—1956年）、民主见证单元3篇史料、三大改造单元9篇史料、财经城建单元6篇史料、文教单元4篇史料、民族宗教单元2篇史料、党纪政风单元2篇史料、郊区工作4篇史料、城区工作3篇史料、政法单元2篇史料、英模人物单元4篇史料。该书集中反映这段时期党领导全市人民实现了由新民主主义革命到社会主义的转变，迅速恢复了国民经济并开展了有计划的经济建设的历史史实。

深刻的变革——贵阳市对资本主义工商业社会主义改造资料汇编

中共贵阳市委统一战线工作部　中共贵阳市委党史研究室编　李增贤顾问　杨应林组长　毛训德常务副组长　俸起鸣副组长　杨应林主编　毛训德常务副主编　俸起鸣副主编

贵阳　内部书准印证黔新出（92）内资字第061号　贵州新华实验工厂印刷　1992年9月　2000册　377千字　32开本　平装

藏于贵州师大图书馆　中共贵阳市委党史研究室图书室

本书由序言、专题资料、回忆录、文献资料、大事记、统计表资料和后记7个部分组成。其中：专题资料部分收录公私合营贵阳投资股份有限公司梗概、筹组公私合营贵阳汽车修配厂始末、德昌祥制药厂的变迁等27篇文章；回忆录部分收录对贵阳市私营工商业社会主义改造工作的回顾、回忆贵州汽车运输行业的公私合营、在贵阳市资本主义工商业社会主义改造工作中的一些体验和感受等7篇文章。书附历史图片7张。该书紧密联系贵阳实际，采用资料汇编的形式，对贵阳市对资本主义工商业社会主义改造的成就与经验，失误与教训进行历史研究的新探索。

筑魂

中共贵阳市委党史研究室编　倖起鸣主编　尹显煋副主编

贵阳　黔新出（92）内字第43号　贵阳大南印刷厂印刷　1992年10月　2000册　14.5千字　32开本　平装

藏于贵州师大图书馆　中共贵阳市委党史研究室图书室

本书正文前为序言，正文后附编后记。正文按体例分为烈士传记和烈士生平简介两部分。烈士传记共30篇，即：愿将满腔热血，换来幸福人间；起撑危局，功在筑城；从国民党少将到共产主义战士；肩住因袭的重担，顶住黑暗的闸门；血沃金筑，骨埋青山；革命现实主义的文学战士；身残志坚，巾帼忠魂；浩然正气留青史；矢志救中国，碧血燃贵阳；在炼狱中永生；少年英雄；贵阳工人运动的先驱；慷慨为新鬼，从容作死囚；马克思主义的"牧师"；不要人夸颜色好，但留正气满乾坤；不屈的报人；野火烧不尽，《矿苗》春又生；高原学子；昆仑忠魂；迎来光明驱黑暗；一代英杰，女中豪杰；笑迎屠刀赴刑场；地下党的女交通员；三次入狱志不移，甘洒热血谱春秋；贵医护校好儿女；碧血千秋，浩气长存；岷峨英烈；出污泥而不染，求真理以成仁；旨趣解放人民，辗转奉献丹心；方向盘始终朝着光明之路，主要是部分贵阳籍烈士和在贵阳活动而牺牲的外省籍烈士；烈士生平简介共辑录了45位。该书是进行爱国主义教育和革命传统教育的一本生动教材。

探索中前进——开始全面建设社会主义时期贵阳党史专题研究

中共贵阳市委党史研究室编　李增贤顾问　倖起鸣　施森副编审　陆知中主编　康景星副主编

贵阳　内部书刊准印证黔新出（93）内字第58号　贵阳大南印刷厂印刷　1993年10月　360千字　1000册　32开本　平装

藏于贵州师大图书馆　中共贵阳市委党史研究室图书室

本书正文前为编者前言，正文后附大事记、组织史和社会经济主要指标统计资料。正文共辑录41篇贵阳党史专题研究文章。每篇专题文章依次为提高认识、狠抓落实，确实搞好我市党史征集研究工作；试析贵阳执行“二五计划”的得与失；六十年代初贵阳市的国民经济调整；贵阳市学习贯彻党的“八大”精神概况；贵阳市贯彻“七千人大会”精神的经过；贵阳市在曲折和调整中前进的岁月；贵阳市工交战线开展技术革新、技术革命运动的历史回顾；贵阳市全民大炼钢铁运动概况；贵阳市花溪区的“大跃进”及其教训；贵阳市金融工作；贵阳市商业工作；贵阳市工商行政管理工作、贵阳市税收工作；六十年代初期贵阳市组织开展物资交流的情况及其作用；贵阳市统一战线工作；贵阳市政协工作；贵阳市工商联工作；贵阳市教育事业的发展及其经验教训；贵阳市文化工作；贵阳市卫生工作之一；贵阳市卫生工作之二；六十年代贵阳市学习毛主席著作的基本情况回顾；六十年代初贵阳市学雷锋活动；五十年代末贵阳市开展“勤俭建国、勤俭持家”活动概况；简述六十年代初贵阳市党政机关开展的反对官僚主义运动；贵阳市社会治安工作概况；贵阳市贯彻执行《全国农业发展纲要》的情况及效果；五、六十年代农村经济形式和生产经营方式的历史反思；贵阳市农村人民公社化运动；贵阳市南明区城市人民公社化运动；贵阳市云岩明区城市人民公社化运动；贵阳市花溪区农村人民公社化运动；贵阳市乌当区农村人民公社化运动；贵阳市白云区农村人民公社化运动；贵阳市白云区的“反右倾”斗争运动；贵阳市花溪区“反右倾”运动的历史教训；贵阳市南明区街道基层组织建设及其作用；贵阳市的水利建设；贵阳市的园林建设；五、六十年代期间贵阳市开展的园林绿化活动；试析贵阳市解放以来行政区划的演变及其趋势。该书比较系统地反映了这一时期党在贵阳地区的历史活动全貌，概括总结了贵阳市10年中在经济建设和社会发展的经验及教训。

贵阳市非公有制经济发展

中共贵阳市委党史研究室　贵阳市中共党史学会编　李增贤顾问　刘朝政组长　倖起鸣　施森副组长　刘朝政主编　倖起鸣　陆知中副主编

贵阳　黔新出（95）内资准字第36号　贵阳市教育印刷厂印刷　1995年11月　301千字　1000册　32开本　平装

藏于贵州师大图书馆　中共贵阳市委党史研究室图书室

本书正文前图片51张、前言，正文后附非公有制经济重要文件选编、贵阳市非公有制经济发展主要经济指标（1978年—1994年）统计表和编后记。正文共收录文章46篇，用综述、专题研究、典型调查等文体形式，由历史到现实，从理论到实践，有侧重地对贵阳市非公有制经济的状况、发展、存在的问题以及对策和建议作了积极的探讨。选录文章都是在大量调查分析基础上形成的，在加快民营经济快速发展的今天，该书对于研究贵阳市非公经济发展的历史具有很高的史料价值。

贵阳人民革命史

中共贵阳市委党史研究室编　李增贤顾问　刘朝政主任　倖起鸣　田继德副主任　尹克恂等主编　李新生执行副主编

贵阳　贵州教育出版社　1997年6月　2000册　220千字　32开本　平装18.00元

藏于贵州师大图书馆　中共贵阳市委党史研究室图书室

本书时限起于1840年爆发的第一次鸦片战争，下限至1995年。全书由序言，开篇、正文、尾篇和后记构成。正文共设9章46节。每章依次为五四运动在贵阳、马克思主义在贵阳的传播、九一八事变掀起的抗日救国运动、中共党组织的建立及早期活动、贵阳抗日救亡高潮及党组织的蓬勃发展、抗战前期贵阳的革命文化运动、皖南事变前后的革命斗争、贵阳人民争取和平民主的斗争和迎接贵阳解放。

该书以辨证唯物主义和历史唯物主义为指导，按照历史发展的过程，概述了中国共产党在贵阳地区建立、发展、壮大的斗争历程；记述了贵阳人民在中国共产党领导下，为争取贵阳解放英勇斗争的历史；描绘了革命先烈为追求真理，不屈不饶，无怨无悔，乃至不惜牺牲，血沃金筑的光辉业绩。

中共贵阳市历史大事记（1927.8—1995.12）

中共贵阳市委党史研究室　贵阳市档案馆编　李增贤顾问　何任叔组长　王选才　唐光族副组长　倖起鸣主编　杨青　陆知中副主编

贵阳　贵州人民出版社　1998年10月　1000册　200千字　32开本　平装21.00元

藏于贵阳市图书馆　贵州师大图书馆　中共贵阳市委党史研究室图书室

本书正文前为前言与凡例，正文后附3张贵阳市国民经济主要指标统计表和后记。正文记述的上下限时间为1927年8月至1995年12月。以编年体为主，同时对某些内容上前后有联系的大事，采用纪事本末体作适当集中的叙述。按照历史发展的顺序划分为土地革命战争时期、抗日战争时期、解放战争时期、基本完成社会主义改造时期、开始全面建设社会主义时期、文化大革命时期、社会主义现代化建设新时期七个历史阶段进行记述。该书是进行地方党史研究，学习党史知识，接受爱国主义教育的简明通俗的好教材。

辉煌——筑城城改革开放二十年

辛维光主编　许朗　唐光族　秦家伦副主编

贵阳　贵州教育出版社　1998年11月　2060册　320千字　32开本　精装50.00　平装　40.00元

藏于贵阳市图书馆　贵州师大图书馆　中共贵阳市委党史研究室图书室

本书由历史图片集（收录珍贵历史图片33张）、序言、正文、附录（贵阳市改革开放20年大事记）和后记5个部分组成。正文依次为希望的田野阳光灿烂、城市改革谱新篇、打开山门促发展、城市建设日新月异、民主政治保证有力、精神文明建设硕果累累6篇。该书以贵阳市改革开放20年为背景，以生动的笔调、详尽的史实和大量的事例，忠实地记录了贵阳市20年改革开放的历程，从各个侧面反映了全市上下所进行的不懈的探索与实践。具有较高的历史借鉴作用。

潮涌热土——贵阳市农村改革的实践与展望（1978—1997）

中共贵阳市委党史研究室编著　王三运　庹文升　孙国强顾问　罗大林主编　杨青常务副主编　倅起鸣　田继德　旷俊声副主编

贵阳　贵州人民出版社　1998年12月　1000册　235千字　32开本　平装18.00元

藏于贵阳市图书馆　贵州师大图书馆　中共贵阳市委党史研究室图书室

本书由序言、正文和后记三个部分组成，附历史图片8张。正文分为上、下两篇。上篇：农村改革5章13节，每章依次为改革进程、农村党建、发展历程、丰硕成果、未来农村。下篇：区县实践下设异彩纷呈黔中地和星光璀璨山城天两章，收录19篇文章。该书真实地再现了中共十一届三中全会以来，党中央、省委、市委在各个关键时期作出重大决策，指引全市各级干部和广大农民群众建立以家庭联产承包为基础的双层经营运行机制，推动村经济全面发展，始终坚持走改革、开放、振兴之路的历史。积累了丰富的经验，展望了农村发展的未来。是一部难得的探索城郊型农业发展的好书。

赣水黔山情

中共贵阳市委党史研究室　二野军大五分校四大队《赣水黔山情》编写组编　柴龙等顾问　黄晋裳主编　罗会文等副主编　俸起鸣编审　罗会文统稿

贵阳　黔新出（99）内资准字第429号　中共贵阳市委机关文印部印刷　1999年10月　1000册　345千字　32开本　平装

藏于贵州师大图书馆　中共贵阳市委党史研究室图书室

本书正文前为题词10幅、图片34张和序言。正文后附编后记。正文内容共有文章100篇，分为七个部分：一是四大队队史概述；二是军大学习生活，收录29篇文章；三是进军大西南，收录15篇文章；四是接管政权，收录24篇文章；五是征粮和剿匪，收录17篇文章；六是怀念战友，收录11篇文章；七是校友日记选登，收录3篇文章。主要以回忆文章回顾二野军大五分校四大队的同志，从参加中国人民解放军、在军大学习、进军大西南以及参加解放贵阳和接管贵阳的情况。由于作者们都是贵阳建设的亲历者，历史的见证者，文章把人们带回往昔峥嵘岁月之中，令人油然而生对革命先辈的崇敬之情，倍加珍惜今天来之不易的幸福生活。因此，回忆史料具有真实性和很高的价值。

风雨阳光筑城路（1949—1999）

中共贵阳市委党史研究室编　庹文升顾问　罗大林主任委员　何任叔　许朗副主任委员　罗大林主编　黄光骢　俸起鸣　杨青　田继德副主编

贵阳　贵州人民出版社　1999年11月　1000册　204千字　32开本　平装　25.00元

藏于贵州师大图书馆　中共贵阳市委党史研究室图书室

本书由开篇语、正文、附录和后记组成。正文12章39节。图片27张。每章依次为改天换地、旗开得胜、潮起潮落、柳暗花明、峰回路转、十年沧桑、潮流磐石、春回大地、春江水暖、浩荡春风、百花盛开、锦绣前程。该书以客观、完整、翔实的记述，反映贵阳人民在党和政府领导下，改天换地、风雨兼程、锐意进取、不断创造辉煌的历史进程。是一本了解贵阳解放50年社会经济发展的珍贵教材，具有较高的史料价值。

中国共产党贵阳市历次代表大会

中共贵阳市委党史研究室编　王晓东　孙国强顾问　李长兴总编审　罗大林副总编审　何仁叔主编　黄光副主编

贵阳　黔新出［图书］2001年内资准字第789号　贵阳经纬印刷厂印刷　2001年6月　650千字　1000册　16开本　精装

藏于贵州师大图书馆　中共贵阳市委党史研究室图书室

本书正文前为序言，正文后附贵阳市经济统计表和后记。正文以党代表会议、党代表大会及届次会议发生时间的先后，按基本完成社会主义改造时期、开始全面建设社会主义时期、“文化大革命”时期、社会主义现代化建设性新时期四个历史分期编排。在内容上，收录了各次党代表会议和党代表大会的时间、地点、议程、主要文件、代表名单和会议选举结果。各次党代表会议和党代表大会的主要内容，分别在相应的会议之前作了概述；党代表大会闭会期间召开的届次会议的主要内容，以“要事记”扼要反映。该书系统的史料对于我们透过历史的审视，不断地、更好地总结和汲取历史经验教训，科学地揭示地方党组织建设的发展规律，具有较高的史料价值。

铭心岁月

中共贵阳市委党史研究室编　李长兴　辛维光顾问　何任叔　秦家伦主任　黄光骢副主任　秦家伦主编　黄光骢等副主编

贵阳　贵州人民出版社　2001年6月　1100册　300千字　32开本　精装　22.00元

藏于贵阳市图书馆　贵州师大图书馆　中共贵阳市委党史研究室图书室

本书由序言、正文和后记三个部分组成。按篇、节结构分为4篇14节，即：红色起点篇下设高原星火、英才辈出的达德学校和烽火不熄3节；革命洪流篇下设红军从这里走过、红军过息烽和清江述说红军渡3节；抗战烽火篇下设八路军贵阳交通站散记、密密丛林中的图云关、《新华日报》的故事和青岩古镇4节；血溅筑城篇下设年轻的省工委书记、黎明前的枪声、魔窟忠魂和生命如歌4节。该书以贵阳地区的革命遗址和革命纪念地为主线，将中国共产党在贵阳地区的活动和革命英烈、志士仁人、人民群众的斗争事迹与其相关的故事有机地融为一体，呈现读者一本既简明扼要、通俗易懂、丰富有趣，又具有真实性、可读性和教育性的革命传统教育读物。

凝固的历史

中共贵阳市委党史研究室编

贵阳　贵州人民出版社　深圳华新彩印制版有限公司印刷　2001年7月　1200册　180千字　32开本　平装　30.00元

藏于贵州师大图书馆　中共贵阳市委党史研究室图书室

本书由序言、正文和后记组成。正文15个部分依次为历史的广角与聚焦、潮涌山城、誓死不当亡国奴、筑城党旗红、特殊任务、腥风血雨铸英魂、同仇敌忾、山花烂漫、红色坐标、地下红线、恨不抗日死、第二条战线、血色黎明、危城砥柱、天空飞红霞。图片270余张。该书用准确精练的历史叙述，珍贵翔实的历史图片，将读者带进了历史时空隧道中感受贵阳人民在党的领导下的不可遗忘的那段血与火的战斗历程。让我们深切体会中国共产党在贵阳地区创建、发展的轨迹和贵阳人民在党的领导下前赴后继、英勇奋斗、直至赢得解放的历程。

中国共产党贵阳简史

中共贵阳市委党史研究室编　王晓东　孙国强顾问　李长兴总编审　罗大林副总编审　何任叔主编　黄光骢副主编

贵阳　黔新出图书内资字第307号　贵阳通达印刷厂印制　2002年12月　180千字　1000册　32开本　平装

藏于贵州师大图书馆　中共贵阳市委党史研究室图书室

本书时限起于1919年五四运动，下限至2000年。全书由前言、正文、附录篇和后记构成。正文共设12章50节。每章依次为反帝爱国运动与中共党组织的建立、党组织初创阶段的斗争、党领导下的贵阳抗日救亡运动、皖南事变前后贵阳地区的革命斗争、开展爱国民主运动、贵阳市人民政权的建立和巩固、向社会主义的过渡、社会主义建设在探索中曲折发展、十年“文化大革命”、党的十一届三中全会精神的贯彻落实、改革开放的起步与发展和改革开放和社会主义现代化建设的新阶段。

该书在马克思主义唯物史观的指导下，以中共中央关于党的若干历史问题的两个决议和新时期历次党代会关于重大历史问题的重要结论为准绳，实事求是地简述了中国共产党在贵阳地区的建立、发展和壮大的斗争历程，记录了党领导贵阳人民进行社会主义建设和改革开放的伟大历史实践，反映了贵阳历史发展的真实历程和发展的必然规律。为读者了解中国共产党领导贵阳人民进行民族解放和社会主义建设事业的全部过程提供了一本很好的教材。

贵山富水缘

中共贵阳市委党史研究室　二野军大五分校四大队《贵山富水缘》编写组编　柴龙等顾问　黄晋裳主编　罗会文等副主编　黄晋裳　黄光驄　俸起鸣编审　罗会文统稿

贵阳　黔新出［图书］内资准字第297号　中共贵阳市委机关文印部印刷　2002年12月　326千字　1000册　32开本　平装

藏于贵州师大图书馆　中共贵阳市委党史研究室图书室

本书正文前为前言，图片16张。正文后附编后记。正文内容共有文章73篇，分为三个部分：一是社会主义革命和社会主义建设部分，共收集44篇文章；二是改革开放部分，共收集23篇文章；三是余热生辉夕阳红部分，共收集6篇文章。主要以回忆文章回顾南下、西进的同志到贵阳后，扎根贵阳，建设贵阳，为贵阳无私奉献的情况。

贵阳革命烈士传略

中共贵阳市委党史研究室编　王晓东顾问　李长兴主任　何任叔　黄光驄副主任　黄光驄主编　叶江华副主编

贵阳　贵州人民出版社　2003年12月　1500册　350千字　32开本　平装　30.00元

藏于贵州师大图书馆　中共贵阳市委党史研究室图书室

本书选择收集自1927年大革命失败后到2000年底为止的贵阳籍或外地来筑参加贵阳的革命和建设在贵阳牺牲的、受到民政局认可或党史研究室确认了的778位革命烈士。全书分为两大部分，第一部分分为传记，以革命烈士牺牲的时间先后为序；第二部分为名录，按姓氏笔画排列。

该书立足存史与育人，对贵阳地区已经定评的革命烈士资料进行汇集、整理，编辑成书，是一部较全面系统反映贵阳市革命烈士的书籍，是一部以革命烈士的事迹和精神教育人的具有较强的政治性和历史性的好教材。

夏页文同志资料辑

中共贵阳市委党史研究室编

贵阳　黔新出图书内资准字（2003）第341号　贵州师范大学印刷厂印刷　2003年12月　350千字　1000册　有图　32开本　平装

藏于贵州师大图书馆　中共贵阳市委党史研究室图书室

本书由前言、生平简况、正文与后记组成。正文在文稿、讲话选编部分辑录文献36篇，回忆文选收录文章33篇。图片15张。该书在充分对史料进行征集和研究的基础上，多角度地反映夏页文同志革命一生，特别是在担任贵阳市委书记期间，在拨乱反正、落实政策，推进改革，加快城市建设，加强教育科技工作，改善人民生活等方面做了大量工作的史实，为进行贵阳党史人物研究提供了大量详实的史料。该书是贵阳党史人物资料规范化和科学化的有益探索，是贵阳市社会主义时期党史资料研究的一个重要内容和补充。

绚丽人生——西进支队赣东北战友回忆录

中共贵阳市委党史研究室　西进支队赣东北战友贵阳联络组编　张玉环顾问　李涛名誉主任　田继德主任　李箐副主任　潘志远主编

贵阳　黔新出［图书］2004年内资准字第307号　贵阳彩印厂印刷　2004年12月　360千字　1000册　32开本　平装

藏于贵州师大图书馆　中共贵阳市委党史研究室图书室

本书正文前为题词2幅、图片14张和序言。正文后附西进贵阳部分烈士名录和编后记。正文内容共收录文章81篇，诗词57首，分为九个部分：一是历史文献，收录历史文献3篇；二是风雨征程，收录回忆文章12篇；三是燃情岁月，收录回忆文章24篇；四是无私奉献，收录回忆文章16篇；五是忠贞不渝，收录回忆文章6篇；六是春风化雨，收录回忆文章8篇；七是夕阳余晖，收录回忆文章6篇，八是深情怀念，收录回忆文章11篇；九是诗词荟萃，收录诗词57首。作者们以个人的亲身经历，详实的史料，生动的笔调，按照历史的顺序真实地记录了从赣东北西进到贵阳的艰苦历程，反映50多年来，他们在新民主主义革命、社会主义革命、社会主义建设以及改革开放中所作出的无私奉献，对党对人民事业的无限忠诚，全心全意为人民服务的事迹。

中国共产党贵阳市历史大事记（1934—2003）

中共贵阳市委党史研究室编

贵阳　贵州人民出版社　2005年1月　1500册　570千字　32开本　精装　68.00元

藏于贵州师大图书馆　中共贵阳市委党史研究室图书室

本书上限为1934年，下限为2003年，采取以编年体为主，纪事本末体为辅的编写体例，根据中国共产党在贵阳发展的历史进程，以时间为经，以事件为纬，客观、详实地辑录了我们党在贵阳建立组织近70年来，领导全市广大人民群众进行新民主主义革命、社会主义建设和改革开放的光辉历程。集中反映了贵阳党史上发生的重要历史事件的本末及内在联系。所记条目主要源于历史文献、档案材料和征集的史料，同时也吸收了部分回忆录和党史、地方志和市直有关部门的研究成果，参考了相关大事记的内容。该书既是一部了解和研究党在贵阳的地方组织奋斗的重要工具书，又是一部对广大干部群众及青少年进行爱国主义和革命传统教育的基础教材。

黔中红流——红军长征过贵阳

中国人民政治协商会议贵阳市委员会　中共贵阳市委党史研究室编　王晓东　袁周顾问　许朗主任　李涛副主任　沈昭碧主编　韩静滇　陈金萍　彭文俊副主编　汤保华　王亚平编审

贵阳　贵州人民出版社　2006年6月　2000册　16开本　平装　96.00元

藏于贵州师大图书馆　中共贵阳市委党史研究室图书室

本书采用图文配合，记录了从1935年1月到1936年2月红军两大主力即中央红军和红二、六军团在长征中路过贵阳的艰难的斗争事迹。纪念文集正文由红流滚滚漫黔中、克敌制胜显神威、心中记忆永不泯、青山处处留忠魂、红色希冀、红军长征在贵州大事记等6个部分组成，并附后记，采用图片80余幅。

该书是一本弘扬伟大的长征精神，唱响多彩贵州，重温红军长征途经贵州，特别是经过贵阳的历史的很有价值的历史书籍。

中国共产党贵阳历史第一卷（1921—1949）

中共贵阳市委党史研究室著　李军主任　李涛副主任　魏朝成主编　韩静滇　叶江华副主编

贵阳　贵州人民出版社　2007年10月　5000册　300千字　32开本　平装　38.00元

藏于贵阳市图书馆　贵州师大图书馆　中共贵阳市委党史研究室图书室

本书分3篇12章54节，正文后附编后记。第一篇创立时期设引言与五四运动的影响与马克思主义的传播、抗日救亡运动兴起为贵阳党组织诞生创造条件、中共贵阳党组织的建立及其早期斗争和红军长征过贵阳4章。第二篇抗日战争时期设党组织的蓬勃发展及活动、八路军贵阳交通站与新华日报贵阳分销处、中共党组织与贵阳的抗战文化、皖南事变前后党组织的疏散转移斗争和抗战时期贵阳地下党的狱中斗争5章。第三篇解放战争时期设党推动下的爱国民主运动的兴起、新中国成立前夕第二条战线的斗争和迎接贵阳解放3章。该书全面记述了中国共产党贵阳市地方党组织创建、发展和曲折斗争的历史，是一部高水平的党史著作，也是干部群众学习党史，接受教育的好教材。

无尽的思念——忆姚国安和他领导的特支·新联

中共贵阳市委党史研究室编

贵阳　黔新出图书内资准字（2008）第273号　贵州师范大学印刷厂印刷　2008年12月　160千字　1000册　32开本　平装

藏于贵州师大图书馆　中共贵阳市委党史研究室图书室

本书由前言、正文和后记组成，正文收录了39篇回忆文章和党史专题。作者们从不同视角以姚国安和他领导的特支·新联的革命活动为主线，把读者带回那血雨腥风的革命年代，革命前辈们为民族的解放，人民的幸福在革命斗争中表现出的坚定的革命信念和不屈的斗争精神，而这种精神作为党的宝贵精神财富，更应成为教育和激励后人的强大精神财富。该书是对地方党史资料挖掘整理和利用的一次有意义的尝试，具有很高的史料价值。

路

中共贵阳市委党史研究室编

贵阳　黔新出图书内资准字（2008）第73号　贵州师范大学印刷厂印刷　2008年12月　1000册　150千字　32开本　平装

藏于贵州师大图书馆　中共贵阳市委党史研究室图书室

本书由33篇贵阳党史故事组成。故事选材于曾在贵阳发生过的真人真事，反映了革命先辈和英烈们用热血浇铸的路。在这条路上，有他们青少年生活的轨迹；有为劳苦大众求解放而无私奉献的片片丹心；有深入虎穴、巧斗顽敌、勇赴刑场的惊人之举；也有在枪林弹雨中英勇拼搏扣人心弦的故事。该书是一步具有浓郁地方特色的通俗革命传统教育读物，将给青年朋友们教育与启示：人究竟应当走一条什么样的路。

嬗变——贵阳市党史系统纪念改革开放三十周年暨生态文明城市建设理论研讨文集

中共贵阳市委党史研究室　贵阳市中共党史学会编

贵阳　黔新出图书内资准字（2008）第311号　贵阳彩印厂印刷　2008年12月　350千字　1000册　32开本　平装

藏于贵州师大图书馆　中共贵阳市委党史研究室图书室

本书由前言、正文和后记组成。正文共辑录49篇文章，从理论与实践的角度，多方面阐释、总结和回顾了贵阳市改革开放30年的发展历程，对进一步深化对城市历史的学习认识，扎实推进生态文明城市建设提供历史的借鉴与启迪。

中共贵阳市历史文献选编（1949—1982）

中共贵阳市委党史研究室　贵阳市档案馆编

贵阳　黔新出［图书］内资准字出版　贵阳彩印厂印刷　2009年8月　6000册　6000千字　16开本　平装

藏于贵州师大图书馆　中共贵阳市委党史研究室图书室

本书上限为1949年11月，下限至1982年12月。按年度断限分为12辑出版，总字书近6000千字。本系列文献选编1949年贵阳解放以来，贵阳地方党组织在执行党的路线、方针和政策中，制订印发的各种法令法规、文件报告、计划安排、讲话批示等。内容涵盖政治、经济、社会、文化等诸方面。该书具有较高的存史价值，是进行历史研究的重要史料。

足迹——贵阳解放六十周年文集（上、下册）

中共贵阳市委党史研究室编　李军　袁周顾问　李涛主任　魏朝成副主任　魏朝成主编　彭文俊执行主编　叶江华　李亚玲副主编

贵阳　贵州人民出版社　2009年11月　1000册　560千字　32开本　平装　88.00元

藏于贵阳市图书馆　贵州师大图书馆　中共贵阳市委党史研究室图书室

本书分上、下册出版，集录文章65篇，正文前为序言，正文后附编后记。全书共分为5个篇章，其中前3个篇章组成上册，即：第一篇向社会主义过渡，收录16篇文章；第二篇艰难探索、曲折发展，收录9篇文章；第三篇内乱的十年，收录5篇文章。后两个篇章组成下册，即：第四篇历史进入新时期，收录14篇文章；第五篇知行合一、协力争先，收录21篇。该书从理论和实践的角度，阐述、探讨60年来，贵阳市社会经济领域所走过的历程和取得的巨大成就。

筑城岁月歌

中共贵阳市委党史研究室　二野军大五分校四大队《筑城岁月歌》编写组编　单启贤　丁英　孙丹一　李涛顾问　黄晋裳主编　罗会文编审　俸起鸣　李澄统稿

贵阳　黔新出［图书］2009年一次性内资准字第262号　贵阳市彩印厂印刷

2009 年 11 月　250 千字　1000 册　32 开本　平装

藏于贵州师大图书馆　中共贵阳市委党史研究室图书室

本书正文前为前言，正文后附编后记。正文分图集和文集，图集在上篇老城新貌收录图片 12 张，在下篇星城新貌收录图片 36 张。文集分 7 个部分收录文章 69 篇，主要以回忆文章回顾南下西进到贵阳的老同志和二野军大老校友在贵阳几十年的工作情况。由于作者们都是贵阳建设的亲历者，因此，回忆史料具有真实性和很高的价值。

乌当区

贵阳市乌当区组织史资料

贵阳市乌当区委党史研究室编纂

贵阳　贵州人民出版社　黔新登字 01 号　贵阳图发印刷厂印刷　1993 年 11 月　1000 册　620 千字　16 开本　精装　32.00 元

藏于贵阳市乌当区委党史研究室。

《贵阳市乌当区组织史资料》收录乌当区政权、军事、统战、群团系统组织史资料，是根据上级部署，在中共贵阳市乌当区委领导下，由区委组织部牵头，区委党史研究室负责编写的一本党史资料丛书（1949 年 11 月至 1987 年 12 月）。为加强该书编纂工作的领导，区成立了党史编纂工作领导小组。组长李世荣，副组长黄润昌、吴学成、刘泽义、陈兆祥，责任编辑符治亚。书内附有《贵阳市乌当区行政区图》、《贵筑县行政区示意图》（1951—1955）、《贵阳市郊区图》（1952—1955）、《乌当区图》（1958—1972）。

该书原则上以行政区划为块，按系统、分时期，按篇、章、节、目统属关系，采用文字叙述、领导人名录和图表相结合的编写方式。文字叙述的主要内容是机构的隶属关系和下辖组织以及机关驻地。领导人名录内容为领导人姓名、职务、任期，注明曾用名、少数民族、女性。图表内容为行政区划沿革图、工作机构沿革表、党员统计表、党组织统计表、国家干部统计表。领导人名录收录的范围为中共党组织系统、政权组织系统、地方军事组织系统、统战组织系统和群团组织系统副科级以上实职领导，非领导职务的不收录，常设机构收录，临时机构不收录。

《贵阳市乌当区组织史资料》要目包括乌当区辖地在贵筑县领导时期组织史资料，贵阳市郊区组织史资料。

贵阳市乌当区组织史资料（第二卷）

贵阳市乌当区委党史研究室编纂

贵阳　内部发行黔新出（2002 图）内资准字第 78 号　贵阳市教育印刷厂印刷

2002 年 1 月　1000 册　410 千字　16 开本　精装　65.00 元

藏于贵阳市乌当区委党史研究室。

《贵阳市乌当区组织史资料（第二卷）》是《贵阳市乌当区组织史资料（1988—2000）》首编本之后的续编本，是根据中共贵州省委组织部（省组通字［1988］74 号）、贵阳市委组织部（市组通字［1988］55 号和［1999］22 号）的统一部署，在中共贵阳市乌当区委的领导下，由区委组织部牵头，区委党史研究室和区档案局编纂的一本党史资料书籍。上限 1988 年 1 月，下限 2000 年 12 月。

该书以现行辖区为准，追溯历史，记载了《贵阳市乌当区组织史资料（1949—1987）》首编本之后的乌当区 1988 年 1 月至 2000 年 12 月中共贵阳市乌当区组织沿革、领导人名录和乌当区政权、军事、统战、群团系统的机构沿革与领导人名录。编辑体例按照党、政、军、统、群五大系统分编，每编以届次立章（群团系统按单位立章，以届次为节）。每章以领导机构、工作机构、下级组织为节。

该书采用文字叙述、领导人名录和图表相结合的编纂形式。文字叙述的主要内容是组织机构的建立和演变的背景，组织机构的隶属关系和下辖组织及其机构驻地。领导人名录包括领导人姓名、职务、任期，姓名用本人现用姓名，名录中自然情况如女性、少数民族均作注明。领导人名录排列顺序，按照职务级别和任期时间先后排列。图表的内容有工作机构沿革表、党员基本情况统计表、党组织发展情况统计表国家行政干部统计表和下属组织沿革表。领导人名录收录的范围为中共党组织系统、政权组织系统、地方军事组织系统、统战组织系统和群团组织系统副乡科级以上实职领导，非领导职务的不收录，常设机构收录，临时机构不收录。

《贵阳市乌当区组织史资料（第二卷）》要目包括贵阳市乌当区中共党委系统组织史资料，贵州省贵阳市乌当区政权系统组织史资料，贵阳市乌当区地方军事系统组织史资料，贵州省贵阳市乌当区统战系统组织史资料，贵州省贵阳市乌当区群团系统组织史资料。

中国共产党贵阳市乌当区历史大事记

贵阳市乌当区委党史研究室编纂　王晓光　郭文忠　黄润昌　欧阳俊　李涛　柳昂名誉主任　王廷芳主任　陈强　李凤兰副主任

贵阳　黔新出（2002图）内资准字77号　贵阳教育印刷厂印刷　2002年1月　1000册　300千字　32开本　精装

藏于贵阳市乌当区委党史研究室。

《中国共产党贵阳市乌当区历史大事记》是根据中共中央党史研究室的统一部署和中共贵州省委党史研究室《关于征编建国后党史大事记工作的意见（省党研字［1990］1号）的要求，在中共贵阳市乌当区委的领导和上级业务部门的指导下，由乌当区委党史研究室编纂的。上限1949年10月，下限2000年12月。

该书采用编年体为主，纪事本末体为辅的编纂体例，即按时间顺序排列，按事件和问题类别适当集中的方式进行综合叙述。大事记条目按日期记述，日期不详的按旬、月记述。按照现行辖区追溯历史的原则，收录了乌当区在建区前，区辖地在贵筑县和贵阳市郊区管辖时期发生的大事、要事，以及建区后至2000年的大事、要事和新事。收编内容主要是中共乌当区委贯彻执行党的路线、方针、政策和上级党委的指示所作出的重大决定和领导全区各族人民进行社会主义革命、建设、改革开放取得的重大成果，以及党和国家领导人等对乌当区视察时的重要指示、题词等；同时，也收录了抗御自然灾害、处理重大事故和行政区划变动等大事、要事和新事。

为便于读者查阅，该书在编纂过程中，按照历史时期，分为“基本完成社会主义改造时期”、“开始全面建设社会主义时期”、“文化大革命时期”、“社会主义现代化建设时期”四个历史时期进行叙述。其叙述方式统一采用第三人称进行表述，每一条目需释意之处，采用括号夹注的方式。条目中所涉及的数据均以“万”和“亿”为单位，小数点后，只保留两位数。

《中国共产党贵阳市乌当区历史大事记》要目包括序，编纂说明，基本完成社会主义改造时期（1949.10—1956.9），开始全面建设社会主义时期（1956.9—1966.4），“文化大革命”时期（1966.5—1976.10），社会主义现代化建设新时期（1976.10—2000.12），后记。

中国共产党贵阳市乌当区历次代表大会

贵阳市乌当区委党史研究室编纂　刘崇荣主任　王庭芳　李志鹏　田茂康　李凤兰副主任　文沛德主编　衡秀琴副主编

贵阳　内部发行黔新出（图书）2006年内资准字第425号　贵阳公交彩印厂印刷　2006年11月　1000册　400千字　16开本　精装

藏于贵阳市乌当区委党史研究室。

《中国共产党贵阳市乌当区历次代表大会》由中共乌当区委党史研究室编辑，上限1934年12月，下限2006年9月。采用照片21幅，其中，黑白照片18幅，彩色照片3幅。

该书以《关于建国以来党的若干历史问题的决议》为准绳，坚持尊重历史、实事求是的原则，采用以文字资料为主，图片资料为辅，以时间为经，会议为纬的编纂体例，收录了中共贵阳乌当区第一次至第八次代表大会内容和大会闭会期间召开的历届历次全委（扩大）会议概况。另外，为使读者全面了解乌当区历史，也便于时间上的衔接，对解放前后乌当区辖地党组织领导各族人民进行革命、建设和改革开放的情况以及党组织自身发展沿革作了综述。文字资料内容包括会议时间、地点、议程、各种文件，区委和区纪委第一次全会选举结果，历届历次全委（扩大）会的会议概况。图片资料为历次代表大会场景、区委书记作区委工作报告时的照片及党代会全体代表合影。

书中所收录的文献资料，为存真求实，在编辑过程中保留其历史原貌，原则上对原文不作改动，包括中共中央《关于建国以来党的若干历史问题的决议》中已经完全否定的“文化大革命”时期的错误理论、政策、口号，以及对历史人物的评论和提法，都保留原文不变。个别地方按出版要求作了规范化处理，如统计数字和年代统一为阿拉伯数字，错别字和标点符号的错误予以订正，对某些会议（如区委一届四次至八次全会）的次序作一定调整外，均保留历史文献的原貌。该书是一本比较全面、系统地记录乌当区第一次至第八次党的代表大会概况的党史文献资料。

贵阳市乌当区革命烈士简传

贵阳市乌当区委党史研究室编纂　文沛德　罗登宜主编　衡秀琴副主编

贵阳　贵阳市教育印刷厂印刷　2008年10月　1000册　200千字　32开本　平装

藏于贵阳市乌当区委党史研究室。

《贵阳市乌当区革命烈士简传》根据全国第三次革命烈士传编辑会议精神和中共贵州省委党史研究室、贵州民政厅《关于革命烈士传编写工作意见》的要求，在乌当区委、区政府的直接领导和在上级业务部门的指导下，由中共乌当区委党史研究室负责征集、整理、编辑，是一本爱国主义教育和革命传统教育图书。本书由乌当区人民政府区长李志鹏作序。

全书共收录了121位革命烈士的生平事迹，其中，本区籍烈士48人，外籍烈士73人。在本辖区牺牲的革命烈士和本区籍在外地为革命牺牲的烈士材料，属于本书收录的重点。亲属持证在本区居住的烈士，也进行了收录。野鸭乡2000年属于乌当区，杜蓉、卢焘两位烈士因安葬在野鸭乡境内，亦收录入本书。

《贵阳市乌当区革命烈士简传》要目包括序，编纂说明，乌当籍烈士。

中国共产党乌当区历史（第一卷）（1935—1978）

贵阳市乌当区委党史研究室编纂　刘崇荣主任　黄亚屏副主任　文沛德　罗登宜主编　衡秀琴副主编

贵阳　黔新出（图书）2009年内资准印第100号　贵阳教育印刷厂印刷　2009年5月　2000册　200千字　32开本　精装　35.00元

藏于贵阳市乌当区委党史研究室。

《中国共产党乌当区历史（第一卷）（1935—1978）》遵照中共中央党史研究室的指示，按照《关于地方党史编写规范》的要求，中共贵阳市乌当区委党史研究室编。全书上限1935年，下限1978年。主体部分共有8章40节，要目包括序，开篇，中国工农红军过乌当，中共地下组织在乌当区辖地的革命活动，乌当区藉解放前参加革命的党史人物，正文，结语，后记。

南明区

中国共产党贵阳市南明区组织史资料 贵州省贵阳市南明区政军统群系统组织史资料（1949—1987）

中共南明区委组织部　中共南明区委党史研究室　南明区档案局编　周世康主编　许朗　蒋星恒副主编

贵阳　贵阳大南印刷厂印　1992 年 6 月　800 册　16 开本　精装

藏于南明区档案馆

该书上限 1949 年 10 月，下限至 1987 年 12 月。记录南明区党、政、军、统、群各系统的组织建设和发展，经历了“基本完成社会主义改造、开始全面建设社会主义时期”、“文化大革命时期”、“社会主义现代化建设新时期”等三个时期。

《中国共产党贵阳市南明区组织史资料·贵州省贵阳市南明区政军统群系统组织史资料》收录 1949 年 10 月至 1987 年 12 月期间南明区党的组织和同级政权、军、统、群团组织及部分事业单位的机构沿革变化和领导人名录。

中国共产党贵阳市南明区历史大事记（1949—1992 年）

中共贵阳市南明区委党史研究室编　周世康　蒋星恒编审　王忠主编　曾祥庚责编

贵阳　贵阳大南印刷厂印　1995 年 11 月　300 册　32 开本　精装

藏于南明区档案馆

《中国共产党贵阳市南明区历史大事记》坚持以马列主义、毛泽东思想为指导，坚持四项基本原则，以《关于建国以来党的若干历史问题的决议》为准绳，运用辩证唯物主义和历史唯物主义的观点，一分为二的方法。按时间的顺序。概要地记述了 1949 年—1992 年中国共产党组织在南明区贯彻执行党的方针、政策。领导全区人民进行社会主义革命与建设的曲折前进的历程。

中国共产党贵阳市南明区组织史资料第二卷（1988. 1—1999. 12）

中共南明区委组织部　中共南明区委党史研究室　南明区档案局编　蒋星恒主编　郭敬阳　刘磊副主编

贵阳　贵州省地质彩印厂印　2001 年 6 月　800 册　16 开本　精装

藏于南明区档案馆

《中国共产党贵阳市南明区组织史资料第二卷》是《中国共产党贵阳市南明区组织史资料》（1949. 10—1987. 12）的续编本。

《中国共产党贵阳市南明区组织史资料第二卷》收录 1988 年 1 月至 1999 年 12

月期间南明区党的组织和同级政权，军事，统战，群团组织及部分事业单位的机构沿革变化和领导人名录。同时记录组织机构沿革变化和与有关的政治历史背景；组织机构的建立经过，随着政治形势、政治任务的变化而发生的重大变化；组织机构在组织建设方面发展壮大和终结、转化等情况。

中国共产党贵阳市南明区历次代表大会（1971.6—2004.12）

中共贵阳市南明区委办公室编　汤辉主编　张奕　乔亚莉　欧阳晓莉　吴朝先（常务）副主编　陈长发总编审

贵阳　贵阳天马彩印有限公司印　2004年12月　500册　550千字　16开本　精装

藏于南明区档案馆

该书上限1971年6月，下限2004年12月。记录了中国共产党贵阳市南明区第一次代表大会到中国共产党贵阳市南明区第六次代表大会的主要内容，全面介绍历次党代表大会的概况和历史沿革，体现了南明区地方党组织的领导作用和对大问题的决策过程，展示了历届区委在党的建设和经济发展过程中付出的努力和走过的曲折道路。

《中国共产党贵阳市南明区历次代表大会》选录了1980年2月—2004年12月中共贵阳市南明区委员会部分文献58份，简述1971年6月26日召开的中国共产党贵阳市南明区第一次代表大会

中国共产党贵阳市南明区历史（1949.11—2004.12）

中共贵阳市南明区委办公室编　陈长发　夏钢主任　刘文新　陈广宇　郭敬阳　石惠忠　刘磊　井绪西副主任　井绪西主编　汤辉（常务）　吴朝先　张奕　胡泓　谯高华　乔亚莉副主编

贵阳　贵州人民出版社出版　贵阳经纬印刷厂印　2006年9月　1000册　300千字　32开本　58.00元

藏于南明区档案馆

《中国共产党贵阳市南明区历史》共12章76节，上限1949年11月，下限2004年12月。以毛泽东思想、邓小平理论和“三个代表”重要思想为指导，以

《关于建国以来党的若干历史问题的决议》和《中国共产党简史》为准绳，遵循辩证唯物主义和历史唯物主义原则，客观全面地记述党领导南明区人民进行社会主义革命和社会主义建设的光辉历程及其经验，旨在资政育人。

中国共产党在今南明区范围内活动始于1934年夏天。林青、繆正元、秦天真到贵阳开展革命活动，发展党员和建立党组织，开展党的一系列活动。

抗日战争时期，在今南明区境内先后成立了中共省立贵阳中学支部，中共省立师范学校支部、中共省立高级中学支部、中共达德学校支部等，积极开展各种革命活动，为抗日战争作出了积极的贡献。

贵阳解放后，中国共产党贵阳市南明区委领导南明人民经历了基本完成社会主义改造时期、开始全面建设社会主义时期、文化大革命时期和社会主义现代化建设新时期。特别是党的十一届三中全会以来，南明区社会经济得到了全面的发展。把南明区从一个贫穷落后的地区建设成为全省经济强区。

云岩区

中国共产党贵州省贵阳市云岩区组织史资料　贵州省贵阳市云岩区政军群系统组织史资料

中共云岩区委组织部　区委党史研究室　云岩区档案局编

贵阳　贵阳印刷厂刊印　200千字　16开本　精装

藏于云岩区档案馆

《中国共产党贵州省贵阳市云岩区组织史资料　贵州省贵阳市云岩区政军群系统组织史资料》（以下简称“组织史”）由中共云岩区委组织部、中共云岩区委党史研究室、云岩区档案局根据中共组织史资料中央编辑组有关全国统一体例要求及省、市组织史资料编纂领导小组的有关规定，结合云岩区实际情况进行编纂。

“组织史”为编、章、节结构，上限为1949年11月，下限为1987年12月；“资料”既按党、政、军、统、群五个系统，又按“基本完成社会主义改造，开始全面建设社会主义时期”，“‘文化大革命’时期”、“社会主义建设新时期”三个历史时期编排。系统记述了云岩区在1949年11月中旬至1987年12月二十八余年间5大系统机构的沿革，机构正、副职领导人名录及变动，为全区及相关机构（单位）了解这些方面的史实资料，为编纂党史，部门（单位）史，地方志（含专业、部门志）提供了翔实，可信度高的史实资料，也为区的四大领导班子及区直各部、办、委、局研究制定发展战略提供资询方向和途径。

中国共产党云岩区历史·第一卷

云岩区历史编纂委员会编纂　蒋纪鸣主任　聂雪松　张海波任副主任

（手稿，未正式出版）

藏于云岩区档案馆

《中国共产党云岩区历史·第一卷·》（以下简称“区党史一卷”）由中国共产党云岩区历史编纂委员会于2007 年聘请云岩区老同志 3 人征集资料，撰稿、编纂。历经二年时间，于2009 年底完成“区党史一卷”初稿。

“区党史一卷”是云岩区建区以来第一部党史（第一卷），记述时限上起 1935 年，下迄 1978 年末。该卷为章、节体，除序、概述、后记、附录外，设白色恐怖下的斗争、贵阳解放和人民政权的建立，社会主义改造和第一个五年计划的实施、贯彻党的“八大会议”精神、“大跃进”和人民公社化运动、调整国民经济和贯彻“八字方针”、十年“文化大革命”、在徘徊中前进等 9 章 49 节。全卷总字数约 270 千字。本卷记述 1935 年 1 月，中共中央批准建立中共贵州省工作委员会，中共贵州省委在区境文笔街“高家花园”设立省委机关，领导全省各级党组织及党员，全省各族人民在新民主主义革命时期历经抗日战争、解放战争，不屈不挠，可歌可泣的革命斗争史实，以及贵阳解放后至 1978 年末，在中共中央、省、市委领导下云岩区的各级党组织领导广大党员及全区各界各族人民积极参加云岩区社会主义革命和社会主义建设的历程及所取得成绩，经验、教训。

花溪区

中国共产党贵州省贵阳市花溪区组织史资料（1949—1987）贵州省贵阳市花溪区政军统群系统组织史资料（1949—1987）

中共贵阳市花溪区委组织部　中共贵阳市花溪区委党史研究室　贵阳市花溪区档案局编纂　傅学忠编写组组长

贵阳　贵阳市清华中学印刷厂　1989 年 1 月　320 千字　16 开本　精装

藏于花溪区档案馆

《中国共产党贵州省贵阳市花溪区组织史资料（1949—1987）贵州省贵阳市花溪区政军统群系统组织史资料（1949—1987)》上限起自1949年11月，下限分两部分，一是至1958年2月贵筑县县、区党组织、政权组织及县级军事、统战、群众团体系统的组织机构改革以及领导人名录。二是1958年2月至1987年12月区、镇、乡党组织、政权组织及区级军事、统战、群众团体系统的组织改革及领导人名录。内部发行，全书共五篇14章30节，依次为第一编中国共产党贵州省贵阳市花溪区组织史资料（下设3章10节）；第二编贵州省贵阳市花溪区政权系统组织史资料（下设3章10节）；第三编贵州省贵阳市花溪区军事系统组织史资料（下设3章2节）；第四编贵州省贵阳市花溪区统一战线系统组织史资料（下设2章2节）；第五编贵州省贵阳市花溪区群众团体组织史资料（下设3章6节）。附件《中国共产党贵阳市花溪区基层组织史资料（1949—1987)》有3章9节。志文前有地图插页5页：1949年贵筑县全图、1950年贵筑县全图、1955年贵阳市暨贵筑县行政区划图、1958年花溪区行政划图、1987年花溪区政区彩图，还有编纂说明、概述，后有后记、附件。

该书是根据中共中央组织部、中共中央党史征集委员会、中央档案馆和中共贵州省委、贵阳市委组织史料编纂领导小组的部署，由区委组织史资料编辑组具体主持，于1985年12月开始征集资料，1987年定稿付印。编纂本志的目的，是为了研究中共党史和党的组织建设的历史。总结经验教训，加强党的建设，进行革命传统教育，促进社会主义物质文明建设和精神文明建设，为党进行政治体制改革提供历史借鉴和现实依据。

编纂以花溪区1987年辖区为准，追溯历史，重点记载1949年11月花溪区（原称贵筑县）解放至1987年12中国共产党花溪区组织的改革和领导人名录以及党组织的活动，记载花溪区政权、军事、统战、群团系统的机构改革和领导人名录。

该书实行党、政、军、统、群系统分编，采用“按系统、分时期”的编纂体例，仍属“断代编年体”编纂体例。每编以历史时期分章，即分为基本完成社会主义改造、开始全面建设社会主义时期、“文化大革命”时期、社会主义建设新时期三章，每章又以党、政、军、统、群的领导机构、工作机构、下级地方组织分节。本资料采用文字叙述、组织机构领导人名录和图表相结合的编纂形式。文字叙述包裹编纂说明、概述、多章节小述和机构出现时的文字叙述及后记。组织机构领导人名录包括领导机构、工作机构、下级地方组织的机构名称、任职人员的姓名、职务、任期。图表包括始末时期的政区图、工作机构改革表、下级地方组织改革表、党员统计表、组织发展情况表、干部统计表。另外，根据区委要求，除按上级规定的收录范围编纂外，扩大收录花溪区的党、政、军、统、群的基层组织，附在正本之后。这部分资料由于收录范围大，机构演变频繁，年代久远，不宜按五个系统分编、章、节编纂，把它分为三章。第一章收录中共花溪区的基层组织，即区委系统的党支部，政权系统的党支部、地方军事统战系统和群众团体的党支部；第二章收录区委办、委、局、校的办事机构及基层组织，政权系统办、委、局等的工作机构及基层组织，镇乡工作机构及基层组织（不含镇乡企业）以及军、统、群在镇乡的一级组织；第三章收录群众团体中的工会基层组织。

中国共产党贵州省贵阳市花溪区组织史资料、中国共产党贵州省贵阳市花溪区政军统群系统组织史资料、贵州省贵阳市花溪区基层组织是资料（1988. 1—2000. 12）

中共贵阳市花溪区委组织部　中共贵阳市花溪区委党史研究室　贵阳市花溪区档案局编纂　曾德书顾问　宋宪　任渝生主任　黄庭芳副主任　李祖运主编

贵阳　贵阳市清华中学印刷厂　2003 年 1 月　1000 册　16 开本　精装

藏于花溪区档案馆

《中国共产党贵州省贵阳市花溪区组织史资料、中国共产党贵州省贵阳市花溪区政军统群系统组织史资料、贵州省贵阳市花溪区基层组织是资料（1988. 1—2000. 12）》上限起自 1988 年 1 月，下限至 2000 年 12 月。内部资料，志文前有编纂说明、花溪区地图、概述，志后有后记。采用篇、章、节体，共设五篇 22 章，依次为：第一篇中国共产党贵州省贵阳市花溪区组织史资料（下设 3 章 15 节）；第二篇贵阳市花溪区政权系统组织史资料（下设 4 章 13 节）；第三篇贵阳市花溪区地方军事系统组织史资料（下设 2 章 2 节）；第四篇贵阳市花溪区统一战线系统组织史资料（下设 2 章 8 节）；第五篇贵阳市花溪区群团组织组织史资料（下设 11 章 27 节）。

该书是根据中共贵阳市委组织部的统一部署，在中共花溪区委的直接领导下，由区委组织带头，区档案局（馆）配合，区委研究室具体实施的一部反映花溪区党政军统群组织情况的资料丛书，是 1988 年出版《中国共产党贵州省贵阳市花溪区组织史资料》和《贵州省贵阳市花溪区政军统群系统组织史资料》的继续。本书包括《中国共产党贵州省贵阳市花溪区组织史资料》、《贵州省贵阳市花溪区政军统群系统组织史资料》以及《贵州省贵阳市花溪区基层组织组织史资料》。

该书的编纂本着尊重历史、实事求是的原则和“广征、核准、精编”的指导方针，采取了分级负责、层层把关的办法，由全区10个系统垂直管理部门和71个区属单位、14个乡镇参与资料的收集与整理工作。区委党史研究室编辑人员查阅了数千件档案，对上报的资料反复核对、认真编纂；区档案局（馆）密切配合；区委办、政府办、组织部领导对稿件严格审查，同时在征编过程中，得到各镇乡、各单位和老同志及知情人员支持与帮助。

该书实行党、政、军、统、群系统分编，继续采用“按系统、分时期”的编纂体例，仍属“断代编年体”编纂体例。本资料采用文字叙述、组织机构领导人名录和图表相结合的编纂形式。文字叙述包括编纂说明、概述、多章节小述和机构出现时的文字叙述及后记。组织机构领导人名录包括领导机构、工作机构、下级地方组织的机构名称、任职人员的姓名、职务、任期。图表包括工作机构改革表、下级地方组织改革表、党员统计表、组织发展情况表、干部统计表。还收录了花溪区的党、政、军、统、群的基层组织。这部分资料由于收录范围大，机构演变频繁，不宜按五个系统分编、章、节编纂，把它分为三章。第一章收录中国共产党贵阳市花溪区基层组织组织史资料；第二章收录区党、政、军、统、群基层组织组织史资料；第三章收录工会基层组织。

中国共产党在花溪区历史·第一卷（1935.4—1978.12）

中国共产党花溪区历史编辑委员员编纂　王真霖编辑委员会主任　田平　曾德书　张富杰　王春雷　蒋志伦编辑委员会副主任　王春雷主编　蒋士勇常务副主编　童明建　王文浩执行主编

贵阳　贵阳经纬印刷厂　2006年9月　1500册　290千字　16开本　精装　50.00元

藏于花溪区档案馆

全书上限自1935年4月红军长征过境起，下限至1978年12月党的十一届三中全会召开为止。正文前有综述、编辑说明和6页插页，插页有32帧黑白照片。正文后有附录和后记。附录包括大事年表，历届领导班子名录，地图。本书属章节体结构，共15章67节。依次为第一章红军长征过花溪（下设4节）；第二章花溪地区的抗日救亡活动（下设3节）；第三章掀起爱国民主运动 迎接花溪解放（下设4节）；第四章新生政权的建立与巩固（下设7节）；第五章大力恢复国民经济（下设3节）；第六章解放初期党的建设（下设4节）；第七章正确贯彻执行党的民族政策（下设5节）；第八章向社会主义社会过渡（下设7节）；第九章贯彻党的“八大”会议精神（下设2节）；第十章在总路线精神指引下（下设8节）；第十一章社会主义教育运动（下设；节）；第十二章“三线”建设（下设4节）；第十三章十年“文化大革命”（下设9节）；第十四章在徘徊中前进（下设4节）；第十五章亲切的关怀。

地方党史是中国共产党党史的有机组成部分，根据中共党史研究室和省委、市委党史研究室的工作安排部署，征编工作于2004年初展开。在编写中，以党中央关于若干历史问题的两个决议为准绳，坚持“广征、核准、精编、严审”的编纂原则，尊重史实，准确无误，力求全面系统地再现历史本来面目。总结花溪地区党的组织执政的历史经验教训，探索花溪地区社会主义建设发展规律，以求推进区域经济发展和社会的进步。

中共花溪区历史文献选编·第一卷·贵筑县专辑（1949.11—1957.12）

中共花溪区委党史研究室编写组编纂　童建明　王文浩（常务）主编

贵阳　贵阳市彩印厂印刷　2007年11月　500册　505千字　16开本　精装

藏于花溪区档案馆

《中共花溪区历史文献选编·第一卷·贵筑县专辑（1949.11—1957.12）》，内部资料。本书的文献选编时间上限为1949年12月，下限至1957年12月，内容涵盖政治、经济、文化、建设等诸方面。目录以年限编排：1949年仅一篇文献（贵筑县人民政府接管工作总结）；1950年有9篇，依次为贵筑县工作总结、贵筑县第一届妇女代表会议决议案、贵筑县组织工作总结报告、贵筑县第二届各界人民代表会常委会第二次会议决议案、贵筑县首届农代会记录、陈达之在首届贵筑县农民代表大会上的讲话、入黔以来的工作总结报告、贵筑县白云区减租工作初步总结；1951年有16篇，依次为贵筑县少数民族农民代表会议总结报告、贵筑县少数民族自愿改革婚丧礼俗意见书、贵筑县花溪区清匪反霸总结、贵筑县五大任务初步总结、贵筑县干部大会总结、贵筑县第四届各族各界人民代表会议决议、中共贵筑县委书记陈达之给毛主席的信、贵筑县少数民族教育情况、贵筑县二区六届农代会总结、贵阳专区贵筑县民主建政专题报告、贵筑县粮食局一年来工作总结报告、贵筑县清案工作总结报告、陈县长在贵筑县首届合作会议上的总结报告、贵筑县二期土改的总结报告、贵筑县高坡乡第一届各族各界代表会议及建立高坡苗族自治区总结报告、贵筑县一九五一年抗美援朝总结报告；1952年有13篇，依次为贵州省贵筑县财政科在全省财政会议上之书面报告、贵州省贵筑县反贪污、反浪费、反官僚主义运动的总结报告、贵筑县人民政府在第五届各族各界人民代表会议上的工作报告、陈鑫县长在贵筑县土产合作会议上的启发报告、中共贵筑县委整党大会总结、贵筑县全县干部会议总结报告、贵筑县解放将近三年来的民政工作总结、贵筑县一区（花溪区）互助合作的总结报告、贵筑县农民代表会议上的总结报告、贵筑县爱国卫生运动总结、贵筑县群运站一九五二年度全年总结报告、贵筑县总结三年来政府工作基本总结、贵筑县人民政府贵筑县三年来禁烟禁毒工作初步总结；1953 年有 2 篇，依次为贵筑县三年来文教工作总结报告、贵筑县检查民族政策工作报告；1954 年有 8 篇，依次为贵筑县合作一九五三年工作总结、贵筑县统战工作总结、贵筑县财经干部大会总结报告、贵筑县基层普选工作基本总结、贵筑县第一届人民代表大会代表名单及贵筑县当选贵州省人民代表大会代表名单、贵筑县第一届人民代表会议常务委员会主任、副主任、常务委员名单、贵筑县第一届第一次人民代表大会决议、贵筑县一九五四年农林工作总结报告；1955 年有 2 篇，依次为贵筑县一九五四年财经工作总结报告、贵筑县供销合作社在一九五五年对农村私商的社会主义改造；1956 年有 7 篇，依次为贵筑县对私改造工作初步总结、中共贵筑县委关于“一九五五年工作情况和今后任务”的报告、贵筑县第三次私改会议总结、贵筑县爱国卫生运动总结、贵筑县关于检查民族政策执行情况的总结报告、关于作好“八大”学习和宣传工作的紧急通知、县委宣传部关于进一步加强农业社会政治工作的意见；1957 年有 10 篇，依次为贵筑县一九五六年人事工作总结报告、贵筑县农村典型调查报告、贵筑县一九五六年商业、手工业、交通运输业的改造工作总结报告、中共贵筑县委关于检查统战工作执行情况的报告、贵筑县增产节约初步总结、贵筑县整社工作总结、贵筑县关于整风运动的计划、青年团贵筑县第四次代表大会决议、中共贵筑县第一届代表大会第二次会议总结、当前反右派斗争的情况和下段工作安排。

本书的编辑是经中共花溪区委批准，由中共花溪区委党史研究室承担，在花溪区档案馆及贵阳市档案馆、安顺市档案馆大力支持下编辑出版的花溪区党史文献系列丛书之一。花溪区原系贵筑县辖区之一。1949 年 11 月 15 日贵筑县解放，先后隶属贵阳专区、贵定专署、安顺专署管辖，1957 年 11 月 29 日经国务院批准撤销贵筑县，将其辖区划归贵阳市，1958 年 2 月经贵州省人民政府批准，将原贵筑县辖区南半部新建贵阳市花溪区。本书以 1957 年为分界线，按贵筑县和花溪区两个时期分册选编历史文献。

中共花溪区历史文献选编·第二卷·贵筑县专辑（1958. 01—1962. 12）

中共花溪区委党研室编写组编纂　朱桂云　田平　曾德书　蒋志伦顾问　谌业

华编辑委员会主任　曾明强　任渝生编辑委员会副主任　童明建主编

贵阳　贵阳市彩印厂印刷　2008 年 11 月　350 千字　500 册　16 开本　精装

藏于花溪区档案馆

本书选编时间上限为 1958 年元月，下限至 1962 年 12 月，内容涵盖政治、经济、文化、建设等诸方面，其中 1958 年 20 篇，依次为县委关于整社工作的初步总结、关于在全县小商贩中全面深入的开展整风运动的意见、贵筑县 1958 年—1962 年地方工业发展规划（草案）、抄转省人民委员会“关于划分市郊区行政区划的批复”、交接办法、花溪区整党工作情况和意见、英雄会师大会总结、鼓足干劲 排除万难 坚决完成为城市服务的各项计划指标、花溪区 1958 年—1959 年实现两化的安排意见、开展社会主义文化运动工作总结、进一步加强农业生产合作社的计划管理工作的意见、花溪区关于贯彻“八大”二次会议的报告、花溪区实现了农村吃饭集体化、花溪区委关于开展“万担突击积肥运动月”的安排意见、花溪区基本扫除文盲工作总结、花溪建立人民公社的总结、花溪区整风运动的初步总结、贵阳市花溪区人民委员会关于设置监察委员会、监察员以及开展工作的意见、花溪区农村集体食堂工作总结报告、贯彻“市委关于普遍开展社会主义、共产主义教育运动的指示”的具体计划、1958 年党的监察工作初步总结报告；1959 年有 11 篇，依次为一年来城市服务工作总结和今后意见、花溪区整顿人民公社工作的初步经验总结、关于农村人民公社分配制度的意见（草稿）、中共花溪区委关于人民公社的的管理体制和若干政策问题的意见、贵阳市花溪区肃反工作总结、花溪区关于田园化规划的初步意见（草案）、中共花溪区委关于在农村中开展整社整风运动的意见（草稿）、一年来各项工作的初步总结（初稿）、高举总路线、大跃进、人民公社的红旗 为争取 1960 年的全面大跃进而奋斗花溪区五级干部大会决议、整风学习的总结、花溪区五级干部大会整风学习小结；1960 年有 12 篇，依次为沿着干部又红又专红透专深的方向再接再厉不断前进，花溪区 1959 年下放干部劳动锻炼总结、1959 年组织工作总结、花溪区 1959 年人民公社整社工作总结、关于通过制订爱国公约改革少数民族不合理的婚姻风俗习惯的总结报告、花溪人民公社城市分社社章（草案）、花溪区开展红旗手和红旗单位运动情况的报告、关于农村公共食堂五个标准的初步意见、关于开展农村“三反”运动四级干部会议总结报告、区委关于贯彻执行中共中央“关于加强农村人民公社财务工作指示”的意见、花溪区农村“三反”运动总结报告、花溪区人民委员会工作报告向花溪区第四届人民代表大会第一次会议、关于在花溪管区贯彻政策试点工作情况总结报告；1961 年有 9 篇，依次为 1961 年财贸工作安排初步意见

（草稿）、关于召开1961年度劳模大会情况的报告、花溪区三级干部会议总结报告、1961年粮食作物产量计划及安排情况、贵阳市花溪区人民委员会花溪区三年大跃进的各项工作初步总结、关于压缩非农业劳动力加强农业生产第一线的情况报告、区委扩大会议总结报告、中共花溪区委关于夏季预分中若干具体问题向市委的请示报告、关于改进人民公社体制的问题；1962年有10篇，依次为1961年干部工作总结、花溪区退赔工作总结、花溪区一年来生活情况初步总结、宣传教育工作总结报告、贵阳市花溪区人民委员会1961年度工作总结、中共花溪区委扩大会议情况报告、中共花溪区委关于加强生产队工作的意见（初稿）、花溪区几年来民族工作初步总结、案件甄别工作总结报告、花溪区支农办公室关于大力支援农业生产的意见（初稿）。

本书的编撰是经中共花溪区委批准，由中共花溪区委党史研究室承担，在花溪区档案馆大力支持下编辑出版的花溪区党史文献系列丛书之一。第一卷已于2007年11月出版。建国以来，在党中央正确路线指引下，中共花溪区委在贯彻执行党的方针政策过程中，制定和形成了诸多与之相适应的地方性政策、措施，有力地促进了党组织的建设和发展，加快了本地区社会主义事业建设步伐和国民经济的不断发展，区委区政府在各个历史时期形成的各类文献是党的一笔宝贵的理论和实践财富，其间积累的经验和教训，对新时期进一步深化改革，促进社会主义建设将起到重要的借鉴和启示作用。

白云区

白云党史资料（第一辑）

贵阳市白云区委党史研究室编纂　俸起鸣审稿　许宏主编　李士林责任编辑

贵阳　内资出版　黔新出（91）图字第070号　贵州新华印刷厂印刷　1991年7月　2000册　250千字　32开本　精装

藏于白云区委党史研究室

《白云党史资料（第一辑）》上限解放前（1949年前），下限1956年12月。全书卷首设序，正文前有综述，卷末设后记，配图片28张。正文从7个方面（综述、大事记、组织史、专题资料、英名录、回忆录、其它资料）记述。主要记载白云区接管、建立革命政权、清匪反霸的艰苦战斗，减租退押、征粮、土地改革的复杂斗争历程，总结农业合作化运动中的经验教训，革命先烈为捍卫和巩固新生的人民政权，不惜抛头颅、洒热血、前赴后继、英勇斗争的感人事迹。

中国共产党贵州省贵阳市白云区组织史资料 贵州省贵阳市白云区政军统群系统组织史资料（1949—1987）

贵阳市白云区委组织部 贵阳市白云区委党史研究室 贵阳市白云区档案局编纂 李玎主编 许宏副主编 黄国椿责任编辑

贵阳 黔新出（91）图字第021号内资出版 贵州新华印刷厂印刷 1991年10月 1000册 120千字 16开本 平装

藏于白云区委党史研究室

《中国共产党贵州省贵阳市白云区组织史资料 贵州省贵阳市白云区政军统群系统组织史资料（1949—1987）》上限1949年12月，下限1987年12月。五编13章38节。从中国共产党贵州省贵阳市白云区组织史资料、贵州省贵阳市白云区政权系统组织史资料、贵州省贵阳市白云区军事系统组织史资料、贵州省贵阳市白云区统一战线系统组织史资料、贵州省贵阳市白云区群众团体系统组织史资料记述。主要记录1949年12月至1987年12月白云区党委、政权、军事、统战、群团系统组织机构沿革及领导干部名录。

中国共产党白云区历史大事记（1999—2009）

贵阳市白云区委党史研究室编纂 宋书平主编 赵靖 邓顺华副主编

贵阳 黔新出［图书］2010年一次性内资准字第65号 贵阳经纬印刷厂印刷 2009年12月 1000册 350千字 32开本 精装

藏于白云区委党史研究室

《中国共产党白云区历史大事记（1999—2009）》上限1999年1月1日，下限2009年12月31日。卷首设前言，卷末设后记。主要记录国家实施西部大开发、贵州省实施经济强县建设和贵阳市建设生态文明城市以来白云区改革开放的光辉历程。

白云之路

贵阳市白云区委党史研究室编纂 任承贵主任 卢幼黔 韦鸿宁副主任 李士

林主编　张国栋责任编辑

贵阳　内资出版　黔新出（2001）内资准字第386号　2001年6月　360千字　32开本　精装

藏于白云区委党史研究室

《白云之路》上限解放前，下限2000年。全书卷首设序2篇。正文从9个部分，分别是党旗飘飘、源头活水、争创一流、星光灿烂、强区升位、田园春早、日新月异、文明新花、乡办经济等方面，记录白云人民艰苦奋斗、开拓进取，改革开放以来白云区社会主义建设的伟大成就和光辉业绩。

红色的延伸

白云区委宣传部　白云区委党史研究室编纂　陈建明　袁云龙主任　刘永贤常务副主任　苏永泓　任承贵　赵晶副主任　赵靖主编　张辉　陶泽敬副主编

贵阳　贵州人民出版社　2004年12月　3000册　90千字　32开本　平装　10.00元

藏于白云区委党史研究室

《红色的延伸》上限1935年1月，下限1954年。卷首设前言，正文从11个部分，分别是红军长征过白云、人民政权的建立和巩固、省委工作团进驻白云、保卫新生政权、鸡场剿匪、镇压匪首、翻身闹革命、翻身农民当主人、第一个农村供销合作社、热血青年献身革命、民族大团结等方面记录白云儿女进行新民主主义革命，建立和巩固新生政权，以及开展社会主义革命和社会主义建设的辉煌历史。

中国共产党贵州省贵阳市白云区组织史资料 贵州省贵阳市白云区政军统群系统组织史资料（1988—2003）

贵阳市白云区委组织部　贵阳市白云区委党史研究室编纂　马长青　董兰杵主任　杨青常务副主任　卢瑞礼　苏永泓　任承贵副主任　杨青主编　卢瑞礼常务副主编　赵靖　谭厚胜副主编　张辉责任编辑

贵阳　贵州新华印刷厂黔新出（图书）2004年内资准字第232号内资出版　2004年　150千字　16开本　平装

藏于白云区委党史研究室

《中国共产党贵州省贵阳市白云区组织史资料 贵州省贵阳市白云区政军统群系统组织史资料（1988—2003）》上限1988年1月，下限2003年12月。卷末设后记。五编5章30节。从中国共产党贵州省贵阳市白云区组织史资料、贵州省贵阳市白云区政权系统组织史资料、贵州省贵阳市白云区军事系统组织史资料、贵州省贵阳市白云区统一战线系统组织史资料、贵州省贵阳市白云区群众团体系统组织史资料记述。主要记录1988年1月至2003年12月白云区15年时间内，党委、政权、军事、统战、群团系统组织机构及领导干部名录。

中国共产党白云区历史（1949—1978）

贵阳市白云区委党史研究室编纂　兰义彤主任　黄昌祥副主任　宋书平主编　赵靖执行副主编　邓顺华副主编

贵阳　贵州人民出版社　2008年12月　2000册　250千字　32开本　48.00元

藏于白云区委党史研究室

《中国共产党白云区历史（1949—1978）》上限1949年，下限1978年。正文前有概述，卷末设后记。正文共4篇12章53节，内有插图1幅，随文图28张。4篇依次分别是：白云区基本完成社会主义改造时期、在探索中建设社会主义、“文化大革命”十年、历史的转折方面记述。主要记述1949年到1978年，白云区党组织从无到有、从小到大、由弱到强的发展历程。

中共贵阳市白云区历史大事记（1949.10—1998.12）

贵阳市白云区委党史研究室编纂　申晓庆　秦如培　赵兴民　江金文　任承贵　杨彦峰名誉主任　马长青主任　朱胜　邵培敬　董兰忤副主任　李士林主编

贵阳　贵州人民出版社　1999年8月　2000册　260千字　32开本　平装　30.00元

藏于白云区委党史研究室

《中共贵阳市白云区历史大事记（1949.10—1998.12）》上限1949年10月，下限1998年12月31日。卷首设序3篇，卷末设后记，书中有6页插页20张照片。全书从4个部分，分别是基本完成社会主义改造时期，开始全面建设社会主义时期，“文化大革命”时期，社会主义现代化建设新时期等方面记载自解放以来到本世纪末50年间白云区发生的大事要事。

清镇市

贵州省清镇县政军统群系统组织史资料（1949—1987）

中共清镇县委党史资料征集领导小组编纂　陈荣祥组长　班全清副组长　陈荣祥主编　唐文华副主编

贵阳　清镇县印刷厂印刷　1989年11月　1000册　159千字　16开本　平装

藏于清镇市档案局

本书是根据全国《中国共产党组织史资料征集、整理和编纂修订方案》的要求和中共贵州省委组织史资料编纂领导小组修订的全省统一《编纂框架》进行收录编纂的。内部资料。正文前有概述，正文后有后记。采用编、章、节结构。结构依次为第一编中国共产党贵州省清镇县组织史资料（下设3章、12节、5目）；第二编贵州省清镇县政权系统系统组织史资料（下设3章4节、4目）；第三编贵州省清镇县地方军事系统组织史资料（下设3章、8节）；第四编贵州省清镇县统一战线系统组织史资料（下设3章、2节）；第五编贵州省清镇县群众团体系统组织史资料（下设3章12节）。共五编15章9目。各编均与清镇县现在管辖区域及隶属关系，追溯历史进行编写，全面、系统、准确地收编1949年11月至1987年12月清镇县乡（镇）以上各级党政组织、区以上地方军事、统一战线和群众团体系统组织机构的建立（设立）、演变及领导人名录。

中国共产党清镇县历史大事记（1949—1992）

中国共产党清镇市委员会编　刘善伦主编　刘善伦　刘联祥　朱明俊　赵国之编辑

贵阳　内部资料　贵州盘江印通印刷厂　1997年7月　271千字　16开本　简装

藏于清镇市档案局

本书围绕党的活动这一主题，以翔实的史料简明扼要地、实事求是地记述了

1949 年清镇解放、组建中国共产党清镇县委员会至 1992 年 12 月 8 日清镇撤县设市共 44 年的史实，反映了中国共产党在清镇县的整个历史发展过程，勾画了党的地方建设的大致轮廓，较为系统、完整地反映清镇县各族人民在中国共产党的领导下，在艰苦卓绝的革命斗争和经济建设中所取得的伟大成绩以及历史的经验教训。从这个意义上说，它是一部简明的清镇县地方党史。着重收集和记述中国共产党组织在清镇县建设和发展的情况以及在党、政、军、统、群等方面的大事，尽量做到“大事突出，要事不漏，新事不丢”。收录的内容还包括党组织在经济、文化、教育、科研、体育、卫生、外事等方面作出的重大决策及取得的成果，抗御自然灾害、处理重大事件、重大事故的情况，党和国家领导人，省、地等各级领导对本县视察时的重要指标、题词等。编纂体例：《中国共产党清镇县历史大事记》是采用编年体与记事本末体相结合，以编年体为主，记事本末体为辅的编写形式，既按时间顺序排列，同时又按事件和问题的类别适当集中，便于读者了解清镇县党史上先后继起的各个事件之间的内在联系。

中国共产党清镇县历史（第一卷）1949—1978

清镇市史志编纂委员会编　杨丽华主任（2003 年）　邱昕曜　宋林　岳世刚　苟朝忠副主任（2003 年）　蒋景华主任（2004 年）　李文学　邱昕曜　程建梅　岳世刚　苟朝忠副主任（2004 年）　苟朝忠　张德枢主编　吴道兴　刘善伦　陈守宽副主编

贵阳　贵州人民出版社　2005 年 8 月　2500 册　230 千字　16 开本　精装　45.00 元

藏于清真市档案局

本书上限为 1949 年，下限为 1978。正文前有绪言，后有结语、附录、后记。采用章、节、目结构。结构依次为：第一章建立和巩固人民政权（下设 5 节 15 目）第二章实现社会主义改造（下设 3 节、10 目）、第三章探索社会主义建设道路的开端（下设 3 节 5 目）、第四章“大跃进”和人民公社化运动（下设 4 节 10 目）第五章调整国民经济（下设 3 节 11 目）、第六章“文化大革命”（下设 4 节 11 目）、第七章日 在徘徊中前进（下设 3 节、9 目），共 7 章 25 节 71 目。

本书纵向叙述中国共产党清镇县年这 30 年的历史，展示中共清镇县委依靠和领导全县各族人民，进行社会主义革命和建设，艰苦奋斗、艰辛探索的历程；反映党和人民的献身精神和创造精神；记录了在各个历史时期取得的成绩和经验，记述了在前进中出现的失误及为纠正错误所作的努力。反映了清镇县30年社会主义革命和建设基本的历史面貌，展现重大的历史事件的代表人物，展示中共清镇县委的执政理念和执政能力。本书严格按时中央党史研究室的编写要求，各章之前有导语，承接上章，简述背景，揭示本章内容；之后有小结设论，并为下章作适当铺垫。章下分节、立节，横向排列，依历史线索记述一阶段、一事件或一专题内容。

开阳县

中共开阳县历史大事记

开阳县史志办编纂　张大贤　余启书　涂勇编辑

贵阳　内部资料　1997年7月　500册　250千字　32开本　硬皮精装

藏于开阳县史志办公室

《中共开阳县历史大事记》按时间顺序择录1949年到1996年开阳县委、政府执政时期发生的重要事件，重要会议等。每年列出若干条，简要记述。正文前有前言，后有附录，列出此时期的县委领导人名。

中国共产党开阳县历次代表大会

中共开阳县委组织部　开阳县史志编纂委员会办公室编　马跃进主编　张大贤　林柏海副主编

贵阳　2001年11月内部发行　500册（平装）　500册（精装）　380千字　16开本

藏于开阳县史志办

《中国共产党开阳县历次代表大会》，正文按照时期划分，由基本完成社会主义改造开始全面建设社会主义时期、文化大革命时期、社会主义现代化建设新时期三部分构成，收集了中共开阳县委召开的八次代表大会的全部资料内容，正文前有综述，后有附录。

中国共产党开阳县历史

开阳县史志编纂委员会办公室编纂　沈昭荣主编　李大海　周亚林　林柏海副主编

贵阳　贵州人民出版社　2008年5月　234千字　2000册　32开本　精装　42.00元

藏于开阳县史志办公室

《中国共产党开阳县历史》于2008年5月出版。全书采用章节体，正文共14章72节，14章依次为：建立人民民主政权（3节），巩固人民民主政权（7节），恢复国民经济（5节），实现社会主义改造（4节），社会主义建设初步探索（6节），社会主义建设曲折发展（6节），调整国民经济（5节），社会主义教育运动（6节），文化大革命的开始（4节），文化大革命的发展（6节），历史进入新时期（4节），发展社会事业（4节），党的建设（7节），政权建设（5节）。

正文前有序言、引言。正文后有结束语、附录，大事记，中国共产党开阳县1949至1978年党组织情况系列表，开阳县1949至1978年经济社会发展统计表，后记。

修文县

红军长征在修文

中共修文县委党史办公室编写　吴应昌　李祖炎责任编辑

贵阳　内部资料　1986年　700册　115千字　32开本　平装

藏于修文县史志办。

本书共分四个部分。第一部分记述红军长征在修文的情况，含日志、综述、修文籍红军战士及红军流散人员概况和采访录；第二部分节录红军长征与修文有关的红军文献；第三部分应证红军长征过修文时的旧政权资料；第四部分附录红军长征过修文时入黔军队序列等。本书从以上四个方面，记述了中国工农红军进行长征时，中央红军和红二、六军团先后经过修文的事件。当时红军脚印遍及六桶、久长、扎佐、六屯、龙场、谷堡、小箐和六广8个乡（镇）的109个村寨，行程250多公里。

红军先后两次经过修文，兵临省会贵阳，震动了国民党的反动统治，打乱了国民党蒋介石企图围追堵截红军的反革命计划。红军所到之处，纪律严明，秋毫无犯；宣传群众，扩大队伍；英勇善战，声震敌胆；打富济贫，惩恶除害，深得群众拥护。红军播下的革命火种，尤如一盏明亮的灯塔，半个多世纪以来，一直照耀着修文人民在革命和建设的大道上奋勇前进。

革命烈士传

修文县委党史办　修文县民政局编纂　李祖炎　吴应昌主编　唐育文编辑

贵阳　黔刊（89）资字第27号内部资料出版　1989年4月　400册　80千字　32开本　平装

藏于修文县史志办　修文县民政局

《革命烈士传》主要记述从1935年红军长征到1984年对越自卫反击战与修文有关的革命烈士，他们为了修文人民的解放和建设社会主义事业而前仆后继，并牺牲了自己生命的可歌可泣的英勇事迹。有为巩固新生人民政权而牺牲的南下干部，有为社会主义建设献出生命的群众，有为抗美援朝和对越自卫反击战而牺牲的革命战士。这是一本对广大群众和青少年进行革命传统教育不可多得的教材。

全书分为传记、简介和名录三大部分：传记记述有留下芳名在人间的梁方膏、魏怀远，盘肠洒血为征粮的朱庚申，为救苗族妇女而牺牲的孙树仁，烈火真金韩官学，为堡集体财产不受侵犯的姜德齐，钢刀连的排头兵一等功臣罗孝昌，青春在硝烟中闪光的二等功臣徐华，洒尽满腔青春血报答祖国养育恩的一等功臣商胜强及刘子义、王中林等13位烈士英雄事迹；简介有红军战士黄胜利，区委书记王本彰，地方干部李朝栋，剿匪战士唐金海，解放军入朝战士汪世跃、李金华，自愿军战士黄先道，支援老挝战士黄少清，对越反击战二等功臣陈必祥，对越反击战三等功臣王成进、郑远伦、罗章龙和张小林；烈士名录共录入了为社会主义革命和建设牺牲的120名烈士。

中国共产党贵州省修文组织史资料贵州省修文县政军统群系统组织

中共修文县委组织部　中共修文县委党史办　修文县档案局（馆）合编　李祖炎主编　夏之奎编辑

贵阳　黔新出（2001图）内资准字第8号内部出版　2001年5月　720千字

1000 册　16 开本　硬壳精装
藏于修文县史志办

本书根据中共中央组织部、中共中央党史征集委员会、中央档案馆和中共贵州省委、贵阳市委组织史资料编纂领导小组的部署，在中共修文县委的领导下，由县委组织史资料编纂领导小组具体主持，抽调县委组织部、县委党史资料征集研究办公室和县档案局（馆）的干部和退休老同志合力编纂成书。编纂本书的目的，是为研究中共党史和党的组织建设的历史，总结经验教训，加强党的建设，进行革命传统教育，促进社会主义物质文明建设和精神文明建设，为党进行政治体制改革提供历史借鉴和现实依据。本书时限上限起自 1949 年 11 月，下限止于 2000 年 12 月。

编纂遵循中国共产党十一届六中全会《关于建国以来党的若干历史问题的决议》，贯彻“广征、核准、精编、严审”的编纂工作方针，坚持尊重历史、实事求是的原则，力求达到全面、系统、准确的要求。编纂以现在辖区为准，追溯历史，重点记载 1949 年 11 月修文县解放至 2000 年 12 月中国共产党修文县组织的沿革和领导人名录以及党组织的活动，记载修文县政权、军事、统战、群团系统的机构沿革和领导人名录。

本书采用“划块分期、横纵结合”的编纂体例，以党、政、军、统、群 5 个系统分篇，每篇按 3 个时期立章，即基本完成社会主义改造开始全面建设社会主义时期，“文化大革命”时期，社会主义现代化建设新时期。在每个时期内，中共组织篇又以县领导机构、工作机构和县政、军、统、群系统党委、纪委（组）、党组以及县委、县纪委所属下级区、乡组织分节，按组织沿革及其变化自然分段。行政序列的政权、军事、统战、群团系统编排在中共组织篇之后，亦按系统分 3 个时期立章，分层次设节，按组织沿革变化分段。全书共 5 篇 15 章 62 节。

中共修文县历史

中共修文县委党史办编　夏之奎主编　李祖炎　李元明　周世经编辑
贵阳　贵州新闻出版社内资出版　2010 年 7 月　1000 册　30 千字　16 开本　硬壳精装
藏于修文县史志办

本书时限上限起自 1935 年 4 月，下限止于 1978 年 12 月。全书采用篇章体结构，正文前置前言、概述；正文主分5大部分，分别是：第一篇新民主主义革命时期（1935.4—1949.10），第二篇解放接管到社会主义过渡时期（1949.10—1956.10），第三篇社会主义探索建设时期（1956. 10—1966.5），第四篇“文化大革命”时期（1966.5—1976.10），第五篇两年徘徊时期（1976.11—1978.12），共5篇16章47节；党史大事记与附录、后记置于正文后。

文史资料

贵阳市

贵阳名胜古迹

许先德主编　龙尚学副主编

贵阳　贵州人民出版社　1991 年 12 月　2000 册　195 千字　32 开本　精装 7.80 元

藏于贵阳市地方志办公室

该书主要收录有关贵阳名胜古迹的著述，以刊印先后为序排列，全书共 19 万字。全书采录了麟庆的《鸿雪因缘图记》（贵阳部分）、向义的《贵山联语》（贵阳名胜古迹部分）、柴晓莲的《贵州名胜考略》（贵阳部分）、陈恒安的《贵阳市指南》（名胜古迹部分）、李独清的《甲秀楼修建》、《甲秀楼修续考》及贵阳名胜诗词选，后附编后记和索引。其中，柴晓莲的《贵州名胜考略》（贵阳部分）和李独清关于甲秀楼的两篇考证文章，资料丰富，是研究贵阳名胜古迹的重要著述；麟庆的《鸿雪因缘图记》和陈恒安的《贵阳市指南》，分别记述了晚清和民国时期贵阳名胜古迹的面貌；其他吟咏胜迹的诗词、联语，可补史料之缺。《新修支那省别全志》，系新搜集的资料，作为附录参考。

时任贵阳市委书记李万禄、贵阳市市长王寿亭为该书题辞；贵州师范大学教授、市志编委会副主任委员王燕玉校阅全书作序；何静梧、周国栋参加编辑工作。

中国城市经济社会丛书・贵阳市

《中国城市经济社会丛书・贵阳市》编纂委员会　贵阳市人民政府经济研究室

贵阳市经济体制改革委员会编纂　王寿亭编委会主编　廖海波副主编　罗明空编辑部主任　何振亚编辑部副主任　张聚炎编辑部（常务）副主任

贵阳　中国城市出版社　1991年12月　4300册　562千字　16开本　平装　35.00元

藏于贵阳市地方志办公室

《中国城市经济社会丛书·贵阳市》主要介绍了解放以后到1992年之间，贵阳城市各方面的发展变化和现状，全书正文共分概貌、经济建设、城市建设、城乡改革、社会发展、五区概况等，重点落笔于改革开放12年贵阳市的发展和当时贵阳市的状况。全书数据以贵阳市统计局历年统计公报为准，部分行业、企业的专业性数据，以行业、企业提供的统计为主。

全书562千字，26印张，正文前配彩页32页，后附名人、贵阳市四大班子历届主要领导人名单、大事年表、国营大中型骨干工业企业选介、贵阳市社会经济主要指标。

贵阳建制沿革

许先德主编　龙尚学副主编

贵阳　贵州教育出版社　1992年　170千字　2000册　32开本　精装　8.00元

藏于贵阳市地方志办公室

该书主要收录有关贵阳建置沿革的正史、方志、专著、碑记、论文、档案、资料汇集共28篇，以历史时期先后排列，全书共17万字。为了比较完整地反映贵阳行政建置和城池街道的沿革变化，择要收录了元、明两朝和清康熙、乾隆年间的文献资料13篇，选录了解放后的资料汇集和论文5篇。其中，《招捕总录》是元代著述，但流传甚少；民国时期的7篇文献资料也非常珍贵。有利于读者了解元代贵州和民国贵阳的建置。

自贵州有建置起，贵阳就是全省政治中心，谈贵阳建置必涉及贵州建置，因而本书酌采部分贵州建置资料。明、清两朝的贵阳军民府、贵阳府、辖有厅、州、县和土司；民国时期的贵阳县、贵阳市，疆域也多与今天不同，本书仅略删重复，主要资料均予保存。其中，王燕玉先生所著的《贵阳市沿革说》，考证大量历史文献，对阅读元、明、清贵阳建置沿革史料有一定帮助。

王燕玉先生校阅了本书部分书稿；何静梧先生参与研究编辑大纲，搜集资料；罗成吾先生搜集贵阳市解放后有关调整行政区划的资料，谷昌云同志提供地名变动资料。

民国贵阳经济

许先德主编　龙尚学副主编

贵阳　贵州教育出版社　1993 年　2000 册　234 千字　32 开本　精装　8.00 元

藏于贵阳市地方志办公室

该书主要收录民国时期有关贵阳经济建设的著述 4 种、解放初期汇编的民国的贵阳财经资料 1 份和何静梧同志搜集整理的清末民国初两种报纸资料辑录 1 份。这些文献资料，内容包括农业、工业、手工业、商业、交通、邮政、电信、建筑、财政、税务、物价、人民生活及人口、民族、气候、土地、矿藏、物产和市政建设，很大程度上反映了清末民国时期贵阳的经济建设情况，算是比较权威的资料。

贵阳价格简史

贵阳市物价局编纂　江苏生主编

贵阳　内部资料　黔新书（94）内字第 71 号　贵州财经学院轻印厂印制　1994 年 4 月　1325 千字　16 开本　软皮覆膜

藏于贵阳市地方志办公室

《贵阳价格简史》是关于贵阳是地方性价格方面的专著，记叙了主要商品价格特别是贵阳当地生产的商品其价格的变动状况，反映贵阳社会经济发展和价格收费的特色。简史上限 1382 年，下限 1989 年，涵盖了 608 年间相关资料。资料正文前有序言 6 篇，凡例一篇，正文后附编后语。正文分为中华人民共和国成立起的贵阳市场价格、中华人民共和国成立后的贵阳市场价格、主要商品价格和非商品收费的演变、中华人民共和国成立后贵阳市的价格管理等部分。

资料计 988 页，正文中文表格较多。

贵阳人物

许先德主编　龙尚学副主编

贵阳　贵州教育出版社　1995 年 9 月　1000 册　280 千字　32 开本　精装　12.00 元

藏于贵阳市地方志办公室

该书收录明清贵阳人物 83 人的重要资料 255 篇，以人物逝世先后为序排列。共 28 万字。

本书所收录人物标准，一是以贵阳籍人物为主，也酌收了几位长期寓居贵阳、对贵阳政治经济文化教育有影响的外籍人物；二是以有重大影响、有突出成就、有一定知名度的人物为主；三是以事迹翔实、文献资料丰富的人物为主。资料来源主要采自正史、方志和前人著述，也酌录了今人的部分篇章。编排方法以人为单元，传记类资料（传、传略、行状、墓志、碑记、事略、年谱等）为主，能补充传、生平事迹、重要活动、著述成就等的非传记类资料（评述、轶事、札记、奏疏、著作序跋）作为附录，校勘、注释集中排于全书之后。两部书在采录过程中，多用节录的方法。由于历史原因，一些重要人物或无传记，或记载简略，本集未收录；由于采编人员时间、精力、水平局限，也有一些所收人物部分重要资料未能搜录。全书审订工作主要由龙尚学、何静梧完成。

贵阳五家诗钞

许先德主编　龙尚学副主编

贵阳　贵州教育出版社　1995 年　1000 册　270 千字　32 开本　精装　12.00 元

藏于贵阳市地方志办公室

该书收录清末民国时期贵阳较有影响的五位人物的诗集，分别是李端（上芬下木）的《苾园诗存》、任可澄的《匏斋诗存》、王敬彝的《柳瘿庵诗钞》、聂尊吾的《鞶园诗词剩》、柴晓莲的《心远楼剩稿》，以逝世先后顺序排列。除李端的《苾园诗存》为他人搜集整理并在民国时期贵州文献征辑馆编印的《贵州文献季刊》刊载外，其余四种诗集均系作者生前编定，且未发表过。数十年前的手稿保存至今，非常难得。该书多反映作者各自的思想和生活，内容涉及当时社会的各个方面。但时代所限，精华固多，也有不尽如人意的地方。

贵阳人物续

何静梧主编　龙尚学副主编

贵阳　贵州教育出版社　1996 年　1000 册　372 千字　32 开本　精装 13.00 元

藏于贵阳市地方志办公室

本部书收录民国以来至 1991 年辞世的贵阳人物 86 人的重要资料 166 篇，以人物去世先后为序排列。共 32 万字。

本书所收录人物标准，一是以贵阳籍人物为主，也酌收了几位长期寓居贵阳、对贵阳政治经济文化教育有影响的外籍人物；二是以有重大影响、有突出成就、有一定知名度的人物为主；三是以事迹翔实、文献资料丰富的人物为主。资料来源主要采自正史、方志和前人著述，也酌录了今人的部分篇章。编排方法以人为单元，传记类资料（传、传略、行状、墓志、碑记、事略、年谱等）为主，能补充传、生平事迹、重要活动、著述成就等的非传记类资料（评述、轶事、札记、奏疏、著作序跋）作为附录，校勘、注释集中排于全书之后。两部书在采录过程中，多用节录的方法。由于历史原因，一些重要人物或无传记，或记载简略，本集未收录；由于采编人员时间、精力、水平局限，也有一些所收人物部分重要资料未能搜录。全书审订工作主要由龙尚学、何静梧完成。

清末四人日记

何静梧主编　龙尚学副主编

贵阳　贵州教育出版社　1998 年　1000 册　230 千字　32 开本　精装 15.00 元

藏于贵阳市地方志办公室

该书收录清末贵阳四位人物的日记，除钱衡的《北上日记》已在《贵阳市资料研究》第五期刊载、罗文彬的《香草园日记》经整理选录三年日记刊载于民国时期编印的《贵州文献汇刊》第三辑外，其余二人的日记及《香草园日记》中另四年的日记均为遗著手稿，从未刊布。全书共 23 万字。本集编辑过程中，对原著一些部分进行了选录。选录有以下原则：时间、地点、气候、社会发生的大事要事、作者的主要活动及有价值的见解、议论等，均予以采录；社会发生的无重要价值的事物、作者及家庭的日常琐事、作者与社会人士的一般交往、作者抄录的书报文字等，略而不录。为基本保持原貌，去取均用节录方法，不改变原作文字结构。全书按日记的时间先后为序排列，每种日记为一个单元；校勘、注释分别排于每种日记之后。

李独清先生的《〈香草园日记选〉序》对日记的源流、内容、特点及价值均有论述，特附于《香草园日记》后。全书审订工作由龙尚学、何静梧两人完成。

贵州联语两种

何静梧主编　龙尚学副主编

贵阳　贵州教育出版社　1999 年　1000 册　390 千字　32 开本　精装　22.00 元

藏于贵阳市地方志办公室

该书收录了民国时期两位贵阳作者的联语著述两种，分别是刘韫良的《壶隐斋联语类编》和向义的《贵山联语》，按著述时间先后为序排列。《壶隐斋联语类编》卷一至卷六的编辑工作由何静梧完成；卷七至卷十二由申进同志完成。《贵山联语》由龙尚学完成。

其中，刘韫良是贵州撰联大家，《壶隐斋联语类编》收录所撰联语 2300 余联，内容有题咏贵州的名胜、关河、古迹、祠宇及祖国各地的名胜古迹，有对亲朋好友的庆获、酬赠和哀挽等。作者去世后，其稿本散失民间，曾缦卿先生搜集抄录，装订成册，珍藏于家，其辛勤保存前人著述功不可没。曾昭毅先生慷慨借出此稿本，供复印、整理、编辑、出版。

向义的《贵山联语》不仅择要辑录了题咏贵州胜迹、祠庙、学校、会馆、义园、坊表、戏台及庆祝、哀挽活动的楹联，而且简介名胜古迹的有关史料、撰联背景及作者身世，使读者增进对联语的理解，丰富该书内容。为充分保存黔人所撰联语，作者除在各卷予以收录外，另设《外集》1 卷，收录祖国各地黔人撰书的楹联若干。该书末附 1 卷《论联杂缀》，是作者对楹联源流、评品联语的标准、对联与诗词的关系、联语的形式、撰联要求及作者的修养等方面的见解和心得体会，对联语研究多有参考价值。该书曾于民国年间由贵阳文通书局铅印。

乌当区

纪念建国三十五周年专辑

中共贵阳市乌当区委宣传部编辑
贵阳　1985年　32开本　平装
藏于贵阳市乌当区地方志办公室

《纪念建国三十五周年专辑》是中共乌当区委宣传部编辑的一本文献资料。该书共收入专题文章14篇，14篇依次为：乌当区发展概况、重点户和专业户的崛起、成长中的少数民族干部、控制人口增长促进经济发展、蓬勃向上的教育事业、金融事业的发展、科技之花放异彩、医疗卫生事业的成就、富民政策好六畜发展快、喜看林业展新姿、歌乡风貌、向新型农业迈步的乌当村、汪家沟的变迁、百花湖畔窖酒香，从各个不同的侧面反映了乌当区建国35年来取得的成绩。

贵阳市乌当区文物稿

贵阳市乌当区文化馆编辑
贵阳　贵州新华印刷厂刊印　内部资料1986年6月　32开本　平装
藏于贵阳市乌当区地方志办公室

《贵阳市乌当区文物稿》是贵阳市乌当区文化馆编辑的一本乌当区文物资料集，该书记叙了自1982年开始，乌当区文化局就对全区13个乡，一百余个村寨进行文物调查的情况。在4年的调查中，乌当区文化馆先后发现文物、遗迹、古墓葬、资料共39处（件），整理了一批文字资料及摄制照片、制作拓片，收集流散事物。从云锦庄的“宋氏别业”、朱昌的“营盘山”、新场王坝的“布依族铜鼓”、百宜的红军标语、新场可龙的“工农红军告工农群众书”中，确定了“宋氏别业”、“营盘山”、“朱昌古堡”、“铸铁大钟”、“禁止碑”、“红军标语”、“百宜红军烈士墓”、“杜蓉烈士墓”、“金芳云烈士墓”、“来仙阁”等10处为第一批区文物保护单位，并报乌当区人民政府批准。

该书正文前有前言，乌当区文物分布、民族活动示意图，贵阳市乌当区概况，后附《乌当区文物概况一览表》和后记。正文部分由历史文物、革命文物、少数民族文物、少数民族风俗习俗、历史人物、游览地区六个部分组成。

正文的历史文物部分主要篇目有《云锦庄“宋氏别业”和“皇坟”》、《来仙阁》、《红边北衙》、朝阳古佛洞》、《贵州喇平司》、《乌当大桥》、《朱昌古城堡》、《乌当区洛湾万松阁》、《营盘山》、《乌当碑记小集》等13篇。

革命文物部分主要篇目有《红军长征过乌当》、《记保存四十八年的<红军告群众书>的经过》、《红军坟》、《红军标语和马灯》、《杜蓉烈士小传》、《金芳云烈士小传》等6篇。

少数民族文物部分主要篇目有《乌当区苗族跳场和跳场碑》、《新场王坝布依族铜鼓》、《黄连文昌阁》、《罗吏古钟》等4篇。

少数民族风情与习俗部分主要篇目有《新堡“三月三”歌会》、《乌当布依族习俗》、《乌当区苗族婚、葬习俗》等3篇。

历史人物部分主要有《爱国女杰刘淑贞》和《黄卓元》2篇。

游览地区部分主要有《百花湖》和《乌当区文物概况一览表》。

《乌当区文物稿》一书所收集的28篇文物资料，有古墓葬、古建筑、古碑刻、古铜铁铸器、历史人物、风光景观、民族风情习俗、红军长征遗迹和器具等。从各个不同方面、不同时代，反映了乌当区过去的历史、社会经济、政治情况及和民族的社会生活。

乌当区东风乡农业合作化史（1949年—1986年）（初稿）

乌当区农业合作化史料编辑室编写　陈惠文　罗国祯主编　张巍　刘晓平执笔

贵阳　乌当区　1987年7月　16开本　打印稿

藏于贵阳市乌当区地方志办公室

《乌当区东风乡农业合作化史（1949年—1986年）（初稿）》，是乌当区农业合作化史料编辑室编印的一本乌当区农业化史专题文献资料。

该文献上限1949年11月，下限1986年12月。正文前有绪言，正文分为4章，4章依次为：第一章彻底摧毁封建制度（共4节）；第二章互助合作时期（共3节19目）；第三章人民公社时期（共7节29目）；第四章新经济体制时期（2节14目）。全面系统、实事求是地记述了乌当区东风乡从1949年11月至1986年12月这一历史时期，从土地改革、建立互助组、初级农业合作社、高级农业合作社、成立人民公社、文化大革命到实行体制改革、发展商品经济、调整产业结构和开展增收致富大讨论的历史过程。

贵阳市乌当区农业合作化史料

《贵阳市乌当区农业合作化史料》编委会编　陈惠文　罗国祯主编

乌当区　内部资料 1988 年 10 月　600 千字　16 开本

藏于贵阳市乌当区地方志办公室

《贵阳市乌当区农业合作化史料》自 1986 年 8 月开始选编工作，1988 年 10 月编印成书。该书主要记载乌当区的农业合作化经历了曲折的道路。选编的内容从 1952 年 1 月至 1986 年底，共 35 年，各种材料 110 份。

内容分五个方面，分别是：党委和政府对农业合作化运动的文件共 65 篇，其中，互助组 8 篇、初级社 9 篇、高级社 10 篇、人民公社 26 篇、包产到户 12 篇；农业合作化大事记：互助合作时期（1951—1957），人民公社时期（1958—1978），农村经济新体制时期（1979 年—1986 年）；典型乡村农业合作化史 4 篇，其中东风乡的合作化史是一个缩影；管理经验共 36 篇，反映计划管理、劳动管理、生产管理、财务管理和收益分配的经验；典型人物传记或主要事迹 3 篇。

《贵阳市乌当区农业合作化史料》要目主要包括：党委、政府文件（互助组、初级社、高级社、人民公社、改革开放）；大事记（1951 年—1986 年）；乡村合作化史（东风乡小箐村、三江村、滥坝鱼场）；管理经验（互助组、初级社、高级社、人民公社、改革、开放）；典型人物（任柏林、刘汉清、李树先）；其他（农业合作化的有关数字）。

乌当区综合农业区划

《乌当区综合农业区划》编写组编制　李世荣编写组组长　黄润昌　邓继林　杜振苞副组长

贵阳　贵州人民出版社出版　云南新华印刷厂制版　贵阳佳新彩印厂印刷　1989 年 6 月　3500 册　图片　32 开本　精装　6.90 元

藏于贵阳市乌当区地方志编纂委员会办公室

《乌当区综合农业区划》属于《贵州省农业区划丛书·贵阳市卷》。遵照全国农业区划委员会关于开展县级农业区划的指示，乌当区 1981 年 10 月开展了农业自然资源调查和农业区划工作。1983 年 7 月完成《乌当区综合农业区划报告》（征求意见稿）。1984 年 7 月经省、市进行鉴定和评审，同意验收。1987 年 4 月完成《乌当区农业区划》(初稿),经审稿完善,历时七年定稿。

全书分为9章40节,彩色乌当区综合农业区划图1幅,彩色乌当区政区图1幅,地势、土地利用、矿产分布、土壤等地图22幅。正文前置序、前言、概述,后有附图。正文9章分别是:第一章自然条件与自然资源(10节),第二章社会经济条件(8节),第三章农村经济发展状况(4节),第四章农村经济发展战略设想(3节),第五章综合农业区的划分原则和依据(3节),第六章中南部丘陵、坝地副食品、工副业区(3节),第七章中部低中山经济林、果、粮、防护林区(3节),第八章西南部丘陵、低中山工副业、粮、油、水源涵养林区(3节),第九章北部中山、低中山经作、林、牧、粮区(3节)。

乡镇企业制度建设在乌当

贵州省委农村政策研究室体改处　乌当区乡镇企业制度建设办公室编

贵阳　内部发行　黔新出(93)图内字第006号　贵州新华印刷厂印刷　1993年7月　1500册　32开本　平装

藏于贵阳市乌当区地方志编纂委员会办公室

《乡镇企业制度建设在乌当》是贵州省委农村政策研究室体改处和乌当区乡镇企业制度建设办公室共同编辑的一本资料汇编。正文有前言,正文由方案设计、实施操作、试验结果、统计资料四个部分构成。

第一部分方案设计主要收录《中共贵州委对省委农研室<关于贵州省农村单项改革试点县(场)试验方案的报告>的批复》、《贵阳市乌当区乡镇企业制度建设试点方案》、《关于贵阳市乌当区乡镇企业制度建设试点方案的论证意见》、《乌当区乡镇企业发展情况的调查》等9篇;

第二部分实施操作主要收录《统一认识 振奋精神 抓住机遇 扎实工作 把乡镇企业推上新台阶》、《以改革为动力 加快乡镇企业发展》、《深化改革 真抓实干 实现乡镇企业的突破性发展》、《中共乌当区委 乌当区人民政府关于继续促进乡镇企业发展的决定》、《中共乌当区委对乡镇企业制度建设试点工作的有关指示》等26篇。

第三部分试验效果主要收录《中共乌当区委关于乡镇企业制度建设1989年度工作总结报告》、《中共乌当区委、乌当区人民政府关于乡镇企业制度建设试点实施情况的报告》、《中共乌当区委、乌当区人民政府关于乡镇企业制度建设试点的年度总结报告》、《乌当区乡镇工业小区的建设和发展》等14篇。

第四部分统计资料主要收录《不同所有制乡镇企业的发展情况》、《乡镇企业在各产业中的分布情况》、《不同所有制乡镇企业的人数》、《乡镇企业人数在各产业中的分布情况》、《不同所有制乡镇企业总产值》等12个统计表。

贵阳市乌当区土地资源

贵阳市乌当区土地管理局编印

贵阳　内部资料　1993年9月　16开本　精装

藏于贵阳市乌当区地方志办公室

《贵阳市乌当区土地资源》正文前有前言，后附条查人员名单。正文共分5章30节，5章依次为：第一章乌当区的自然经济与社会概况（9节），第二章土地利用现状分类（2节），第三章土地利用现状调查（9节），第四章土地利用现状调查分析（7节），第五章土地利用成效及合理用地的建议（3节），以及彩图18幅，黑白图片9幅。

该书记载了1990年12月至1993年8月期间，乌当区土地管理局对全区所有区、乡（缜）、村、农林牧场、独立工矿企事业单位的土地边界调查资料。乌当区土地管理局踏勘土地界线长达1652.4公里，组织邻界双方单位签署土地权属界线协议书489份，调解边界纠纷330起；采用最新航摄照片，实地调绘各类土地图斑43449个，实测田土坎扣除系数样方168个；运用先进的航内精测仪器进行转绘，计算机技术量算土地面积，编绘出区、乡两级的土地利用现状图和土地权属界线图60幅（164分幅）；统计出区、乡、村三级的土地分类面积，分坡度耕地面积，全区行政版图的面积、飞地面积、图斑面积等数据，查清了全区土地的数量，利用类型、分布和状况。

乌当文史资料特辑

中国人民政治协商会议乌当区委员会　黄润昌　刘泽义　唐光族　陈广宇顾问　欧阳俊主编　孙定朝　过敏涛责任编辑

贵阳　贵州邮电印刷厂印刷　1998年7月　32开本　平装

藏于贵阳市乌当区地方志编纂委员会办公室

《乌当文史资料特辑》是中国人民政治协商会议乌当区委员会编辑的1996年抗洪救灾纪实特辑，正文前有序言，特辑共选编抗洪救灾专题文章，并有附件三个：

中共乌当区委办公室乌当区人民政府办公室《关于成立抗洪救灾指挥部的通知》，中共乌当区委乌当区人民政府《关于表彰抗洪救灾先进集体及先进个人的决定》，《团结奋战，夺取抗洪救灾的全面胜利》。

《乌当区文史资料特辑》选编文章包括：贵阳市丙子年洪灾纪实、乌当区“7.1—4”罕见的特大暴雨、波涛汹涌竞风流、灾情就是命令、特大暴雨的考验、朱昌人民的抗洪救灾、一曲抗洪救灾的新歌、永乐乡九六年抗洪救灾、水电职工的140个小时、教育系统救灾日志、群策群力精心组织路路通、洪水无情人有情、暴雨洪水无情人保补偿情真、冲不垮的乌当人、乌当区的气候资源。

红军过乌当纪实

政协贵阳市乌当区委员会编印　王晓光　黄润昌　郭文忠　李涛　王庭芳　李凤兰　李以记编委会顾问　欧阳俊主编　过敏涛　孙定朝　李可副主编

贵阳　2001年5月　32开本　平装

藏于贵阳市乌当区地方志办公室

《红军过乌当纪实》是政协贵阳市乌当区委员会编印的红色文史资料专辑。全书主体部分由《中央红军过乌当简况》等15篇专题文章组成，并有附录5篇及后记。封二与封三附有《中国工农红军长征在贵州路线图略》、《中央红军佯攻贵阳形势图》、《中国工农红军长征图》、《红军两次过贵阳市乌当区进军路线图》，比较详实地记述了中央红军和红二、六军团长征途经乌当区境内的情况，是一分极其珍贵的党史、革命史文献，具有存史、育人的价值，是极好的爱国主义和革命传统教育资料。

《红军过乌当纪实》第一部分为中央红军过乌当简况、为中央红军作向导的人、中央红军散失人员、中央红军留下的文物、中央红军进军路线图；第二部分为红二、六军团过乌当简况、为红二、六军团作向导的人、红二、六军团扩红情况、红二、六军团散失人员、红二、六军团留下的文物、红二、六军团进军路线；第三部分为百宜战斗、红军和群众的鱼水情、红军文告、红军坟；附录为红二、六军团转战在贵州、红一方面军过花溪、当年红军过白云、重走红军路、红军精神激励着我们；后记。

深化乡镇企业制度建设

中共贵州省委政策研究室编辑　丁济康主任　李昌来　杨光宇　周丽平副主任

贵阳　贵州省委办公厅印刷厂　贵州新华印刷厂印刷　2001 年 11 月　1000 册　266 千字　32 开本　平装

藏于贵阳市乌当区地方志办公室

《深化乡镇企业制度建设》是中共贵州省委政策研究室编辑出版的贵州省第二轮农村改革实验试点丛书之一。全书由序、方案设计、操作实施、政策探索、调研成果、总结推广、大事记几个部分组成。

序有《改革促发展 实验求创新》和《积极探索乡镇企业发展新路》两篇。

方案设计主要篇目有《关于深化乡镇企业制度建设试点的方案》、《关于 < 乌当区深化乡镇企业制度建设试点方案 > 的论证意见》等 8 篇。

操作实施主要篇目有《关于建立乡镇企业制度建设试点监测网络的决定》,《乌当区乡镇企业制度建设试点固定观察员工作要求》,《乌当区乡镇企业制度建设试点子课题安排》,《贵阳市乌当区乡镇企业制度建设试点监测评估体系设计方案》等 10 篇。

政策探索主要篇目有《关于乡镇企业二次创业为建设经济强区作贡献的意见》、《关于乌当区建设经济强区优惠政策的试点办法》等 5 篇。

调研成果主要篇目有《超常规发展拓新路》、《乌当看乡企异军成主力》,《发展乡镇企业推动财源建设》、《乌当区乡镇企业 20 年发展历程》等 21 篇。

总结推广主要篇目有《关于深化乡镇企业制度建设试点工作总结报告》、《乌当区乡镇企业制度建设试点总结报告》等 9 篇。

大事记包括 1997 年 1 月至 2000 年 11 月内容。

西部大开发中乌当区经济与环境协调发展的总体战略与对策

乌当区人民政府编制

贵阳　中国地质大学出版社出版　2001 年 12 月　1200 册　16 开本　平装　30. 00 元

藏于贵阳市乌当区地方志编纂委员会办公室

《西部大开发中乌当区经济与环境协调发展的总体战略与对策》是乌当区为承

接西部大开发战略而进行的科研课题的资料。课题组主要成员有张均、王晓光、张晓军、王学平、渠丽萍、王振、刘江宜、陈曦。前言张均、王晓光撰。

课题正文前有前言，正文共分为九章，依次分别是：第一章“乌当区经济发展战略的总体构架”（3节8目）；第二章“资源、环境、经济的联合评价及其发展战略”（3节13目）；第三章“农业发展战略与对策研究”（5节18目）；第四章“工业发展战略及对策”（4节20目）；第五章“投资环境的评价与发展战略”（7节23目）；第六章“乌当区城镇发展与布局”（4节7目）；第七章“乌当区自然灾害分析”（3节3目）；第八章“乌当区旅游 总体规划”（5节22目）；第九章“实现乌当区经济与环境协调发展的战略对策”（6节22目）。

乌当区移民遗留问题总体规划

贵阳市乌当区水库移民办公室编制

贵阳　内部资料　2002年4月　16开本　平装

藏于贵阳市乌当区地方志编纂委员会办公室

《乌当区移民遗留问题总体规划》于2002年4月编印，主要记录猫跳河水电站库区乌当区移民遗留问题处理（2002—2007年）规划及（2002—2015年）总体规划，正文前置前言，后有附件，全书分为8章16节：第一章基本情况（4节），第二章移民地区的社会经济情况和移民现状（2节），第三章规划原则、任务和目标（4节），第四章移民生产资源开发、调整及再次搬迁安置规划，第五章基础设施规划（3节），第六章生产发展规划（3节），第七章投资估算及效果、资金筹措，第八章实施管理。附件包括百花水库移民村组规划一览表，基础实施及发展生产规划项目分布示意图，业务部门（2002—2007年）项目建议书、业务部门（2008—2015年）项目建议书。

国有企业改革改制（文件资料汇编）

乌当区国有企业改革领导小组办公室　乌当区粮食流通体制改革领导小组办公室编　郭文忠顾问　陈曦主编　熊岗责任编辑

贵阳　2003年7月　16开本　平装

藏于贵阳市乌当区地方志办公室

《国有企业改革改制（文件资料汇编）》是乌当区国有企业改革领导小组办公室、乌当区粮食流通体制改革领导小组办公室编辑的文件资料。编辑单位为了便于各相关职能部门和企业在改革的实际工作中正确学习、掌握、运用和执行中央、省、市有关国企改革的政策、法规，处理好改革、发展和稳定的关系，平稳顺利推进国有企业改革工作，特编辑了这本《国有企业改革改制文件资料汇编》。

《国有企业改革改制》要目包括：粮食企业改革文件（《国务院关于进一步深化粮食流通体制改革的意见》（国发［2001］28号），国家八部委《关于印发加快国有粮食购销企业改革和发展意见的通知》（计综合［2002］677号），《省人民政府关于深化粮食流通体制改革的意见》（黔府发［2002］1号）等6篇），国有资产管理与处理（《企业国有资产监督管理暂行办法》，《国有资产评估管理若干问题的规定》，《贵阳市国有土地使用权拍卖出租暂行条例》，乌当区人民政府办公室《关于转发区体改办、区国资办<关于规范国有企业改制中国有资产产权转让行为的意见（试行）的通知》等9篇），劳动就业与优惠政策（中华人民共和国《劳动法》，贵阳市人民政府令第92号《贵阳市城镇职工基本医疗保险暂行办法》，国务院《关于抓紧落实企业改制收费减免政策通知》，中共中央国务院《关于进一步做好下岗失业人员再就业工作的通知》22篇），外地粮改经验与信息。

锦绣乌当——乌当文史旅游专辑

贵阳市乌当区政协编辑　郭文忠　王庭芳　熊元　李凤兰　欧阳俊　唐矛　李以记　龙永平编委会顾问　田茂康主编　翟先林　胡红　孙定朝　过敏涛　杨荣锦副主编

贵阳　贵阳经纬印刷厂印刷　黔新出（图书）2003年一次性内资准字321号

2003年12月　32开本　平装

藏于贵阳市乌当区地方志办公室

《锦绣乌当——乌当文史旅游专辑》是贵阳市乌当区政协编印的一本乌当文史旅游专辑，全书由历史沿革、古迹名胜、民族情韵、自然山水情、建设新亮点、旅游资源六个部分组成，共收录乌当区文史专题文章56篇，附有后记1篇。该书图文并茂，比较全面地介绍了乌当区境内的名胜古迹、人文景观与自然景观，为更好地保护、开发、利用乌当区的旅游资源提供了宝贵的资料。采用彩色照片115幅。图片分别由新天通讯、区地方志办公室、高新区、农业科技园区、旅游局提供。

历史沿革部分主要篇目有踏寻北衙宋氏衙门遗址、金阳故地上的屯堡、永乐堡神秘的古城堡、朱昌古城堡、云锦流觞、红军的胜利暖人心、李四光与乌当的情缘等8篇。

古迹名胜部分主要篇目有来仙阁之来历、神奇的普渡桥、马场的三孔桥、阆苑名区、古林寺小记、方经寺、惜字塔、喇平宣抚司治所遗址等12篇。

民族情韵部分主要篇目有古寨民俗魅力、黄连歌舞“好花红”、神奇的布依山寨——可龙、下坝岩底苗寨、七月朱昌稻花节、新堡“三月三”布依歌会、乌当区苗族“跳场”和“跳场碑”、东方迪斯科——上卡堡的花棍舞等11篇。

自然山水情部分主要篇目有SPA——新天温泉、水天一线渔洞峡、情人谷风光迷人 阿栗杨梅醉人、永乐桃花节、漫步石笋沟水库、相思河流淌相思、下坝乡的胜境、情寄香纸沟、绿色的精灵——金螺湖、百花湖等19篇。

建设新亮点部分主要篇目有日月辉映燕子冲、贵阳国家高新技术产业开发区、新天乡镇企业科技园、贵阳国家农业科技园、广场明珠 光耀新天等5篇。

旅游资源独立成篇。

乌当区文化亮点的发掘与研究

贵阳市乌当区地方志编纂委员会办公室编制　顾亚勇文献总负责人　孙定朝梁中美课题组负责人

贵阳　2003年12月　16开本　打印稿

藏于贵阳市乌当区地方志办公室

《乌当区文化亮点的发掘与研究》（打印稿）是乌当区地方志编纂委员会办公室编辑的一本文史资料。

该文史资料分为五个部分。第一部分历史文化主要记述了乌当区发现东风镇洛湾大堡旧石器时代人类文化遗址，抗日战争时期著名地质学家李四光在洛湾发现第四纪冰川现象，水东宋氏在及刘淑贞在乌当的历史功绩，高廷瑶的历史功绩，黄卓元的历史功绩等。

第二部分革命文化（红色文化）主要记述了中共共农红军两次经过乌当区境内的情况及红军留下的重要革命文物，贵阳“双十一”惨案中的乌当籍革命烈士金芳云等。

第三部分古建筑文化主要记述东风镇境内的来仙阁、惜字塔、协天宫、古林寺，下坝乡境内的川祖庙、普渡桥，羊昌镇马场村的三孔桥等。

第四部分民间民族文化主要记述了下坝乡的苗族花棍舞，印苗的服饰，新场小尧的花鼓舞，下坝岩底的竹竿舞，新堡布依族乡的“三月三”布依族歌会，偏坡、黄连等布依族的“六月六”布依族歌会等。

第五部分农民起义主要记述了龙小恩、王万金起义的情况，何得胜、贾福保起义在乌当境内的活动情况等。封面及附有照片48幅。《乌当区文化亮点的发掘与研究》列入乌当区软科学研究项目。

雏燕奋飞——贵阳市乌当中学“研究性学习”探索与实践

贵阳市乌当中学编辑　王丽华主编　陈勇　于传义　田景坤副主编

贵阳　贵州人民出版社出版　2004 年 5 月　250 千字　32 开本　平装 28.00 元

藏于贵阳市乌当中学图书室

《雏燕奋飞——贵阳市乌当中学“研究性学习“探索与实践》由贵阳市乌当中学编辑。乌当中学作为贵阳市《基础课题与研究型课题整合实验研究》课题的实验学校之一，自2001年8月至2004年5月，经过近3年的努力和实践探索，收集了丰富翔实的资料。本书收集的37篇文章，从一个侧面展示了乌当中学师生的创新精神、研究精神。

《雏燕奋飞》主要由序，贵阳市乌当中学《基础课程与研究型课程整合实验研究》研究报告，贵阳市乌当中学《基础课程与研究型课程整合实验研究》工作报告，师生的专题文章37篇，后记等部分组成，附有彩色照片16张。

风雨兼程四十年——中国振华〇八三基地创建历程（1964—2004）

中国振华电子集团《风雨兼程四十年》编委会　陈清洁（兼审核）　向性双主任委员　陈中（兼审核）　申自强副主任委员　许克忠统稿

贵阳　贵阳经纬印刷厂刊印内部发行　黔新出（图书）2004 内资准字第 128 号　2004 年 6 月　32 开本　精装

藏于贵阳市乌当区地方志办公室

《风雨兼程四十年——中国振华0八三基地创建历程（1964—2004）》，全书共有七篇二十八章，记载了中国振华0八三基地1964年至2004年间，40年历史，全书收录照片89幅。书中有中共中央总书记江泽民1991年12月23日“三线創業績，振華開新天”的题词。原四机部部长钱敏题写书名，以此纪念0八三基地创建40周年，中国振华电子集团有限公司成立20周年。

《风雨兼程四十年》要目包括：序，前言，专论（领导讲话），振华发展简史（创业篇、改革篇、攻坚篇、奋进篇），几个重大事件的纪实（“321”和“921”工程记实、振华科技公司诞生记等），大事记，振华集团所属各企事业简介，领导名录，附录（历史沿革、经济指标、获奖产品、先进单位、模范人物等），后记。

乌当布依酒歌——贵阳市乌当区少数民族古籍资料第4辑

贵阳市乌当区民族宗教事务局编辑　陈学云主任　陈明秀副主任　罗英　班光瑶主编

贵阳　内部资料　2005年10月　32开本　平装

藏于贵阳市乌当区民族宗教事务局

《乌当布依酒歌——贵阳市乌当区少数民族古籍资料第4辑》由贵阳市乌当区民族宗教事务局编。为认真贯彻国务院、省、市民族工作部门“关于抢救、整理、出版少数民族古籍”文件精神，乌当区民族宗教事务局组织全体编委会成员，经过两年多的辛勤工作，对乌当区1949年以前的布依族酒歌进行了收集整理。布依酒歌是布依同胞在迎宾、婚嫁、建房、节日等重要活动的宴席上，宾主之间进行的以酒待客、以歌敬酒的歌曲演唱形式。

《乌当布依酒歌》要目包括：序；迎宾酒歌（有《进寨门迎宾酒歌》、《进贵府朝门迎客酒歌》、《迎风接驾歌》、《交亲接亱歌》、《请客杀猪歌》等共16目）；夜宴酒歌（有《宾主闹宴宵》、《合桌歌》、《宾主谦赞酒歌》、《起书房酒歌》、《开学典礼歌》、《贺状元诗歌》、《请客栽花歌》等共49目）；待客酒歌；开朝门歌（有《开朝门歌》、《敬酒歌》、《婚宴歌》、《赞新娘歌》等共12目）。正文内有彩色照片11张，后附后记。

贵阳市乌当区申报创建“平安区”资料汇编（1—3册）

贵阳乌当区社会治安综合治理办公室编辑

贵阳　内部资料2006年12月　打印稿

藏于贵阳市乌当区地方志办公室

《贵阳市乌当区申报创建“平安区”资料汇编（1—3 册）》是乌当区社会治安综合治理办公室 2006 年 12 月编辑的文献资料。

第一册的主要篇目有中共乌当区委、乌当区人民政府关于申报平安区报告，乌当区创建“平安区”工作情况汇报，乌当区创建“平安区”自查报告，市命名平安乡镇的文件、市（区）教委平安校园命名文件，贵阳市乌当区维护社会稳定领导小组办公室创建“平安区”工作情况汇报，贵阳市公安局乌当区分局创建“平安区”工作情况汇报等 64 份文件、汇编材料。

第二册是乌当区属部门、单位创建“平安区”工作情况汇报。收录了区工商分局、区城市管理局、区建设局、区财政局、区民政局、区药品监督局、区安监局、区卫生局、区教育局等 38 个单位的情况汇报。

第三册主要篇目有贵阳市乌当区新天街道办事处创建“平安区”工作情况汇报，贵阳市乌当区高新街道办事处创建“平安区”工作情况汇报 13 篇，全区 2 个街道办事处、5 个镇、6 个乡，共 13 个单位创建“平安区”工作情况汇报和特色材料 13 篇。

走过四十年——群英无线电器材厂简史（1966—2006）

中国振华集团群英无线电器材厂（国营第八九一厂）《走过四十年》编委会
龙治泉编委会主任（兼审核）

贵阳　内部发行　2007 年 4 月　32 开本　精装

藏于贵阳市乌当区地方志编纂委员会办公室

《走过四十年——群英无线电器材厂简史（1966—2006）》由中国振华集团群英无线电器材厂（国营第八九一厂）《走过四十年》编委会编，从 2006 年 3 月 27 日召开厂史编写组会议至 2007 年 4 月，经三易其稿审定付印，全书正文前设序、前言，后设后记，正文分为 4 个大部分，分别是论述、群英简史、大事记、附录，上限 1966 年，下限至 2006 年，照片 159 幅。

乌当区非物质文化遗产集成

乌当区文体广播电视局编纂　王庭芳　李志鹏　田茂康编委会顾问　李以记编委会主任　耿礼元总编辑

贵阳　内部发行　2008 年 8 月　32 开本　平装

藏于乌当区文体广播电视局

《乌当区非物质文化遗产集成》是乌当区文体广播电视局编辑的一本辖区内非物质文化遗产资料。图书要目包括：序，民间手工技艺（8项）；民间舞蹈（5项），民间戏曲（2项），人生礼俗（3项），岁时节令（2项），民间音乐（2项），民间习俗（2项），后记，附录（《乌当区非物质文化遗产保护名录》），采用彩色照片41幅。

乌当区历史悠久，文化遗产目前全区拥有文物保护单位省级2处、市级8处、区级11处。非物质文化遗产保护名录国家级1个（香纸沟手工土纸制作技艺）、省级8个、市级9个、区级24个。

新云四十年——新云电子元器件厂史实录（1966—2006）

中国振华（集团）新云电子元器件有限责任公司编制　张正明编委主任委员　胡钊仙　方鸣副主任委员　唐绍荣　鲍晓会统稿执笔

贵阳　内部史料　2008年8月　200千字　32开本　精装

藏于贵阳市乌当区地方志编纂委员会办公室

《新云四十年——新云电子元器件厂史实录（1966—2006）》，由中国振华（集团）新云电子元器件有限责任公司（国营第四三二六厂）编。2006年10月，四三二六厂成立编写组，2006年12月10日，编写组召开第一次厂史编写专题会，经过半年时间的收集、查阅、整理，2007年7月形成初稿，2008年8月定稿付印。

资料正文钱有序言、前言，正文共分五个部分：第一部分为历史的印迹，按十个主题收集历史老照片240余幅。第二部分为新云发展简史，包括艰苦创业奠基业（1966年9月至1984年12月），励精图治谋发展（1985年至1995年），开拓奋进绘新图（1996年至2006年）。第三部分为专题史，由重大事件纪实、企业英才、党建与职工生活、经营管理与职工教育四类专题组成。第四部分为附录，收录了大事记，史料辑存，各类图表等。第五部分为音象资料，由党和国家领导人及部省领导视察新云，八十年代初新云风貌，历年技改，重大事件等专题组成。

乌当区危房改造工作纪实

贵阳市乌当区危房改造领导小组办公室编制　李志鹏顾问　丁振主任　陈曦

田茂书　贺培仁副主任　杨荣锦　张劲松主编

贵阳　内部资料　2008年12月　16开本　平装

藏于乌当区政府地方志办公室

《乌当区危房改造工作纪实》由乌当区危房改造领导小组办公室编辑。

全书分为9各部分，分别是：破烂不堪的危房如何能遮风挡雨、省市领导重视危房改造工作、区委区政府扎实有效地推进工作、严格质量管理确保又好又快、加强资金管理确保公正公开、各级部门关心支持危房改造工作、集中建设点概貌、美丽新居、危房改造相关政策文件等，收录照片158幅。

该书以图片再现为主，文字说明为辅，全面系统、生动形象地反映了乌当区实施“六有”民生计划，推进“住有所居”，大力开展农村危房工作所取得的成效。

雪的记忆——2008年乌当区抗凝冻保民生纪实

中共乌当区委宣传部　乌当区新闻传媒中心合编　唐矛指导　申进统筹编辑

贵阳　内部发行　黔新出图书2008年内资准字第117号　贵阳快捷彩印有限公司印刷　2008年　500册　16开本　平装

藏于贵阳市乌当区地方志编纂委员会办公室

《雪的记忆——2008年乌当区抗凝冻保民生纪实》是由中共乌当区委宣传部、乌当区新闻传媒中心共同编辑的一本抗击凝冻灾害文献专集。用区委领导在“抗凝冻 保民生”总结表彰大会上的讲话作为代序。全书由从容应对、众志成城、力保民生、重建家园、先锋模范、大事记六个部分组成，共有照片75幅。

山情水韵

乌当区文联　乌当区作家协会编

贵阳　贵州人民出版社出版　贵阳经纬印刷厂印刷　2009年9月　3000册　200千字　16开本　平装　28.00元

藏于贵阳市乌当区地方志办公室。

《山情水韵》要目包括：序；峡谷风光天造地设（主要有《沉醉香纸沟》、《情人谷的遐思》、《渔洞峡小记》、《醉在相思河》、《巴喇谷野趣》、《宁静的金螺湖》、

《春到百花湖》、《永丰九曲峡》等13篇）；田园美景诗情画意（主要有《阿栗杨梅飘香时》、《永乐桃花百样红》、《碧水长天映垂柳》、《贵阳的森林》、《柏杨赏莲》、《梨园随笔》、《竹乡散记》、《温泉洗尽尘世忧》、《远山的呼唤》等15篇）；民风民俗情醉神迷（主要篇目有《黔剧活化石——文琴坐唱》、《风儿引路》、《黄连印象》、《苗族花棍舞四海》等6篇）；人杰地灵古风犹存（主要篇目有《来仙阁记》、《一朵宗教文化的奇葩——川祖庙》、《洪边北衙寻古迹》、《永乐古堡》、《李四光在万松阁》、《改革志士李端棻》、《谒水东宋氏》等15篇）；名家走笔心驰神往（主要篇目有《月光照耀群山》、《乡间隋想》、《茅草房闲话》、《永远美丽》等6篇）；后记。

漫步乌当

贵阳市乌当区旅游局编

贵阳　2010年5月　32开本　平装

藏于贵阳市乌当区地方志办公室

读本由七个部分组成。第一部分乌当概述，具体内容有历史缘起、地理位置、人口民族、民间文化、自然生态；第二部分人文乌当，具体内容有追忆先驱贤达、百代人文、千年遗存；第三部分泉城乌当，具体内容有保利．国际温泉、贵御温泉、泉天下温泉、乐湾国际生态体育公园；第四部分丽景乌当，具体内容有浪漫情人谷、神秘相思河、美丽香纸沟、温婉渔洞峡、盘龙山森林公园；第五部分泉城五韵，具体内容有醉韵偏坡、古韵陇脚、美韵渡寨、福韵王岗、情韵阿栗；第六部分风情乌当，具体内容有“三月三”、“六月六”、乌当节庆活动一览；第七部分乌当旅游资讯，具体内容有田园农家乡间野趣、乌当美食、乌当特产、乌当区旅游点分布图、乌当区旅游景点交通示意图、乌当区旅游线路推荐、乌当区旅游服务。采用彩色照片130余幅。

泉城五韵

贵阳市乌当区文联　贵阳市乌当区作家协会编　李志鹏　王庭芳　赵继红　田茂康编辑委员会顾问　李凤兰　丁振编委会主任　李以记　郭琳　汪洁白　茅爱华　翟先林编委会副主任　冯容主编　耿礼元　晏明副主编

贵阳　深圳出版发行集团海天出版社出版　2010年　91千字　16开本　精装

150.00 元

藏于贵阳市乌当区地方志办公室

《泉城五韵》是贵阳市乌当区文联、贵阳市乌当区作协编辑出版的一套旅游宣传丛书。该套丛书共 5 册，即《福韵王岗》、《情韵阿栗》、《古韵陇脚》、《美韵渡寨》、《醉韵偏坡》。每一册书中结合文字内容配有彩色照片插图，使之图文并茂。

《福韵王岗》主要篇目有《庖汤第一村——王岗》、《神秘的花氏布依族》、《醉人的“便当”酒》、《清楚的表达——布依民居》、《镇寨之宝——铜鼓》、《王岗的古树》、《新堡布依风》等 19 篇。

《情韵阿栗》主要篇目有《文明安康的阿栗村》、《阿栗的杨梅》、《休闲佳地情人谷 田园之乐杨梅园》、《阿栗村的生态文明》、《来仙阁记》、《情人谷断想》、《十里阿栗杨梅飘香时》、《碧水长天映垂柳》等 24 篇。

《古韵陇脚》主要篇目有《独具特色的香纸沟》、《72 道古法造纸流程》、《土法造纸传承者》、《布依寨的民居风格》、《独特的瀑布群景观》、《古银杏树》、《香纸沟寻幽》、《竹乡散记》、《斜风系雨中的相思河》、《宁静的金螺湖》35 篇。

《美韵渡寨》主要篇目有《渡寨的来历》、《渡寨——布依人家的精神家园》、《渡寨的风景》、《簸箕画的故乡》、《渡寨美酒美食》、《渡寨民居建筑及立房风俗》、《七人画展和渡寨画家群》等 26 篇。

《醉韵偏坡》主要篇目有《偏坡印象》、《偏坡的民居》、《醉歌偏坡》、《偏坡的特色餐饮》、《偏坡的布依族刺绣》、《偏坡的过街楼》、《偏坡的民间体育》、《神树和神泉》、《陈尚才其人及偏坡龙昌古营盘》、《偏坡的布依族古歌》等 30 篇。

贵阳市乌当中学创建生态文明学校成果集

贵阳市乌当中学编辑　李志鹏　李凤兰　李以记　龙云　翟先林　徐丽刚　王国权　宋敦　黄元春　赵云飞顾问　王丽华主编　马仲玲　肖文渊　罗安伟　韦彦副主编

贵阳　内部资料 2010 年　16 开本　平装

藏于贵阳市乌当中学图书室

《贵阳市乌当中学创建生态文明学校成果集》是乌当中学 2010 年编辑的校本教材。图书要目包括：序言；贵阳市乌当中学“十一．五”规划；贵阳市乌当中学学生低碳生活倡议书；贵阳市乌当中学教师低碳生活倡议书；学生课题成果选（《多彩民族》、《人与自然——河流污染》、《关于绿色食品的消费研究》、《校园绿化研究》、《沼气的开发与利用》等13篇）；生态与德育；生态与科学（《乡土地理实践课教学设计》、《行走在生态文明教育的路上》等18篇）；生态课程（《多彩贵州教学设计》、《爽爽的贵阳教学设计》、《践行“知行合一、协力争先”的贵阳精神》等12篇）；后记。

南明区

贵阳市南明区农业合作化史料

南明区农业合作化史料编辑办公室编　郭应祥主编

贵阳　内部资料　1991年9月印　100千字　32开本　平装

藏于南明区档案馆

该书按时间顺序，从南明区农业合作化大事记、后巢村的变迁、新农蔬菜生产合作社的产生和发展、贵阳市郊农业互助合作的排头兵——杨玉清等四个部分记载了1950年到1983年南明区农业合作化的情况。

前进中的南明区委党校——建校40周年回顾

中共南明区委党校编　蒋星恒主任　蒋明英　金方隆副主任　金方隆主编　吴青梅副主编　朱澈　周翥晟编审

贵阳　1999年12月　32开本　平装

藏于南明区档案馆

该书回顾南明区委党校四十年的办学历程、办学情况，总结办学中的经验和教训。反映了中共南明区委对党校工作的关心和重视；反映了南明区委党校五十年代末六十年代初艰苦创业的历史；反映了七八十年代恢复办学，曲折发展的状况；反映了九十年代党委重视，党校主动，办学出现了兴旺，各方面的工作取得了可喜的成绩办学历程。资料还收录了题词6幅，照片42张。

奋进中的贵阳九中

贵阳市第九中学编印　于和平主编　赵锡麒　李哲责任编辑

贵阳　快捷印刷厂刊印　2000 年 3 月　16 开本　平装

藏于贵阳市第九中学

贵阳九中 1957 年建校，1980 年列为贵州省重点中学，1991 年命名为贵阳市“田径传统项目学校”，是一所占地 40 亩，拥有 41 个教学班，学生二千多人的大型完全中学。

《奋进中的贵阳九中》从校训、校风、教风、学风、校歌，发展规划，岗位职责，规章制度四个部分记录了从 1999 年到 2000 年的十年中，在各级政府、贵州省、贵阳市教委的关心和支持下，全校师生员工团结拼搏，坚持全面贯彻党的教育方针，学校的教育、教学和常规管理工作都取得了的成绩。

贵阳市南明区历史大事记（1901 年—2002 年）

中共南明区委办公室编　汤辉主编　张传皓　吴朝先副主编

贵阳　贵州省地质彩印厂刊印　2003 年 3 月　500 册　220 千字　32 开本　精装

藏于南明区档案馆

《贵阳市南明区历史大事记》上限为 1901 年 1 月，下限为 2002 年 12 月止。以编年体为主。对某些内容上前后有联系的大事，采用纪事本末体作适当集中叙述。全书按照“党的创立和第一次国内革命战争时期”、“土地革命战争时期”、“抗日战争时期”、“解放战争时期”、“基本完成社会主义改造时期”、“开始全面建设社会主义时期”、“文化大革命时期”、“社会主义现代化建设新时期” 8 个历史阶段，记录各阶段的大事、要事。

南明区农业水利史料

《南明区农业水利史料》编纂委员会编　冯盛乾主任　何涛　唐宋琼副主任　李复祥主编

贵阳　内部资料　2004 年 6 月　218 千字　16 开本　精装

藏于南明区档案馆

《南明区农业水利史料》采用章节体，共10章28节，收录图片16幅。记事时限，上溯不限，下限2000年，机构沿革及大事记延至2003年。

《南明区农业水利史料》主要内容包括：大事记、概述、机构设置、农业自然环境、种植业、养殖业、兽医卫生、水利、农机管理、农业教育和农技培训、农业科技、农村经济管理、附录、后记。

该书记述了南明区农业的自然条件，资源保护与开发利用、蔬菜、果树、家畜、家禽、水产、农机管理、农村经济，农业中等教育，农业技术培训，科技队伍，农业科技实验示范等方面的发展。同时记述了中共南明区委、南明区政府认真贯彻落实党的农业和农村工作方针政策的情况，反映了南明区农业演变和发展。

创业·发展·扬帆　贵阳公交发展史

贵阳市公共交通总公司编制

贵阳　内部资料　2004年8月　40千字　32开本　平装

藏于南明区档案馆

该书正文主要包括白手起家艰苦创业、初具规模稳步发展、十年浩劫惨淡经营、拨乱反正奠定基础、深化改革适应竞争、开拓进取辉煌业绩、附录，收录图片54张。

《创业·发展·扬帆　贵阳公交发展史》记述了贵阳城市公交的发展情况，1951年8月2日贵阳公共汽车管理处成立，共有职工70多人。8月3日开通第一条线路，共有6辆木炭车，结束贵阳没有公共汽车的历史。

风雨百年——贵州省农业科学院（1905—2005）

贵州省农业科学院编纂委员会编纂　刘龙骥　刘作易顾问

贵阳　内部出版发行物　7500字　16开本　精装

藏于南明区档案馆

该书是为纪念贵州省农业科学院百年华诞而编纂，时限上限起自1905年，下限至2005年。

《风雨百年——贵州省农业科学院（1905—2005）》正文分为贵州农业科研工作

的发展思考、风雨百年·综合篇、风雨百年·研究所篇三大板块，其中贵州农业科研工作的发展思考论述了农业科技进步在贵州农业生产和社会经济中的作用、贵州农业科研工作的特殊性、贵州农业科研工作的现状和问题及农业科研发展思路；风雨百年·综合篇记述了基本情况、岁月回顾、科研成就、科技开发、组织人事、党建党群、基础设施与后勤服务、离退休工作、附属机构的发展情况并附图片58幅；风雨百年·研究所篇中记述了贵州省水稻研究所、旱粮研究所、油料研究所、园艺研究所、畜牧研究所、茶叶研究所、蚕业（辣椒）研究所、土壤肥料研究所、科技信息研究所、农业生物技术研究所、水产科学研究所、植物保护研究所、草业研究所、柑橘研究所、亚热带作物研究所、现代农业发展研究所、农作物品种资源研究所的发展情况并附图片122幅。

贵阳市南明区档案馆指南

南明区档案局编　姚贵云主编　吴廷丽副主编

贵阳　内部资料　2008年12月印　80千字　32开本　平装

藏于南明区档案馆

《贵阳市南明区档案馆指南》按照国家档案局颁布的《档案馆指南编制规划》要求，结合南明区档案馆馆藏特色进行编写。全面介绍贵阳市南明区档案馆的基本情况、业务工作流程以及馆藏92个全宗档案内容，帮助利用者了解贵阳市南明区档案馆馆藏档案情况，方便查阅和利用档案。

《贵阳市南明区档案馆指南》共分五个部分。第一部分，贵阳市南明区档案馆概况。第二部分，馆藏档案介绍。第三部分，档案利用汇编。第四部分，中共南明区委主要文件目录。第五部分，南明区政府主要文件目录。

抗灾保民生　重建促发展——南明区抗凝冻工作纪实

中共南明区委宣传部编　夏钢　张曦　石惠忠　敦敬阳主任　高蓉副主任　杨骊主编　蒋小英　杨印副主编

贵阳　内部资料　2008年　16开本　精装

藏于南明区档案馆

《抗灾保民生　重建促发展——南明区抗凝冻工作纪实》从雪凝灾害、亲切关怀、抗击凝冻、关注民生、情暖人间、灾后重建6个方面，以及208张照片记录了2008年初春，一场50年不遇的雪凝灾害，中共南明区委、南明区政府以对人民高度负责的精神，全力开展抗灾救灾工作，共投入1019万元用于救济及慰问困难群众。

铁军的步履

贵州电力建设第一工程公司编　王长友　李江主任　李朝君　余豪　孙洪力　朱兆强　秦廷翔副主任　刘忠进主编

贵阳　内部资料　2008年12月　16开本　精装

藏于南明区档案馆

《铁军的步履》记录了贵州电力建设第一工程公司从二十世纪六十年代成立到2008年的发展历程。贵州电力建设第一工程公司现有职工1270人，各类专业技术人员500余人。其中，具有中高级职称的工程技术人员157人。公司具有国家建设部核准的电力工程施工总承包一级资质、中华人民共和国特种设备安装改造维修许可证、国家电力监管委员颁发的各类电力施工许可证等；拥有先进的土建、金属、电气、热工等专业实验室；拥有附着FZQ2000塔式起重机、附着FZQ1380塔式起重机、DBQ4000、DBQ3000塔式起重机等各类国内外先进的施工机械设备1509套（台）。到2008年公司先后承建都匀电厂等25个，6个脱硫工程，新建35KV变电站12座，新（扩）建110KV变电站29座，新（扩）建220KV变电站12座，还建设了35KV线路数千公里，110KV线路1000余公里，220KV线路200余km，并且承建的惠水弯塘变、安顺两所屯、水城滥坝变。先后受到了全国总工会、国家电力公司、全国水电总工会等表彰18次。

云岩区

云岩区综合农业区划

云岩区综合农业区划编写组编写　王三运组长　张延方　郭文忠副组长

贵阳　贵州人民出版社　1989年9月　3500册　138千字　32开本　精装　6.20元

藏于云岩区档案馆

《云岩区综合农业区划》是贵州省农业区划丛书·贵阳市卷·的组成部份，正文为章节体共分7章，其中以自然条件与自然资源、社会经济条件、农村经济发展状况、农村经济发展战略设想、综合农业区的划分原则和依据等5章共28节，系统地论述了制定“区划”条件和依据原则，以市区贸、工、副食品风景林区及城郊副食品工贸、环境保护林——经济林区等2章共6节论述了以黔灵乡黔灵村、宅吉村、云岩村、东山村、三桥村、沙河村、西瓜村，黔公园、省植物园，顺海林场（部份）、麻冲林场及14个街道办事处区域组成“市区贸、工、副食品、风景林区”和以黔灵乡茶店村、渔安村、安井村、改茶村、雅关村、偏坡村、茶店畜牧场区域组成的“城郊副食品、工、贸、环境保护林——经济林区”的农业生产基本特点，农业生产现状及特点，农业发展方向与主要措施。书中另有插图8页，包括彩印云岩区综合农业区划图、云岩区地势图、云岩区土壤分布图、云岩区人口密度图、云岩区草原资源牲畜品种分布图、云岩区林业资源林业区划图、云岩区土地利用现状图、云岩区果树分布图、云岩区蔬菜现状种植业区划图、云岩区地貌类型图、云岩区年平均气温图、云岩区岩组图、云岩区水利现状图、云岩区农村经济水平图、云岩区政区图。

农业自然资源调查和农业区划，是《1978—1985年全国科学发展规划纲要（草案）》中的第一项重要科学技术研究项目。云岩区于1980年5月先后进行了土壤普查和蔬菜种植、水利、气象及畜牧业区划，开展了乡镇企业、农业机械、环境保护、中药材资源、果树资源的专题调查，并通过鉴定验收。1983年12月完成了《云岩区综合农业区划报告（初稿）》，1985年和1986年多次对“区划”进行修改，使之更完善，切合实际。

贵阳市云岩区人民医院院史

贵阳市云岩区人民医院院史编委会编纂　莫远光任主编　唐锡灿　陈祖林任副主编

贵阳　内部发行交流赠阅　1995年　54千字　16开本　简装

藏于云岩区人民医院　云岩区档案馆

全书由4部分组成，记述了云岩区人民医院近40年的发展历史。第一部分云岩区人民医院发展历程，记述了自解放初期贵阳第一区卫生所到1958年6月成立云岩区人民医院的建置沿革；1953年到20世纪90年代初期，区医院发展壮大历程；回顾了“四清”运动和“文化大革命”期间区医院和职工蒙受的巨大伤害，同时记述了区医院在党的十一届三中全会方针指引下取得十一个方面成就及起于1988年的各项改革和初步效益。第二部分医院拥有的设备和开展的业务，记述了10个医疗（医技）业务科室在20世纪90年代初期的设备、技术力量，业务项目，行政办公室现代化办公用品。第三部份为云岩区人民医院组织结构图；医院中共党支部、共青团支部、民主党派、工会组织及中共党员名录；医院历届领导班子及二级班子成员名录；医院职工任荣誉职务名录，医院职工发表的论文及获奖成果；医院职工受各种嘉奖名录；医院历年职工（含退休、病故、调离）及科主任名录，医院1957年至1993年工作状况统计表。第四部份是张桂芳、文雪琼、邹德铭、陈风如、李力忠等五人撰写的回顾性文章。该书有插页9页，收录了23帧黑白照片，封面内页为云岩区人民医院地理位置图，封底内页为院史编委会成员合影。

腾飞的云岩

中共云岩区委　区人民政府编纂　周龙英任主编　李延陵　何伊经副主编

贵阳　内部资料（黔新出［97］内图准字第166号）　1997年　566千字　16开本　精装

藏于云岩区档案馆

中共云岩区委、区人民政府为迎接中共十五大胜利召开和建国48周年的到来，编纂《腾飞的云岩》，全书分为“物质文明建设篇”和“精神文明建设篇”，共103篇文章，是云岩区各行各业、各工作部门（单位）记述在两个文明建设历程中开展的工作及所取得的成绩和经验，书中有24插页，收录8幅题字，31帧彩照。

云岩区土地延包成果选编

贵阳市云岩区完善和稳定土地承包关系工作领导小组办公室编印　王明铮编委会主任　杨小平　刘建军副主任

贵阳　内部资料　1998年11月　127千字　16开本　简装

藏于云岩区档案馆

该书分为6个部份编撰。第一部份，收录时任市、区领导讲话。第二部份，收录云岩区人民政府关于进一步稳定和完善农村土地承包的实施意见和黔灵乡11个村的“延包实施方案”。第三部份，收录“稳定承包责任制 发展农村生产力”的工作总结，全区土地承包工作阶段和7个村“延包”工作总结。第四部份，收录6篇文章阐述关于乡级经济发展，土地承包工作的思考，农民心态，以及工作过程。第五部份，收录了中央、省、市、区土地延包相关文件。第六部份，收录了云岩区稳定和完善农村工作承包关系领导小组、办公室及驻村工作队成员名单和若干统计表，以及“云岩区农村承包土地明细汇总表”。

贵阳市野鸭小学简史

贵阳市野鸭小学编印

贵阳 2009年7月 12千字 16开本 打印稿

藏于贵阳市野鸭小学 云岩区档案馆

野鸭小学1927年始建于野鸭塘李家祠堂，解放后由人民政府改制为“野鸭乡十年制学校”，1997年分解小学部为野鸭中心小学，2002年更名为贵阳市国家高新技术产业开发区野鸭乡中心小学，2008年更名贵阳市野鸭小学，薪火相传八十二个春秋。

该书由学校简介，教育管理（概况、干部教师、培训、师德建设、纪检廉政、财务审计、后勤、信息化建设、推广普通话）、德育（概况、教材、活动）、教育研究（概况、教研管理、教育教学研究）、现代教育技术（概况，网络建设）、招生、获奖情况（学生、教师）、师资培训等部份内容组成，记述了学校近80年的发展历史，书中收录小学楼层分布示意图、7位校级领导照片，33帧学生活动、办学条件、师资培训照片，学校近期设想、远景规划图等图片。

贵阳市第三十七中学校史（1960—2009）

贵阳市第三十七中学编印

贵阳 21千字 16开本 打印稿

藏于贵阳市第三十七中学 云岩区档案馆

《贵阳市第三十七中学校史（1960—2009）》正文分11部分，依次分别是：成立、设施、领导、机构及管理、师资、学生、德育（教师德育、学生德育、常规管理、学科德育和德育科研、学校社会配合、班团队活动和社会实践活动)、教学(学制、课程、管理制度、成果)、科研(政治工作研究、德育科研、教学科研)、体卫艺术(体育、卫生、艺术)、其他(治安综合治理和保卫工作、报刊)、成绩(学校获取的重要奖项)等部份,记述了学校发展历程,在教育教学、德育、科研、体卫艺术开展的工作及取得的成就。

正文后附录刊印了贵铁一中领导一览表;贵铁一中历年师生情况简表(1971.9—2008.9);贵铁一中学生获奖情况一览表;贵铁一中老师论文获奖及发表情况一览表。

贵阳市第三十七中学前身为贵阳铁路中学,建于1960年3月,1971年更名为贵阳铁路分局职工子弟第一中学,2004年移交贵阳市更名为贵阳市第三十七中学。

贵阳市第十三中学校史

贵阳市第十三中学编纂

贵阳　17千字　16开本　打印稿

藏于贵阳市第十三中学　云岩区档案馆

贵阳市第十三中学前身为贵阳工业一中,1958年9月建校开学,1959年贵阳市教育局调整教育结构,更名为贵阳市第十三中学。

该书按1960年至2009年时间顺序,由6个部分组成,记述了学校建置沿革、校领导人沿革,教学条件,教育教学、德育教育、教学管理、师资培训、教学改革、人事改革,学校、教师、学生获奖等方面历程和成果。6个部分依次是:建校转制,艰难发展;申办高中,渐显生机;普教、职教相结全,曲折前进;努力探索,不断进取;积极改革,谋求发展;夯实基础,跻身前矛。

花溪区

花溪区综合农业区划

《花溪区综合农业区划》编写组编纂　周永新　蒋大意组长　万德键　黄存祥副组长

贵阳　贵州省人民出版社出版发行　1989年12月　200千字　32开本　平装

8.20 元

藏于花溪区档案馆

《花溪综合农业区划》采用章节体的形式。前设有序、前言以及概述，后缀有附图。书中配有花溪区政区图、花溪区综合农业区划图、花溪区地势图、花溪区地貌类型及分区图等27张。全书分11章46节，依次为第一章自然条件与自然资源（下设10节）；第二章社会经济条件（下设8节）；第三章农村经济发展状况（下设4节）；第四章农村经济发展战略设想（下设3节）；第五章综合农业的划分原则和依据（下设3节）；第六章北部丘盆菜、鱼、猪、禽、果、风景林区（下设3节）；第七章中部丘盆猪、禽、奶、菜、粮、油、果木林区（下设3节）；第八章东南部中山台地猪、牛、防护林区（下设3节）；第九章西南部山地牛、猪、水源涵养林区（下设3节）；第十章西部丘陵经作、猪、禽、粮、油、经济林区（下设3节）；第十一章西北部低中山猪、禽、果、坑木林区（下设3节）。

花溪区解放前，农村经济落后，民不聊生。建国以来，贯彻执行了党在农村的各项方针、政策，并采取了一系列改变生产条件、发展农业生产力的措施，农村经济得到了很大发展。特别是党的十一届三中全会以来，农村进行了广泛深入地经济体制改革，逐步调整了农村产业结构，努力发展了商品生产，全区农村步入了经济振兴、市场繁荣、生活改善的新阶段。花溪区在资源开放、经济发展上，又具有地处省会城郊的地理优势，因此在城郊农业、乡镇工业和第三产业已有一定基础。花溪是贵阳市蔬菜、牛奶、肉类、水产、瓜果等商品生产的重要基地，也是著名的风景区和文化区。

花溪区三套文艺集成

花溪区文化广播局《民间文学三套集成》编辑委员会编纂　颜永强主编　杜修张永吉　韦文富副主编

贵阳　贵阳黔春印刷厂印刷　1990年　500册　36万字　32开本　平装

藏于花溪区文体广播电视局

分民间故事、民间歌谣和民间谚语三卷集成，故又称《三套文艺集成》。内部资料，书前没有前言，书后置后记及《花溪区民族分布图》一幅。

《民间故事集成》选录本乡本土具有地域特色，并具有健康积极意义的故事。分为“神话”、“传说”、“故事”三大类。神话收集理了布依族、苗族口耳相传的远古故事，如《天地开辟神话》、《洪水，人类再繁衍神话》、《文化起源神话》等。

传说分“人物传说”、“地方传说”、“动植物传说”、“民间工艺传说”、“风俗传说”五部分。

《民间歌谣集成》分“劳动歌”、“时政歌”“仪式歌”、“情歌”、“生活歌”、“历史传说歌”、“儿歌”及“其他”八个部分。作为一种重要的民间文学形式，歌谣在花溪地区民族文化生活中占有相当突出的地位。在日常生活工作学习中，达到了“处处有歌”、“无歌不欢”的境地。花溪区的歌谣门类相当齐备，其中情歌一类所占比重相当大，而书中只精选了180余首具有代表性的情歌。除情歌外，时政歌、仪式歌、劳动歌、历史传说歌与儿歌也都占有相当容量。歌谣的唱词有的质朴含蓄、有的想象丰富、有的优美典雅、有的诙谐风趣、有的精致别异、有的粗犷豪放、有的开朗活泼、有的意味深长、有的暗语含蓄、有的耐人寻味、有的情真意切、有的无拘无束，林林总上，包罗万象。书中还带有简谱的歌谣。

《民间谚语集成》分“时政类”、“事理类”、“修养类”、“社交类”、“生活类”“自然类”、“经济类”及“其他”八大类。谚语和整个民族乃至整个人类生活的每个部分的关系是极为广泛紧密的，具有深刻而丰富的是社会价值。故本书立足于花溪地区，重视对苗族和布依族群众中流传的谚语收集。又由于花溪地处贵阳市郊，农业占有十分显著的经济地位，所以在多个门类的谚语中，本书注意搜集这一地区较有特色的生产类和自然类的时令和农业条目的有关谚语。

贵州省贵阳市花溪区水资源开发利用现状分析报告

花溪区水资源开发利用现状分析试点工作领导小组编纂

贵阳　内部资料　1992年5月　打印稿

藏于花溪区地方志办公室

《贵州省贵阳市花溪区水资源开发利用现状分析报告》于1992年5月12日完成，是根据“贵州省贵阳市花溪区水资源开发利用现状分析工作提纲”，经过八个月时间完成的，报告收录了各种附图、附表40份，前设前言，后缀附表、附图以及附件，正文采用章、节体结构，全书共6章23节，6章依次为：第一章自然地理与社会经济概况（下设5节）；第二章水资源调查评价（下设3节）；第三章水质评价（下设6节）；第四章水资源开发利用现状分析（下设4节）；第五章水资源开发利用展望（下设5节）；第六章综合评价及建议。

《贵州省贵阳市花溪区水资源开发利用现状分析报告》主要介绍了花溪区的自然地理、河流水系、水文地质、社会经济等基本情况，并根据本区国民经济发展规划，分别预测工业、农业、生活及国民经济其他部门2000年和2020年需用水量，分析供需平衡；在本区域内水资源综合平衡的基础上，对本区水资源开发利用、保护和向下游贵阳市城市供水的可调水能力及满足城市防洪总体需要作出展望；成果可以作为实施取水许可制度的科学依据和政府宏观决策时的参考。

洞桥天生——天河潭

花溪区政协文史委员会编纂　郭应祥　罗效云　王真霖　李秀明顾问　吴培贵　楚湘黔　杨代宏编委主任　田庆坪　吴镇地编委副主任　戴壮强主编

贵阳　内部资料　贵阳市清华中学印刷厂印制　2000年11月　80千字　32开本　平装　6.00元

藏于花溪区档案馆

正文有天河潭风景区管理处的《天河潭地貌及旅游开发》，张敏的《天河潭漫记》、刘河的《缅怀高节诗人吴中蕃》等，共21篇文章及吴中蕃简介与他的部分诗选。目录前有插页4页，彩图35幅，随文黑白插图15幅。

夜郎古国——燕楼

花溪区政协文史委员会编纂　郭应祥　罗效云　吴学成　李秀明顾问　魏朝臣　王可林编委主任　戴壮强主编

贵阳　内部资料　贵阳市清华中学印刷厂印制　2000年7月　50千字　32开本　平装　6.00元

藏于花溪区档案馆

正文有中共燕楼乡委员会、燕楼乡人民政府的《挖掘夜郎文化，发展旅游经济》，关心的《花溪发现罕见古墓群》，郑惠琴的《燕楼情思》等，共14篇文章。正文后有"燕楼乡旅游景点开发示意图"一幅。目录前有插页7页，彩图51幅，

高原明珠——花溪

花溪区政协文史委员会编纂　李秀明顾问　万家华编委主任　陈桂英　王海燕　王仁桂编委副主任　戴壮强主编

贵阳　内部资料　贵阳市清华中学印刷厂印制　2001年9月　70千字　32开本　平装　6.80元

藏于花溪区档案馆

该书正文有“回眸花溪公园”、“名人与花溪”、“花溪情结”、“溪边苗韵”、“传说故事”等五部分，共37篇诗文。目录前有插页9页，彩图63幅及地图1幅，随文黑白照片15幅。

明清古镇——青岩

花溪区政协文史委员会编纂　李秀明顾问　通修大师编委主任　祖德师编委副主任　戴壮强主编

贵阳　内部资料　贵阳市清华中学印刷厂印制　2001年7月　80千字　32开本　平装　6.80元

藏于花溪区档案馆

正文有戴壮强的《青岩古镇史略》，李培军的《青岩的私塾和青岩书院》，韦廉舟的《青岩文物冠金筑》等，共25篇文章。目录前有插页8页，彩图66幅。正文后有“青岩古镇旅游线路图”一幅。

神奇苗乡——高坡

花溪区政协文史委员会编纂　李秀明　李秀英顾问　彭广云　李明祥编委主任　高霖　王登才　蔡舟编委副主任　戴壮强主编

贵阳　内部资料　贵阳市清华中学印刷厂印制　2003年7月　110千字　32开本　平装　7.80元

藏于花溪区档案馆

该书目录前有插页4页，彩图33幅，正文有彭广云、李明祥的《高坡苗乡概况》，罗朝泰的《江泽民同志和我握了六次手》，罗万莲的《敬酒》，廖海波的《回忆李瑞环主席视察高坡》，区政协文史委整理的《江泽民同志到高坡》等，共19篇文章。

花溪布依族酒礼歌

贵阳市花溪区民族宗教事务局　贵州省贵阳市花溪区布衣学会编纂　王思明顾问　王兴珍　赵开舟（执行）主编　陈永燃　韦正芳　班德勋　王茂奎副主编

贵阳　内部资料　2005 年　32 开本　平装　12.00 元

藏于花溪区档案馆

《花溪布依族酒礼歌》主要收集了在花溪流传的酒礼歌，本书正文主要分为两个部分，第一个部分收录布依族溯源碑文内容和《布依族民溯源歌》、《好花红》、《桂花开放幸福来》的乐普及布依语的酒礼歌共包含 15 首歌曲，全都附有花溪布依语音，布依文为布依族标准音加有国际音标并注有翻译，以便大家能够掌握最真实的布依酒礼歌。第二部分为酒礼对唱歌，一般分为主唱与客唱两个部分，收录有：摆席歌、揭碗歌、办酒歌、斟酒歌、敬酒歌、谦虚酒歌、生日敬酒歌、祝酒歌、筷子歌、散筷歌、解桌诵词、解壶诵词、安桌诵词、安板凳诵词、开财门歌、开朝门歌、十杯酒歌、十张桌歌、五杯酒对唱、五进门对唱歌、十进门对唱、两张桌子对唱歌、月米酒歌、十二月背扇排歌、宵夜歌、就令等 26 曲，书中还有插页 6 页，彩图 20 幅。

战旗飘呀飘

中共花溪区委离退休干部工作局编纂　王真霖　曾德书　田平　蒋志伦任编委会顾问　刘登朝　刘寓虬　刘学义　李合珍　孙庆文　吕明顺任特邀顾问　任渝生任编委会主任　刘宝菊　梁国威　沈鹏任编委会副主任

贵阳　贵州人民出版社出版　2007 年 7 月　130 千字　1000 册　16 开本　精装　28.00 元

藏于花溪区档案馆

该书前有序、前言，后缀有后记。插页 4 页，黑白图 33 幅，全书共 38 篇回忆文章，共记录了 33 位花溪区老干部在抗日战争、解放战争、社会主义革命和社会主义建设事业中，为了民族解放、国家富强和人民幸福而不懈奋斗的事迹。

《战旗飘呀飘》》是花溪区部分老干部回忆录，出版于中国共产党成立 86 周年暨中国人民解放军建军 80 周年之际，编辑、收集、整理了部分老干部关于抗日战争、解放战争、社会主义革命和社会主义建设时期的回忆片段。编写此书的主要目的在于真诚地希望更多的同志了解、学习、敬重老干部。

花溪苗族

花溪区苗学会　花溪区菊林书院编纂　罗大胜顾问　李秀全主任　吴治岑　王登才　杨斌　饶昌东副主任　李秀全　饶昌东主编　黄茜仙　徐少东副主编

贵阳　内部资料

藏于花溪区档案馆

《花溪苗族》是一本专门撰写苗族历史、文化的综合读本。内部资料，题词一幅、序言两篇以及81张彩色随文照片。书后附有花溪区花苗芦笙·唢呐曲调13首和后记一篇。正文有花溪苗族、山歌、传说故事等33篇。本书主要反映花溪区苗族三大支系（花苗、青苗、红毡苗）的历史源流、民族文化、民族风俗等概况，以及新中国成立以来，苗族地区社会、经济的发展和变化。该书的出版有利于抢救、保护和传承民族文化遗产，有利于进一步认识和了解花溪苗族的过去和现在，增强民族团结，有利于建设和谐文化，培育风尚文化，推进社会主义文化大发展大繁荣，为花溪区经济、文化、旅游等事业的发展增添助力。

白云区

白云文史稿 第一集

政协白云区委文史资料研究委员会编纂

贵阳　内资出版　1982年12月　1000册　41.9千字　32开本　平装

藏于白云区档案局

《白云文史稿 第一集》1982年12月出版，全书22篇，记录白云区历史沿革、红军长征时路经白云区的情形、剿匪、土地改革、厂矿变迁以及解放前国民党驻军、旧政情况和民族文化情况。文末设编后语，书中收录图片12幅。

白云文史稿 第二集

政协白云区委文史资料研究委员会编纂
贵阳　内资出版　1985 年 1 月　1000 册　51.36 千字　32 开本　平装
藏于白云区政协档案室

《白云文史稿 第二集》1985 年 1 月出版，全书 21 篇，记录 1960 年前后白云区组建情况，原沙文和艳山红公社概况，贵州铝厂第一铝矿和贵阳耐火材料厂简史，解放前佛教、天主教、袍歌会概况和沙子哨烟毒情况，以及布依民歌和婚礼、落刀龙灯、麦架花灯及苗族丧葬习俗。

白云文史稿 第三集

政协白云区委文史资料研究委员会编纂
贵阳　内资出版　1986 年 7 月　1000 册　45.7 千字　32 开本　平装
藏于白云区政协档案室

《白云文史稿 第三集》1986 年 7 月出版，全书 10 篇，记录解放初期的史料。忆省委工作团在白云区试点工作，任守藩烈士事迹，解放初期白云民兵工作和白云区剿匪，成立贵筑县第一个农业生产合作社—赵树华生产合作社，农村供销社筹建和发展，白云财政建设情况，书中收录图片 9 幅。

白云文史稿 第四集

政协白云区委文史资料研究委员会编纂
贵阳　内资出版　1987 年 7 月　1000 册　67.4 千字　32 开　平装
藏于白云区政协档案室

《白云文史稿 第四集》1987 年 7 月出版，全书 17 篇，记录白云区革命烈士陵园，区域内部分学校（中国有色七建普通教育发展、都拉村幼儿园建园、麦架学校、刘庄小学、白云中学、贵州省冶金学校、贵州省财政学校在白云办学、贵州铝厂职工大学），医疗卫生事业（含沙文乡卫生院、贵州铝厂职工医院、七建职工医院），文化广播机构发展情况，书中收录图片 5 幅。

白云文史稿 第五集

政协白云区委文史资料研究委员会编纂

贵阳　内资出版　1988年3月　1000册　51.5千字　32开本　平装

藏于白云区政协档案室

《白云文史稿 第五集》1988年3月出版，全书14篇，记录鸡场保卫战，刘庄抗日斗争、台儿庄大战见闻，陶信镛、李仲公、田应全传记，贵阳白云寺考略，曹关乡民抗暴情况，书中收录图片5幅。

白云文史稿 第六集

政协白云区委文史资料研究委员会编纂

贵阳　内资出版　黔刊字第B－0421号　1989年3月　1000册　51.5千字　32开本　平装

藏于白云区政协档案室

《白云文史稿 第六集》1989年3月出版，全书17篇，卷首设序，卷末设后记。侧重记录白云区工业发展情况，主要有贵州铝厂、中国有色金属工业总公司第七建设公司、贵阳耐火材料厂、贵阳车辆工厂、贵阳阀门总厂，书中收录图片11幅。

白云文史稿 第七集

政协白云区委文史资料研究委员会编纂

贵阳　内资出版　黔刊资字第9001号　1990年3月　1000册　64.3千字　32开本　平装

藏于白云区政协档案室

《白云文史稿 第七集》1990年3月出版，全书18篇，记录政协白云区第一届、第二届委员会工作，白云区五十年代托幼事业，对匪首彭泽英伏法始末，对文叔祥、何湘、桂媛政策落实，清·书法家袁思墓的发现、华联辉墓志铭出土、“铁脚板”赵德光介绍，书中收录6幅。

白云文史稿 第八集

政协白云区委文史资料研究委员会编纂

贵阳 内资出版 黔刊资字第02－C07 1991年2月 1000册 56.5千字 32开本 平装

藏于白云区政协档案室

《白云文史稿 第八集》1990年3月出版，全书13篇，记录白云区恢复建置，第一届人民代表大会和第二届人民代表大会及其常务委员会，解放初期宣传贯彻婚姻法（草案），于德楷事略、王常忠生平、忆陈德明，李仲公与贵州军阀，书中收录3幅。

白云文史稿 第九集

政协白云区委文史资料研究委员会编纂

贵阳 内资出版 黔刊资字第02－91－133 1992年2月 1000册 55.1千字 32开本 平装

藏于白云区政协档案室

《白云文史稿 第九集》1992年2月出版，全书10篇，记录白云区第三届人民代表大会及其常务委员会，中国人民政治协商会议贵阳市白云区第三届委员会，解放初期白云区民族工作，都溪林场34周年历程，民族党派发展简况，李仲公简年谱，李少清回忆长征路，书中收录2幅。

白云文史稿 第十集

政协白云区委文史资料研究委员会编纂

贵阳 内资出版 黔刊资字第02－91－133 1993年3月 1000册 48.2千字 32开本 平装

藏于白云区政协档案室

《白云文史稿 第十集》1993年3月出版，全书13篇，记录贵筑县白云区解放和接管，“五大任务”（清匪、反霸、减租、退押、征粮）完成及其影响，统战工作概况（1978—1989），人民法院建置沿革，工运发展，沙田水库建制沿革与现状，尖坡小学发展概况，董寨遗史。

白云文史稿 第十一集

政协白云区委文史资料研究委员会编纂

贵阳　内资出版　黔新出（94）内字第75号　1994年2月　1000册　61.5千字　32开本　平装

藏于白云区政协档案室

《白云文史稿 第十一集》1994年2月出版，全书10篇，记录白云经济开发区的筹建与起步，白云金融概况，白云区恢复建制20年地方教育情况，恢复区20年文化事业及文艺团体的发展。

白云文史稿 第十二集

政协白云区委文史资料研究委员会编纂

贵阳　内资出版　黔新出（95）内图资准字第1-001号　1995年11月　1000册　56.54千字　32开本　平装

藏于白云区政协档案室

《白云文史稿 第十二集》1995年11月出版，全书9篇，记录白云区都拉布依族乡、沙文乡、牛场布依族乡发展概况，交通史话，国营商业，档案工作，建置前的历史概况。

白云文史稿 第十三集

政协白云区委文史资料研究委员会编纂

贵阳　内资出版　黔新出内图资准字（96）001号　1996年1月　600册　57.9千字　32开本　平装

藏于白云区政协档案室

《白云文史稿 第十三集》1996 年 1 月出版，全书 10 篇，记录政协白云区第四届委员会，白云区第五届人民代表大会及其常务委员会，供销合作社情况，白云区籍战士在“者阴山”自卫反击战的英模事迹，民政工作，归侨侨眷联合会筹建，沙文广播站建成，鸡场小学发展，蒙台华氏的一组文物情况。

白云文史稿 第十四集

政协白云区委文史资料研究委员会编纂

贵阳　内资出版　黔新出内图资准字（97）001 号　1997 年 1 月　1000 册　51.53 千字　32 开本　平装

藏于白云区政协档案室

《白云文史稿 第十四集》1997 年 1 月出版，全书 13 篇，记录白云区第四届人民代表大会及其常务委员会，麦架乡社会经济，麦架中学，职业技术学校，有色七建安装工程公司，白云公园情况。

白云文史稿 第十五集

政协白云区委文史资料研究委员会编纂

贵阳　内资出版　1998 年 3 月　500 册　69.3 千字　32 开本　平装

藏于白云区政协档案室

《白云文史稿 第十五集》1998 年 3 月出版，记录政协白云区第一届至第五届委员名单。

白云文史稿 第十六集

政协白云区委文史资料研究委员会编纂　杨武靖主编　张汝昌　萧良均副主编

贵阳　内资出版　黔新出（99）内资准字第 354 号　1999 年 8 月　600 册　70.3 千字　32 开本　平装

藏于白云区政协档案室

《白云文史稿 第十六集》1999 年 8 月出版，全书 11 篇，记录白云区第六届人民代表大会及其常务委员会，麦架乡小桥村，农村经济体制改革，工商业联合会，个体劳动者协会，农村扫盲工作情况，李大钊与李仲公人物，簸萝戈布依族“六月六”歌会，书中收录图片2幅，随文图片1张。

白云文史稿 第十七集

政协白云区委员会文史与学习宣传委员会编纂　杨武靖主编　张汝昌　萧良均副主编

贵阳　内资出版　黔新出（2001图）内资准字第103号　2001年9月　600册　90千字　32开本　平装

藏于白云区政协档案室

《白云文史稿 第十七集》2001年9月内资出版，全书17篇，设卷首语，记录白云区迎接西部大开发，政协20年围绕经济发展建言献策，党史、民兵、档案、殡改工作，麦架乡青山村在新时期的发展，民国初期至恢复区建制前小学教育、学前教育发展，李农卿、李仲公生平，蓬莱布依族地戏的由来，民间酒令拾趣，书中收录图片8幅。

白云文史稿 第十八集

政协白云区委员会文教卫生与文史学习委员会编纂　杨武靖主编

贵阳　内资出版　黔新出（2003图）内资准字第197号　2003年9月　600册　95千字　32开本　平装

藏于白云区政协档案室

《白云文史稿 第十八集》2003年9月内资出版，全书16篇，设卷首语，记录白云区第七届人民代表大会及其常务委员会，第六届政协五年工作回眸，白云风筝发展史，《白云报》创办及复刊，电影事业回顾，解放初期沙文蓬莱剿匪记事，白云寺损毁，永安桥记述，白云区村寨名称的由来，贵州铝厂资产重组改制上市，从城市信用社到城市商业银行的历史回顾，部份历史人物介绍，共和国首批政务院参事李侠公，书中收录图片9幅。

白云文史稿 第十九集

政协白云区委员会文教卫生与文史学习委员会编纂 杨武靖主编 冉崇俊副主编 冉崇俊执行编辑

贵阳 内资出版 黔新出（2005 图）内资准字第 69 号 2005 年 6 月 600 册 76 千字 32 开本 平装

藏于白云区政协档案室

《白云文史稿 第十九集》2005 年 6 月内资出版，全书 26 篇，设卷首语，记录白云区第八届人民代表大会代表选举，全国政协主席贾庆林，国务院副总理黄菊视察中铝贵州企业，中央组织部部长贺国强来三中纪实，区文联建立，宗教帮会，知青下乡在白云，实施九年义务教育，远程教育情况，争创“全国科普示范城区”工作过程，文物沈官堡与沈官桥，长坡岭古驿道，布依族民歌，名人李仲公年谱、李侠公诗选，书中收录图片 14 幅。

白云文史稿 第二十集

政协白云区委员会文教卫生与文史学习委员会编纂 高贤荣主编 兰大坤 王金利副主编

贵阳 内资出版 黔新出［图书］2009 年一次性内资准字第 2 号 2009 年 1000 册 115 千字 32 开本 平装

藏于白云区政协档案室

《白云文史稿 第二十集》2009 年内资出版，全书 25 篇，记录白云区企业始末，有贵州铝厂、中航标公司、贵阳耐火材料厂。建国初期白云基层党建，农村党员干部现代远程教育工作，村级组织活动阵地建设发展“三步曲”。七冶开荒种地，解放初期白云禁烟禁毒运动，白云村民支持铝工业基地建设，第一个乡级工业委员会，亮龙滩抽水站，花卉产业发展历程，白云区风筝会，农村合作医疗，兴农中学情况。历史人物李仲公、马士英、于本崇、王士吉。布依族丧葬仪式、宗教信仰及迷信禁忌、创编民歌、民居迁址初探民风民俗，书中收录图片 9 幅。

白云区综合农业区划

贵阳市白云区综合农业区划编写组编纂　杨应林组长　帅开成　陈仲　李开明副组长

贵阳　贵州人民出版社　1989年11月　3500册　134千字　32开本　6.40元

藏于白云区档案局

《白云区综合农业区划》上限1978年，下限1986年。卷首设序、前言。正文有概述。7章33节，7章依次为：自然条件与自然资源、社会经济条件、农业生产现状、农业发展的方向与主要措施、综合农业区的划分原则和依据、西南丘坝蔬菜·副食品·工副业·果·粮·油·环境保护林区、东北山丘用材林·经济作物·粮·牧·矿区，记录白云区的农业生产条件、特点、发展方向及建设途径。该书有12插页，收录地图及反映综合农业区划图22幅。

贵阳市白云区教育史料

贵阳市白云区教育局编纂　杨哲慧主任　赵永照　吴海富　阎传英副主任　赵永照主编　何涛　秦钧副主编

贵阳　贵州教育出版社　1995年9月　2090册　590千字　16开本　平装37.87元

藏于白云区教育局

《贵阳市白云区教育史料》卷首设序，卷末设后记。从大事记、组织史篇、专题篇、学校篇、师生典型事迹篇、回忆篇方面记录白云区教育发展的历史和现状。其中大事记、组织史篇上限1912年1月，下限1992年12月；专题篇、学校篇上限1912年1月，下限1994年12月。书中有图片20张。

贵阳市白云区档案馆指南

贵阳市白云区档案馆编纂　吴玉芳主编　陈才志　王桂琴　孔军副主编

贵阳　贵州人民出版社　2004年6月　1000册　230千字　32开本　平装

藏于白云区档案局

《贵阳市白云区档案馆指南》上限1959年，下限2003年12月31日。卷首设序、前言，卷末设后记，正文5章，依次分别是白云区概况、白云区档案馆概况、恢复建区前档案介绍、恢复建区后档案介绍、馆藏资料综述方面介绍，是一本记录白云区馆藏档案、资料及档案馆各项工作的工具书，书中有插页8页，照片25张。

2008抗凝

贵阳市白云区委宣传部　贵阳市白云区新闻中心编纂　任萍主编　晏学维副主编　张晓萍　任芳　车善红　赵娟责任编辑

贵阳　内部资料　2008年　6000册　360千字　16开本　精装

藏于白云区委宣传部

《2008抗凝》分上下册，上限2008年1月12日，下限2008年2月28日。卷首设序，卷末设后记。主要从坚强领导心系民生、科学决策从容应对、众志成城共抗凝冻、危难时刻党旗飘扬、人间至爱情暖白云、黔中大地英雄辈出等方面记录白云区面对雪凝灾情，白云区委、区政府科学决策，从容应对，周密布署，把人民群众需求作为行动指南，发扬伟大的“08贵阳抗凝精神”，带领全区各级各部门和广大人民群众积极投入抗灾救灾工作第一线，万从一心抗凝冻，尽心竭力保民生。上册2插页照片40张，下册4插页照片10张。

小河区

贵阳轴承厂简史（1965—1984）

贵阳轴承厂厂史编写组编纂　万志强组长　马元　解永喜副组长

贵阳　内部资料　1985年　8千字　油印

藏于贵阳轴承厂

《贵阳轴承厂简史（1965—1984）》1985年内部发行，全书上限1965年，下限为1984年，根据需要、有的章节上溯到1958年，正文为章节体，共4章17节，4章依次为：简史前言、组建前后（1965—1966）、动乱时期（1966—1976）、恢复性整顿和建设，全书记录了企业发展历史，重点记述全面整顿工厂出现新面貌，体会，展望。正文后有附录、表一、表二、表三、表四、大事记（1965—1984）、后记。

国营第185厂厂史（1962—1983）

国营第185厂厂史编辑办公室编纂　沈润安厂史领导小组组长　杨金英副组长　何忠权主编

贵阳　内部资料　1985年　200千字

藏于国营第185厂

《国营第185厂厂史（1962—1983）》于1983年开始编修，历时2年。该书上限1962年，下限为1983年。卷首有前言，卷末有审编（审稿）人员（21人）、撰稿人员（30人）名录。正文从工厂概况、生产的发展、科研技术的发展、基本建设、企业管理、安全环保、生活福利、计划生育、领导人变更和政治工作、文化教育等方面记录工厂发展历史，后附光荣谱、大事记、附录、附表。书中厂区平面图1幅，黑白照片14幅，获奖证书照片10幅。

贵阳经济技术开发区发展战略初探

贵阳经济技术开发区管理委员会编纂　任谅怀编委会主任　宋代洪　叶炉兴　吕茂廷副主任　吕茂廷主编

贵阳　贵州民族出版社　1995年5月　2500册　120千字　32开本　精装　7.80元

藏于贵阳市小河区档案馆

《贵阳经济技术开发区发展战略初探》卷首有前言，卷末有编后记，正文分为3大版块，14个子版块。

3大板块分别为：发展概况与区情特征；战略思路、方针、目标、途径和步骤；主要对策措施。附录收录贵阳经济技术开发区教育发展规划；贵阳经济技术开发区医疗社会化研讨报告两篇。

三大版块及两个附录是在完成开发区商业网点调研课题之后，委托贵州省社科联牵头，组织专家学者进区作了大量调查研究，广泛听取各方面意见，结合开发区实际，时间跨度从1993年到1995年，以发展的角度，理论的高度、超前的意识，而编撰这部理论研究著述，并经各方专家学者、区内各单位及专业人士进行反复论证，经开发区机关各部门学习和修改，三易其稿而终成的论文稿。贵阳经济技术开发区为让外界认识了解开发区并在理论指导下搞好经济技术的开发建设，发出《关于充分运用好研究成果的通知》，要求全区机关、企事业单位充分运用和发展这一理论和实践相结合的研究成果，促进开发区建设和发展。

前进的脚印——贵阳经济技术开发区文件资料汇编

贵阳经济技术开发区管理委员会编纂　任谅怀编委会主任　宋代洪　叶炉兴　吕茂廷副主任　吕茂廷主编

贵阳　贵州民族出版社　1995 年 5 月　2500 册　270 千字　32 开本　精装　9.80 元

藏于贵阳市小河区档案馆

该书卷首卷末有编者撰写的前言及编后记，正文分为三大板块，依次为：贵阳经济技术开发区诞生记；梧桐枝挺叶正茂，欢迎八方凤凰来；世界了解贵州、贵阳的“窗口”，贵州、贵阳走向世界的桥梁。书中收录 1 幅贵阳经济技术开发区区域图，第一板块收录国务院、省、市所颁发的文件通知、贵州省、贵阳市有关会议纪要、请示等文件 20 份，展示了贵阳经济技术开发区组建的背景及依据，说明它是有源之流，并非某个地区政界人物心血来潮之物。客观、有根据地记录下贵阳经济技术开发区诞生的背景及过程；第二板块展示了贵阳经济技术开发区区位优势、工业基础设施、优惠政策、产业分布及投资导向、招商项目等内容，使人们从历史到现今的发展进程及现状了解和认识贵阳经济技术开发区这片土地，属投资指南型文稿；第三板块主要摘录、选登贵阳市、贵阳经济技术开发区有关领导及新闻媒体在开发区建设过程中对开发区的认识和展望的 18 人次、14 篇文章来审视和报道开发区的状况及未来。

三线之光——贵州柴油机总厂发展史提要

中国企业史丛书编委会编纂　袁宝华　王仕元编委会顾问　张重庆名誉主任　姜恒雄主任　李友太　石祥仁副主任　林琛　刘奎柱　姜恒雄编委会主审　盛菊祥　范国光主编　刘怀亮　王昌华　程荣柱副主编

贵阳　1995 年 11 月　3000 册　315 千字　16 开本　精装　37.00 元

藏于贵州柴油机总厂

《三线之光——贵州柴油机总厂发展史提要》1995年11月编纂完成，入中国企业史丛书。全书分3大板块，14个小板块，上限1964年，下限为1994。收录产品国内销售网点示意图1幅，产品国际销售网点示意图1幅，黑白照片10幅，彩色照片46幅。

《三线之光》3大板块分别是：而立之年话春秋——贵州柴油机总厂发展史；应运而生、曲折奋进、步入新途、开拓振兴、勇攀高峰；成功之路探奥秘——贵州柴油机总厂专题史论、提高质量——贵柴立厂之本，科技进步——贵柴强厂之路，搞好经营——贵柴兴厂之策，文明建设——贵柴动力之源。正文后有附录收录了大事记、人物谱、史料辑存、各类图表，以及后记。

50年辉煌——中国人民解放军第44医院院史简编提要（1950.8.1—2000.8.1）

中国人民解放军第44医院院史编辑组编纂　黄晓欣　郭应文组长

贵阳　内部资料　290千字　16开本　精装

藏于中国人民解放军第44医院

该书为章节体，上限1949年11月，下限至2000年，有彩色照片4幅，收录国家级军队相关领导题词10幅，其中有时任成都军区司令员廖锡龙上将、总后勤部部长助理陆增琪少将、成都军区副司令员刘宝辰中将题词各一幅，全书共9章28节，9章依次为：历史概述，医务工作简史、政治处工作简史、院务处工作简史、护理部工作简史、专业科室发展简史、附属机构、历史数据与名录、附录。附录中包括第一任院长撰写的“龙年忆逝”，44医院历年大事记，原56医院简史，国民党陆海空军第五总医院的沿革四个部分。

风雨历程——贵阳市小河区人民法院建院十周年（1994—2004）

贵阳市小河区人民法院编纂　张耀辉编委会主任　徐涛　郝元贵　毛争青副主任　张耀辉主编

贵阳　内部资料　贵州大手笔广告策划有限公司承制　黔新出［图书］2004年一次性内资准字第377号出版　2004年　16开本　精装

藏于贵阳小河区档案馆　贵阳市小河区人民法院

《风雨历程——贵阳市小河区人民法院建院十周年（1994—2004）》由贵阳市小河区人民法院为纪念贵阳市小河区人民法院建院十周年而编纂全书分为9个板块，分别是领导题词，领导班子及法官，领导关怀，审判工作，案件执行，执法监督，队伍建设，法制宣传，与时俱进。书中收录照片145幅。

美丽的小河 可爱的家乡——小河区中小学生爱区教育读本

贵阳市小河区教育局编纂　王保建　兰义彤　韦鸿宁总顾问　陈国存　高蓉　叶惠明　杜正军顾问　张再杰主编　王尤平　赵立江　黄元鸿　杨兴贵副主编

贵阳　内部资料　黔新出〔图书〕2006年一次性内资准字第165号出版　2006年　30000册　10千字　32开本　平装

长于贵阳市小河区档案馆　贵阳市小河区教育局

该书彩色页面，图文并茂，以昨天的记忆、可爱的家乡、崛起的新区、五彩的生活、明天的畅想五大板块介绍了小河由一个乡镇锐变为一个国家级经济技术开发区及现代化的城市新区的过程，充分展示了小河区历经多年沧桑变化及改革开放给这块土地带来的勃勃生机，使中小学生充分了解家乡，并激发起学生热爱家乡的情怀。为学生们留下想象的空间，畅想美好的未来。《美丽的小河 可爱的家乡——小河区中小学生爱区教育读本》。内部发行。1万字左右。印数30000册。

小河区创建全国人口和计划生育优质服务先进区资料汇编

小河区计划生育局整理

贵阳　内部资料　2006年　510千字　16开本　精装

藏于贵阳市小河区人口与计划生育局

该书2006年由小河区计划生育局内部整理资料汇编而成，全书上限起自2000年小河区创建之年，下限为2006年，共15个部分，收录197份文件资料，收录彩色照片13幅。

第一部分为：区委区政府重视、政策到位、工作落实。包括小河区委、区政府出台的有关计划生育工作决定、意见、通知及会议纪要29份文件；

第二部分为：财政投入逐年提高、确保人口计生工作顺利开展。包括区财政局对计生局2004、2005、2006三年预、决算批复通知及服务、设备添置投入批复文件7份；

第三部分为："创优"工作安排进度及考核。包括创优实施意见、实施方案、责任分解及汇报材料9份文件；

第四部分为：宣传教育为先导、婚育新风进万家。包括婚育宣传各种活动意见、通知、实施方案、培训安排及总结13份文件；

第五部分为：推行村（居）民自治、夯实基层工作基础。包括推行计划生育村（居）自治决定、工作标准、实施方案等材料7份文件；

第六部分为：加强技术服务、提高人口素质、改善人口结构。包括成立独生子女、病残儿鉴定、手术并发症鉴定、产科抢救、出生缺陷干预等项目小组的通知及工作安排、实施意见、总结等材料17份；

第七部分为：推行奖励扶助、促进少生快富。包括奖励扶助政策、实施办法、方案、活动及总结等材料10份；

第八部分为：依法行政。包括工作规划、举报制度、实施意见、总结等材料18份；

第九部分为：实行目标管理、层层签订目标责任书。包括小河区区长与政府各部门及办事处负责人签订的2005年度计划生育目标管理责任书及对2002、2003、2004年度先进个人及单位表彰的决定；

第十部分为：部门协调、综合治理。包括对流动人口计划生育管理及计划生育综合治理有关人员组成、工作意见及汇报材料12份；

第十一部分为：改革人事制度、组织保证人员落实。包括编制调整、机构调整、人员聘用实施方案、竞争上岗方案、考核办法、人员调动等文件20份；

第十二部分为：计划、总结和发展规划。包括各年度工作计划、总结及十一五发展规划9份文件；

第十三部分为：信息化建设、人口统计。包括实施方案、目标责任制度及总结10份材料；

第十四部分为：协会工作。包括小河区计划生育协会各年度工作要点及总结材料13份；

第十五部分为：2001—2006年获奖情况。包括从2001年至2006年所获得的市级以上各种奖项30项。

枫树霜雪阳光照——献给枫阳创建四十周年

贵阳枫阳液压有限责任公司编纂　毛东生主编　聂春江执行主编　宋少娥　袁淮清　程秀兰　俞海舰责任编辑

贵阳　内部资料　黔新出［图书］2007年内部发行　100千字　16开本　精装

藏于国营第183厂

《枫树霜雪阳光照——献给枫阳创建四十周年》为纪念枫阳厂创建40周年而编纂，也是对《国营第183厂厂史》的补充。卷首设序，卷末有编者撰写的“枫树霜雪阳光照”代后记，上限起自1967年，下限至2007年，全书收录黑白照片20幅，彩色照片20幅，插图20幅，历史人物的回忆文章文史、征文稿32篇。

精彩小河

小河区情读本编纂委员会编纂　兰义彤编委会主任　韦鸿宁　张茂平　叶华山副主任　刘建才　常文松主编　熊国玺　卢代康　杨兴贵责任编辑。

贵阳　内部资料　2008年　10000册　20千字　16开本　精装

藏于贵阳市小河区档案馆　中共贵阳市小河区委宣传部

《精彩小河》编修始于2008年初，当年内完成。卷首有序，正文分6大板块，23个条块，收录彩色照片43幅。6大板块分别是年轻城区、走出大山、小区强县、铸就和谐、绘制蓝图、编年纪事，正文后附录收录贵阳经济技术开发区历任领导、小河区历届领导班子成员。

基层干部职工农村工作读本（内部）——思路·方法·案例

中共小河区平桥街道办事处工作委员会编纂　吴永斌责任编辑　卢代康编审　张莉法律审查　王晓露资料收集

贵阳　内部资料　2009年9月　138.7千字　16开本　精装

藏于贵阳市小河区档案馆

该书分上下两部分，共38篇文稿。上限2005年6月小河区平桥办事处成立起始，下限为2009年底。上篇思路与方法，收录5篇文章；下篇典型工作案例，收录

33 篇文章。

上篇主要论述了农村群众工作的思路、原则及方法，下篇收集了 2000 年以后特别是 2005 年小河区平桥 2009 年街道办事处关于农村改革、发展及农村群众工作方面经典案例，以及村民与企业之间、企业之间及村民之间的各种矛盾纠纷，还收集了部分与农业生产相关的工作案例。通过对这些案例的剖析，以求从中总结经验，吸取教训，举一反三，为广大基层干部职工不断探索农村发展新途径，处理类似矛盾纠纷与突发事件，从而更好地开展农村工作，加快辖区社会发展进步提供借鉴。

贵阳国家经济技术开发区暨小河区建区 10 周年特刊

中共贵阳市委党史研究室编纂　李涛顾问　魏朝成　马宁宇编委主任　钟汰甬　彭文俊编委副主任　彭文俊主编　段洪　徐飚　杨刚副主编

贵阳　贵阳彩印厂刊印　2010 年 5 月 31 日　150 千字　16 开本　平装

藏于贵阳小河区档案馆　中共贵阳市小河区委宣传部

特刊内容包括卷首语、特稿、实践之路、发展探索、歌咏小河、2000—2009 年大事记等栏目，从不同层面记述国家级贵阳经济技术开发区暨小河区建区 10 周年跨越式发展的情况，十年建设的辉煌成就，代表小河十年巨变的“十大名片”，代表小河精神的“十大建设者”情况简介等。

清镇市

清镇建县三百年大事记

清镇县地方志编纂委员会编撰　孔庆务主任　韩志武副主任　孔庆务　白德祥主编

贵阳　内部资料　1987 年 7 月 30 日　180 千字　16 开本　简装

藏于清镇市地方志办公室

该书前有凡例、序、概述，正文遵循“立足当代、详今略古、详近略远”、“宜粗不宜细”的原则。通过清镇建县三百年来政治、经济、军事、文化、地理、社会、民族、人物等方面大事、要事、新事的记述，反映清镇县历史发展的脉络、梗概、现状，着重记述清镇县各族人民在中国共产党领导下，进行社会主义革命和社会主义建设的业绩，以起到资治、存史、教育的作用。本书上限定为清康熙二十六年（1687 年）清镇建县之日，下限为 1987 年 7 月。为了追本溯源，超越上限的历史大事，联系断限内的有关条节作追记。本书采用编年体为主的以时系事的记述方法，并辅以记事本末体，对一些内容联系紧密，时间相距不远的事件，采用集中或分段集中的记述方法，以避免记事零碎、杂乱。

新的里程碑

中共清镇市委　清镇市人民政府编辑　张德枢责任编辑　徐世江　郑开忠　黄学芬　苟朝忠　钱春荣　谢友林　朱恒芳　陈光元　陈志兴　孟镇中审定

贵阳　内部资料　黔新出（93）F 内资字第 400 号　贵州省地矿局测绘印刷厂印制　1993 年 3 月　1500 册　185 千字　32 开本　平装

藏于清镇市档案局

本书由八部分组成：清镇热土是英雄用武之地（代序）、大事记、主要文件、重要讲话、宣传资料、报刊文章、工作（会议）记要、基他。书中收录图片 18 页。本书介绍了 1992 年 11 月 6 日，经国务院批准清镇撤县设市，清镇改革开放和社会经济的发展，又步入一个崭新的历史时期，向着以现代工业和旅游业为主的城镇经济发展，前景更加喜人。设市后，市城区面积扩展为 50 平方公里，是一座以商业区为中心，依托旅游区红枫湖和百花湖，辐射四周大巾型工厂和农场的组圃式城市。市区划分为四个开发区。即以红枫湖大街、云岭大街为主体的商业区；以东门桥为中心，贵州有机化工总厂、清镇火车站、伟宏机械厂、盘江化工厂、清镇铁合金厂为基础的工业区；以后五湖湾为纽带，连接中八果蔬园艺场和右二草地农业的果蔬养殖区；以滴澄关为基点，沟通红飒湖和百花湖的风景名胜旅游区。4 个开发区各有侧重. 优势互补，同步运行，展现宏图。

清镇市农村改革二十年（1978—1998）

清镇市农村改革二十年编辑小组编纂　高兴亮组长　王永昌　金龙森　蒋景华　胡体华副组长　张德枢主编

贵阳　盘江印刷厂印制　1998 年 12 月　1000 册　400 千字　16 开本　精装

藏于清镇市档案馆

本书正文前有序，全文由综述篇、农业篇、林业篇、水利篇、畜牧水产篇、乡镇企业篇、旅游篇、科技兴农篇、卫生与计划生育篇、扶贫篇、脱贫致富篇、党建与精神文明篇、土地延包篇共13篇组成，书中收录图片16页。本书介绍了中国共产党十一届三中全会以后，清镇农村的改革和发展，走过了二十年风雨阳光路。先是经过两年多的探索、比较，选择了家庭联产承包责任制，并逐步稳定和完善。接着，在"让一部分人先富起来"的启示下，农村涌现出一批重点户、专业户，初步显示出发展商品经济的良好势头。之后，大力推广农业实用科学技术，大搞农田基本建设，进行农业综合开发，发展壮大集体经济，加大扶贫解困力度，使农业和农村经济走上持续、健康发展的轨道。在党的十四大精神的鼓舞下，突破计划经济模式，发展社会主义市场经济，农林牧副渔全面发展，乡镇企业雨后春笋般涌现，改革延伸到社会的方方面面。生产力的进一步解放，带来了农村经济和社会发展的历史性巨大变化，绝大多数农民真正富裕起来了。

本书比较全面系统地总结二十年来清镇农村改革的实践经验和巨大成就，用以证明党的十一届三中全会以来路线方针政策的伟大正确，证明邓小平理论的伟大胜利，证明党的十五届三中全会《决定》的伟大意义。同时，用编者自己的亲身经历，并为之作出奉献所取得的经验和成绩，作为生动具体的教材，去宣传群众、教育干部、激励自己。

清镇贸工农一体化经营体制改革

中共清镇市委政研室编纂　王学军编辑组组长　高兴亮　胡体华　王永昌副组长　张德枢主编　左国钧　刘善伦　胡家军副主编

贵阳　贵州省委办公厅印刷厂贵州新华印刷厂印制　2001年11月　1000册　204千字　32开本　平装

藏于清镇市委政研室

本书正文前有序，后附有大事记。全文由方案设计、操作实施总结评估三大篇组成。本书从加强领导、精心策划；勇予实践、不断探索；客观评估、认真总结等方面，真实客观地记述了清镇市"贸工农一体化"经营体制改革三年试验取得的经验和成效，为全市进一步探索农村改革，促进农业产业化建设和经营提供了研究、借鉴的宝贵资料。它是在中共清镇市委、清镇市人民政府的直接领导和省委政策研究室、贵阳市委政策研究室的具体指导下，通过参加改革试验工作的广大干部、群众和本书编辑人员共同努力、辛勤劳动的结果。

奉献的足迹——贵州省地矿局一一五地质大队建队四十周年队史(1969—2009)

贵州省地矿局一一五地质大队队史编纂委员会编 刘豪主任委员 罗俊皓 杜光龙 陈庆刚 李伦勇 李勇副主任委员

贵阳 内部出版 黔新出〔图书〕2009 年一次性内资准字第 199 号 贵阳乐业印务有限公司承印 140 千字 16 开本 精装

藏于清镇市档案局

本书收录彩图 20 页，正文采用篇、章、节结构附，后附大事记。全书正文分为 6 篇 21 章 74 节 5 目，依次分别为：第一篇概述（下设 4 章、7 节），第二篇地质勘查（下设 3 章、20 节），第三篇地勘经济改革与发展（下设 5 节），第四篇地勘经济工作管理（下设 10 章、21 节），第五篇党群工作（下设 4 章、21 节），第六篇地质履痕（下设 5 目）。本书介绍了贵州省地矿局 115 地质大队四十年来取得的成绩，对贵州磷、铝的区划研究指明了远景区，规划了资源勘查及开发的保障区域，为下步的地质找矿工作指明了方向。

贵州省有色地质勘查局一总队队史（1953. 3—2007. 12）

贵州省有色地质勘查局一总队队史编纂委员会编 卿文主任委员 伍守荣副主任委员 韩军 文祖泽主编

贵阳 内部资料 2009 年 12 月 750 册 420 千字 16 开本 精装

藏于清镇市档案馆

本书正文前有概述、大事记，正文采用篇、章、节、目结构，结构依次为节下设节分别为第一篇机构沿革（下设 4 章、15 节、2 目），第二篇矿产勘查（下设 5 章、12 节、6 目），第三篇勘探技术（下设 8 章、23 目），第四篇企业化经营（下设 4 章、5 节、5 目），第五篇地质勘探科学技术研究成果（下设 3 章），第六篇基地建设（下设 2 章），第七篇教育、职工医院、家委会（居委会）（下设 7 章、3 目），第八篇先进集体 个人录（下设 4 目），第九篇专业技术人员录（下设 2 目），第十篇各类数据统计表（下设 9 目）。全书共 10 篇、33 章、33 节、52 目，收录图片

28页。

本书介绍了贵州省有色地质勘查局一总队的发展历程，并用大量的篇幅介绍了该队开展多种经营的工作思路，拓宽生产经营项节，妥善安置富余职工就业问题等内容。

开阳县

解放初期的开阳

开阳县史志编纂委员会办公室编纂　姚昌永　李朝君主编

贵阳　内部资料　1989年7月　90千字　32开本　平装

藏于开阳县史志办公室

《解放初期的开阳》分为序、正文、专题、大事记、附录、其他、编后记等部分。其中正文分3部分，分别是：第一部分，解放接管（4节）；第二部分，剿匪斗争（4节）；第三部分，清匪反霸征粮（2节）。专题讲述开阳解放前后的情况。大事记按时间顺序记录1949年11月至1956年12月的大事。附录收录了资料辑存部分，最后是其它。全书收录黑白图片11幅。

开阳县总工会纪实

开阳县总工会编写　张春龙编辑

贵阳　内部资料　2002年　500册　268千字　16开本　精装

藏于开阳县总工会

《开阳县总工会纪实》是第一部全面记述建国后开阳县工会工作的书籍。上限1951年，下限2002年。全书26.8万字，8幅图片。

全书以纪实的手法记述了开阳县总工会的发展历程，由组建工会、完善制度、注重学习、推进工作、塑造形象树立先进、研究工运等部分构成。书后收录另附有《中华人民共和国工会法》《中国工会章程》《贵州省企业集体合同条例》。

全国解放后，1951年，成立了贵州省总工会开阳县筹备委员会，1953年，成立开阳县工会联合会，1963年将开阳县工会联合会改为开阳县总工会。从开阳县总工会成立以来，开阳县工会组织不断发展壮大，基层工会组织从12个发展到2002年的280个，全县工会会员从不足千人发展到13000余人。该书记录了这段时期开阳县工会发展的历程。

红色足迹

政协开阳县科教文卫史委员会　开阳县史志编纂委员会办公室编　马跃进主编　卢民建副主编

贵阳　贵州人民出版社　2008年9月　1000册　150千字　32开本　平装　18.00元

藏于开阳县史志办公室

《红色足迹》为篇章体，共4篇，4篇依次分别是：经过篇、记忆篇、故事篇、附录篇，该书反映中国共产党领导的工农红军上世纪三十年代长征经过开阳的历史过程，较详实的记录了这一段历史。正文前有序，后有后记。收录照片17幅照片和一幅红军长征示意图。

修文县

修文县文史资料选辑（第一辑）

政协修文县文史资料委员汇编　李元明主编

贵阳　内部资料　1984年11月　2000册　81千字　32开本　平装

藏于修文县政协文史办公室

本辑收录地图1幅，插图5幅，侧重辑录修文解放前的资料，主要有红军长征两次过修文、张学良被囚阳明洞、王阳明及阳明洞等。书前载中央领导人论文史工作的讲话，书后附“文史资料征稿启事”。

修文县文史资料选辑（第二辑）

政协修文县文史资料委员汇编　李元明主编

贵阳　内部资料　1985 年 10 月　2000 册　87.8 千字　32 开本　平装
藏于修文县政协文史办公室

本辑有黑白插图 35 幅，侧重辑录修文历史遗迹、地方掌故、自然风光和民族风情的资料文章 19 篇，其中主要有蹇先艾的《记阳明洞》、杨绍林的《古驿道上的蜈蚣桥》、王永贵的《下堡花坡》和朱五义的《撒金坡》故事等。

修文县文史资料选辑（第三辑）

政协修文县文史资料委员汇编　李元明主编
贵阳　内部资料　1989 年 10 月　2000 册　12.8 千字　32 开本　平装
藏于修文县政协文史办公室

本辑有黑白插图 7 幅，侧重辑录修文解放和建立巩固新生人民政权的资料，其中主要有新政权首任县长史可鉴的《修文的解放接管与支前工作》、宋次中的《修文的剿匪》、罗英的《修文的土地改革》和陈剑飞的《军大五分校战斗在修文》等文章。

修文县文史资料选辑（第四辑）

政协修文县文史资料委员汇编　廖昌瑜主编
贵阳　内部资料　1998 年 11 月　600 册　40 千字　32 开本　平装
藏于修文县政协文史办公室

本辑有彩图 9 幅，黑白插图 6 幅，侧重辑录为纪念修文六广河大桥通车，修文县人民撰写的贺词。1996 年 10 月，修文六广河大桥建成通车，两岸人民为之鼓舞，修文广大诗词爱好者纷纷撰联庆贺，县政协文史委将其搜集整理编印成书，命书名为《桥》——六广河大桥诗词楹联集锦，列入文史资料选辑系列，编为第四集。本辑由原修文县委书记朱生亮作序，内容主要以楹联为主，诗词次之。全书分两大部分：第一部分为庆联选编，多为庆祝六广大桥建成通车楹联；第二部分为诗词与旧联，多为赞美六广河风光和一河隔断两岸的诗词及楹联。

修文县文史资料选辑（第五辑）

政协修文县文史资料委员汇编　赵永忠主编
贵阳　内部资料　1999 年 9 月　500 册　108 千字　32 开本　平装
藏于修文县政协文史办公室

本辑侧重辑录修文解放初期的民主改革的内容，共辑录了 26 篇文章和 1 首词，其中有县委书记黄乃铸为本辑作的序，有史可鉴的《修文县解放初期概况》、姜思毅的《改造起义军官的初期阶段》、常颂的《修文的清匪反霸斗争》和姚明槐的《修文县五大任务的总结和复查》等。

修文县文史资料选辑（第六辑）

政协修文县文史资料委员汇编　赵永忠主编
贵阳　贵州新闻出版社出版　黔新出图书（2001）内资准字第 674 号　2001 年 9 月　350 册　142 千字　32 开本　平装
藏于修文县政协文史办公室

本辑有黑白插图 6 幅，侧重辑录“西部大开发”政协委员建言献策的内容，共辑录了 39 文章，这些文章充分发挥了政协的优势，为修文县实施西部大开发战略献计出力，对县域经济的发展起到推动作用。

修文县文史资料选辑（第七辑）

政协修文县文史资料委员汇编　赵永忠主编
贵阳　贵州人民出版社出版　2002 年 9 月　2500 册　200 千字　32 开本　平装
藏于修文县政协文史办公室

本辑有彩图 47 幅，本辑主要以介绍修文人文和自然旅游资源为主，开始部分为总序和概况，正文分阳明千古光、沧桑古驿道、山水洞瀑秀、民风民俗淳、风物特产美和修文名篇诗词楹联选 6 个部分，全面系统地介绍了修文县的人文景观和自然风光。

本辑被列入贵州旅游文史系列丛书/修文卷，书名《阳明胜境》。

修文县地名录

修文县人民政府地名录编辑组编写　刘柏林编辑

贵阳　贵州省地质矿产局测绘大队测绘印刷厂印刷　贵州省内部书刊印刷许可证第049号　1989年3月　700册　16开本　软面平装

藏于修文县人民政府办公室

《修文县地名录》是根据国务院一九八六年元月颁发的《地名管理条例》精神，在一九八一年地名普查的基础上整理、核实、编辑出版的。它是一本介绍修文县地名的资料书。

本书采用地图配以文字叙述的形式，收录黑白图片6幅，修文地图1幅，乡镇地图36幅，介绍修文及各乡镇的地理位置、建置沿革、行政区划、自然环境、经济、文化等基本情况。包括县及32乡（镇）概况、地名图、地名表及部份照片。共收入各类地名2750条，其中县名1条，乡（镇）名32条，街道名15条，街道办事处名称1条，自然村寨名称1527条，名胜古迹名称15条，山峰名称184条，洞穴名称19条，河流名称31条，桥梁名称12条，水库名称26条，地片名称68条，消失地名51条。另有企事业单位名称54条。《修文县地名录》的出版，为修文县人民提供了一部标准地名工具书，书中所收入的地名，经过标准化规范化处理，基本做到群众习惯，含义健康，书写规范，读音正确，并经修文县人民政府批准，具有法定效力。各级机关团体，部队、企事业单位以及个人，在使用修文县境内的地名和境内地名标志时，都以本书所列地名为准。

该书编入贵州省地名丛书47号。

修志文汇

修文县志编纂委员会办公室编纂　李祖炎　朱五义编辑

贵阳　内部资料　1990年12月　500册　191千字　32开本　平装

藏于修文县史志办

本书是修文县史志办对1985年至1990年5年修志工作的一次初步总结。书中搜集了编辑人员在工作中有着深切体会的44篇文章，分别编入修志指导、方志论坛、工作研究、新志评议、人物志拾零、历史考证和报刊简讯等栏目，一卷集成，初衷在于集资料成册，避免流散遗失，以达档案管理的要求。

其中，修志指导收录谭荣先、刘毓文、金志林在修志研讨会上3篇发言稿，方志论坛收录李祖炎、齐仕明、唐毓文等8篇理论研讨文章，工作研究收录朱五义、朱屏、吴应昌等15篇心得体会，新志评议收录李祖炎、朱五义文章3篇稿评、人物志拾零收录陈新国文字2篇文章，历史考证收录吴应昌、朱屏、齐仕明文章3篇论文，报刊简讯收录朱五义、黄启富、聂瑞来等10篇消息。

修文县综合农业区划

修文县综合农业区划编写组编写　石雪松　王秉翰　汤远声　虞顺华执笔人

贵阳　贵州人民出版社出版发行　1991年　3500册　147千字　32开本　硬壳精装　6.60元

藏于修文县农业局。

本书根据国务院精神，由全省统一编写，纳入《贵州省农业区划丛书·安顺地区卷》。正文前有序，正文除概述外共分为8章，8章依次分别是：第一章自然条件与自然资源，介绍修文的地质、气候、水文、土地、植被、矿产、旅游资源及其评价；第二章社会经济条件，介绍政区沿革、人口、农业经济、工业、交通、农资、农科、财经及对社会经济条件的综合评价；第三章农业生产现状，内容主要是农业生产的发展、存在的问题及现状分析；第四章农业发展方向与主要措施，主要分析农业发展的主要矛盾、发展方向及主要措施；第五章综合农业区的划分原则和依据，分析各农业地域的差异及特点及各区域的划分和命名；第六章东部稻、油、烟、猪、禽、用材林、城郊农业区，分析介绍农业生产的条件、现状及发展方向与主要措施；第七章中部粮食、用材林、水土保持林、猪、牛、经作区，分析介绍中部地区农业生产状况；第八章西北部旱粮、烟、油、猪、大牲畜、水土保持林、经济林区，分析介绍西北部地区农业生产状况。后附：修文县综合农业分区基本情况表。书中还收录插页12页，地图和区划图15幅。

本书的出版发行，为修文县各级干部分类指导农业生产，调整农村产业结构，发展农村经济，提供了科学依据。

万江机电厂大事记

中国贵州航空工业集团万江机电厂大事记编辑委员会编纂　程惠刚主编　周长青副主编

贵阳　内部资料　1996年8月　113千字　16开本　硬壳精装

藏于万江机电厂

本书上限起于1966年5月，下限至1996年6月。万江厂全名贵州航空电动机械厂，又名万江电工厂，简称“万江厂”，代号355厂。属国防工业，隶属航空工业部贵州管理局。1964年5月开始筹建，1965年厂址选在修文县郭家岭，是年6月开始基建，1970年第三季度局部建成并试投入生产。1980年底，基建全面完工正式通过国家验收。生产经营以军品为主，由于计划任务不足并逐年下降，企业增加开发民营产品，很好的通过了“军转民”的过渡，使企业得到稳步发展。

本书属编年体，前置概述。中置大事记分三个阶段：第一阶段初创阶段（1966—1976）；第二阶段开拓阶段（1977—1986）；第三阶段发展壮大阶段（1987—1996）。后附主要资料汇编。书中收录插页9页，题字10幅，黑白照片34幅。

中国人民政治协商会议修文县委员会·历届组织概况

政协修文县委员会编印　李元明编撰

贵阳　内部资料　黔刊资字第F（90）64号1998年2月　350千字　32开本　硬壳精装

藏于修文县政协文史办

本书上限自1983年3月，下限至1998年2月。记述修文县政协自1983年3月成立以来，第一至四届委员会的机构设置及委员的构成情况，客观地反映了修文县政协组织的历史概貌。采用“划块分期、横纵结合”的编纂体例，主要分为两大部分：第一部分分为3章6节，主要记述中国人民政治协商会议修文县委员会第一至四届委员会的机构组织建设和下属机构建设情况；第二部分未分章节，主要记述中国共产党政协修文县委员会党组建设情况。书中收录黑白照片6幅，插页9页。

王阳明在龙场

修文县地方志办公室编　夏之奎主编

贵阳　贵州新闻出版社出版　黔新出图书（2002）内资准字第200号　2002年9月　1000册　150字　32开本　软面精装

藏于修文县史志办

出于普及阳明文化的目的，本书由谪居龙场、玩易悟道、授徒讲学、黔中遗文、在黔诗作、阳明书法、先哲遗迹与纪念建筑7章构成。第一章谪居龙场，介绍王阳明3年的谪居生活；第二章玩易悟道，介绍阳明心学体系的初步形成；第三章授徒讲学，介绍王阳明创办龙冈书院及教育思想；第四章黔中遗文，介绍文章背景并附文27篇；第五章在黔诗，先介绍阳明诗作的特点和价值，后附诗作104首，第六章阳明书法，先介绍阳明书法成长过程、功力、风格及价值等，后附有书法作品6件，第七章先哲遗迹与纪念建筑，介绍先哲王阳明有关的遗迹及纪念建筑发展情况。书中有插页8页彩图22幅。

修文地处黔中，山川秀丽，物华天宝，人杰地灵。县城古名龙场，明代大思想家王阳明谪居于此悟道讲学，创立阳明心学体系，史称“龙场悟道”，并由此逐渐传遍全国走向世界，所以修文就被誉称为“王学圣地”。

修文县三套文艺集成

修文县文体广电局编　杨德俊主编

贵阳　贵州新闻出版社出版　内部资料　黔新出图书（2002）一次性内资准字第173号　2002年9月　每卷1500册　总779千字　32开本　平装

藏于修文县旅游文体广电局

该书由民间故事、民间词语和民间歌谣三卷集成，故称《修文县三套文艺集成》。修文有深厚的历史文化，阳明文化享誉海内外，民族民间文化亦极为丰富，为做好抢救县域非物质文化遗产工作，修文县文化工作者从20世纪80年代中期开始，历时20多年，终将这些流传于民间的故事、词语和歌谣编辑成册，付梓面世。

《民间故事》选录本乡本土具有地域特色，并具有健康积极意义的故事。分为历史、地名和神话三大类。故事中除传说故事外，有明代阳明先生在龙场的故事，也有反映明、清、民国年间县境历史上发生的重大事件的故事。其中有表现了劳动人民勤劳朴实和智慧的，有对贪得无厌者进行鞭挞的，有表现秀丽神奇的名胜风光的，有揭露旧社会黑暗腐败的。有的故事虽然涂上神秘的色彩，但其主题思想具有积极、健康、向上的意义。收录彩色插图18幅。

《民间词语》选编具有地域、时代特色民族、民间语言，分为谚语、歇后语、俚语三大部分，涵盖时政、修养、自然、生产和生活等方面。多数体现劳动人民的进步思想和优秀品质，表现了劳动人民的高尚气节和集体智慧，以及勤劳俭朴、艰苦奋斗的优良传统。有的斥责旧社会反动统治者骄横的丑恶面貌。有的反映了劳动人民依靠劳动征服自然的伟大气魄。

《民间歌谣》选编有休闲时唱的花灯、山歌、情歌；有劳动时唱的打鼓草歌、薅秧歌、采茶歌；有反映旧官僚搜刮民脂民膏的，有妻子劝丈夫戒鸦片、戒赌博等具有教育意义的；还有歌颂共产党、新中国和国家领导人，歌颂改革开放成果的；也有反映"大跃进"、人民公社、"文化大革命"运动等。唱词有的典雅优美，有的悲壮激昂，有的诙谐风趣，有的意味深长，读后耐人寻味。收录彩色插图20幅。

修文县志编修纪实

修文县地方志办公室编制　夏之奎主编

贵阳　贵州新闻出版社出版　黔新出图书（2002）一次性内资准字第206号　2002年9月　1000册　325千字　32开本　软面精装

藏于修文县史志办

新编《修文县志》成书问世后，为了对修志工作进行一次全面系统回顾反思，总结经验教训，以便今后工作得到借鉴，修文县地方志办公室编制本书。本书正文前有时任县委书记魏明禄作的序，以及《县志编纂十三年》和修志大事记。书正文共分11个部分：第一部分"文件辑成"为修志工作指明了奋斗目标和提出要求；第二部分"领导讲话"反映了各级有关领导对修志工作的重视和关心；第三部分"志途掠影"记述了修志过程中一个个动人的故事；第四部分"诗词采撷"选录了志界同仁抒情述感的诗词歌赋；第五部分"编纂体会"汇集了身处修志第一线的编著者的心得体会，同时也窥见其含辛茹苦的无私奉献；第六部分"专家点评"给予新编《修文县志》充分的肯定，同时也指出其中部分不足，为续修志书提供了很好的借鉴；第七部分"县人读志"充分反映了新编《修文县志》在当今的四大文明建设中所发挥的重大作用；第八部分"史料考证"进一步佐证入志重要资料准确性，提高志书的可信度；第九部分"拾零补遗"补充了县志记述欠完整的史料，使志书的记述更加完善；第十部分"补正与勘误"弥补了已出志书留下的遗憾；第十一部分"县内要事记述"记述了下限以后发生的重大史事，使志书更加贴近现实，同时也为续修志书积累资料。

方志续修

修文县地方志办公室编印　夏之奎　李祖炎　杨德俊　李元明编辑

贵阳　内部资料　2003年11月　500册　140千字　32开本　平装

藏于修文县史志办

修文县第二轮修志工作启动前，为使续修工作得以顺利开展，县地方志办公室遵照中国地方志指导小组和省、市方志部门指示，认真总结了首届修志的经验教训，集有关开展续修工作的文件，参照外地有关编写的资料，结合本地实际情况，编印《方志续修》这本内部资料，旨在供参与续志编修的同志参考使用。

全书共分四个部分：第一部分文件选编，录有《国务院办公厅关于进一步加强地方志编纂工作的通知》、《中国地方志指导小组关于地方志编纂工作的规定》、《贵州省人民政府办公厅关于加强全省地方志续修工作的通知》、《贵阳市人民政府办公厅关于启动全市续修志书工作的通知》、《中共修文县委关于成立修文县县志编纂委员会的通知》、《修文县志续修方案》、《县委书记魏明禄在全县地方志工作会议上的讲话》和《修文县志续修行文通则》等与续修有关的文件；第二部分编修基础知识，包括方志的属性与功能、方志的起源与发展和方志的文体与文风；第三部分编纂方法，介绍总体设计、资料的征集与整理、横排门类 纵叙史实、专记的运用、交叉重复的处理、分纂与总纂、图表的运用8种方法；第四部分专题部类的编写，指导、概述、大事记、附录及编纂始末、经济部类、政治部类、文化部类、社会部类、人物部类和索引的编制的编写。

王学圣地

魏明禄主编

贵阳　贵州民族出版社出版　2005年11月　5000册　263千字　16开本　软面精装　80.00元

藏于中共修文县委办公室。

本书由贵州省知名文化老人陈福桐老先生和中国文联副主席叶辛分别作序。全书共分为“历史人文”、“阳明文化”、“山水诗情”、“民族风情”和“利为民谋”五个部分，收录了反映修文人文资源、王学研究、自然风光、社会民俗及经济建设的51篇文章，以及彩色照片、随文插图125幅。

明朝中叶，王阳明被贬谪龙场，在此悟道讲学，创立阳明心学体系。阳明心学远播中外，润及后世，故龙场即今修文被誉为“王学圣地”。王学圣地历明、清偃武修文、修明文教，更是新中国建立后社会各项事业迅速发展，文化积淀日益厚重。

《圣地》一书借以讴歌“王学圣地——修文”500年来的变化。

思路决定出路

修文县史志办编制　夏之奎　李祖炎　陈新国编辑

贵阳　内部资料清镇市盘江印刷厂印制　2007年6月1000册　133千字　32开本　软面精装

藏于修文县史志办

2007年初，修文要向更高的目标迈进，尽快跨入经济强县行列，县委在全县掀起“修文要发展，班子怎么办?”和“修文要发展我该怎么办?”的大讨论。根据县委意见，安排史志办将副县级以上领导在这次讨论中的发言文稿集录成《思路决定出路》一书，供全县干部职工交流学习，企望能引起更加深刻的思考，达到推动各项工作的开展。

本书搜集了全县县级干部中33位副县以上领导干部在讨论会上的发言文稿，以及6幅彩色插图和33幅黑白插图，旨在集文成册，归档保存，相互交流，以供后来借鉴。

风雨阳光路

修文县史志办　修文县统计局合编　夏之奎主编　胡春贵副主编

贵阳　贵州新闻出版社出版　黔新出图书（2008）一次性内资准字第307号　2008年12月　1000册　175千字　32开本　软面精装

藏于修文县史志办

本书从经济、政治、文化和社会四个方面，用62个专题分别介绍修文30年来发生的重大变化，后附反映1978年至2008年社会发展重要的数据资料，书中收录彩色插图16幅。再现了修文30年生动的历史画卷，展示30年来修文全县改革开放，解放思想、实事求是，扬长避短、发挥优势，取得丰硕的成果和辉煌的业绩。经济实力显著增强，社会事业全面进步，政治局面安定和谐，城乡面貌焕然一新，人民生活明显改善。《风雨阳光路》是一本具有真实性、可读性和教育性的通俗读物。

会刊资料

贵阳市乌当区人大常委会文件汇编

乌当区人大常委会办公室编制

贵阳市　内部资料　2008 年 10 月　16 开本　打印稿

藏于贵阳市乌当区地方志编纂委员会办公室

《贵阳市乌当区人大常委会文件汇编》是乌当区人大常委会办公室 2008 年 10 月编印的一本文件汇编共 12 篇。主要内容有《贵阳市乌当区人大常委会议事规则》,《贵阳市乌当区人大常委会关于讨论重大事项规定》,《贵阳市乌当区人大常委会议审议意见办理办法》,《贵阳市乌当区人大常委会联系区代表办法(试行)》,《贵阳市乌当区人大常委会议代表工作办法》,《贵阳市乌当区人民代表大会代表向选民述职制度(试行)》,《贵阳市乌当区人民代表大会代表辞职制度(试行)》,《贵阳市乌当区人大常委会与区人民政府、区人民法院、区人民检察院工作联系制度》。

《贵阳市乌当区人大常委会文件汇编》的编印,是为进一步使贵阳市乌当区人大常委会的各项工作按照程序化、规范化、法制化轨道运行,对原制定的《乌当区人大常委会议事规则》等文件进行修订,编印成册,便于人大常委会和“一府两院”在今后的工作中使用。

南明区社区建设(一)——现场会专辑

南明区社区建设指导委员会编　蒋星恒　陈广宇主任　郭敬阳主编　沈启源李仕勇副主编

贵阳　内部资料　2001 年 3 月　32 开本　平装

藏于南明区档案馆

《南明区社区建设（一）——现场会专辑》收录2001年2月2日南明区社区建设工作现场会省、市、区领导讲话以及太慈、河滨、遵义、兴关、二戈五个试点办事处发言材料。资料编录的目的是为南明区辖区内搞好社区建设提供学习、参考。

南明区社区建设（二）——整合社区居委会现场会专辑

南明区社区建设指导委员会编　蒋星恒　陈广宇主任　郭敬阳主编　沈启源李仕勇副主编

贵阳　内部资料　贵阳南明民政印刷厂印　2001年5月　32开本　平装

藏于南明区档案馆

《南明区社区建设（二）——整合社区居委会现场会专辑》收录2001年5月南明区整合社区居委会现场会省、市、区领导讲话以及太慈、河滨、遵义、兴关、二戈等办事处发言材料。

南明区社区建设（三）——社区环境绿化现场会专辑

南明区社区建设指导委员会编　蒋星恒　陈广宇主任　敦敬阳主编　苟光阳沈启源副主编

贵阳　内部资料　贵阳南明民政印刷厂印　2001年10月　32开本　平装

藏于南明区

《南明区社区建设（三）——社区环境绿化现场会专辑》收录2001年10月23日南明区社区绿化工作现场会省、市、区领导讲话以及市府、新华、沙冲路、中曹司、二戈等办事处经验交流材料。

南明区社区建设（四）——社区治安工作现场会专辑

南明区社区建设指导委员会编　蒋星恒　陈广宇主任　梁耀辉　郭敬阳副主任郭敬阳主编　唐本文　沈启源　胡重坤副主编

贵阳　内部资料　贵阳南明民政印刷厂印　2001年12月　32开本　平装

藏于南明区档案馆

《南明区社区建设（四）——社区治安工作专辑》收录2001年12月19日南明区社区治安工作现场会省、市、区领导讲话以及太慈、新华、西湖路、云关乡等乡、办事处经验交流材料。

南明区社区建设（五）——社区党建工作现场会专辑

南明区社区建设指导委员会编 蒋星恒 陈广宇主任 敦敬阳副主任 郭敬阳主编 刘洪进 张筑莹副主编

贵阳 内部资料 贵阳南明民政印刷厂印 2002年3月 32开本 平装

藏于南明区档案馆

《南明区社区建设（五）——社区党建工作现场会专辑》收录2002年2月28日南明区社区党建工作现场会省、市、区领导讲话以及后巢乡、云关乡、西湖路、沙冲路等乡、办事处交流材料。

南明区社区建设（六）——社区卫生工作现场会专辑

南明区社区建设指导委员会编 蒋星恒 陈广宇主任 郭敬阳 赵继红副主任 郭敬阳主编 曾玉琪 张筑莹副主编

贵阳 内部资料 贵阳南明民政印刷厂印 2002年7月 32开本 平装

藏于南明区档案馆

《南明区社区建设（六）——社区卫生工作现场会专辑》收录2002年6月26日南明区社区卫生工作现场会省、市、区领导讲话以及大南门、河滨、遵义、中曹、二戈等办事处交流材料。

南明区社区建设（七）——社区精神文明建设现场会专辑

南明区社区建设指导委员会编 蒋星恒 陈广宇主任 梁耀辉 敦敬阳副主任 郭敬阳主编 杨亚林 曾玉琪 张筑莹副主编

贵阳 内部资料 贵阳南明民政印刷厂印 2002年11月 32开本 平装

藏于南明区档案馆

《南明区社区建设（七）——社区精神文明建设现场会专辑》收录2002年11月4日南明区社区精神文明建设现场会省、市、区领导讲话以及南明区文明办、区妇联、云关乡、河滨、遵义、兴关、二戈等区直部门及乡办事处交流材料。

南明区社区建设（八）——社区经济发展工作现场会

南明区社区建设指导委员会编　陈长发　陈广宇　夏钢主任　敦敬阳副主任　郭敬阳主编　苟光阳　刘亚辉　张筑莹副主编

贵阳　内部资料　贵阳南明民政印刷厂印　2003年3月　32开本　平装

藏于南明区档案馆

《南明区社区建设（八）——社区经济发展工作现场会专辑》收录2003年3月3日南明区社区经济发展工作现场会省、市、区领导讲话以及后巢乡、云关乡、太慈、河滨、遵义、兴关、二戈等乡、办事处交流材料。

全国城市区志贵阳南明研讨会暨中国地方志协会城市区志专业委员会成立大会文集

南明区地方志办公室编印　张幼竹主编　沈启源副主编

贵阳　内部资料　贵阳经纬印刷厂印制　2004年6月　150千字　32开本　平装

藏于南明区档案馆

2003年9月22日全国第十五次城市区志研讨会在贵阳市南明区召开，全国20余个城市45个城区共92名代表出席会议，代表探讨修志理论，交流区志编修经验，探讨了新世纪区志编修和续修所面临的理论和实践问题。

《全国城市区志贵阳南明研讨会暨中国地方志协会城市区志专业委员会成立大会文集》分两部分，一是会议文件，收录全国第十五次城市区志研讨会会议的主要文件材料。二是论文汇编，共收集论文20篇。

中国人民政治协商会议贵州省贵阳市云岩区委员会会刊

云岩区政协办公室编印

贵阳　16 开本　简装

藏于云岩区档案馆

《中国人民政治协商会议贵州省贵阳市云岩区委员会会刊》（以下简称“政协会刊”）始创于1984年。中国人民政治协调会议贵州省贵阳市云岩区委员会在1992年以前实行三年任期制，1993年以后实行五年任期制，但是每年要召开一次全体委员会议。每年召开一次全体政协委员会议后由区政协相关工作部门将会议文件印刷汇编成册，报送省、市政协备案，分送参会委员，或交流赠阅。

“政协会刊”为16开简装本，插页为会议实景照片，封面印有政协徽记，因各期会刊登载文件有多有少，导致会刊字数不等，系内部资料。书藏云岩区政协、云岩区档案馆。

“政协会议”登载有：会议议程、日程；开幕词；上年（届）区政协委员会“工作报告”；上年（届）会议以来“提案工作情况的报告”；会议分组办法和小组如集人及分组讨论委员名单，秘书长名单，本次会议决议起草小组和提案委员会成员名单；本次会议决议；增补委员名单；闭幕词等。

贵阳市云岩区人民代表大会会刊

云岩区人大办公厅编印

贵阳　内部资料　16 开本　平装

藏云岩人大常委会办公室　云岩区档案馆

《贵阳市云岩区人民代表大会会刊》始创于1984年。贵阳市云岩区人民代表大会常务委员会及人民代表在1992年以前实行三年任期制，从1993年起实行五年任期制，但是每年要召开一次人民代表全体会议。每年召开一次的人民代表全体会议结束后由区人大工作部门将本次会议产生的文件汇编印刷成册，报送省、市人大常委会备案，分送参会代表，或交流赠阅。

会刊统一为16开，插页为会议实景照片，封面印有国徽，各期会刊因登载文件有多有少导致字数不等，系内部资料。

会刊登载的会议文件有：开幕式上的讲话；上年（届）“政府工作报告”；“人大常委会工作报告”；上届国民经济或者上年财政决算和本年财政预算“报告”；云岩人民法院院长和检察院检察长所作的“工作报告”；代表资格审查委员会所作的“代表资格审查报告”；议案审查委员会所作的“议案审查报告”；以及全体代表审

查各项报告后形成的决议；本次会议的选举结果；大会议程、日程；主席团成员及常务主席，执行分组主席名单；秘书长名单；代表资格、议案审查委员会成员名单；在有选举任务时的年份有选举办法、选举结果；参会代表讨论分组名单；会议期间简报、会议纪要等。

中国共产党云岩区第六次代表大会专刊

中共云岩区委员会编纂　田儒雄主编　吴昊　顾荣刚　陈卫　陈尧年副主编

贵阳　内部资料　2003 年　82 千字　16 开本　平装

藏于中共云岩区委　云岩区档案馆

由于政治体制改革因素，中共云岩区委领导班子从 1993 年起改制为“五年任期制”，2003 年 2 月 25—28 日召开了中国共产党贵阳市云岩区第六次代表大会。自此次会议始有专（会）刊。

“专刊”分为会议文件，会前准备工作文件，会议工作人员手册等三部份。会议文件部份，有题为“为在全市实现‘两个争先’目标而努力奋斗”的工作报告和中共云岩区第五届纪律委员的工作报告，以及全会审查二个报告的决议。会前准备工作文件部份，有中共云岩区委于 2002 年 12 月 30 日向中共贵阳市委报送的“中共云岩区委关于召开中国共产党云岩区第六次代表大会的请示”、中共贵阳市委组织部于 2003 年 2 月 12 日“关于同意召开中国共产党云岩区第六次代表大会代表选举工作的批复”、中共云岩区委“关于中共云岩区第六次代表大会代表选举工作的通知”（附件一为代表名额分配表、二为名额分配说明）、中共云岩区委五届七次会议“关于召开中共云岩区第六次代表大会决议”、中共云岩区委“关于召开中国共产党第六次代表大会的通知”。

“专刊”还登载了经中国共产党第六次代表大会选举产生的中国共产党云岩区第六届委员会委员 33 人、后补委员 6 人，区委书记 1 人、副书记 4 人、常务委员 12 人名单。

专题调研资料

贵州省贵阳市第三次人口普查资料汇编

贵州省人口普查领导小组办公室编辑整理
贵阳　内部资料　1984 年
藏于贵阳市地方志办公室

该资料根具贵州省计委电子计算机中心机器汇总的数字编印而成。资料包括第三次人口普查中所属县市（区）总人口、家庭规模、人口分布、男女性别、户口状况、民族、文化程度、1981 年自然增长、行业职业状况、婚姻状况、人口年龄构成、育龄妇女 1981 年生育胎次等多方面内容。其中对普查时大批登记的黎族、白族、京族、高山族等群众习惯自称的情况，资料未作调整。

资料计 70 页，以表格为主，总字数不详。资料采用 8 开对折双行分页编码版式，于 1984 年印制。

贵阳市一九九〇年人口普查资料

贵阳市人口普查办公室编印
贵阳　内部资料　1992 年　16 开本
藏于贵阳市地方志办公室

资料前文缺失，从第 30 页起，第 149 页止，收录了行政区人口数、民族人口数、民族人口文化程度、各行业门类职业人口数、不在业人口数、各民族分性别婚姻状况、各民族出生人数（1989. 1. 1—1990. 6. 30）、各民族死亡人口数（1989. 1. 1—1990. 6. 30）等方面资料。

资料计 129 页，以表格为主，总字数不详。资料采用 8 开对折双行分页编码版式，跨页排版模式。

贵阳市第一次农业普查资料汇编

贵阳市农业普查办公室编纂　罗大林编辑委员会顾问　杨贵生主任　王远志主编

贵阳　内部资料　16 开本　硬皮精装

藏于贵阳市地方志办公室

1997 年 1 月 1 日，贵阳市开展第一次农业普查，普查对象为全市范围内各种类型的农业生产经营单位、农村住户、乡镇企业、行政村和乡镇，内容共 38 项，678 个指标，时期指标为 1996 年 1 月 1 日至该年 12 月 1 日。贵阳市农业普查办公室选取一部分重要数据，编辑成《贵阳市第一次农业普查资料汇编》，反映农业普查成果。

资料包括农村住户调查表、非非农村住户类农业生产经营单位调查表、行政村调查表、乡镇调查表、非农乡镇企业基本情况卡片等主要指标，分为综合，农村住户、人口及从业人员情况，乡村基础设施、社区环境、农业科技与服务，农村建制镇镇区情况，非农乡镇企业情况，非农村住户类农业生产经营单位等六个部分进行叙述，后附农业普查先进集体、先进个人光荣册，贵阳市农业普查工作总结和第一次全国农业普查主要指标解释等三个文件。

资料正文共 454 页，多以表格为主，总字数不详。

乌当区土壤普查报告

贵阳市乌当区土壤普查办公室编印

贵阳　内部资料　1983 年　16 开本　打印稿

藏于贵阳市乌当区地方志办公室

《乌当区土壤普查报告》是乌当区土壤普查办公室 1982 年 9 月编印的一份重要文献。1983 年打印成稿。

该文献共分为六章，前言部分简要介绍了乌当区土壤普查工作的政策依据及参加土壤普查工作的单位及其组成人员。

第一章、社会经济概况。截止1982年9月，全区共有11个公社，一个镇，115个生产大队（其中，粮食大队104个，蔬菜大队11个），1291个生产队（其中，粮食生产队1164个，蔬菜生产队127个）。总人口200733（80年统计数。其中，农业人口为153989人，占总人口数的76%。全区总面积为953.4平方公里（包括省、市国营农场）。人口密度每平方公里为125人，高出全省人口密度的70%。全区耕地面积习惯亩为164777.9亩，土壤普查量标面积为355502.1亩，耕地面积占全区总面积的25.8%。按习惯亩计算，人均耕地0.8亩，农业人口平均耕地1.07亩；按土壤普查量标面积计算，人均耕地1.77亩，农业人口人均耕地2.3亩。

第二章、成土条件。分为地形地貌、成土母质、气候、植被、人为活动五节。地处贵州高原的第二台阶上，位于苗岭山系中段，全区的整个地势是北高南低，北部为中山山原地貌，南部和西部以低山丘陵地貌为主。位于亚热带温暖湿润季风气候区，全区平均气温在13.1—15.3摄氏度。无霜期283天，年平均降水量1163.8毫米，年平均气温在14摄氏度左右。

第三章、土壤类型。第一节黄壤类，面积781102.3亩；第二节石灰土类，总面积309803.9亩；第三节紫色土类，17425.4亩；第四节潮土类面积1521.2亩；第五节沼泽土类面积203.2亩；第六节水稻土类总面积175238.5亩。

第四章、土地资源。全区土地面积共1430170.2亩，合953.4平方公里。其中，西部面积325790.8亩，占全区总面积的22.78%。

第五章、土地利用改良分区。三节分区。

第六章、土壤利用改良意见。附：典型剖面理化性质一览表、乌当区行政区图、乌当区土壤图、乌当区土地利用现状示意图、乌当区土地利用改良分区示意图。

改革开放中的乌当区

《改革开放中的乌当区》编辑室编制　李世荣　黄润昌　刘泽义　陈兆祥　李华　干正书　夏乡　陈惠文编辑委员会顾问　吴学成主编　金德越　唐尔钊　周胜副主编

贵阳　贵州新华印刷厂印刷　内部资料　黔新出（92）内资第054号　1992年11月　3000册　283千字　32开本　平装　5.60元

藏于乌当区地方志办

《改革开放中的乌当区》上限1980年，下限1990年。该书由序言，开篇，改革经济体制完善生产责任制，发展乡镇企业和高效农业，建立健全农业社会化服务体系，开创文教卫生工作新局面，加强党的领导，统计图表，编后记等部分组成。从各个不同的侧面比较全面系统、客观真实的反映了十一届三中全会后，从1980年到1990年间，全区人民在中国共产党的领导下，进行拨乱反正。实事求是地总结这段历史，为研究全区国民经济和社会发展提供了宝贵的史料。

《改革开放中的乌当区》要目，一是序言；开篇，主要篇目有《解放思想 深化改革 大力发展城郊型经济》、《发动群众 加强领导 夺取农村改革新胜利》、《乌当区情概况》、《乌当区发展经济势头旺》4篇；

二是改革经济体制完善生产责任制。主要篇目有《调整生产关系 促进商品经济发展》、《改革人民公社体制 适应农村经济发展》、《乌当区农村专业户的形成和发展》等11篇。

三是发展乡镇企业和高效农业。主要篇目有《坚定不移 真抓实干 实现乡镇企业的突破性发展》、《发展蔬菜生产 保证城市供应》、《乌当区建成万亩茶园》、《万绿丛中一点红——阿栗杨梅生产基地纪实》等18篇。

四是建立健全农业社会化服务体系。主要篇目有《把增收致富引向深入》、《富民兴区的有效措施》、《把党的富民政策落实到千家万户》、《包干到户后的又一篇大文章》、《在社会化服务中发展》等25篇。

五是开创文教卫生工作新局面。主要篇目有《农村教育综合改革的探索》、《生产增上去 人口降下来》、《十年改革春风劲 群文艺苑百花开》等8篇。

六是加强党的领导，主要篇目有《坚持社会主义思想教育 造就一代新型农民》、《围绕基本路线抓党建 为促进经济发展服务》、《党员带群众 齐奔富裕路》等10篇。

七是统计图表、主要有《乌当区八十年代工农业总产值曲线图》、《乌当区1980年—1990年农业、轻工业、重工业总产值比例变化图》、《乌当区1980年—1990年乡镇企业产值图》、《乌当区1980年—1990年农村人均储蓄余额情况图》等13个统计图表。编后记。

乌当区1990年人口普查资料

贵州省人口普查办公室编印 令狐昌仁主任 龚明学 赵正澄副主任

贵阳 内部资料 贵州省统计局计算机中心激光排版 贵州省统计局印刷室印刷 1992年7月 80册 700千字 16开本 平装

藏于贵阳市乌当区地方志办公室

《乌当区1990年人口普查资料》是贵州省人口普查办公室编印的一本内部文献资料。《乌当区1990年人口普查资料》共分为十卷。第一卷主要内容有：户数、人口数的性别比，按户口登记状况分的人口数，农业户口和非农业户口的人口数，各民族人口数，人口年龄状况，人口文化程度状况，在校学生数，15岁及15岁以上文盲、半文盲人口数，家庭户规模及所占百分比，家庭户类别，出生人口，有生育的妇女按孩次分的妇女人口数，15—64岁按活产子女数分的妇女人数，15—64岁按存活子女数分的妇女人数，死亡人口数，按住地和1985年7月1日常住地分的迁移人口状况，人口迁移的原因共17项。

第二卷，人口城乡分布主要内容是镇按居委会和村委会的户数和人口数。

第三卷，民族，主要内容是汉族与少数民族混合户家庭户规模。

第四卷，年龄，主要内容是分年龄、性别的人口数。

第五卷，文化程度，主要内容有：分性别、学业完成状况的各种文化程度人口数，6岁及6岁以上分年龄、性别的各种文化程度人口数。

第六卷，行业和职业，主要内容有：各行业按户口性质和性别分的人口数，分年龄、性别、行业门、大类的人口数，各职业人口按户口性质和性别分的人口数，分年龄、性别、职业大、中类人口数，分年龄、性别、文化程度的不在业人口状况，共6项。

第七卷，婚姻，主要内容有：15岁及15岁以上人口分年龄、性别的婚姻状况，各职业大类人口分年龄、性别的婚姻状况，按丈夫年龄和夫妇年龄差分的妻子人数，共3项。

第八卷，家庭，不同规模的家庭户类别。

第九卷，生育，主要内容有：各年龄育龄妇女分孩次、性别的出生人口数，1989年育龄妇女分年龄、文化程度和孩次的生育状况，1989年育龄妇女分年龄、职业大类和孩次的生育状况，15—64岁妇女按年龄分的平均活产子女数和平均存活子女数，共4项。

第十卷，死亡人口，主要内容有：分年龄、性别的死亡人口数（1989. 1. 1—1990. 6. 30），1989年分性别、年龄的死亡人口状况。附录一：指标解释。

贵阳市乌当区人民代表大会及其常务委员会资料（1954. 3—1993. 4）

贵阳市乌当区人大常委会办公室编制　戴永年　陈大勇执笔　陈惠文审定

贵阳　内部资料　16开本　平装

藏于贵阳市乌当区人大常委会办公室

《贵阳市乌当区人民代表大会及其常务委员会资料（1954.3—1993.4）》是贵阳市乌当区人大常委会办公室编印的一本文献资料。为使读者了解乌当区人民代表大会及其常务委员会产生、发展的情况，研究和总结人大工作，乌当区人大常委会办公室编印了这本文献资料。

该文献分为三个部分。第一部分为贵阳市乌当区人民代表大会简况。第二部分是贵阳市乌当区人民代表大会常务委员会组织沿革。记录了第一届至第十一届乌当区人大常委会组成人员及其工作机构人员、驻各乡镇人大工作联络员的情况。第三部分是贵阳市乌当区人民代表大会常务委员会大事记。上限1980年1月，下限1993年4月。

贵阳市乌当区第三产业普查资料

贵阳市乌当区第三产业普查办公室编制　魏发彬主编　何廷桂　任宗贵副主编　王运康　曹仲芬责任编辑。

贵阳　内部资料　济宁市曙光资料印刷厂印制　1995年4月　200册　16开本　精装

藏于贵阳市乌当区地方志办公室

《贵阳市乌当区第三产业普查资料》由乌当区第三产业普查办公室编，本资料全面、完整、系统地反映了乌当区1991年和1992年第三产业概况。

《贵阳市乌当区第三产业普查资料》要目：第一部分，第三产业单位增加值及其构成；第二部分，第三产业中执行企业会计制度的单位增加值及其构成；第三部分，第三产业中执行事业行政会计制度的单位增加值及其构成；第四部分，第三产业个体户增加值及其构成；第五部分，第三产业企业单位、人员、财务收支、实物资产情况；第六部分，第三产业事业行政单位单位、人员、财务收支、实物资产情况；第七部分，第三产业个体户户数、人数及经营情况；第八部分，分乡、镇第三产业基本情况。

据国发（1993）47号文件通知，全国进行第一次第三产业普查。普查的目的是：满足国家宏观管理需要，规范第三产业统计方法制度。查清所有三产业单位的机构人员，生产经营活动和实物资产方面的指标。普查年度：1991年和1992年。乌当区“三普”工作严格按照国家、省、市的统一部署，乡（镇）成立第三产业领导小组，各有关部门通力合作，经600余个普查人员一年多的艰苦努力，反复核实，第三产业发展的总规模，行业结购，经济类型构成，增加值构成，经济效益，行政区域分布，排序表等，各项工作质量指标达到国家要求。

贵阳市乌当区第三次工业普查资料汇编

阳市乌当区第三次工业普查办公室编印　魏发彬主编　何廷桂　任宗贵　袁明亮副主编

贵阳　内部资料　山东济宁火炬资料印刷厂印刷　1997 年 10 月　100 册　16 开本　平装

藏于贵阳市乌当区地方志办公室

《贵阳市乌当区第三次工业普查资料汇编》是贵阳市乌当区第三次工业普查办公室编辑的文献资料。1995 年 8 月 15 日起，乌当区全面进行了第三次工业普查。这次普查，历时一年多。为使各部门更好的了解乌当区的工业发展状况，特编印了《贵阳市乌当区第三次工业普查资料汇编》一书。

该文献分为综合篇和企业篇两部分。综合篇的篇目有：全部工业企业和生产单位数、工业总产值及从业人员数，全部工业企业主要经济指标，分行业全部村及村以上及年产品销售收入在 100 万元以上的私营、合作经营、个体工业企业主要经济指标，全部工业企业和生产主要工业产品产量，全部乡及以上工业企业和生产单位主要工业产品生产量、销售量和库存量，全部乡及乡以上独立核算工业企业主要原材料、能源消费与库存，全部县及县以上独立核算工业企业原材料、能源消费与库存，乡及乡以上及年产品销售收入在 100 万元以上的村办、私营、合作经营、个体工业企业主要工业生产设备及其新旧程度（已安装设备），全部乡及乡以上独立核算工业企业主要财务状况指标（1995 年），(1994 年)；全部独立核算工业企业主要财务状况指标（1995 年），全部独立核算工业企业主要财务状况指标（1995 年），(1994 年)；全部独立核算其它经济类型工业企业主要财务状况指标（1995 年），（1994 年）；全部乡及乡以上独立核算工业企业劳动情况，全部县及县以上独立核算工业企业劳动情况，大中型工业企业主要产品生产能力共 19 篇。全区有工业企业和生产单位数 2525 个，工业总产值 65041. 4 万元，从业人员年末人数 22775 人。

企业篇的主要篇目有：全部乡及乡以上工业企业（单位）基本情况，全部年产品销售收入在 100 万元以上的私营、合作经济、个体工业企业（单位）基本情况，企业（单位）基本情况共 3 篇。

附录收录了贵阳市乌当区人民政府关于表彰第三次工业普查先进集体、先进个人的决定，贵阳市乌当区第三次工业普查先进集体、先进个人名单，主要指标解释。

乌当区2006年农房普查

乌当区农房普查工作领导小组办公室编印　李志鹏编委会顾问　田茂书主编　贺培仁　刘根副主编

贵阳　内部资料　黔新出图书（2007）内资号第104号　2006年12月　16开本　平装

藏于贵阳市乌当区地方志办公室

《乌当区2006年农房普查》由乌当区农房普查工作领导小组办公室编写的资料汇编。。

资料主体由三个部分组成：第一部分为市区关于开展农房普查工作的文件，如《贵阳市人民政府办公厅关于开展农房普查工作的通知》、《乌当区人民政府办公室关于成立乌当区农房普查工作领导小组的通知》、《乌当区2006年农房普查工作方案》、《乌当区农房普查工作总结》等6个文件。

第二部分是乌当区2006年农房普查工作汇总表，如《乌当区农房调查登记汇总表》及全区13个乡（镇）、街道的农房调查登记情况汇总表。

第三部分是国家、省、市的相关法律法规，有《中华人民共和国土地管理法》、《中华人民共和国城市规划法》、《贵州省村镇房屋权属登记管理暂行办法》、《贵阳市房屋权属登记管理办法》4个。封2采用彩色照片6幅。

乌当区第一次经济普查主要数据公报

乌当区第一次经济普查领导小组办公室　乌当区统计局编

贵阳　内部资料　2006年4月　16开本　平装

藏于贵阳市乌当区地方志办公室

《乌当区第一次经济普查主要数据公报》由乌当区经济普查领导小组办公室和区统计局共同编印的经济普查资料。乌当区根据国家要求，对辖区内的国民经济第二产业、第三产业的发展规模、结构和效益等情况进行普查。这次普查的标准时点为2004年12月31日，时期资料为2004年度。普查对象是在乌当区行政区域内从事第二产业、第三产业的全部法人单位、产业活动单位和个体经营户。普查主要内容包括单位基本属性、从业人员、财务状况、生产经营情况、生产能力、原材料和能源消耗、科技活动情况等。普查结果由乌当区经济普查领导小组办公室和区统计局分三次向社会发布普查公报。

乌当区第二次经济普查主要数据公报

乌当区第二次经济普查领导小组办公室　乌当区统计局编

贵阳　内部资料　2010 年 5 月　16 开本　平装

藏于贵阳市乌当区地方志办公室

《乌当区第二次经济普查主要数据公报》是乌当区第二次经济普查领导小组办公室和乌当区统计局 2010 年 5 月编印的资料汇编。主要内容有《乌当区第二次经济普查主要数据公报》（第一号），《乌当区第二次经济普查主要数据公报》（第二号），《乌当区第二次经济普查主要数据公报》（第三号）。

第一号、乌当区于 2008 年进行了第二次经济普查。这次普查的标准时点为 2008 年 12 月 31 日，时期资料为 2008 年度。普查对象是乌当区境内从事第二产业和第三产业的全部法人单位、产业活动单位和个体经营户。普查主要内容包括单位基本属性、从业人员、财务状况、生产经营情况、生产能力、能源消耗、科技活动情况等。

第二号、全区第二产业主要数据。

第三号、全区第三产业主要数据。

南明区人口分析

全国第四次人口普查贵阳市南明区领导小组办公室编

贵阳　内部资料　1991 年 10 月　16 开本　简装

藏于南明区档案馆

《南明区人口分析》在南明区第四次人口普查机器汇总资料基础上，分别对人口年龄结构、老年人口、人口文化素质、人口性别、人口与劳动就业、少数民族结构、物质生活质量、暂住人口等问题进行分析研究，为有关部门科学决策提供参考。

贵阳市南明区第三产业普查资料

南明区第三产业普查办公室编　张乐平主编　揭芦安副主编　郭沫龄　孙艳　佘小薇责任编辑

贵阳　内部资料　济宁市曙光资料印刷厂印制　16开本　简装

藏于南明区档案馆

《贵阳市南明区第三产业普查资料》全面、完整、系统地反映南明区区域及区属范围1991年和1992年第三产业概况。南明区区域的第三产业包括了中央、省、市、外地、外区驻南明区的第三产业单位（不含军队、武警）和南明区所属的区、乡、村、联营、个体等各级经济性质的第三产业单位的机构人员、生产经营活动、实物资产、财物收支、增加值和利税等内容。

南明区第一次经济普查主要数据公报

南明区第一次经济普查领导小组办公室　南明区统计局编

贵阳　内部资料　2006年3月　16开本　简装

藏于南明区档案馆

南明区于2004年进行第一次经济普查。《南明区第一次经济普查主要数据公报》公布了南明区地域范围内第二产业、第三产业单位基本属性、从业人员、财务状况、生产经营情况、生产能力、原材料和能源消耗、科技活动等情况。

贵阳市云岩区国民经济统计提要（1958—1962）

云岩区档案馆编汇

贵阳　内部资料　1963年　64千字　50册　32开本　精装

藏于云岩区档案馆

《贵阳市云岩区国民经济统计提要（1958—1962）》是由贵阳市云岩区人委计统科根据云岩区第二个国民经济五年计划时期统计资料整理编制。

该书刊印了1958—1962年期间云岩区人口、农业、工业手工业、短途运输、基本建设、商业、文教卫生、劳动工资、财政等方面的54个统计表，反映了云岩区在“二·五”期间人口总量和自然增长、机械增长，人口年龄、分布，城乡劳动力资源，农作物产量，牲畜储量，农林牧渔业收入及分配，工业手工业总产值（分别按现行价和1957年不变价计算），工业手工业商品产值（按现行价计算），短途运输货运量及运力，基本建设投资总额，分部门建设投资和建设工程量，建成房源用途，基建完成项目，商品零售额，粮食油脂收、支、存，文教卫生事业发展，全民所有制及集体所有制职工工资、福利或劳动报酬，财政收入支与支出，财政预算收入与支出等国民经济运行状况的数据，具存史、资政价值。

贵阳市云岩区地名录（打印稿）

云岩区人民政府地名普查办公室编制

贵阳　内部资料　1983年12月　60千字　16开本　简装

藏于云岩区档案馆

《贵阳市云岩区地录》是云岩区人民政府地名普查办公室编制的内部资料。该书是云岩区人民政府根据国务院（79）305号“关于地名命名、更名的暂行规定”和省人民政府、省军区（80）36号文件及省、市地名普查领导机关指示精神，按中国地名委员会（80）中地字第209号“关于全国地名普查若干规定”，于1980年12月抽调区人武部、民政局、公安局、城建科、教育局干部成立“云岩区地名普查办公室”，区政府副区长邢群负责此项工作，各街道办事处、黔灵公社均抽调一名副主任，公安派出所副所长及数名有一定文化程度，懂得历史、地理知识的人员组成普查小组，负责本行政区域普查工作。云岩区历时三年完成普查定名，更名（上报市政府审批）、制图等工作。

该书共收录地名796条，插页35页，其中包括19帧地名图，16幅黑白照片。按行政区划、自然地理实体、人工建筑物、企事业单位、革命纪念地和名胜古迹五类编排，其中行政区划地名全部收录，其他四类仅选择重要的予以收录。

贵州省云岩区第二次工业普查资料汇编

云岩区工业普查办公室编印

贵阳　内部资料　1987年9月　139千字　16开本　手工课印版

藏于云岩区档案馆

《贵州省云岩区第二次工业普查资料汇编》是云岩区工业普查办公室编印，

1987年9月印发的内部机密资料。

1985年1月3日，根据国务院和省人民政府“关于认真做好第二次全国工业普查准备工作的通知”，云岩区人民政府成立普查工作领导小组，邢群任组长，熊建国、刘国龙任副组长，刘国龙兼任领导小组下设的办公室主任。历经二年多时间对区属140个工业企业调查，资料汇总、统计，编制了独立核算工业企业1980、1984、1985年主要指标；工业总产值；净产值；产品产量、产品销售及库存，库存价值；工业设备拥有量，原值；职工人数及工资、企业领导及职工年龄，文化程度，政治状况；企业流动资金；1980、1984、1985年企业固定资产及流动资金；1980、1984、1985年集体所有制企业的销售收入、利润及税金；历年工业企业固定资产投资；1985年末全部工业企业动力机械总能力，占地面积、房屋建筑面积；140个企业名录及分户立表的1985年主要指标等174个统计表。

资料卷首刊印了云岩区人民政府（85）云政通字1号“关于成立云岩工业普查领导小组的通知”、“贵阳市云岩区出席全国、省、市、区第二次全国普查先进单位和个人名单”。

贵阳市云岩区第四次人口普查资料汇编

云岩区第四次人口普查办公室编印

贵阳　内部资料　1991年9月　300千字　16开本　精装

藏于云岩区档案馆

《贵阳市云岩区第四次人口普查资料汇编》是云岩区第四次人口普查办公室于1991年9月编印的内部资料，供读者参阅。

资料设有4编。第一编，登录了部份领导的讲话；列表刊印了15个街道办事处、黔灵乡及所属居民（村民）委员会，居民（村民）小组在“四普”时地址代码。第二编，以55个统计表、图，编列了1990年7月1日零时涉及人口总数及其分布、家庭结构及规模、户口状况、人口迁移及流向、出生、死亡、自然增长、文化素质、就业人口及行、职业构成、年龄、性别构成，民族构成及婚姻生育状况等数据。第三编，登载了全区第四次人口普查领导机构、普查员、指导员、先进集体及个人名单。第四编，登载了全区第四次人口普查责任书、人口普查流程，领导及工作人员统计表，人口普查指导员，普查员的来源和文化程度统计表，人口普查经费支出情况统计表，人口普查文件归档号目录，人口普查资料汇总参考目录。

贵阳市云岩区第三产业普查资料

云岩区第三产业普查办公事编纂　陈石任主编　陈昌华　蒋敦平　段英才　赵保华任副主编　段英才责任编辑。

贵阳　内部资料　济宁印刷厂印制　1995 年 7 月　100 册　98 千字　16 开本　精装

藏于云岩区档案馆

《贵阳市云岩区第三产业普查资料》是贵阳市云岩区第三产业普查办公室编纂的内部资料。

云岩区于 1993 年 10 月对云岩辖区内第三产业单位在 1991 年和 1992 年的情况进行普查，经过全区近千名普查工作人员艰苦努力和辛勤工作，圆满完成任务，数据质量经过上级检查验收符合规定要求。

该资料卷首刊登了“贵阳市云岩区第三产业普查办公室关于发布第三产业普查数据的公报（一九九五年四月五日）”，卷尾刊登了第三产业普查范围和主要指标解释。

资料收录统计表 106 个，分别归入第三产业单位增加值及其构成；第三产业中执行企业会计制度的单位增加值及其构成；第三产业中执行事业行政会计制度的单位增加值及其构成；第三产业个体户增加值及构成；第三产业企业单位、人员、财务收支、实物资产情况；第三产业事业行政单位、人员、财务收支、实物资产情况；第三产业个体户数、人数及经营情况；分办事处、乡第三产业基本情况等八个部份，完整反映了云岩区 1991 年和 1992 年第三产业概况，反映了 12 个门类 43 个大类 119 个中类的基本属性、财务收入及增加值构成等情况（不含部队和武警资料），为各级领导和社会各界研究云岩区第三产业发展，制定规划提供了翔实基础性资料。

奋进中的云岩（调研文集）

中共云岩区委政策研究室编辑

贵阳　内部资料　1996 年 11 月　292 千字　16 开本　简装

藏于云岩区档案馆

《奋进中的云岩》共刊文章 61 篇，其中以集体组织（机构）撰写的 11 篇，个人执笔、合作撰写的 50 篇。

文集封面印有位于毓秀路的中共云岩区委、区政府行政大楼外景照片，封面（底）在“云岩区重视理论研究促进城区经济社会发展”的通栏标题下登载12帧《区瞭望街》、《研究与探索》建立、发行、通联工作的黑白照片，收录市、区领导题字4帧。

文集收录有“深入基层调查研究　提高科学决策水平（代序）”“下基层应处理好的‘五项关系’”“加强调查研究　深化城区改革”“重视解决区街经济管理中的几个问题”“居民段党支部——街道文明建设的战斗堡垒”等调研文章。主要涵盖了区街经济、财政体制改革、集体经济、段办经济、非公经济、税制改革、第三产业、10小经济、党员教育、党风廉政建设、精神文明建设、文化市场建设、教育和德育、计划生育、社会治安综合治理、旧城改造、殡葬改革等课题。

贵阳市云岩区财政收支资料汇编（打印稿）

云岩区档案馆编汇

贵阳　内部资料　2000年　9千字　50册　16开本　简装打印本

藏于云岩区档案馆

《贵阳市云岩区财政收支资料汇编》是云岩区档案馆于2000年检索馆藏文书档案资料编辑的编研成果，供读者参阅。

该书以记叙笔法，简要回顾1978年至1998年云岩区财政收入与支出情况后，重点记述1998年财政工作采取的5项措施，全年实现财政总收入24201万元，比上年增长19.19%，其中地方财政收入完成12552万元，比上年增长20.26%，财政支出完成13019万元，比上年增长13.28%（其中有各大项财政支出金额）；记述1999年财政工作采取6项措施完成财政总收入28362万元，为年预算的104.88%，比上年增长17.19%，地方财政收入14878万元，为年预算的106.03%，比上年增长18.53%，财政支出完成15583万元，（其中有各大项财政支出金额）。本汇编后部有1959—1999年“地方预算内财政收入”（细化至企业收入、工商税收收入、农业税收入、其他收入），1979—1998年“地方预算内财政收入”（细化至工商税收类、农牧业税收、企业所得税类、国内企业上缴利润类、其他收入类、罚没收入、行政性收费收入类、企业所得税退税类）、1979—1998年“地方预算内财政支出”（细化至23个预算科目）、1959—1998年“地方预算内财出”（细化至经济建设类、文教卫生类、行政管理费、其他），1979—1998年“地方预算内财政支出”（细化至上解中央支出，专项上解数，社会保障基金支出）、“云岩区1990年—1999年财政收入及上解情况表等 6 个统计表及一个“税收返还，上解情况”、“收支预算情况”附件。

贵阳市云岩区城市环卫事业发展综述（打印稿）

云岩区档案馆编汇

贵阳　内部资料　2000 年 8 月　8 千字　50 册　16 开本　打印简装

藏于云岩区档案馆

《贵阳市云岩区城市环卫事业发展综述》是云岩区档案馆于 2000 年 8 月检索馆藏文书档案编辑的编研技术成果，供读者参阅。

该书以记叙笔法，简要回顾贵阳市解放前简陋的环卫设施及环卫工人悲惨境遇后，记述了贵阳市解放后，云岩区境“环卫”设施更新升级，强化领导班子建设，强化思想政治工作，科学调度统领日常业务，积极投入爱国卫生运动和创建卫生城市所取得的成绩，以及“环卫”工作者和集体荣获的各种嘉奖。

贵阳市云岩区城市居民最低生活保障工作发展综述（打印稿）

云岩区档案馆编汇

贵阳　内部资料　2000 年 8 月　8 千字　16 开本　打印简装

藏于云岩区档案馆

《贵阳市云岩区城市居民最低生活保障工作发展综述》是云岩区档案馆于 2000 年 8 月检索馆藏文书档案编辑的编研技术成果，供读者参阅。

该书以记叙笔法，回顾了贵阳市解放后至 20 世纪 90 年代中后期，云岩区社会救济工作主要由区人民政府的民政工作部门负责，实施对城市居民困难群体“生活困难救济”（生产自救、定期补助、临时救济、实物救济），对自然灾害导致的困难人员实施“灾害救济”（以实物为主）等工作情况，同时记述了自 1997 年 9 月国务院颁布发（1997）29 号文件“国务院关于在全国建立城市居民最低生活保障制度的通知”及省、市的工作部署，成立领导小组，建立区、街道办事处（乡、镇）、居（村）委会三级审核小组和工作网络，1999 年为 405 户城市居民发放最最低生活保障金 12.83 万元，为黔灵镇 66 户发放最低生活保障金 2.58 万元，黔灵镇为该镇敬老院发放补助 7 万元。

“生活保障”就未来的社会保障工作提出了九条对策措施。

贵阳市云岩区创建全国科技县（区）概况（打印稿）

云岩区档案馆编汇

贵阳　内部资料　2000年6月　7千字　50册　16开本　打印简装

藏于云岩区档案馆

《贵阳市云岩区创建全国科技县（区）概况》是云岩区档案馆于2000年6月检索馆藏文书档案编辑的编研技术成果，供读者参阅。

该书以记叙笔法，记述了中共云岩区委、区人民政府遵循党的十五大关于科学技术指示和邓小平“科学技术是第一生产力”的思想，自20世纪八十年代以来认真贯彻“经济建设必须依靠科学技术，科学技术必须面向经济建设”的方针，围绕夯实基础工作，健全科技网络；立足区位优势，构建符合实际的产业格局；依托科研机构，开发高科技产业和高新技术产业等三个影响地区经济发展实力和竞争力的主导因素，大力实施“科教兴区”战略，采取提高全区科技意识，确保组织领导到位；提高全区科技管理水平，确保政策措施到位；提高全区科技资金使用效益，确保科技投入；提高全区劳动者素质，确保人材培养到位；提高全区经济整体素质，确保目标任务到位等五项措施，终于使云岩区在1997年通过贵州省人民政府科技先进工作县（市）验收，成为贵州省首批科技工作先进区。继而又于1999年获“全国科技工作先进县（市）”称号。

贵阳市云岩区创建全国先进城区纪实（打印稿）

云岩区档案馆编汇

贵阳　内部资料　2000年8月　16千字　50册　16开本　打印简装

藏于云岩区档案馆

《贵阳市云岩区创建全国先进城区纪实》是云岩区档案馆于2000年8月检索馆藏文书档案编辑的编研技术成果，供读者参阅。

该书以记叙笔法，记叙了自党的十一届三中全会以来，中共云岩区委和区人民政府坚持“一手抓物质文明建设，一手抓精神文明建设”，“两手抓，两手都要硬”的方针，加强区和街道办事处，乡（镇）精神文明建设工作领导机构和办事机构的建设，在创建文明城市中做到目标明确，任务落实，运作、督查机制到位，尤其是在1993年将精神文明建设纳入全区六大指标考评体系，纳入领导干部任期目标，与干部升迁，干部职工的奖励挂钩，从而加快各项事业发展，为创建文明城市奠定了基础；城市建设成绩突出，区容区貌日新月异；科技进步，科教兴区战略成果卓著；教育事业全面发展；计划生育工作成绩显著；文化、体育事业蓬勃发展；医疗卫生事业不断发展；综合治理营造良好的平安、稳定、和谐社会环境。云岩区于1999年9月被中央精神文明建设指导委员会授予"全国创建文明城市先进城区"称号，从全国一个点上显示了建设社会主义精神文明，是建设有中国特色社会主义的重要特征；它为物质文明建设提供了思想保证，精神动力，智力支持和舆论环境。

贵阳市云岩区大事记史（1988—1997）（打印稿）

云岩区档案馆编汇

贵阳　内部资料　2000年　12千字　50册　16开本　打印简装

藏于云岩区档案馆

《贵阳市云岩区大事记史（1988—1997）》是云岩区档案馆在2000年检索1988—1997馆藏文书档案资料编辑的编研技术成果，供读者参阅。

该书采用编年体，共记载了166条大事、要事，涉及党务、政务、城市基本建设、教育、体育、卫生、科技、文化、经济、自然灾害、计划生育、党风廉政建设、精神文明建设、"六四"事件、机构设置、人口普查、抗洪抢险救灾、人大代表选举、"5188"工程、社会治安综合治理、农民新村建设、市场建设、贸易洽谈会、植树造林，获国家级、省级、市级嘉奖等方方面面。

贵阳市云岩区党员干部教育工作资料汇编（打印稿）

云岩区档案馆编汇

贵阳　内部资料　2000年　7千字　50册　16开本　打印简装

藏于云岩区档案馆

《贵阳市云岩区党员干部教育工作资料汇编》是云岩区档案馆于2000年检索1991年到1999年的馆藏文书档案资料编辑的编研技术成果，供读者参阅。

该书采用综述配统计表编排方式，在综述部份，按云岩区干部教育工作的指导思想，云岩区干部教育工作的具体措施、培训的主要形式，培训的主要学习内容，培训工作完成情况等5个部份，回顾了1991—1997年期间党员干部教育工作。统计表部份有1998年11次教育培训，1999年14次干部教育培训的主办者名称，培训形式、培训内容、培训对象、培训人数、期数，办班年月及天数，对综述进行补充。

贵阳市云岩区第三、四次人口普查统计资料汇编（打印稿）

云岩区档案馆编汇

贵阳　2000年　50册　16开本　打印简装

藏于云岩区档案馆

《贵阳市云岩区第三、四次人口普查统计资料汇编》是云岩区档案馆于2000年检索馆藏的云岩区第三、四次人口普查统计资料编辑的编研技术成果，供区有关部门参阅，也可供人口与社会工作者研究之用。

1982年和1990年的7月1日，全国分别进行了第三、四次人口普查（以下简称“三普”、“四普”），获取大量普查时点各类人口数据，先经人工手工汇总，再经省市电子计算机汇总。该书统计资料由编者选择13个统计表按“三普”、“四普”顺序，又按两次普查相同类型统计表配对编排。

资料汇编选择13个统计表分别是：总人口数和男、女人口数、家庭户与集体户的总户数和总人口数、人口年龄、性别状况（0—100岁及以上）、1982年在业人口的行业状况，1990年各行各业门类人口数及所占百分比、各民族人口数、1982年按性别区分的人口文化状况，1990年人口文化程度状况、各街道（公社、乡）人口的文化程度、6岁及6岁以上人口按年龄分组文化程度状况、1982年各种职业人口的文化程度，1990年分性别、文化程度的各职业大中类人口数、按性别、年龄组的文盲、半文盲人口数、按年龄、性别分组的婚姻状况、1981、1989年按年龄分组生育胎次状况、15—64岁妇女活产及存活子女状况。

贵阳市云岩区第三产业发展概况（打印稿）

云岩区档案馆编汇

贵阳　内部资料　2000年　10千字　50册　16开本　打印简装

藏于云岩区档案馆

《贵阳市云岩区第三产业发展概况》是云岩区档案馆于2000年9月检索馆藏文书档案编辑的编研技术成果，供读者参阅。

该书采用记叙笔法，记叙云岩区第三产业发展概况。云岩区曾是贵阳市解放前及解放后的20世纪五、六十年代的传统商业区域。由于解放后20年种种错综复杂因素下，云岩区的第三产业（商贸业、服务业等）发展缓慢，“文革”期间更是呈现停滞状态。在党的十一届三中全会以来，随着党的工作重点转移到社会主义现代化建设轨道，中共云岩区委，区人民政府从区情出发，提出“以小取胜”，“以多取胜”发展城区10小店（组），发展农村10小园（场），使云岩区第三产业从小起步。1989年5月成立云岩区人民政府第三产业办公室，1992年又成立云岩区商业委员，实行二块牌子一套人马工作机制，对全区第三产业进行统一管理，使全区第三产业走上持续、稳定、高效、有序的改革、发展之路。20世纪九十年代，中共云岩区委、区人民政府出台一系列鼓励，扶持第三产业政策和措施。1999年末，云岩区第三产业总产出近20亿元，交税3645万元；商业拥有批发零售网点17144个，从业人员85720人，服务业拥有网点15432个，从业人员77160人，饮食业拥有网点36314个，从业人员93762人，服务业网点268个，从业人员1340人。云岩区第三产业崛起，不仅为云岩区经济发展作出极大贡献，而且为国家，政府排忧解难，解决了二十五万余人的就业问题。云岩区第三产业兴盛对云岩区经济和社会发展功不可没。

书后附录为1999年末云岩区市场分布图、有市场名称、市场地址、经营范围、市场面积、开业日期等信息的云岩区各类市场统计表。

贵阳市云岩区非公有制经济发展综述（打印稿）

云岩区档案馆编汇

贵阳　内部资料　2000年6月　11千字　50册　16开本　打印简装

藏于云岩区档案馆

《贵阳市云岩区非公有制经济发展综述》是云岩区档案馆于2000年6月检索馆藏文书档案编辑的编研技术成果，供读者参阅。

资料采用记述文方式记叙云岩区非公有制经济发展的过程。在党的十五大关于“公有制为主体，多种所有制经济共同发展，是我国社会主义初级阶段的一项基本经济制度”、“非公有制经济是我国社会主义市场经济的重要组成部份”、“对个体、私营等非公有制经济要继续鼓励、引导，使之健康发展”指示及1992年邓小平

“南巡讲话”精神指引下，中共云岩区委、区人民政府按照“三个有利于”的标准，出台了加快发展个体、私有经济三个政策性文件，认真实施“六不”（不限发展速度、不限发展比例、不限经营方式、不限经营规模、不限经营范围、不限主管部门），“六先六后”（先放开后管理、先发展后规范、先引导后加强、先扶持后收益、先繁荣后理顺、先服务后提高），“八给”（政治上给信任、计划上给安排、政策上给优惠、法律上给保护、发展上给支持、经营上给指导、人才上给培训、服务上给方便），“六统一”（统一计划、统一安排、统一落实、统一检查、统一奖励），为全区非公有制经济营造了宽松的环境，促使全区非公有制经济实现大发展、大跨越，成为云岩区强区之本。1999 年，全区非公有制经济（不含外资部份）实现工业总产值 21358 万元，第三产业总产出 16996 万元，交税 3645 万元（区财政收入）。

资料还记述了云岩区非公有制经济 5 个特点，以及制约非公有制经济发展的 3 个主要障碍。

贵阳市云岩区改革开放以来社会科学成果名录（打印稿）

云岩区档案馆编汇

贵阳　内部资料　2000 年　23 千字　50 册　16 开本　打印简装

藏于云岩区档案馆

《贵阳市云岩区改革开放以来社会科学成果名录》是云岩区档案馆于 2000 年检索馆藏档案资料和向区属单位补充征集资料编辑的编研技术成果，供读者参阅。

资料分成两大部份，一是按 1979 年至 1999 年期间年份顺序编排的“社科成果名录”，二是按特别奖和一、二、三等奖顺序编辑的“云岩区首届社会科学优秀成果评奖获奖成果目录”。社科成果名录部份，登载了发表或获奖文章的标题、字数（1500 字以上），作者，发表刊物或出版单位名称，发表时间；21 年间，云岩区各行各业、各部门和职工、干部、领导共发表 3786 篇社科类文章。云岩区首届社会科学优秀成果名录刊登了获 8 个特别奖、4 个一等奖、8 个二等奖、12 个三等奖作品标题和作者姓名。“社科”集检索性、条目性、史料性为一体，极便于读者查阅、使用。

贵阳市云岩区计划生育工作资料汇编（打印稿）

云岩区档案馆编汇

贵阳　内部资料　2000 年　31 千字　50 册　16 开本　打印简装

藏于云岩区档案馆

《贵阳市云岩区计划生育工作资料汇编》是云岩区档案馆于2000年检索馆藏的云岩区计划生育（委员会）局文书档案编辑的编研技术成果，供读者参阅。

资料汇编刊载的内容有：省计生委规统处处长敖再玉撰写的“人口计划管理与计划生育评估方法”、1990年4月贵阳人民政府与云岩区人民政府签订的“贵阳市一九九0年计划生育任务书”，1994年云岩区自查的“一九九四年云岩区计划生育工作任务自测表”、1988～1999年的12年年终统计上报表、贵阳市计生委2000年出具的证实贵阳市云岩计划生育工作从一九八八年到一九九九年年度目标考核均获全市各区（县、市）一等奖第一名文书。

汇编所有统计报表全部根据原件复印，从中可以了解12年期间统计报表格式、内容、统计口径、计生工作机构名称演变。1989年实行的“××年度×季度育龄女分年龄组出生情况”统计表，是反映当年全区15～49岁育龄妇女人数，相关年龄组育龄妇女生育一孩、二孩、多孩子（女）数。通过此表可以计算各育龄妇女年龄组生育率，继而又能计算出当年总和生育率，从而反映全区人口生育更替水平（正常值为2.05—2.15）。

贵阳市云岩区教育事业发展综述（打印稿）

云岩区档案馆编汇

贵阳　内部资料　2000年7月　20千字　16开本　打印简装

藏于云岩区档案馆

《贵阳市云岩区教育事业发展综述》是云岩区档案馆于2000年7月检索馆藏文书档案编辑的编研技术成果，供读者参阅。

资料以记述文方式，记叙云岩区教育事业在1952—1965年期间，完成了对民国时期小学接管改造，认真贯彻执行党和国家制定的教育工作指示，大力开展扫除青壮年文盲，小学教育事业稳定发展。1966年—1976年“文革”期间，区属教育系统受到冲击破坏，成为重灾区，教育事业停滞不前。自党的十一届三中全会召开后的二十年，区属教育系统落实干部、知识分子政策，改善办学条件，提高老师政治、生活待遇；趁“科教兴区”战略机遇狠抓提高教师素质，使小学教师学历达标率达到96.9%，中学教师达标率达98.1%；20世纪80年代区教育系统实现“一无二有”（即校校无危房，班班有教室、人人有课桌椅）要求，继后在90年代在“一无二有”基础上实施“一无多有”（即校无危房、有自然实验室兼电教室、仪器保管室、图书室、阅览室、少先队活动室兼科技活动室、体育器材室），有条件的学校还设立专用音乐、美术室、体操健身房、语音室、微机与功能综合室；幼儿教育、小学教育、中学教育、特殊教育（盲、聋、哑教育、弱智教育、工读教育）、成人教育（青壮年扫盲教育、成人技术培训教育）、教师教育、校外教育（少年宫组织的小花系列才艺培训）、社区教育、家长学校齐头并进，公办、社会力量办、民办教育多轮驱动，形成全方位教育格局；深化教育体制改革，全面推进素质教育；1982—1999年区及区教育系统获国家级嘉奖31项，硕果累累，其中，1989年被评为“全国幼儿教育先进县”，1992年被评“全国扫盲先进县”，1993年和1996年两次被评为“全国特殊教育先进县（区）”，1995年被评为“普及九年义务教育和扫除青壮年文盲区”。

贵阳市云岩区街道财政体制的建立与发展（打印稿）

云岩区档案馆编汇

贵阳　内部资料　2000年5月　15千字　16开本　打印简装

藏于云岩区档案馆

《贵阳市云岩区街道财政体制的建立与发展》是云岩区档案馆于2000年5月检索馆藏文书档案编辑的编研技术成果，供读者参阅。

该书以记述笔法，记述了云岩区于1983年下半年起进行调查研究，1984年10月在3个街道办事处进行试点，1985年在全区全面推行街道财政体制建设工作。1999年末，全国首创的“街道财政”为云岩区组织的地方收入达8058万元。

该书提出了建立城市街道财政体制的依据，叙述了云岩区建立街道财政工作过程（“七个体制期”）和做法，以及街道财政建设对全区财源建设，非公有制经济发展的支撑作用。

贵阳市云岩区街道党建“三带”活动综述（打印稿）

云岩区档案馆编汇

贵阳　内部资料　2000年6月　6千字　50册　16开本　打印简装

藏于云岩区档案馆

《贵阳市云岩区街道党建“三带”活动综述》是云岩区档案馆于2000年6月检索馆文书档案编辑的编研技术成果，供读者参阅。

该书记述了党员“三带”（即带头发展段办经济，搞好便民利民活动；带头搞好城市管理，创造良好的社会环境；带头做好思想教育工作，努力提高市民素质）活动起始于中东街道9段党支部在20世纪80年代改革大潮中要求党员事事带头，继而中东街道党委要求各居民段党支部向九段党支部学习，并归纳为基层党组织“三个加强”（即加强发展段办经济，加强思想政治工作，加强城市管理和计划生育），1986年中共云岩区委进一步归纳为党员“三带”，并在全区各居民委员会党支部推广，1989年8月中共贵阳市委在云岩区召开了“三带”活动经验现场会，在全市总结、推广“三带”活动经验的全过程。

党员“三带”活动，是街道党组织首创的新生事物，是市、区委及众多街道党务工作者集体智慧的结晶，是时代的产物；是发挥基层党组织战斗堡垒作用和党员先锋模范作用的重要形式；是推动街道两个文明建设有效途径。

贵阳市云岩区经济发展概况（打印稿）

云岩区档案馆编汇

贵阳　内部资料　2000年5月　12千字　50册　16开本　打印简装

藏于云岩区档案馆

《贵阳市云岩区经济发展概况》是云岩区档案馆于2000年5月检索馆藏文书档案编辑的编研技术成果，供读者参阅。

该书记述了1950年至1978年今云岩区境经济发展缓慢，曲折、艰难的历程；讲述了自党的十一届三中全会以后及邓小平同志1992年“南巡讲话”发表后，云岩区解放思想，转变观念，调整思路，开拓进取，先后开展加强财源培育；实施科教兴区、开放带动、“退二进三”三大战略；“5188工程”；建设经济强区等项工作，提升经济整体素质，优化资源配置，壮大经济实力，提高对外开放水平，加速区域经济发展速度，从而使云岩区经济和社会发展取得了前所未有的发展速度和成就。

贵阳市云岩区落实干部知识分子政策资料汇编（打印稿）

云岩区档案馆编汇

贵阳　内部资料　2000年　5千字　50册　16开本　打印简装

藏于云岩区档案馆

《贵阳市云岩区落实干部知识分子政策资料汇编》是云岩区档案馆于2000年检索云岩区1978年至1986年期间落实干部、知识分子政策工作的馆藏文书档案资料编辑的编研技术成果，供读者参阅。

该书按云岩区落实干部政策的指导思想，落实干部政策的措施和做法，落实干部政策的完成情况等三部份回顾了云岩区在1978年至1986年历时八年的落实干部、知识分子政策工作历程，以及全区排除“两个凡是”的影响，坚持实事求是，有错必纠，对在“文革”及以往历次政治运动中被错误处理的干部和知识分子落实相关政策所取得的成绩。

贵阳市云岩区农村土地承包延包资料汇编（打印稿）

云岩区档案馆编汇

贵阳　内部资料　2000年　81千字　50册　16开本　打印简装

藏于云岩区档案馆

《贵阳市云岩区农村土地承包延包资料汇编》是云岩区档案馆于2000年检索馆藏1980—1998年文书档案编辑的编研技术成果，供区有关部门、读者查阅。

该书全文刊印了中共中央，中共贵州省委、中共贵阳市委、中共云岩区委、区政府于1980—1998年期间关于加强和完善农业生产责任制和关于进一步稳定和完善农村承包关系的14个文件，以及1981年5月云岩区黔灵人民公社“关于生产队实行包干（包产）到户的条例”，使读者清晰了解自中共十一届三中全会以来，大至全国农村小至云岩区黔灵人民公社政区范围加强和完善农业生产责任制的历史脉络。黔灵人民公社于1981年下半年全面实行以家庭联产承包责任制为主的多种承包责任制，有效地调动和保护农民的积极性。在第一轮土地承包即将到期之前，中共中央办公厅和国务院办公厅于1997年8月27日颁发中办发（1997）16号文件颁发“关于进一步稳定和完善农村承包关系的通知”，明确规定在第一轮土地承包的基础上土地承包期再延长30年，集体土地实行家庭联产承包制度，是一项长期不变的政策。中共贵州省委，中共贵阳市委，云岩区人民政府结合省情、市情、区情均发文作了部署。云岩区于1998年7月至9月派出工作队，通过培训、试点、推广三个阶段工作完成了11个村土地延包工作，同年11月对延包工作进村进行检查验收。

书后附有有11个村资料的“云岩区农村集体资产基本情况汇总表”和“云岩

区农村土地明细汇总表”、有13个村资料的“云岩区土地承包变更情况明细表”。

贵阳市云岩区农业合作化史料——互助合作时期（1952—1957）（打印稿）

云岩区档案馆编汇

贵阳 内部资料 2000年 17千字 50册 16开本 打印简装

藏于云岩区档案馆

《贵阳市云岩区农业合作化史料——互助合作时期（1952—1957）》是云岩区档案馆于2000年检索馆藏1952年至1957年文书档案编辑的编研技术成果，供读者参阅。

该书采用编年体，记述了今区境农村在1952年开展的土地改革，同年在黔灵村由江国昌、陈绍明两人分别带领几户农户成立二个互助组，至年底区境农村共建立204个常年或临时（季节性）互助组，农民积极性高涨，区境农村农业总产值达44.49万元，农民户均收入达146.29元，年人均收入达39.26元，劳动力年人均收入达72.80元。同年10月，陈绍明参加了全省劳模代表大会。1953—1957年时值中国第一个“五年计划”期间，在此时期“总路线”指导下，对农业、手工业、资本主义工商业进行社会主义改造。1954年区境农村产生了由几个互助组合并建立的初级农业生产合作社，由此，农业合作化形成高潮，并于1955年12月和1956年1月相继成立了一乡一社的茶店高级农业生产合作社，黔灵高级农业生产合作社。由于一乡一社过大，不便领导和管理因素，1956年6月，茶店社分解成茶店、东山二个高级社，1957年1月，黔灵社分解成黔灵、黔中二个高级社。同年底区境农村除上述4个高级社，还有渔安一社，渔安二社高级社。区境农业总产值为114.72万元，户均收入331.12元，年人均收入为82.71元，劳动力年人均收入为162.82元，比1952年末有了明显提高，农业合作化给农业生产和农民利益带来实实在在的利益。

该书还记述了原郊区工委对区境农村工作部署，措施，有力推动区境农业合作化的进程。

贵阳市云岩区农业合作化史料——人民公社时期（1958—1978）（打印稿）

云岩区档案馆编汇

贵阳 内部资料 2000年 54千字 50本 16开本 打印简装

藏于云岩区档案馆

《贵阳市云岩区农业全作化史料——人民公社时期（1958—1978）》是云岩区档案馆于2000年检索馆藏1958—1978年文书档案编辑的编研技术成果，供读者参阅。

该书为编年体，记述了中共云岩区委贯彻毛主席1958年7月间视察河南遂平县卫里人民公社关于“人民公社是全中国农民由社会主义迈进共产主义光明大道”指示精神，仅用二天时间组织筹备委员会，组织60余人宣传队，6个高级社的2661户，9850人（有土地18515亩）自愿申请加入黔灵人民公社，同年9月11日黔灵人民公社公布有10章41条的公社章程，在区境内农村实施政社合一的管理体制；1959年4月实行公社单一所有制，6月8日云岩区人民委发布公告允许社员私人喂养家禽家畜，家庭自办伙食，恢复自留地（社员原有土地面积5%）；1960年5月贯彻中共八届六中全会“关于人民公社若干问题的决议”，公社实行“统一领导、统一计划安排、统一核算、统一分配、统一积累、统一投资”的三级所有三级管理体制，7月贯彻中央农业60条，纠正“一平二调”，10月贯彻农村工作十条政策；1961年3月公社实行全年计划，三包一奖合同制，7月贯彻中央“关于纠正平调错误彻底退赔的办法”；1962年5月在粮食方面实行基本口粮加奖办法，8月实行“以菜换粮”办法，10月将基本核算下放到生产队；1963年在全社范围开展“五好”（遵守政策法令好、参加集体生产好、爱护公共财物好、团结互助好、勤俭持家好）社员、干部、生产队活动；1962年12月到1963年在全社范围开展社会主义教育运动，1965年按中共中央制定的二十三条开展社会主义教育活动；1966年至1970年因“文革”因素，全社农业生产均按市、区领导机关部署进行；1971年至1978年开展农业学大寨活动，其间1973年至1978年，黔灵公社户年均收入为409—538.97元，年人均收入95.72—123.44元，劳动力年人均收入为167.23元—287.14元，茶店公社户年均收入为292.10—442.58元，人年均收入为65.12—165.49元，劳动力年人均收入为151.55—214.85元。

贵阳市云岩区农业合作化史料——农村新型合作经济时期（1979—1985）（打印稿）

云岩区档案馆编汇

贵阳　内部资料　2000年　16千字　50册　16开本　打印简装

藏于云岩区档案馆

《贵阳市云岩区农业合作化史料——农村新型合作经济时期（1979—1985）》是

云岩区档案馆于2000年检索馆藏文书档案编辑的编研技术成果，供读者参阅。

该书为编年体，记述了1979年以后社队企业迅速发展；1980年黔灵与茶店公社合并，实行包产到组、户，以生产队核算的生产责任制；1984年6月撤销黔灵人民公社改制为黔灵乡，全乡13个村，村村通公路；1985年黔灵乡召开第一届党代表大会和第四届乡人民代表大会选举产生了乡党委、乡政府领导班子。

贵阳市云岩区上规模企业及其产品资料汇编（打印稿）

云岩区档案馆编汇

贵阳　内部资料　2000年　12千字　50册　16开本　打印简装

藏于云岩区档案馆

《贵阳市云岩区上规模企业及其产品资料汇编》是云岩区档案馆于于2000年检索馆藏文书档案资料编辑的编研技术成果，供读者参阅。

该书第一部分，简要回顾了贵阳市解放后至20世纪70年代的云岩区手工业演变，记述了中共十一届三中全会以后至20世纪末，云岩区发挥区位优势，先后采取“见缝插针、拾遗补缺”、“多轮驱动、整体推进”、“扩大开放，谋求发展”、“上档次、增效益、创名牌”、“帮扶骨干企业，实施名牌战略”、“小、巧、多、优、活、新、廉、快”等重大举措，使云岩区形成了十大行业、十多个门类、700多家企业，其中上规模企业52户。在52户企业中，年产值上亿元的有2户，年产值上5000万元有2户，年产值上1000万元有27户，年产值上500万元有11户，年产值上100万元有10户，（随文的统计表列有52户企业名称、法人代表、主要产品，1999年主要经济指标完成情况）。文中还披露1999年全区工业总产值201800万元，比上年增长20.69%，全区独立核算228个工业企业完成工业总产值123183万元（90不变价），比上年增长25.83%，完成增加值42324万元，比上年增长15.48%，实现销售收入95106万元，比上年增长23.83%，实现利润3481万元，比上年增长26.78%，实现税收4522万元，比上年增长18.25%。其中52户骨干企业工业总产值占独立核算企业（下同）的88.5%，完成增加值占98.05%，实现销售收入占98.6%，实现利润占97.03%，实现税收占99.3%。第二部分阐述了云岩区主要企业及产品发展的六条基本经验。第三部份，表明了云岩区乘西部大开发的东风，继续奋勇前进时要抓好5个方面工作。

贵阳市云岩区社会风情汇编（打印稿）

云岩区档案馆编汇

贵阳　内部资料　2003年10月　39千字　50册　16开本　打印简装

藏于云岩区档案馆

《贵阳市云岩区社会风情汇编》是云岩区档案馆于2003年10月检索馆藏档案资料编辑的编研技术成果，供读者参阅。

该书由宗教、风俗习惯、神话传说三部份组成。宗教部份记述了佛教、道教、伊斯兰教、天主教、基督教传入境内年代，发展脉络，宗教活动及场所（佛教场所有42处，重点介绍了铜佛寺、弘福寺、觉圆、大觉精舍、文殊寺，道教场所有24处）。风俗习惯中记述了13个节令，8个祭祀，婚姻、殡葬、生活习惯。神话传说中记述了5个神话故事，记述关于区境内狮子山、金鼎山、八角岩、圣泉、金沙坡、李子园、鲤鱼田等7个地名由来的传说。

贵阳市云岩区医疗卫生事业发展综述（打印稿）

云岩区档案馆编汇

贵阳　内部资料　2000年8月　12千字　50册　16开本　打印简装

藏于云岩区档案馆

《贵阳市云岩区医疗卫生事业发展综述》是云岩区档案馆于2000年8月检索馆藏文书档案编辑的编研技术成果，供读者参阅。

该书采用为记述文笔法，记述了云岩区人民医院、云岩区第二人民医院、云岩区卫生防疫站等三个区属医疗卫生单位发展历程及取得的成就，记述了从事人道主义救助工作的群众团体——云岩区红十字会自1958年3月以来的组织建设、发扬“博爱、人道、奉献”精神，实实在在的工作成绩及所取得光荣与成就。

贵阳市云岩区整党工作资料汇编（打印稿）

云岩区档案馆编汇

贵阳　内部资料　2000年　9千字　50册　16开本　打印简装

藏于云岩区档案馆

《贵阳市云岩区整党工作资料汇编》是云岩区档案馆根据馆藏的中共云岩区委办公室1985年7月至1986年文件资料及1—34期通报编辑的编研技术成果，供读者参阅。

该书内文分成四部份：一是，1985年7月至10月期间区级机关整党工作；二是，1986年5月至11月期间14个街道办事处整党工作；三是，对黔灵乡整党验收工作；四是，黔灵乡在整党后开展清理乱占乱建取得的成效。区级机关参加整党党员与街道办事处整参加党党员构成有较大区别，机关通过学文件使党员明确整党目的、任务、方针政策，两个“否定”（“四清”与“文革”），统一思想认识，增强党性观念，提高党员素质，端正思想，做到整党、工作两不误，促经济，促改革，争取更大成就；街道办事处党委针对办事处机关、企业、离退休、年老多病等四种党员实际，实行集中自学，上党课，上门宣传方式使党员了解整党目的，任务、方针政策，提高党员党性觉悟，积极参加整党。各街道办事处在整党全过程中注重抓大事，办实事，切实抓好了共青团的建设，使街道团组织出现了六个方面明显变化。对黔灵乡整党工作实行验收，体现整党是一件严肃的工作，一定要落实到农业、经济、乡镇企业发展上。

贵阳市云岩区主要市场资料汇编（打印稿）

云岩区档案馆编汇

贵阳　内部资料　2000年　11千字　50册　16开本　打印简装

藏于云岩区档案馆

《贵阳市云岩区主要市场资料汇编》是云岩区档案馆于2000年检索馆藏的20世纪80年代和90年代的文书档案编辑的编研技术成果，供读者查阅。

该书记述了云岩区实施“市场带动”战略，按照“建设大市场，组织大贸易，参与大循环，搞活大经济，促进大发展”思路，使云岩区市场由20世纪80年代初的零星分散，单一模式发展到20世纪90年代末集中连片、有序，多门类并存的繁荣景象。1999年末统计，全区三个市场管理系统有84个市场，经营范围为农贸，饮食（含夜市）、木材、百货、旧货、五金、毛线、铝塑制品、化装品、古玩字画、防盗、装饰材料、物资调剂、汽车配件、机电、家电、文化、灯具、化纤布料、屠宰、饲料兽药农资、粮油、劳务、家具鞋业、药材等。其中，市西路小百货市场，比兰德市场，东山水果批发市场，花香村农副产品批发市场，二桥粮油市场，大西南物资市场，黑马装饰材料市场，三桥蔬菜批发市场，化纤布料市场，易发家电市场，年成交额上亿元。

书中还记述了84个市场地址、市场面积，经营范围，开业时间；介绍了市西路小百华批发市场、东山水果批发市场，花香村农副产品批发市场，三桥蔬菜批发市场，合群路餐饮夜市市场，大西南物资市场、龙井风味小吃城、红边门农贸市场，二桥粮油批发市场、市西大市场等10个市场特色及所取得的经济与社会效益。

贵阳阳市云岩区大事记（974—2000年）（打印稿）

云岩区档案馆编汇

贵阳　内部资料　2003年10月　71千字　50册　16开本　打印简装

藏于云岩区档案馆

《贵阳市云岩区大事记（974—2000年）》是云岩区档案馆于2003年10月检索馆藏档案资料编辑的编研技术成果，供读者参阅。

该书采用编年体，记述了区境自公元974年至2000年大事记要，时间跨度1027年，历经宋、元、明、清、民国时期及中华人民共和国成立时的1949年10月1日至2000年年底。

贵阳市云岩区革命烈士名录汇编（打印稿）

云岩区档案馆编汇

贵阳　内部资料　2004年5月　19千字　50册　16开本　打印简装

藏于云岩区档案馆

《贵阳市云岩区革命烈士名录汇编》是云岩区档案馆于2004年5月检索馆藏文书档案编辑的编研技术成果，供读者参阅。

资料采用表格，登录243名烈士姓名、籍贯、生前主要事迹；编排上按烈士牺牲时间先后为序；登录范畴为：本辖区籍；籍贯非本辖区，但生前在本辖区工作或生活；非本辖区籍，但牺牲在本辖区；非本辖区籍，又未在本辖区工作或者生活，但烈士关系随亲人迁移到本辖区者。

贵阳市云岩区各街道办事处基本概况（打印稿）

云岩区档案馆编汇

贵阳　内部资料　2004年9月　16千字　50册　16开本　打印简装

藏于云岩区档案馆

《贵阳市云岩区各街道办事处基本概况》是云岩区档案馆于2004年9月检索馆藏资料编辑的编研技术成果，供读者参阅。

资料采用记述文笔法，记述了云岩区所辖15个街道办事处、黔灵镇（公社、乡）机构演变，地理位置、人口数、居住人口民族种类，辖区内道路，街（巷）名称，驻区单位名称及文物古迹（或遗址），2001年居委会整合为社区居委会情况及曾获得过市以上的嘉奖，极具存史价值。

贵阳市云岩区劳动模范、先进个人、先进集体名录汇编（打印稿）

云岩区档案馆编汇

贵阳　内部资料　2004年　50册　16开本　打印简装

藏于云岩区档案馆

《贵阳市云岩区劳动模范、先进个人、先进集体名录汇编》是云岩区档案馆于2004年检索馆藏文书档案编辑的编研技术成果，供读者参阅。

该书采用表格式，收录了获奖单位名称或个人姓名，称号名称，授奖单位名称，授奖时间。其中，在1954—2004年期间有16人先后获国家和省级授予的劳动模范称号，或“五一”奖章；在1954—2000年期间先后有27人获贵阳市授予的劳动模范称号；在1956—2000年期间有76人获国家和部委授予的先进个人（工作者）称号；1964年有1人获国家及大军区授予的先进个人（工作者）称号；在1956—1999年有38人获中共贵州省委、省人民政府、省军区授予的先进个人（工作者）称号；在1960—2000年有79个组织（单位）先后获国家、部委授予的先进集体称号；在1964—2000年期间云岩区人民武装部先后有8次获国家及大军区授予的先进集体称号，区人武部通信连、云岩区征兵办公室各获一次先进集体称号；在1983—2000年有43个组织（单位）获中共贵州省委、省人民政府、省军区授予的先进集体称号。

贵阳市云岩区人口分布情况（1958—2000 年）（打印稿）

云岩区档案馆编汇

贵阳　内部资料　2004 年 9 月　3 千字　50 册　16 开本　打印简装

藏于云岩区档案馆

《贵阳市云岩区人口分布情况（1958—2000 年）》是云岩区档案馆于 2004 年 9 月检索馆藏资料编辑的编研技术成果，供读者参阅。

该书采用文字与统计表相辅相成的记述文形式，记述了云岩区 1958 年至 2000 年全区人口总数、人口密度，全国第 2—5 次人口普查时点云岩区人口总数及人口密度；1964 年、1971 年、1980 年、1989 年，2000 年位于区域中心 6 个街道办事处，与黔灵公社（乡、镇）接壤的 8—9 个街道办事处、黔灵公社（乡、镇）三个板块人口数及占全区人口总数的构成比，以及同期三个板块人口密度，显示由于市中心区域商贸发展和城市改造因素，全区人口分布由中心区域向城乡结合部，黔灵公社（乡、镇）扩散。文中随附的有各街道办事处人口信息的统计表对文字叙述进行了有益补充，且有利于各街道办事处，黔灵公社（乡、镇）在相关工作中可酌情直接引用，又可供社会学、人口学者研究之用。

贵阳市云岩区人口构成情况（1958—2000 年）（打印稿）

云岩区档案馆编汇

贵阳　内部资料　2004 年 9 月　17 千字　50 册　16 开本　打印简装

藏于云岩区档案馆

《贵阳市云岩区人口构成情况（1958—2000 年）》是云岩区档案馆于 2004 年 9 月检索馆藏区统计部门文书档案和第 3—5 次人口普查资料编辑的编研技术成果，供读者参阅。

该书采用文、统计表相辅相成的记述文手法，全文分成 5 个部份，即性别构成，年龄构成、民族构成、文化构成、职业行业构成记述了 1958 年至 2000 年期间常住人口（公安统计口径），及含流动人口因素的第 2—5 次人口普查时点时五个人口构成方面的演变及特征，其林林总总数据既可供区领导及相关工作部门决策借鉴，又可供社会学、人口学者研究之用。

贵阳市云岩区文物名胜汇编（打印稿）

云岩区档案馆编汇

贵阳　内部资料　2004 年 5 月　88 千字　50 册　16 开本　打印简装

藏于云岩区档案馆

《贵阳市云岩区文物名胜汇编》是云岩区档案馆于 2004 年 5 月检索馆藏档案资料编辑的编研技术成果，供读者参阅。

该书记述了云岩区境内贵阳古城垣；雅关（关隘）；市西河上 5 座古桥和贯城河上 18 座古桥及位于高坡哨、会缘河的二座古桥；30 个古井；择溪（宅溪）；5 座名人墓葬；弘福寺、麒麟洞、文昌阁、大觉经舍、阳明祠、尹道真祠、觉圆、君子亭等 8 处古建筑；阳明祠碑刻、东山石刻、雅关门额、尹道真祠门额、弘福寺碑（石）刻；黔灵公园、黔灵山等 11 座名山、六冲关、贵州省植物园；中国共产党贵州省工作委员会——高家花园、八路军驻贵阳交通站旧址和《新华日报》贵阳分销处旧址等 3 处革命旧址；解放贵州革命烈士纪念碑，贵州人民抗日纪念碑，林青烈士就义处，卢焘遇难处，张先培烈士故居等 5 处革命纪念建筑。

该书还记述区境内已消失的名胜古迹，其中有 6 所会馆、7 所寺院、3 座道观、5 座楼、3 个台、1 座亭、3 座阁、1 个池。

书后附录“云岩名胜诗选”，其中有圣泉诗选、黔灵诗选、相宝山诗选、文昌阁诗选、雅关诗选、其他诗选，均为古人赞誉境内人文景观之作。

云岩区第一次经济普查资料汇编

云岩区第一次经济普查领导小组办公室　云岩区统计局合编　田儒雄主编　张淑芹　王倩任副主编

贵阳　内部资料　黔“新出”［图书］2006 年一次性内资准字第 476 号　贵阳市快捷激光印刷厂印制　542 千字　800 册　16 开本　精装

藏于云岩区统计局　云岩区档案馆

云岩区第一次“经济普查”的标准时点为 2004 年 12 月 31 日，时期资料为 2004 年度；调查对象为云岩区辖区内从事第二、第三产业活动的全部法人单位，产业活动单位和个体经营户；所有指标和分组均执行《第一次全国经济普查方案》和国家统计分类标准。

资料汇编按内容分为四大部份。第一部份，刊印区人民政府关于开展第一次经济普查工作，成立专项工作领导小组，职责和成员分工的通知，经济普查工作总结，5项技术总结，表彰经济普查16个先进集体和101个先进个人的决定。第二部份，刊印了全区汇总的49个统计表。第三部份，刊印了以15个街道办事处，黔灵镇行政区域汇总的各19个统计表。第四部份，以云岩区和15个街道办事处，黔灵镇等17个行政区域汇总的个体经济总表。资料收录彩色照片12幅。

资料显示2004年，全区各类别、各行业共有单位法人4701个，从业人员25.95万人，总产值599.09亿元，个体经营户32691户（有证14764户），从业人员6.6万人，营业收入38.99亿元。

云岩区建强十年研究

《云岩区建强十年研究》课题组编辑　李裴任组长　韦昌明　田儒雄任副组长

贵阳　内部资料　黔新出［报刊］2008年连续内资准字号第76号　2008年9月　155千字　16开本

藏于云岩区档案馆

本专辑包含前言，综合篇，经济发展与城市建设篇，产业发展篇，文化社会建设篇，后记、附录。

专辑封面刊印胡锦涛同志视察万江社区照片，封底刊印云岩区大十字商务中心照片、封面（底）内页为两组12帧彩色照片。

课题成果登载于中共贵州省委政策研究室主办的《贵州调研》（登记证号：贵州省［报刊］连续性内资号SK4），2008年9月出版的贵州省建设经济强县专辑。

花溪区1990年人口普查资料

贵州省人口普查办公室编纂　令狐昌仁主任　龚学明　赵正澄副主任

贵阳　内部资料　贵州省统计局印刷室印刷　1992年7月　80册　700千字　16开本

藏于花溪区档案馆

按照国务院45号令《第四次全国人口普查办法》，以一九九０年七月一日零时为标准时间，进行第四次人口普查。

为了给党政府领导和有关部门提供决策依据，满足各界对资料开发利用的需求。贵州省人口普查办公室根据电子计算机汇总的数字整理编印了这本资料。本资料共十卷，38 张表，包括了人口的年龄结构、城乡分布、文化程度、行、职业构成、家庭、婚姻、生育、死亡等内容，较一九九一年编印的《手工汇总资料汇编》更为丰富，是继第三次全国人口普查以来的一本比较系统、详实丰富的资料。

本资料中的乡、镇均是按 1990 年普查时的现行行政区划所列，有的县与 1982 年普查时的行政区划不一致。由于数据在处理过程中，严格按照《逻辑审查规则》对汇总表进行了认真的审核验收，纠正了手工汇总上的一些错误。资料中“－”符号表示无数字或数字太小。有的年龄因无数据，所以没有编印在资料中。书后附指标解释。

周渔璜周钟瑄研究资料专辑

贵阳市花溪区周渔璜周钟瑄研究会编纂　王邸研究会名誉会长　辛维光名誉副会长　冉砚农总顾问　王亚光　冯楠　史继忠　李万寿　乐崇演　何静梧　林连华　雷昌应　廉夫　秦如培　章德华　彭志德　熊耀廷会长　陈刚　王刚　颜永强　欧阳震副会长

贵阳　贵阳长虹印制总厂印制　1994 年 5 月　200 千字　16 开本　软装　5.00 元

藏于花溪区政协档案室

1992 年，贵阳市人民政府征得周氏后人同意，将珍贵文物若干件由国家收藏，并修复了桐野书屋，开通了公路。又因怀念周渔璜而追思周钟瑄，花溪区委、区政府邀请热心地方文化人士，组成“周渔璜周钟瑄研究会”，收集有关介绍和评论“二周”的资料，印成本辑，标明第一辑。内部资料，目录前有序言和“周渔璜周钟瑄研究会”的“前言”，封一和封底有彩图 8 幅。其中有刘海粟的《诗人周桐野小传》，陈福桐的《清初著名诗人周渔璜》，王燕玉的《清初杰出诗人周渔璜》，杨祖恺的《周渔璜年谱》，王以炯标的《周渔璜的故事》、《贵阳府志・耆旧传》中记载的《周起渭传》、《贵州通志・人物志》中记载的《周钟瑄传》、《嘉义县志・人物志》中记载的《周钟瑄》，朱崇演的《周钟瑄在台湾诸罗县》，史继忠的《治理台湾有功的周钟瑄》，欧阳震的《广顺名胜白云山和周钟瑄〈白云山序〉》等，共 38 篇文章。

贵州省开阳县第四次人口普查资料汇编

开阳县人口普查办公室编辑　陈惠康　谢德生　王华　谌贻刚责任编辑

贵阳　内部资料　1991 年 8 月　350 册

藏于开阳县档案馆

全书正文分为两部分，以图表为主要表述方式。第一部分，开阳县第四次人口普查手工汇总资料汇编；第二部分，开阳县第四次人口普查计算机汇总部分数据。正文前有前言、编辑说明、图表、数据公报和数据分析，后面有附录。

卷四　图集（图录）
期刊　文集　谱牒

图集（图录）

贵阳百年

贵阳市地方志办公室承修　贵阳市志编纂委员会编纂　陈石主任　许朗　濮振远　王保健　沈昭碧　何晓军　王亚平副主任　卢守祥　许朗主编　王亚平　龙尚学　郑荣晴　何静梧副主编

贵阳　贵州人民出版社　2000年12月　2000册　16开本　精装　70.00元

藏于贵阳市地方志办公室

《贵阳百年》上限为清光绪二十七年（1901年），下限为2000年。全书以逐年著录大事、要事，反映20世纪贵阳的发展变化。所记大事、要事，主要是对贵阳的社会、经济有重大影响或重要作用的事，特别注重贵阳历史进程中具有开创性、转折性和终结性的事。内容以政治方面的大事为主要脉络，兼顾经济、文化、科技、社会等方面的大事；建置沿革、重大自然灾害、重大事故、重大疫情、重要人物逝世亦择要记述。记叙方法采用编年体，以年月日为序记叙，特别重大事件采用编年体与纪事本末体结合记述。

该书由中共贵州省委常委、贵阳市委书记王晓东作书名题字，正文前凡例，由贵阳市市长孙国强作《继往开来，阔步迈入新世纪》序，后有附录，附贵阳建置沿革、1949年至2000年贵阳市总人口及构成、1949年至2000年贵阳市国民经济主要指标。共514千字。

2003年7月，《贵阳百年》获贵阳市社科三等奖。

贵阳百年图鉴

贵阳市地方志编纂委员会办公室承修　贵阳市志编纂委员会编纂　陈石主编　王亚平　郑荣晴副主编

贵阳　贵州人民出版社　2001年12月　3000册　16开本　精装　880.00元　简装　580.00元

藏于贵阳市地方志办公室

《贵阳百年图鉴》上限至1901年，下限至2000年。共向社会征集图片近万张，从中精选700余张入志。以图叙事，按时间顺序共分三个部分（第一部分觉醒，步入近代化之门；第二部分探索，构筑现代化之基；第三部分崛起，迈步走向现代化。）展示贵阳百年间的经济社会状况及变迁。

《贵阳百年图鉴》以丰富的内容、新颖的形式和独特的视角，反映中国共产党实践“三个代表”的历史经验，通过图解贵阳20世纪的历史，见微知著地揭示没有共产党就没有新中国，有了共产党，中国的面貌就焕然一新的真理。

《贵阳百年图鉴》是熔资料性、艺术性、思想性于一炉的图片集，它靠一幅幅照片留下的历史瞬间，以及瞬间与瞬间排列组合来再现历史的侧面。《贵阳百年图鉴》中的文字、或作为图像的导读和解读，或只是时、空、人、事的具体说明，它们的历史内蕴与感染力是有限的；《贵阳百年图鉴》的主题，是靠照片、文字共同交织的思想文化内涵和艺术鉴赏价值来体现，它重在引导与潜移默化。

该书正文前由中共贵州省委常委、贵阳市委书记王晓东，贵阳市市长孙国强分别作序，后附后记。全书文字均有英文翻译。

2002年12月，《贵阳百年图鉴》获贵州省第五次哲学社会科学优秀成果二等奖，并被广东省新闻出版局评为最优质产品。

魂系乌蒙——中共贵州省工委斗争纪略展图集

中共贵阳市委党史研究室编　李长兴　何任叔顾问　黄光骢主任　田继德副主任　黄光骢主编　彭文俊执行副主编

贵阳　黔新出［图书］2002年内资准字第2317号　贵阳彩印厂印刷　2002年12月　10千字　1000册　16开本　精装

藏于贵州师大图书馆　中共贵阳市委党史研究室图书室

本图集是根据作为贵州省级文物保护单位、省级爱国主义教育基地的中共贵州省工委旧址展陈的主要内容和解说文字集纳成册。按照序厅、红流厅、热血厅、燎原厅、光明厅和纪念厅的顺序，以图文并茂的形式展示了党领导贵阳人民革命历经艰难困苦的光辉历程。

贵阳知青图志

贵阳市地方志编纂委员会办公室承修 《贵阳知青图志》编纂委员会编纂 王亚平主编 郑荣晴副主编

贵阳 方志出版社 2004 年 8 月 309 千字 2000 册 16 开本 精装 280.00 元

藏于贵阳市地方志办公室

《贵阳知青图志》通过照片的形式，按时间顺序分三个部分（追寻历史足迹、难以忘却的岁月、再创崭新的历程）准确、翔实地记述 20 世纪 50 年代至 80 年代贵阳知识青年上山下乡的历史和现状。

全志共 309 千字，正文前有序两篇，后附后记。

2005 年 7 月，《贵阳知青图志》获贵阳市社科二等奖。

巨变的历史——中共贵阳历史图集（1949—2004）

中共贵阳市委党史研究室编 李军顾问 李涛主任委员 吴应涛副主任委员 彭文俊主编 田继德 彭文俊策划主编 吴应涛 韩静滇编审

北京 中共党史出版社 2005 年 11 月 1000 册 100 千字 8 开本 精装 1380.00 元

藏于贵阳市图书馆 贵州师大图书馆 中共贵阳市委党史研究室图书室

本图集由前言、概述、正文和后记 4 个部分构成。正文按历史顺序分为 6 大篇章，在历史新纪元部分设贵阳获得新生、建立人民政权，巩固新生政权、恢复国民经济，向社会主义过渡 3 个小版块；在曲折中发展部分设探索建设社会主义道路的开端、农业生产稳步发展、探索中前进的成就 3 个小版块；内乱的十年独立成篇；在走进新时期设伟大的历史性转折、改革开放推动经济建设、改革开放促进社会进步 3 个小版块；在跨越新世纪部分设擎旗奋进，执政为民，树立科学发展观、构建和谐社会 3 个小版块；前进的林城独立成篇。该图集从贵阳地方经济社会发展变化的角度入手，运用图文并茂的形式，采用图片近 900 幅、文字近 10 万字，反映贵阳各级党委和政府 55 年间执政为民的本质和历程，透视和折射历史的脉络与辉煌，实现了珍藏历史、回顾历史、学习历史的目的和发挥“启迪、教育、警示”的作用。

贵阳百年体育图录

贵阳市地方志编纂委员会办公室承修　贵阳市志编纂委员会编纂　王亚平主编　郑荣晴　孟晓泉副主编

贵阳　贵州人民出版社　2006 年　400 千字　2000 册　16 开本　精装　360.00 元

藏于贵阳市地方志办公室

《贵阳百年体育图录》上限至1902 年，下限至2003 年，将贵阳百年的体育事业发展分为上、下两篇，上篇早期体育承先启后（1902 年～1949 年），包含传统体育源远流长、现代体育初见端倪两部分，主要记述贵阳解放前体育发展的历史。下篇今朝体坛花团锦簇，包含群众体育绚丽多姿、竞技体育稳步前进、运动盛会与时俱进、特种体育星光闪烁、八面来风造就人才、同心协力繁荣体育 6 个部分，主要记述贵阳解放后体育的发展历程。

该书共400 千字。正文前有概述，由贵阳市人民政府常务副市长陈坚作序，后附大事记略、贵阳历届运动会一览表、贵阳竞技体育获奖情况一览表、贵阳群众体育获奖情况一览表、贵阳市少数民族传统体育运动会一览表、贵阳市历届残疾人运动会一览表、贵阳市残疾人历年参加重大赛事成绩表及后记。

贵阳巨变（1949—2008）

贵阳市统计局编印　曹玉珍主编

贵阳　2009 年 9 月　16 开本　精装

藏于贵阳市统计局　贵阳市地方志办图书室

该书分为：《数字见证历史 发展铸就辉煌》、《城乡人民生活靓变》、瞩目巨变和贵阳市及 10 个区（市、县）的主要统计数据四个部分，图文并茂，以翔实丰富的统计资料和客观史实，全面地、系统地反映解放60 年来贵阳经济社会发展取得的辉煌成就和巨大变化。

前进中的乌当

《前进中的乌当》编委会编印　李世荣　黄润昌　刘泽义　陈兆祥顾问　吴学成主编　唐尔钊　金德越　柴泓　陈广宇　胡嘉坪副主编

贵阳　1992 年　16 开本

藏于贵阳市乌当区地方志办公室

《前进中的乌当》共 18 页，封面百花湖照片，封底乌当区交通示意图。图册分为 7 个部分，依次分别是：

一、亲切的关怀 殷切的期望。主要有江泽民总书记视察坐落在乌当境内的贵阳高新技术产业开发区；田纪云副总理在省、市领导同志的陪同下到乌当视察；原贵州省委书记胡锦涛在区领导陪同下视察工作等 6 幅。

二、良好的投资环境。主要有澳大利亚驻华大史及夫人到乌当区参观，了解投资环境；卢旺达代表团到乌当参观；区委、区政府、区人大、区政协领导与参加中外合资贵阳宏赡磨料磨具有限公司外商合影等 14 幅。

三、蓬勃发展的乡镇企业。主要有外商参观乡镇企业；乌当水田工业小区一瞥等 46 幅。

四、高产优质高效农业。主要有乌当特产早期水果——杨梅，果中之王刺梨；新场茶叶，永乐蔬菜，东风田园化等 18 幅。

五、迷人的旅游风光，浓郁的民族风情。主要有新堡播挪摩簸箕画；少数民族传统节日新堡三月三歌会；乌当舞龙队获北京旅游年舞龙大赛奖等 16 幅；

六、科技兴区结硕果。主要有新建的区人民医院；全省青少年公路跑赛在乌当举行；乌当首届百花艺术节等 7 幅；

七、欣欣向荣　迈步小康。主要有新建城镇道路；民居住宅区一角；繁华的新天农贸市场等 6 幅。

投资指南

贵阳高新技术产业开发区编印

贵阳　1994 年　16 开本　平装

藏于贵阳市乌当区地方志办公室

《投资指南》共 17 页，分为 5 个部分，依次为：

一、关怀与支持。有江泽民总书记视察贵阳高新技术产业开发区；国务院副总理朱镕基视察开发区并听取汇报；国务院副总理邹家华视察贵阳高新技术产业开发区等 7 幅。

二、发展中的开发区。有国家科委向贵阳高新技术产业开发区授牌；开发区高新技术企业颁证大会；国务院批准贵阳高新技术产业开发区为国家高新技术产业开发区新闻发布会等7幅。

三、投资环境。有贵阳海关大楼；贵阳市景；中国民航贵阳机场；贵阳金筑大酒店等8幅。

四、优惠政策。开发区企业从被认定之日起，减按15%的税率征收所得税；出口产品产值占当年产值的70%以上的，减按10%税率征收所得税。照片有开发区与外商洽谈合作项目；开发区新天酒楼等4幅。

五、投资程序。有独资、合资企业申办程序；管理机构；支撑服务体系及创业中心联络机构；贵阳高新技术产业开发区规划图。

贵阳高新技术产业开发区，是经中华人民共和国国务院批准建立的国家高新技术产业开发区。它位于贵阳市郊，总面积11.32平方公里，其中5.33平方公里可供成片开发。

经国务院批准的贵阳高新技术产业开发区，始终以军工企业、大中型企业为依托，以国内外市场为导向，注重高新技术的商品化、产业化、国际化。贵阳高新技术产业开发区虽然起步时间不长，但已取得可喜的进展，进区企业已达156家，其中经认定批准的高新技术企业49家。自建区以来，投入基本建设资金已达2.7亿元。基础设施完善，具有良好的投资环境和广阔的发展前景。

乌当区行政中心落成纪念

中共乌当区委　乌当区人民政府合编
贵阳　2003年3月　16开本　精装
藏于贵阳市乌当区地方志办公室

《乌当区行政中心落成纪念》是中共乌当区委、乌当区人民政府2003年3月编印的一本纪念画册。主要内容有：乌当区新行政办公中心简介，黔中腹地的投资热土——乌当，崛起的新城——乌当，国家级高新技术产业开发区——新天园区，便利的交通四通八达，市民休闲娱乐的好去处——城市广场，国家级现代农业示范园区，位于朱昌镇景象奇观的百花湖，迷人的自然景观吸引八方游客。

新的乌当区行政办公中心，坐落于新添寨燕子冲，比邻贵阳市云岩区，距贵阳市中心仅8公里。整个行政办公中心占地约18.73公顷，计划总投资2.5亿元，总建筑面积9.08万平方米，由美国VBN建筑设计公司设计。所有建设工程中，绿地率达59%，建筑密度仅为26%。中心由若干不同功能的建筑按其功能分区域组成，体现生态型、园林型办公特征。中心建筑布局呈扇形展开，犹如大鹏展翅，与背山的巨大太阳光芒造型和前方的月型湖相互映衬，取意日月同辉，突出升腾与飞翔的主题，充分展现开放、发展、积极向上的乌当精神。中心将建设先进的通讯、办公、信息处理、会务及环保设施，使中心成为理想的现代化办公场所。

整个行政办公中心的建设分三期完成。一期工程占地约 11.29 公顷，建筑面积 3.25 万平方米，2001 年 8 月 26 日开工，2002 年上半年完成主题工程，2003 年 2 月完成内外装修及设施安装。二期工程 2003 年初开工，2003 年底完成，占地约 5.93 公顷，建筑面积约 4.84 万平方米。三期工程 2003 年下半年开工，2004 年上半年竣工。占地约 1.51 公顷，建筑面积约 0.88 万平方米。

乌当区行政中心于 2003 年 1 月 26 日举行挂牌仪式后迁入。

乌当二中在前进

贵阳市乌当第二中学编印　帅颂　郭富堂　李明非　夏毅　熊伟　梁磊编委　仇学钧　王强　汪宗淦　李开定　孙定朝特聘顾问

贵阳　2005 年　16 开本

藏于贵阳市乌当第二中学

《乌当二中在前进》是贵阳市乌当第二中学建校 20 周年（1985 年—2005 年）纪念册。该画册由校长寄语、校歌、发展简史、领导关怀、班子成员、历史回顾、今日校园、展望未来、党建工作、教书育人、科研兴校、硕果累累、春华秋实和教职工名录组成。收录照片 226 张。

奋进中的乌当

乌当区保持共产党员先进性教育活动领导小组办公室编印

贵阳　内部资料　2006 年　16 开本　平装

藏于贵阳市乌当区地方志办公室

《奋进中的乌当》是乌当区保持共产党员先进性教育活动领导小组办公室编印的宣传画册。

画册主题有十个，分别是：一、广泛动员 深入学习 提高认识。收录照片 15 幅。二、领导带头 率先垂范。收录照片 13 幅。三、永葆先进 服务人民。收录照片 23

幅。四、高新产业强区。收录照片9幅。五、特色农业富民。收录照片10幅。六、第三产业兴区。收录照片9幅。七、交通促发展 城市树形象。收录照片8幅。八、科教文卫齐发展 精神文明展风貌。收录照片28幅。九、加强民主法治建设 确保社会政治稳定。收录照片16幅。十、找准活动载体 夯实执政基础。收录照片23幅。

风雨历程　辉煌50载

贵阳市乌当中学编印

贵阳　内部资料　2006年　16开本　平装

藏于贵阳市乌当中学

《风雨历程　辉煌50载》是乌当中学编辑的纪念建校五十周年画册（1956—2006）。该画册由学校规划图、校长寄语、学校概况、领导班子、历届校长、历届校级负责人名单、、亲切关怀、对外交流、旧貌新颜、教学设施、近年来获各种荣誉的教师、优质师资队伍、各教研组、2006年教职工花名册、近年来高考录取情况（部分）、教研教改、文体活动、德育实践、学校荣誉、往昔岁月、建校初期毕业合影（选）、八十年代毕业合影（选）、九十年代毕业合影（选）、二十一世纪初毕业合影（选）和校歌组成。收入照片184张。有钱伟长题“贵阳市乌当中学”，乌当中学校歌《雏燕奋飞》。

建校四十周年纪念册

贵阳市乌当区新天九年制学校编印　徐丽刚　黄艳　胡鸿　穆天学　李静仙编委　陶乃茹　何培荣　刘开华　顾梁清特聘顾问

贵阳　2006年　16开本　平装

藏于贵阳市乌当区新天九年制学校

《建校四十周年纪念册》是贵阳市乌当区新天九年制学校编辑的建校40年纪念册（1966—2006）。该画册由校长寄语、新九校歌、发展简介、领导关怀、班子成员、历史回顾、今日校园、党建工作、育人为本、园丁风采、科研兴校、硕果累累、教工名录和展望未来组成。收入照片148张。

理论与实践（附《走进乌当农业园区》画册）

贵阳（乌当）国家农业科技园区管理委员会编印　王庭芳　李志鹏　田茂康顾问　李桂莲　王天生特邀顾问　熊元主编　陈曦　杨琼芬副主编

贵阳　内部资料　黔新出（图书）2008 内资准字第 123 号　贵阳快捷彩印有限公司印刷　2008 年 7 月　400 本　16 开本　平装

藏于贵阳（乌当）国家农业科技园区管理委员会

《理论与实践》，是贵阳（乌当）国家农业科技园区管理委员会编辑的一本农业科技文献资料。前言（代序），该书未分章节，共收录农业科技文章有《拉动区域经济快速发展的龙头　贵阳市乌当区国家农业科技园见闻》、《引领贵州现代农业科技战线的一面旗帜》、《贵州贵阳乌当国家农业科技园区综合评估》、《贵阳乌当农业科技园区的建设成效与经验》、《贵州贵阳（乌当）国家农业科技园区专家大院的建设与成效》、《乌当区园区建设与农业可持续发展探讨》和 2002 年至 2007 年工作总结等 57 篇，比较全面地反映了乌当区国家级农业科技园区建设所取得的理论与实践成果。

附有画册《走进乌当农业园区》，2008 年 6 月由贵阳快捷彩印公司印刷，12 开，44 页，印数 400 册。画册内容分为领导关怀、花卉产业、无公害蔬菜、水果基地、畜禽渔养殖、中药材产业、白茶基地、交流与培训、成果与荣誉、前景展望十个部分。彩印彩色照片 132 幅，国家农业科技园区基地分布图，园区被授予“全国科技示范区”、“全国农村科普教育示范基地”。

投资乌当指南

贵阳市乌当区招商局编印　刘崇荣　李志鹏总顾问　陈强　唐矛总策划

贵阳　贵州光明传奇广告有限公司印制　2009 年　16 开本　精装

藏于贵阳市乌当区招商局

《乌当投资指南》是乌当区招商局 2009 年编辑出版的一本宣传画册。该画册共分三个篇章。第一篇章“印象乌当”，主要内容有乌当区情简介、自然环境、基础设施、资源优势、文化旅游。第二篇章“投资乌当”，主要内容有房地产、温泉产业、新天科技园区、现代农业。第三篇章“畅想乌当”，主要内容有新天区位优势、新天发展规划、服务政策、鼓励投资导向、乌当“十一五”期间投资战略重点。采用彩色照片130余幅。

魅力乌当 泉城五韵（中国画．油画展览作品集）

贵阳市乌当区文联　贵阳市乌当区美协合编　李志鹏　王庭芳　赵继红　田茂康编委会主任　赵继红执行主任　李凤兰　李以记　郭琳　汪洁白　茅爱华　翟先林执行副主任　曹福志　杨正瑞责任编辑

贵阳　中国人口出版社　贵阳天马彩印有限公司印刷　2010年　1000千字　16开本　精装　68.00元

藏于贵阳市乌当区文联

《魅力乌当 泉城五韵》（中国画．油画展览作品集）是贵阳市乌当区文联、贵阳市乌当区美协编辑出版的一本画册。该画册共分六个部分。一、魅力乌当，收录照片17幅；二、泉城五韵．醉韵偏坡，收录照片11幅；三泉城五韵．美韵渡寨，收录照片12幅；四、泉城五韵．其情韵阿栗，收录照片13幅；五、泉城五韵．古韵陇脚，收录照片17幅；泉城五韵．福韵王岗，收录照片12幅。共选编国画、油画作品82幅。

走进乌当

贵阳市乌当区文联　贵阳市乌当区摄影协会合编　李志鹏　王庭芳　赵继红　田茂康编委会顾问　李凤兰　丁振编委会主任　李以记　郭琳　汪洁白　茅爱华　翟先林编委会副主任　冯容主编　晏明　周湛华副主编

贵阳　2010年5月　16开本　平装

藏于贵阳市乌当区文联

《走进乌当》是贵阳市乌当区文联、贵阳市乌当区摄影协会编印的一本乌当区旅游风光摄影集。

画册内容分为五个部分，依次分别是：

第一部分、魅力乌当。其中有区行政中心、新天电子工业园、渔洞峡等。

第二部分、人文乌当。其中有民俗生活、民间工艺、民居建筑、古法造纸等。

第三部分、生态乌当。其中有新添新城区、情人谷、黄连瀑布、三江桃园等。

第四部分、激情乌当。其中有名家进乌当、贵阳乌当首届国际温泉节等。

第五部分、温泉乌当。其中有保利国际温泉、贵御温泉等。共选编彩色照片188幅。

乌当现代生态农业的窗口

贵阳市乌当区人民政府编印
贵阳　宣传画册　16开本
藏于贵阳市乌当区地方志办公室

《乌当现代生态农业的窗口》是乌当区人民政府编印的羊昌现代农业示范点画册。开篇是乌当区人民政府副区长陈曦题为《创新农民组织机制，发展现代生态农业》的讲话（代序）。具体内容有现代生态循环农业，创新农民组织机制、创新经营管理体制等。收录彩色照片113幅，分为两个部分：一是现代生态循环农业，53幅；二是创新农民组织机制，创新经营管理体制，60幅。

永光电子

中国振华集团永光电子有限公司编印
贵阳　16开本
藏于中国振华集团永光电子有限公司

《永光电子》由中国振华集团永光电子有限公司（国营第八七三厂）编印。图册分为7个部分，依次分别是：

一、领导关怀。有江泽民、李鹏、朱镕基题词及视察等10幅。二、企业简介。有董事会、监事会、领导个人、领导集体及公司内外环境照片10幅。三、质量保证。有照片5幅。四、技术与品牌。有生产车间及产品照片63幅。五、丰碑永铸。有宣传和获各种奖项照片20幅。六、企业文化。有公司开展各种文化活动的照片24幅。七、三产硕果。有贵阳永丰饮料有限公司生产车间照片4幅。

坐落于林城贵阳的中国振华集团永光电子有限公司（国营第八七三厂）始建于1966年，位于贵州贵阳市国家高新技术开发区，属于国家二级企业，贵州省首批重点高新技术企业，我国重要的半导体研制生产骨干企业，从事半导体研制开发已40余年，现有在岗职工1000多人，公司注册资本2.85亿元，总资产近3亿元。

整脏治乱、创文明区（县）

中共乌当区委　乌当区人民政府编
贵阳　宣传画册　16 开本
藏于贵阳市乌当区地方志办公室

《整脏治乱、创文明区（县）》是中共乌当区委、乌当区人民政府编印的一本画册，共 32 页。正文前设前言，正文分为 12 个主题，依次分别是：一以贯之，高度重视，收录照片 20 幅；宣传先行，广泛动员，收录照片 18 幅；刚性督查，长效管理，收录照片 11 幅；整合资源，综合执行，收录照片 22 幅；以城带乡，整体推进，收录照片 12 幅；农村综合整治，收录照片 4 幅；严控强拆，遏制“违建”，收录照片 6 幅；规范牌匾、广告标牌，收录照片 10 幅；绿华升档，城市景观，收录照片 10 幅；综合整治，美化环境，收录照片 15 幅；文明乌当，和谐乌当，收录照片 14 幅；生机盎然的乌当组成，收录照片 11 幅。全书收录彩色照片 153 幅。封面为乌当区行政中心，封三为新天城区彩色照片。

中国振华

中国振华电子集团有限公司编印
贵阳　16 开本
藏于中国振华电子集团有限公司

《中国振华》由中国振华电子集团有限公司编印。全书包括四个部分，分别是：一、领导关怀。收录照片 6 幅。二、集团与神州系列。收录照片 7 幅。三、企业简介。收录照片 7 幅。四、企业文化和科技创新。收录照片 50 余幅。

新世纪　新南明南明区两个文明建设成就摄影作品集

中共南明区委　南明区人民政府合编　杨亚林主编　段婉娇副主编
贵阳　深圳市汇亿丰印刷包装有限公司印制　2002 年 10 月
藏于南明区档案馆

《南明区两个文明建设成就摄影作品集》以摄影的形式，从日新月异的城市面貌、蓬勃发展的非公有制经济、异彩纷呈的群众文体活动、巩固发展的科技教育事业、不断完善的社会保障和服务体系、多姿多彩的都市生活、风格各异的旅游风土民情等方面反映改革开放以来，南明区各项事业取得成绩。

托起明天的太阳——南明区关心下一代工作纪实

南明区关心下一代工作委员会编制　井绪西主任　左骥　郑永平　赵蓉霞　金方隆副主任　左骥主编　金方隆执行主编

贵阳　内部资料　贵州新华印刷厂印制　2004年7月

藏于南明区档案馆

《托起明天的太阳——南明区关心下一代工作纪实》记录2001年12月到2004年南明区关心下一代工作开展情况。

中共南明区委、南明区政府历来重视未成年人思想道德建设，并把它作为一项重要而紧迫的战略任务摆到议事日程，认真研究和发挥关心下一代工作的作用。中共南明区委书记、副书记、区政府副区长兼任关工委的第一主任和副主任，在组织和经费上给予保证。南明区现已形成从街道到农村，从机关到学校，从社区到居民小组、楼群院落完整四级关心下一代工作组织网络，保证未成年人思想道德建设工作顺利开展。

法治南明谱新篇——南明区四·五普法工作掠影

南明区司法局编印　刘冀川主编　吕迎庆　鲍华丽　景晓芳　杜敏　张爱萍副主编

贵阳　内部资料　2005年　16开本

藏于南明区档案馆

《法治南明谱新篇》反映南明区委、区政府以邓小平理论和“三个代表”重要思想为指导，全面贯彻落实党的十六大和十六届三中、四中全会精神，按照中央和省、市“四·五”普法工作部署，以提高公民法律素质为目标，以强化南明区干部特别是领导干部的学法用法为龙头，以依法治理的“三大工程”建设为突破口，以抓依法行政、公正司法为关键环节，广泛深入地开展普法依法治理工作，把经济建设与社会发展全部纳入法治化轨道，全面推进依法治区，确保依法治国方略实施的过程。

跨越——难忘 2004

中共云岩区宣传部编纂　曾明强主编　李强　徐阳泽副主编　章传根　何伊经　谌鸣萍　王钰　王兴筑　许先志编辑

贵阳　内部资料　黔新出［图书］2005 年一次性内资准字第 52 号　2005 年　16 开本　精装

藏于云岩区档案馆

图集按序言、指导思想篇、跨越之路篇、走向辉煌篇等 4 个部份编排，刊印 130 帧彩色照片，一幅示意图，二个彩印统计图，配以简洁文字。

序言以简洁文字，主要数据揭示在 2004 年，全区生产总值完成 126.09 亿元，增长 12%；财政总收入完成 8.48 亿元，增长 26.28%，跻身“西部经济增长最快区（县）”之列，是全区认真贯彻新一届区委、政府提出的“聚人心、调结构、兴规矩”九字方针，再夺全市年度综合目标考核第一名的佳绩。

指导思想篇，首先刊印了胡锦涛总书记在贵州考察时对贵州的殷切希望以及他在云岩区贵乌路街道办事处万江社区视察活动的 5 帧照片，其次是省、市领导指导云岩区发展的讲话要点和照片，第三是中共云岩区委六届三次会议提出“九字方针”和照片。

跨越之路篇分为三个单元，一是聚人心打开政治新局面，二是调结构实现经济新观点，三是兴规矩显现工作新气象。在单元之下分别按“两会”凝聚人心、班子团结奋进、潜心执政为民、着力打造核心圈、重点发展周边圈、积极谋划外围圈、队伍建设展新貌、依法行政促高效、廉洁自律作表率、维稳之年出成果等 10 个主题刊登相应照片，配以简明扼要文字导读。

走向辉煌篇则按誉满云岩、经济腾飞、“钻石”璀璨等 3 个主题，用照片与简短文字相互映照云岩区在 2004 年取得的巨大成就。

云岩

中共云岩区委　云岩区人民政府编　丁旭东编委会顾问　蒋纪鸣　聂雪松　田儒雄名誉主编　邱斌主编　杜凌云　黄栋全副主编　李强执行主编

贵阳　内部资料　2008 年　16 开本　精装

藏于云岩区档案馆

《云岩》是中共云岩区委和云岩区人民政府共同编纂，宣传、推介“黔灵毓秀 贵中云岩”城市品牌图文集。《云岩》刊登162帧彩色照片，并配文。

云岩区二00八年建设生态文明城区工作纪实

中共云岩区委　云岩区人民政府编

贵阳　内部资料　2009年1月　16开本

藏于云岩区档案馆

《云岩区二00八年建设生态文明城区工作纪实》是中共云岩区委和云岩区人民政府共同编纂的形象直观图，宣传文资料集。

资料收集了127帧彩色图片，是云岩区各工作部门在2008年建设生态文明城区八大主题工作中的实景彩色照片，配以简要文字导读，并以“黔灵毓秀　贵中云岩”徽记，区领导题字或浅印单色图像和文字装饰相关版面，卷末刊印2007年12月至2008年11月获得8个国家级奖牌，14个省级奖牌，6个市级奖牌。“纪实”为内部发行或交流赠阅，书藏云岩区档案馆。

党的十七大报告把“生态文明”列为党的行动纲领，省（市）委、政府随之作了相应部署。中共云岩区委、区政府从2008年4月起以一个月一个篇章，一篇突出一个主题（即形象策划、生态环境、生态产业、生态文化、关注民生、和谐稳定、机制保障、党的建设等八个主题）全面掀起建设生态文明社区的热潮。“纪实”按序和八个主题进行彩照图片和相应简洁文字编排，体现了“黔灵毓秀　贵中云岩”品牌城区以创新思路，找准载体，搭建平台，凸现亮点，使全区经济实力不断增强，文化氛围浓厚，社会和谐稳定，生态环境进一步优化，群众生活更加殷实，经济社会实现又快又好发展，显示了追求卓越的云岩人必将在今后建设家园进程中，扬起建设生态文明城区的风帆，乘风破浪，再创新的辉煌。

参政议政

中国人民政治协商会议　贵阳市花溪区委员会编　孙剑主编　郭霞（执行）　徐开新副主编　李秀明　蒋志伦主任　韦正芳　陈晓林　李隆辉　王光华　孙剑　楚湘黔　张彦　禄竹副主任

贵阳　16开本　精装

藏于花溪区档案馆

本画册前设序言，后缀有后记，插页4页，以彩页为主，含387幅彩图，共152页，多数彩图均附有文字讲解。

本画册资料主要来源于政协机关档案室。画册主要包括：关怀支持、团结民主、例会议政、提案工作、视察调研、民主监督、学习宣传、文史工作、支边扶贫、建言成果、政协活动、表彰勉励、社会联谊、委员风采、机关建设共15个部分，记录了区政协在助推花溪经济社会发展中所做的方方面面的工作，回顾了一至五届政协的一些重要工作，重点突出六、七两届的相关工作，政协八届开展的新工作也选在其中。画册是政协围绕中心、服务大局，认真履行政治协商、民主监督、参政议政职能，积极开展各项工作的真实写照，具有“存史、资政、团结、育人”的作用，同时，也将对指导新时期的政协工作，团结全区各民主党派、工商联、人民团体及各族各界人士，共同建设美丽、富强、和谐的新花溪将发挥积极作用。

情在花溪

花溪区委宣传部编纂　庹文升　辛维光　秦家伦顾问　郭应祥　吴学成编委主任　陈云开　索美英　陈云贵编委副主任　索美英主编

贵阳　内部资料　善安印务者有限公司印刷　1999年9月　16开本　软装

藏于花溪区档案馆

《情在花溪》是大型历史画册，主要收录历年各届国家领导人在花溪留影的照片和图片，以及30帧照片花溪地区的风景照。最后一帧是1999年中共花溪区委、区人大、区政府、区政协现任领导班子成员合影照。

白云

白云区文学艺术届联合会编纂　马长青　董兰杵主任　吴兰书　陈建明　刘永贤主编　文永辉　杨建柳　刘刚　梁国赋责任编辑

贵阳　内资出版　黔新出图书（2003）外字第71号　2003年11月　3000册　16开本　精装

藏于白云区档案局

《白云》上限1973年，下限2003年。卷首设序，卷末设后记，配有英文翻译。该书记录白云区恢复建制三十年的光辉历程，图录分为亲切关怀、强势白云、工业强区、城市建区、会展活区、科教兴区、环境立区、继往开来等部分。全书收录图片323幅。

白云政协画册（1981—2002）

政协贵州省贵阳市白云委员会编纂　杨武靖主编　张汝昌　冉崇俊　汪建华副主编　汪建华责任编辑

贵阳　内部资料　黔新出图书（2003）内资字第016号　2003年　1000册　2千字　16开本　精装

藏于白云区政协档案室

《白云政协画册（1981—2002）》上限1981年8月区政协成立开始，下限2002年12月。卷首设序，卷末设后记。从领导关怀殷切期望、党委重视政府支持、肩负使命不负重望、政治协商民主监督参政议政、视察调研建言献策、对口协商委员约谈、提案工作、学习宣传文史工作、肝胆相照荣辱与共、智力支边服务社会、广交朋友 联谊交流、总结经验表彰先进、委员活动丰富多彩、机关建设、委员风采、其他方面记载区政协成立二十余年来履行职能、开展重大活动情况。

冰雪浩歌

中共贵阳市白云区委宣传部　白云区文学艺术界联合会合编　任萍主任　任萍主编　文永辉执行主编　王伟　梁国赋执行副主编

贵阳　内部资料　2008年2月　16开本　精装

藏于白云区委宣传部

《冰雪浩歌》上限2008年1月12日，下限2008年2月28日。卷首设序，卷末设后记。主要记录2008年白云区遭受50年难遇的特大凝冻灾害期间，白云区人民战冰斗雪的浩歌。图录主要分为冰雪肆虐篇、战冰斗雪篇、春回大地篇。全书收录图片187幅。

小河之歌

《小河之歌》编委会编纂　马宁宇编委会主任　钟汰甬　张茂平　叶华山副主

任　濮振远顾问　段小鸽责任编辑

贵阳　贵州教育出版社　2010年4月　3000册　16开本　精装　158.00元

藏于小河区档案馆

《小河之歌》以图片形式真实记录了贵阳市小河区2000年成立以来，贵阳经济技术开发区于2000年升格为国家级经济技术开发区，十年巨变的历史进程。

图录分为9章，依次分别是：第一乐章创造乐章，第二乐章大山奏鸣，第三乐章产业交响，第四乐章市场音符，第五乐章田野放歌，第六乐章家园音韵，第七乐章和谐旋律，第八乐章民主华章，第九乐章活力之声。图录还收录了编年纪事，领导名录。

图录共收录了2000年至2010年3月各个时期9各方面的图片223幅，并附有文字说明。反应了国家级经济术开发区（小河区）建区10年，在小河区这片具有创新活力的热土上，发生了“凤凰涅磐”般的巨变。他已从一个城郊结合部小镇，变成全省十大经济强县之一；从这块群山包围的小盆地，诞生出全省唯一的国家级经济技术开发区；从一个老国有企业集聚地，变为具有现代化企业特征的全省重要的工业基地之一，也正在成为全省最具有吸引力的重要装备制造业生态工业园区。

期 刊

乌当区文史资料选集（第一辑至第九辑）

乌当区文史资料选集第一辑

中国人民政治协商会议贵阳市乌当区委员会编辑
贵阳　内部资料　乌当区印刷厂印制　1983 年 9 月　32 开本
藏于乌当区地方志办公室

该书由前言和乌当区概况、乌当区沿革、红军长征路过乌当区等 17 篇文史资料专题文章组成，采用黑白照片 3 幅，如《百宜红军标语》、《百宜红军坟》、《石笋沟水库》等。并附有《红军长征过乌当区路线示意图》。

乌当区文史资料选集第二辑

中国人民政治协商会议贵阳市乌当区委员会编辑　杨文亚　周景予编校
贵阳　内部资料　乌当区印刷厂印制　1985 年 6 月　32 开本
藏于乌当区地方志办公室

该书共 125 页，选编文史资料专题文章 17 篇，采用黑白照片 2 幅（今日乌当和红军文告）。

乌当区文史资料选集第三辑

中国人民政治协商会议贵阳市乌当区委员会编辑　章正邦责任编辑
贵阳　内部资料　贵州新华印刷厂印制　1986 年 6 月　32 开本
藏于乌当区地方志办公室

该书共选编文史资料专题文章17篇，后记一篇。

乌当文史资料选集第四辑

中国人民政治协商会议贵阳市乌当区委员会编辑　陈兆祥主任编辑　王家和责任编辑

贵阳　内部资料　贵州新华印刷厂印刷　1989年1月　32开本

藏于乌当区地方志办公室

该书共选编文史资料专题文章19篇。

乌当文史资料选集第五辑

中国人民政治协商会议贵阳市乌当区委员会编辑　陈兆祥主任编辑　王家和责任编辑

贵阳　内部资料　贵州新华印刷厂印刷　1989年9月　32开本

藏于乌当区地方志办公室

该书共选编文史资料专题文章22篇。

乌当文史资料选集第六辑

中国人民政治协商会议贵阳市乌当区委员会编辑　陈兆祥主任编辑　王家和责任编辑

贵阳　内部资料　贵州图书馆印刷厂印刷　1990年5月　32开本

藏于乌当区地方志办公室

该书共选编文史资料专题文章17篇。

乌当文史资料选集第七辑

中国人民政治协商会议贵阳市乌当区委员会编辑　陈兆祥主任编辑　王家和责任编辑　陈典禹文史委员会主任　吕文秀　曹隆副主任

贵阳 内部资料 贵州省科技情报所印刷厂印刷 1991年3月 32开本

藏于乌当区地方志办公室

该书共选编文史资料专题文章17篇。

乌当文史资料选集第八辑

中国人民政治协商会议贵阳市乌当区委员会编辑 陈兆祥主任编辑 王家和责任编辑 陈典禹文史委员会主任 吕文秀 曹隆副主任

贵阳 内部资料 贵州邮电印刷厂印刷 1992年2月 32开本

藏于乌当区地方志办公室

该书共选编文史资料专题文章21篇。

乌当文史资料选集第九辑

中国人民政治协商会议贵阳市乌当区委员会编辑 欧阳俊主任编辑 孙定朝过敏涛责任编辑

贵阳 内部资料 贵州邮电印刷厂印刷 1995年6月 32开本

藏于乌当区地方志办公室

该书共选编文史资料专题文章13篇。

南明文史资料选辑（1983—2003年）

《南明文史资料选辑》（1983—2003年），主要刊登了贵阳市南明区委员会文史委员会的文史资料征集、研究成果，共出版21辑，刊登稿件818篇，计275万字。其中16辑为综合性的刊物，5辑是专辑。

1986年为纪念抗日战争胜利四十周年出版《抗日战争资料专辑》。

1989年为纪念中华人民共和国成立四十周年和贵阳解放四十周年出版《贵阳解放初期资料专辑》。

1994年出版以记述改革开放十四年来贵阳市南明区经济发展状况为内容《经济资料专辑》。

1995 年出版的纪念抗日战争胜利五十周年的《抗战史料专辑》。

2002 年出版《文史荟萃》。精选 74 篇文章编入“贵阳史话”、“南明新姿”、“城南览胜”、“宗教民俗”、“名人记述”、“往事回忆”6 个栏目。

贵中云岩

中共贵阳市云岩区委　云岩区人民政府主办　中共云岩区委办公室　云岩区人民政府办公室　中共云岩区委宣传部承办　杜凌云主编　何辉　陈先红　徐阳泽　李发军　吴坤玲副主编　何伊经　吴晓东执行副主编。

贵阳　内部资料　黔新出（报刊）一次性内准字（2008）第 045 号（2009）第 62 号

藏于《贵中云岩编辑部》　云岩区档案馆

《贵中云岩》为内部刊物，免费赠阅。该刊获省出版部门批准内部出版发行，16 开本，封面和封底，插页均为彩印，每期封面左上角均有刊印中文和汉语拼音的“黔灵毓秀　贵中云岩”徽印，体现云岩区蓝天、白云、绿地，每期印量为 500 册。

《贵中云岩》所登载文章均按专栏编排。先后开设的栏目有：领导讲话（言论）、特稿、热点关注、工作纵横、工作动态、工作研究、云岩论坛、聚焦、经济热点、作风建设、党建交流、他山之石、云岩之星、云岩史话、区内要情、一得录、街道之声、大事记。封面、封底内页及插页刊印图片新闻，还有串文图照。

花溪区文史资料选辑

由花溪区政协文史资料征集委员会编辑，文史资料征集委员会于 1998 年改称为学习文史委员会，2004 年改称文史社会发展委员会，2005 年又改称文史委员会，2008 年又改称文史与学习委员会。

花溪区文史资料选辑第一辑

花溪区政协文史资料征集委员会编辑

贵阳　内部资料　1982 年 8 月　14 千字　32 开本

藏于花溪区档案馆

本辑侧重辑录花溪解放前资料，主要有红一方面军长征过花溪等。

花溪区文史资料选辑第二辑

花溪区政协文史资料征集委员会编辑

贵阳 内部资料 贵阳新华印制公司印刷 1983 年 10 月 85 千字 32 开本

藏于花溪区档案馆

本辑目录前有插页 1 页，黑白老照片 2 帧与前言，正文后有地图 2 幅及贴有勘误表。本辑是“解放贵筑县专辑”，较准确地从一个侧面纪录了贵筑县的“解放与接管”、“平定匪乱”、“社会改造”等史实。共有文章 15 篇

花溪区文史资料选辑第三辑

花溪区政协文史资料征集委员会编辑

贵阳 内部资料 贵阳新华包装印制公司印刷 1985 年 4 月 90 千字 32 开本

藏于花溪区档案馆

该辑目录前有插页 2 页，黑白照片 6 张。正文后有“编后”及“花溪区中小学幼儿园分布示意图”一张。本辑是“花溪教育史料辑”，都是从事教育工作的同志以自己亲身的经历撰写的。共有文章 19 篇。

花溪区文史资料选辑第四辑

花溪区政协文史资料征集委员会编辑

贵阳 内部资料 贵州新华印刷二厂印刷 1985 年 12 月 50 千字 32 开本

藏于花溪区档案馆

该辑目录前有插页 23 页，黑白照片 63 帧。正文后有“编后”。本辑是《周恩来总理及老一辈无产阶级革命家在花溪》专辑。收有周恩来、朱德、董必武、陈毅、贺龙等老一辈无产阶级革命家在花溪视察活动的珍贵照片和回忆文章。共有文章 18 篇。

花溪区文史资料选辑第五辑

花溪区政协文史资料征集委员会编辑

贵阳　内部资料　贵州新华印刷二厂印刷　1988 年 5 月　100 千字　32 开本

藏于花溪区档案馆

该辑目录前有插页 11 页，黑白照片 34 帧。正文后无“编后”或“后记”，只有《徐霞客游记》摘录。本辑是花溪历史与部分历史名人专辑。共有文章 36 篇。

花溪区文史资料选辑第六辑

花溪区政协文史资料征集委员会编辑　赵志远主编　王刚　陈世华副主编

贵阳　内部资料　贵州新华印刷二厂印刷　1989 年 9 月　100 千字　32 开本

藏于花溪区档案馆

该辑目录前有插页 1 页，黑白照片 3 张和前言，正文后无“编后”或“后记”。本辑是为迎接中华人民共和国建国四十周年所编，主要刊载了花溪区 1949 年 11 月至 1956 年这一历史阶段的历史资料，包括迎接花溪解放、清匪反霸斗争、土地改革、镇压反革命、农业合作化运动、抗美援朝运动等情况。共有文章 24 篇。

花溪区文史资料选辑第七辑

花溪区政协文史资料征集委员会编辑　赵志远主编　王刚副主编

贵阳　内部资料　贵阳市花溪印刷厂印刷　1990 年 9 月　100 千字　32 开本　1.55 元

藏于花溪区档案馆

该辑目录前有插页 3 页，黑白照片 11 幅，正文后有附录转载：“贵筑县中曹司罐罐窑窑业调查报告”、“贵筑县青岩市场调查”、“贵筑县花溪市场调查”和更正启事。本辑所收辑的资料是花溪上世纪四十年代至解放后的变化情况。共有文章 17 篇文章。

花溪区文史资料选辑第八辑

花溪区第四届文史资料委员会编辑　周克勋主任委员　郑培光副主任委员　熊耀廷主编　王金忠　周克勋副主编

贵阳　内部资料　贵阳市花溪印刷厂印刷　1992 年 9 月　100 千字　32 开本

藏于花溪区档案馆

该辑目录前有插页 4 页，黑白照片 10 张。本辑较全面地介绍了解放前夕，地下党和地下进步组织在花溪地区的活动和他们为迎接新中国的建立所作的积极努力。共有文章 22 篇文章。

花溪区文史资料选辑第九辑　中央领导同志在花溪

政协花溪区委员会学习文史委员会编辑　刘开明　李秀明主编　杨定乾　王刚副主编

贵阳　内部资料　贵阳市清华中学印刷厂排版印刷　1998 年 4 月　60 千字　32 开本

藏于花溪区档案馆

该辑目录前有插页 5 页，彩照 21 帧。本辑用多幅珍贵的彩色图片和丰富的文字资料将近年来党和国家领导人江泽民、李瑞环、胡锦涛、李岚清、宋平、田纪云等先后专程视察花溪的情况记录下来，共有文章 23 篇文章。

花溪区文史资料选辑第十辑　高原明珠花溪人

政协花溪区委员会文史发展委员会编纂　李秀明主任　陈晓林　曾少海副主任　徐开新主编　徐爽　李祖运副主编

贵阳　内部资料　花溪新闻信息中心印刷厂印制　2004 年 8 月　110 千字　1500 本　32 开本　7.00 元

藏于花溪区档案馆

该辑目录前有插页 6 页，彩照及黑白图照 49 帧和李秀明的“花溪普通人的歌（代前言）”，本辑采访撰写了为国家民族、花溪地区作出贡献的先进人物事迹，共有文章 49 篇文章。

花溪区文史资料选辑第十一辑　名人与花溪

贵阳市花溪区政协文史委员会　贵阳市花溪区文学艺术界联合会合编　李秀明编委会主任　陈晓林　曾少海　徐开新副主任

贵阳　内部资料　花溪新闻信息中心印刷厂印制　2005 年 7 月　120 千字　2000 册　16 开本　7.00 元

藏于花溪区档案馆

该辑目录前有插页 4 页，彩照及黑白照片 16 帧和前言。本辑收录了来过花溪的党和国家领导人周恩来、邓小平、江泽民、胡锦涛，民国政要蒋介石、冯玉祥、戴安澜，花溪籍历史人物赵以炯、赵国澍，姚茫父，全国文化名流巴金、叶圣陶、苏步青，以及国外友人和其他知名人物等共计 58 人，共有文章 63 篇文章。

花溪区文史资料选辑第十二辑　高原明珠花溪人（续集）

贵阳市花溪区政协文史委员会编纂　李秀明主任　陈晓林　曾少海　徐开新副主任　徐开新主编

贵阳　内部资料　2006 年 6 月　100 千字　2000 册　32 开本

藏于花溪区档案馆

该辑目录前有插页 4 页，彩照 29 帧、黑白照一张。本辑收录了 50 位人物，或是花溪籍人氏、或是在花溪工作过的人氏，他们都曾为花溪的发展留下辛勤汗水和历史足迹。共有文章 50 篇文章。

花溪区文史资料选辑第十三辑　贵阳清华中学七十年专辑

贵阳市花溪区政协文史与学习文员会编纂　蒋志伦　周进委员会主任　郭霞　徐开新（执行）主编

贵阳　内部资料　2008 年 4 月　180 千字　2000 册　16 开本　软装　15.00 元

藏于花溪区档案馆

该辑目录前有插页 6 页，彩照 29 幅。正文中有随文黑白插图 270 余幅，图文并茂，资料翔实，可读性强，能很好地发挥“存史、资政、团结、育人”的作用。共有文章44篇文章。

清镇文史资料选辑

《清镇文史资料选辑》共14辑，由清镇市政协、文史资料研究委员会编印。

清镇文史资料选辑　第一辑

清镇市政协　文史资料研究委员会编

贵阳　1984年5月

藏于清镇市政协

1984年5月，《清镇文史资料　第一辑》出版，收录文稿12篇。

清镇文史资料选辑　第二辑

清镇市政协　文史资料研究委员会编

贵阳　1985年9月

藏于清镇市政协

1985年，征集文史资料稿件40篇，约17万字。9月，《清镇文史资料》第二辑出版。

清镇文史资料选辑　第三辑

清镇市政协　文史资料研究委员会编

贵阳　1986月

藏于清镇市政协

1986年，编辑出版《清镇文史资料》第三辑，约5万字。

清镇文史资料选辑　第四辑

清镇市政协　文史资料研究委员会编

贵阳　1987 年 12 月

藏于清镇市政协

1987 年，县政协文史资料工作逐步向专题化、系统化发展。拟定《回顾清镇解放》和《清镇民族史专辑》两本书的征集提纲，向参与解放清镇的老干部寄发 28 封征稿信，征集文稿 15 篇，9.8 万字。12 月《清镇文史资料》第四辑《民族专辑》出版。

清镇文史资料选辑　第五辑

清镇市政协　文史资料研究委员会编

贵阳　1988 年 12 月

藏于清镇市政协

1988 年 12 月，完成征稿 20 篇，16 万多字，编辑出版《清镇文史资料》第五辑，收入文稿 12 篇，共计 7 万多字。

清镇文史资料选辑　第六辑

清镇市政协　文史资料研究委员会编

贵阳　1990 年 12 月

藏于清镇市政协

1989 年，征集文稿 26 篇，共计 19.8 万字，修改采用 21 篇，编辑收入《清镇文史资料》第六辑，计 7.32 万字，于 1990 年 12 月出书。

清镇文史资料选辑　第七辑

清镇市政协　文史资料研究委员会编

贵阳　1991 年

藏于清镇市政协

1991 年，补充征集第七辑文稿 15 万字。1991 年年底，聘请 50 名特约撰稿人，征集资料 21 篇，计 10 万字，出版发行《清镇文史资料》第七辑。

清镇文史资料选辑　第八辑

清镇市政协　文史资料研究委员会编

贵阳　1992 年 12 月

藏于清镇市政协

1992 年 12 月份，编辑出版《清镇文史资料》第八辑，计 7. 23 万字。

清镇文史资料选辑　第九辑

清镇市政协　文史资料研究委员会编

贵阳　1994 年

藏于清镇市政协

1993 年，为纪念政协清镇市（县）委员会成立 10 周年，收集资料 52 份，计 13. 9 万多字，编辑出版《清镇文史资料选辑》第九辑，即《政协清镇市（县）委员会成立 10 周年资料汇编专辑》，于 1994 年出版。

清镇文史资料选辑　清镇市民族风尚习俗专辑

清镇市政协　文史资料研究委员会　清镇市民族宗教事务局编

贵阳　1994 年 10 月

藏于清镇市政协

1994 年，与市民族宗教事务局协同编辑出版《清镇市民族风尚习俗专辑》。同年 10 月，征集文稿 20 篇，约 10 万字，图片 20 张。

清镇文史资料选辑　第十辑

清镇市政协　文史资料研究委员会编
贵阳　1999年9月
藏于清镇市政协

1999年9月，《清镇文史资料选辑第十辑》出版。

清镇文史资料选辑　第十一辑

清镇市政协　文史资料研究委员会编
贵阳　2002年12月
藏于清镇市政协

2002年12月《清镇文史资料选辑第十一辑》（委员大会发言专辑），收集了政协委员共谋清镇发展、积极献计献策的情况。

清镇文史资料选辑　第十二辑

清镇市政协　文史资料研究委员会编
贵阳　2002年12月
藏于清镇市政协

2002年12月，出版《清镇文史资料选辑第十二辑》（调研与视察专辑），反映了清镇经济发展和社会进步的方方面面，为党政决策提供了参考的依据。

清镇文史资料选辑　第十三辑

清镇市政协　文史资料研究委员会编
贵阳　2002年2月
藏于清镇市政协

2003年2月，《清镇文史资料选辑第十三辑》（清镇市政协工作沿革），反映了政协清镇市委员会十年的历史概况；《纪念政协清镇县委员会建会十年》，反映了政协清镇县委员会的历史概况；《纪念建国五十周年暨中共十一届三中全会召开二十周年》，反映了清镇在社会主义建设，特别是十一届三中全会以来各项事业的发展变化。

清镇文史资料选辑　第十四辑

清镇市政协　文史资料研究委员会编

贵阳　2004 年 12 月

藏于清镇市政协

2004 年 12 月，《清镇文史资料选辑第十四辑——清镇文物古迹专辑》出版。收集文章 33 篇约 13.5 文字。该书从挖掘、抢救和保护文物古迹、促进清镇文化旅游发展的角度，详细记录清镇市 30 余处文物古迹，填补了清镇文物古迹资料的空白。在《清镇市文物古迹专辑》收录的 30 多处文物古迹中，有 21 处为县级文物保护单位，3 处为贵阳市（地级）文物保护单位。这辑文史资料突出“三亲”特点，具备存史性、资料性、知识性。如实地记载清镇汉代古墓的发掘及出土文物、明朝“两卫、两所”的古城和古镇、反映清镇名门望族的梯青塔、建文帝出逃避难的百花湖畔灵永寺、闻一多先生写生的东山巢凤寺、各历史时期留下的古式建筑和摩崖石刻等等。

文　集

中国民间文学三套集成（乌当区卷）

贵阳市乌当区民间文学集成办公室编辑　冉廷荣组长　李明金副组长　曹隆仇学英主编　章正邦副主编

贵阳　内部资料　黔新出（89）图字第76号　1989年7月　32开本　平装

藏于贵阳市乌当区地方志办公室

《中国民间文学三套集成》（乌当区卷）是乌当区民间文学集成办公室1989年7月编辑的一本民间文学丛书。

1984年5月，文化部、国家民委、中国民间文艺家协会联合发出《关于编辑<中国民间故事集成>、<中国歌谣集成>、<中国谚语集成>的通知》。1986年底和1987年初，省、市有关部门先后召开了集成工作会议。乌当区于1987年2月成立了“乌当区民间文学三套集成工作领导小组”，下设办公室，抽调专人组建工作班子，并落实专项经费，确保此项工作的顺利开展。经过一年多的努力，共搜集到60余万字的基础资料，通过筛选，整理出约34万字较有价值的资料。计有民间故事110篇，12.28万字；歌谣746首5554行；16.78万字；谚语864条。

《中国民间文学三套集成乌当区卷》要目：一、故事（2篇）；二、传说（33篇）；三、故事（63篇）；四、笑话和寓言（13篇）；五、民间艺人（人物小传1篇，采录照片4张）；六、歌谣；七、谚语；后记。

春风绿遍新天地——乌当区改革开放20年暨建区40年纪念文集

《春风绿遍新天地》编辑室编辑　李华　李世荣　唐光族　黄润昌　陈广宇　欧阳俊　王庭芳　刘泽义编辑委员会顾问　王晓光主编　李黔　张巍　杜斌喜副主编

贵阳　内部资料　黔新出（98）内资准字第990号　1998年9月　1000册　255千字　32开本　平装

藏于贵阳市乌当区地方志办公室

《春风绿遍新天地——乌当区改革开放20年暨建区40年纪念文集》是乌当区改革开放20年暨建区40年纪念文集。1998年9月，由《春风绿遍新天地》编辑室编辑。

该书不分章节，由图片、代序、专题文章、统计图表、大事记五个部分构成。开篇部分为14张彩色照片。《辉煌的成果，巨大的变化》（代序），由乌当区委书记黄润昌、区人民政府区长陈广宇所作。

主体部分共收录各类专题文章48篇，从各个不同的侧面反映了乌当区改革开放20年暨建区40年经济社会发展及各项事业取得的成绩。

附图表分别为《乌当区改革开放20年主要经济指标完成情况》（统计表）、《乌当区改革开放20年主要农产品指标完成情况》（统计表）、《改革开放以来乌当区主要经济指标发展图》、《乌当区工农业产值变化曲线图》、《乌当区农、轻、重总产值比例变化图》、《乌当区农业产值变化图》、《乌当区农村经济总收入和农民人均纯收入变化图》、《乌当区乡镇企业发展变化情况图》、《乌当区粮食总产量增长情况图》、《乌当区蔬菜产量增长图》、《乌当区其他主要农产品产量图》、《乌当区主要畜产品产量变化图》、《乌当区社会消费品零售总额变化图》、《乌当区居民储蓄余额和职工年平均工资增长变化图》、《乌当区地方财政收支情况变化图》。

结尾部分是乌当区改革开放20年和大事记（1978—1997）。

灵秀南明

中共南明区委　南明区人民政府编　杨亚林主编　段婉娇副主编

贵阳　内部资料　2002年10月

藏于南明区档案馆

《灵秀南明》文集收录了作品99篇，分为开拓、发展、筑巢、引凤、特色、就业及共建七个部份，如实记录和再现了南明区经济持续、快速、健康的增长和工作实践的各个方面。

为了有效宣传南明区各项建设的业绩和相关经验，让人民群众及时了解到南明区建设与发展的各个方面，从2002年初开始在贵阳日报特辟《灵秀南明》专版，全方位、多角度、不同层次的反映了南明区的进步、变化和发展。把这些作品收集在一起，编辑成《灵秀南明》文集。

潮涌南明·纪念改革开放三十周年

政协贵阳市南明区委员会编辑　郭敬阳主任　刘亚辉　葛诗骏　卢琍　陶华碧　李仕勇副主任　葛诗骏主编　张德芳　景玉和副主编

贵阳　内部资料　2008 年 12 月　300 千字

藏于南明区档案馆

为纪念改革开放 30 周年，政协贵阳市南明区委员会组织编写纪念文集—《潮涌南明．纪念改革开放三十周年》。共收录反映南明区改革开放 30 年经济、政治、文化、社会等方面的文章 78 篇。作者以“亲历、亲见、亲闻”的方式回顾南明区改革开放 30 年中，南明区人民在中共南明区委、南明区人民政府的领导下，紧紧抓住农村、城市经济体制改革、内陆开放城市、西部大开发以及贵阳市商贸繁华区南延、建设生态文明城市等机遇，解放思想，与时俱进，锐意进取，经济和社会各项事业发展取得的成就。

南明区建设生态文明城区思考与研究

中共南明区委办公室　南明区人民政府办公室编

贵阳　内部资料　2008 年 5 月

藏于南明区档案馆

按照中央、省、市关于建设生态文明的总体要求，中共南明区委七届五次全会作出了建设生态文明城区的部署，围绕“打造一个园区，构建四大体系”的战略思路，推进龙洞堡生态文明示范园区建设，加快构建生态产业体系、生态环境体系、生态文化体系和民生保障体系。为把全区干部群众的思想和行动统一到中共南明区委建设生态文明城区的决策部署上来，切实加快推进生态文明城区建设工作。2008 年 3 月，举办了建设生态文明城区领导干部学习培训班，南明区各级领导结合实际对建设生态文明城区进信献策，从收集到 200 多篇文稿中挑选 88 篇汇编成《南明区建设生态文明城区思考与研究》，为全区广大干部群众投身生态文明城区建设提供理论指导和工作参考。

风雨兼程一路歌——改革开放30年纪事

中共云岩区委　区人民政府　云岩区纪念改革开放30周年文集编委会编　蒋纪鸣　丁旭东任编委会顾问　聂雪松　田儒雄任名誉主编　邱斌任主编　杜凌云　黄栋全任副主编　李强任执行主编

贵阳　内部资料　2008年　255千字　16开本　精装

藏于云岩区档案馆

《风雨兼程一路歌——改革开放30年纪事》是2008年编纂内部发行的资料性文集。

资料卷首刊载了中共云岩区委书记署名的序言；文集在“经济篇”、“社会篇”、“综合篇”共刊载56篇文章，回顾了全区各行各业，各部门（单位）自1978年中共第十一届三中全会以来30年战斗（工作）历程，在“三个文明”建设中取得的巨大成就和经验。卷末刊登了历任中共云岩区委常委、副区长、区政协主席、区人大主任王晓玲撰写的诗两首“心曲——争创一流云岩人（之一）、（之二）”。全书收录照片97幅。

谱 牒

吴氏宗谱

吴氏制谱组修撰籍录

贵阳　花溪印刷厂印制　1987 年　300 千字　16 开本　软装直版

藏于花溪区吴氏家族

族谱时限上溯皇帝轩辕氏，下限至 1987 年。

修此谱时，吴氏家族合族公议新编字辈如下：

三十三世取土旁，排行用培堂封陛；

三十四世取金旁，排行用镇锡锦钟；

三十五世取水旁，排行用汝洪治济；

三十六世取木旁，排行用模材植松；

三十七世取火旁，排行用燮烈焕熙。

谱中一直列到六十八世，由于过长，不再录。只录六十八世取马部，排行用驻验驰骞。

此谱属章节体结构，无目录。最前是北宋翰林学士苏轼（东坡）题字，后面还有南宋文天祥《吴氏宗谱序》。之后还有很多序跋。中间籍录各支世派，各辈族人。后面有：重修家谱后跋、复修谱例、续修谱序、新修谱例、合族公议、请封事略，还有吴中蕃写的《恭人唐太君行述》、《题唐太恭人容》、《潘恭人行述》等文，还有林麟昌为吴中蕃写的墓志铭，由贵阳知府时腾蛟书丹。最后是制谱组的《后跋》。

花溪戴氏族谱

贵阳　内部资料　1995 年　55 千字　16 开本　软装

藏于花溪戴氏家族

花溪镇老街的戴家族人戴本德、戴本余、戴本海、戴本林、戴立桂、戴立新、戴正林、戴正刚、戴壮强等倡修撰录，执笔纂辑人为戴壮强。族谱成书于 1995 年 9 月。家族内部资料，时限上溯至帝喾之子契，传至六世祖戴维栋正值民国，当时蒋介石极为倚重的戴季陶闻得花溪有戴氏家谱，于民国十六年・丁卯（公元 1927 年）寻源而至，斯时八月，其询问翻阅后，又将族谱索走。本谱属章节体结构，目录中置有序、题词、老花溪图片、叙篇、戴氏得姓前的世系表、郡堂代姓的起源、戴家何时到花溪、花溪戴氏原籍、花溪戴氏家族取名用字、戴氏花溪分支表、戴氏花溪世系表、余庆篇、戴氏家制、花溪戴氏家礼、中华戴氏名人选录。其中叙篇分三节：戴代不同源，戴姓是商王后裔，戴姓是凤的传人。其中戴氏得姓前的世系表分二节：夏商时期，周、春秋时期。其中戴氏家制分三节：戴氏家训，戴氏家规，戴氏家戒。其中花溪戴氏家礼分三节：成室于归之礼，丧葬之礼，丧葬礼中灵前用词。其中中华戴氏名人选录中录有 50 位名人。目录前有插页 3 页，有黑白花溪老照片 14 幅。

戴氏原籍江西吉安府杨柳大湾珠饰巷九道坎。入黔始祖戴芝旗于明洪武年间随征南将军傅友德平滇至贵州。至今已六百余年。花溪戴氏世系字辈如下：

子世登凤，君维国本；

克壮奇育，福禄康永；

秉武宜忠，知果明礼；

佳朋来和，季雨岸林。

注：“克”字辈，多数人都拗改为“立”字辈或“德”字辈、“正”字辈。戴氏与代氏不同。然如今不少人为图简略而自己将“戴”写成“代”。在办身份证时，派出所也出此错，故不少人身份证亦是“代”字。

沈氏家谱（花溪区党武乡翁岗村）

沈光田　沈荣常　沈荣昆　沈荣升　沈端荣　沈树荣　沈承炳　沈承松　沈承宣　沈承开　沈世兴　沈世武　沈世贵　沈世洪修撰籍录

贵阳　2000 年 2 月　80 千字　35 册　16 开本　简装

藏于花溪区沈氏家族

《沈氏家谱（花溪区党武乡翁岗村）》由沈福字万三在贵州 18 世孙光田，19 世孙荣常、荣昆、荣升、端荣、树荣，20 世孙承炳、承松、承宣、承开，21 世孙世兴、世武、世贵、世洪修撰籍录。原家谱成书于清雍正十年　壬子（公元 1732 年）

孟秋，沈万三的十一世孙沈云编籍。清光绪七年　辛巳（公元1881年）11月，沈万三之16世孙沈渐逵，17世孙沈国杰、国琳重修家谱。直至2000年2月10日，18世孙沈光田、19世孙沈荣常、20世孙沈承炳等方又收录补撰。原谱全部录入、增加现世祖孙。家谱时限上溯至炎黄时代，下限载至2000年初。主录明初一世祖沈万三之10世孙沈连璧字辉山入花溪翁岗后，直至载入2000年初之前的22世孙。

沈万三的后裔主要有3支：一支屯堡后裔，一支乌蒙后裔，一支遵义县团溪后裔。花溪翁岗属屯堡之后。现花溪翁岗有十一世祖繁衍下来的四大支人，长房沈芳、二房沈沄、四房沈沛、幺房酃川。为避免尊卑长幼凌乱，继老祖十字外，又增40个字辈，统一使用，50字派如下：

光荣承世德，永起继昭明；

寿延乾坤定，芝兰富裕春；

中华真英豪，家传万年兴；

松柏尤昌盛，竹林景东西；

君科清谱籍，才晓江苏仁。

家谱修撰参考了《沈氏乌蒙家谱》。

本谱属章节体结构，目录置有：一、宗支编次及字辈取名；二、录增编辑人员；三、谱序（1、老4篇；2、新3篇）；四、追溯祖源（1、十八世沈光田考录；2、二十世孙沈承炳考录）；五、世袭供状；六、宗祠回忆录；七、如澜公“孝廉坊”回忆录；八、四大支族人祖孙录、增篇；九、辉山祖打芽墓志铭；十、（补）叙祖孙简历；十一、石头寨沈家坡、坟坡管业证及其管理；十二、后记。

汤氏家谱

汤氏族谱编写委员会修撰籍录

贵阳　2002年　16开本　硬壳精装

藏于南明区汤氏家族

《汤氏家谱》成书于2002年，2008年增补白云寺、马院、打铁寨、盖冗四小支族人，同时原版有错漏的地方作了一些增补纠正后，再版印刷100册。文字约100千字。总编汤永隆，副总编汤永龙、汤锡智。委员汤永国、永和、永豪、毓芳、炳书、和刚、毓培、永慎、永周、守时、永贵、昔祥、毓松、永顺、毓贤、毓仁、继乾、继鹏、永祥、永杨、锡毓、永贤、毓华、永龙、从云、丛书、永乾、毓龙。时限上溯黄帝曾孙帝喾，下限至2008年底。

汤氏始祖契因助大禹治水有功，分封于商国（今河南瞧州），赐姓子。传十二世天乙，灭夏立商，是为商汤。在位十三年病逝，汤王陵位于安徽省亳州市汤王陵公园内。入黔始祖乃明朝开国元勋汤和之子汤永慕（号子初）和汤鑑。后裔主要繁衍于贵阳市、清镇、花溪区、乌当区、平坝县、安顺市、镇宁以及云南陆良、蒙自、大理等地。

汤姓祖籍明朝称为南京凤阳府感应乡第五郡，即今安徽省凤阳县东钟离太平乡。始祖汤和与朱元璋是同村要好。成人后同在郭子兴反元义军内。明洪武三年·庚戌（公元 1370 年）封中山候，次年为征西将军，与副将廖永忠平川。洪武十年·丁巳（公元 1377 年）封信国公。以后巡视海防，在浙江沿海先后设卫所与城五十九处，使倭寇不得轻入。后以年迈为由自请还乡。洪武二十八年·乙亥（公元 1395 年）病卒于凤阳，终年七十岁，葬于安徽省蚌埠市东郊曹山南坡，现为省级重点文保单位。其病重时，已将功臣基本杀光的朱元璋闻之而流泪。其与沐英等少数几个功臣未被洪武帝杀掉，可见其为人谨慎、沉敏多智、预见卓远。朱元璋闻其去世，还追封东瓯王，谧襄武王。汤和有妻五个：胡氏、王氏、郑氏、谢氏、张氏。入黔始祖汤永慕和汤鑑乃张氏所生。

洪武十四年·辛酉（公元 1381 年），汤永慕作为八大都尉之一，随征南将军傅友德、副将沐英入黔平滇。在太慈桥交战中征南大军损失惨重，汤永慕身先士卒，不顾个人安危大胆指挥了这场战斗，最终赢得胜利。以后屡立战功，因此被明廷诰封贵州宣慰司，后又封为征南将军，世居贵阳。

汤鑑与张尧元副将入川平叛，英勇善战，被朝廷加封为征川将军，后调贵州任武德将军，世居贵州威清卫，即今清镇。

二位入黔始祖传嗣六百余年，至今贵州境内约有八九千后裔。汤永慕病卒于贵阳，与李太君合葬于老东门（今贵州省人民医院），后迁花溪区久安新庄小学右侧后山。汤鑑病卒于清镇，与黄太君葬于肖家坝下路秧田（今红枫湖内）。贵阳簸箕街（今南明区委处）与肖家坝皆建有汤氏祠堂。

2000 年 7 月，汤氏宗族在新庄研讨会上，一致同意按新编五十三个字辈顺序，从二十二世后统一按字辈取名。两大支亦可按顺序相互对应族人之间辈份称呼。汤永慕大支从 1 到 53 字派如下：

和 永 惟 志 啤 克 师 景 宏 锟 祚 木
德 国 政 志 毓 永 昔 思 家 孝 昌 世
泽 存 仁 厚 文 明 继 秀 芳 科 发 振
新 宇 淮 安 福 寿 康 江 南 光 祖 武
黔 州 应 英 祥

汤鑑大支从 1 到 50 字派如下：

和 鑑 冯 万 铭 忠 有 贤 士 元 纲 国

文 学 大 德 本 天 锡 继 志 承 先 立

朝 世 显 克 绍 家 永 正 红 兴 盛 慧

阔 芳 奇 梁 增 荣 思 厚 裔 流 多 发

后 人

本谱属章节体结构，目录前有插页 5 页，有黑白照片 20 幅，第 1 福是汤和画像。目录中置有前言、汤氏根源概况、我族祖籍和始祖、入黔始祖汤永慕、汤鑑，汤永慕大支的演变情况、字辈排列和存在的问题、两大支字辈排列、后序等 16 章。

贵州省班氏家谱成册概况

贵阳　内部资料　2005 年 1 月　100 千字　32 开本　软装

藏于花溪区班氏家族

紫云县落河二枝、汪家寨班大恒、落河班家寨班殿勇及班殿光、班光华、班荣俊、班荣明、班荣华、班荣相、班荣方、班殿文等根据数本零散老家谱汇集整理、编撰籍录。家谱为家族内部资料，成书于 1982 年正月，时限上溯至颛顼帝，下限录至 2005 年正月，其中加上新籍录。本谱属章节体结构，目录前有前言，共有十一章，依次为：一、班姓起源；二、历史人物；三、班氏迁进贵州时的谱系和时期；四、班氏的的序言和在各个历史时期的经历；五、叙班氏入黔时期及代数；六、有关本人支系及各寨点的户数及人数统计；七、有关各小支系的分枝情况；八、有关注明方面的情况；九、有关各大支系的族谱记序参考记载；十、有关本大支系及各寨院点资料收集整理人员名单；十一、掌握家谱后继续谱汇集整理人员名单于后。

班姓源于春秋战国时期，自明洪武初，班明、班礼入黔繁衍至今，已六百余年，花溪班氏各大小支系字辈如下：

一、花溪竹林寨 56 字派如下：

明荣启茹迁国应，朝有登世殿永呈；

光前裕后耀宗祖，积善香炉万代兴。

乾坤盛世江长流，诗书勤俭望昌隆；

温和忠孝定为本，福禄喜庆传神州。

二、花溪大石板 20 字派如下：

仁山应有国，斌于继发光；

彩庭家有仁，良朝崇欲厚。

三、花溪大寨 32 字派如下：

重定家谱，横推直看。

源深流清，槐树深荣。

辉煌焕炳，培基乘型。

铭钟锡庭，万世同行。

四、花溪青岩 12 字派如下：

万启联文，国永世原，正大光明。

五、花溪孟关板桥 12 字派如下：

天启朝云，过玉世继，正大光明。

另有乌当、紫云落河、大河十三寨，惠水河口、蒙连、清水院、长寨屯脚等班家字辈，太多太长，且不属花溪地区，故不录。

炉山顾氏族谱

顾昱　顾斌抄录修纂籍录

贵阳　2008 年 12 月　100 千字　32 开本

藏于花溪区顾氏家族

《炉山顾氏族谱》由明初贵阳城的建设者、镇远侯顾成之十八代孙顾昱和其子第十九代裔孙顾斌根据老族谱抄录修纂籍录。时限上溯至夏，下限至 2008 年 12 月。

《炉山顾氏族谱》属章节体结构，目录中置有首卷 31 节、卷二 20 节、卷三 3 节。其中有元仁宗题的谱赞，明初名臣方孝儒题的谱词，瓜藤图，明朝八代宦迹表，清朝宦迹表，清代九代诰赠表，历代修谱名讳表，顾氏宗谱原序，续修宗谱序，顾姓异别考，顾氏得姓考源辨，入黔始祖夏国公传，組公事迹传，五房支谱，九世祖至二十世派等内容。

顾昱乃永字辈，，故又名顾永昱，生于民国七年・戊午（公元 1918 年），在恶劣环境中，抄录了《炉山顾氏族谱》五房分谱，使五房史料得以保存。

顾成后裔支派很多，以至还有苗族支派，必竞子孙开枝散叶六百余年。现所录武陵氏（汉族）字派三十二字，派曰：

世基怀永，先业光昌，

克继善述，汝止安康，

敦诗学礼，论道经邦，

绳其祖武，缵绪流芳。

《炉山顾氏族谱（简略、标点、注释版）》2008 年 2 月印制，属章节体结构，目录中置有武陵氏宗谱·顾氏宗谱（首卷）、顾氏宗谱（卷二）、五房支谱及附录。

《炉山顾氏族谱》2008 年 12 月印制，属章节体结构，目录中置有首卷 31 节、卷二 20 节、卷三 3 节。其中有元仁宗题的谱赞，明初名臣方孝儒题的谱词，瓜藤图，明朝八代宦迹表，清朝宦迹表，清代九代诰赠表，历代修谱名讳表，顾氏宗谱原序，续修宗谱序，顾姓异别考，顾氏得姓考源辨，入黔始祖夏国公传，組公事迹传，五房支谱，九世祖至二十世派等内容。

附　历史旧史志

黔灵山志

赤松和尚手辑　何素儒订定

贵阳　清康熙44年（1705年）付梓

藏于贵阳市档案馆

志书有题记两篇，作者分别是朱钤、陈起蛟。序七篇。正文十二卷，分别为卷一星野，有图、说；卷二胜概，有图附山水；第三卷寺院；卷四金像；卷五法语；卷六护法，附禁止碑；卷七寺田；卷八源流，附付嘱；卷九清规；卷十塔垆，附铭序；卷十一和卷十二为艺文上下。后附凡例十一条。

修文县志略（稿本）

未著修撰人名

贵阳　道光时成稿

藏于修文县地方志办公室

《修文县志略》稿本，清嘉庆年间纂辑，道光时成稿，未著修撰人名，书凡四册，未分卷，亦无序、跋。其目有星野、沿革、疆域、形胜、山川、关隘、风俗、公署、学校、坛庙、寺观、地亩、户口、额赋、起运、留支、里甲、兵防、铺递、驿站、职官、将备、名宦、选举、恩赐、文职、武职、流官、卓行，孝行、贞节、节孝、贞寿、土司、苗猺、仓储、桥梁、物产、文艺等。志稿未经刊刻而散失无存。时因修文县属贵阳府，其历史沿革、山川名物、民情习尚、政事人文，大都在《贵阳府志》中记述，但地方内容略而不详。

贵阳府志

周小湖创修　萧君瑄草具大略　邹汉勋讨论修饰

贵阳　清代

藏于贵阳市档案馆

《贵阳府志》为清代太守周小湖自任创修于清道光二十三年（1843 年），先嘱萧君瑄草具大略，后经邹汉勋讨论修饰成书。

志书有叙 5 篇，作者分别是翁同书、乔用迁、贺长龄、周作楫、王成璐。冠编卷 2 篇．正文采用纪、表、记、略、录、传等文体进行记载，共计卷 88 篇。余编卷 20 篇。卷一至卷三为大事纪，卷四至卷五为沿革表，卷六至卷十三为管制表，卷十四至卷二十三为选举表，卷二十四至卷二十九为疆里图记，卷三十至卷三十二为山水图记，卷三十三为山水附记，卷三十四为城郭图记，卷三十五为公室图记，卷三十六为祠宇图记，卷三十七为关路津渠图记，卷三十八至卷三十九为古城地图记，卷四十为分星略、五行略，卷四十一为祠祀略，卷四十二至卷四十三为学校略，卷四十四至卷四十七为食货略，卷四十八至卷四十九为武备略，卷五十至卷五十三为艺文略，卷五十四为汉元政绩录，卷五十五至卷七十二为明政绩录，卷七十三至卷七十五为明耆旧传，卷七十六至卷八十二为耆旧传，卷八十三至卷八十六为列女传，卷八十七之卷八十八为土司传。余编卷一至余编卷为文征，余编卷十九至余编卷二十为杂识。后附志稿职员录。

开阳县志稿（民国）

解幼莹主编

贵阳　民国 28 年（1939 年）　雕版皮纸印刷

藏于开阳县史志办

《开阳县志稿（民国）》是民国 28 年由时任县长解幼莹支持编纂的一部志书，体例较完备，内容较丰富。辑成 4 卷，雕版皮纸印刷，文字为竖排，无标点符号。以节为单位，由六委分头编纂，成志时间仅六个月。

卷首由吴鼎昌、解幼莹、欧先哲、钟景贤、杨竹君、钟全林等作序，凡例里对该志作了 14 个方面的说明，然后是志稿编纂委员会委员姓名，开阳县地图，市街图，修志委员会委员成员像，清开州印等印信，金石。内容分为历史、地理、政治、经济、教育、军事、建设、自治、社会、党务、人物、艺文、拾佚，13 章 66 节，40 余万字。卷末：志稿编纂委员会组织章程：分为五章，即总纲、组织、会议、经费、附则，两个通告件和《致民教馆涵》，原订纲目及主编委员姓名，志稿编纂印刷经费数目，地名对照表、勘误表。

在记录中，纯以事实为重，运笔时尤避开艰深古奥之言。对民生经济、物产农矿较重。

清政三年

储家昌编印

贵阳　民国 33 年（1944 年）　铅印

藏于清镇市史志办公室

《清政三年》于民国 33 年（1944 年），由县长储家昌编印，共 4 章，约 27 万余字，铅印。该书对清镇政治、军事、经济、交通运输、文化教育，特别是抗日战争时期的征兵、工役、田赋粮食等，均有较详细记载。

清镇县志稿

刘宝章主编　杨永焘　黄理中　刘闇　李承焘　彭镜清　侯鼎纂修

贵阳　民国 37 年（1948 年）　300 千字　32 开本　线装本

藏于清镇市档案馆

民国《清镇县志稿》全书 4 册 12 卷，铅印，大 32 开线装本，约 30 万字，民国 37 年出版。

全志正文 12 卷，由 10 部分组成：《方舆述要》2 卷，《建设述要》1 卷，《政治述要》1 卷，《风土述要》1 卷，《纪事述要》1 卷，《职官述要》1 卷，《登选述要》1 卷，《人物述要》1 卷，《艺文述要》1 卷，《杂记》1 卷。有明《万历威清地图》等 6 幅。卷首有县长方中、卢爱兹等 7 人作序。历时 22 年编纂而成。封面由谷正伦题写。该书引用古典文献较多，资料丰富，对各方面都有广泛的参考价值，是前人为清镇留下的宝贵的文化遗产。

（民国）修文县志

民国修文县文献委员会编纂　陈矩　孙鸾总纂

贵阳　民国37年（1948年）

藏于修文县地方志办公室

民国九年（1920年），修文县城绅士陈嘉言等倡导创修《修文县志》，由民国修文县文献委员会编纂，先后聘陈矩、孙鸾为总纂，历时29年，于民国37年（1948）竣稿，书凡四册。次年一、二成书，三、四册因资金拮据停印，继后印刷所倒闭，志稿散失。

该志资料详实，考证稳贴，归类合理，结构完善。尤其是“凡例”以正名、昭实、戒污、除诞、务明、祛涩列为志规，要求编纂者与时俱进，不硬凑景观，不具列星野，不撰写涩文等都体现科学的内涵，是一篇较好的编纂志书的法则。

全志正文共17卷65目，60余万字。第一册首列序文、志稿职员录、凡例、总目，继是建置志、舆地志、前事志；第二册秩祀志、土司志、献征志、古迹志、人物志；第三、四册为贡举志、食货志、职官志、风土志、学校志、武备志、经业志、金石志和宦绩志。本志为通志，其中舆地卷之疆里，建置卷之邮务、电报，食货卷之田赋、经费、地籍和学校卷则延展到33年，其余卷、目下限截至民国17年。所述疆域含修文、息烽两县，民国3年（1914）前本为修文县，之后始分为二。

《（民国）修文县志》记述了修文近500年的历史概貌，为了解、研究、开发修文及相临地域如息烽、清镇、开阳的山川地理、民物风情、名胜古迹、人物建树、社会风云提供详实可靠的历史信息，是不可多得的历史借鉴资料。惜至今日，仅有半部保存，所幸这半部历史，恰好包括自然、政治、经济、文化、军事，仍可当成全部志书来阅读。此书对研究、开发、利用地方自然资源，文化资源，发展乡土经济仍有不可替代的作用。